ZHE JIANG DI SHUI

NIAN JIAN

浙江地税年鉴

2010

中华书局

浙江省地方税务局大楼

肖捷在杭州市地方税务局江干税务分局考察

2009年7月9日至10日，全国税务系统纳税服务工作会议在杭州市萧山区召开。国家税务总局局长肖捷、副局长钱冠林、王力、宋兰、中央纪委驻国家税务总局纪检组组长冯慧敏、总会计师汪康出席会议。浙江省委书记、省人大常委会主任赵洪祝莅临会议致辞，省委常委、常务副省长陈敏尔出席会议。

会议期间，国家税务总局局长肖捷到杭州市地方税务局江干税务分局观摩考察，副局长王力、宋兰、中央纪委驻国家税务总局纪检组组长冯慧敏等一行人到杭州财税12366财税咨询、投诉中心和杭州市地方税务局江干税务分局办税服务厅观摩考察。

会议代表在杭州财税12366财税咨询和投诉中心中心观摩

2009年5月21日,国家税务总局副局长王力一行到浙江省地税部门调研指导税收工作。在听取省地税局常务副局长单美娟和有关市县局负责人的专题汇报后,王力充分肯定了浙江省地税工作,高度赞赏了浙江地税干部的工作作风,并就做好当前税收工作提出了要求。

2009年2月11日至13日,国家税务总局纳税服务司在杭州召开部分省市12366特服电话建设座谈会,浙江等13个省市国、地税局40余位代表参加了会议。会议由总局纳税服务司副司长张树学主持,省地税局副局长劳晓峰出席会议并致辞。

2009年12月31日，杭州市委副书记、市长蔡奇一行专程来到浙江省地方税务局直属一分局，慰问一年来辛勤工作的税务干部。蔡奇市长在听取了省地税局局长钱巨炎关于2009年的地税工作情况汇报后，充分肯定了全省地税系统在过去一年中的成绩，并对2010年的地税工作寄予厚望。

国庆前夕，由浙江省地方税务局主办的“光辉税月”——庆祝新中国成立60周年暨地税文化建设成果展在省局办公楼正式开展。10月8日，浙江省委常委、省纪委书记任泽民，在省财政厅厅长兼省地税局局长钱巨炎等领导的陪同下参观了展览。

2009年1月12日，浙江省财政地税工作会议在杭州召开。省财政厅、省地税局领导和厅、局全体干部、省直机关财务处处长、各市、县(市、区)财政地税局局长参加了会议，省财政厅党组书记、厅长兼省地税局局长钱巨炎代表厅党组作了重要讲话。

2009年1月13日，浙江省地税工作会议在杭州召开，省地税局领导和省局机关处(室)负责人、全省各市、县(市、区)地税局分管局长参加了会议，省地税局常务副局长单美娟作了重要讲话。

作为"帮扶企业'春雨'专项行动"的重要内容—杭州财税"纳税人之家"长效服务机制于2009年2月17日正式启动。浙江省省委学习实践科学发展观活动领导小组第十指导组组长连晓鸣、省财政厅厅长兼省地税局局长钱巨炎、省地税局常务副局长单美娟、巡视员钱子辉、副局长劳晓峰、王俭和杭州市财政地税局领导、省市有关企业家等共同参加了启动仪式。

2009年7月28日至29日，全省地税系统推进企业分离发展服务业工作会议在金华永康召开。省地税局常务副局长单美娟听取汇报后做了《确保收入增长，助推转型升级，全力以赴完成既定目标任务》的重要讲话。

2009年8月4日,浙江省财政厅厅长兼省地税局局长钱巨炎、省地税局常务副局长单美娟等省厅、省局领导一行在绍兴县调研经济税收工作,并听取了“双服务”工作的意见和建议。

钱巨炎局长(右二)、单美娟常务副局长(左一)在绍兴企业了解情况

2009年4月中旬，浙江省地方税务局常务副局长单美娟率队到杭州市萧山地方税务局调研，听取了该局关于2009年收入形势和企业分离发展服务业的情况汇报，对下一步工作提出了要求。

2009年11月3日至4日，浙江省地方税务局巡视员钱子辉在台州市开展2010年地税工作思路调研，并分别在台州市、临海市召开调研座谈会，分析了当前的税收经济形势，并对2010年地税各项工作提出要求。

2009年 2月20日,浙江省地方税务局副局长劳晓峰率省地税局调研组到嘉兴,走访了有代表性的高新技术企业,邀请当地十家大型企业参加"浙江地税帮扶企业'春雨'专项行动(嘉兴)税企沟通会",与企业展开专题交流,现场辅导,并听取意见和建议。

2009年底,浙江省地方税务局副局长王俭带队前往金华、宁波慰问基层一线税务干部。图为金华市地方税务局慰问现场。

2009年11月11日至12日，浙江省地方税务局副局长王平率省局机关党委、人教处、监察室等处室赴湖州市、长兴县进行2010年工作思路调研，在调研座谈会上，王平作了重要讲话。

2009年6月，浙江省地方税务局总会计师徐敏俊带队，与省政府研究室有关负责人一起赴玉环、温岭调研，深入企业听取有关部门和企业的情况介绍，并对下一步地税工作提出了要求。

2009年1月9日，浙江省地方税务局召开“深入学习实践科学发展观活动民主评议会”，省委第十指导检查组组长、省社科联巡视员连晓鸣一行到会指导。省地税局常务副局长单美娟主持并汇报了相关工作。

2009年2月27日，浙江省财政厅、省地方税务局召开深入学习实践科学发展观活动总结大会，省财政厅厅长兼省地税局局长钱巨炎出席会议并讲话，省地税局副局长王俭主持会议，厅、局全体干部职工参加了会议，省委第十指导检查组出席会议。

晚会全景

出席文艺晚会的领导祝贺演出成功

2009年9月24日晚，浙江省财政、地税系统庆祝新中国成立60周年文艺晚会暨第三届文艺调演在杭州剧院举行，来自全省各地财税系统的干部职工齐聚一堂，以精心准备的文艺表演作品表达对新中国成立60周年的无限祝福。晚会节目丰富多彩，体现出鲜明的财税文化特色，充分反映了全省财政、地税系统干部职工在建设祖国和财税事业发展进程中的优秀事迹和精神风貌，歌颂了新中国成立60年来的辉煌成就和全省财税事业发展的卓著业绩。

杭州市财政、地税局大合唱《浙江财税之歌》《共和国之恋》

省财政厅小品《眼明心亮》

舟山市财政、地税局表演唱《要吃海鲜舟山来》

嘉兴市财政、地税局舞蹈《那一片蓝》

财政部常务副部长丁学东、省人大常委会副主任冯明、省政协副主席黄旭明、省财政厅厅长兼省地方税务局局长钱巨炎、省地方税务局常务副局长单美娟、副局长王俭、王平、总会计师徐敏俊等领导一同观看了演出并为获奖节目颁奖。

丽水市财政、地税局哑剧《征纳变奏曲》

出席文艺晚会的领导与演员合影

老干部支部一曲《跟着共产党走》，唱出了满腔信念

规费局、稽查局支部一曲《唱支山歌给党听》，饱含深情

2009年9月28日，浙江省地方税务局机关组织开展了庆祝建国60周年歌咏比赛，全局十六个党支部组成九支参赛队伍参加了比赛。全体干部职工带着金秋的喜悦，唱响了高亢奋进的颂歌，用诚挚的热情为祖国六十华诞送上了深情的祝福。

税务票证管理中心支部一首《今天是你的生日，中国》，将比赛推向了高潮。

为加强地税文化建设，进一步锻炼团员青年的身体素质、心理素质，培养吃苦耐劳、坚韧不拔的毅力意志，浙江省地方税务局机关团委于11月5日至6日举行了“沐古道新风 砺青年意志”——徒步穿越徽杭古道拉练活动。

拉练活动中，在省地税局副局长王平、机关党委专职副书记武时品、机关团委书记卢军等领导的带领下，广大团员青年充分发挥坚持不懈的意志品质，一路上互相鼓励，互相帮助，登江南第一关，徒步穿越四十余里山路，圆满完成拉练活动。

活动期间，团员青年还参观了安徽绩溪的紫园、水街、胡氏宗祠、胡宗宪尚书府、太极湖村等景点，充分感受到中华传统文化的博大精深，践行了“三走近、三远离”理念。

浙江省地方税务局领导班子成员简介

省地税局局长钱巨炎

钱巨炎同志简历:

钱巨炎,男,汉族,1963 年 5 月出生,浙江诸暨人,1985 年 12 月加入中国共产党,1983 年 7 月参加工作,经济学硕士研究生,高级会计师。现任浙江省财政厅党组书记、财政厅厅长、浙江省地方税务局局长。1983 年 7 月至 1988 年 11 月,在浙江省财政厅农财处工作,任科员、副科长、主任科员。1988 年 11 月至 1993 年 4 月,任浙江省财政厅农税处副处长。1993 年 4 月至 1995 年 2 月,任浙江省财政厅农财农税处处长。1995 年 2 月至 1998 年 3 月,任浙江省财政厅农发办副主任。1998 年 3 月至 1998 年 4 月,任浙江省财政厅行政事业处处长。1998 年 4 月至 2004 年 6 月,任浙江省财政厅党组成员、财政厅副厅长。2004 年 6 月至 2008 年 2 月,任浙江省财政厅党组副书记、财政厅副厅长。2008 年 2 月至现在,任浙江省财政厅党组书记、财政厅厅长、浙江省地方税务局局长。

省地税局常务副局长、巡视员单美娟

单美娟同志简历:

单美娟,女,汉族,1955 年 6 月出生,浙江绍兴人,1980 年 1 月加入中国共产党,1972 年 1 月参加工作,中共浙江省委党校函授本科毕业。现任浙江省财政厅党组副书记、浙江省地方税务局常务副局长、巡视员。1972 年 1 月至 1979 年 5 月,在杭州钢铁厂超耐分厂工作,任超耐分厂团总支书记。1979 年 5 月至 1985 年 8 月,任杭州钢铁厂团委副书记。1983 年 9 月至 1985 年 6 月,参加中央团校首届大专班学习。1985 年 8 月至 1987 年 5 月,任杭州钢铁厂团委书记。1987 年 5 月至 1991 年 12 月,任共青团浙江省委常委、青工部长。1991 年 12 月至 1993 年 9 月,任浙江省税务局基层工作处处长。1993 年 9 月至 1994 年 10 月,任浙江省税务局直属分局局长。1994 年 10 月至 1997 年 6 月,任浙江省国家税务局、浙江省地方税务局直属一分局局长。1997 年 6 月至 2006 年 4 月,任浙江省财政厅党组成员、浙江省地方税务局副局长。2006 年 4 月至现在,任浙江省财政厅党组副书记、浙江省地方税务局常务副局长。2007 年 12 月至现在,兼任浙江省地方税务局巡视员。

省地税局巡视员钱子辉

钱子辉同志简历:

钱子辉,男,汉族,1950 年 9 月出生,浙江慈溪人,1979 年 6 月加入中国共产党,1969 年 9 月参加工作,大专学历。现任浙江省地方税务局巡视员。1969 年 9 月至 1970 年 8 月,在浙江省慈溪第三农机厂工作。1970 年 8 月至 1972 年 10 月,在慈溪县小安乡插队。1972 年 10 月至 1985 年 9 月,在浙江省慈溪县商业局工作,历任五金交电公司职工、党支部副书记、商业局副局长、党组成员等职。1985 年 9 月至 1986 年 5 月,任慈溪县财办主任、党组书记。1986 年 5 月至 1987 年 4 月任慈溪县财政、税务局局长、党委书记。1987 年 4 月至 1997 年 8 月,在浙江省奉化市委、市府工作,历任市委常委、副市长,市委副书记、市长,市委书记等职。1997 年 9 月至 2007 年 12 月,任浙江省财政厅党组成员、浙江省地方税务局副局长。2007 年 12 月至现在,任浙江省地方税务局巡视员。

省地税局副局长劳晓峰

劳晓峰同志简历:

劳晓峰,男,汉族,1963 年 5 月出生,浙江杭州人,1985 年 6 月加入中国共产党,1983 年 8 月参加工作,上海财经大学经济学硕士。现任浙江省财政厅党组成员、浙江省地方税务局副局长。1983 年 8 月到浙江省税务局工作。1985 年 7 月至 1987 年 7 月在湖州市财税二分局挂职锻炼,任副股长、副局长。1987 年 7 月至 1988 年 10 月任浙江省税务局税政一科副科长。1988 年 10 月至 1994 年 10 月任浙江省税务局税政管理一处副处长。1994 年 10 月至 1997 年 10 月任浙江省地方税务局税政管理一处处长。1997 年 10 月至 2003 年 10 月任浙江省地方税务局税政管理三处处长。2003 年 10 月至 2004 年 9 月任浙江省财政厅党组成员、浙江省地方税务局总会计师。2004 年 9 月至现在任浙江省财政厅党组成员、浙江省地方税务局副局长。

省地税局副局长王俭

王俭同志简历：

王俭，男，汉族，1958 年 2 月出生，山东诸城人，1976 年 2 月参加工作，1978 年 6 月加入中国共产党，湖南大学网络学院本科毕业。现任浙江省财政厅党组成员、浙江省地方税务局副局长。1976 年 2 月至 1986 年 5 月，在海军福建基地服役。1986 年 5 月至 1994 年 10 月，在浙江省税务局工作，任税政管理三处科员、副主任科员、主任科员。1994 年 10 月至 1997 年 9 月，任浙江省地方税务局办公室副主任。1996 年 1 月至 1998 年 1 月，下派余杭市挂职锻炼，任余杭市人民政府市长助理。1997 年 9 月至 2006 年 1 月，任浙江省地方税务局办公室主任。2006 年 1 月至 2008 年 5 月任浙江省财政厅党组成员、浙江省地方税务局总会计师。2008 年 5 月至现在任浙江省财政厅党组成员、浙江省地方税务局副局长。

省地税局副局长王平

王平同志简历：

王平，男，汉族，1963 年 4 月出生，浙江桐庐人，1985 年 7 月加入中国共产党，1982 年 10 月参加工作，浙江财经学院成人教育学院本科毕业，高级会计师。现任浙江省财政厅党组成员、浙江省地方税务局副局长。1982 年 10 月至 1989 年 9 月，在诸暨市财税局湄池财税所工作，任办事员、副所长。1989 年 9 月至 1990 年 8 月，在诸暨市财税局三都财税所工作，任所长。1990 年 8 月至 1995 年 1 月，在浙江省税务局工作，任直属一分局科员、副主任科员。1995 年 1 月至 1997 年 12 月，在浙江省地方税务局工作，任税政三处主任科员。1997 年 12 月至 2000 年 9 月，任浙江省地方税务局稽查局助理调研员。2000 年 9 月至 2005 年 4 月，任浙江省地方税务局稽查局副局长。2003 年 6 月至 2006 年 6 月，下派临安市挂职锻炼，任临安市人民政府副市长。2005 年 4 月至 2006 年 7 月，任浙江省地方税务局直属稽查分局局长。2006 年 7 月至 2009 年 3 月，任浙江省地方税务局人事教育处(基层工作处)处长。2009 年 3 月至现在，任浙江省财政厅党组成员、浙江省地方税务局副局长。

省地税局总会计师徐敏俊

徐敏俊同志简历：

徐敏俊，男，汉族，1965 年 10 月出生，浙江慈溪人，1993 年 12 月加入中国共产党，1985 年 8 月参加工作，中央党校经济管理专业研究生毕业，高级会计师。现任浙江省财政厅党组成员、浙江省地方税务局总会计师。1985 年 8 月至 1995 年 9 月，在浙江省税务局工作，任税政二科办事员、外税分局办事员、科员、副主任科员、外税处主任科员。1995 年 9 月至 1997 年 9 月，任浙江省国家税务局、浙江省地方税务局涉外税收管理处（分局）副处长(副局长)。1997 年 9 月至 2002 年 3 月，任浙江省地方税务局税政二处副处长。2001 年 4 月至 2003 年 3 月，下派余姚市挂职锻炼，任余姚市人民政府市长助理。2002 年 3 月至 2009 年 3 月，任浙江省地方税务局税政二处处长。2009 年 3 月至现在，任浙江省财政厅党组成员、浙江省地方税务局总会计师。

编辑说明

《浙江地税年鉴》是由浙江省地方税务局主办的大型文献资料。《浙江地税年鉴》全面系统地记述了浙江省地方税收工作的基本情况，刊载了浙江地方税收的方针、政策、法律规定、信息资料和统计数字以及税务部门的工作情况，为社会主义现代化建设和改革开放服务，为科学研究服务，也为存史、修志积累资料。

《浙江地税年鉴》2010 年卷主要反映 2009 年全省地方税收工作情况，共分八编：

第一编 重要文献。主要收集省委、省政府和国家税务总局领导有关浙江省税收工作的报告、讲话，以及省地方税务局领导的讲话。

第二编 地方税收法规选编。主要按照税种类别及时间顺序对 2009 年度发布的税收业务法规及文件有重点地选编。

第三编 省地方税务局工作。主要由省地方税务局各处室（分局、中心）供稿，综述全年各项税收工作开展的基本情况。内容包括：全省地税工作综述、办公室工作、人教基层工作、税务纪检监察工作、税收法制建设工作，税收计划会计统计、票证和经费管理工作，税收征管工作、纳税服务工作、税政管理一处工作、税政管理二处工作、税政管理三处工作、税政管理四处工作、规费管理工作、税务稽查工作、科研工作、直属税务一分局工作、直属稽查分局工作，机关党建及工会、妇委会、共青团工作，税收信息化建设工作、信息化管理处、《浙江税务》编辑部工作、注册税务师管理工作、票证管理服务工作、税务培训中心工作等；

第四编 市、县（市、区）地方税收工作。主要由各市、县（市、区）地方税务局供稿，按照省政府行政区划的统一规定编列。主要内容包括：组织各项税收情况、各项工作的开展情况。其中有些税收统计数字与省地方税务局统计数字有出入，凡不一致的地方，以省地方税务局统计数字为准。

第五编 机构和人员情况。由省地方税务局人事处供稿。主要内容包括：省地方税务局处以上领导名单；各市、县（市、区）地方税务局领导名单。以上机构人员情况和领导名单均截至 2009 年 12 月 31 日。

第六编 税收统计资料。由省地方税务局计财处供稿。主要内容包括：2009 年全省各级地税机关组织收入分税种、分企业类型情况；全省地税部门组织各项收入分市县、分税种统计情况等。

第七编 优秀科研论文选。主要由省税务协会、省地方税务局办公室、法规处、编辑部供稿，主要收集了 2009 年全省地税系统税收科研成果和优秀学术论文等。

第八编 附录。主要内容是 2009 年浙江省税务学会及表彰先进单位和先进个人等情况。

本卷年鉴在编辑出版过程中得到了全省各级地税领导和有关部门的重视和支持，各撰稿人收集资料、编写稿件、提供照片等付出了辛勤的劳动，在此表示衷心的感谢！

前 言

2009年，全省地税系统在省委、省政府和国家税务总局的正确领导下，坚持以科学发展观为指导，全面贯彻落实中央应对金融危机一揽子计划和省委、省政府“标本兼治、保稳促调”等一系列政策措施，按照“保增长、抓转型、重民生、促稳定、强党建、求实效”的工作要求和“依法治税、为民理财、务实创新、廉洁高效”的工作理念，深化“实、稳、优”三字诀，确立年度十项重点工作，坚持依法治税、科学组织收入、深化征管改革、优化纳税服务、加强队伍建设，充分发挥地税职能作用，为促进经济回升和社会和谐稳定作出了积极贡献。

2009年全省地税部门共组织各项收入2505.39亿元，增长7.7%，增收179.42亿元。其中：税收收入1596.78亿元，增长6.9%，增收102.38亿元；社保费收入726.48亿元，增长9.8%，增收64.85亿元。全省地方税比重达64.0%，比上年提高4.6个百分点；地税税收收入中，构成地方财政收入的税收收入增长10.7%，快于全部税收收入增幅3.8个百分点。

2009年是新世纪以来全省经济发展和组织税收收入最为困难的一年，对全省地税系统来说也是共克时艰、积极有为的一年，税收收入呈现出新的特点。一是经济税收协调发展。2009年全省地税税收收入随同经济经历了一次快速下滑、企稳、强劲回升的“V”型振荡。全省地税税收弹性系数为1.05，地税税收收入增长与经济发展基本保持同步。二是三产税收继续领跑。2009年全省入库第二产业、第三产业税收550.01亿元、1045.61亿元，分别增长0.9%、10.3%。第三产业税收占全部税收的65.5%，提高2.1个百分点；第三产业税收对全部税收的增收贡献率达95.6%。第三产业中租赁商务服务业、房地产业、金融业、文化体育娱乐业、信息传输计算机服务软件业税收增长领先，分别增长34.5%、19.4%、17.9%、12.8%、12.1%；其中：房地产业和金融业税收占全部税收的20.7%和12.5%，分别提高2.2个和1.2个百分点；房地产业和金融业税收对全部税收的增收贡献率均创历年新高，分别达52.6%和29.6%，贡献率合计达82.2%。总体上看，金融业税收平稳增长、房地产业税收增幅6月份起强劲反弹是地税税收收入实现平稳增长的主要推力。三是地区税收均衡增长。除丽水市税收收入增幅较低外，其余地区税收收入增幅均在6%~12%之间，各地收入增长均衡性进一步增强。各市税收收入增幅从高到低分别为:衢州市11.9%、舟山市10.4%、湖州市10.2%、绍兴市8.6%、杭州市8.5%、嘉兴市7.5%、宁波市6.6%、台州市6.6%、温州市6.1%、金华市6.1%、丽水市0.1%。从各地收入情况看,衢州市、舟山市税收收入增幅领先,杭州市、宁波市、温州市三个大市税收收入合计占全省税收收入的55.7%,比重比上年略有提高。

一是不断增强组织收入调控能力,深化管理创新,不断优化税收收入结构,全面推进企业分离发展服务业,深化社保费征管改革,扎实推进科学化、专业化、精细化管理。

2009年面对十分困难的组织收入形势,各级地税部门积极创新管理,向管理要收入。一是在加强税源管理上有新突破。坚持"抓大、评中、定小"的税源管理思路,积极推广杭州市地税局加强重点税源管理经验;组织开展住宿业、租赁业专项纳税评估、重点税源专项评估以及资源税纳税评估试点,建立的餐饮、建筑、广告三行业纳税评估模型,入选总局百佳模型;推广"参数定税法"。圆满完成城镇土地使用税税源清查,积极推进机动车车船税保险机构代收代缴工作。统一规范省内跨地区经营建筑安装企业的所得税征管,积极开展个人工资薪金所得与企业的工资费用支出比对。有序推进非居民企业所得税征管,顺利实现契税和耕地占用税征管职能划转。二是在完善管理制度上有新举措。在全国率先出台营业税差额征税管理办法,推出全省统一格式的企业所得税汇算清缴和财产损失鉴证报告与工作底稿范本。建立重点工作责任分解和省局领导调研时基层反映问题办理制度。

同时,在提升信息管税上有新成效。加快推进发票电子化,推行机打发票和有奖发票,提供网上发票真伪校验服务,加强以票控税。持续改进《税友2006》系统,全年组织开发50多项新增功能。建立国地税信息共享平台,实现双方申报和财务数据的实时共享。组织开发稽查查账、大企业风险监测管理、营业税差额征税管理等新软件;推广应用不动产建筑业税收项目管理软件、车船税保险机构代收代缴明细申报软件,全面应用快捷查询软件。建立健全与工商部门的个人股权转让信息传递机制。

2009年,全省地税系统坚持把推进企业分离发展服务业作为增加企业效益、增强地方财力、优化产业结构的一个有效抓手。省局制订了《关于进一步推进企业分离发展服务业工作的实施意见》,建立局领导定点联系制度,完善部门联席会议制度,开展局领导专题调研、部门联合调研,及时发现新问题、破解新难题、实现新进展。2009年全省新增1252户企业分离发展服务业,超额完成了新增1000户的目标任务。全省已分离出来的服务业企业2009年产生营业收入376.07亿元、地方税费收入15.80亿元;2008年、2009年累计产生营业收入534.09亿元、地方税费收入23.71亿元,取得了显著成效。修订了《浙江省地方税务局关于促进第三产业发展的若干意见》,促进经济转型升级。2008年度全省(不含宁波)企业研发费税前加计扣除21.28亿元,比2007年增加6.58亿元,增长44.8%。2008年以来全省累计已认定高新技术企业2255户,其中地税部门负责征管企业所得税的有1124户,据初步统计,2009年高新技术企业预计可享受企业所得税优惠14.24亿元,已在2009年内预缴时办理抵缴、退税等方式的所得税额

7.26 亿元。2009 年，全省(不含宁波)技术转让、技术开发等收入累计免征营业税 7793 万元。

不断深化社会保险费征管改革，初步建立了可持续社保费长效筹资机制，不断增强基金支付能力。会同财政、人力社会保障等部门，认真抓好社保费征缴扩面工作，制订下发了《浙江省社会保险缴费登记暂行办法》，统一规范全省社会保险缴费登记的流程和内容，并对已办理税务登记未办理缴费登记的企业单位进行补登记，截至 2009 年底，全省(不含宁波)企业养老保险缴费登记户数达 47 万户，基本实现社会保险企业全覆盖。积极加强和社保等部门的配合协作，努力扩大社保覆盖面，探索开展地税、社保"一站式"服务新举措，方便缴费人。积极参与养老保险省级统筹政策调研和制定，开展社保费征管情况调查，基本掌握全省企业的工资总额情况和社保费负担水平，为推进缴费比例逐步统一、公平负担，进一步规范社保费征管奠定了坚实的基础。

二是以"保增长促稳定"为指导，落实税费优惠政策，始终坚持依法治税和优化纳税服务并重，积极发挥稽查职能作用，不断提升纳税人满意度和税法遵从度。

2009 年，针对金融危机下的严峻经济形势，围绕党委政府工作大局，省局研究制定了《关于贯彻落实保增长扩内需调结构若干政策的实施意见》，通过梳理整合相关税费优惠政策，帮扶企业脱困解难。根据省政府统一部署，认真开展临时性下浮社保费缴纳比例集中减征工作，2009 年全省共减征社保费 36.30 亿元，其中企业单位 32.04 亿元、城镇个体劳动者 4.26 亿元；惠及企业 36.88 万户、城镇个体劳动者 188.32 万人。积极落实养老保险费缴费比例调整政策，全年用人单位基本养老保险缴费比例平均下调约 4 个百分点，减少企业当年缴费约 45 亿元。依法依规落实好困难企业税费减免政策，减免困难企业房产税、城镇土地使用税、水利建设专项资金等税费 20.40 亿元，有力地增强了企业抵御金融危机的能力。

扎实开展依法行政考核工作，省地税局连续三年被省政府评为依法行政先进单位。稳妥推进执法责任制考核，确定省对市县局的执法责任考核指标。嘉兴市局率先在市本级各税务分局、稽查局和所辖县(市)局试行责任到岗的税收执法责任制电子化考核。深入开展执法检查，充分运用和解、调解手段妥善解决税务行政争议，2009 年行政复议案件 2 起，行政诉讼案件 5 起，行政争议案件明显减少。

积极发挥稽查职能，坚持以整顿规范税收秩序为主线，以开展税收专项检查、区域税收整治、大型集团企业税收检查为抓手，严厉打击制售假发票犯罪活动。突出大要案查处，完善责成自查办法，提高稽查工作质量和效率，强化稽查队伍建设。深入探索管查互动机制，进行管查互动机制试点，努力实现以查促查、以查促管。2009 年，全省各级地税稽查部门共对 16689 户纳税人实施检查，占全省纳税总户数的 4.8%，其中重点检查 5393 户，已查结 5289 户；查补总额共计 26.60 亿元，实际入库 26.23 亿元，入库率 98.6%；查补税款 23.08 亿元，其中重点检查案件查补税款 1.92 亿元，罚款 1.23 亿元，检查案件处罚率 64.1%；查处大要案 153 起，移送司法机关处理 44 起，曝光 100 件；对 1104 件案件实施复查，复查率 20.5%;公告案件总计 3590 件，公告率82.9%。

2009年,全省地税系统坚持把优化服务举措、提升服务水平作为与纳税人共克时艰、维护社会稳定的重要手段。一是开展"十百千万送服务"。通过"十项便民措施"、"百场专题税企沟通会"、"千名税干进千企"、"网送税法连万家"等活动载体,千方百计为纳税人解难题、送服务。各地共派出7038名地税干部走访了16589家企业,现场解答涉税问题12790个,收集意见建议6034条,提供个性化服务3552项;举办631场专题税企沟通会,参加人数达72881人,免费发放资料163261份;12366语音特服系统共受理纳税人咨询电话153万话次,推送最新政策通知、提醒等服务短信432万条,分别比上年增长88%和5%。二是落实"两个减负"。取消办税业务事项52项,减少主表41份,附列资料113项。继续实行免收税务登记证工本费制度,节约纳税人成本740万元。三是优化服务方式。规范办税服务厅标准化建设,导入视觉识别系统,探索开展个性化服务。在全国省会城市纳税服务满意度调查中,杭州地税进入前三甲,有关做法在全国税务系统纳税服务工作会议上进行了经验介绍和现场观摩。

三是深入学习实践科学发展观,继续推进廉政文化建设,深入开展财税文化建设,广泛开展争先创优活动,干部队伍建设再上新台阶。

以财税文化建设为契机,积极发挥学习、制度、情感、激励、宣传、活动"六个平台"育人作用。省地税局与省财政厅联合举办全省财税系统庆祝建国60周年文艺晚会暨第三届文艺调演,组织地税文化建设成果展以及诗歌、书画作品征集评选等,引导干部职工培养积极向上的人生态度。各地涌现财税文化建设经验做法100多项,省局专题编发《财税文化建设简报》加以推介、交流。举办全省地税系统岗位业务技能比武活动,开展分层分类培训,全年共举办各类培训班1178期,共有35730人参加培训,进一步推进地税干部教育培训的科学化、制度化、规范化建设。

在干部人事方面,稳妥处理好契税、耕地占用税征管职能划转后有关编制、机构和人员等问题,确保两税征管职能划转工作顺利开展。根据《省局处级干部选拔实施办法》要求,通过竞争上岗、委任等方式局机关共选拔26名处级干部。2009年,全省地税系统共招收291名(不含宁波)具有本科以上学历公务员,有效缓解基层地方税收征管人员编制偏紧的问题。不断规范加强全省地税系统地税所专项编制管理,全年共批复转任、交流、接收军转干部等63人。严格按照《干部选拔任用工作条例》要求,做好省局机关和系统领导干部配备调整工作。根据干部管理权限,任免市地税局领导干部15名,批复任免县(市)地税局局长8名,系统领导班子力量得到充实,班子结构进一步优化。

制订《浙江省地方税务局关于进一步推进全省地税系统反腐倡廉工作的意见》,认真做好违纪违法案件防范和查处工作。召开全省地税纪检监察工作会议,扎实做好案件预防工作,使系统违纪违法案件发生率继续保持个位数的较低水平。2009年全省地税系统干部受党纪政纪以上处分人数7人。

大力加强思想政治工作，广泛开展争先创优活动。2009 年，全省地税系统有 5 个单位、2 名个人荣获“全国税务系统先进集体”和“全国税务系统先进工作者”称号。1 个单位获“全国文明单位”称号，1 家单位被授予“全国巾帼文明岗”称号。1 个单位和 1 名个人荣获浙江省“人民满意的公务员集体”和“人民满意的公务员”称号。1 个单位荣获浙江省“青年文明号创业创新示范项目”。69 个单位被评为地税系统省级 “基层文明单位”，36 个单位被评为省级 “青年文明号”，13 个单位被评为浙江省地税系统“群众满意基层站所（办事窗口）”，45 个单位被继续认定为地税系统“群众满意基层站所（办事窗口）”。

以上这些，在《浙江地税年鉴》2010 卷里都有详尽反映，希望广大读者能够从中了解 2009 年度浙江地方税收工作的总体情况，并有所收益。

《浙江地税年鉴》编审委员会

编审委员会办公室

特约撰稿人名单

一、浙江省地方税务局(24人)(按姓氏笔画排列)

毛圣波　王建峰　包盈盈　朱　晨　许忠民　张小莉
陈世亮　杭　强　卓　然　孟　莉　姚稼强　洪筱箐
钱　钧　高　远　高　春　聂红彬　章仲云　黄明东
黄梓洋　傅白水　曾平伟　楼利燕　楼芳芳　雷燕群

二、各市、县(市、区)地方税务局、计划单列市(100人)
(按姓氏笔画排列)

丁　玲　丁光兴　马永亮　王丽华　王平汐　王成诗
王韶华　毛兰香　卢云芬　叶　琳　叶　栩　叶文平
叶春春　叶照虎　叶黎明　江夏明　刘克华　刘小明
刘学文　刘贻强　刘志潮　许立锋　孙华阳　朱红波
朱建成　朱正整　应哲艳　陆东利　陆毓英　苏超坡
吴　丹　吴水忠　陈　斌　陈　煜　陈广飞　陈青友
陈红波　陈哲锋　沈卫山　李雪丰　李菲娅　李慧卿
张　毅　张连军　张伟龙　张晓莹　张晓慧　杨海曼
杨继辉　金　迈　金德锋　房巧慧　范建松　季丽萍
练素红　周　黎　郑成岗　郑莉娜　饶立新　胡志锋
胡春莺　洪飞霞　贺淑宏　祝建良　祝彬森　项国英
徐宏刚　徐克燕　徐素琦　夏智敏　唐兴诗　殷　巍
高汉旗　钱斌华　黄　颖　黄　鹏　黄少罕　黄小明
章文有　章承枫　章静霞　崔　超　盛杰星　盛峥峥
梁晓富　彭　颖　斯　巍　蒋丽娜　谢红燕　谢　凌
谢钦袖　韩余鹏　郑宣耀　楼　峰　褚洁滢　蔡　斌
廖拥平　熊瑞淑　潘方军　潘荷花

ZHEJIANG DISHUI NIANJIAN

目录

目录

MU LU

第一编 重要文献

第二编 地方税收法规选编

税收法制类

综合性税收政策类

营业税类

企业所得税类

个人所得税类

涉外税类

地方税类

规费类

征收管理类

纳税服务类

稽查类

计财类

第三编　省地方税务局工作

第四编 市、县(市、区)地方税收工作

第五编 机构和人员情况

第六编 税收统计资料

第七编 优秀科研论文选

第八编 附 录

ZHEJIANG DISHUI NIANJIAN

第一编

重要文献

在浙江省第十一届人民代表大会第二次会议上的政府工作报告

2009年1月16日 浙江省省长 吕祖善

各位代表:

现在,我代表省人民政府向大会作工作报告,请予审议,并请省政协委员和其他列席人员提出意见。

一、2008年政府的主要工作

2008年,是本届政府履行职责的第一年,也是很不寻常、很不平凡的一年。面对历史罕见的国际金融危机的严峻挑战,面对低温雨雪冰冻等自然灾害的严重影响,省政府在党中央、国务院和中共浙江省委的正确领导下,高举中国特色社会主义伟大旗帜,坚持以邓小平理论和"三个代表"重要思想为指导,深入贯彻落实科学发展观,全面实施"创业富民、创新强省"总战略,积极推进"全面小康六大行动计划",紧紧依靠全省各族人民,开拓进取,扎实工作,全省经济保持较快增长,结构调整和发展方式转变取得积极进展,人民生活继续改善,社会保持稳定。

初步统计,全省生产总值超过21000亿元,比上年增长10%左右;地方财政收入按可比口径增长15.3%;研究与试验发展经费支出占生产总值比例1.6%;单位生产总值能耗下降4%以上,化学需氧量、二氧化硫排放量均下降3%以上;城镇居民人均可支配收入22727元,农村居民人均纯收入9258元,扣除价格因素,分别增长5.4%和6.2%;居民消费价格总水平上涨5%;城镇新增就业74万人,城镇登记失业率3.5%;人口自然增长率4.6‰。除城乡居民收入增长和居民消费价格总水平外,年初确定的主要预期目标顺利实现,为民办实事的十方面任务全面完成。

一年来,国际金融危机加速蔓延,对我国经济社会发展的影响不断加深,以出口型、加工型为特征的我省经济首当其冲。我们围绕省十一届人大一次会议确定的目标任务,针对经济社会发展面临的新情况、新问题,及时提出"标本兼治、保稳促调"的思路,实施一系列政策措施,努力保持经济平稳较快发展和社会和谐稳定。

着力保持经济运行平稳。及时把握经济运行中出现的趋势性问题,在积极向中央反映情况、争取支持的同时,加强对企业的解困、扶持和服务,着力强化促进经济平稳较快发展的措施。不断加大与金融机构沟通协调力度。积极争取扩大信贷规模,出台加快金融业创新发展、加大金融对经济发展支持等政策意见,组织推动银企对接,增加小企业贷款风险补偿金,开展小额贷款公司和村镇银行试点,引导金融机构支持好的、扶持弱小的、帮助困难的企业,全省金融机构本外币贷款新增4740亿元,同比多增532亿元。不断加大减轻企业负担、促进企业发展的力度。广泛开展政企联动的"企业服务年"活动,取消和暂停征收100多项行政事业性收费,降低部分涉企经营服务性收费标准,减免困难企业相关税费,减轻企业负担50多亿元;安排省级外贸发展资金3.5亿元,促进外贸稳定健康发展,外贸出口总额1543亿美元,增长20.3%。不断加大项目推进力度。制订实施重大项目建设行动计划,大力推动基础设施网络、惠民安康和产业提升等"三个千亿"工程建设,以国家扩大内需为契机,加快组织实施一批保障性安居、农林水利、基础设施、社会事业、生态环保、自主创新等重大项目,积极筹措财政资金保障重大项目建设,"三个千亿"工程完成投资1410亿元,新增高速公路422千米、6000千瓦以上发电装机容量370万千瓦、500千伏输变电线路513千米,杭州湾跨海大桥等一批项目建成,甬台温、温福铁路等项目进展顺利,宁杭、杭甬客运专线和杭州铁路东站扩建等项目开工。不断加大经济运行协调和市场监管力度。强化煤电油运等综合协调,切实保障农产品有效供给和粮食安全,加强价格监管,努力保持物价稳定。

加快经济发展方式转变。大力推动自主创新。制订实施自主创新能力提升行动计划,深入实施知识产权、标准化和品牌战略,加快推进33个重大公共创新平台建设,新引进113个科技创新载体,组织实施26个重大科技专项,发明专利授权量增长47.7%,全省财政科技支出86.8亿元,增长21.3%。大力推动工业转型升级。制定实施推动工业创新和转型升级的政策,实施行业龙头企业技术赶超计划和技术改造“双千工程”,工业结构进一步优化。大力推动服务业发展。制定实施服务业发展规划和政策,完善促进服务业发展的体制机制,服务业增加值增幅高于生产总值增幅。大力推动新型城市化。修编省域城镇体系规划,基本完成县市域总体规划编制,协调推进都市经济圈、城市群和中心镇建设。大力推动新农村建设。制订实施推进农村改革发展的意见,加大支农惠农政策力度,加快发展高效生态农业,实施新一轮“千村示范、万村整治”工程,完成3395个村庄环境综合整治任务,新解决303万农村人口饮水安全问题,城镇集中供水覆盖农村人口新增154万,改建通村公路3755千米,各级财政“三农”投入626亿元,增长26.2%。大力推动生态文明建设。制订实施资源节约和环境保护行动计划,组织实施节能降耗、节约集约用地和环境保护等工程,启动循环经济试点省建设。扩大重点用能监管范围,淘汰小火电、小水泥等落后产能。通过土地整理和开发利用,新增耕地27万亩。新增城镇污水日处理能力78万吨、生活垃圾日处理能力1800吨,八大水系、运河、主要湖库地表水环境功能区水质达标率提高7.6个百分点。

扎实推进民生改善。制订实施基本公共服务均等化和低收入群众增收行动计划,健全为民办实事的长效机制,全省财政支出增量的72.2%用于民生。认真做好就业和社会保障工作。加大对就业困难人员特别是城镇零就业家庭和农村低保家庭就业的帮扶力度,探索覆盖城乡居民的养老保障制度,提高企业退休人员基本养老金和城乡居民最低生活保障标准,提高重点优抚对象抚恤补助标准和医疗保障水平,加快推进养老服务体系建设。企业基本养老保险、城镇职工基本医疗保险、失业保险和工伤保险参保人数分别新增211万、193万、125万和240万,省级财政对城镇居民基本医疗保险补助标准提高1倍。完善落实低收入居民价格补贴办法,实施残疾人共享小康工程,新增廉租住房受益家庭1.3万户,新开工经济适用房343万平方米。加大对欠发达地区和海岛地区的支持力度。省级财政转移支付193亿元,增长15.3%,缓征林业“两金”,扩大欠发达地区下山搬迁农户补助范围,提高补助标准,完成下山搬迁7.3万人,山海协作项目到位资金230亿元。积极推动教育、卫生、文化等社会事业发展。全面免除义务教育阶段学生课本费、作业本费和外来民工子女借读费,初中、小学生均公用经费标准分别提高到450元和300元,率先实行农村教师任教津贴制度,全面落实困难学生资助和高校学生补助政策,全面开展化解义务教育债务工作,实施新一轮职业教育六项行动计划,积极推动高等学校教育质量提升。

完善城乡医疗服务和公共卫生体系,健全社区卫生服务网络,加强重大疫情和重大传染病防控,深入实施农民健康工程,省级财政对新型农村合作医疗补助标准提高1倍,农民健康体检补助标准进一步提高。推进中医药事业加快发展。加强人口和计划生育工作,启动实施免费婚前医学检查、免费孕前优生检测,开展计划生育家庭特别扶助。实施推动文化大发展大繁荣纲要,推进文化建设八项工程和新农村文化建设十项工程,广泛开展“种文化”、送文化活动,基本实现所有行政村通有线电视,全面减免城乡低保家庭有线电视网络初装费。扎实做好迎接北京奥运会的各项工作,我省运动员在奥运会和残奥会上取得优异成绩,全民健身活动深入开展。做好法律援助工作。积极发展妇女、儿童、老龄和残疾人事业。推进城乡社区建设。加强外来务工人员服务和管理。认真做好民族、宗教、外事、侨务、对港澳台事务等工作。

深入推进改革开放。总结浙江30年改革开放经验,努力构建有利于科学发展的体制机制。组织实施综合配套、统筹城乡和民营经济创新发展改革试点。

完善落实促进民营经济发展政策，积极解决民营经济发展中遇到的困难和问题，促进民营企业创新发展。推动省属国有企业改革重组，加强与央企等战略合作，完善国有资产监管制度。加快资源要素市场化改革，推动地方金融创新，全面推进政策性农业保险和农村住房保险，完善土地"招拍挂"制度，开展排污权交易试点，深化集体林权制度改革。深化行政审批制度改革，全面推进扩权强县。进一步扩大对内对外开放。推动开发区(园区)改造提升，规划建设宁波梅山保税港区，完善出口加工区功能，开展境外经贸合作区建设。加大引进外资工作力度，加强与境内外优势企业战略合作。落实国家推进长三角地区改革发展的政策，全面深化长三角地区合作与交流。积极参与西部大开发、东北振兴和中部崛起。加强援藏援疆对口支援和帮扶工作。

切实维护社会稳定。加强食品药品质量安全监管，积极处置"问题奶粉"等公共安全事件，开展农村"十小"行业质量安全整治。着力预防化解经济金融风险，推动企业兼并重组解困，妥善处置企业债务问题引发的社会矛盾，加强企业拖欠工资的防范处置工作。大力实施强塘固房工程，除险加固水库235座，加固堤防205千米、海塘25千米、水闸39座，完成1.88万户农村困难群众危旧房改造。完善和落实安全生产责任制，加强重点行业和领域的安全专项整治，安全生产事故起数、死亡人数和直接经济损失分别下降13.5%、5.1%和6.2%。扎实开展平安创建活动，坚持并发展"枫桥经验"，健全社会治安综合治理和防控体系，依法打击各类刑事犯罪活动，切实维护国家安全和社会稳定。进一步做好信访工作，妥善处理信访突出问题和群体性事件。大力支持国防建设，深入开展拥军优属、军民共建活动，进一步推动国防动员工作，加强国防后备力量建设。

加强政府自身建设。认真开展深入学习实践科学发展观活动，大力弘扬求真务实的工作作风，直面困难，坚定信心，狠抓保稳促调各项措施的贯彻落实，努力应对国际金融危机冲击，着力破解制约科学发展的突出问题，竭力为基层和企业排忧解难。切实加强科学民主决策，完善省政府工作规则等规章制度，坚持重大事项向人大报告和政协通报制度，推行政府领导领办人大代表建议、政协提案和听取意见制度，自觉接受人大依法监督、政协民主监督和社会监督。加强依法行政，制订实施公民权益依法保障行动计划，全面推行政府信息公开，加快建设电子政务监督系统，规范行政行为。积极构建公共财政体系，完善省管县财政体制，加强政府投资项目管理，大力压缩行政性开支。健全廉政建设责任制，强化审计监督、行政监察和行政层级监督，实行审计情况通报制度，努力从源头上预防和治理腐败。

2008年，我们还遭遇了严重的自然灾害。面对50年一遇的特大低温雨雪冰冻灾害，我们及时启动应急预案，组织实施电网、农林基础设施的恢复重建，省财政下拨救灾资金3.68亿元，救助灾民63万人次，修复重建房屋2301间，灾区生产生活秩序得到较快恢复，驻浙人民解放军和武警部队作出了重大贡献。汶川特大地震发生后，按照党中央、国务院的总体部署，全力支援抗震救灾。先后派出应急救援、医疗救护和支教队伍44支2512人，捐赠款物43.5亿元，接收治疗灾区伤病员1020名，提前完成帐篷生产任务31.3万顶，建成过渡安置房5.5万套。设立对口援建机构，编制援建规划，安排财政援建资金16.5亿元，启动建设一批公共服务设施，援建工作进展顺利。

各位代表！过去一年的成绩来之不易，这是党中央、国务院和中共浙江省委正确领导的结果，是全省各族人民大力弘扬浙江精神，齐心协力、克难攻坚的结果。我代表省人民政府，向在各领域辛勤劳动的全省各族人民和外来建设者，向给予政府工作支持和监督的人大代表、政协委员，表示崇高的敬意和衷心的感谢！向各民主党派、工商联、各人民团体和社会各界人士，向驻浙人民解放军和武警部队官兵、中央驻浙各单位，向关心和支持浙江发展的香港和澳门特别行政区同胞、台湾同胞、广大侨胞和海内外朋友们，表示衷心的感谢！

我们清醒地看到，当前我省经济社会发展面临很多困难和问题。国际金融危机仍在快速蔓延，对实体经济的影响正在加深，经济社会发展面临全球市场需求萎缩、国际贸易保护主义抬头、经济金融潜在风险增加、社会稳定压力加大等严峻挑战。经济下行加快、企业生产经营困难加剧、财政收支平衡压力加大等问题突出，而且趋势还在延续。全省生产总值增幅逐季回落，预计全年回落超过4.5个百分点，从10月份开始规模以上工业企业利润累计出现负增长,11月份开始地方财政收入当月出现负增长。长期积累的经济结构性、素质性、体制性矛盾依然存在,自主创新能力和产业竞争力亟待增强,节能减排压力依然较大,农业增效、农民增收的难度增加,保障科学发展的体制机制有待进一步健全。就业压力不断加大,部分低收入群众生活困难,食品药品安全和安全生产问题突出。政府工作还有不少差距,依法行政能力有待提高,一些政府工作人员服务意识不强、作风不实、效率不高,腐败现象在一些地方和领域还比较严重。我们一定高度重视,进一步增强忧患意识、责任意识,采取更扎实、更有效的措施,努力加以解决。

二、2009年的主要目标和总体要求

2009年将是新世纪以来我省经济发展最为困难的一年,也是蕴含重大机遇的一年。我国正处于工业化、信息化、城镇化、市场化、国际化加速发展时期,国内市场需求潜力巨大;中央实施扩大内需、保持经济平稳较快发展的一系列政策措施,为我省经济发展提供了有力保障;世界经济增长明显减速,在导致国际市场需求萎缩的同时,也带来能源原材料等资源要素价格的回落,为我省企业降低成本、更好地利用国际先进技术和人才等要素资源提供了有利条件;经过30年的改革发展,我省综合实力和国际竞争力显著提高,市场主体抗风险能力和创新活力明显增强,加上多年来应对各种风险挑战积累的成功经验和一年来应对国际金融危机形成的工作基础,为我省经济社会发展提供了有效支撑。我们坚信,在中央和省委的坚强领导下,只要我们紧紧依靠全省各族人民,大力弘扬创业创新的浙江精神,坚持科学发展不动摇、转型升级不畏难、苦练内功不浮躁,就一定能够化挑战为机遇,变压力为动力,实现经济社会平稳较快发展,继续走在科学发展前列。

综合考虑经济社会发展趋势和目标导向,建议2009年全省经济社会发展的主要预期目标是:全省生产总值增长9%左右,地方财政收入增长6%左右;研究与试验发展经费支出占生产总值比例1.7%左右;单位生产总值能耗下降4%以上,化学需氧量下降3%以上,二氧化硫排放量下降3%左右;城镇居民人均可支配收入增长7%,农村居民人均纯收入增长7%;居民消费价格总水平涨幅控制在4%以内;新增城镇就业60万人,城镇登记失业率控制在4%以内;人口自然增长率控制在6‰。以内。

2009年国际国内发展环境的不确定因素很多,全面实现上述目标有较大难度,我们要充分利用一切有利条件,全力做好工作,力争完成各项预期目标。

政府工作的总体要求是:全面贯彻党的十七大、十七届三中全会和中央经济工作会议精神,以邓小平理论和“三个代表”重要思想为指导,深入贯彻落实科学发展观,全面实施“创业富民、创新强省”总战略,扎实推进“全面小康六大行动计划”,着力保增长、抓转型、重民生、促稳定,努力推动经济社会又好又快发展。

在具体工作中,努力把握好以下几个方面:

坚持标本兼治,保稳促调。把保持经济平稳较快发展作为首要任务,着力解决影响经济运行平稳的突出矛盾和问题,大力推进结构调整和发展方式转变,努力实现速度与结构、质量、效益的有机统一。

坚持民生为本,企业为基。把保障和改善民生放到更加突出的位置,充分发挥企业在经济发展和保障民生中的基础性作用,主动为企业排忧解难,大力推动企业提升发展、做优做强,努力为民生持续改善提供有力支撑。

坚持改革创新,克难攻坚。把解放思想、改革创新作为根本动力,大力弘扬浙江精神,用改革的办法破解难题,以创新的举措应对挑战,切实在重点领域和关键环节的改革上取得新突破,努力为经济社会发展增添动力和活力。

坚持统筹兼顾,协调发展。统筹城乡、区域、经济社会、人与自然和国际国内发展,兼顾长远与当前、全面与重点、需要与可能的关系,合理配置公共资源,最大限度地调动各方面积极性,努力增强发展的协调性,确保社会和谐稳定。

三、确保经济持续平稳协调较快发展

把保持经济平稳较快增长与加快经济转型升级有机结合起来,努力为更长时间、更高水平的发展打下坚实基础。

进一步加大投资力度。抓住国家扩大内需机遇,围绕结构调整和发展方式转变,加快实施“三个千亿”工程。安排政府主导性投资1838亿元,带动社会投资5000亿元以上。抓紧开工建设一批政府主导性重大项

目。省级财政筹措100亿元，大力推进以“六线两枢纽”为重点的铁路项目建设，力争通过4年左右时间的努力，基本建成全省现代化轨道交通网。以高速公路为重点加强公路网建设，抓紧实施港口、机场、内河航运等重大项目，加强高速公路与国、省道联网和与铁路、港口的相互衔接。积极推进以核电、电网和天然气管网为重点的能源建设，组织实施一批千库保安、海塘和堤防加固、水资源保障、重点围涂、防洪排涝等水利重大项目，全面推进“811”环境保护新三年行动确定的环保设施项目建设，加大廉租住房、农村基础设施、卫生教育文化设施的建设力度。积极引导和扩大社会投资。充分利用增值税转型和财政贴息等政策，鼓励企业加大技术改造和高新技术产业、现代服务业、装备制造业、先进临港产业等项目投资。加强项目建设的要素保障和协调推动。抓紧新一轮土地利用总体规划修编，优化配置建设用地资源，着力解决建设用地空间结构和占补平衡问题。做好重大项目资金平衡和融资对接，创新融资方式，推动金融机构加大重点项目资金投入，积极争取中央资金支持，加大招商引资力度。在符合科学发展要求和依法依规的前提下，抓紧做好项目论证审批、政策处理和组织实施等工作，创造良好的投资环境，防止低水平重复建设。

推动消费快速增长。深入实施低收入群众增收行动计划，多渠道增加城乡居民收入，增强居民消费能力。深入实施基本公共服务均等化行动计划，健全教育、医疗等基本公共服务体系，完善就业和社会保障制度，稳定居民消费预期。加快培育旅游、文化、信息服务、教育培训、体育健身等消费热点，发展社区商业、物业、家政等服务性消费，积极开展“家电下乡”。加大农村水、电、气、路等设施建设力度，健全城乡消费品、生产资料和农产品流通网络体系，发展和完善消费信贷，加强市场监管，规范市场秩序，进一步改善消费环境。认真落实中央关于促进房地产市场稳定健康发展的政策措施，支持和鼓励普通自住住房和改善型住房消费，加快发展二手房市场和住房租赁市场，促进房地产业健康发展。

努力保持出口平稳较快增长。充分利用两个市场、两种资源，积极推动外贸增长方式转变，优化出口产品结构，努力提升开放型经济发展水平。实施市场多元化战略，引导企业在巩固北美、欧盟、日本等传统市场的同时，大力开拓中东、俄罗斯、拉美、非洲等新兴市场，积极为企业开拓新兴市场提供信息和服务，有重点地组织企业到新兴市场开展商务考察、会展等活动，积极稳妥推进企业“走出去”发展。支持企业建立健全国际营销网络，创新生产经营模式，提高市场拓展能力。优化外经贸发展环境，加快推动大通关建设，提高通关效率，加强保税港区、出口加工区建设。扩大先进技术装备和紧缺资源性商品进口，加强重要物资的战略储备。

积极调整和优化产业结构。利用国际金融危机形成的倒逼机制，推动产业结构调整。加快优势制造产业振兴。抓住国家制订实施产业振兴规划的机遇，积极争取把我省石化、船舶、钢铁、汽车、电子信息、装备制造、轻工、纺织、有色金属等行业的重点项目纳入国家规划，抓紧编制我省重点产业振兴实施计划，明确主攻方向、重点项目和措施，推动企业加快技术改造，促进产业转型升级。推动企业管理创新。引导企业强化战略思维和现代经营管理理念，完善法人治理结构和经营决策机制，优化业务流程，加强市场营销，提高企业核心竞争力。推进块状经济向现代产业集群转型。整合提升各类开发区(园区)，推动专业市场提升，发展电子商务，建设面向块状经济的研发设计、营销、物流和信息等公共服务平台。加快培育高新技术产业。加强科技企业孵化器和高新技术产业基地建设，组织实施一批高技术产业化示范项目，发展创业风险投资，促进电子信息、新能源、新材料、生物医药等产业加快发展。大力发展服务业。着力优化服务业发展环境，进一步放宽市场准入，完善落实促进服务业加快发展的政策，积极推动企业主辅业务分离，推进政府服务外包，引导居民扩大服务性消费，鼓励服务业经营模式创新。加快发展生产性服务业，积极推动金融保险、现代物流、科技服务、信息服务、文化创意等产业发展，加强现代服务业集聚区建设，大力引进国内外优势服务企业和高端人才，培育总部经济、楼宇经济和服务外包基地。积极发展就业吸纳能力强和市场需求大的生活性服务业。进一步推动产业布局优化。编制实施主体功能区规划，健全三大产业带建设协调推进机制，积极推动杭州、宁波、温州等都市经济圈和浙中城市群发展，增强中心城市集聚辐射功能，加强中心镇建设，加快新型城市化进程。推动港航强省建设,统筹沿海城市产业布局,加强海域和海岛资源管理,积极发展先进临港产业和海洋渔业、海洋生物、海洋旅游等产业,建设“海上浙江”。

大力推动自主创新。全面实施知识产权、标准化和品牌战略,深入推进自主创新能力提升行动计划。支持企业技术研发和技术引进。加大科技投入,落实企业研发费加计抵扣等政策,鼓励企业通过多种方式掌握核心技术和先进技术,推动产学研联合,实施重大科技专项,着力突破制约产业优化升级的关键技术和共性技术。大力推进创新平台和创新载体建设。积极鼓励省内外高校和科研院所与地方、企业共建创新平台,鼓励科技人员深入企业开展科技创新活动。大力推动人才资源开发与利用。实施海内外高层次人才引进等计划,大力引进和培养科技领军人才、创新团队和产业发展紧缺人才,营造有利于人才集聚和创业创新的良好环境。

加快推进农村改革发展。完善落实促进农村改革发展的政策,加快新农村建设,促进城乡统筹协调发展。确保粮食和主要农产品供给。落实粮食安全行政首长负责制,整合运用各类政策资源,推动1500万亩标准农田改造提升,稳定粮食播种面积,着力提高粮食单产水平,提高粮食最低收购价格,加强农产品供给保障和质量安全监管。确保农民增收。采取综合措施,着力增加农村中低收入群众的收入。完善落实农资综合直补、良种补贴、农机具补贴等各项支农惠农政策,加大财政“三农”投入,推动各类政策资源更多地转化为农民的直接收入。大力发展高效生态农业,深入实施“种子种苗”工程和“农产品品质提升”工程,大力推广“一村一品”、“一乡一品”,鼓励发展各类专业大户、农民专业合作社、农业龙头企业等现代农业生产经营主体和社会化服务组织,引导工商企业投资发展现代农业,推动农产品精深加工,支持发展设施农业、休闲观光农业、农家乐,推进标准渔港建设。大力推动农民创业就业,扎实开展先进实用技能培训,加强对农民工返乡就业创业的信息、金融、技术等服务,鼓励发展农村家庭工业和社区服务业。进一步优化农村发展环境。深入实施“千村示范、万村整治”工程,加强中心村规划,推动村内道路硬化、卫生改厕、安全饮水、污水治理和垃圾处理等设施建设,加快发展农村社会事业。稳定和完善农村基本经营制度,按照依法、自愿、有偿原则,积极促进土地承包经营权流转和适度规模经营,深入实施集体林权制度改革,发展多种形式的新型农村金融组织,扶持发展农业信用担保机构,加快推进林权抵押贷款,探索推动大型农用生产设备等抵押贷款,扩大政策性农业保险和农房保险,强化农业农村发展的制度保障。

进一步推动区域协调发展。创新支持欠发达地区发展的体制机制和政策。加大财政转移支付力度,完善生态环境补偿机制,支持欠发达地区、海岛地区的基础设施和重大产业项目建设,深入实施“山海协作”工程,提高欠发达地区发展能力。以低收入农户集中村为重点,加大对困难农户的结对帮扶力度,扶持低收入农户发展生产,大力发展来料加工业,支持革命老区、少数民族地区、偏远海岛和贫困山区困难群众脱贫致富奔小康。坚持保护为先,合理开发利用山区资源,大力发展特色林业和森林旅游等产业,加快建设“山上浙江”。切实做好对口支援青川灾后恢复重建工作。积极推进长三角地区一体化发展,主动对接、服务上海世博会。进一步加强与中西部地区、东北等老工业基地的合作与交流。继续做好援疆援藏工作。深入推进与港澳台地区的经贸合作。

切实加强资源节约和环境保护。深入实施资源节约和环境保护行动计划。加快推动节能降耗十大工程,严格执行重点耗能行业能耗限额标准,抓好6000余家重点耗能企业节能改造,加快淘汰小火电等落后产能,健全落后生产能力退出机制,扩大差别电价实施范围,鼓励发展风能、太阳能、生物质能等新能源和可再生能源。加强节地、节水、节材和资源综合利用工作,落实“365”节约集约用地实施方案,推进低丘缓坡和滩涂的合理开发利用,加快农村宅基地整理,鼓励建设多层厂房,加大对地下空间资源的利用和开发,严格执行用水定额管理,深化水价改革。深入推进“811”环境保护新三年行动和环境保护八大工程,加快太湖流域水环境综合治理步伐,加强钱塘江流域氮磷污染控制和重点河段监管,加强水库水源地保护和农村饮用水安全管理,加强重点环境问题整治。制订实施重点污染行业准入标准,禁止新上高污染项目,推进燃煤发电机组脱硫改造,加强对重点工业污染源的“飞行监测”。加大城乡环境综合整治力度,严格控制农业农村面源污染,防治大气、土壤、近岸海域污染。完善环境监测监控体系，加强环保执法监管，推进排污权交易。加快循环经济试点省建设，推动开发区(园区)生态化改造。

四、确保民生改善和社会稳定

经济越是困难，越要高度重视民生和社会稳定。紧紧围绕事关群众切身利益和社会和谐稳定的热点、难点问题，进一步加大工作力度。

把推动就业再就业工作放在更加突出的位置。高度重视企业下岗失业人员再就业和新增劳动力就业问题。努力稳定现有就业岗位，加强对全社会就业的分析监控，制定扩大失业保险基金支出范围的政策措施，实施与就业挂钩的企业发展支持政策，引导企业采取在岗培训等多种措施减少裁员。千方百计拓展就业门路，充分发挥政府投资和重大项目带动就业的作用，积极增加社区服务、公共服务等公益性岗位，完善落实鼓励自主创业、自谋职业的政策，降低创业门槛，把小额担保贷款、贷款贴息、职业培训补贴等优惠政策扩大到城乡所有创业人员。完善城乡就业公共服务和救助体系，加强对失业人员的就业技能培训，健全城镇零就业家庭、农村低保家庭等就业困难群体的就业援助长效机制。高度重视高校毕业生就业，增加农村中小学教师编制，鼓励高校毕业生到基层就业，完善离校未就业大学生见习制度，引导各类孵化器为大中专毕业生提供低成本创业平台。努力扩大招生规模，让更多的中学、大中专毕业生继续就学深造。

进一步加强社会保障工作。完善养老保障制度，稳步推进城镇职工基本养老保险省级统筹，探索新型农村社会养老保障制度。完善医疗、工伤等保险制度，加强城镇职工和城镇居民基本医疗保险、新型农村合作医疗之间的政策衔接，启动实施大学生医疗保障制度。完善社会救助体系，健全低保、医疗和农村五保、城镇“三无”人员等救助制度，完善困难群众物价补贴机制，加强临时救助制度建设，扩大社会救助覆盖面。加快发展老龄事业、社会福利事业和慈善事业，健全养老服务体系，以残疾人共享小康工程为抓手，加快残疾人事业发展，切实保障妇女、未成年人和残疾人合法权益。完善住房保障体系，健全经济适用房和廉租房制度，提高廉租住房实物配租比例，多渠道解决城市低收入家庭和其他群体的住房困难，加快农村危旧房改造。加强城乡法律援助体系建设。

切实做好教育、卫生、文化和体育等工作。加快提升教育发展水平。进一步推动基础教育均衡发展，落实义务教育学校绩效工资制度，保障外来民工子女接受义务教育，积极发展学前教育，重视发展特殊教育。努力提高职业教育质量，大力开展职业技能培训。优化高校专业设置和学科结构，提高高校办学水平和教学质量。大力推动医疗卫生事业改革发展。健全基层医疗卫生服务体系，加强县级和城乡社区卫生服务机构能力建设，深入实施农民健康工程，开展乡镇卫生院体制改革试点。加快发展中医药事业。加强重大传染病、职业病防控，增强突发公共卫生事件处置能力。积极推动文化大发展大繁荣。坚持用社会主义荣辱观引领社会风尚，广泛开展社会公德、职业道德、家庭美德、个人品德教育。深化文化体制改革，加强公共文化设施建设，大力发展文化事业和文化产业，培育文化服务品牌。深入开展送文化下乡和“种文化”活动，提升乡镇综合文化站公共文化服务能力。积极发展哲学社会科学、广播影视、新闻出版和文学艺术事业。继续做好文化遗产保护工作。深入开展全民健身活动，认真做好全国残运会和省运会的筹备工作。加强人口和计划生育基层基础工作，稳定低生育水平，强化出生缺陷防控。进一步做好民族、宗教和外事、侨务工作。

努力维护社会稳定。切实防范化解经济金融风险，积极构建全方位、多层次的风险预警系统，建立健全风险协调处置机制，严肃查处企业欠薪逃匿行为，推进企业、个人征信建设，引导督促企业履行社会责任。加强市场监管，完善价格监测和重要物资储备制度，确保市场稳定。健全产品质量安全监管体系，加强食品药品质量全程监管，强化源头预防和治理，全面推进农村“十小”行业质量安全整治。落实安全生产责任制，加强基层安全生产监管，开展安全生产事故隐患排查和重点行业、领域的安全生产专项整治，防止重特大事故发生。完善突发公共事件应急处置机制，推进“强塘固房”等防灾减灾工程建设，加强基层应急管理，提高应急处置能力。推广新时期“枫桥经验”，推进居住证制度改革，深入开展和谐社区、和谐企业创建活动。贯彻国务院信访条例，完善利益表达、权益保障、矛盾调处机制，预防和妥善处理各类群体性事件。健全社会治安防控体系，加大社区矫正工作力度，统筹推进城乡警务一体化，依法打击各类违法犯罪活动。加强国家安全工作。大力支持驻浙人民解放军和武警部队建设,进一步加强国防教育、国防动员、国防后备力量建设和人民防空工作,扎实推进"双拥"共建活动,切实落实优抚安置政策。

围绕保障和改善民生,努力办好十方面实事。就业方面,帮助25万名城镇失业人员实现再就业,确保城镇零就业家庭发现一户、解决一户。基本生活保障方面,新增企业职工基本养老保险参保人数60万;提高企业退休人员基本养老金、重点优抚对象抚恤补助和城乡居民最低生活保障标准。医疗保障方面,新增城镇职工基本医疗保险参保人数60万,城镇居民基本医疗保险参保人数达到425万,工伤保险基本实现全覆盖;省级财政继续提高对新型农村合作医疗的补助标准,所有市县新农合人均筹资在140元以上;完善重点优抚对象基本医疗保障、政府医疗补助、医疗救助和医疗优惠"四位一体"的医疗保障制度。住房保障和养老服务方面,新增廉租住房受益家庭1万户以上,基本实现低保标准1.5倍以下的城镇低收入住房困难群体廉租住房应保尽保,新开工经济适用房300万平方米以上,完成1.6万户农村困难群众危旧房改造,新增机构养老床位1.5万张。教育方面,初中、小学生均公用经费最低标准分别提高到550元和350元,免除本省户籍年人均收入4000元以下农村家庭子女就读中等职业学校的学费,农村中小学爱心营养餐标准从每生每年200元提高到350元。农村环境建设方面,完成3000个村庄环境综合整治任务,完成通村公路路基路面改造2500千米,完善1500千米农村公路安全设施,新解决210万农村人口安全饮水问题,新增城镇集中供水覆盖农村人口130万,完成"万里清水河道"建设2000千米,新增村级连锁便利店1000家。文化方面,组织1.5万场演出、15万场电影、100万册图书到农村,免除城乡低保家庭有线电视网络初装费和视听维护费。扶贫方面,完成高山远山区、地质灾害危险区、重点库区贫困群众下山搬迁5万人;省级重点生态公益林补助标准提高到每亩17元。污染防治方面,建成100个镇的生活污水处理设施,配套建设污水管网1000千米,新增城镇生活垃圾日处理能力1600吨,完成生猪存栏200头以上规模养殖场的排泄物治理。公共安全方面,完成三类坝水库和重点小型二类坝水库除险加固工作,安全生产事故起数、死亡人数和直接经济损失三项指标继续保持零增长,并力争有所下降;亿元生产总值事故、工矿商贸企业10万从业人员事故和万车死亡率稳步下降。

五、全面加强政府服务和管理

围绕确保经济持续平稳较快发展、确保民生改善和社会稳定,进一步加强政府自身建设,努力创造良好的发展环境。

转变职能,强化服务。深入开展"企业服务年"活动,加大对企业的解困、扶持和服务力度。切实减轻企业负担,落实增值税转型、出口退税、高新技术企业税收优惠和涉企行政事业性收费取消、暂停等政策,预计减轻企业负担400亿元以上。引导企业扩大出口,省级财政继续安排3.5亿元外贸发展资金,重点支持出口企业优化产品结构、创建自主品牌、参加境外展会等。鼓励企业加快技术改造,整合省级现有工业类、科技类财政性资金,新增2亿元,设立总额为5亿元的工业转型升级专项资金,重点用于企业技术改造的贷款贴息,推动企业产品创新、技术创新、管理创新和节能减排。努力改善企业融资环境,引导和督促金融机构认真落实中央适度宽松的货币政策,继续安排省级小企业贷款风险补偿资金6500万元,加快发展产业投资基金和创业风险投资基金,大力引进各类金融机构,积极稳妥发展小额贷款公司,加快完善中小企业信用担保体系,努力缓解企业特别是中小企业的资金瓶颈制约。积极推动企业资产重组,鼓励行业龙头企业和优势企业加大对落后企业、困难企业兼并重组,鼓励关联产业、上下游企业联合重组,提高规模效益。建立健全企业联系制度,省级部门重点联系销售收入前300位的大企业,掌握企业生产经营状况,帮助协调解决发展中遇到的问题,采取有效形式开展企业家培训,推动企业创新发展,增强企业发展活力和抗风险能力。

改进作风,提高效能。把开展深入学习实践科学发展观活动与保稳促调各项工作紧密结合起来,推动各级各部门聚焦保稳促调中心任务,大力弘扬求真务实之风,集中精力破解重点难点问题,集中财力保障民生、促进发展。健全目标责任管理制度,加强政策落实的督促检查,强化行政问责。深化行政审批制度改革,全面清理和规范非行政许可审批事项,全面推行行政审批全程代理制、重大项目联合审批制和限时办结制，加快推进网上办事大厅和电子政务监督系统建设，加强效能监察。开展新一轮政府机构改革，深入实施三大省级综合配套改革试点，积极推进扩权强县和中心镇扩权改革。加强节约型政府建设，大力倡导艰苦奋斗、勤俭节约，各级党政机关公用经费压缩5%，专项经费、会议经费“零增长”，省级部门公务用车购置冻结一年，出国经费支出压缩20%。

依法行政，规范行为。严格执行人大及其常委会的决议、决定，自觉接受人大及其常委会的法律和工作监督，定期报告重大工作事项，认真接受人民政协的民主监督，主动听取各民主党派、工商联、各人民团体和社会各界人士的意见建议，切实做好人大代表建议和政协提案办理工作。健全科学民主决策制度，完善重大事项公众参与、专家论证和政府集体决策相结合的决策机制。加强政府立法工作，规范行政执法，加强行政复议工作。深入实施政府信息公开制度，保障公民的知情权、表达权、参与权、监督权。认真贯彻落实公务员法，切实加强对公务员的教育、管理和监督。强化政府层级监督，充分发挥监察、审计等专门监督的作用。进一步加强反腐倡廉工作，落实廉政建设责任制，深化人事、财政等体制改革，加强政府性资金绩效评价，加强国有资产和工程招投标、政府采购、土地出让等重点领域的监管，坚决纠正损害群众利益的不正之风，严肃查处各类违法违纪案件。

各位代表！今年我省经济社会发展的任务十分艰巨。我们要紧密团结在以胡锦涛同志为总书记的党中央周围，在中共浙江省委的领导下，坚定信心，振奋精神，锐意进取，扎实工作，以优异的成绩迎接新中国成立六十周年！

关于2008年全省和省级预算执行情况及2009年全省和省级预算草案的报告

——浙江省第十一届人民代表大会第二次会议发言(摘要)

2009年1月16日 钱巨炎

一、关于2008年全省和省级预算执行情况

2008年，面对国际金融危机的严峻挑战和低温雨雪冰冻等自然灾害的严重影响,我们以科学发展观为指导,深入贯彻党的十七大和省第十二次党代会及历次全会精神,坚决执行国家宏观调控政策,扎实推进"创业富民、创新强省"总战略,认真实施"全面小康六大行动计划",积极创新理财思路,完善财政体制,推动经济发展方式转变,强化收入征管,优化支出结构,深化财税管理改革,财政收入超额完成年初省人代会确定的任务，同时通过不断调整和优化支出结构,有力保障了各项重点支出的需要,促进了全省经济建设、事业发展和社会稳定。

2008年全省地方财政收入汇总预算为1850.00亿元,执行数为1933.39亿元,完成预算的104.5%,比上年增长17.2%,按可比口径计算比上年增长15.3%。2008年全省财政支出汇总预算为2000.00亿元,执行数为2208.30亿元,完成预算的110.4 %,比上年增长22.2%，按可比口径计算，比上年增长15.1%。预计2008年全省财政收支平衡,略有结余。

2008年省级地方财政收入预算为195.00亿元,执行数为205.98亿元,完成预算的105.6 %,比上年增长17.8%,按可比口径计算,比上年增长10.6%。2008年省级财政支出预算为226.80亿元,执行数为251.25亿元,完成预算的110.8%,比上年增长21.3%,按可比口径计算,比上年增长9.9 %。预计2008年省级财政收支平衡。

2008年是认真贯彻党的十七大精神，全面落实省第十二次党代会提出的各项任务,深入实施"创业富民、创新强省"总战略的第一年。一年来,我们在省委的领导和省人大常委会的监督指导下,按照省十一届人大一次会议关于财政预算报告决议精神,牢固树立忧患意识、公仆意识和节俭意识,开拓创新,积极进取,较好地完成了各项预算收支任务。

(一)完善财政体制,推动经济转型升级。按照科学发展观的要求,完善省对市县财政体制,建立健全有利于科学发展的财税体制机制,进一步发挥财政体制的导向、杠杆作用,促进产业结构优化、经济转型升级和发展方式转变。按照大稳定、小调整的要求,将"两保两挂"、"两保一挂"财政政策统一调整为"分类分档激励奖补机制"；实行市县营业税增收上交返还奖励政策和省级金融保险业营业税增收奖励政策,适当提高电力生产企业所在地增值税分成比例,提高市县发展服务业特别是金融等现代服务业的积极性;完善财政转移支付制度,加大一般转移支付力度,逐年增加因素法转移支付和生态环保财力转移支付的力度，增强经济薄弱及相对薄弱市县基本公共服务能力,积极推进基本公共服务均等化。

(二)支持经济平稳较快发展,做好做大财政"蛋糕"。面对极其复杂多变的宏观经济形势,认真落实国家宏观调控政策和"标本兼治、保稳促调"的方针,积

极发挥财税职能作用，促进经济平稳较快发展。加大财政科技投入，重点支持科技公共基础条件平台、行业和区域创新平台建设，扶持大型科研院所22个实验室建设，支持创新型人才队伍建设，引导大学生开展创新活动，促进科技创新。完善外经贸促进政策，支持外向型经济结构调整和产业升级。筹措落实“三个千亿工程”省级财政性资金，争取中央预算内和国债基建补助，推进实施“重大项目建设行动计划”，支持铁路“三线一枢纽”、萧山机场二期等一批重大项目建设。增加中小企业发展专项资金和小企业贷款风险补偿资金，完善信用担保体系，扶持中小企业健康发展。对企业社会保险费缴纳比例实行临时性适当下浮，取消和暂停征收部分行政事业性收费，及时做好地方税费减免工作，减轻企业负担。加大“三农”投入，整合财政支农资金，加大农业综合开发投入，完善支农惠农政策，扩大农业政策性保险覆盖面，建立农业贷款风险补偿制度，支持农业基础设施和现代农业产业体系建设；落实扶持粮食生产的各项政策，支持粮食安全体系建设；支持“强塘固房”工程、农民饮用水工程、病险水库除险加固、标准渔港建设和百万亩生态型水产养殖塘标准化建设工程。完善财政支持服务业发展的政策措施，推进万家企业电子商务工程建设，支持农村商贸流通服务体系建设、农村专业合作社以及金融服务业等发展。整合节能相关财政专项资金，并加大支持力度，促进节能降耗工作。调整政府外债投向结构，着力向环保、节能和社会发展等倾斜。

在支持经济发展的基础上，遵循“均衡入库、持续增长、优化结构、调控有力”的收入组织原则，加强税收征管，推进社保费“五费合征”，完善新版政府非税收入征管信息系统，进一步加强土地出让收入、海域使用金等征收管理，全面清理历年欠缴省级农业土地开发资金，将彩票公益金纳入政府性基金预算管理，增强政府财力。财政收入的结构进一步优化，质量进一步提升。

（三）着力改善民生，促进社会和谐稳定。认真贯彻落实省委《关于全面改善民生促进社会和谐的决定》，积极实施“全面小康六大行动计划”，着力解决人民群众最关心、最直接、最现实的利益问题。2008年全省财政增量用于民生支出比例达到72.2%。一是支持抗灾救助。支持冰冻雨雪灾害应对及各项灾后重建工作。及时从省级预备费中安排捐赠资金，调减省级部门公用经费预算5%，按照地方财政收入1%的要求落实筹措青川灾后恢复重建资金，支持四川灾区抗震救灾和灾后重建。二是支持教育事业发展。深化义务教育经费保障机制改革，小学、初中生均公用经费标准分别提高到每年300元、450元，全部免除城乡义务教育阶段学生课本费、作业本费，免除符合条件的民工子女义务教育借读费；实施新一轮“职教六项行动计划”，全面落实困难学生资助、高校食堂和学生补助政策；实行农村教师任教津贴政策，提高农村教师待遇。三是支持创业富民。完善支持自主创业、自谋职业政策，加强农村劳动力素质培训，支持零就业家庭、大中专毕业生和农村剩余劳动力创业就业。安排下山脱贫等扶贫资金，推进“低收入农户奔小康工程”建设，扶持低收入农户发展来料加工业、特色产业和绿色农产品，拓宽增收渠道。四是支持社会保障和医疗卫生事业发展。加大社会保障投入，提高省财政对城镇居民医疗保险、新型农村合作医疗、农民健康体检的补助水平，全省所有市县新型农村合作医疗人均筹资达到100元以上。支持实施残疾人共享小康工程，提高残疾人基本生活、基本照料、基本康复保障水平。全面提高乡镇卫生院以基本医疗和公共卫生服务为重点的卫生服务能力，支持手足口病防治工作，做好婴幼儿奶粉事件免费救治的经费保障。五是支持文化大省建设。加大公益文化投入，支持农村公共文化服务体系和文化重点项目建设，加强全省博物馆、图书馆等免费开放经费保障，繁荣文化艺术创作，加大文化遗产保护力度，构建公共文化服务体系。支持奥运会备战和火炬传递，推进全民体育健身工程建设。六是支持“平安浙江”建设。完善基层政法机关经费保障机制，制订基层司法行政机关公用经费保障标准，全省县级公安机关公用经费保障标准全部达标；建立社区矫正经费保障机制，支持法律援助、人民调解工作。加大产品质量和食品安全监督投入，推进食品安全检验检测体系建设。支持全省安全生产应急救援体系建设和安全技术推广应用。七是支持生态环境保护和节能减排。完善财政激励约束机制，全面实施省对主要水系源头45个市、县（市）的生态环保财力转移支付制度。加大生态环保投入，运用“以奖代补”等政策措施，支持全省重要流域、区域和欠发达地区生态环境保护及污染整治、农村环境治理及生态保护,推进污染减排工作。八是保障低收入群体基本生活。密切关注价格上涨对民生的影响,提高城市、农村低保对象补助水平,给予高校学生临时伙食补贴,缓解物价上涨对特定群体的影响。争取中央财政石油价格改革财政补贴,确保油价补贴资金及时发放和兑付。筹措落实副食品风险基金和省级储备商品管理补贴资金,加强省级储备商品管理。支持政策性农村住房保险和农村困难群众危旧房改造工作,建立欠发达地区城市低收入家庭住房困难救助体系。加大对欠发达地区和海岛地区的支持力度。

(四)深化财政改革,完善公共财政体系。推进"收入一个笼子、预算一个盘子、支出一个口子"改革,严格执行"收支两条线"政策,加强预算内外资金统筹力度,完善综合预算管理模式,并在部分省级行政单位进行试点。完善事业单位财政供给制度,省级监督管理类事业单位实行"零基法"编制预算,加大事业单位"花钱买服务"改革力度。深化国库集中支付改革,确保省级改革规范运行,全省11个设区市均已实施;稳步推进财税库银横向联网和公务卡制度改革。完善绩效评价制度,落实44个省级部门138个项目的绩效自评工作,推进重点项目评价实施工作,拓宽评价广度和深度,初步建立绩效评价结果应用机制。建立政府优先强制采购节能环保和自主创新产品制度,推进节约型社会和创新型省份建设;加快政府采购信息化建设,完善政府采购目录和采购限额标准,扩大政府采购范围和规模,预计全年政府采购金额430亿元,节约资金60亿元。深化农村综合改革,切实推进乡镇政府职能转变,36个县(市、区)开展乡镇委托授权行政执法试点;加大对村级组织运转扶持力度,增强村集体经济活力。完善"金财工程"一体化软件并全面推广,软件开发由应用层转向管理层。

(五)加强财政监督,提升财政管理水平。扎实开展财政法制宣传教育,深入实施《浙江省省级预算审查监督条例》和《政府信息公开条例》,建立健全政府财政信息公开制度,强化财政执法监督,推进依法行政依法理财工作。加强财政支出项目审核,完善政府投资项目全过程监管。加强政府性债务管理,全面启动化解义务教育负债工作,全省70%以上的县(市、区)建立县对乡镇政府性债务管理制度,防范和化解乡镇政府性债务;加强政府外债管理,完善偿债机制,对11个外债项目开展绩效评价。牢固树立节俭意识,修订完善培训费、会议费开支标准和管理制度,严格控制一般性财政支出过快增长。积极支持国有企业和地方金融业改革,建立国有资本经营预算制度,探索国有产权收益收缴管理。加强行政事业单位国有资产管理。加强财政监督,开展会计信息质量和会计师事务所执业质量检查,进一步规范会计、注册会计师、注册资产评估行业秩序。

2008年全省财政运行总体情况较好,但预算执行和财政工作中还存在一些不容忽视的问题,主要是:由于经济增长乏力、企业经济效益下滑等原因,财政收支矛盾比较突出;公共财政体系不够完善,公共财政职能发挥还不够充分;有些专项资金尚需有效整合,财税管理的质量有待进一步提高,等等。我们一定要高度重视这些问题,通过深化财税改革、创新工作机制、严格财税管理等措施逐步加以改进和解决。

二、关于2009年全省和省级财政预算草案

2009年,从宏观经济形势来看,经济出现全球性衰退的风险越来越大。国际经济形势恶化对我国经济增长、就业、企业效益、财政收入和金融安全等方面的负面影响已经显现并日益加重,经济增速放缓已经成为当前和今后一个时期经济运行中的主要矛盾。我省受国内外环境变化和自身结构性、素质性矛盾叠加的影响,全省经济面临巨大的挑战。但随着中央实行积极的财政政策和适度宽松的货币政策,出台扩大内需的有力措施,以及我省全面深入贯彻落实科学发展观和国家各项宏观调控政策,实行"标本兼治、保稳促调"的方针,大力推动经济结构调整和经济发展方式转变,全省经济有望继续保持平稳较快发展。

从财政收支来看,一方面,由于经济增长乏力,企业效益明显下滑,中小企业生存困难,财政收入增长的空间被挤压;实施增值税转型改革,暂免征收居民个人储蓄存款利息所得税,降低房地产交易税费,取消和停征部分行政事业性收费等,都不同程度地减少财政收入,财政收入增长面临较大的下行压力。另一方面,加快推进以改善民生为重点的和谐社会建设,各级财政要不断加大对教育、农业、科技法定支出及就业、医疗卫生、社会保障、环境保护等公共服务领域的投入;为落实中央扩大内需政策,将加大财政投资

力度，加强基础设施和民生工程建设，还需安排地方财政收入的1%支援四川灾区重建资金，财政支出增长势头较为迅猛，支出刚性不断增强。与此同时，公共财政体制改革进入攻坚阶段，改革任务十分繁重。总之，2009年将是近年来全省财政经济运行最为困难的一年，财政减收增支的矛盾十分突出，财政收支平衡面临严峻考验。因此，我们必须清醒认识严峻的财税经济形势，树立强烈的忧患意识，牢固树立过紧日子的思想，坚定信心，迎难而上，扎实做好保增长、抓转型、重民生、促稳定的各项工作，确保圆满完成财税收支任务，为全面建设惠及全省人民的小康社会打下坚实基础。

根据对2009年经济形势的分析和预测，按照中央和省委对经济工作的总体部署，我省2009年财政预算安排的指导思想是：高举中国特色社会主义伟大旗帜，全面贯彻党的十七大、十七届三中全会和省委十二届三次、四次全会精神，深入贯彻落实科学发展观，紧紧围绕"创业富民、创新强省"总战略和"标本兼治、保稳促调"的方针，遵循"集中财力办大事"和"一要吃饭、二要建设、三要有所积累、四要增强宏观调控能力"的理财原则，按照"依法治税、为民理财、务实创新、廉洁高效"的总体工作思路，贯彻落实积极的财政政策，不断推进经济发展方式转变，优化财政收支结构，深化财政管理改革，完善财政运行机制，加强干部队伍建设，为推动全省经济社会平稳较快发展，促进社会主义和谐社会建设作出新贡献。

按照这个指导思想，根据2009年全省国民经济预期指标以及实施增值税转型、高新技术企业所得税优惠政策、降低房地产交易税费、暂免征收居民个人储蓄存款利息所得税翘尾巴等财政减收政策，调整燃油税费改革因素后，2009年全省及省级财政收支预算（草案）编列如下：

安排2009年全省地方财政收入预算2042.00亿元，增长6.0%左右。按照现行分税制财政体制计算，2009年当年全省地方财政可用资金2406.00亿元。安排2009年全省财政支出预算2406.00亿元，增长5.0%。2009年全省财政收支平衡。

安排2009年省级地方财政收入预算211.30亿元，增长6.0%左右。按照现行分税制财政体制计算，2009年省级财政可用财力309.30亿元。安排2009年省级财政支出预算309.30亿元，增长5.0%。2009年省级财政收支平衡。

三、关于2009年全省财政工作的主要任务

2009年是认真贯彻党的十七大和十七届三中全会精神，深入学习实践科学发展观，推进"创业富民、创新强省"总战略，促进经济发展方式转变，推动经济转型升级的关键一年。做好2009年的全省财政工作，意义重大。为此，我们主要抓好以下几项工作。

（一）狠抓增收节支，确保财政收支平衡。坚持依法治税、规范管理，不断优化税种结构、税源结构、税费结构，增强组织收入的前瞻性和主动性。积极推广运用新版政府非税征管信息系统，加强土地出让金、海域使用金征收管理，探索研究国有资源类、资产类非税收入和国有资本收益的征管办法，拓宽政府非税收入征收范围和征收渠道；进一步推进社会保险费"五费合征"工作，扩大社会保险覆盖面。牢固树立"两个务必"的思想，加大财政支出结构调整力度，严格控制行政成本，各级党政机关公用经费继续压缩5%，专项经费、会议经费"零增长"，公务用车购置冻结一年，出国经费支出压缩20%，把财政资源更多地用于提供公共服务、保障民生的各项支出，保障重点支出需要，确保财政收支平衡。

（二）落实积极的财政政策，推动经济平稳较快发展。积极贯彻落实国家宏观调控政策，筹措落实"三个千亿工程"建设资金，加大政府性投资力度，支持以铁路现代化为重点的基础设施和民生工程建设，扩大国内需求。贯彻执行新一轮省对市县财政体制，充分发挥财政奖补机制特别是营业税奖励政策的导向作用，促进经济转型升级，增强地方财政实力。认真实施增值税转型改革，取消和暂停征收部分行政事业性收费项目，减免困难企业相关税费，改善企业生产经营环境。调整和优化财政支持企业发展的政策措施，通过财政贴息、产业扶持、风险投资、财税优惠等措施，推进经济结构调整。进一步加大对服务业的支持力度，扎实推进工业企业分离发展服务业工作，研究和规范现代物流、工业设计、技术服务、检测检验、仓储运输、文化创意等应税劳务的政策和管理；以支持自主创新为重点，充分发挥新企业所得税法"产业优惠"导向作用，为高新技术产业、现代服务业发展营造良好的政策环境。进一步完善小企业贷款风险补偿办法和中小企业信用担保体系,缓解中小企业融资难问题。调整完善外贸出口发展扶持政策,促进外贸出口稳定增长和结构优化。大力支持节能技术改造,推进重点耗能企业节能新技术、新工艺和新产品的研究开发和推广应用。

(三)加大“三农”扶持力度,推进农村改革发展。创新财政支农投入,按照存量适度调整、增量重点倾斜的原则,建立健全支农资金稳定增长机制,提高公共财政用于农村的总量和比重,扩大公共财政向农村覆盖的领域和范围,加快推进社会主义新农村建设。完善各项强农惠农政策,着力支持现代农业发展、农业基础设施建设和农民创业,促进农村经济繁荣;加大农业综合开发投入,积极扶持农业龙头企业和农民专业合作社发展,提升农业产业化经营水平;积极支持推进集体林权制度改革、国有农林渔场改革及农技推广和畜牧兽医体系改革,为新农村建设提供体制保障。支持粮食安全体系建设,稳定和强化提高粮食综合生产能力的各项措施,完善种粮直补、农机具购置和作业补贴政策,落实农资综合直补和油菜种植补贴等,确保涉农补贴资金及时发放到位。完善农业贷款风险补偿机制,做好政策性农业保险和农村住房保险,鼓励金融业服务“三农”。

(四)健全民生投入机制,保障和改善社会民生。深入推进义务教育经费保障机制改革,全面落实和完善城乡义务教育各项政策措施,将小学、初中生均公用经费最低标准分别提高到350元和550元;加大财政对学前教育的投入,逐步提高学前教育水平;加大职业教育投入力度,免除本省户籍年人均收入4000元以下农村家庭子女就读中等职业学校的学费。加快公共文化服务体系建设,逐步建立覆盖城乡的公共文化服务体系财政保障机制。支持实施积极的就业政策,加大就业补助资金投入,支持公共就业服务场所建设,加快建立城乡统筹的就业机制,进一步发挥失业保险促进就业、稳定就业功能。支持创新型人才队伍和科技创新体系建设,优化财政科技投入结构和科技资源配置,不断改善科研基础条件,提升创业创新能力。扩大职工基本养老保险覆盖面,推进事业单位基本养老保险制度改革试点。加快城乡社区卫生服务体系建设,完善城乡居民基本医疗保障制度建设,健全社会各类救助制度。继续提高对新型农村合作医疗的补贴标准,全省所有县(市、区)新型农村合作医疗人均筹资水平达到140元及以上。加大政法经费投入,支持“平安浙江”建设。加大对环境保护和生态建设的投入,逐步完善财政生态保护转移支付制度,推进生态省建设。加大扶贫投入,支持实施“低收入农户奔小康工程”,改善欠发达地区生产生活条件,提高增收致富能力。不断加大一般转移支付力度,逐步提高县乡基本公共支出最低保障水平,逐步推进基本公共服务均等化。

(五)深化财政管理改革,提升财政管理水平。大力加强财政专项资金管理,严格控制新增项目,清理整合已有项目,规范专项转移支付管理制度和类别档次,提高财政资金使用效益。加大“三个子”预算管理改革力度,积极构建预算编制、执行、监督“三分离”的预算管理体系。试行省级债务计划管理制度,探索建立国有资本经营预算和社会保障预算制度。深化部门预算改革,完善预算定额体系、费用支出标准体系、资产配置标准体系,建立健全公益类事业单位“花钱办事”机制。全面推行国库集中支付改革,提高国库资金运行管理水平,不断扩大公务卡结算范围。进一步完善绩效评价制度,推进省级部门项目支出绩效自评,选择部分民生项目实施重点评价,强化绩效评价结果应用。推进政府采购信息化建设,进一步发挥政府采购政策功能,加大对节能、环保、自主创新等产品的支持力度,不断扩大政府采购规模。巩固提高农村综合改革成果,全面化解义务教育阶段公办学校因修建校舍和购置设备形成的债务。完善省财政扶持村级组织运转补助办法,加大对村级组织运转扶持力度。

加快财政法制建设,全面推进依法行政依法理财工作。进一步加强地方政府性债务管理,防范和化解地方财政风险。加大清费减负力度,深入开展涉农、涉企、教育、机动车辆乱收费等专项治乱减负工作。加强会计监管力度,改变会计监督方式,提高监管覆盖面和检查效率。

增收节支 保稳促调 推动全省经济社会平稳较快发展

——在全省财政地税工作会议上的讲话

2009年1月12日 **钱巨炎**

同志们：

这次全省财政地税工作会议的主要任务是，深入学习贯彻党的十七届三中全会、省委十二届四次全会、全省经济工作会议、全国财政工作会议和全国税务工作会议精神，回顾总结2008年全省财政地税工作，全面分析当前十分严峻的财税经济形势，安排2009年财政收支计划，部署新一年财政地税工作的主要任务。省委、省政府对这次会议非常重视，省委副书记、省长吕祖善将到会看望大家并作重要讲话。下面，我代表厅党组先讲几点意见。

一、2008年全省财政地税工作回顾

刚刚过去的一年，是很不寻常、很不平凡的一年。一年来，全省各级财政地税部门以科学发展观为指导，认真贯彻党的十七大和省第十二次党代会、省委十二届各次全会精神，扎实推进“创业富民、创新强省”总战略，坚决执行国家宏观调控政策和“标本兼治、保稳促调”的方针，深入实施“全面小康六大行动计划”，按照“依法治税、为民理财、务实创新、廉洁高效”的总体工作思路，念好“实、稳、优”三字诀，牢固树立政治意识、经济意识、法治意识、创新意识、服务意识、风险意识，积极推动经济发展方式转变，努力优化财税收支结构，不断深化财税管理改革，全面加强干部队伍建设，有力促进了全省经济建设、事业发展和社会稳定。2008年，全省地方财政收入1933.39亿元，增长17.2%；全省财政支出2208.30亿元，增长22.2%；地税部门组织各项收入2325.98亿元，增长17.7 %，其中税收收入1494.40亿元，增长15.8%。

*（一）积极应对宏观经济新形势，支持经济平稳较快发展。*面对复杂多变的宏观经济形势，积极发挥财税职能作用，促进经济平稳较快发展。一是完善财政体制。建立健全有利于科学发展的财税体制机制，将“两保两挂”、“两保一挂”财政政策统一调整为“分类分档激励奖补机制”；实行市县营业税增收上交返还奖励和省级金融保险业营业税增收奖励政策，适当提高电力生产企业所在地增值税分成比例，促进产业结构优化、经济转型升级和发展方式转变。二是加大政府投资。筹措落实“三个千亿工程”省级财政性资金54.78亿元，争取中央预算内和国债基建补助15.66亿元，推进实施“重大项目建设行动计划”，支持铁路“三线一枢纽”、萧山机场二期等一批重大项目及海防基础设施建设。三是扶持企业发展。对企业社会保险费缴纳比例实行临时性适当下浮，取消和暂停征收部分行政事业性收费，及时做好地方税费减免工作，减免各类涉企税费100亿元。安排省级外贸发展资金3.50亿元，支持外向型经济结构调整和产业升级。开展小额贷款公司试点，增加中小企业发展专项资金和小企业贷款风险补偿资金，扶持中小企业健康发展。完善和落实财税支持服务业发展的政策措施，积极推动工业企业分离发展服务业，推进万家企业电子商务工程和农村商贸流通服务体系建设，支持农村专业合作社

及金融服务业等发展,加快发展现代服务业。整合节能相关财政专项资金并加大支持力度,促进节能降耗工作。调整政府外债投向结构,着力向环保、节能和社会发展等倾斜,当年已列入国家贷款计划3个项目1.43亿美元。四是扶持现代农业发展。加大"三农"投入,全省用于"三农"支出的财政性资金626.23亿元,增长26.2%。整合财政支农资金,加大农业综合开发投入,完善支农惠农政策,扩大农业政策性保险覆盖面,建立农业贷款风险补偿制度,支持农业基础设施、现代农业产业体系和现代农业社会化服务体系建设,促进农村经济繁荣,增加农民收入。落实扶持粮食生产的各项政策,筹措粮食补贴资金和农资综合直补资金,支持粮食安全体系建设。五是推进科技创新。加大财政科技投入,全省财政科技支出86.79亿元,增长21.3%,重点支持科技公共基础条件平台、行业和区域创新平台及大型科研院所实验室建设,支持创新型人才队伍建设,引导大学生开展创新活动等。出台地税支持"两创"的实施意见,认真贯彻新企业所得税法,完善研究开发费加计扣除政策,2007年度全省(不含宁波)加计扣除金额14.70亿元,是上年的2.2倍。

(二)加强组织收入管理,做好做大财税"蛋糕"。坚持"抓大、评中、定小"的征管方向,持续改进和深化应用《税友2006》,不断完善"数据采集—税源监控—税收分析—纳税评估—税务稽查"互动机制,依法加强地税征管,积极探索调研式稽查,全面推进社保费"五费合征",着力推进地税管理科学化、精细化、专业化。开发应用契税、耕地占用税一体化征管软件,切实抓好房地产交易环节税收一体化征管;完善新版政府非税收入征管信息系统,进一步加强土地出让收入、海域使用金等征收管理,全面清理历年欠缴省级农业土地开发资金,将彩票公益金纳入政府性基金预算管理,增强政府财力。全省地方财政收入占财政总收入的51.8%,比上年提高0.9个百分点,地方财政收入中税收收入占92.7%,财税收入结构进一步优化,质量进一步提升。

(三)着力改善民生,促进社会和谐稳定。认真贯彻落实省委《关于全面改善民生促进社会和谐的决定》,积极实施"全面小康六大行动计划",综合运用税费优惠和财政支出手段改善民生、促进和谐。全省财政增量用于民生支出的比例达72.2%。一是支持抗灾救助。支持冰冻雨雪灾害应对及各项灾后重建工作。及时从省级预备费中安排捐赠资金3000万元,调减公用经费预算5%,按照地方财政收入1%的要求筹措青川灾后恢复重建资金16.50亿元,支持四川灾区抗震救灾和灾后重建。二是支持教育事业发展。深化义务教育经费保障机制改革,提高中小学生均公用经费标准,全部免除城乡义务教育阶段学生课本费、作业本费,免除符合条件的民工子女义务教育借读费;实施新一轮"职教六项行动计划",全面落实困难学生资助政策;实行农村教师任教津贴政策,提高农村教师待遇。三是支持创业富民。完善支持自主创业、自谋职业政策,加强农村劳动力素质培训,支持零就业家庭、大中专毕业生和农村剩余劳动力创业就业。安排下山脱贫等扶贫资金4.97亿元,推进"低收入农户奔小康工程"建设,扶持低收入农户发展来料加工业、特色产业和绿色农产品,拓宽增收渠道。四是支持社会保障和医疗卫生事业发展。加大社会保障投入,预计全省用于社会保障的财政支出达367亿元,增长22%。提高省财政对城镇居民医疗保险、新型农村合作医疗、农民健康体检的补助水平,全省所有市县新型农村合作医疗人均筹资达到100元及以上。支持实施残疾人共享小康工程,提高残疾人基本生活、基本照料、基本康复保障水平。全面提高乡镇卫生院以基本医疗和公共卫生服务为重点的卫生服务能力,支持手足口病防治工作,做好婴幼儿奶粉事件免费救治的经费保障。五是支持文化大省建设。加大公益文化投入,支持农村公共文化服务体系和文化重点项目建设,加强全省博物馆、图书馆等免费开放经费保障,繁荣文化艺术创作,加大文化遗产保护力度,构建公共文化服务体系。支持奥运会备战和火炬传递,推进全民体育健身工程建设。六是支持"平安浙江"建设。完善基层政法机关经费保障机制,全省县级公安机关公用经费保障标准全部达标;实施政法补助专款项目,改善欠发达地区政法部门基础设施和技术装备建设;建立社区矫正经费保障机制,支持法律援助、人民调解工作。加大产品质量和食品安全监督投入,推进食品安全检验检测体系建设。支持全省安全生产应急救援体系建设和安全技术推广应用。七是支持生态环保和节能减排。完善财政激励约束机制,全面实施省对主要水系源头45个市、县(市)的生态环保财力转移支付制度。加大生态环保投入，全省各级财政安排生态环保资金182.70亿元，增长24.8%，运用“以奖代补”等政策措施，支持全省重要流域、区域和欠发达地区生态环境保护及污染整治、农村环境治理及生态保护，推进污染减排工作。八是保障低收入群体基本生活。密切关注价格上涨对民生的影响，提高城市、农村低保对象补助水平，给予高校学生临时伙食补贴，缓解物价上涨对特定群体的影响。争取并落实中央财政石油价格改革财政补贴43.66亿元，筹措副食品风险基金和省级储备商品管理补贴资金，加强省级储备商品管理。支持政策性农村住房保险和农村困难群众危旧房改造工作，建立欠发达地区城市低收入家庭住房困难救助体系。

（四）深化财税改革，完善公共财政体系。推进“收入一个笼子、预算一个盘子、支出一个口子”改革，严格执行“收支两条线”政策，加强预算内外资金统筹力度，完善综合预算管理模式，并在部分省级行政单位进行试点。完善事业单位财政供给制度，省级监督管理类事业单位实行“零基法”编制预算，加大事业单位“花钱买服务”改革力度。深化国库集中支付改革，确保省级改革规范运行，全省11个设区市均已实施；稳步推进财税库银横向联网和公务卡制度改革。完善绩效评价制度，落实44个省级部门138个项目的绩效自评工作，推进重点项目评价实施工作，拓宽评价广度和深度，初步建立绩效评价结果应用机制。建立政府优先强制采购节能环保和自主创新产品制度，加快政府采购信息化建设，完善政府采购目录和采购限额标准，扩大政府采购范围和规模，预计全年政府采购金额430亿元，节约资金60亿元。深化农村综合改革，在全面完成乡镇机构改革的基础上，切实推进乡镇政府职能转变，36个县（市、区）开展乡镇委托授权行政执法试点；加大村级组织运转扶持力度，推进村级组织运转保障机制建设。完善“金财工程”一体化软件并全面推广，软件开发由应用层转向管理层。扎实推进地税管理创新与技术创新融合发展，成功开发和试点应用《税友2006》快捷查询系统、税收执法质量管理系统、税务稽查查账软件、不动产建筑业项目管理软件和个人出租房管理软件，加快推进地税数据共享和收入源头控管，不断提升地税管理质量和效率。

（五）加强财税监督，提升财税管理绩效。扎实开展财税法制宣传教育，深入实施《浙江省省级预算审查监督条例》和《政府信息公开条例》，建立健全政府信息公开制度，强化财税执法监督，推进依法行政依法理财治税工作。加强财政支出项目审核，完善政府投资项目全过程监管，全省各级财政项目审核机构累计审核各类财政支出项目14115个，净核减82.86亿元，平均核减率8.9%。加强政府性债务管理，全面启动化解义务教育负债工作，全省70%以上的县（市、区）建立县对乡镇政府性债务管理制度；加强政府外债管理，完善偿债机制，建立政府外债风险监测体系，共对14个外债项目进行财政检查和绩效评价。牢固树立节俭意识，修订完善培训费、会议费开支标准和管理制度，严格控制一般性财政支出过快增长。积极支持国有企业和地方金融业改革，建立国有资本经营预算制度，探索国有产权收益收缴管理。加强行政事业单位国有资产管理，落实规范公务员津贴补贴实施方案。开展会计领军（后备）人才挖掘培养工作，推进会计人员继续教育。加强财政监督，开展会计信息质量和会计师事务所执业质量检查，进一步规范会计、注册会计师、注册资产评估师、注册税务师行业秩序。深入开展税收执法检查、执法监察、税收票款检查和内部经费审计，建立税收政策执行情况反馈报告制度，进一步建立健全地税管理内控机制。

（六）深入开展学习实践活动，加强干部队伍建设。以“深化财税改革，完善公共财政体系，推动全省经济社会科学发展”为实践载体，认真开展深入学习实践科学发展观活动，切实提高理财治税能力。扎实推进“树新形象、创新业绩”主题实践活动，召开民主恳谈会、现场会，听取基层特别是乡村、企业和干部群众对财税工作的意见和建议，帮助基层和企业解决实际问题。积极培育财税文化，提炼财政地税文化核心价值理念，加强财政地税部门思想、组织、业务、作风和制度建设，增强财政地税组织的软实力。加强学习型机关建设，创建机关网络学习园地，提高干部职工自主学习能力。进一步加强干部教育培训工作，组织各类干部岗位能力培训，提升干部能力素质。建立健全公务员管理机制，加大对年轻干部培养锻炼力度，加大系统选调公务员力度，不断优化干部队伍结构。组织开展“重品行、作表率、转作风”主题教育活动，巩固作风建设年活动成果。认真落实党风廉政建设责任制,深化党风廉政教育,持续推进系统惩防体系建设,强化监督检查,进一步健全权力运行监控机制,加强反腐倡廉建设工作。以老为尊,做好老干部工作。开展系统运动会等形式多样、健康有益的文体活动,努力营造"勤学、善思、践行"的工作氛围,培养健康、文明、阳光的生活情趣,加强系统精神文明建设。

一年来,全省财政地税系统广大干部职工迎难而上,积极进取,扎实有为,为全省经济和社会事业平稳较快发展作出了应有的贡献。这是省委、省人大、省政府和财政部、国家税务总局正确领导的结果,是各地、各部门特别是省级单位广大财务工作者大力支持的结果,也是全省财政地税战线广大干部职工共同努力的结果。在此,我谨代表厅党组,向奋战在财政地税战线上的广大干部职工表示最诚挚的问候!向一直以来关心、支持财政地税工作的各级领导、各有关部门和广大财务人员表示最衷心的感谢!

在充分肯定成绩的同时,我们也清醒地看到,财政地税工作还存在一些不容忽视的问题,主要是:由于经济增长趋缓、企业经济效益严重下滑等原因,财政收支矛盾比较突出;公共财政体系不够完善,公共财政职能发挥还不够充分;有些专项资金尚须有效整合,财税管理的质量有待进一步提高;个别干部职工的工作作风、廉洁意识和执法水平有待进一步转变和提高;等等。对此,我们要引起高度重视,积极采取措施,严格财税管理,深化财税改革,完善工作机制,逐步予以解决。

二、深入贯彻十七届三中全会和省委十二届四次全会精神,促进经济发展方式转变

党的十七届三中全会从中国特色社会主义事业总体布局和全面建设小康社会战略全局出发,作出了推进农村改革发展若干重大问题的决定,进一步明确了新时期下推进农村改革发展的指导思想、目标任务、重大原则和战略举措。省委十二届四次全会认真总结改革开放30年我省发展的实践,作出深入学习实践科学发展观,加快转变经济发展方式、推进经济转型升级的重大战略抉择,提出了我省加快经济转型升级的总体思路、工作重点和主要举措,积极探索具有浙江特色的科学发展之路。推进农村改革发展,加快经济转型升级是当前及今后一个时期面临的艰巨任务。财政税收是社会主义市场经济条件下政府资源配置、宏观调控的重要手段,全省财政地税部门一定要深入贯彻落实科学发展观,解放思想、实事求是、与时俱进,不断完善有利于科学发展的财税体制机制,发挥好财税作为物质基础、政策手段和体制保障的职能作用,为全面建设社会主义新农村,推进经济转型升级和经济社会科学发展作出新的更大的贡献。

*(一)以落实新一轮省对市县财政体制为重点,建立健全推动经济发展方式转变的导向机制。*建立健全符合科学发展观要求、有利于全省经济社会发展的财政体制,可充分发挥财政体制的导向、杠杆作用,促进经济发展方式转变。新一轮省对市县财政体制围绕省委、省政府的决策部署,建立健全财政激励奖补机制,让经济发展方式转得快、转得好的地方多得益,着力增加地方财政收入总量、优化收入结构,增强地方财政实力。各地要深刻领会新体制的精神实质,积极采取有效措施认真贯彻落实,把体制的引导作用传导到产业和企业,大力发展现代服务业,加大工业企业主辅分离推动力度,实现产业结构优化和经济转型升级。

*(二)以推进农村改革发展为重点,建立健全民生财政保障机制。*加大社会公共投入,推进农村改革发展,是公共财政建设的内在要求,也是构建和谐社会的核心内容。要加大财政资金投入,健全财政支农资金稳定增长机制;运用财税政策措施,引导更多的信贷资金和社会资金投向农村,形成多元化的支农投入格局;巩固和强化促进现代农业发展的财税政策,加大农业综合开发力度,大力发展现代农业,不断提高农业综合生产能力,繁荣农村经济;支持加快农村民生工程和农村基础设施建设,继续深化农村综合改革,创新体制机制,促进农村公共服务体系建设。同时,要整合各种财税资源,增加公共服务领域投入,建立健全保障和改善民生的长效机制,重点加大教育、就业和社会保障、医疗卫生、生态环保、公共安全等方面的投入,重视和加强民生支出的财政制度设计,稳步推进民生保障体系建设,扩大公共财政覆盖范围,实现经济发展与民生改善协调共进。

*(三)以深化财税改革为重点,建立健全"三位一体"公共财政运行机制。*深化财税管理改革,完善以部门预算为龙头的预算编制体系、以国库集中收付为龙

头的预算执行体系和以绩效评价为龙头的预算监督体系的"三位一体"的财政运行机制。积极推进预算管理改革，完善综合预算制度，强化预算的完整性，切实做到"收入一个笼子、预算一个盘子"；全面实行国库集中支付制度，实施财税库银横向联网改革，稳步推进公务卡制度改革，做到"支出一个口子"；加强财政预算监督，完善绩效评价制度和办法，落实财政支出绩效评价结果的应用机制，提高财政资金使用绩效。整合优化预算编制、执行及监督机构职能，探索建立与"三位一体"财政运行机制相适应的组织机构和专业人才库。积极探索地税数据省级集中，进一步提高地税管理的效率。

（四）以加强专项资金整合为重点，建立健全财政资金监管机制。认真落实省委、省政府主要领导对加强财政专项资金管理的要求，全面清理、合理归并、整合使用专项资金，将专项资金整合用于重点领域、重点项目和重点地区，切实提高财政资金使用效益。建立健全财政资金有效监督管理机制，进一步完善预算支出标准体系，加强标准的执行力度，促进预算支出的标准化，提高预算管理的公平性；运用信息化、专业化和系统化管理技术，精确、细致、深入地实施预算管理，实现对预算编制、预算执行等各环节的精确掌控，提高预算管理的规范性；推进以提高公共服务质量为主要内容的绩效评价工作，建立激励约束机制和整改机制，提高预算管理的有效性；推进制度创新，推进事业单位财政供给方式改革，建立健全行政事业单位国有资产管理制度体系，推动预算管理与资产管理、财务管理相结合，提高预算管理的科学性。

（五）以建设财税文化为重点，建立健全干部队伍管理长效机制。要坚持以提高人文素养为目标，全面加强财税文化建设，提升干部队伍综合素质。构建财税系统核心价值体系，使之成为财税干部职工普遍认同和共同遵守的核心价值体系，营造健康向上的工作氛围，培育可持续发展的精神动力。开展具有财税行业特征的财税文化创建活动，积极发挥财税文化的管理功能，建立文化管理与制度管理相融合的新型管理机制，努力将先进的文化理念融入财税管理实践中，充分发挥财税文化潜移默化的作用，实现文化管理对制度管理的柔性互补，建立健全干部队伍管理长效机制，促进财税事业的科学发展。

三、坚定信心，圆满完成2009年财政地税工作任务

（一）清醒认识十分严峻的财税经济形势

2009年是认真贯彻党的十七大和十七届三中全会精神，深入学习实践科学发展观，推进"创业富民、创新强省"总战略，促进经济发展方式转变，推动经济转型升级的重要一年，也是我省经济发展面临挑战最为严峻的一年。做好2009年的全省财政地税工作，意义重大。从国际情况看，世界经济形势恶化的影响仍在蔓延，国际金融危机对全球实体经济的冲击和造成的损失进一步扩大，出现全球性经济衰退的风险越来越大。从国内情况看，国际经济形势恶化对我国经济增长、就业、企业效益、财政收入和金融安全等方面的负面影响已经显现并日益加重，经济增速放缓已经成为当前和今后一个时期经济运行中的主要矛盾，而且会越来越突出。从我省情况看，受国内外环境变化和自身结构性、素质性矛盾叠加共振的影响，全省经济面临巨大的挑战。

同时我们也要看到，我国经济长期增长的内在条件没有改变，资金、劳动力、技术等要素保障水准较高，国内消费、投资市场继续拓展的空间仍然很大，中央实行积极的财政政策和适度宽松的货币政策，出台扩大内需的有力措施，将使我国继续保持经济平稳较快发展的总体态势；我省全面深入贯彻落实科学发展观和国家各项宏观调控政策，实行"标本兼治、保稳促调"的方针，大力推动经济结构调整和经济发展方式转变，全省经济将继续保持平稳较快发展。

从财政收支来看，一方面，由于经济增长乏力，企业效益下滑，中小企业生存困难，财政收入增长的空间被挤压；实施增值税转型改革，暂免征收储蓄存款利息所得税，降低房地产交易税费，取消和停征部分行政事业性收费等，都不同程度地减少财政收入，财政收入增长面临较大的下行压力。另一方面，加快推进以改善民生为重点的和谐社会建设，各级财政要保障教育、农业、科技等法定支出，加大就业、医疗卫生、社会保障、环境保护等公共服务领域的投入；为落实中央扩大内需政策，将加大财政投资力度，加强基础设施和民生工程建设，还需安排地方财政收入的1%约19亿元左右支援四川灾区重建，财政支出增长势头较为迅猛，支出基数很高、刚性不断增强。同时，公共财政体制改革进入攻坚阶段,深化财税改革的任务十分繁重。

总之,2009年将是近年来全省财税经济运行最为困难的一年,财政减收增支的矛盾十分突出,财政收支平衡面临严峻考验。因此,我们必须对十分严峻的财税经济形势有清醒的认识,把思想统一到中央和省关于当前经济形势和发展阶段的认识和判断上来,把行动统一到落实中央宏观调控和省委、省政府的各项决策部署上来,牢固树立强烈的忧患意识和过紧日子的思想,坚定信心,迎难而上,以更加昂扬的精神状态、更加扎实的工作作风、更加有力的政策措施,扎实做好保增长、抓转型、重民生、促稳定的各项工作,确保圆满完成财税收支任务,为全面建设惠及全省人民的小康社会打下坚实基础。

(二)2009年财政地税工作的指导思想和总体要求

根据对经济形势的分析和预测,按照中央和省委、省政府对经济工作的总体部署,2009年全省财政地税工作的指导思想是:高举中国特色社会主义伟大旗帜,全面贯彻党的十七大、十七届三中全会和省委十二届三次、四次全会精神,深入贯彻落实科学发展观,紧紧围绕创业富民、创新强省总战略和“标本兼治、保稳促调”的方针,遵循“集中财力办大事”和“一要吃饭、二要建设、三要有所积累、四要增强宏观调控能力”的理财原则,按照“依法治税、为民理财、务实创新、廉洁高效”的总体工作思路,贯彻落实积极的财政政策,不断推进经济发展方式转变,优化财税收支结构,深化财税管理改革,完善财税运行机制,加强干部队伍建设,为推动全省经济社会平稳较快发展,促进社会主义和谐社会建设作出新贡献。

按照这个指导思想,调整燃油税费改革因素后,2009年全省财政收支计划初步安排如下:全省地方财政收入预算2042.00亿元,增长6.0%;全省财政支出预算2406.00亿元,增长5.0%;全省财政收支平衡。省级地方财政收入预算211.30亿元,增长6.0%;省级财政支出预算309.30亿元,增长5.0%。省级财政收支平衡。

2009年全省财政地税工作总体上要着重把握好两个方面:

1. 深化“实、稳 、优”三字诀。

一是求实。要大力弘扬财税“实”的文化,以求实的精神、务实的作风、扎实的工作推进各项工作,切实做到“为人实、工作实、数字实”。牢固树立经济意识,把保经济增长放在工作的首要位置,充分发挥财税职能作用,促进经济平稳较快发展,夯实财源基础。不断强化“地方财政收入”概念,在提高地方财政收入中税收收入比重的前提下,提高财政总收入中地方财政收入的比重,不断增强地方可用财力。坚持实事求是,充分考虑经济增长预期指标及各种税收政策调整因素,深入、全面地分析测算税源增减情况,适当下调预算收支指标,按照以收定支、收支平衡、留有余地的原则,合理安排预算盘子,使财政预算安排更加吻合经济运行实际。牢固树立法治意识,依法理财治税、规范管理、优化服务,做细做实收支管理工作。

二是保稳。充分利用当前财税经济形势趋紧的客观事实,因势利导,引导领导、部门、地方树立长期过紧日子的意识,扭转敞开口子花钱的思维,杜绝铺张浪费的现象,并形成一种制度、形成一种氛围,把经济增长下行的“坏事”转化为观念更新的“好事”,促进增收节支,确保收支平衡。坚持积极稳妥的原则,贯彻落实好积极的财政政策,科学把握财税政策实施的节奏、力度和重点,做好保稳促调工作。牢固树立风险意识,增强科学发展理念,切忌不顾财力可能盲目扩大投资,切实防范财政风险,确保财政稳健运行。牢固树立政治意识,确保已经出台的民生政策措施落实到位,切实做好改善民生、保障民生的各项工作,维护社会稳定。

三是创优。牢固树立创新意识,建立健全有利于科学发展的财税体制机制,建立编制科学、执行严格、监督有力、各环节有机衔接的财税运行机制,提高财政精细化科学化管理水平。优化财政支出结构,大力支持社会事业制度建设和体制创新,重点支持收入分配制度改革、社会保障体系建设、教育体制改革和公共卫生体制改革等,理顺各种分配关系,改善和稳定居民的心理预期,扩大和刺激消费需求。加强财政专项资金管理,建立健全覆盖所有政府性资金和财政运行全过程的监督机制,提高财政资金使用效益。牢固树立服务意识,进一步提高专业素质,优化业务流程,完善岗责体系,提高服务质量和服务水平,为经济社会发展提供优质的财税服务。

2. 切实处理好三个关系。

一是处理好扩大内需与防范风险的关系。一方面,要发挥积极的财政政策的作用,增加政府公共投资,扩大投资和消费需求,促进经济平稳较快发展。同时,要保持清醒的头脑,立足当前,着眼长远,统筹谋划,做到当前需要与长远发展相互兼顾,发展速度与财力可能均衡匹配,债务规模与偿债能力有机统一,为党委、政府负起责任做实事当好参谋,并进一步强化政府债务监测、预警体系,做到债务可控,主动防范财政风险。

二是处理好落实政策与依法治税的关系。越是收入形势严峻,越要正确处理落实优惠政策与坚持依法治税的关系。要严把税收政策关,不得突破税法"红线"随意开政策口子,坚决维护税法严肃性和税收刚性,倍加珍惜来之不易的税收执法环境。要把依法治税与帮扶企业统一起来,通过依法治税为中央结构性减税政策落实奠定坚实基础,为地方政府帮扶企业提供财力支撑,为企业公平竞争营造良好环境。

三是处理好减税增支与增收节支的关系。一方面,要综合运用减免税费、增加支出、财政贴息等多种手段,促进经济增长和结构调整。同时处理好减税与保持财政基本公共服务保障能力的关系。加强财税科学管理,坚持依法理财治税,切实强化收入征管。严格控制一般性支出,特别要压缩行政开支,降低行政成本,严肃财经纪律。

(三)2009年全省财政地税工作的主要任务

1.大力开展增收节支,确保财政收支平衡。增收节支保平衡事关财税工作全局。要坚持依法治税、规范管理,强化税收分析预测,把握税源变化趋势,及时做好组织收入的应对预案,增强组织收入的前瞻性和主动性,不断优化税种结构、税源结构、税费结构。全面贯彻落实营业税新条例及实施细则,加强营业税分行业分税目税源管理,拓展水利工程水费、楼宇经济等税源新增长点;稳步推进车船税保险机构代收代缴工作;认真把握城镇土地使用税的土地等级范围,积极做好外资企业城镇土地使用税征管工作;进一步规范土地增值税预征管理。积极稳妥地做好"五费"降率工作。加大新版政府非税征管信息系统推广应用力度,积极探索研究国有资源类、资产类非税收入和国有资本收益的征管办法,拓宽政府非税收入征收范围和征收渠道,增强地方政府财力。牢固树立"两个务必"的思想,加大财政支出结构调整力度,严格控制行政成本,各级党政机关公用经费继续压缩5%,专项经费"零增长",停止购买公务用车一年,严格控制会议、接待、出国等经费的开支,把财政资源更多地用于提供公共服务、保障民生的各项支出,保障重点支出需要,确保财政收支平衡。

2.落实积极的财政政策,推动经济平稳增长。把保增长作为财税工作的首要任务。积极贯彻审慎灵活的宏观调控政策,筹措落实"三个千亿工程"建设省级财政性资金,加大财政投资力度,支持以铁路现代化为重点的基础设施和民生工程建设,扩大国内需求。贯彻执行新一轮省对市县财政体制,充分发挥财政奖补机制特别是营业税奖励政策的导向作用,促进经济转型升级,优化财政收入结构。认真实施增值税转型改革,取消和暂停征收部分行政性收费项目,减免困难企业相关税费,改善企业生产经营环境。优化财政科技投入结构和科技资源配置,支持以营造创新环境、培养创新人才、改善创新条件、提升创新能力为主要内容的科技创新体系建设。调整和优化财税支持企业发展的政策措施,省财政设立5亿元工业转型升级专项资金,通过产业扶持、财政贴息、财税优惠等措施,推进经济结构调整。扎实推进工业企业分离发展服务业工作,研究和规范现代物流、工业设计、技术服务、检测检验、仓储运输、文化创意等应税劳务的政策和管理;以支持自主创新为重点,充分发挥新企业所得税法"产业优惠"导向作用,为高新技术产业、现代服务业发展营造良好的政策环境。完善小企业贷款和担保机构的风险补偿办法,加快发展产业投资基金和创业风险投资基金,缓解中小企业融资困难。调整外贸出口发展基金政策,促进外贸出口稳定增长和结构优化。积极落实燃油税费改革,管好用好中央转移支付资金。建立多元标准化经费筹措机制,支持"标准化战略"实施;大力支持节能技术改造,推进重点耗能企业节能新技术、新工艺和新产品的研究开发和推广应用。积极有效合理利用政府外债,加大与国际金融组织私营部门的合作,为中小企业转型升级搭建融资平台。

3.加大"三农"扶持力度,推进农村改革发展。把扶持现代农业发展、提高农民收入作为保增长、扩内需的重要内容。创新财政支农投入,按照存量适度调整、增量重点倾斜的原则,建立健全支农资金稳定增长机制,提高公共财政用于农村的总量和比重,扩大公共财政向农村覆盖的领域和范围,加快推进社会主义新农村建设。全省各级财政预计安排“三农”支出661.00亿元。完善各项强农惠农政策,加大农业综合开发投入,着力支持现代农业发展、农业基础设施建设和农民创业,促进农村经济繁荣;积极扶持农业龙头企业和农民专业合作社发展,培育新型经营主体,增加农民收入;积极支持推进集体林权制度改革、国有农林渔场改革及新型农技推广体系改革,为新农村建设提供体制保障。支持粮食安全体系建设,完善种粮直补、农机具购置和农机作业补贴政策,落实农资综合直补和油菜种植补贴等,稳定和强化提高农业综合生产能力特别是粮食生产能力的各项措施。做好成品油价格补贴发放工作。完善农业贷款风险补偿机制,推进政策性农业保险和农村住房保险,鼓励金融业服务“三农”。

4.健全民生投入机制,保障改善社会民生。把改善民生作为保增长的出发点和落脚点,推动经济社会统筹发展。深入推进义务教育经费保障机制改革,全面落实和完善城乡义务教育各项政策措施,将中小学生均公用经费最低标准分别提高到550元和350元,农村中小学爱心营养餐标准提高到每生每年350元;加大财政对学前教育的投入;免除年人均收入4000元以下家庭子女就读中等职业学校的学费;支持高等教育发展,加强高等院校财政财务管理,提升教学质量和办学水平。加快公共文化服务体系建设,逐步建立覆盖城乡的公共文化服务体系财政保障机制。加大就业补助资金投入,支持实施积极的就业政策,加快建立城乡统筹的就业机制,进一步发挥失业保险促进就业、稳定就业功能。扩大职工基本养老保险覆盖面,加快城乡居民基本医疗保障制度建设,启动大学生医疗保障制度。继续提高新型农村合作医疗补贴标准,全省所有县市人均筹资水平达到140元及以上。加快城乡社区卫生服务体系建设,提高城乡居民公共卫生和基本医疗服务可及性和公平性。健全社会各类救助制度。支持全民健身运动。加大政法经费投入,支持安全生产、产品质量和食品安全基础设施建设,促进“平安浙江”建设。加大环境保护和生态建设投入,逐步完善财政生态保护转移支付制度,推进生态省建设。认真落实各项税收优惠政策,积极维护社会稳定。加大扶贫投入,支持实施“低收入农户奔小康工程”,提高重点生态公益林补助标准,提高农民增收致富能力。加大一般转移支付力度,逐步提高县乡基本公共支出最低保障水平,逐步推进基本公共服务均等化。

5.深化财税管理改革,提升财税管理水平。把深化改革、完善有利于科学发展的财税体制机制作为保增长的强大动力。大力加强财政专项资金管理,严格控制新增项目,清理整合已有项目,规范专项转移支付管理制度和类别档次,提高财政资金使用效益。加大“三个子”预算管理改革力度,积极构建预算编制、执行、监督“三位一体”又相互分离的预算管理体系。试行省级债务计划管理制度,探索建立国有资本经营预算制度,完善省级社会保障预算制度。深化部门预算改革,完善预算定额体系、费用支出标准体系、资产配置标准体系,建立健全公益类事业单位“花钱办事”机制。全面推行国库集中支付改革,提高国库资金运行管理水平,不断扩大公务卡结算范围。进一步完善绩效评价制度,推进省级部门项目支出绩效自评,选择部分民生项目实施重点评价,强化绩效评价结果应用。推进政府采购信息化建设,进一步发挥政府采购政策功能,加大对节能、环保、自主创新等产品的支持力度,不断扩大政府采购规模。巩固提高农村综合改革成果,落实村主要干部报酬问题,完善财政扶持村级组织运转补助办法,加大对村级组织运转扶持力度。积极开展与地税数据大集中相适应的管理方式调研,整合、集中《税友2006》业务流,形成更加高效的数据运行平台。以强化数据增值利用为重点,深入挖掘《税友2006》管理和应用功能,全面推广应用快捷查询和不动产建筑业税收项目管理软件。采取切实有效措施,加强信息网络安全。

加快财税法制建设,全面实施“人机结合”方式的执法责任制考核评议工作,认真执行重大税务案件集体审理制度,预防和化解行政争议,全面推进依法行政依法理财治税工作。进一步加强政府性债务管理,防范和化解地方财政风险;强化政府外债管理,优化外债项目结构,强化债信管理,防范外汇风险。逐步理顺管理体制机制,加快建立与公共财政相适应的行政事业单位国有资产管理监督体系。推进公务员津贴补贴规范工作，统筹考虑机关退休人员及其他相关人群特别是义务教育学校教师待遇问题，维护社会稳定。加大清费减负力度，深入开展涉农、涉企等专项治乱减负工作。加强会计监管力度，推进会计人员网络化管理，改变会计监督方式，提高监管覆盖面和检查效率。

6.加强财税文化建设，提高科学发展能力。财税文化事关财税干部队伍的长远发展，是财税事业不断前进的有力保障。要扎实推进深入学习实践科学发展观活动，确保取得实效。深入开展财税文化建设，探索财税文化建设的各种有效载体。深入推进以提升能力素质为核心的分层次、分专业岗位培训，启动财政人才库建设，全面提升干部队伍综合素质。积极做好“三位一体”机构改革的前期准备工作；认真开展厅局机关处级干部选拔任用和调配工作，加强优秀年轻干部的培养锻炼，优化和完善干部队伍结构。深入开展反腐倡廉宣传教育，全面落实党风廉政建设责任制，持续深化以“教育、制度、监督、惩处、作风、改革”为内容的惩防体系建设。发挥党、团、工、妇作用，积极引导干部职工开展形式多样、健康有益的活动，丰富业余文化生活，结合庆祝新中国成立60周年活动，举办全省财税系统第三届文艺汇演，推进机关精神文明建设；认真落实老干部“两项待遇”，优化细化老干部管理服务工作，不断增强队伍的凝聚力、向心力。

同志们，2009年财政地税工作任务十分繁重而艰巨。我们要深入学习贯彻落实科学发展观，全面实施“创业富民、创新强省”总战略，坚定信心，扎实工作，以优异的成绩迎接新中国成立60周年。

抓收入 强管理 保平衡 推动全省经济社会平稳较快发展

——在全省财政地税局长培训班暨座谈会上的讲话

2009年8月4日 钱巨炎

同志们:

这次座谈会的主要任务是,传达贯彻全国财政厅(局)长座谈会精神,回顾今年以来全省财政地税工作,分析当前财税经济形势,部署今年后几个月的重点工作。省政府主要领导对财政地税工作非常重视,省委副书记、省长吕祖善在《全国财政厅(局)长座谈会主要精神汇报提纲》上作出重要批示:"这次会议精神很重要,要做好传达、贯彻。一是如何结合浙江实际,继续实施积极财政政策,特别要在增强有效性上下工夫。二是如何狠抓增收节支,努力完成全年的收支任务。三是总结我省这几年加强财政管理的做法,如何进一步推进财政科学化、精细化管理,使我省财政管理上一个新水平。"我们要认真学习,深刻领会,全面落实。

这次会议还与局长培训班结合起来,安排了财经形势研判和财税文化研修两大培训主题,培训内容紧贴当前财税经济形势和工作实际,非常丰富。希望大家心无旁骛,认真听课,努力提高培训学习效果,切实把培训和工作有机结合起来,不断提升驾驭市场经济的本领,有效应对金融危机。下面,我讲几点意见。

一、应对危机,上半年全省财政地税工作积极有为

今年以来,面对国际金融危机冲击造成的经济增速持续放缓、发展困难明显增多等诸多挑战,全省各级财政地税部门以科学发展观为指导,按照"依法治税、为民理财、务实创新、廉洁高效"的总体工作思路,念好"实、稳、优"三字诀,牢固树立政治意识、经济意识、法治意识、创新意识、服务意识、风险意识,认真贯彻中央应对金融危机"一揽子"计划和省委、省政府"保稳促调"等一系列政策措施,充分发挥财税职能作用,积极做好保增长、抓转型、重民生、促稳定的各项工作,促进全省经济社会平稳较快发展。

(一)保增长、促转型

1.帮扶企业保增长。本着"民生为本、企业为基"的理念,积极开展"帮扶企业'春雨'专项行动"和"春阳暖企"专项行动,深入开展"双服务"活动,帮助企业应对危机,提升发展信心。取消和降低行政事业性收费、落实临时性适当下浮企业社会保险费缴纳比例政策、调整用人单位基本养老保险费缴费比例等,积极落实提高出口退税率、实行增值税转型改革和高新技术企业税收优惠、技术研发费加计扣除等政策,加大对企业扶持力度,上半年已使企业减负290亿元。完善小企业贷款风险补偿政策,将小额贷款公司纳入补偿范围,加大对服务业企业融资的补偿力度,缓解中小企业融资难问题。

2.扩大需求促增长。一是加大政府投资。积极做好中央新增投资省级财政所需配套资金的落实工作,争取2009年地方政府债券额度82亿元,并下达一期债券40亿元。筹措落实省本级铁路建设资本金,支持"六线二枢纽"等重大基础设施项目建设。二是着力扩大内需。深入实施低收入群众增收和基本公共服务均等化行动计划，加大以改善民生为重点的社会建设投入，积极推进“家电下乡”和“汽车摩托车下乡”，稳定和改善居民消费预期，促进消费。三是扶持外贸发展。安排3.5亿元省级外贸发展资金，完善外经贸促进各项政策，支持出口企业优化产品结构、创建自主品牌、参加境外展会、开拓国际市场，稳定外贸出口。

3.优化结构促转型。一是引导服务业加快发展。认真落实分类分档激励奖补机制，筹措落实支持服务业发展各项专项资金，进一步加大对服务业的支持力度。完善服务业税收优惠政策的具体实施办法，加大现有推进现代服务业发展税费政策的宣传、辅导和落实力度，扎实推进企业分离发展服务业工作。二是积极支持工业经济转型升级。整合工业类、科技类财政专项资金，设立总额为5亿元的工业转型升级专项资金，推进企业技术创新和技术改造。筹措落实节能和循环经济发展资金，加快推进节能降耗工作。三是助推农业优化升级。加大现代农业生产发展资金投入力度，支持中央立项蔬菜、虾蟹、油茶产业、水(干)果产业和其他农业主导产业，促进农业主导产业转型升级。四是加大创新支持力度。上半年，新认定两批高新技术企业共407户。省财政设立5亿元创业风险投资引导基金，支持处于初创期、成长期的科技型中小企业创业创新；支持“人才强省”，推进创新型人才和创新团队建设；支持实施标准化战略，激励技术标准创新。

(二)稳收入、优结构

深化科学化、专业化、精细化征管，通过“抓大、评中、定小”管理手段，提高税源管理工作绩效；建立健全数据采集——税源监控——税收分析——纳税评估——税务稽查“五位一体”横向互动机制，加强多部门信息共享，实现税收源头控管；积极推广应用不动产建筑业税收项目管理软件，进一步推进个人所得税代扣代缴明细申报工作，加快推进发票电子化；制定《浙江地税系统2009—2011年发展规划》，促进地税工作稳步发展。更新服务理念，创新服务手段，构建和谐征纳关系。稳步推进新版政府非税收入征管信息系统的推广，做好政府非税收入收缴管理，加强政府非税收入收缴资金账户监管；进一步加强国有资源有偿使用收入、行政事业性收费和政府性基金的征收管理，增强政府财力。上半年，全省地方财政收入1132.03亿元，增长2.6%，完成年初预算的55.4%；全省地税部门共组织各项收入1289.48亿元，下降1.7%，其中：税收收入864.82亿元，下降3.1%；社保费收入337.76亿元，增长2.3%。

(三)重民生、保稳定

切实加大财政对民生的投入，落实各项与民生相关的税收优惠政策，上半年全省财政支出用于民生的比重为67.9%。加大对新农村建设的财政投入，完善各项强农惠农政策，支持农村改革发展。深化义务教育经费保障机制改革，小学、初中生均公用经费分别达到350元、550元，制定义务教育学校教师绩效工资实施方案，对家庭人均收入4000元以下的子女就读中等职业学校实行免除学杂费政策，试行省属普通高等学校本科教学业绩考核结果与财政拨款挂钩。支持城乡公共文化服务体系建设，加大省级重大文化项目建设的经费保障力度，促进文化大发展大繁荣。实施积极的就业政策，研究制定稳定就业的政策措施，努力稳定就业局势。支持社会保障体系建设，调整基本养老保险缴费比例，城镇职工基本养老保险实现省级统筹，完善基本养老保险省级调剂补助办法，加大对困难市县的补助力度。认真贯彻中央医药卫生体制改革精神，做好财政资金测算工作；加快推进城镇居民基本医疗保险工作，将大学生纳入城镇居民基本医疗保险，全省所有县市新型农村合作医疗人均筹资水平达到140元及以上；进一步完善免疫规划经费保障机制，及时落实防控甲型H1N1流感经费。加大扶贫投入，稳步推进扶贫小额信贷、“低收入农户集中村”村级互助资金试点工作，提高农民增收致富能力。进一步加大生态环保财力转移支付资金投入和森林生态效益补偿力度，改革完善省级以上自然保护区财政补助政策，探索开展省排污权有偿使用和交易试点，推进生态省建设。加大对景宁县和全省18个重点民族乡镇的财政扶持力度，扶持欠发达地区和民族地区发展。

(四)强管理、提绩效

按照“收入一个笼子、预算一个盘子、支出一个口子”的要求，推进预算编制、执行、监督“三分离”的财政运行机制改革。进一步完善预算分配机制,加大预算内外资金统筹力度,深化部门预算管理改革,25个省级部门的部门预算提交省十一届人大二次会议审查,省农业厅、科技厅部门预算上人代会重点审查。深化财政国库集中支付改革,确保省级改革规范运行;在全省11个设区市均已实施的基础上,稳步推进县级国库改革。完善绩效评价实施办法,健全绩效评价工作机制,开展41个省级部门128个项目的绩效自评工作;加强财政项目支出审核,上半年审核项目252个,净审减2.62亿元,审减率10.2%。加快推进政府采购制度改革,全面推行政府采购信息化建设;积极开展加入GPA谈判研究工作,并取得阶段性成果。加快推进财政专项资金的清理、整合,出台清理整合和规范财政专项资金管理的意见,完善项目立项的科学决策制度,规范财政专项资金管理。加强政府性债务管理,对超过债务预警指标值的市县进行通报,严格控制债务规模,防范债务风险。建立国有资本经营预算制度,探索国有产权收益收缴管理。开展资产管理信息系统试点,加快建立我省行政事业单位国有资产管理监督体系。稳步推进财政扩权强县改革,认真开展地方财政资金安全检查和"小金库"治理工作,强化财政执法监督。认真贯彻落实中央和省有关增收节支、厉行节约各项规定,努力降低行政成本。

(五)优素质、强队伍

深入开展财税文化建设,出台2009年系统财税文化建设的意见,扎实推进学习平台、制度平台、情感平台、激励平台、宣传平台和活动平台建设,积极营造"勤学、善思、践行"的氛围,提升干部队伍综合素质。完善学习教育机制,深入推进岗位培训,加大年轻干部培养锻炼和岗位交流,启动全省财政系统预算编制人才库建设。扎实推进反腐倡廉建设工作,全面落实党风廉政建设责任制,积极开展党风廉政教育,持续深化和有效落实具有财政特色的惩防体系建设,进一步健全权力运行监控机制。认真做好学习实践科学发展观活动整改落实和"回头看"工作,深入开展效能建设主题活动,切实推进机关精神文明建设。

二、正视危机,全面把握当前财税经济形势

目前,我国应对全球金融危机的"一揽子"计划已初见成效,全国经济运行总体企稳向上,且积极因素在累积增加。我省经济也出现了下行趋缓、运行趋稳、回暖向好的积极变化,地方财政收入已连续3个月实现增长,财政运行企稳向好。但是必须看到,由于世界经济总体仍处于衰退之中,金融危机仍将在相当长时期和一定程度上影响财税经济运行,我国经济持续平稳回升的基础还不稳定、不稳固、不平衡;我省经济发展中的结构性、体制性和素质性矛盾依然突出,经济发展的困难和不确定因素仍然很多;财政收支矛盾十分严峻,防范财政风险的任务仍很艰巨。对此,我们必须保持清醒头脑,充分估计形势的严峻性和复杂性,进一步增强危机感和紧迫感,进一步做好在较长时期内应对各种困难和复杂局面的准备。

(一)充分认识金融危机影响的长期性

首先,从经济周期理论看,无论是资本主义经济,还是社会主义经济,经济的周期性波动都不可避免。随着国际金融危机的爆发,世界经济就此告别繁荣阶段,进入衰退阶段,并将持续一定时期后才能走出低谷,步入新的复苏阶段。因此,即使今年我国经济顺利地从"前低"转入"后高",也并不意味着会马上重新进入一个高涨阶段。从上世纪90年代初期以来的经验看,每当高涨期和低迷期来临,都会延续5年左右,我国经济发展将在低位持续一个较长的时期。

其次,从国际经济形势来看,世界经济将因为缺乏新的增长点而持续低迷。当前,美国已经将新能源作为培育新经济增长点的突破口,但由于技术创新周期的原因,近中期难以取得实质性突破并大规模产业化,并形成新的经济增长点,不可能重现上世纪90年代依靠信息技术创新带动的集约式增长。因此,危机过后世界经济将因缺乏强有力的动力机制,在较长时期里将保持相对低迷状态。

再次,从国内经济形势看,金融危机将对我国经济增长格局带来长期影响。一方面,在危机之后美国等西方发达国家不可避免地对消费行为进行调整,我国出口产品的外部需求将相应下降。同时,危机也使国际间经济贸易竞争更加激烈,各国将通过贸易保护手段来保护本国产业。因此,从长期来看,出口虽然仍将可能重新成为我国经济增长的重要动力,但很难再恢复到危机前那种持续高速增长的态势,出口不振的局面将一直延续。另一方面,经过前几年投资过度扩张,我国不少行业已出现产能过剩,加上去年以来实施的刺激经济一揽子计划,不少领域的投资已经或接近饱和，今后不可能像前些年那样有那么多投资热点，一直保持那么高的投资增长率。因此，在今后一段时期里，我国经济增长将从主要依靠投资、出口拉动逐步转到更多地依靠消费拉动，而这需要较长的时间。

（二）充分认识财政收支平衡的严峻性

从收入看，财政收入形势依然严峻。一方面，受金融危机影响，我省经济企稳回升的基础仍不稳固。以民间投资为主的制造业投资难以启动；刺激消费的优惠政策效应下半年将逐渐减弱；受国际市场需求萎缩、人民币汇率持续升值和各种贸易保护主义措施的影响，我省外贸出口形势将更趋严峻；工业生产难以快速回升，一些行业、企业生产经营还比较困难，将使地方财政收入难以实现较快增长。此外，财政持续稳定增长的基础还不牢固，税收收入的后期走势不容乐观。另一方面，今年还面临诸多政策性不可比减收。在企业所得税改革造成减收的基础上，全面实施增值税转型改革，多次上调出口退税率，暂停征收存款利息所得税，高新技术企业、小型微利企业税收减免，个人住房转让营业税政策调整和房地产交易环节税收政策调整以及贯彻落实帮扶企业实施的税费减免政策等，使财政直接面临减收的压力。

从支出看，财政支出刚性强、需求大。一是为扩大内需促进经济转型升级方面的支出需求增长较大；二是深入实施“全面小康六大行动计划”，需要不断加大投入；三是兑现义务教育教师绩效工资，推进医药卫生体制改革、政法经费保障机制改革、中小学校舍安全工程建设等新增政策性支出增长压力较大。

上半年，全省地方财政收入增长2.6%，全省财政支出增长18.8%，支出增长势头迅猛，财政资金保障压力不断加大。据初步预测，今年全省地方财政收入能力争完成年度预算增长6%的任务；而全省财政支出增长将大大超过年度预算增长5%的目标，收支平衡难度极大。因此，今年将是近年来我省财政形势最为严峻、平衡压力最大的一年。

（三）充分认识防范财政风险的重要性

财政风险不仅仅是财政系统内部的风险，它实质上是一种政府的经济风险。金融危机的传导是金融风险逐步向财政风险积聚的过程，如果金融风险的积聚没能得到及时有效的控制和化解，最终将会引发财政危机，影响地方经济发展，引发社会动荡。因此，必须高度重视财政风险问题，从讲政治的高度，采取有效措施，切实防范财政风险。

一是防范收支不平衡风险。量入为出、收支平衡、不列赤字是预算编制管理的基本原则，也是预算法的基本要求。财政部门担负着为政府运转、各项改革和经济发展、政治和社会稳定提供必要的资金保障的重任，财政收支不平衡将会影响公共财政职能的有效发挥，使财政宏观调控能力下降，严重的收支不平衡还可能引发财政风险。我们要充分认识到实现财政收支平衡是落实科学发展观、实现经济又好又快发展的重要基础，是政府应尽的职责，将实现财政收支平衡作为财政管理工作必须遵守的一项最基本原则。

二是防范政府性债务风险。近年来，我省各地积极采取措施，加强政府性债务管理，努力化解财政风险，全省政府性债务规模得到较好控制，取得了一定的成效。但从去年下半年以来，地方政府性债务出现较快增长态势，虽然有应对金融危机的因素，但也与一些市县债务风险意识不强、债务管理不严不无关系。据统计，截至2008年底，全省地方政府性债务负债率超过警戒线的市县有25个，债务率超过警戒线的市县有12个，偿债率超过警戒线的市县有26个，其中：三个警戒指标全部超过的市县有9个，超过两个警戒指标的市县有10个，全省政府性债务控制面临严峻形势。我们要充分认识到债务风险的危害性和防范化解债务风险的重要性、紧迫性，牢固树立科学发展观和正确政绩观，正确处理发展速度与财力可能、债务规模与偿债能力之间的关系，严格控制政府性债务规模，努力防范和化解地方政府过度负债的风险。

三是防范财政资金管理风险。随着国库集中收付制度的逐步建立和不断完善，财政资金由分散管理向集中管理转变，有效解决了原拨款制下资金分散管理的种种弊端，财政资金实现了安全、规范、有效运行。但与此同时，财政资金管理的潜在风险从原先分散在各个预算单位资金使用层面变为集中在国库支付管理部门管理层面。从最近的检查看，目前个别地方在财政资金安全管理方面还存在一些较为突出的问题，如财政资金安全意识淡薄，“重分配、轻管理”的传统观念依旧根深蒂固；财政专户管理不规范，财政专户过多、重复设置、管理分散;内控管理制度不落实;一些地方调度国库资金过多等。对此,如果听之任之,不加重视,就极易产生财政资金管理上的风险,“湖北省潜江市国库资金被盗案”就是一个警示。因此,我们必须强化财政资金管理风险防范意识,通过制度建设将资金风险控制全面融入到业务培训、工作流程、内部监督等多个层面,形成思想、制度、技术、流程、监督等多张交织细密的资金安全“防护网”,实现事前防范、事中控制、事后监督的“全过程”资金安全管理,杜绝财政资金安全隐患。

三、趁势而上,确保完成全年目标任务

当前,我省正处在积极应对国际金融危机冲击、加快经济转型升级的关键时期,处在全面建设惠及全省人民的小康社会的攻坚阶段。省委十二届五次全体(扩大)会议作出了《中共浙江省委关于深化改革开放推动科学发展的决定》,为我省今后一个时期深化改革开放指明了方向,明确了总体要求、工作重点和主要举措。全省各级财政地税部门要结合工作实践,立足当前,着眼长远,切实把全会的精神落到实处,深入实施“两创”总战略和“全面小康六大行动计划”,按照“标本兼治、保稳促调”的工作部署,密切关注财税经济形势的发展变化,坚定不移地研究完善和落实各项应对国际金融危机的财税政策措施,努力把应对危机当做转变传统发展模式、推动科学发展的重大机遇,在保增长的同时,更加注重推进结构调整,更加注重加快自主创新,更加注重加强节能环保,更加注重城乡统筹和区域协调发展,更加注重深化改革开放,更加注重保障和改善民生,巩固和发展企稳回升势头,推动全省经济社会平稳较快发展。

(一)以保平衡为目标,做好增收节支工作

正确处理好依法征税与实施结构性减税的关系,确保收入均衡可持续增长。依法组织好财政收入,确保收入均衡入库、持续增长、结构优化、调控有力,是财政税务部门最基本的职责所在。要在狠抓各项保增长财税政策措施落实的同时,坚定信心,明确目标,按照“法治、务实、有为”的组织收入原则,全力以赴做好组织收入各项工作,确保圆满完成年初目标任务。要密切关注经济发展走势、宏观经济政策和税收政策变化对财税收入的影响,加强调研,摸清家底,准确把握税源发展趋势,不断增强组织收入预见性。要及时掌握重点行业、重点企业、重点环节生产经营和税源变化情况,深入分析税收增减变化内在原因,科学判断收入增减未来趋势,及时发现和解决组织收入工作中的苗头性、倾向性问题,切实增强组织收入工作主动性。要加强重点税种管理和地方小税种源头控管,关注税收征管薄弱环节,规范税费减免,堵塞征管漏洞,努力拓展新的税收增长点。加大第三方信息采集和信息比对力度,强化城镇土地使用税、城建税、股权转让个人所得税等税种征管。加快不动产建筑业税收项目、杭州市重点税源管理等先进的税收管理软件和经验办法的推广应用,积极探索应用“网络发票”,进一步推进个人所得税代扣代缴明细申报工作,不断提高地税征管质量和效益,实现堵漏增收。要进一步完善社保费征管机制,积极探索研究国有资源类、资产类和国有资本收益征管,拓宽非税收入征收范围和征收渠道,不断增强财政调控能力。

正确处理好增加政府支出与节约行政经费的关系,确保财政收支平衡。财政支出是促进经济平稳较快发展直接和有力的手段。在当前严峻的经济形势下,一方面,财税部门要充分发挥公共财政在社会主义市场经济条件下资源配置和经济调节的职能作用,更加积极主动地服务于经济社会发展大局。要转变理财观念,既要勤俭持家、科学理财,又要舍得投入、主动埋单,变被动为主动,积极为党委、政府当好参谋,有所为有所不为,该出手时就出手,集中财力支持经济社会发展的重要领域。另一方面,要牢记“两个务必”,牢固树立过紧日子的思想。过紧日子不仅是一种态度,更是一份责任。各级财税部门要带头勤俭节约,艰苦奋斗,共克时艰。要严格执行财政预算,增强预算刚性,确保中央和省有关增收节支、厉行节约各项规定落到实处,严控行政成本,并将核减、压缩的费用量化到部门。要认真履行职责,合理调度、拨付财政资金,促进财政职能的有效发挥和财政收支平衡。

(二)以保增长为主线,促进经济转型升级

立足当前,积极落实好各项财税政策。整合财税资源,创新扶持手段,用足用好财税政策,推动全省经济在保增长中加快转型升级。继续贯彻落实积极的财政政策,及时下达中央新增投资资金和地方政府债券资金,加快重点基础项目和民生工程建设,扩大国内需求。认真清理行政事业性收费项目和收费标准,关注中小企业生产经营状况，建立中小企业政策成效监测体系，确保国家和省各项清费减负、扶持企业发展政策落到实处；鼓励金融机构加大对中小企业的金融支持，扩大中小企业多元融资渠道。确保完成1000家企业分离发展服务业工作，充分发挥创业风险投资引导基金、工业转型升级专项资金、服务业引导资金的政策导向和资金扶持作用，支持企业技术创新和技术改造，推动工业转型升级和服务业加快发展；充分发挥政府采购的规模效应和市场导向作用，加大对节能、环保、自主创新等产品的支持力度，促进产业结构优化升级。认真落实完善促进外经贸发展的各项政策，鼓励和支持企业积极开拓国际市场，促进外贸出口。支持构建农村金融服务体系，引导、鼓励和支持村镇银行、小额贷款公司、农村资金互助社等新型农村金融机构增加涉农贷款投放，支持"三农"发展。

着眼未来，加大对新兴产业发展的支持力度。新兴产业往往处于成长初期，面临巨大的市场空间；同时也处在技术突破和产业化的关键时期，单纯依靠企业的努力是远远不够的，必须政企合力，多管齐下，采取切实有效的政策措施加以推进。当前，我省正处在新兴产业培育和发展机遇期的关键点上，要创新财政支持重点和方式，综合运用体制、资金、政策等多种手段，强化新兴产业发展的政策和制度保障，破除新兴产业发展的体制机制障碍，形成推进新兴产业发展的具有前瞻性、系统化、集成化的强力机制。加大财税扶持力度，大力扶持引领浙江经济未来发展的新能源、新材料、节能环保、生物医药、电子信息、海洋、文化创意等新兴产业及研发设计、营销等产业链"微笑曲线"的两端，大力推进经济转型升级，夯实财源基础。

(三)以惠民生为重点，保障公共服务支出

坚持量力而行，尽力而为，集中财力保障已经确定的各项重点民生工作有序推进。加大财政支农资金整合力度，加快支农支出进度，推进农村改革发展；积极培育新型农业生产经营主体，大力扶持现代农业。扎实推进"领雁工程"和"农远工程"，提高农村中小学师资水平和教育装备水平。重视义务教育学校实施绩效工资工作，加紧清理规范教师津贴补贴，积极筹措落实资金，市县财政要承担经费保障的责任，特别是优先保证农村义务教育教师所需资金到位，确保绩效工资平稳实施。加大对职业教育的支持力度，加快农村中等职业教育发展；完善高校财政拨款办法，逐步建立以绩效为主要内容的高校财政拨款制度。加快基层文化设施建设，推进文化信息资源共享工程，让人民群众共享先进、优秀文化成果。继续实施积极的就业政策，不断完善失业保险制度，稳定就业局势。推进企业职工基本养老保险省级统筹和新型农村社会养老保险制度试点，逐步建立覆盖城乡居民的养老保障制度。积极参与医药卫生体制改革，以"三基"(基础设施、基本制度、基层单位)为重点，加大财政卫生投入，推进医疗卫生新体制建设。进一步健全社会救助体系，完善城乡医疗救助制度，提高医疗救助的惠及范围和补助水平，保障和改善困难群体的基本生活。完善财政补助政策，支持农村困难群众住房救助工作。认真做好家电、汽车摩托车下乡财政补贴工作，支持开展汽车、家电"以旧换新"试点，探索创新补贴资金兑付方式，让农民群众真正得实惠。

(四)以"三分离"改革为核心，推进科学化精细化管理

在全国财政厅(局)长座谈会上，财政部提出了全面推进财政科学化精细化管理的总体要求和主要任务，就是要坚持依法理财、科学理财、民主理财，牢固树立全局观念、法治观念、创新观念、效率观念、服务观念、责任观念，按照突出重点、统筹兼顾、远近结合、分步实施的原则，突出依法理财、注重流程设计、完善岗责体系、加强绩效考核、健全配套制度、运用科技手段、坚持以人为本等基本要求，建立完整的政府预算体系，完善预算编制制度，加强预算执行管理，强化预算监督，建立预算编制与预算执行、预算监督相互制衡、有机衔接的运行机制，提高财政管理绩效，保障财政职能作用充分发挥。我们要按照财政部的统一部署，从全局和战略的高度，统一思想、提高认识，开拓进取、真抓实干，紧密结合实际，把推进财政科学化精细化管理作为今后一个时期财政管理改革的中心任务，切实抓紧抓实抓好。当前的主要任务是：

按照"三个子"、"三分离"的要求，搭建起预算编制、预算执行、预算监督三个既相对分离，又相互联系，相互制衡的职能机构。贯彻落实新一轮省对市县财政体制，关注市县财政运行情况和政策实施效果，完善有利于科学发展的财政体制机制。深化以"三个子"为目标的综合预算改革，以加强专项整合、提高项

目预算质量为重点的项目预算管理改革,以完善预算定额标准为基础的零基预算改革,优化以部门预算为龙头的预算管理业务平台;界定事业单位供给范围,加强资产管理与预算管理的结合;推进部门结余资金清理,实行重大项目绩效预算试点,进一步推进部门预算编制科学化、精细化。完善省级国库集中支付制度,不断扩大市县国库集中支付改革范围。稳步推进财税库银横向联网改革,建立省级财税库银横向联网系统。在省级预算单位全面推行公务卡管理,指导市县积极推进公务卡试点。开展全省财政资金安全检查,积极探索和实施财政国库现金管理,不断提升财政资金运行管理水平。加强政府性资金和财政运行全过程的监督,促进监督与管理的有机融合,保障资金使用的安全、合规、有效。落实省级部门绩效自评各项工作,对全省基层文化设施建设项目和农村卫技人员素质提升工程等重点项目实行绩效评价,指导各地落实评价结果应用机制,推进全省绩效评价工作深入开展。加快推进全省政府采购信息化建设步伐,促进政府采购管理和执行的规范化、科学化和精细化。继续深化农村综合改革,稳步推进乡镇财政管理方式改革。完善村级组织运转经费保障机制,加大经费保障力度,加强农村基层组织建设。

进一步加强财税法制建设,不断提高财税法治化水平。加强政府性债务管理,2008年债务规模已突破警戒指标的市县(包括只突破一项指标的),除铁路建设外原则上不能再新增债务;未突破警戒指标的市县需增加债务规模的,所增债务要严格控制在三个警戒指标以内,切实提高抵御债务风险能力。认真组织开展"小金库"治理,建立防治"小金库"的长效机制。加强行政事业单位国有资产管理,建立健全资产管理制度体系。组织实施国有资本经营预算。加强会计监管力度,推进全省多层次会计人才的发掘和培养,提高会计队伍素质。

四、文化引领,不断加强干部队伍建设

在当前严峻的财税经济形势下,我们积极应对危机,确保完成全年目标任务,推动财税事业可持续发展,过去是,现在是,将来也必将要紧紧依靠广大财税干部,依靠有文化的广大财税干部,依靠有现代文化的广大财税干部。在座的各位局长,一定要像抓财税业务工作那样,投入足够的时间和精力来抓领导班子和干部队伍建设,保证财税事业后继有人。

(一)勤学善思践行,不断提高工作能力和领导水平

"火车跑得快,全靠车头带"。在座的各位局长担负着"抓好业务、带好队伍、当好参谋"的使命,要努力使自己成为一名具备现代财税文化的领导。勤学、善思、践行,是我们不辱使命、实现自我升华的不二法门。中共中央政治局常委、中央书记处书记、中央党校校长习近平在中央党校举行的2009年春季学期第二批进修班暨专题研讨班开学典礼上指出,书籍是人类知识的载体,是人类智慧的结晶,是人类进步的阶梯,各级领导干部要深刻认识现代领导活动与读书学习的密切关系,深刻认识领导干部的读书学习水平在很大程度上决定着工作水平和领导水平,真正把读书学习当成一种生活态度、一种工作责任、一种精神追求,自觉做到爱读书、读好书、善读书。在座的各位局长,要多读书、读好书、善读书,坚持在读书学习中领悟人生真谛、体会人生价值,在推动财税事业发展中实践人生追求;坚持阅读与思考的统一,开动脑筋,深入思考在金融危机形势下财税工作的新问题、新矛盾;坚持读书与运用相结合,联系实际,在保增长、调结构、促改革、惠民生中再立新功。我们安排三天时间举办局长培训班,对于大家也是一次难得的学习、思考、交流的机会。希望大家通过学习,深化认识,自觉地把思想统一到中央和省委、省政府对经济形势的科学分析和判断上来,统一到厅党组关于财税文化建设的总体部署上来,不断增强工作的主动性。

(二)加强文化修养,不断提高领导班子的凝聚力和号召力

班子是领导核心,要发挥好班子的核心作用,关键看两点:一是要有共同的文化基础。"志不同者不为谋。"这个共同基础对于我们党员领导干部而言,主要就是党性修养和道德修养,这是我们的终身必修课。道德修养是党性修养的基石,党性修养是道德修养的升华。班子成员要弘扬坚持理想、忠诚于党的政治品德;忠实履职、勤勉干事的职业道德;清正廉洁、一心为民的秉政美德;注重品行、坚持操守的社会公德。只有这样,班子成员才能心往一块想,劲往一处使,才能充分发挥领导核心作用。二是要落实好民主集中制。客观世界复杂多变,人类的认识能力相对来说是有限

的，我们每个人的观点往往都只是客观世界某个方面的近似的反映。人的认识活动本质上是在价值标准支配下对信息的选择、组合和判断的过程，每个人的价值标准不可能整齐划一，不同思想的激荡既是创新的前奏，又是和谐的基础。因此，班子内有不同观点不仅是正常的，而且是有益的，关键是作为班长，要善于营造民主、开放、包容、团结的文化氛围，不断增强凝聚力和号召力。

（三）深化财税文化建设，不断增强广大干部职工的积极性和纪律性

"依法治税、为民理财、务实创新、廉洁高效"的财税文化核心理念，体现了"民主、科学、法治、公正、职业、效率"等现代社会所追求的重要价值。用这样的现代财税文化理念武装起来的、充满创造激情和奉献精神的财税干部队伍，才是我们面对现代社会复杂多变的挑战并化危机为机遇、最终战胜金融危机、确保完成财税工作任务和财税事业持续发展的力量源泉和可靠保证。在目前金融危机和规范津补贴的大环境下，如何坚定大家的信心、增强大家的积极性、纪律性，同舟共济、齐心协力，是摆在我们局长面前的一个现实问题。各地要根据厅党组的统一部署，创新形式，注重实效，扎实开展财税文化"学习平台、制度平台、情感平台、激励平台、宣传平台和活动平台"建设，推动财税文化由传统走向现代，充分发挥现代财税文化的导向、凝聚、激励和约束作用，积极应对各种挑战。

要加强廉政文化建设，深化廉政文化进机关、进家庭活动，不断提高廉政文化的渗透力，进一步增强干部特别是领导干部的廉洁自律意识。认真做好权力搜索工作，规范权力运行，深化惩防体系建设。要在前瞻性、系统性和可执行性上下工夫，不断增强体系的惩防功能。要保持今年以来廉政建设的良好态势，努力使犯错误、受处分干部的人数越来越少。要从确保财税事业长远发展的高度，把加快年轻干部的培养和提拔使用摆上重要的议事日程。

同志们，沧海横流方显英雄本色，任重道远更须快马加鞭。面对这场百年不遇的国际金融危机，我们必须坚定信心，迎难而上，积极应对，扎实工作，再创体制机制新优势，再拓财税事业科学发展新局面，以优异的成绩迎接新中国成立60华诞！

审时度势 克难攻坚 推动全省经济税收持续稳定健康发展

——在全省地税工作会议上的讲话

2009年1月12日 **单美娟**

同志们:

这次全省地税工作会议的主要任务是,深入学习贯彻党的十七届三中全会、省委十二届四次全会、全省经济工作会议和全国税务工作会议精神,回顾总结2008年全省地税工作,深入分析地税工作面临的形势,部署2009年地税工作任务。全省各级地税机关要认真贯彻吕祖善省长重要指示和钱巨炎局长重要讲话精神,细化工作举措,务求工作实效。下面,我讲几点意见。

一、围绕中心、服务大局,2008年全省地税工作取得显著成绩

2008年是国际国内形势变化最为复杂的一年,是大事多、难事多,冲击大、压力大,不平凡、不寻常的一年。面对新形势,全省地税系统在省委、省政府和国家税务总局的正确领导下,坚持以邓小平理论和"三个代表"重要思想为指导,深入贯彻落实科学发展观,认真执行中央宏观调控政策,紧密围绕"创业富民,创新强省"总战略和"标本兼治,保稳促调"总思路,积极践行"依法治税、为民理财、务实创新、廉洁高效"工作理念,坚持一手抓组织收入工作,确保地税收入平稳增长,收入结构不断优化;一手抓优惠政策落实,真心实意与企业共渡难关,大力促进经济转型升级,为全省经济社会又好又快发展作出了积极贡献。2008年全省地税部门共组织各项收入2325.98亿元,增长17.73%,增收350.33亿元;其中:税收收入1494.40亿元,增长15.82%,增收204.17亿元;社保费661.63亿元,增长23.73%,增收126.91元。全省地方税比重达59.39%,比上年提高2.89个百分点;地税税收收入中,构成地方财政收入的税收收入增长18.54%,快于全部税收收入增幅2.72个百分点。

2008年全省地税工作在六大方面取得了显著成绩:

(一)支持"两创"、改善民生

紧密围绕省委、省政府重大战略部署,出台了《浙江省地方税务局关于贯彻省委推进创业富民创新强省决定的实施意见》,提出要坚持公平正义原则,努力为各种所有制经济的发展创造公平的税收环境;要在全省地税系统形成尊重创业、鼓励创新的良好氛围,既支持全社会创业创新,又加强自身创业创新。出台了《浙江省地方税务局关于贯彻省委全面改善民生促进社会和谐决定的实施意见》,提出要充分发挥地税服务民生的"杠杆"作用,全面落实惠及民生的各项税费优惠政策;发挥税收筹集收入的职能作用,为改善民生提供物质基础;发挥税收调节收入分配的作用,缩小初次分配带来的收入差距。出台的两个实施意见,严格遵循税收法治的原则,坚持在税收法律法规框架内,进一步梳理和整合税费政策,使政策的导向作用更加显著;进一步优化征管流程,创新服务举措,使政策的落实更加有针对性、更具操作性。"两创"方面突出对自主创新、转型升级、节能减排、总部经济、人才引进等的扶持,共涉及38条具体措施;民生方面突出对教育、就业、医疗、社保、农村发展等的扶持,共涉及21条具体措施；并积极推进社会保险费“五费合征”，社会保险费收入持续稳定增长，社会保险覆盖面不断扩大，圆满完成了省政府确定的实现社会保险费“五费合征”制度全覆盖的目标任务。这些政策和工作举措的深入贯彻落实，有力推动了我省经济社会的全面协调可持续发展。

（二）助推“保稳”、积极“促调”

针对经济形势的急剧变化，迅速贯彻省政府“减免相关税费、减轻企业负担”的重要精神，坚持在依法合规的前提下，及时高效地把中央和省委、省政府各项扩大内需、促进经济平稳增长的税费政策落到实处。认真抓好社会保险费临时性下调缴费比例集中减征，困难企业房产税、城镇土地使用税和水利建设专项资金的减免工作。加快落实降低社会保险费费率政策，促进经济民生统筹发展。在“保稳”的同时，积极“促调”，以贯彻新企业所得税法为契机，深入落实支持企业自主创新、现代服务业发展的各项税费优惠政策，协同省级有关部门共认定高新技术企业1331家。深入贯彻省委、省政府“推进工业企业分离发展服务业”决策部署，加强调研、解决问题、总结经验、树立典型，加强与省有关部门协作配合，着力推进在工业转型升级中分离发展科技服务、现代物流、国际贸易、专业化配套服务、文化创意服务等生产性服务业，进一步优化了产业结构和税源结构。

（三）依法治税、维护公平

坚持把依法治税作为税收工作的“灵魂”，全面加强依法行政、依法治税考核，积极稳妥推进税收执法责任制，深入开展税收执法检查和执法监察，认真做好重大税务案件审理，严格落实规范性文件会签会审、备案审查和公告制度，建立健全税收政策执行情况反馈报告制度。坚持内外并举、刚柔相济，为依法治税营造良好的执法环境。依法办理税务行政复议，妥善解决税务行政争议，力争把行政争议化解在基层、化解在初发阶段、化解在行政程序中，2008年各级地税机关共收到申请复议案件8件，涉及税务行政诉讼案件3件，基本得到了妥善解决。深入开展“五五”普法和依法治理工作。坚持突出重点、整体推进，整顿规范税收秩序，深入开展行业税收专项检查、区域税收专项整治和大型企业集团税收专项检查，突出大要案查处重点，妥善处理好举报案件的受理、查处、督办工作，与公安等部门联合开展打击制售假发票专项整治行动，查处了金华“3·10”及温州“4·11”、“4·18”等在全国有重大影响的制售假发票案件。发挥稽查案件警示教育作用，进一步加大涉税违法案件曝光力度。全面贯彻落实《政府信息公开条例》，做到主动公开全面细化、依申请公开规范高效、信息把关保密安全，最大限度地满足公众的涉税信息公开需求，进一步加强“阳光”执法、文明执法。

（四）务实创新、强化管理

以深化应用《税友2006》为主线，加快推进地税管理科学化、专业化、精细化。开发快捷查询管理软件，深化基础数据增值利用；开发和完善执法质量管理系统、纳税评估系统、税务稽查查账软件，强化地税“后台”管理技术支撑；开发不动产建筑业税收项目管理软件、个人出租房管理软件，加快跨部门数据信息共享步伐。坚持“抓大、评中、定小”的征管方向，调整重点税源监控行业分布，开展建筑业、餐饮业、广告业、旅游业和资源税纳税评估，规范行业定额核定标准。加强发票集中管理，推广应用机打发票，开展有奖发票试点工作。积极研究营业税差额征税管理办法；扎实推进个人所得税明细申报和年所得12万元以上自行纳税申报工作；全面贯彻城镇土地使用税和车船税两个新条例，深入开展城镇土地使用税税源清查；认真做好城建税、教育费附加、地方教育附加与“两税”的信息比对；开展车船税保险机构代收代缴试点；进一步加强国际税收情报交换工作。积极探索解剖式稽查，着力推动管查互动，实现以查促查、以查促管。

（五）优化服务、降低成本

把优化服务作为构建和谐征纳关系的纽带，把降低纳税成本作为营造良好税收环境的基础，推出一系列纳税服务新举措：以“网送税法”为载体，拓展税法宣传新平台；与国税部门联合办理税务登记和开展纳税信用等级评定，推行“一次性告知制”和“补正承诺制”，解决纳税人办税“多头找、多次跑”的问题；实现个体工商户“三证并两证”，鼓励和推广个体工商户税务登记证与工商营业执照的“一窗式”办理；在扩大税务登记免填单、免收工本费范围的基础上，进一步加大力度，扩大工本费免收范围，节约纳税人办税时间和办税成本；大力推行“同城通办”，真正做到管理划区域，服务无界限；在办税服务厅大力推广POS机刷卡缴税(费),方便纳税人缴纳税(费),提高办税效率。充分发挥"12366"纳税服务热线"桥梁"作用,了解纳税人的需求、倾听纳税人的意见、解决纳税人的问题,2008年全省地税系统共接听来电81.3万话次,发送短信410.3万条,分别比上年增长139.1%和17.8%。

(六)转变作风、廉洁高效

以"树新形象,创新业绩"主题实践活动和科学发展观学习实践活动为契机,深入开展支持自主创新、促进服务业发展、社会主义新农村建设税费优惠政策落实情况专题调研,以调研带宣传抓落实。围绕第17个税收宣传月"税收·发展·民生"主题,召开"优化税收服务、支持创业创新"基层现场会,省局领导民主恳谈、听取意见、开门纳谏。积极开展财税文化建设,加强干部能力建设,创新教育培训模式,研究制订全省地税系统教育培训规划,按照"金字塔型"人才构架要求,进一步规范各级人才库建设。全面开展争先创优活动,全省地税系统共有156家单位获省级以上"基层文明单位"、"巾帼文明岗"、"青年文明号"和"群众满意基层站所"等荣誉称号。认真落实《浙江省财政地税系统建立健全惩治和预防腐败体系2008—2012年实施细则》,制订浙江地税系统贯彻落实国家税务总局惩防体系2008—2012年工作规划实施办法的分工方案和廉政预警实施办法,认真做好违纪案件防范和查处工作,努力降低违纪案件发生率。2008年由地方纪检监察部门查处的地税干部违纪案件6件,涉案8人。

2008年地税工作面临的形势复杂多变,面对的困难超乎预料,取得的成绩来之不易。这是省委、省政府、国家税务总局和厅党组正确领导的结果,是各地、各部门和广大纳税人大力支持的结果,是全省地税干部职工团结拼搏的结果。在此,我代表省局领导班子向关心支持地税工作的各级领导、各有关部门、广大纳税人表示最衷心的感谢!向广大干部职工表示最诚挚的问候!

在肯定成绩的同时,我们也要清醒地看到地税工作中存在的问题:一是如何规避和防范税收执法风险,规范税收自由裁量权,需要进一步研究和落实;二是少数地税干部执法能力不适应现实工作要求,执法不当行为还有发生,执法水平有待进一步提高;三是外部涉税信息共享机制还需加快推进,部门协作机制还需继续深化;四是征管基础工作有待进一步夯实,税源分析和收入把握能力有待进一步提高。对于这些问题我们必须高度重视,结合深入开展学习实践科学发展观活动,切实采取有效措施,认真加以解决。

二、认清形势、坚定信心,增强地税部门服务大局的意识和能力

(一)清醒认识经济税收面临的挑战

2008年以来,美国次贷危机引发的金融危机迅速从局部扩展到全球,从发达国家传导到新兴市场国家和发展中国家,从金融领域扩散到实体经济领域,酿成了一场历史罕见、冲击力极强、波及范围很广的国际金融危机。2009年主要发达国家经济可能全面衰退,新兴市场经济体和发展中国家经济增速将进一步放缓,我国经济发展的外部环境将更加严峻。我省经济以出口型、加工型和中小企业为主要特征,2009年将面临国际需求明显减少与贸易保护主义上升的挑战、市场竞争日趋激烈与传统竞争优势逐步弱化的挑战、企业生产经营困难加剧与社会稳定压力加大的挑战。综合来看,2009年可能是新世纪以来我省经济发展最为困难的一年。

地税工作也将面临巨大的挑战:经济下行趋势仍未见底,新企业所得税法实施带来的减收效应将在2009年汇算清缴时进一步显现,连续降息将减缓金融业税收增速,房地产业税收增长目前难有起色,刺激经济增长新的减税政策仍在不断出台,再加上2008年一季度税收增长的高基数,都将使2009年组织收入面临前所未有的挑战,尤其是2009年上半年的压力将更为突出。在减收因素增多的同时,保增长、保民生、保稳定等刚性支出,将进一步加大地方财政收支矛盾。综合分析,2009年将是我省税务机构进一步分设以来地税部门组织收入最为困难的一年。因此,各级地税部门必须牢固树立过紧日子的思想,增强忧患意识、危机意识,把困难预计得更充分一些,把措施制订得更周全一些,把工作做得更扎实一些,以清醒、有为、奋发的姿态应对挑战。

(二)努力把握挑战中蕴涵的机遇

尽管经济发展和组织收入面临着严峻挑战,但我们应该用辩证的眼光、战略的思维、全局的观念看待这些前进中的困难,善于从经济形势的准确把握中坚定信心,从中央保增长的决策部署中凝聚信心,从工作举措的充分准备中增强信心。应该看到,我国目前还处于工业化、信息化、城镇化、市场化、国际化加速发展时期,国内市场需求潜力巨大,为我省经济发展提供了广阔的空间。我省产品在国际市场上仍然具有一定的比较优势,资源要素价格大幅回落,有利于降低企业成本。尤其是经过30年来的改革发展和市场洗礼,涌现了大批优秀企业家,加上具有鲜明特点的浙江精神,这是我们应对挑战和困难的最大法宝。

从地税工作来看,我们更要克难攻坚、因势利导、化危为机。要深刻认识到,“沧海横流方显英雄本色”,越是经济形势严峻的时候,越需要我们深入学习实践科学发展观,把地税工作进一步纳入科学发展的轨道;越是组织收入严峻的时候,越是凸显地税部门地位和考验地税干部能力的时候。这场国际金融危机,中央既灵活运用货币政策,又突出财政政策的作用,从财税、金融、外贸、投资等方面相继出台了许多保增长、扩内需、调结构的政策举措,其中税收“杠杆”在整个政策体系中发挥十分重要的作用。最近,中共中央政治局常委、国务院副总理李克强对税收工作作出重要批示,在充分肯定2008年税收工作的同时,指出“做好2009年税收工作,对保持经济平稳较快发展有特别重要的意义”。总体来看,在这样一个特殊的经济背景下,无论是确保财政收支平衡,还是实施结构性减税政策,政府、企业、民众都寄予了税收工作更多的责任和厚望。因此,我们唯有百倍努力,才能不负重托。

(三)正确处理服务大局的几对关系

刚刚结束的全省经济工作会议强调,坚持把“保增长”作为2009年经济工作的首要任务,确保实现经济增长预期目标;坚持把“抓转型”作为2009年经济工作的主攻方向,加快经济转型升级,促进经济可持续的又好又快发展;坚持把“重民生”作为2009年经济工作的出发点和落脚点,使经济发展成果更多地体现在提高人民生活水平、促进人的全面发展上;坚持把“促稳定”作为2009年经济工作的重要保障,在构建和谐社会中凝聚力量,在维护社会稳定中促进发展。地税部门增强服务大局意识和能力的关键,就是要紧密围绕“保增长、抓转型、重民生、促稳定”这一工作主线,在应对挑战上出实招,在狠抓落实上下工夫,在改革创新上迈新步;要把握方向、突出重点,正确处理好减轻税负与增加收入的关系,盘活存量与拓展增量的关系,组织收入与改善民生的关系,规范管理与优化服务的关系,积极促进经济社会协调发展。

一是坚持依法治税“保增长”,正确处理好减轻税负与增加收入的关系。在当前特殊的经济环境下,减轻税负与增加收入的压力都非常大。一方面,“保增长”就是保企业效益的增长,要求我们依法落实好各项税费减免政策,尤其要及时做好支持企业兼并重组有关税费政策的宣传、辅导和落实工作,为企业减负、解困。另一方面,“保增长”还要保地方财政收入的增长,要求我们依法加强税收征管,为地方政府调控经济和保障民生提供财力支撑。在减负和增收中寻求平衡的关键是依法治税,特别是形势越严峻的时候,越要旗帜鲜明地贯彻落实依法征税的组织收入原则,切实维护税法严肃性和税收刚性。既不能因为减轻企业负担而突破税法“红线”随意减免税费;也不能因为税收任务压力而不落实优惠政策或“寅吃卯粮”收过头税。严格依法征税,既是2009年审计部门外部监督的重点,也是省局执法检查和执法监察内部监督的重点,各地务必引起高度重视,努力防范税收执法风险,坚决维护来之不易的税收执法环境。

二是坚持务实创新“抓转型”,正确处理好盘活存量与拓展增量的关系。加快经济转型,是省委十二届四次全会作出的一项重大战略举措,也是保持我省2009年经济平稳较快发展的根本所在。经济转型是一项任重道远的工作,我们既要以务实的精神盘活存量,支持传统产业升级发展;又要以创新的思路拓展增量,促进新兴产业加快发展;努力实现平稳较快增长和加快转型升级双重目标。从税收角度看,盘活存量,就是要通过研究开发费加计扣除、加速折旧等税收优惠政策导向,支持企业技术研发和设备更新,加快推进浙江制造业从“低、小、散”向“高、精、尖”转型。拓展增量,就是要积极落实新企业所得税法产业优惠政策,以及新修订的营业税条例支持服务业政策,深入推进工业企业分离发展服务业,大力发展高新技术产业和生产性服务业,加快形成先进制造业和现代服务业双轮驱动的主体产业群。

三是坚持以人为本“重民生”,正确处理好组织收入与改善民生的关系。发展经济的根本目的是满足人民群众日益增长的物质文化需要。坚持以人为本,要求我们既要保发展、促就业,又要强保障、重民生。对地税工作来说,就是要着眼长远、注重长效,坚持在发展经济基础上不断改善民生,在依法治税、规范管理的前提下,一手抓组织收入,一手抓涵养税源,为持续改善民生提供财力保障。要正确看待地税增收减速与民生支出刚性的关系,尽力而为、量力而行,淡化收入排名,夯实收入基础,优化收入结构,增强可用财力,通过组织有效益的收入来保障有质量的民生。要将重民生贯穿于组织收入工作始终,在地税征收管理、政策落实、法治建设、纳税服务过程中,充分尊重和保护纳税人的合法权益。要积极稳妥做好社会保险费"五费合征"工作,确保社会保险费收入持续稳定增长,努力促使社会保险费缴费比例调整政策落实到位。

四是坚持廉洁高效"促稳定",正确处理好规范管理与优化服务的关系。在企业经营困难、社会形势复杂的大环境下,我们一定要如履薄冰、如临深渊、注意形象、注重实效,坚持廉洁高效、干净干事。要刚柔相济,把规范管理与优化服务统一起来,更加重视税收征管的公正性、优惠政策落实的公平性和管理服务的人性化,以规范管理出优质服务,以优化服务促规范管理。要按照"内外并举、以内促外、重在治内"的方针,突出抓好自由裁量权的规范,最大限度地减少执法的随意性。要构建税收宣传大格局,加大信息公开力度,畅通信访渠道,确保程序到位,倾听纳税人呼声,以良好沟通化解矛盾,构建和谐征纳关系。要高度重视安全工作,确保地税内部廉政安全、信息安全、运行安全,并认真做好保密工作;要坚持规范、文明执法,注重对纳税人的宣传教育引导,慎用强制手段,极力避免由于执法不当而引发社会矛盾,切实维护社会稳定。

三、迎难而上、奋发有为,圆满完成2009年全省地税各项工作任务

根据对经济形势的分析和预测,按照中央和省委、省政府对经济工作的总体部署,2009年全省地税工作的指导思想是:高举中国特色社会主义伟大旗帜,全面贯彻党的十七大、十七届三中全会和省委十二届四次全会精神,深入学习贯彻科学发展观,深入实施"创业富民、创新强省"总战略,围绕"保增长、抓转型、重民生、促稳定"的工作主线,按照"依法治税、为民理财、务实创新、廉洁高效"的工作理念,念好"实、稳、优"三字诀,进一步坚持依法治税、科学组织收入、深化征管改革、优化纳税服务、加强队伍建设,充分发挥地税职能作用,确保地税收入持续增长,促进经济社会又好又快发展。

按照这个指导思想,2009年全省地税税收收入计划初步安排如下:全省(不含宁波)税收收入确保目标是1250亿元,比上年增长6%;奋斗目标是1298亿元,比上年增长10%。在保持收入稳定增长的同时,要进一步优化地税收入结构,认真抓好社会保险费等非税收入征管工作。

2009年要扎实做好以下几方面工作:

(一)以依法治税为根基,进一步营造良好税收法治环境

深入推进依法治税。进一步贯彻《全面推进依法行政实施纲要》,不断推进全省地税系统依法行政、依法治税。制订《浙江省地税系统执法责任制考核指标》,全面实施"人机结合"方式的执法责任制考核评议工作,对执法行为进行全过程跟踪、考核,对执法过错实行责任追究,从机制和制度上,不断规范税收执法。制订出台全省地税规范性文件管理办法,健全规范性文件制定程序,提高文件质量。在当前经济下行和社会矛盾比较突出的背景下,慎用强制手段,充分运用和解、调解手段妥善解决税务行政争议,特别要充分发挥行政复议化解税务行政争议的主渠道作用,维护纳税人的合法权益。认真执行重大税务案件集体审理制度,确保案件定性的准确性、法律适用的正确性。加强执法检查,有效保障各项税收法规、政策的正确贯彻执行,进一步规范自由裁量权,不断提高税收执法水平。

切实维护税收秩序。继续以开展解剖式检查为抓手,建立查补收入的预警机制,深入开展对旅游业、中介业、网站等行业的解剖式检查。继续以整顿规范税收秩序为主线,有针对性地选择广告业、中介代理业、旅游业、运输业、证券业营利性医疗及教育培训机构、拍卖企业、三年以上未实施检查的企业及高收入者个人所得税等开展税收专项检查。继续深入开展地区专项整治工作,与公安、国税部门联手,选择部分地区深入开展制售假普通发票专项整治工作。坚持大要案查处与行业税收专项检查点面结合,加强"下查一级"工作力度,进一步增强地税稽查威慑力。按照"规范、谨慎、及时”的原则,继续做好举报案件的查处工作和举报中心管理工作,切实维护税收秩序。

加强税费政策宣传。整合资源,创新形式,认真开展好第18个全国税收宣传月活动,进一步做好“五五”普法工作,全面落实政府信息公开,加大对涉税违法案件的曝光力度。加强中央“保增长、扩内需、调结构”结构性减税政策的宣传,积极发挥税收政策的导向作用。加强社会保险费的宣传,充分发挥社会保险“安全网”的积极作用。加强对党委政府及有关部门等“用税人”关于税收收入形势的宣传,凝聚各方面的力量,加强税收征管、促进收入增长。

(二)以组织收入为中心,进一步促进经济税收协调发展

科学指导组织收入。充分发挥税收职能作用,积极落实支持“三农”、中小企业、扩大消费需求、就业再就业、自主创新、区域协调发展、服务业和文化医疗体制改革等税收政策。进一步做好推进工业企业分离发展服务业有关涉税工作。按照“法治、务实、有为”的要求,全面开展税源分析、税收预测预警分析、税收管理风险分析和政策效应分析,强化对重点税源地区、行业和企业的分析。密切跟踪宏观经济和企业经营形势变化,全面掌握影响税收收入变化的因素,及时发现组织收入工作中存在的问题和税收征管的薄弱环节,有针对性地采取措施,始终牢牢把握组织收入的主动权。

强化主体税种管理。认真贯彻新修订的《营业税暂行条例》及其实施细则,加强重点行业、重点企业、重点工程的营业税征管,积极推行建筑、房地产等行业营业税项目管理办法,全面推广应用《税友2006》不动产建筑业税收项目管理软件。认真做好企业所得税征管范围调整工作。建立企业所得税管理规范,贯彻落实部分行业所得税管理操作指南,加强非居民企业所得税征管。修订企业所得税减免管理办法。加强汇总纳税企业所得税征管。加强对高收入者的个人所得税管理,依托信息化手段推进企业、事业单位、行政机关、社会团体等单位的全员全额扣缴明细申报,做好个人所得税完税证明开具工作。

优化地方税费管理。根据税制改革趋势,认真抓好外资企业房产税征管;加强信息比对和委托代征工作,着力加强城建税、教育费附加和地方教育附加征管。继续落实城镇土地使用税和车船税暂行条例,加强对落实情况的监督检查。认真做好城镇土地使用税税源清查,全面掌握城镇土地使用税和房产税税源信息,实施动态管理。大力推进车船税保险机构代收代缴工作。加强水利建设专项资金征收管理,改革完善水利建设专项资金减免审批办法。进一步规范残疾人就业保险金的征收工作。

扎实推进“五费合征”。在2008年实现“五费合征”制度全覆盖的基础上,进一步落实“参保登记、缴费基数、征缴流程、信息数据”的统一,积极推进企业征缴扩面工作,争取实现企业全覆盖。做好2009年临时性适当下浮社会保险费缴费比例政策集中减征工作。认真贯彻省政府关于调整用人单位基本养老保险缴费比例政策,积极主动地做好政策效果的分析评估工作。完善和规范缴费登记、申报、缴纳、评估、检查及费源管理等征管流程,探索建立缴费评估制度,不断规范社会保险费征管。切实加强社会保险征管信息化建设,努力实现劳动保障、税务、财政、银行等相关部门信息数据能即时交换与共享。

(三)以深化改革为动力,进一步推动地税征管提质增效

持续深化征管改革。继续深化税源间接控管模式,完善“五位一体”互动管理机制。紧紧把握数据大集中这一发展趋势,积极开展与地税数据大集中相适应的管理方式调研,探索对《税友2006》业务流进行整合和集中,进一步加强外部涉税信息采集,完善横向沟通机制,建立有效的信息传递、交流与共享机制,形成更加高效的数据运行平台。以强化数据增值利用为重点,深入挖掘《税友2006》管理和应用功能,全面推广应用《税友2006》快捷查询管理软件,对各类管理报表产生的基础数据信息强化管理、深入分析,并做好网税系统功能扩展和《税友2006》其他新增功能的试点开发工作。建立《税友2006》新增功能试点开发机制,实行有规划的项目管理,并对试点单位开发投入和运行产出情况进行相应的绩效评价。

推进信息安全建设。组织开展全省地税系统信息安全等级保护工作,稳步开展安全风险评估。按照《浙江地税网络与信息安全体系建设规范》的要求,强化终端安全管理,建立网络准入控制机制,防止非法访问,不断完善网络与信息安全体系。组织开展全省地

税信息安全与保密工作检查,加强网络与信息安全监控工作,形成监控、评估、检查、加固、通报等工作的制度化与常态化。完善《浙江地税网络与信息安全应急预案》,组织开展应急演练试点,有效应对各类突发安全事件。深入开展系统资源全面梳理和整体规划,进一步提升信息基础设施承载能力。

夯实税收征管基础。修订《信息采集维护管理工作规范》,适时制订《案头分析管理办法》,重点加强基础数据与外部信息采集的及时性、完整性、准确性。提炼广告业、旅游业纳税评估指标体系,组织开展住宿业、租赁业专项纳税评估。探索不同行业的税收管理方法,建立分行业纳税评估模型和预警指标,逐步建立健全行业税收管理规范。本着公开、公平、公正的原则,规范定期定额户管理。进一步加大机打发票推行力度,充分利用《税友2006》资源和技术手段,健全发票查询系统。探索建立走逃户和非正常户法人数据库,为加强户籍管理提供依据。强化国际税收管理,完善非居民企业税收管理机制,加大税收协定执行力度。

(四)以优化服务为途径,进一步构建和谐有序征纳关系

完善纳税服务机制。以法律、法规为依据,以纳税人为中心,以流程为导向,以信息化为信托,完善纳税服务制度,调研拟定包括纳税服务的战略目标、工作职能、服务领域、工作步骤、工作机制等主要内容的《浙江地税纳税服务工作规划(2009—2012)》,明确纳税服务的工作定位。推进办税服务厅标准化建设,梳理办税服务厅服务内容、业务流程、窗口设置、功能区划分、制度建设、环境设施等工作,进一步规范办税服务厅服务资源配置。建立全省地税系统办税服务厅窗口"纳税服务之星"考评办法,优化窗口服务激励机制,提高办税服务水平。严格落实责任追究制,对法定服务不作为和侵害纳税人权益的执法过错行为进行责任追究,促进依法行政水平和纳税服务质量的不断提高。

创新纳税服务举措。进一步升级改造"12366"语音平台和纳税服务短信平台,实现语音数据集中管理,提高语音数据利用率。加强税收法律法规和政策的咨询辅导,帮助纳税人了解税收政策规定,熟悉办税程序。根据不同类别纳税人的需求,提供个性化的纳税服务。加强和规范法律援助及救济服务,切实维护纳税人合法权益。积极稳妥地推进全省统一模式的POS机刷卡缴税(费)、CA认证深化应用、同城通办等创新服务内容,方便纳税人办税。完善纳税信用等级评定管理,建立纳税信用激励和动态管理机制。建立纳税服务质量考核评价机制,借助第三方机构开展纳税人满意度、需求调查。改革管理方式,优化工作流程,简并报表资料,减轻纳税人和基层税务机关负担,提高办税效率。

规范注税行业发展。加强对注册税务师行业的行政监管,规范执业行为。以依法支持为前提,更加注重发挥注册税务师行业的职能作用和专业优势。贯彻总局和省政府关于加快中介机构改革发展的文件精神,进一步拓展涉税鉴证业务范围,完善有关政策和监管制度。根据《国家税务总局关于促进注册税务师行业规范发展的若干意见》等文件精神,适时明确我省各级税务机关有关注册税务师管理工作职责。

(五)以财税文化为先导,进一步加强地税干部队伍建设

加强领导班子建设。各级地税领导班子要大力弘扬以"依法治税、为民理财、务实创新、廉洁高效"为核心的财税文化,做财税文化的引领者、实践者和推动者。进一步深入贯彻《党政领导干部选拔任用工作条例》,坚持民主、公开、竞争、择优原则,按照德才兼备、注重实绩、群众公认原则选拔领导干部,推动全省地税系统各级领导班子的组织建设,优化领导班子的年龄、知识、能力结构。提高领导干部的谋划力和决策力,在现有管理体制下,加大垂直管理力度,适度展开领导干部交流工作,优化人力资源配置,提高领导班子的整体素质。优化系统领导班子和领导干部的考核方式,使全省地税系统领导班子和领导干部考核工作进一步科学化、合理化。进一步加大后备干部管理力度,建立健全后备干部管理使用制度。认真落实民主集中制,完善党组(党委)议事规则,推进决策的科学化和民主化。

强化系统队伍建设。按照厅党组《关于在全省财政地税系统开展财税文化建设的意见》要求,认真组织开展文化建设活动,创新载体、丰富内容,以文化建设推动思想政治工作的深入开展。以内强素质、外塑形象为目标,深入开展精神文明创建活动,加强对市、

县地税局深入学习实践科学发展观活动的指导。以提高创新力、执行力为重点，加强中层骨干管理能力建设。更加突出“服务基层、保障一线”的政策导向，人财物要向基层倾斜，文化建设要扎根基层，进一步增强基层队伍的凝聚力和战斗力。在全省地税系统进一步推动记功、嘉奖工作，在系统内选择一批政治过硬、工作积极、成绩显著、事迹突出的集体和个人给予记功、嘉奖，充分发挥先进典型的示范作用，积极营造崇尚先进、学习先进、赶超先进的良好氛围。研究制订全省地税系统新一轮大规模培训干部规划，提出今后一个时期总体目标、主要任务及各项措施，并根据分级负责和归口管理的要求，统筹安排各类培训项目，抓好分级组织实施，切实提高干部的思想政治素质和业务工作能力。

深化党风廉政建设。全面落实党风廉政建设责任制，持续深化以“教育、制度、监督、惩治、纠风、改革”为内容的惩防体系建设，努力提高全系统防范腐败的预警能力，进一步加强党风廉政建设。积极构建反腐倡廉“大宣教”格局，加强警示教育，推进廉政文化建设，开展以理想信念、思想道德、法制纪律为主要内容的廉政教育。紧紧围绕责任分解、责任考核、责任追究三个关键环节，细化工作责任和目标要求，把党风廉政建设责任制落到实处。各级地税机关“一把手”作为第一责任人要对反腐倡廉建设负总责，其他班子成员要认真履行分管责任，落实“一岗两责”，把反腐倡廉工作和税收业务工作同时部署、同时落实、同时考核。

同志们，2009年地税工作任务艰巨，责任重大。让我们深入贯彻落实科学发展观，坚定信心、开拓进取，扎实工作，努力开创地税事业发展新局面，更好地服从服务于党委政府工作大局，为实现经济社会又好又快发展作出新的更大的贡献！

深入学习实践科学发展观
不断开创人教基层工作新局面

——在全省地税系统人事教育基层工作会议上的讲话

2009年2月27日 单美娟

同志们:

这次全省地税系统人事教育基层工作会议的主要任务是:坚持以学习实践科学发展观为统领,认真贯彻落实全国税务工作会议、省委十二届四次全会、全省财政地税工作会议精神,回顾总结2008年的地税人教基层工作,正确把握面临的形势,研究部署2009年的工作任务。根据会议安排,下面,我代表省局领导班子讲几点意见。

一、2008年工作回顾

2008年是国际国内形势变化最为复杂的一年,是大事多、难事多,冲击大、压力大,不平凡、不寻常的一年,尤其是国际金融危机给出口占GDP总量达52%的浙江带来了极大的影响。面对新形势,全省地税系统在省委、省政府和国家税务总局的正确领导下,坚持以邓小平理论和"三个代表"重要思想为指导,深入贯彻落实科学发展观,认真执行中央宏观调控政策,紧密围绕"创业富民、创新强省"总战略和"标本兼治、保稳促调"总思路,自觉践行"依法治税、为民理财、务实创新、廉洁高效"的工作理念,团结奋斗,共同努力,坚持一手抓组织收入工作,确保地税收入平稳增长,收入结构不断优化;一手抓优惠政策落实,真心实意与企业共渡难关,大力促进经济转型升级。2008年收入实现了新突破,共组织各项收入2325.98亿元,增长17.73%;其中税收收入1494.40亿元,增长15.82%;社保费在停征1个月的情况下,完成了661.63亿元,增长23.73%。尤其可喜的是,优化税收收入结构的成效持续显现,全省地方税比重占59.39%,比2007年又提高了2.89%,有效地增加了地方财力,为促进浙江经济社会又好又快发展,构建社会主义和谐社会作出了积极贡献。

这些成绩的取得,离不开各级地税人教部门和全体人教干部的共同努力。2008年,人教基层工作紧紧围绕全省地税中心工作,按照立足规范、狠抓落实,注重提高的工作要求,努力克服人少事多等诸多困难,以提高干部队伍素质,加强能力建设为立足点,突出抓好干部人事管理、教育培训和基层建设三件大事,为地税各项工作的顺利开展提供了强有力的组织保证、思想保证和人才保证。

(一)以科学规范为目标,全面加强干部人事管理

一是加强各级领导班子建设。根据《干部选拔任用工作条例》精神,调整和配备好、完善好市、县局班子。2008年,共任免市地税局领导干部9名,批复任免县(市)地税局局长3名,批复任免市地税局人事教育处处长4名、监察室主任2名。通过调整各级领导班子,一批具有开拓进取精神,既精通业务知识又有较强综合协调能力的年轻同志走上了领导岗位。按照分级管理的原则,加强对领导干部的管理,完成对市、县地税局领导班子和领导干部2007年工作考核。

二是加强公务员管理。根据"公正、公平、公开"的原则,进一步加大人才引进力度,优化人才的专业结构。2008年,全省地税系统共招收277名(不含宁波)具有本科以上学历公务员,为全系统输送了新鲜血液。同时,积极争取人事部门的支持,按照"以人为本"的原则,妥善地处理好部分地区公务员过渡、登记等方面的历史遗留问题。

三是加强机构、编制管理工作。按照《进一步做好基层税务分局机构调整工作的通知》要求,进一步规范基层分局机构的设置,2008年,全省共批复5个地税基层单位更名和两个县(市)基层征管机构调整。同时,做好系统编制的管理工作,根据工作需要,按照系统内基层与机关人员“1:1”的交流原则,做好系统基层编制公务员转任、交流的审核、批复工作,全年共批复转任、交流、接收军转干部等112人。

(二)以能力建设为主线,扎实开展教育培训工作

以提高领导干部的谋划力和决策力、中层干部的创新力和执行力、一般干部的凝聚力和战斗力为重点,大力实施“人才强税”战略,着力构建“金字塔型”的浙江地税人才架构。全年共举办各类培训班1006期,参训人员32980人次,全系统累计教育培训支出2861.08万元。教育培训工作的做法受到了上级肯定,《扎实开展分层次分类培训,努力打造一支高素质复合型的干部队伍》在全国税务系统教育处长座谈会上进行了书面交流。

一是完善机制,规范管理。主要建立健全了计划监督机制、管理制约机制和奖励激励机制。年初,制订下发年度教育培训工作计划,对全年的教育培训实施计划管理。实施过程中,严格操作规程,从项目立项、组织实施、监督管理、评估反馈等各环节都进行流程控制,有效地保证了培训工作的实施。省局修订完善了《浙江省地方税务局教育培训管理办法》,制订出台了《浙江省地方税务局人才库管理办法》等制度,各市、县(市)局还根据本单位的实际情况,分别建立、完善了政治学习制度、业务培训制度、检查考核制度等一系列管理制度,以制度规范和保障培训工作的开展,同时,逐步建立了培训评估与考试相结合、定期考评与不定期考评相结合、本级自评与上级考评相结合、全面考评与抽查考评相结合的干部培训考评机制。在全省地税系统推广培训考试(考核)通报和奖励制度,省局对在全省考试中成绩突出的个人和平均成绩列前、组织工作较好的单位进行通报表彰。还将教育培训情况纳入了全省地税系统ISO9000目标管理考核和基层文明单位评选考核体系中,使教育培训工作与评先创优挂钩。

二是举办各类培训班,大力构筑“金字塔型”的人才框架。

1. 举办局长培训班和分管局长培训班,培养高级管理人才。为提高领导干部的谋划力和决策力,省局举办了“全省地税系统局长培训班”、“全省地税系统分管局长培训班”等两期领导干部培训班。全省共有101名市、县(市、区)局“一把手”、84名地税分管局长分别参加了上述培训。通过培训,开拓了各级领导的视野,使他们更新了观念,改善了知识结构。

2. 举办硕士学位班,培养高层次精英人才。为培养高层次精英人才,从2004年至2006年,我们与上海财经大学、浙江财经学院合作,连续举办了三期研究生课程进修班,至2008年,已取得初步成果,共培养具有研究生学历的人才176名。此外,杭州市局与浙江大学联合举办了公共管理硕士学位班,温州市局、台州市局也与上海财经大学联合举办研究生班,培养高层次精英人才。这些措施的实施,有效地改善了人才结构,为“金字塔型”的人才构架搭上了重要的一环。

3. 组织人才库人员专门业务培训,培养专家型人才。2008年,根据“高、精、专、尖”的专业人才库建设要求,采取“推荐+考试”的方式,选拔了66名地税系统省级计财人才库人员。并举办了为期1个月的专门业务培训班,顺利结业63人。目前,省局已组建了征管、稽查、税政(含法规、规费)、计财和信息等五大类专业人才库,拥有各类专业人才545名,人才库建设已初具规模。同时,充分发挥人才库的作用,如执法资格检查、税友2006的开发和稽查大要案的查处等,取得了良好的效果。

4. 组织全员岗位业务技能全员轮训,培训一线业务骨干。在全系统开展了以提高岗位业务技能为主要内容的全员轮训,以自学为主,脱产辅导为辅的方式,通过干部自学、集中脱产轮训以及岗位技能竞赛、岗位业务技能比武等形式,全省地税干部17399人次参加为期12天的脱产培训,有效地提高了广大一线干部的业务技能,涌现了一批业务骨干。

三是夯实基础,完善保障。把加强教育培训基础建设放在重要位置,努力构建教育培训工作的保障体系,不断夯实教育培训工作的基础。

1. 加强对教育培训工作的领导。各级地税机关充分认识人才是地税工作可持续发展的核心动力,把加强人才建设放到重要地位,思想重视、组织健全。各级都成立了专门的教育培训机构,由“一把手”亲自挂

帅,分管领导具体负责,人教部门和有关职能部门共同组织实施,形成人人关心教育培训,人人重视教育培训的良好局面。

2. 加强师资建设。根据我省地税系统教育培训工作实际,我们本着“方便实用”、“以我为主,外聘为辅”的原则,在系统内挑选业务骨干和在浙大专院校的专家教授,建立了浙江省地税系统干部教育培训师资库。同时,加强师资的输出,如省局的周仕雅同志和金一星同志就被国家税务总局党校聘为客座教授。

3. 加强教材建设。充分发挥《浙江省地税系统公务员培训题库》的“工具书”和“试题库”的作用,不断更新内容,提高利用率。今后,我们还将配合网上教育培训平台的教学,开发一些电子课件,以提高培训效益。

4. 加强经费保障。全省地税系统各级机关能够按照教育培训工作的需要,足额保障培训经费。2008 年,全省地税系统教育培训支出人均达到 2003 元。同时,注重统筹安排,努力提高经费的使用效率。

(三)以“两项活动”为抓手,切实加强基层建设

一是认真组织实施深入学习实践科学发展观活动和“树新形象、创新业绩”主题实践活动,不断提高思想政治素质。根据部署,省局和金华市局、嘉善县局开展了深入学习实践科学发展观活动。通过领导动员、专家讲课、观看资料片、组织考试、党支部民主讨论等各种形式,在完成“规定动作”的同时,结合地税工作实际,扎实做好“自选动作”,推进工业企业分离发展服务业工作的进行;坚持在依法合规的前提下,及时高效把中央和省委、省政府各项扩大内需、促进经济平稳增长的税费政策落到实处,等等。省局的学习实践活动获得了省委学习实践活动第十指导组的高度肯定,金华市局、嘉善县局的试点工作也受到了领导表扬。

根据省委统一安排,积极组织开展“树新形象、创新业绩”主题实践活动。全省地税系统按照要求,认真制订主题实践活动实施方案,成立主题实践活动领导小组和办公室,圆满完成了蹲点调研、创业创新结对联系、创业创新送服务、创业创新民主恳谈、创业创新破难攻坚等各项工作。围绕“大力发展服务业,推动经济增长方式转变”这一主题,推进工业企业分离发展服务业工作的进行,取得了较好效果。省局及时上报了领导蹲点感悟、服务感思、破难感受等材料及活动简报 11 期,有的信息被省委“树新形象、创新业绩”主题实践活动领导小组专题刊发。

二是继续抓好文明创建,不断加强精神文明建设。根据形势和任务的变化,省局修订出台了《浙江省地税系统创建“群众满意基层站所(办事窗口)”先进单位和示范单位实施细则(暂行)》和《浙江省地税系统创建省级基层文明单位考核补充办法(暂行)》。扎实开展文明创建活动,全省共评选和表彰 69 个基层文明单位、其中 9 家荣获“文明单位创建成果奖”;与团省委联合评比表彰了 36 家 “省级青年文明号”;评比表彰了 46 个“群众满意基层站所”和 33 名“行风建设先进个人”,1 家单位和 8 名个人受到省纠风办表彰。全系统涌现了 4 个“全国青年文明号”,1 个“全国巾帼文明岗”。同时,加大先进的宣传力度,在全系统营造了学习先进、崇尚先进、赶超先进的良好氛围。

三是开展丰富多彩的文体活动,培育健康的生活情趣。按照厅党组的统一安排,在认真调查研究的基础上,与财政厅一起研究制定了《浙江省财政厅党组关于开展财税文化建设的指导意见》,积极推进文化建设活动的开展。各地按照“政治教育联抓,思想工作联做,文体活动联搞”的工作思路,大力加强思想政治工作,因地制宜地开展各项丰富多彩、喜闻乐见的文体活动,积极培育高尚的生活情趣,收到良好效果。《坚持“三靠两抓一组织”,打造优秀的税务团队》在全国税务系统思想政治工作会议上进行了书面交流。

尤其值得一提的是,成功举办了 2008 年财税系统运动会,取得了明显效果。在提高身体素质的同时,更重要的是培养了健康向上的生活情趣。

回顾过去的一年,在任务重、要求高、人手少的情况下,广大人教干部以大局为重,在平凡的岗位上努力工作,不畏艰辛,甘当人梯,开拓创新,锐意进取,圆满完成了各项工作任务。实践证明,广大人教干部的整体素质是高的,人教干部队伍是一支坚强的、能战斗的队伍。在此,我谨代表省局领导班子,对全体人教干部的辛勤工作、出色表现表示诚挚的慰问和衷心的感谢!

在肯定成绩的同时,我们的工作也存在着一些不足,主要是:从人教部门自身建设上看,有的市、县局人教部门的创新意识有待进一步增强、工作作风还不

够扎实；一些人教干部的综合素质有待提高，工作责任心还须加强；省、市、县三级人教部门的联系有待进一步增强，上级部门的指导力度和下属部门的执行力、贯彻力还有待加强。从工作上看，对市、县局领导班子和领导干部管理体制上还不够顺畅，系统管理力度有待进一步加大；地税干部老化现象比较严重，基层干部工作积极性有待提高；专业人才配置还不够合理，知识面比较单一；市、县局到龄退职中层干部的工作积极性较难调动，等等。这些都应该引起我们重视，并在工作中加以改进。

二、认清形势，提高认识，准确把握人教基层工作全局

2009年，对中国人民来说是一个具有历史意义的年份，我们将迎来中华人民共和国成立60周年。纪念活动很多，与我们人教系统密切相关。同时，我们还应该清醒地看到，由美国次贷危机引发的世界性金融危机愈演愈烈，经济下行的趋势仍未见底，给地税工作带来了巨大的挑战。从1月份的收入情况来看，受经济下滑、税收政策性减收和税费减免增加、去年高基数等多重因素影响，全省地税收入出现地税机构设立以来同期首次下降。全省地税部门共组织各项收入286.36亿元，同比下降7.89%，其中：税收收入218.10亿元，同比下降7.39%，减收17.4亿元；社保费收入49.49亿元，同比下降9.19%，减收5.01亿元，形势不容乐观。

为此，在新的一年里，我们要深入贯彻落实科学发展观，全面实施"创业富民、创新强省"总战略，认真贯彻"标本兼治，保稳促调"总思路，围绕"保增长、抓转型、重民生、促稳定"的工作主线，切实按照"依法治税、为民理财、务实创新、廉洁高效"的要求，坚持在依法治税、规范管理、优化结构的前提下，保持地税收入可持续增长；充分发挥地税职能作用，继续推进工业企业分离发展服务业工作的开展，推动产业结构升级换代，促进经济增长方式转变；以数据"大集中"为方向，进一步深化征管改革和信息化建设，持续提升地税管理水平；大力推进依法治税，营造良好的税收环境；进一步加强作风建设，提高服务水平，构建和谐的征纳关系；落实帮扶政策、着力服务民生、强化社保，促进社会主义和谐社会建设；推进地税文化建设，全面提升干部队伍综合素质。要顺利完成这些目标任务，我们就必须始终坚持以科学发展观为统领，围绕一个中心，树立一个理念，把握一个主题，突出抓好三个重点，妥善处理好四个关系。

围绕一个中心：就是全省地税系统人教基层工作必须紧紧围绕全省"保增长、抓转型、重民生、促稳定"的经济工作主线和"开好局、收好税、带好队"地税工作目标，把人教基层工作放到浙江经济社会发展和地税中心工作任务的大局中去把握、去思考，一切围绕大局，一切服务大局。

树立一个理念：以人为本的理念。人教基层工作的对象是人，是广大的地税干部职工，人教工作要管人，要及时掌握人的思想动态；要为人服务，我们必须紧紧依靠全体地税系统干部职工，全心全意为他们做好服务工作，努力实现让人成才、让事业腾飞的目标。

把握一个主题：深入学习实践科学发展观活动，这是今年全省各级地税人教部门的重要工作。各级地税部门必须自觉地以科学发展观来指导、引领各项工作，积极围绕我省"两创"总战略和"标本兼治、保稳促调"总思路，按照"依法治税、为民理财、务实创新、廉洁高效"的要求，运用科学发展的观点来研究思考工作，开展工作，以更加科学的态度、创新的精神和务实的作风，推进各项地税工作不断科学化、规范化，推动地税事业的持续进步，促进我省经济社会又好又快发展。

突出抓好三个重点：第一个重点是全面推开地税文化建设。第二个重点是加强高层次人才队伍建设与管理。第三个重点是继续深化人事制度改革，建立健全激励竞争机制、自我约束机制、考核奖惩机制和监督防范机制，促进地税事业科学发展。

积极处好四个关系：积极处理好业务工作和队伍建设的关系，思想政治工作与业务工作"两手抓"，"两手都要硬"，确保中心工作任务的完成和队伍综合素质提高协调发展。积极处理好高层次人才队伍建设与整个地税队伍建设的关系，以高层次人才带动全体干部职工综合素质的提升。积极处理好加强地税干部职业道德建设与提高干部业务素质的关系，确保地税干部综合素质的全面提高。积极处理好文化建设中继承与发展的关系，确保"六大平台"建设取得成果。

三、2009年主要任务

2009年全省地税系统人教基层工作的主要任务

是:深入学习实践科学发展观,按照全国税务工作会议、全省财政地税工作会议的各项要求,紧密围绕地税中心任务,突出加强政治思想工作,全面推开文化建设,大规模培训干部,努力打造"依法治税、为民理财、务实创新、廉洁高效"的优秀地税团队,为圆满完成地税各项任务提供坚强的思想保证、组织保证和人才保证。

(一)贯彻落实《公务员法》和《党政领导干部选拔任用工作条例》,进一步规范和强化干部人事管理

一是进一步加强地税系统领导班子建设。严格按照《党政领导干部选拔任用工作条例》精神,进一步完善干部调整配备的工作程序,从干部推荐、考察、任免等方面规范干部管理工作。坚持民主、公开、竞争、择优原则,按照德才兼备、注重实绩、群众公认的原则选拔领导干部,做好部分市、县(市)地税局领导班子补充调整工作,推动全省地税系统各级班子的组织建设,努力优化班子的年龄、知识、能力结构。加强领导干部的管理,在现有体制下,积极探索进一步加强系统领导班子建设的方法与举措,着重理顺省局、市局与地方党委在地税领导班子和领导干部管理上的关系,进一步增强省局在系统干部管理方面的主动性。适时出台系统干部管理的规范性文件,对系统干部的最高任职年限、岗位交流、下派上挂等事项进行明确。优化系统领导班子和领导干部的考核方式,增强考核工作的主动性和实效性。积极探索量化考核办法,使考核工作从"定性"为主向"定量"为主转变。同时,进一步加大考核结果的使用力度,将考核结果与干部提拔、评先创优、公务员奖励等挂钩,使全省地税系统领导班子和领导干部考核工作进一步科学化、合理化。进一步加大系统后备干部管理力度,建立健全后备干部管理使用制度,做好市、县(市)地税局领导班子后备干部补充调整、培养工作,落实中组部即将出台的《党政领导干部挂职锻炼工作暂行规定》,规范地税系统干部挂职锻炼工作,积极培养年轻干部。进一步加强省局机关的自身建设,尤其是加大对处级中层干部的培养力度,切实提高创新力和执行力。

二是进一步规范公务员管理。规范和加强对系统公务员的管理,把好人员"进口"关,适时出台系统公务员管理有关规定,对系统公务员录用、分配、调配、培训、交流、调动、退休等方面进行规范。积极做好2009年度335名地税系统公务员的招录工作。定期做好人员信息核对工作,加强对系统公务员的动态管理。积极做好人才引进工作,引进一批计算机、法律、外语等急需专业人才,以缓解干部紧缺的矛盾,使人才专业结构得到明显改善,分布更趋合理。

三是进一步加强系统机构编制管理工作。根据总局和省政府机构改革方案,按照转变职能、理顺关系、严格控制机构编制的要求,配合省政府机构编制职能部门,开展省局机关"三定"工作。重点抓好省、市、县(市)三级地税局内设机构设置的调整、运转工作。根据基层工作的客观环境和实际需要,做好全省地税系统基层税务机构调整、规范工作及系统基层编制公务员转任、交流的审核、批复等工作。管好用好地税基层编制,按照"有序进人"的原则,把有限的编制用在刀刃上。

四是加强人事基础性工作。进一步加大对全省人事工作情况的督促检查力度,省局将选择部分市、县地税局进行人事工作重点抽查,促进各地人事基础工作的进一步完善和规范。在整体控制严、审批难的情况下,严格按照有关规定做好出国(境)组团培训考察的组织工作。加强干部人事档案管理和各类人事报表的汇总、统计、上报等工作。

(二)落实省委、国家税务总局关于《2008—2012年大规模培训干部意见》,进一步提升干部队伍综合素质

一是认真组织大规模干部培训工作。研究制订《2009—2011年浙江省地税系统大规模培训干部实施意见》,对未来三年的大规模培训干部工作作出部署。按照"归口管理、分层实施"的原则,认真组织实施教育培训。以提高领导干部的谋划力和决策力为重点,省局将举办局长培训班,分管局长培训班;以提高中层干部的创新力和执行力为重点,省局将举办机关处级干部培训班和基层税务分局局长轮训班;以提高一般干部的凝聚力和战斗力为重点,开展岗位业务技能全员轮训,组织开展岗位业务技能比武。加强后备干部的培养,适时举办市、县(市)局局级后备干部培训班。按照总局的要求,结合我省地税工作的实际,按照分点实施的办法,举办2008年度新录用公务员初任培训中的专业部分内容培训。认真组织实施全国税务系统稽查人员业务考试和执法资格考试。

二是大力培养高层次专门人才。进一步巩固和完善省局人才库，根据人才培养计划和动态管理的要求，对省局稽查专业人才库进行动态更新，举办业务培训班，委托高等院校对人才库人员进行集中脱产培训。选派干部参加总局组织的处级干部专门业务培训和更新知识培训，培养专门人才。

三是进一步加强教育保障。对《浙江省地税系统公务员业务培训题库》进行动态维护，研究建立网上教育培训平台，提高培训效益。加强施教组织建设，进一步充实和完善师资库，研究加强培训资源整合，实现师资资源共享的办法；加强师资培训，提高授课水平和教学管理能力；有计划地开展师资培训，进一步加大系统内兼职师资培训力度，创造培训机会，不断提高教学水平。保障教育培训经费投入，提高经费使用效益。

（三）认真组织开展深入学习实践科学发展观活动，努力开创思想政治工作新局面

一是认真组织开展深入学习实践科学发展观活动。科学发展观是以胡锦涛同志为核心的中国共产党在借鉴国际科学发展新经验，总结我国改革开放三十年的探索与实践，所提出的又一党建理论核心。全面正确把握科学发展观的科学内涵和精神实质，增强贯彻落实科学发展观的自觉性和坚定性，着力转变不适应科学发展观的思想观念，着力解决影响和制约科学发展观的突出问题，是开展学习实践科学发展观活动的根本目的和要求。

省局作为第一批活动单位，金华市局、嘉善县局作为试点单位，已经先行一步，取得了初步成果。按照要求，深入学习科学发展观活动以属地管理为主，各级地税机关要严格按照当地党委的统一部署，突出地税特点，以“帮扶企业‘春雨’专项行动”为重点，扎扎实实地抓好活动的开展。省局要加强对活动的指导，金华市局、嘉善县局要充分发挥试点单位的作用，积极提供成果。各地在开展活动时，遇到问题和困难可以及时向省局和金华市局、嘉善县局寻求支持，全系统共同努力，确保活动取得实效。

二是全面推进文化建设活动的开展，不断提高地税系统的“软实力”。按照厅党组关于《在全省财政地税系统开展财税文化建设的意见》要求，今年是集中活动阶段，省局将对“学习平台、制度平台、情感平台、激励平台、宣传平台和活动平台”等“六大平台”进行进一步梳理和细分，使之具体化，下发《2009年全省地税系统开展文化建设活动要点》，指导各地开展文化建设活动。结合纪念新中国成立六十周年，省局组织全省地税系统文艺汇演。继续组织好先进个人、先进集体代表业务研讨活动，促进交流沟通。各单位要结合本地实际，理清思路，制订比较系统、全面、科学、有效的建设规划，因地制宜地开展形式多样、内容丰富的创建活动，扎实推进文化建设活动的开展。

要进一步加强和改进思想政治工作。当前，尤其是要针对津补贴规范以后，收入下降的实际，认真研究和把握干部职工的思想动态，把工作做实、做细，做到点子上，引导广大干部职工正确看待个人的利益得失，变消极因素为积极因素，这是今后一个时期思想政治工作一项非常重要的工作任务。

三是继续推进精神文明创建活动，树立、宣传先进典型。继续深入开展创建“基层文明单位”、“青年文明号”、“群众满意基层站所”、“巾帼文明岗”，争当优秀税务工作者，争当人民满意公务员等活动，推动文明创建活动的健康、深入开展。切实加强对创建活动的组织领导，进一步规范创建活动，在讲求实效上下工夫。加强对评选表彰工作的检查监督，杜绝评选中脱离群众、形式主义等不正之风。在全省地税系统进一步推动记功、嘉奖工作，选择一批政治过硬、工作积极、成绩显著、事迹突出的集体和个人给予记功、嘉奖。加强对先进集体和先进个人的跟踪管理，进一步规范创建活动；广泛宣传先进集体和先进人物的模范事迹，树点带面，在全系统努力营造学习先进、崇尚先进、赶超先进的良好氛围。

最后，我想再利用一点时间，与大家交流一下如何当好一名人教干部。

高素质的人教干部队伍是做好人教基层工作的组织保证。人教干部是干部队伍中的“特殊成分”，我们的道德品行、理论素养、形象作风直接关系到组织的形象，影响到党群干群关系。因此，我们人教干部一定要加强自身修养，“低调做人、厚道做事”，具体来说，就是要靠得住，吃得亏，干得好，行得正。

第一，要靠得住。就是政治上要忠诚可靠。毛主席说过：“掌握思想领导是掌握一切领导的第一位，办事要靠人，人要靠得住”。忠诚可靠，就是要政治坚定，热

爱祖国,热爱人民,对党忠诚,时刻警示、警醒、警觉,做到守口、守信、守廉。警示,就是要经常自我告诫,自我防疫,自我鞭策。警醒,就是要常常自省,不断反省,保持清醒。唐太宗的"以铜为镜,可以正衣冠;以史为镜,可以知兴替;以人为镜,可以明得失"和孔子的"吾日三省吾身"说的就是这个道理。我们应该经常反省自己,要想想今天做了些什么,哪些地方有所得,哪些方面还做得不够,这样才能更好地促进工作,促进发展。警觉,就是要慎始慎终,慎权慎欲,慎微慎众。面对诱惑而不惑,身临陷阱而不陷。对事情,善始善终,从善如流;对权力,审慎无私,掌权知责,用权为民,从而达到一种不以物喜、不以己悲的境界。守口,就是要遵守纪律,保守秘密。人教工作的特殊性,要求我们增强保密观念,增强党性原则,做到不该说的不说,不该讲的不讲,不该传的不传。守信,就是要诚实、忠信。讲信用、守诺言,言而有信这是公民道德的基本要求,也是为人的基本准则,作为人教干部更要守信,要做到一诺千金,掷地有声。守廉,就是要廉洁、清白,清清白白做人,干干净净干事。

第二,要吃得亏。就是思想上要乐于奉献。人生有三境:顺境、逆境和平常之境。顺境是一马平川、春风得意,尽现人物胸怀;逆境是山路攀沿、雾途渺茫,尽现人物意志;平常之境是从容平淡、默默无闻,却犹如小说的细节,富有深刻的暗示。不管是在顺境、逆境和平常之境,我们都要吃得亏,乐于吃亏。在人教部门工作任务繁重,纪律严格,生活相对比较清苦,作为人教干部就要有乐于奉献,甘于吃苦、甘于吃亏的精神,要甘为人梯,乐做嫁衣裳。吃得亏,还要知足。知足,从个人心理而言,就是要知足常乐,而从工作要求和目标而言,又要永不知足,不断进取,这是一对矛盾统一体。我们只有在工作上争先进和创一流,做到不知足,在个人待遇和荣誉等方面知足常乐,做到在知足中进取,在进取中知足,这样,才能得到心灵上的安慰,不被名利所累。

第三,要干得好。就是工作上要想干事、能干事、会干事、干得成事。干得好的前提是想干事、能干事、会干事。想干事是一种责任,一种追求,它体现的是事业心和责任感,是一种奋发向上的精神状态;能干事是一种能力,一种水平,它体现的是把握全局的战略眼界,勇于开拓的创新精神,统筹协调的组织才能和科学果断的决策能力;会干事是一种方法,一种艺术,它体现的是脚踏实地的工作作风和坚实宽广的丰富知识。干得好,就要力戒空谈、力戒形式,少讲空话、多干实事。"道虽迩,不行不至;事无小,不为不成。"想法再好,思路再正确,如果不去行动、不去干,也只是镜中花、水中月。因此,作为一名人教干部,必须根据地税工作不断变化的形势来改进自己的工作,接受工作要责任为重,不急不躁;思考问题要全面周密,不出疏漏;办理事情要扎实深入,质量为上;落实工作要严谨求实,精益求精,做一事专一事,做一事成一事。

第四,要行得正。就是要严于律己,品行端正。古人讲:"其身正,不令则行;其身不正,虽令而不从。""身正"本身就是一种号召力、凝聚力。"行得正"是人格,人格不同,魅力悬殊;"行得正"是智慧,两点之间,直线最短,在竞争的社会中,更体现了成功、平庸和失败;"行得正"是谋略,也是哲学。行得正,就要对事处事、看人用人要出以公心。人教干部也是人,也生活在现实的社会里,不可能纯而又纯。但人教工作的性质和职责,要求我们不能降低标准而原谅自己,不能原谅自己而松懈自律。要做到品行端正,干净干事,坚持职业理想、弘扬职业精神、践行职业操守,保护一片晴空、守住一方净土。

这些是成为一名优秀的人教干部应当具备的品质,可能要求有些高,但是我们大家要不断地朝着这些方向去努力。

同志们,2009年是我省推进经济转型升级、促进科学发展的关键之年,是地税工作挑战和机遇并存的一年,也是我们人教基层工作大有可为的一年。我们要坚定信心、振奋精神,扎实工作、奋勇争先,努力为地税事业的科学发展,进而为全省经济平稳较快发展,促进"三个走在前列"提供坚强的思想保证、组织保证和人才保证。

坚定信心 创新管理
积极有为做好组织收入工作

——在全省地税收入分析会上的讲话

2009 年 7 月 23 日　**单美娟**

同志们：

今年以来，面对国际金融危机的冲击，我省各级地税部门坚持以科学发展观为指导，充分发挥地税职能作用，认真贯彻中央扩大内需、促进经济平稳发展各项举措，扎实推进“两创”总战略，积极实施“全面小康六大行动计划”，认真落实“标本兼治、保稳促调”的方针，积极应对国际金融危机的严峻挑战。随着中央和省里的政策效应不断显现，经济企稳回升，发展趋势向好，地税收入增幅稳步回升。

一、上半年组织收入情况

今年上半年，全省地税部门共组织各项收入1289.48 亿元，同比下降 1.73%，减收 22.66 亿元；其中：税收收入 864.82 亿元，同比下降 3.09%，减收 27.59 亿元；社保费收入 337.76 亿元，同比增长 2.27%，增收7.51 亿元。不含宁波，全省地税部门共组织各项收入1027.45 亿元，同比下降 1.33%，减收 13.83 亿元；其中：税收收入 681.47 亿元，同比下降 2.89%，减收20.30 亿元；社保费收入 280.18 亿元，同比增长3.45%，增收 9.34 亿元。上半年组织收入的呈现以下特点：

1.税收收入增幅下降，但降幅收窄。受经济回落、政策性减收及去年同期高基数（增长 21.43%）影响，今年上半年税收收入增幅大幅回落（同比下降 3.09%），增幅较去年同期回落 24.52 个百分点。今年上半年全省地税税收收入增幅出现同比下降，这是自 1997 年全省税务机构进一步分设以来首次出现。从上半年各月税收收入增幅看，前 6 个月税收收入增幅分别为 -7.39%、0.93%、-6.51%、-10.11%、-0.44% 和 13.31%，其中有 4 个月出现负增长，只有 2 月和 6 月实现正增长。从税收收入累计增幅看，上半年累计增幅比一季度增幅提高 2.1 个百分点，其中二季度增幅（-0.78%）较一季度增幅（-5.19%）提高 4.41 个百分点，降幅明显收窄。从全国地税横向比较看，上半年我省税收收入总量仍居第四位，位列广东省、江苏省、上海市之后；增幅低于全国地税平均增幅 5.88 个百分点，在六大省市中列第五位，仅高于上海市（-7.84%），低于广东省（-1.21%）、北京市（1.56%）、山东省（3.72%）和江苏省（6.71%）。

2. 各税种增幅大幅回落，但除企业所得税外，其他各税种增幅二季度开始稳步回升。上半年营业税、企业所得税、个人所得税和地方小税种分别入库332.12 亿元、173.23 亿元、170.60 亿元和 188.86 亿元，同比分别增长 1.13%、-23.59%、4.50%和 8.52%，增幅较去年同期分别回落 24.73 个、21.38 个、24.9 个和41.56 个百分点。从各税种各月度增幅走势看，除企业所得税外，增幅企稳回升态势明显。剔除企业所得税，上半年其他税种同比增长 3.89%。上半年营业税、个人所得税和地方小税种增幅分别比一季度增幅（-5.78%、3.29%、5.42%）提高 6.91 个、1.21 个和 3.1 个百分点，其中二季度增幅（9.87%、6.22%、12.03%）分别比一季度提高 15.65 个、2.93 个和 6.61 个百分点。上半年营业税受今年 3 月份以来房地产市场局部回暖推动，增幅快速回升，前 6 个月月度增幅分别为 -1.66%、-14.16%、-5.51%、2.63%、8.44% 和22.77%，6 月底累计增幅实现止跌回升。其中上半年房地产业营业税同比下降 6.15%，比一季度降幅缩小22.84 个百分点，其中二季度房地产业营业税同比增长到达 23.89%。受企业效益下降和个人所得税工资薪金所得费用扣除标准提高翘尾减收影响,上半年个人所得税增幅较低,其中工资薪金所得和利息、股息、红利所得同比分别增长4.54%和5.45%,增幅较去年同期分别回落27.23个和32.23个百分点。今年以来地方小税种政策性增收因素减少,政策性减收因素增加,在"抓大不放小"管理举措的推动下仍保持一定增幅,但与去年同期增幅相比回落幅度较大;其中,土地使用税和房产税在税源清查的推动下保持较快的增长,同比分别增长40.94%和20.00%。上半年企业所得税受利润下滑、亏损增加和政策性减收影响增幅持续下滑,前6个月企业所得税增幅分别为-23.75%、-10.81%、-27.21%、-32.48%、-22.45%和-7.34%,二季度降幅(-24.17%)比一季度降幅(-22.79%)扩大1.38个百分点。上半年企业所得税减收的行业主要集中在占比较大的工业、批发和零售业、房地产业和交通运输业,增幅分别为-29.45%、-28.05%、-24.68%和-18.64%。

3. 地税收入结构持续优化,构成地方财政收入的税收增幅稳步提高。地税税收收入中,地方税(营业税+地方八税)比重占60.24%,比去年同期提高3.93个百分点。构成地方财政收入的税收同比下降0.12%,增幅比一季度提高3.65个百分点,其增幅快于全部地税税收收入1.42个百分点,且呈现逐月回升态势。但是上半年地税税收结构优化,不是地方税增幅加快推动,而是所得税特别是企业所得税大幅回落所致,地方可用财力绝对额同比仍是减少的。从税费结构看,上半年全省地税部门组织的非税收入同比增长1.77%,高于税收收入增幅4.86个百分点;非税收入占地税组织收入比重达到32.93%,比去年同期提高0.95个百分点。全省非税收入增幅、比重进一步提高是在全省社保费企业缴纳部分减征一个月和水利资金等非税收入实施困难减免的情况下实现的。

4.行业税收增幅回落,但降幅趋缓,第三产业税收增幅回升较快。受全省经济快速下滑影响,各行业税收增幅与去年同期相比均出项不同程度回落。上半年,第二产业税收和第三产业税收分别入库310.40亿元和553.84亿元,同比分别下降3.23%和3.00%,增幅较去年同期分别回落20.12个和27.17个百分点。其中第三产业税收降幅比一季度缩小4.25个百分点,快于全部税收收入增幅0.09个百分点,增幅回升较快;第三产业税收占全部税收比重64.04%,比今年一季度和去年同期分别提高1.58个和0.06个百分点。第三产业中的金融业,信息传输、计算机服务和软件业,住宿和餐饮业,文化、体育和娱乐业税收在保增长、扩内需、调结构等一系列应对国际金融危机政策措施推动下,增幅继续保持平稳增长,同比分别增长17.56%、7.38%、6.83%和8.08%,增幅较去年同期分别回落30.38个、23.60个、15.72个和11.50个百分点,但与一季度增幅相比,除金融业税收增幅回落4.79个百分点外,其他三个行业税收增幅分别提高3.04个、1.21个和3.43个百分点;交通运输、仓储及邮政业,批发和零售业税收同比分别下降13.42%和13.53%,增幅较去年同期分别回落72.04个和58.12个百分点,降幅较一季度分别扩大4.4个和6.44个百分点,降幅有进一步扩大之势。第三产业中占比最大的房地产业税收受房地产市场区域性回暖推动增幅快速回升;上半年房地产业税收同比下降9.02%,增幅比一季度回升16.7个百分点,占比达到18.64%,比一季度提高3.36个百分点,成为第三产业税收增幅快速回升的主要动力。第二产业税收降幅呈逐季扩大之势,上半年降幅较一季度降幅扩大1.67个百分点。第二产业税收受经济下滑的影响更大,其中建筑业,采矿业,制造业,电力、燃气及水的生产和供应业税收增幅分别为2.83%、-5.02%、-5.51%和-10.93%,增幅较去年同期分别回落4.25个、0.97个、28.07个和36.76个百分点,与一季度增幅相比,除电力、燃气及水的生产和供应业外(降幅缩小3.05个百分点),其他三个行业税收增幅分别下滑3.01个、4.42个和0.91个百分点。

5. 各地税收收入增幅差距进一步缩小,呈普遍回升态势。上半年,除衢州市外,其他10个市税收收入增幅均为负增长。增幅从高到低分别为衢州市0.44%、嘉兴市-0.02%、湖州市-0.18%、舟山市-0.89%、绍兴市-1.49%、金华市-2.23%、杭州市-2.93%、温州市-3.40%、宁波市-3.83%、台州市-4.62%、丽水市-17.34%。上半年除丽水市外其他地区增幅均高于一季度增幅,其中二季度除丽水市、宁波市和绍兴市增幅出现同比下降外,其他8个市的税收收入均实现正增长。受各地税收收入增幅普遍回升推动,上半年地区间增幅差距比一季度明显缩小,除丽水市降幅较高外,其他10个市的税收收入增幅在

1%～-5%之间，其中增幅在1%～-4%之间的有9个市。

二、影响收入增减的原因分析

1. 经济增速下滑是地税收入增幅回落的直接原因。受国际金融危机的冲击，从去年四季度开始，全省经济增速持续下滑，尤其今年以来，随着金融危机进一步向实体经济蔓延，回落速度进一步加快。一是工业增加值、工业用电量增幅有所回升，但还没有扭转深度回落的态势，工业生产下行压力仍然较大。上半年全省规模以上工业企业增加值同比增长0.3%；工业用电量同比下降3.5%；规模以上工业企业实现利润同比下降7.6%。二是出口持续低迷，全省外贸形势依然严峻，上半年出口同比下降19.6%，出口降幅仍然较大，比山东省(-17.8%)和广东省(-18.6%)降幅略大，但好于全国平均水平(-21.8%)、江苏省(-24.8%)和上海市(-22.8%)。三是尽管投资增幅逐月攀升，但低于全国平均增幅。上半年全社会固定资产投资同比增长13.4%，增幅较去年同期回落3.4个百分点，低于全国固定资产投资增幅20.1个百分点，我省在国家4万亿投资及产业振兴规划中受益面窄小；从投资领域看，主要集中于政府主导的重点建设项目上，民间投资和制造业投资仍显不足。四是消费拉动经济增长的能力有限；上半年CPI和PPI指数同比分别下降2.3%和6.1%，显示经济不振、内需疲软的困境仍在延续。五是即使在适度宽松的货币政策条件下，全省数量众多的民营中小企业面临的融资难困境仍未得到有效缓解，仍面临较大困难和压力。可见，民营经济占主导地位的、以加工业依赖和出口依赖为特征的浙江经济受金融危机冲击较大，全省经济或将在底部低迷运行。反映到税收上，今年以来与经济密切相关的各主要税种和行业税收增幅呈全面回落态势。全省经济增速放缓制约了地税收入快速增长，经济税收弹性系数已处于缺乏弹性区间。

2. 政策性减收是地税收入增幅下滑的重要原因。一是由于企业所得税税率下调、企业利润下滑双重作用导致上半年企业所得税增幅大幅下滑。其中上半年企业所得税仅因税率下调就减收28亿元(不含宁波)左右。二是高新技术企业、小型微利企业税收减免、退库以及增值税转型、个人住房转让营业税政策调整和房地产交易环节税收政策调整减收力度较大。其中上半年高新技术所得税减免近7亿元；个人住房转让营业税政策调整和房地产交易环节税收政策调整减收近3亿元(不含宁波)。三是受降息政策影响，即使在贷款规模大幅增长条件下，金融业税收仍大幅回落，上半年金融业税收同比增长17.56%，增幅较一季度和去年同期分别回落4.79个和30.38个百分点，其中金融业营业税同比增长15.34%，增幅较一季度和去年同期分别回落6.75个和26.18个百分点。四是贯彻落实帮扶企业实施的税费减免政策以及“春雨”专项行动中的“帮扶性”减征和“激励性”减征等因素也带来税费减收。其中上半年房产税和土地使用税合计减免超过3亿元；临时性下浮社保费缴纳比例减收36.3亿元；水利资金困难减免近3亿元。

3. 各级地税机关狠抓管理创新，不断提高税源管理水平，是推动地税收入平稳增长的重要抓手。一是各级地税机关深入贯彻落实“抓大、评中、定小”管理思路。推进重点税源、重点行业、重点环节管理创新，结合当地实际，推广应用杭州市局加强重点税源管理的经验；创新纳税评估方法、机制，总结推广行之有效的纳税评估经验、模式；推广个体企业使用的“参数定税法”，公平、公开、科学、合理定税。二是建立健全数据采集—税源监控—税收分析—纳税评估—税务稽查“五位一体”横向互动机制，积极推进“管查”互动机制建设；重点摸清源头信息，特别是加强与国税、工商、土管、建设等部门信息共享，加大第三方信息采集力度和信息比对，实现堵漏增收。三是积极推广应用建筑业税收管理软件、出租房税收管理软件，进一步推进个人所得税代扣代缴明细申报工作，加大网络发票推广力度，加强税源源泉控管。四是深入贯彻企业帮扶解困税费优惠政策、落实好企业减负“春雨行动”，努力做好“解困、帮扶、服务”工作，通过“点面结合”深入推进企业分离发展服务业工作，在推动服务业发展的同时，不断培育和壮大地方税税源。

4、房地产业税收增幅回升是上半年税收收入企稳回升的主要推力。今年全省房地产市场经过年初短暂低迷之后，从2月份开始部分地区房地产市场呈现快速升温之势，总体表现为价格微跌，成交放量，刚性需求带动楼市回暖。上半年房地产开发投资额增长9.9%，商品房销售额增幅达82.4%。房地产市场的局部回暖推动了房地产业税收增幅快速回升，其中二季度房地产业税收增幅达8.69%,扭转了增幅持续回落的态势,增幅比一季度提高34.41个百分点;二季度房地产业营业税增幅达到23.89%,其中6月份房地产业营业税增幅高达55.22%,这也是上半年营业税止跌回升的重要动力。房地产业企业所得税虽受应税所得率下调影响,但二季度降幅仍然比一季度缩小9.40个百分点。由于房地产业税收占比较大,因此房地产业税收增幅快速回升已成为税收收入企稳回升的主要推动力。

三、下半年组织收入形势研判

从经济层面看,今年以来,随着各项应对国际金融危机的政策措施逐步显现效应,全省经济运行出现了一些积极变化:上半年,全省生产总值同比增长6.3%,比一季度加快2.9个百分点。其中,第二产业、第三产业增加值分别增长1.9%和12.2%。尤其可喜的是,工业生产止跌回升,规模以上工业增加值同比增长0.3%,其中二季度增长3.5%,4月、5月、6月增幅分别为0.2%、3%和7.1%,已连续3个月实现正增长。规模以上工业实现利润从4月份开始扭降为升,4月份实现利润同比增长0.9%,这是今年以来首次出现月度利润正增长,结束了连续9个月负增长的状况。服务业保持较快增长,金融、运输、邮政电信、住宿餐饮、旅游等行业增势良好,服务业成为上半年经济增长的主要推动力量,也是推动地税收入增幅回升的重要动力。投资增长虽然偏低,但延续着今年以来增幅逐月攀升的良好态势。随着国家及我省拉动内需、扩大消费政策效应的逐步显现,消费呈较快增长态势,上半年社会消费品零售总额实际增长(扣除价格因素)17.9%。二季度浙江企业家信心指数、企业景气指数分别为109.7和120.8,比一季度回升11.8点和13.3点,表明浙江经济正处于上升的景气区间。上半年部分经济指标有所回升,有利条件和积极因素增多,全省经济总体形势企稳回升,但后期发展的不确定不稳定因素仍然较多,经济回升的基础还不稳固。特别是国际经济走势还不明朗,外部需求下降,贸易保护主义加剧,国际金融领域还存在潜在风险,新兴市场货币大幅度贬值使出口贸易风险进一步加大,我省经济发展的外部环境仍然十分严峻。今年二季度以来的甲型H1N1流感疫情蔓延将进一步影响外部需求的提升。尽管二季度企业家信心指数和企业景气指数双双回升,但两大指数依然处于过去十年来的低位。虽然投资增幅逐月提高,但民间投资增长比较缓慢,部分行业和企业生产经营仍然比较困难,就业压力较大。因此,即使后期工业增加值、企业利润和出口等经济指标快速回升,由于上年度和前期亏损需要弥补,工业税收(企业所得税)仍将持续回落。因此,即使经济有所回暖,后期地税收入形势依然严峻。

从税收层面看,企业所得税税率调低、高新技术企业所得税减免、结构性减税、房地产业企业应税所得率调整及贯彻落实"两创"、帮扶企业减免税费等政策性减收效应后期仍将持续。受上半年房地产开发投资、购置土地面积、本年完成开发土地面积和房屋新开工面积等房地产业先行指标继续呈下滑态势影响,房地产税收后期持续增长仍存在较多不确定性。

从税收计划完成进度看,上半年完成计划的54.56%,为近5年来完成计划最慢的一年(2005—2008年上半年分别完成全年计划的58.55%、58.59%、65.65%和60.79%);要完成全年6%的增长目标,下半年需要完成税收收入720亿元,增幅在20%左右。因此,下半年即使在去年同期低基数(8.4%)基础上,完成全年税收收入6%的增长目标困难仍然不小。

从下半年税收收入预计情况看,形势也不容乐观。根据各地上报的预计数汇总,全省全年预计完成税收收入1572.60亿元,同比增长5.23%,与全年计划安排的1585亿元相差12.4亿元。下半年预计完成707.78亿元,同比增长17.57%;前三季度预计完成1243.10亿元,同比增长0.62%;其中第三季度预计完成378.28亿元,同比增长10.24%,低于时间进度1.13个百分点;第四季度预计完成329.50亿元,同比增长27.30%,预计增幅较高,压力不小。

四、积极有为做好组织收入工作

面对严峻的经济税收形势,全省各级地税机关要坚决贯彻落实省委、省政府和国家税务总局的各项工作部署,围绕"保增长、抓转型、重民生、促稳定"这一工作主线,切实落实"标本兼治、保稳促调"的各项举措,深入践行"依法治税、为民理财、务实创新、廉洁高效"工作理念和"实、稳、优"三字诀工作要求,牢固树立政治意识、经济意识、法治意识、创新意识、服务意识和风险意识,积极推进"服务企业、服务基层"专项行动,外优服务,内强管理,实现全省经济税收良性互动,确保完成全省地税收入任务。今年第三季度全省地税收入要求同比增长16%,第四季度要求同比增长25%。按照这一阶段性目标要求,全省各级地税机关下半年必须做好以下四方面的工作:

一要坚定信心,狠抓落实。下半年,全省经济将进一步回暖,将为税收平稳增长奠定坚实的基础;后期税收政策性减收额将趋于减少,企业所得税征收体制调整带来的增收将逐步显现;房地产业后期发展不确定性因素较多,但前期销售高增长带来的税收将逐步实现,在其去年同期低基数基础上(去年下半年房地产业税收增幅为-13.44%)将进一步推动税收收入的增长。要完成全年税收收入目标,关键在于抓落实。目前,收入任务虽然很严峻,但在我们的日常工作中,"样子像抓,实则抓而不紧"的情况依然存在,必须下决心予以解决,比如省局提出的上半年税收收入分类增长目标,部分地区就没有很好完成,全省(不含宁波)共有8个县市(包括市本级)未完成目标(舟山市本级、绍兴市本级、永康市、温岭市、上虞市、云和县、青田县、缙云县)。各级地税机关干部特别是领导干部,当前要把地税工作重点和主要精力放在抓组织收入工作目标的落实和推进上,要明确工作重点,制订目标进度,创新方法举措,强化工作责任,解决突出问题;要以深入开展学习实践科学发展观活动为契机,把抓组织收入工作目标落实作为一项基本功,贯穿于各项地税工作的全过程;要结合当地实际,根据全年税收任务,切实制订第三、第四季度组织收入工作目标和要求,对各季度目标要分地区、分月进一步分解落实到位;要自觉将认识和行动统一到这一目标和要求上来,及时把目标和要求传达到各级地税机关、每个基层分局、每位税务干部,确保落到实处。要按照"法治、务实、有为"的原则要求全力以赴做好组织收入工作,不断增强调控能力,科学做好组织收入预案,努力完成全省地税税收收入6%的增长目标。

二要加强分析,做好预测。各级地税机关要继续强化税收分析工作,确保分析工作做深、做细,切实为本地区党委政府和本部门领导当好参谋。对于上半年收入完成情况,各级地税机关都应认真分析,哪些行业增收、哪些行业减收、原因是什么,本地区税源培育情况、税源挖掘情况等都要进行仔细分析。做得好的,要再加把劲、努把力,为省局完成6%增长目标作出更大贡献;有差距的,要分析问题出在哪里,抓紧采取有力措施加以改进,务必把各项工作抓实抓好,决不拖全省的"后腿"。要密切跟踪经济发展走势、宏观经济政策和税收政策变化对税收收入的影响,加强调研,摸清家底,准确把握本地区税源及发展趋势,真正做到心中有数,不断增强调控能力;要及时掌握重点税源企业生产经营、税源变化以及税收缴纳情况,揭示税收增减变化的内在原因,科学判断收入增减趋势;要及时发现和解决组织收入工作中的苗头性、倾向性问题,切实增强预见性和主动性,牢牢掌握组织收入工作的主动权,为提高税收预测水平创造有利条件。

三要创新管理,挖掘税源。经济形势越严峻,通过经济拉动税收增长的难度就越大。要实现收入平稳增长,必须加强管理。任何时候,加强管理、实现管理创新都是大事、要事,当前更是急事、难事。加强管理必须真抓实干,必须创新管理。如果我们没有真抓实干的工作作风,没有一股子干劲、闯劲,而是畏首畏尾、回避矛盾、不思进取,政策就始终留在纸上,目标将永远挂在嘴边。许多地方结合当地实际,深入贯彻落实省局"抓大、评中、定小"的管理思路,已经取得了显著成效,并总结了诸多成功的经验。当前形势下,各级地税机关要特别关注税收征管的薄弱环节,在税收政策落实上下工夫,在堵塞征管漏洞上下工夫,消除税源管理上的空白点,并做好深挖细掘的工作,努力拓展新的税收增长点。当务之急是加快不动产建筑业税收项目管理软件、杭州市重点税源管理的主要做法等先进的税收管理软件和经验办法的推广应用,不断提高地税征管质量和效率,实现堵漏增收。

四要抓好分离,培育税源。各级地税机关要把抓好分离工作、发展服务业、培育税源统筹结合起来,通过推进企业分离发展服务业,发现、培育新的地方税税源;要拓展和创新分离发展渠道和模式,积极探索交通、安装、研发、商贸等多渠道分离模式;对重点分离的成功经验要及时进行总结分析并将分析材料上报省局,为全省推进企业分离发展服务业工作树立典型;对已经成功分离出来的企业,鼓励其做大、做强,进一步增强示范作用。

同志们,时不我待,只争朝夕。今年下半年,我省各级地税干部职工一定要坚定信心,扎实工作,脚踏实地,创新管理,积极有为,确保完成全省全年税收收入任务!

认清形势 务实创新 服务大局 为促进全省地税持续稳定健康发展作贡献

——在全省地税稽查工作会议上的讲话

2009年3月5日 **钱子辉**

同志们：

全省地税稽查工作会议今天在这里召开。这次会议是经省局局长办公会议研究决定召开的，会议的主要任务是深入学习贯彻全省地税工作会议及全国税务稽查工作会议的各项工作部署，分析当前地税稽查工作面临的形势，部署2009年全省地税稽查各项工作。省局领导对这次会议非常重视，省局局长钱巨炎专门对这次会议作了批示，既充分肯定了全省稽查工作所取得的成绩，也对今后的工作提出了明确要求，全省各级稽查部门要认真学习领会，深入贯彻落实。今天下午，省局稽查局还将对全省地税稽查2008年工作情况进行总结回顾，并对2009年稽查工作进行部署安排。在这里，我重点对2009年全省地税稽查工作形势及工作要求讲三点意见。

一、认真分析，正确认识2009年全省地税稽查工作形势

（一）2008年全省地税稽查主要工作情况

过去的2008年是不平凡、不寻常的一年，也是国际国内形势复杂多变的一年。全省地税部门克服了种种困难，坚持一手抓组织收入工作，确保地税收入平稳增长，收入结构不断优化；一手抓优惠政策的落实，帮助企业渡难关，大力促进经济社会转型升级。全省地税部门共组织各项收入2325.98亿元，为全省经济社会又好又快发展作出了积极贡献。2008年，全省各级地税稽查部门以组织地税收入为中心，以整顿规范税收秩序为主线，以开展专项检查、专项整治、汇总纳税企业检查为抓手，推进稽查工作的科学化、精细化、规范化管理，各项工作都有了进一步的发展。据统计，2008年全省地税稽查部门共检查纳税户16879户，查补金额总计124377万元；入库金额总计121397万元，入库率为97.6%。2008年全省地税稽查工作的主要特点：一是服务大局的能力不断加强。各地以开展解剖式检查为抓手，建立查补收入的预警机制，把握好检查力度和查补收入的进度，为完成地税收入提供有力保障。在全省查补的税款中，属于纯地方收入的税款达60220万元，占整个查补税款的62.8%，为优化税收收入结构作出了贡献。二是整顿规范的职能不断发挥。开展了对房地产及建筑安装业、宾馆业、证券业、中介服务业及个人所得税等项目的专项检查。查处了杭州娃哈哈集团宗庆后个人所得税案、杭州萧山凯旋门澳门豆捞集团、丽水纳爱斯集团等重大涉税案件。开展了对浙江平安保险公司(人寿与财产保险)、全省烟草生产商贸企业、浙江工商银行、浙商银行等大型企业的税收专项检查工作。深入开展打击制售假发票专项整治工作，查处了金华“3·10”案件及温州“4·11”、“4·18”案件等在全国有影响的案件。三是规范执法的水平不断提高。出台了《稽查建议反馈制度》等稽查管理制度，全省共对1293件案件进行了复查，4397件案件进行了公告，开展了全省地税稽查案件评比工作，共对69个案件进行了评比。配备了稽查专用车74辆，确定了稽查查账软件试点单位。四是队伍建设的力度不断加大。开展了对检查环节监管的课题调研，对涉及稽查廉政建设工作的《主、协查工作制度》等共17项制度进行了清理。举行了全省稽查人才库推荐人员考试，全面提高了稽查队伍的执行力。五是协调执法的环境不断优化。与国税部门联合开展对汇

总纳税企业的检查工作,与公安部门在打击制售假发票专项行动中配合协调,实现了专项行动的良好互动,在防范稽查执法风险方面加强了与检察院的沟通联系工作,提高了安全防范意识,不断优化稽查执法环境,实现了部门配合的新进展。

总之,2008年全省地税稽查工作得到了总局、省局领导的表扬,得到了社会各界的认可,也得到了相关部门的肯定。我省的发票专项整治工作、大要案查处、稽查统计报表工作以及稽查信息工作得到总局的通报表扬。省局稽查局也被公安部、国家税务总局评为全国打击制售假发票专项整治工作先进单位。我省参加总局稽查局稽查系列培训教材的11位同志得到了总局稽查局的书面表扬。全省共有31个市、县(市、区)稽查(处)局被评为全省地税系统稽查工作优胜单位,69位稽查干部由于在查处大要案过程中表现突出得到了省局稽查局的通报表扬,台州市局稽查局、湖州市局稽查局、丽水市局稽查局、舟山市局稽查局、衢州市局稽查局等12个单位获得省级基层文明单位称号,杭州市局稽查处、温州市局稽查局、台州市局稽查局、绍兴市局稽查局、金华市局稽查局、衢州市局稽查局等6个单位在打击制售假发票专项活动中成绩突出,得到了省公安厅、省地税局、省国税局三家的联合通报表彰。在此,我代表省局向长期以来关心支持我省地税稽查工作的各级领导和同志们表示衷心的感谢!向获得上述荣誉的单位和个人表示热烈的祝贺!向全省地税稽查系统所有干部职工表示崇高的敬意!

(二)2009年全省地税稽查工作形势

去年以来,受国际金融危机持续蔓延、世界经济增速明显放缓的影响,我国经济发展面临严峻挑战。目前,经济下行尚未见底,我省企业也正经历着爬坡、过坎、转型、越冬的“艰难时刻”。全省地税工作面临着巨大的挑战,2009年将是我省税务机构进一步分设以来地税部门组织收入最为困难的一年。

当前全省地税稽查工作面临的最大矛盾是严峻的经济形势与稽查工作任务之间的矛盾,我们既要坚持依法稽查、规范执法,发挥稽查的威慑作用,为地税收入任务完成提供保障,又要落实各项政策措施,帮助企业渡过难关,为经济社会转型升级作贡献。所以我们的稽查工作面临着查还是不查,查多还是查少,查深还是查浅等诸多矛盾和困境。在这种特殊时期,有的地方可能会产生这样的想法,认为在这种时候再到企业开展检查工作是不合适的,或者干脆不要查案件了,有的地方可能一提到和谐税收、服务企业就不敢查案了或者不愿意查案了,也可能有的地方为了组织收入,而简单地把稽查作为完成当期收入任务的工具,超越法律权限使用稽查手段。同时我们的稽查工作中还存在一定的问题和不足:一是有的地方对稽查职责定位把握不准,理念有待更新,工作中的创新意识不够,影响了稽查工作的有效开展。二是稽查干部队伍力量薄弱,人员不多,整体素质尚有待提高,稽查干部业务水平参差不齐,特别是能独立查大要案、能查疑难案件的人员不很多。三是稽查干部的廉政建设工作有待进一步强化,有些稽查干部风险意识不强,出现了稽查干部违法违纪现象。四是稽查的办案质量还要进一步加强,在案件复查及案件评比中还发现各种各样的问题。

虽然我们面临着这样那样的困难和矛盾,稽查工作还存在着一定的问题和不足。但是经过多年来全省各级稽查部门的共同努力和辛勤工作,我们已经建立起了比较完备的稽查制度体系,积累了丰富的稽查办案经验,拥有了一支素质较高的稽查干部队伍,我们的执法行为不断规范,工作质量不继提高,稽查基础不断巩固,充分发挥了稽查的职能作用和威慑作用,为全省地税工作作出了重要贡献。所有这些都为全省地税稽查工作的持续健康发展奠定了坚实的基础。

同时我们有省局及各级地税局的正确领导,有国家税务总局稽查局的正确指导。2月10日在深圳召开的全国税务稽查工作会议,对全国经济社会形势进行了深入而准确的分析,对做好今年的税务稽查工作提出了明确的部署和安排。根据全国及全省的经济社会形势,今年全省地税工作会议提出了以依法治税为根基,进一步营造良好税收法治环境;以组织收入为中心,进一步促进经济税收协调发展;以深化改革为动力,进一步推动地税征管提质增效;以优化服务为途径,进一步构建和谐有序征纳关系;以财税文化为先导,进一步加强地税干部队伍建设的工作目标。省局及国家税务总局稽查局提出的工作目标、工作措施和工作要求,为全省稽查工作的开展指明了方向,增强了信心,也提供了条件。

因此,我们必须审慎地看待当前地税稽查工作中存在的问题和面临的不利因素，始终保持清醒头脑，认清形势，务实创新，积极克服困难，确保我们在依法稽查、规范执法的前提下，做到积极有为，服务大局。

二、务实创新，全面把握2009年全省地税稽查工作总体要求

新的经济社会形势对稽查工作提出了新的要求，稽查工作面临着新的任务和挑战，全省各级稽查部门要认清形势，善于在严峻的形势下破解难题，在困难中寻找机遇，化挑战为动力，化考验为信心，将严峻的形势转化为深入学习实践科学发展观的机遇，转化为考验稽查干部能力和水平的机遇，转化为提升干部素质、夯实稽查基础的机遇。始终牢牢把握稽查工作的正确方向，突出稽查工作的中心和重点，以务实创新的态度，以科学精细的管理，巩固基础，服务大局，为全省地税事业的持续稳定健康发展作出新的贡献。

根据当前经济社会形势和省委提出的工作目标，结合全省地税工作实际，今年全省地税稽查工作的总体要求是"认清形势、务实创新、服务大局"十二个字。

(一)认清形势是前提。只有认清形势才能把握稽查工作的正确方向，才能把握好稽查工作力度。全省各级地税稽查部门既要认清国际国内的经济社会形势，也要认清全省及当地的经济社会形势，既要认清全省地税工作形势，也要把握全省地税稽查工作形势，既要立足于当前，发挥稽查职能作用，为组织收入提供保障，又要着眼于未来，巩固稽查管理基础，促进稽查工作科学发展。我们既不能借口组织收入而违背依法稽查的基本要求，超越依法治税这条"红线"，也不能借口服务企业而不作为、不查账，越是在形势严峻的情况下，越是要坚持依法治税、依法稽查、规范执法，既要发挥稽查的职能作用，维护税法的严肃性和税收的刚性，又要贯彻落实好省委、省政府及省局的各项政策和措施，真心实意帮助企业渡难关，过"冬天"。

(二)务实创新是关键。正是多年来全省各级稽查部门的不断创新，才有了今天稽查事业的蓬勃发展，才有了今天稽查工作取得的优异成就。在当前，我们更要坚持稽查管理创新和方法创新，不断改进稽查各项工作，才能实现稽查工作水平的全面提高，才能保证稽查工作的健康发展。各级稽查部门对内要坚持勤练内功、提高素质。既要创新稽查体制机制，强化稽查管理基础，也要创新队伍管理方式，倡导税务文化建设；对外要坚持法治公平、文明执法。要将法治公平的理念贯穿到稽查选案、检查、审理、执行和移送各个环节，既要确保稽查执法实体上符合法治要求，也要确保执法的权限和程序符合法治要求。要坚持文明执法，牢固树立征纳双方法律地位平等的理念，充分听取纳税人的陈述申辩意见，依法尊重和维护纳税人的合法权益。

(三)服务大局是目的。坚持认清形势、务实创新，目的是服务大局。地税稽查部门要落实总局提出的"纳税服务年"各项要求，牢牢树立稽查"三服务"理念。一是要树立稽查服务经济社会发展的理念。通过发挥稽查的职能作用，营造法治公平的税收环境，促进经济社会的和谐发展。二是要树立服务于地税工作大局的理念。要注意围绕地税中心工作，因地制宜，顺势而为，要创造性地开展稽查各项工作，做到稽查工作既为组织收入提供保障，又为组织收入提供参谋，充分发挥"以查促收、以查促管、以查促查"的职能作用，促进地税工作的平稳发展。三是要树立服务于纳税人的理念。要牢固树立强化稽查执法是共建和谐税收需要的理念；树立稽查执法主体与稽查对象之间法律地位平等的理念；树立公正文明执法的理念；树立稽查执法重在提高税法遵从度的理念。自觉做到规范执法、文明执法，保护纳税人合法权益，既整顿规范税收秩序，保持稽查的威慑作用，又为纳税人提供公平、公开、公正的执法环境。

根据以上总体要求，要全面做好2009年全省地税稽查工作，必须在实践工作中以务实创新的态度贯彻好下面四项基本工作原则：

第一，以科学发展观指导稽查工作。目前全国各地正在开展学习实践科学发展观活动。科学发展观作为我国经济社会发展的重要指导方针，是指导地税事业科学发展的根本指针，2008年省局作为全省第一批深入学习实践科学发展观活动的单位，已经全面开展了学习实践活动，取得了实实在在的成效。今年全省各地稽查部门也要开展学习实践科学发展观活动，各地稽查部门要按照科学发展观的要求，深入开展学习实践活动，深刻查找稽查工作中可能存在的突出问题，着眼于健全体制机制，不断提高服从服务于经济社会大局的意识和能力，努力推动地税稽查工作的科学发展。要将省局“依法治税、为民理财、务实创新、廉洁高效”的工作思路和“实、稳、优“的工作要求贯彻落实到实际工作中去。坚持依法治税抓整治，进一步营造良好的税收法治环境；坚持以服务大局促和谐，努力实践稽查“三服务”理念；坚持务实创新谋发展，全面巩固稽查管理基础；坚持廉洁高效带队伍，继续强化稽查队伍建设。

第二，以创新的思维推进稽查发展。改革创新是推动稽查工作前进的不竭动力，有创新才有发展。多年来，全省稽查部门在工作中不断进行稽查管理创新和稽查方法创新，提出了责成自查与重点检查相结合的检查方法，为纳税人提供了自查自纠的机会，提高了案件检查的质量；开展了解剖式检查，掌握企业的第一手资料，建立查补收入的预警机制，为税源管理提供了有益的参考；建立管查互动的良性机制，发挥稽查的职能作用，进一步提高了税收管理水平。各地稽查部门要按照有利于提高纳税遵从度，有利于保证地税中心工作任务的完成，有利于保护纳税人合法权益的原则出发，以创新的思维认识问题、审视问题，以发展的眼光思考问题、解决问题。要更新稽查执法理念，把握稽查职责定位，完善稽查工作制度，推进稽查工作创新。

第三，以法治的程序强化稽查执法。依法稽查，规范执法一直以来都是稽查工作的前提和基础。公正文明的执法，以法治公平为原则。稽查部门对案件的处理要做到事实清楚，证据充分，数据准确，程序规范，权限合法。要树立稽查“无过错推定”原则，坚持疑案从无，对所有的稽查对象，在没有获取充分的证据证明其存在税收违法行为之前，都应该推定该纳税人是依法纳税的，不应进行税收违法推定，更不能作为税收违法案件进行查处和处理。也就是说，稽查干部不能“戴着有色眼镜”进行执法，否则不仅会增加稽查工作难度，树立对立情绪，更有可能带来稽查执法风险。

第四，以务实的态度巩固稽查基础。要大力弘扬财税“实”的文化，以求实的精神、务实的作风、扎实的工作推进各项稽查工作稳定发展，稽查工作要切实做到“为人实、工作实、数字实”，稽查工作的创新要以提高稽查工作效率为目标，要按税收工作和稽查工作的规律办事，不能搞花架子，不能搞“形象工程”。今年重点要在稽查案件质量管理、稽查统计分析、稽查制度建设、稽查信息化建设、稽查队伍建设等方面下工夫，要牢固树立服务意识，进一步优化稽查工作流程，完善稽查精细化管理，不断提高稽查工作质量和水平。要按照总局的要求，有针对性地在全省推进市级一级稽查模式。逐步实行分级分类管理办法，合理确定省、市、县三级稽查局直接检查的企业，提高重点税源企业和行业检查质量。

三、狠抓落实，认真做好2009年全省地税稽查工作

（一）坚持依法治税抓整治，继续整顿规范税收秩序

继续整顿规范税收秩序，保持稽查威慑力。整顿规范税收秩序始终是稽查部门的根本任务和基本职责所在，任何时候都不能丢。各地稽查部门要继续以整顿规范税收秩序为主线，一以贯之地抓紧抓实抓好。一是各地要按照省局的统一部署和安排，在认真完成省局安排的指令性专项检查项目的基础上，结合本地工作情况，有重点、有针对性地开展符合本地实际的税收专项检查工作，同时要按照总局的要求，完成对银行、保险、供电、移动、石油石化等5个大型企业（集团）的专项检查工作。各地对专项检查项目的选择要准，检查程度要深，务求税收专项检查工作取得实际成效。二是要优化稽查案件的查处质量。2009年各地对稽查案件的查处要在“准、优、精 ”三个方面下工夫。“准”就是要求案件的选择要准。据总局有关统计分析，全国平均选案的准确率在60%左右；也就是说，经稽查检查的纳税人有40%左右没有发现任何问题，既浪费了有限的人力和物力资源，又降低了稽查的威慑作用。因此各地要关注选案的准确率问题，要在充分掌握纳税人信息的基础上，通过对已查案件的分析和总结，归纳各类税收违法行为规律，建立科学的选案方法，建立稽查选案模型，科学确定稽查对象。“优”就是案件查处质量要高。要强化案件查前分析及培训制度，建立稽查预案机制。要创新检查的方法和形式，克服“就账查账”的局限性，加强账外线索的调查力度，把握最佳切入点，通过内查外调挖掘被查企业深层次的涉税违法问题，抓住有关线索扩大检查范围，把检查的“触角”向账外延伸，有的放矢地稽查其业务关联企业，扩大税务稽查的检查成果。要进一步强化稽查查后分析管理工作，各地要尝试建立重点税

源企业和行业税务稽查信息资源库,编写行业税收检查指南,提高重点税源企业和行业检查质量。“精”就是要求案件查处程度要深。要强化案件查处的精细化管理,查处的案件不在数量而在于质量,要将税收专项检查与大要案查处结合起来,突出大要案查处的警示和示范作用,确保每一个案件查深查透查全,不仅要做到实体合法,而且要做到程序合法,确保每一个案件经得起推敲、经得起复查、经得起监督。三是要进一步重视举报案件的查处工作。各地要从构建社会主义和谐社会的高度来认识地税举报工作,保持高度的政治敏感性和工作责任心,按照“规范、谨慎、及时”的原则,重视举报工作每个环节,处理好每个举报案件。各地分管局长要高度重视举报案件的查处工作,要亲自过问举报案件的查处,确保举报案件检查工作质量。当前重复举报、多头举报、恶意举报现象较多,各地要注意做好对重点举报人疏导工作,化解社会矛盾。

严厉打击发票违法犯罪活动,维护良好税收秩序。假发票的泛滥所带来的社会危害性越来越被人们所认识,制售假发票和非法代开发票不仅扰乱了正常的市场经济秩序、侵蚀税基,直接威胁国家税收安全,而且还扰乱了企业正常的生产经营,导致财务会计核算严重失真,并为贪污、洗钱、商业贿赂提供了便利,成为滋生腐败的温床。打击发票违法犯罪活动已经成为全社会广泛关注的一项工作,从中央到地方,各级领导和群众都十分关注这项工作。我省作为全国制售假发票的高发地区之一,虽然经过我们与国税、公安部门的密切配合取得了一定的成绩,但发票违法专项整治仍然是一项长期而艰巨的任务。各地首先在思想上要高度重视这项工作,要进一步提高对打击发票违法犯罪活动工作的重要性、艰巨性和长期性的认识,做好长期作战的准备,切实把思想、行动统一到总局、省局的要求上来,长期保持对制售假发票打击的高压态势。由于发票违法行为具有点散、面广、社会危害性大的特点,往往需要跨部门、跨层级的协作、联动方能形成打击合力。因此要强化部门配合工作,巩固已有成果,坚持“打防并举、标本兼治”的原则,畅通部门之间信息收集、传递机制,争取通过一段时间的努力,使制售假发票的高发地区和重点部位得到有效整治,使发票违法犯罪多发势头得到有效遏制。

加强稽查宣传曝光,震慑税收违法行为。纳税人的税法遵从度,可以分为纳税人“不敢违法、不能违法、不愿违法”三个层次来理解,要提高纳税人税法遵从度,让纳税“不愿意”违法,除了强化对稽查案件的查处工作,进行直接打击外,还要开展稽查宣传曝光工作,通过大力宣传稽查工作成果,曝光税收违法案件,教育广大纳税人自觉提高纳税遵从度,警示潜在的不法分子,有效发挥稽查工作的教育和震慑作用,使稽查工作产生良好的社会效果。各地在专项检查和专项整治中,要充分利用媒体宣传,营造气氛,争取社会各界的广泛支持和参与。在重大案件的查处过程中,稽查人员要有意识地收集、制作、保存各类有关资料,为案件曝光宣传做准备。各地对影响范围广、具有典型意义的案件,可以以新闻发布会的形式集中曝光,形成强大的影响力和震慑力。

(二)坚持服务大局促和谐,继续发挥稽查职能作用

服务于经济社会大局,推进企业转型升级。经济的发展取决于纳税人的发展壮大,没有纳税人,政府就失去了赖以生存的经济基础。税收作为国家财政收入的主要来源和实施宏观调控的重要杠杆,发挥着为经济社会建设提供强有力财力支撑的“托盘”作用,在保持经济社会平稳较快发展的过程中责任重大、大有可为。稽查工作作为税收征管的最后一道环节,担负着堵塞税收漏洞,防止税款流失的重要责任;同时稽查工作还肩负着通过依法稽查查处各类税收违法行为,畅通税收宏观调控政策传导机制的使命。各地稽查部门要从积极推进经济转型升级,促进产业结构调整的角度出发,服从和服务于经济社会发展全局,既要严格依法稽查、规范执法,为完成税收收入提供有力保障,又要遵循税收与经济的基本规律,为社会发展和稳定提供良好的经济运行环境,努力促进税收、经济和社会的协调发展。

服务于地税工作大局,为地税收入任务完成提供保障。“保增长”是2009年全省经济工作的首要任务,省局提出要紧紧围绕“保增长、抓转型、重民生、促稳定“这一工作主线,正确处理好企业减负与增加收入的关系,确保地税收入持续增长,促进经济社会又好又快发展。稽查部门作为地税机关的一个重要执法部门,是地税机关的一个组成部分,稽查工作的开展要

紧紧围绕地税机关整体的中心工作来进行，在当前地税收入形势严峻的情况下，更要发挥稽查职能作用，既要通过稽查案件查处查补收入，直接为地税收入提供保障，又要发挥稽查的威慑作用，间接为地税收入提供保障。同时各地要进一步深入开展解剖式检查，建立稽查查补收入预警机制，为组织收入提供参谋。从近几年各地开展解剖式检查的情况看，各地对解剖式检查在实际操作中可能存在一定的误解，把它作为一种单独的检查方式来开展或作为责成自查对待，有的甚至以解剖检查为借口而不深入进行检查，为稽查执法带来了一定的风险。在这里我再次强调，解剖式检查应该理解为一种税源调研的方式，其目的不是要查处多少企业，而是要在一定的行业里选择典型的企业进行检查，通过检查了解这些行业经营管理状况，掌握这些行业的税源情况，形成有针对性的调研报告，为领导及征管部门提供有益的参考。所以解剖式检查所选择检查的企业不能过多，重点是要在检查后深入进行分析研究，提出有价值的调研报告。今年总局提出稽查工作要坚持"两手都要抓"，一手抓整顿和规范税收秩序，一手抓稽查查补收入，各地要落实好总局的要求。

服务于广大纳税人，建立和谐的征纳关系。企业是经济之基、税收之源，帮扶企业共克时艰是当前地税工作的当务之急。为帮助企业渡过难关，破解企业发展难题、推动企业做大做强，全省地税部门正在开展帮扶企业的"春雨"专项行动，推出了一系列政策措施，统一下调全省用人单位基本养老保险费缴费比例；落实好企业研究开发费150%抵扣应纳税所得额的政策；进一步落实好高新技术企业减按15%的税率征收企业所得税；依法对试点物流企业和从事货运、保险、知识产权、广告、会展等代理企业的代理业务收入，实行差额征收营业税；大力推进工业企业分离发展服务业，优化经济结构，促进传统产业改造升级和高新技术企业发展，鼓励服务业企业做大做强。为确保这些政策及时落实到位，省局开展了以"十项便企措施"、"百场税企沟通会"、"千名税干进千企"、"网送税法连万家"为主要内容的"十百千万"送服务活动。稽查工作处在与纳税人直接接触的位置上，是税收法律法规及各项政策措施的直接落实者，各地要贯彻落实好省委、省政府及省局的各项政策措施，将这些"春雨"真真实实播洒给千千万万的纳税人，让企业实实在在享受到"春雨"的甘露。

（三）坚持务实创新谋发展，继续巩固稽查管理基础

推进稽查管理模式，规范稽查管理工作。稽查工作形势的发展要求我们要进一步夯实管理基础，着力抓管理促规范，不断强化管理质效，全面推进稽查工作的和谐发展。要进一步强化全省稽查系统的管理工作，进一步规范和理顺稽查机构，各地要按照直属机构性质设置和管理稽查局，保障稽查经费的足额到位，确保稽查各项工作的顺利开展。要强化上级稽查部门对下级稽查部门的指挥权、指导权和调动权，确保政令畅通、令行禁止，各地对上级稽查部门布置的工作任务要不折不扣地完成，上报的各项材料、数据要实、要及时。今年全省将推进市级一级稽查模式和分级分类管理模式，总局对这两项制度都提出了明确要求，要求各地要加大市级一级稽查模式的推广力度，并将出台《分级分类稽查办法》。实行市级"一级稽查"，有利于加大执法力度，有利于统一执法标准和处罚尺度，有利于排除各方干预，有利于发挥骨干力量的作用，因此我省也要稳步推进，市级一级稽查模式还未到位的台州市、舟山市要稳步推动这项工作开展。通过分级分类管理可以达到整合稽查资源、加大执法合力、避免职责权限交叉、强化重点税源监控的目的，今年省局将选择部分举报案件和各地的部分重点税源企业开展分级分类稽查，由各地上报一定数量的企业名单，省局稽查局组织业务骨干配合当地稽查局进行检查，由各地负责案件审理入库。要进一步深入建立和完善管查良性互动的工作机制，2008年省局稽查局经过多方努力，出台了《稽查建议反馈制度》，初步建立起了管查互动的平台。今年省局将在绍兴市、舟山市试点建立管查互动工作机制。一是要进一步完善选案工作机制。充分利用征管部门在管理信息方面的优势，实现稽查计划选案工作的互动。要提高稽查部门在日常稽查选案中的主动性，通过拓宽稽查案源渠道，提高选案工作的针对性，避免盲目性下户检查，确保稽查部门有的放矢地开展检查。二是要建立纳税评估与稽查正常移送机制。征管部门在纳税评估中发现涉嫌偷逃骗税等违法行为的，要及时移交给稽查部门查处，稽查部门将查处情况及时反馈。三是

要进一步细化稽查建议的范围,进一步完善联席会议制度、案例分析会、情况通报会等管查互动形式,对税收管理过程中存在的相关问题,由征管、稽查定期提出议题,进行分析、探讨,提出改正完善的措施,建立三级稽查建议反馈机制,把稽查中发现的问题及时反馈给企业、税务分局及征管部门。总之,要通过建立良性的管查互动机制,充分发挥稽查的"以查促收、以查促管、以查促查"的职能作用,为地税收入任务的完成提供保障。

规范稽查执法水平,提高稽查工作质量和效率。我们一直强调稽查案件质量是稽查工作的生命线,特别是在当前的执法形势下,更要突出稽查案件质量的管理工作。要严格执行《税收征管法》及其实施细则、《税务稽查工作规程》、税务稽查相关法律、法规的规定,认真履行好稽查部门法定的职责和权限。在执法依据、办案程序、处理标准方面,大力推行稽查执法规范化管理,严格办案规程、文书使用、取证质量和稽查时效等重点工作要求,健全和规范税务稽查执法行为工作机制,提高稽查人员依法办案能力。要坚持查前预案、查中辅导、查后分析反馈制度,继续认真抓好涉税违法案件规律的研究,建立健全税案预警机制,密切关注当前涉税违法案件的新动向新趋势,努力做到及时打击,震慑有力。坚持和改进稽查案件复查制度,把工作重点放在提高案件复查的针对性和复查质量上。坚持大要案集体审理制和"两权监督"制等有关制度规定,促进对稽查执法的监督和引导,全面提高稽查执法风险意识,为促进稽查执法的规范化、高效化提供有效保障。

强化稽查信息化建设,巩固稽查科学化水平。随着社会信息化程度和现代企业管理水平的不断提高,以计算机为依托实施信息化管理的企业大量涌现,给传统的稽查工作方式带来了严峻的挑战。要确保稽查案件的顺利查处,就必须提高稽查执法的科技含量,努力利用科技手段为大要案查处、税收专项检查以及专项整治等工作的开展提供信息支持。充分利用征管数据、电子查账系统和分析系统来实施深度检查,有效应对企业利用电子账簿虚假记账、隐匿或销毁电子账簿以及利用互联网和手机通讯等新型支付手段逃避税收的违法行为。要加快培养能够熟练应用计算机技术对信息化管理的企业进行检查的专门人才,不断总结信息化管理企业查处工作的经验,提高稽查工作效率。各地要在深化税友2006稽查子系统的推广应用基础上,抓好稽查查账软件试点工作,逐步在全省范围内推广应用稽查查账软件。

(四)坚持廉洁高效带队伍,继续强化稽查队伍建设

强化稽查干部廉政建设,树立清正廉洁的队伍形象。我们一直以来都将稽查干部廉政建设工作作为稽查队伍建设重中之重的工作来抓。"公生明、廉生威",稽查工作要发挥威慑作用,就必须有一支公正严明、廉洁奉公的稽查执法队伍。在当前形势下,稽查人员要面对十分繁杂的社会经济环境,面对十分繁重的稽查工作任务,面对十分巨大的心理压力,特别是在今年收入形势严峻的情况下,我们更加不能麻痹大意,千万不能放松对稽查人员的廉政建设要求,要充分认识到稽查执法所面临的风险,充分认识到党风廉政建设工作所面临的严峻形势。各地首先要进一步强化稽查人员思想政治和职业道德教育,要把加强稽查干部的思想教育放在首位,以培养争先创优意识为着力点,把职业荣誉感、使命感和幸福感作为稽查队伍建设的主线和重点,教育稽查干部树立正确的世界观、人生观、事业观、金钱观和权力观,增强工作的"责任感"、职业的"使命感"、生活的"幸福感",以健康的心态、积极的行动做好自己的每一项工作。今年总局提出了"秉公执法、令行禁止、尽职尽责、廉洁自律"十六字稽查干部职业操守要求,各地要紧紧围绕这十六字要求,广泛开展职业道德教育,要通过正、反两方面的典型,广泛开展稽查执法廉政宣传教育,稽查执法风险教育,倡导爱岗敬业、奉公守法的职业操守。要强化对稽查执法权力的监督,完善执法岗责体系,明确岗位责任,严格执行执法责任追究,围绕稽查执法中的自由裁量权和稽查执法的检查环节,实施事前警示、过程监控和事后监督,有效避免自由裁量权使用不当、执法随意性和办人情案等不良现象发生,实现对稽查重点环节、重点岗位的监督和制约,今年省局将研究制订《对检查环节实施有效监控》的工作制度。要坚持阳光稽查、文明稽查,自觉接受外部监督,强化案件复查工作,规范稽查执法行为,认真执行重大税务案件集体审理制度,把好案件质量关,强化对重大税务案件的监督。继续推行聘请廉政监督员制度、发放

廉政监督卡制度和案件查处后的回访制度，扩大对稽查工作的外部监督范围。总之，要通过完善稽查内部监督制约机制，虚心接受外部监督，完善惩治和预防腐败体系，筑牢反腐倡廉防线，树立规范执法、清正廉洁的稽查队伍形象。

稳定稽查干部队伍，营造积极向上的工作氛围。要继续加强稽查局领导班子建设，把各级稽查局领导班子建设成为善于领导科学发展的坚强集体。各地要根据省局的要求进一步重视稽查局领导班子的配备工作，特别是要重视稽查局长的到位工作。目前全省大部分稽查局在编人员平均年龄已超过40周岁（2008年全省稽查干部共1814人，其中35周岁以下只有256人，占14.1%，40周岁以上的1308人，占72.1%）。部分地区一线稽查人员配备不足，全省稽查人员的配备有下降趋势，2008年稽查干部只占全体税务干部的11.2%（2007年全省1859人，2008年1814人）。各地要不断改善稽查队伍的年龄结构，要将政治过硬、业务精良的人员充实到稽查岗位，充实到一线检查岗位，特别是要选拔年轻、优秀人才充实省、市两级稽查骨干力量。要在改善稽查干部年龄结构基础上，改善稽查干部业务知识结构，稳定稽查骨干队伍，避免稽查干部的频繁轮岗，对于各级稽查人才库的业务骨干，除职务提升外，在调动其他岗位前，应征求上级稽查部门的意见，并进行备案，稽查骨干人才调研其他部门的，当地地税部门必须及时进行补充，保持稽查业务骨干队伍的稳定。各级地税局领导要进一步支持稽查工作的开展，稽查部门要积极争取地税局领导对稽查工作的关心和支持。各级地税局领导都要关心爱护稽查干部，支持稽查干部大胆开展工作，为稽查干部提供施展才干的平台，畅通干部成长渠道。要从工作、学习和生活上给予稽查干部必要的关心、爱护和支持，为稽查干部解决一些实际困难，营造奋发向上的工作氛围。

强化稽查业务培训，培养专家型稽查人才。“打铁先要自身硬”，要做好各项稽查工作必须有一支高素质的稽查干部队伍。从目前情况看，全省各级稽查干部的整体素质还有待进一步提高，特别是各种专业人才及能查处大要案、疑难案件的人才缺乏。各地要注意引导稽查干部在执法实践过程中加强学习，将理论学习与实践工作结合起来。建立新老稽查干部之间帮扶制度，充分发挥新老稽查干部在理论和实践两方面的不同优势，相互交流、优势互补，全面提高稽查业务技能。要建立多层次、多渠道、多形式的稽查业务培训学习机制，把稽查业务培训与专家型人才培养有机结合起来，把在岗学习与脱产学习结合起来，全面提高稽查干部业务水平。继续鼓励稽查干部参加在职学历教育和注册税务师、注册会计师、司法资格等考试。要调整充实省级稽查人才库人员，促进省级稽查人才库的专业化管理，注意选拔房地产业、金融业、工业企业、假账两套账检查等方面的专门人才，改善稽查人才库成员的知识和业务结构，充分发挥稽查人才库人员的积极作用，确保全省性检查工作和大要案查处工作的需要。在当前，全省稽查一项重要工作是组织稽查人员业务考试工作，推进稽查人员能级管理。这次考试是根据总局局长肖捷提出要培养稽查专家型人才库，在行政职务外，推行专业技能等级制的要求进行的，今年国家人事部只选择了税务总局、工商总局作为试点。总局对这次稽查人员业务考试非常重视，已经在2008年编辑出版了三本稽查业务考试的培训教材，考试时间定在3月28日。因此各地稽查部门在思想上要高度重视，将本次考试作为当前的一项重要工作来抓，配合当地人事部门、监察部门做好考试组织工作，确保本次考试工作的顺利开展。各地要合理安排时间，切实解决好工学矛盾，按照“自学为主、辅导为辅”的原则，认真组织好稽查人员的学习、辅导和培训工作，争取考出好成绩。

同志们，新的一年又是一个新的起点。省局对稽查工作寄予厚望，全省地税稽查工作任务艰苦，责任重大。全省各级稽查部门要紧紧围绕省委、省政府及省局提出的各项工作任务和目标，坚持以服务大局为目的，认清形势，务实创新，以坚定的信心、务实的态度、扎实的作风，全面开展各项稽查工作，为促进全省地税事业持续稳定健康发展作出新的贡献。

信息管税提升管理水平 优化服务促进纳税遵从

——在全省地税征管暨纳税服务工作会议上的讲话

2009年11月4日 **劳晓峰**

同志们:

今天,我们在这里召开全省地税征管暨纳税服务工作会议。大家知道,省局刚刚进行了人事机构调整,其中一项重要内容就是纳税服务机构独立运转。选择在这个时候召开会议,是为了更好地研究和部署今后一段时间的征管和纳税服务工作。同时,考虑到目前各地的征管和纳税服务机构还未分设,为有利于会议精神的贯彻落实,因此将两个会议合并召开。这次会议的主要任务是:贯彻全国征管科技工作会议和纳税服务工作会议精神,分析当前税收工作面临的形势和任务,部署近阶段地税征管和纳税服务工作。下面,我讲几点意见。

一、狠抓落实,征管和纳税服务工作继续取得新的进展

今年以来,全省地税征管系统按照年初既定的工作要求,各项工作继续取得新的进展。主要体现在:

(一)征管信息化不断深化

一是《税友2006》快捷查询管理软件推广到位。在推广应用过程中,绍兴市局、嘉兴市局、衢州市局、台州市局、丽水市局、舟山市局、湖州市局等单位组织有力,行动迅速,软件应用总体情况良好,达到了预期效果。温州市局为软件的推广应用作出了突出贡献,嘉兴市局和海盐县局也发挥了重要作用。

二是建立健全《税友2006》新增功能试点开发机制。4月份,省局修订出台了《浙江地税应用系统试点开发管理办法》。《办法》明确了应用系统试点开发管理的职责分工、申请条件、受理审核、开发管理、验收管理、推广应用管理、绩效评价等内容,建立健全了新增功能试点开发机制。杭州市局、绍兴市局等单位已向省局提交了多项《税友2006》新增功能试点开发申请,为省局进一步拓展《税友2006》的系统功能提供了宝贵的思路,工作值得肯定!

三是发票管理信息化进程有效推进。目前,应用《浙江地税普通发票开票软件》的纳税人已超6万户,共开具电脑票3411万份,通过网络等方式报送发票电子信息3270万余条,以《税友2006》为平台实现了对开票数据与申报情况比对等增值应用功能。此外,《税友2006》发票管理模块功能得到进一步提升,完善了发票计划管理预警功能,有利于各地确保对纳税人的发票供应;健全了发票查询系统,查询发票领购、缴销等信息不再需要选择税务机关,更加方便了纳税人。

(二)税源管理不断细化

一是税源专业化管理机制更加明晰。今年初,省局在全省范围推广《杭州市地税局重点税源管理办法》。全省各地积极贯彻省局的要求,并努力创新。嘉兴市局、金华市局、衢州市局结合实际,均出台了针对性的重点税源管理办法。

二是纳税评估"建模"工作卓有成效。全省各级征管部门继续遵循"一年两个行业,专项评估带动日常评估"的工作思路,评估一个行业,就建立一个评估模型,并通过"建模"工作,整合纳税评估成果,用于指导日常评估工作,卓有成效。今年,总局开展了全国"百佳"优秀纳税评估模型评选活动,地税系统入选的25

个评估模型中，我省选送的餐饮业、建筑业和广告业3个纳税评估模型均获得优异成绩，实属不易！衢州市局、绍兴市局、上虞市局为“建模”工作付出了艰辛的劳动，在这里给予表扬！

三是因地制宜推进社会综合治税。各地深入落实“抓大、评中、定小”的税源管理工作思路，涌现出不少好的做法。比如，杭州市局受省局委托，开发完成《浙江省个人房屋出租税收征管软件》并已试点应用，明确了乡镇、街道协税护税工作站个人出租房屋协税护税工作职责及业务流程，通过政府主导、部门联动，实行综合治税，取得较好的成效；绍兴市局、丽水市局出台了《个体工商户分类管理办法》；嘉兴市局与地方政府、国税部门积极磋商，研究下发了加强个体税收社会化管理的综合治税文件，等等。这些做法，都值得各地学习、借鉴。

（三）纳税服务不断优化

一是“春雨”行动显现效应。今年2月初，“帮扶企业‘春雨’专项行动”正式启动。各地均开展了“千名税干进千企”、“百场专题税企沟通会”、“税收优惠政策辅导”等活动。金华市局、杭州市局还分别开展了“纳税服务志愿者”、“纳税人之家”活动。在活动过程中，各地共派出7038名地税干部走进16589家企业，现场解答涉税问题6929个，收集意见建议2787条，提供个性化服务1707项；举办631场专题税企沟通会，参加人数达72881人，免费发放资料163261份，获得各界好评。

二是各项基础工作扎实开展。进一步落实“两个减负”，组织调研制定了《关于清理简并纳税人报送涉税资料有关问题的通知》，取消办税业务52项，减少主表份数41份，减少附列资料113项。嘉兴市局、绍兴市局、丽水市局、衢州市局、舟山市局积极贯彻省局要求，认真组织涉税资料清理简并工作，“两个减负”取得实效。各地建立了纳税咨询热点问题收集公布制度，按期、按质向总局上报热点问题，得到总局通报表扬。今年完成的另一项重要工作是完成了全省地税系统办税服务厅视觉识别系统设计工作，在未来两年内将在全省各办税服务厅推广应用。

三是纳税服务工作呈现亮点。由于我省地税系统在全国税务系统纳税服务满意度调查中进入前三甲，今年7月，我局和省国税局共同承办了全国税务系统纳税服务工作会议。杭州市局被总局确定为会议定点观摩单位，并介绍了12366财税服务热线的建设经验。这是浙江地税历史上承办的规模最大、层次最高的一次全国会议。会议期间，杭州市局与相关市县局协助省局，做了充分准备，投入了大量人力、物力、财力，为会议的圆满召开作出了巨大贡献，受到了总局领导和各兄弟单位的全面肯定和高度赞扬。

二、提高认识，全面把握新时期征管和纳税服务工作总体要求

在今年年中全国征管科技工作会议和全国纳税服务工作会议上，总局根据税收工作面临的新形势、新任务和新要求，围绕做好新时期征管科技和纳税服务工作，形成了一系列新思想、新观点，提出了具体要求和任务，为我省地税征管系统更好地开展工作指明了方向。会议的主报告和相关信息已经下发，我们一定要认真学习领会，抓好贯彻落实工作，从浙江实际出发，切实做好征管和纳税服务工作。

（一）深入学习贯彻全国征管和科技工作会议精神

6月24日至25日，全国税收征管和科技工作会议在重庆召开。总局副局长宋兰出席会议并发表讲话，要求全国税务系统贯彻“信息管税”思路，全面提高税收征管和科技工作水平。

1. 明确新形势下征管科技工作的指导思想。这次会议明确提出了“确立信息管税思路，树立税收风险管理理念，健全税源管理体系，加快信息化建设，提升队伍素质，提高征管质效，逐步实现税收征管现代化”的征管科技工作指导思想。会上，宋兰副局长对“信息管税”思路提出的背景和具体定义进行了阐述。她指出，税收工作的快速变革，给税收征管提出了新的要求和挑战。如纳税人数量增长迅速，组织形式、经营方式、经营业务不断创新，跨国、跨地区、跨行业的大集团大量涌现，等等。归结起来，问题的实质是征管双方信息不对称的矛盾日益突出。传统的人盯人、税收管理员属地管户的单一方式管理税源，已难以适应形势的发展。“信息管税”，就是充分利用现代信息技术手段，以解决征纳双方信息不对称问题为重点，以对涉税信息的采集、分析、利用为主线，树立税收风险管理理念，完善税收信息管理机制，健全税源管理体系，加强业务与技术的融合，提高税收征管水平。会议强调，落实“信息管税”,要从六个方面着手:进一步完善征管制度,完善税源管理运行机制,抓好信息采集和共享,强化信息分析利用,大力推进信息化和金税三期工程建设,不断加强征管科技队伍建设。

2.认真贯彻落实“信息管税”的总体要求。联系我省实际,我们欣喜地看到,2005 年来我省确立的“间接控管”模式,与总局的“信息管税”思路是不谋而合的。这可以从三个方面去解读。一是坚持 “间接控管”模式,以信息为抓手,大力创造社会综合治税,突破了“传统的人盯人、税收管理员属地管户的单一方式”,从机制上消除了管理人员和纳税户的人户对应关系,既能破解“淡化责任、疏于管理”的问题,又能有效防范税源管理中的税收风险。二是坚持“五位一体”的税源管理互动机制,从数据采集这一涉税信息流的起点入手,着力强化基础信息的准确性和有效性,同时,税源监控、税收分析、纳税评估、税务稽查各环节环环相扣,既是贯彻“间接控管”模式的抓手,也是切实落实“信息管税”思路的有效手段。三是坚持“抓大、评中、定小”的分类管理要求,在“间接控管”模式的基础上,积极探索重点税源、重点行业、重点环节的管理创新,逐步建立涉及各个行业的纳税评估模型,对定期定额户实施参数定税,对零散税源实施委托代征,正是为了解决“人少事多”前提下加强精细化管理、解决征纳双方信息不对称的难题,正是抓住了当前形势下加强税源管理的关键所在。

(二)深入学习贯彻全国纳税服务工作会议精神

7 月 9 日至 10 日,全国税务系统纳税服务工作会议在杭州召开。总局局长肖捷等各位领导出席了会议,总局副局长宋兰代表总局党组发表了重要讲话。会议认真总结了近年来纳税服务工作,全面分析了当前纳税服务工作面临的形势,研究部署了进一步改进和优化纳税服务的措施。

1. 明确今后一个时期纳税服务工作的基本思路。会议明确,今后一个时期纳税服务工作的基本思路是:紧紧围绕服务科学发展、共建和谐税收的工作主题,牢固树立征纳双方法律地位平等的服务理念,以法律法规为依据、以纳税人合理需求为导向、以信息化为依托、以提高税法遵从度为目的,不断丰富服务内容、创新服务手段、完善服务机制、提高工作水平,全面开创纳税服务工作新局面。宋兰副局长进一步指出,要努力实现四项基本目标:纳税服务需求及时响应,纳税服务效能大幅提升,纳税人办税负担明显减轻,纳税人满意度持续提高。会议强调,纳税服务工作要以提高税法遵从度为目的,始于纳税人需求、基于纳税人满意、终于纳税人遵从。

2. 认真贯彻落实优化纳税服务的总体要求。结合浙江纳税服务工作的实际情况,我们认为,今后一个阶段我省纳税服务工作的总体要求是,在征纳双方法律地位平等理念的指引下,全面优化纳税服务,及时满足纳税人合理需求,切实维护纳税人合法权益,不断提高纳税人满意度和税法遵从度,营造征纳和谐的良好环境,全力助推税收事业健康发展。按照这一总体要求,我们认为,纳税服务工作要全面实现“六大愿景”,即宣传咨询更准,办税服务更快,纳税成本更省,服务措施更多,服务质量更好,社会满意度更高。因此,各级税务机关要以“六大愿景”为纲,建立健全领导有力、分工明确、配合密切、运转协调的纳税服务体制机制,为纳税服务各项工作的顺利开展提供有力保障。要将纳税服务工作贯穿于税收征收、管理、稽查、救济全过程,形成上下联动、部门协同、全员参与、齐抓共管的工作氛围,全面开创纳税服务工作新局面。

(三)认清形势,增强做好征管和纳税服务工作的主动性

当前,国际国内经济形势趋好,我省经济也出现了企稳向上、回暖向好的积极变化。今年 1 ~ 10 月,全省(不含宁波)地税部门共组织各项收入 1734 亿元,同比增长 5.0%,其中税收收入 1125 亿元,同比增长 4.9%。因此,各地一定要准确把握税收收入组织工作,既要确保完成全年收入任务,又要在此基础上,为明年的组织收入工作打下良好的基础。

根据总局的要求,结合我省实际,钱巨炎局长近期提出了“抓收入、强管理、保平衡”的工作要求,指出全省地税干部要进一步增强危机感和紧迫感,进一步做好在较长时期内应对各种困难和复杂局面的准备。单美娟常务副局长则对征管和纳税服务工作进一步提出了要求:要坚持把组织收入作为地税部门的中心工作和重中之重来抓,依法组织好各项收入。要把提高纳税人满意度和遵从度作为开展各项工作的重要目标,不断提升税收征管和纳税服务的水平。要建立健全信息化、专业化、社会化的税源管理体系;及时掌

握重点行业、重点企业、重点环节生产经营和税源变化情况，增强组织收入工作主动性；继续做好政策性服务、积极推进标准化服务、努力探索个性化服务新举措，满足纳税人的多元化服务需求。

作为征管和纳税服务战线上的同志，要找准位置，早作谋划，增强工作主动性、针对性和有效性，采取切实有效的征管和服务措施，既要在当前经济社会形势下优化纳税服务、积极帮扶企业，又要强化税收征管、促进组织收入。

三、突出重点，做好下一阶段征管和纳税服务工作

下一阶段，我们要结合新形势下征管和纳税服务工作的总体要求，突出重点，注重实效，力求圆满完成各项工作任务。需要强调的是，各位征管科(处)长今后的担子更重了，要同时兼顾省局征管处、纳税服务局和注税管理中心部署的各项工作任务。希望大家继续发扬全省地税征管系统“想干事、能干事、干成事”的优良传统，加强管理和协调，统筹安排，做好各项工作。

(一)启动浙江地税信息化建设“大集中”工程

浙江地税信息化建设“大集中”工程(简称“大集中”)是本届党组审时度势，结合信息技术发展的趋势和我省地税系统信息化建设的实际需要，作出的一项重大决策，也是提升我省地税税收征管水平的又一重大举措。通过实施“大集中”，我们要在统一、规范税收业务流程的基础上，建成全省征管业务数据集中处理和存储的、监控严密、安全稳定的新一代税收征管信息系统，实现数据集中、分级管理、规范流程、统一维护、安全高效、信息共享。

我们之所以选择在这个时候实施“大集中”，主要是因为从各方面条件来看，全面启动“大集中”的时机已经成熟。

首先，实施“大集中”是提升税收征管水平和纳税服务水平的现实需要。税收征管的根本问题就是解决征纳双方信息不对称问题。总局提出“信息管税”，其出发点就是要解决征纳双方相互不了解对方情况的问题。信息的不对称，往往导致我们想加强征管却无从入手。“大集中”具有三方面作用：一是可以在更大范围内进行数据集中以及数据利用。通过对这些数据进行分析，进一步使数据得到增值，为我们的税收征管和纳税服务工作服务。二是实现信息共享。过去，我们在数据库分散分布的情况下难以做到的事情，在实施“大集中”以后，就完全可能做到。比如，在当前“同城通办”的基础上，今后就有可能实现“同省通办”。三是便于监督管理。“大集中”有利于加强执法情况规范化和对执法情况的监管，从根本上来统一我们的税收征管方式和征管力度。比如，在数据库分散分布的情况下，各地有不同的做法，有时候容易出现税负不公等问题。数据省级集中统一以后，有些不合理的个性化做法也就没有生存的余地。所以说，信息集中可以促进管理，可以促进服务。因此，实施大集中既是落实“信息管税”思路的具体行动，也是我们应对当前严峻的税收经济形势，加强税收征管和提升纳税服务水平的一项具体举措。

其次，“大集中”目前已具备了坚实的实践基础。大集中的前提就是规范、统一。从业务层面看，我们从《税友98》开始就实行全省一个软件，尽管数据是分散的，但是业务规范、业务流程基本上是统一的；再加上我们引进、实施了ISO9000质量管理体系，也进一步规范了税收征管的流程，可见，实施“大集中”，我们的业务基础是比较好的。从技术层面看，我们现在的《网税系统》和《个人所得税全员管理系统》都是采用省级集中的数据分布模式，可以说在技术上，我们也具备了实践基础。对纳税人而言，因为我们前些年就已经推行省级集中方式的网上办税了，所以今后实施“大集中”，对于纳税人端来说总体影响不大，应该说最大的难关我们已经渡过。对系统内部而言，主要是全省地税系统内部统一思想的问题，这应是“大集中”建设的基础。另外，在硬件上，省局备份中心已经在湖州建成，现已通过验收，硬件准备工作已经基本完成。因此，现在实施“大集中”，我们的风险将会得到一定的降低，数据安全方面问题也有了更多的保障。

第三，我们已有了解决电子数据集中与日常管理分散两者矛盾的明确思路。早在我们开发《税友2006》的时候就想过搞“大集中”，采取省级集中的模式。当时最大的问题是，很多同志提出，在我们省管县分散管理的财政体制下，要实现税收管理的集中化，可能跟财政体制有些矛盾。也有些同志提出，如果今后报表数据都是省局产生了，那么我们如何细化征管，等等。从我省国税系统以及兄弟省市的情况来看，他们在实施“大集中”初期也有这样的问题。而现在,通过若干年的实践,尤其是兄弟省市单位搞了省级集中以后,通过他们暴露出来的一些问题,我们从中得到了一些借鉴。我们考虑,实施省级集中以后,今后还可以采取数据回写的办法,把数据仍然发送到各地,各地还可以依据这些数据进行管理。这样能够比较好地解决数据集中与管理分散的矛盾,有利于调动上下两个积极性,解决信息过度集中以后带来的一些具体问题。也还有一些同志担心,集中以后查询的速度会不会慢,办税的速度会不会有影响,从现在网税系统的实践来看,只要我们准备充分,这个问题是可以解决的。在技术上,我们也有一个思路,就是把生产库与查询库分开来,生产库主要用于满足即时办税需要。查询库使用另外一套硬件设备,这样可以缓解即时办税的压力。由于办税业务是每时每刻都可能会发生的,全省各用户都要登录上来,这个要求比较高。而查询来说,它的需求不一样,它的点击次数会比较多,查询内容会比较复杂。现在还有一些技术可以事先制作好一些报表,然后查询时就不需要重新运算,可以更进一步节约资源。虽然我们集中的模式不是最早的,但我们有后发优势,可以避免很多实施过程带来的矛盾。

第四,我们拥有一支特别能战斗的具有丰富的实践与管理经验的信息化建设队伍。多年来,我们坚持“以我为主、专业为辅,开发与培养相结合”的开发理念,经过多年来数次“重大战役”的历炼,造就了一支“敢打硬仗、能打硬仗”的业务和技术队伍,我们自己拥有许多业务或技术领域的专家,这是我们最可宝贵的财富,也是“大集中”最有力的保障。

近期,单美娟常务副局长提出了我省要加快步伐推进“大集中”的要求。为此,我们已经作出了总体的规划,近期即将进入实质性操作阶段。我们计划立即启动这项工作。下一阶段需要各地做的工作主要有:

一是清理本地差异化的做法。据我们了解,仍有少数地方保留了一些游离于《税友2006》之外的差异化的做法。“大集中”的基本目标之一是在标准的税收征管业务平台上,实现信息共享。各地分散的数据库移植到省局集中数据库后,与《税友2006》的基本框架、业务流程不一致的差异性做法原则上都要统一,一定要尽早清理。

二是积极提交业务改造需求。现在的征管业务,《税友2006》应该说是已经比较全面了,可能还有会一些需要改造的业务需求,这就需要大家提出来,为此省局即将下文征集业务改造需求。因为信息化的发展需要更科学的管理方式与之适应,在“大集中”这一前提下,一些繁琐的流程可以变得简单,一些以前难以实现的业务需求可以有条件实现。各地要按照省局的要求,结合工作实际,放开思路、大胆探索,从业务角度认真研究数据大集中将会带来怎样的发展空间,积极提出创新需求。

三是做好业务改造需求的编写工作。“大集中”建设的业务改造需求拟采取先分工到各市地税局编写、再集中合成的方式。省局在统筹总体方向、重点内容的基础上,结合各地的业务特色优势,明确各市局所负责的扩展性开发的主题,每一主题同时由省局相关处室负责业务指导。各地要围绕省局明确的重点内容,研究业务流程如何进行相应的整合和变化、如何建立有效的数据信息传递交流与共享机制等,认真组织做好业务改造需求编制工作。

四是选派精兵强将参与集中会稿。在各地业务改造需求分工编写告一段落以后,约在2010年二季度左右,省局将会抽调各地主要编写人员集中会稿。在集中会稿期间,省局将组织各业务处室和各地抽调人员对业务需求初稿进行会审。届时请各地积极支持这项中心工作,派出精兵强将参与这项工作。

(二)大力推进发票管理的“数字化、电子化”

坚定不移地坚持发票管理“数字化、电子化”的发展方向。加强发票的集中统一管理、推进机打发票和启动网络发票“三措并举”,提升税源基础信息采集的信息化水平,从发票管理上落实“信息管税”的要求。

一是进一步加强发票的集中管理力度。省局将继续认真落实省级集中印制管理体制,严格控制审批新增印制具名发票申请,稳步减少现有具名发票户数和种类。这样做是为了加大集中管理力度,为推进机打发票和启动网络发票奠定基础。各地要按照省局有关要求,协助做好申请印制具名发票的受理工作,从严把关。

二是采取有力措施推广机打发票。一方面,将以营业税为主税种实行查账征收方式的纳税人和实行定期定额方式核定的月经营额较高的纳税人纳入推行应用电脑版普通发票的范围。另一方面，总局正在进行简并票种和统一票样的工作，准备明年开始把纸制手工发票压缩到千元版以下，到明后年压缩到百元版以下，在不久的将来取消纸制手工发票，只保留一些定额票，这是发展趋势。我们将对现有的手工发票和定额发票的开具金额进行改版限制，严格控制使用手工发票，合理使用定额发票。各地在日常工作中要加大对这两类发票的检查面和对各类违规用票行为的处罚力度。

三是积极推进网络发票应用。下一步，我们将积极推进网络在线开具发票的应用工作。设想包括：建立网络发票开具项目鉴定机制，实现税务机关对开票人开票项目、金额等的实时监督、控制与管理；提供便捷、安全的发票功能，包括纳税人自开票、税务局代开票、受托代开票等不同的开票方式；实现税务机关对纳税人开具(取得)的网络发票的稽核以及与其纳税申报的比对与评估；满足税务机关、相关管理部门、纳税人以及社会公众对发票信息的查询辨伪需求。年内，省局力争完成软件开发，拟首先选择部分单张开票金额大、开票频度低、即时开票要求不高的票种试点应用网络发票。各地要积极配合省局做好相关工作。

(三)推进税源专业化管理，强化管理深度

在坚持科学化、精细化的前提下，以“抓大、评中、定小”的分类管理方式为抓手，推进税源专业化管理。税源专业化管理是指根据纳税人的实际情况和管理的不同特点，对外以纳税人的规模、行业、风险等为要素进行区分，对内建设具备相应专业技能的高素质专业管理队伍，以强化管理深度、提高征管质量和效率为目的，实施分类管理。

一是全面实施重点税源重点管理。日前，省局已决定由各级征管部门对口大企业管理工作。省局征管处对口总局大企业司。对总局部署的大企业管理方面的工作，由征管处负责牵头联络。对明确属于稽查、计财等业务条线上的工作，仍由各相关业务条线负责具体实施。对无法归入现有业务条线的工作，则由征管处负责落实。各市、县局可参照办理。

我们要继续依托《税友 2006》的支持，加强对大企业和重点行业的税源监控，全面掌握企业基本信息，严把数据信息采集质量关，确保数据真实、有效。对重点税源的界定，可以按规模，也可以规模结合行业。特别要做好趋势把握和跟踪管理，强化物流信息和资金流信息的监控分析，防范关联企业税收转移，综合评价大企业和重点行业企业的经营能力和纳税能力，科学预测税收收入，堵塞税收征管漏洞。根据总局统一部署，省局已在全省范围内开展重点税源专项评估工作，各单位要高度重视，严格按照省局要求开展工作，按时、保质完成专项评估任务。

二是因地制宜建立健全行业税源管理制度。对重点税源以外的企业，针对其财务数据难以全面采集的特性，以纳税评估为主要手段，按行业进行税源管理。一方面，要按省局的要求，完成旅店业、租赁业专项纳税评估工作，为建设这两个行业的纳税评估模型奠定基础。另一方面，总结、分析日常评估工作的成果，因地制宜地建立行业税源管理制度，强化行业税源管理基础。

三是稳妥进行定期定额管理工作。各地要参照省局在《税友 2006》中构建的双定管理模块分行业的权重、系数指标体系，根据本地行业特色，研究制订适合本地实际的分行业参数指标体系。可以学习借鉴绍兴市局、丽水市局等地做法，结合实际推行个体工商户分类管理。需要强调的是，当前，经济持续回升的基础还不稳固，中小企业和个体工商户的经营困难还很多，定期定额管理工作涉及面广、人员多，税源又比较零散，一定要切实做到公平、公正、合理，要充分把握纳税人的心理和动态，努力把工作做在事前，“稳”字当头，严防因核定不公、调整不当引发影响社会稳定的事件。

四是健全税源专业化管理的配套机制。在税源专业化管理方面，我省在全国税务系统已先行了一步：区别于其他地方的管理员管户制度，我们推行管事为主的“间接控管”模式，以信息技术为依托，以征管业务流程为导向明确职责，设立岗位，环环相扣，分工制约。“间接控管”模式正在逐步得到总局和兄弟省市的认可。然而，结合“信息管税”的要求，税源专业化管理的配套机制还需进一步健全。如健全专业化管理机构或职能、健全专业化的人才队伍建设机制等方面。现阶段，要健全信息采集、分析和利用机制。专业化管理必须以信息化为支撑，重在信息采集、分析和利用。省局正在修订《信息采集维护管理工作规范》，并初步完成了《案头分析工作办法》，将物色若干分局进行试点。希望各地积极探索，协助、配合省局健全税源专业化管理的配套机制，省局将在总结各地实践的基础上，待条件成熟时研究推出强化税源专业化管理的相关制度。

(四)健全机制，确保纳税服务工作有序开展

总局今年把年中会议的主题定为纳税服务，体现了对这项工作的高度重视。省局在这次机构改革中，也正式启动了独立运转的纳税服务局，并且配备了强有力的领导班子和工作人员，这说明省局也高度重视这项工作。希望各级地税部门也要把纳税服务工作放在重要位置，作为一项重要工作来抓。尤其是当前在加强税收征管促进组织收入的同时，千万不能忽视纳税服务。把纳税服务工作做好，会提高纳税遵从，会促进我们的税收征管，不要把两者对立起来。其实，越是在这个时候，越是要做好纳税服务工作，这样征纳关系才会和谐，才能起到相互促进作用，同志们一定要定位清晰。我们要通过建立健全领导有力、分工明确、配合密切、运转协调的保障机制，实现纳税服务工作有序开展。

一是健全纳税服务组织机制。根据《浙江省地税系统2009—2011年发展规划》的精神，各地要按照精简、统一、效能原则，逐步建立健全纳税服务机构。对2010年底前成立纳税服务工作机构的地方，省局将予以适当补助。在纳税服务机构成立之前，纳税服务工作由各级地税机关征管部门负责。但是，要求纳税服务工作部门的领导和工作人员要相对固定，各市、县(市、区)地税局征管处(科)中专门负责纳税服务的人员不少于1人。

各级地税部门要建立健全党组(党委)统一领导、纳税服务部门组织协调、其他部门各负其责的纳税服务领导体制，切实保障纳税服务日常工作流程化、规范化运转。要选派责任心强、业务精通、技能熟练的人员从事专业纳税服务工作。积极开展政治思想教育、职业道德教育和税收业务教育，提高纳税服务意识和工作技能。

二是完善纳税服务工作机制。各地要认真总结“帮扶企业‘春雨’专项行动”的经验，形成帮扶企业的长效机制。要继续深入落实“十项便民措施”，并在工作中进一步补充完善。对照总局要求的办税服务厅门牌标志，抓紧研究落实。要按省局要求做好纳税信用等级评定工作，定期整理上报12366纳税服务热线热点问题。省局推出了办税服务厅视觉识别系统应用实施方案，并拟研究下发《关于进一步加强纳税服务工作的意见》以及贯彻落实总局2010—2012年纳税服务工作规划和办税服务厅管理办法的实施意见，各地要结合实际，研究制定相应工作制度、办法。通过多种方式相结合，逐步逐项建立和完善各项工作制度，最终形成健全的纳税服务工作机制。

三是逐步建立纳税服务考核机制。纳税服务工作较难量化，因此建立纳税服务考核机制一直是困扰纳税服务工作的一个难题。今年，省局在总结各地经验的基础上，起草了《纳税服务之星考评办法》。今后省局将逐步探索建立相应评价指标，进一步完善满意度与需求调查的评价体系，从内部评价与外部评价两个方面确定纳税服务评价办法，逐步建立纳税服务考核机制。各地也要积极探索，协助省局共同破解这一难题。

(五)求真务实，努力建设纳税服务平台

要坚持将求真务实作为纳税服务工作的基本原则，防止那些只求轰动效应、不讲实际效果的急功近利的做法。我们一定要以纳税人需求为导向，抱着对税收事业负责的态度，积极探索满足纳税人合法合理需求的途径和方法，在加强办税服务厅平台规范化建设的同时，努力建设好各类纳税服务平台。

一是完善12366语音服务平台。12366语音服务平台自开通以来，为我省地税系统架构税企联系的“桥梁”发挥了重要作用。但是12366语音服务平台至今已运行近七年，与新形势下纳税服务的工作要求相比，现行12366语音服务平台在部分服务功能方面还存在差距。因此，对全省12366语音服务平台升级改造已是当务之急。为此，省局在大量调查研究及委托杭州市局升级试点基础上，拟研究改进措施，进一步推进管理集约化、服务标准化和设备现代化，具体方案正在研究之中。

二是建设“纳税人之家”专家服务平台。杭州市局率先推出的“纳税人之家”专家服务平台，得到了省局主要领导的高度重视，并亲自参加了启动仪式。各地要借鉴杭州市局的经验，结合当地实际，组织税收业务专家、财务会计专家等，积极建设“纳税人之家”专

家服务平台，并建立长效服务机制。一方面，定期召开政策通报会、税企交流恳谈会，与广大纳税人互动交流，及时了解纳税人的实际需求，及时为纳税人排忧解难。另一方面，努力做好“贴身服务”，让传统工业、现代服务业、文化创意产业、高新技术企业以及有一定规模、较大税收贡献、符合产业发展方向的重点税源户享受到高品质、专家级的贴身服务。同时，鼓励推出以纳税人权益保障为关注点的各项服务措施。

三是搭建“纳税服务志愿者”帮扶服务平台。金华市局推出的“纳税服务志愿者”服务平台是优化纳税服务的一项新举措。可以针对本地区需要纳税服务援助的特殊困难群体和特定人员，开展帮扶服务。各地要借鉴金华市局的经验，因地制宜地开展“纳税服务志愿者”活动。省局适时研究出台相关指导性意见，努力构建这一帮扶服务新平台。

同志们，在新中国成立60周年之际，历史翻开了崭新的一页。这次省局机关机构改革也刚刚完成，这是1997年国地税分设以来最大的一次调整，必将对今后省局各项工作产生深远的影响，也会对全省地税系统的各项工作产生深远的影响。让我们振奋精神、努力工作，以新的面貌、新的状态，继往开来、开拓进取，按照“依法治税，为民理财，务实创新，廉洁高效”的工作要求，全面完成各项税收征管和纳税服务工作任务，为浙江地税事业的科学发展作出更大的贡献！

围绕中心 服务大局
扎扎实实做好各项规费征管工作
——在全省地税规费工作会议上的讲话

2009年5月 王 俭

同志们:

这次全省地税规费工作会议的主要任务是:坚持以学习实践科学发展观为统领,认真贯彻落实全国税务工作会议、省委十二届四次全会、全省财政地税工作会议精神,回顾总结2008年的地税规费工作,正确把握面临的形势,部署2009年的规费工作任务。下面我讲几点意见。

一、2008年规费工作成效显著

2008年全省地税系统在省委、省政府和国家税务总局的正确领导下,牢固树立责任意识、大局意识、创新意识,全面推进社会保险费"五费合征"工作,深化规费征管改革,加强和规范规费征管工作,征管水平和服务发展的能力有了新的提高,圆满完成了各项工作任务。日前,省局专门对各地2008年度规费管理工作情况进行了考评,丽水市、湖州市、杭州市、金华市等30个市、县(市、区)局被评为2008年度规费管理工作先进单位,并予以通报表彰。

2008年规费工作成效显著,亮点纷呈。

(一)各项规费收入持续稳定增长

2008年规费收入实现了新突破,全省共组织各项规费收入825.24亿元,增长21.5%,增收146.07亿元,占地税总收入的35.4%。其中,全年共征收入库水利建设专项资金56.92亿元,同比增长10.6%;两项教育费附加95.28亿元,同比增长14.4%;残疾人就业保障金11.42亿元,同比增长17.5%。特别是社保费在集中减征1个月的情况下,还征收入库661.63亿元,增长23.7%。各项规费收入平稳增长为保障民生和改善民生、促进浙江经济社会又好又快发展作出了积极贡献。

(二)"五费合征"实现制度全覆盖

紧密围绕省委、省政府"全面改善民生,促进社会和谐"的部署,2008年我局自加压力,将"五费合征"工作列为2008年度省政府对我局的一类考核目标,并要求各级地税机关要从全局和战略高度出发,要牢固树立和贯彻落实"服务民生、改善民生、保障民生"的理念,按照"扩大覆盖、夯实基数、公平费负、适度增长"的要求,力争在2008年底前全面实行"五费合征"。省政府领导也十分关心"五费合征"工作。3月份,陈加元副省长主持召开专题会议研究全面推进社会保险费"五费合征"工作,省政府办公厅、省劳动与社会保障厅、省财政厅和省局有关负责同志参加了会议。4月份,陈加元副省长带省政府办公厅、省政府政研室、省财政厅、省劳动保障厅、省地税局有关人员赴嘉兴专题调研社会保险费"五费合征"工作进展情况。对工作相对滞后的市县,局领导带队赴相关市县进行了专题调研,加强对各地推进"五费合征"的指导和督促。在各级党委、政府的正确领导下,在劳动保障、财政等部门的大力支持下,社会保险费"五费合征"工作取得了明显成效。到2008年底,全省(不含宁波)69个统筹地区已全部开始实行"五费合征",实现了"五费合征"制度全覆盖,初步形成了全省统一的"五费合征"制度框架。

(三)服务发展措施落实到位

针对经济形势的急剧变化,迅速贯彻省政府"减免相关税费、减轻企业负担"的重要精神,坚持在依法合规的前提下,及时高效把中央和省委、省政府各项扩大内需、促进就业、保障经济平稳增长的有关规费政策落到实处。

——集中减征成效显著。为减轻企业负担、帮助企业渡过难关，省政府决定在保证企业退休人员养老金按时足额发放及职工各项社会保险待遇不受影响的前提下，2008年、2009年两年对企业社会保险费缴纳比例实行临时性适当下浮。浙江省劳动和社会保障厅、浙江省财政厅、浙江省地方税务局联合下发了《关于临时性下浮企业社会保险费缴纳比例的通知》(浙劳社〔2008〕125号)，明确了对企业社会保险费缴纳比例实行临时性适当下浮有关政策。在省委、省政府的正确领导下，在相关部门和广大缴费人的大力配合与支持下，全省各级地税机关领导重视、组织有效、措施得力，2008年度临时性适当下浮企业社会保险费缴纳比例集中减征工作圆满结束，取得了显著成效，切实减轻了企业和广大参保人员负担，企业反映非常好。全省减征社会保险费共计37.90亿元，惠及企业36.56万户、城镇个体劳动者164.61万人，其中企业单位减征34.12亿元、城镇个体劳动者3.78亿元。

——缴费比例调整落到实处。围绕规费的征收工作出现的一些难点、热点问题，我们开展了一系列的调研工作。如去年初，省政府政策研究室牵头的"我省基本养老保险费适度调整费率课题"的研究工作，省局作为职能部门自始至终参与其中，并对全省各地的企业工资总额、缴费基数及社会保险费实际费负等相关情况进行了调查研究，为省政府课题组提供了翔实的第一手资料，为省政府的决策提供了参考依据。在省政府明确下调用人单位养老保险费缴费比例后，各地行动迅速。2008年初，杭州市决定将用人单位基本养老保险费缴费比例由20%降到19%，全年减轻企业负担约2亿元；嘉兴市用人单位基本养老保险费缴费比例由20%降到18%，全年减轻企业负担约1亿元；萧山区用人单位基本养老保险费缴费比例由15%降到14%，全年减轻企业负担约5000万元。

——积极落实水利建设专项资金优惠扶持政策。深入基层税务机关、典型企业和相关省级部门调研，上门了解企业困难和需求，并根据企业实际情况，积极做好有关政策宣传解释工作，对部分企业做到送政策上门，并认真落实2007年度的水利建设专项资金减免审批工作，在依法规范执行的同时积极帮助企业解决实际困难，共渡难关，支持企业平稳发展。2008年全省共审批水利建设专项资金减免企业12900多户，金额达10亿元。

（四）社会保险费征收实时联网取得新突破

在信息联网方面，省局与省劳动保障厅就联网问题进行了多次协调，一些地方也取得了实质性进展。如湖州市地税部门针对在部门信息交换过程中的单位编码不统一、信息平台不统一、数据传输格式不一致、传输时效性不强等问题，与劳动、财政、银行等部门密切配合，建立了数据联网系统，实现部门实时交换。该系统统一了单位编码和数据库信息，有效解决了信息不对称问题，实现地税部门与社保部门数据共享；同时也为地税部门加强日常费源管理、实现税费同征同管提供技术依据，便于对日常征缴情况进行查询、比对，降低了征收成本，提高了征收质量和效率。金华市、永康市、玉环县等地也根据当地实际，初步实现了与劳动保障部门的实时联网。

二、扎扎实实完成2009年各项规费工作任务

2009年是认真贯彻党的十七大和十七届三中全会精神，深入学习实践科学发展观，推进"创业富民、创新强省"总战略，促进经济发展方式转变，推动经济转型升级的重要一年，也是我省经济发展面临挑战最为严峻的一年。从今年前几个月经济运行情况来看，金融危机对我省实体经济的影响仍在加深，全省经济面临巨大的挑战。2009年1—2月，全省规模以上工业增加值940亿元，同比减少8.2%，增速比去年同期回落20.9个百分点，比2008年12月回落9.3个百分点。销售产值4418.7亿元，下降13.2%，增速比去年同期回落33.1个百分点，比2008年12月回落9.9个百分点。受金融危机引起的外需萎缩的影响，今年以来我省出口面临的形势十分严峻。1—2月全省出口172.5亿美元，比上年同期下降21.8%，其中2月份出口55.1亿美元，比上年同月下降38.3%，比1月份下降53.1%，为2006年2月以来单月出口规模最低点。从税收角度看，目前我省还没走出负增长。

针对这些情况，全省经济工作会议明确"保增长、抓转型、重民生、促稳定"的工作主线，强调坚持把"保增长"作为2009年经济工作的首要任务，确保实现经济增长预期目标；坚持把"抓转型"作为2009年经济工作的主攻方向，加快经济转型升级，促进经济可持续地又好又快发展;坚持把“重民生”作为2009年经济工作的出发点和落脚点,使经济发展成果更多地体现在提高人民生活水平、促进人的全面发展上;坚持把“促稳定”作为2009年经济工作的重要保障,在构建和谐社会中凝聚力量,在维护社会稳定中促进发展。

在全省地税工作会议上单局长的讲话中总结了过去一年各地各部门所做的工作、所取得的成绩和所积累的经验;同时分析了今年经济税收工作面临的挑战和蕴涵的机遇;在这个基础上,单局长深刻阐述了今年全省地税工作的指导思想和总体要求,并全面部署了全省地税工作的主要工作目标和任务。省局规费局进一步明确了对2009年全省地税规费工作的重点,我都同意,在这里具体工作不再一一重复。下面,我就做好今年全省地税规费工作再强调几个方面。

(一)推进“五费合征”工作的劲不能松

社会保险费“五费合征”工作在各级党委、政府的领导下,在相关部门的大力配合支持下取得了一些成绩。去年省政府下发了《浙江省人民政府关于调整用人单位基本养老保险费缴费比例有关工作的通知》(浙政发〔2008〕70号),对“五费合征”工作提出了新的要求,我们目前的工作与省委、省政府的要求还有一定距离,还须不断努力、持续推进。

——争取年底实现企业全覆盖。2008年全省企业扩面工作取得了很大成绩,全省(不含宁波)养老保险、医疗保险、失业保险、工伤保险、生育保险的缴费企业户数分别达到40.57万、32.79万、37.64万、39.23万、34.88万户,比2007年底分别增加3.79万、8.50万、9.31万、6.19万和11.05万户,分别增长10.29%、35.00%、32.85%、18.74%和46.33%。但缴费登记户数与税收登记户数还有一定差距。省政府要求在2009年底前将所有企业全部纳入社会保险参保范围。各地要在2008年实现“五费合征”制度全覆盖的基础上,进一步落实“参保登记、缴费基数、征缴流程、信息数据”的统一,积极推进企业征缴扩面工作,争取在今年底实现企业全覆盖。

——认真落实缴费比例调整工作。省政府明确要把我省用人单位基本养老保险费缴费比例调整到12%—16%。今年,又明确从4月1日起把城镇个体劳动者养老保险费缴费比例由原来的20%下调为18%。做好基本养老保险费缴费比例调整工作,是营造企业公平竞争环境、维护劳动者合法权益的重要举措,是促进经济转型升级、保持经济平稳健康发展的客观要求,是完善我省养老保险制度、全面改善民生、促进社会和谐的重要条件。到目前为止,今年已有35个地方调整了用人单位缴费比例,大部分地方是调整到12%。其他地方要积极贯彻落实,与相关部门一起搞好测算分析,对调整缴费比例工作提出意见建议;已下调的地方要积极跟踪执行情况,做好政策效果的分析评估工作。

——加快部门信息联网进程。对于信息联网问题,我强调一点,信息化是社会保险费征缴工作的必由之路,各地要加快信息化步伐,整合部门资源,统一征管软件,不能老是有几个版本的征管软件,要进一步依托和发挥《税友2006》的功能,加快与劳动保障部门实时联网的进程,积极推进信息数据统一,实现信息共享,解决信息不对称问题,提高社会保险费征缴效率。

——认真做好社会保险基金专项治理工作。去年省局专门下发文件,对地税部门如何做好社会保险基金专项治理工作提出了要求、作出了部署。今年省局又下发文件,对社会保险基金专项治理情况进行交叉检查。各地要切实按照省里的要求和具体工作部署,认真做好各项工作。通过专项治理,检验和加固我们工作的防火墙,要以这次专项治理为契机,结合工作的薄弱环节,建章立制,同时要总结好的经验做法,进一步提高规范管理水平。

(二)深化征管改革的步伐不能停

归结起来,就是要不断深化社保费征管改革,完善各项制度。

——要规范城镇个体劳动者社会保险费征收形式。这一点,金华、永康、衢州等地已有很好的经验。如金华市本级依托税友2006系统,我局根据省局的统一设置,对缴纳社会保险费的自谋职业者视同单位逐户登记管理,并制定参加养老保险自谋职业者的编码规则和相关字段录入详细的登记操作规程,实现自谋职业者社会保险费的征管与税收征管一体化运行模式。各地要切实履行地税社保费征收主体职能,实现对城镇个体劳动者社会保险费的自行征收。原先委托社会保险经办机构征收的地方一定要尽快接手过来,最迟要在今年底前完成此项工作。届时省局将对此项工作进行检查。同时,对委托银行或行业部门征收的,要加强和规范委托代征行为,特别是要规范委托代征手续费的管理工作。

——要全面实行缴费登记制度。社会保险缴费登记是社会保险费征缴管理的基础工作,是地税机关建立缴费人户籍档案、掌握缴费人基本信息、摸清费源底数的重要手段。这几年来各地在缴费登记方面做了大量工作,也取得了显著成效。但也存在各地做法不尽统一、程序不规范、内容不一致等问题。为规范社会保险缴费登记,加强社会保险费征缴工作,省局将于近期出台有关缴费登记办法。各地要切实做好具体贯彻落实工作,建立规范的缴费人档案,特别是要落实用人单位职工个人明细缴费登记制度。现在我们在征收社会保险费,一个单位里有多少人缴社保费,我们不知道。具体某个人缴了多少,我们更不知道。建立和落实用人单位职工个人明细缴费信息资料是顺应社会保险制度建设、保障职工合法权益所需,也是进一步深化社会保险费征管改革的重要举措和有力抓手,各地务必要统一认识。而且,目前《税友 2006》成功运行已为做好这项工作奠定了坚实的技术支撑;同时个人所得税全员申报管理也为这项工作提供了经验。有条件的地方,要积极开展职工缴费也由企业自行申报试点,省局将在技术上予以支持。

——积极探索实行缴费评估制度。缴费评估不同于检查。缴费评估是一项管理活动,侧重于对缴费人履行缴费义务的事前、事中监督,对缴费人自查补正后一般不作处罚,体现了为缴费人的"人性化"、"贴近式"的深层次服务,是提高社会保险费日常征管质量和效率的重要手段。近年来,各地都积极借鉴税收征管的成功经验,结合税收评估尝试开展缴费评估工作。如金华市汤溪分局通过设置个人所得税全员管理申报工资和缴费工资差异比等四项通用指标,对辖区内指标异常的 25 户企业进行了缴费评估,补缴入库社会保险费 41 万元,收到了良好的成效。但全省没有统一的办法,各地工作开展情况也不平衡。各地要积极借鉴纳税评估的经验做法,完善缴费评估的指标体系、规范缴费评估的工作程序。省局规费局也要积极进行调研,及时总结各地的经验做法,适时研究制订缴费评估办法,统一和规范缴费评估工作程序。

(三)水利建设专项资金征管要"两手抓"

在当前特殊的经济环境下,企业减负与完成收入任务的压力都非常大,这一点尤其体现在水利建设专项资金方面。2009 年一季度,全省共入库各项规费收入 192.28 亿元,比去年同期增长 -6.38%。特别是水利建设专项资金,由于生产销售回落和企业减负扶持政策力度加大,今年一季度全省共征收入库 14.2 亿元,同比下降 18.65%。从各地市情况来看,除舟山有较小幅度的增长外,其他地市全部呈负增长,其中杭州、衢州、嘉兴、湖州、绍兴的减收幅度超过或接近 20%。今年,省政府要组织实施一批千库保安、海塘和堤坊加固、水资源保障、重点围涂、防洪排涝等水利重大项目,资金需求很大。这要求我们依法加强征管,为地方政府调控经济和保障民生提供财力支撑。2009 年全省水利基金的征收任务数是与去年持平,而从一季度收入情况来看,完成今年收入任务的压力很大,困难很多。在减负和增收中寻求平衡的关键是依法减免和依法征收。既不能因为减轻企业负担而突破制度规定擅开口子、随意减免,也不能因为收入任务压力而不落实优惠政策。

所以今年在水利建设专项资金征管方面要"两手抓":一手抓好优惠扶持政策的落实,一手抓好依法征收,应征尽征。各地要及早对收入进行分析和预测,进一步加强水利建设专项资金的征收管理,应申报入库的及时申报入库,做到应征尽征。同时,要加强减免管理,既要把支持企业的政策落实好,同时各地不要再出台新政策,严把减免关,严格审核减免条件,不得随意开口子。各地审批的减免额原则上不超过去年。

(四)规费宣传工作要常抓不懈

今年规费工作可宣传内容很多,可发掘的亮点也很多,如社会保险费集中减征。实行临时性适当下浮企业社会保险费缴费比例集中减征,是我省贯彻落实科学发展观、保持我省经济持续稳定健康发展的重要举措,与第 18 个全国税收宣传月"税收·发展·民生"的宣传主题相符,也符合省委、省政府"保增长、抓转型、重民生、促稳定"的 2009 年经济工作总体要求。去年和今年的社会保险费集中减征工作均已取得明显成效。今年全省集中减征在 3 月份操作(宁波市在 1 月份减征),共计减征 36.30 亿元,其中企业单位 32.03 亿元,城镇个体劳动者 4.27 亿元;惠及企业 36.88 万户,城镇个体劳动者188.32万人。在减征前,各地在政策宣传、落实政策中做了大量工作,减征后还有许多工作要做,其中重要的一项就是做好事后成效的宣传。另外,加强两个教育费附加征收管理,做好与国税部门"两税"的信息比对,关心残疾人、重视发展残疾人事业,积极主动做好残保金征收工作,使得残保金在金融危机的冲击下收入仍然保持平稳增长,为扶持企业发展,帮助企业渡过这次金融危机的影响,落实水利资金优惠政策,支持企业平衡发展等,这些方面与民生、发展息息相关,各地要认真总结这些工作具体的做法经验、取得的成效等,积极配合办公室做好宣传工作,为地税工作的顺利展开营造良好氛围。

同时,要树立规费宣传工作长期宣传的理念。宣传是个长期的过程,是项潜移默化的工作。宣传各项政策尤其是新出台的政策和优惠政策,宣传地税部门工作尤其是重点、亮点工作,都要细致,要宣传到位,并且长期坚持,这是一个从不知到知之,从不理解到认可的过程。这几年来,地税规费征收工作可总结、可宣传的东西很多。

(五)调查研究工作要不断深入

去年,规费方面的调研取得了丰硕的成果,如社会保险费实际费负的调研,直接推动了省政府调整用人单位养老保险缴费比例政策的出台,意义非常重大。今年,调查研究工作还需要随着规费征管改革的不断深化和深入。省局将开展以省级统筹、统一费率、水利建设专项资金征管等内容为主的一些调研工作。各地要把实际工作中碰到的问题提出来,可以采取两、三个市地联合调研的方式,合理分工,从全省的角度做好课题研究,分析问题、解决问题。

另外,各市局规费处要加强对所属县市的规费征管业务指导,不断提高规费征管业务水平。

三、做好今年地税规费工作的几点要求

(一)围绕中心、服务大局的观念不能忘

大局是指全局的中枢和关键,是主导整体局面演进的大势,是事关整体格局的战略利益。大局观念就是要围绕中心、服务大局。地税部门作为省政府的一个职能部门,始终要围绕省委、省政府的中心工作来开展工作;规费部门作为地税局的一个职能部门,要始终围绕省局中心工作来开展。这几年来,全省地税规费工作始终是围绕省委、省政府落实科学发展观、构建和谐社会各项工作部署,围绕全省地税工作中心任务,注意处理好规费征管与保障民生、服务发展大局的关系,取得了成效,得到了各级党委、政府的充分肯定。应对形势的要求,解决现实中存在的问题,最关键、最迫切的是必须进一步正确认识和把握大局,牢固树立服务大局观念,更加自觉地使地税工作融入大局,服务大局,努力提高服务能力和水平。各级地税部门在工作中要始终牢固树立大局观念,始终做到脑里想着大局、心里装着大局,牢牢把握党委、政府大局的主要内容和对地税规费工作的基本要求,增强服务大局的自觉性和坚定性。要善于围绕大局筹划部署工作,学会从大局出发,以本职工作为基点,自觉地把各项工作融入大局之中来思考、谋划和部署,找准工作的结合点和着力点。善于结合实际创造性地开展工作,切实做好地税规费工作与大局"结合"的文章,并根据形势的发展变化,研究工作思路,确定工作重点,调整策略方法,创新工作举措,努力在服务大局中有更大作为。

(二)求真务实、开拓创新精神不能失

求真务实,就是要科学把握工作的规律和方法;开拓创新,就是要着力推进制度创新、政策创新、管理和服务机制创新。十年多来,地税部门不断探索完善社会保险费征收方式,经历了从代征到征收、从核定征收到自主申报的转变。特别是社会保险费"五费合征"制度框架的建立,形成社会保险费收入持续稳定增长的长效机制。只有不断开拓创新,才能使社会保险费征管工作适应社会保障事业的迅速发展需要。

(三)"谦虚、务实、协调"的工作作风不能丢

随着各项规费征管改革的不断深入,一些深层次的问题会逐步凸现出来,部门之间的配合不是不需要了,而是更重要了。要继续保持"谦虚、务实、协调"的工作作风,积极主动地加强各方面的协调。在地税系统内部,伴随着"税费一体化管理"工作深入推进,各部门之间有分工,有合作,更要讲配合。在外部,要加强与相关部门的配合,主动争取人民银行、财政、社会保障部门的理解和支持。

(四)"勤学、善思、践行"良好习惯不能变

勤学就是勤于学习。"三天不读书,则语言无味,面目可憎。"特别是近年来,党和国家有关社会保障方面的政策文件很多,有许多新的知识需要我们去学

习。从事规费工作的同志要利用一切资源多多浏览，广闻博采，利用书刊、网络，广泛浏览各类有用的信息。在知识更新日益加快的今天，利用网络来浏览获取知识显得特别重要。

善思就是善于思考。子曰："学而不思则罔，思而不学则殆。"不能一味地埋头苦干，也要勤于思考、抬头看路。2008年，县(市、区)局部分领导忙碌之余，能静下心来撰写调研信息，按科学发展观的要求去发现和解决实际工作中的问题，并在"调研与建议"专刊上刊登，非常值得肯定。

践行就是勇于实践。学有所得，学以致用。我们不仅要有所学、有所思，还要付之于实践，使我们的所学、所思促进我们的工作，推进事业的发展。

发挥基层职能优势 争当浙江地税排头兵

——在全省部分税务分局(所)长研讨会上的讲话

2009年12月18日 王 平

同志们:

非常高兴能来这里与大家见面。省局历来重视基层工作，基层税务分局战斗在地税工作的第一线,是确保战斗胜利的基石,在地税事业的发展中发挥着首当其冲的作用。受金融危机的影响,2009年,我省地税工作面临了严峻的考验，遭受了巨大的压力和挑战。在这样的形势下，各地的基层税务分局勇挑重担,在逆境中谋发展,在挑战中求进步,经过一年来持续不断的努力,力促全省地税收入稳步增长,为浙江地税事业作出了新的贡献。在此,我代表省局对一年来奋战在一线的基层税务分局的全体同志所付出的辛勤努力表示衷心的感谢和真挚的问候！下面,我谈以下几点意见。

一、认清形势,把握进度,收入可持续

税收工作的根本职责就是组织收入,组织收入工作是考验基层税务分局执行力和战斗力的一个重要指标。2009年,浙江经济经历了从低迷到逐步回暖的过程,地税部门组织的收入也相应逐步回升。1—11月份,全省地税部门共组织各项收入2345.16亿元,同比增长5.77%,不含宁波组织各项收入1870.69亿元,同比增长6.28%；组织地税收入1517.17亿，同比增长6.21%,不含宁波组织地税收入1196.90亿元,同比增长6.35%。从进度看,已达到全年增长6%的目标。与全国及五大省市相比，我省11月单月地税税收收入增幅高出全国地税平均增幅34.30%，在六大省市中列第二位;而上半年我们的数字是税收收入681.47亿元,同比下降2.89%,增幅低于全国地税平均增幅5.88个百分点，在六大省市中列第五位，仅高于上海市(-7.84%),多数地市均为负增长。能在这么短的时间内取得这场硬仗的胜利，得益于我省经济的复苏,另一个主要因素就是我们地税系统有一支特别能战斗的基层队伍,困难时刻拉得出、打得响、战得胜。

但当前我省地税收入的前景仍不容乐观、基础仍不稳固，经济方面一些深层次矛盾特别是结构性、素质性矛盾仍然突出，外需萎缩的局面及影响还在持续,经济增长的内生动力不足,民间投资意愿不强,经济发展还存在较多不可测因素,加上“结构性、激励性”等减税措施带来的减收压力,接下来2010年组织收入工作仍将困难重重。

以地税收入倚重的房地产行业为例,其走势仍有较强不确定性。今年保增长的任务已经完成,政府对于房地产的刺激政策开始退出,并开始出台政策微调过热的房地产行业。12月14日,中央已明确将扼制部分城市房价过快增长的势头,税收政策中个人住房转让营业税免征时限已由2年恢复到5年, 这就是政策信号。相信下一步扼制房地产过热势头的政策仍将继续出台,明年房地产恐难以保持今年这样的高增长。

因此,各地一定要把困难估计得更充分一些。一方面要切实增强忧患意识,不能盲目乐观,避免互相攀比,要坚决落实各项税费优惠政策,理性把握组织收入的分寸,切实做好收尾工作。今年全省GDP增长预计在8%—8.5%,财政收入增长与其持平即可,如果能适度低于GDP增幅,那就更加主动,所以各市县要按照省厅、省局的要求,把握好税收收入的增长水平,

为企业创造公平和谐的税收环境，助推企业转型升级，进一步巩固全省经济企稳回升的良好态势，把应对明年各种挑战的工作做得更扎实一些，牢牢掌握工作主动权，为地税收入平稳较快增长打下坚实的基础。另一方面要切实做好优化税收收入结构和地方收入结构工作，做大地方可用财力蛋糕，体现税收收入最大的效益。

二、明确思路，信息管税，征管提效能

今年年中全国税收征管和科技工作会议明确提出了“确立信息管税思路，树立税收风险管理理念，健全税源管理体系，加快信息化建设，提升队伍素质，提高征管质效，逐步实现税收征管现代化”的征管科技工作指导思想。会议指出，“信息管税”就是充分利用现代信息技术手段，以解决征纳双方信息不对称问题为重点，以对涉税信息的采集、分析、利用为主线，树立税收风险管理理念，完善税收信息管理机制，健全税源管理体系，加强业务与技术的融合，提高税收征管水平。会议强调，落实“信息管税”，要从六个方面着手：进一步完善征管制度，完善税源管理运行机制，抓好信息采集和共享，强化信息分析利用，大力推进信息化和金税三期工程建设，不断加强征管科技队伍建设。联系我省实际，落实这一今后较长一段时期加强征管工作的思路和方向，简而言之就是要求各地深入贯彻落实日常税源间接控管模式，坚持实践完善“五位一体”的税源管理互动机制，坚持“抓大、评中、定小”的分类管理要求。

坚持日常税源间接控管模式，以信息为抓手，大力创造社会综合治税，从机制上消除了管理人员和纳税户的人户对应关系，破解了“淡化责任、疏于管理”的问题，可以有效防范税源管理中的税收风险。坚持“五位一体”的税源管理互动机制，从数据采集这一涉税信息流的起点入手，税源监控、税收分析、纳税评估、税务稽查各环节环环相扣，既是贯彻间接控管模式的抓手，也是切实落实信息管税思路的有效手段。坚持“抓大、评中、定小”的分类管理要求，正是为了解决“人少事多”前提下加强精细化管理、解决征纳双方信息不对称的难题，正是抓住了当前形势下加强税源管理的关键所在。

基层税务分局是日常税源间接控管模式的落脚点和最关键的执行者，一定要严格执行《日常税源管理下户工作规范》等税源管理制度，深入贯彻落实“人对事、事对户”的日常税源间接控管模式。具体来说，近阶段要认真做好以下一些工作。

（一）深化应用《浙江地税信息系统》快捷查询管理软件

在“信息管税”的具体实践上，我省已打造了税源管理互动机制的“发动机”，即“管理引擎”——《浙江地税信息系统》快捷查询管理软件，并于今年1月开始在浙江地税系统全面推广应用。快捷查询管理软件是《浙江地税信息系统》的一个重要功能模块，它的打造，就是以满足各级管理层的管理需要为出发点，通过功能的整合和新技术的运用，提供直观的各类税源管理工作绩效的查询，提升各级税源管理人员的组织收入能力和税源管理能力，简便实用。作为分局的领头人，不仅要会用，而且要善用、巧用该软件，促使分局干部职工严格按规定、按程序办事，实现分局各执法环节的紧密衔接、相互制约、相互促进，压缩自由裁量空间，从而切实增强干部组织收入和税源管理能力，促进执法行为的规范，积极提升分局依法治税的水平。

（二）坚持“抓大、评中、定小”的分类管理要求

一是在“间接控管”模式的基础上，要学习兄弟市县加强重点税源管理好的经验和做法，积极探索重点税源、重点行业、重点环节的管理创新，把重点税源管理工作做实、做细，实现对重点企业、重点行业、重点环节的动态跟踪。要密切关注宏观经济形势，加强经济与税收之间关系的分析，深化应用《浙江地税信息系统》相关模块，充分利用该系统有关税收数据及企业财务数据，跟踪分析企业生产经营变化情况，准确把握税源动态，挖掘增收潜力。

二是对中小税源，加强对不同行业纳税人生产经营情况、涉税信息及其变动规律的分析，分行业确定监控方法，要进一步加强行业纳税评估工作，协助省局和市县局建立分行业的纳税评估模型和预警指标体系，探索不同行业的税收管理方法，实现对不同行业税收的差异化和精细化管理。同时，要根据《纳税评估试行办法》的有关规定，以《浙江地税信息系统》纳税评估模块为依托，切实提高评估的信息化和规范化水平，并切实开展“交叉分析”和“评估复查”等监督考核工作。省局正在修订《信息采集维护管理工作规

范》,并初步完成了《案头分析工作办法》,将物色若干分局进行试点。希望在座的分局长积极协助、参与省局的试点工作。

三是对定期定额户,要严格按照"参数定税法"的要求,合理、稳妥地开展定额核定和调整,可参照省局在《税友2006》中构建的双定管理模块分行业的权重、系数指标体系,根据本地行业特色,研究制订适合本地实际的分行业参数指标体系,确保核定和调整工作公开、公正、公平和社会稳定。同时,可学习绍兴、丽水市局等地做法,因地制宜对个体工商户实行分类管理,对符合条件的纳税人则可引导其建账建制,实行查账征收。

(三)大力推进发票管理的"数字化、电子化"

一是坚定不移地坚持发票管理"数字化、电子化"的发展方向,全力推进机打发票的应用,提升税源基础信息采集的信息化水平,从发票管理上落实"信息管税"的要求。一方面,要及时根据省局要求对符合条件的纳税人推行应用电脑版普通发票,及时采集发票开具信息。目前,省局统一的电脑版普通发票开票软件正在修改完善中,年底前即可通过软件实现缴销日期设置、开票金额上限设置或者开一张票即上传一张票等管理功能,届时请各地因地制宜积极应用,以及时获取纳税人发票开具信息,有效加强对纳税人经营行为的监控。另一方面,总局正在进行简并票种和统一票样的工作,准备明年开始把纸制手工发票压缩到千元版以下,到明后年压缩到百元版以下,在不久的将来取消纸制手工发票,只保留一些定额票,这是发展趋势。我们将对现有的手工发票和定额发票的开具金额进行改版限制,严格控制使用手工发票,合理使用定额发票。各地在日常工作中要加大对这两类发票的检查面和对各类违规用票行为的处罚力度。

二是省局将继续认真落实省级集中印制管理体制,严格控制审批新增印制具名发票申请,稳步减少现有具名发票户数和种类。这样做是为了加大集中管理力度,为推进机打发票和启动网络开具发票奠定基础。各基层税务分局要按照省局有关要求,协助做好申请印制具名发票的受理工作,从严把关。

(四)加强部门协作,善于利用社会资源

要开拓思路,广泛应用工商、国税、国土、房管、公安、文体等部门的社会资源,拓展税收征管的触角,建立健全信息采集、数据转换、成果利用的信息利用机制,要把数据共享成果实实在在用于征收管理,并取得相应的效果。从国外发达国家税收征管经验来看,其80%的精力用于信息比对。信息比对的前提是要进行有效采集。我们国家由于体制等原因,税务部门采集信息不易确是事实,但社会整体信息化水平在不断提高,现在许多部门、许多公用事业单位也已基本实现信息化,可以说已搭好了平台和基础,我们只要付出一定的努力就可以获取他们的数据,提高我们的征管水平,这也是税收征管的趋势和发展方向。当前,对省局尚未统一采集的信息,各地可根据需要,因地制宜根据自身的优势试点开展工作。单项信息可能不代表什么,但综合起来就能形成合力,为加强地税征管带来许多好处。尤其要充分发挥我省财政、地税是一家的优势,创造条件,采用拿来主义,先把数据采集进来。一个国土数据有可能就是一个潜在的大税源,一个房管数据也许就是一个大的项目,包括职能部门的户籍登记信息、住宿登记信息,公用事业的水、电、气等数据,都是日常税源管理的抓手,也是将来纳税评估乃至稽查的有力证据。同时,要积极推进社会综合治税工作,采取各种行之有效的方法,加强集贸市场、住宅楼内经营户及房屋出租等的税收征管。

三、完善机制,优化举措,服务上台阶

10月份,省局进行了机构和人事的调整、改革,根据省政府有关方案明确省局纳税服务局独立运转,并且配备了强有力的领导班子和工作人员,这说明省局高度重视这项工作。纳税服务部门的主要职责是:负责地方税收纳税服务体系建设,组织、协调和指导各部门、各税种、各环节的纳税服务工作,制定并组织实施纳税服务工作规范和操作规程,组织协调、实施纳税辅导、咨询服务、税收法律救济(除税务行政复议、应诉以外)、投诉受理、税收争议调解等纳税服务工作,负责办税服务厅、12366语音特服系统、短信系统、知识库等方面的纳税服务平台的制度建设和管理,组织实施税收信用体系建设,组织实施面向纳税人的税法宣传。当前,国家税务总局发布了《关于纳税人权利与义务的公告》,可以说,全省纳税服务工作已经进入了一个新的历史发展阶段。

纳税服务工作最终要落实到每一个分局、每一位税务干部的身上,要体现在每一个工作环节、每一项工作过程之中。各级税务分局处于直接面对纳税人的工作环境之中，属于地税系统"神经末稍"的位置，所谓"牵一发而动全身"，税务分局的每一项工作，特别是办税服务大厅工作人员的服务意识和服务态度，服务质量和服务水平，都关系到全省纳税服务工作的开展，关系到整个地税工作的形象。所以，每一个税务分局长，作为全省税务征管工作的基层领导者，一定要在思想上、行动上重视这一项工作，采取切实有效的举措，丰富服务内容，创新服务手段，完善服务机制，提升服务质效，积极构建和谐的税收征纳关系和服务型税务机关。

（一）充分认识纳税服务工作的重要性

1. 纳税服务是当今世界发展的时代主题。当今世界各国特别是发达国家税务机关都非常重视纳税服务工作。优化纳税服务已经成为世界各国融洽征纳关系、完善税收管理的普遍选择和共同趋势。同时，纳税服务也是转变政府职能、建设服务型政府的应有之义。税务部门的执法状况和服务水平，关系到党和政府的形象，在建设服务型政府和完善政府公共服务体系中肩负着重要职责。改进和优化纳税服务工作，是税务部门践行全心全意为人民服务宗旨的具体体现，也是推动建设服务型政府的重要举措。

2. 纳税服务是服务科学发展、共建和谐税收的重要内容。税务部门要以服务科学发展、共建和谐税收作为新时期税收工作的主题，努力做到法治公平、规范高效、文明和谐、勤政廉洁。纳税服务是贯彻落实这一主题的重要内容。只有不断改进和优化纳税服务工作，才能更好地发挥税收筹集财政收入和调控经济、调节分配、服务科学发展的职能作用，促进税收征纳关系更加和谐。

3. 纳税服务是税务部门的核心业务之一。税务部门最重要的职责，就是通过优化纳税服务和加强税收征管等措施，促使纳税人提高税法遵从度，更好地履行纳税义务。只有为纳税人提供优质高效的服务，才能更好地引导和促进纳税人自愿遵从、依法诚信纳税。对于在税务部门提供优质服务之后仍然不遵从税法的纳税人，则要通过依法加强税收征管，特别是强化税务稽查等措施，使纳税人认识到不遵从税法可能带来的责任风险，进而提高税法遵从度。因此，纳税服务与税收征管共同构成税务部门的核心业务，纳税服务和税收征管相辅相成，服务工作贯穿于税收征管的全过程，是税务部门履行职责的核心业务。

4. 纳税服务是税务分局的重要工作职责。税务分局直接负责税款的征收管理工作，处于税收执法的第一线，最了解纳税人的需求，也最容易倾听到纳税人的心声。因此，各地税务分局不仅要坚持依法治税，依法做好征收管理工作，确保国家税款的及时足额入库，而且要坚持优质服务，认真倾听纳税人的呼声，准确把握纳税人的合理需求，更多地从纳税人角度考虑我们的工作措施，及时解决纳税人最关心的问题，为纳税人提供操作简便、成本节省、程序简化的纳税服务。

（二）当前和今后一个时期的纳税服务重点工作

近期，省局将下发《关于进一步加强纳税服务工作的意见》，当前及今后一个时期，全省各地要围绕夯实服务基础、建立组织机制、完善服务平台、创新服务举措、提升服务质量等几个重点来开展纳税服务工作。

一是贯彻落实总局纳税服务工作三年规划。省局将根据《全国税务系统2010—2012年纳税服务工作规划》和《浙江省地税系统2009—2011年发展规划》（以下简称《规划》）要求，研究下发全省贯彻落实纳税服务三年规划的具体实施意见。各地要按照《规划》及实施意见确定的目标、任务和措施，结合本单位实际制订和完善各项配套措施，强化落实和监督工作，确保取得实效。

二是健全和完善纳税服务工作组织机构体系。作为主管全省地税系统纳税服务工作的综合职能部门，省局纳税服务局已开始运作。根据《规划》精神，要求市、县（市、区）地税机关于2009—2011年期间，按照精简、统一、效能原则，逐步建立健全纳税服务机构。明年上半年，结合市、县机构改革，省局将出台指导性意见，有条件的地方，要单设纳税服务机构，目前条件还不成熟的地方，可以先挂牌与征管合署办公，增加人员，由专人负责纳税服务工作。在纳税服务机构成立之前，纳税服务工作仍由各级地税机关征管部门负责，同时要求纳税服务工作部门领导和工作人员要相对固定，各市、县（市、区）地税局征管处（科）中专职人员不少于1人。各税务分局要注意保持纳税服务岗位及人员的相对稳定。

三是规范办税服务厅标准化建设。根据国家税务总局《办税服务厅管理办法(试行)》,省局将结合全省地税工作实际,研究制定《浙江地税办税服务厅规范化手册》,各地要根据规范化要求做好贯彻落实工作。

四是推广应用办税服务厅视觉识别系统。省局《关于统一推广应用视觉识别系统(VI)有关事项的通知》已下发,各地已经根据省局要求上报了关于推广应用地税视觉识别系统的实施计划,对完成组织实施工作作出了承诺,有的地方甚至成立了专门的领导小组,负责实施工作的领导和落实。省局已经通过局长办公会议研究决定,根据各地上报的实施计划,下拨了专项经费。各税务分局在经费到位后要按照实施计划的安排,抓紧开展这项工作,各地对省局专项经费要坚持专款专用,坚持将经费用足、用好、用出成效。省局将会在明年到各地进行实施情况的检查督导,对不按省局要求进行落实的,省局将进行通报。

五是委托第三方开展满意度与需求调查。今年省局正委托第三方在全省范围内开展满意度调查。目前各项工作正在有序进行中,个别地方可能会有纳税人到税务机关咨询这方面的问题,要做好解释工作,让纳税人放心,大胆提出自己的需求和问题,提高第三方调查的真实度和科学性。今后省局将逐步探索建立相应评价指标,进一步完善满意度与需求调查的评价体系,从内部评价与外部评价两个方面确定纳税服务评价办法,逐步建立纳税服务考核机制。各地也要积极探索,协助省局共同破解这一难题。

六是推广“纳税人之家”和“纳税服务志愿者”等个性化纳税服务举措。杭州市地税局创建的“纳税人之家”活动和金华市地税局组织的“纳税服务志愿者”活动,给纳税人带来了实实在在的便利,深受纳税人欢迎。省局打算明年在全省范围内推广这些新的纳税服务举措。各地应结合实际,创造条件,探索开展更多现实可行、成效显著、能够长效实施的个性化服务举措。

七是开展“纳税服务之星”考评。省局将在近期制定下发《纳税服务之星考评办法(试行)》,这项工作针对的是办税服务厅的工作人员。目的是进一步提高办税服务厅服务质量和服务效率,培养办税服务厅工作人员全心全意为纳税人服务的意识,为广大纳税人提供温馨、舒适的办税环境和高效、快捷的办税服务,促进纳税人自愿遵从度的提升。各地税务分局要教育每一个大厅工作人员,树立正确的态度,积极对待“纳税服务之星”考评工作。各地对办税服务厅人员的管理方法有创新做法的,要及时上报省局。

八是创新纳税服务举措和方法。纳税服务工作要结合经济发展和纳税人需求,因地因时制宜,不断创新服务产品,提供个性化服务。各地税务分局所处位置决定了其在纳税服务工作中的重要地位,也是最容易创新纳税服务举措和方法的地方。因此,各地税务分局要利用其在税收征管工作中直接面对纳税人的优势,认真倾听纳税人的心声,了解纳税人的需求,解决纳税人的问题。要善于总结,积极思考,不断实践和提炼在税收实践工作中行之有效的纳税服务举措和方法,及时向上级税务机关进行汇报,以便将成功的经验做法在更大范围内推广应用,进一步提升全省纳税服务水平和质量。省局将在明年举办全省优化纳税服务创新论坛,并将开展纳税服务创新项目评选活动,对于评选出优秀创新项目,省局将在考核时给予加分。

四、加强教育,约束自我,队伍更和谐

基层队伍是直接面对纳税人的团队,专业水平、职业道德等综合素质和精神面貌尤为重要。尤其是在当前规范津补贴的情况下,干部职工的工作积极性或多或少受到一定的影响,如何凝聚团队力量,激发干部职工工作积极性,建设一支“专业和谐、同心汇聚”的基层税收干部队伍,是当前及今后一段时间需要着重探索的课题。

(一)加强思想教育,建设道德高尚的队伍

以财税文化建设为引擎,加强思想教育,提高干部素质修养。贯彻落实党的十七大精神、科学发展观等科学理论,经常开展政治思想教育活动,倡导税务干部参与健康、高雅的业余活动,引导干部职工树立正确的世界观、人生观、价值观,树立高尚的职业道德和积极向上的工作心态,营造正气、和谐的工作环境。前段时间省局在调研时,基层反映主任科员等非领导职务的任命方面与国税相比还有差距,要正确引导,理性对待这些问题。作为省局,我们会尽力为大家争取合理合法的利益,各级地税领导机关也要关心基层干部、职工待遇,关注基层干部、职工生活,努力把基层干部工作做得更好。

(二)加强廉政教育,建设廉洁高效的队伍

把廉政建设作为常抓不懈的内容。一是落实制度管理。认真贯彻落实各项廉政建设制度,进一步强化干部职工宗旨意识、岗位勤政意识、规范执法意识。二是强化廉政教育。经常教育干部职工以服务大局、服务发展、服务纳税人为第一责任,促进机关效能建设。分局工作在第一线,服务作风尤其受到纳税人关注,要特别抓好对重点岗位、重点人员的教育,一个干部代表的不仅仅是个人,后面还有一个甚至几个家庭,所以一定要教育干部切不可在廉政上出问题,心态平和一些,生活简单一些,这也是一种幸福。三是加强廉政监督。在办税服务厅设置意见簿、投诉箱,及时收集纳税人的意见,对发现的问题及时整改。

(三)加强业务培训,建设专业过硬的队伍

加强税源管理工作最终还是要落实在税源管理人员的个人素质上,要确保税源管理人员有足够的专业知识来从事本职工作,因此要始终注重干部专业水平的提升,以过硬的专业技能推动各项工作。一是引导和教育大厅服务人员树立"窗口意识",大力抓好纳税服务专业培训和日常在岗培训,尤其要注重窗口人员的礼仪培训,增强教育培训的针对性和实效性。二是加强业务骨干队伍的培养,注重理论知识与实际工作的结合,培养一支老、中、青结构合理的梯形团队,确保事业有人。三是开展"专业技能大比武"等形式的激励活动,激发干部职工提升专业水平的积极性和动力,在竞争中不断提高并适应新时期税收工作的需要。

省局也一直很重视这项工作,在全省建立了人才库的选拔、培养和运用机制。目前,已经逐步在征管、稽查、计财、税政法规等不同专业建立起系统人才库,每年给予必要的知识更新培训。并建立起分级培训机制,省局主要负责四方面人员的培训:一是市县局长培训,二是师资培训,三是人才库人员培训,四是税务分局长培训。

随着税源专业化管理要求的不断提高,我们也在思考专业化人才库体系建设的进一步完善。基层税务机关干部的阶梯状素质结构是历史形成的一个状况。我们应该从人尽其才、合理应用的视角看待人才培养,把有限的培训资源用好、用在刀刃上。省局已规定对新录用的干部,都要求到一线去,并在三年内不得轮岗。

(四)加强自我约束,建设团结奋进的班子

作为分局长,承担着"带好队、收好税"的重任,要完成重任,关键要建一个好班子。常言道:"火车跑得快,全靠车头带。"只有建立一支求真务实、开拓创先、团结廉洁、率先垂范的领导班子,才能真正实现带好队、收好税的目标。

要坚持民主集中制,建好团结的班子。团结出成绩,也出干部。不团结,必然人不和,事不兴。要搞好班子团结,一是要谦虚谨慎,要相互尊重,不能互相看不起,要善于看到别人长处,补己之短;二是要办事公道,平等待人决不能分远近亲疏,任人唯亲;三要宽容别人,严于责己,保持和发扬批评与自我批评的良好作风。以身作则,加强协调,创造一个宽松的工作环境,使大家增强幸福感。

要开拓进取,建一个勤奋的班子。一是要勤奋学习。不仅要学政治,更要学业务,作为分局长要实施有效的领导,身先士卒,懂业务、善管理,成为地税事业的行家里手。为此,必须坚持不懈地大兴学习之风,学习无止境,丰富知识无止境。二是要勤奋工作。要有强烈的事业心和工作责任感,举勤奋的旗帜,建勤奋的班子,带勤奋的队伍,树勤奋的形象。

要严格自我约束,建好廉洁的班子。俗话说:"打铁先得自身硬"。作为分局的领头人只有以良好的品德、行为、形象,带头实践自己倡导的道德标准、价值观念和工作要求,在奉公守法上、在执行廉正规定上率先垂范,才能说服人、感动人、教育人、鼓舞人,真正做到一级做给一级看,一级带着一级干。只要领导首先做到了,干部自然就会跟着学、跟着做。相信只要自身坚持做到自重、自省、自励、自警,以进取的精神、勤奋的工作、廉洁的形象,一定能带出一支"政治强、业务精、作风硬、素质高"的干部队伍。

在这一年中,全省各级地税部门都面临了巨大的压力和挑战,但在省委、省政府和国家税务总局的正确领导下,各级地税部门同心汇聚、积极进取、化危为机,战胜了困难。随着2010年钟声的敲响,随着经济转型升级的稳步推进,相信我们一定能更好地圆满完成党和政府交付给我们的工作任务。

在管理创新中推动“两税一费”工作科学发展

——在全省“两税一费”工作暨“管理创新年”活动经验交流会议上的讲话

2009年4月14日 **徐敏俊**

同志们:

这次会议的主要任务是:进一步部署落实全省推进企业分离发展服务业和2009年“两税一费”工作,讨论研究营业税新条例新细则实施后的营业税政策业务问题,总结交流“两税一费”“管理创新年”活动经验,大力推广“两税一费”管理创新成果,以创新实践推动我省“两税一费”工作科学发展。刚才5个单位交流汇报了“两税一费”管理创新工作经验,丁富根处长通报表彰了优秀管理创新项目和获得“管理创新年”活动组织奖的单位。在此,我代表省局对获奖单位表示热烈的祝贺,希望受表彰单位再接再厉、再创佳绩。下面,我讲三点意见。

一、总结2008年“两税一费”工作:亮点突出

2008年,全省地税系统在省委、省政府和国家税务总局的正确领导下,坚持以邓小平理论和“三个代表”重要思想为指导,深入贯彻落实科学发展观,积极应对复杂多变的经济税收形势,紧密围绕“创业富民,创新强省”总战略和“标本兼治,保稳促调”总思路,积极践行“依法治税、为民理财、务实创新、廉洁高效”工作理念,念好“实、稳、优”三字诀,“两税一费”工作取得明显成效。

(一)推进企业分离发展服务业工作起步良好

2008年省局税政一处在总结各地经验的基础上,将推进企业分离发展服务业工作作为“管理创新年”活动的重要内容,进而上升到省局全局性的工作,并作为省委、省政府发展服务业的重要抓手。这项工作符合浙江经济社会发展的内在要求,符合地税收入可持续增长的组织收入原则和优化收入结构的目标,也紧扣了形势的发展变化。前阶段各地开展了调研、明确了重点、健全了机制、制定了政策、落实了任务、强化了考核,形成了领导重视、行动迅速、举措有力的良好局面,也取得了初步成效,截至2008年底,全省(不含宁波)有669家企业实施了分离发展服务业,预计分离后每年产生各项地方税费7.17亿元。2008年推进企业分离发展服务业成为全省地税工作的一大亮点,得到了省委、省政府领导的高度评价。

(二)“两税一费”管理创新工作扎实推进

一是树立理念。经过一年来的“两税一费”管理创新实践,全省地税系统广大干部已充分认识到管理创新是贯彻落实科学发展观的具体实践,是地税系统加强自身能力建设的重要载体,是面对国际金融危机影响地税工作应对新情况、解决新问题的重要途径,从而进一步牢固树立了管理创新理念,深入开展管理创新工作,逐步把管理创新作为一种思维方式、工作习惯和自觉行动,贯穿于“两税一费”工作的各个方面。全省(不含宁波)各市、县(市、区)至少有一个基层税务分局(所)参与了“两税一费”“管理创新年”活动,其中临海市局和玉环县局动员组织所属基层税务分局(所)全部参与“两税一费”“管理创新年”活动,全省11个“两税一费”税(费)源管理联系点全部参与了“管理创新年”活动,发挥了示范带头作用。

二是举措有力。各地按照“科学、法治、规范、和谐”要求,坚持“项目带动、上下联动、持续改进、讲求实效”的原则,紧紧围绕“大力组织收入”这一中心任务，以税（费）源管理为载体；大力开展实践探索和课题研究相结合的管理创新活动，全省共实施了76个管理创新项目，其中有实践探索性项目15个，课题研究性项目61个。如杭州市局西湖分局结合“管理创新年”开展“项目管理年”活动，对“两税一费”管理创新工作实施项目化管理，建立项目责任、量化、推进、考核四项机制；绍兴市局将管理创新工作列入年度工作目标考核内容，对管理创新先进单位进行通报表彰，加大对创新项目的宣传推广力度，起到了交流经验、以点带面的良好效果。

三是内容丰富。按照省局“突破一个行业、研究一个课题、建立一项制度、探索一种办法、形成一个机制”的“五个一”创新目标，切实开展涵盖“两税一费”税（费）源管理内容、机制、手段和方法等方面的管理创新工作。各地着眼于地方经济税源培育，大力推进税源管理内容创新，树立经济到税源到税收再到经济的经济税收工作思路，通过政策、管理、服务三措并举，大力培育我省地方经济税源，以推进企业分离发展服务业为抓手，促进我省经济转型升级和服务业发展；着眼于贯彻落实省局“抓大、评中、定小”税源管理思路，大力推进税源管理方法创新，着力构建数据采集—税源监控—税收分析—纳税评估—税务稽查“五位一体”的税源管理互动机制，如杭州市局西湖分局重点税源管理、嘉兴市局第一分局税源全程监控等，提高了税源管理的质量和效率；着眼于构建以涉税信息（重点是第三方信息）数据为主体，以信息化为技术支撑，社会化为力量支持的“一体两翼”税源管理机制，大力推进税源管理机制创新。如绍兴市局的不动产建筑业税收项目管理软件的开发应用、省局直属一分局借助行业管理优势加强金融业营业税管理、常山县局构建税源管理社会化综合治税体系、萧山局城厢一分局依托入住旅客流量统计信息规范旅店行业税收管理等，在数据管税和综合治税方面进行了有益的探索和实践；着眼于科学化、专业化、精细化管理，大力推进分行业税源管理创新，如湖州市局、杭州市局江干分局货运业税收管理、杭州市局高新分局楼宇经济税源管理、瑞安市局医疗行业税收管理、金华市局江南分局房地产“后续”税收管理、绍兴县局福全税务分局不动产出售（出租）最低计税依据管理、温岭市局城区分局专业化与社会化相结合加强分行业税源管理、诸暨市局城区分局营业税差额征税管理等，夯实了税源管理基础，强化了分行业税源管理。

四是成效明显。“两税一费”管理创新的成效主要体现在三个方面：一是增加了税费收入。2008年我省共组织营业税收入574.30亿元，同比增长16.01%，总量居全国第五位，增幅在总量前六名省份中居第二位，对地方税收收入的增量贡献率为38.82%，占地方税收收入的比重38.43%，占地方财政收入的比重为29.7%，是地方财政收入来源的第一大税种；资源税收入6.75亿元，同比增长10.49%，占地方税收收入的比重0.45%；文化事业建设费收入3.19亿元，同比增长23.97%。二是提高了管理水平。三个方面工作有了新突破：其一，税源管理有新突破，加强了不动产、建筑业、交通运输业等重点行业的营业税税源管理；强化了商业零售行业中营业税应税劳务等薄弱环节的营业税税源管理；其二，制度建设有新突破，各地从建立健全税（费）源管理制度入手，破解“户籍基础管理薄弱、税源管理信息滞后、税源监控管理粗放、涉税数据利用不足”的难题，进行数据管税的探索和实践，建立了一系列行之有效的管理制度；其三，纳税评估有新突破，稳步推进了建德、长兴、常山、岱山4个市县的资源税纳税评估试点工作。三是积累了管理经验。通过全省76个管理创新项目的实施和23个优秀管理创新项目成果的总结、推广，为做好今后的“两税一费”工作积累了管理经验。

（三）不动产建筑业税收项目管理试点成功。《税友2006》不动产建筑业税收项目管理软件（以下简称“软件”）2007年初开始研究业务需求，2008年5月软件在绍兴完成开发并投入试点运行，2008年8月软件在富阳、诸暨、长兴3个市、县扩大试运行，并于2008年10月23日通过了省局的正式验收，省局于2008年11月25日在绍兴举办了推广应用培训班。目前，软件运行状况良好，省局决定2009年在全省全面推广应用该软件。软件的成功开发应用标志着我省不动产建筑业税收项目管理实质运行，“一体两翼”税源管理机制真正建立，达到了三个目标：一是有效监控了税源，二是促进了收入的分析预测，三是提高了管理的质量和效率。实现了三个突破：一是实现了从户籍管理向项目管理的突破，二是实现了从以票管税向综合治税的突破，三是实现了从手工台账向信息比对的突破。

2008年,“两税一费”工作成效显著,亮点突出。在此,我谨代表省局向全省“两税一费”干部表示衷心的感谢和诚挚的问候!

二、探索“两税一费”工作:思路明确

近年来,省局以科学发展观为统领,在深入分析国家宏观调控和我省经济社会发展形势,全面把握我省地税工作阶段性特征的基础上,从新时期新阶段我省地税事业发展的全局出发,及时提出了“在依法治税、规范管理、优化结构的前提下,保持我省地税收入可持续增长”的科学发展思路;与时俱进地提出了“依法治税、为民理财、务实创新、廉洁高效”的工作理念和“实、稳、优”“三字诀”,科学概括了“抓大、评中、定小”税源管理思路和“均衡入库、增强调控、优化结构、持续增长”的组织收入目标以及“数据采集—税源监控—税收分析—纳税评估—税务稽查”“五位一体”的税源管理互动机制;连续出台了一系列促进经济社会和税收事业科学发展、和谐发展的新举措。这些理念和举措,源于实践又指导实践,是对科学发展观本质要求认识的深化,是对我省经济社会发展客观规律认识的深化,是对新的历史阶段我省地税工作职能地位认识的深化,对“两税一费”工作及税(费)源管理有很强的现实针对性和长远的指导意义。我省“两税一费”工作按照总局“完善税制,强化管理”的总体要求和“以票控税、网络比对、税源监控、综合管理”的十六字方针,并结合浙江实际进行深化、细化,提出了“一二三四”的“两税一费”工作思路和管理理念,推而广之也是整个税政工作的思路和理念。

(一)建立一个机制:着力构建“一体两翼”(即以涉税信息,重点是第三方信息数据为主体,以信息化为技术支撑,以社会化为力量支持)的税费源管理机制。

(二)提高二个能力:全面提高“科学组织收入、依法落实政策”两个能力。

(三)实现三个目标:牢牢把握“两税一费”工作的目标、任务和重点。

一是实现三个转变:实现税费管理工作由注重政策管理向政策与税费源管理并重转变;由经验管理、粗放管理向科学管理、精细管理转变;由税务机关专业管理向税务机关专业管理与全社会综合治税并重转变的工作目标。

二是坚持三个并重:坚持“开源与挖潜并重,政策与管理并重,执法与服务并重”的工作思路。

三是做好三篇文章:重点做好“抓管理、保增长、促发展”三篇文章。

(四)找准四个定位:地税工作既担负着组织地方财政收入的重任,又是国家宏观调控的重要工具。“两税一费”工作是整个地税工作的有机组成部分,一定要把“两税一费”工作放在整个地税工作的大盘子当中、放在经济社会发展的大格局当中、放在历史发展的大趋势当中,去观察、去思考、去把握。

一是在服务大局中定好位,做科学发展的“服务器”。为构建和谐社会,全面建设小康社会、加快推进社会主义现代化,促进我省经济社会科学发展提供财力保障是地税部门的首要任务,“两税一费”尤其是营业税在保障地方可用财力方面发挥龙头作用责无旁贷。“两税一费” 工作要主动融入全省地税工作的大局,注重从大局中把握职能定位,做科学发展的“服务器”。

二是在培育税源中定好位,做经济发展的“孵化器”。税收是调节经济运行的重要手段,依法落实税费政策是“两税一费”工作的重要职能。“两税一费”工作要树立税收经济观,依法用好用活税费政策,主动服务我省经济发展,积极支持全省创业创新,大力促进经济与税收良性循环,重点扶持我省服务业加快发展和经济转型升级,培育税收收入新的增长点。

三是在纳税服务中定好位,做社会和谐的“稳定器”。税收在维护社会稳定中具有重要作用。“两税一费”工作一方面要不断优化纳税服务、推进征纳关系和谐,另一方面找准维护社会稳定的关键环节,做社会和谐的“稳定器”,通过创新税收管理机制,维护社会稳定。

四是在自身建设中定好位,做队伍素质的“助推器”。队伍建设是做好“两税一费”(费)源管理工作的关键所在。“两税一费”工作要按照“外树形象、内强管理”的要求,以能力建设和廉政建设为核心加强“两税一费”干部队伍建设,全面提高“两税一费”干部队伍的综合素质和业务能力。

三、做好2009年“两税一费”工作:充满信心

2009年是实现“十一五”规划的关键之年,也是进入新世纪以来我省经济发展最为困难的一年。我省地税工作面临前所未有的挑战和机遇,“两税一费”工作同样面临不少新情况、新问题和一些不确定因素。困难时期方显英雄本色!我们必须密切关注经济发展的深层次、结构性、趋势性问题,辩证看待当前经济税收形势,客观分析组织收入的不利因素和有利条件,既要看到扩大内需、促进经济平稳较快发展的一揽子计划已初见成效,一季度我省经济运行出现了积极变化,形势比预料的好,如固定资产投资增长加快,货币信贷增速加快,国内市场销售平稳较快增长等有利条件和积极因素。同时也要清醒地看到,我省经济回升的基础还不稳固,组织收入的形势还十分严峻,如固定资产投资的“引擎效应”滞后显现,政府投资对民间投资的引导、带动作用尚不明显,拉动内需的税收效应尚未显现,房地产市场低迷调整尚未走出谷底,都将对“两税一费”收入产生影响。全省地税系统面对复杂严峻的经济税收形势,既要增强组织收入信心,又要防范组织收入风险,确保“两税一费”收入平稳增长,为实现2009年我省地税收入“保六争十”的目标任务作出积极的贡献。

按照省局对全省地税工作的总体部署,2009年我省“两税一费”主要抓好五项工作。

(一)推进企业分离发展服务业

推进企业分离发展服务业工作是一项硬任务,已列为2009年省政府对省局重点考核目标,也是2009年省局十项重点工作之一。为圆满完成2009年全省地税推进企业分离发展服务业工作“两个确保”(即确保完成全省分离发展1000家服务业的工作任务,确保依法全面落实促进服务业发展的税费政策)的工作目标,2009年3月17日,省局召开了各市及部分县(市)地税分管局长会议,专门部署全省地税推进企业分离发展服务业工作,分解落实目标任务。日前,省局又专门下发了《关于进一步推进企业分离发展服务业工作的实施意见》、《关于成立推进全省企业分离发展服务业工作领导小组及其办公室的通知》和《关于印发〈省局对各市局企业分离发展服务业工作专项考核办法〉的通知》等三个文件,强调要着力在进一步统一思想认识,进一步明确指导原则,进一步明确工作重点,进一步优化政策措施,进一步优化服务举措,进一步健全工作机制,进一步加强统计考核等七方面有新成效。推进企业分离发展服务业工作是一项全局性的工作,也是“两税一费”工作的重中之重,各地下阶段的工作重点和主要任务是贯彻落实好各市及部分县(市)地税分管局长会议和《关于进一步推进企业分离发展服务业工作的实施意见》等三个文件精神,做到思想上高度重视,行动上狠抓落实,机制上形成合力,形式上务实创新,宣传上大张旗鼓,发展上立足长效,目标上两个确保。税政部门在推进企业分离发展服务业工作中重点做好四件事:一是切实承担牵头部门的责任;二是依法落实税费政策,做好税费政策整合梳理、宣传辅导、跟踪问效工作;三是加强调查研究工作,及时总结经验、反馈问题、提出建议;四是做好统计考评工作,及时报送工作方案、工作总结、考评结果等数据资料。

(二)科学组织收入

2009年各地要继续把加强税源管理,科学组织收入作为“两税一费”工作的首要任务。一是进一步加强我省营业税分行业税源管理。重点加强重点行业、重点企业、重点工程的营业税税源管理,在全省范围内全面推广应用《税友2006》不动产建筑业税收项目管理软件,研究制订重点工程的营业税管理办法;进一步推进我省现代物流业发展,制订货运税收管理办法,研究因车辆外挂造成我省货运税收流失问题;规范和加强营业税差额征税管理,制订下发《浙江省营业税计税营业额扣除项目管理办法》,编写《营业税差额征税管理操作指南》和《营业税差额征税管理业务需求》,着手开发营业税差额征税管理软件。二是进一步加强我省的资源税税源管理。视资源税改革情况,择机统一我省建筑用石(砂)资源税税额标准、规范定额标准;强化资源税源泉控管,实施分类管理,依法核定征收,规范委托代征,综合运用“以药核税、以电核税、以器核税”等多种核定征收方式;深化资源税纳税评估试点工作,总结推广资源税纳税评估试点工作经验。三是进一步加强我省文化事业建设费征收管理。加强数据比对,认真分析文化事业建设费与广告业、娱乐业营业税征收差异,提高我省文化事业建设费的征收率。

(三)依法落实政策

2009年,各地要以实施营业税新条例新细则为契机,依法全面落实政策,发挥“两税一费”职能作用。

各地要围绕“保增长、抓转型、重民生、促稳定”的工作主线,进一步增强税费政策的公开性和透明度,加大现有保障民生、促进房地产业健康发展、促进社会主义新农村建设、推进经济转型升级、推进现代服务业发展、推进节能减排等方面税费政策的宣传、辅导和落实力度,探索建立税费优惠政策执行绩效评价制度,适时组织检查税费政策落实情况,消除税费政策落实的人为障碍,增强税费政策落实的有效性。

(四)深化管理创新

在当前形势下,通过深化管理创新,向管理要效益、要收入已日益成为全省地税系统的共识。西湖分局通过加强重点税源管理,实现一季度税收收入月月红,瑞安市局在局内单独成立税源管理科,强化税源管理就是很好的例子。2009年各地要按照持续改进的要求,进一步做好“两税一费”管理创新工作。一是推广“两税一费”优秀管理创新项目。2009年省局重点组织做好企业分离发展服务业、不动产建筑业税收项目管理、货运税收管理、营业税差额征税管理和资源税纳税评估等五个项目在全省范围内的推广应用工作,各地可根据本地实际增加推广应用的优秀管理创新项目。二是深化“两税一费”管理创新工作。各地要在重点突破管理薄弱环节(如网吧、酒吧、歌吧、迪吧、茶吧)的税收管理上下工夫,实施各税种联动管理,继续以探索建立“一体两翼”的税源管理机制为目标,以《税友2006》不动产建筑业税收项目管理软件推广应用为契机,深化“两税一费”管理创新工作,提高我省税源科学化、专业化和精细化管理水平。

(五)贯彻落实好营业税新条例新细则

贯彻落实好营业税新条例新细则是2009年“两税一费”工作的重点内容,各地要积极做好营业税新条例新细则的实施工作。一是组织开展营业税新条例新细则和差额征税业务培训。各地可通过多种形式,加强营业税新条例新细则和差额征税业务学习,省局将举办全省各市、县主管营业税工作的税政干部培训班,使“两税一费”管理干部全面了解和掌握营业税新条例新细则和差额征税业务的主要内容和精神实质。二是开展营业税新条例新细则实施后存在问题的调研。各地要围绕营业税新条例新细则实施带来的政策和管理方面的热点、难点问题开展调研,通过调研提出完善营业税政策的意见和建议,提高做好我省营业税工作的前瞻性、针对性和有效性。三是清理汇编文件。重点做好我省营业税规范性文件清理工作,整理汇编营业税业务手册。

最后,借此机会,我想对全省税政管理干部再提三点要求:

(一)谋划在前。当前,我省经济税收形势十分复杂,不确定、不稳定的因素和潜在风险还很多,一季度我省经济虽然出现一些积极变化,但地税收入还是负增长,要确保全年地税收入增长6%,困难和压力还很大。各地要密切跟踪分析我省经济税收走势和变化,积极做好各项应对预案。这是我们做好组织收入工作的前提。

(二)务实创新。务实创新是我省地税文化的核心理念,也是我省地税事业发展的不竭动力。各地要紧紧围绕“保增长、抓转型、重民生、促稳定”的工作主线,切实加强分税种税源管理,扎实推进管理创新,通过管理创新促进经济发展,通过管理创新促进收入增长,通过管理创新体现规范高效。

(三)防范风险。税政管理干部面临两大风险:一是执法风险,二是廉洁自律。收入形势越是严峻,越要正确处理落实优惠政策与坚持依法治税的关系。要严把税收政策关,不得突破税法“红线”随意开政策口子,坚决维护税法严肃性和税收刚性,倍加珍惜来之不易的税收执法环境。要把依法治税与帮扶企业统一起来,通过依法治税为中央结构性减税政策的落实奠定坚实基础,为地方政府帮扶企业提供财力支撑,为企业公平竞争营造良好环境。同时,要自觉做到廉洁自律,守得住底线,把得住原则,经得住考验。

同志们,新的形势赋予“两税一费”工作新的任务。“两税一费”管理创新意义重大,做好“两税一费”工作任务艰巨!我们一定要坚定信心,奋发有为,以税(费)源管理为载体,以管理创新为动力,扎实推动“两税一费”工作科学发展!

ZHEJIANG DISHUI NIANJIAN

第二编

地方税收法规选编

税收法制类

浙江省财政厅 浙江省国家税务局 浙江省地方税务局 财政部驻浙江省财政监察专员办事处 转发财政部 国家税务总局 关于坚决制止越权减免税 加强依法治税工作的通知

2009年2月18日 浙财税政字〔2009〕1号

各市、县(市)财政局、国税局、地税局(宁波不发):

现将《财政部 国家税务总局关于坚决制止越权减免税 加强依法治税工作的通知》(财税〔2009〕1号)转发给你们,并结合我省实际补充如下意见,请一并贯彻执行。

一、各地区由财政部门牵头会同国税、地税等部门对本地区越权减免税、税收先征后返等变相减免税情况进行自查,凡存在违反国家财税规定和超越税收管理权限行为的,应立即予以纠正。

县(市)自查情况于2月底前分别上报省财政厅、省国税局、省地税局及所在市财政局、国税局、地税局。市汇总本级及所辖县(市)自查情况,并于3月5日前将汇总情况分别上报省财政厅、省国税局、省地税局,同时抄送财政部浙江监察办。

二、省财政厅将于近期会同省国税局、省地税局、财政部浙江监察办对各地贯彻落实财政部、国家税务总局财税〔2009〕1号文件有关情况进行抽查。

三、财政部浙江监察办将根据工作安排组织力量进行专项检查。

财政部 国家税务总局关于坚决制止越权减免税 加强依法治税工作的通知

2009年1月19日 财税〔2009〕1号

各省、自治区、直辖市、计划单列市财政厅(局)、国家税务总局、地方税务局,新疆生产建设兵团财务局,财政部驻各省、自治区、直辖市、计划单列市财政监察专员办事处:

《国务院关于加强依法治税严格税收管理权限的通知》(国发〔1998〕4号)和《国务院关于纠正地方自行制定税收先征后返政策的通知》(国发〔2000〕2号)下发以来,各地财政、税务部门积极采取措施,依法加强税收政策管理,维持正常的财税秩序,有效地促进了财政收入的持续快速增长和宏观调控目标的顺利实现。但是,一些地区仍存在越权减免税或先征后返等变相减免税问题。特别是最近一段时间以来,一些地区以应对国际金融危机、促进地方经济发展为名,违反国家财税法律规定,擅自出台减免税、缓缴税和豁免欠税,或返还已缴纳的税收等政策,这种做法破坏了税制的规范、统一,扰乱了正常的财税秩序。为了维护国家税收法律、法规的严肃性、统一性和权威性,加强依法治税,现就有关问题通知如下:

一、2008年下半年以来,为了应对国际金融危机对我国经济的影响,促进经济平稳较快发展,国家制定出台了一系列税收应对措施。各地财政、税务部门要深入贯彻落实科学发展观,从维护国家整体利益和财税正常秩序的高度出发,根据国家统一部署,不折不扣地做好税收政策的贯彻落实工作,不得随意改变税收优惠政策范围。

二、根据现行有关税收管理权限的规定,中央税、共享税以及地方税的立法权都集中在中央,除有关税收法律、行政法规规定下放地方的具体政策管理权限外,税收政策管理权全部集中在中央。各级财政、税务部门要认真贯彻落实国务院《全面推进依法行政实施纲要》和现行财税法律的有关规定,严格执行国家统一规定的各项税收优惠政策,不得在税法明确授予的管理权限之外,擅自更改、调整、变通国家税法和税收政策,要按照"依法征税,应收尽收,坚决不收过头税,坚决防止和制止越权减免税"的组织收入原则,严格税收入库级次,做好税收征收管理工作。

三、各地财政、税务部门要主动配合地方政府维护正常的财税秩序,积极做好国家统一税收政策的贯彻落实工作,对超越税收管理权限和违背国家税法的规定,应拒绝执行,并及时向上级机关报告。财政部驻各地财政监察专员办事处要加强对税收政策执行情况的检查工作,强化税收执法监督,对各种违反国家统一规定的财税政策的行为,要及时予以纠正并上报。

四、各地财政、税务部门要高度重视,认真贯彻落实本通知精神,结合各地的实际情况组织专门力量,采取切实有效措施,对本地区越权减免税、税收先征后返等变相减免税情况进行一次全面检查和清理,凡违反国家财税规定和超越税收管理权限的,要立即纠正,凡拒不纠正或继续出台新的越权减免税、缓缴税、豁免欠税以及采取税收先征后返等变相减免税的,要根据《财政违法行为处罚处分条例》(国务院令第427号)等财税法律、法规的规定,依法追究有关人员的责任。各地财政、税务部门要于2009年3月20日前将这次清理检查情况报送财政部(税政司)和国家税务总局(财产和行为税司)。

请遵照执行。

浙江省地方税务局关于贯彻《中共浙江省委办公厅 浙江省人民政府办公厅关于扩大县(市)部分经济社会管理权限的通知》的实施意见

2009年3月16日 浙地税函〔2009〕91号

各市、县(市、区)地方税务局(不发宁波),局内各单位:

为增强县级政府对区域经济社会发展的统筹协调、自主决策和公共服务能力,提升县域经济发展水平，省委办公厅、省政府办公厅制定了《关于扩大县(市)部分经济社会管理权限的通知》(浙委办〔2008〕116号，以下简称《通知》)，下放义乌市经济社会管理权限618项，其中继续保留原有扩权事项524项，新增事项94项；下放其他县(市，包括杭州市萧山区、余杭区)经济社会管理权限443项。为认真贯彻落实《通知》，特提出如下意见，请认真贯彻执行。

一、充分认识扩权强县改革的重大意义，确保地税扩权事项的有序推进

实施扩权强县改革，是全面落实科学发展观和深入实施“两创”总战略的重要内容；是大胆探索行政管理体制改革的积极实践；是加快统筹城乡发展的有力保障；是解决当前经济发展面临困难和问题的重大举措。实施扩权强县改革，有利于进一步调整理顺省、市、县三级政府的权责关系，实现扁平化的行政管理新模式；有利于减少行政层级、提高行政效能，创新运作机制；有利于县级政府转变职能，提高社会管理和公共服务的能力，更直接、更主动、近距离地为市场主体和社会公众提供省事、省力、省钱的有效服务。同时，实施扩权强县改革势必会对现行的行政管理方式带来一定影响，对包括各级地税机关在内的各级政府机关的执法管理行为提出了新的要求。各级地税机关一定要统一思想认识，切实加强领导，明确各部门工作职责，认真对扩权事项进行梳理，及时修改相关工作流程，相应的表单、文书要及时进行修订，以免影响日常业务的正常进行。省局各部门要各司其职，相互配合，加强对县(市)地税局扩权工作的业务指导和协调，确保扩权事项放而不乱、管理有序，确保地税扩权事项在2009年4月底前全部落实到位。

二、进一步明确地税扩权事项，认真抓好落实

按照《通知》规定，地税系统扩大到全省县(市，包括杭州市萧山、余杭，下同)地税局的经济社会管理权限事项有“税务案件质量评比”等12项。同时，另行下放至义乌市地税局的经济社会管理权限事项有“稽查下查一级”等8项。这些扩权事项主要包括三个方面：一是减少管理层级，将原由设区市地税局初审后再报省局审定的管理模式改变为直接由县(市)地税局上报省局；二是由省局将原属设区市地税局的经济社会管理权限以交办方式下放给县(市)地税局；三是由设区市地税局将原属设区市地税局的经济社会管理权限通过交办方式下放给县(市)地税局。现对扩权事项的具体内容进一步明确如下：

(一)原通过设区市地税局初审后上报省局的事项，调整为由县(市)地税局直接上报省局的有：

1. 税务案件质量评比：由各县(市)局稽查局对查办案件进行质量评比后，直接上报省局参加全省税务案件质量评比。省局也可在各市地税局组织的案件评比中抽选参评案件。

2. 税收计划建议书上报及调整：各县(市)地税局每年年末向省局直接上报下一计划年度的税收收入计划建议数，经省局核定后下达税收收入计划；对当年税收计划执行过程中符合计划调整条件的，由各县(市)地税局直接向省局提出计划调整申请，经省局批准后核减或调高当年税收收入计划。

3. 大案要案上报：对各县(市)局稽查局查办的符合省局要求的大要案，由各县(市)地税局直接上报给省局。

4. 金融企业和交通运输等企业经营保险兼业代理业务审批：各级地税局积极配合当地银监分局或银监办做好金融企业和交通运输等企业经营保险兼业代理业务审批的扩权相关工作。

5.稽查考核：省局稽查局的综合考核评比直接考核到所有市县区稽查局，各县(市)局稽查局将本单位考核情况通过市局汇总上报省局，由省局稽查局审核评定。

6. 欠缴税款核销：对符合欠缴税款核销条件的，由各县(市)地税局直接向省局报送核销材料，省局直接批复给县(市)地税局。

7. 税收情报交换：对国家税务总局转来各国(地区)各类国际税收情报，包括专项情报、自发情报和自动情报，省局直接转相关县(市、区)地税局核查。各市、县(市、区)地税局制作的专项情报、自发情报，由各级地税局直接报省局审核；定期产生，批量发送的自动情报仍由市地税局汇总后报省局审核。

8. 资源综合利用企业资格认定：各级地税局积极配合当地经贸委做好资源综合利用企业资格认定的扩权相关工作。

(二)原属设区市地税局的经济社会管理权限，下放给县(市)地税局的有：

1. 纳税信用等级评定：纳税信用等级AA级企

业由各县(市)地税局按设区市地税局权限直接评定;AAA级企业由各县(市)地税局推荐,A级、AA级企业名单及AAA级企业推荐名单,由各市地税局汇总上报省局评定。

2. 税收票证销毁(印花税票等特种票证除外):对未填用的视同现金管理的《税收通用完税证》、《税收定额完税证》、《税收罚款收据》、《代扣代收税款凭证》、《当场处罚罚款收据》、《税票调换证》需要销毁时,由各县(市)地税局按市(地)级地税局审批权限实施,销毁清册一份作票证开出的记账凭证,一份送本单位档案室留存,一份报省地税局备案。销毁程序和手续仍按《浙江省地方税务局关于印发〈浙江省地税系统税收票证管理实施办法〉的通知》(浙地税计〔1998〕46号)规定执行。

3. 税收票证核销:对税款损失500-1000元的税收票证核销,由县(市)地税局按市(地)级地税局权限批准核销,并将核销文件报省地税局备案。

4. 残疾、烈属、孤老人员和因严重自然灾害造成损失,减征个人所得税超过5000元的审批:由设区市地税局将审批权限下放给各县(市)地税局,县(市)地税局享受设区市地税局权限,按照省局税费基金减免管理办法的有关规定办理。

(三)义乌市地税局另行享受设区市地税局的经济社会管理权限的事项有:

1. 稽查下查一级:由省地税局直接下达对义乌市地税局管辖纳税户的下查一级方案。

2. 税务检查证管理:由义乌市地税局自行对局内《税务检查证》的领、用、存、销进行规范管理,做好新旧证的换发、有关资料维护等工作。省局进一步加强对义乌市地税局《税务检查证》管理工作的监督和指导。

3. 税收经费审计:由省局直接对义乌市地税局税务经费进行审计。

4. 欠税公告:对走逃、失踪的纳税户以及其他经税务机关查无下落的纳税人欠税的,义乌市地税局查实后直接上报省局公告。

5. 调取当年的账簿、记账凭证、报表和其他有关资料:依照依法下放的原则,严格按照《中华人民共和国税收征收管理法》有关规定执行。

6. 延期缴纳税款审核审批:纳税人因有特殊困难,不能按期缴纳税款的,经义乌市地税局审核符合延期缴纳税款条件后,直接上报省局审批。

7. 行政许可法法律责任:依照依法下放的原则,严格按照《中华人民共和国行政许可法》有关规定执行,省地税局进一步加强对义乌市地税局实施行政许可的监督。

8. 税务师相关管理:在义乌市境内设立税务师事务所,由义乌市局进行符合性审核后直接上报省局审批。

各地在落实上述扩权事项的过程中发现的问题,请及时上报省局(法规处)。

综合性税收政策类

浙江省地方税务局关于修订促进第三产业发展的若干意见的通知

2009年1月21日 浙地税发〔2009〕6号

各市、县(市、区)地方税务局,省局直属一分局、稽查局:

为认真贯彻落实全省服务业工作会议和全省财税推进工业企业分离发展服务业经验交流会精神,根据现行税收法律法规政策,省局对《浙江省地方税务局关于促进第三产业发展的若干意见》(浙地税发〔2005〕46号)进行了修订。现将修订后《浙江省地方税务局关于促进第三产业发展的若干意见》印发给你们,请认真实施。

浙江省地方税务局关于促进第三产业发展的若干意见

浙地税发〔2005〕46号

各市、县(市、区)地方税务局,省局直属一分局、稽查局:

为深入学习实践科学发展观,紧密围绕省委、省政府"创业富民、创新强省"总战略和"保增长、抓转型、重民生、促稳定"工作主线,认真贯彻落实全省服务业工作会议和全省财税推进工业企业分离发展服务业经验交流会精神,积极发挥地方税收职能作用,大力促进我省第三产业特别是现代服务业的发展,努力确保地税收入在依法治税、规范管理和结构优化前提下的可持续增长,现就全省地税部门促进第三产业发展工作提出如下意见,请认真贯彻执行。

一、提高认识,奋发有为,把大力促进第三产业发展列入重点工作

近年来,在省委、省政府的正确领导下,全省各级地税机关在深入推进依法治税、强化税收征管的同时,全面贯彻落实各项税收优惠政策,充分发挥税收政策的导向作用,积极促进工业企业分离发展服务业,大力扶持现代服务业新生力量,在存量中求增量、在分离中求壮大、在整合中求效益,为推动我省第三产业又好又快发展营造了良好的税收环境。当前,我省已进入经济结构战略性调整的关键时期,大力发展现代服务业正成为我省经济转型升级的战略重点,保持经济平稳较快增长的重要支撑。加快第三产业,特别是现代服务业的发展,有利于进一步推进先进制造业基地建设,深化产业融合,全面提升我省经济增长质量和效益;有利于缓解工业化、城市化以及国际经济环境变化带来的就业压力,维护社会稳定,促进社会和谐;有利于提高人民生活水平,全面建设惠及全省人民的小康社会。各级地税部门一定要进一步提高认识,统一思想,从战略高度充分认识和落实省委、省政府大力发展第三产业的决策精神。

1. 各级地税部门必须充分认识促进第三产业发展的战略意义,主动把地税工作放在省委、省政府工作大局之中,把思想统一到省委、省政府的战略决策中,将支持第三产业发展摆上重要议事日程。各级地税部门领导要亲自抓调研,抓落实,把这项工作列为工作考核的重要内容。

2. 第三产业是地方税收的主要税源,对地方税收贡献率占三次产业之首,而现代服务业又在第三产业发展中居主导地位,大力发展现代服务业可以为地方税收增长提供广阔的经济基础。各级地税部门要切实践行省财政厅党组提出的“依法治税、为民理财、务实创新、廉洁高效”工作理念,念好“实、稳、优”三字诀,树立政治意识、经济意识、创新意识、法治意识、服务意识、风险意识,坚定不移地把大力扶持第三产业尤其是现代服务业的发展,进一步优化地税收入结构作为当前及今后一个时期的指导思想,通过整合税收政策资源、征管资源、服务资源,以更加扎实有效的工作举措,引导、促进第三产业实现更好更快的发展。

3. 促进第三产业发展要围绕现代服务业这个重点,大力促进对完善市场经济、配套产业升级、降低商务成本等有较强关联度的服务行业的发展。要在工业企业分离发展服务业中着重培育发展五种服务业企业:科技服务企业、现代物流服务企业、国际贸易服务企业、配套服务企业、文化创意服务企业。各级地税部门在支持第三产业发展时,必须正确处理好各方面的关系,做到与宏观经济政策、地区产业战略相协调;与坚持依法治税、规范管理相协调;与组织收入、优化结构工作相协调。

二、优化政策,全面落实,积极为现代服务业发展壮大提供税收政策支持

1. 扶持小型服务行业发展,壮大第三产业发展基础。全省按期纳税的营业税起征点继续按5000元标准执行,以降低第三产业纳税人的税负。

2. 积极支持现代物流企业。物流企业在中国境内设立不具有法人资格的营业机构,可以由其总部汇总计算并缴纳企业所得税;试点物流企业将承揽的运输、仓储等业务分包给其他企业并由其统一收取价款的,可按规定以该企业取得的全部收入减去其他项目支出后的余额为营业税的计税基数;占地较大的现代物流企业,按规定缴纳城镇土地使用税确有困难的,可按照税收管理权限报经批准后,给予减免城镇土地使用税的照顾;省重点物流企业确有困难的,可按照税收管理权限报经批准后,给予减征水利建设专项资金的照顾。

3. 培育、促进会展业发展。单位和个人举办各种展览活动向参展者收取各项价款,继续按“服务业-代理业”征收营业税;展览馆、会展中心等专门用作会展活动的房产,按规定缴纳房产税确有困难的,可按照税收管理权限报经批准后,给予减免房产税的照顾。

4. 大力支持旅游企业发展。景点类旅游企业,按规定缴纳城镇土地使用税确有困难的,可按照税收管理权限报经批准后,给予减免城镇土地使用税的照顾;按规定缴纳确有困难的,可按照税收管理权限报经批准后,给予减征水利建设专项资金的照顾。

5. 积极支持金融业发展。外汇、有价证券、期货等金融商品买卖业务,以卖出价减去买入价后的余额为营业额。境内保险机构为出口货物提供的保险产品免征营业税。对进入我省设立经营机构的外资金融、保险等机构,纳税确有困难的,按税收管理权限报经批准后,可给予减免城市房地产税照顾;支持发展融资租赁业务,凡经商务部、国家税务总局确认的融资租赁试点企业,可按规定享受融资租赁业务的营业税优惠政策。

6. 鼓励吸引第三产业的大公司、大集团在我省落户。省重点流通企业、在我省设立总部的大型第三产业企业和商贸连锁企业确有困难的,可以按税收管理权限报经批准后，给予减免水利建设专项资金的照顾；对上述企业的行政办公用房，如按规定缴纳房产税确有困难的，可按税收管理权限报经批准后，给予减免房产税的照顾。

7. 落实文化体制改革各项举措，促进文化事业和文化产业协调发展，推进“文化大省”建设。经营性文化事业单位转制为企业的，可按规定享受免征企业所得税优惠政策。在文化产业支撑技术等领域内，对国家需要重点扶持的高新技术企业，可减按15%的税率征收企业所得税；文化企业开发新技术、新产品、新工艺发生的研究开发费用，允许按国家税法规定，在计算应纳税所得额时加计扣除。创意文化产业基地、困难文化企业，如按规定纳税确有困难的，可按税收管理权限报经批准后，给予减免房产税、城镇土地使用税和水利建设专项资金的照顾。

8. 鼓励、促进文化企业投资主体多元化。对各类投资主体经政府主管部门批准举办的纪念馆、博物馆、文化馆、美术馆、展览馆、书(画)院、图书馆、青少年宫、少年儿童活动中心、工人文化宫、文物保护单位举办的文化活动，属于“文化体育业”税目征税范围的第一道门票收入免征营业税。

9. 落实“人才强省”战略，吸引技术人才，鼓励民间技术研发。对个人获省政府科学技术奖取得的奖励，免征个人所得税；对于报经省政府认可后发放的对优秀博士后等高技术人才、特殊人才的奖励，免征个人所得税。

10. 鼓励技术创新，积极支持科技成果转让。进一步贯彻落实单位和个人从事技术转让、技术开发业务和与之相关的技术咨询、技术服务业务取得的收入免征营业税政策。一个纳税年度内，居民企业技术转让所得不超过500万元的部分，免征企业所得税；超过500万元的部分，减半征收企业所得税。

11. 积极支持科研体制改革，鼓励科研机构转制。对转制科研机构从转制注册之日起免征企业所得税和科研开发自用土地、房产的城镇土地使用税、房产税7年。

12.老派认真落实省委、省政府提出的“建设国内重要的先进制造业基地”的战略构想，促进我省制造业向高技术、高附加值转移。进一步落实高新技术企业、软件产业和集成电路产业税收优惠政策，落实企业研究开发费加计扣除办法。加大政策宣传力度，鼓励企业加速折旧。落实新办软件生产企业和集成电路设计企业自获利年度起企业所得税“两免三减半”政策。国家规划布局内的重点软件生产企业，如当年未享受免税优惠的，可减按10%的税率征收企业所得税。新办的高新技术企业自新办之日起一至三年内；符合省政府《关于推进先进制造业基地建设的若干意见》(浙政发〔2003〕31号)规定支持的先进制造业企业，或属于县(市)级以上政府认定的骨干企业，有技术开发项目，并且当年发生的技术开发费在100万元以上的，可按税收管理权限报经批准后，给予减免水利建设专项资金的照顾。

13. 积极支持传统服务业升级改造。对企业购置并实际使用环境保护、节能节水、安全生产等专用设备的，该专用设备投资额的10%可以从企业当年的应纳所得税额中抵免；当年不足抵免的，可以在以后5个纳税年度结转抵免。如上述专用设备投资金额较大的，按规定缴纳房产税、城镇土地使用税和水利建设专项资金确有困难的，可按税收管理权限报经批准后，给予减免房产税、城镇土地使用税和水利建设专项资金的照顾。连锁企业在中国境内设立不具有法人资格的营业机构，可以由其总部汇总计算并缴纳企业所得税。

14. 创业投资企业采取股权投资方式投资于未上市的中小高新技术企业2年以上的，可以按照其投资额的70%在股权持有满2年的当年抵扣该创业投资企业的应纳税所得额；当年不足抵扣的，可以在以后纳税年度结转抵扣。

15 .企业从事符合条件的环境保护、节能节水项目的所得，自项目取得的第一笔生产经营收入所属纳税年度起，第一年至第三年免征企业所得税，第四年至第六年减半征收企业所得税。

16. 企业从事规定的国家重点扶持的公共基础设施项目的投资经营的所得，自项目取得第一笔生产经营收入所属纳税年度起，第一年至第三年免征企业所得税，第四年至第六年减半征收企业所得税。

17. 积极支持动漫产业发展。动漫企业自主开发、生产动漫产品涉及营业税应税劳务的（除广告业、娱乐业外)，暂减按3%的税率征收营业税。

18. 认真做好民营第三产业企业税收问题研究，

大力促进我省民营第三产业发展,鼓励民营经济参与第三产业企业的改制、重组。在我省地税机关制定的各种税收政策和管理措施上,一律不得制定、实施歧视民营企业的税收政策和措施,对各种所有制纳税人一视同仁,为我省民营企业发展壮大提供良好制度环境。

三、落实措施,优化服务,为第三产业发展提供良好的治税环境

1. 扎实推进依法治税工作。切实落实审批制度改革的各项措施,处理好规范执法与优化服务的关系。上位法没有规定需要审批的事项,一律不得随意设定审批。已经取消的审批项目,要及时告知纳税人,同时全面告知各项后续管理措施。

2. 深入推进网上办税。各级地税部门要以省局“一站、一话、一网”为龙头,努力推进信息化建设,打造全方位立体式纳税服务体系,让纳税人能够及时、全面、准确地了解各项税收优惠政策、实施条件及具体操作程序,积极引导、帮助纳税人依法享受税收优惠政策。持续改进和深化应用《税友2006》,强化、规范数据录入管理,以数据大集中为方向,充分发挥数据集成优势,探索建立功能完备、运行高效的地税信息化体系,切实做到“数字实、工作实、为人实”。

3. 推进管理创新、服务创新。全面落实服务承诺制,实行限期、限时服务,倡导多元化、个性化、人性化服务,推进科学化、专业化、精细化管理。要求纳税人提供资料的,必须事先明确告知;要求纳税人补正材料的,必须一次性告知;对纳税人已经按规定报送且税务机关已核对无误留存的各种涉税资料,不得要求纳税人重复提供。同时,归并、简化各类表单,除现有渠道外,拓宽纳税人免费获得各种表单的渠道,切实做好“帮扶、解困、服务”文章。

4. 落实“抓大、评中、定小”的管理思路。积极开展纳税评估工作,辅导纳税人对照现行税收政策规定,准确计算应纳税款,在纳税评估工作中,提醒纳税人可能存在的涉税问题,并促进其通过自查方式主动补缴税款,避免因违法而增加遵从成本。

5.世隔绝规范、整合、优化工作流程。严格实施ISO9000质量管理,进一步完善“前台受理、后台支持”的办税机制,推进办税服务厅标准化建设,规范办税服务厅服务资源配置,提高服务质量和工作效率。各级地税部门要在规范管理基础上,继续优化办税流程,减少审核、审批环节,简化办事程序。对于重点扶持的现代服务业,各地要结合实际,努力做到办税手续从简、审批从快、期限从宽、优惠从高,提高服务效能。

6. 加大税收政策宣传力度。利用网络、报刊、12366语音服务系统等多种载体,加强日常税收政策宣传;要在“税收宣传月”中专题宣传与现代服务业有关的各项税收优惠政策,以多种形式开展送政策上门活动。

扶持第三产业发展需要市场主体和政府部门等多方面的努力,各级地税部门要以全局观念把握工作,以宽广视野审视工作,以扎实举措推进工作,将支持第三产业发展作为各项工作的重中之重,切实抓实抓好。要认真贯彻省局工作意见,加大调查研究力度,对政策执行中遇到的问题及时向省局提出意见和建议,妥善解决企业发展中出现的新问题、新情况,为我省第三产业发展作出地税部门应有的贡献。

浙江省地方税务局关于贯彻落实保增长扩内需调结构若干政策的实施意见

2009年3月10日 浙地税发〔2009〕22号

各市、县(市、区)地方税务局(不发宁波),省局局内各单位:

针对受金融危机影响我国经济出现的困难,党中央、国务院作出了一系列促进经济发展的政策措施。

省委、省政府也出台了《关于认真贯彻落实保增长扩内需调结构要求的若干政策意见》(浙委〔2009〕2号),提出了"保增长、抓转型、重民生、促稳定"的工作主线。为认真贯彻落实党中央、国务院"保增长、扩内需、调结构"和省委、省政府"标本兼治、保稳促调"的政策措施,现结合我省地税工作实际,特提出如下贯彻实施意见,希认真贯彻执行。

一、充分认识认真落实保增长扩内需调结构政策措施的重要性,切实增强贯彻落实政策的自觉性

当前,国际金融危机仍未见底且有继续蔓延之势,世界经济出现明显减速,我国经济受到严重影响。我省经济发展也面临严峻的外部环境。全省地税系统要从全局和战略的高度充分认识党中央、国务院提出"保增长、扩内需、调结构"要求和省委、省政府提出"标本兼治、保稳促调"八字方针对促进经济平稳较快发展的重要性、紧迫性及对各项工作的重要指导意义。要认识到没有较快的经济增长速度,就不可能有较快的税收增长速度,就不可能较好地解决就业问题,就不可能有效地改善民生,就不可能实现全面建设惠及全省人民小康社会的目标。要认识到促进经济平稳较快发展、确保税收收入任务的完成是税务部门的重要职能。各级地税部门和广大税务干部要切实增强忧患意识、危机意识、大局意识、责任意识,把思想和行动统一到中央和省委、省政府对国内外经济形势的分析判断上来,统一到中央宏观调控和省委、省政府的决策部署上来,按照"依法治税、为民理财、务实创新、廉洁高效"的工作理念,念好"实、稳、优"三字诀,自觉地不折不扣地贯彻落实好"保增长、扩内需、调结构"若干政策措施,最大程度发挥政策效应,帮扶企业共渡难关,为保增长、保民生、保稳定作出地税部门应有的贡献。

二、认真落实税费优惠政策,帮扶企业排忧解难,确保经济平稳较快增长

(一)认真落实各项税费优惠措施,切实减轻企业负担

1. 对按期缴纳税款有困难的纳税人,符合条件的,可依法向主管地税机关申请延期缴纳税款。

2. 根据省政府的决定,按省地方税务局浙地税发〔2009〕10号文件规定,2009年对企业社会保险费缴纳比例继续实行临时性适当下浮,具体幅度相当于企业应缴纳统筹部分1个月的额度。减征工作在3月份实施。

3. 对符合省劳动和就业保障厅、省财政厅、省地方税务局浙劳社就〔2009〕6号文件规定条件的困难企业,2009年内可申请缓缴企业应缴纳的社会保险费,期限最长不超过6个月。

4. 按照省政府规定,切实做好本地区用人单位基本养老保险费缴纳比例调整工作。

(二)认真落实支持企业扩大投资的税收优惠政策,大力引导社会投资

1. 企业从事《公共基础设施项目企业所得税优惠目录》规定的港口码头、机场、铁路、公路、城市公共交通、电力、水利等项目的投资经营所得,按《企业所得税法》规定,自项目取得第一笔生产经营收入所属纳税年度起,第一年至第三年免征企业所得税,第四年至第六年减半征收企业所得税。

2. 企业的固定资产由于技术进步,产品更新换代较快原因,按《企业所得税法》规定,可以采取缩短折旧年限或者加速折旧的办法。

3. 对符合省政府浙政发〔2008〕80号文件规定的企业利用老厂房翻建多层厂房和利用厂内空地建造三层以上厂房,建成使用后3年内按规定纳税确有困难的,报经地税部门批准,可减免房产税。

(三)认真落实鼓励企业吸纳就业和自主创业税收优惠政策,切实保障民生

1. 认真落实国务院国发〔2009〕4号文件,对符合条件的企业当年新招用持《再就业优惠证》人员,继续按财政部、国家税务总局财税〔2005〕186号文件规定在相应期限内每人每年4800元依次减免营业税、城市维护建设税、教育费附加和企业所得税,审批期限延长至2009年底。

2. 认真落实国务院国发〔2009〕4号文件,对持《再就业优惠证》人员从事个体经营的,继续按财政部、国家税务总局财税〔2005〕186号文件规定,按每户每年8000元为限额依次减免营业税、城市维护建设税、教育费附加和个人所得税,审批期限延长至2009年底。

3. 企业安置残疾人员及国家鼓励安置的其他就业人员所支付的工资,按《企业所得税法》规定的标准,可以在计算应纳税所得额时加计扣除。

4. 对符合财政部、国家税务总局财税〔2009〕84号、财税〔2003〕26号、财税〔2004〕93号文件和省地方税务局浙地税二〔2000〕282号文件规定的,为安置随军家属、自主择业的军队转业干部、城镇退役士兵就业的新办企业,自领取税务登记证之日起,3年内免征营业税、城市维护建设税、教育费附加。

5. 对符合财政部、国家税务总局财税〔2000〕84号、财税〔2003〕26号、财税〔2004〕93号文件和省地方税务局浙地税二〔2000〕282号文件的规定,从事个体经营的随军家属、自主择业的军队转业干部、城镇退役士兵,自领取税务登记证之日起,3年内免征营业税和个人所得税。

(四)认真落实住房相关税收政策,促进房地产业健康发展

1. 按照财政部、国家税务总局财税〔2008〕137号、财税〔2008〕174号文件规定,落实好鼓励住房交易税收政策。对个人销售或购买住房免征印花税、土地增值税。自2009年1月1日至12月31日,对个人将购买不足2年的非普通住房对外销售的,全额征收营业税;个人将购买超过2年(含2年)的非普通住房或者不足2年的普通住房对外销售的,按照其销售收入减去购买房屋的价款后的差额征收营业税;个人将购买超过2年(含2年)的普通住房对外销售的,免征营业税。

2 .按财政部、国家税务总局财税〔2008〕24号文件规定,落实好支持住房租赁税收政策。对个人出租住房收入,不区分用途,在3%税率的基础上减半征收营业税,按4%的税率征收房产税,免征城镇土地使用税、印花税,减按10%的税率征收个人所得税。

3. 按财政部、国家税务总局财税〔2008〕24号文件规定,落实好支持廉租住房、经济适用住房建设的税收政策。对符合条件的廉租住房、经济适用住房开发建设、廉租住房出租免征相关城镇土地使用税、营业税、房产税、印花税。

4.按财政部、国家税务总局财税字〔1994〕20号文件规定,对个人转让自用达5年以上,并且是唯一的家庭生活用房取得的所得,暂免征收个人所得税。

(五)认真落实支持农业发展的税费优惠政策,加快发展现代农业

1. 按《企业所得税法》规定,对企业从事农、林、牧、渔业项目(国家限制和禁止发展的项目除外)的所得,免征或减征企业所得税。

2.按《营业税暂行条例》规定,对农业机耕、排灌、病虫害防治、植物保护、农牧保险以及相关技术培训业务,家禽、牲畜、水生动物的配种和疾病防治项目免征营业税。

3.继续按省地方税务局《关于支持社会主义新农村建设有关税收政策的通知》(浙地税函〔2006〕358号)规定,落实好促进农业增效、农民增收、农村社会经济协调发展的各项税费政策。农业龙头企业、省级农业科技企业、农产品流通企业,如按规定纳税仍有困难的,报经地税部门批准,可相应减免房产税、城镇土地使用税或水利建设专项资金。农村、农场和农民个人将土地使用权转让或将土地承包(出租)给农业生产者用于农业生产的,免征营业税、城建税、教育费附加和地方教育附加。

(六)认真落实支持自主创新的税费优惠政策,大力推进工业转型升级

1.按《企业所得税法》规定,对国家需要重点扶持的高新技术企业减按15%税率征收企业所得税,并会同有关部门积极做好高新技术企业认定工作。企业为开发新技术、新产品、新工艺发生的研究开发费用,未形成无形资产计入当期损益的,在按照规定据实扣除的基础上,按照研究开发费用的50%加计扣除;形成无形资产的,按照无形资产成本的150%摊销。

2. 认真落实软件生产企业所得税优惠政策,按照财政部、国家税务总局财税〔2008〕1号文件规定,我国境内新办的软件生产企业经认定后,自获利年度起,第一年和第二年免征企业所得税,第三年至第五年减半征收企业所得税;国家规划布局内的重点软件生产企业,如当年未享受免税优惠的,减按10%的税率征收企业所得税。

3. 按《企业所得税法》规定,对创业投资企业采取股权投资方式投资于未上市的中小高新技术企业2年以上的,可以按照其投资额的70%在股权持有满2年的当年抵扣该创业投资企业的应纳税所得额;当年不足抵扣的,可以在以后纳税年度结转抵扣。

(七)认真落实支持服务业的税费优惠政策,大力推进现代服务业发展

1. 按省政府浙政发〔2008〕55号文件规定,对二、三产业分离的制造业企业自用的生产经营房产缴纳房产税、占地面积较大的服务企业缴纳城镇土地使用税确有困难的，可报经地税部门批准，减免房产税和城镇土地使用税。

2. 认真落实鼓励证券投资基金发展的优惠政策，按照财政部、国家税务总局财税〔2008〕1号文件规定，对证券投资基金从证券市场中取得的规定收入、投资者从证券投资基金分配中取得的收入、证券投资基金管理人运用基金买卖股票和债券的差价收入，暂不征收企业所得税。

3. 继续按省地方税务局《关于促进第三产业发展的若干意见》（浙地税发〔2009〕6号修订）规定，落实好支持现代服务业发展各项税费优惠政策。工业创意产业及基地、创意文化产业基地、困难文化企业、新办的高新技术企业和连锁经营超市、省重点流通企业以及新引进的企业总部，如按规定纳税确有困难的，可报经地税部门批准，酌情减征房产税、城镇土地使用税和水利建设专项资金。

（八）认真落实支持环境保护的税费优惠政策，着力推进节能减排

1. 企业购置并实际使用规定的环境保护、节能节水、安全生产等专用设备的，按《企业所得税法》规定，该专用设备投资额的10%可以从企业当年的应纳税额中抵免；当年不足抵免的，可以在以后5个纳税年度结转抵免。

2. 按《企业所得税法》及其实施条例的规定，企业从事符合条件的环境保护、节能节水项目的所得，自项目取得第一笔生产经营收入所属纳税年度起，第一年至第三年免征企业所得税，第四年至第六年减半征收企业所得税。

3. 继续按省地方税务局《关于促进循环经济发展的若干意见》（浙地税发〔2005〕84号）规定，积极落实好鼓励节能减排相关税费政策。对购置并实际使用环境保护、节能节水和安全生产专用设备且投资金额较大的企业，污水、垃圾、污泥收集和处理企业，报经地税部门批准，酌情减免房产税、城镇土地使用税和水利建设专项资金。对未达到节能减排目标的高耗能、高耗水和高污染企业，一律不得减免地方税务部门负责征管的各类税费。

（九）加紧研究支持兼并重组和拓宽融资渠道相关税费政策

1. 对企业收购、兼并、重组过程中出现的新问题要认真调查，摸清情况，积极研究，并充分利用现有税费政策规定，整合政策资源，帮扶企业解决实施兼并重组中遇到的相关税收问题。

2. 积极支持小额贷款公司试点工作，对于小额贷款公司营业税减免等问题，及时向上级部门反映，提出政策调整建议。

三、加强税收征管，确保税收收入持续稳定增长

（一）坚持依法组织收入。认真贯彻依法征税的要求，既不能因为减轻企业负担而突破税法“红线”随意减免税费，也不能因为税收任务压力而不落实优惠政策或“寅吃卯粮”收过头税。要按照“法治、务实、有为”的组织收入原则要求，全面开展税源分析、税收预测预警分析、税收管理风险分析和政策效应分析，密切跟踪宏观经济和企业经营形势变化，及时发现组织收入工作中存在的问题和税收征管的薄弱环节，有针对性地采取措施，始终牢牢把握组织收入的主动权，确保各项收入任务的完成。

（二）强化主体税源管理。加强重点行业、重点企业、重点工程以及非居民的营业税征管，积极推行不动产、建筑业营业税项目管理办法。认真做好新增企业所得税征管范围调整工作，加强汇总纳税企业、非居民企业所得税征管，进一步加强对高收入者的个人所得税管理。

（三）完善地方税源管理。深化城建税、教育费附加和地方教育附加征管；继续落实城镇土地使用税和车船税暂行条例，认真做好城镇土地使用税税源清查；大力推进车船税保险机构代收代缴工作；积极做好外资企业城镇土地使用税征管工作，落实好外资企业开征房产税工作。

（四）培育地方经济税源。落实好现有扶持企业分离发展服务业的税费政策等措施，着重在工业转型升级和兼并重组中分离发展科技服务企业、现代物流企业、国际贸易服务企业、专业化的配套服务企业和文化创意服务企业等，进一步优化地方税收收入结构。

（五）扎实推进“五费合征”。进一步落实“参保登记、缴费基数、征缴流程、信息数据”的统一，积极推进扩面征缴工作。完善和规范征管流程，加强费源管理，探索建立缴费评估制度；切实加强社会保险征管信息化建设。

四、坚持依法治税,优化纳税服务,为保增长扩内需调结构提供良好的税收法治环境。

(一)创新行政管理方式,深入推进依法治税。积极贯彻国务院《全面推进依法行政实施纲要》,严格按照法定权限和程序行使权力、履行职责。进一步深化行政审批制度改革,切实落实县经济管理权限调整工作。转变观念,充分发挥行政复议化解税务行政争议的主渠道作用,特别要充分运用和解、调解手段妥善解决税务行政争议。在当前经济困难的情况下,慎用强制手段,维护纳税人的合法权益,切实维护社会和谐稳定。

(二)创新政策服务方式,重点加强税费政策宣传。充分利用每年"税收宣传月"积极开展税收宣传活动,在免费赠送税费政策资料、集中培训、专题政策宣讲、上门辅导等政策宣传措施的基础上,进一步创新政策服务方式,开展"千名税干进千企"、"百场专题税企沟通会"、在线答复税法咨询、"网送税法连万家"、"纳税服务志愿者"、"纳税人之家"活动等,加强"保增长、扩内需、调结构"结构性减税政策的宣传,使纳税人充分了解和掌握各类税费优惠政策,引导纳税人用准、用足、用好各项税费优惠政策。同时依托信息化,深化"十项便民措施",进一步优化纳税服务,构建和谐征纳关系。

(三)加强监督检查,确保政策落实。继续通过税收执法检查和相关监督考核制度,对保增长扩内需调结构的税收政策措施落实情况进行检查,既检查"保增长、扩内需、调结构"各项税费政策的贯彻落实情况,又检查各地有无违反国家法律法规规定擅自出台税收优惠政策情况,确保各地依法合规地落实好各项税费政策。

财政部 国家税务总局关于文化体制改革中经营性文化事业单位转制为企业的若干税收优惠政策的通知

2009年3月26日 财税〔2009〕34号

各省、自治区、直辖市财政厅(局)、国家税务总局、地方税务局,新疆生产建设兵团财务局:

为了贯彻落实《国务院办公厅关于印发文化体制改革中经营性文化事业单位转制为企业和支持文化企业发展两个规定的通知》(国办发〔2008〕114号),进一步推动文化体制改革,促进文化企业发展,现就经营性文化事业单位转制为企业的税收政策问题通知如下:

一、经营性文化事业单位转制为企业,自转制注册之日起免征企业所得税。

二、由财政部门拨付事业经费的文化单位转制为企业,自转制注册之日起对其自用房产免征房产税。

三、党报、党刊将其发行、印刷业务及相应的经营性资产剥离组建的文化企业,自注册之日起所取得的党报、党刊发行收入和印刷收入免征增值税。

四、对经营性文化事业单位转制中资产评估增值涉及的企业所得税,以及资产划转或转让涉及的增值税、营业税、城建税等给予适当的优惠政策,具体优惠政策由财政部、国家税务总局根据转制方案确定。

五、本通知所称经营性文化事业单位是指从事新闻出版、广播影视和文化艺术的事业单位;转制包括文化事业单位整体转为企业和文化事业单位中经营部分剥离转为企业。

六、本通知适用于文化体制改革地区的所有转制文化单位和不在文化体制改革地区的转制企业。有关名单由中央文化体制改革工作领导小组办公室提供,财政部、国家税务总局发布。

本通知执行期限为2009年1月1日至2013年12月31日。

浙江省财政厅 浙江省国家税务局 浙江省地方税务局 转发财政部 国家税务总局关于延长下岗失业人员再就业有关税收政策的通知

2009 年 6 月 15 日 浙财税政字〔2009〕11 号

各市、县(市)财政局、国家税务局、地方税务局(宁波不发):

现将《财政部 国家税务总局关于延长下岗失业人员再就业有关税收政策的通知》(财税〔2009〕23号)转发给你们,并就有关问题补充规定如下,请一并遵照执行。

对符合条件的企业在新增加的岗位中,当年新招用持《再就业优惠证》人员,与其签订 1 年以上期限劳动合同并缴纳社会保险费的,3 年内按实际招用人数予以定额依次扣减营业税、城市维护建设税、教育费附加和企业所得税。经省政府批准,我省的定额标准为每人每年 4800 元。

财政部 国家税务总局关于延长下岗失人员再就业有关税收政策的通知

2009 年 3 月 3 日 财税〔2009〕23 号

各省、自治区、直辖市、计划单列市财政厅(局)、国家税务局、地方税务局,新疆生产建设兵团财务局:

为进一步促进下岗失业人员再就业,根据《国务院关于做好当前经济形势下就业工作的通知》(国发〔2009〕4 号)精神,现就延长下岗失业人员再就业有关税收政策问题通知如下:

一、对持《再就业优惠证》人员从事个体经营的,3 年内按每户每年 8000 元为限额依次扣减其当年实际应缴纳的营业税、城市维护建设税、教育费附加和个人所得税。

二、对符合条件的企业在新增加的岗位中,当年新招用持《再就业优惠证》人员,与其签订 1 年以上期限劳动合同并缴纳社会保险费的,3 年内按实际招用人数予以定额依次扣减营业税、城市维护建设税、教育费附加和企业所得税。定额标准为每人每年 4000 元,可上下浮动 20%。由各省、自治区、直辖市人民政府根据本地区实际情况在此幅度内确定具体定额标准,并报财政部和国家税务总局备案。

三、上述税收优惠政策的审批期限为 2009 年 1 月 1 日至 2009 年 12 月 31 日。具体操作办法继续按照《财政部 国家税务总局关于下岗失业人员再就业有关税收政策问题的通知》(财税〔2005〕186 号)和《国家税务总局劳动和社会保障部关于下岗失业人员再就业有关税收政策具体实施意见的通知》(国税发〔2006〕8 号)的相关规定执行。

请遵照执行。

浙江省财政厅 杭州海关 浙江省国家税务局 浙江省地方税务局 转发财政部 海关总署 国家税务总局 关于支持文化企业发展 若干税收政策问题的通知

2009年6月25日 浙财税政字〔2009〕10号

各市、县(市、区)财政局、国家税务局、地方税务局(宁波不发),杭州海关关区各关、各派出机构:

现将《财政部、海关总署、国家税务总局关于支持文化企业发展若干税收政策问题的通知》(财税〔2009〕31号)转发给你们,并就有关问题补充规定如下,请一并遵照执行。

财政部、国家税务总局财税〔2009〕38号文已批复我省绍兴市、湖州市、台州市、义乌市自2009年1月1日起对有线数字电视网络企业3年内免征有线数字电视基本收视维护费的营业税。其他各市广播电视运营服务企业按规定收取的有线数字电视基本收视维护费需免征营业税的,由企业提供省级物价部门对有线数字电视收费项目的批复复印件及其他相关材料,按省财政厅、省地税局浙地税发〔2008〕22号文程序申请报批。

财政部 海关总署 国家税务总局关于支持文化企业发展若干税收政策问题的通知

2009年3月27日 财税〔2009〕31号

各省、自治区、直辖市财政厅(局)、国家税务局、地方税务局,新疆生产建设兵团财务局,海关总署广东分署,天津、上海特派办,各直属海关:

根据《国务院办公厅关于印发文化体制改革中经营性文化事业单位转制为企业和支持文化企业发展两个规定的通知》(国办发〔2008〕114号)有关精神,现就文化企业的税收政策问题通知如下:

一、广播电影电视行政主管部门(包括中央、省、地市及县级)按照各自职能权限批准从事电影制片、发行、放映的电影集团公司(含成员企业)、电影制片厂及其他电影企业取得的销售电影拷贝收入、转让电影版权收入、电影发行收入以及在农村取得的电影放映收入免征增值税和营业税。

二、2010年底前,广播电视运营服务企业按规定收取的有线数字电视基本收视维护费,经省级人民政府同意并报财政部、国家税务总局批准,免征营业税,期限不超过3年。

三、出口图书、报纸、期刊、音像制品、电子出版物、电影和电视完成片按规定享受增值税出口退税政策。

四、文化企业在境外演出从境外取得的收入免征营业税。

五、在文化产业支撑技术等领域内，依据《关于印发〈高新技术企业认定管理办法〉的通知》(国科发火〔2008〕172号)和《关于印发〈高新技术企业认定管理工作指引〉的通知》(国科发火〔2008〕362号)的规定认定的高新技术企业，减按15%的税率征收企业所得税；文化企业开发新技术、新产品、新工艺发生的研究开发费用，允许按国家税法规定在计算应纳税所得额时加计扣除。文化产业支撑技术等领域的具体范围由科技部、财政部、国家税务总局和中宣部另行发文明确。

六、出版、发行企业库存呆滞出版物，纸质图书超过5年(包括出版当年，下同)、音像制品、电子出版物和投影片(含缩微制品)超过两年、纸质期刊和挂历年画等超过1年的，可以作为财产损失在税前据实扣除。已作为财产损失税前扣除的呆滞出版物，以后年度处置的，其处置收入应纳入处置当年的应税收入。

七、为生产重点文化产品而进口国内不能生产的自用设备及配套件、备件等，按现行税收政策有关规定，免征进口关税。

八、对2008年12月31日前新办文化企业，其企业所得税优惠政策可以按照财税〔2005〕2号文件规定执行到期。

九、本通知适用于所有文化企业。文化企业是指从事新闻出版、广播影视和文化艺术的企业。文化企业具体范围见附件。

除上述条款中有明确期限规定者外，上述税收优惠政策执行期限为2009年1月1日至2013年12月31日。

附件：文化企业的具体范围

附件：

文化企业的具体范围

1. 文艺表演团体；

2. 文化、艺术、演出经纪企业；

3. 从事新闻出版、广播影视和文化艺术展览的企业；

4. 从事演出活动的剧场(院)、音乐厅等专业演出场所；

5. 经国家文化行政主管部门许可设立的文物商店；

6. 从事动画、漫画创作、出版和生产以及动画片制作、发行的企业；

7. 从事广播电视(含付费和数字广播电视)节目制作、发行的企业，从事广播影视节目及电影出口贸易的企业；

8. 从事电影(含数字电影)制作、洗印、发行、放映的企业；

9. 从事付费广播电视频道经营、节目集成播出推广以及接入服务推广的企业；

10. 从事广播电影电视有线、无线、卫星传输的企业；

11. 从事移动电视、手机电视、网络电视、视频点播等视听节目业务的企业；

12. 从事与文化艺术、广播影视、出版物相关的知识产权自主开发和转让的企业；从事著作权代理、贸易的企业；

13. 经国家行政主管部门许可从事网络图书、网络报纸、网络期刊、网络音像制品、网络电子出版物、网络游戏软件、网络美术作品、网络视听产品开发和运营的企业；以互联网为手段的出版物销售企业；

14.从事出版物、影视、剧目作品、音乐、美术作品及其他文化资源数字化加工的企业；

15.图书、报纸、期刊、音像制品、电子出版物出版企业；

16.出版物物流配送企业,经国家行政主管部门许可设立的全国或区域出版物发行连锁经营企业、出版物进出口贸易企业、建立在县及县以下以零售为主的出版物发行企业;

17.经新闻出版行政主管部门许可设立的只读类光盘复制企业、可录类光盘生产企业;

18. 采用数字化印刷技术、电脑直接制版技术(CTP)、高速全自动多色印刷机、高速书刊装订联动线等高新技术和装备的图书、报纸、期刊、音像制品、电子出版物印刷企业。

浙江省文化厅 浙江省财政厅 浙江省国家税务局 浙江省地方税务局转发文化部 财政部 国家税务总局关于印发《动漫企业认定管理办法(试行)》及实施细则的通知

2009年7月16日 浙文产电〔2009〕33号

各市、县(市、区)文化广电新闻出版局、财政局、国家税务局、地方税务局:

现将《文化部、财政部、国家税务总局关于印发〈动漫企业认定管理办法(试行)〉的通知》(文市发〔2008〕51号)及《关于实施〈动漫企业认定管理办法(试行)〉有关问题的通知》(文产发〔2009〕18号)转发给你们,请各有关单位认真学习文件精神,结合当地动漫企业情况,做好宣传发动和组织申报工作。

省文化厅、省财政厅、省国税局、省地税局将组建浙江省动漫企业认定管理工作办公室,办公室设在省文化厅。2009年各地动漫企业申报截止时间为8月31日,申报材料一式六份,由市文化广电新闻出版局受理汇总后于9月3日前报浙江省动漫企业认定管理工作办公室。

文化部 财政部 国家税务总局关于印发《动漫企业认定管理办法(试行)》的通知

2008年12月18日 文市发〔2008〕51号

各省、自治区、直辖市、计划单列市文化厅(局)、财政厅(局)、国家税务局、地方税务局:

现将《动漫企业认定管理办法(试行)》印发给你们,请遵照执行。

特此通知。

动漫企业认定管理办法(试行)

第一章 总则

第一条 为扶持我国动漫产业发展，落实国家对动漫企业的财税优惠政策，根据《国务院办公厅转发财政部等部门关于推动我国动漫产业发展的若干意见的通知》(国办发〔2006〕332号，以下简称《通知》)规定，制定本办法。

第二条 按照本办法认定的动漫企业，方可申请享受《通知》规定的有关优惠和扶持政策。

第三条 动漫企业认定管理工作坚持为动漫企业服务、促进动漫产业发展的宗旨，遵循公开、公平、公正的原则。

第四条 本办法所称动漫企业包括：

(一)漫画创作企业；

(二)动画创作、制作企业；

(三)网络动漫(含手机动漫)创作、制作企业；

(四)动漫舞台剧(节)目制作、演出企业；

(五)动漫软件开发企业；

(六)动漫衍生产品研发、设计企业。

第五条 本办法所称动漫产品包括：

(一)漫画：单幅和多格漫画、插画、漫画图书、动画装帧图书、漫画报刊、漫画原画等；

(二)动画：动画电影、动画电视剧、动画短片、动画音像制品，影视特效中的动画片段，科教、军事、气象、医疗等影视节目中的动画片段等；

(三)网络动漫(含手机动漫)：以计算机互联网和移动通信网等信息网络为主要传播平台，以电脑、手机及各种手持电子设备为接受终端的动画、漫画作品，包括FLASH动画、网络表情、手机动漫等；

(四)动漫舞台剧(节)目：改编自动漫平面与影视等形式作品的舞台演出剧(节)目、采用动漫造型或含有动漫形象的舞台演出剧(节)目等；

(五)动漫软件：漫画平面设计软件、动画制作专用软件、动画后期音视频制作工具软件等；

(六)动漫衍生产品：与动漫形象有关的服装、玩具、文具、电子游戏等。

第二章 认定管理

第六条 文化部、财政部、国家税务总局共同确定全国动漫企业认定管理工作方向，负责指导、管理和监督全国动漫企业及其动漫产品的认定工作，并定期公布通过认定的动漫企业名单。

第七条 全国动漫企业认定管理工作办公室(以下称办公室)设在文化部，主要职责为：

(一)具体组织实施动漫企业认定管理工作；

(二)协调、解决认定及相关政策落实中的重大问题；

(三)组织建设和管理“动漫企业认定管理工作平台”；

(四)负责对已认定的重点动漫企业进行监督检查和年审，根据情况变化和产业发展需要对重点动漫产品、重点动漫企业的具体认定标准进行动态调整；

(五)受理、核实并处理有关举报。

第八条 各省、自治区、直辖市文化行政部门与同级财政、税务部门组成本行政区域动漫企业认定管理机构(以下称省级认定机构)，根据本办法开展下列工作：

(一)负责本行政区域内动漫企业及其动漫产品的认定初审工作；

(二)负责向本行政区域内通过认定的动漫企业颁发“动漫企业证书”；

(三)负责对本行政区域内已认定的动漫企业进行监督检查和年审；

(四)受理、核实并处理本行政区域内有关举报，必要时向办公室报告；

(五)办公室委托的其他工作。

第九条 各级认定机构应制订本辖区内的动漫企业认定工作规程，定期召开认定工作会议。推进认定工作电子政务建设，建立高效、便捷的认定工作机制。

动漫企业认定管理工作所需经费由各级认定机构的同级财政部门拨付。

第三章 认定标准

第十条 申请认定为动漫企业的应同时符合以下标准：

（一）在我国境内依法设立的企业；

（二）动漫企业经营动漫产品的主营收入占企业当年总收入的60%以上；

（三）自主开发生产的动漫产品收入占主营收入的50%以上；

（四）具有大学专科以上学历的或通过国家动漫人才专业认证的、从事动漫产品开发或技术服务的专业人员占企业当年职工总数的30%以上，其中研发人员占企业当年职工总数的10%以上；

（五）具有从事动漫产品开发或相应服务等业务所需的技术装备和工作场所；

（六）动漫产品的研究开发经费占企业当年营业收入8%以上；

（七）动漫产品内容积极健康，无法律法规禁止的内容；

（八）企业产权明晰，管理规范，守法经营。

第十一条 自主开发、生产的动漫产品，是指动漫企业自主创作、研发、设计、生产、制作、表演的符合本办法第五条规定的动漫产品（不含动漫衍生产品）；仅对国外动漫创意进行简单外包、简单模仿或简单离岸制造，既无自主知识产权，也无核心竞争力的除外。

第十二条 申请认定为重点动漫产品的应符合以下标准之一：

（一）漫画产品销售年收入在100万元（报刊300万元）人民币以上或年销售10万册（报纸1000万份、期刊100万册）以上的，动画产品销售年收入在1000万元人民币以上的，网络动漫（含手机动漫）产品销售年收入在100万元人民币以上的，动漫舞台剧（节）目演出年收入在100万元人民币以上或年演出场次50场以上的；

（二）动漫产品版权出口年收入100万元人民币以上的；

（三）获得国际、国家级专业奖项的；

（四）经省级认定机构、全国性动漫行业协会、国家动漫产业基地等推荐的在思想内涵、艺术风格、技术应用、市场营销、社会影响等方面具有示范意义的动漫产品。

第十三条 符合本办法第十条标准的动漫企业申请认定为重点动漫企业的，应在申报前开发生产出1部以上重点动漫产品，并符合以下标准之一：

（一）注册资本1000万元人民币以上的；

（二）动漫企业年营业收入500万元人民币以上，且连续2年不亏损的；

（三）动漫企业的动漫产品版权出口和对外贸易年收入200万元人民币以上，且自主知识产权动漫产品出口收入占总收入30%以上的；

（四）经省级认定机构、全国性动漫行业协会、国家动漫产业基地等推荐的在资金、人员规模、艺术创意、技术应用、市场营销、品牌价值、社会影响等方面具有示范意义的动漫企业。

第四章 认定程序

第十四条 动漫企业认定的程序如下：

（一）企业自我评价及申请

企业认为符合认定标准的，可向省级认定机构提出认定申请。

（二）提交下列申请材料

1. 动漫企业认定申请书；

2. 企业营业执照副本复印件、税务登记证复印件；

3. 法定代表人或者主要负责人的身份证明材料；

4. 企业职工人数、学历结构以及研发人员占企业职工的比例说明；

5. 营业场所产权证明或者租赁意向书（含出租方的产权证明）；

6. 开发、生产、创作、经营的动漫产品列表、销售合同及销售合同约定的款项银行入账证明；

7. 自主开发、生产和拥有自主知识产权的动漫产品的情况说明及有关证明材料（包括版权登记证书或专利证书等知识产权证书的复印件）；

8. 由有关行政机关颁发的从事相关业务所涉及的行政许可证件复印件；

9. 经具有资质的中介机构鉴证的企业财务年度报表（含资产负债表、损益表、现金流量表）等企业经营情况，以及企业年度研究开发费用情况表，并附研究开发活动说明材料；

10. 认定机构要求出具的其他材料。

（三）材料审查、认定与公布

省级认定机构根据本办法，对申请材料进行初审，提出初审意见，将通过初审的动漫企业申请材料报送办公室。

文化部会同财政部、国家税务总局依据本办法第十条规定标准进行审核，审核合格的，由文化部、财政部、国家税务总局联合公布通过认定的动漫企业名单。

省级认定机构根据通过认定的动漫企业名单，向企业颁发"动漫企业证书"并附其本年度动漫产品列表；并根据本办法第五条、第十一条的规定，在动漫产品列表中，对动漫产品属性分类以及是否属于自主开发生产的动漫产品等情况予以标注。

动漫企业设有分支机构的，在企业法人注册地进行申报。

第十五条 已取得"动漫企业证书"的动漫企业生产的动漫产品符合本办法第十二条规定标准的，可向办公室提出申请认定为重点动漫产品，并提交下列材料：

1. 重点动漫产品认定申请书；

2. 企业营业执照副本复印件、税务登记证复印件，"动漫企业证书"复印件；

3. 符合本办法第十二条规定标准的相关证明材料：经具有资质的中介机构鉴证的企业财务年度报表（含资产负债表、损益表、现金流量表）等企业经营情况，并附每项产品销售收入的情况说明；获奖证明复印件或版权出口贸易合同复印件等版权出口收入证明；有关机构的推荐证明；

4. 认定机构要求出具的其他材料。

办公室收到申报材料后，参照本办法第十四条第三款规定的程序予以审核。符合标准的，由办公室颁发"重点动漫产品文书"。

第十六条 已取得"动漫企业证书"的动漫企业符合本办法第十三条规定标准的，可向办公室提出申请认定为重点动漫企业，并提交下列材料：

1. 重点动漫企业认定申请书；

2. 企业营业执照副本复印件、税务登记证复印件，"动漫企业证书" 复印件，"重点动漫产品文书"复印件；

3. 符合本办法第十三条规定标准的相关证明材料：经具有资质的中介机构鉴证的企业近两个会计年度财务报表（含资产负债表、损益表、现金流量表）等企业经营情况或版权出口贸易合同复印件等版权出口收入证明；有关机构的推荐证明；

4. 认定机构要求出具的其他材料。

办公室收到申报材料后，参照本办法第十四条第三款规定的程序予以审核。符合标准的，由文化部会同财政部、国家税务总局联合公布通过认定的重点动漫企业名单，并由办公室颁发"重点动漫企业证书"。

第十七条 动漫企业认定实行年审制度。各级认定机构应按本办法第十条、第十三条规定的标准对已认定并发证的动漫企业、重点动漫企业进行年审。对年度认定合格的企业在证书和年度自主开发生产的动漫产品列表上加盖年审专用章。

不提出年审申请或年度认定不合格的企业，其动漫企业、重点动漫企业资格到期自动失效。

省级认定机构应将对动漫企业的年审情况、年度认定合格及不合格企业名单报办公室备案，并由办公室对外公布。

重点动漫企业通过办公室年审后，不再由省级认定机构进行年审。

第十八条 动漫企业对年审结果有异议的，可在公布后20个工作日内，向办公室提出复核申请。

提请复核的企业应当提交复核申请书及有关证明材料。办公室收到复核申请后，对复核申请调查核实，由文化部、财政部、国家税务总局作出复核决定，通知省级认定机构并公布。

第十九条 经认定的动漫企业经营活动发生变化（如更名、调整、分立、合并、重组等）的，应在15个工作日内，向原发证单位办理变更手续，变化后不符合本办法规定标准的，省级认定机构应报办公室审核同意后，撤销其"动漫企业证书"，终止其资格。不符合本办法规定标准的重点动漫企业，由办公室直接撤销其"重点动漫企业证书"，终止其资格。

动漫企业更名的，原认定机构为其办理变更手续后，重新核发证书，编号不变。

第二十条 经认定的动漫企业、重点动漫企业，凭本年度有效的 "动漫企业证书"、"重点动漫企业证书"，以及本年度自主开发生产的动漫产品列表、"重点动漫产品文书"，向主管税务机关申请享受《通知》规定的有关税收优惠政策。

第二十一条 重点动漫产品、重点动漫企业优先享受国家及地方各项财政资金、信贷等方面的扶持政策。

第五章 罚 则

第二十二条 申请认定和已认定的动漫企业有下述情况之一的,一经查实,认定机构停止受理其认定申请,或撤销其证(文)书,终止其资格并予以公布:

(一)在申请认定过程中提供虚假信息的;

(二)有偷税、骗税、抗税等税收违法行为的;

(三)从事制作、生产、销售、传播存在违法内容或盗版侵权动漫产品的,或者使用未经授权许可的动漫产品的;

(四)有其他违法经营行为,受到有关部门处罚的。

被撤销证书的企业,认定机构在3年内不再受理该企业的认定申请。

第二十三条 对被撤销证书和年度认定不合格的动漫企业,同时停止其享受《通知》规定的各项财税优惠政策。

第二十四条 参与动漫企业认定工作的机构和人员对所承担的认定工作负有诚信以及合规义务,并对申报认定企业的有关资料信息负有保密义务。违反动漫企业认定工作相关要求和纪律的,依法追究责任。

第二十五条 对违反本办法规定的省级认定机构,由办公室责令整改。

第六章 附 则

第二十六条 "动漫企业证书"、"重点动漫产品文书"、"重点动漫企业证书"等证书、文书,由办公室统一监制。

第二十七条 按照本办法认定的动漫企业及其自主开发生产的动漫产品享受的财税优惠政策的具体范围、具体内容由财政部、国家税务总局另行发布。

第二十八条 本办法中涉及数字的规定,表述为"以上"的,均含本数字在内。

第二十九条 本办法由文化部、财政部、国家税务总局负责解释。

第三十条 本办法自2009年1月1日起实施。

财政部 国家税务总局
关于期货投资者保障基金有关税收问题的通知

2009年8月31日 财税〔2009〕68号

各省、自治区、直辖市、计划单列市财政厅(局)、国家税务局、地方税务局,新疆生产建设兵团财务局:

经国务院批准,现对期货投资者保障基金(以下简称期货保障基金)有关税收政策问题通知如下:

一、对中国期货保证金监控中心有限责任公司(以下简称期货保障基金公司)根据《期货投资者保障基金管理暂行办法》(证监会令第38号,以下简称《暂行办法》)取得的下列收入,不计入其应征企业所得税收入:

1. 期货交易所按风险准备金账户总额的15%和交易手续费的3%上缴的期货保障基金收入;

2. 期货公司按代理交易额的千万分之五至千万分之十上缴的期货保障基金收入;

3.依法向有关责任方追偿所得;

4.期货公司破产清算所得;

5.捐赠所得。

二、对期货保障基金公司取得的银行存款利息收入、购买国债、中央银行和中央级金融机构发行债券的利息收入,以及证监会和财政部批准的其他资金运用取得的收入,暂免征收企业所得税。

三、对期货保障基金公司根据《暂行办法》取得的下列收入,暂免征收营业税:

1. 期货交易所按风险准备金账户总额的15%和交易手续费的3%上缴的期货保障基金收入；

2. 期货公司按代理交易额的千万分之五至千万分之十上缴的期货保障基金收入；

3.依法向有关责任方追偿所得收入；

4.期货公司破产清算受偿收入；

5.按规定从期货交易所取得的运营收入。

四、期货交易所和期货公司根据《暂行办法》上缴的期货保障基金中属于营业税征税范围的部分，允许从其营业税计税营业额中扣除。

五、对期货保障基金公司新设立的资金账簿、期货保障基金参加被处置期货公司的财产清算而签订的产权转移书据以及期货保障基金以自有财产和接受的受偿资产与保险公司签订的财产保险合同等免征印花税。对上述应税合同和产权转移书据的其他当事人照章征收印花税。

六、本通知自2008年1月1日起至2010年12月31日止执行。

对期货保障基金公司在2008年1月1日至文到之日已缴纳的应予免征的营业税，从以后应缴纳的营业税税款中抵减。

浙江省科学技术厅 浙江省商务厅 浙江省财政厅 浙江省国家税务局 浙江省地方税务局 浙江省发展和改革委员会 关于印发《浙江省技术先进型服务企业认定与管理办法(试行)》的通知

2009年9月10日 浙科发高〔2009〕190号

杭州市及所辖各县(市、区)科技局、外经贸局、财政局、国家税务局、地方税务局、发展改革委(局)，杭州高新区管委会：

为做好我省技术先进型服务企业认定管理工作，根据财政部、国家税务总局、商务部、科学技术部、国家发展和改革委员会《关于技术先进型服务企业有关税收政策问题的通知》(财税〔2009〕63号)要求，我们制定了《浙江省技术先进型服务企业认定与管理办法(试行)》。现予印发，请遵照执行。

浙江省技术先进型服务企业认定管理办法(试行)

第一章 总 则

第一条 为促进技术先进型服务企业的发展，提升企业技术创新和技术服务能力，根据财政部、国家税务总局、商务部、科技部、国家发展改革委《关于技术先进型服务企业有关税收政策问题的通知》(财税〔2009〕63号) 有关规定和要求，在杭州市及所辖县(市、区)内实施技术先进型服务企业的认定工作。

第二条 本办法所称的技术先进型服务企业是指：在《技术先进型服务业务认定范围》(见附件1)内，持续开展一种或多种技术先进型服务业务并达到认定条件的企业。

第三条 依据本办法认定的技术先进型服务企业,可依照财政部等五部委《关于技术先进型服务企业有关税收政策问题的通知》(财税〔2009〕63号)有关规定,享受税收优惠政策。

第四条 省科技厅、商务厅、财政厅、国税局、地税局、发展改革委等部门组成技术先进型服务企业认定管理工作领导小组,负责技术先进型服务企业的认定与管理工作。领导小组下设省认定工作办公室,办公室设在省科技厅,负责技术先进型服务企业认定与管理的具体工作。

第二章 认定条件与程序

第五条 技术先进型服务企业认定须同时满足以下条件:

1. 从事《技术先进型服务业务认定范围》内的一种或多种技术先进型服务业务的企业。

2. 企业的注册地及生产经营地在杭州市及所辖县(市、区)内。企业注册须满一个以上会计年度。

3. 企业具有法人资格,近两年在进出口业务管理、财务管理、税收管理、外汇管理、海关管理等方面无违法行为,企业应采用先进技术或具备较强的研发能力。

4. 具有大专以上学历的员工占企业职工总数的50%以上。

5. 企业从事《技术先进型服务业务认定范围》内的技术先进型服务业务收入总和占本企业总收入的70%以上。

6. 企业应获得有关国际资质认证(包括开发能力和成熟度模型、开发能力和成熟度模型集成、IT服务管理、信息安全管理、服务提供商环境安全、ISO质量体系认证、人力资源能力认证等)并与境外客户签订服务外包合同,且其向境外客户提供的国际(离岸)外包服务业务收入不低于企业当年总收入的50%。

第六条 技术先进型服务企业认定的程序如下:

(一)企业申请。企业对照认定条件,进行自我评价。认为符合认定条件的,登录"技术先进型服务企业认定管理工作网",按要求填写《企业注册登记表》,通过网络系统上传,完成注册登记,并向杭州市科技局上报认定申请材料。

(二)初审及出具推荐意见。杭州市科技局在收到企业申报材料后会同市级有关部门组织初审,对材料的真实性和完整性、有关数据合理性和正确性进行审核,提出推荐意见,报省认定工作办公室。

(三)评审认定。省认定工作办公室依据企业的申请材料和地方推荐意见,会同商务、财政、税务和发展改革部门联合组织评审,提出评审认定意见。评审组成员应不少于5人,其中应有财务专家和技术领域或行业管理专家各1名。

(四)公示与备案。经认定的技术先进型服务企业在"技术先进型服务企业认定管理工作网"上公示10个工作日。公示没有异议的,报国家有关部门备案,并向企业颁发统一印制的"技术先进型服务企业证书"。

第七条 申请认定需提交下列材料:

1. 技术先进型服务企业认定申报推荐表(见附件2);

2. 企业开展技术先进型服务业务论述(1000字以上);

3. 企业营业执照和税务登记证复印件(加盖企业公章);

4. 企业工作场所证明复印件(企业房屋产权证或者房屋租赁合同);

5. 经审计的上年度企业财务报表,上年度销售/服务合同、合作开发合同、委托开发协议书等材料,其中离岸外包业务需提供银行结汇或外汇收入核销等外汇收入证明(需提供总额占企业当年总收入50%以上的票据)、在岸外包业务需提供销售或服务发票(需提供与外汇收入核销证明总额之和占企业当年总收入70%以上的票据)或者经审计的上年度企业财务报表和企业技术先进服务业务收入以及离岸外包收入表(需提供银行结汇或外汇收入核销等外汇收入证明)。

6. 相关资质证书。

7. 企业员工花名册(注明员工学历结构、从事离岸服务外包人员情况)、企业就业人员社会保险缴费单复印件(加盖企业公章)或县级以上职能部门出具的企业职工总数和大专以上学历员工数的证明。

8. 县级以上职能部门出具的企业近两年在进出口业务管理、财务管理、税收管理、外汇管理、海关管理等方面无违法行为的有效证明。

第八条 技术先进型服务企业申报，原则上每年办理2次，分别为每年5月和10月。认定机关在受理企业申报后60个工作日内完成认定工作。

第三章　管　理

第九条 经本办法认定的技术先进型服务企业按规定享受下列优惠政策：

1.对经认定的技术先进型服务企业，减按15%的税率征收企业所得税。

2.对经认定的技术先进型服务企业，其发生的职工教育经费按不超过企业工资总额8%的比例据实在企业所得税税前扣除；超过部分，准予在以后纳税年度结转扣除。

3. 对经认定的技术先进型服务企业离岸服务外包业务收入免征营业税。

从事离岸服务外包业务取得的收入，是指技术先进型服务企业根据境外单位与其签订的委托合同，提供本办法附件中所界定的信息技术外包服务、技术性业务流程外包服务和技术性知识流程外包服务，从上述境外单位取得的收入。

第十条 享受税收优惠的技术先进型服务企业条件发生变化的，应当自发生变化之日起15日内向主管税务机关报告；不再符合享受优惠政策条件的，应当依法履行纳税义务。主管税务机关在执行税收优惠政策过程中，发现企业不具备技术先进型服务企业资格的，应暂停企业享受税收优惠，并提请省认定工作办公室复核。

第十一条 杭州市应对认定的技术先进型服务企业做好跟踪管理，对变更经营范围、合并、分立、转业、迁移的企业，如不符合认定条件的，应及时核实上报，省认定工作办公室审核，取消其享受税收优惠政策的资格。技术先进型服务企业更名的，由企业申请、杭州市审查、省认定工作办公室审核、公示、备案后重新核发认定证书，有效期不变。

第四章　罚　则

第十二条 已认定的技术先进型服务企业在申请认定过程中提供虚假信息或存在其他违法、违规行为的，应取消其资格。

被取消技术先进型服务企业资格的企业，认定机构在2年内不再受理该企业的认定申请。

第十三条 参与技术先进型服务企业认定工作的相关机构和人员违反技术先进型服务企业认定工作相关纪律和要求的，给予相应处理。

第五章　附　则

第十四条 本办法由省科技厅会同商务厅、财政厅、国税局、地税局、发展改革委负责解释。

第十五条 本办法自发布之日起实施。

附件：(略)

1.技术先进型服务业务认定范围(试行)

2.技术先进型服务企业认定申报推荐(统一基础表)

3.地方认定部门初审意见表

财政部　国家税务总局
关于延长部分税收优惠政策执行期限的通知

2009年11月20日　财税〔2009〕131号

各省、自治区、直辖市、计划单列市财政厅(局)、国家税务局、地方税务局、新疆生产建设兵团财务局：经国务院批准，下列文件规定的2008年12月31日到期的有关税收优惠政策将继续执行至2010年12月31日。

一、《财政部、国家税务总局关于对渤海船舶重工有限责任公司军品科研生产用房产免征房产税的通知》(财税〔2006〕25号)；

二、《财政部、国家税务总局关于中国兵器工业集团公司和兵器装备集团公司所属企业城镇土地使用税政策的通知》(财税〔2006〕92号);

三、《财政部、国家税务总局、民政部关于生产和装配伤残人员专门用品企业免征所得税的通知》(财税〔2004〕132号)、《财政部、国家税务总局关于延长生产和装配伤残人员专门用品企业免征所得税执行期限的通知》(财税〔2006〕148号);

四、《财政部、国家税务总局关于中国证券投资者保护基金有限责任公司有关税收问题的通知》(财税〔2006〕169号)、《财政部、国家税务总局关于中国证券投资者保护基金有限责任公司有关税收问题的补充通知》(财税〔2008〕78号);

五、《财政部、海关总署、国家税务总局关于支持汶川地震灾后恢复重建有关税收政策问题的通知》(财税〔2008〕104号)。

请遵照执行。

营业税类

财政部 国家税务总局关于邮政企业代办金融业务免征营业税的通知

2009年1月4日 财税〔2009〕7号

各省、自治区、直辖市、计划单列市财政厅(局)、地方税务局,新疆生产建设兵团财务局:

为了支持邮政体制改革,减轻邮政企业改组改制后增加的营业税负担,经国务院批准,现对邮政企业为邮政储蓄银行代办金融业务营业税政策通知如下:

对中国邮政集团公司及其所属邮政企业为中国邮政储蓄银行及其所属分行、支行代办金融业务取得的代理金融业务收入,自2008年1月1日至2010年12月31日免征营业税。对于本通知到达之日前已缴纳的应予免征的营业税,允许从纳税人以后应缴的营业税税款中抵减或予以退税。

国家税务总局关于金融资产管理公司从事经营租赁业务有关税收政策问题的批复

2009年3月31日 国税函〔2009〕190号

广东省地方税务局:

你局《关于金融资产管理公司有关税收政策问题的请示》(粤地税发〔2008〕86号)收悉。经研究,批复如下:

金融资产管理公司利用其接受的抵债资产从事经营租赁业务，不属于《国务院办公厅转发人民银行、财政部、证监会关于组建中国华融资产管理公司、中国长城资产管理公司和中国东方资产管理公司意见的通知》（国办发〔1999〕66号）和《财政部、国家税务总局关于中国信达等4家金融资产管理公司税收政策问题的通知》（财税〔2001〕10号）规定的免税范围，应当依法纳税。

浙江省地方税务局关于印发《浙江省营业税差额征税管理办法（试行）》的通知

2009年6月24日 浙地税发〔2009〕46号

各市、县（市、区）地方税务局(不发宁波)，省地方税务局直属一分局、稽查局：

为进一步落实好营业税差额征税政策，规范和加强营业税差额征税管理，省局制订了《浙江省营业税差额征税管理办法（试行）》，现印发给你们，请认真贯彻执行，执行过程中发现的问题请及时报告省局。

附件:《浙江省营业税差额征税管理办法（试行）》

浙江省营业税差额征税管理办法（试行）

第一条 为规范和加强营业税差额征税管理，根据《中华人民共和国营业税暂行条例》及其实施细则、《中华人民共和国税收征收管理法》及其实施细则等有关规定，结合我省实际，制定本办法。

第二条 本办法适用于浙江省范围内负有营业税纳税义务的单位和个人(以下简称纳税人)。

第三条 营业税差额征税管理按照“清单申报、凭证扣除、鉴证审核、预警评估”的原则进行。

第四条 纳税人计税营业额扣除项目要合法、真实、完整。合法是指准予扣除的营业税计税营业额扣除项目必须符合税收法律、法规和规章的规定；真实是指确属已经实际发生并能提供合法有效凭证证明的营业税计税营业额扣除项目；完整是指应当按照时间顺序，以清单形式逐笔如实申报营业税计税营业额扣除项目。

第五条 营业税计税营业额扣除项目合法有效凭证具体是指：

（一）支付给境内的单位或者个人的款项，且该单位或者个人发生的行为属于营业税或者增值税征收范围的，以该单位或者个人开具的发票为合法有效凭证。

（二）支付的行政事业性收费或者政府性基金，以开具的财政票据为合法有效凭证。

（三）支付给境外单位或者个人的款项，以该单位或个人的签收单据为合法有效凭证，税务机关对签收单据有疑义的，可以要求其提供境外公证机构的确认证明。

（四）国家税务总局规定的其他合法有效凭证。

第六条 纳税人应根据取得的扣除项目合法有效凭证逐一填列《营业税计税营业额扣除项目清单》，在进行营业税纳税申报时，除按现行规定申报报表资料外，同时报送《营业税计税营业额扣除项目清单》的电子信息。《营业税计税营业额扣除项目清单》在申报系统中直接填写。

第七条 纳税人应按规定建立并如实登记营业税计税营业额扣除项目台账,按纳税归属期单独统计核算营业税计税营业额扣除项目金额。纳税人有下列情形之一的不予扣除:

(一)扣除凭证内容与实际发生情况不符或虚开的;

(二)扣除项目金额核算不清的;

(三)财政部、国家税务总局规定的其他情形。

第八条 纳税人应按以下原则计算当期计税营业额:

(一)纳税人转让无形资产和销售不动产业务,相应的营业税计税营业额扣除项目金额在实现收入时扣除。

(二)纳税人转让金融商品业务,可在同一会计年度末,将同一大类金融商品在不同纳税期出现的正差和负差按同一会计年度汇总的方式计算并缴纳营业税,如果汇总计算应缴的营业税税额小于本年已缴纳的营业税税额,可以向税务机关申请办理退税,但不得将一个会计年度内汇总后仍为负差的部分结转下一会计年度。

(三)纳税人从事除上述(一)、(二)款以外的业务,按当期实现的营业收入扣除同类业务相关营业税计税营业额扣除项目金额后的余额计算计税营业额,应扣未扣的部分可结转下期抵扣。

第九条 税务机关应加强营业税差额征税的信息化管理,做好合法有效凭证的信息比对工作,逐步实现网络比对。

第十条 纳税人应在次年5月31日前,向税务机关报送年度分项目扣除金额汇总情况的自行审核报告或提供税务师事务所出具的鉴证报告。

第十一条 税务机关要建立税负预警制度,坚持管查互动、以查促管。对税收负担异常、税负偏低的纳税人,进行纳税评估,评估发现有重大问题的,移交稽查部门稽查。稽查部门应将稽查处理结果及时反馈管理部门。

第十二条 纳税人未按本办法报送纳税资料的,按照《中华人民共和国税收征收管理法》第六十二条的有关规定处罚。

第十三条 本办法未尽事宜按照国家税收法律、法规的有关规定执行。

第十四条 各市、县(市)地方税务局可根据本办法制定具体实施办法。

第十五条 本办法自2010年1月1日起执行。

附件1:

营业税计税营业额扣除项目

1. 纳税人将承揽的运输业务分给其他单位或者个人的,以其取得的全部价款和价外费用扣除其支付给其他单位或者个人的运输费用后的余额为计税营业额。

2. 中国国际航空股份有限公司(简称国航)与中国国际货运航空有限公司(简称货航)开展客运飞机腹舱联运业务时,国航以收到的腹舱收入为营业额;货航以其收到的货运收入扣除支付给国航的腹舱收入的余额为计税营业额。

3. 纳税人将建筑工程分包给其他单位的,以其取得的全部价款和价外费用扣除其支付给其他单位的分包款后的余额为计税营业额。

4. 通信线路工程和输送管道工程所使用的电缆、光缆和构成管道工程主体的防腐管段、管件(弯头、三通、冷弯管、绝缘接头)清管器、收发球筒、机泵、加热炉、金属容器等物品均属于设备,对建设方提供的这些设备,其设备价值不包括在工程的计税营业额中。

其他建筑安装工程的计税营业额也不包括建设

方提供的设备价值，具体设备名单的范围按省地税局浙地税函〔2004〕436号文件规定执行。

5. 除《中华人民共和国营业税暂行条例实施细则》第七条规定外，纳税人提供建筑业劳务（不含装饰劳务）的，其计税营业额应当包括工程所用原材料、设备及其他物资和动力价款在内，但不包括建设方提供的设备的价款。

6. 邮政电信单位与其他单位合作，共同为用户提供邮政电信业务及其他服务并由邮政电信单位统一收取价款的，可以扣除其支付给合作方价款后的余额为计税营业额。

7. 单位或个人开办快递业务，如与邮电单位合作开办，统一收取价款的，以全部收入减去支付给合作方价款后的余额为计税营业额。

8. 中国移动通信集团公司通过手机短信公益特服号"8858"为中国儿童少年基金会接受捐款业务，以全部收入减去支付给中国儿童少年基金会的价款后的余额为计税营业额。

9. 对中国移动通信集团公司及其所属公司与中国残疾人福利基金会合作开展的"短信捐款"业务，以中国移动通信集团公司及其所属公司该项业务的全部收入减去支付给中国残疾人福利基金会的价款后的余额为计税营业额。

10. 对中国移动通信集团公司通过手机特服号为中华健康快车基金会接受捐款业务，以全部收入减去支付给中华健康快车基金会的捐款后的余额为计税营业额。

11. 对中国移动通信集团公司通过手机特服号"8858"为中国妇女发展基金会接受捐款业务，以全部收入减去支付给中国妇女发展基金会的价款后的余额为计税营业额。

12. 电信单位跨地区、跨网通信业务。对电信单位发生的跨地区通信业务，可按其取得的本地网全部话费收入加上从其他地区网分割回的话费收入减去分割给其他地区网的话费后的余额为计税营业额。对电信单位发生的跨网通信业务，可按本通信网全部话费收入加上从另一通信网分割回的话费收入减去分割给另一通信网的话费后的余额为计税营业额。

13. 电信部门以"集中受理"方式为集团客户提供跨省、市、县的出租电路业务，由受理地区的电信部门按取得的全部价款减除分割给参与提供跨省电信业务的电信部门价款后的差额为计税营业额。

14. 通过手机特服号"9993"为中国红十字会接受捐款业务，以全部收入减去支付给中国红十字会捐款后余额为计税营业额。

15. 电信单位销售的各种有价电话卡，由于其计费系统只能按有价电话卡面值出账并按有价电话卡面值确认收入，不能直接在销售发票上注明折扣折让额，以按面值确认的收入减去当期财务会计上体现的销售折扣折让后的余额为计税营业额。

16. 对中国移动通信集团公司通过手机特服号"10660888"为中华环境保护基金会接受捐款业务，以全部收入减去支付给中华环境保护基金会捐款后的余额为计税营业额。

17. 对中国移动通信集团公司通过手机特服号"10699966"为中国青少年发展基金会接受捐款业务，以全部收入减去支付给中国青少年发展基金会捐款后的余额为计税营业额。

18.对中国移动通信集团公司、中国联合通信股份有限公司通过手机特服号"10699999"为中国扶贫基金会接受捐款业务，以全部收入减去支付给中国扶贫基金会捐款后的余额为计税营业额。

19. 中国电信股份有限公司及所属分公司应就其向CDMA用户收取的全部收入减去支付给中国电信集团公司所属网络资产分公司价款后的余额为计税营业额。

20. 中国移动有限公司及所属子公司应就其向TD-SCDMA用户收取的全部收入减去支付给中国移动通信集团公司及所属分公司价款后的余额为计税营业额；中国移动通信集团公司及所属分公司从中国移动有限公司及所属子公司分得的TD-SCDMA业务收入按照"邮电通信业"税目缴纳营业税。

21. 对中国移动通信集团公司、中国联合网络通信集团有限公司、中国电信股份有限公司通过手机特服号"10699996"为中国华侨经济文化基金会接受捐款业务，以全部收入减去支付给中国华侨文化基金会的价款后的余额为计税营业额。

22. 中国联合网络通信有限公司及所属分公司应就其向电信用户收取的全部收入减去支付给联通新时空移动通信有限公司及所属分公司价款后的余额

为计税营业额;联通新时空移动通信有限公司及所属分公司从中国联合网络通信有限公司及所属分公司取得的电信收入按照“邮电通信业”税目缴纳营业税。

23. 外汇、有价证券、期货等金融商品买卖业务,以卖出价减去买入价后的余额为计税营业额。

24. 经中国人民银行、原对外贸易部(现为商务部)、国家经贸委批准经营融资租赁业务的单位,经商务部、国家税务总局确认的融资租赁试点企业以及外商投资融资租赁公司从事融资租赁业务的,以其向承租者收取的全部价款和价外费用(包括残值)减除出租方承担的出租货物的实际成本后的余额为计税营业额。

以上所称出租货物的实际成本,包括由出租方承担的货物的购入价、关税、增值税、消费税、运杂费、安装费、保险费和借款的利息(包括外汇借款和人民币借款利息)。

25. 金融企业从事受托收款业务,如代收电话费、水电煤气费、信息费、学杂费、寻呼费、社保统筹费、交通违章罚款、税款等,以全部收入减去支付给委托方价款后的余额为计税营业额。

26. 中华人民共和国境内的保险人将其承保的以境内标的物为保险标的保险业务向境外再保险人办理分保的,以全部保费收入减去分保保费后的余额为计税营业额。

27. 准许中国证券登记结算公司代收的以下资金项目从其营业税计税营业额中扣除,具体包括:按规定提取的证券结算风险基金,代收代付的证券公司资金交收违约垫付资金利息,结算过程中代收代付的资金交收违约罚息。

28. 准许证券公司代收的以下费用从其营业税计税营业额中扣除:为证券交易所代收的证券交易监管费;代理他人买卖证券代收的证券交易所经手费;为中国证券登记结算公司代收的股东账户开户费(包括A股和B股)、特别转让股票开户费、过户费、B股结算费、转托管费。

29. 准许期货经纪公司为期货交易所代收的手续费从其营业税计税营业额中扣除。

30. 准许证券公司上缴的证券投资者保护基金从其营业税计税营业额中扣除。准许中国证券登记结算公司和主承销商代扣代缴的证券投资者保护基金从其营业税计税营业额中扣除。

31. 私人住宅、小卖店以及其他单位(即公用电话兼办人)利用其自用电话兼办公用电话业务,以其向用户收取的全部价款和价外费用扣除支付给邮电部门的管理费和电话费的余额为计税营业额。

32. 从事货物运输代理业务未参与运输劳务的,应按“服务业—代理业”征收营业税,以其向客户收取的全部价款和价外费用扣除支付给承运者的运输费用及其他代办费用的余额为计税营业额。

33. 非电信单位在代理公用电话、手机充值卡等业务过程中,将部分业务分给各个代办点,非电信单位从委托方收取价款后,再转付给各个代办点手续费。对代理单位按差额征收营业税,即以收取的全部价款减去支付给各个代办点手续费后的差额征收营业税;对代办点,按其取得的实际收入征收营业税。

34. 从事物业管理的单位,以与物业管理有关的全部收入减去代业主支付的水、电、燃(煤)气、维修基金以及代承租者支付的水、电、燃气、房屋租金的价款后的余额为计税营业额。

35. 从事旅游业务的,以其取得的全部价款和价外费用扣除替旅游者支付给其他单位或者个人的住宿费、餐费、交通费、旅游景点门票和支付给其他接团旅游企业的旅游费后的余额为计税营业额。

36. 纳税人从事广告代理业务的,以其全部收入减去支付给其他广告公司或广告发布者(包括媒体、载体)的广告发布费后的余额为营业额。

37. 对劳务公司接受用工单位的委托,为其安排劳动力,凡用工单位将其应支付给劳动力的工资和为劳动力上交的社会保险(包括养老保险金、医疗保险、失业保险、工伤保险、生育保险等,下同)以及住房公积金统一交给劳务公司代为发放或办理的,以劳务公司从用工单位收取的全部价款减去代收转付给劳动力的工资和为劳动力办理社会保险及住房公积金后的余额为计税营业额。

38. 外事服务单位为外国常驻机构、三资企业和其他企业提供人力资源服务的,其营业额为从委托方取得的全部收入减除代委托方支付给聘用人员的工资及福利费和缴纳的社会统筹、住房公积金后的余额为计税营业额。

39. 航空公司包机业务,其计税营业额为向旅客或货主收取的全部价款减除支付给航空运输企业的包机费后的余额为计税营业额。

40. 单位和个人举办展览活动，以其取得的收入扣除实际支付的场地费、展台搭建费、广告费及其他相关费用后的余额为计税营业额。

41. 勘察设计单位将承担的勘察设计劳务分包或转包给其他勘察设计单位或个人并由其统一收取价款的，以其取得的勘察设计总包收入减去支付给其他勘察设计单位或个人的勘察设计费后的余额为计税营业额。

42. 代理报关业务，以纳税人向委托人收取的全部价款和价外费用扣除支付海关、检验检疫、支付预录入等单位及国家税务总局规定的其他费用后的余额为计税营业额。支付海关的费用包括税金、签证费、滞报费、滞纳金、查验费、打单费、电子报送平台费、仓储费；支付检验检疫单位的费用包括三检费、熏蒸费、消毒费、电子保险平台费；支付预录入单位的费用包括预录费。

43. 单位和个人转让其受让的土地使用权，以取得的全部价款和价外费用减去土地使用权的受让原价后的余额为计税营业额。

44. 单位和个人转让抵债（包括法院判决）所得的土地使用权的，以取得的全部价款和价外费用减去抵债时该项土地使用权作价后的余额为计税营业额。

45. 单位和个人销售其购置的不动产，以取得的全部价款和价外费用减去不动产购置原价后的余额为计税营业额（不含个人购买不足 2 年转手交易的非普通住房和超过 2 年转手交易的普通住房）。

46. 单位和个人销售或转让各种产权转移、股权转移、兼并、分立、整体拍卖、改制等非购置所得的不动产，如销售的不动产有原购入凭证的，计税时可按规定给予扣除。

47. 单位和个人销售或转让抵债（包括法院判决）所得的不动产的，以取得的全部价款和价外费用减去抵债时该项不动产作价后的余额为计税营业额。

48. 试点物流企业将承揽的运输业务分给其他单位并由其统一收取价款的，应以该企业取得的全部收入减去付给其他运输企业的运费后的余额为营业额计算征收营业税。试点物流企业将承揽的仓储业务分给其他单位并由其统一收取价款的，应以该企业取得的全部收入减去付给其他仓储合作方的仓储费后的余额为营业额计算征收营业税。

49. 国家税收法律、法规、财政部、国家税务总局规定的其他情形。

附件 2：营业税计税营业额扣除项目清单（略）

财政部 国家税务总局关于对跨年度老合同实行营业税过渡政策的通知

2009 年 8 月 25 日　财税〔2009〕112 号

各省、自治区、直辖市、计划单列市财政厅（局）、地方税务局，北京、西藏、宁夏、青海省（自治区、直辖市）国家税务局，新疆生产建设兵团财务局：

为保证《中华人民共和国营业税暂行条例》（国务院令第 540 号，以下简称新条例）和《中华人民共和国营业税暂行条例实施细则》（财政部、税务总局令第 52 号，以下简称新细则）的顺利实施，经国务院批准，现对 2008 年 12 月 31 日（含 12 月 31 日）之前签订的在上述日期前尚未执行完毕的劳务合同、销售不动产合同、转让无形资产合同（以下简称跨年度老合同）的有关营业税政策问题明确如下：

跨年度老合同涉及的境内应税行为的确定和跨

年度老合同涉及的建筑、旅游、外汇转贷及其他营业税应税行为营业额的确定，按照合同到期日和2009年12月31日(含12月31日)孰先的原则,实行按照《中华人民共和国营业税暂行条例》(国务院令第136号)、《中华人民共和国营业税暂行条例实施细则》〔(93)财法字第40号〕及相关规定执行的过渡政策。上述跨年度老合同涉及的税率、纳税义务发生时间、纳税地点、扣缴义务人、人民币折合率、减免税优惠政策等其他涉税问题,自2009年1月1日起,应按照新条例和新细则的规定执行。

文到之前纳税人已缴、多缴、已扣缴、多扣缴的营业税税款,允许从其以后的应纳税额中抵减或予以退税。

国家税务总局关于政府收回土地使用权及纳税人代垫拆迁补偿费有关营业税问题的通知

2009年9月17日 国税函〔2009〕520号

各省、自治区、直辖市和计划单列市地方税务局,西藏、宁夏、青海省(自治区)国家税务局:

近接部分地区反映土地使用者将土地使用权归还给土地所有者时,政府收回土地使用权的正式文件如何掌握以及纳税人进行拆除建筑物、平整土地并代垫拆迁补偿费的行为如何征收营业税的问题。经研究,现明确如下:

一、《国家税务总局关于土地使用者将土地使用权归还给土地所有者行为营业税问题的通知》(国税函〔2008〕277号)中关于县级以上(含)地方人民政府收回土地使用权的正式文件,包括县级以上(含)地方人民政府出具的收回土地使用权文件,以及土地管理部门报经县级以上(含)地方人民政府同意后由该土地管理部门出具的收回土地使用权文件。

二、纳税人受托进行建筑物拆除、平整土地并代委托方向原土地使用权人支付拆迁补偿费的过程中,其提供建筑物拆除、平整土地劳务取得的收入应按照"建筑业"税目缴纳营业税;其代委托方向原土地使用权人支付拆迁补偿费的行为属于"服务业——代理业"行为,应以提供代理劳务取得的全部收入减去其代委托方支付的拆迁补偿费后的余额为营业额计算缴纳营业税。

财政部 国家税务总局关于个人金融商品买卖等营业税若干免税政策的通知

2009年9月27日 财税〔2009〕111号

各省、自治区、直辖市、计划单列市财政厅(局)、地方税务局,北京、西藏、宁夏、青海省(自治区、直辖市)国家税务局,新疆生产建设兵团财务局:

经国务院批准,现将有关营业税优惠政策明确如下：

一、对个人(包括个体工商户及其他个人，下同)从事外汇、有价证券、非货物期货和其他金融商品买卖业务取得的收入暂免征收营业税。

二、个人无偿赠与不动产、土地使用权，属于下列情形之一的，暂免征收营业税：

(一)离婚财产分割；

(二)无偿赠与配偶、父母、子女、祖父母、外祖父母、孙子女、外孙子女、兄弟姐妹；

(三)无偿赠与对其承担直接抚养或者赡养义务的抚养人或者赡养人；

(四)房屋产权所有人死亡，依法取得房屋产权的法定继承人、遗嘱继承人或者受遗赠人。

三、对中华人民共和国境内(以下简称境内)单位或者个人在中华人民共和国境外(以下简称境外)提供建筑业、文化体育业(除播映)劳务暂免征收营业税。

四、境外单位或者个人在境外向境内单位或者个人提供的完全发生在境外的《中华人民共和国营业税暂行条例》(国务院令第540号，以下简称条例)规定的劳务，不属于条例第一条所称在境内提供条例规定的劳务，不征收营业税。上述劳务的具体范围由财政部、国家税务总局规定。

根据上述原则，对境外单位或者个人在境外向境内单位或者个人提供的文化体育业(除播映)，娱乐业，服务业中的旅店业、饮食业、仓储业，以及其他服务业中的沐浴、理发、洗染、裱画、誊写、镌刻、复印、打包劳务，不征收营业税。

五、同时满足以下条件的行政事业性收费和政府性基金暂免征收营业税：

(一)由国务院或者财政部批准设立的政府性基金，由国务院或者省级人民政府及其财政、价格主管部门批准设立的行政事业性收费和政府性基金；

(二)收取时开具省级以上(含省级)财政部门统一印制或监制的财政票据；

(三)所收款项全额上缴财政。

凡不同时符合上述三个条件，且属于营业税征税范围的行政事业性收费或政府性基金应照章征收营业税。

上述政府性基金是指各级人民政府及其所属部门根据法律、国家行政法规和中共中央、国务院有关文件的规定，为支持某项事业发展，按照国家规定程序批准，向公民、法人和其他组织征收的具有专项用途的资金。包括各种基金、资金、附加和专项收费。

上述行政事业收费是指国家机关、事业单位、代行政府职能的社会团体及其他组织根据法律、行政法规、地方性法规等有关规定，依照国务院规定程序批准，在向公民、法人提供特定服务的过程中，按照成本补偿和非盈利原则向特定服务对象收取的费用。

六、属于本通知第二条规定情形的个人，在办理免税手续时，应根据情况提交以下相关资料：

(一)《国家税务总局关于加强房地产交易个人无偿赠与不动产税收管理有关问题的通知》(国税发〔2006〕144号)第一条规定的相关证明材料；

(二)赠与双方当事人的有效身份证件；

(三)证明赠与人和受赠人亲属关系的人民法院判决书(原件)、由公证机构出具的公证书(原件)；

(四)证明赠与人和受赠人抚养关系或者赡养关系的人民法院判决书(原件)、由公证机构出具的公证书(原件)、由乡镇人民政府或街道办事处出具的证明材料(原件)。

税务机关应当认真审核赠与双方提供的上述资料，资料齐全并且填写正确的，在提交的国税发〔2006〕144号文件所附《个人无偿赠与不动产登记表》上签字盖章后复印留存，原件退还提交人，同时办理营业税免税手续。

七、本通知自2009年1月1日起执行。

此前已征、多征税款应从纳税人以后的应纳税额中抵减或予以退税。

《国家税务局关于经援项目税收问题的函》(〔90〕国税函发884号)有关营业税部分

《财政部 国家税务总局关于必须严格执行税法统一规定不得擅自对行政事业单位收费减免营业税的通知》(财税字〔1995〕6号)

《财政部 国家税务总局关于调整行政事业性收费(基金)营业税政策的通知》(财税字〔1997〕5号)

《财政部 国家税务总局关于下发不征收营业税的收费(基金)项目名单(第二批)的通知》(财税字〔1997〕117号)

《财政部 国家税务总局关于育林基金不应征收

营业税的通知》(财税字〔1998〕179号)

《财政部 国家税务总局关于下发不征收营业税的收费(基金)项目名单(第三批)的通知》(财税〔2000〕31号)

《财政部 国家税务总局关于车辆通行费有关营业税等税收政策的通知》(财税〔2000〕139号)、

《财政部 国家税务总局关于下发不征收营业税的收费(基金)项目名单(第四批)的通知》(财税〔2001〕144号)

《财政部 国家税务总局关于下发不征收营业税的收费(基金)项目名单(第五批)的通知》(财税〔2002〕117号)

《财政部 国家税务总局关于下发不征收营业税的收费(基金)项目名单(第六批)的通知》(财税〔2003〕15号)

《财政部 国家税务总局关于中国知识产权培训中心办学经费收费不征收营业税的通知》(财税〔2003〕138号)

《财政部 国家税务总局关于代办外国领事认证费等5项经营服务性收费征收营业税的通知》(财税〔2003〕169号)

《财政部 国家税务总局关于民航系统8项行政事业性收费不征收营业税的通知》(财税〔2003〕170号)

同时废止。

国家税务总局关于下发试点物流企业名单(第五批)的通知

2009年11月30日 国税函〔2009〕663号

各省、自治区、直辖市和计划单列市国家税务局、地方税务局:

根据《国家税务总局关于试点物流企业有关税收政策问题的通知》(国税发〔2005〕208号)的有关规定,经国家发改委和国家税务总局确认,现将第五批试点物流企业名单予以公布(具体企业名单见附件)。纳入试点范围的物流企业,有关税收问题按国税发〔2005〕208号文件执行。

本通知自2009年12月1日起执行。

附件:试点物流企业名单(第五批)

附件:

试点物流企业名单(第五批)

1. 北京和众奥顺达物流有限公司
2. 天津中邮物流有限责任公司
3. 天津中石化工物流有限公司
4. 天津丰田物流有限公司
5. 天津利通物流有限公司
6. 天津木村进和物流有限公司
7. 天津天山国际货运有限公司
8. 天津克运国际物流集团有限公司
9. 天津进极运输有限公司
10. 辽宁顺丰速运有限公司

11. 长春京铁物流有限公司
12. 吉林省顺丰速递有限公司
13. 上海东方久信集团有限公司
14. 上海畅联国际物流有限公司
15. 上海新发展国际物流有限公司
16. 上海贝业新兄弟物流有限公司
17. 上海海通国际汽车物流有限公司
18. 上海乾通投资发展有限公司
19. 上海外高桥国际物流有限公司
20. 上海北芳储运实业有限公司
21. 安吉汽车物流有限公司
22. 上海旭富国际物流有限公司
23. 全球国际货运代理(中国)有限公司
24. 顺丰速运集团(上海)速运有限公司
25. 上海顺意丰速运有限公司
26. 上海新大洲物流有限公司
27. 国药集团医药物流有限公司
28. 必胜(上海)食品有限公司
29. 上海精裕捷星物流有限公司
30. 江苏捷成物流有限公司
31. 盐城神龙万达物流有限公司
32. 常熟外贸运输有限责任公司
33. 日捆物流(中国)有限公司
34. 顺丰运输(南京)有限公司
35. 无锡市顺丰速运有限公司
36. 南通顺丰速递有限公司
37. 浙江速达大件运输安装工程有限公司
38. 浙江长兴捷通物流有限公司
39. 浙江英特物流有限公司
40. 杭州华商物流有限公司
41. 杭州近江物流有限公司
42. 宁波宏达货柜储运有限公司
43. 宁波富邦物流有限公司
44. 宁波海联物流有限公司
45. 宁波龙星物流有限公司
46. 浙江顺丰速运有限公司
47. 绍兴顺丰速运有限公司
48. 嘉兴顺丰运输有限公司
49. 安徽安达物流有限公司
50. 安徽顺丰速运有限公司
51. 福州大榕树物流有限公司
52. 厦门市顺丰速运有限公司
53. 福州顺丰速运有限公司
54. 山东怡之航集装箱物流有限公司
55. 潍坊顺丰速运有限公司
56. 泰安瑞通运输有限责任公司
57. 山东滨州银河国际物流有限公司
58. 山东西王物流有限公司
59. 阳信滨阳工贸运输公司
60. 山东卓盛物流有限公司
61. 武汉圣泽捷通物流有限公司
62. 武汉捷利物流有限公司
63. 武汉顺丰速运有限公司
64. 湖南湘钢洪盛物流有限公司
65. 湘电集团湖南物流有限公司
66. 广州长运全程物流有限公司
67. 中捷通信有限公司
68. 广州市宏峰物流有限公司
69. 中山顺丰速运有限公司
70. 顺丰速运(东莞)有限公司
71. 顺丰速运(惠州)有限公司
72. 江门顺丰速运有限公司
73. 广州顺丰速运有限公司
74. 佛山顺丰速运有限公司
75. 柳州市桂中海迅物流有限公司
76. 中国铁路物资柳州物流园
77. 广西柳州外运有限责任公司
78. 中国外运广西防城港公司
79. 桂林骏达运输有限公司
80. 广西吉运物流有限公司
81. 广西北流三环物流有限责任公司
82. 洛阳市大一物流有限公司
83. 洛阳市第二汽车运输公司
84. 洛阳第一汽车运输集团有限责任公司
85. 成都铁路西南特货国际物流有限公司
86. 中国外运四川公司
87. 中国中远国际货运有限公司
88. 四川省杜臣物流有限公司
89. 四川绵阳富临物流有限公司
90. 民航快递有限责任公司成都分公司

91.四川顺丰速运有限公司

92.陕西省商业储运总公司

93.西安顺丰速运有限公司

财政部 国家税务总局关于继续实行宣传文化增值税和营业税优惠政策的通知

2009年12月10日 财税〔2009〕147号

财政部驻各省、自治区、直辖市、计划单列市财政监察专员办事处,各省、自治区、直辖市、计划单列市财政厅(局)、国家税务局、地方税务局,新疆生产建设兵团财务局:

为支持我国宣传文化事业的发展,经国务院批准,在2010年底以前,对宣传文化事业继续实行增值税和营业税税收优惠政策。现将有关事项通知如下。

一、自2009年1月1日起至2010年12月31日,实行下列增值税先征后退政策。

(一)对下列出版物在出版环节实行增值税100%先征后退的政策:

1. 中国共产党和各民主党派的各级组织的机关报纸和机关期刊,各级人大、政协、政府、工会、共青团、妇联、科协、老龄委的机关报纸和机关期刊,新华社的机关报纸和机关期刊,军事部门的机关报纸和机关期刊。

上述各级组织的机关报纸和机关期刊,增值税先征后退范围掌握在一个单位一份报纸和一份期刊以内。

2. 专为少年儿童出版发行的报纸和期刊,中小学的学生课本。

3. 少数民族文字出版物。

4. 盲文图书和盲文期刊。

5. 经批准在内蒙古、广西、西藏、宁夏、新疆五个自治区内注册的出版单位出版的出版物。

6. 列入本通知附件1的图书、报纸和期刊。

(二)对下列出版物在出版环节实行增值税先征后退50%的政策:

1. 除本通知第一条第(一)项规定实行增值税100%先征后退的图书和期刊以外的其他图书和期刊、音像制品。

2. 列入本通知附件2的报纸。

(三)对下列印刷、制作业务实行增值税100%先征后退的政策:

1. 对少数民族文字出版物的印刷或制作业务。

2. 列入本通知附件3的新疆维吾尔自治区印刷企业的印刷业务。

二、自2009年1月1日起至2010年12月31日,对下列新华书店实行增值税免税或先征后退政策。

(一)对全国县(含县级市、区、旗,下同)及县以下新华书店和农村供销社在本地销售的出版物免征增值税。对新华书店组建的发行集团或原新华书店改制而成的连锁经营企业,其县及县以下网点在本地销售的出版物,免征增值税。

县(含县级市、区、旗)及县以下新华书店包括地、县(含县级市、区、旗)两级合二为一的新华书店,不包括位于市(含直辖市、地级市)所辖的区中的新华书店。

(二)对新疆维吾尔自治区新华书店和乌鲁木齐市新华书店销售的出版物实行增值税100%先征后退的政策。

三、自2009年1月1日起至2010年12月31日,对科普单位的门票收入,以及县(含县级市、区、旗)及县以上党政部门和科协开展的科普活动的门票收入免征营业税。对境外单位向境内科普单位转让科普影视作品播映权取得的收入免征营业税。

四、自2009年1月1日起至2010年12月31日，对依本通知第一条规定退还的增值税税款应专项用于技术研发、设备更新、新兴媒体的建设和重点出版物的引进开发。对依本通知第二条规定免征或退还的增值税税款应专项用于发行网点建设和信息系统建设。

五、享受本通知第一条第(一)项、第(二)项规定的增值税先征后退政策的纳税人必须是具有国家新闻出版总署颁发的具有相关出版物的出版许可证的出版单位(含以“租型”方式取得专有出版权进行出版物的印刷发行的出版单位)。承担省级以上新闻出版行政部门指定出版、发行任务的单位，因各种原因尚未办理出版、发行许可的出版单位，经省级财政监察专员办事处商同级新闻出版主管部门核准，可以享受相应的增值税先征后退政策。

纳税人应将享受上述税收优惠政策的出版物在财务上实行单独核算，不进行单独核算的不得享受本通知规定的优惠政策。违规出版物和多次出现违规的出版单位不得享受本通知规定的优惠政策，上述违规出版物和出版单位的具体名单由省级及以上新闻出版行政部门及时通知相应省级财政监察专员办事处。

六、本通知的有关定义

(一)本通知所述“科普单位”，是指科技馆，自然博物馆，对公众开放的天文馆(站、台)、气象台(站)、地震台(站)，以及高等院校、科研机构对公众开放的科普基地。

(二)本通知所述“出版物”，是指根据国家新闻出版总署的有关规定出版的图书、报纸、期刊、音像制品和电子出版物。所述图书、报纸和期刊，包括随同图书、报纸、期刊销售并难以分离的光盘、软盘和磁带等信息载体。

(三)图书、报纸、期刊(即杂志)的范围，仍然按照《国家税务总局关于印发〈增值税部分货物征税范围注释〉的通知》(国税发〔1993〕151号)的规定执行。

(四)本通知所述“专为少年儿童出版发行的报纸和期刊”，是指以初中及初中以下少年儿童为主要对象的报纸和期刊。

(五)本通知所述“中小学的学生课本”，是指普通中小学学生课本和中等职业教育课本。普通中小学学生课本是指根据教育部中、小学教学大纲的要求，由经国家新闻出版行政管理部门审定而具有“中小学教材”出版资质的出版单位出版发行的中、小学学生上课使用的正式课本，具体操作时按国家和省级教育行政部门每年春、秋两季下达的“中小学教学用书目录”中所列的“课本”的范围掌握；中等职业教育课本是指经国家和省级教育、人力资源社会保障行政部门审定，供中等专业学校、职业高中和成人专业学校学生使用的课本，具体操作时按国家和省级教育、人力资源社会保障行政部门每年下达的教学用书目录认定。中小学的学生课本不包括各种形式的教学参考书、图册、自读课本、课外读物、练习册以及其他各类辅助性教材和辅导读物。

(六)本通知第一条第(一)项和第(二)项规定的图书包括租型出版的图书。

七、办理和认定

(一)本通知规定的各项增值税先征后退政策由财政部驻各地财政监察专员办事处根据财政部、国家税务总局、中国人民银行《关于税制改革后对某些企业实行“先征后退”有关预算管理问题的暂行规定的通知》(94)财预字第55号的规定办理。各地财政监察专员办事处和负责增值税先征后退初审工作的财政机关要采取措施，按照本通知第四条规定的用途监督纳税人用好退税或免税资金。

(二)科普单位、科普活动和科普单位进口自用科普影视作品的认定仍按《科技部财政部 国家税务总局海关总署新闻出版总署关于印发〈科普税收优惠政策实施办法〉的通知》(国科发政字〔2003〕416号)的有关规定执行。

八、本通知自2009年1月1日起执行。《财政部 国家税务总局关于宣传文化增值税和营业税优惠政策的通知》(财税〔2006〕153号)同时废止。

按照本通知第二条和第三条规定应予免征的增值税或营业税，凡在接到本通知以前已经征收入库的，可抵减纳税人以后月份应缴纳的增值税、营业税税款或者办理税款退库。纳税人如果已向购买方开具了增值税专用发票，应将专用发票追回后方可申请办理免税。凡专用发票无法追回的，一律照章征收增值税。

财政部 国家税务总局关于调整个人住房转让营业税政策的通知

2009 年 12 月 22 日 财税〔2009〕157 号

各省、自治区、直辖市、计划单列市财政厅(局)、地方税务局,西藏、宁夏、青海省(自治区)国家税务局,新疆生产建设兵团财务局:

为了促进房地产市场健康发展,经国务院批准,现对个人住房转让的营业税政策通知如下:

一、自 2010 年 1 月 1 日起,个人将购买不足 5 年的非普通住房对外销售的,全额征收营业税;个人将购买超过 5 年(含 5 年)的非普通住房或者不足 5 年的普通住房对外销售的,按照其销售收入减去购买房屋的价款后的差额征收营业税;个人将购买超过 5 年(含 5 年)的普通住房对外销售的,免征营业税。

二、上述普通住房和非普通住房的标准、办理免税的具体程序、购买房屋的时间、开具发票、差额征税扣除凭证、非购买形式取得住房行为及其他相关税收管理规定,按照《国务院办公厅转发建设部等部门关于做好稳定住房价格工作意见的通知》(国办发〔2005〕26 号)、《国家税务总局财政部建设部关于加强房地产税收管理的通知》(国税发〔2005〕89 号)和《国家税务总局关于房地产税收政策执行中几个具体问题的通知》(国税发〔2005〕172 号)的有关规定执行。

三、为维护正常的财税秩序,各地要严格清理与房地产有关的越权减免税,对清理出来的问题,要立即予以纠正。

四、自 2010 年 1 月 1 日起,《财政部 国家税务总局关于个人住房转让营业税政策的通知》(财税〔2008〕174 号)废止。

浙江省地方税务局关于营业税若干政策业务问题的通知

2009 年 12 月 28 日 浙地税函〔2009〕423 号

各市、县(市、区)地方税务局(不发宁波),省地方税务局直属税务一分局、稽查局、直属稽查分局:

经研究,现将营业税若干政策业务问题明确如下:

一、对取得增值电信业务证书(含《增值电信业务经营许可证》和《跨地区增值电信业务经营许可证》)的企业,从事许可证列举范围内增值电信业务(如网络游戏、气象信息服务等),按"邮电通信业"税目征收营业税。上述企业与其他单位合作,共同为用户提供上述增值电信业务并由其统一收取价款的,以全部收入减去支付给合作方价款后的余额为营业额。

二、在合并、分立、兼并等企业重组过程中发生转让企业产权涉及的不动产、土地使用权转移行为，不征收营业税。

三、自2010年1月1日起，废止《浙江省地方税务局关于营业税若干政策业务问题的通知》（浙地税函〔2008〕62号）第二点有关"个人独资企业将企业名下不动产产权过户到企业投资者个人名下的，应按销售不动产税目征收营业税"的规定。

企业所得税类

国家税务总局关于债务重组所得企业所得税处理问题的批复

2009年1月4日 国税函〔2009〕1号

海南省国家税务局：

你局《关于企业债务重组所得征免企业所得税问题的请示》（琼国税发〔2008〕231号）收悉，经研究，批复如下：

《企业债务重组业务所得税处理办法》（国家税务总局令第6号）自2003年3月1日起执行。此前，企业债务重组中因豁免债务等取得的债务重组所得，应按照当时的会计准则处理，即"以低于债务账面价值的现金清偿某项债务的，债务人应将重组债务的账面价值与支付的现金之间的差额；或以债务转为资本清偿某项债务的，债务人应将重组债务的账面价值与债权人因放弃债权而享有股权的份额之间的差额"，确认为资本公积。

浙江省财政厅 浙江省国家税务局 浙江省地方税务局 中国人民银行杭州中心支行关于跨区域总分机构企业所得税分配及预算管理的补充通知

2009年1月7日 浙财预字〔2009〕1号

各市、县（市）财政局、国税局、地税局、人民银行，省国税局直属分局、省地税局直属一分局，省级各部门：

根据浙江省人民政府《关于完善省对市县财政体制的通知》（浙政发〔2008〕54号）精神，现对浙江省财政厅、浙江省国家税务局、浙江省地方税务局、中国人民银行杭州中心支行《转发财政部、国家税务总局、中国人民银行关于印发跨区域总分机构企业所得税分配及预算管理暂行办法等文件的通知》(浙财预字〔2008〕9号)作出如下补充规定,请一并贯彻执行。

一、实行所得税分享改革时财政部所确定的跨地区经营、集中缴纳所得税的企业(名单附后),其在省内跨市县(不含宁波)分支机构缴纳的企业所得税地方所得部分,均为省级收入。

二、《企业所得税法》实施前,属省级收入的全省电力行业(包括宁波电力局、北仑电厂等)、金融业和跨地区经营等企业(包括浙江移动、沪杭甬高速浙江段等),不实行跨区域总分机构企业所得税分配办法,其缴纳的企业所得税地方分享部分为省级收入,缴库办法仍为汇总缴纳,全额上缴省级国库。2008年已就地预缴的税收收入经省财政确认后轧入年终结算。

三、联单自2009年1月1日起,除本通知第一、二条规定外,省内跨市县(含宁波)总分机构企业所得税管理参照国家税务总局《跨地区经营汇总纳税企业所得税征收管理暂行办法》(国税发〔2008〕28号)执行。企业统一计算的当期预缴企业所得税税额的地方分享部分,50%由总机构所在地分享,50%由各分支机构所在地分享。各分支机构间按其经营收入、职工工资和资产总额三个因素进行分摊预缴,三个因素的统计口径、计算比例和计算方法等按财政部、国家税务总局、中国人民银行制定的《跨省市总分机构企业所得税分配及预算管理暂行办法》(财预〔2008〕10号)规定执行。

各分支机构不进行企业所得税汇算清缴,统一由总机构按照现行税收政策的有关规定进行。总机构根据汇总计算的企业年度全部应纳税额,扣除总机构和各分支机构已预缴的税款,多退少补。汇算清缴退、补税款由总机构所在地税务机关按有关规定就地办理退库和入库,不实行与各分支机构分摊或分享。

2008年,省内跨市县(不包括宁波)设立总分机构的企业,其企业所得税已按浙财预字〔2008〕9号文件规定由总机构汇总缴纳,所得税地方分享部分入当地国库。涉及各分支机构所在地收入转移的,由各分支机构所在地提供经总机构所在地确认的按经营收入、职工工资和资产总额等三项因素计算分配的企业所得税数,经省财政确认后轧入2008年年终结算。

附件:实行所得税分享改革时财政部所确定的跨地区经营、集中缴纳所得税企业

附件:

实行所得税分享改革时财政部所确定的跨地区经营、集中缴纳所得税企业

1.中国华北电力集团公司
2.中国联合通信有限公司
3.中国移动集团公司
4.中国电信集团公司
5.中国网络通信有限公司
6.中国联通有限公司
7.中国铝业股份有限公司
8.深圳发展银行
9.交通银行
10.招商银行
11.兴业银行
12.中国光大银行
13.上海浦东发展银行
14.中国民生银行
15.广东发展银行

浙江省地方税务局
关于调整代开货物运输业发票所得税
预征率后有关退税问题的通知

2009 年 2 月 2 日 浙地税函〔2009〕31 号

各市、县(市、区)地方税务局(不发宁波),省地方税务局直属一分局、稽查局:

经研究,现就调整代开货物运输业发票所得税预征率后有关退税问题统一规定如下,请遵照执行。

一、根据《国家税务总局关于调整代开货物运输业发票企业所得税预征率的通知》(国税函〔2008〕819 号)规定,代开货物运输业发票的企业(以下简称"代开票企业所得税纳税人")从 2008 年 1 月 1 日起按开票金额 2.5%预征企业所得税,因此,2008 年 1 月 1 日(含)以后代开票企业所得税纳税人已按开票金额 3.3%预征的企业所得税超过按开票金额 2.5%部分应予以退税。

根据《国家税务总局关于代开货物运输业发票个人所得税预征率问题的通知》(国税函〔2008〕977 号)规定,代开货物运输业发票的个体工商户、个人独资企业和合伙企业(以下简称"代开票个人所得税纳税人")从 2008 年 11 月 30 日起按开票金额 2.5%预征个人所得税,因此,2008 年 11 月 30 日(含)以后代开票个人所得税纳税人已按开票金额 3.3%预征的个人所得税超过按开票金额 2.5%部分应予以退税。

二、实行企业(个人)所得税查账征收方式的纳税人,若代开货物运输业税款预征地税机关与企业(个人)所得税主管地税机关属同一地税局的,3.3%与 2.5%差额部分的应退所得税款可作为预缴税款处理,由纳税人在 2008 年度企业(个人)所得税汇算清缴时统一清算。

其他纳税人统一按照"谁预征、谁退税"原则,填写《退税申请审批表》并提供原始完税凭证和复印件以及税务机关要求提供的其他材料,通过货物运输发票代开票中介机构递交地税机关,也可直接向税款预征地税机关申请退回多预缴的企业(个人)所得税。

三、地税机关在受理纳税人退税申请后,应按以下退税程序尽快予以办理退税,并在原始完税凭证上加盖"预征率调整税款已退"印章(印章由各地自行刻制)。原始完税凭证复印件及税务机关要求提供的其他材料留档备查。

3.3%与 2.5%差额部分的应退企业所得税款中,属于 2008 年 10 月 6 日前的差额部分税额按"申报结算退税"程序办理退税;属于 2008 年 10 月 6 日(含)以后的差额部分税款按"误收退税"程序办理退税。

3.3%与 2.5%差额部分的应退个人所得税款按"误收退税"程序办理退税。

各地要高度重视,抓紧广泛宣传,提供优质服务,及时做好退税工作。执行过程中有什么问题,请及时向省局(税政二处)反映。

浙江省地方税务局
关于工资费用税前扣除问题的通知

2009 年 3 月 5 日 浙地税函〔2009〕78 号

各市、县(市、区)地方税务局(不发宁波),省地方税务局直属一分局、稽查局:

根据《中华人民共和国企业所得税法》及其实施条例(以下简称新税法)的有关规定,现就部分地区反映的企业工资费用税前扣除有关问题明确如下,请遵照执行。

新税法颁布实施后,企业发给职工与取得应税收入有关的通讯费补贴,以及实行工资、业务费、差旅费混合承包或按推销额、货款回笼总额提成办法的企业支付给雇员的相关费用,均应按新税法关于工资薪金税前扣除的有关规定执行。新税法颁布实施后,《浙江省地方税务局关于企业所得税若干政策问题的通知》(浙地税二〔1999〕285 号)第一条和《浙江省国家税务局浙江省地方税务局转发国家税务总局关于执行〈企业会计制度〉需要明确的有关所得税问题的通知》(浙国税所〔2003〕45 号)第十条规定已失效,予以废止。

浙江省地方税务局关于明确企业所得税
减免税有关管理问题的通知

2009 年 3 月 5 日 浙地税函〔2009〕64 号

各市、县(市、区)地方税务局(不发宁波),省地方税务局直属一分局、稽查局:

为贯彻落实企业所得税减免税优惠政策,统一规范企业所得税减免管理工作,根据《中华人民共和国企业所得税法》及其实施条例和《国家税务总局关于企业所得税减免税管理问题的通知》(国税发〔2008〕111 号)规定,并商省发改委、省经贸委、省环保局、省安全监督管理局同意,现就企业所得税减免有关管理问题明确如下,请遵照试行。

一、《国务院关于实施企业所得税过渡优惠政策的通知》(国发〔2007〕39 号)中企业所得税过渡期优惠政策和《财政部、国家税务总局关于企业所得税若干优惠政策的通知》(财税〔2008〕1 号)中执行到期的企业所得税优惠政策中的各类减免税暂按照《浙江省地方税务局关于印发〈税费基金减免管理办法(2006 版)〉的通知》(浙地税发〔2006〕141 号)等有关规定办理。

浙地税发〔2006〕141 号文件规定与《中华人民共

和国企业所得税法》及其实施条例规定不一致的，按《中华人民共和国企业所得税法》及其实施条例的规定执行。

二、企业所得税法及其实施条例和财税〔2008〕1号规定的各类减免税（不包括财税〔2008〕1号中执行到期的企业所得税优惠政策中的减免税），在国家尚未明确规定的情况下，除根据《关于对景宁畲族自治县的企业实行企业所得税优惠政策的通知》（浙财税政字〔2008〕13号）规定，景宁畲族自治县的企业享受减征或免征属于地方分享的企业所得税由景宁畲族自治县税务主管机关审批外，其他各类减免税项目暂实行备案管理。

三、对按照浙江省地方税务局《税费基金减免管理办法（2006版）》的规定须报经权限地税机关审查批准的减免税项目，纳税人必须依照规定程序提出书面申请，经权限地税机关审查批准同意后，方可实施减免。

纳税人享受备案类减免的，在执行备案类减免税之前，必须向主管地税机关申请报备并报送本通知规定的资料，主管地税机关应在受理后7个工作日内完成备案登记工作，并告知纳税人执行。纳税人未按规定备案的，不得享受减免。

四、纳税人从事循环经济和符合条件的环境保护、节能节水项目所得的减免管理，待国家出台促进循环经济发展税收优惠政策和公布环境保护、节能节水项目的具体条件和范围后，再予以明确。

五、本通知未尽事宜按照《浙江省地方税务局关于印发〈税费基金减免管理办法（2006年版）〉的通知》（浙地税发〔2006〕141号）的有关规定执行。以后有新的规定，按新规定执行。

各地要抓紧广泛宣传，做好培训辅导，认真贯彻落实。实际执行中有什么问题，请及时向省地税局（税政二处）反映。

附件：企业所得税备案类减免（抵免）税项目

附件：

企业所得税备案类减免（抵免）税项目

一、从事农、林、牧、渔业项目的所得

减免对象：企业从事农、林、牧、渔业项目（国家限制和禁止发展的项目除外）的所得，可以免征、减征企业所得税。

（一）企业从事下列项目的所得，免征企业所得税：

1. 蔬菜、谷物、薯类、油料、豆类、棉花、麻类、糖料、水果、坚果的种植；

2. 农作物新品种的选育；

3. 中药材的种植；

4. 林木的培育和种植；

5. 牲畜、家禽的饲养；

6. 林产品的采集；

7. 灌溉、农产品初加工、兽医、农技推广、农机作业和维修等农、林、牧、渔服务业项目；

8. 远洋捕捞。

（二）企业从事下列项目的所得，减半征收企业所得税：

1. 花卉、茶以及其他饮料作物和香料作物的种植；

2.海水养殖、内陆养殖。

减免依据：《中华人民共和国企业所得税法》及其实施条例。

备案期限：次年3月底前，实行一年一备。

报送资料：（1）上年度减免税政策的执行情况，（2）《备案类减免税登记表》，（3）远洋捕捞企业须提供“远洋渔业企业资格证书”，（4）主管税务机关要求提供的其他资料。

二、从事国家重点扶持的公共基础设施项目投资经营的所得

减免对象:企业从事《公共基础设施项目企业所得税优惠目录》规定的国家重点扶持的公共基础设施项目的投资经营所得,自项目取得第一笔生产经营收入所属纳税年度起,第一年至第三年免征企业所得税,第四年至第六年减半征收企业所得税。

减免依据:《中华人民共和国企业所得税法》及其实施条例。

备案期限:次年3月底前,实行一年一备。

报送资料:(1)上年度减免税政策的执行情况,(2)《备案类减免税登记表》,(3)国务院或权限政府投资主管部门核准文件,(4)主管税务机关要求提供的其他资料。

三、符合条件的技术转让所得

减免对象:一个纳税年度内,居民企业技术转让所得不超过500万元的部分,免征企业所得税;超过500万元的部分,减半征收企业所得税。

减免依据:《中华人民共和国企业所得税法》及其实施条例。

备案期限:次年3月底前,实行一年一备。

报送资料:(1)上年度减免税政策的执行情况,(2)《备案类减免税登记表》,(3)技术转让成果的相关证明材料,如专利权证书、纳税人拥有技术成果的说明等,(4)技术合同登记机构认定材料和中介机构鉴证证明,(5)技术转让合同及技术转让所得清单,(6)主管税务机关要求提供的其他资料。

四、企业购置并实际使用环境保护、节能节水、安全生产等专用设备的投资额

减免对象:企业购置并实际使用《环境保护专用设备企业所得税优惠目录》、《节能节水专用设备企业所得税优惠目录》和《安全生产专用设备企业所得税优惠目录》规定的环境保护、节能节水、安全生产等专用设备的,该专用设备的投资额的10%可以从企业当年的应纳税额中抵免;当年不足抵免的,可以在以后5个纳税年度结转抵免。

减免依据:《中华人民共和国企业所得税法》及其实施条例。

备案期限:次年3月底前,实行一次性报备。

报送资料:(1)《备案类减免税登记表》,(2)专用设备购置发票(复印件),(3)专用设备已实际投入使用的声明及政府有关主管部门的相关认定材料,(4)主管税务机关要求提供的其他资料。

主管税务机关对企业申报的专用设备有异议的,可向政府有关主管部门提出符合优惠目录认定复审的要求。

五、国家需要重点扶持的高新技术企业

减免对象:国家需要重点扶持的高新技术企业,减按15%的税率征收所得税。

减免依据:《中华人民共和国企业所得税法》及其实施条例。

备案期限:次年3月底前,实行一次性报备。

报送资料:(1)上年度减免税政策的执行情况,(2)《备案类减免税登记表》,(3)高新技术企业的认定证明,(4)主管税务机关要求提供的其他资料。

六、软件生产企业和集成电路设计企业

减免条件:对我省内新办软件生产企业经认定后,自获利年度起,第一年和第二年免征企业所得税,第三年至第五年减半征收企业所得税。

国家规划布局内的重点软件生产企业,如当年未享受免税优惠的,减按10%的税率征收企业所得税。

集成电路设计企业视同软件企业,享受上述软件企业的有关企业所得税政策。

投资额超过80亿元人民币或集成电路线宽小于0.25um的集成电路生产企业,可以减按15%的税率缴纳企业所得税,其中,经营期在15年以上的,从开始获利的年度起,第一年至第五年免征企业所得税,第六年至第十年减半征收企业所得税。

对生产线宽小于0.8微米(含)集成电路产品的生产企业,经认定后,自获利年度起,第一年和第二年免征企业所得税,第三年至第五年减半征收企业所得税。

减免依据:《财政部 国家税务总局关于企业所得税若干优惠政策的通知》(财税〔2008〕1号)。

备案期限:次年3月底前,实行一年一备。

报送资料:(1)上年度减免税政策的执行情况,(2)《备案类减免税登记表》,(3)软件企业(或集成电路设计企业)的认定证书,(4)生产线宽小于0.8微米(含)集成电路产品企业的相关认定材料,(5)国家规划布局内重点软件生产企业的相关认定文件,(6)投资额超过80亿元人民币或集成电路线宽小于0.25um集成电路生产企业的相关认定材料,(7)主管税务机关要求提供的其他资料。

七、创业投资企业抵扣应纳税所得额

减免对象:创业投资企业采取股权投资方式投资于未上市的中小高新技术企业2年以上的,可以按照其投资额的70%在股权持有满2年的当年抵扣该创业投资企业的应纳税所得额;当年不足抵扣的,可以在以后纳税年度结转抵扣。

减免依据:《中华人民共和国企业所得税法》及其实施条例。

备案期限:次年3月底前,实行一次性报备。

报送资料:(1)《备案类减免税登记表》;(2)经备案管理部门核实的创业投资企业投资运作情况等证明材料;(3)中小高新技术企业投资合同的复印件及实投资金验资证明等相关材料;(4)中小高新技术企业基本情况,以及省级科技部门出具的高新技术企业认定证书和高新技术项目认定证书的复印件;(5)主管税务机关要求提供的其他资料。

八、企业综合利用资源减计收入

减免对象:企业以《资源综合利用企业所得税优惠目录》规定的资源作为主要原材料,生产国家非限制和禁止并符合国家和行业相关标准的产品取得的收入,减按90%计入收入总额。

减免依据:《中华人民共和国企业所得税法》及其实施条例。

备案期限:次年3月底前,实行一年一备。

报送资料:(1)《备案类减免税登记表》,(2)资源综合利用认定证书,(3)主管税务机关要求提供的其他资料。

主管税务机关对企业申报的资源综合利用产品有异议的,可向政府有关主管部门提出资源综合利用认定复审意见。

浙江省地方税务局关于印发《小型微利企业认定办法(试行)》的通知

2009年3月6日　浙地税函〔2009〕80号

各市、县(市、区)地方税务局(不发宁波),省地方税务局直属一分局、稽查局:

为统一规范小型微利企业认定管理工作,及时落实支持小型微利企业发展的税收优惠政策,根据《中华人民共和国企业所得税法》及其实施条例和《国家税务总局关于小型微利企业所得税预缴问题的通知》(国税函〔2008〕251号)的有关规定,省局结合我省企业所得税管理实际,制定了《小型微利企业认定办法(试行)》,现印发给你们,请认真贯彻执行。

《浙江省地方税务局转发国家税务总局关于小型微利企业所得税预缴问题的通知》(浙地税函〔2008〕147号)第二条、第三条规定停止执行。

小型微利企业认定办法(试行)

为统一规范小型微利企业认定管理工作,及时落实支持小型微利企业发展的税收优惠政策,根据《中华人民共和国企业所得税法》及其实施条例和《国家税务总局关于小型微利企业所得税预缴问题的通知》

(国税函〔2008〕251号)的有关规定,结合我省企业所得税管理实际,制定本办法。

一、认定条件

根据《中华人民共和国企业所得税法》及其实施条例的有关规定,小型微利企业是指从事国家非限制和禁止行业,并符合下列条件的企业:

(一)工业企业,年度应纳税所得额不超过30万元,从业人数不超过100人,资产总额不超过3000万元;

(二)其他企业,年度应纳税所得额不超过30万元,从业人数不超过80人,资产总额不超过1000万元。

上述认定条件中:

从业人数,是指纳税人全年平均从业人员,按照纳税人年初和年末的从业人员平均计算。

资产总额,是指纳税人全年资产总额平均数,按照纳税人年初和年末的资产总额平均计算。

国家限制和禁止行业,在国家未明确以前,参照《产业结构调整指导目录(2005年本)》(国家发展和改革委员会令第40号)执行,国家以后有新的规定,按照新规定执行。

在行业性质的认定上,按照《国家统计局关于贯彻执行新〈国民经济行业分类〉国家标准(GB/T4754-2002)的通知》(国统字〔2002〕044号)规定执行。

二、纳税人申请

小型微利企业的认定实行一年一定。纳税年度终了后,纳税人应在办理企业所得税年度纳税申报时,填报《小型微利企业认定申请表》和主管地税机关要求提供的其他资料,一并提交主管地税机关审核。

三、税务机关认定

主管地税机关应根据纳税人提供的有关资料,核实纳税人当年是否符合小型微利企业条件。对符合条件的小型微利企业给予享受税收优惠政策;对不符合条件的小型微利企业,如已计算减免所得税额的,在年度汇算清缴时要补缴已按规定计算的减免所得税额。

四、纳税人预缴

在主管地税机关对纳税人上年度是否符合小型微利企业认定之前,纳税人可根据上年度情况自行对照小型微利企业认定条件,符合规定条件的可减按20%预缴企业所得税。主管地税机关认定不符合小型微利企业认定条件的,应在认定后下月(季)预缴企业所得税时补缴已计算的减免所得税额。

纳税人新办当年企业所得税预缴暂不享受小型微利企业减免优惠政策。

五、监督管理

(一)各级地税机关要加强对小型微利企业的监管,在主管地税机关对纳税人上年度是否符合小型微利企业认定之前,对自行对照认定条件享受减按20%预缴企业所得税的纳税人,各地要重点进行审核,确认明显不符合条件的,要及时责成其纠正。

(二)在企业所得税汇算清缴期间,各级地税机关要选配政治素质高、业务熟悉、责任心强的干部,对申请认定小型微利企业的纳税人,逐个对照规定进行核实,并及时反馈认定意见。对符合条件的纳税人要逐一进行登记备案,建立明细台账,实行动态管理。

(三)对不如实填报《小型微利企业认定申请表》(表格编者略),骗取减免所得税额的纳税人,要严格按照征管法的有关规定进行处理。

(四)本办法试行中有何问题与建议,请及时报告省局,以便修订完善。

财政部 国家税务总局关于企业手续费及佣金支出税前扣除政策的通知

2009年3月19日 财税〔2009〕29号

各省、自治区、直辖市、计划单列市财政厅(局)、国家税务局、地方税务局,新疆生产建设兵团财务局:

为规范企业所得税税前扣除,加强企业所得税管理,根据《中华人民共和国企业所得税法》和《中华人民共和国企业所得税法实施条例》(以下合称新税法)有关规定,现将企业发生的手续费及佣金支出税前扣除政策问题通知如下:

一、企业发生与生产经营有关的手续费及佣金支出,不超过以下规定计算限额以内的部分,准予扣除;超过部分,不得扣除。

1. 保险企业:财产保险企业按当年全部保费收入扣除退保金等后余额的15%(含本数,下同)计算限额;人身保险企业按当年全部保费收入扣除退保金等后余额的10%计算限额。

2. 其他企业:按与具有合法经营资格中介服务机构或个人(不含交易双方及其雇员、代理人和代表人等) 所签订服务协议或合同确认的收入金额的5%计算限额。

二、企业应与具有合法经营资格中介服务企业或个人签订代办协议或合同,并按国家有关规定支付手续费及佣金。除委托个人代理外,企业以现金等非转账方式支付的手续费及佣金不得在税前扣除。企业为发行权益性证券支付给有关证券承销机构的手续费及佣金不得在税前扣除。

三、企业不得将手续费及佣金支出计入回扣、业务提成、返利、进场费等费用。

四、企业已计入固定资产、无形资产等相关资产的手续费及佣金支出,应当通过折旧、摊销等方式分期扣除,不得在发生当期直接扣除。

五、企业支付的手续费及佣金不得直接冲减服务协议或合同金额,并如实入账。

六、企业应当如实向当地主管税务机关提供当年手续费及佣金计算分配表和其他相关资料,并依法取得合法真实凭证。

七、本通知自印发之日起实施。新税法实施之日至本通知印发之日前企业手续费及佣金所得税税前扣除事项按本通知规定处理。

浙江省地方税务局关于调整代开货物运输业发票所得税预征率后有关退税问题的补充通知

2009年3月20日 浙地税函〔2009〕98号

各市、县(市、区)地方税务局(不发宁波),省地方税务局直属一分局:

近接基层反映,部分纳税人由于未妥善保管原始完税凭证,无法按照《浙江省地方税务局关于调整代开货物运输业发票所得税预征率后有关退税问题的通知》(浙地税函〔2009〕31号)第二条第二款规定申请办理退税。鉴于部分核定征收所得税的纳税人完税凭证遗失的实际情况,经认真研究,现补充通知如下:

一、对查账征收所得税的纳税人,由于涉及所得税汇算清缴时税款抵扣问题,各地要严格按照浙地税函〔2009〕31号的有关规定办理,纳税人未能提供原始完税凭证的不予退税。

二、对核定征收所得税的纳税人,可区分以下情况处理:

(一)能提供原始完税凭证的,按浙地税函〔2009〕31号第二条第二款规定予以办理退税。

(二)不能提供原始完税凭证的,纳税人须提供主管税务机关出具的退税款所属年度实行核定征收所得税方式的证明(代开货物运输业税款预征地税机关与所得税主管地税机关属同一地税局的除外),税款预征地税机关经核对税款征收记录相符后,凭纳税人有效证件予以办理退税。

财政部 国家税务总局
关于企业资产损失税前扣除政策的通知

2009年4月16日 财税〔2009〕57号

各省、自治区、直辖市、计划单列市财政厅(局)、国家税务局、地方税务局,新疆生产建设兵团财务局:

根据《中华人民共和国企业所得税法》和《中华人民共和国企业所得税法实施条例》(国务院令第512号)的有关规定,现就企业资产损失在计算企业所得税应纳税所得额时的扣除政策通知如下:

一、本通知所称资产损失,是指企业在生产经营活动中实际发生的、与取得应税收入有关的资产损失,包括现金损失,存款损失,坏账损失,贷款损失,股权投资损失,固定资产和存货的盘亏、毁损、报废、被盗损失,自然灾害等不可抗力因素造成的损失以及其他损失。

二、企业清查出的现金短缺减除责任人赔偿后的余额,作为现金损失在计算应纳税所得额时扣除。

三、企业将货币性资金存入法定具有吸收存款职能的机构,因该机构依法破产、清算,或者政府责令停业、关闭等原因,确实不能收回的部分,作为存款损失在计算应纳税所得额时扣除。

四、企业除贷款类债权外的应收、预付账款符合下列条件之一的,减除可收回金额后确认的无法收回的应收、预付款项,可以作为坏账损失在计算应纳税所得额时扣除:

(一)债务人依法宣告破产、关闭、解散、被撤销,或者被依法注销、吊销营业执照,其清算财产不足清偿的;

(二)债务人死亡,或者依法被宣告失踪、死亡,其财产或者遗产不足清偿的;

(三)债务人逾期3年以上未清偿,且有确凿证据证明已无力清偿债务的;

(四)与债务人达成债务重组协议或法院批准破产重整计划后,无法追偿的;

(五)因自然灾害、战争等不可抗力导致无法收回的;

(六)国务院财政、税务主管部门规定的其他条件。

五、企业经采取所有可能的措施和实施必要的程序之后,符合下列条件之一的贷款类债权,可以作为贷款损失在计算应纳税所得额时扣除:

(一)借款人和担保人依法宣告破产、关闭、解散、被撤销,并终止法人资格,或者已完全停止经营活动，被依法注销、吊销营业执照，对借款人和担保人进行追偿后，未能收回的债权；

（二）借款人死亡，或者依法被宣告失踪、死亡，依法对其财产或者遗产进行清偿，并对担保人进行追偿后，未能收回的债权；

（三）借款人遭受重大自然灾害或者意外事故，损失巨大且不能获得保险补偿，或者以保险赔偿后，确实无力偿还部分或者全部债务，对借款人财产进行清偿和对担保人进行追偿后，未能收回的债权；

（四）借款人触犯刑律，依法受到制裁，其财产不足归还所借债务，又无其他债务承担者，经追偿后确实无法收回的债权；

（五）由于借款人和担保人不能偿还到期债务，企业诉诸法律，经法院对借款人和担保人强制执行，借款人和担保人均无财产可执行，法院裁定执行程序终结或终止（中止）后，仍无法收回的债权；

（六）由于借款人和担保人不能偿还到期债务，企业诉诸法律后，经法院调解或经债权人会议通过，与借款人和担保人达成和解协议或重整协议，在借款人和担保人履行完还款义务后，无法追偿的剩余债权；

（七）由于上述（一）至（六）项原因借款人不能偿还到期债务，企业依法取得抵债资产，抵债金额小于贷款本息的差额，经追偿后仍无法收回的债权；

（八）开立信用证、办理承兑汇票、开具保函等发生垫款时，凡开证申请人和保证人由于上述（一）至（七）项原因，无法偿还垫款，金融企业经追偿后仍无法收回的垫款；

（九）银行卡持卡人和担保人由于上述（一）至（七）项原因，未能还清透支款项，金融企业经追偿后仍无法收回的透支款项；

（十）助学贷款逾期后，在金融企业确定的有效追索期限内，依法处置助学贷款抵押物（质押物），并向担保人追索连带责任后，仍无法收回的贷款；

（十一）经国务院专案批准核销的贷款类债权；

（十二）国务院财政、税务主管部门规定的其他条件。

六、企业的股权投资符合下列条件之一的，减除可收回金额后确认的无法收回的股权投资，可以作为股权投资损失在计算应纳税所得额时扣除：

（一）被投资方依法宣告破产、关闭、解散、被撤销，或者被依法注销、吊销营业执照的；

（二）被投资方财务状况严重恶化，累计发生巨额亏损，已连续停止经营3年以上，且无重新恢复经营改组计划的；

（三）对被投资方不具有控制权，投资期限届满或者投资期限已超过10年，且被投资单位因连续3年经营亏损导致资不抵债的；

（四）被投资方财务状况严重恶化，累计发生巨额亏损，已完成清算或清算期超过3年以上的；

（五）国务院财政、税务主管部门规定的其他条件。

七、对企业盘亏的固定资产或存货，以该固定资产的账面净值或存货的成本减除责任人赔偿后的余额，作为固定资产或存货盘亏损失在计算应纳税所得额时扣除。

八、对企业毁损、报废的固定资产或存货，以该固定资产的账面净值或存货的成本减除残值、保险赔款和责任人赔偿后的余额，作为固定资产或存货毁损、报废损失在计算应纳税所得额时扣除。

九、对企业被盗的固定资产或存货，以该固定资产的账面净值或存货的成本减除保险赔款和责任人赔偿后的余额，作为固定资产或存货被盗损失在计算应纳税所得额时扣除。

十、企业因存货盘亏、毁损、报废、被盗等原因不得从增值税销项税额中抵扣的进项税额，可以与存货损失一起在计算应纳税所得额时扣除。

十一、企业在计算应纳税所得额时已经扣除的资产损失，在以后纳税年度全部或者部分收回时，其收回部分应当作为收入计入收回当期的应纳税所得额。

十二、企业境内、境外营业机构发生的资产损失应分开核算，对境外营业机构由于发生资产损失而产生的亏损，不得在计算境内应纳税所得额时扣除。

十三、企业对其扣除的各项资产损失，应当提供能够证明资产损失确属已实际发生的合法证据，包括具有法律效力的外部证据、具有法定资质的中介机构的经济鉴证证明、具有法定资质的专业机构的技术鉴定证明等。

十四、本通知自2008年1月1日起执行。

国家税务总局关于实施国家重点扶持的公共基础设施项目企业所得税优惠问题的通知

2009年4月16日 国税发〔2009〕80号

各省、自治区、直辖市和计划单列市国家税务局、地方税务局:

为贯彻落实《中华人民共和国企业所得税法》及其实施条例关于国家重点扶持的公共基础设施项目企业所得税优惠政策,促进国家重点扶持的公共基础设施项目建设,现将实施该项优惠政策的有关问题通知如下:

一、对居民企业(以下简称企业)经有关部门批准,从事符合《公共基础设施项目企业所得税优惠目录》(以下简称《目录》)规定范围、条件和标准的公共基础设施项目的投资经营所得,自该项目取得第一笔生产经营收入所属纳税年度起,第一年至第三年免征企业所得税,第四年至第六年减半征收企业所得税。

企业从事承包经营、承包建设和内部自建自用《目录》规定项目的所得,不得享受前款规定的企业所得税优惠。

二、本通知所称第一笔生产经营收入,是指公共基础设施项目建成并投入运营(包括试运营)后所取得的第一笔主营业务收入。

三、本通知所称承包经营,是指与从事该项目经营的法人主体相独立的另一法人经营主体,通过承包该项目的经营管理而取得劳务性收益的经营活动。

四、本通知所称承包建设,是指与从事该项目经营的法人主体相独立的另一法人经营主体,通过承包该项目的工程建设而取得建筑劳务收益的经营活动。

五、本通知所称内部自建自用,是指项目的建设仅作为本企业主体经营业务的设施,满足本企业自身的生产经营活动需要,而不属于向他人提供公共服务业务的公共基础设施建设项目。

六、企业同时从事不在《目录》范围的生产经营项目取得的所得,应与享受优惠的公共基础设施项目经营所得分开核算,并合理分摊企业的期间共同费用;没有单独核算的,不得享受上述企业所得税优惠。

期间共同费用的合理分摊比例可以按照投资额、销售收入、资产额、人员工资等参数确定。上述比例一经确定,不得随意变更。凡特殊情况需要改变的,需报主管税务机关核准。

七、从事《目录》范围项目投资的居民企业应于从该项目取得的第一笔生产经营收入后15日内向主管税务机关备案并报送如下材料后,方可享受有关企业所得税优惠:

(一)有关部门批准该项目文件复印件;

(二)该项目完工验收报告复印件;

(三)该项目投资额验资报告复印件;

(四)税务机关要求提供的其他资料。

八、企业因生产经营发生变化或因《目录》调整,不再符合本办法规定减免税条件的,企业应当自发生变化起15日内向主管税务机关提交书面报告并停止享受优惠,依法缴纳企业所得税。

九、企业在减免税期限内转让所享受减免税优惠的项目,受让方承续经营该项目的,可自受让之日起,在剩余优惠期限内享受规定的减免税优惠;减免税期限届满后转让的,受让方不得就该项目重复享受减免税优惠。

十、税务机关应结合纳税检查、执法检查或其他专项检查，每年定期对企业享受公共基础设施项目企业所得税减免税款事项进行核查，核查的主要内容包括：

（一）企业是否继续符合减免所得税的资格条件，所提供的有关情况证明材料是否真实。

（二）企业享受减免企业所得税的条件发生变化时，是否及时将变化情况报送税务机关，并根据本办法规定对适用优惠进行调整。

十一、企业实际经营情况不符合企业所得税减免税规定条件的或采取虚假申报等手段获取减免税的、享受减免税条件发生变化未及时向税务机关报告的，以及未按本办法规定程序报送备案资料而自行减免税的，企业主管税务机关应按照税收征管法有关规定进行处理。

十二、本通知自2008年1月1日起执行。

国家税务总局关于企业所得税执行中若干税务处理问题的通知

2009年4月21日　国税函〔2009〕202号

各省、自治区、直辖市和计划单列市国家税务局、地方税务局：

根据《中华人民共和国企业所得税法》（以下简称《企业所得税法》）及《中华人民共和国企业所得税法实施条例》（以下简称《实施条例》）的有关规定，现就企业所得税若干税务处理问题通知如下。

一、关于销售（营业）收入基数的确定问题

企业在计算业务招待费、广告费和业务宣传费等费用扣除限额时，其销售（营业）收入额应包括《实施条例》第二十五条规定的视同销售（营业）收入额。

二、2008年1月1日以前计提的各类准备金余额处理问题

根据《实施条例》第五十五条规定，除财政部和国家税务总局核准计提的准备金可以税前扣除外，其他行业、企业计提的各项资产减值准备、风险准备等准备金均不得税前扣除。

2008年1月1日前按照原企业所得税法规定计提的各类准备金，2008年1月1日以后，未经财政部和国家税务总局核准的，企业以后年度实际发生的相应损失，应先冲减各项准备金余额。

三、关于特定事项捐赠的税前扣除问题

企业发生为汶川地震灾后重建、举办北京奥运会和上海世博会等特定事项的捐赠，按照《财政部 海关总署 国家税务总局关于支持汶川地震灾后恢复重建有关税收政策问题的通知》（财税〔2008〕104号）、《财政部 国家税务总局 海关总署关于29届奥运会税收政策问题的通知》（财税〔2003〕10号）、《财政部 国家税务总局关于2010年上海世博会有关税收政策问题的通知》（财税〔2005〕180号）等相关规定，可以据实全额扣除。企业发生的其他捐赠，应按《企业所得税法》第九条及《实施条例》第五十一、五十二、五十三条的规定计算扣除。

四、软件生产企业职工教育经费的税前扣除问题

软件生产企业发生的职工教育经费中的职工培训费用，根据《财政部 国家税务总局关于企业所得税若干优惠政策的通知》（财税〔2008〕1号）规定，可以全额在企业所得税前扣除。软件生产企业应准确划分职工教育经费中的职工培训费支出，对于不能准确划分的，以及准确划分后职工教育经费中扣除职工培训费用的余额，一律按照《实施条例》第四十二条规定的比例扣除。

国家税务总局关于跨地区经营汇总纳税企业所得税征收管理若干问题的通知

2009年4月29日 国税函〔2009〕221号

各省、自治区、直辖市和计划单列市国家税务局、地方税务局：

为贯彻落实《中华人民共和国企业所得税法》及其实施条例，加强跨地区(指跨省、自治区、直辖市和计划单列市，下同)经营汇总纳税企业所得税征收管理，现对跨地区经营汇总纳税企业所得税征收管理中的若干问题通知如下。

一、关于二级分支机构的判定问题

二级分支机构是指总机构对其财务、业务、人员等直接进行统一核算和管理的领取非法人营业执照的分支机构。

总机构应及时将其所属二级分支机构名单报送总机构所在地主管税务机关，并向其所属二级分支机构及时出具有效证明(支持证明的材料包括总机构拨款证明、总分机构协议或合同、公司章程、管理制度等)。

二级分支机构在办理税务登记时应向其所在地主管税务机关报送非法人营业执照(复印件)和由总机构出具的二级分支机构的有效证明。其所在地主管税务机关应对二级分支机构进行审核鉴定，督促其及时预缴企业所得税。

以总机构名义进行生产经营的非法人分支机构，无法提供有效证据证明其二级及二级以下分支机构身份的，应视同独立纳税人计算并就地缴纳企业所得税，不执行《国家税务总局关于印发〈跨地区经营汇总纳税企业所得税征收管理暂行办法〉的通知》(国税发〔2008〕28号)的相关规定。

二、关于总分支机构适用不同税率时企业所得税款计算和缴纳问题

预缴时，总机构和分支机构处于不同税率地区的，先由总机构统一计算全部应纳税所得额，然后按照国税发〔2008〕28号文件第十九条规定的比例和第二十三条规定的三因素及其权重，计算划分不同税率地区机构的应纳税所得额，再分别按各自的适用税率计算应纳税额后加总计算出企业的应纳所得税总额。再按照国税发〔2008〕28号文件第十九条规定的比例和第二十三条规定的三因素及其权重，向总机构和分支机构分摊就地预缴的企业所得税款。

汇缴时，企业年度应纳所得税额应按上述方法并采用各分支机构汇算清缴所属年度的三因素计算确定。

除《国务院关于实施企业所得税过渡优惠政策的通知》(国发〔2007〕39号)、《财政部 国家税务总局关于企业所得税若干优惠政策的通知》(财税〔2008〕1号)和《财政部 国家税务总局关于贯彻落实国务院关于实施企业所得税过渡优惠政策有关问题的通知》(财税〔2008〕21号)有关规定外，跨地区经营汇总纳税企业不得按照上述总分支机构处于不同税率地区的计算方法计算并缴纳企业所得税，应按照企业适用统一的税率计算并缴纳企业所得税。

三、关于预缴和年度汇算清缴时分支机构报送资料问题

跨地区经营汇总纳税企业在进行企业所得税预缴和年度汇算清缴时，二级分支机构应向其所在地主管税务机关报送其本级及以下分支机构的生产经营情况，主管税务机关应对报送资料加强审核，并作为对二级分支机构计算分摊税款比例的三项指标和应分摊入库所得税税款进行查验核对的依据。

四、关于应执行未执行或未准确执行国税发〔2008〕28号文件企业的处理问题

对应执行国税发〔2008〕28号文件规定而未执行或未正确执行上述文件规定的跨地区经营汇总纳税企业，在预缴企业所得税时造成总机构与分支机构之间同时存在一方（或几方）多预缴另一方（或几方）少预缴税款的，其总机构或分支机构就地预缴的企业所得税低于按上述文件规定计算分配的数额的，应在随后的预缴期间内，由总机构将按上述文件规定计算分配的税款差额分配到总机构或分支机构补缴；其总机构或分支机构就地预缴的企业所得税高于按上述文件规定计算分配的数额的，应在随后的预缴期间内，由总机构将按上述文件规定计算分配的税款差额从总机构或分支机构的预缴数中扣减。

五、国税发〔2008〕28号文件第二条第二款所列企业不适用本通知规定。

六、本通知自2009年1月1日起执行。

国家税务总局关于实施创业投资企业所得税优惠问题的通知

2009年4月30日　国税发〔2009〕87号

各省、自治区、直辖市和计划单列市国家税务局、地方税务局：

为落实创业投资企业所得税优惠政策，促进创业投资企业的发展，根据《中华人民共和国企业所得税法》及其实施条例等有关规定，现就创业投资企业所得税优惠的有关问题通知如下：

一、创业投资企业是指依照《创业投资企业管理暂行办法》（国家发展和改革委员会等10部委令2005年第39号，以下简称《暂行办法》）和《外商投资创业投资企业管理规定》（商务部等5部委令2003年第2号）在中华人民共和国境内设立的专门从事创业投资活动的企业或其他经济组织。

二、创业投资企业采取股权投资方式投资于未上市的中小高新技术企业2年（24个月）以上，凡符合以下条件的，可以按照其对中小高新技术企业投资额的70%，在股权持有满2年的当年抵扣该创业投资企业的应纳税所得额；当年不足抵扣的，可以在以后纳税年度结转抵扣。

（一）经营范围符合《暂行办法》规定，且工商登记为“创业投资有限责任公司”、“创业投资股份有限公司”等专业性法人创业投资企业。

（二）按照《暂行办法》规定的条件和程序完成备案，经备案管理部门年度检查核实，投资运作符合《暂行办法》的有关规定。

（三）创业投资企业投资的中小高新技术企业，除应按照科技部、财政部、国家税务总局《关于印发〈高新技术企业认定管理办法〉的通知》（国科发火〔2008〕172号）和《关于印发〈高新技术企业认定管理工作指引〉的通知》（国科发火〔2008〕362号）的规定，通过高新技术企业认定以外，还应符合职工人数不超过500人，年销售（营业）额不超过2亿元，资产总额不超过2亿元的条件。

2007年底前按原有规定取得高新技术企业资格的中小高新技术企业，且在2008年继续符合新的高新技术企业标准的，向其投资满24个月的计算，可自创业投资企业实际向其投资的时间起计算。

（四）财政部、国家税务总局规定的其他条件。

三、中小企业接受创业投资之后，经认定符合高新技术企业标准的，应自其被认定为高新技术企业的年度起，计算创业投资企业的投资期限。该期限内中小企业接受创业投资后，企业规模超过中小企业标准,但仍符合高新技术企业标准的,不影响创业投资企业享受有关税收优惠。

四、创业投资企业申请享受投资抵扣应纳税所得额,应在其报送申请投资抵扣应纳税所得额年度纳税申报表以前,向主管税务机关报送以下资料备案：

(一)经备案管理部门核实后出具的年检合格通知书(副本)；

(二)关于创业投资企业投资运作情况的说明；

(三)中小高新技术企业投资合同或章程的复印件、实际所投资金验资报告等相关材料；

(四)中小高新技术企业基本情况(包括企业职工人数、年销售(营业)额、资产总额等)说明；

(五)由省、自治区、直辖市和计划单列市高新技术企业认定管理机构出具的中小高新技术企业有效的高新技术企业证书(复印件)。

五、本通知自2008年1月1日起执行。

浙江省国家税务局 浙江省地方税务局转发国家税务总局关于印发《房地产开发经营业务企业所得税处理办法》的通知

2009年5月4日 浙国税所〔2009〕7号

各市、县国家税务局、地方税务局,省国家税务局直属税务分局,省地方税务局直属一分局：

现将《国家税务总局关于印发〈房地产开发经营业务企业所得税处理办法〉的通知》(国税发〔2009〕31号)转发给你们,并结合我省实际作如下补充规定,请一并贯彻执行。

一、房地产开发经营企业销售未完工开发产品的计税毛利率由各市、县按国家税务总局国税发〔2009〕31号第八条的有关规定自行研究确定，并报省国税局和省地税局备案。同一市、县范围内,国、地税局所确定的计税毛利率必须保持一致。

二、房地产开发经营企业销售未完工开发产品取得的收入,按规定计算出预计毛利额,并计入当期应纳税所得额时，企业发生与其相关的期间费用、营业税金及附加、土地增值税准予当期按规定扣除。

国家税务总局关于印发《房地产开发经营业务企业所得税处理办法》的通知

2009年3月6日 国税发〔2009〕31号

各省、自治区、直辖市和计划单列市国家税务局、地方税务局：

为了加强从事房地产开发经营企业的企业所得税征收管理,规范从事房地产开发经营业务企业的纳税行为,根据《中华人民共和国企业所得税法》及其实施条例、《中华人民共和国税收征收管理法》及其实施细则等有关税收法律、行政法规的规定,结合房地产开发经营业务的特点,国家税务总局制定了《房地产开发经营业务企业所得税处理办法》,现印发给你们,请遵照执行。

房地产开发经营业务企业所得税处理办法

第一章　总　则

第一条 根据《中华人民共和国企业所得税法》及其实施条例、《中华人民共和国税收征收管理法》及其实施细则等有关税收法律、行政法规的规定，制定本办法。

第二条 本办法适用于中国境内从事房地产开发经营业务的企业（以下简称企业）。

第三条 企业房地产开发经营业务包括土地的开发，建造、销售住宅、商业用房以及其他建筑物、附着物、配套设施等开发产品。除土地开发之外，其他开发产品符合下列条件之一的，应视为已经完工：

(一)开发产品竣工证明材料已报房地产管理部门备案。

(二)开发产品已开始投入使用。

(三)开发产品已取得了初始产权证明。

第四条 企业出现《中华人民共和国税收征收管理法》第三十五条规定的情形，税务机关可对其以往应缴的企业所得税按核定征收方式进行征收管理，并逐步规范，同时按《中华人民共和国税收征收管理法》等税收法律、行政法规的规定进行处理，但不得事先确定企业的所得税按核定征收方式进行征收、管理。

第二章　收入的税务处理

第五条 开发产品销售收入的范围为销售开发产品过程中取得的全部价款，包括现金、现金等价物及其他经济利益。企业代有关部门、单位和企业收取的各种基金、费用和附加等，凡纳入开发产品价内或由企业开具发票的，应按规定全部确认为销售收入；未纳入开发产品价内并由企业之外的其他收取部门、单位开具发票的，可作为代收代缴款项进行管理。

第六条 企业通过正式签订《房地产销售合同》或《房地产预售合同》所取得的收入，应确认为销售收入的实现，具体按以下规定确认：

(一) 采取一次性全额收款方式销售开发产品的，应于实际收讫价款或取得索取价款凭据(权利)之日，确认收入的实现。

(二)采取分期收款方式销售开发产品的，应按销售合同或协议约定的价款和付款日确认收入的实现。付款方提前付款的，在实际付款日确认收入的实现。

(三)采取银行按揭方式销售开发产品的，应按销售合同或协议约定的价款确定收入额，其首付款应于实际收到日确认收入的实现，余款在银行按揭贷款办理转账之日确认收入的实现。

(四)采取委托方式销售开发产品的，应按以下原则确认收入的实现：

1. 采取支付手续费方式委托销售开发产品的，应按销售合同或协议中约定的价款于收到受托方已销开发产品清单之日确认收入的实现。

2. 采取视同买断方式委托销售开发产品的，属于企业与购买方签订销售合同或协议，或企业、受托方、购买方三方共同签订销售合同或协议的，如果销售合同或协议中约定的价格高于买断价格，则应按销售合同或协议中约定的价格计算的价款于收到受托方已销开发产品清单之日确认收入的实现；如果属于前两种情况中销售合同或协议中约定的价格低于买断价格，以及属于受托方与购买方签订销售合同或协议的，则应按买断价格计算的价款于收到受托方已销开发产品清单之日确认收入的实现。

3. 采取基价(保底价)并实行超基价双方分成方式委托销售开发产品的，属于由企业与购买方签订销售合同或协议，或企业、受托方、购买方三方共同签订销售合同或协议的，如果销售合同或协议中约定的价格高于基价，则应按销售合同或协议中约定的价格计算的价款于收到受托方已销开发产品清单之日确认收入的实现，企业按规定支付受托方的分成额，不得直接从销售收入中减除；如果销售合同或协议约定的价格低于基价的，则应按基价计算的价款于收到受托方已销开发产品清单之日确认收入的实现。属于由受托方与购买方直接签订销售合同的,则应按基价加上按规定取得的分成额于收到受托方已销开发产品清单之日确认收入的实现。

4.采取包销方式委托销售开发产品的,包销期内可根据包销合同的有关约定,参照上述1至3项规定确认收入的实现;包销期满后尚未出售的开发产品,企业应根据包销合同或协议约定的价款和付款方式确认收入的实现。

第七条 企业将开发产品用于捐赠、赞助、职工福利、奖励、对外投资、分配给股东或投资人、抵偿债务、换取其他企事业单位和个人的非货币性资产等行为,应视同销售,于开发产品所有权或使用权转移,或于实际取得利益权利时确认收入(或利润)的实现。确认收入(或利润)的方法和顺序为:

(一)按本企业近期或本年度最近月份同类开发产品市场销售价格确定;

(二)由主管税务机关参照当地同类开发产品市场公允价值确定;

(三)按开发产品的成本利润率确定。开发产品的成本利润率不得低于15%,具体比例由主管税务机关确定。

第八条 企业销售未完工开发产品的计税毛利率由各省、自治区、直辖市国家税务局、地方税务局按下列规定进行确定:

(一)开发项目位于省、自治区、直辖市和计划单列市人民政府所在地城市城区和郊区的,不得低于15%。

(二)开发项目位于地及地级市城区及郊区的,不得低于10%。

(三)开发项目位于其他地区的,不得低于5%。

(四)属于经济适用房、限价房和危改房的,不得低于3%。

第九条 企业销售未完工开发产品取得的收入,应先按预计计税毛利率分季(或月)计算出预计毛利额,计入当期应纳税所得额。开发产品完工后,企业应及时结算其计税成本并计算此前销售收入的实际毛利额,同时将其实际毛利额与其对应的预计毛利额之间的差额,计入当年度企业本项目与其他项目合并计算的应纳税所得额。

在年度纳税申报时,企业须出具对该项开发产品实际毛利额与预计毛利额之间差异调整情况的报告以及税务机关需要的其他相关资料。

第十条 企业新建的开发产品在尚未完工或办理房地产初始登记、取得产权证前,与承租人签订租赁预约协议的,自开发产品交付承租人使用之日起,出租方取得的预租价款按租金确认收入的实现。

第三章 成本、费用扣除的税务处理

第十一条 企业在进行成本、费用的核算与扣除时,必须按规定区分期间费用和开发产品计税成本、已销开发产品计税成本与未销开发产品计税成本。

第十二条 企业发生的期间费用、已销开发产品计税成本、营业税金及附加、土地增值税准予当期按规定扣除。

第十三条 开发产品计税成本的核算应按第四章的规定进行处理。

第十四条 已销开发产品的计税成本,按当期已实现销售的可售面积和可售面积单位工程成本确认。可售面积单位工程成本和已销开发产品的计税成本按下列公式计算确定:

可售面积单位工程成本=成本对象总成本÷成本对象总可售面积

已销开发产品的计税成本=已实现销售的可售面积可售面积单位工程成本

第十五条 企业对尚未出售的已完工开发产品和按照有关法律、法规或合同规定对已售开发产品(包括共用部位、共用设施设备)进行日常维护、保养、修理等实际发生的维修费用,准予在当期据实扣除。

第十六条 企业将已计入销售收入的共用部位、共用设施设备维修基金按规定移交给有关部门、单位的,应于移交时扣除。

第十七条 企业在开发区内建造的会所、物业管理场所、电站、热力站、水厂、文体场馆、幼儿园等配套设施,按以下规定进行处理:

(一)属于非营利性且产权属于全体业主的,或无偿赠与地方政府、公用事业单位的,可将其视为公共配套设施,其建造费用按公共配套设施费的有关规定进行处理。

(二)属于营利性的,或产权归企业所有的,或未明确产权归属的,或无偿赠与地方政府、公用事业单位以外其他单位的，应当单独核算其成本。除企业自用应按建造固定资产进行处理外，其他一律按建造开发产品进行处理。

第十八条 企业在开发区内建造的邮电通讯、学校、医疗设施应单独核算成本，其中，由企业与国家有关业务管理部门、单位合资建设，完工后有偿移交的，国家有关业务管理部门、单位给予的经济补偿可直接抵扣该项目的建造成本，抵扣后的差额应调整当期应纳税所得额。

第十九条 企业采取银行按揭方式销售开发产品的，凡约定企业为购买方的按揭贷款提供担保的，其销售开发产品时向银行提供的保证金（担保金）不得从销售收入中减除，也不得作为费用在当期税前扣除，但实际发生损失时可据实扣除。

第二十条 企业委托境外机构销售开发产品的，其支付境外机构的销售费用(含佣金或手续费)不超过委托销售收入10%的部分，准予据实扣除。

第二十一条 企业的利息支出按以下规定进行处理：

（一）企业为建造开发产品借入资金而发生的符合税收规定的借款费用，可按企业会计准则的规定进行归集和分配，其中属于财务费用性质的借款费用，可直接在税前扣除。

（二）企业集团或其成员企业统一向金融机构借款分摊集团内部其他成员企业使用的，借入方凡能出具从金融机构取得借款的证明文件，可以在使用借款的企业间合理的分摊利息费用，使用借款的企业分摊的合理利息准予在税前扣除。

第二十二条 企业因国家无偿收回土地使用权而形成的损失，可作为财产损失按有关规定在税前扣除。

第二十三条 企业开发产品（以成本对象为计量单位）整体报废或毁损，其净损失按有关规定审核确认后准予在税前扣除。

第二十四条 企业开发产品转为自用的，其实际使用时间累计未超过12个月又销售的，不得在税前扣除折旧费用。

第四章 计税成本的核算

第二十五条 计税成本是指企业在开发、建造开发产品（包括固定资产，下同）过程中所发生的按照税收规定进行核算与计量的应归入某项成本对象的各项费用。

第二十六条 成本对象是指为归集和分配开发产品开发、建造过程中的各项耗费而确定的费用承担项目。计税成本对象的确定原则如下：

（一）可否销售原则。开发产品能够对外经营销售的，应作为独立的计税成本对象进行成本核算；不能对外经营销售的，可先作为过渡性成本对象进行归集，然后再将其相关成本摊入能够对外经营销售的成本对象。

（二）分类归集原则。对同一开发地点、竣工时间相近、产品结构类型没有明显差异的群体开发的项目，可作为一个成本对象进行核算。

（三）功能区分原则。开发项目某组成部分相对独立，且具有不同使用功能时，可以作为独立的成本对象进行核算。

（四）定价差异原则。开发产品因其产品类型或功能不同等而导致其预期售价存在较大差异的，应分别作为成本对象进行核算。

（五）成本差异原则。开发产品因建筑上存在明显差异可能导致其建造成本出现较大差异的，要分别作为成本对象进行核算。

（六）权益区分原则。开发项目属于受托代建的或多方合作开发的，应结合上述原则分别划分成本对象进行核算。

成本对象由企业在开工之前合理确定，并报主管税务机关备案。成本对象一经确定，不能随意更改或相互混淆，如确需改变成本对象的，应征得主管税务机关同意。

第二十七条 开发产品计税成本支出的内容如下：

（一）土地征用费及拆迁补偿费。指为取得土地开发使用权（或开发权）而发生的各项费用，主要包括土地买价或出让金、大市政配套费、契税、耕地占用税、土地使用费、土地闲置费、土地变更用途和超面积补交的地价及相关税费、拆迁补偿支出、安置及动迁支出、回迁房建造支出、农作物补偿费、危房补偿费等。

（二）前期工程费。指项目开发前期发生的水文地质勘察、测绘、规划、设计、可行性研究、筹建、场地通平等前期费用。

(三)建筑安装工程费。指开发项目开发过程中发生的各项建筑安装费用,主要包括开发项目建筑工程费和开发项目安装工程费等。

(四)基础设施建设费。指开发项目在开发过程中所发生的各项基础设施支出,主要包括开发项目内道路、供水、供电、供气、排污、排洪、通讯、照明等社区管网工程费和环境卫生、园林绿化等园林环境工程费。

(五)公共配套设施费:指开发项目内发生的、独立的、非营利性的,且产权属于全体业主的,或无偿赠与地方政府、政府公用事业单位的公共配套设施支出。

(六)开发间接费。指企业为直接组织和管理开发项目所发生的,且不能将其归属于特定成本对象的成本费用性支出。主要包括管理人员工资、职工福利费、折旧费、修理费、办公费、水电费、劳动保护费、工程管理费、周转房摊销以及项目营销设施建造费等。

第二十八条 企业计税成本核算的一般程序如下:

(一)对当期实际发生的各项支出,按其性质、经济用途及发生的地点、时间区进行整理、归类,并将其区分为应计入成本对象的成本和应在当期税前扣除的期间费用。同时还应按规定对在有关预提费用和待摊费用进行计量与确认。

(二)对应计入成本对象中的各项实际支出、预提费用、待摊费用等合理的划分为直接成本、间接成本和共同成本,并按规定将其合理的归集、分配至已完工成本对象、在建成本对象和未建成本对象。

(三)对期前已完工成本对象应负担的成本费用按已销开发产品、未销开发产品和固定资产进行分配,其中应由已销开发产品负担的部分,在当期纳税申报时进行扣除,未销开发产品应负担的成本费用待其实际销售时再予扣除。

(四)对本期已完工成本对象分类为开发产品和固定资产并对其计税成本进行结算。其中属于开发产品的,应按可售面积计算其单位工程成本,据此再计算已销开发产品计税成本和未销开发产品计税成本。对本期已销开发产品的计税成本,准予在当期扣除,未销开发产品计税成本待其实际销售时再予扣除。

(五)对本期未完工和尚未建造的成本对象应当负担的成本费用,应按分别建立明细台账,待开发产品完工后再予结算。

第二十九条 企业开发、建造的开发产品应按制造成本法进行计量与核算。其中,应计入开发产品成本中的费用属于直接成本和能够分清成本对象的间接成本,直接计入成本对象,共同成本和不能分清负担对象的间接成本,应按受益的原则和配比的原则分配至各成本对象,具体分配方法可按以下规定选择其一。

(一)占地面积法。指按已动工开发成本对象占地面积占开发用地总面积的比例进行分配。

1.一次性开发的,按某一成本对象占地面积占全部成本对象占地总面积的比例进行分配。

2.分期开发的,首先按本期全部成本对象占地面积占开发用地总面积的比例进行分配,然后再按某一成本对象占地面积占期内全部成本对象占地总面积的比例进行分配。

期内全部成本对象应负担的占地面积为期内开发用地占地面积减除应由各期成本对象共同负担的占地面积。

(二)建筑面积法。指按已动工开发成本对象建筑面积占开发用地总建筑面积的比例进行分配。

1.一次性开发的,按某一成本对象建筑面积占全部成本对象建筑面积的比例进行分配。

2.分期开发的,首先按期内成本对象建筑面积占开发用地计划建筑面积的比例进行分配,然后再按某一成本对象建筑面积占期内成本对象总建筑面积的比例进行分配。

(三)直接成本法。指按期内某一成本对象的直接开发成本占期内全部成本对象直接开发成本的比例进行分配。

(四)预算造价法。指按期内某一成本对象预算造价占期内全部成本对象预算造价的比例进行分配。

第三十条 企业下列成本应按以下方法进行分配:

(一)土地成本,一般按占地面积法进行分配。如果确需结合其他方法进行分配的,应商税务机关同意。

土地开发同时联结房地产开发的,属于一次性取得土地分期开发房地产的情况,其土地开发成本经商税务机关同意后可先按土地整体预算成本进行分配,待土地整体开发完毕再行调整。

(二)单独作为过渡性成本对象核算的公共配套设施开发成本,应按建筑面积法进行分配。

(三)借款费用属于不同成本对象共同负担的,按直接成本法或按预算造价法进行分配。

(四)其他成本项目的分配法由企业自行确定。

第三十一条 企业以非货币交易方式取得土地使用权的,应按下列规定确定其成本。

(一)企业、单位以换取开发产品为目的,将土地使用权投资企业的,按下列规定进行处理。

1.换取的开发产品如为该项土地开发、建造的,接受投资的企业在接受土地使用权时暂不确认其成本,待首次分出开发产品时,再按应分出开发产品(包括首次分出的和以后应分出的)的市场公允价值和土地使用权转移过程中应支付的相关税费计算确认该项土地使用权的成本。如涉及补价,土地使用权的取得成本还应加上应支付的补价款或减除应收到的补价款。

2.换取的开发产品如为其他土地开发、建造的,接受投资的企业在投资交易发生时,按应付出开发产品市场公允价值和土地使用权转移过程中应支付的相关税费计算确认该项土地使用权的成本。如涉及补价,土地使用权的取得成本还应加上应支付的补价款或减除应收到的补价款。

(二)企业、单位以股权的形式,将土地使用权投资企业的,接受投资的企业应在投资交易发生时,按该项土地使用权的市场公允价值和土地使用权转移过程中应支付的相关税费计算确认该项土地使用权的取得成本。如涉及补价,土地使用权的取得成本还应加上应支付的补价款或减除应收到的补价款。

第三十二条 除以下几项预提(应付)费用外,计税成本均应为实际发生的成本。

(一)出包工程未最终办理结算而未取得全额发票的,在证明资料充分的前提下,其发票不足金额可以预提,但最高不得超过合同总金额的10%。

(二)公共配套设施尚未建造或尚未完工的,可按预算造价合理预提建造费用。此类公共配套设施必须符合已在售房合同、协议或广告、模型中明确承诺建造且不可撤销,或按照法律法规规定必须配套建造的条件。

(三)应向政府上交但尚未上交的报批报建费用、物业完善费用可以按规定预提。物业完善费用是指按规定应由企业承担的物业管理基金、公建维修基金或其他专项基金。

第三十三条 企业单独建造的停车场所,应作为成本对象单独核算。利用地下基础设施形成的停车场所,作为公共配套设施进行处理。

第三十四条 企业在结算计税成本时其实际发生的支出应当取得但未取得合法凭据的,不得计入计税成本,待实际取得合法凭据时,再按规定计入计税成本。

第三十五条 开发产品完工以后,企业可在完工年度企业所得税汇算清缴前选择确定计税成本核算的终止日,不得滞后。凡已完工开发产品在完工年度未按规定结算计税成本,主管税务机关有权确定或核定其计税成本,据此进行纳税调整,并按《中华人民共和国税收征收管理法》的有关规定对其进行处理。

第五章　特定事项的税务处理

第三十六条 企业以本企业为主体联合其他企业、单位、个人合作或合资开发房地产项目,且该项目未成立独立法人公司的,按下列规定进行处理。

(一)凡开发合同或协议中约定向投资各方(即合作、合资方,下同)分配开发产品的,企业在首次分配开发产品时,如该项目已经结算计税成本,其应分配给投资方开发产品的计税成本与其投资额之间的差额计入当期应纳税所得额;如未结算计税成本,则将投资方的投资额视同销售收入进行相关的税务处理。

(二)凡开发合同或协议中约定分配项目利润的,应按以下规定进行处理:

1. 企业应将该项目形成的营业利润额并入当期应纳税所得额统一申报缴纳企业所得税,不得在税前分配该项目的利润。同时不能因接受投资方投资额而在成本中摊销或在税前扣除相关的利息支出。

2.投资方取得该项目的营业利润应视同股息、红利进行相关的税务处理。

第三十七条 企业以换取开发产品为目的,将土地使用权投资其他企业房地产开发项目的,按以下规定进行处理:

企业应在首次取得开发产品时,将其分解为转让土地使用权和购入开发产品两项经济业务进行所得税处理,并按应从该项目取得的开发产品(包括首次取得的和以后应取得的)的市场公允价值计算确认土地使用权转让所得或损失。

第六章 附 则

第三十八条 从事房地产开发经营业务的外商投资企业在2007年12月31日前存有销售未完工开发产品取得的收入，至该项开发产品完工后，一律按本办法第九条规定的办法进行税务处理。

第三十九条 本通知自2008年1月1日起执行。

浙江省地方税务局转发国家税务总局关于资源综合利用企业所得税优惠管理问题的通知

2009年5月6日 浙地税函〔2009〕166号

各市、县(市、区)地方税务局(不发宁波)，省地方税务局直属一分局、稽查局：

现将《国家税务总局关于资源综合利用企业所得税优惠管理问题的通知》(国税函〔2009〕185号)转发给你们，请认真贯彻落实。

各级地税机关对资源综合利用企业所得税优惠实行备案管理，具体程序按《浙江省地方税务局关于明确企业所得税减免税有关管理问题的通知》(浙地税函〔2009〕64号)相关规定执行。

国家税务总局关于资源综合利用企业所得税优惠管理问题的通知

2009年4月10日 国税函〔2009〕185号

各省、自治区、直辖市和计划单列市国家税务局、地方税务局：

为贯彻落实资源综合利用的企业所得税优惠政策，现就有关管理问题通知如下：

一、本通知所称资源综合利用企业所得税优惠，是指企业自2008年1月1日起以《资源综合利用企业所得税优惠目录(2008年版)》(以下简称《目录》)规定的资源作为主要原材料，生产国家非限制和非禁止并符合国家及行业相关标准的产品取得的收入，减按90%计入企业当年收入总额。

二、经资源综合利用主管部门按《目录》规定认定的生产资源综合利用产品的企业(不包括仅对资源综合利用工艺和技术进行认定的企业)，取得《资源综合利用认定证书》，可按本通知规定申请享受资源综合利用企业所得税优惠。

三、企业资源综合利用产品的认定程序，按《国家发展改革委 财政部 国家税务总局关于印发〈国家鼓励的资源综合利用认定管理办法〉的通知》(发改环资〔2006〕1864号)的规定执行。

四、2008年1月1日之前经资源综合利用主管部门认定取得《资源综合利用认定证书》的企业，应按本通知第二条、第三条的规定，重新办理认定并取得《资源综合利用认定证书》，方可申请享受资源综合利用企业所得税优惠。

五、企业从事非资源综合利用项目取得的收入与生产资源综合利用产品取得的收入没有分开核算的,不得享受资源综合利用企业所得税优惠。

六、税务机关对资源综合利用企业所得税优惠实行备案管理。备案管理的具体程序,按照国家税务总局的相关规定执行。

七、享受资源综合利用企业所得税优惠的企业因经营状况发生变化而不符合《目录》规定的条件的,应自发生变化之日起15个工作日内向主管税务机关报告,并停止享受资源综合利用企业所得税优惠。

八、企业实际经营情况不符合《目录》规定条件,采用欺骗等手段获取企业所得税优惠,或者因经营状况发生变化而不符合享受优惠条件,但未及时向主管税务机关报告的,按照税收征管法及其实施细则的有关规定进行处理。

九、税务机关应对企业的实际经营情况进行监督检查。税务机关发现资源综合利用主管部门认定有误的,应停止企业享受资源综合利用企业所得税优惠,并及时与有关认定部门协调沟通,提请纠正,已经享受的优惠税额应予追缴。

十、各省、自治区、直辖市和计划单列市国家税务局、地方税务局可根据本通知制定具体管理办法。

十一、本通知自2008年1月1日起执行。

浙江省地方税务局转发国家税务总局关于印发《企业所得税汇算清缴管理办法》的通知

2009年5月14日 浙地税函〔2009〕182号

各市、县(市、区)地方税务局(不发宁波),省地方税务局直属一分局、稽查局:

现将《国家税务总局关于印发〈企业所得税汇算清缴管理办法〉的通知》(国税发〔2009〕79号)转发给你们,并作如下补充规定,请一并贯彻执行。

一、各级地税机关要组织广大地税干部尤其是基层一线干部认真学习《企业所得税汇算清缴管理办法》,正确理解和把握《企业所得税汇算清缴管理办法》的主要内容,并结合本单位和辖区纳税人的实际情况,做好汇算清缴纳税服务工作。

二、各级地税机关要采取多种宣传方式,迅速将总局、省局出台的各项税收政策宣传贯彻到广大纳税人,并按照减免税和税前扣除项目管理的有关规定,及时做好纳税人涉税事项的受理、审批、审核和备案工作,按时办结报批、报备期限内的申请,提高纳税人汇算清缴的质量和效率。

三、汇算清缴结束后,各级地税机关要及时组织开展企业所得税纳税评估和检查,重点加强对连续三年以上亏损、长期微利微亏、跳跃性盈亏、减免税期满后由盈转亏或应纳税所得额异常变动等情况企业的评估和稽查,促使纳税人不断提高汇算清缴的真实性和准确性。

四、汇算清缴结束后,各级地税机关要认真做好汇算清缴工作总结和有关资料的归集整理工作,并按要求及时上报资料。各市局于每年6月30日前将汇算清缴工作总结报告、年度企业所得税汇算清缴汇总表、企业资产损失所得税前扣除统计表(表样另行制发)以及技术改造国产设备投资抵免企业所得税统计表上报省局(税政管理二处)。汇算清缴总结报告的内容应包括:

(一)汇算清缴工作的基本情况;

(二)企业所得税税源结构的分布情况;

(三)企业所得税收入增减变化及原因;

(四企业所得税政策和征管制度贯彻落实中存在的问题和改进建议。

国家税务总局关于印发《企业所得税汇算清缴管理办法》的通知

2009年4月16日 国税发〔2009〕79号

各省、自治区、直辖市和计划单列市国家税务局、地方税务局:

为加强企业所得税征收管理,进一步规范企业所得税汇算清缴工作,在总结近年来内、外资企业所得税汇算清缴工作经验的基础上,根据《中华人民共和国企业所得税法》及其实施条例,税务总局重新制定了《企业所得税汇算清缴管理办法》,现印发给你们,请遵照执行。执行中有何问题,请及时向税务总局报告。

企业所得税汇算清缴管理办法

第一条 为加强企业所得税征收管理,进一步规范企业所得税汇算清缴管理工作,根据《中华人民共和国企业所得税法》及其实施条例(以下简称企业所得税法及其实施条例)和《中华人民共和国税收征收管理法》及其实施细则(以下简称税收征管法及其实施细则)的有关规定,制定本办法。

第二条 企业所得税汇算清缴,是指纳税人自纳税年度终了之日起5个月内或实际经营终止之日起60日内,依照税收法律、法规、规章及其他有关企业所得税的规定,自行计算本纳税年度应纳税所得额和应纳所得税额,根据月度或季度预缴企业所得税的数额,确定该纳税年度应补或者应退税额,并填写企业所得税年度纳税申报表,向主管税务机关办理企业所得税年度纳税申报、提供税务机关要求提供的有关资料、结清全年企业所得税税款的行为。

第三条 凡在纳税年度内从事生产、经营(包括试生产、试经营),或在纳税年度中间终止经营活动的纳税人,无论是否在减税、免税期间,也无论盈利或亏损,均应按照企业所得税法及其实施条例和本办法的有关规定进行企业所得税汇算清缴。

实行核定定额征收企业所得税的纳税人,不进行汇算清缴。

第四条 纳税人应当自纳税年度终了之日起5个月内,进行汇算清缴,结清应缴应退企业所得税税款。

纳税人在年度中间发生解散、破产、撤销等终止生产经营情形,需进行企业所得税清算的,应在清算前报告主管税务机关,并自实际经营终止之日起60日内进行汇算清缴,结清应缴应退企业所得税款;纳税人有其他情形依法终止纳税义务的,应当自停止生产、经营之日起60日内,向主管税务机关办理当期企业所得税汇算清缴。

第五条 纳税人12月份或者第四季度的企业所得税预缴纳税申报,应在纳税年度终了后15日内完成,预缴申报后进行当年企业所得税汇算清缴。

第六条 纳税人需要报经税务机关审批、审核或备案的事项,应按有关程序、时限和要求报送材料等有关规定，在办理企业所得税年度纳税申报前及时办理。

第七条 纳税人应当按照企业所得税法及其实施条例和企业所得税的有关规定，正确计算应纳税所得额和应纳所得税额，如实、正确填写企业所得税年度纳税申报表及其附表，完整、及时报送相关资料，并对纳税申报的真实性、准确性和完整性负法律责任。

第八条 纳税人办理企业所得税年度纳税申报时，应如实填写和报送下列有关资料：

(一)企业所得税年度纳税申报表及其附表；

(二)财务报表；

(三)备案事项相关资料；

(四)总机构及分支机构基本情况、分支机构征税方式、分支机构的预缴税情况；

(五)委托中介机构代理纳税申报的，应出具双方签订的代理合同，并附送中介机构出具的包括纳税调整的项目、原因、依据、计算过程、调整金额等内容的报告；

(六)涉及关联方业务往来的，同时报送《中华人民共和国企业年度关联业务往来报告表》；

(七)主管税务机关要求报送的其他有关资料。

纳税人采用电子方式办理企业所得税年度纳税申报的，应按照有关规定保存有关资料或附报纸质纳税申报资料。

第九条 纳税人因不可抗力，不能在汇算清缴期内办理企业所得税年度纳税申报或备齐企业所得税年度纳税申报资料的，应按照税收征管法及其实施细则的规定，申请办理延期纳税申报。

第十条 纳税人在汇算清缴期内发现当年企业所得税申报有误的，可在汇算清缴期内重新办理企业所得税年度纳税申报。

第十一条 纳税人在纳税年度内预缴企业所得税税款少于应缴企业所得税税款的，应在汇算清缴期内结清应补缴的企业所得税税款；预缴税款超过应纳税款的，主管税务机关应及时按有关规定办理退税，或者经纳税人同意后抵缴其下一年度应缴企业所得税税款。

第十二条 纳税人因有特殊困难，不能在汇算清缴期内补缴企业所得税款的，应按照税收征管法及其实施细则的有关规定，办理申请延期缴纳税款手续。

第十三条 实行跨地区经营汇总缴纳企业所得税的纳税人，由统一计算应纳税所得额和应纳所得税额的总机构，按照上述规定，在汇算清缴期内向所在地主管税务机关办理企业所得税年度纳税申报，进行汇算清缴。分支机构不进行汇算清缴，但应将分支机构的营业收支等情况在报总机构统一汇算清缴前报送分支机构所在地主管税务机关。总机构应将分支机构及其所属机构的营业收支纳入总机构汇算清缴等情况报送各分支机构所在地主管税务机关。

第十四条 经批准实行合并缴纳企业所得税的企业集团，由集团母公司(以下简称汇缴企业)在汇算清缴期内，向汇缴企业所在地主管税务机关报送汇缴企业及各个成员企业合并计算填写的企业所得税年度纳税申报表，以及本办法第八条规定的有关资料及各个成员企业的企业所得税年度纳税申报表，统一办理汇缴企业及其成员企业的企业所得税汇算清缴。

汇缴企业应根据汇算清缴的期限要求，自行确定其成员企业向汇缴企业报送本办法第八条规定的有关资料的期限。成员企业向汇缴企业报送的上述资料，应经成员企业所在地的主管税务机关审核。

第十五条 纳税人未按规定期限进行汇算清缴，或者未报送本办法第八条所列资料的，按照税收征管法及其实施细则的有关规定处理。

第十六条 各级税务机关要结合当地实际，对每一纳税年度的汇算清缴工作进行统一安排和组织部署。汇算清缴管理工作由具体负责企业所得税日常管理的部门组织实施。税务机关内部各职能部门应充分协调和配合，共同做好汇算清缴的管理工作。

第十七条 各级税务机关应在汇算清缴开始之前和汇算清缴期间，主动为纳税人提供税收服务。

(一)采用多种形式进行宣传，帮助纳税人了解企业所得税政策、征管制度和办税程序。

(二)积极开展纳税辅导，帮助纳税人知晓汇算清缴范围、时间要求、报送资料及其他应注意的事项。

(三)必要时组织纳税培训，帮助纳税人进行企业所得税自核自缴。

第十八条 主管税务机关应及时向纳税人发放汇算清缴的表、证、单、书。

第十九条 主管税务机关受理纳税人企业所得税年度纳税申报表及有关资料时，如发现企业未按规定报齐有关资料或填报项目不完整的,应及时告知企业在汇算清缴期内补齐补正。

第二十条 主管税务机关受理纳税人年度纳税申报后,应对纳税人年度纳税申报表的逻辑性和有关资料的完整性、准确性进行审核。审核重点主要包括:

(一)纳税人企业所得税年度纳税申报表及其附表与企业财务报表有关项目的数字是否相符,各项目之间的逻辑关系是否对应,计算是否正确。

(二)纳税人是否按规定弥补以前年度亏损额和结转以后年度待弥补的亏损额。

(三)纳税人是否符合税收优惠条件、税收优惠的确认和申请是否符合规定程序。

(四)纳税人税前扣除的财产损失是否真实、是否符合有关规定程序。跨地区经营汇总缴纳企业所得税的纳税人,其分支机构税前扣除的财产损失是否由分支机构所在地主管税务机关出具证明。

(五)纳税人有无预缴企业所得税的完税凭证,完税凭证上填列的预缴数额是否真实。跨地区经营汇总缴纳企业所得税的纳税人及其所属分支机构预缴的税款是否与《中华人民共和国企业所得税汇总纳税分支机构分配表》中分配的数额一致。

(六)纳税人企业所得税和其他各税种之间的数据是否相符、逻辑关系是否吻合。

第二十一条 主管税务机关应结合纳税人企业所得税预缴情况及日常征管情况,对纳税人报送的企业所得税年度纳税申报表及其附表和其他有关资料进行初步审核后,按规定程序及时办理企业所得税补、退税或抵缴其下一年度应纳所得税款等事项。

第二十二条 税务机关应做好跨地区经营汇总纳税企业和合并纳税企业汇算清缴的协同管理。

(一)总机构和汇缴企业所在地主管税务机关在对企业的汇总或合并纳税申报资料审核时,发现其分支机构或成员企业申报内容有疑点需进一步核实的,应向其分支机构或成员企业所在地主管税务机关发出有关税务事项协查函;该分支机构或成员企业所在地主管税务机关应在要求的时限内就协查事项进行调查核实,并将核查结果函复总机构或汇缴企业所在地主管税务机关。

(二)总机构和汇缴企业所在地主管税务机关收到分支机构或成员企业所在地主管税务机关反馈的核查结果后,应对总机构和汇缴企业申报的应纳税所得额及应纳所得税额作相应调整。

第二十三条 汇算清缴工作结束后,税务机关应组织开展汇算清缴数据分析、纳税评估和检查。纳税评估和检查的对象、内容、方法、程序等按照国家税务总局的有关规定执行。

第二十四条 汇算清缴工作结束后,各级税务机关应认真总结,写出书面总结报告逐级上报。各省、自治区、直辖市和计划单列市国家税务局、地方税务局应在每年7月底前将汇算清缴工作总结报告、年度企业所得税汇总报表报送国家税务总局(所得税司)。总结报告的内容应包括:

(一)汇算清缴工作的基本情况;

(二)企业所得税税源结构的分布情况;

(三)企业所得税收入增减变化及原因;

(四)企业所得税政策和征管制度贯彻落实中存在的问题和改进建议。

第二十五条 本办法适用于企业所得税居民企业纳税人。

第二十六条 各省、自治区、直辖市和计划单列市国家税务局、地方税务局可根据本办法制定具体实施办法。

第二十七条 本办法自2009年1月1日起执行。《国家税务总局关于印发〈企业所得税汇算清缴管理办法〉的通知》(国税发〔2005〕200号)、《国家税务总局关于印发新修订的〈外商投资企业和外国企业所得税汇算清缴工作规程〉的通知》(国税发〔2003〕12号)和《国家税务总局关于印发新修订的〈外商投资企业和外国企业所得税汇算清缴管理办法〉的通知》(国税发〔2003〕13号)同时废止。

2008年度企业所得税汇算清缴按本办法执行。

第二十八条 本办法由国家税务总局负责解释。

浙江省地方税务局转发
财政部 国家税务总局关于执行企业所得税优惠政策若干问题的通知

2009 年 5 月 15 日　浙地税函〔2009〕187 号

各市、县(市、区)地方税务局(不发宁波),省地方税务局直属一分局、稽查局:

现将《财政部 国家税务总局关于执行企业所得税优惠政策若干问题的通知》(财税〔2009〕69 号)转发给你们,并作如下补充规定,请一并贯彻执行。

一、《浙江省地方税务局关于印发〈企业所得税年度纳税申报表〉的通知》(浙地税函〔2009〕44 号)附件《中华人民共和国企业所得税年度纳税申报表(A 类)》附表五《税收优惠明细表》中:

对第 45 行"企业从业人数"的填报说明修改为:填报纳税人全年平均从业人员,按照纳税人月平均从业人员平均计算,计算公式为月平均值 =(月初值 + 月末值)÷2,全年平均值 = 全年各月平均值之和 ÷ 12,用于判断是否为税收规定的小型微利企业。

对第 46 行"资产总额"的填报说明修改为:填报纳税人全年资产总额平均数,按照纳税人月平均资产总额平均计算,计算公式为月平均值 =(月初值 + 月末值)÷2,全年平均值 = 全年各月平均值之和 ÷ 12,用于判断是否为税收规定的小型微利企业。

二、对《中华人民共和国企业所得税月(季)度预缴纳税申报表(B 类)》及《中华人民共和国企业所得税年度纳税申报表(B 类)》第 13 行"减免所得税额"的填报说明修改为:第 13 行"减免所得税额":填报当期实际享受的减免所得税额,第 13 行≤第 12 行。包括享受减免税优惠过渡期的税收优惠、高新技术企业优惠及经税务机关审批或备案的其他减免税优惠。

三、删除《中华人民共和国企业所得税年度纳税申报表(B 类)》附表《税收优惠明细表》中的第 10、21、22、23 行及其相关填报说明。

四、浙江省地方税务局《小型微利企业认定办法〈试行〉》(浙地税函〔2009〕80 号)第一条和《小型微利企业认定申请表》(附件 2)中的"从业人数"、"资产总额"按本通知第一条规定执行。

五、已按原规定进行 2008 年度企业所得税汇算清缴的企业,如与本通知规定不符的,需按本通知规定重新进行年度纳税申报。

各地要抓紧广泛宣传,做好培训辅导,认真贯彻落实。实际执行中遇到问题,请及时向省局(税政二处)反映。

附件:

1.《财政部 国家税务总局关于执行企业所得税优惠政策若干问题的通知》(财税〔2009〕69 号)

2.小型微利企业认定申请表(编者略)

财政部 国家税务总局关于执行企业所得税优惠政策若干问题的通知

2009年5月11日 财税〔2009〕69号

各省、自治区、直辖市、计划单列市财政厅(局)、国家税务局、地方税务局,新疆生产建设兵团财务局:

根据《中华人民共和国企业所得税法》(以下简称企业所得税法)及《中华人民共和国企业所得税法实施条例》(中华人民共和国国务院令第512号,以下简称实施条例)的有关规定,现就企业所得税优惠政策执行中有关问题通知如下:

一、执行《国务院关于实施企业所得税过渡优惠政策的通知》(国发〔2007〕39号)规定的过渡优惠政策及西部大开发优惠政策的企业,在定期减免税的减半期内,可以按照企业适用税率计算的应纳税额减半征税。其他各类情形的定期减免税,均应按照企业所得税25%的法定税率计算的应纳税额减半征税。

二、《国务院关于实施企业所得税过渡优惠政策的通知》(国发〔2007〕39号)第三条所称不得叠加享受,且一经选择,不得改变的税收优惠情形,限于企业所得税过渡优惠政策与企业所得税法及其实施条例中规定的定期减免税和减低税率类的税收优惠。

企业所得税法及其实施条例中规定的各项税收优惠,凡企业符合规定条件的,可以同时享受。

三、企业在享受过渡税收优惠过程中发生合并、分立、重组等情形的,按照《财政部 国家税务总局关于企业重组业务企业所得税处理若干问题的通知》(财税〔2009〕59号)的统一规定执行。

四、2008年1月1日以后,居民企业之间分配属于2007年度及以前年度的累积未分配利润而形成的股息、红利等权益性投资收益,均应按照企业所得税法第二十六条及实施条例第十七条、第八十三条的规定处理。

五、企业在2007年3月16日之前设立的分支机构单独依据原内、外资企业所得税法的优惠规定已享受有关税收优惠的,凡符合《国务院关于实施企业所得税过渡优惠政策的通知》(国发〔2007〕39号)所列政策条件的,该分支机构可以单独享受国发〔2007〕39号规定的企业所得税过渡优惠政策。

六、实施条例第九十一条第(二)项所称国际金融组织,包括国际货币基金组织、世界银行、亚洲开发银行、国际开发协会、国际农业发展基金、欧洲投资银行以及财政部和国家税务总局确定的其他国际金融组织;所称优惠贷款,是指低于金融企业同期同类贷款利率水平的贷款。

七、实施条例第九十二条第(一)项和第(二)项所称从业人数,是指与企业建立劳动关系的职工人数和企业接受的劳务派遣用工人数之和;从业人数和资产总额指标,按企业全年月平均值确定,具体计算公式如下:

月平均值=(月初值+月末值)÷2

全年月平均值=全年各月平均值之和÷12

年度中间开业或者终止经营活动的,以其实际经营期作为一个纳税年度确定上述相关指标。

八、企业所得税法第二十八条规定的小型微利企业待遇,应适用于具备建账核算自身应纳税所得额条件的企业,按照《企业所得税核定征收办法》(国税发〔2008〕30号)缴纳企业所得税的企业,在不具备准确核算应纳税所得额条件前,暂不适用小型微利企业适用税率。

九、2007年底前设立的软件生产企业和集成电路生产企业,经认定后可以按《财政部 国家税务总局关于企业所得税若干优惠政策的通知》(财税〔2008〕1号)的规定享受企业所得税定期减免税优惠政策。在

2007年度或以前年度已获利并开始享受定期减免税优惠政策的,可自2008年度起继续享受至期满为止。

十、实施条例第一百条规定的购置并实际使用的环境保护、节能节水和安全生产专用设备,包括承租方企业以融资租赁方式租入的、并在融资租赁合同中约定租赁期届满时租赁设备所有权转移给承租方企业,且符合规定条件的上述专用设备。凡融资租赁期届满后租赁设备所有权未转移至承租方企业的,承租方企业应停止享受抵免企业所得税优惠,并补缴已经抵免的企业所得税税款。

十一、实施条例第九十七条所称投资于未上市的中小高新技术企业2年以上的,包括发生在2008年1月1日以前满2年的投资;所称中小高新技术企业是指按照《高新技术企业认定管理办法》(国科发火〔2008〕172号)和《高新技术企业认定管理工作指引》(国科发火〔2008〕362号)取得高新技术企业资格,且年销售额和资产总额均不超过2亿元、从业人数不超过500人的企业,其中2007年底前已取得高新技术企业资格的,在其规定有效期内不需重新认定。

十二、本通知自2008年1月1日起执行。

关于认定浙江杭佳科技发展有限公司等134家企业为2009年第一批高新技术企业的通知

2009年5月18日　浙科发高〔2009〕103号

各有关市、县(市、区)科技局、财政局、国家税务局、地方税务局,杭州国家高新区管委会,省地方税务局直属一分局:

根据《高新技术企业认定管理办法》(国科发火〔2008〕172号)和《高新技术企业认定管理工作指引》(国科发火〔2008〕362号)有关规定,现认定浙江杭佳科技发展有限公司等134家企业为2009年第一批高新技术企业,认定有效期3年,企业所得税优惠期为2009年1月1日至2011年12月31日。

请各地及时通知相关企业到主管税务机关办理减税手续,并尽早落实有关税收优惠政策。

附件:浙江省2009年第一批高新技术企业名单

附件:

浙江省2009年第一批高新技术企业名单

序号	企业所在县(市)	企业名称
1	杭州市区(17家)	浙江杭佳科技发展有限公司
2		杭州三六五网络有限公司
3		杭州在信科技有限公司
4		中科天翔(杭州)科技有限公司
5		杭州国迈电子科技有限公司
6		雷科通技术(杭州)有限公司

序 号	企业所在县(市)	企业名称
7		天杭办公耗材(杭州)有限公司
8		杭州中宝科技有限公司
9		杭州东城电子有限公司
10		杭州海兴电力科技有限公司
11		中国空分设备有限公司
12		杭州水表有限公司
13		杭州大潮石化设备有限公司
14		浙宝电气(杭州)集团有限公司
15		浙江三花汽车控制系统有限公司
16		浙江虹越花卉有限公司
17		浙江中财型材有限责任公司
18	杭州高新区(14家)	杭州广川科技有限公司
19		杭州洛斯达电力科技有限公司
20		杭州再灵电子科技有限公司
21		杭州新箭电子有限公司
22		杭州东联软件有限公司
23		杭州星软科技有限公司
24		杭州阔博科技有限公司
25		浙江邮海电子有限责任公司
26		微明(杭州)信息科技有限公司
27		浙江兰木达电子系统工程有限公司
28		杭州创业计算机工程有限公司
29		浙江高自成套设备有限公司
30		杭州中信网络自动化有限公司
31		浙江康恩贝健康产品有限公司
32	萧山区(4家)	杭州天峰纺织机械有限公司
33		杭州飞祥电子线缆实业有限公司
34		杭州银河线缆有限公司
35		杭州祥博电气有限公司
36	余杭区(1家)	春风控股集团杭州摩托车制造有限公司
37	富阳市(2家)	杭州祥和实业有限公司
38		杭州胜大药业有限公司

序 号	企业所在县(市)	企业名称
39	桐庐县(1家)	杭州蜂之语蜂业股份有限公司
40	温州市区(17家)	浙江东富汽车部件有限公司
41		浙江圣邦机械有限公司
42		温州亚光机械制造有限公司
43		浙江澳太机械制造有限公司
44		温州市巨鹏磁能锁业有限公司
45		浙江有氟密阀门有限公司
46		浙江埃尼斯阀门有限公司
47		特福隆集团有限公司
48		立可达包装有限公司
49		晨泰集团有限公司
50		温州宏业精机有限公司
51		温州东瓯津玛生物科技有限公司
52		温州市成东药机有限公司
53		浙江一帆化工有限公司
54		浙江东化实业有限公司
55		浙江正康实业有限公司
56		温州市双屿防腐设备制造公司
57	永嘉县(3家)	海星海事电气集团有限公司
58		良精集团有限公司
59		大众阀门集团有限公司
60	乐清市(4家)	浙江正泰电器股份有限公司
61		共信电力科技有限公司
62		浙江瑞亨精密工具有限公司
63		温州宏丰电工合金有限公司
64	瑞安市(8家)	浙江希望机械有限公司
65		浙江长城换向器有限公司
66		瑞安市飞云机械厂
67		浙江远征汽摩附件有限公司
68		安固集团有限公司
69		八达机电有限公司
70		嘉利特荏原泵业有限公司

序号	企业所在县(市)	企业名称
71		浙江华峰氨纶股份有限公司
72	苍南县(1家)	浙江苍南仪表厂
73	平湖市(2家)	浙江晨光电缆股份有限公司
74		浙江宏阳新能源科技有限公司
75	嘉善县(4家)	浙江昱辉阳光能源有限公司
76		浙江凌龙纺织有限公司
77		嘉善海峡净水灵化工有限公司
78		浙江神州毛纺织有限公司
79	海盐县(4家)	海盐盛迪电子科技有限公司
80		浙江毅林电子有限公司
81		浙江友邦集成吊顶有限公司
82		浙江嘉化集团股份有限公司
83	海宁市(2家)	海宁市海神电子有限公司
84		浙江汇能动物药品有限公司
85	桐乡市(1家)	浙江嘉澳环保科技股份有限公司
86	湖州市区(9家)	湖州新荣机电设备制造有限公司
87		浙江湖磨抛光磨具制造有限公司
88		湖州四方格林自动化技术有限公司
89		浙江永吉木业有限公司
90		协和华东干细胞基因工程有限公司
91		湖州太箭照明有限公司
92		湖州飞剑杆塔制造有限公司
93		浙江美欣达印染集团股份有限公司
94		浙江尤夫高新纤维股份有限公司
95	安吉县(1家)	安吉豪森药业有限公司
96	长兴县(2家)	湖州凯恩涂层有限公司
97		浙江天能电子电器有限公司
98	德清县(1家)	浙江五龙化工股份有限公司
99	绍兴市区(1家)	绍兴京华激光制品有限公司
100	绍兴县(3家)	浙江精盾汽车零件制造有限公司
101		绍兴县皇冠机械有限公司
102		绍兴县精工机电研究所有限公司

序 号	企业所在县(市)	企业名称
103	上虞市(6家)	浙江华鑫商业售货机有限公司
104		浙江土工仪器制造有限公司
105		浙江金盾消防器材有限公司
106		浙江金盾压力容器有限公司
107		绍兴女儿红酿酒有限公司
108		浙江三荣塑胶有限公司
109	诸暨市(4家)	浙江华海合力科技股份有限公司
110		浙江长生鸟珍珠生物科技有限公司
111		裕鑫集团有限公司
112		浙江盾安机械有限公司
113	新昌县(1家)	浙江新昌皮尔轴承有限公司
114	金华市区(3家)	金华信息港数码科技有限公司
115		浙江绿源电动车有限公司
116		金华市金钟焊接材料有限公司
117	东阳市(25家)	浙江省东阳化工机械有限公司
118		浙江英洛华磁业有限公司
119	永康市(1家)	浙江道明光学股份有限公司
120	武义县(1家)	浙江凯德医疗器械有限公司
121	磐安县(1家)	金华鹏孚隆科技有限公司
122	黄岩区(1家)	浙江济民制药有限公司
123	温岭市(3家)	台州市大江实业有限公司
124		浙江利欧股份有限公司
125		浙江大元汽车空调有限公司
126	玉环县(2家)	浙江康康医疗器械有限公司
127		浙江金壳生物化学有限公司
128	天台县(1家)	浙江万胜电力仪表有限公司
129	龙游县(1家)	浙江环达漆业集团有限公司
130	江山市(1家)	江山科润电力设备有限公司
131	舟山市区(3家)	扬帆集团有限公司
132		浙江欧华造船有限公司
133		浙江海力生制药有限公司
134	岱山县(1家)	舟山市海山密封材料有限公司

浙江省地方税务局转发国家税务总局关于技术转让所得减免企业所得税有关问题的通知

2009年5月18日 浙地税函〔2009〕190号

各市、县(市、区)地方税务局(不发宁波),省地方税务局直属一分局、稽查局:

现将《国家税务总局关于技术转让所得减免企业所得税有关问题的通知》(国税函〔2009〕212号,以下简称《通知》)转发给你们,并结合我省实际,对《浙江省地方税务局关于明确企业所得税减免税有关管理问题的通知》(浙地税函〔2009〕64号)附件第三条"符合条件的技术转让所得"的备案期限、报送资料等内容作如下修改,请遵照执行。

一、备案期限:纳税年度终了后至报送年度纳税申报表以前,实行一年一备。

二、报送资料。

(一)企业发生境内技术转让,向主管地税机关备案时应报送以下资料:

1.《备案类减免税登记表》;

2.技术转让成果的相关证明材料,如专利权证书、纳税人拥有技术成果的说明等;

3.技术转让合同(副本);

4.省级以上科技部门出具的技术合同登记证明;

5.技术转让所得归集、分摊、计算的相关资料;

6.实际缴纳相关税费的证明资料;

7.主管税务机关要求提供的其他资料。

(二)企业向境外转让技术,向主管地税机关备案时应报送以下资料:

1.《备案类减免税登记表》;

2.技术转让成果的相关证明材料,如专利权证书、纳税人拥有技术成果的说明等;

3.技术出口合同(副本);

4.省级以上商务部门出具的技术出口合同登记证书或技术出口许可证;

5.技术出口合同数据表;

6.技术转让所得归集、分摊、计算的相关资料;

7.实际缴纳相关税费的证明资料;

8.主管税务机关要求提供的其他资料。

各地要抓紧广泛宣传,做好培训辅导,认真贯彻落实。实际执行中有什么问题,请及时向省局(税政二处)反映。

国家税务总局关于技术转让所得减免企业所得税有关问题的通知

2009年4月24日 国税函〔2009〕212号

各省、自治区、直辖市和计划单列市国家税务局、地方税务局:

根据《中华人民共和国企业所得税法》(以下简称企业所得税法)及其实施条例和相关规定,现就符合条件的技术转让所得减免企业所得税有关问题通知如下。

一、根据企业所得税法第二十七条第(四)项规定,享受减免企业所得税优惠的技术转让应符合以下条件:

(一)享受优惠的技术转让主体是企业所得税法规定的居民企业;

(二)技术转让属于财政部、国家税务总局规定的范围;

(三)境内技术转让经省级以上科技部门认定;

(四)向境外转让技术经省级以上商务部门认定;

(五)国务院税务主管部门规定的其他条件。

二、符合条件的技术转让所得应按以下方法计算:

技术转让所得＝技术转让收入－技术转让成本－相关税费

技术转让收入是指当事人履行技术转让合同后获得的价款,不包括销售或转让设备、仪器、零部件、原材料等非技术性收入。不属于与技术转让项目密不可分的技术咨询、技术服务、技术培训等收入,不得计入技术转让收入。

技术转让成本是指转让的无形资产的净值,即该无形资产的计税基础减除在资产使用期间按照规定计算的摊销扣除额后的余额。

相关税费是指技术转让过程中实际发生的有关税费,包括除企业所得税和允许抵扣的增值税以外的各项税金及其附加、合同签订费用、律师费等相关费用及其他支出。

三、享受技术转让所得减免企业所得税优惠的企业,应单独计算技术转让所得,并合理分摊企业的期间费用;没有单独计算的,不得享受技术转让所得企业所得税优惠。

四、企业发生技术转让,应在纳税年度终了后至报送年度纳税申报表以前,向主管税务机关办理减免税备案手续。

(一)企业发生境内技术转让,向主管税务机关备案时应报送以下资料:

1.技术转让合同(副本);

2.省级以上科技部门出具的技术合同登记证明;

3.技术转让所得归集、分摊、计算的相关资料;

4.实际缴纳相关税费的证明资料;

5.主管税务机关要求提供的其他资料。

(二)企业向境外转让技术,向主管税务机关备案时应报送以下资料:

1.技术出口合同(副本);

2. 省级以上商务部门出具的技术出口合同登记证书或技术出口许可证;

3.技术出口合同数据表;

4.技术转让所得归集、分摊、计算的相关资料;

5.实际缴纳相关税费的证明资料;

6.主管税务机关要求提供的其他资料。

五、本通知自2008年1月1日起执行。

国家税务总局关于2008年度企业所得税纳税申报有关问题的通知

2009年5月31日　国税函〔2009〕286号

各省、自治区、直辖市和计划单列市国家税务局、地方税务局:

为做好2008年度企业所得税汇算清缴工作,现就2008年度企业所得税年度纳税申报有关问题通知如下:

一、各级税务机关应按照《中华人民共和国企业所得税法》及其实施条例、《中华人民共和国税收征收管理法》及其实施细则和《国家税务总局关于印发〈企业所得税汇算清缴管理办法〉的通知》(国税发〔2009〕79 号)的规定,认真做好 2008 年度企业所得税汇算清缴工作,按规定程序和时间要求及时办理企业所得税汇算清缴事项,切实提高企业所得税汇算清缴质量。

二、对于 2009 年 5 月 31 日后确定的个别政策,如涉及纳税调整需要补退企业所得税款的,纳税人可以在 2009 年 12 月 31 日前自行到税务机关补正申报,不加收滞纳金和追究法律责任。

三、本通知仅适用于 2008 年度企业所得税汇算清缴。

浙江省经济和信息化委员会
浙江省地方税务局
关于落实资源综合利用企业所得税
优惠有关政策的通知

2009 年 6 月 1 日　浙经信资源〔2009〕76 号

各市、县(市、区)经贸委(经委)、地税局(宁波不发):

为贯彻落实资源综合利用企业所得税优惠政策,根据《国家税务总局关于资源综合利用企业所得税优惠管理问题的通知》(国税函〔2009〕185 号),并结合我省实际,对我省资源综合利用企业所得税优惠有关管理问题通知如下:

一、企业自 2008 年 1 月 1 日起以《资源综合利用企业所得税优惠目录(2008 年版)》规定的资源作为原材料,生产国家非限制和非禁止并符合国家及行业相关标准的产品取得的收入,减按 90%计入企业当年收入总额。

二、经资源综合利用主管部门按《目录》规定认定的生产资源综合利用产品的企业(不包括仅对资源综合利用产品工艺和技术进行认定的企业),按《国家发展改革委财政部 国家税务总局关于印发〈国家鼓励的资源综合利用认定管理办法〉的通知》(发改环资〔2006〕1864 号,以下简称《办法》)和原省经贸委、省财政厅、省地税局《关于印发〈浙江省实施国家鼓励的资源综合利用认定管理办法细则〉的通知》(浙经贸资源〔2007〕265 号,以下简称《细则》)规定取得的《资源综合利用认定证书》,有效期两年,有效期内可按税收规定向税务机关申请享受资源综合利用企业所得税优惠。

三、按《资源综合利用目录(2003 年修订)》认定并获得资源综合利用认定证书的企业,应在 2009 年 8 月 31 日之前,按《资源综合利用企业所得税优惠目录(2008 年版)》重新办理认定并取得《资源综合利用认定证书》后,方可申请享受资源综合利用企业所得税优惠;已经申请并享受税收优惠,但重新办理认定,未能取得《资源综合利用认定证书》的,主管地税机关应补征其 2008 年 1 月 1 日后已经享受的优惠税额。

国家税务总局关于企业投资者投资未到位而发生的利息支出企业所得税前扣除问题的批复

2009年6月4日　国税函〔2009〕312号

大连市国家税务局：

你局《关于企业贷款中相当于投资者投资未到位部分的利息支出能否税前列支的请示》（大国税发〔2009〕68号）收悉。经研究，批复如下：

关于企业由于投资者投资未到位而发生的利息支出扣除问题，根据《中华人民共和国企业所得税法实施条例》第二十七条规定，凡企业投资者在规定期限内未缴足其应缴资本额的，该企业对外借款所发生的利息，相当于投资者实缴资本额与在规定期限内应缴资本额的差额应计付的利息，其不属于企业合理的支出，应由企业投资者负担，不得在计算企业应纳税所得额时扣除。

具体计算不得扣除的利息，应以企业一个年度内每一账面实收资本与借款余额保持不变的期间作为一个计算期，每一计算期内不得扣除的借款利息按该期间借款利息发生额乘以该期间企业未缴足的注册资本占借款总额的比例计算，公式为：

企业每一计算期不得扣除的借款利息＝该期间借款利息额该期间未缴足注册资本额÷该期间借款额

企业一个年度内不得扣除的借款利息总额为该年度内每一计算期不得扣除的借款利息额之和。

国家税务总局关于保险公司再保险业务赔款支出税前扣除问题的通知

2009年6月4日　国税函〔2009〕313号

各省、自治区、直辖市和计划单列市国家税务局：

现将保险公司再保险业务赔款支出税前扣除问题通知如下：

根据《中华人民共和国企业所得税法实施条例》第九条的规定，从事再保险业务的保险公司（以下称再保险公司）发生的再保险业务赔款支出，按照权责发生制的原则，应在收到从事直保业务公司（以下称直保公司）再保险业务赔款账单时，作为企业当期成本费用扣除。为便于再保险公司再保险业务的核算，凡在次年企业所得税汇算清缴前，再保险公司收到直保公司再保险业务赔款账单中属于上年度的赔款，准予调整作为上年度的成本费用扣除，同时调整已计提的未决赔款准备金；次年汇算清缴后收到直保公司再保险业务赔款账单的，按该赔款账单上发生的赔款支出，在收单年度作为成本费用扣除。

浙江省财政厅 浙江省国家税务局 浙江省地方税务局 浙江省民政厅转发 财政部 国家税务总局 民政部 关于公益性捐赠税前扣除有关问题的通知

2009年6月5日 浙财税政字〔2009〕7号

各市、县(市、区)财政局、国家税务局、地方税务局、民政局(宁波不发):

现将《财政部 国家税务总局 民政部关于公益性捐赠税前扣除有关问题的通知》(财税〔2008〕160号,以下简称《通知》)转发给你们,并就有关问题补充规定如下,请一并遵照执行。

一、申请捐赠税前扣除资格的公益性社会团体,须报送以下材料:

(一)浙江省公益性社会团体捐赠税前扣除资格申请表(详见附件2);

(二)县级以上民政部门颁发的登记证书复印件;

(三)组织章程;

(四)申请前三年(实际年限不足三年的按实际登记年限)的财务报告,注册会计(税务)师对申请前相应年度资金来源、使用情况、公益活动支出明细的审计报告;

(五)民政部门出具的申请前相应年度的年度检查结论、社会组织评估结论。

二、对公益性社会团体捐赠税前扣除资格的认定按以下程序进行:

(一)公益性社会团体在报请业务主管单位在申请表上出具意见后,将申请表及本通知第一条规定的其他申请材料报其登记管理机关,由登记管理机关、当地财政、税务部门进行初审;初审通过后,由登记管理机关(设区的市,由市民政局汇总后)将有关材料统一转交省民政厅;

(二)省财政厅、省国税局、省地税局、省民政厅对初审通过的公益性社会团体捐赠税前扣除资格联合进行审核确认;

(三)省财政厅、省国税局、省地税局、省民政厅联合发文公布具有捐赠税前扣除资格的公益性社会团体名单。

三、省民政厅受理当地上报申请材料截止期限为当年的10月底,逾期不予受理。各地受理公益性社会团体上报申请材料的期限由各地自行规定。

四、各级民政部门在对具有捐赠税前扣除资格的公益性社会团体进行年度检查、评估后,应当在做出结论之日起1个月内将相关结论通报当地财政、税务部门,属于《通知》第十条规定情形之一的,应当同时报告省民政厅,并由省民政厅在20个工作日内告知省级财政、税务部门。

各级税务部门查实公益性社会团体存在逃避缴纳税款行为或为他人逃避缴纳税款提供便利的,应当在做出决定之日起1个月内同时通报当地财政、民政部门和省国税局、地税局,并由省国税局、地税局在20个工作日内告知省财政厅、民政部门。

五、住所地位于宁波市行政区域内的公益性社会团体,其捐赠税前扣除资格认定按宁波市制定的办法执行。

六、在本通知下发之日前已提出申请并通过认定

取得捐赠税前扣除资格的公益性社会团体，仍需按本通知规定重新提出申请，对重新认定不合格的社会团体，主管税务机关应依法补征其2008年度接受捐赠收入和其他各项收入的企业所得税。

附件：

1.财政部 国家税务总局 民政部关于公益性捐赠税前扣除有关问题的通知（财税〔2008〕160号）

2. 浙江省公益性社会团体捐赠税前扣除资格申请表（编者略）

3. 公益性社会团体公益活动支出明细表（编者略）

财政部 国家税务总局 民政部
关于公益性捐赠税前扣除有关问题的通知

2008年12月31日　财税〔2008〕160号

各省、自治区、直辖市、计划单列市财政厅(局)、国家税务局、地方税务局、民政厅(局)，新疆生产建设兵团财务局、民政局：

为贯彻落实《中华人民共和国企业所得税法》和《中华人民共和国个人所得税法》，现对公益性捐赠所得税税前扣除有关问题明确如下。

一、企业通过公益性社会团体或者县级以上人民政府及其部门，用于公益事业的捐赠支出，在年度利润总额12%以内的部分，准予在计算应纳税所得额时扣除。年度利润总额，是指企业依照国家统一会计制度的规定计算的大于零的数额。

二、个人通过社会团体、国家机关向公益事业的捐赠支出，按照现行税收法律、行政法规及相关政策规定准予在所得税税前扣除。

三、本通知第一条所称的用于公益事业的捐赠支出，是指《中华人民共和国公益事业捐赠法》规定的向公益事业的捐赠支出，具体范围包括：

(一)救助灾害、救济贫困、扶助残疾人等困难的社会群体和个人的活动；

(二)教育、科学、文化、卫生、体育事业；

(三)环境保护、社会公共设施建设；

(四)促进社会发展和进步的其他社会公共和福利事业。

四、本通知第一条所称的公益性社会团体和第二条所称的社会团体均指依据国务院发布的《基金会管理条例》和《社会团体登记管理条例》的规定，经民政部门依法登记、符合以下条件的基金会、慈善组织等公益性社会团体：

(一)符合《中华人民共和国企业所得税法实施条例》第五十二条第(一)项到第(八)项规定的条件；

(二)申请前3年内未受到行政处罚；

(三) 基金会在民政部门依法登记3年以上 (含3年)的，应当在申请前连续2年年度检查合格，或最近1年年度检查合格且社会组织评估等级在3A以上(含3A)，登记3年以下1年以上(含1年)的，应当在申请前1年年度检查合格或社会组织评估等级在3A以上(含3A)，登记1年以下的基金会具备本款第(一)项、第(二)项规定的条件；

(四)公益性社会团体(不含基金会)在民政部门依法登记3年以上，净资产不低于登记的活动资金数额，申请前连续2年年度检查合格，或最近1年年度检查合格且社会组织评估等级在3A以上 (含3A)，申请前连续3年每年用于公益活动的支出不低于上年总收入的70%(含70%)，同时需达到当年总支出的50%以上(含50%)。

前款所称年度检查合格是指民政部门对基金会、公益性社会团体(不含基金会)进行年度检查，作出年度检查合格的结论；社会组织评估等级在3A以上(含

3A)是指社会组织在民政部门主导的社会组织评估中被评为3A、4A、5A级别,且评估结果在有效期内。

五、本通知第一条所称的县级以上人民政府及其部门和第二条所称的国家机关均指县级(含县级,下同)以上人民政府及其组成部门和直属机构。

六、符合本通知第四条规定的基金会、慈善组织等公益性社会团体,可按程序申请公益性捐赠税前扣除资格。

(一)经民政部批准成立的公益性社会团体,可分别向财政部、国家税务总局、民政部提出申请;

(二)经省级民政部门批准成立的基金会,可分别向省级财政、税务(国、地税,下同)、民政部门提出申请。经地方县级以上人民政府民政部门批准成立的公益性社会团体(不含基金会),可分别向省、自治区、直辖市和计划单列市财政、税务、民政部门提出申请;

(三)民政部门负责对公益性社会团体的资格进行初步审核,财政、税务部门会同民政部门对公益性社会团体的捐赠税前扣除资格联合进行审核确认;

(四)对符合条件的公益性社会团体,按照上述管理权限,由财政部、国家税务总局和民政部及省、自治区、直辖市和计划单列市财政、税务和民政部门分别定期予以公布。

七、申请捐赠税前扣除资格的公益性社会团体,需报送以下材料:

(一)申请报告;

(二)民政部或地方县级以上人民政府民政部门颁发的登记证书复印件;

(三)组织章程;

(四)申请前相应年度的资金来源、使用情况,财务报告,公益活动的明细,注册会计师的审计报告;

(五)民政部门出具的申请前相应年度的年度检查结论、社会组织评估结论。

八、公益性社会团体和县级以上人民政府及其组成部门和直属机构在接受捐赠时,应按照行政管理级次分别使用由财政部或省、自治区、直辖市财政部门印制的公益性捐赠票据,并加盖本单位的印章;对个人索取捐赠票据的,应予以开具。

新设立的基金会在申请获得捐赠税前扣除资格后,原始基金的捐赠人可凭捐赠票据依法享受税前扣除。

九、公益性社会团体和县级以上人民政府及其组成部门和直属机构在接受捐赠时,捐赠资产的价值,按以下原则确认:

(一)接受捐赠的货币性资产,应当按照实际收到的金额计算;

(二)接受捐赠的非货币性资产,应当以其公允价值计算。捐赠方在向公益性社会团体和县级以上人民政府及其组成部门和直属机构捐赠时,应当提供注明捐赠非货币性资产公允价值的证明,如果不能提供上述证明,公益性社会团体和县级以上人民政府及其组成部门和直属机构不得向其开具公益性捐赠票据。

十、存在以下情形之一的公益性社会团体,应取消公益性捐赠税前扣除资格:

(一)年度检查不合格或最近一次社会组织评估等级低于3A的;

(二)在申请公益性捐赠税前扣除资格时有弄虚作假行为的;

(三)存在偷税行为或为他人偷税提供便利的;

(四)存在违反该组织章程的活动,或者接受的捐赠款项用于组织章程规定用途之外的支出等情况的;

(五)受到行政处罚的。

被取消公益性捐赠税前扣除资格的公益性社会团体,存在本条第一款第(一)项情形的,1年内不得重新申请公益性捐赠税前扣除资格,存在第(二)项、第(三)项、第(四)项、第(五)项情形的,3年内不得重新申请公益性捐赠税前扣除资格。

对本条第一款第(三)项、第(四)项情形,应对其接受捐赠收入和其他各项收入依法补征企业所得税。

十一、本通知从2008年1月1日起执行。本通知发布前已经取得和未取得捐赠税前扣除资格的公益性社会团体,均应按本通知的规定提出申请。《财政部 国家税务总局关于公益救济性捐赠税前扣除政策及相关管理问题的通知》(财税〔2007〕6号)停止执行。

国家税务总局
关于股权分置改革中上市公司
取得资产及债务豁免对价收入
征免所得税问题的批复

2009年7月13日　国税函〔2009〕375号

四川省地方税务局：

你局《关于股权分置改革中上市公司取得资产及债务豁免对价收入是否征收所得税问题的请示》(川地税发〔2009〕25号)收悉，经研究，批复如下：

根据《财政部 国家税务总局关于企业所得税若干优惠政策的通知》(财税〔2008〕1号)的规定，《财政部 国家税务总局关于股权分置试点改革有关税收政策问题的通知》(财税〔2005〕103号)的有关规定，自2008年1月1日起继续执行到股权分置试点改革结束。

股权分置改革中，上市公司因股权分置改革而接受的非流通股股东作为对价注入资产和被非流通股股东豁免债务，上市公司应增加注册资本或资本公积，不征收企业所得税。

国家税务总局关于企业所得税核定征收
若干问题的通知

2009年7月14日　国税函〔2009〕377号

各省、自治区、直辖市和计划单列市国家税务局、地方税务局：

《国家税务总局关于印发〈企业所得税核定征收办法〉(试行)的通知》(国税发〔2008〕30号)下发后，各地反映需要对有关问题进一步明确。为规范企业所得税核定征收工作，现对企业所得税核定征收若干问题通知如下。

一、国税发〔2008〕30号文件第三条第二款所称"特定纳税人"包括以下类型的企业：

(一)享受《中华人民共和国企业所得税法》及其实施条例和国务院规定的一项或几项企业所得税优惠政策的企业(不包括仅享受《中华人民共和国企业所得税法》第二十六条规定免税收入优惠政策的企业)；

(二)汇总纳税企业；

(三)上市公司；

(四)银行、信用社、小额贷款公司、保险公司、证券公司、期货公司、信托投资公司、金融资产管理公司、融资租赁公司、担保公司、财务公司、典当公司等金融企业；

(五)会计、审计、资产评估、税务、房地产估价、土地估价、工程造价、律师、价格鉴证、公证机构、基层法

律服务机构、专利代理、商标代理以及其他经济鉴证类社会中介机构;

(六)国家税务总局规定的其他企业。

对上述规定之外的企业,主管税务机关要严格按照规定的范围和标准确定企业所得税的征收方式,不得违规扩大核定征收企业所得税范围;对其中达不到查账征收条件的企业核定征收企业所得税,并促使其完善会计核算和财务管理,达到查账征收条件后要及时转为查账征收。

二、国税发〔2008〕30号文件第六条中的“应税收入额”等于收入总额减去不征税收入和免税收入后的余额。用公式表示为:

应税收入额=收入总额-不征税收入-免税收入

其中,收入总额为企业以货币形式和非货币形式从各种来源取得的收入。

三、本通知从2009年1月1日起执行。

财政部 国家税务总局关于部分行业广告费和业务宣传费税前扣除政策的通知

2009年7月31日 财税〔2009〕72号

各省、自治区、直辖市、计划单列市财政厅(局)、国家税务局、地方税务局,新疆生产建设兵团财务局:

根据《中华人民共和国企业所得税法实施条例》(国务院令第512号)第四十四条规定,现就部分行业广告费和业务宣传费支出税前扣除政策通知如下:

1.对化妆品制造、医药制造和饮料制造(不含酒类制造,下同)企业发生的广告费和业务宣传费支出,不超过当年销售(营业)收入30%的部分,准予扣除;超过部分,准予在以后纳税年度结转扣除。

2.对采取特许经营模式的饮料制造企业,饮料品牌使用方发生的不超过当年销售(营业)收入30%的广告费和业务宣传费支出可以在本企业扣除,也可以将其中的部分或全部归集至饮料品牌持有方或管理方,由饮料品牌持有方或管理方作为销售费用据实在企业所得税前扣除。饮料品牌持有方或管理方在计算本企业广告费和业务宣传费支出企业所得税税前扣除限额时,可将饮料品牌使用方归集至本企业的广告费和业务宣传费剔除。饮料品牌持有方或管理方应当将上述广告费和业务宣传费单独核算,并将品牌使用方当年销售(营业)收入数据资料以及广告费和业务宣传费支出的证明材料专案保存以备检查。

前款所称饮料企业特许经营模式指由饮料品牌持有方或管理方授权品牌使用方在指定地区生产及销售其产成品,并将可以由双方共同为该品牌产品承担的广告费及业务宣传费用统一归集至品牌持有方或管理方承担的营业模式。

3.烟草企业的烟草广告费和业务宣传费支出,一律不得在计算应纳税所得额时扣除。

4.本通知自2008年1月1日起至2010年12月31日止执行。

浙江省地方税务局 浙江省国家税务局 浙江省财政厅 关于省内跨地区经营建筑安装企业有关所得税管理问题的通知

2009年8月2日 浙地税发〔2009〕52号

各市、县(市、区)地方税务局、国家税务局、财政局,省地方税务局直属一分局、省国家税务局直属税务分局:

为统一规范省内跨地区经营建筑安装企业的所得税管理,根据国家税务总局《跨地区经营汇总纳税企业所得税征收管理办法》(国税发〔2008〕28号)、《国家税务总局关于跨地区经营汇总纳税企业所得税征收管理若干问题的通知》(国税函〔2009〕221号)和《浙江省财政厅浙江省国家税务局浙江省地方税务局中国人民银行杭州中心支行关于跨区域总分机构企业所得税分配及预算管理的补充通知》(浙财预字〔2009〕1号)的有关规定,现就省内跨地区经营建筑安装企业的有关所得税管理统一规定如下,请遵照执行。

一、省内跨市、县(含宁波,下同)经营建筑安装业务的总分机构,其二级分支机构的判定和企业所得税征收管理办法按国家税务总局和浙财预字〔2009〕1号的有关规定执行。

二、对不符合二级分支机构判定标准的非法人分支机构(如总机构直接设立的项目公司、工程部等),若同时符合以下三个条件,该分支机构在向施工地税务机关报验登记后,其经营所得由总机构统一计算缴纳企业所得税,分支机构在施工地不预缴企业所得税:

(一)分支机构未在施工地领取非法人营业执照;

(二)分支机构持有总机构主管税务机关开具的《外出经营活动税收管理证明》(以下简称《外管证》);

(三)由总机构出具并由总机构主管税务机关确认的该分支机构在财务、业务、人员等方面纳入总机构统一核算和管理的证明(样式见附件一)。

三、对三级及以下分支机构(如二级分支机构设立的项目公司、工程部等),持《外管证》向施工地税务机关报验登记,并提供由总机构出具并经总机构和二级分支机构主管税务机关确认的该分支机构在财务、业务、人员等方面纳入二级分支机构统一核算和管理的证明(样式见附件二)后,该分支机构不就地预缴企业所得税,其经营收入、职工工资总额和资产总额统一计入二级分支机构。

四、本通知是省地税局、省国税局、省财政厅在国家税务总局跨地区经营汇总纳税企业所得税征收管理有关规定基础上反复研究制定的,总机构所在地主管税务机关和分支机构所在地主管税务机关要加强沟通与联系,相互支持,密切配合,牢固树立大局意识,坚决防止为了局部利益相互扯皮,甚至干预企业经营等问题的出现。各地在执行过程中遇到什么问题,请及时与省地税局、省国税局联系。

附件:(略)

1.证明

2.证明

浙江省科学技术厅 浙江省财政厅 浙江省国家税务局 浙江省地方税务局关于认定浙江德力西国际电工有限公司等 273 家企业为 2009 年第二批高新技术企业的通知

2009 年 8 月 7 日 浙科发高〔2009〕166 号

各有关市、县(市、区)科技局、财政局、国家税务局、地方税务局,杭州国家高新区管委会,省地方税务局直属一分局:

根据《高新技术企业认定管理办法》(国科发火〔2008〕172 号)和《高新技术企业认定管理工作指引》(国科发火〔2008〕362 号)有关规定,现认定浙江德力西国际电工有限公司等 273 家企业为 2009 年第二批高新技术企业,认定有效期 3 年,企业所得税优惠期为 2009 年 1 月 1 日至 2011 年 12 月 31 日。

请各地及时通知相关企业到主管税务机关办理减税手续,并尽早落实有关税收优惠政策。

附件:浙江省 2009 年第二批高新技术企业名单

附件:

浙江省 2009 年第二批高新技术企业名单

序 号	企业所在县(市)	企业名称
		杭州市 70 家
1	市本级(23 家)	浙江德力西国际电工有限公司
2		浙江汇能电力电子有限公司
3		杭州热点信息技术有限公司
4		杭州中法化学有限公司
5		浙江华泰丝绸有限公司
6		浙江慧达驿站网络有限公司
7		浙江宇天科技有限公司
8		杭州大光明通信系统集成有限公司

序号	企业所在县(市)	企业名称
9		浙江沸蓝新媒体网络有限公司
10		杭州正和科技有限公司
11		浙江南天邮电通讯技术有限公司
12		杭州人本大型轴承有限公司
13		浙江省通信产业服务有限公司
14		杭州人本中型轴承有限公司
15		杭州华顺炉业有限公司
16		杭州爱大制药有限公司
17		杭州雷博科技有限公司
18		杭州振华仪表有限公司
19		浙江关西电机有限公司
20		杭州天明环保工程有限公司
21		浙江华人数码印刷有限公司
22		浙江三花汽车零部件有限公司
23		杭州朝阳橡胶有限公司
24	杭州高新区(20家)	杭州利安生物科技有限公司
25		杭州南开日新生物技术有限公司
26		浙江现代船舶设计研究有限公司
27		杭州四方博瑞数字电力科技有限公司
28		杭州海成电子技术有限公司
29		杭州创新中药标准化研究所有限公司
30		杭州弈天网络技术有限公司
31		杭州普维光电技术有限公司
32		浙江博世华环保科技有限公司
33		杭州邦泰科技有限公司
34		杭州高远技术有限公司
35		杭州理想环保有限公司
36		浙江安科网络技术有限公司
37		杭州精英在线教育科技有限公司
38		杭州子蜂软件有限公司
39		杭州格来特信息技术有限公司
40		杭州云天信息技术有限公司

序号	企业所在县(市)	企业名称
41		杭州积好脂质体有限公司
42		浙江永程科技有限公司
43		杭州展德软件技术有限公司
44	萧山区(9家)	杭州传化涂料有限公司
45		万向电动汽车有限公司
46		浙江传化物流基地有限公司
47		杭州宏胜饮料集团有限公司
48		杭州汇农农业信息咨询服务有限公司
49		杭州科曼萨杰牌建设机械有限公司
50		杭州钱江电气集团股份有限公司
51		杭州经纬电子机械制造股份有限公司
52		杭州力源发电设备有限公司
53	余杭区(9家)	浙江天元生物药业股份有限公司
54		杭州宝鼎铸锻有限公司
55		杭州华达喷射真空设备有限公司
56		杭州川空通用设备有限公司
57		杭州津诚医用纺织有限公司
58		杭州新三联电子有限公司
59		浙江恒强科技有限公司
60		杭州新余宏机械有限公司
61		杭州华惠阀门有限公司
62	富阳市(4家)	杭州新恒力电机制造有限公司
63		浙江富春江环保热电股份有限公司
64		杭州富兴环保机械有限公司
65		杭州成功超声设备有限公司
66	桐庐县(1家)	杭州祥龙钻探设备有限公司
67	临安市(4家)	浙江汉力电缆有限公司
68		临安华龙摩擦材料有限公司
69		浙江万马天屹通信线缆有限公司
70		杭州临安新联电器工业有限公司
		温州市30家
71	市本级(8家)	浙江康尔达新材料股份有限公司

序 号	企业所在县(市)	企业名称
72		温州光明印刷机械有限公司
73		浙江亚通通信科技有限公司
74		温州市润新机械制造有限公司
75		福达合金材料股份有限公司
76		温州赵氟隆有限公司
77		温州鸿升集团有限公司
78		温州新机电器有限公司
79	永嘉县(6家)	浙江工正科技发展有限公司
80		浙江报喜鸟服饰股份有限公司
81		黄工机械集团有限公司
82		熊猫通用机械集团有限公司
83		上正阀门集团有限公司
84		浙江方正阀门制造有限公司
85	乐清市(7家)	电光防爆电气有限公司
86		万控集团有限公司
87		浙江天正电气股份有限公司
88		环宇集团有限公司
89		人民电器集团有限公司
90		浙江申乐电气有限公司
91		浙江三威防静电装备有限公司
92	瑞安市(8家)	浙江环球滤清器有限公司
93		温州天和汽车部件有限公司
94		奥凯嘉集团有限公司
95		浙江邦泰机械有限公司
96		瑞安市工泰电器有限公司
97		浙江富昌机械有限公司
98		浙江华峰合成树脂有限公司
99		浙江华岳包装机械有限公司
100	平阳县(1家)	浙江瑞成珠光颜料有限公司
		嘉兴市23家
101	市本级(13家)	浙江凯普化工有限公司
102		嘉兴淳祥电子科技有限公司

序号	企业所在县(市)	企业名称
103		创正防爆电器有限公司
104		茂友木材股份有限公司
105		台华特种纺织(嘉兴)有限公司
106		浙江山特莱德化工有限公司
107		嘉兴市梦迪织造有限公司
108		浙江鼎美电器有限公司
109		嘉兴赞宇科技有限公司
110		嘉兴爱克斯机械技术有限公司
111		嘉兴荣泰雷帕司绝缘材料有限公司
112		闻泰集团有限公司
113		嘉兴联合化学有限公司
114	平湖市(1家)	宜兰汽车配件制造(平湖)有限公司
115	嘉善县(2家)	嘉善金昌电子有限公司
116		浙江宝狮电子有限公司
117	海盐县(1家)	海盐华帅特塑料电器有限公司
118	海宁市(5家)	海宁新光阳光电有限公司
119		浙江鼎龙化工有限公司
120		海宁洁宇环保设备有限公司
121		浙江华生经编新材料有限公司
122		海宁奥通汽车零件有限公司
123	桐乡市(1家)	浙江嘉名染整有限公司
		湖州市24家
124	市本级(12家)	湖州福马木业有限公司
125		湖州展望天明药业有限公司
126		湖州思达机械制造有限公司
127		湖州越球电机有限公司
128		湖州金恒力新技术开发有限公司
129		湖州南洋电机有限公司
130		浙江贝亚克木业有限公司
131		湖州美典新材料有限公司
132		西比(湖州)通信科技有限公司
133		湖州机床厂有限公司

序 号	企业所在县(市)	企业名称
134		浙江方明塑胶管道有限公司
135		浙江玉泉环境工程有限公司
136	安吉县(2家)	安吉大成太阳能科技有限公司
137		安吉县双文竹业科技开发有限公司
138	长兴县(3家)	长兴诺力电源有限公司
139		浙江盛邦化纤有限公司
140		浙江锦诚耐火材料有限公司
141	德清县(7家)	浙江武生物科技有限公司
142		浙江鼎力机械有限公司
143		浙江杭化科技有限公司
144		浙江恒立数控科技股份有限公司
145		浙江明泉工业涂装有限公司
146		浙江海久电池股份有限公司
147		德清县金磊耐火有限公司
		绍兴市34家
148	市本级(2家)	浙江向日葵光能科技有限公司
149		浙江金事达食品股份有限公司
150	绍兴县(8家)	绍兴县庄洁无纺材料有限公司
151		浙江羊山纺织机械有限公司
152		浙江梅轮电扶梯成套有限公司
153		浙江科盛饲料股份有限公司
154		绍兴前进齿轮箱有限公司
155		绍兴永利环保科技有限公司
156		浙江凯利包装材料有限公司
157		浙江长泰机械有限公司
158	上虞市(3家)	浙江美诺华药物化学有限公司
159		上虞颖泰精细化工有限公司
160		绍兴锋龙电机有限公司
161	诸暨市(13家)	浙江九牛农牧机械有限公司
162		浙江濠泰机械有限公司
163		浙江中元枫叶管业有限公司
164		浙江诸暨万宝机械有限公司

序号	企业所在县(市)	企业名称
165		诸暨意创磁性技术有限公司
166		浙江恒隆万安泵业有限公司
167		浙江盾安禾田金属有限公司
168		诸暨市乐佳机电有限公司
169		浙江情怡袜业有限公司
170		浙江强盛机电制造有限公司
171		诸暨市超前泵业科技有限公司
172		天洁集团有限公司
173		浙江盾安机电科技有限公司
174	嵊州市(5家)	浙江手牌起重机械有限公司
175		嵊州市科达新型建材有限公司
176		嵊州雅戈尔色织科技有限公司
177		浙江锻压机床厂
178		浙江福威重工制造有限公司
179	新昌县(3家)	浙江新涛电子机械股份有限公司
180		浙江美力弹簧有限公司
181		浙江新龙实业有限公司
		金华市16家
182	市本级(5家)	浙江省金华市灵声电子有限公司
183		金华华东环保设备有限公司
184		浙江金磐机电实业有限公司
185		金华市金顺工具有限公司
186		金华市创捷电子有限公司
187	东阳市(4家)	浙江海森药业有限公司
188		浙江恒成硬质合金有限公司
189		横店集团得邦工程塑料有限公司
190		浙江石金玄武岩纤维有限公司
191	永康市(6家)	永康市正大实业有限公司
192		浙江哈尔斯真空器皿股份有限公司
193		嘉禾工具有限公司
194		航宇控股集团有限公司
195		浙江神雕雕塑工艺集团有限公司

序 号	企业所在县(市)	企业名称
196		浙江群升太阳能设备有限公司
197	磐安县(1家)	金华市春光橡塑软管有限公司
		义乌市4家
198		浙江梦娜袜业股份有限公司
199		浙江真爱毛纺有限公司
200		浙江三鼎织造有限公司
201		浙江凯吉汽车零部件制造有限公司
		台州市60家
202	市本级(1家)	浙江新亚迪制药机械有限公司
203	椒江区(8家)	浙江水晶光电科技股份有限公司
204		台州金雕工贸有限公司
205		星星集团有限公司
206		信质电机有限公司
207		浙江新杰克缝纫机股份有限公司
208		台州明翔化工有限公司
209		浙江海正化工股份有限公司
210		飞跃中科(台州)数控系统有限公司
211	黄岩区(7家)	浙江公元太阳能科技有限公司
212		浙江拱东医用塑料厂
213		浙江丰立机电有限公司
214		浙江黄岩冲模厂
215		浙江赛豪实业有限公司
216		浙江精进药业有限公司
217		新大洋机电集团有限公司
218	路桥区(3家)	开开电缆科技有限公司
219		浙江大农实业有限公司
220		浙江富地机械有限公司
221	临海市(4家)	临海市亚东特种电缆料厂
222		浙江沙星医药化工有限公司
223		浙江先锋化工科技有限公司
224		东海翔集团有限公司
225	温岭市(24家)	台州谊聚机电有限公司

序号	企业所在县(市)	企业名称
226		浙江杰豹机械有限公司
227		浙江鱼童发达造漆有限公司
228		浙江紫光电器有限公司
229		浙江光陆振动器有限公司
230		浙江中马园林机器有限公司
231		浙江爱尔达电机制造有限公司
232		浙江万邦药业有限公司
233		浙江西菱台钻制造有限公司
234		温岭市三木机电有限公司
235		浙江美机缝纫机有限公司
236		浙江爱仕达电器股份有限公司
237		浙江跃岭轮毂制造有限公司
238		温岭市电力绝缘器材有限公司
239		温岭市环力电器有限公司
240		台州富凌机电有限公司
241		浙江大元泵业有限公司
242		浙江中马汽车变速器股份有限公司
243		浙江千禧光塑料模具有限公司
244		浙江申林汽车部件有限公司
245		浙江瑞丰五福气动工具有限公司
246		台州佳迪泵业有限公司
247		浙江新界泵业股份有限公司
248		浙江鑫磊机电股份有限公司
249	玉环县(9家)	浙江奥缔机械制造有限公司
250		浙江双环传动机械股份有限公司
251		浙江海德曼机床制造有限公司
252		三木控股集团有限公司
253		浙江正裕工业有限公司
254		浙江苏泊尔股份有限公司
255		台州方科汽车部件有限公司
256		中捷厨卫股份有限公司
257		玉环普天单向器有限公司

序 号	企业所在县(市)	企业名称
258	仙居县(2家)	浙江台州清泉医药化工有限公司
259		浙江丰安生物制药有限公司
260	三门县(2家)	浙江尔格科技有限公司
261		浙江东亚药业有限公司
		衢州市2家
262	市本级(1家)	衢州伟荣药化有限公司
263	龙游县(1家)	浙江茗皇天然食品开发有限公司
		舟山市4家
264	市本级(1家)	浙江省海运集团舟山五洲船舶修造有限公司
265	岱山县(1家)	舟山欣欣化纤有限公司
266	定海区(1家)	浙江金达电机电器有限公司
267	普陀区(1家)	浙江金鹰食品机械有限公司
		丽水市6家
268	市本级(2家)	浙江瑞泰电力电子有限公司
269		浙江方正电机股份有限公司
270	缙云县(3家)	浙江金马逊机械有限公司
271		浙江晨龙锯床股份有限公司
272		浙江山蒲照明电器有限公司
273	庆元县(1家)	浙江方格药业有限公司

浙江省财政厅 浙江省国家税务局 浙江省地方税务局 浙江省商务厅 浙江省科学技术厅 浙江省发展和改革委员会 转发财政部 国家税务总局 商务部 科技部 国家发展改革委 关于技术先进型服务企业有关税收政策问题的通知

2009年8月12日 浙财税政字〔2009〕16号

杭州市及所辖各县(市、区)财政局、国家税务局、地方税务局、外经贸局、科技局、发展改革委(局),杭州高新区管委会:

现将财政部 国家税务总局、商务部、科技部、国家发展改革委《关于技术先进型服务企业有关税收政策问题的通知》(财税〔2009〕63号)转发给你们,请遵照执行。

财政部 国家税务总局 商务部 科技部 国家发展改革委 关于技术先进型服务企业有关税收政策问题的通知

2009年4月24日 财税〔2009〕63号

北京、天津、大连、黑龙江、上海、江苏、浙江、安徽、江西、山东、湖北、湖南、广东、深圳、重庆、四川、陕西省(直辖市、计划单列市)财政厅(局)、国家税务局、地方税务局、商务主管部门、科技厅(委、局)、发展改革委(局):

为进一步推动技术先进型服务业的发展,促进企业技术创新和技术服务能力的提升,增强我国服务业的综合竞争力,经国务院批准,现就技术先进型服务业企业有关税收政策问题通知如下。

一、政策内容

(一)将江苏工业园区技术先进型服务企业税收试点政策推广到北京、天津、上海、重庆、大连、深圳、广州、武汉、哈尔滨、成都、南京、西安、济南、杭州、合肥、南昌、长沙、大庆、苏州、无锡等20个中国服务外包示范城市(以下简称服务外包示范城市),即自2009年1月1日起至2013年12月31日止,在上述

20个服务外包示范城市实行以下政策：

1. 对经认定的技术先进型服务企业，减按15%的税率征收企业所得税。

2. 对经认定的技术先进型服务企业，其发生的职工教育经费按不超过企业工资总额8%的比例据实在企业所得税税前扣除超过部分，准予在以后纳税年度结转扣除。

3. 对经认定的技术先进型服务企业离岸服务外包业务收入免征营业税。

从事离岸服务外包业务取得的收入，是指技术先进型服务企业根据境外单位与其签订的委托合同，提供本通知附件中所界定的信息技术外包服务、技术性业务流程外包服务和技术性知识流程外包服务，从上述境外单位取得的收入。

（二）苏州工业园区原有技术先进型服务企业税收试点政策执行至2008年12月31日后，按本通知有关规定执行。

二、技术先进型服务业务范围

1. 信息技术外包服务（ITO）：包括软件研发及外包、信息技术研发服务外包和信息系统运营维护外包等。

2. 技术性业务流程外包服务（BPO）：包括企业业务流程设计服务、企业内部管理服务、企业运营服务和企业供应链服务等。

3. 技术性知识流程外包服务（KPO）。

上述信息技术外包服务（ITO）、技术性业务流程外包服务（BPO）和技术性知识流程外包服务（KPO）的具体适用范围详见附件。

三、技术先进型服务企业认定及管理

（一）技术先进型服务企业认定条件。

享受税收优惠政策的技术先进型服务企业必须同时符合以下条件：

1. 从事本通知第二条规定范围内的一种或多种技术先进型服务业务的企业。

2. 企业的注册地及生产经营地在服务外包示范城市〔含所辖区、县（县级市）等全部行政区划〕内。

3. 企业具有法人资格，近两年在进出口业务管理、财务管理、税收管理、外汇管理、海关管理等方面无违法行为，企业应采用先进技术或具备较强的研发能力。

4. 具有大专以上学历的员工占企业职工总数的50%以上。

5. 企业从事本通知第二条规定范围内的技术先进型服务业务收入总和占本企业当年总收入的70%以上。

6. 企业应获得有关国际资质认证（包括开发能力和成熟度模型、开发能力和成熟度模型集成、IT服务管理、信息安全管理、服务提供商环境安全、ISO质量体系认证、人力资源能力认证等）并与境外客户签订服务外包合同，且其向境外客户提供的国际（离岸）外包服务业务收入不低于企业当年总收入的50%。

（二）技术先进型服务企业的认定管理。

1. 服务外包示范城市所在省（直辖市、计划单列市）科技主管部门会同本级商务、财政、税务和发展改革部门根据本通知规定制定具体管理办法，并报科技部、商务部、财政部、国家税务总局和国家发展改革委备案。

2. 符合条件的技术先进型服务企业应按照本通知及相关管理办法的规定，向所在地（市）级科技、商务、财政、税务和发展改革部门对申报材料联合进行初步审查后，报送省（直辖市、计划单列市）科技主管部门。省（直辖市、计划单列市）科技、商务、财政、税务和发展改革部门联合评审并予以认定。认定企业名单应及时报科技部、商务部、财政部、国家税务总局和国家发展改革委备案。

3. 经认定的技术先进型服务企业，持相关认定文件向当地主管税务机关办理享受本通知规定的税收优惠政策事宜。享受税收优惠的技术先进型服务企业条件发生变化的，应当自发生变化之日起15日内向主管税务机关报告；不再符合享受税收优惠政策过程中，发现企业不具备技术先进型服务企业资格的，应暂停企业享受税收优惠，并提请认定机构复核。

4. 服务外包示范城市地（市）级科技、商务、财政、税务和发展改革部门及所在省（直辖市、计划单列市）科技、商务、财政、税务和发展改革部门对经认定并享受税收优惠政策的技术先进型服务企业应做好跟踪管理，对变更经营范围、合并、分立、转业、迁移的企业，如不符合认定条件的，应及时取消其享受税收优惠政策的资格。

四、服务外包示范城市财政、税务、商务、科技和发展改革部门要认真贯彻落实本通知的各项规定，切实搞好沟通与协作。在政策实施过程中发现的问题，要及时逐级反映上报财政部、国家税务总局、商务部和国家发展改革委。

附件：技术先进型服务业务认定范围(试行)

附件：

技术先进型服务业务认定范围(试行)

一、信息技术外包服务(ITO)

(一)软件研发及外包

类别：软件研发及开发服务

适用范围：用于金融、政府、教育、制造业、零售、服务、能源、物流、交通、媒体、电信、公共事业和医疗卫生等部门和企业，为用户的运营/生产/供应链/客户关系/人力资源和财务管理、计算机辅助设计/工程等业务进行软件开发，包括定制软件开发，嵌入式软件、套装软件开发，系统软件开发、软件测试等。

类别：软件技术服务

适用范围：软件咨询、维护、培训、测试等技术性服务。

(二)信息技术研发服务外包

类别：集成电路和电子电路设计

适用范围：集成电路和电子电路产品设计以及相关技术支持服务等。

类别：测试平台

适用范围：为软件、集成电路和电子电路的开发运用提供测试平台。

(三)信息系统运营维护外包

类别：信息系统运营和维护服务

适用范围：客户内部信息系统集成、网络管理、桌面管理与维护服务；信息工程、地理信息系统、远程维护等信息系统应用服务。

类别：基础信息技术服务

适用范围：基础信息技术管理平台整合、IT基础设施管理、数据中心、托管中心、安全服务、通讯服务等基础信息技术服务。

二、技术性业务流程外包服务(BPO)

类别：企业业务流程设计服务

适用范围：为客户企业提供内部管理、业务运作等流程设计服务。

类别：企业内部管理服务

适用范围：为客户企业提供后台服务、人力资源管理、财务、审计与税务管理、金融支付服务、医疗数据及其他内部管理业务的数据分析、数据挖掘、数据管理、数据使用的服务；承接客户专业数据处理、分析和整合服务。

类别：企业运营服务

适用范围：为客户企业提供技术研发服务、为企业经营、销售、产品售后服务提供的应用客户分析、数据库管理等服务。主要包括金融服务业务、政务与教育业务、制作业务和生命科学、零售和批发与运输业务、卫生保健业务、通讯与公共事业业务、呼叫中心、电子商务平台等。

类别：企业供应链管理服务

适用范围：为客户提供采购、物流的整体方案设计及数据库服务。

三、技术性知识流程外包服务(KPO)

适用范围：知识产权研究、医药和生物技术研发和测试、产品技术研发、工业设计、分析学和数据挖掘、动漫及网游设计研发、教育课件研发、工程设计等领域。

财政部 国家税务总局
关于金融企业涉农贷款和中小企业贷款损失准备金税前扣除政策的通知

2009 年 8 月 21 日 财税〔2009〕99 号

各省、自治区、直辖市、计划单列市财政厅（局）、国家税务局、地方税务局，新疆生产建设兵团财务局：

根据《国务院办公厅关于当前金融促进经济发展的若干意见》（国办发〔2008〕126 号）有关规定，现就金融企业涉农贷款和中小企业贷款损失准备金税前扣除政策，通知如下。

一、金融企业根据《贷款风险分类指导原则》（银发〔2001〕416 号），对其涉农贷款和中小企业贷款进行风险分类后，按照以下比例计提的贷款损失专项准备金，准予在计算应纳税所得额时扣除：

（一）关注类贷款，计提比例为 2%；

（二）次级类贷款，计提比例为 25%；

（三）可疑类贷款，计提比例为 50%；

（四）损失类贷款，计提比例为 100%。

二、本通知所称涉农贷款，是指《涉农贷款专项统计制度》（银发〔2007〕246 号）统计的以下贷款：

（一）农户贷款；

（二）农村企业及各类组织贷款。

本条所称农户贷款，是指金融企业发放给农户的所有贷款。农户贷款的判定应以贷款发放时的承贷主体是否属于农户为准。农户，是指长期（一年以上）居住在乡镇（不包括城关镇）行政管理区域内的住户，还包括长期居住在城关镇所辖行政村范围内的住户和户口不在本地而在本地居住一年以上的住户，国有农场的职工和农村个体工商户。位于乡镇（不包括城关镇）行政管理区域内和在城关镇所辖行政村范围内的国有经济的机关、团体、学校、企事业单位的集体户；有本地户口，但举家外出谋生一年以上的住户，无论是否保留承包耕地均不属于农户。农户以户为统计单位，既可以从事农业生产经营，也可以从事非农业生产经营。

本条所称农村企业及各类组织贷款，是指金融企业发放给注册地位于农村区域的企业及各类组织的所有贷款。农村区域，是指除地级及以上城市的城市行政区及其市辖建制镇之外的区域。

三、本通知所称中小企业贷款，是指金融企业对年销售额和资产总额均不超过 2 亿元的企业的贷款。

四、金融企业发生的符合条件的涉农贷款和中小企业贷款损失，应先冲减已在税前扣除的贷款损失准备金，不足冲减部分可据实在计算应纳税所得额时扣除。

五、本通知自 2008 年 1 月 1 日起至 2010 年 12 月 31 日止执行。

浙江省财政厅 浙江省国家税务局 浙江省地方税务局转发 财政部 国家税务总局 关于补充养老保险费 补充医疗保险费有关企业所得税政策问题的通知

2009年8月26日 浙财税政字〔2009〕15号

各市、县(市、区)财政局、国家税务局、地方税务局(宁波不发),省地方税务局直属一分局、稽查局:

现将《财政部 国家税务总局关于补充养老保险费补充医疗保险费有关企业所得税政策问题的通知》(财税〔2009〕27号)转发给你们,并结合《浙江省人民政府关于建立统一的企业职工基本养老保险制度的通知》(浙政〔1997〕15号)、《企业年金试行办法》(劳动和社会保障部令第20号)和《浙江省劳动和社会保障厅浙江省财政厅关于建立企业补充医疗保险的意见》(浙劳社〔2002〕149号)的有关规定作如下补充,请一并贯彻执行。

根据《财政部 国家税务总局关于补充养老保险费补充医疗保险费有关企业所得税政策问题的通知》(财税〔2009〕27号)规定,准予在计算应纳税所得额时扣除的企业实际发生的补充养老保险费、补充医疗保险费还必须同时满足以下条件:

一、必须是企业在足额缴纳基本养老保险费、基本医疗保险费的基础上发生的补充养老保险费、补充医疗保险费支出;

二、企业办理的补充养老保险必须是参保人员达到法定退休年龄、办理退休手续之后且符合其他规定条件才能享受的;

三、企业办理的补充医疗保险必须用于参保人员的医疗性支出。

财政部 国家税务总局关于补充养老保险费补充医疗保险费有关企业所得税政策问题的通知

2009年6月2日 财税〔2009〕27号

各省、自治区、直辖市、计划单列市财政厅(局)、国家税务局、地方税务局,新疆生产建设兵团财务局:

根据《中华人民共和国企业所得税法》及其实施条例的有关规定,现就补充养老保险费、补充医疗保险费有关企业所得税政策问题通知如下:

自2008年1月1日起,企业根据国家有关政策规定,为在本企业任职或者受雇的全体员工支付的补充养老保险费、补充医疗保险费,分别在不超过职工工资总额5%标准内的部分,在计算应纳税所得额时准予扣除;超过的部分,不予扣除。

国家税务总局关于资源综合利用有关企业所得税优惠问题的批复

2009年10月10日　国税函〔2009〕567号

江西省地方税务局：

你局《关于资源综合利用企业享受企业所得税税收优惠政策问题的请示》（赣地税发〔2009〕131号）收悉。经研究，批复如下：

江西泰和玉华水泥有限公司旋窑余热利用电厂利用该公司旋窑水泥生产过程中产生的余热发电，其生产活动虽符合《资源综合利用企业所得税优惠目录（2008年版）》的规定范围，但由于旋窑余热利用电厂属于江西泰和玉华水泥有限公司的内设非法人分支机构，不构成企业所得税纳税人，且其余热发电产品直接供给所属公司使用，不计入企业收入，因此，旋窑余热利用电厂利用该公司旋窑水泥生产过程中产生的余热发电业务不能享受资源综合利用减计收入的企业所得税优惠政策。

浙江省地方税务局关于企业资产损失税前扣除管理有关问题的补充通知

2009年10月10日　浙地税函〔2009〕347号

各市、县（市、区）地方税务局（不发宁波），省地方税务局直属一分局、稽查局：

根据《国家税务总局关于印发〈企业资产损失税前扣除管理办法〉的通知》（国税发〔2009〕88号）规定，结合我省实际，现就有关问题补充规定如下，请认真贯彻执行。

一、纳税人向地税机关提出申请资产损失税前扣除时，除提供国家税务总局国税发〔2009〕88号文件规定的相关证据外，还应填制全省统一的《企业资产损失所得税税前扣除申请表》（附件一，各地自印，一式三份）。

二、企业的资产损失税前扣除，由企业所在地市、县（市）主管地方税务局负责审批。设区的市地方税务局可根据资产损失金额的大小适当划分本级审批权限。企业因国务院决定事项所形成的资产损失税前扣除，由国家税务总局规定资产损失的具体审批事项后，报省地方税务局审批。

三、负责审批的主管地方税务局对企业资产损失税前扣除申请，应采取即报即批的办法进行审批管理。市、县（市）地方税务局负责审批的，自受理之日起三十个工作日内做出审批决定；省地方税务局负责审批的，自受理之日起三十个工作日内做出审批决定。因情况复杂需要延长期限的按国家税务总局的有关规定执行。

四、除有明确规定者外，国家税务总局国税发〔2009〕88号文件中所称“数额较小”、“损失巨大”等，可由各市、县(市)地方税务局根据本地实际情况确定具体量化标准。

五、各级审批地税机关应建立资产损失税前扣除户管档案，详细记录资产损失税前扣除审批时间、类别、数量、金额等。审批工作结束后，及时填制《企业资产损失所得税税前扣除统计表》(附件二，各地自印)，逐级汇总后与《企业所得税汇算清缴报表》一起上报省局(税政二处)。

六、《浙江省地方税务局关于贯彻落实国家税务总局第13号令有关问题的通知》(浙地税发〔2005〕106号)同时停止执行。

附件:1.企业资产损失所得税税前扣除申请表

2.企业资产损失(审批类)所得税税前扣除统计表

附件 1：

企业资产损失所得税税前扣除申请表

金额单位：元

企业名称		地税编码		
扣除年度		填报日期		
资产损失类别		行次	企业申请税前扣除金额	税务机关批准税前扣除金额
货币性资产损失	现金损失	1		
	存款损失	2		
	坏账损失	3		
存货损失	存货盘亏	4		
	存货报废、毁损、变质	5		
	存货被盗	6		
固定资产损失	固定资产盘亏、丢失	7		
	固定资产报废、毁损	8		
	固定资产被盗	9		
在建工程损失	在建工程停建、废弃、报废、拆除	10		
	在建工程自然灾害和意外事故毁损	11		
	工程物资损失	12		
生产性生物资产损失	生物资产盘亏	13		
	生物资产因森林病虫害、疫情、死亡损失	14		
	生物资产被盗伐、被盗、丢失	15		
投资损失	债权投资损失	16		
	股权投资损失	17		
与企业应纳税收入有关的担保损失		18		
其他损失		19		
总计		20		
企业申请税前扣除原因				
企业申请税前扣除金额		税务机关批准税前扣除金额		
基层地税机关受理意见： 年　月　日（盖章） 受理日期： 受理人：		主管地方税务局审批意见： 年　月　日（盖章）		

本表一式三份，受理基层地税机关一份，主管地方税务局一份，企业留存一份。

附件 2:

企业资产损失(审批类)税前扣除统计表

20××年度

编报机关:

金额单位:万元

资产损失类别		行次	企业户数	企业申请税前扣除金额	税务机关批准税前扣除金额
货币性资产损失	现金损失	1			
	存款损失	2			
	坏账损失	3			
存货损失	存货盘亏	4			
	存货报废、毁损、变质	5			
	存货被盗	6			
固定资产损失	固定资产盘亏、丢失	7			
	固定资产报废、毁损	8			
	固定资产被盗	9			
在建工程损失	在建工程停建、废弃、报废、拆除	10			
	在建工程自然灾害和意外事故毁损	11			
	工程物资损失	12			
生产性生物资产损失	生物资产盘亏	13			
	生物资产因森林病虫害、疫情、死亡损失	14			
	生物资产被盗伐、被盗、丢失	15			
投资损失	债权投资损失	16			
	股权投资损失	17			
与企业应纳税收入有关的担保损失		18			
其他损失		19			
总计		20			

财政部 国家税务总局关于非营利组织企业所得税免税收入问题的通知

2009年11月11日 财税〔2009〕122号

各省、自治区、直辖市、计划单列市财政厅（局）、国家税务局、地方税务局，新疆生产建设兵团财务局：

根据《中华人民共和国企业所得税法》第二十六条及《中华人民共和国企业所得税法实施条例》（国务院令第512号）第八十五条的规定，现将符合条件的非营利组织企业所得税免税收入范围明确如下。

一、非营利组织的下列收入为免税收入：

（一）接受其他单位或者个人捐赠的收入；

（二）除《中华人民共和国企业所得税法》第七条规定的财政拨款以外的其他政府补助收入，但不包括因政府购买服务取得的收入；

（三）按照省级以上民政、财政部门规定收取的会费；

（四）不征税收入和免税收入孳生的银行存款利息收入；

（五）财政部、国家税务总局规定的其他收入。

二、本通知从2008年1月1日起执行。

财政部 国家税务总局关于非营利组织免税资格认定管理有关问题的通知

2009年11月11日 财税〔2009〕123号

各省、自治区、直辖市、计划单列市财政厅（局）、国家税务局、地方税务局，新疆生产建设兵团财务局：

根据《中华人民共和国企业所得税法》（以下简称《企业所得税法》）第二十六条及《中华人民共和国企业所得税法实施条例》（以下简称《实施条例》）第八十四条的规定，现对非营利组织免税资格认定管理有关问题明确如下。

一、依据本通知认定的符合条件的非营利组织，必须同时满足以下条件：

（一）依照国家有关法律法规设立或登记的事业单位、社会团体、基金会、民办非企业单位、宗教活动场所以及财政部、国家税务总局认定的其他组织；

（二）从事公益性或者非营利性活动，且活动范围主要在中国境内；

（三）取得的收入除用于与该组织有关的、合理的支出外，全部用于登记核定或者章程规定的公益性或者非营利性事业；

（四）财产及其孳息不用于分配，但不包括合理的工资薪金支出；

（五）按照登记核定或者章程规定，该组织注销后的剩余财产用于公益性或者非营利性目的，或者由登记管理机关转赠给与该组织性质、宗旨相同的组织，并向社会公告；

（六）投入人对投入该组织的财产不保留或者享有任何财产权利，本款所称投入人是指除各级人民政府及其部门外的法人、自然人和其他组织；

（七）工作人员工资福利开支控制在规定的比例内，不变相分配该组织的财产，其中：工作人员平均工资薪金水平不得超过上年度税务登记所在地人均工资水平的两倍，工作人员福利按照国家有关规定执

行;

(八)除当年新设立或登记的事业单位、社会团体、基金会及民办非企业单位外,事业单位、社会团体、基金会及民办非企业单位申请前年度的检查结论为“合格”;

(九)对取得的应纳税收入及其有关的成本、费用、损失应与免税收入及其有关的成本、费用、损失分别核算。

二、经省级(含省级)以上登记管理机关批准设立或登记的非营利组织,凡符合规定条件的,应向其所在地省级税务主管机关提出免税资格申请,并提供本通知规定的相关材料;经市(地)级或县级登记管理机关批准设立或登记的非营利组织,凡符合规定条件的,分别向其所在地市(地)级或县级税务主管机关提出免税资格申请,并提供本通知规定的相关材料。

财政、税务部门按照上述管理权限,对非营利组织享受免税的资格联合进行审核确认,并定期予以公布。

三、申请享受免税资格的非营利组织,需报送以下材料:

(一)申请报告;

(二)事业单位、社会团体、基金会、民办非企业单位的组织章程或宗教活动场所的管理制度;

(三)税务登记证复印件;

(四)非营利组织登记证复印件;

(五)申请前年度的资金来源及使用情况、公益活动和非营利活动的明细情况;

(六)具有资质的中介机构鉴证的申请前会计年度的财务报表和审计报告;

(七)登记管理机关出具的事业单位、社会团体、基金会、民办非企业单位申请前年度的年度检查结论;

(八)财政、税务部门要求提供的其他材料。

四、非营利组织免税优惠资格的有效期为五年。非营利组织应在期满前三个月内提出复审申请,不提出复审申请或复审不合格的,其享受免税优惠的资格到期自动失效。

非营利组织免税资格复审,按照初次申请免税优惠资格的规定办理。

五、非营利组织必须按照《中华人民共和国税收征收管理法》(以下简称《税收征管法》)及《中华人民共和国税收征收管理法实施细则》(以下简称《实施细则》)等有关规定,办理税务登记,按期进行纳税申报。取得免税资格的非营利组织应按照规定向主管税务机关办理免税手续,免税条件发生变化的,应当自发生变化之日起十五日内向主管税务机关报告;不再符合免税条件的,应当依法履行纳税义务;未依法纳税的,主管税务机关应当予以追缴。取得免税资格的非营利组织注销时,剩余财产处置违反本通知第一条第五项规定的,主管税务机关应追缴其应纳企业所得税款。

主管税务机关应根据非营利组织报送的纳税申报表及有关资料进行审查,当年符合《企业所得税法》及其《实施条例》和有关规定免税条件的收入,免予征收企业所得税;当年不符合免税条件的收入,照章征收企业所得税。主管税务机关在执行税收优惠政策过程中,发现非营利组织不再具备本通知规定的免税条件的,应及时报告核准该非营利组织免税资格的财政、税务部门,由其进行复核。

核准非营利组织免税资格的财政、税务部门根据本通知规定的管理权限,对非营利组织的免税优惠资格进行复核,复核不合格的,取消其享受免税优惠的资格。

六、已认定的享受免税优惠政策的非营利组织有下述情况之一的,应取消其资格:

(一)事业单位、社会团体、基金会及民办非企业单位逾期未参加年检或年度检查结论为“不合格”的;

(二)在申请认定过程中提供虚假信息的;

(三)有逃避缴纳税款或帮助他人逃避缴纳税款行为的;

(四)通过关联交易或非关联交易和服务活动,变相转移、隐匿、分配该组织财产的;

(五)因违反《税收征管法》及其《实施细则》而受到税务机关处罚的;

(六)受到登记管理机关处罚的。

因上述第(一)项规定的情形被取消免税优惠资格的非营利组织,财政、税务部门在一年内不再受理该组织的认定申请;因上述规定的除第(一)项以外的其他情形被取消免税优惠资格的非营利组织,财政、税务部门在五年内不再受理该组织的认定申请。

七、本通知从2008年1月1日起执行。

浙江省科学技术厅 浙江省财政厅 浙江省国家税务局 浙江省地方税务局 关于认定杭州衡泰软件有限公司等282家企业为2009年第三批高新技术企业的通知

2009年11月30日　浙科发高〔2009〕276号

各有关市、县(市、区)科技局、财政局、国家税务局、地方税务局,杭州国家高新区管委会,省地方税务局直属一分局:

根据《高新技术企业认定管理办法》(国科发火〔2008〕172号)和《高新技术企业认定管理工作指引》(国科发火〔2008〕362号)有关规定,现认定杭州衡泰软件有限公司等282家企业为2009年第三批高新技术企业,认定有效期3年,企业所得税优惠期为2009年1月1日至2011年12月31日。

请各地及时通知相关企业到主管税务机关办理减税手续,并尽早落实有关税收优惠政策。

附件:浙江省2009年第三批高新技术企业名单

附件:

浙江省2009年第三批高新技术企业名单

序　　号	地　　区	企　业　名　称
		杭州市84家
1	市本级(26家)	杭州衡泰软件有限公司
2		浙江泰乐通信技术有限公司
3		浙江国稻高科技种业有限公司
4		中国联合工程公司
5		杭州安德鲁设备制造有限公司
6		杭州人本电机轴承有限公司
7		浙江轻机实业有限公司
8		浙江省建设机械集团有限公司
9		杭州彩拓网络信息技术有限公司
10		杭州诚道科技有限公司
11		杭州竞天数码科技有限公司
12		杭州赛奇高空作业机械有限公司
13		杭州富士达特种材料有限公司
14		杭州油漆有限公司
15		浙江高达机械有限公司

序号	地区	企业名称
16		杭州平治信息技术有限公司
17		浙江爱生药业有限公司
18		永正传感(杭州)有限公司
19		杭华油墨化学有限公司
20		杭州艾迪康医学检验中心有限公司
21		杭州华塑加达网络科技有限公司
22		杭州格非文化传播有限公司
23		浙江通普特种车有限公司
24		杭州慧翔电液技术开发有限公司
25		杭州东信光通信技术有限公司
26		杭州银江环保科技有限公司
27	杭州高新区（25家）	杭州浙攸科教仪器有限公司
28		杭州致格智能控制技术有限公司
29		博世电动工具(中国)有限公司
30		杭州美盛红外光电技术有限公司
31		杭州优迈科技有限公司
32		杭州启天科技有限公司
33		杭州摩托罗拉科技有限公司
34		浙江视线数字互动娱乐技术有限公司
35		浙江浙大网新众合轨道交通工程有限公司
36		杭州联旗科技有限公司
37		杭州酷博信息科技有限公司
38		浙江深大智能科技有限公司
39		杭州慧智电子科技有限公司
40		杭州浙大合力科技有限公司
41		杭州亚大通讯科技有限公司
42		浙江天工智能电子有限公司
43		浙江新宏远电子有限公司
44		杭州吉柏信息科技有限公司
45		杭州阳斯信息技术有限公司
46		杭州讯杰科技有限公司
47		杭州纸邦仪器有限公司
48		杭州融鼎科技有限公司
49		杭州博凡软件有限公司
50		杭州旗捷科技有限公司
51	萧山区(12家)	浙江传化生物技术有限公司

序　　号	地　　区	企　业　名　称
52		杭州大力神医疗器械有限公司
53		杭州正强万向节有限公司
54		杭州中泰实业有限公司
55		杭州欣诚祥机电技术有限公司
56		杭州佳航过滤器有限公司
57		杭州振兴工业泵制造有限公司
58		杭州先临三维科技股份有限公司
59		绿线(杭州)信息技术有限公司
60		杭州恒达钢结构实业有限公司
61		杭州宏宇纺织有限公司
62		杭州诚洁环保有限公司
63	余杭区(8家)	杭州钱江压缩机有限公司
64		杭州南都电池有限公司
65		杭州银都餐饮设备有限公司
66		杭州盈达容器工程有限公司
67		杭州大禹机械有限公司
68		杭州力士机械有限公司
69		浙江华正电子集团有限公司
70		杭州南方环境净化设备有限公司
71	富阳市(4家)	保德安保安制品有限公司
72		浙江华丰管业有限公司
73		杭州安控环保科技有限公司
74	桐庐县(6家)	杭州碧于天保健品有限公司
75		杭州汇大医疗器械有限公司
76		桐庐康尔医疗器械有限公司
77		桐庐福克医疗仪器有限公司
78		杭州华大海天科技有限公司
79		杭州精工不锈钢有限公司
80	临安市(5家)	杭州天目电力科技有限公司
81		杭州得润宝油脂有限公司
82		浙江万马电缆股份有限公司
83		杭州侨资纸业有限公司
84		杭州正驰达精密机械有限公司
		温州市31家
85	市本级(10家)	温州德源电气有限公司
86		瑞新集团有限公司

序号	地区	企业名称
87		浙江锦峰纺织机械有限公司
88		温州市鹿艺鞋材有限公司
89		温州市中意锁具电器有限公司
90		温州市通用锁具有限公司
91		浙江禾本农药化学有限公司
92		温州东意住宅设备有限公司
93		煌盛集团有限公司
94		伟明环保设备有限公司
95	永嘉县(3家)	开维喜阀门集团有限公司
96		永一阀门集团有限公司
97	乐清市(13家)	欣灵电气股份有限公司
98		东盟电力一体化设备有限公司
99		宏达电器集团有限公司
100		长江电气集团股份有限公司
101		浙江科都电气制造有限公司
102		和平电气有限公司
103		浙江森泰电器厂
104		浙江科丰电子有限公司
105		长城电器集团有限公司
106		中希合金有限公司
107		浙江金石包装有限公司
108		永固集团股份有限公司
109		凤凰科技集团有限公司
110	洞头县(1家)	温州市东启汽车零部件制造有限公司
111	瑞安市(2家)	浙江华仕力机械有限公司
112		浙江科尔泵业股份有限公司
113	平阳县(1家)	温州合力建设机械有限公司
114	苍南县(2家)	浙江省星炬科技有限公司
115		浙江奥新仪表有限公司
		嘉兴市27家
116	市本级(16家)	浙江雅莹服装有限公司
117		嘉兴市公众信息有限公司
118		浙江宝兰电气有限公司
119		浙江奥华电气有限公司
120		嘉兴兴禾汽车零部件有限公司
121		浙江亚特电器有限公司

序　　号	地　　区	企 业 名 称
122		浙江峰恒电器有限公司
123		嘉兴市杰成机械有限公司
124		世源科技(嘉兴)医疗电子有限公司
125		嘉兴市清河高力绝缘有限公司
126		禾欣可乐丽超纤皮(嘉兴)有限公司
127		凯米光学(嘉兴)有限公司
128		嘉兴恒威电池有限公司
129		浙江斯帝特新能源有限公司
130		浙江友联化学工业有限公司
131		浙江卫星丙烯酸制造有限公司
132		浙江乍浦实业股份有限公司
133	平湖市(2家)	浙江茉织华印刷有限公司
134		浙江红马铸造有限公司
135	嘉善县(2家)	嘉善善银节能科技有限公司
136		田中精机(嘉兴)有限公司
137	海盐县(2家)	浙江涵普电力科技有限公司
138		海盐金霞化纤有限公司
139	海宁市(3家)	海宁市新艺机电有限公司
140		浙江科峰生物技术有限公司
141		南大(浙江)环保科技有限公司
142	桐乡市(2家)	桐昆集团股份有限公司
143		浙江比华丽电子科技有限公司
		湖州市16家
144	市本级(10家)	湖州海振电子科技有限公司
145		湖州核华机械有限公司
146		浙江安美德汽车配件有限公司
147		高鸿不锈钢(浙江)有限公司
148		浙江栋梁新材股份有限公司
149		湖州菁诚纺织品有限公司
150		浙江泰仑绝缘子有限公司
151		湖州大享玻璃制品有限公司
152		浙江晶能荧光材料有限公司
153		浙江金洲管道工业有限公司
154	安吉县(2家)	浙江永裕竹业股份有限公司
155		浙江省安吉嘉翔食品有限公司
156	长兴县(3家)	浙江长兴电子厂有限公司

序号	地区	企业名称
157		长兴中科兴机械有限公司
158		长兴昌盛电气有限公司
159	德清县(1家)	浙江拓普药业股份有限公司
		绍兴市26家
160	市本级(5家)	绍兴市卓尔软件开发公司
161		浙江盛洋电缆有限公司
162		绍兴市偏门毛纺织有限公司
163		绍兴市云翔化纤有限公司
164		绍兴东方能源工程技术有限公司
165	绍兴县(3家)	绍兴精功机电有限公司
166		浙江西屋电梯股份有限公司
167		浙江亚太药业股份有限公司
168	上虞市(6家)	浙江华孚色纺有限公司
169		浙江明新风机有限公司
170		浙江辰鑫机械设备有限公司
171		上虞市众昌化工有限公司
172		上虞亿得化工有限公司
173		上虞大东南照明有限公司
174	诸暨市(4家)	浙江艾默樱零部件有限公司
175		浙江众擎起重机械制造有限公司
176		浙江金菱制冷工程有限公司
177		浙江信雅达环保工程有限公司
178	嵊州市(5家)	浙江特种电机有限公司
179		浙江松科电器有限公司
180		浙江普田电器有限公司
181		浙江震凯化工有限公司
182		嵊州市科德宝无纺布有限公司
183	新昌县(3家)	浙江省新昌县康立电子有限公司
184		浙江同星制冷有限公司
185		浙江得恩德制药有限公司
		金华市13家
186	市本级(4家)	浙江通达电器有限公司
187		浙江八达电子仪表有限公司
188		浙江飞亚电梯有限公司
189		浙江迪耳化工有限公司
190	东阳市(1家)	浙江普洛得邦化学有限公司

序　　号	地　区	企　业　名　称
191	永康市(5家)	浙江巨力工贸有限公司
192		亚萨合莱-王力保安制品有限公司
193		浙江尤奈特电机有限公司
194		浙江赫灵电气有限公司
195		永康市皇冠电动工具制造有限公司
196	浦江县(3家)	浦江万赛摩擦材料有限公司
197		浙江亚星纤维有限公司
198		浦江县诚兴电子电器有限公司
		义乌市1家
199		浙江永达不锈钢制品有限公司
		台州市69家
200	市本级(3家)	浙江宏鼎实业有限公司
201		浙江荣康密封件有限公司
202		台州市百达制冷有限公司
203	椒江区(8家)	台州市福斯特科技电子有限公司
204		浙江星星便洁宝有限公司
205		浙江真空设备集团有限公司
206		台州市星光真空设备制造有限公司
207		浙江海门试压泵厂
208		台州市知青化工有限公司
209		浙江丽晶化学有限公司
210		浙江星星光电薄膜技术有限公司
211	黄岩区(4家)	昌盛达机械(浙江)有限公司
212		台州市黄岩金塑模具有限公司
213		浙江荣信模具塑料有限公司
214		台州市黄岩炜大塑料机械有限公司
215	路桥区(6家)	浙江荣鹏气动工具有限公司
216		浙江贝力得夹头工业有限公司
217		浙江吉奥汽车有限公司
218		台州信溢农业机械有限公司
219		飞亚集团有限公司
220		浙江竞宏纺织股份有限公司
221	临海市(13家)	浙江水泵总厂有限公司
222		浙江荣鑫燃气表有限公司
223		浙江铁马汽车零部件有限公司
224		浙江云洲科技有限公司

序号	地区	企业名称
225		临海市邦得利汽车环保技术有限公司
226		浙江临高电气实业有限公司
227		浙江临海海宏集团有限公司
228		浙江新华制药有限公司
229		浙江荣耀化工有限公司
230		浙江万盛化工有限公司
231		浙江灵洋医疗器械有限公司
232		浙江正特集团有限公司
233		浙江志强涂料有限公司
234	温岭市(18家)	台州市洛克赛工具有限公司
235		温岭立骅机械有限公司
236		浙江荣发动力有限公司
237		温岭市大众精密机械有限公司
238		台州豪贝泵业有限公司
239		仨亿电器有限公司
240		温岭市金鸿食品机械有限公司
241		浙江海星电子科技有限公司
242		浙江松川燃气表具有限公司
243		浙江华网电气有限公司
244		浙江盛源空压机制造有限公司
245		浙江兴益风机电器有限公司
246		温岭市正田摩托车零部件制造有限公司
247		浙江广涛卫厨有限公司
248		台州明华工贸有限公司
249		台州康多利海洋生物保健品有限公司
250		浙江博星化工涂料有限公司
251		台州欧信环保净化器有限公司
252	玉环县(8家)	浙江华辰电器股份有限公司
253		浙江博民机电股份有限公司
254		浙江雷博司电器有限公司
255		隆中控股集团有限公司
256		台州宏鑫曲轴有限公司
257		浙江环方汽车电器有限公司
258		台州市丰润生物化学有限公司
259		浙江澳兴生物科技有限公司
260	天台县(2家)	台州市永昌软件科技有限公司
261		浙江天台山乌药生物工程有限公司
262	仙居县(4家)	浙江司太立制药有限公司

序　　号	地　　区	企 业 名 称
263		浙江仙居君业药业有限公司
264		浙江凯迪药业有限公司
265		浙江神洲药业有限公司
266	三门县(3家)	浙江巨力电机成套设备有限公司
267		浙江巨龙自动化设备有限公司
268		浙江省三门腾龙电器有限公司
		衢州市6家
269	市本级(1家)	浙江红五环机械股份有限公司
270	龙游县(2家)	浙江固特气动机械有限公司
271		浙江华邦特种纸业有限公司
272	常山县(1家)	浙江常山金雄有限公司
273	开化县(2家)	浙江省开化七一电力器材有限责任公司
274		浙江矽盛电子有限公司
		舟山市2家
275	市本级(1家)	舟山京洲水产食品有限公司
276	岱山县(1家)	浙江舟山科成制药公司
		丽水市6家
277	市本级(1家)	丽水万控电气有限公司
278	缙云县(3家)	浙江正邦电力电子有限公司
279		浙江硅都电力电子有限公司
280		浙江一胜特工模具股份有限公司
281	庆元县(1家)	浙江双枪竹木有限公司
282	遂昌县(1家)	浙江凯恩电池有限公司

财政部 国家税务总局关于小型微利企业有关企业所得税政策的通知

2009年12月2日 财税〔2009〕133号

各省、自治区、直辖市、计划单列市财政厅(局)、国家税务局、地方税务局,新疆生产建设兵团财务局:

为有效应对国际金融危机,扶持中小企业发展,经国务院批准,现就小型微利企业所得税政策通知如下:

一、自2010年1月1日至2010年12月31日,对年应纳税所得额低于3万元(含3万元)的小型微利企业,其所得减按50%计入应纳税所得额,按20%的税率缴纳企业所得税。

二、本通知所称小型微利企业,是指符合《中华人民共和国企业所得税法》及其实施条例以及相关税收政策规定的小型微利企业。

请遵照执行。

浙江省财政厅 浙江省国家税务局 浙江省地方税务局 中共浙江省委宣传部 转发财政部 国家税务总局 中共中央宣传部 关于转制文化企业名单及认定问题的通知

2009年12月16日 浙财税政字〔2009〕22号

各市、县(市、区)财政局、国家税务局、地方税务局、党委宣传部(宁波不发):

现将《财政部 国家税务总局中共中央宣传部关于转制文化企业名单及认定问题的通知》(财税〔2009〕105号)转发给你们,并结合我省实际作如下补充规定,请一并贯彻执行。

一、2008年12月31日之前已经浙江省文化体制改革工作领导小组办公室和各市文化体制改革工作领导小组办公室审核批准,执行《财政部海关总署国家税务总局关于文化体制改革中经营性文化事业单位转制后企业的若干税收政策问题的通知》(财税〔2005〕1号)的转制文化企业,2009年1月1日至2013年12月31日期间,相关税收政策按照财税〔2009〕34号文件的规定执行。上述企业可依据原审核批复文件,直接向主管税务机关办理具体免税事项。

如果上述企业名称发生变更但主管业务未发生变化的,依照本通知第二条规定的条件重新认定。

二、从2009年1月1日起,需经认定享受财税〔2009〕34号文件相关税收优惠政策的转制文化企业按财税〔2009〕105号文件第二条规定执行。

三、转制文化企业的申请认定工作由党委宣传部门统一受理。省级有关单位所属转制文化企业的认定,由省委宣传部受理,并会同省财政厅、省国家税务局、省地方税务局确定和发布名单,报中宣部、财政部、国家税务总局备案;各市、县(市、区)所属转制文化企业的认定,由各市党委宣传部受理,并会同市财政局、国家税务局、地方税务局确定和发布名单,抄送省委宣传部、省财政厅、省国家税务局、省地方税务局备案。

四、经认定的转制文化企业,应按规定向主管税务机关申请办理减免税备案手续,并报送认定文件和财税〔2009〕105号文件第四条规定的相关材料。主管税务机关实行即报即备制度。

五、省财政厅、省国家税务局、省地方税务局《关于文化体制改革中若干税收政策问题的通知》(浙财教字〔2005〕70号)同时废止。

财政部 国家税务总局 中宣部关于转制文化企业名单及认定问题的通知

2009 年 8 月 13 日 财税〔2009〕105 号

各省、自治区、直辖市、计划单列市党委宣传部、财政厅(局)、国家税务局、地方税务局,新疆生产建设兵团财务局:

根据《国务院办公厅关于印发文化体制改革中经营性文化事业单位转制为企业和支持文化企业发展两个规定的通知》(国办发〔2008〕114 号)精神,以及《财政部 国家税务总局关于文化体制改革中经营性文化事业单位转制为企业的若干税收政策问题的通知》(财税〔2009〕34 号)的规定,现就转制文化企业名单及认定问题通知如下。

一、2008 年 12 月 31 日之前已经审核批准执行《财政部、海关总署、国家税务总局关于文化体制改革中经营性文化事业单位转制后企业的若干税收政策问题的通知》(财税〔2005〕1 号)的转制文化企业,2009 年 1 月 1 日至 2013 年 12 月 31 日期间,相关税收政策按照财税〔2009〕34 号文件的规定执行。本条所称转制文化企业包括:

(一)根据《财政部海关总署国家税务总局关于发布第一批不在文化体制改革试点地区的文化体制改革试点单位名单的通知》(财税〔2005〕163 号)、《财政部海关总署国家税务总局关于公布第二批不在试点地区的文化体制改革试点单位名单和新增试点地区名单的通知》(财税〔2007〕36 号)和《财政部海关总署国家税务总局关于发布第三批不在试点地区的文化体制改革试点单位名单的通知》(财税〔2008〕25 号),由财政部、海关总署、国家税务总局分批发布的不在试点地区的试点单位。

(二)由北京市、上海市、重庆市、浙江省、广东省及深圳市、沈阳市、西安市、丽江市审核发布的试点单位,包括由中央文化体制改革工作领导小组办公室提供名单,由北京市发布的中央在京转制试点单位。

(三)财税〔2007〕36 号规定的新增试点地区审核发布的试点单位。

上述转制文化企业名称发生变更的,如果主营业务未发生变化,持原认定的文化体制改革工作领导小组办公室出具的同意更名函,到主管税务机关履行更名手续;如果主营业务发生变化,依照本通知第二条规定的条件重新认定。

二、从 2009 年 1 月 1 日起,需认定享受财税〔2009〕34 号规定的相关税收优惠政策的转制文化企业应同时符合以下条件:

(一)根据相关部门的批复进行转制。中央各部门各单位出版社转制方案,由中央各部门各单位出版社体制改革工作领导小组办公室批复;中央部委所属的高校出版社和非时政类报刊社的转制方案,由新闻出版总署批复;文化部、广电总局、新闻出版总署所属文化事业单位的转制方案,由上述三个部门批复;地方所属文化事业单位的转制方案,按照登记管理权限由各级文化体制改革工作领导小组办公室批复;

(二) 转制文化企业已进行企业工商注册登记;

(三) 整体转制前已进行事业单位法人登记的,转制后已核销事业编制、注销事业单位法人;

(四) 已同在职职工全部签订劳动合同,按企业办法参加社会保险;

(五) 文化企业具体范围符合《财政部海关总署国家税务总局关于支持文化企业发展若干税收政策问题的通知》(财税〔2009〕31 号)附件规定;

(六) 转制文化企业引入非公有资本和境外资本

的,须符合国家法律法规和政策规定;变更资本结构的,需经行业主管部门和国有文化资产监管部门批准。

三、中央所属转制文化企业的认定,由中宣部会同财政部、国家税务总局确定并发布名单;地方所属转制文化企业的认定,按照登记管理权限,由各级宣传部门会同同级财政厅(局)、国家税务局和地方税务局确定和发布名单,并逐级备案。

四、经认定的转制文化企业,可向主管税务机关申请办理减免税手续,并向主管税务机关备案以下材料:

(一) 转制方案批复函;

(二) 企业工商营业执照;

(三) 整体转制前已进行事业单位法人登记的,需提供同级机构编制管理机关核销事业编制、注销事业单位法人的证明;

(四) 同在职职工签订劳动合同、按企业办法参加社会保险制度的证明;

(五) 引入非公有资本和境外资本、变更资本结构的,需出具相关部门的批准函;

五、未经认定的转制文化企业或转制文化企业不符合本通知规定的,不得享受相关税收优惠政策。已享受优惠的,主管税务机关应追缴其已减免的税款。

六、本通知适用于经营性文化事业单位整体转制和剥离转制两种类型。

(一)整体转制包括:(图书、音像、电子)出版社、非时政类报刊社、新华书店、艺术院团、电影制片厂、电影(发行放映)公司、影剧院等整体转制为企业。

(二)剥离转制包括:新闻媒体中的广告、印刷、发行、传输网络部分,以及影视剧等节目制作与销售机构,从事业体制中剥离出来转制为企业。

浙江省科学技术厅 浙江省财政厅 浙江省国家税务局 浙江省地方税务局 关于认定微宏软件技术(杭州)有限公司等236家企业为2009年第四批高新技术企业的通知

2009年12月30日 浙科发高〔2009〕289号

各有关市、县(市、区)科技局、财政局、国家税务局、地方税务局,省国家税务局直属分局,省地方税务局直属税务一分局:

根据《高新技术企业认定管理办法》(国科发火〔2008〕172号)和《高新技术企业认定管理工作指引》(国科发火〔2008〕362号)有关规定,现认定微宏软件技术(杭州)有限公司等236家企业为2009年第四批高新技术企业,认定有效期3年,企业所得税优惠期为2009年1月1日至2011年12月31日。

请各地及时通知相关企业到主管税务机关办理减税手续,并尽早落实有关税收优惠政策。

附件:浙江省2009年第四批高新技术企业名单

附件：

浙江省2009年第四批高新技术企业名单

序　　号	地　　区	企　业　名　称
		杭　州　市　109　家
1	市本级(35家)	微宏软件技术(杭州)有限公司
2		杭州三高光电科技有限公司
3		浙江永联民爆器材有限公司
4		思美传媒股份有限公司
5		杭州杭锅通用设备有限公司
6		浙江联池水务设备有限公司
7		杭州青鸟电子有限公司
8		杭州德联科技有限公司
9		液化空气(杭州)有限公司
10		杭州张小泉集团有限公司
11		杭州万事利丝绸科技有限公司
12		杭州科力化工设备有限公司
13		杭州弘泰电器有限公司
14		浙江西子联合工程有限公司
15		杭州西子孚信科技有限公司
16		杭州佩灵轴承有限公司
17		浙江天正思维信息技术有限公司
18		杭州意博高科电器有限公司
19		浙江欣网卓信科技有限公司
20		杭州照相机械研究所
21		林德工程(杭州)有限公司
22		杭州航海仪器厂
23		浙江商达环保有限公司
24		杭州经纬信息技术有限公司
25		浙江亚通焊材有限公司
26		浙江省电信安装建设有限公司
27		浙江省电力设计院
28		浙江惠松制药有限公司
29		杭州电力设备制造有限公司
30		杭州奥普卫厨科技有限公司
31		杭州光韵达光电科技有限公司
32		拜耳作物科学(中国)有限公司
33		史陶比尔(杭州)精密机械电子有限公司
34		杭州诺泰制药技术有限公司
35		杭州富尔顿热能设备有限公司

序　　号	地　　区	企　业　名　称
36	杭州高新区（43家）	杭州蒙特信息技术有限公司
37		杭州志卓信息技术有限公司
38		杭州恩软信息技术有限公司
39		星梦科技(杭州)有限公司
40		浙江网新恩普软件有限公司
41		杭州爱赛德科技有限公司
42		杭州润智软件有限公司
43		杭州浙大数维信息系统工程有限公司
44		浙江科维节能技术有限公司
45		杭州正蓝网络技术有限公司
46		浙江金铖华元信息技术有限公司
47		杭州创腾科技有限公司
48		浙江易时信息科技有限公司
49		杭州中瑞科技有限公司
50		杭州厚德通信技术有限公司
51		浙江网新恒天软件有限公司
52		杭州华光计算机工程有限公司
53		杭州瑞纳科技有限公司
54		浙江正泰太阳能科技有限公司
55		杭州优能通信系统有限公司
56		英飞特电子(杭州)有限公司
57		杭州友旺科技有限公司
58		杭州宏睿通信技术有限公司
59		杭州擎州软件有限公司
60		浙江中控电气技术有限公司
61		杭州东忠科技有限公司
62		杭州连横信息技术有限公司
63		杭州精久科技有限公司
64		杭州盈丰软件技术有限公司
65		杭州纽捷特科技有限公司
66		杭州搜视网络有限公司
67		杭州巧步网络技术有限公司
68		杭州舒讯信息技术有限公司
69		杭州立盛软件开发有限公司
70		杭州浴宝电器有限公司
71		杭州软易科技有限公司

序　　号	地　　区	企　业　名　称
72		杭州锐达数字技术有限公司
73		杭州总研电气有限公司
74		杭州士兰光电技术有限公司
75		杭州麦芝西柏智能科技有限公司
76		浙江奇汇电子提花机有限公司
77		杭州奕锐电子有限公司
78		浙江安瑞森信息材料有限公司
79	萧山区(15家)	杭州友成机工有限公司
80		杭州梵隆方向盘有限公司
81		浙江佳为环境科技有限公司
82		杭州中意信息技术有限公司
83		杭州宗兴齿轮有限公司
84		浙江中欣纺织科技有限公司
85		杭州易舒特药业有限公司
86		浙江日华化学有限公司
87		杭州华东钢结构制造有限公司
88		杭州万隆光电设备有限公司
89		杭州白浪助剂有限公司
90		杭州翔盛高强纤维材料股份有限公司
91		杭州泰欣实业有限公司
92		杭州美高华颐化工有限公司
93		浙江大地钢结构有限公司
94	余杭区(10家)	联合金属科技(杭州)有限公司
95		浙江四通化纤有限公司
96		杭州合力电子有限公司
97		杭州谱声电子有限公司
98		杭州长命乳胶海绵有限公司
99		杭州余杭特种风机有限公司
100		杭州精工机械有限公司
101		杭州万全金属软管有限公司
102		杭州顿力电器有限公司
103		杭州安尼自动化装备有限公司
104	富阳市(2家)	杭州华威医疗用品有限公司
105		杭州富阳卓越精诚塑机有限公司
106	桐庐县(1家)	杭州岩珊镁钢保护层有限公司
107	临安市(2家)	杭州东兴电讯材料有限公司

序号	地区	企业名称
108		杭州恒信电气有限公司
109	建德市(1家)	杭州沈氏换热器有限公司
		温州市28家
110	市本级(17家	浙江宏明阀门有限公司
111		温州市龙强乳品机械厂
112		温州市华基化工有限公司
113		温州市金榜轻工机械有限公司
114		温州天富机械有限公司
115		温州市康而达实业有限公司
116		温州市天龙轻工设备有限公司
117		挺宇集团有限公司
118		温州市蓝天电子设备有限公司
119		浙江奥乐智能系统工程有限公司
120		温州市大顺机械制造有限公司
121		温州市亨泰缝制设备有限公司
122		浙江华泰电子有限公司
123		温州市冠盛汽车零部件集团股份有限公司
124		华联机械集团有限公司
125		浙江瓯立电器有限公司
126		浙江华夏阀门有限公司
127	永嘉县(6家)	宣达实业集团有限公司
128		球豹阀门有限公司
129		方园阀门集团有限公司
130		浙东高中压阀门有限公司
131		浙江迎日阀门制造有限公司
132		浙江红蜻蜓鞋业股份有限公司
133	乐清市(3家)	安德利集团有限公司
134		浙江中讯电子有限公司
135		浙江加西亚电子电器有限公司
136	瑞安市(1家)	瑞立集团瑞安汽车零部件有限公司
137	苍南县(1家)	浙江新大具有限公司
		嘉兴市22家
138	市本级(11家)	嘉兴市新大陆机电有限公司
139		嘉兴禾大科技化学有限公司
140		嘉兴市正麒高新面料复合有限公司
141		奥托尼克斯电子(嘉兴)有限公司

序　　号	地　　区	企　业　名　称
142		浙江海晨化工有限公司
143		嘉兴市恒创电力设备有限公司
144		品格卫厨(浙江)有限公司
145		浙江威能消防器材股份有限公司
146		嘉兴小虎子车业有限公司
147		嘉兴永佳精密机械制造有限公司
148		水山机械(嘉兴)有限公司
149	平湖市(2家)	浙江江茂实业股份有限公司
150		浙江平湖绿色环保技术发展有限公司
151	嘉善县(1家)	浙江嘉善诚达药化有限公司
152	海宁市(6家)	浙江西子重工机械有限公司
153		浙江晶科能源有限公司
154		浙江天星产业用布有限公司
155		海宁三弘电子科技有限公司
156		浙江成如旦新能源科技有限公司
157		海宁凤鸣叶绿素有限公司
158	桐乡市(2家	振石集团恒石纤维基业有限公司
159		浙江京马电机有限公司
		湖州市11家
160	市本级(3家)	中海石油金洲管道有限公司
161		浙江东洋环境工程有限公司
162		浙江大港飞英环境科技工程有限公司
163	安吉县(3家)	浙江天振竹木开发有限公司
164		安吉汉洲竹制品有限公司
165		美意(浙江)空调设备有限公司
166	长兴县(4家)	浙江昌盛玻璃有限公司
167		浙江长兴昌盛新光源有限公司
168		浙江永能化纤有限公司
169		长兴中建耐火材料科技有限公司
170	德清县(1家)	浙江恒坤电力技术有限公司
		绍兴市13家
171	市本级(2家)	浙江恒业成有机硅有限公司
172		绍兴金江机械有限公司
173	绍兴县(3家)	绍兴康普节能科技有限公司
174		浙江中国轻纺城网络有限公司
175		浙江泽恩标准件有限公司

序　　号	地　　区	企 业 名 称
176	上虞市(3家	浙江阿克希龙舜华铝塑业有限公司
177		浙江俏尔婷婷服饰有限公司
178		上虞晶盛机电工程有限公司
179	诸暨市(2家)	浙江瑞远机床有限公司
180		浙江东星科技有限公司
181	新昌县(3家)	浙江兴昌风机有限公司
182		浙江进泰机械设备有限公司
183		达利丝绸(浙江)有限公司
		金华市 18 家
184	市本级(6家)	浙江名创光电科技有限公司
185		浙江巨龙管业股份有限公司
186		浙江博尚电子有限公司
187		金华洁灵家居用品有限公司
188		浙江皇冠电动工具制造有限公司
189		浙江科惠医疗器械有限公司
190	兰溪市(3家)	浙江合力新型建材有限公司
191		浙江蓝宝机械有限公司
192		浙江甬金金属科技股份有限公 司
193	东阳市(2家)	东阳富仕特磁业有限公司
194		浙江野风塑胶有限公司
195	永康市(6家)	星月集团有限公司
196		步阳集团有限公司
197		浙江铁牛汽车车身有限公司
198		浙江飞神车业有限公司
199		浙江世达工具制造有限公司
200		浙江众泰汽车制造有限公司
201	浦江县(1家)	浙江浦江中星有限公司
		台州市 20 家
202	椒江区(1家)	台州市华南医化有限公司
203	黄岩区(3家)	永高股份限公司
204		浙江宾王工程材料有限公司
205		浙江德玛克机械有限公司
206	路桥区(4家)	浙江肯得机电股份有限公司
207		浙江绿田机电制造有限公司
208		欧路莎股份有限公司
209		台州优特轴承有限公司

序　　号	地　　区	企　业　名　称
210	临海市(2家)	浙江尖峰海洲制药有限公司
211		浙江同丰医药化工有限公司
212	玉环县(3家)	浙江华邦机械有限公司
213		玉环县金峰实业有限公司
214		浙江沃尔达铜业有限公司
215	天台县(3家)	浙江超前通信设备有限公司
216		浙江德斯泰塑胶有限公司
217		浙江利丰塑胶有限公司
218	仙居县(2家)	仙居县力天化工有限公司
219		浙江一远电子科技有限公司
220	三门县(2家)	三门三友冶化技术开发有限公司
221		浙江东南橡胶机带有限公司
		衢州市8家
222	市本级(3家)	浙江衢州煤矿机械总厂有限公司
223		衢州杭甬变压器有限公司
224		浙江永力达数控机床有限公司
225	江山市(2家)	浙江盛汇化工有限公司
226		浙江科力汽车配件有限公司
227	开化县(3家)	浙江创佳数字技术有限公司
228		浙江华友电子有限公司
229		浙江胡涂硅有限公司
		舟山市6家
230	定海区(2家)	舟山市大神洲船舶修造有限公司
231		浙江华业塑料机械有限公司
232	普陀区(4家)	浙江东海岸船业有限公司
233		浙江飞鲸漆业有限公司
234		舟山市富丹旅游食品有限责任公司
235		浙江柏润液压有限公司
		丽水市1家
236	缙云县(1家)	浙江伟业锯床有限公司

国家税务总局关于企业以前年度未扣除资产损失企业所得税处理问题的通知

2009年12月31日 国税函〔2009〕772号

各省、自治区、直辖市和计划单列市国家税务局、地方税务局:

现将企业以前年度未能扣除的资产损失企业所得税处理问题通知如下:

一、根据《国家税务总局关于印发〈企业资产损失税前扣除管理办法〉的通知》(国税发〔2009〕88号)第三条规定的精神,企业以前年度(包括2008年度新企业所得税法实施以前年度)发生,按当时企业所得税有关规定符合资产损失确认条件的损失,在当年因为各种原因未能扣除的,不能结转在以后年度扣除;可以按照《中华人民共和国企业所得税法》和《中华人民共和国税收征收管理法》的有关规定,追补确认在该项资产损失发生的年度扣除,而不能改变该项资产损失发生的所属年度。

二、企业因以前年度资产损失未在税前扣除而多缴纳的企业所得税税款,可在审批确认年度企业所得税应纳税款中予以抵缴,抵缴不足的,可以在以后年度递延抵缴。

三、企业资产损失发生年度扣除追补确认的损失后如出现亏损,首先应调整资产损失发生年度的亏损额,然后按弥补亏损的原则计算以后年度多缴的企业所得税税款,并按前款办法进行税务处理。

国家税务总局关于企业向自然人借款的利息支出企业所得税税前扣除问题的通知

2009年12月31日 国税函〔2009〕777号

各省、自治区、直辖市和计划单列市国家税务局、地方税务局:

现就企业向自然人借款的利息支出企业所得税税前扣除问题,通知如下:

一、企业向股东或其他与企业有关联关系的自然人借款的利息支出,应根据《中华人民共和国企业所得税法》(以下简称税法)第四十六条及《财政部、国家税务总局关于企业关联方利息支出税前扣除标准有关税收政策问题的通知》(财税〔2008〕121号)规定的条件,计算企业所得税扣除额。

二、企业向除第一条规定以外的内部职工或其他人员借款的利息支出,其借款情况同时符合以下条件的，其利息支出在不超过按照金融企业同期同类贷款利率计算的数额的部分，根据税法第八条和税法实施条例第二十七条规定，准予扣除。

（一）企业与个人之间的借贷是真实、合法、有效的，并且不具有非法集资目的或其他违反法律、法规的行为；

（二）企业与个人之间签订了借款合同。

个人所得税类

财政部 国家税务总局关于股票增值权所得和限制性股票所得征收个人所得税有关问题的通知

2009 年 1 月 7 日　财税〔2009〕5 号

各省、自治区、直辖市、计划单列市财政厅（局）、地方税务局，宁夏、西藏、青海省（自治区）国家税务局，新疆生产建设兵团财务局：

根据《中华人民共和国个人所得税法》、《中华人民共和国税收征收管理法》等有关规定，现就股票增值权所得和限制性股票所得征收个人所得税有关问题通知如下：

一、对于个人从上市公司（含境内、外上市公司，下同）取得的股票增值权所得和限制性股票所得，比照《财政部国家税务总局关于个人股票期权所得征收个人所得税问题的通知》（财税〔2005〕35 号）、《国家税务总局关于个人股票期权所得缴纳个人所得税有关问题的补充通知》（国税函〔2006〕902 号）的有关规定，计算征收个人所得税。

二、本通知所称股票增值权，是指上市公司授予公司员工在未来一定时期和约定条件下，获得规定数量的股票价格上升所带来收益的权利。被授权人在约定条件下行权，上市公司按照行权日与授权日二级市场股票差价乘以授权股票数量，发放给被授权人现金。

三、本通知所称限制性股票，是指上市公司按照股权激励计划约定的条件，授予公司员工一定数量本公司的股票。

四、实施股票增值权计划或限制性股票计划的境内上市公司，应在向中国证监会报备的同时，将企业股票增值权计划、限制性股票计划或实施方案等有关资料报送主管税务机关备案。

五、实施股票增值权计划或限制性股票计划的境内上市公司，应在做好个人所得税扣缴工作的同时，按照《国家税务总局关于印发〈个人所得税全员全额扣缴申报管理暂行办法〉的通知》（国税发〔2005〕205 号）的有关规定，向主管税务机关报送其员工行权等涉税信息。

财政部 国家税务总局
关于上市公司高管人员股票期权所得缴纳个人所得税有关问题的通知

2009年5月4日 财税〔2009〕40号

各省、自治区、直辖市、计划单列市财政厅(局)、地方税务局,西藏、宁夏、青海省(自治区)国家税务局,新疆生产建设兵团财务局:

据一些地方税务部门反映,由于《中华人民共和国公司法》和《中华人民共和国证券法》对上市公司董事、监事、高级管理人员等(以下简称上市公司高管人员)转让本公司股票在期限和数量比例上存在一定限制,导致其股票期权行权时无足额资金及时纳税问题,经研究,现就上市公司高管人员取得股票期权所得有关缴纳个人所得税问题通知如下:

一、上市公司高管人员取得股票期权所得,应按照《财政部、国家税务总局关于个人股票期权所得征收个人所得税问题的通知》(财税〔2005〕35号)和《国家税务总局关于个人股票期权所得缴纳个人所得税有关问题的补充通知》(国税函〔2006〕902号)的有关规定,计算个人所得税应纳税额。

二、对上市公司高管人员取得股票期权在行权时,纳税确有困难的,经主管税务机关审核,可自其股票期权行权之日起,在不超过6个月的期限内分期缴纳个人所得税。

三、其他股权激励方式参照本通知规定执行。

四、本通知自印发之日起执行。

财政部 国家税务总局
关于个人无偿受赠房屋有关个人所得税问题的通知

2009年5月25日 财税〔2009〕78号

各省、自治区、直辖市、计划单列市财政厅(局)、地方税务局,宁夏、西藏、青海省(自治区)国家税务局,新疆生产建设兵团财务局:

为了加强个人所得税征管,堵塞税收漏洞,根据《中华人民共和国个人所得税法》有关规定,现就个人无偿受赠房屋有关个人所得税问题通知如下:

一、以下情形的房屋产权无偿赠与,对当事双方不征收个人所得税:

(一)房屋产权所有人将房屋产权无偿赠与配偶、父母、子女、祖父母、外祖父母、孙子女、外孙子女、兄弟姐妹;

(二)房屋产权所有人将房屋产权无偿赠与对其承

担直接抚养或者赡养义务的抚养人或者赡养人；

(三)房屋产权所有人死亡，依法取得房屋产权的法定继承人、遗嘱继承人或者受遗赠人。

二、赠与双方办理免税手续时，应向税务机关提交以下资料：

(一)《国家税务总局关于加强房地产交易个人无偿赠与不动产税收管理有关问题的通知》(国税发〔2006〕144号)第一条规定的相关证明材料；

(二)赠与双方当事人的有效身份证件；

(三)属于本通知第一条第(一)项规定情形的，还须提供公证机构出具的赠与人和受赠人亲属关系的公证书(原件)。

(四)属于本通知第一条第(二)项规定情形的，还须提供公证机构出具的抚养关系或者赡养关系公证书(原件)，或者乡镇政府或街道办事处出具的抚养关系或者赡养关系证明。

税务机关应当认真审核赠与双方提供的上述资料，资料齐全并且填写正确的，在提交的《个人无偿赠与不动产登记表》上签字盖章后复印留存，原件退还提交人，同时办理个人所得税不征税手续。

三、除本通知第一条规定情形以外，房屋产权所有人将房屋产权无偿赠与他人的，受赠人因无偿受赠房屋取得的受赠所得，按照"经国务院财政部门确定征税的其他所得"项目缴纳个人所得税，税率为20%。

四、对受赠人无偿受赠房屋计征个人所得税时，其应纳税所得额为房地产赠与合同上标明的赠与房屋价值减除赠与过程中受赠人支付的相关税费后的余额。赠与合同标明的房屋价值明显低于市场价格或房地产赠与合同未标明赠与房屋价值的，税务机关可依据受赠房屋的市场评估价格或采取其他合理方式确定受赠人的应纳税所得额。

五、受赠人转让受赠房屋的，以其转让受赠房屋的收入减除原捐赠人取得该房屋的实际购置成本以及赠与和转让过程中受赠人支付的相关税费后的余额，为受赠人的应纳税所得额，依法计征个人所得税。受赠人转让受赠房屋价格明显偏低且无正当理由的，税务机关可以依据该房屋的市场评估价格或其他合理方式确定的价格核定其转让收入。

六、本通知自发布之日起执行。

浙江省地方税务局关于离退休人员取得补贴征收个人所得税问题的批复

2009年7月2日　浙地税函〔2009〕256号

杭州市地方税务局：

你局《关于部分离退休人员取得的补贴征收个人所得税问题的请示》(杭地税二〔2009〕52号)收悉。经研究，现批复如下：

根据《国家税务总局关于离退休人员取得单位发放离退休工资以外奖金补贴征收个人所得税的批复》(国税函〔2008723〕号)规定，离退休人员在按规定领取离退休工资或养老金外，另从原任职单位取得的各类补贴、奖金、实物，不属于税法规定可以免税的退休工资、离休工资、离休生活补助费。离退休人员从原任职单位取得的各类补贴、奖金、实物，应在减除费用扣除标准后，按"工资、薪金所得"应税项目缴纳个人所得税。

请你局继续做好税收政策的宣传和解释工作，并辅导企业执行好政策规定。执行中有何问题，请及时向省局反映。

浙江省地方税务局转发
国家税务总局关于加强股权转让所得
征收个人所得税管理的通知

2009年8月5日 浙地税函〔2009〕296号

各市、县(市、区)地方税务局(不发宁波),省地方税务局直属一分局、稽查局:

现将《国家税务总局关于加强股权转让所得征收个人所得税管理的通知》(国税函〔2009〕285号)转发给你们,并提出如下意见,请一并贯彻执行。

一、加强对自然人股权转让的个人所得税征管,不仅是完善税收征管、促进堵漏增收的一项重要措施,也是加强对高收入人群个人所得税管理,维护社会公平,构建和谐社会的一项重要举措。对此,各级地税机关要高度重视,加强宣传,广泛调查,全面掌握辖区内企业自然人股东情况,按企业建立征管档案,详细记录自然人股东姓名、身份证号码、住所、投资方式、投资额、投资时间等内容,并录入《浙江地税信息系统》,实施动态管理,为股权转让所得征收个人所得税夯实征管基础。

二、各级地税机关要主动加强与工商行政管理部门的沟通联系,及时取得企业自然人股东变动及其股权转让信息,紧密配合,形成征管合力。企业自然人股东发生变动的,企业在向工商行政管理部门申请股权变更登记时,应按规定要求填写《个人股东变动情况报告表》(附件)并向主管地税机关申报。

主管地税机关接到企业申报资料后,要加强对信息资料的审核和分析比对。如发现纳税人有未申报纳税或扣缴义务人未扣缴税款的,应按相关工作规程转入纳税评估、税务稽查等程序,及时追缴税款,并对其中涉及的税收违法行为依法进行处罚。

三、各级地税机关要及时认真总结加强自然人股东股权转让所得个人所得税征管的好经验、好做法,并及时报送省局。实际执行中有什么问题,请及时向省局(税政二处)反映。

附件:个人股东变动情况报告表(略)

国家税务总局关于加强股权转让所得
征收个人所得税管理的通知

2009年5月28日 (国税函〔2009〕285号)

各省、自治区、直辖市和计划单列市地方税务局,西藏、宁夏、青海省(自治区)国家税务局:

为加强自然人(以下简称个人)股东股权转让所得个人所得税的征收管理,提高征管质量和效率,堵塞征管漏洞,根据《中华人民共和国个人所得税法》及其《实施条例》、《中华人民共和国税收征收管理法》及其《实施细则》、《国家税务总局关于加强税种征管促进堵漏增收的若干意见》(国税发〔2009〕85号)的规定,现就有关问题通知如下:

一、股权交易各方在签订股权转让协议并完成股权转让交易以后至企业变更股权登记之前,负有纳税义务或代扣代缴义务的转让方或受让方,应到主管税务机关办理纳税(扣缴)申报,并持税务机关开具的股权转让所得缴纳个人所得税完税凭证或免税、不征税证明,到工商行政管理部门办理股权变更登记手续。

二、股权交易各方已签订股权转让协议,但未完成股权转让交易的,企业在向工商行政管理部门申请股权变更登记时,应填写《个人股东变动情况报告表》(表格式样和联次由各省地税机关自行设计)并向主管税务机关申报。

三、个人股东股权转让所得个人所得税以发生股权变更企业所在地地税机关为主管税务机关。纳税人或扣缴义务人应到主管税务机关办理纳税申报和税款入库手续。主管税务机关应按照《个人所得税法》和《税收征收管理法》的规定,获取个人股权转让信息,对股权转让涉税事项进行管理、评估和检查,并对其中涉及的税收违法行为依法进行处罚。

四、税务机关应加强对股权转让所得计税依据的评估和审核。对扣缴义务人或纳税人申报的股权转让所得相关资料应认真审核,判断股权转让行为是否符合独立交易原则,是否符合合理性经济行为及实际情况。

对申报的计税依据明显偏低(如平价和低价转让等)且无正当理由的,主管税务机关可参照每股净资产或个人股东享有的股权比例所对应的净资产份额核定。

五、税务机关要建立股权转让所得征收个人所得税内部控管机制。税务机关应建立股权转让所得个人所得税电子台账,对所辖企业个人股东逐户登记,将个人股东的相关信息录入计算机系统,实施动态管理。税务机关内部各部门分别负责信息获取、评估和审核、税款征缴入库和反馈检查等环节的工作,各部门应加强联系,密切配合,形成完整的管理链条。

六、各地税务机关要高度重视股权转让所得个人所得税征收管理,按照本通知的要求,采取有效措施,积极主动地开展工作。要争取当地党委、政府的支持,加强与工商行政管理部门的联系和协作,定期主动从工商行政管理机关取得股权变更登记信息。要向纳税人、扣缴义务人和发生股权变更的企业做好相关税法及政策的宣传和辅导工作,保证税款及时、足额入库。

国家税务总局关于明确个人所得税若干政策执行问题的通知

2009年8月17日　国税发〔2009〕121号

各省、自治区、直辖市和计划单列市地方税务局,西藏、宁夏、青海省(自治区)国家税务局:

近期,部分地区反映个人所得税若干政策执行口径不够明确,为公平税负,加强征管,根据《中华人民共和国个人所得税法》及其实施条例等相关规定,现就个人所得税若干政策执行口径问题通知如下:

一、《国家税务总局关于个人所得税若干政策问题的批复》(国税函〔2002〕629号)第一条有关“双薪制”计税方法停止执行。

二、关于董事费征税问题

(一)《国家税务总局关于印发〈征收个人所得税若干问题的规定〉的通知》(国税发〔1994〕089号)第八条规定的董事费按劳务报酬所得项目征税方法,仅适用于个人担任公司董事、监事,且不在公司任职、受雇的情形。

(二)个人在公司(包括关联公司)任职、受雇,同时兼任董事、监事的,应将董事费、监事费与个人工资收入合并,统一按工资、薪金所得项目缴纳个人所得税。

(三)《国家税务总局关于外商投资企业的董事担任直接管理职务征收个人所得税问题的通知》(国税发〔1996〕214号)第一条停止执行。

三、关于华侨身份界定和适用附加费用扣除问题

(一)华侨身份的界定

根据《国务院侨务办公室关于印发〈关于界定华侨外籍华人归侨侨眷身份的规定〉的通知》(国侨发〔2009〕5号)的规定,华侨是指定居在国外的中国公民。具体界定如下:

1.“定居”是指中国公民已取得住在国长期或者永久居留权,并已在住在国连续居留两年,两年内累计居留不少于18个月。

2. 中国公民虽未取得住在国长期或者永久居留权,但已取得住在国连续5年以上(含5年)合法居留资格,5年内在住在国累计居留不少于30个月,视为华侨。

3. 中国公民出国留学(包括公派和自费)在外学习期间,或因公务出国(包括外派劳务人员)在外工作期间,均不视为华侨。

(二)关于华侨适用附加扣除费用问题

对符合国侨发〔2009〕5号文件规定的华侨身份的人员,其在中国工作期间取得的工资、薪金所得,税务机关可根据纳税人提供的证明其华侨身份的有关证明材料,按照《中华人民共和国个人所得税法实施条例》第三十条规定在计算征收个人所得税时,适用附加扣除费用。

四、关于个人转让离婚析产房屋的征税问题

(一)通过离婚析产的方式分割房屋产权是夫妻双方对共同共有财产的处置,个人因离婚办理房屋产权过户手续,不征收个人所得税。

(二)个人转让离婚析产房屋所取得的收入,允许扣除其相应的财产原值和合理费用后,余额按照规定的税率缴纳个人所得税;其相应的财产原值,为房屋初次购置全部原值和相关税费之和乘以转让者占房屋所有权的比例。

(三)个人转让离婚析产房屋所取得的收入,符合家庭生活自用5年以上唯一住房的,可以申请免征个人所得税,其购置时间按照《国家税务总局关于房地产税收政策执行中几个具体问题的通知》(国税发〔2005〕172号)执行。

国家税务总局关于股权激励有关个人所得税问题的通知

2009年8月24日 国税函〔2009〕461号

各省、自治区、直辖市和计划单列市地方税务局,西藏、宁夏、青海省(自治区)国家税务局:

为适应上市公司(含境内、境外上市公司,下同)薪酬制度改革和实施股权激励计划,根据《中华人民共和国个人所得税法》(以下简称个人所得税法)、《中华人民共和国个人所得税法实施条例》(以下简称实施条例)有关精神,财政部、国家税务总局先后下发了《关于个人股票期权所得征收个人所得税问题的通知》(财税〔2005〕35号)和《关于股票增值权所得和限制性股票所得征收个人所得税有关问题的通知》(财税〔2009〕5号)等文件。现就执行上述文件有关事项通知如下。

一、关于股权激励所得项目和计税方法的确定

根据个人所得税法及其实施条例和财税〔2009〕5

号文件等规定，个人因任职、受雇从上市公司取得的股票增值权所得和限制性股票所得，由上市公司或其境内机构按照“工资、薪金所得”项目和股票期权所得个人所得税计税方法，依法扣缴其个人所得税。

二、关于股票增值权应纳税所得额的确定

股票增值权被授权人获取的收益，是由上市公司根据授权日与行权日股票差价乘以被授权股数，直接向被授权人支付的现金。上市公司应于向股票增值权被授权人兑现时依法扣缴其个人所得税。被授权人股票增值权应纳税所得额计算公式为：

股票增值权某次行权应纳税所得额 =(行权日股票价格 - 授权日股票价格)× 行权股票份数。

三、关于限制性股票应纳税所得额的确定

按照个人所得税法及其实施条例等有关规定，原则上应在限制性股票所有权归属于被激励对象时确认其限制性股票所得的应纳税所得额。即:上市公司实施限制性股票计划时，应以被激励对象限制性股票在中国证券登记结算公司(境外为证券登记托管机构)进行股票登记日期的股票市价(指当日收盘价，下同)和本批次解禁股票当日市价(指当日收盘价，下同)的平均价格乘以本批次解禁股票份数，减去被激励对象本批次解禁股份数所对应的为获取限制性股票实际支付资金数额，其差额为应纳税所得额。被激励对象限制性股票应纳税所得额计算公式为：

应纳税所得额 =(股票登记日股票市价 + 本批次解禁股票当日市价)÷ 2 × 本批次解禁股票份数 - 被激励对象实际支付的资金总额 ×(本批次解禁股票份数 ÷ 被激励对象获取的限制性股票总份数)

四、关于股权激励所得应纳税额的计算

(一)个人在纳税年度内第一次取得股票期权、股票增值权所得和限制性股票所得的，上市公司应按照财税〔2005〕35 号文件第四条第一项所列公式计算扣缴其个人所得税。

(二)个人在纳税年度内两次以上(含两次)取得股票期权、股票增值权和限制性股票等所得，包括两次以上(含两次)取得同一种股权激励形式所得或者同时兼有不同股权激励形式所得的，上市公司应将其纳税年度内各次股权激励所得合并，按照《国家税务总局关于个人股票期权所得缴纳个人所得税有关问题的补充通知》(国税函〔2006〕902 号)第七条、第八条所列公式计算扣缴个人所得税。

五、关于纳税义务发生时间

(一) 股票增值权个人所得税纳税义务发生时间为上市公司向被授权人兑现股票增值权所得的日期；

(二) 限制性股票个人所得税纳税义务发生时间为每一批次限制性股票解禁的日期。

六、关于报送资料的规定

(一)实施股票期权、股票增值权计划的境内上市公司，应按照财税〔2005〕35 号文件第五条第(三)项规定报送有关资料。

(二)实施限制性股票计划的境内上市公司，应在中国证券登记结算公司（境外为证券登记托管机构）进行股票登记、并经上市公司公示后 15 日内，将本公司限制性股票计划或实施方案、协议书、授权通知书、股票登记日期及当日收盘价、禁售期限和股权激励人员名单等资料报送主管税务机关备案。

境外上市公司的境内机构，应向其主管税务机关报送境外上市公司实施股权激励计划的中(外)文资料备案。

(三) 扣缴义务人和自行申报纳税的个人在代扣代缴税款或申报纳税时，应在税法规定的纳税申报期限内，将个人接受或转让的股权以及认购的股票情况(包括种类、数量、施权价格、行权价格、市场价格、转让价格等)、股权激励人员名单、应纳税所得额、应纳税额等资料报送主管税务机关。

七、其他有关问题的规定

(一)财税〔2005〕35 号、国税函〔2006〕902 号和财税〔2009〕5 号以及本通知有关股权激励个人所得税政策，适用于上市公司(含所属分支机构)和上市公司控股企业的员工，其中上市公司占控股企业股份比例最低为 30%(间接控股限于上市公司对二级子公司的持股)。

间接持股比例，按各层持股比例相乘计算，上市公司对一级子公司持股比例超过 50%的，按 100%计算。

(二)具有下列情形之一的股权激励所得，不适用本通知规定的优惠计税方法，直接计入个人当期所得征收个人所得税：

1.除本条第(一)项规定之外的集团公司、非上市公司员工取得的股权激励所得；

2.公司上市之前设立股权激励计划,待公司上市后取得的股权激励所得;

3. 上市公司未按照本通知第六条规定向其主管税务机关报备有关资料的。

(三)被激励对象为缴纳个人所得税款而出售股票,其出售价格与原计税价格不一致的,按原计税价格计算其应纳税所得额和税额。

八、本通知自发文之日起执行。本文下发之前已发生但尚未处理的事项,按本通知执行。

国家税务总局关于个人转租房屋取得收入征收个人所得税问题的通知

2009年11月18日 国税函〔2009〕639号

各省、自治区、直辖市和计划单列市地方税务局,西藏、宁夏、青海省(自治区)国家税务局:

为规范和加强个人所得税管理,根据《中华人民共和国个人所得税法》及其实施条例的规定,现对个人取得转租房屋收入有关个人所得税问题通知如下:

一、个人将承租房屋转租取得的租金收入,属于个人所得税应税所得,应按"财产租赁所得"项目计算缴纳个人所得税。

二、取得转租收入的个人向房屋出租方支付的租金,凭房屋租赁合同和合法支付凭据允许在计算个人所得税时,从该项转租收入中扣除。

三、《国家税务总局关于个人所得税若干业务问题的批复》(国税函〔2002〕146号)有关财产租赁所得个人所得税前扣除税费的扣除次序调整为:

(一)财产租赁过程中缴纳的税费;

(二)向出租方支付的租金;

(三)由纳税人负担的租赁财产实际开支的修缮费用;

(四)税法规定的费用扣除标准。

财政部 国家税务总局 证监会 关于个人转让上市公司限售股所得征收个人所得税有关问题的通知

2009年12月31日 财税〔2009〕167号

各省、自治区、直辖市、计划单列市财政厅(局)、国家税务局、地方税务局,新疆生产建设兵团财务局,上海、深圳证券交易所,中国证券登记结算公司:

为进一步完善股权分置改革后的相关制度,发挥税收对高收入者的调节作用,促进资本市场长期稳定健康发展,经国务院批准,现就个人转让上市公司限售流通股(以下简称限售股)取得的所得征收个人所得税有关问题通知如下。

一、自 2010 年 1 月 1 日起，对个人转让限售股取得的所得，按照“财产转让所得”，适用 20%的比例税率征收个人所得税。

二、本通知所称限售股，包括：

1. 上市公司股权分置改革完成后股票复牌日之前股东所持原非流通股股份，以及股票复牌日至解禁日期间由上述股份孳生的送、转股(以下统称股改限售股)；

2.2006 年股权分置改革新老划断后，首次公开发行股票并上市的公司形成的限售股，以及上市首日至解禁日期间由上述股份孳生的送、转股(以下统称新股限售股)；

3.财政部、税务总局、法制办和证监会共同确定的其他限售股。

三、个人转让限售股，以每次限售股转让收入，减除股票原值和合理税费后的余额，为应纳税所得额。即：

应纳税所得额 = 限售股转让收入 -（限售股原值 + 合理税费）

应纳税额 = 应纳税所得额 × 20%

本通知所称的限售股转让收入，是指转让限售股股票实际取得的收入。限售股原值，是指限售股买入时的买入价及按照规定缴纳的有关费用。合理税费，是指转让限售股过程中发生的印花税、佣金、过户费等与交易相关的税费。

如果纳税人未能提供完整、真实的限售股原值凭证的，不能准确计算限售股原值的，主管税务机关一律按限售股转让收入的 15%核定限售股原值及合理税费。

四、限售股转让所得个人所得税，以限售股持有者为纳税义务人，以个人股东开户的证券机构为扣缴义务人。限售股个人所得税由证券机构所在地主管税务机关负责征收管理。

五、限售股转让所得个人所得税，采取证券机构预扣预缴、纳税人自行申报清算和证券机构直接扣缴相结合的方式征收。证券机构预扣预缴的税款，于次月 7 日内以纳税保证金形式向主管税务机关缴纳。主管税务机关在收取纳税保证金时，应向证券机构开具《中华人民共和国纳税保证金收据》，并纳入专户存储。

根据证券机构技术和制度准备完成情况，对不同阶段形成的限售股，采取不同的征收管理办法。

（一）证券机构技术和制度准备完成前形成的限售股，证券机构按照股改限售股股改复牌日收盘价，或新股限售股上市首日收盘价计算转让收入，按照计算出的转让收入的 15%确定限售股原值和合理税费，以转让收入减去原值和合理税费后的余额，适用 20%税率，计算预扣预缴个人所得税额。

纳税人按照实际转让收入与实际成本计算出的应纳税额，与证券机构预扣预缴税额有差异的，纳税人应自证券机构代扣并解缴税款的次月 1 日起 3 个月内，持加盖证券机构印章的交易记录和相关完整、真实凭证，向主管税务机关提出清算申报并办理清算事宜。主管税务机关审核确认后，按照重新计算的应纳税额，办理退(补)税手续。纳税人在规定期限内未到主管税务机关办理清算事宜的，税务机关不再办理清算事宜，已预扣预缴的税款从纳税保证金账户全额缴入国库。

（二）证券机构技术和制度准备完成后新上市公司的限售股，按照证券机构事先植入结算系统的限售股成本原值和发生的合理税费，以实际转让收入减去原值和合理税费后的余额，适用 20%税率，计算直接扣缴个人所得税额。

六、纳税人同时持有限售股及该股流通股的，其股票转让所得，按照限售股优先原则，即：转让股票视同为先转让限售股，按规定计算缴纳个人所得税。

七、证券机构等应积极配合税务机关做好各项征收管理工作，并于每月 15 日前，将上月限售股减持的有关信息传递至主管税务机关。限售股减持信息包括：股东姓名、公民身份号码、开户证券公司名称及地址、限售股股票代码、本期减持股数及减持取得的收入总额。证券机构有义务向纳税人提供加盖印章的限售股交易记录。

八、对个人在上海证券交易所、深圳证券交易所转让从上市公司公开发行和转让市场取得的上市公司股票所得，继续免征个人所得税。

九、财政、税务、证监等部门要加强协调、通力合作，切实做好政策实施的各项工作。

请遵照执行。

涉外税类

国家税务总局关于印发《特别纳税调整实施办法(试行)》的通知

2009年1月8日　国税发〔2009〕2号

各省、自治区、直辖市和计划单列市国家税务局、地方税务局:

为贯彻落实《中华人民共和国企业所得税法》及其实施条例,规范和加强特别纳税调整管理,国家税务总局制定了《特别纳税调整实施办法(试行)》,现印发给你们,请遵照执行。

附件:《特别纳税调整实施办法(试行)》表证单书(略)

特别纳税调整实施办法(试行)

第一章　总　则

第一条 为了规范特别纳税调整管理,根据《中华人民共和国企业所得税法》(以下简称所得税法)、《中华人民共和国企业所得税法实施条例》(以下简称所得税法实施条例)、《中华人民共和国税收征收管理法》(以下简称征管法)、《中华人民共和国税收征收管理法实施细则》(以下简称征管法实施细则)以及我国政府与有关国家(地区)政府签署的避免双重征税协定(安排)(以下简称税收协定)的有关规定,制定本办法。

第二条 本办法适用于税务机关对企业的转让定价、预约定价安排、成本分摊协议、受控外国企业、资本弱化以及一般反避税等特别纳税调整事项的管理。

第三条 转让定价管理是指税务机关按照所得税法第六章和征管法第三十六条的有关规定,对企业与其关联方之间的业务往来(以下简称关联交易)是否符合独立交易原则进行审核评估和调查调整等工作的总称。

第四条 预约定价安排管理是指税务机关按照所得税法第四十二条和征管法实施细则第五十三条的规定,对企业提出的未来年度关联交易的定价原则和计算方法进行审核评估,并与企业协商达成预约定价安排等工作的总称。

第五条 成本分摊协议管理是指税务机关按照所

得税法第四十一条第二款的规定，对企业与其关联方签署的成本分摊协议是否符合独立交易原则进行审核评估和调查调整等工作的总称。

第六条 受控外国企业管理是指税务机关按照所得税法第四十五条的规定，对受控外国企业不作利润分配或减少分配进行审核评估和调查，并对归属于中国居民企业所得进行调整等工作的总称。

第七条 资本弱化管理是指税务机关按照所得税法第四十六条的规定，对企业接受关联方债权性投资与企业接受的权益性投资的比例是否符合规定比例或独立交易原则进行审核评估和调查调整等工作的总称。

第八条 一般反避税管理是指税务机关按照所得税法第四十七条的规定，对企业实施其他不具有合理商业目的的安排而减少其应纳税收入或所得额进行审核评估和调查调整等工作的总称。

第二章 关联申报

第九条 所得税法实施条例第一百零九条及征管法实施细则第五十一条所称关联关系，主要是指企业与其他企业、组织或个人具有下列之一关系：

（一）一方直接或间接持有另一方的股份总和达到25%以上，或者双方直接或间接同为第三方所持有的股份达到25%以上。若一方通过中间方对另一方间接持有股份，只要一方对中间方持股比例达到25%以上，则一方对另一方的持股比例按照中间方对另一方的持股比例计算。

（二）一方与另一方（独立金融机构除外）之间借贷资金占一方实收资本50%以上，或者一方借贷资金总额的10%以上是由另一方（独立金融机构除外）担保。

（三）一方半数以上的高级管理人员（包括董事会成员和经理）或至少一名可以控制董事会的董事会高级成员是由另一方委派，或者双方半数以上的高级管理人员（包括董事会成员和经理）或至少一名可以控制董事会的董事会高级成员同为第三方委派。

（四）一方半数以上的高级管理人员（包括董事会成员和经理）同时担任另一方的高级管理人员（包括董事会成员和经理），或者一方至少一名可以控制董事会的董事会高级成员同时担任另一方的董事会高级成员。

（五）一方的生产经营活动必须由另一方提供的工业产权、专有技术等特许权才能正常进行。

（六）一方的购买或销售活动主要由另一方控制。

（七）一方接受或提供劳务主要由另一方控制。

（八）一方对另一方的生产经营、交易具有实质控制，或者双方在利益上具有相关联的其他关系，包括虽未达到本条第（一）项持股比例，但一方与另一方的主要持股方享受基本相同的经济利益，以及家族、亲属关系等。

第十条 关联交易主要包括以下类型：

（一）有形资产的购销、转让和使用，包括房屋建筑物、交通工具、机器设备、工具、商品、产品等有形资产的购销、转让和租赁业务；

（二）无形资产的转让和使用，包括土地使用权、版权(著作权)、专利、商标、客户名单、营销渠道、牌号、商业秘密和专有技术等特许权，以及工业品外观设计或实用新型等工业产权的所有权转让和使用权的提供业务；

（三）融通资金，包括各类长短期资金拆借和担保以及各类计息预付款和延期付款等业务；

（四）提供劳务，包括市场调查、行销、管理、行政事务、技术服务、维修、设计、咨询、代理、科研、法律、会计事务等服务的提供。

第十一条 实行查账征收的居民企业和在中国境内设立机构、场所并据实申报缴纳企业所得税的非居民企业向税务机关报送年度企业所得税纳税申报表时，应附送《中华人民共和国企业年度关联业务往来报告表》，包括《关联关系表》、《关联交易汇总表》、《购销表》、《劳务表》、《无形资产表》、《固定资产表》、《融通资金表》、《对外投资情况表》和《对外支付款项情况表》。

第十二条 企业按规定期限报送本办法第十一条规定的报告表确有困难，需要延期的，应按征管法及其实施细则的有关规定办理。

第三章 同期资料管理

第十三条 企业应根据所得税法实施条例第一百

一十四条的规定,按纳税年度准备、保存、并按税务机关要求提供其关联交易的同期资料。

第十四条 同期资料主要包括以下内容:

(一)组织结构

1. 企业所属的企业集团相关组织结构及股权结构;

2. 企业关联关系的年度变化情况;

3. 与企业发生交易的关联方信息,包括关联企业的名称、法定代表人、董事和经理等高级管理人员构成情况、注册地址及实际经营地址,以及关联个人的名称、国籍、居住地、家庭成员构成等情况,并注明对企业关联交易定价具有直接影响的关联方;

4.各关联方适用的具有所得税性质的税种、税率及相应可享受的税收优惠。

(二)生产经营情况

1. 企业的业务概况,包括企业发展变化概况、所处的行业及发展概况、经营策略、产业政策、行业限制等影响企业和行业的主要经济和法律问题,集团产业链以及企业所处地位;

2. 企业的主营业务构成,主营业务收入及其占收入总额的比重,主营业务利润及其占利润总额的比重;

3. 企业所处的行业地位及相关市场竞争环境的分析;

4. 企业内部组织结构,企业及其关联方在关联交易中执行的功能、承担的风险以及使用的资产等相关信息,并参照填写《企业功能风险分析表》;

5. 企业集团合并财务报表,可视企业集团会计年度情况延期准备,但最迟不得超过关联交易发生年度的次年12月31日。

(三)关联交易情况

1. 关联交易类型、参与方、时间、金额、结算货币、交易条件等;

2. 关联交易所采用的贸易方式、年度变化情况及其理由;

3. 关联交易的业务流程,包括各个环节的信息流、物流和资金流,与非关联交易业务流程的异同;

4. 关联交易所涉及的无形资产及其对定价的影响;

5. 与关联交易相关的合同或协议副本及其履行情况的说明;

6. 对影响关联交易定价的主要经济和法律因素的分析;

7. 关联交易和非关联交易的收入、成本、费用和利润的划分情况,不能直接划分的,按照合理比例划分,说明确定该划分比例的理由,并参照填写《企业年度关联交易财务状况分析表》。

(四)可比性分析

1. 可比性分析所考虑的因素,包括交易资产或劳务特性、交易各方功能和风险、合同条款、经济环境、经营策略等;

2. 可比企业执行的功能、承担的风险以及使用的资产等相关信息;

3. 可比交易的说明,如:有形资产的物理特性、质量及其效用;融资业务的正常利率水平、金额、币种、期限、担保、融资人的资信、还款方式、计息方法等;劳务的性质与程度;无形资产的类型及交易形式,通过交易获得的使用无形资产的权利,使用无形资产获得的收益;

4. 可比信息来源、选择条件及理由;

5. 可比数据的差异调整及理由。

(五)转让定价方法的选择和使用

1. 转让定价方法的选用及理由,企业选择利润法时,须说明对企业集团整体利润或剩余利润水平所做的贡献;

2. 可比信息如何支持所选用的转让定价方法;

3. 确定可比非关联交易价格或利润的过程中所做的假设和判断;

4. 运用合理的转让定价方法和可比性分析结果,确定可比非关联交易价格或利润,以及遵循独立交易原则的说明;

5. 其他支持所选用转让定价方法的资料。

第十五条 属于下列情形之一的企业,可免于准备同期资料:

(一)年度发生的关联购销金额(来料加工业务按年度进出口报关价格计算)在2亿元人民币以下且其他关联交易金额(关联融通资金按利息收付金额计算)在4000万元人民币以下,上述金额不包括企业在年度内执行成本分摊协议或预约定价安排所涉及的关联交易金额;

（二）关联交易属于执行预约定价安排所涉及的范围；

（三）外资股份低于50%且仅与境内关联方发生关联交易。

第十六条 除本办法第七章另有规定外，企业应在关联交易发生年度的次年5月31日之前准备完毕该年度同期资料，并自税务机关要求之日起20日内提供。

企业因不可抗力无法按期提供同期资料的，应在不可抗力消除后20日内提供同期资料。

第十七条 企业按照税务机关要求提供的同期资料，须加盖公章，并由法定代表人或法定代表人授权的代表签字或盖章。同期资料涉及引用的信息资料，应标明出处来源。

第十八条 企业因合并、分立等原因变更或注销税务登记的，应由合并、分立后的企业保存同期资料。

第十九条 同期资料应使用中文。如原始资料为外文的，应附送中文副本。

第二十条 同期资料应自企业关联交易发生年度的次年6月1日起保存10年。

第四章　转让定价方法

第二十一条 企业发生关联交易以及税务机关审核、评估关联交易均应遵循独立交易原则，选用合理的转让定价方法。

根据所得税法实施条例第一百一十一条的规定，转让定价方法包括可比非受控价格法、再销售价格法、成本加成法、交易净利润法、利润分割法和其他符合独立交易原则的方法。

第二十二条 选用合理的转让定价方法应进行可比性分析。可比性分析因素主要包括以下五个方面：

（一）交易资产或劳务特性，主要包括：有形资产的物理特性、质量、数量等，劳务的性质和范围，无形资产的类型、交易形式、期限、范围、预期收益等；

（二）交易各方功能和风险，功能主要包括：研发、设计，采购，加工、装配、制造，存货管理、分销、售后服务、广告，运输、仓储，融资，财务、会计、法律及人力资源管理等，在比较功能时，应关注企业为发挥功能所使用资产的相似程度；风险主要包括：研发风险，采购风险，生产风险，分销风险，市场推广风险，管理及财务风险等；

（三）合同条款，主要包括：交易标的，交易数量、价格，收付款方式和条件，交货条件，售后服务范围和条件，提供附加劳务的约定，变更、修改合同内容的权利，合同有效期，终止或续签合同的权利；

（四）经济环境，主要包括：行业概况，地理区域，市场规模，市场层级，市场占有率，市场竞争程度，消费者购买力，商品或劳务可替代性，生产要素价格，运输成本，政府管制等；

（五）经营策略，主要包括：创新和开发策略，多元化经营策略，风险规避策略，市场占有策略等。

第二十三条 可比非受控价格法以非关联方之间进行的与关联交易相同或类似业务活动所收取的价格作为关联交易的公平成交价格。

可比性分析应特别考察关联交易与非关联交易在交易资产或劳务的特性、合同条款及经济环境上的差异，按照不同交易类型具体包括如下内容：

（一）有形资产的购销或转让

1. 购销或转让过程，包括交易的时间与地点、交货条件、交货手续、支付条件、交易数量、售后服务的时间和地点等；

2. 购销或转让环节，包括出厂环节、批发环节、零售环节、出口环节等；

3. 购销或转让货物，包括品名、品牌、规格、型号、性能、结构、外形、包装等；

4. 购销或转让环境，包括民族风俗、消费者偏好、政局稳定程度以及财政、税收、外汇政策等。

（二）有形资产的使用

1. 资产的性能、规格、型号、结构、类型、折旧方法；

2. 提供使用权的时间、期限、地点；

3. 资产所有者对资产的投资支出、维修费用等。

（三）无形资产的转让和使用

1. 无形资产类别、用途、适用行业、预期收益；

2. 无形资产的开发投资、转让条件、独占程度、受有关国家法律保护的程度及期限、受让成本和费用、功能风险情况、可替代性等。

（四）融通资金：融资的金额、币种、期限、担保、融资人的资信、还款方式、计息方法等。

(五)提供劳务:业务性质、技术要求、专业水准、承担责任、付款条件和方式、直接和间接成本等。

关联交易与非关联交易之间在以上方面存在重大差异的,应就该差异对价格的影响进行合理调整,无法合理调整的,应根据本章规定选择其他合理的转让定价方法。

可比非受控价格法可以适用于所有类型的关联交易。

第二十四条 再销售价格法以关联方购进商品再销售给非关联方的价格减去可比非关联交易毛利后的金额作为关联方购进商品的公平成交价格。其计算公式如下:

公平成交价格 = 再销售给非关联方的价格 ×(1- 可比非关联交易毛利率)

可比非关联交易毛利率 = 可比非关联交易毛利 / 可比非关联交易收入净额 × 100%

可比性分析应特别考察关联交易与非关联交易在功能风险及合同条款上的差异以及影响毛利率的其他因素,具体包括销售、广告及服务功能,存货风险,机器、设备的价值及使用年限,无形资产的使用及价值,批发或零售环节,商业经验,会计处理及管理效率等。

关联交易与非关联交易之间在以上方面存在重大差异的,应就该差异对毛利率的影响进行合理调整,无法合理调整的,应根据本章规定选择其他合理的转让定价方法。

再销售价格法通常适用于再销售者未对商品进行改变外形、性能、结构或更换商标等实质性增值加工的简单加工或单纯购销业务。

第二十五条 成本加成法以关联交易发生的合理成本加上可比非关联交易毛利作为关联交易的公平成交价格。其计算公式如下:

公平成交价格 = 关联交易的合理成本 ×(1+ 可比非关联交易成本加成率)

可比非关联交易成本加成率 = 可比非关联交易毛利 / 可比非关联交易成本 × 100%

可比性分析应特别考察关联交易与非关联交易在功能风险及合同条款上的差异以及影响成本加成率的其他因素,具体包括制造、加工、安装及测试功能,市场及汇兑风险,机器、设备的价值及使用年限,无形资产的使用及价值,商业经验,会计处理及管理效率等。

关联交易与非关联交易之间在以上方面存在重大差异的,应就该差异对成本加成率的影响进行合理调整,无法合理调整的,应根据本章规定选择其他合理的转让定价方法。

成本加成法通常适用于有形资产的购销、转让和使用,劳务提供或资金融通的关联交易。

第二十六条 交易净利润法以可比非关联交易的利润率指标确定关联交易的净利润。利润率指标包括资产收益率、销售利润率、完全成本加成率、贝里比率等。

可比性分析应特别考察关联交易与非关联交易之间在功能风险及经济环境上的差异以及影响营业利润的其他因素,具体包括执行功能、承担风险和使用资产,行业和市场情况,经营规模,经济周期和产品生命周期,成本、费用、所得和资产在各交易间的分摊,会计处理及经营管理效率等。

关联交易与非关联交易之间在以上方面存在重大差异的,应就该差异对营业利润的影响进行合理调整,无法合理调整的,应根据本章规定选择其他合理的转让定价方法。

交易净利润法通常适用于有形资产的购销、转让和使用,无形资产的转让和使用以及劳务提供等关联交易。

第二十七条 利润分割法根据企业与其关联方对关联交易合并利润的贡献计算各自应该分配的利润额。利润分割法分为一般利润分割法和剩余利润分割法。

一般利润分割法根据关联交易各参与方所执行的功能、承担的风险以及使用的资产,确定各自应取得的利润。

剩余利润分割法将关联交易各参与方的合并利润减去分配给各方的常规利润的余额作为剩余利润,再根据各方对剩余利润的贡献程度进行分配。

可比性分析应特别考察交易各方执行的功能、承担的风险和使用的资产,成本、费用、所得和资产在各交易方之间的分摊,会计处理,确定交易各方对剩余利润贡献所使用信息和假设条件的可靠性等。

利润分割法通常适用于各参与方关联交易高度

整合且难以单独评估各方交易结果的情况。

第五章　转让定价调查及调整

第二十八条 税务机关有权依据税收征管法及其实施细则有关税务检查的规定，确定调查企业，进行转让定价调查、调整。被调查企业必须据实报告其关联交易情况，并提供相关资料，不得拒绝或隐瞒。

第二十九条 转让定价调查应重点选择以下企业：

（一）关联交易数额较大或类型较多的企业；

（二）长期亏损、微利或跳跃性盈利的企业；

（三）低于同行业利润水平的企业；

（四）利润水平与其所承担的功能风险明显不相匹配的企业；

（五）与避税港关联方发生业务往来的企业；

（六）未按规定进行关联申报或准备同期资料的企业；

（七）其他明显违背独立交易原则的企业。

第三十条 实际税负相同的境内关联方之间的交易，只要该交易没有直接或间接导致国家总体税收收入的减少，原则上不做转让定价调查、调整。

第三十一条 税务机关应结合日常征管工作，开展案头审核，确定调查企业。案头审核应主要根据被调查企业历年报送的年度所得税申报资料及关联业务往来报告表等纳税资料，对企业的生产经营状况、关联交易等情况进行综合评估分析。

企业可以在案头审核阶段向税务机关提供同期资料。

第三十二条 税务机关对已确定的调查对象，应根据所得税法第六章、所得税法实施条例第六章、征管法第四章及征管法实施细则第六章的规定，实施现场调查。

（一）现场调查人员须2名以上。

（二）现场调查时调查人员应出示《税务检查证》，并送达《税务检查通知书》。

（三）现场调查可根据需要依照法定程序采取询问、调取账簿资料和实地核查等方式。

（四）询问当事人应有专人记录《询问（调查）笔录》，并告知当事人不如实提供情况应当承担的法律责任。《询问（调查）笔录》应交当事人核对确认。

（五）需调取账簿及有关资料的，应按照征管法实施细则第八十六条的规定，填制《调取账簿资料通知书》、《调取账簿资料清单》，办理有关法定手续，调取的账簿、记账凭证等资料，应妥善保管，并按法定时限如数退还。

（六）实地核查过程中发现的问题和情况，由调查人员填写《询问（调查）笔录》。《询问（调查）笔录》应由2名以上调查人员签字，并根据需要由被调查企业核对确认，若被调查企业拒绝，可由2名以上调查人员签认备案。

（七）可以以记录、录音、录像、照相和复制的方式索取与案件有关的资料，但必须注明原件的保存方及出处，由原件保存或提供方核对签注“与原件核对无误”字样，并盖章或押印。

（八）需要证人作证的，应事先告知证人不如实提供情况应当承担的法律责任。证人的证言材料应由本人签字或押印。

第三十三条 根据所得税法第四十三条第二款及所得税法实施条例第一百一十四条的规定，税务机关在实施转让定价调查时，有权要求企业及其关联方，以及与关联业务调查有关的其他企业（以下简称可比企业）提供相关资料，并送达《税务事项通知书》。

（一）企业应在《税务事项通知书》规定的期限内提供相关资料，因特殊情况不能按期提供的，应向税务机关提交书面延期申请，经批准，可以延期提供，但最长不得超过30日。税务机关应自收到企业延期申请之日起15日内函复，逾期未函复的，视同税务机关已同意企业的延期申请。

（二）企业的关联方以及可比企业应在与税务机关约定的期限内提供相关资料，约定期限一般不应超过60日。

企业、关联方及可比企业应按税务机关要求提供真实、完整的相关资料。

第三十四条 税务机关应按本办法第二章的有关规定，核实企业申报信息，并要求企业填制《企业可比性因素分析表》。

税务机关在企业关联申报和提供资料的基础上，填制《企业关联关系认定表》、《企业关联交易认定表》和《企业可比性因素分析认定表》，并由被调查企业核对确认。

第三十五条 转让定价调查涉及向关联方和可比企业调查取证的,税务机关向企业送达《税务检查通知书》,进行调查取证。

第三十六条 税务机关审核企业、关联方及可比企业提供的相关资料,可采用现场调查、发函协查和查阅公开信息等方式核实。需取得境外有关资料的,可按有关规定启动税收协定的情报交换程序,或通过我驻外机构调查收集有关信息。涉及境外关联方的相关资料,税务机关也可要求企业提供公证机构的证明。

第三十七条 税务机关应选用本办法第四章规定的转让定价方法分析、评估企业关联交易是否符合独立交易原则,分析评估时可以使用公开信息资料,也可以使用非公开信息资料。

第三十八条 税务机关分析、评估企业关联交易时,因企业与可比企业营运资本占用不同而对营业利润产生的差异原则上不做调整。确需调整的,须呈报国家税务总局批准。

第三十九条 按照关联方订单从事加工制造,不承担经营决策、产品研发、销售等功能的企业,不应承担由于决策失误、开工不足、产品滞销等原因带来的风险和损失,通常应保持一定的利润率水平。对出现亏损的企业,税务机关应在经济分析的基础上,选择适当的可比价格或可比企业,确定企业的利润水平。

第四十条 企业与关联方之间收取价款与支付价款的交易相互抵消的,税务机关在可比性分析和纳税调整时,原则上应还原抵消交易。

第四十一条 税务机关采用四分位法分析、评估企业利润水平时,企业利润水平低于可比企业利润率区间中位值的,原则上应按照不低于中位值进行调整。

第四十二条 经调查,企业关联交易符合独立交易原则的,税务机关应做出转让定价调查结论,并向企业送达《特别纳税调查结论通知书》。

第四十三条 经调查,企业关联交易不符合独立交易原则而减少其应纳税收入或者所得额的,税务机关应按以下程序实施转让定价纳税调整:

(一)在测算、论证和可比性分析的基础上,拟定特别纳税调查初步调整方案;

(二)根据初步调整方案与企业协商谈判,税企双方均应指定主谈人,调查人员应做好《协商内容记录》,并由双方主谈人签字确认,若企业拒签,可由2名以上调查人员签认备案;

(三)企业对初步调整方案有异议的,应在税务机关规定的期限内进一步提供相关资料,税务机关收到资料后,应认真审核,并及时做出审议决定;

(四)根据审议决定,向企业送达《特别纳税调查初步调整通知书》,企业对初步调整意见有异议的,应自收到通知书之日起7日内书面提出,税务机关收到企业意见后,应再次协商审议;企业逾期未提出异议的,视为同意初步调整意见;

(五)确定最终调整方案,向企业送达《特别纳税调查调整通知书》。

第四十四条 企业收到《特别纳税调查调整通知书》后,应按规定期限缴纳税款及利息。

第四十五条 税务机关对企业实施转让定价纳税调整后,应自企业被调整的最后年度的下一年度起5年内实施跟踪管理。在跟踪管理期内,企业应在跟踪年度的次年6月20日之前向税务机关提供跟踪年度的同期资料,税务机关根据同期资料和纳税申报资料重点分析、评估以下内容:

(一)企业投资、经营状况及其变化情况;

(二)企业纳税申报额变化情况;

(三)企业经营成果变化情况;

(四)关联交易变化情况等。

税务机关在跟踪管理期内发现企业转让定价异常等情况,应及时与企业沟通,要求企业自行调整,或按照本章有关规定开展转让定价调查调整。

第六章 预约定价安排管理

第四十六条 企业可以依据所得税法第四十二条、所得税法实施条例第一百一十三条及征管法实施细则第五十三条的规定,与税务机关就企业未来年度关联交易的定价原则和计算方法达成预约定价安排。预约定价安排的谈签与执行通常经过预备会谈、正式申请、审核评估、磋商、签订安排和监控执行6个阶段。预约定价安排包括单边、双边和多边3种类型。

第四十七条 预约定价安排应由设区的市、自治州以上的税务机关受理。

第四十八条 预约定价安排一般适用于同时满足以下条件的企业：

（一）年度发生的关联交易金额在4000万元人民币以上；

（二）依法履行关联申报义务；

（三）按规定准备、保存和提供同期资料。

第四十九条 预约定价安排适用于自企业提交正式书面申请年度的次年起3至5个连续年度的关联交易。

预约定价安排的谈签不影响税务机关对企业提交预约定价安排正式书面申请当年或以前年度关联交易的转让定价调查调整。

如果企业申请当年或以前年度的关联交易与预约定价安排适用年度相同或类似，经企业申请，税务机关批准，可将预约定价安排确定的定价原则和计算方法适用于申请当年或以前年度关联交易的评估和调整。

第五十条 企业正式申请谈签预约定价安排前，应向税务机关书面提出谈签意向，税务机关可以根据企业的书面要求，与企业就预约定价安排的相关内容及达成预约定价安排的可行性开展预备会谈，并填制《预约定价安排会谈记录》。预备会谈可以采用匿名的方式。

（一）企业申请单边预约定价安排的，应向税务机关书面提出谈签意向。在预备会谈期间，企业应就以下内容提供资料，并与税务机关进行讨论：

1. 安排的适用年度；

2. 安排涉及的关联方及关联交易；

3. 企业以前年度生产经营情况；

4. 安排涉及各关联方功能和风险的说明；

5. 是否应用安排确定的方法解决以前年度的转让定价问题；

6. 其他需要说明的情况。

（二）企业申请双边或多边预约定价安排的，应同时向国家税务总局和主管税务机关书面提出谈签意向，国家税务总局组织与企业开展预备会谈。预备会谈的内容除本条第（一）项外，还应特别包括：

1. 向税收协定缔约对方税务主管当局提出预备会谈申请的情况；

2. 安排涉及的关联方以前年度生产经营情况及关联交易情况；

3. 向税收协定缔约对方税务主管当局提出的预约定价安排拟采用的定价原则和计算方法。

（三）预备会谈达成一致意见的，税务机关应自达成一致意见之日起15日内书面通知企业，可以就预约定价安排相关事宜进行正式谈判，并向企业送达《预约定价安排正式会谈通知书》；预备会谈不能达成一致意见的，税务机关应自最后一次预备会谈结束之日起15日内书面通知企业，向企业送达《拒绝企业申请预约定价安排通知书》，拒绝企业申请预约定价安排，并说明理由。

第五十一条 企业应在接到税务机关正式会谈通知之日起3个月内，向税务机关提出预约定价安排书面申请报告，并报送《预约定价安排正式申请书》。企业申请双边或多边预约定价安排的，应将《预约定价安排正式申请书》和《启动相互协商程序申请书》同时报送国家税务总局和主管税务机关。

（一）预约定价安排书面申请报告应包括如下内容：

1. 相关的集团组织架构、公司内部结构、关联关系、关联交易情况；

2. 企业近三年财务、会计报表资料，产品功能和资产（包括无形资产和有形资产）的资料；

3. 安排所涉及的关联交易类别和纳税年度；

4. 关联方之间功能和风险划分，包括划分所依据的机构、人员、费用、资产等；

5. 安排适用的转让定价原则和计算方法，以及支持这一原则和方法的功能风险分析、可比性分析和假设条件等；

6. 市场情况的说明，包括行业发展趋势和竞争环境；

7. 安排预约期间的年度经营规模、经营效益预测以及经营规划等；

8. 与安排有关的关联交易、经营安排及利润水平等财务方面的信息；

9. 是否涉及双重征税等问题；

10. 涉及境内、境外有关法律、税收协定等相关问题。

（二）企业因下列特殊原因无法按期提交书面申请报告的，可向税务机关提出书面延期申请，并报送《预约定价安排正式申请延期报送申请书》：

1. 需要特别准备某些方面的资料；

2. 需要对资料做技术上的处理,如文字翻译等；

3. 其他非主观原因。

税务机关应自收到企业书面延期申请后15日内,对其延期事项做出书面答复,并向企业送达《预约定价安排正式申请延期报送答复书》。逾期未做出答复的,视同税务机关已同意企业的延期申请。

(三)上述申请内容所涉及的文件资料和情况说明,包括能够支持拟选用的定价原则、计算方法和能证实符合预约定价安排条件的所有文件资料,企业和税务机关均应妥善保存。

第五十二条 税务机关应自收到企业提交的预约定价安排正式书面申请及所需文件、资料之日起5个月内,进行审核和评估。根据审核和评估的具体情况可要求企业补充提供有关资料,形成审核评估结论。

因特殊情况,需要延长审核评估时间的,税务机关应及时书面通知企业,并向企业送达《预约定价安排审核评估延期通知书》,延长期限不得超过3个月。

税务机关应主要审核和评估以下内容:

(一)历史经营状况,分析、评估企业的经营规划、发展趋势、经营范围等文件资料,重点审核可行性研究报告、投资预(决)算、董事会决议等,综合分析反映经营业绩的有关信息和资料,如财务、会计报表、审计报告等。

(二)功能和风险状况,分析、评估企业与其关联方之间在供货、生产、运输、销售等各环节以及在研究、开发无形资产等方面各自所拥有的份额,执行的功能以及在存货、信贷、外汇、市场等方面所承担的风险。

(三)可比信息,分析、评估企业提供的境内、外可比价格信息,说明可比企业和申请企业之间的实质性差异,并进行调整。若不能确认可比交易或经营活动的合理性,应明确企业须进一步提供的有关文件、资料,以证明其所选用的转让定价原则和计算方法公平地反映了被审核的关联交易和经营现状,并得到相关财务、经营等资料的证实。

(四)假设条件,分析、评估对行业盈利能力和对企业生产经营的影响因素及其影响程度,合理确定预约定价安排适用的假设条件。

(五)转让定价原则和计算方法,分析、评估企业在预约定价安排中选用的转让定价原则和计算方法是否以及如何真实地运用于以前、现在和未来年度的关联交易以及相关财务、经营资料之中,是否符合法律、法规的规定。

(六)预期的公平交易价格或利润区间,通过对确定的可比价格、利润率、可比企业交易等情况的进一步审核和评估,测算出税务机关和企业均可接受的价格或利润区间。

第五十三条 税务机关应自单边预约定价安排形成审核评估结论之日起30日内,与企业进行预约定价安排磋商,磋商达成一致的,应将预约定价安排草案和审核评估报告一并层报国家税务总局审定。

国家税务总局与税收协定缔约对方税务主管当局开展双边或多边预约定价安排的磋商,磋商达成一致的,根据磋商备忘录拟定预约定价安排草案。

预约定价安排草案应包括如下内容:

(一)关联方名称、地址等基本信息;

(二)安排涉及的关联交易及适用年度;

(三)安排选定的可比价格或交易、转让定价原则和计算方法、预期经营结果等;

(四)与转让定价方法运用和计算基础相关的术语定义;

(五)假设条件;

(六)企业年度报告、记录保存、假设条件变动通知等义务;

(七)安排的法律效力,文件资料等信息的保密性;

(八)相互责任条款;

(九)安排的修订;

(十)解决争议的方法和途径;

(十一)生效日期;

(十二)附则。

第五十四条 税务机关与企业就单边预约定价安排草案内容达成一致后,双方的法定代表人或法定代表人授权的代表正式签订单边预约定价安排。国家税务总局与税收协定缔约对方税务主管当局就双边或多边预约定价安排草案内容达成一致后,双方或多方税务主管当局授权的代表正式签订双边或多边预约定价安排。主管税务机关根据双边或多边预约定价安排与企业签订《双边(多边)预约定价安排执行协议书》。

第五十五条 在预约定价安排正式谈判后和预约

定价安排签订前，税务机关和企业均可暂停、终止谈判。涉及双边或多边预约定价安排的，经缔约各方税务主管当局协商，可暂停、终止谈判。终止谈判的，双方应将谈判中相互提供的全部资料退还给对方。

第五十六条 税务机关应建立监控管理制度，监控预约定价安排的执行情况。

（一）在预约定价安排执行期内，企业应完整保存与安排有关的文件和资料（包括账簿和有关记录等），不得丢失、销毁和转移；并在纳税年度终了后5个月内，向税务机关报送执行预约定价安排情况的年度报告。

年度报告应说明报告期内经营情况以及企业遵守预约定价安排的情况，包括预约定价安排要求的所有事项，以及是否有修订或实质上终止该预约定价安排的要求。如有未决问题或将要发生的问题，企业应在年度报告中予以说明，以便与税务机关协商是否修订或终止安排。

（二）在预约定价安排执行期内，税务机关应定期（一般为半年）检查企业履行安排的情况。检查内容主要包括：企业是否遵守了安排条款及要求；为谈签安排而提供的资料和年度报告是否反映了企业的实际经营情况；转让定价方法所依据的资料和计算方法是否正确；安排所描述的假设条件是否仍然有效；企业对转让定价方法的运用是否与假设条件相一致等。

税务机关如发现企业有违反安排的一般情况，可视情况进行处理，直至终止安排；如发现企业存在隐瞒或拒不执行安排的情况，税务机关应认定预约定价安排自始无效。

（三）在预约定价安排执行期内，如果企业发生实际经营结果不在安排所预期的价格或利润区间之内的情况，税务机关应在报经上一级税务机关核准后，将实际经营结果调整到安排所确定的价格或利润区间内。涉及双边或多边预约定价安排的，应当层报国家税务总局核准。

（四）在预约定价安排执行期内，企业发生影响预约定价安排的实质性变化，应在发生变化后30日内向税务机关书面报告，详细说明该变化对预约定价安排执行的影响，并附相关资料。由于非主观原因而无法按期报告的，可以延期报告，但延长期不得超过30日。

税务机关应在收到企业书面报告之日起60日内，予以审核和处理，包括审查企业变化情况、与企业协商修订预约定价安排条款和相关条件，或根据实质性变化对预约定价安排的影响程度采取修订或终止安排等措施。原预约定价安排终止执行后，税务机关可以和企业按照本章规定的程序和要求，重新谈签新的预约定价安排。

（五）国家税务局和地方税务局与企业共同签订的预约定价安排，在执行期内，企业应分别向国家税务局和地方税务局报送执行预约定价安排情况的年度报告和实质性变化报告。国家税务局和地方税务局应对企业执行安排的情况，实行联合检查和审核。

第五十七条 预约定价安排期满后自动失效。如企业需要续签的，应在预约定价安排执行期满前90日内向税务机关提出续签申请，报送《预约定价安排续签申请书》，并提供可靠的证明材料，说明现行预约定价安排所述事实和相关环境没有发生实质性变化，并且一直遵守该预约定价安排中的各项条款和约定。税务机关应自收到企业续签申请之日起15日内做出是否受理的书面答复，向企业送达《预约定价安排申请续签答复书》。税务机关应审核、评估企业的续签申请资料，与企业协商拟定预约定价安排草案，并按双方商定的续签时间、地点等相关事宜，与企业完成续签工作。

第五十八条 预约定价安排的谈签或执行同时涉及两个以上省、自治区、直辖市和计划单列市税务机关，或者同时涉及国家税务局和地方税务局的，由国家税务总局统一组织协调。企业可以直接向国家税务总局书面提出谈签意向。

第五十九条 税务机关与企业达成的预约定价安排，只要企业遵守了安排的全部条款及其要求，各地国家税务局、地方税务局均应执行。

第六十条 税务机关与企业在预约定价安排预备会谈、正式谈签、审核、分析等全过程中所获取或得到的所有信息资料，双方均负有保密义务。税务机关和企业每次会谈，均应对会谈内容进行书面记录，同时载明每次会谈时相互提供资料的份数和内容，并由双方主谈人员签字或盖章。

第六十一条 税务机关与企业不能达成预约定价安排的，税务机关在会谈、协商过程中所获取的有关企业的提议、推理、观念和判断等非事实性信息，不得用于以后对该预约定价安排涉及交易行为的税务调查。

第六十二条 在预约定价安排执行期间,如果税务机关与企业发生分歧,双方应进行协商。协商不能解决的,可报上一级税务机关协调;涉及双边或多边预约定价安排的,须层报国家税务总局协调。对上一级税务机关或国家税务总局的协调结果或决定,下一级税务机关应当予以执行。但企业仍不能接受的,应当终止安排的执行。

第六十三条 税务机关应在与企业正式签订单边预约定价安排或双边或多边预约定价安排执行协议书后10日内,以及预约定价安排执行中发生修订、终止等情况后20日内,将单边预约定价安排正式文本、双边或多边预约定价安排执行协议书以及安排变动情况的说明报国家税务总局备案。

第七章 成本分摊协议管理

第六十四条 根据所得税法第四十一条第二款及所得税法实施条例第一百一十二条的规定,企业与其关联方签署成本分摊协议,共同开发、受让无形资产,或者共同提供、接受劳务,应符合本章规定。

第六十五条 成本分摊协议的参与方对开发、受让的无形资产或参与的劳务活动享有受益权,并承担相应的活动成本。关联方承担的成本应与非关联方在可比条件下为获得上述受益权而支付的成本相一致。

参与方使用成本分摊协议所开发或受让的无形资产不需另支付特许权使用费。

第六十六条 企业对成本分摊协议所涉及无形资产或劳务的受益权应有合理的、可计量的预期收益,且以合理商业假设和营业常规为基础。

第六十七条 涉及劳务的成本分摊协议一般适用于集团采购和集团营销策划。

第六十八条 成本分摊协议主要包括以下内容:

(一)参与方的名称、所在国家(地区)、关联关系、在协议中的权利和义务;

(二)成本分摊协议所涉及的无形资产或劳务的内容、范围,协议涉及研发或劳务活动的具体承担者及其职责、任务;

(三)协议期限;

(四)参与方预期收益的计算方法和假设;

(五)参与方初始投入和后续成本支付的金额、形式、价值确认的方法以及符合独立交易原则的说明;

(六)参与方会计方法的运用及变更说明;

(七)参与方加入或退出协议的程序及处理规定;

(八)参与方之间补偿支付的条件及处理规定;

(九)协议变更或终止的条件及处理规定;

(十)非参与方使用协议成果的规定。

第六十九条 企业应自成本分摊协议达成之日起30日内,层报国家税务总局备案。税务机关判定成本分摊协议是否符合独立交易原则须层报国家税务总局审核。

第七十条 已经执行并形成一定资产的成本分摊协议,参与方发生变更或协议终止执行,应根据独立交易原则做如下处理:

(一)加入支付,即新参与方为获得已有协议成果的受益权应做出合理的支付;

(二)退出补偿,即原参与方退出协议安排,将已有协议成果的受益权转让给其他参与方应获得合理的补偿;

(三)参与方变更后,应对各方受益和成本分摊情况做出相应调整;

(四)协议终止时,各参与方应对已有协议成果做出合理分配。

企业不按独立交易原则对上述情况做出处理而减少其应纳税所得额的,税务机关有权做出调整。

第七十一条 成本分摊协议执行期间,参与方实际分享的收益与分摊的成本不相配比的,应根据实际情况做出补偿调整。

第七十二条 对于符合独立交易原则的成本分摊协议,有关税务处理如下:

(一)企业按照协议分摊的成本,应在协议规定的各年度税前扣除;

(二)涉及补偿调整的,应在补偿调整的年度计入应纳税所得额;

(三)涉及无形资产的成本分摊协议,加入支付、退出补偿或终止协议时对协议成果分配的,应按资产购置或处置的有关规定处理。

第七十三条 企业可根据本办法第六章的规定采取预约定价安排的方式达成成本分摊协议。

第七十四条 企业执行成本分摊协议期间,除遵照本办法第三章规定外,还应准备和保存以下成本分摊协议的同期资料:

（一）成本分摊协议副本；

（二）成本分摊协议各参与方之间达成的为实施该协议的其他协议；

（三）非参与方使用协议成果的情况、支付的金额及形式；

（四）本年度成本分摊协议的参与方加入或退出的情况，包括加入或退出的参与方名称、所在国家（地区）、关联关系，加入支付或退出补偿的金额及形式；

（五）成本分摊协议的变更或终止情况，包括变更或终止的原因、对已形成协议成果的处理或分配；

（六）本年度按照成本分摊协议发生的成本总额及构成情况；

（七）本年度各参与方成本分摊的情况，包括成本支付的金额、形式、对象，做出或接受补偿支付的金额、形式、对象；

（八）本年度协议预期收益与实际结果的比较及由此做出的调整。

企业执行成本分摊协议期间，无论成本分摊协议是否采取预约定价安排的方式，均应在本年度的次年6月20日之前向税务机关提供成本分摊协议的同期资料。

第七十五条 企业与其关联方签署成本分摊协议，有下列情形之一的，其自行分摊的成本不得税前扣除：

（一）不具有合理商业目的和经济实质；

（二）不符合独立交易原则；

（三）没有遵循成本与收益配比原则；

（四）未按本办法有关规定备案或准备、保存和提供有关成本分摊协议的同期资料；

（五）自签署成本分摊协议之日起经营期限少于20年。

第八章　受控外国企业管理

第七十六条 受控外国企业是指根据所得税法第四十五条的规定，由居民企业，或者由居民企业和居民个人（以下统称中国居民股东，包括中国居民企业股东和中国居民个人股东）控制的设立在实际税负低于所得税法第四条第一款规定税率水平50%的国家（地区），并非出于合理经营需要对利润不作分配或减少分配的外国企业。

第七十七条 本办法第七十六条所称控制，是指在股份、资金、经营、购销等方面构成实质控制。其中，股份控制是指由中国居民股东在纳税年度任何一天单层直接或多层间接单一持有外国企业10%以上有表决权股份，且共同持有该外国企业50%以上股份。

中国居民股东多层间接持有股份按各层持股比例相乘计算，中间层持有股份超过50%的，按100%计算。

第七十八条 中国居民企业股东应在年度企业所得税纳税申报时提供对外投资信息，附送《对外投资情况表》。

第七十九条 税务机关应汇总、审核中国居民企业股东申报的对外投资信息，向受控外国企业的中国居民企业股东送达《受控外国企业中国居民股东确认通知书》。中国居民企业股东符合所得税法第四十五条征税条件的，按照有关规定征税。

第八十条 计入中国居民企业股东当期的视同受控外国企业股息分配的所得，应按以下公式计算：

中国居民企业股东当期所得＝视同股息分配额×实际持股天数÷受控外国企业纳税年度天数×股东持股比例

中国居民股东多层间接持有股份的，股东持股比例按各层持股比例相乘计算。

第八十一条 受控外国企业与中国居民企业股东纳税年度存在差异的，应将视同股息分配所得计入受控外国企业纳税年度终止日所属的中国居民企业股东的纳税年度。

第八十二条 计入中国居民企业股东当期所得已在境外缴纳的企业所得税税款，可按照所得税法或税收协定的有关规定抵免。

第八十三条 受控外国企业实际分配的利润已根据所得税法第四十五条规定征税的，不再计入中国居民企业股东的当期所得。

第八十四条 中国居民企业股东能够提供资料证明其控制的外国企业满足以下条件之一的，可免于将外国企业不作分配或减少分配的利润视同股息分配额，计入中国居民企业股东的当期所得：

（一）设立在国家税务总局指定的非低税率国家（地区）；

（二）主要取得积极经营活动所得；

（三）年度利润总额低于500万元人民币。

第九章 资本弱化管理

第八十五条 所得税法第四十六条所称不得在计算应纳税所得额时扣除的利息支出应按以下公式计算：

不得扣除利息支出 = 年度实际支付的全部关联方利息 ×(1- 标准比例 / 关联债资比例)

其中：

标准比例是指《财政部 国家税务总局关于企业关联方利息支出税前扣除标准有关税收政策问题的通知》(财税〔2008〕121号)规定的比例。

关联债资比例是指根据所得税法第四十六条及所得税法实施条例第一百一十九的规定，企业从其全部关联方接受的债权性投资(以下简称关联债权投资)占企业接受的权益性投资(以下简称权益投资)的比例，关联债权投资包括关联方以各种形式提供担保的债权性投资。

第八十六条 关联债资比例的具体计算方法如下：

关联债资比例 = 年度各月平均关联债权投资之和 / 年度各月平均权益投资之和

其中：

各月平均关联债权投资 =(关联债权投资月初账面余额 + 月末账面余额)/2

各月平均权益投资 =(权益投资月初账面余额 + 月末账面余额)/2

权益投资为企业资产负债表所列示的所有者权益金额。如果所有者权益小于实收资本(股本)与资本公积之和，则权益投资为实收资本(股本)与资本公积之和；如果实收资本(股本)与资本公积之和小于实收资本(股本)金额，则权益投资为实收资本(股本)金额。

第八十七条 所得税法第四十六条所称的利息支出包括直接或间接关联债权投资实际支付的利息、担保费、抵押费和其他具有利息性质的费用。

第八十八条 所得税法第四十六条规定不得在计算应纳税所得额时扣除的利息支出，不得结转到以后纳税年度；应按照实际支付给各关联方利息占关联方利息总额的比例，在各关联方之间进行分配，其中，分配给实际税负高于企业的境内关联方的利息准予扣除；直接或间接实际支付给境外关联方的利息应视同分配的股息，按照股息和利息分别适用的所得税税率差补征企业所得税，如已扣缴的所得税税款多于按股息计算应征所得税税款，多出的部分不予退税。

第八十九条 企业关联债资比例超过标准比例的利息支出，如要在计算应纳税所得额时扣除，除遵照本办法第三章规定外，还应准备、保存、并按税务机关要求提供以下同期资料，证明关联债权投资金额、利率、期限、融资条件以及债资比例等均符合独立交易原则：

(一)企业偿债能力和举债能力分析；

(二)企业集团举债能力及融资结构情况分析；

(三)企业注册资本等权益投资的变动情况说明；

(四)关联债权投资的性质、目的及取得时的市场状况；

(五)关联债权投资的货币种类、金额、利率、期限及融资条件；

(六)企业提供的抵押品情况及条件；

(七)担保人状况及担保条件；

(八)同类同期贷款的利率情况及融资条件；

(九)可转换公司债券的转换条件；

(十)其他能够证明符合独立交易原则的资料。

第九十条 企业未按规定准备、保存和提供同期资料证明关联债权投资金额、利率、期限、融资条件以及债资比例等符合独立交易原则的，其超过标准比例的关联方利息支出，不得在计算应纳税所得额时扣除。

第九十一条 本章所称"实际支付利息"是指企业按照权责发生制原则计入相关成本、费用的利息。

企业实际支付关联方利息存在转让定价问题的，税务机关应首先按照本办法第五章的有关规定实施转让定价调查调整。

第十章 一般反避税管理

第九十二条 税务机关可依据所得税法第四十七条及所得税法实施条例第一百二十条的规定对存在以下避税安排的企业，启动一般反避税调查：

(一)滥用税收优惠；

(二)滥用税收协定；

(三)滥用公司组织形式；

（四）利用避税港避税；

（五）其他不具有合理商业目的的安排。

第九十三条 税务机关应按照实质重于形式的原则审核企业是否存在避税安排，并综合考虑安排的以下内容：

（一）安排的形式和实质；

（二）安排订立的时间和执行期间；

（三）安排实现的方式；

（四）安排各个步骤或组成部分之间的联系；

（五）安排涉及各方财务状况的变化；

（六）安排的税收结果。

第九十四条 税务机关应按照经济实质对企业的避税安排重新定性，取消企业从避税安排获得的税收利益。对于没有经济实质的企业，特别是设在避税港并导致其关联方或非关联方避税的企业，可在税收上否定该企业的存在。

第九十五条 税务机关启动一般反避税调查时，应按照征管法及其实施细则的有关规定向企业送达《税务检查通知书》。企业应自收到通知书之日起60日内提供资料证明其安排具有合理的商业目的。企业未在规定期限内提供资料，或提供资料不能证明安排具有合理商业目的的，税务机关可根据已掌握的信息实施纳税调整，并向企业送达《特别纳税调查调整通知书》。

第九十六条 税务机关实施一般反避税调查，可按照征管法第五十七条的规定要求避税安排的筹划方如实提供有关资料及证明材料。

第九十七条 一般反避税调查及调整须层报国家税务总局批准。

第十一章　相应调整及国际磋商

第九十八条 关联交易一方被实施转让定价调查调整的，应允许另一方做相应调整，以消除双重征税。相应调整涉及税收协定国家（地区）关联方的，经企业申请，国家税务总局与税收协定缔约对方税务主管当局根据税收协定有关相互协商程序的规定开展磋商谈判。

第九十九条 涉及税收协定国家（地区）关联方的转让定价相应调整，企业应同时向国家税务总局和主管税务机关提出书面申请，报送《启动相互协商程序申请书》，并提供企业或其关联方被转让定价调整的通知书复印件等有关资料。

第一百条 企业应自企业或其关联方收到转让定价调整通知书之日起3年内提出相应调整的申请，超过3年的，税务机关不予受理。

第一百零一条 税务机关对企业实施转让定价调整，涉及企业向境外关联方支付利息、租金、特许权使用费等已扣缴的税款，不再做相应调整。

第一百零二条 国家税务总局按照本办法第六章规定接受企业谈签双边或多边预约定价安排申请的，应与税收协定缔约对方税务主管当局根据税收协定相互协商程序的有关规定开展磋商谈判。

第一百零三条 相应调整或相互磋商的结果，由国家税务总局以书面形式经主管税务机关送达企业。

第一百零四条 本办法第九章所称不得在计算应纳税所得额时扣除的利息支出以及视同股息分配的利息支出，不适用本章相应调整的规定。

第十二章 法律责任

第一百零五条 企业未按照本办法的规定向税务机关报送企业年度关联业务往来报告表，或者未保存同期资料或其他相关资料的，依照征管法第六十条和第六十二条的规定处理。

第一百零六条 企业拒绝提供同期资料等关联交易的相关资料，或者提供虚假、不完整资料，未能真实反映其关联业务往来情况的，依照征管法第七十条、征管法实施细则第九十六条、所得税法第四十四条及所得税法实施条例第一百一十五条的规定处理。

第一百零七条 税务机关根据所得税法及其实施条例的规定，对企业做出特别纳税调整的，应对2008年1月1日以后发生交易补征的企业所得税税款，按日加收利息。

（一）计息期间自税款所属纳税年度的次年6月1日起至补缴（预缴）税款入库之日止。

（二）利息率按照税款所属纳税年度12月31日实行的与补税期间同期的中国人民银行人民币贷款基准利率（以下简称“基准利率”）加5个百分点计算，并按一年365天折算日利息率。

（三）企业按照本办法规定提供同期资料和其他相关资料的，或者企业符合本办法第十五条的规定免于准备同期资料但根据税务机关要求提供其他相关资料的,可以只按基准利率计算加收利息。

企业按照本办法第十五条第(一)项的规定免于准备同期资料,但经税务机关调查,其实际关联交易额达到必须准备同期资料的标准的,税务机关对补征税款加收利息,适用本条第(二)项规定。

(四)按照本条规定加收的利息,不得在计算应纳税所得额时扣除。

第一百零八条 企业在税务机关做出特别纳税调整决定前预缴税款的,收到调整补税通知书后补缴税款时,按照应补缴税款所属年度的先后顺序确定已预缴税款的所属年度,以预缴入库日为截止日,分别计算应加收的利息额。

第一百零九条 企业对特别纳税调整应补征的税款及利息,应在税务机关调整通知书规定的期限内缴纳入库。企业有特殊困难,不能按期缴纳税款的,应依照征管法第三十一条及征管法实施细则第四十一条和第四十二条的有关规定办理延期缴纳税款。逾期不申请延期又不缴纳税款的,税务机关应按照征管法第三十二条及其他有关规定处理。

第十三章　附　则

第一百一十条 税务机关对转让定价管理和预约定价安排管理以外的其他特别纳税调整事项实施的调查调整程序可参照适用本办法第五章的有关规定。

第一百一十一条 各级国家税务局和地方税务局对企业实施特别纳税调查调整要加强联系,可根据需要组成联合调查组进行调查。

第一百一十二条 税务机关及其工作人员应依据《国家税务总局关于纳税人涉税保密信息管理暂行办法》(国税发〔2008〕93号)等有关保密的规定保管、使用企业提供的信息资料。

第一百一十三条 本办法所规定期限的最后一日是法定休假日的,以休假日期满的次日为期限的最后一日;在期限内有连续3日以上法定休假日的,按休假日天数顺延。

第一百一十四条 本办法所涉及的"以上"、"以下"、"日内"、"之日"、"之前"、"少于"、"低于"、"超过"等均包含本数。

第一百一十五条 被调查企业在税务机关实施特别纳税调查调整期间申请变更经营地址或注销税务登记的,税务机关在调查结案前原则上不予办理税务变更、注销手续。

第一百一十六条 企业按本办法第三章的规定准备2008纳税年度发生关联交易的同期资料,可延期至2009年12月31日。

第一百一十七条 本办法由国家税务总局负责解释和修订。

第一百一十八条 本办法自2008年1月1日起施行。《国家税务总局关于关联企业间业务往来税务管理规程(试行)》(国税发〔1998〕059号)、《国家税务总局关于修订〈关联企业间业务往来税务管理规程〉(试行)的通知》(国税发〔2004〕143号)和《国家税务总局关于关联企业间业务往来预约定价实施规则》(国税发〔2004〕118号)同时废止。在本办法发布前实施的有关规定与本办法不一致的,以本办法为准。

国家税务总局关于印发《非居民企业所得税源泉扣缴管理暂行办法》的通知

2009年1月9日　国税发〔2009〕3号

各省、自治区、直辖市和计划单列市国家税务局、地方税务局:

为贯彻实施《中华人民共和国企业所得税法》及其实施条例,规范非居民企业所得税源泉扣缴管理,税务总局制定了《非居民企业所得税源泉扣缴管理暂行办法》，现印发给你们，请遵照执行。执行中发现的问题请及时反馈税务总局（国际税务司）。

附件：1.扣缴企业所得税合同备案登记表(略)

2.非居民企业税务事项联络函(略)

3.扣缴企业所得税管理台账(略)

非居民企业所得税源泉扣缴管理暂行办法

第一章 总 则

第一条 为规范和加强非居民企业所得税源泉扣缴管理，根据《中华人民共和国企业所得税法》（以下简称企业所得税法）及其实施条例、《中华人民共和国税收征收管理法》（以下简称税收征管法）及其实施细则、《税务登记管理办法》、中国政府对外签署的避免双重征税协定（含与香港、澳门特别行政区签署的税收安排，以下统称税收协定）等相关法律法规，制定本办法。

第二条 本办法所称非居民企业，是指依照外国（地区）法律成立且实际管理机构不在中国境内，但在中国境内未设立机构、场所且有来源于中国境内所得的企业，以及虽设立机构、场所但取得的所得与其所设机构、场所没有实际联系的企业。

第三条 对非居民企业取得来源于中国境内的股息、红利等权益性投资收益和利息、租金、特许权使用费所得、转让财产所得以及其他所得应当缴纳的企业所得税，实行源泉扣缴，以依照有关法律规定或者合同约定对非居民企业直接负有支付相关款项义务的单位或者个人为扣缴义务人。

第二章 税源管理

第四条 扣缴义务人与非居民企业首次签订与本办法第三条规定的所得有关的业务合同或协议（以下简称合同）的，扣缴义务人应当自合同签订之日起30日内，向其主管税务机关申报办理扣缴税款登记。

第五条 扣缴义务人每次与非居民企业签订与本办法第三条规定的所得有关的业务合同时，应当自签订合同（包括修改、补充、延期合同）之日起30日内，向其主管税务机关报送《扣缴企业所得税合同备案登记表》（见附件1）、合同复印件及相关资料。文本为外文的应同时附送中文译本。

股权转让交易双方均为非居民企业且在境外交易的，被转让股权的境内企业在依法变更税务登记时，应将股权转让合同复印件报送主管税务机关。

第六条 扣缴义务人应当设立代扣代缴税款账簿和合同资料档案，准确记录企业所得税的扣缴情况，并接受税务机关的检查。

第三章 征收管理

第七条 扣缴义务人在每次向非居民企业支付或者到期应支付本办法第三条规定的所得时，应从支付或者到期应支付的款项中扣缴企业所得税。

本条所称到期应支付的款项，是指支付人按照权责发生制原则应当计入相关成本、费用的应付款项。

扣缴义务人每次代扣代缴税款时，应当向其主管税务机关报送《中华人民共和国扣缴企业所得税报告表》（以下简称扣缴表）及相关资料，并自代扣之日起7日内缴入国库。

第八条 扣缴企业所得税应纳税额计算。

扣缴企业所得税应纳税额＝应纳税所得额×实际征收率

应纳税所得额是指依照企业所得税法第十九条规定计算的下列应纳税所得额：

（一）股息、红利等权益性投资收益和利息、租金、特许权使用费所得，以收入全额为应纳税所得额，不得扣除税法规定之外的税费支出。

（二）转让财产所得，以收入全额减除财产净值后的余额为应纳税所得额。

(三)其他所得,参照前两项规定的方法计算应纳税所得额。

实际征收率是指企业所得税法及其实施条例等相关法律法规规定的税率,或者税收协定规定的更低的税率。

第九条 扣缴义务人对外支付或者到期应支付的款项为人民币以外货币的,在申报扣缴企业所得税时,应当按照扣缴当日国家公布的人民币汇率中间价,折合成人民币计算应纳税所得额。

第十条 扣缴义务人与非居民企业签订与本办法第三条规定的所得有关的业务合同时,凡合同中约定由扣缴义务人负担应纳税款的,应将非居民企业取得的不含税所得换算为含税所得后计算征税。

第十一条 按照企业所得税法及其实施条例和相关税收法规规定,给予非居民企业减免税优惠的,应按相关税收减免管理办法和行政审批程序的规定办理。对未经审批或者减免税申请未得到批准之前,扣缴义务人发生支付款项的,应按规定代扣代缴企业所得税。

第十二条 非居民企业可以适用的税收协定与本办法有不同规定的,可申请执行税收协定规定;非居民企业未提出执行税收协定规定申请的,按国内税收法律法规的有关规定执行。

第十三条 非居民企业已按国内税收法律法规的有关规定征税后,提出享受减免税或税收协定待遇申请的,主管税务机关经审核确认应享受减免税或税收协定待遇的,对多缴纳的税款应依据税收征管法及其实施细则的有关规定予以退税。

第十四条 因非居民企业拒绝代扣税款的,扣缴义务人应当暂停支付相当于非居民企业应纳税款的款项,并在1日之内向其主管税务机关报告,并报送书面情况说明。

第十五条 扣缴义务人未依法扣缴或者无法履行扣缴义务的,非居民企业应于扣缴义务人支付或者到期应支付之日起7日内,到所得发生地主管税务机关申报缴纳企业所得税。

股权转让交易双方为非居民企业且在境外交易的,由取得所得的非居民企业自行或委托代理人向被转让股权的境内企业所在地主管税务机关申报纳税。被转让股权的境内企业应协助税务机关向非居民企业征缴税款。

扣缴义务人所在地与所得发生地不在一地的,扣缴义务人所在地主管税务机关应自确定扣缴义务人未依法扣缴或者无法履行扣缴义务之日起5个工作日内,向所得发生地主管税务机关发送《非居民企业税务事项联络函》(见附件2),告知非居民企业的申报纳税事项。

第十六条 非居民企业依照本办法第十五条规定申报缴纳企业所得税,但在中国境内存在多处所得发生地,并选定其中之一申报缴纳企业所得税的,应向申报纳税所在地主管税务机关如实报告有关情况。申报纳税所在地主管税务机关在受理申报纳税后,应将非居民企业申报缴纳所得税情况书面通知扣缴义务人所在地和其他所得发生地主管税务机关。

第十七条 非居民企业未依照本办法第十五条的规定申报缴纳企业所得税,由申报纳税所在地主管税务机关责令限期缴纳,逾期仍未缴纳的,申报纳税所在地主管税务机关可以收集、查实该非居民企业在中国境内其他收入项目及其支付人(以下简称其他支付人)的相关信息,并向其他支付人发出《税务事项通知书》,从其他支付人应付的款项中,追缴该非居民企业的应纳税款和滞纳金。

其他支付人所在地与申报纳税所在地不在一地的,其他支付人所在地主管税务机关应给予配合和协助。

第十八条 对多次付款的合同项目,扣缴义务人应当在履行合同最后一次付款前15日内,向主管税务机关报送合同全部付款明细、前期扣缴表和完税凭证等资料,办理扣缴税款清算手续。

第四章 后续管理

第十九条 主管税务机关应当建立《扣缴企业所得税管理台账》(见附件3),加强合同履行情况的跟踪监管,及时了解合同签约内容与实际履行中的动态变化,监控合同款项支付、代扣代缴税款等情况。必要时应查核企业相关账簿,掌握股息、利息、租金、特许权使用费、转让财产收益等支付和列支情况,特别是未实际支付但已计入成本费用的利息、租金、特许权使用费等情况,有否漏扣企业所得税问题。

主管税务机关应根据备案合同资料、扣缴企业所得税管理台账记录、对外售付汇开具税务证明等监管资料和已申报扣缴税款情况,核对办理税款清算手续。

第二十条 主管税务机关可根据需要对代扣代缴企业所得税的情况实施专项检查,实施检查的主管税务机关应将检查结果及时传递给同级国家税务局或地方税务局。专项检查可以采取国、地税联合检查的方式。

第二十一条 税务机关在企业所得税源泉扣缴管理中,遇有需要向税收协定缔约对方获取涉税信息或告知非居民企业在中国境内的税收违法行为时,可按照《国家税务总局关于印发〈国际税收情报交换工作规程〉的通知》(国税发〔2006〕70号)规定办理。

第五章 法律责任

第二十二条 扣缴义务人未按照规定办理扣缴税款登记的,主管税务机关应当按照《税务登记管理办法》第四十五条、四十六条的规定处理。

本办法第五条第二款所述被转让股权的境内企业未依法变更税务登记的,主管税务机关应当按照《税务登记管理办法》第四十二条的规定处理。

第二十三条 扣缴义务人未按本办法第五条规定的期限向主管税务机关报送《扣缴企业所得税合同备案登记表》、合同复印件及相关资料的,未按规定期限向主管税务机关报送扣缴表的,未履行扣缴义务不缴或者少缴已扣税款的、或者应扣未扣税款的,非居民企业未按规定期限申报纳税的、不缴或者少缴应纳税款的,主管税务机关应当按照税收征管法及其实施细则的有关规定处理。

第六章 附 则

第二十四条 本办法由国家税务总局负责解释,各省、自治区、直辖市和计划单列市国家税务局、地方税务局可根据本办法制定具体操作规程。

第二十五条 本办法自2009年1月1日起施行。

非居民承包工程作业和提供劳务税收管理暂行办法

国家税务总局令第19号

《非居民承包工程作业和提供劳务税收管理暂行办法》已经国家税务总局第5次局务会议审议通过,现予发布,自2009年3月1日起施行。

国家税务总局局长:肖 捷

二00九年一月二十日

非居民承包工程作业和提供劳务税收管理暂行办法

第一章 总 则

第一条 为规范对非居民在中国境内承包工程作业和提供劳务的税收征收管理,根据《中华人民共和国税收征收管理法》(以下简称税收征管法)及其实施细则、《中华人民共和国企业所得税法》(以下简称企业所得税法)及其实施条例、《中华人民共和国营业税暂行条例》及其实施细则、《中华人民共和国增值税暂行条例》及其实施细则、中国政府对外签署的避免双重征税协定(含与香港、澳门特别行政区签署的税收安排,以下统称税收协定)等相关法律法规,制定本办法。

第二条 本办法所称非居民,包括非居民企业和非居民个人。非居民企业是指依照外国(地区)法律成立且实际管理机构不在中国境内,但在中国境内设立机构、场所的,或者在中国境内未设立机构、场所,但有来源于中国境内所得的企业。非居民个人是指在中国境内无住所又不居住或者无住所而在境内居住不满一年的个人。

第三条 本办法所称承包工程作业,是指在中国境内承包建筑、安装、装配、修缮、装饰、勘探及其他工程作业。

本办法所称提供劳务是指在中国境内从事加工、修理修配、交通运输、仓储租赁、咨询经纪、设计、文化体育、技术服务、教育培训、旅游、娱乐及其他劳务活动。

第四条 本办法所称非居民在中国境内承包工程作业和提供劳务税收管理,是指对非居民营业税、增值税和企业所得税的纳税事项管理。涉及个人所得税、印花税等税收的管理,应依照有关规定执行。

第二章 税源管理

第一节 登记备案管理

第五条 非居民企业在中国境内承包工程作业或提供劳务的,应当自项目合同或协议(以下简称合同)签订之日起30日内,向项目所在地主管税务机关办理税务登记手续。

依照法律、行政法规规定负有税款扣缴义务的境内机构和个人,应当自扣缴义务发生之日起30日内,向所在地主管税务机关办理扣缴税款登记手续。

境内机构和个人向非居民发包工程作业或劳务项目的,应当自项目合同签订之日起30日内,向主管税务机关报送《境内机构和个人发包工程作业或劳务项目报告表》(见附件1),并附送非居民的税务登记证、合同、税务代理委托书复印件或非居民对有关事项的书面说明等资料。

第六条 非居民企业在中国境内承包工程作业或提供劳务的,应当在项目完工后15日内,向项目所在地主管税务机关报送项目完工证明、验收证明等相关文件复印件,并依据《税务登记管理办法》的有关规定申报办理注销税务登记。

第七条 境内机构和个人向非居民发包工程作业或劳务项目合同发生变更的,发包方或劳务受让方应自变更之日起10日内向所在地主管税务机关报送《非居民项目合同变更情况报告表》(见附件2)。

第八条 境内机构和个人向非居民发包工程作业或劳务项目,从境外取得的与项目款项支付有关的发票和其他付款凭证,应在自取得之日起30日内向所在地主管税务机关报送《非居民项目合同款项支付情况报告表》(见附件3)及付款凭证复印件。

境内机构和个人不向非居民支付工程价款或劳务费的,应当在项目完工开具验收证明前,向其主管税务机关报告非居民在项目所在地的项目执行进度、支付人名称及其支付款项金额、支付日期等相关情况。

第九条 境内机构和个人向非居民发包工程作业或劳务项目,与非居民的主管税务机关不一致的,应当自非居民申报期限届满之日起15日内向境内机构和个人的主管税务机关报送非居民申报纳税证明资料复印件。

第二节 税源信息管理

第十条 税务机关应当建立税源监控机制,获取并利用发改委、建设、外汇管理、商务、教育、文化、体育等部门关于非居民在中国境内承包工程作业和提供劳务的相关信息,并可根据工作需要,将信息使用情况反馈给有关部门。

第十一条 非居民或境内机构和个人的同一涉税事项同时涉及国家税务局和地方税务局的,各主管税务机关办理涉税事项后应当制作《非居民承包工程作业和提供劳务项目信息传递表》(见附件4),并按月传递给对方纳入非居民税收管理档案。

第三章 申报征收

第一节 企业所得税

第十二条 非居民企业在中国境内承包工程作业或提供劳务项目的,企业所得税按纳税年度计算、分季预缴,年终汇算清缴,并在工程项目完工或劳务合同履行完毕后结清税款。

第十三条 非居民企业进行企业所得税纳税申报时,应当如实报送纳税申报表,并附送下列资料:

（一）工程作业（劳务）决算（结算）报告或其他说明材料；

（二）参与工程作业或劳务项目外籍人员姓名、国籍、出入境时间、在华工作时间、地点、内容、报酬标准、支付方式、相关费用等情况的书面报告；

（三）财务会计报告或财务情况说明；

（四）非居民企业依据税收协定在中国境内未构成常设机构，需要享受税收协定待遇的，应提交《非居民企业承包工程作业和提供劳务享受税收协定待遇报告表》（以下简称报告表）（见附件5），并附送居民身份证明及税务机关要求提交的其他证明资料。

非居民企业未按上述规定提交报告表及有关证明资料，或因项目执行发生变更等情形不符合享受税收协定待遇条件的，不得享受税收协定待遇，应依照企业所得税法规定缴纳税款。

第十四条 工程价款或劳务费的支付人所在地县（区）以上主管税务机关根据附件1及非居民企业申报纳税证明资料或其他信息，确定符合企业所得税法实施条例第一百零六条所列指定扣缴的三种情形之一的，可指定工程价款或劳务费的支付人为扣缴义务人，并将《非居民企业承包工程作业和提供劳务企业所得税扣缴义务通知书》（见附件6）送达被指定方。

第十五条 指定扣缴义务人应当在申报期限内向主管税务机关报送扣缴企业所得税报告表及其他有关资料。

第十六条 扣缴义务人未依法履行扣缴义务或无法履行扣缴义务的，由非居民企业在项目所在地申报缴纳。主管税务机关应自确定未履行扣缴义务之日起15日内通知非居民企业在项目所在地申报纳税。

第十七条 非居民企业逾期仍未缴纳税款的，项目所在地主管税务机关应自逾期之日起15日内，收集该非居民企业从中国境内取得其他收入项目的信息，包括收入类型，支付人的名称、地址，支付金额、方式和日期等，并向其他收入项目支付人（以下简称其他支付人）发出《非居民企业欠税追缴告知书》（见附件7），并依法追缴税款和滞纳金。

非居民企业从中国境内取得其他收入项目，包括非居民企业从事其他工程作业或劳务项目所得，以及企业所得税法第三条第二、三款规定的其他收入项目。非居民企业有多个其他支付人的，项目所在地主管税务机关应根据信息准确性、收入金额、追缴成本等因素确定追缴顺序。

第十八条 其他支付人主管税务机关应当提供必要的信息，协助项目所在地主管税务机关执行追缴事宜。

第二节 营业税和增值税

第十九条 非居民在中国境内发生营业税或增值税应税行为，在中国境内设立经营机构的，应自行申报缴纳营业税或增值税。

第二十条 非居民在中国境内发生营业税或增值税应税行为而在境内未设立经营机构的，以代理人为营业税或增值税的扣缴义务人；没有代理人的，以发包方、劳务受让方或购买方为扣缴义务人。

工程作业发包方、劳务受让方或购买方，在项目合同签订之日起30日内，未能向其所在地主管税务机关提供下列证明资料的，应履行营业税或增值税扣缴义务：

（一）非居民纳税人境内机构和个人的工商登记和税务登记证明复印件及其从事经营活动的证明资料；

（二）非居民委托境内机构和个人代理事项委托书及受托方的认可证明。

第二十一条 非居民进行营业税或增值税纳税申报，应当如实填写报送纳税申报表，并附送下列资料：

（一）工程（劳务）决算（结算）报告或其他说明材料；

（二）参与工程或劳务作业或提供加工、修理修配的外籍人员的姓名、国籍、出入境时间、在华工作时间、地点、内容、报酬标准、支付方式、相关费用等情况；

（三）主管税务机关依法要求报送的其他有关资料。

第四章　跟踪管理

第二十二条 主管税务机关应当按项目建档、分项管理的原则，建立非居民承包工程作业和提供劳务项目的管理台账和纳税档案，及时准确掌握工程和劳务项目的合同执行、施工进度、价款支付、对外付汇、税款缴纳等情况。

第二十三条 境内机构和个人从境外取得的付款凭证，主管税务机关对其真实性有疑义的，可要求其提供境外公证机构或者注册会计师的确认证明，经税务机关审核认可后，方可作为计账核算的凭证。

第二十四条 主管税务机关应对非居民享受协定待遇进行事后管理,审核其提交的报告表和证明资料的真实性和准确性,对其不构成常设机构的情形进行认定。对于不符合享受协定待遇条件且未履行纳税义务的情形,税务机关应该依法追缴其应纳税款、滞纳金及罚款。

第二十五条 税务机关应当利用售付汇信息,包括境内机构和个人向非居民支付服务贸易款项的历史记录,以及当年新增发包项目付款计划等信息,对承包工程作业和提供劳务项目实施监控。对于付汇前有欠税情形的,应当及时通知纳税人或扣缴义务人缴纳,必要时可以告知有关外汇管理部门或指定外汇支付银行依法暂停付汇。

第二十六条 主管税务机关应对非居民参与国家、省、地市级重点建设项目,包括城市基础设施建设、能源建设、企业技术设备引进等项目中涉及的承包工程作业或提供劳务,以及其他有非居民参与的合同金额超过 5000 万元人民币的,实施重点税源监控管理;对承包方和发包方是否存在关联关系、合同实际执行情况、常设机构判定、境内外劳务收入划分等事项进行重点跟踪核查,对发现的问题,可以实施情报交换、反避税调查或税务稽查。

第二十七条 省(自治区、直辖市和计划单列市)税务机关应当于年度终了后 45 日内,将《非居民承包工程作业和提供劳务重点建设项目统计表》(见附件 8),以及项目涉及的企业所得税、增值税、营业税、印花税、个人所得税等税收收入和税源变动情况的分析报告报送国家税务总局(国际税务司)。

第二十八条 主管税务机关可根据需要对非居民承包工程作业和提供劳务的纳税情况实施税务审计,必要时应将审计结果及时传递给同级国家税务局或地方税务局。税务审计可以采取国家税务局、地方税务局联合审计的方式进行。

第二十九条 主管税务机关在境内难以获取涉税信息时,可以制作专项情报,由国家税务总局(国际税务司)向税收协定缔约国对方提出专项情报请求;非居民在中国境内未依法履行纳税义务的,主管税务机关可制作自动或自发情报,提交国家税务总局依照有关规定将非居民在中国境内的税收违法行为告知协定缔约国对方主管税务当局;对非居民承包工程作业和提供劳务有必要进行境外审计的,可根据税收情报交换有关规定,经国家税务总局批准后组织实施。

第三十条 欠缴税款的非居民企业法定代表人或非居民个人在出境前未按照规定结清应纳税款、滞纳金又不提供纳税担保的,税务机关可以通知出入境管理机关阻止其出境。

第三十一条 对于非居民工程或劳务项目完毕,未按期结清税款并已离境的,主管税务机关可制作《税务事项告知书》(见附件 9),通过信函、电子邮件、传真等方式,告知该非居民限期履行纳税义务,同时通知境内发包方或劳务受让者协助追缴税款。

第五章 法律责任

第三十二条 非居民、扣缴义务人或代理人实施承包工程作业和提供劳务有关事项存在税收违法行为的,税务机关应按照税收征管法及其实施细则的有关规定处理。

第三十三条 境内机构或个人发包工程作业或劳务项目,未按本办法第五条、第七条、第八条、第九条规定向主管税务机关报告有关事项的,由税务机关责令限期改正,可以处 2000 元以下的罚款;情节严重的,处 2000 元以上 10000 元以下的罚款。

第六章 附 则

第三十四条 各省、自治区、直辖市和计划单列市国家税务局、地方税务局可根据本办法制定具体实施办法。

附件:(略)

1. 境内机构和个人发包工程作业或劳务项目报告表

2.非居民项目合同变更情况报告表

3.非居民项目合同款项支付情况报告表

4. 非居民承包工程作业和提供劳务项目信息传递表

5. 非居民企业承包工程作业和提供劳务享受税收协定待遇报告表

6. 非居民企业承包工程作业和提供劳务企业所得税扣缴义务通知书

7. 非居民企业欠税追缴告知书

8. 非居民承包工程作业和提供劳务重点建设项目统计表

9. 税务事项告知书

国家税务总局关于印发《非居民企业所得税汇算清缴管理办法》的通知

2009年1月22日 国税发〔2009〕6号

各省、自治区、直辖市和计划单列市国家税务局，广东省和深圳市地方税务局：

为贯彻实施《中华人民共和国企业所得税法》及其实施条例，规范非居民企业所得税汇算清缴工作，税务总局制定了《非居民企业所得税汇算清缴管理办法》，现印发给你们，请遵照执行。执行中发现的问题请及时反馈税务总局（国际税务司）。

附件：

1. 非居民企业所得税汇算清缴涉税事宜通知书（据实申报企业适用）

2. 非居民企业所得税汇算清缴涉税事宜通知书（核定征收企业适用）

3.非居民企业汇总申报企业所得税证明

4.非居民企业所得税应纳税款核定通知书

非居民企业所得税汇算清缴管理办法

为规范非居民企业所得税汇算清缴工作，根据《中华人民共和国企业所得税法》（以下简称企业所得税法）及其实施条例和《中华人民共和国税收征收管理法》（以下简称税收征管法）及其实施细则的有关规定，制定本办法。

一、汇算清缴对象

（一）依照外国（地区）法律成立且实际管理机构不在中国境内，但在中国境内设立机构、场所的非居民企业（以下称为企业），无论盈利或者亏损，均应按照企业所得税法及本办法规定参加所得税汇算清缴。

（二）企业具有下列情形之一的，可不参加当年度的所得税汇算清缴：

1. 临时来华承包工程和提供劳务不足1年，在年度中间终止经营活动，且已经结清税款；

2. 汇算清缴期内已办理注销；

3. 其他经主管税务机关批准可不参加当年度所得税汇算清缴。

二、汇算清缴时限

（一）企业应当自年度终了之日起5个月内，向税务机关报送年度企业所得税纳税申报表，并汇算清缴，结清应缴应退税款。

（二）企业在年度中间终止经营活动的，应当自实际经营终止之日起60日内，向税务机关办理当期企业所得税汇算清缴。

三、申报纳税

（一）企业办理所得税年度申报时，应当如实填写和报送下列报表、资料：

1. 年度企业所得税纳税申报表及其附表；

2. 年度财务会计报告；

3. 税务机关规定应当报送的其他有关资料。

（二）企业因特殊原因，不能在规定期限内办理年度所得税申报，应当在年度终了之日起5个月内，向主管税务机关提出延期申报申请。主管税务机关批准后，可以适当延长申报期限。

(三)企业采用电子方式办理纳税申报的，应附报纸质纳税申报资料。

(四)企业委托中介机构代理年度企业所得税纳税申报的,应附送委托人签章的委托书原件。

(五)企业申报年度所得税后，经主管税务机关审核,需补缴或退还所得税的,应在收到主管税务机关送达的《非居民企业所得税汇算清缴涉税事宜通知书》(见附件1和附件2)后,按规定时限将税款补缴入库,或按照主管税务机关的要求办理退税手续。

(六)经批准采取汇总申报缴纳所得税的企业，其履行汇总纳税的机构、场所(以下简称汇缴机构),应当于每年5月31日前，向汇缴机构所在地主管税务机关索取《非居民企业汇总申报企业所得税证明》(以下称为《汇总申报纳税证明》,见附件3);企业其他机构、场所(以下简称其他机构)应当于每年6月30日前将《汇总申报纳税证明》及其财务会计报告送交其所在地主管税务机关。

在上述规定期限内,其他机构未向其所在地主管税务机关提供《汇总申报纳税证明》,且又无汇缴机构延期申报批准文件的,其他机构所在地主管税务机关应负责检查核实或核定该其他机构应纳税所得额,计算征收应补缴税款并实施处罚。

(七)企业补缴税款确因特殊困难需延期缴纳的,按税收征管法及其实施细则的有关规定办理。

(八)企业在所得税汇算清缴期限内,发现当年度所得税申报有误的,应当在年度终了之日起5个月内向主管税务机关重新办理年度所得税申报。

(九)企业报送报表期限的最后一日是法定休假日的,以休假日期满的次日为期限的最后一日;在期限内有连续3日以上法定休假日的,按休假日天数顺延。

四、法律责任

(一)企业未按规定期限办理年度所得税申报,且未经主管税务机关批准延期申报，或报送资料不全、不符合要求的,应在收到主管税务机关送达的《责令限期改正通知书》后按规定时限补报。

企业未按规定期限办理年度所得税申报,且未经主管税务机关批准延期申报的,主管税务机关除责令其限期申报外，可按照税收征管法的规定处以2000元以下的罚款,逾期仍不申报的,可处以2000元以上10000元以下的罚款，同时核定其年度应纳税额,责令其限期缴纳。企业在收到主管税务机关送达的《非居民企业所得税应纳税款核定通知书》(见附件4)后,应在规定时限内缴纳税款。

(二)企业未按规定期限办理所得税汇算清缴,主管税务机关除责令其限期办理外，对发生税款滞纳的,按照税收征管法的规定,加收滞纳金。

(三)企业同税务机关在纳税上发生争议时,依照税收征管法相关规定执行。

五、本办法自2008年1月1日起执行。

附件1:非居民企业所得税汇算清缴涉税事宜通知书(据实申报企业适用)(略)

附件2:非居民企业所得税汇算清缴涉税事宜通知书(核定征收企业适用)(略)

附件3:非居民企业汇总申报所得税证明(略)

附件4:非居民企业所得税应纳税款核定通知书(略)

国家税务总局关于印发《非居民企业所得税汇算清缴工作规程》的通知

2009年2月9日 国税发〔2009〕11号

各省、自治区、直辖市和计划单列市国家税务局,广东省和深圳市地方税务局:

现将《非居民企业所得税汇算清缴工作规程》印发给你们,请遵照执行。执行中发现的问题请及时反馈到税务总局(国际税务司)。

附件:

1.非居民企业汇总申报纳税事项协查函

2.非居民企业汇总申报纳税事项处理联络函

3.非居民企业所得税汇算清缴汇总表(据实申报企业适用)

4.非居民企业所得税汇算清缴汇总表(核定征收企业适用)

5.非居民企业所得税汇算清缴指标分析表(据实申报企业适用)

非居民企业所得税汇算清缴工作规程

为贯彻落实《国家税务总局关于印发〈非居民企业所得税汇算清缴管理办法〉的通知》(国税发〔2009〕6号,以下简称《办法》),规范税务机关对非居民企业所得税的汇算清缴工作,提高汇算清缴工作质量,制定本规程。

一、汇算清缴工作内容

非居民企业所得税汇算清缴包括两方面内容:一是非居民企业(以下简称企业)应首先按照《办法》的规定,自行调整、计算本纳税年度的实际应纳税所得额、实际应纳所得税额,自核本纳税年度应补(退)所得税税款并缴纳应补税款;二是主管税务机关对企业报送的申报表及其他有关资料进行审核,下发汇缴事项通知书,办理年度所得税多退少补工作,并进行资料汇总、情况分析和工作总结。

二、汇算清缴工作程序

企业所得税汇算清缴工作分为准备、实施、总结三个阶段,各阶段工作的主要内容及时间要求安排如下。

(一)准备阶段。主管税务机关应在年度终了之日起3个月内做好以下准备工作:

1. 宣传辅导。以公告或其他方式向企业明确汇算清缴范围、时间要求、应报送的资料及其他应注意事项。必要时,应组织企业办税人员进行培训、辅导相关的税收政策和办税程序及手续。

2. 明确职责。汇算清缴工作应有领导负责,由具体负责非居民企业所得税日常管理的部门组织实施,由各相关职能部门协同配合共同完成。必要时,应组织对相关工作人员的业务培训。

3. 建立台账。建立日常管理台账,主要记载企业预缴税款、享受税收优惠、弥补亏损等事项,以便在汇算清激工作中进行核对。

4. 备办文书。向上级税务机关领取或按照规定的式样印制汇算清缴有关的表、证、单、书。

(二)实施阶段。主管税务机关应在年度终了之日起5个月内完成企业年度所得税纳税申报表及有关资料的受理、审核以及办理处罚、税款的补(退)手续。

1. 资料受理。主管税务机关接到企业的年度所得税纳税申报表和有关资料后,应检查企业报送的资料是否齐全,如发现企业未按规定报齐有关附表、文件等资料,应责令限期补齐;对填报项目不完整的,应退回企业并责令限期补正。

2. 资料审核。对企业报送的有关资料,主管税务机关应就以下几个方面内容进行审核:

(1)企业年度所得税纳税申报表及其附表与年度财务会计报告的数字是否一致,各项目之间的逻辑关系是否对应,计算是否正确。

(2)企业是否按规定结转或弥补以前年度亏损额。

(3)企业是否符合税收减免条件。

(4)企业在中国境内设立两个或者两个以上机构、场所,选择由其主要机构、场所汇总缴纳企业所得税的,是否经税务机关审核批准,以及各机构、场所账表所记载涉及计算应纳税所得额的各项数据是否准确。

(5)企业有来源于中国境外的应纳税所得额的,境外所得应补企业所得税额是否正确。

(6)企业已预缴税款填写是否正确。

3. 结清税款。主管税务机关应结合季度所得税申报表及日常征管情况,对企业报送的年度申报表及其附表和其他有关资料进行初步审核,在5月31日前,对应补缴所得税、应办理退税的企业发送《非居民企业所得税汇算清缴涉税事宜通知书》，并办理税款多退少补事宜。

4.实施处罚。主管税务机关对企业未按《办法》规定办理年度所得税申报，应按照规定实施处罚；必要时发送《非居民企业所得税应纳税款核定通知书》，核定企业年度应纳税额，责令其缴纳。

5. 汇总申报协调。

(1)汇缴机构所在地主管税务机关在接受企业年度所得税汇总申报后，应于5月31日前为企业出具《非居民企业汇总申报所得税证明》。

(2)汇缴机构所在地主管税务机关对企业的汇总申报资料进行审核时，对其他机构的情况有疑问需要进一步审核的，可以向其他机构所在地主管税务机关发送《非居民企业汇总申报纳税事项协查函》(见附件1)，其他机构所在地主管税务机关应负责就协查事项进行调查核实，并将结果函复汇缴机构所在地主管税务机关。

(3)其他机构所在地主管税务机关在日常管理或税务检查中，发现其他机构有少计收入或多列成本费用等所得税的问题，应将有关情况及时向汇缴机构所在地主管税务机关发送《非居民企业汇总申报纳税事项处理联络函》(见附件2)。

(4)其他机构所在地主管税务机关按照《办法》规定对其他机构就地征收税款或调整亏损额的，应及时将征收税款及应纳税所得额调整额以《非居民企业汇总申报纳税事项处理联络函》通知汇缴机构所在地主管税务机关，汇缴机构所在地主管税务机关应对企业应纳税所得额及应纳税总额作相应调整，并在应补(退)税额中减除已在其他机构所在地缴纳的税款。

(三)总结阶段。各地税务机关应在7月15日前完成汇算清缴工作的资料归档、数据统计、汇总以及总结等工作，并于7月31日前向税务总局报送企业所得税汇算清缴工作总结及有关报表。工作总结的主要内容应包括：

1. 基本情况及相关分析。

(1)基本情况。主要包括企业税务登记户数、应参加汇算清缴企业户数、实际参加汇算清缴企业户数、未参加汇算清缴企业户数及其原因、据实申报企业户数、核定征收企业户数；据实申报企业的盈利户数、营业收入、利润总额、弥补以前年度亏损、应纳税所得额、应纳所得税额、减免所得税额、实际缴纳所得税额、亏损户数、亏损企业营业收入、亏损金额等内容；核定征收企业中换算的收入总额、应纳税所得额、应纳所得税额、减免所得税额、实际缴纳所得税额。

(2)主要指标分析和说明。主要分析汇算清缴面、所得税预缴率、税收负担率、企业亏损面等指标。

(3)据实申报企业盈亏情况分析。根据盈利企业户数、实际参加汇缴户数分析盈利面变化情况；分析盈利和亏损企业的营业收入、成本、费用、未弥补亏损前利润总额、亏损总额等指标的变化情况及原因等。

(4)纳税情况分析。包括预缴率变化，所得税预缴、补税和退税等情况。

2. 企业自行申报情况。主要包括申报表及其附表的填写和报送，自行调整的企业户数、主要项目和金额等情况。

3. 税务机关依法调整情况。主要包括税务机关依法调整的户数、主要项目、金额，同时应分别说明调增(减)应纳税所得额及应纳所得税额、亏损总额的户数、金额等情况。

4. 主要做法。包括汇算清缴工作的组织安排和落实情况，对税务人员的业务培训及对企业的前期宣传、培训、辅导情况，对申报表的审核情况以及汇算清缴工作的检查考核评比等情况。

5. 发现的问题及意见或建议。分企业和税务机关两个方面，企业方面主要包括申报表的填报、申报软件的操作使用情况和《办法》的执行情况等；税务机关方面主要包括所得税汇算清缴工作规程在实际操作中的应用情况及效果，说明存在的问题及改进的意见和建议。

三、《办法》及本规程所涉及的文书，由各省、自治区、直辖市和计划单列市国家税务局和相关地方税务局按照规定式样自行印制。

附件 1

非居民企业汇总申报纳税事项协查函（存根）

国（地）税协〔　〕号

__________ 国家（地方）税务局：

你局管辖的 ____________ 系在我局管辖的 ______________ 汇总申报纳税的其他机构，请就该机构以下事项进行调查核实：

事项：

疑点：

（汇缴机构所在地主管税务机关名称及公章）

年　月　日

非居民企业汇总申报纳税事项协查函

国（地）税协〔　〕号

____________ 国家（地方）税务局：

你局管辖的 ____________ 系在我局管辖的 ________________ 汇总申报纳税的其他机构，请就该机构以下事项进行调查核实：

事项：

疑点：

其他机构登记地址：

电话：　　　　　　　　传真：

（汇缴机构所在地主管税务机关名称及公章）

年　月　日

主管税务机关地址：　　　　　　　　　　　　邮编：

联系人：　　　　　　电话：　　　　　　　　传真：

附件2

非居民企业汇总申报纳税事项处理联络函

国(地)税处〔 〕号

________________国家(地方)税务局:

我局管辖的______________系在你局管辖的__________________汇总申报企业所得税的其他机构。

其他机构地址: 电话: 传真:

根据《中华人民共和国企业所得税法》和国家税务总局《非居民企业所得税汇算清缴管理办法》及其工作规程的规定,经我局查实,对该机构 年度所得税做出如下处理:

1. 其他机构未汇总申报由我局确定的应纳税所得额:

(1)核实额:____。

(2)按同行业利润率核定额:____。

(3)其他方法核定额:____。

2. 我局计算补征税款及处罚额:

3. 我局提请你局应作出的税务处理事项:

适用税率(实际征收率):_______________补缴税额:______________________。滞纳金:_____________________处罚额:__________________________。

(1)其他机构少计收入额:______________________________________。

(2)其他机构多列成本费用:____________________________________。

(1)其他事项:____。

(其他机构所在地主管税务机关名称及公章)

年 月 日

主管税务机关邮编: 地址:

联系人: 电话: 传真:

附件 3

非居民企业所得税汇算清缴汇总表(据实申报企业适用)

编报单位:　　　　　　　　　　　年度:　　　　　　　　　　　　　　　　　　　　单位:户、人民币万元

项目		行次	合计数		农、林、牧、渔业	采矿业	制造业	电力、燃气及水的生产和供应业	建筑业	交通运输、仓储和邮政业	信息传输、计算机服务和软件业	批发和零售业	住宿和餐饮业	金融业	房地产业	租赁和商务服务业	科学研究、技术服务和地质勘查业	水利、环境和公共设施管理业	居民服务和其他服务业	教育	卫生、社会保障和社会福利业	文化、体育和娱乐业
			本年数	比上年增减数																		
户管情况	一、税务登记户数	1																				
	其中:常驻代表机构户数	2																				
	提供劳务、承包工程作业户数	3																				
	其他	4																				
	二、应参加汇算清缴户数	5																				
	三、不参加汇算清缴户数	6																				
	四、实际参加汇算清缴户数	7																				
盈利企业汇算清缴情况	五、盈利企业户数	8																				
	1.享受企业所得税优惠户数	9																				
	2.全额征收企业所得税户数	10																				
	3.弥补亏损企业户数	11																				
	其中:弥亏后应纳税所得额为零的企业户数	12																				
	六、亏损企业户数	13																				
	七、零申报企业户数	14																				
亏损企业汇算清缴情况	营业收入	15																				
	其他业务收入	16																				
	营业成本	17																				
	营业税金及附加	18																				
	营业费用	19																				
	管理费用	20																				
	财务费用	21																				
	营业利润	22																				
	营业外收支净额	23																				
盈利企业汇算清缴情况	利润(亏损)总额	24																				
	其他应税项目调增(减)额	25																				
	按规定可弥补的以前年度亏损额	26																				
	应纳税所得额	27																				
	应纳企业所得税额	28																				

附件3

非居民企业所得税汇算清缴汇总表(据实申报企业适用)

编报单位：　　　　年度：　　　　单位：户、人民币万元

项目		行次	合计数		农、林、牧、渔业	采矿业	制造业	电力、燃气及水的生产和供应业	建筑业	交通运输、仓储和邮政业	信息传输、计算机服务和软件业	批发和零售业	住宿和餐饮业	金融业	房地产业	租赁和商务服务业	科学研究、技术服务和地质勘查业	水利、环境和公共设施管理业	居民服务和其他服务业	教育	卫生、社会保障和社会福利业	文化、体育和娱乐业
			本年数	比上年增(减)数																		
	实际应纳企业所得税额	29																				
	减(免)企业所得税额	30																				
	境外所得应补企业所得税额	31																				
	境内外实际应纳企业所得税额	32																				
	全年已预缴企业所得税额	33																				
	以前年度损益调整应补所得税额	34																				
	以前年度损益调整应退所得税额	35																				
	本年度应补企业所得税额	36																				
	本年度应退企业所得税额	37																				
	税后利润	38																				
亏损企业汇算清缴情况	营业收入	39																				
	其他业务收入	40																				
	营业成本	41																				
	营业税金及附加	42																				
	营业费用	43																				
	管理费用	44																				
	财务费用	45																				
	营业利润	46																				
	营业外收支净额	47																				
	亏损总额	48																				

局长：　　　　复核：　　　　制表：　　　填表日期：年 月 日第 页

附件 4

非居民企业所得税汇算清缴指标分析表(据实申报企业适用)

编报单位：　　　　　　年度：　　　　　　单位：户、人民币万元

项目	行次	合计数		农、林、牧、渔业	采矿业	制造业	电力、燃气及水的生产和供应业	建筑业	交通运输、仓储和邮政业	信息传输、计算机服务和软件业	批发和零售业	住宿和餐饮业	金融业	房地产业	租赁和商务服务业	科学研究、技术服务和地质勘查业	水利、环境和公共设施管理业	居民服务和其他服务业	教育	卫生、社会保障和社会福利业	文化、体育和娱乐业
		本年数	比上年增减数																		
汇算面	1																				
盈利面	2																				
预缴率	3																				
销售(营业)利润率	4																				
销售(营业)亏损率	5																				
销售(营业)毛利率	6																				
销售(营业)成本利润率	7																				
所得税税收负担率	8																				
减免税面	9																				
减免税比率	10																				
应纳税所得额变动率	11																				
所得税税收负担变动率	12																				
营业利润税负率	13																				
补税率	14																				
退税率	15																				
征免税比率	16																				

局长：　　　　复核：　　　　制表：　　　　填表日期：年　月　日第　页

附件5

非居民企业所得税汇算清缴汇总表(核定征收企业适用)

编报单位： 年度： 单位：户、人民币万元

项目			行次	合计数		农、林、牧、渔业	采矿业	制造业	电力、燃气及水的生产和供应业	建筑业	交通运输、仓储和邮政业	信息传输、计算机服务和软件业	批发和零售业	住宿和餐饮业	金融业	房地产业	租赁和商务服务业	科学研究、技术服务和地质勘查业	水利、环境和公共设施管理业	居民服务和其他服务业	教育	卫生、社会保障和社会福利业	文化、体育和娱乐业
				本年数	比上年增减数																		
户数情况		一、税务登记	1																				
		其中：常驻代表机构户数	2																				
		提供劳务、承包工程作业户数	3																				
		其他	4																				
		二、应参加汇算清缴户数	5																				
		三、不参加汇算清缴企业户数	6																				
		四、实际参加汇算清缴户数	7																				
	征收情况	1.享受企业所得税优惠户数	8																				
		2.全额征收企业所得税户数	9																				
	核定方式	1.按收入总额核定应纳税所得额户数	10																				
		2.按经费支出换算应纳税所得额户数	11																				
		3.按成本费用核定应纳税所得额户数	12																				
按收入总额核定应纳税所得额		五、零申报企业户数	13																				
		收入总额	14																				
		应纳税所得额	15																				
		应纳企业所得税额	16																				
		实际应纳企业所得税额	17																				
		减(免)企业所得税额	18																				
		全年已预缴企业所得税额	19																				
		应补所得税额	20																				
		应退所得税额	21																				
		经费支出总额	22																				

项目		行次	合计数		农、林、牧、渔业	采矿业	制造业	电力、燃气及水的生产和供应业	建筑业	交通运输、仓储和邮政业	信息传输、计算机服务和软件业	批发和零售业	住宿和餐饮业	金融业	房地产业	租赁和商务服务业	科学研究、技术服务和地质勘查业	水利、环境和公共设施管理业	居民服务和其他服务业	教育	卫生、社会保障和社会福利业	文化、体育和娱乐业
			本年数	比上年增减数																		
按经费支出换算应纳税所得额	换算的收入总额	23																				
	应纳税所得额	24																				
	应纳企业所得税额	25																				
	实际应纳企业所得税额	26																				
	减(免)企业所得税额	27																				
	全年已预缴企业所得税额	28																				
	应补所得税额	29																				
	应退所得税额	30																				
	成本费用总额	31																				
按成本费用核定应纳税所得额	换算的收入总额	32																				
	应纳税所得额	33																				
	应纳企业所得税额	34																				
	实际应纳企业所得税额	35																				
	减(免)企业所得税额	36																				
	全年已预缴企业所得税额	37																				
	应补所得税额	38																				
	应退所得税额	39																				
企业所得税额合计	收入总额	40																				
	应纳税所得额	41																				
	应纳企业所得税额	42																				
	实际应纳企业所得税额	43																				
	减(免)企业所得税额	44																				
	全年已预缴企业所得税额	45																				
	应补所得税额	46																				
	应退所得税额	47																				

局长：　　　　　　复核：　　　　　　制表：　填表日期：　　年　月　日　第　页

国家税务总局关于执行税收协定股息条款有关问题的通知

2009年2月20日 国税函〔2009〕81号

各省、自治区、直辖市和计划单列市国家税务局、地方税务局:

根据中华人民共和国政府对外签署的避免双重征税协定(含与香港、澳门特别行政区签署的税收安排,以下统称税收协定)的有关规定,现就执行税收协定股息条款的有关问题通知如下:

一、本通知所称税收协定股息条款是指专门适用于股息所得的税收协定条款,不含按税收协定规定应作为营业利润处理的股息所得所适用的税收协定条款。

二、按照税收协定股息条款规定,中国居民公司向税收协定缔约对方税收居民支付股息,且该对方税收居民(或股息收取人)是该股息的受益所有人,则该对方税收居民取得的该项股息可享受税收协定待遇,即按税收协定规定的税率计算其在中国应缴纳的所得税。如果税收协定规定的税率高于中国国内税收法律规定的税率,则纳税人仍可按中国国内税收法律规定纳税。

纳税人需要享受上款规定的税收协定待遇的,应同时符合以下条件:

(一)可享受税收协定待遇的纳税人应是税收协定缔约对方税收居民;

(二)可享受税收协定待遇的纳税人应是相关股息的受益所有人;

(三)可享受税收协定待遇的股息应是按照中国国内税收法律规定确定的股息、红利等权益性投资收益;

(四)国家税务总局规定的其他条件。

三、根据有关税收协定股息条款规定,凡税收协定缔约对方税收居民直接拥有支付股息的中国居民公司一定比例以上资本(一般为25%或10%)的,该对方税收居民取得的股息可按税收协定规定税率征税。该对方税收居民需要享受该税收协定待遇的,应同时符合以下条件:

(一)取得股息的该对方税收居民根据税收协定规定应限于公司;

(二)在该中国居民公司的全部所有者权益和有表决权股份中,该对方税收居民直接拥有的比例均符合规定比例;

(三)该对方税收居民直接拥有该中国居民公司的资本比例,在取得股息前连续12个月以内任何时候均符合税收协定规定的比例。

四、以获取优惠的税收地位为主要目的的交易或安排不应构成适用税收协定股息条款优惠规定的理由,纳税人因该交易或安排而不当享受税收协定待遇的,主管税务机关有权进行调整。

五、纳税人需要按照税收协定股息条款规定纳税的,相关纳税人或扣缴义务人应该取得并保有支持其执行税收协定股息条款规定的信息资料,并按有关规定及时根据税务机关的要求报告或提供。有关的信息资料包括:

(一)由协定缔约对方税务主管当局或其授权代表签发的税收居民身份证明以及支持该证明的税收协定缔约对方国内法律依据和相关事实证据;

(二)纳税人在税收协定缔约对方的纳税情况,特别是与取得由中国居民公司支付股息有关的纳税情况；

(三)纳税人是否构成任一第三方(国家或地区)税收居民；

(四)纳税人是否构成中国税收居民；

(五)纳税人据以取得中国居民公司所支付股息的相关投资(转让)合同、产权凭证、利润分配决议、支付凭证等权属证明；

(六)纳税人在中国居民公司的持股情况；

(七)其他与执行税收协定股息条款规定有关的信息资料。

六、各地应按本通知规定做好税收协定股息条款的执行工作，并将执行中遇到的问题及时报告税务总局。

浙江省地方税务局关于进一步做好非居民承包工程作业和提供劳务税收管理工作的通知

2009年6月25日 浙地税函〔2009〕245号

各市、县(市、区)地方税务局(不发宁波)，省地方税务局直属征管一分局、涉外税征收管理分局：

《非居民承包工程作业和提供劳务服务税收管理暂行办法》(国家税务总局令第19号)已自2009年3月1日起施行。根据各地反映的问题和建议，为进一步做好非居民承包工程作业和提供劳务税收管理工作，现提出如下补充意见，请在贯彻执行《非居民承包工程作业和提供劳务服务税收管理暂行办法》(以下简称《暂行办法》)中一并落实。

一、各地要进一步加强政策宣传、辅导。对非居民承包工程作业和提供劳务要尽早介入，使非居民企业、非居民个人、境内税款扣缴义务人、境内工程作业发包方或劳务接受方熟知《暂行办法》相关内容，明确法律责任，并依法及时办理相关登记、备案和税款申报缴纳手续。

二、为《非居民承包工程作业和提供劳务重点建设项目统计表》统计需要，省局在《暂行办法》附表1《境内机构和个人发包工程作业或劳务项目报告表》中增加了“国家(地区)”、“是否重点建设项目”、“币种”、“折合人民币”等四个项目；为方便管理，省局在《暂行办法》附表2《非居民项目合同变更情况报告表》中增加“变更时间”项目。《税友2006》中已采用修改后的表格式样，请各地告知境内发包方或劳务接受方准确填报，同时做好解释工作。

三、对2009年3月1日前签订合同，但尚未履行完毕的非居民承包工程作业和提供劳务项目，主管税务机关应要求非居民按照《暂行办法》相关规定补办税务登记手续、境内机构和个人补办发包工程作业或劳务项目报告手续。

四、各地要注意加强与当地国税部门的协调和配合，做好相关信息传递工作。

五、《非居民承包工程作业和提供劳务重点建设项目统计表》统计范围包括列入国家、省和地市级重点建设项目，以及其他有非居民参与的合同金额超过5000万元人民币以上的项目。各市地税局应汇总所辖县(市、区)地税局数据，并于年度终了20日内将《非居民承包工程作业和提供劳务重点建设项目统计表》及项目涉及各税种的税收收入和税源变动情况的分析报告报送省局。

各地在执行《暂行办法》中发现问题请及时反馈省局(外税处)。

附件：1. 境内机构和个人发包工程作业或劳务项目报告表(略)

2. 非居民项目合同变更情况报告表(略)

国家税务总局关于非居民企业取得B股等股票股息征收企业所得税问题的批复

2009年7月24日 国税函〔2009〕394号

上海市国家税务局：

你局《关于大众交通(集团)股份有限公司向B股非居民股东派发股利涉税问题的请示》(沪国税际〔2009〕49号)收悉,现批复如下：

根据《中华人民共和国企业所得税法》及其实施条例规定,在中国境内外公开发行、上市股票(A股、B股和海外股)的中国居民企业,在向非居民企业股东派发2008年及以后年度股息时,应统一按10%的税率代扣代缴企业所得税。非居民企业股东需要享受税收协定待遇的,依照税收协定执行的有关规定办理。

浙江省地方税务局转发国家税务总局关于印发《非居民享受税收协定待遇管理办法(试行)》的通知

2009年10月30日 浙地税函〔2009〕365号

各市、县(市、区)地方税务局(不发宁波),省地方税务局直属征管一分局、直属稽查分局：

现将《国家税务总局关于印发〈非居民享受税收协定待遇管理办法(试行)〉的通知》(国税发〔2009〕124号)(以下简称《管理办法》)转发给你们,并结合总局国际司10月15日"实施《管理办法》视频会议"精神和我省实际,提出以下补充意见,希一并执行。

一、及时组织学习,积极稳妥做好《管理办法》的执行工作

《管理办法》是根据企业所得税法、个人所得税法和税收征管法的规定,全面规范税收协定执行程序的一个重要管理办法。各级地税局要抓紧开展学习、培训与宣传工作,确保直接从事税收协定工作的人员熟练执行《管理办法》;确保与税收协定工作相关的人员熟悉《管理办法》;帮助非居民纳税人及扣缴义务人知悉《管理办法》并按程序办理相关手续。

各地在《管理办法》的执行过程中,要处理好规范管理和改善服务的关系,既要严格按照《管理办法》的要求规范执法,提高执法水平,又要不断优化纳税服务,提高服务质量,展示我省地税系统的良好形象,为国际税收程序性法理建设做出贡献。

各级地税局要建立健全非居民享受税收协定待遇审批、备案的内部监控机制，积极防范执法风险，享受税收协定待遇申请的审核、批准与复核或复查必须由不同的人员负责；重大问题要集体研究，及时报告。

二、非居民享受税收协定待遇的审批单位

为方便纳税人及满足建立纳税档案和税源监控机制的需要，各税务分局、税务所负责所辖范围内非居民提出享受税收协定待遇申请的审批工作，各级税务局要加强对基层的业务指导并及时公布具体受理机构（岗位）及联系方法。

三、关于非居民享受国际运输协定、条款待遇的管理

关于在中国发生纳税义务的非居民需要享受税收协定国际运输条款或单独国际运输协定及其他有关协议规定的待遇，国家税务总局正研究制定新的非居民企业国际运输收入管理办法，在总局正式下文之前，仍然按照已有文件及相关税收协定执行，相关文件可到省局外税处主页或FTP查阅下载。

四、按时报送资料，做好税源监控和后续管理工作

各级地税机关应按照《管理办法》规定设立非居民享受税收协定待遇档案，建立数据完整准确、管理动态的国际税源监控机制，并做好申请事项的审核、复核或复查工作。省局将按总局要求对各地上述工作开展情况进行检查。

各市地税局应汇总所辖县（市、区）地税局非居民享受税收协定待遇情况统计数据，并于每年2月底前将《非居民享受税收协定待遇执行情况汇总表》随协定执行情况报告通过Notes或FTP一并上报省局。上年度本辖区内没有非居民申请享受税收协定待遇的亦请上报空表并注明无数据。

国家税务总局关于印发《非居民享受税收协定待遇管理办法（试行）》的通知

2009年8月24日　国税发〔2009〕124号

各省、自治区、直辖市和计划单列市国家税务局、地方税务局：

为了规范和加强非居民享受税收协定待遇的管理工作，税务总局制定了《非居民享受税收协定待遇管理办法（试行）》，现印发给你们，请遵照执行。

附件：（略）

1.非居民享受税收协定待遇备案报告表

2.非居民享受税收协定待遇审批申请表

3.非居民享受协定待遇身份信息报告表（适用于企业）

4.非居民享受税收协定待遇身份信息报告表（适用于个人）

5.非居民享受税收协定待遇审批执行情况报告表

6.非居民享受税收协定待遇汇总表

非居民享受税收协定待遇管理办法(试行)

第一章 总 则

第一条 为了规范和加强非居民享受税收协定待遇的管理,根据《中华人民共和国个人所得税法》及其实施条例、《中华人民共和国企业所得税法》及其实施条例、《中华人民共和国税收征收管理法》(以下称征管法)及其实施细则(以下统称国内税收法律规定)和中华人民共和国政府对外签署的避免双重征税协定(含与香港、澳门特别行政区签署的税收安排,以下统称税收协定)的有关规定,制定本办法。

第二条 在中国发生纳税义务的非居民需要享受税收协定待遇的,适用本办法,税收协定国际运输条款规定的待遇除外。

本办法所称税收协定待遇是指按照税收协定可以减轻或者免除按照国内税收法律规定应该履行的纳税义务。

第三条 非居民需要享受税收协定待遇的,应按照本办法规定办理审批或备案手续。凡未办理审批或备案手续的,不得享受有关税收协定待遇。

第四条 税务机关应为纳税人提供优质和高效服务,及时通过电话、面谈、网络、函件等多种方式解答有关非居民享受税收协定待遇的税务咨询。

第五条 本办法所称非居民是指,按有关国内税收法律规定或税收协定不属于中国税收居民的纳税人(含非居民企业和非居民个人)。

第六条 本办法所称主管税务机关是指,对非居民在中国的纳税义务,按税收法律规定负有征管职责的国家税务局或地方税务局。

第二章 审批申请和备案报告

第七条 非居民需要享受以下税收协定条款规定的税收协定待遇的,应向主管税务机关或者有权审批的税务机关提出享受税收协定待遇审批申请:

(一)税收协定股息条款;

(二)税收协定利息条款;

(三)税收协定特许权使用费条款;

(四)税收协定财产收益条款。

第八条 本办法规定的有权审批的税务机关由省、自治区、直辖市和计划单列市税务机关(以下称省级税务机关)根据本地机构设置、人员配备和工作负荷等实际情况确定后及时公布,并报国家税务总局备案。

第九条 在按本办法第七条规定提出非居民享受税收协定待遇审批申请时,纳税人应填报并提交以下资料:

(一)《非居民享受税收协定待遇审批申请表》(见附件2);

(二)《非居民享受税收协定待遇身份信息报告表》(分别企业和个人填报,见附件3和附件4);

(三)由税收协定缔约对方主管当局在上一公历年度开始以后出具的税收居民身份证明;

(四)与取得相关所得有关的产权书据、合同、协议、支付凭证等权属证明或者中介、公证机构出具的相关证明;

(五)税务机关要求提供的与享受税收协定待遇有关的其他资料。

在按前款规定提交资料时,非居民可免予提交已经向主管税务机关提交的资料,但应报告接受的主管税务机关名称和接受时间。

第十条 同一非居民的同一项所得需要多次享受应提请审批的同一项税收协定待遇的,在首次办理享受税收协定待遇审批后的3个公历年度内(含本年度)可免予向同一主管税务机关就同一项所得重复提出审批申请。

前款规定的同一项所得是指下列之一项所得:

(一)持有在同一企业的同一项权益性投资所取

得的股息；

（二）持有同一债务人的同一项债权所取得的利息；

（三）向同一人许可同一项权利所取得的特许权使用费。

本条第一款所述同一项税收协定待遇是指同一税收协定的同一条款规定的税收协定待遇，不包括不同税收协定的相同条款或者相同税收协定的不同条款规定的税收协定待遇。

第十一条 非居民需要享受以下税收协定条款规定的税收协定待遇的，在发生纳税义务之前或者申报相关纳税义务时，纳税人或者扣缴义务人应向主管税务机关备案：

（一）税收协定常设机构以及营业利润条款；

（二）税收协定独立个人劳务条款；

（三）税收协定非独立个人劳务条款；

（四）除本条第（一）至（三）项和本办法第七条所列税收协定条款以外的其他税收协定条款。

第十二条 在按本办法第十一条规定备案时，纳税人应填报并提交以下资料：

（一）《非居民享受税收协定待遇备案报告表》（见附件1）；

（二）由税收协定缔约对方主管当局在上一公历年度开始以后出具的税收居民身份证明；

（三）税务机关要求提供的与享受税收协定待遇有关的其他资料。

在按前款规定提交资料时，纳税人或扣缴义务人可不再填报《非居民承包工程作业和提供劳务税收管理暂行办法》（国家税务总局令第19号）第十三条第一款第（四）项规定的《非居民企业承包工程作业和提供劳务享受税收协定待遇报告表》以及其他已经向主管税务机关提交的资料。

第十三条 非居民发生的纳税义务按国内税收法律规定实行源泉扣缴的，在按本办法第十一条规定备案时，纳税人应向扣缴义务人提交按本办法第十二条规定应该填报、提交的资料，由扣缴义务人作为扣缴报告的附报资料，向主管税务机关备案。

第三章 审批与执行

第十四条 税务机关在接受非居民享受税收协定待遇审批申请后，应分别情况进行以下处理：

（一）主管税务机关不是有权审批的税务机关但接受非居民享受税收协定待遇审批申请的，由主管税务机关按照有权审批的税务机关的规定直接上报或层报有权审批的税务机关。

（二）有权审批的税务机关可以要求或委托下级税务机关调查核实有关的情况；

（三）对按本办法第十五条规定不予受理的审批申请，有权审批的税务机关应当及时书面告知申请人不予受理决定及理由；

（四）审批申请及提供的有关资料存在不准确、不齐全等不能满足审批需要情形的，有权审批的税务机关应当告知并允许申请人更正或补正。

第十五条 属于以下情形之一的，有权审批的税务机关可不予受理非居民享受税收协定待遇审批申请：

（一）按国内税收法律规定不构成纳税义务的所得事项；

（二）申请享受的税收协定待遇不属于本办法第七条规定的应该审批的范围；

（三）提出审批申请的时间已经超过了按本办法第二十一条和第二十八条规定可以追补享受税收协定待遇的时限；

（四）未按照本办法规定提供与享受税收协定待遇有关的资料，或者提供的资料不符合要求，且在有权审批的税务机关通知更正或补正后90日内仍不补正或更正，又无正当理由的；

（五）其他不应受理的情形。

第十六条 在有权审批的税务机关或者主管税务机关接受非居民享受税收协定待遇申请之日起的下列时间内，有权审批的税务机关应做出审批决定（包括不予受理决定），并书面通知申请人审批结果；做出不予享受税收协定待遇或者按本办法第十七条规定暂不享受税收协定待遇决定的，应说明理由：

（一）由县、区级及以下税务机关负责审批的，为20个工作日；

（二）由地、市级税务机关负责审批的，为30个工作日；

（三）由省级税务机关负责审批的，为40个工作日。

在前款规定期限内不能做出决定的，经有权审批的税务机关负责人批准,可以延长10个工作日,并将延长期限的理由告知申请人。

有权审批的税务机关在本条前两款规定的时限内未书面通知申请人审批结果的,视同有权审批的税务机关已做出准予非居民享受税收协定待遇的审批。

第十七条 在审查非居民享受税收协定待遇审批申请时,有权审批的税务机关发现不能准确判定非居民是否可以享受有关税收协定待遇的,应书面通知申请人暂不执行有关税收协定待遇及理由,并将有关情况向上级税务机关报告;需要启动相互协商或情报交换程序的,应同时按有关规定启动相应程序。

处理前款所述上报情况的各级税务机关应在本办法第十六条规定的工作时限内做出处理决定并直接或逐级通知有权审批的税务机关;或者完成再上报程序,直至层报国家税务总局。

第十八条 在取得准予享受税收协定待遇审批后,纳税人或者扣缴义务人可在申报纳税时按照审批决定执行,但应填报《非居民享受税收协定待遇执行情况报告表》(见附件5),向主管税务机关报告实际执行情况。

第四章 后续管理

第十九条 非居民已经按照本办法第二章和第三章规定完成备案或审批程序,并已实际享受税收协定待遇的,纳税人、扣缴义务人和税务机关应按本章规定继续做好非居民享受税收协定待遇后续管理工作。

第二十条 纳税人或者扣缴义务人按照本办法规定已报告的信息发生变化的,应分别以下情况处理:

(一)发生变化的信息不影响非居民继续享受相关税收协定待遇的,可继续享受或执行相关税收协定待遇;

(二)发生变化的信息导致非居民改变享受相关税收协定待遇的,应重新按本办法规定办理备案或审批手续;

(三)发生变化的信息导致非居民不应继续享受相关税收协定待遇的,应自发生变化之日起立即停止享受或执行相关税收协定待遇,并按国内税收法律规定申报纳税或执行扣缴义务。

第二十一条 在中国发生纳税义务的非居民可享受但未曾享受税收协定待遇,且因未享受该本可享受的税收协定待遇而多缴税款的,可自结算缴纳该多缴税款之日起3年内向主管税务机关提出追补享受税收协定待遇的申请,在按本办法规定补办备案或审批手续,并经主管税务机关核准后追补享受税收协定待遇,退还多缴的税款;超过前述规定时限的申请,主管税务机关不予受理。

按前款规定取得的退税款属于征管法实施细则第七十八条第二款规定的减免退税,不退还利息。

第二十二条 纳税人或者扣缴义务人已经享受或者执行了有关税收协定待遇的,应该取得并保管与非居民享受税收协定待遇有关的凭证、资料,保管期限不得短于10年。

第二十三条 主管税务机关应收集和保管与非居民享受税收协定待遇审批、备案以及执行情况有关的信息,确保有关数据完整和准确,并建立与反避税调查、税收情报交换、税务检查和相互协商等国际税收管理程序间信息共享和互动的动态管理监控机制。

各级税务机关应做好所负责辖区内非居民享受税收协定待遇情况汇总统计工作,按年向上级税务机关填报《非居民享受税收协定待遇执行情况汇总表》(见附件6)。

第二十四条 税务机关应通过审核评税、纳税检查、执法检查等征管或监督环节,根据执行税收协定风险,每年定期或不定期地从非居民已享受税收协定待遇(含备案类和审批类)中随机选取一定数量的样本进行审核、复核或复查,审核、复核或复查内容包括:

(一)非居民是否符合享受税收协定待遇的条件,是否以隐瞒有关情况或者提供虚假材料等手段骗取税收协定待遇;

(二)非居民享受税收协定待遇的条件发生变化的,是否按照规定进行了正确的税务处理;

(三)是否存在未经税务机关审批或备案自行享受协定待遇的情况;

(四)有权审批的税务机关是否正确履行了本办法规定的审批职责,审批决定是否恰当;

(五)是否存在其他未正确执行本规定的情况。

第二十五条 在审查非居民已享受税收协定待遇情况时，主管税务机关发现报告责任人未履行或未全部履行本办法规定的报告义务；或者需要报告责任人在其已提供资料以外补充提供与非居民享受税收协定待遇有关的其他资料的，可限期要求报告责任人提供相关资料。

本办法规定的报告责任人包括按有关规定应向税务机关报告信息或提供资料的纳税人、扣缴义务人或其他相关责任人。

第二十六条 在处理非居民享受税收协定待遇的各项工作中，税务机关之间（含国家税务机关与地方税务机关之间以及跨地税务机关之间）应相互支持和协助，努力实现信息共享。

有关非居民享受税收协定待遇的信息管理涉及多个主管税务机关或有权审批的税务机关的，各税务机关可要求其他相关税务机关协助查证信息；被要求的税务机关应自接到协助查证要求之日起 20 日内回复办理情况。

不同主管税务机关或有权审批的税务机关涉及同一非居民享受税收协定待遇同一事项的处理，应力求协调一致；不能协调一致的，报共同的上级税务机关裁定。

第二十七条 主管税务机关发现非居民已享受税收协定待遇但存在以下情形之一的，应做出不予非居民享受税收协定待遇的处理决定：

（一）未按本办法规定提出审批申请，或者虽已提出审批申请但有权审批的税务机关未做出或未被视同做出准予非居民享受税收协定待遇决定，且经主管税务机关限期改正但仍未改正，又无正当理由的；

（二）未按本办法规定办理备案报告，且经主管税务机关限期改正但仍未改正，又无正当理由的；

（三）未按本办法规定提供相关资料，且经主管税务机关限期改正但仍未改正，又无正当理由的；

（四）未在主管税务机关要求的限期内补充提供有关资料，又无正当理由的；

（五）因情况变化应停止享受税收协定待遇但未按本办法第二十条第（三）项规定立即停止享受相关税收协定待遇的；

（六）经调查核实不应享受相关税收协定待遇的其他情形。

第二十八条 属于本办法第二十七条第（一）项至第（四）项情形的非居民可自结算缴纳补征税款之日起 3 年内向主管税务机关提出追补享受税收协定待遇的申请，并按照主管税务机关要求改正违反本办法的行为，经税务机关核实确可以享受有关税收协定待遇后追补享受相关税收协定待遇，退还补征税款，但不退还相关滞纳金、罚款和利息。

第二十九条 纳税人提请税务主管当局相互协商的，按照税收协定相互协商程序条款及其有关规定执行，可不受本办法第二十一条和第二十八条规定的时间限制。

第三十条 在审查非居民已享受税收协定待遇情况或追补享受税收协定待遇申请时，主管税务机关发现不能准确判定非居民是否可以享受相关税收协定待遇的，应将有关情况向上级税务机关报告；需要启动相互协商或情报交换程序的，应同时按有关规定启动相应程序；决定暂不退税，或者要求纳税人或扣缴义务人暂不享受或执行税收协定待遇，或者按有关规定提供纳税担保的，应将处理决定及理由书面通知纳税人或扣缴义务人。

第三十一条 各级税务机关应将非居民享受税收协定待遇管理工作纳入岗位责任制考核体系，根据税收行政执法责任追究制度，补充完善以下内容：

（一）建立健全跟踪反馈制度。税务机关应当定期或不定期对非居民享受税收协定待遇审批或备案工作情况进行跟踪与反馈，适时完善工作机制。

（二）建立档案评查制度。各级税务机关应当建立、健全反映非居民享受税收协定待遇过程和结果的档案，妥善保管各类档案资料，上级税务机关应定期对档案资料进行评查。

（三）建立层级监督制度。上级税务机关应建立经常性的监督制度，加强对下级税务机关执行税收协定情况的监督，不断提高执行税收协定的准确度。

第五章 法律责任

第三十二条 主管税务机关发现非居民已享受的税收协定待遇存在以下情形之一的，按征管法第六十二条规定处理：

(一)未按本办法规定提出审批申请；或者虽已提出审批申请但有权审批的税务机关未做出或未被视同做出准予非居民享受税收协定待遇决定的；

(二)未按本办法规定办理备案报告的；

(三)未按本办法规定或者主管税务机关要求提供相关资料的。

第三十三条 按本办法规定应填报或提交的资料与同一报告责任人以前已经向同一主管税务机关填报或提交的资料相同的，该同一报告责任人可免予重复填报或提交相关资料。

第三十四条 主管税务机关在执行本办法第二十七条规定时，对纳税人和扣缴义务人分别以下情形处理：

(一)对按国内税收法律规定应实行自行申报纳税的，按照征管法有关规定向纳税人补征税款，加收滞纳金。其中纳税人伪造、变造、隐匿、擅自销毁账簿、记账凭证，或者在账簿上多列支出或者不列、少列收入，或者经税务机关通知申报而拒不申报或者进行虚假的纳税申报，构成不当享受税收协定待遇而不缴或者少缴应纳税款的，按照征管法第六十三条第一款规定处罚；

(二)对按国内税收法律规定应实行源泉扣缴的，按照征管法有关规定向纳税人补征税款；对扣缴义务人按照征管法第六十九条规定处理。

第三十五条 税务机关应按本办法规定及时办理非居民享受税收协定待遇相关事项。因税务机关责任造成处理错误的，应按征管法和税收执法责任制的有关规定追究责任。

下列时间不计入税务机关按本办法规定处理有关事项所占用的工作时间：

(一)纳税人或扣缴义务人按要求补充提供资料的时间；

(二)与协定缔约对方主管当局进行情报交换或相互协商的时间。

第三十六条 非居民享受税收协定待遇审批是对纳税人或者扣缴义务人提供的资料与税收协定规定条件的相关性进行的审核，不改变纳税人或者扣缴义务人真实申报责任。

第三十七条 有权审批的税务机关因纳税人或扣缴义务人提供虚假的信息资料做出准予享受税收协定待遇审批决定的，有权审批的税务机关或其上级税务机关经核实后有权撤销原审批决定，并分别以下情形处理：

(一)纳税人或者扣缴义务人尚未执行原审批决定，但非居民仍需享受相关税收协定待遇的，可要求其重新办理审批手续。

(二)纳税人或者扣缴义务人已经执行原审批决定，但根据核实的情况不能认定非居民不应享受相关税收协定待遇的，按照本办法第三十二条规定处理，并责令限期重新办理审批手续；

(三)纳税人或者扣缴义务人已经执行原审批决定，且根据核实的情况能够认定非居民不能享受相关税收协定待遇的，按本办法第二十七条和第三十四条规定处理。

第三十八条 因税务机关审批不当造成非居民不应享受而实际享受税收协定待遇的，除因纳税人或扣缴义务人提供虚假信息资料所致情形外，按照征管法第五十二条第一款规定处理。

第三十九条 纳税人或者扣缴义务人违反本办法规定的行为被认定为违反国内税收法律规定的行为，并按国内税收法律规定已作追究责任处理的，不再按本办法规定重复追究责任。

第四十条 纳税人或者扣缴义务人对主管税务机关或有权审批的税务机关做出涉及本规定的各种处理决定不服的，可以按照有关规定陈述理由、申辩意见、要求听证、提起行政复议或者诉讼。

第六章 附 则

第四十一条 非居民可以委托代理人办理按本办法规定应由其办理的事项；代理人在代为办理非居民的委托事项时，应出具非居民的书面授权委托书。

第四十二条 纳税人或者扣缴义务人可以复印件向税务机关提交按本办法规定应该提交的凭证或者证明，但应标注原件存放处，加盖报告责任人印章，并按税务机关要求报验原件。

第四十三条 按本办法规定填报或提交的资料应采用中文文本。相关资料原件为外文文本且税务机关根据有关规定要求翻译成中文文本的，报告责任人应按照税务机关的要求翻译成中文文本。

第四十四条 税收协定或国家税务总局与协定缔约对方税务主管当局通过相互协商形成的有关执行税收协定的协议与本办法规定不同的，按税收协定或协议执行。

第四十五条 本办法自 2009 年 10 月 1 日起执行，《国家税务总局关于修改〈外国居民享受避免双重征税协定待遇申请表〉的通知》（国税函发〔1995〕089 号）同时废止。

需要享受税收协定待遇的纳税义务发生在 2009 年 10 月 1 日之后（含当日）的，一律按本办法执行；在 2009 年 10 月 1 日之前发生的纳税义务在 2009 年 10 月 1 日之后需要追补享受税收协定待遇的，也应按本办法规定执行。

国家税务总局关于加强非居民企业股权转让所得企业所得税管理的通知

2009 年 12 月 10 日　国税函〔2009〕698 号

各省、自治区、直辖市和计划单列市国家税务局、地方税务局：

为规范和加强非居民企业股权转让所得企业所得税管理，依据《中华人民共和国企业所得税法》及其实施条例、《中华人民共和国税收征收管理法》及其实施细则、《国家税务总局关于印发〈非居民企业所得税源泉扣缴管理暂行办法〉的通知》（国税发〔2009〕3 号）和《财政部 国家税务总局关于企业重组业务企业所得税处理若干问题的通知》（财税〔2009〕59 号），现就有关问题通知如下：

一、本通知所称股权转让所得是指非居民企业转让中国居民企业的股权（不包括在公开的证券市场上买入并卖出中国居民企业的股票）所取得的所得。

二、扣缴义务人未依法扣缴或者无法履行扣缴义务的，非居民企业应自合同、协议约定的股权转让之日(如果转让方提前取得股权转让收入的，应自实际取得股权转让收入之日)起 7 日内，到被转让股权的中国居民企业所在地主管税务机关（负责该居民企业所得税征管的税务机关）申报缴纳企业所得税。非居民企业未按期如实申报的，依照税收征管法有关规定处理。

三、股权转让所得是指股权转让价减除股权成本价后的差额。

股权转让价是指股权转让人就转让的股权所收取的包括现金、非货币资产或者权益等形式的金额。如被持股企业有未分配利润或税后提存的各项基金等，股权转让人随股权一并转让该股东留存收益权的金额，不得从股权转让价中扣除。

股权成本价是指股权转让人投资入股时向中国居民企业实际交付的出资金额，或购买该项股权时向该股权的原转让人实际支付的股权转让金额。

四、在计算股权转让所得时，以非居民企业向被转让股权的中国居民企业投资时或向原投资方购买该股权时的币种计算股权转让价和股权成本价。如果同一非居民企业存在多次投资的，以首次投入资本时的币种计算股权转让价和股权成本价，以加权平均法计算股权成本价；多次投资时币种不一致的，则应按照每次投入资本当日的汇率换算成首次投资时的币种。

五、境外投资方（实际控制方）间接转让中国居民企业股权，如果被转让的境外控股公司所在国（地区）实际税负低于 12.5%或者对其居民境外所得不征所得税的，应自股权转让合同签订之日起 30 日内，向被转让股权的中国居民企业所在地主管税务机关提供以下资料：

（一）股权转让合同或协议；

（二）境外投资方与其所转让的境外控股公司在资金、经营、购销等方面的关系；

（三）境外投资方所转让的境外控股公司的生产经营、人员、账务、财产等情况；

（四）境外投资方所转让的境外控股公司与中国居民企业在资金、经营、购销等方面的关系；

（五）境外投资方设立被转让的境外控股公司具有合理商业目的的说明；

(六)税务机关要求的其他相关资料。

六、境外投资方(实际控制方)通过滥用组织形式等安排间接转让中国居民企业股权,且不具有合理的商业目的,规避企业所得税纳税义务的,主管税务机关层报税务总局审核后可以按照经济实质对该股权转让交易重新定性,否定被用作税收安排的境外控股公司的存在。

七、非居民企业向其关联方转让中国居民企业股权,其转让价格不符合独立交易原则而减少应纳税所得额的,税务机关有权按照合理方法进行调整。

八、境外投资方(实际控制方)同时转让境内或境外多个控股公司股权的,被转让股权的中国居民企业应将整体转让合同和涉及本企业的分部合同提供给主管税务机关。如果没有分部合同的,被转让股权的中国居民企业应向主管税务机关提供被整体转让的各个控股公司的详细资料,准确划分境内被转让企业的转让价格。如果不能准确划分的,主管税务机关有权选择合理的方法对转让价格进行调整。

九、非居民企业取得股权转让所得，符合财税〔2009〕59号文件规定的特殊性重组条件并选择特殊性税务处理的，应向主管税务机关提交书面备案资料,证明其符合特殊性重组规定的条件,并经省级税务机关核准。

十、本通知自2008年1月1日起执行。执行中遇到的问题请及时报告国家税务总局(国际税务司)。

地方税类

国家税务总局关于企业集团内部使用的有关凭证征收印花税问题的通知

2009年1月5日 国税函〔2009〕9号

各省、自治区、直辖市和计划单列市地方税务局：

据有关地区和企业反映,一些企业集团内部在经销和调拨商品物资时使用的各种形式的凭证(表、证、单、书、卡等),既有作为企业集团内部执行计划使用的,又有代替合同使用的。根据《中华人民共和国印花税暂行条例》及有关规定,现将企业集团内部使用的有关凭证如何界定征收印花税的问题通知如下：

对于企业集团内具有平等法律地位的主体之间自愿订立、明确双方购销关系、据以供货和结算、具有合同性质的凭证,应按规定征收印花税。对于企业集团内部执行计划使用的、不具有合同性质的凭证,不征收印花税。

财政部 国家税务总局关于对外资企业及外籍个人征收房产税有关问题的通知

2009 年 1 月 12 日　财税〔2009〕3 号

各省、自治区、直辖市、计划单列市财政厅(局)、地方税务局,新疆生产建设兵团财务局:

根据 2008 年 12 月 31 日国务院发布的第 546 号令,自 2009 年 1 月 1 日起,废止《中华人民共和国城市房地产税暂行条例》,外商投资企业、外国企业和组织以及外籍个人(包括港澳台资企业和组织以及华侨、港澳台同胞,以下统称外资企业及外籍个人)依照《中华人民共和国房产税暂行条例》(国发〔1986〕90 号)缴纳房产税。为做好外资企业及外籍个人房产税征收工作,现将有关事项通知如下:

一、自 2009 年 1 月 1 日起,对外资企业及外籍个人的房产征收房产税,在征税范围、计税依据、税率、税收优惠、征收管理等方面按照《中华人民共和国房产税暂行条例》(国发〔1986〕90 号)及有关规定执行。各地要及时了解外资企业及外籍个人房产税的征收情况,对遇到的问题及时反映,确保相关政策落实到位。

二、以人民币以外的货币为记账本位币的外资企业及外籍个人在缴纳房产税时,均应将其根据记账本位币计算的税款按照缴款上月最后一日的人民币汇率中间价折合成人民币。

三、房产税由房产所在地的地方税务机关征收,其征收管理按《中华人民共和国税收征收管理法》及相关规定执行。

浙江省地方税务局关于社会福利企业减免城镇土地使用税有关问题的通知

2009 年 1 月 19 日　浙地税函〔2009〕24 号

各市、县(市、区)地方税务局(不发宁波),省地方税务局直属一分局:

根据《国家税务总局关于土地使用税若干具体问题的解释和暂行规定》(〔88〕国税地字第 015 号)第十八条规定"民政部门举办的安置残疾人占一定比例的福利工厂用地的征免,由省、自治区、直辖市税务局规定"及社会福利企业其他税收优惠政策调整后的规定,现将福利企业征免城镇土地使用税问题规定如下,希遵照执行。

一、社会福利企业是指符合民政部印发的《福利企业资格认定办法》(民发〔2007〕103 号)规定的各项条件,并经民政部门认定的企业。

二、经认定的社会福利企业,因安置残疾人较多、效能较低、负担较重,纳税确有困难的,报经地税部门批准可给予减免城镇土地使用的照顾。

三、对不符合本通知第一条规定的企业,应按规定征收城镇土地使用税。

四、本通知自2009年1月1日起执行。原浙江省税务局《关于城镇土地使用税若干政策问题的补充规定》([89]浙税三048号)第十条规定停止执行。

浙江省地方税务局转发省人民政府关于继续免征城乡公共交通车船税的通知

2009年2月4日 浙地税发〔2009〕9号

各市、县(市、区)地方税务局:

现将《浙江省人民政府关于继续免征城乡公共交通车船税的通知》(浙政发〔2008〕85号)转发给你们,请遵照执行。

城市、农村公共交通车辆车船税减免程序仍按《浙江省车船税代收代缴管理办法(试行)》(浙地税发〔2008〕5号)第九条规定执行。

浙江省人民政府关于继续免征城乡公共交通车船税的通知

2008年12月30日 浙政发〔2008〕85号

各市、县(市、区)人民政府,省政府直属各单位:

为了支持全省城乡公共交通事业发展,方便群众出行,根据城乡公交企业的实际困难,依据《浙江省人民政府关于贯彻执行〈中华人民共和国车船税暂行条例〉的通知》(浙政发〔2007〕42号)规定,决定对全省城市、农村用于公共交通的车船继续免征车船税,免征期自2009年1月1日至2011年12月31日。

浙江省地方税务局关于房地产开发企业土地增值税清算若干问题的通知

2009 年 6 月 4 日　浙地税函〔2009〕222 号

各市、县(市、区)地方税务局(不发宁波),省地方税务局直属一分局:

为进一步加强土地增值税的清算管理,根据《财政部国家税务总局关于土地增值税若干问题的通知》(财税〔2006〕21 号)、《国家税务总局关于房地产开发企业土地增值税清算管理有关问题的通知》(国税发〔2006〕187 号)和《国家税务总局关于印发〈土地增值税清算管理规程〉的通知》(国税发〔2009〕91 号)有关规定,现将土地增值税清算的若干具体问题通知如下,请遵照执行。

一、对在 2006 年 3 月 2 日(不含)之前已开发并签订预售合同,各地已按原标准认定的普通标准住宅,在计算土地增值税时一律不作追溯调整。

二、对既有普通标准住宅,又有非普通标准住宅及其他用房等综合性房地产开发项目,在计算土地增值税时,扣除项目金额可按面积占比分别计算确定。

三、对符合《土地增值税暂行条例》及《国家税务总局关于房地产开发企业土地增值税清算管理有关问题的通知》(国税发〔2006〕187 号)第二条规定,应清算未清算的房地产开发项目,纳税人应在 2009 年 7 月 30 日之前向主管地税机关报送土地增值税纳税申报表。主管地税机关应及时对申报资料进行审核,对申报税负率明显偏低的,地税机关可根据相关税收法律、法规,采取纳税评估、税务稽查等办法强化土地增值税的清算管理。对逾期未申报并经地税机关责令限期申报仍未申报的、以及其他符合国税发〔2006〕187 号第七条规定的房地产开发项目,一律实行核定征收。

四、各级地税机关在确定土地增值税的核定征收率时,要从加强管理出发,成立专门的工作小组,建立集体研究决策机制,规范操作流程,根据本地区房地产行业的发展现状,综合评估开发企业的实际盈利水平,分类别、分项目确定相应的征收率,杜绝核定征收的随意性,确保核定征收的质量和实效。

五、对自本文下发之后符合清算条件的房地产开发项目,各级地税机关要严格按照《国家税务总局关于印发〈土地增值税清算管理规程〉的通知》(国税发〔2009〕91 号)规定,实施清算管理。在受理土地增值税纳税申报后,根据申报情况,主管地税机关可按省局规定的纳税评估程序实施。

六、各地要深化对房地产市场的发展趋势分析,掌握本地区房地产的发展现状,适时调整预征率,以进一步规范和完善土地增值税的预征管理。

七、土地增值税清算工作涉及面广、对房地产行业影响较大、情况也较复杂,各级地税部门要正确领会省局的文件精神,加强对清算工作的组织领导,及时向当地政府领导汇报,要结合当地房地产行业的发展实际,妥善处理好历史遗留问题,切实做好土地增值税的清算管理工作,促进房地产市场的健康发展。

浙江省地方税务局 浙江省交通运输厅 转发国家税务总局 交通运输部关于做好船舶车船税征收管理工作的通知

2009年6月8日 浙地税函〔2009〕217号

各市、县(市、区)地方税务局、交通局(不发宁波):

现将《国家税务总局交通运输部关于做好船舶车船税征收管理工作的通知》(国税发〔2009〕46号)转发给你们,结合我省实际,就有关内容补充如下,请一并贯彻执行。

一、全省各级地税和交通部门海事管理机构要认真贯彻执行国家的政策规定,采取各种有效措施,强化部门之间的协作配合,建立健全信息共享机制,提高船舶车船税税收征管工作水平。

二、在地方海事管理机构登记管理的船舶,各级地税部门要主动与当地交通海事管理部门沟通协调,认真研究船舶车船税委托代征的具体办法,各级海事管理机构要积极配合当地税务部门,共同做好船舶车船税的委托代征工作。

三、各地在执行中发现的问题请及时上报省地方税务局、省交通运输厅。

国家税务总局 交通运输部关于做好船舶车船税征收管理工作的通知

2009年3月17日 国税发〔2009〕46号

各省、自治区、直辖市和计划单列市地方税务局、交通厅(局、委),西藏、宁夏、青海省(自治区)国家税务局,新疆生产建设兵团交通局,各直属海事局、地方海事局:

《中华人民共和国车船税暂行条例》(以下简称条例)颁布实施以来,在各级税务部门的精心组织和有关方面的积极配合下,贯彻落实工作开展顺利。但是,部分地区对船舶车船税的征收和管理不够有力,存在一些问题和漏洞。为全面贯彻执行条例,做好船舶车船税的征收管理工作,根据《中华人民共和国税收征收管理法》的相关规定,经国家税务总局和交通运输部研究,现就做好船舶车船税的征收管理工作有关要求通知如下:

一、提高认识,密切配合,做好船舶车船税的征收管理工作

车船税属于地方收入的税种,对船舶征收车船税是做好车船税征管工作的重要内容,对于促进水上运输和相关事业的公平竞争和健康发展,维护地方政府的经济权益有着重要意义。我国船舶数量多、流动性大、分布面广,船舶车船税征管较为困难。各级税务和交通运输部门海事管理机构要加强协调配合,税务机关应主动争取海事管理机构的支持。各级海事管理机构要发挥船舶监督管理优势,通过向税务部门提供船舶信息和协助代征船舶车船税等方式,积极支持和配合税务机关做好船舶车船税的征收管理工作。

二、健全管理机制,努力创造条件,积极开展船舶车船税委托代征工作

为提高船舶车船税的征管质量和效率,降低税收成本，方便纳税人缴纳税款，凡在交通运输部直属海事管理机构登记管理的应税船舶，其车船税一律由船籍港所在地的税务部门委托当地交通运输部直属海事管理机构代征。各级税务部门要主动沟通联系，与海事管理机构协商船舶车船税委托代征的具体事宜；交通运输部各直属海事管理机构应积极配合当地税务部门，共同做好船舶车船税的委托代征工作。

对于在各省、自治区、直辖市地方海事管理机构登记管理的船舶，各级税务部门应主动和当地地方海事管理机构协商，积极探索创新征管模式，根据当地实际情况和现有条件，因地制宜地采取委托代征或协助把关等方式，建立有效的社会协税护税控管机制。

已实行委托代征的地区要建立健全委托代征工作管理机制。税务部门要会同海事管理机构制定船舶车船税代征管理办法，明确委托代征单位的纳税申报时间和内容、代征税款的解缴方式和具体期限、代征手续费的支付比例和支付方式、船舶信息交换等方面内容，明确各方职责，规范征管行为。

三、依托信息手段，搭建畅通渠道，实现部门间信息共享

各级地方税务部门应充分依托信息技术手段，与海事管理机构建立沟通协调机制，搭建畅通的信息交流渠道，实现部门间信息共享。通过与交通运输部门海事管理机构定期交换船舶的登记信息和纳税信息，建立船舶车船税的税源数据库，加强船舶车船税的源泉控管，堵塞征管漏洞。

如开发委托代征船舶车船税信息系统，系统不仅要具备采集船舶基本信息、登记完税和减免税信息、计算代征税款金额、打印完税凭证、汇总税款解缴等功能，还要与税务征管系统定期交换数据，提高船舶车船税委托代征水平，确保船舶车船税委托代征工作顺利进行。

财政部 国家税务总局关于房产税、城镇土地使用税有关问题的通知

2009年11月22日　财税〔2009〕128号

各省、自治区、直辖市、计划单列市财政厅(局)、地方税务局，西藏、宁夏、青海省(自治区)国家税务局，新疆生产建设兵团财务局：

为完善房产税、城镇土地使用税政策，堵塞税收征管漏洞，现将房产税、城镇土地使用税有关问题明确如下。

一、关于无租使用其他单位房产的房产税问题

无租使用其他单位房产的应税单位和个人，依照房产余值代缴纳房产税。

二、关于出典房产的房产税问题

产权出典的房产，由承典人依照房产余值缴纳房产税。

三、关于融资租赁房产的房产税问题

融资租赁的房产，由承租人自融资租赁合同约定开始日的次月起依照房产余值缴纳房产税。合同未约定开始日的，由承租人自合同签订的次月起依照房产余值缴纳房产税。

四、关于地下建筑用地的城镇土地使用税问题

对在城镇土地使用税征税范围内单独建造的地下建筑用地，按规定征收城镇土地使用税。其中，已取得地下土地使用权证的，按土地使用权证确认的土地面积计算应征税款；未取得地下土地使用权证或地下土地使用权证上未标明土地面积的，按地下建筑垂直投影面积计算应征税款。

对上述地下建筑用地暂按应征税款的50%征收城镇土地使用税。

五、本通知自2009年12月1日起执行。《财政部税务总局关于房产税若干具体问题的解释和暂行规定》(〔86〕财税地字第008号)第七条、《国家税务总局关于安徽省若干房产税业务问题的批复》(国税函发〔1993〕368号)第二条同时废止。

规费类

浙江省劳动和社会保障厅 浙江省财政厅 浙江省地方税务局关于进一步采取帮扶措施减轻企业负担 稳定就业局势有关问题的通知

2009年1月16日 浙劳社就〔2009〕6号

各市、县(市、区)劳动(人事)保障局、财政局、地税局:

浙江省劳动和社会保障厅、浙江省财政厅、浙江省地方税务局《关于临时性下浮企业社会保险费缴纳比例的通知》(浙劳社老〔2008〕125号)下发后,各地积极行动,周密部署,进展顺利,减轻企业负担、稳定就业局势初见成效。但是,国际金融危机对企业的影响还在加深,部分企业生产经营的困难还在加重,就业压力明显增大,有必要继续采取积极措施,进一步支持鼓励企业减少裁员,稳定用工岗位,确保就业局势稳定。为深入贯彻省委、省政府《关于认真贯彻落实保增长扩内需调结构要求的若干政策意见》(浙委〔2009〕2号),根据人力资源和社会保障部、财政部、国家税务总局《关于采取积极措施减轻企业负担稳定就业局势有关问题的通知》(人社部发〔2008〕117号)精神,经省政府同意,现就有关问题通知如下。

一、明确帮扶的对象和重点

帮扶的对象是受当前金融危机影响面临暂时性生产经营困难,处于停产半停产状态,但有望恢复的困难企业。重点是就业容量大,就业贡献高的困难企业。享受帮扶政策的困难企业应同时符合以下条件:一是依法参加社会保险、按规定履行缴费义务,二是近一年来不裁员或没批量裁员,三是已制订在岗培训、轮班工作、协商薪酬等稳定员工队伍措施,四是生产经营活动符合国家、省及所在区域产业和环保政策(国家、省限制的行业和企业除外)。

"困难企业"具体认定标准由各统筹地区人民政府根据国家和省的规定,结合本地实际情况制定,报省劳动保障厅、省财政厅、省地税局备案。

二、具体帮扶政策

(一)困难企业在一定时期内缓缴社会保险费。

统筹地区在确保社会保险待遇按时足额支付、社会保险基金不出现缺口的前提下,允许暂时无力缴纳社会保险费的困难企业,在一定期限内缓缴应由企业缴纳的社会保险费。缓缴执行期为2009年之内,缓缴期限最长不超过6个月。具体程序是,由企业提出缓缴申请,经统筹地区地税部门会同劳动保障、财政部门审核并报同级人民政府批准后实施。申请缓缴企业应与负责征收社会保险费的地税部门签订缓缴及补缴社会保险费的协议。地税部门可以依法要求企业提供担保或抵押。缓缴3个月以内的,仍按《浙江省社会保险费征缴办法》(省政府第188号令)第二十三条的规定办理。经核准缓缴期间,企业应继续按月申报应缴的社会保险费,企业和职工缴费年限连续计算,缓缴的社会保险费不加收滞纳金。企业缓缴各项社会保险基金情况报省地税局、省劳动保障厅、省财政厅备案。

省部属企业社会保险费缓缴申请实行属地管理，在省社保中心参保的省部属企业由省地税局会同劳动保障厅、省财政厅负责。

（二）社会保险费缴纳比例继续实行临时性下浮。

在确保职工社保待遇不受影响、社会保险制度平稳运行的前提下，2009年对基本养老保险、基本医疗保险、失业保险、工伤保险、生育保险五项社会保险费缴纳比例继续实行临时性适当下浮，具体幅度相当于各项社会保险企业缴费统筹部分1个月的额度，采取全省集中减征的办法统一在4月份操作。具体下浮范围、标准和衔接处理政策按浙江省劳动和社会保障厅、浙江省财政厅、浙江省地方税务局《关于临时性下浮企业社会保险费缴纳比例的通知》（浙劳社老〔2008〕125号）规定执行。

实行集中减征后，2009年各地对城镇职工基本医疗保险、失业保险、工伤保险、生育保险的缴费比例不得再行调整。

（三）使用失业保险基金帮助困难企业稳定就业岗位。

失业保险结余较多的统筹地区在确保当前和今后一个时期按时足额支付失业保险待遇的前提下，可扩大失业保险基金支出范围，从失业保险基金中支付困难企业社会保险补贴和岗位补贴。上述两项补贴的资金不得超过上年末基金累计结余的50%。对困难企业的社会保险补贴标准，参照当地就业资金对就业困难人员的社会保险补贴标准执行。已享受过就业困难人员社会保险补贴的人员不得重复享受。对困难企业的岗位补贴标准参照当地失业保险金标准确定。上述两项补贴的执行期为2009年内，补贴期限最长不超过6个月。同一企业只能享受两项补贴中的一项。已享受缓缴社会保险费的企业不能同时享受社会保险补贴和岗位补贴。两项补贴由企业按月向统筹地区劳动保障部门提出申请，并附稳定员工队伍计划措施和相关凭证，由劳动保障部门会同经贸（国资）、财政等部门审核批准。

统筹地区劳动保障部门要会同财政部门做好资金测算，制订基金使用计划，报同级人民政府批准，并报省劳动保障厅、省财政厅备案。统筹地区财政部门要根据基金使用计划及时足额将资金从财政专户划入失业保险基金支出户。失业保险经办机构按月将岗位补贴基金拨入企业账户，社会保险补贴资金划入社会保险经办机构账户。严格基金使用的审批、拨付和监督管理，确保基金规范、合理、高效使用。劳动保障部门应向社会公布享受两项补贴的企业基本信息和补贴情况。具体实施办法由统筹地区人民政府制定，并报省劳动保障厅、省财政厅备案。

（四）支持困难企业通过开展职工在岗培训等方式稳定职工队伍。

开展在岗培训所需资金按规定从企业职工教育经费中列支，不足部分可严格标准和程序的前提下，由就业专项资金予以适当支持。需要享受资金补助的困难企业，应在培训前向所在地劳动保障部门、财政部门报送培训计划、资金预算和补助申请。培训结束后由劳动保障部门、财政部门组织考核，根据培训效果确定补助金额。具体办法由统筹地区劳动保障部门、财政部门制定。

（五）鼓励和引导职工与企业依法平等协商，采取多种措施共渡难关。

1. 妥善解决困难企业支付经济补偿问题。对于困难企业经过多方努力仍不得不实行经济性裁员的，可在企业与工会或职工依法平等协商一致后，签订分期支付或以其他方式支付经济补偿的协议。

2. 实行更加灵活的工时制度。指导企业根据当前经济形势和生产特点申请实行不定时工作制或者综合计算工时工作制。实行以月或以季为周期的综合计算工时工作制有困难的企业，可以申请实行以半年或年为周期的综合计算工时工作制，以调节生产周期，稳定职工队伍。

3. 支持困难企业实行岗位共享。允许困难企业通过工会或职工代表集体协商，采取缩短工时、工作共享、调整薪酬等措施，保持职工队伍稳定。

三、工作要求

各级劳动保障、财政、地税部门要在当地政府统一领导下，从贯彻落实科学发展观、保持我省经济持续稳定健康发展和社会和谐稳定的要求出发，切实把减轻企业稳定就业局势放到当前工作的突出位置上来，既要结合本地实际，因地制宜，又要统筹兼顾，把握好地区平衡和前后政策衔接；既要立足现实，确保各项社会保险制度的平稳运行,又要着眼长远,为改革完善社会保险制度积累经验。各地区、各部门要高度重视,周密安排,精心部署,确保政策措施落实到位。各地在实施过程中出现的新情况、新问题,要及时向省劳动保障厅、省财政厅、省地税局报告。

浙江省地方税务局 浙江省劳动和社会保障厅 浙江省财政厅关于做好2009年度临时性下浮企业社会保险费缴纳比例集中减征工作的通知

2008年2月5日 浙地税发〔2009〕10号

各市、县(市、区)地方税务局、劳动(人事劳动)保障局、财政局:

《浙江省劳动和社会保障厅 浙江省财政厅 浙江省地方税务局关于临时性下浮企业社会保险费缴纳比例的通知》(浙劳社老〔2008〕125号)下发后,各地积极行动,周密部署,措施得力,圆满完成了2008年度临时性下浮企业社会保险费缴纳比例集中减征工作,为减轻企业负担、促进我省经济社会持续稳定健康发展作出了积极贡献。

根据省委、省政府《关于认真贯彻落实保增长扩内需调结构要求的若干政策意见》(浙委〔2009〕2号)文件精神和省委深入学习实践科学发展观活动的部署,全省2009年度基本养老保险、基本医疗保险、失业保险、工伤保险和生育保险五项社会保险费缴纳比例临时性适当下浮集中减征提前至3月份统一操作,《浙江省劳动和社会保障厅 浙江省财政厅 浙江省地方税务局关于进一步采取帮扶措施减轻企业负担稳定就业局势有关问题的通知》(浙劳社就〔2009〕6号)有关社会保险费缴纳比例临时性下浮"采用全省集中减征的办法统一在4月份操作"的规定不再执行。具体下浮范围、标准和衔接处理政策仍按浙劳社老〔2008〕125号文件规定执行。

浙江省地方税务局关于印发《浙江省社会保险缴费登记管理暂行办法》的通知

2009年5月22日 浙地税函〔2009〕193号

各市、县(市、区)地方税务局(不发宁波),省局直属一分局:

为了进一步加强和规范社会保险费征收管理,不断提高地税社会保险费征收管理水平,根据《浙江省社会保险费征缴办法》(浙江省人民政府令第188号),结合工作实际,省局制定了《浙江省社会保险缴费登记管理暂行办法》,现印发给你们,并提出如下工作要求。

一、抓紧贯彻落实。社会保险缴费登记是社会保险费征缴管理的基础工作,是地税机关建立缴费人户籍档案、掌握缴费人基本信息、摸清费源底数的重要手段。各地要切实做好具体贯彻落实工作，建立规范的缴费人档案。

二、加强缴费服务。为了使缴费登记工作做到程序严密、手续简便、赢得广大缴费人的配合，各级地税机关要树立热情服务的意识，认真宣传我省社会保险费征缴的各项政策规定，耐心解答缴费人的咨询，并要积极创造条件为缴费人办理登记提供各种便利。

三、加强组织协调。各级地税机关要切实加强对缴费登记工作的领导，制定科学合理的工作方案，认真研究和解决问题，为基层开展工作创造条件。同时要加强与社会保险经办机构的沟通与协调，确保登记信息全面、准确，努力实现信息共享。

四、加强信息反馈。对《浙江省社会保险缴费登记管理暂行办法》执行中遇到的问题，要结合实际提出意见和建议，及时向省局反馈。

附件：（略）

1.社会保险缴费登记表

2.缴费单位个人缴费信息登记表

3.注销社会保险缴费登记表

4.社会保险费非正常户认定书

5.社会保险费非正常户认定解除书

浙江省社会保险缴费登记管理暂行办法

第一章　总　则

第一条 为规范社会保险缴费登记，加强社会保险费征缴工作，根据《浙江省社会保险费征缴办法》的规定，制定本办法。

第二条 本省行政区域内依照法律、法规、规章以及省人民政府规定应当缴纳基本养老保险费、基本医疗保险费、失业保险费、工伤保险费、生育保险费的国家机关、事业单位、企业、民办非企业单位、社会团体和已办理社会保险登记的城镇个体劳动者（以下简称缴费单位），应当按照本办法规定办理社会保险缴费登记。

第三条 社会保险缴费登记实行属地管理，由缴费单位所在地的地方税务机关负责管理。原实行行业统筹的企业按其各项社会保险的参保隶属关系由浙江省地方税务局直属一分局和各市、县（市、区）地方税务局分别管理。

县(市、区)以上（含本级，下同）地方税务局（分局）是社会保险缴费登记的主管地方税务机关，各级地方税务机关应本着税费同步、信息共享的原则做好社会保险缴费登记、变更、注销以及非正常户处理等有关事项。

第四条 各级地方税务机关应当与有关部门密切配合，做好部门信息联网工作，实现信息共享，方便缴费人。

地方税务机关应当将办理社会保险缴费登记、变更、注销情况及非正常户信息及时提供给社会保险经办机构。

第二章　登　记

第五条 办理税务登记的缴费单位，在办理税务登记时应当同时向主管地方税务机关办理社会保险缴费登记。不需要办理税务登记的缴费单位，应当在办理社会保险登记之日起 5 日内到主管地方税务机关办理社会保险缴费登记。

本办法施行前应办理但未办理缴费登记的缴费单位，应按前款规定到主管地方税务机关补办社会保险缴费登记。

第六条 办理税务登记的缴费单位社会保险缴费登记代码采用税务登记代码。

不需办理税务登记的缴费单位社会保险缴费登记代码为：区域码＋国家技术监督部门设定的组织机构代码；城镇个体劳动者社会保险缴费登记代码为其居民身份证号码。

第七条 缴费单位办理社会保险缴费登记时应视下列不同情况提供登记资料。

(一)已办理税务登记和社会保险登记的缴费单位,需提供:

1. 社会保险登记证和社会保险登记表;

2. 缴费单位职工个人缴费信息登记表。

(二)未办理或不需办理税务登记但已办理社会保险登记的缴费单位,需提供:

1.社会保险登记证和社会保险登记表;

2.缴费单位用于缴纳社会保险费的银行账户;

3.缴费单位负责人居民身份证复印件;

4.缴费单位组织机构代码证书副本及其复印件;

5.缴费单位职工个人缴费信息登记表。

第八条 社会保险缴费登记按以下规定办理:

(一)对已办理税务登记且已办理社会保险登记的缴费单位,主管地方税务机关将缴费单位的社保编码、参保险种名称、征收品目、费率、职工个人缴费信息登记表等缴费登记专有信息输入征管信息系统。

对未办理社会保险登记的缴费单位,主管地方税务机关应对缴费单位基本信息、征收品目、费率进行登记,并提醒缴费单位及时到社会保险经办机构办理社会保险登记手续。缴费单位在办理社会保险登记手续后,按本办法第七条的规定提供社会保险登记资料;主管地方税务机关根据登记资料补正缴费登记专有信息。

(二)没有办理或不需办理税务登记但已办理社会保险登记的缴费单位,主管地方税务机关将缴费单位基本信息及社保编码、参保险种名称、征收品目、费率、职工个人缴费信息登记表等缴费登记专有信息输入征管信息系统。

第九条 对已办理社会保险登记的城镇个体劳动者,主管地方税务机关将其基本信息及参保险种名称、征收品目、费率、主管社保部门等缴费登记专有信息输入征管信息系统。

第十条 主管地方税务机关按上述要求将社会保险缴费登记有关信息输入征管信息系统后,打印《社会保险缴费登记表》一式二份,由缴费单位经办人签字确认,并加盖主管地方税务机关印章后,将一份《社会保险缴费登记表》交缴费单位,作为已办理社会保险缴费登记凭证,另一份由主管地方税务机关留存。

第三章 变更登记

第十一条 缴费单位税务登记内容变更涉及社会保险缴费登记内容的,应在办理税务登记内容变更的同时办理缴费登记变更。其他不办理税务登记的缴费单位,其单位名称、住所、所有制性质、法定代表人、银行账户等基本信息内容发生变化的,应当自其他机关办理变更登记或者发生变化之日起30日内,向主管地方税务机关提供变更登记内容的有关证明文件,办理变更缴费登记。涉及变更主管税务机关的,按本办法第十九条、第二十条办理。

第十二条 缴费单位参保险种名称、征收品目、费率、社保编码、主管社保部门等缴费登记专有信息事项发生变化的,主管地方税务机关按社会保险经办机构确认结果,5日内做好社会保险缴费登记有关内容的变更。

第十三条 缴费单位职工个人缴费信息发生变动的,主管地方税务机关按社会保险经办机构确认的缴费单位职工个人缴费信息,5日内做好社会保险缴费登记有关内容的变更。

第十四条 主管地方税务机关在缴费单位办理变更缴费登记手续时,应告知其到社会保险经办机构办理社会保险变更登记。

第四章 非正常户管理

第十五条 缴费单位无正当理由连续3个月未向地方税务机关进行缴费申报的,地方税务机关应当派员实地检查,查无下落并且无法强制其履行缴费义务的,地方税务机关应当发出公告,责令其1个月内改正;逾期不改正的,地方税务机关工作人员制作《社会保险费非正常户认定书》,可以将其认定为非正常户。

第十六条 缴费单位被列为非正常户后超过3个月的,地方税务机关可以注销其社会保险缴费登记,其欠缴社会保险费的追缴按法律、法规和规章有关规定执行。

缴费单位转非正常户或注销时,主管地方税务机关应积极配合有关部门做好个人缴费的转接手续。

第十七条 被列入非正常户管理的缴费单位,已补缴欠费(包括滞纳金和罚款)的,主管地方税务机关应制作《社会保险费非正常户认定解除书》,将其恢复为正常户管理。

第五章 注销登记

第十八条 缴费单位发生解散、破产、撤销及其他依法终止情形的,应当自终止之日起30日内,填写

《注销社会保险缴费登记表》,向主管地方税务机关申请办理社会保险缴费登记注销手续。

缴费单位被工商行政管理机关吊销营业执照或者被其他机关予以撤销登记的,应当自营业执照被吊销或者被撤销登记之后,在向原税务登记机关申报办理注销税务登记的同时,填写《注销社会保险缴费登记表》,向主管地方税务机关申请办理社会保险缴费登记注销。

第十九条 缴费单位因住所、经营地点变动,涉及改变跨县(市)税务登记机关的,应当在向原税务登记机关申报办理注销税务登记的同时,提供社会保险登记的注销材料及其复印件,办理社会保险缴费登记注销。

缴费单位应在向迁达地地方税务机关申报办理税务登记的同时办理社会保险缴费登记。

第二十条 缴费单位因住所、经营地点变动,只涉及县(市)内税务分局(所)间变动或地级市区与区税务分局间变动的,由迁达地税务分局(所)与原税务分局(所)根据税务登记或社会保险登记变更信息办理内部相关信息资料移交手续。

第二十一条 缴费单位在办理社会保险缴费登记注销时,应向主管地方税务机关清缴应缴纳的社会保险费(包括滞纳金和罚款)。

第六章 法律责任

第二十二条 缴费单位未按本办法规定办理社会保险缴费登记和缴费登记注销的,由地方税务机关责令其限期改正,按《浙江省社会保险费征缴办法》第三十四条规定进行处罚。

第七章 附 则

第二十三条 各地可根据本办法制定具体实施意见。

第二十四条 本办法自发文之日起执行。

浙江省人民政府关于印发浙江省企业职工基本养老保险省级统筹实施方案的通知

2009年6月5日 浙政发〔2009〕34号

各市、县(市、区)人民政府,省政府直属各单位:

《浙江省企业职工基本养老保险省级统筹实施方案》已经省政府常务会议审议通过,现印发给你们,请认真贯彻实施。

浙江省企业职工基本养老保险省级统筹实施方案

为贯彻落实《中共浙江省委关于全面改善民生促进社会和谐的决定》(浙委〔2008〕38号),加快社会保障体系建设,实现企业职工基本养老保险省级统筹,根据《国务院关于完善企业职工基本养老保险制度的决定》(国发〔2005〕38号)、《劳动和社会保障部、财政部关于推进企业职工基本养老保险省级统筹有关问题的通知》(劳社部发〔2007〕3号)和《浙江省职工基本养老保险条例》的有关规定和要求,结合我省实际,制定企业职工基本养老保险省级统筹实施方案。

一、指导思想

以邓小平理论和“三个代表”重要思想为指导,深入贯彻落实科学发展观,按照构建社会主义和谐社会和推进基本公共服务均等化的要求,坚持解放思想、改革创新,稳步推进企业职工基本养老保险省级统筹,进一步均衡全省范围内用人单位基本养老保险费用负担,明确基本养老保险省级统筹省、市、县(市)责任,完善基本养老保险待遇政策,规范基本养老保险基金运行管理和监督,增强基本养老保险基金抵御风险能力,确保基本养老金按时足额发放,促进形成统一的人力资源市场和参保人员跨地区合理流动,推动社会保障事业持续健康发展。

二、总体目标

建立起适应我省经济社会发展,独立于企事业单位之外,资金来源多元化、保障制度规范化、管理服务社会化,权责明确、抗风险能力强、可持续发展的基本养老保险管理体制。在全省范围内统一基本养老保险制度,统一缴费基数、缴费比例和统筹项目,统一基本养老金计发办法,统一管理使用基本养老保险基金,统一编制和实施基本养老保险基金收支预算决算,统一基本养老保险管理制度和业务规程。

三、统筹模式

我省企业职工基本养老保险省级统筹实行"统一政策、分级实施,统一预算、分级核算,统一调剂、分级平衡,统一考核、分级负责"办法。

省里主要负责制定全省统一的基本养老保险政策,包括缴费基数、缴费比例、统筹项目、待遇调整等政策;统一编制全省基本养老保险基金预算并组织实施;统一对基金收支平衡确有困难的市、县(市)给予适当调剂补助;统一对各市、县(市)省级统筹目标任务完成情况和基金预算执行情况进行考核奖惩。

各市、县(市)对本地养老保险工作负总责,负责把养老保险事业纳入本地国民经济与社会发展规划,并组织实施本地职工基本养老保险工作;进一步扩大覆盖面,将符合条件的用人单位和人员纳入参保范围,做到应保尽保;夯实缴费基数,强化基金征缴,做到应收尽收;多渠道筹措资金,加大政府投入,严格执行基金预算,做到基金收支平衡、支付能力稳定提高;确保离退休人员基本养老金按时足额发放,并对退休人员提供社会化管理服务。

四、政策措施

(一)统一基本养老保险省级统筹范围和对象。按照《浙江省职工基本养老保险条例》规定参加我省基本养老保险的用人单位以及与其形成劳动关系的职工、城镇个体劳动者、离退休(退职)人员纳入省级统筹范围。

(二)统一基本养老保险制度和政策。全省统一执行国家和省制定的基本养老保险制度和政策。全省基本养老保险政策由省政府或省人力资源社会保障等部门制定,各市、县(市)不得自行制定。各地执行的基本养老保险政策和办法与国家和省规定不一致的,要抓紧规范统一。尽快实现"低门槛准入、低标准享受"养老保险办法与统一制度的并轨。

(三)统一基本养老保险缴费基数和比例。企业、民办非企业单位等缴费基数按照全部职工工资总额确定,国家机关、事业单位和社会团体缴费基数按照参保职工工资总额确定。各地要按照《浙江省职工基本养老保险条例》规定夯实缴费基数。

单位缴费比例按照确保基金收支平衡、个人账户逐步做实、养老保险制度可持续运行的原则确定。全省单位缴费比例暂定为14%。凡单位缴费比例高于14%的市、县(市),要逐步调整到14%,单位缴费比例低于14%的市、县(市)可暂维持现状。具体调整比例由市、县(市)政府提出,按照《浙江省人民政府关于调整用人单位基本养老保险费缴费比例有关工作的通知》(浙政发〔2008〕70号)规定报批。2012年,全省执行统一的缴费比例。参保职工个人以及城镇个体劳动者的缴费基数和缴费比例,仍按省政府的有关规定执行。实行省级统筹后,基本养老保险费仍由地方税务部门按现行规定负责征收。加快推进各地税务征收的规范化、标准化建设,不断完善我省基本养老保险费征收机制。

(四)统一基本养老金计发办法和统筹项目。全省统一执行《国务院关于完善企业职工基本养老保险制度的决定》(国发〔2005〕38号)、《浙江省职工基本养老保险条例》、《浙江省人民政府关于完善企业职工基本养老保险制度的通知》(浙政发〔2006〕48号)等国家和省有关法规、政策规定的基本养老金计发办法、统筹项目和待遇调整标准。省级统筹实施前各地执行的统筹项目要按照国家和省有关规定清理规范,并报省人力资源社会保障、财政部门核定。凡不符合国家和省有关规定的统筹项目,有关市、县(市)要制定解决办法,并报省人力资源社会保障、财政部门备案。

(五)统一编制和实施全省基本养老保险基金预算。按照省、市、县(市)责任分担原则,全省每年统一编制基本养老保险基金预算。预算编制需综合考虑上年度预算执行情况、预算年度各地经济社会发展状况以及基本养老保险工作计划等因素。其中，基本养老保险基金收入预算应综合考虑上年度实际参保人数、预算年度扩面征缴计划、职工工资增长、当地财政补助、利息收入、转移收入和其他收入等因素；基本养老保险基金支出预算应综合考虑基本养老金支出、离退休人员和养老待遇享受对象增减变动、基本养老金调整计划、丧葬抚恤费支出、上解上级支出、转移支出和其他支出等因素。基本养老保险基金省级统筹预算管理办法，另行制定。

（六）统一管理、分级使用基本养老保险基金。省级统筹实施前各地累计结余的基本养老保险基金，仍留存当地，纳入同级财政专户管理。实行省级统筹后，各地必须严格执行基本养老保险基金收支预算，当期结余基金留存当地，用于弥补本地以后年度基金缺口。基金预算中的收支缺口，由当地历年基金结余、地方财政补助和省级调剂金解决。对因省里出台减收增支政策造成的基金收支缺口，省里及时调整基金预算，并给予适当调剂补助。对因其他原因造成的基金收支缺口，由地方政府负责解决，动用当地历年基金结余的，需报经省人力资源社会保障、财政部门批准。解决基金收支缺口时，动用当地历年基金结余的比例，支付能力在6个月以下的，最高不超过缺口额的30%；支付能力在6个月以上、12个月以下的，最高不超过缺口额的50%；支付能力在12个月以上的，一般不低于缺口额的60%。省级调剂金调剂补助数额原则上不超过当地财政对缺口专项补助的金额。

为提高基本养老保险省级调剂补助能力，从省级统筹实施之月起，省级调剂金上缴比例统一调整为当期基本养老保险个人账户记账额以外缴费部分的2%。省级调剂金入不敷出时，由省级财政安排资金给予补助，并适时调整上缴比例。

（七）加强基本养老保险基金监督管理。建立健全有关规章制度，依法加强对基本养老保险基金的监督管理。基本养老保险基金要纳入财政专户，严格实行收支两条线，做到专款专用，严禁截留、挤占和挪用。建立健全行政监督、专门监督、社会监督、内部控制相结合的监督体系，对基本养老保险基金征缴、发放、管理和运营等各环节实行全过程监控，确保基本养老保险基金保值增值和健康运行。

（八）建立基本养老保险工作目标考核机制。省政府将基本养老保险工作纳入对市、县（市）政府工作目标责任制考核范围，每年对各地基本养老保险制度和政策执行情况、省级统筹目标任务完成情况和基金预算执行情况进行考核。对工作成绩突出的给予奖励；因工作不力，影响基金收支平衡和支付能力稳定提高的要实行行政问责，对由此造成的基金减收增支，省级调剂金不予调剂。具体考核办法另行制定。

（九）统一基本养老保险业务经办规程。全省实行统一的基本养老保险业务经办规程和管理制度。省级社会保险经办机构负责对市、县（市）社会保险经办机构的业务指导，规范基本养老保险业务经办规程，实现基本养老保险经办业务规范化、标准化和专业化。

（十）使用统一的基本养老保险计算机信息管理系统。按照统一的基本养老保险业务经办规程和数据标准，加快开发使用全省集中式基本养老保险省级统筹信息系统，建立全省集中的基本养老保险数据库，实现基本养老保险数据的集中管理。各级社会保险经办机构要加强基础数据的整理，做好与相关信息系统的衔接，确保社会保险业务经办管理工作正常运行。同时，按照全省统一的社税联网政策和业务流程，加快全省集中式的社税联网接口系统建设，确保人力资源社会保障与地税部门的数据即时交换与共享；加快全省统一参保单位网上业务系统建设，实现参保单位社会保险登记、缴费登记、信息变更、缴费申报、信息查询等业务上网操作，为实现基本养老保险省级统筹提供技术支撑。

五、工作要求

企业职工基本养老保险省级统筹工作，任务重，政策性强，涉及面广，是一项系统工程。各级政府及有关部门和单位要高度重视，加强领导、明确分工、落实责任，精心组织、搞好协调、密切配合，认真抓好各项政策措施的落实。要采取有力措施，继续大力做好基本养老保险扩面工作，进一步强化基金征缴，积极拓展筹资渠道，健全用人单位缴费、个人缴费和政府投入相结合的基本养老保险基金多元筹措机制。同时，要按照《浙江省人民政府关于建立社会保障资金多渠道筹措机制的意见》（浙政发〔2004〕36号）精神和《浙江省职工基本养老保险条例》有关规定，进一步优化财政支出结构,加大对基本养老保险投入。各地要加强社会保险经办机构能力建设,根据省级统筹的实际需要,按管理服务总人数的一定比例确定社会保险经办机构人员编制和工作经费,建立健全街道(社区)、乡镇社会保险工作的组织和信息网络平台,不断提高基本养老保险管理服务水平。省人力社保厅、省财政厅、省地税局等部门要加强对基本养老保险省级统筹实施工作的督查和指导,及时研究解决实施过程中遇到的新情况、新问题,确保我省企业职工基本养老保险省级统筹工作顺利推进。

六、实施时间

本实施方案自发文之日起实施。

浙江省地方税务局关于明确水利建设专项资金若干政策问题的通知

2009年7月16日 浙地税函〔2009〕280号

各市、县(市、区)地方税务局(不发宁波),省地税局直属一分局、稽查局:

经研究,现将近期各地请示的若干水利建设专项资金的政策问题明确如下:

一、凡在浙江省境内有销售收入或营业收入的企事业单位和个体经营者,按上月销售收入或营业收入缴纳水利建设专项资金 (省局另有文件明确的除外)。对不到营业税和增值税起征点的个体经营者免征水利建设专项资金。

二、对银行业的联行往来业务收入和保险公司免征营业税险种的业务收入免征水利建设专项资金实行征前减免备案制,各银行和保险公司应于每年1月15日前向主管地税机关上报备案类减免登记表。

三、浙地税发〔2007〕63号文规定安置下岗失业人员、残疾人和自谋职业城镇退役士兵的单位减免水利建设专项资金的,其中安置下岗失业人员和自谋职业城镇退役士兵的单位,自安置当年起,3年内可按实际安置人数和规定额度减免。安置残疾人的单位,每年可按在职残疾职工人数和规定额度减免。

四、本通知从2008年度(费款所属期)起执行。《浙江省地方税务局关于进一步加强水利建设专项资金减免管理有关问题的通知》(浙地税发〔2007〕63号)第二条第(四)点、第(五)点同时废止。

浙江省地方税务局关于省内跨区域连锁经营、统一核算企业水利建设专项资金缴纳地点的答复

2009年9月10日 浙地税函〔2009〕330号

金华市、建德市地方税务局:

你局提出的中石化浙江石油分公司、保险公司、连锁经营超市等省内跨区域连锁经营、统一核算企业水利建设专项资金缴纳地点的请示收悉,经研究,答

复如下：

根据省财政厅、省地税局等单位联合下发的《关于省内跨区域连锁经营统一核算企业税费有关预算管理问题的通知》（浙财预字〔2005〕28 号）对省内跨区域（不含宁波）连锁经营、统一核算企业税费有关预算管理问题的规定，并经与省财政厅预算处沟通，对省内跨区域连锁经营、统一核算企业的水利建设专项资金明确规定由各营业部或连锁门店就地向经营地主管地税机关申报缴纳。此复。

浙江省人力资源和社会保障厅　浙江省财政厅浙江省地方税务局关于 2010 年对部分企业临时性下浮社会保险费缴纳比例的通知

2009 年 12 月 31 日　浙人社发〔2009〕233 号

各市、县（市、区）劳动（人事劳动）保障局、财政局、地税局：

为促进我省企业加快创业创新发展，稳定对受国际金融危机影响较大企业的支持政策，在确保企业退休人员养老金按时足额发放及职工社保待遇不受影响的前提下，省政府决定，2010 年继续减轻企业社会保险负担，对部分企业实施临时性下浮社会保险费缴纳比例，并继续有序调整企业职工基本养老保险用人单位缴费比例。经省政府同意，现就做好这项工作的有关事项通知如下。

一、对部分企业实行临时性下浮社会保险费缴纳比例

本次对部分企业实施临时性下浮社会保险费缴纳比例，包括基本养老、基本医疗、失业、工伤、生育五项保险，采取集中减征的方式，按照属地原则进行。集中减征工作安排在 2010 年 4 月份执行。

（一）适用范围

本次集中减征社会保险费范围为我省境内以下各类企业：

1.困难企业；

2.就业容量大，吸纳高校毕业生、农民工就业数量多的企业；

3.在经济结构调整、转型升级过程中需要大力扶持的企业，特别是先进制造业（包括循环经济类、节能环保型企业）、电子信息业、对外贸易和现代物流业等符合产业结构调整方向的企业。

具体享受集中减征社会保险费的范围及条件，由各地结合本地产业结构和企业状况确定。

（二）集中减征额度

对部分企业集中减征社会保险费的总量，各地按照不超过本市、县（市）2009 年五项社会保险费实际征收额的 3%掌握，具体各险种减征额度由各市、县（市）从有利于优化险种规模结构、促进社会保险可持续发展的要求出发，因地制宜确定。同一市、县（市）减征的险种和比例执行统一标准。每个企业享受减征的总额度，按最高不超过本企业 1 个月的社会保险费单位缴纳金额掌握。参保人员社会保险个人缴费部分不予减征，仍按规定正常缴纳。

对因本次集中减征造成社会保险费当期收支的缺口，先由当地历年结余予以弥补，不足部分由当地财政统筹解决。对确有困难的市、县（市），省级调剂金视情给予适当补助。

（三）相关政策和业务操作的衔接处理

1. 集中减征月份参保人员按政策规定应享受的各项社会保险待遇不受影响。基本养老保险、基本医疗保险、失业保险的缴费年限连续计算。

2. 集中减征月份基本养老保险个人账户按个人缴费额据实记录；基本医疗保险实行统账结合的，个人账户中应由企业缴费划入部分仍按规定标准从结余基金中划入。

3.集中减征当月社会保险费的申报、核定、征缴程序不变,各地仍按现行办法操作。

二、继续落实调整企业职工基本养老保险用人单位缴费比例政策

各地要切实按照省政府《关于调整用人单位基本养老保险费缴费比例有关工作的通知》(浙政发〔2008〕70号)和《关于印发浙江省企业职工基本养老保险省级统筹实施方案的通知》(浙政发〔2009〕34号)要求,进一步扩大养老保险覆盖面,夯实缴费基数,多渠道筹集社会保险基金,不断完善社会保险费征收机制。在确保基本养老保险费征收额逐年增长、基金支付能力稳步提高的前提下,进一步降低企业职工基本养老保险用人单位缴费比例。目前用人单位养老保险费缴纳比例高于14%的,2010年原则上调整到14%。缴费比例调整的报批程序仍按省政府浙政发〔2008〕70号文件规定执行。

三、工作要求

(一)加强组织领导。各地、各有关部门要从贯彻落实科学发展观、实施"创业富民、创新强省"总战略、优化企业发展环境、促进产业结构调整和经济转型升级的要求出发,充分认识对部分企业临时性下浮企业社会保险费缴纳比例、调整企业职工基本养老保险缴费比例等举措的意义,把减轻企业负担作为当前的一项重要任务,切实加强领导,精心组织实施,确保落到实处。

(二)制定实施办法。各地要结合本地实际,抓紧制定当地集中减征实施办法,明确享受本次集中减征社会保险费的企业范围及条件、减征金额及操作要求等。各地人力社保部门要会同财政、地税部门对享受集中减征的企业名单和减征金额进行审核,审核结果报当地政府批准后执行。各地制定的集中减征实施办法、减征企业名单、减征金额和执行情况要在2010年5月底之前报省人力社保厅、省财政厅、省地税局备案。在省社保中心参保的省部属企业,减征实施办法由省人力社保厅、省财政厅、省地税局另行制定。

(三)强化协调监督。各级政府要从当地实际出发,科学合理地确定享受减征的企业范围和条件,在认真测算并充分考虑基金承受能力的基础上确定减征的险种和额度。具体操作要公开、透明。人力社保、财政、地税等部门和业务经办机构要各司其职,加强协调,形成合力,做好做细工作。各地在实施过程中遇到的新情况、新问题,要及时报告省人力社保厅、省财政厅、省地税局。

征收管理类

浙江省地方税务局
关于统一部分税(费)种申报期限的通知

2009年2月10日 浙地税发〔2009〕13号

各市、县(市、区)地方税务局(不发宁波),省地方税务局直属一分局:

2009年1月1日起新施行的《营业税暂行条例》、《增值税暂行条例》、《消费税暂行条例》,对有关营业税、增值税、消费税纳税申报期限进行了调整,上述三税种按月(季)申报的纳税申报期限从期满之日起10日内调整至15日内。为做好相关政策的贯彻落实工作,方便纳税人办税,结合我省实际,经研究,决定对部分税(费)种纳税(费)申报期限进行统一明确,现将具体统一内容及要求通知如下，请各地遵照执行。

一、自2009年1月1日起,按月(季)申报的营业税、城建税、资源税、教育费附加、地方教育附加、水利建设专项资金、残疾人就业保障金、文化事业建设费及随营业税一并缴纳的按租金收入计征的房产税,纳税(费)申报期限统一明确为纳税(费)期满之日起15日内。

二、经省政府同意,自2009年1月1日起,缴费单位社会保险费的申报期限调整为每月15日前。

三、有关税(费)种(除企业所得税和个人所得税外)代扣代缴、代收代缴的税(费)款解缴日期统一比照本通知第一条规定执行。

四、采取预征管理(或汇总缴纳)办法的印花税、土地增值税,其纳税申报期限也比照本通知第一条规定执行。

五、本通知规定期限的最后1日是法定休假日的,以休假日期满的次日为期限的最后1日;在期限内有连续3日以上法定休假日的，按休假日天数顺延。

附件:2009年节假日期间的纳税申报期限

附件:

2009年节假日期间要求15日内申报的纳税(费)申报期限

1.“元旦”(1月1日—3日放假),2009年1月份各税(费)种的申报纳税期限统一顺延3天,纳税(费)申报期限为1月19日。

2.“春节”(1月25日—31日放假),各税(费)种的纳税申报期限不顺延。

3.“清明节”(4月4日—6日放假),2009年4月份各税(费)种的申报纳税期限统一顺延3天,加最后一天法定休假日,纳税(费)申报期限为4月20日。

4.“劳动节”(5月1日—3日放假),2009年5月份各税(费)种的申报纳税期限统一顺延3天,纳税(费)申报期限为5月18日。

5.“端午节”(5月28日—30日放假),各税(费)种的纳税申报期限不顺延。

6.“国庆、中秋节”(10月1日—8日放假),2009年10月份各税（费）种的申报纳税期限统一顺延8天,纳税(费)申报期限为10月23日。

浙江省地方税务局关于印发《浙江省地方税务局发票印制管理暂行办法》的通知

2009年2月24日　浙地税发〔2009〕19号

各市、县(市、区)地方税务局、省局直属一分局、票证管理中心:

现将《浙江省地方税务局发票印制管理暂行办法》印发给你们,请遵照执行。执行中遇有问题,请及时报告省局。

浙江省地方税务局发票印制管理暂行办法

第一章 总 则

第一条 为切实加强和规范发票印制管理工作，根据《中华人民共和国发票管理办法》及其《实施细则》、《中华人民共和国行政许可法》和《国家税务总局关于实施税务行政许可若干问题的通知》，制定本办法。

第二条 省地方税务局税务票证管理中心（以下简称“票证管理中心”）根据省地方税务局授权，负责全省地税发票的印制管理工作。

第三条 全省地税发票由经省地方税务局行政许可并持有有效《发票准印证》的定点印制企业承印。

第四条 各市、县(市、区)地方税务局根据发票使用情况，将发票印制计划上报票证管理中心。

第五条 票证管理中心根据各市、县(市、区)地方税务局上报的印制计划统筹安排印制。

第二章 发票印制的审核审批

第六条 统一发票印制计划按季度填报，并注明每月领用明细，用量少的发票可以按半年或年使用量上报计划。各市、县(市、区)地方税务局根据各统一发票的领用情况、库存数量和企业具名发票申请印制情况至少提前30日向票证管理中心报送发票印制计划。

第七条 票证管理中心根据各市、县(市、区)地方税务局的《发票印制计划申请表》进行审核，经审核符合条件的，审核生成《浙江省地方税务局发票印制审批通知单》，并在通知单上注明发票名称、数量、批准文号、起止号码、各联用途等事项。

第八条 票证管理中心根据审核结果通知承印企业按照《浙江省地方税务局发票印制审批通知单》安排印制。

第九条 《浙江省地方税务局发票印制审批通知单》各联次分别由定点印制企业用以安排生产，票证管理中心用以登记台账和备查。

第三章 订单安排

第十条 生产订单主要包括《浙江省地方税务局发票印制审批通知单》和发票票样等。

第十一条 各定点印制企业须确认一名专职管理员，主要负责接收订单、生产跟踪、上报《承印发票完工报告表》、接收《发货通知单》、开具《发票送货单》等工作事宜。

第十二条 票证管理中心根据省局发票印制分配原则，通知专职管理员办理相关印制业务事项，领取发票印制订单，并登记签名确认。

（一）票证管理中心和各定点印制企业须对订单进行留样存档。

（二）接收订单时，专职管理员应当确认印制发票的各项内容及发票配送的地点和交货时间等。

（三）印制同类型发票，可通过传真、邮寄等方式接收订单。

第四章 定点印制企业承印

第十三条 各定点印制企业应根据《浙江省地税发票样本》和《浙江省地方税务局发票印制审批通知单》、发票票样的具体要求组织印制发票。

第十四条 各定点印制企业在印制具名发票前应进行发票排版、打样，并将样稿寄交票证管理中心签字确认。

第十五条 各定点印制企业须成立专职质检组，完成对产品首检、过程检验和最终检验，印制检验标准应参照《浙江省地税普通发票印刷技术标准规范》和《浙江省地税发票样本》。

第十六条 各定点印制企业对产品的内、外包装须按照票证管理中心的统一规范标准进行。

第十七条 各定点印制企业须做好各项保密安全防范工作，做好票样(菲林片)的保管和废票、零票的销毁登记工作，以备在交货时检验核对成品。

第十八条 各定点印制企业完成发票入库后，填写《承印发票完工报告表》报送票证管理中心。

第十九条 各定点印制企业应建立票样存档制度，每批发票印刷完毕后留样三份，根据印制通知书号码建立目录，每月装订成册，除自留样本外，将另两份送交票证管理中心存档。

第二十条 各定点印制企业应建立发票生产、发放、结存登记制度,按照发票的种类、规格等分别设置台账,对发票分发的去向、数量等内容逐笔进行登记。

第五章　发票检验入库

第二十一条 票证管理中心负责对各定点印制企业转入其仓库的发票进行拆箱检查和数量核定。

第二十二条 各定点印制企业直送的发票，由其自行检验入库。

第二十三条 检验数量及标准按《浙江省地税普通发票印刷技术标准规范》执行。检验发现印制错误的发票,作废处理。

第六章　发票配送

第二十四条 发票印制完毕后，各定点印制企业应按照票证管理中心的配送要求进行配送,各定点印制企业不得直接向纳税人发放发票,纳税人应向主管地税机关领购发票。

第二十五条 票证管理中心根据《承印发票完工报告表》开出《发货通知单》给定点印制企业,各定点印制企业统一填制票证管理中心的《发票送货单》将发票送到各市、县(市、区)地方税务局发票管理部门。

第七章　票款结算

第二十六条 定点印制企业每月按《浙江省地方税务局发票印制审批通知单》编号整理送货单,并打印清单后一并交票证管理中心审核。

第二十七条 票证管理中心根据送货回单向各市、县(市、区)地方税务局结算发票费用,各定点印制企业向票证管理中心结算发票印制的费用。

第二十八条 票证管理中心凭各市、县(市、区)地方税务局收到发票后签字确认的送货单的结算联进行开票结算。遇有下列情况,有关单位应事先告知票证管理中心:

(一)各市、县(市、区)地方税务局需到票证管理中心自行提取发票,并要求将结算发票一并带回的;

(二)送货时要求连同结算发票一并带到的。

第二十九条 票证管理中心对定点印制企业开票明细审核后将结算价格告知定点印制企业,定点印制企业开具销售发票交票证管理中心,票证管理中心按季进行付款。

第三十条 各级地税机关应在票证管理中心开具发票后3个月内付款。

第八章　发票防伪用品领购

第三十一条 各定点印制企业按季将防伪用品需用量进行汇总并填写《防伪用品领购计划表》,提前1个月报送票证管理中心。

第三十二条 票证管理中心根据各定点印制企业上报的计划,整理汇总后组织采购,并将到货日期告知定点印制企业。

第三十三条 票证管理中心根据各定点印刷企业每季订货量,采取直接送达或要求其到票证管理中心上门提货两种方式发放发票防伪用品。

直接送达到定点印制企业的发票防伪用品,定点印制企业应将确认的签收回单传真至票证管理中心存查。

各定点印制企业上门到票证管理中心领购防伪用品的,须出具单位介绍信、领购人身份证明,同时支付防伪用品货款。

第九章　附　则

第三十四条 票证管理中心按照有关规定负责对各定点印制企业的发票生产、质量、安全、保密等情况进行监督、检查和业务指导工作。

省地方税务局征管处负责对发票印制各环节执行情况的监督、抽查工作,对未能按照省地方税务局规定要求承印发票、领购、使用和保管防伪用品、配送发票的定点印制企业,根据情节轻重责令限期改正直至撤销其印制发票的行政许可,构成犯罪的,依法追究刑事责任;对因发票印制计划报送不及时造成向纳税人供应发票出现问题的单位，视情节轻重严肃处理,并定期进行通报。

第三十五条 省地方税务局积极提升发票印制管理的信息化水平,对印制管理有关内容列入计算机软件管理的,各级地税机关和各定点印制企业须按软件规定操作。

本办法中涉及的表证单书格式具体依照《浙江地税信息系统》系列文档中的表证单书。

第三十六条 本办法自发文之日起施行，此前规定有与本办法不一致的,以此为准。

浙江省地方税务局转发国家税务总局关于印发《大企业税务风险管理指引(试行)》的通知

2009年6月9日 浙地税函〔2009〕230号

各市、县(市、区)地方税务局(不发宁波),省地方税务局直属一分局:

现将《国家税务总局关于印发〈大企业税务风险管理指引(试行)〉的通知》(国税发〔2009〕90号)转发给你们,请及时组织宣传,辅导相关企业参照实施,并对企业建立与实施税务风险管理的有效性进行评价,据以确定相应的税收管理和服务措施。宣传辅导方案和相应税收管理及服务措施由各地根据实际情况研究制定。实施过程中发现的问题和建议,请及时反馈省局。

国家税务总局关于印发《大企业税务风险管理指引(试行)》的通知

2009年5月5日 国税发〔2009〕90号

各省、自治区、直辖市和计划单列市国家税务局、地方税务局:

为了加强大企业税收管理及纳税服务工作,指导大企业开展税务风险管理,防范税务违法行为,依法履行纳税义务,现将《大企业税务风险管理指引(试行)》印发给你们,请组织宣传,辅导企业参照实施,并及时将实施过程中发现的问题和建议反馈税务总局。

大企业税务风险管理指引(试行)

1.总则

1.1本指引旨在引导大企业合理控制税务风险,防范税务违法行为,依法履行纳税义务,避免因没有遵循税法可能遭受的法律制裁、财务损失或声誉损害。

1.2税务风险管理的主要目标包括:

*税务规划具有合理的商业目的,并符合税法规定;

*经营决策和日常经营活动考虑税收因素的影响,符合税法规定;

*对税务事项的会计处理符合相关会计制度或准则以及相关法律法规;

＊纳税申报和税款缴纳符合税法规定；

＊税务登记、账簿凭证管理、税务档案管理以及税务资料的准备和报备等涉税事项符合税法规定。

1.3 企业可以参照本指引，结合自身经营情况、税务风险特征和已有的内部风险控制体系，建立相应的税务风险管理制度。税务风险管理制度主要包括：

＊税务风险管理组织机构、岗位和职责；

＊税务风险识别和评估的机制和方法；

＊税务风险控制和应对的机制和措施；

＊税务信息管理体系和沟通机制；

＊税务风险管理的监督和改进机制。

1.4 税务机关参照本指引对企业建立与实施税务风险管理的有效性进行评价，并据以确定相应的税收管理措施。

1.5 企业应倡导遵纪守法、诚信纳税的税务风险管理理念，增强员工的税务风险管理意识，并将其作为企业文化建设的一个重要组成部分。

1.6 税务风险管理由企业董事会负责督导并参与决策。董事会和管理层应将防范和控制税务风险作为企业经营的一项重要内容，促进企业内部管理与外部监管的有效互动。

1.7 企业应建立有效的激励约束机制，将税务风险管理的工作成效与相关人员的业绩考核相结合。

1.8 企业应把税务风险管理制度与企业的其他内部风险控制和管理制度结合起来，形成全面有效的内部风险管理体系。

2. 税务风险管理组织

2.1 企业可结合生产经营特点和内部税务风险管理的要求设立税务管理机构和岗位，明确岗位的职责和权限。

2.2 组织结构复杂的企业，可根据需要设立税务管理部门或岗位：

＊总分机构，在分支机构设立税务部门或者税务管理岗位；

＊集团型企业，在地区性总部、产品事业部或下属企业内部分别设立税务部门或者税务管理岗位。

2.3 企业税务管理机构主要履行以下职责：

＊制订和完善企业税务风险管理制度和其他涉税规章制度；

＊参与企业战略规划和重大经营决策的税务影响分析，提供税务风险管理建议；

＊组织实施企业税务风险的识别、评估，监测日常税务风险并采取应对措施；

＊指导和监督有关职能部门、各业务单位以及全资、控股企业开展税务风险管理工作；

＊建立税务风险管理的信息和沟通机制；

＊组织税务培训，并向本企业其他部门提供税务咨询；

＊承担或协助相关职能部门开展纳税申报、税款缴纳、账簿凭证和其他涉税资料的准备和保管工作；

＊其他税务风险管理职责。

2.4 企业应建立科学有效的职责分工和制衡机制，确保税务管理的不相容岗位相互分离、制约和监督。税务管理的不相容职责包括：

＊税务规划的起草与审批；

＊税务资料的准备与审查；

＊纳税申报表的填报与审批；

＊税款缴纳划拨凭证的填报与审批；

＊发票购买、保管与财务印章保管；

＊税务风险事项的处置与事后检查；

＊其他应分离的税务管理职责。

2.5 企业涉税业务人员应具备必要的专业资质、良好的业务素质和职业操守，遵纪守法。

2.6 企业应定期对涉税业务人员进行培训，不断提高其业务素质和职业道德水平。

3. 税务风险识别和评估

3.1 企业应全面、系统、持续地收集内部和外部相关信息，结合实际情况，通过风险识别、风险分析、风险评价等步骤，查找企业经营活动及其业务流程中的税务风险，分析和描述风险发生的可能性和条件，评价风险对企业实现税务管理目标的影响程度，从而确定风险管理的优先顺序和策略。企业应结合自身税务风险管理机制和实际经营情况，重点识别下列税务风险因素：

＊董事会、监事会等企业治理层以及管理层的税收遵从意识和对待税务风险的态度；

＊涉税员工的职业操守和专业胜任能力；

＊组织机构、经营方式和业务流程；

＊技术投入和信息技术的运用；

＊财务状况、经营成果及现金流情况；

* 相关内部控制制度的设计和执行;

* 经济形势、产业政策、市场竞争及行业惯例;

* 法律法规和监管要求;

* 其他有关风险因素。

3.2 企业应定期进行税务风险评估。税务风险评估由企业税务部门协同相关职能部门实施,也可聘请具有相关资质和专业能力的中介机构协助实施。

3.3 企业应对税务风险实行动态管理,及时识别和评估原有风险的变化情况以及新产生的税务风险。

4. 税务风险应对策略和内部控制

4.1 企业应根据税务风险评估的结果,考虑风险管理的成本和效益,在整体管理控制体系内,制定税务风险应对策略,建立有效的内部控制机制,合理设计税务管理的流程及控制方法,全面控制税务风险。

4.2 企业应根据风险产生的原因和条件从组织机构、职权分配、业务流程、信息沟通和检查监督等多方面建立税务风险控制点,根据风险的不同特征采取相应的人工控制机制或自动化控制机制,根据风险发生的规律和重大程度建立预防性控制和发现性控制机制。

4.3 企业应针对重大税务风险所涉及的管理职责和业务流程,制定覆盖各个环节的全流程控制措施;对其他风险所涉及的业务流程,合理设置关键控制环节,采取相应的控制措施。

4.4 企业因内部组织架构、经营模式或外部环境发生重大变化,以及受行业惯例和监管的约束而产生的重大税务风险,可以及时向税务机关报告,以寻求税务机关的辅导和帮助。

4.5 企业税务部门应参与企业战略规划和重大经营决策的制定,并跟踪和监控相关税务风险。

4.5.1 企业战略规划包括全局性组织结构规划、产品和市场战略规划、竞争和发展战略规划等。

4.5.2 企业重大经营决策包括重大对外投资、重大并购或重组、经营模式的改变以及重要合同或协议的签订等。

4.6 企业税务部门应参与企业重要经营活动,并跟踪和监控相关税务风险。

4.6.1 参与关联交易价格的制定,并跟踪定价原则的执行情况。

4.6.2 参与跨国经营业务的策略制定和执行,以保证符合税法规定。

4.7 企业税务部门应协同相关职能部门,管理日常经营活动中的税务风险:

4.7.1 参与制定或审核企业日常经营业务中涉税事项的政策和规范;

4.7.2 制定各项涉税会计事务的处理流程,明确各自的职责和权限,保证对税务事项的会计处理符合相关法律法规;

4.7.3 完善纳税申报表编制、复核和审批、以及税款缴纳的程序,明确相关的职责和权限,保证纳税申报和税款缴纳符合税法规定;

4.7.4 按照税法规定,真实、完整、准确地准备和保存有关涉税业务资料,并按相关规定进行报备。

4.8 企业应对发生频率较高的税务风险建立监控机制,评估其累计影响,并采取相应的应对措施。

5. 信息与沟通

5.1 企业应建立税务风险管理的信息与沟通制度,明确税务相关信息的收集、处理和传递程序,确保企业税务部门内部、企业税务部门与其他部门、企业税务部门与董事会、监事会等企业治理层以及管理层的沟通和反馈,发现问题应及时报告并采取应对措施。

5.2 企业应与税务机关和其他相关单位保持有效的沟通,及时收集和反馈相关信息。

5.2.1 建立和完善税法的收集和更新系统,及时汇编企业适用的税法并定期更新;

5.2.2 建立和完善其他相关法律法规的收集和更新系统,确保企业财务会计系统的设置和更改与法律法规的要求同步,合理保证会计信息的输出能够反映法律法规的最新变化。

5.3 企业应根据业务特点和成本效益原则,将信息技术应用于税务风险管理的各项工作,建立涵盖风险管理基本流程和内部控制系统各环节的风险管理信息系统。

5.3.1 利用计算机系统和网络技术,对具有重复性、规律性的涉税事项进行自动控制;

5.3.2 将税务申报纳入计算机系统管理,利用有关报表软件提高税务申报的准确性;

5.3.3 建立年度税务日历,自动提醒相关责任人完成涉税业务,并跟踪和监控工作完成情况;

5.3.4 建立税务文档管理数据库，采用合理的流程和可靠的技术对涉税信息资料安全存储；

5.3.5 利用信息管理系统，提高法律法规的收集、处理及传递的效率和效果，动态监控法律法规的执行。

5.4 企业税务风险管理信息系统数据的记录、收集、处理、传递和保存应符合税法和税务风险控制的要求。

6.监督和改进

6.1 企业税务部门应定期对企业税务风险管理机制的有效性进行评估审核，不断改进和优化税务风险管理制度和流程。

6.2 企业内部控制评价机构应根据企业的整体控制目标，对税务风险管理机制的有效性进行评价。

6.3 企业可以委托符合资质要求的中介机构，根据本指引和相关执业准则的要求，对企业税务风险管理相关的内部控制有效性进行评估，并向税务机关出具评估报告。

浙江省地方税务局关于进沪建筑施工企业代征税款有关问题的通知

2009 年 11 月 17 日　浙地税函〔2009〕374 号

各市、县(市、区)地方税务局(不发宁波)，省地方税务局直属税务一分局：

根据浙江省政府意见，从 2009 年 11 月 1 日起，各级地税机关不再委托省政府驻上海办事处(以下简称“省政府驻沪办”)代征我省进沪建筑施工企业相关税收。为保障税收票款安全，确保我省进沪建筑施工企业税款的及时、安全入库，特提出如下意见，请各地认真贯彻执行。

一、取消委托代征关系后，各地应及时与省政府驻沪办做好税收票证缴销、已代征税款缴库等相关工作。

二、为加强对我省进沪建筑施工企业的税收征收管理工作，仍委托省政府驻沪办开具外管证。外管证开具信息的具体情况应于当天通过适当方式进行反馈。

各地执行中如遇有问题，请及时报告省局。

浙江省地方税务局转发国家税务总局关于进一步落实不动产、建筑业营业税项目管理及发票使用管理办法的通知

2009 年 12 月 8 日　浙地税函〔2009〕397 号

各市、县(市、区)地方税务局(不发宁波)：

现将《国家税务总局关于进一步落实不动产、建筑业营业税项目管理及发票使用管理办法的通知》(国税函〔2009〕630 号)转发给你们，请结合《税友

2006》不动产建筑业税收项目管理软件(以下简称“项目管理软件”)推广应用工作抓紧落实。现就“项目管理软件”推广应用工作提出三点要求,请一并认真贯彻执行。

1. 加强组织领导,确保“项目管理软件”推广应用工作如期到位。“项目管理软件”推广应用工作已列为 2009 年省局十项重点工作之一,各单位要高度重视“项目管理软件”推广应用工作,加强组织领导,严格按照《浙江省地方税务局关于推广应用〈税友 2006〉不动产建筑业税收项目管理软件的通知》(浙地税函〔2009〕128 号)的要求,抓紧组织实施,做好推广应用的各项工作。现在离年底不到一个月的时间,该项工作已进入最后冲刺阶段,各单位要咬定目标不松劲,确保在 2009 年年底前全面推广应用“项目管理软件”。

2. 加强考核指导,确保“项目管理软件”推广应用工作责任到位。“项目管理软件”推广应用工作已列入 2009 年省局税收管理工作综合考核内容,各单位要按照《浙江省地方税务局关于印发〈2009 年税收管理工作综合考核办法〉的通知》(浙地税发〔2009〕67 号)要求,加强考核指导,将“项目管理软件”推广应用工作作为年度工作目标责任制考核内容,做到职责到岗,责任到人。

3. 加强信息反馈,确保“项目管理软件”推广应用工作总结到位。各单位要重视并加强信息反馈工作,个别未按省局征管办《关于做好〈税友 2006〉不动产建筑业税收项目管理软件推广应用情况报送工作的通知》(征管办便函〔2009〕5 号)规定上报“项目管理软件”推广应用工作实施方案和试运行情况报告的单位,请抓紧补报。各市局征管办应于 2009 年 12 月 20 日前汇总所辖各单位“项目管理软件”推广应用工作情况后上报省局征管办。

国家税务总局关于进一步落实不动产、建筑业营业税项目管理及发票使用管理办法的通知

2009 年 11 月 16 日　国税函〔2009〕630 号

各省、自治区、直辖市和计划单列市地方税务局,西藏、宁夏、青海省(自治区)国家税务局:

建筑业、房地产业是营业税的重点税源行业。为加强两个行业营业税征收管理,总局下发了《国家税务总局关于印发〈不动产、建筑业营业税项目管理及发票使用管理暂行办法〉的通知》(国税发〔2006〕128 号),并按照“以票控税、网络比对、税源监控、综合管理”的要求,统一开发了建筑业、房地产业营业税项目管理软件。近年来,广西、甘肃、福建等省、区、市税务机关积极贯彻落实不动产、建筑业营业税项目管理及发票使用管理办法,取得了以票控税、综合管理、税收增收的显著成效。

为深入贯彻中央经济工作会议关于“依法加强税收征管,做到应收尽收”的要求,加强建筑业、房地产业两个重点税源行业的营业税征收管理,不断提高税收征管质量和效率,保证营业税收入的持续稳定增长,总局要求各地税务机关要认真贯彻落实国税发〔2006〕128 号文件要求,继续深入推进不动产、建筑业营业税项目管理及发票使用管理办法,2011 年底前所有地区必须将不动产、建筑业营业税项目管理及发票使用管理办法落实到位。总局将在适当的时候组织检查落实情况,并适时进行督导,以保证办法落实到位。

纳税服务类

浙江省地方税务局关于清理简并纳税人报送涉税资料有关问题的通知

2009年2月27日　浙地税函〔2009〕66号

各市、县(市、区)地方税务局(不发宁波),省地方税务局直属一分局:

为切实减轻纳税人办税负担,减少纳税人办理涉税事项时报送的涉税资料,根据《国家税务总局关于清理简并纳税人报送涉税资料有关问题的通知》(国税函〔2007〕1077号)精神,结合我省《税友2006》运行实际,省局对全省地税系统征管业务中纳税人依申请事项所报送的资料进行了全面清理,并据此编写了《办理纳税人涉税事项操作指南》(附件4),现将有关问题通知如下。

一、涉税资料清理简并结果

本次清理简并纳税人涉税资料,涉及税政、规费、法规、计财、征管等部门要求纳税人办理涉税事项时报送的各种资料,清理结果如下:

(一)取消的办税业务事项52项,不再要求纳税人办理此类业务(详见附件1:取消的办税业务清单)。

(二)减少的主表份数41份,附列资料113项,不再要求纳税人提供这些涉税资料(详见附件2:减少的涉税资料清单)。

(三)保留的办税业务共计123项,主表92张,份数245份,附列资料304项(详见附件3:保留的办税业务清单)。

二、实施简并的相关安排及要求

(一)对因取消相关办税业务及涉税资料,要根据此次清理结果,做好《税友2006》相关业务流程及技术处理(撤销)工作。

(二)对因减少相关办税业务及涉税资料,要按照操作指南,并结合ISO9000质量管理体系要求,做好《税友2006》相关业务流程的修改、简化、重组工作。

(三)对增加或保留的相关办税业务及涉税资料,各地要按照《办理纳税人涉税事项操作指南》的要求,做好贯彻落实工作;对各环节间需要信息共享的资料,通过优化办税流程,做好配置,不再要求纳税人重复报送。

(四)各级地税机关要做好此次清理简并的宣传和辅导工作,对取消和简并的事项及减少的报送资料清单要在办税服务厅、地税网站进行公示。

(五)各级地税机关应按照国家税务总局和省局有关简并、规范纳税人涉税资料的原则和优化流程、资料共享的要求,对由本级明确要求纳税人报送的涉税资料进行清理,并于2009年6月底前将清理结果和贯彻落实情况,行文报送省局(征收管理处)。

三、本《通知》自2009年4月1日起执行。本次清理简并所涉及纳税人报送资料和其他规定不一致的,以本通知规定为准。

附件:(略)

1.取消的办税业务清单

2.减少的涉税资料清单

3.保留的办税业务清单

4.《办理纳税人涉税事项操作指南》

浙江省国家税务局 浙江省地方税务局关于印发《浙江省纳税信用等级评定管理实施办法》的通知

2009年8月11日 浙地税发〔2009〕55号

各市、县(市、区)国家税务局、地方税务局(不发宁波),省国税局直属税务分局、稽查局,省地税局直属一分局、稽查局、外税分局:

自《浙江省国家税务局 浙江省地方税务局关于印发〈浙江省纳税信用等级评定管理实施办法(暂行)〉的通知》(浙国税征〔2005〕22号)下发以来,全省各地国地税部门协作配合,卓有成效地开展了两次纳税信用等级评定工作,极大地提高了纳税人的荣誉感和税法遵从度,营造了诚信纳税的良好氛围。

为进一步推进税收诚信体系建设,结合省委、省政府关于打造"信用浙江"和扩权强县等战略部署,省国税局、省地税局联合对《浙江省纳税信用等级评定管理实施办法(暂行)》进行了修订,在广泛征求基层税务机关意见建议的基础上,形成了《浙江省纳税信用等级评定管理实施办法》,现印发给你们,请结合以下意见认真贯彻落实。

一、各级国、地税局要根据《浙江省纳税信用等级评定管理实施办法》规定,立即组织开展2007—2008年度纳税信用等级评定工作。全省纳税信用等级评定工作力争在11月底前完成。

二、各县(市、区)国、地税局在评定工作完成后,应认真做好总结,及时将评定情况以正式联合文件形式相应上报各市国、地税局。联合评定的A级、AA级、D级纳税人名单以及AAA级纳税人推荐名单,作为总结文件的附件同时上报(格式详见附件1—5,用EXCEL表格形式拷出,同样以EXCEL表格形式报送)。

三、各市国、地税局指导所辖县(市、区)局开展纳税信用等级评定工作,纳税信用等级评定工作结束后,应及时整理、汇总市本级以及所辖县(市、区)局上报的评定工作开展情况、汇总数据及相应等级名单,撰写纳税信用等级评定工作总结,并于2009年11月10日前以正式文件形式相应上报省国、地税局。

四、评定工作全面完成后,省国、地税局将对各地评定工作质量及完成情况进行通报。

五、各级国、地税局要密切配合,相互协调,克服困难,对上报的名单严把质量关。名单上报后,不得随意更改。

各地在评定过程中遇有问题,请及时联系省国税局和省地税局。

附件:

1. 浙江省2007—2008年度纳税信用等级评定情况表

2. 浙江省2007—2008年度A级纳税人名单(略)

3. 浙江省2007—2008年度AA级纳税人名单(略)

4. 浙江省2007—2008年度AAA级纳税人推荐名单(略)

5.浙江省2007— 2008年度D级纳税人名单(略)

浙江省纳税信用等级评定管理实施办法

第一章　总　则

第一条 为加强税收信用体系建设，规范纳税信用等级评定管理，促进纳税人依法纳税，根据《中华人民共和国税收征收管理法实施细则》及《国家税务总局关于印发〈纳税信用等级评定管理试行办法〉的通知》的规定，制定本实施办法。

第二条 本办法适用于依照税收法律、行政法规的规定，已办理税务登记的各类纳税人。

第三条 税务机关依据税收法律、行政法规的规定负责纳税人纳税信用等级的评定工作。

纳税信用等级的评定，坚持依法、公正、公平、公开的原则，按照统一的内容、标准、方法和程序进行。

第四条 纳税信用等级按评定属期进行评定。每两个连续会计年度为一个评定属期。每次评定应在省局布置任务后的3个月内完成。

第二章　评定内容与标准

第五条 纳税信用等级的评定内容为纳税人遵守税收法律、行政法规以及接受国家税务机关、地方税务机关依据税收法律、行政法规的规定进行管理的情况，具体指标为：

(一)税(费)登记(含出口退免税认定)情况

1.税(费)登记变更；

2.登记证件使用；

3.验证和换证；

4.扣缴税款登记；

5.银行账号报告。

(二)税(费)申报情况

1.按期纳税(费)申报次数；

2.按期纳税(费)申报准确率；

3.代扣代缴按期申报次数；

4.代扣代缴按期申报准确率；

5.报送财务会计报表和其他纳税资料。

(三)账簿、凭证管理情况

1. 报送财务会计制度或者财务会计处理办法和会计核算软件；

2. 财务制度健全，按照国家统一会计制度进行账务处理，按照规定设置、保管账簿、凭证，根据合法、有效凭证记账，进行核算；

3. 发票的保管、开具、使用、取得；

4. 税控装置(包括计算机开票系统)及防伪税控系统的安装、保管、使用。

(四)税(费)款缴纳情况

1. 应纳税(费)款按期入库率；

2. 欠缴税(费)款情况；

3. 代扣代缴税款入库率。

(五)违反税收法律、行政法规行为处理情况

1. 涉税违法犯罪记录；

2. 税务行政处罚记录；

3. 其他税收违法行为记录。

前款指标累计值为100分，具体分值为：税务登记情况15分；税(费)申报情况25分；账簿凭证管理情况15分；税(费)款缴纳情况25分；违反税收法律、行政法规行为处理情况20分。各地可根据实际情况对各项内容分值进行分解细化。

第六条 纳税信用等级评定按照第五条的评定内容分指标计分，设置A、B、C、D四级。

第七条 考评分在95分以上的，为A级。纳税人具有以下情形之一的，不得评为A级：

(一)具有涉嫌违反税收法律、行政法规行为，至评定日仍未结案或已结案但未按照税务机关处理决定改正的；

(二)自评定属期起始之日至评定日，有税收违法违规行政处罚记录的；

(三)自评定属期起始之日至评定日，有新发生欠缴税(费)款情形的；

(四)自评定属期起始之日至评定日，不能依法报送财务会计报表和其他纳税资料的；

(五)自评定属期起始之日至评定日，不能完整、

准确核算应纳税(费)的；

(六)自评定属期起始之日至评定日,纳入增值税防伪税控系统的纳税人,有未按期抄报税行为的。

第八条 考评分在60分以上95分以下的，为B级。纳税人自评定属期起始之日至评定日有下列情形之一的,不得评为B级：

(一)未按期申报四次以上或代扣代缴未按期申报次数四次以上；

(二)纳税申报准确率在70%以下；

(三)应纳税(费)按期入库率在80%以下；

(四)代扣代缴申报准确率在80%以下或代扣代缴税(费)入库率在90%以下的；

(五)有违反税收法律、行政法规的行为,且受到四次以上税务行政处罚的；

(六)纳入增值税防伪税控系统的纳税人,有四次以上未按期抄报税行为的；

(七)出口企业日常申报出口货物退(免)税时有四次以上出现错误或不准确情况的；

(八)应税收入、应税所得核算混乱,有关凭证、账簿、报表不完整、不真实的；

(九)有下列违反发票管理情形之一的：

1.虚开、代开发票；

2.伪造或者出售伪造的发票；

3.非法购买或购买伪造发票；

4.非法接受虚开、伪造增值税专用发票；

5.虚开收购凭证,进行偷税；

6.主管税务机关确认的其他重大发票违章行为。

第九条 考评分在20分以上60分以下的，为C级。

第十条 考评分在20分以下的,为D级。纳税人有下列情形之一的,不进行计分考评,一律定为D级：

(一)涉嫌犯罪,已依法移交公安机关的；

(二)自评定属期起始之日至评定日,有涉税犯罪行为记录的；

(三)自评定属期起始之日至评定日,有骗取税收优惠政策、骗取多缴税(费)退回行为记录的；

(四)有主管税务机关确认的其他严重违法行为的。

第十一条 对办理税务登记不满两个纳税年度的纳税人,暂不评定等级,视情况确定管理等级,但不得视为A级。未申请进行纳税信用等级评定的纳税人,税务机关可根据日常征管情况或对其纳税人进行实地调查核实,直接初定等级,但不得视为A级。

第三章 评定组织与程序

第十二条 省、市、县(市、区)国家税务局、地方税务局联合设立相应的纳税信用等级评定委员会(以下简称评委会),负责纳税信用等级评定的指导、协调、宣传和监督,以及纳税信用等级的审定工作。评委会可聘请政府有关部门和社会中介机构的专家参加。评委会下设办公室,具体负责评定工作。

第十三条 主管国家税务局机关、地方税务局机关在评定期内向纳税人发放《纳税信用等级申请评定表》或以通告方式告知纳税人领取或直接从国税、地税网站上下载。

主管国家税务局、地方税务局分别对纳税人提交的《纳税信用等级申请评定表》对照相关征管资料进行严格审核,必要时进行实地核实,初步确定纳税人的纳税信用等级；初评情况汇总后报送上一级税务局。

第十四条 市、县(市、区)局评委会办公室对上报的初评情况进行审核,国税、地税初评等级不一致的,按照从低原则共同核定(纯地税户由地税局评定),评定结果汇总后提交评委会审定。

第十五条 纳税信用等级拟定为A级的纳税人,分别由主管国家税务局、地方税务局采取选择适当形式予以公示,自公示之日起15日内没有重大异议的,即可确定为A级;有重大异议的,则由评委会进行复审。

纳税人连续两次评为A级的,本次等级评定确定为AA级;连续三次及三次以上评为A级的,应在A级确定后7日内报省局评定委员会审定,无异议的确定为AAA级。

第十六条 A(AA,AAA)级纳税人名单由省国家税务局、省地方税务局统一在浙江国税、地税网站、浙江省企业信用发布查询中心以及相关媒体上公告,以供纳税人及相关部门查询。

各市、县(市、区)国家税务局、地方税务局可选择适当方式公告本辖区A(AA,AAA)级纳税人名单。

第十七条 纳税信用等级实施动态管理。A、B、C级纳税人在评定后发现有本办法第七条、第八条、第十条所列情形的,主管国家税务局、地方税务局应及时确认并提出调整纳税信用等级的意见,7日内报送评委会审定,降低为相应的纳税信用等级。

第十八条 未按规定权限和程序评定完毕，各级国家税务机关、地方税务机关不得擅自将纳税信用等级的评定情况和有关评定资料向社会公布或泄露给他人。

第四章　激励与监控

第十九条 主管税务机关应根据纳税人的不同等级实施分类管理,以鼓励依法诚信纳税,提高纳税遵从度。

第二十条 对A(AA、AAA)级纳税人,主管税务机关依法给予以下鼓励:

(一)除专项、专案检查以及金税协查等检查外,自纳税信用等级确定日起，两年内可以免除税务检查;

(二)联合授予纳税信用等级证书或牌匾;

(三)各地可以根据当地情况采取以下激励办税的服务措施。

1. 常用证件免携带服务。AA、AAA级纳税人常用证件由税务机关以电子文档的形式保存,AA、AAA级纳税人在办理涉税事项时,无需再提供以上证件。但证件内容发生变更时,AA、AAA级纳税人负有及时更新的义务。(常用证件包括税务登记证件、法人身份证件)

2. 政策专递服务。税务机关按期将汇编的政策汇编和新出台的有关政策邮寄给AA、AAA级纳税人,使其及时了解和掌握税收政策动态。

3. 定期上门服务。税务机关每年至少为AA、AAA级纳税人提供一次上门服务,听取纳税人的意见和建议,解答纳税人的咨询,为纳税人提供纳税辅导、政策讲解,帮助纳税人用好税收政策。

第二十一条 对B级纳税人，主管税务机关除在税务登记、账簿和凭证管理、纳税申报、税(费)征收、税(费)退免、税务检查、行政处罚等方面进行常规税收征管外,重点是加强日常涉税政策辅导、宣传等纳税服务工作,帮助其改进财务会计管理,提高依法纳税水平,提升纳税信用等级。

第二十二条 对C级纳税人，主管税务机关应加强管理,并可依法实施以下措施:

(一)依法追究违法违规行为的有关责任并责令其限期改正;

(二)作为重点检查对象列入年度检查计划;

(三)对验(换)证、年检等报送资料进行严格审核,并可根据需要进行实地复核;

(四)增值税专用发票实行供应量从严核定和税款先比对、后抵扣;普通发票的发售实行收(验)旧供新、严格限量供应等办法;

(五)纳税人申报办理出口货物退(免)税时,从严审核、审批;

(六)各地根据情况依法采取其他严格的管理措施。

第二十三条 对D级纳税人，除可采取上述C类纳税人的监管措施外,主管税务机关还应当将其列为重点监控对象,强化管理,并可实施以下措施:

(一)依照税收法律、行政法规的规定收缴其发票或者停止向其发售发票;

(二)依照税收法律、行政法规的规定停止其出口退(免)税权;

(三)主管税务机关认为需要的其他管理措施。

第五章　附　则

第二十四条 本办法所称“以下”均不含本数,所称“以上”、“日内”、“年内”均含本数。

第二十五条 本办法所称信用等级评定属期是指纳入评定的连续的两个会计年度;评定年度是指开展信用等级评定工作的年度;评定期是指在评定年度内评定工作起始之日至结束之日;评定日是指主管国家税务机关、地方税务机关初步评定纳税人信用等级的日期;确定日是指各级评委会审核确定信用等级的日期。

第二十六条 实行定期定额缴纳税款的纳税人是否纳入信用等级评定管理范围,由各市、县(市、区)国家税务局、地方税务局确定。

第二十七条 税务人员徇私舞弊或者滥用职权,致使纳税人信用等级评定结果失真,给国家或纳税人造成损失的,由税务机关依法给予行政处分。

第二十八条 各市、县(市、区)国家税务局、地方税务局可以根据本办法制定具体实施办法。

第二十九条 本办法由浙江省国家税务局、地方税务局负责解释。

第三十条 本办法从2009年8月1日起执行。原《浙江省纳税信用等级评定管理实施办法(暂行)》(浙国税征〔2005〕22号)停止执行。

浙江省企业纳税信用等级申请评定表

纳税人名称：　　地税编码：　　纳税人识别号：　　评定年度：

指标	评定内容	标准分值	纳税人自评分	主管税务机关考评分		评定委员会审定意见	评分说明
				国税	地税		
税(费)登记(含出口退免税认定)	1. 税(费)登记变更	3					未按规定办理的扣1-3分
	2. 登记证件使用	3					未按规定办理的扣1-3分
	3. 验证和换证	3					未按规定办理的扣1-3分
	4. 扣缴税款登记	3					未按规定办理的扣1-3分
	5.银行账号报告	3					未按规定办理的扣1-3分
	合计	15					——
税(费)申报	1. 按期纳税(费)申报次数	5					未按期纳税申报的每次扣1-2分
	2. 纳税(费)申报准确率	5					每减少1%扣1分
	3. 代扣代缴按期申报次数	5					未按期申报的每次扣1-2分
	4. 代扣代缴按期申报准确率	5					每减少1%扣1分
	5. 报送财务会计报表和其他纳税资料	5					未按期报送的每次扣1分;报送不全的每次扣1分
	合计	25					——
账簿凭证管理	1.报送财务会计制度或者财务会计处理办法和会计核算软件	2					未按规定报送的扣1-2分
	2. 财务制度健全,按照规定设置、保管账簿、凭证,根据合法、有效凭证记账,进行核算	3					未按规定设置和核算的扣1-3分
	3. 增值税专用发票的保管、开具、使用、取得	4					未按规定的扣2-4分
	4. 普通发票的保管、开具、使用、取得	4					未按规定的扣2-4分
	5. 税控装置(包括计算机开票系统)及防伪税控系统的安装、保管、使用	2					未按规定安装、保管、使用的扣2分
	合计	15					——
税(费)款缴纳	1. 应纳税(费)款按期入库率	10					每下降1%扣1-2分
	2. 欠缴税(费)款情况	10					视比例扣5-10分
	3. 代扣代缴税款入库率	5					每下降1%扣1分
	合计	25					——
税收违法违规处理情况	1. 税务行政处罚记录情况	15					有涉税违法犯罪记录的,本项不得分。有税务行政处罚记录的每次扣5分;有其他税收违法违规行为记录的每次扣3分
	2. 其他税收违法违规行为记录情况	5					
	合计	20					
	总计合计	100					——

纳税人自评情况说明：

签章：　　日期：

主管国税机关意见：	签章：	日期：
主管地税机关意见：	签章：	日期：
评委会办公室意见：		日期：

浙江省地方税务局转发国家税务总局关于纳税人权利与义务公告的通知

2009 年 12 月 13 日　浙地税函〔2009〕407 号

各市、县(市、区)地方税务局(不发宁波)、省地方税务局直属税务一分局、直属稽查分局：

现将《国家税务总局关于纳税人权利与义务的公告》(2009 年第 1 号)转发给你们，并提出如下意见，请一并认真贯彻执行。

一、国家税务总局印发《关于纳税人权利与义务的公告》是税务部门学习实践科学发展观的一项具体行动，是新时期纳税服务工作的一项里程碑，全省各级地税部门要深刻领会国家税务总局这一行动的重要意义，迅速组织全体工作人员认真学习公告内容，切实保障纳税人依法行使权利，忠实履行纳税义务。举一反三，结合当地实际，进一步贯彻以人为本的思想，提高服务意识、服务质效，促进和谐征纳关系，持续提高纳税人满意度和税法遵从度。

二、各级地税机关要在办税服务厅、政府行政办事窗口、居民社区等场所张贴公告内容，并利用广播、电视、报纸、网站等媒介进行广泛宣传，扩大宣传范围，提升宣传效果。

三、各地要将《国家税务总局关于纳税人权利与义务的公告》作为 2010 年税法宣传月活动的重要内容之一加以大力宣传。

关于纳税人权利与义务的公告

2009 年 11 月 6 日　国家税务总局公告 2009 年第 1 号

为便于您全面了解纳税过程中所享有的权利和应尽的义务，帮助您及时、准确地完成纳税事宜，促进您与我们在税收征纳过程中的合作(“您”指纳税人或扣缴义务人，“我们”指税务机关或税务人员。下同)，根据《中华人民共和国税收征收管理法》及其实施细则和相关税收法律、行政法规的规定，现就您的权利和义务告知如下：

您的权利

您在履行纳税义务过程中，依法享有下列权利：

一、知情权

您有权向我们了解国家税收法律、行政法规的规定以及与纳税程序有关的情况，包括：现行税收法律、行政法规和税收政策规定；办理税收事项的时间、方式、步骤以及需要提交的资料；应纳税额核定及其他税务行政处理决定的法律依据、事实依据和计算方法；与我们在纳税、处罚和采取强制执行措施时发生争议或纠纷时，您可以采取的法律救济途径及需要满足的条件。

二、保密权

您有权要求我们为您的情况保密。我们将依法为您的商业秘密和个人隐私保密,主要包括您的技术信息、经营信息和您、主要投资人以及经营者不愿公开的个人事项。上述事项,如无法律、行政法规明确规定或者您的许可,我们将不会对外部门、社会公众和其他个人提供。但根据法律规定,税收违法行为信息不属于保密范围。

三、税收监督权

您对我们违反税收法律、行政法规的行为,如税务人员索贿受贿、徇私舞弊、玩忽职守,不征或者少征应征税款,滥用职权多征税款或者故意刁难等,可以进行检举和控告。同时,您对其他纳税人的税收违法行为也有权进行检举。

四、纳税申报方式选择权

您可以直接到办税服务厅办理纳税申报或者报送代扣代缴、代收代缴税款报告表,也可以按照规定采取邮寄、数据电文或者其他方式办理上述申报、报送事项。但采取邮寄或数据电文方式办理上述申报、报送事项的,需经您的主管税务机关批准。

您如采取邮寄方式办理纳税申报,应当使用统一的纳税申报专用信封,并以邮政部门收据作为申报凭据。邮寄申报以寄出的邮戳日期为实际申报日期。

数据电文方式是指我们确定的电话语音、电子数据交换和网络传输等电子方式。您如采用电子方式办理纳税申报,应当按照我们规定的期限和要求保存有关资料,并定期书面报送给我们。

五、申请延期申报权

您如不能按期办理纳税申报或者报送代扣代缴、代收代缴税款报告表,应当在规定的期限内向我们提出书面延期申请,经核准,可在核准的期限内办理。经核准延期办理申报、报送事项的,应当在税法规定的纳税期内按照上期实际缴纳的税额或者我们核定的税额预缴税款,并在核准的延期内办理税款结算。

六、申请延期缴纳税款权

如您因有特殊困难,不能按期缴纳税款的,经省、自治区、直辖市国家税务局、地方税务局批准,可以延期缴纳税款,但是最长不得超过3个月。计划单列市国家税务局、地方税务局可以参照省级税务机关的批准权限,审批您的延期缴纳税款申请。

您满足以下任何一个条件,均可以申请延期缴纳税款:一是因不可抗力,导致您发生较大损失,正常生产经营活动受到较大影响的;二是当期货币资金在扣除应付职工工资、社会保险费后,不足以缴纳税款的。

七、申请退还多缴税款权

对您超过应纳税额缴纳的税款,我们发现后,将自发现之日起10日内办理退还手续;如您自结算缴纳税款之日起三年内发现的,可以向我们要求退还多缴的税款并加算银行同期存款利息。我们将自接到您退还申请之日起30日内查实并办理退还手续,涉及从国库中退库的,依照法律、行政法规有关国库管理的规定退还。

八、依法享受税收优惠权

您可以依照法律、行政法规的规定书面申请减税、免税。减税、免税的申请须经法律、行政法规规定的减税、免税审查批准机关审批。减税、免税期满,应当自期满次日起恢复纳税。减税、免税条件发生变化的,应当自发生变化之日起15日内向我们报告;不再符合减税、免税条件的,应当依法履行纳税义务。

如您享受的税收优惠需要备案的,应当按照税收法律、行政法规和有关政策规定,及时办理事前或事后备案。

九、委托税务代理权

您有权就以下事项委托税务代理人代为办理:办理、变更或者注销税务登记、除增值税专用发票外的发票领购手续、纳税申报或扣缴税款报告、税款缴纳和申请退税、制作涉税文书、审查纳税情况、建账建制、办理财务、税务咨询、申请税务行政复议、提起税务行政诉讼以及国家税务总局规定的其他业务。

十、陈述与申辩权

您对我们作出的决定,享有陈述权、申辩权。如果您有充分的证据证明自己的行为合法,我们就不得对您实施行政处罚;即使您的陈述或申辩不充分合理,我们也会向您解释实施行政处罚的原因。我们不会因您的申辩而加重处罚。

十一、对未出示税务检查证和税务检查通知书的拒绝检查权

我们派出的人员进行税务检查时,应当向您出示税务检查证和税务检查通知书;对未出示税务检查证和税务检查通知书的,您有权拒绝检查。

十二、税收法律救济权

您对我们作出的决定，依法享有申请行政复议、提起行政诉讼、请求国家赔偿等权利。

您、纳税担保人同我们在纳税上发生争议时，必须先依照我们的纳税决定缴纳或者解缴税款及滞纳金或者提供相应的担保，然后可以依法申请行政复议；对行政复议决定不服的，可以依法向人民法院起诉。如您对我们的处罚决定、强制执行措施或者税收保全措施不服的，可以依法申请行政复议，也可以依法向人民法院起诉。

当我们的职务违法行为给您和其他税务当事人的合法权益造成侵害时，您和其他税务当事人可以要求税务行政赔偿。主要包括：一是您在限期内已缴纳税款，我们未立即解除税收保全措施，使您的合法权益遭受损失的；二是我们滥用职权违法采取税收保全措施、强制执行措施或者采取税收保全措施、强制执行措施不当，使您或者纳税担保人的合法权益遭受损失的。

十三、依法要求听证的权利

对您作出规定金额以上罚款的行政处罚之前，我们会向您送达《税务行政处罚事项告知书》，告知您已经查明的违法事实、证据、行政处罚的法律依据和拟将给予的行政处罚。对此，您有权要求举行听证。我们将应您的要求组织听证。如您认为我们指定的听证主持人与本案有直接利害关系，您有权申请主持人回避。

对应当进行听证的案件，我们不组织听证，行政处罚决定不能成立。但您放弃听证权利或者被正当取消听证权利的除外。

十四、索取有关税收凭证的权利

我们征收税款时，必须给您开具完税凭证。扣缴义务人代扣、代收税款时，纳税人要求扣缴义务人开具代扣、代收税款凭证时，扣缴义务人应当开具。

我们扣押商品、货物或者其他财产时，必须开付收据；查封商品、货物或者其他财产时，必须开付清单。

您的义务

依照宪法、税收法律和行政法规的规定，您在纳税过程中负有以下义务：

一、依法进行税务登记的义务

您应当自领取营业执照之日起 30 日内，持有关证件，向我们申报办理税务登记。税务登记主要包括领取营业执照后的设立登记、税务登记内容发生变化后的变更登记、依法申请停业、复业登记、依法终止纳税义务的注销登记等。

在各类税务登记管理中，您应该根据我们的规定分别提交相关资料，及时办理。同时，您应当按照我们的规定使用税务登记证件。税务登记证件不得转借、涂改、损毁、买卖或者伪造。

二、依法设置账簿、保管账簿和有关资料以及依法开具、使用、取得和保管发票的义务

您应当按照有关法律、行政法规和国务院财政、税务主管部门的规定设置账簿，根据合法、有效凭证记账，进行核算；从事生产、经营的，必须按照国务院财政、税务主管部门规定的保管期限保管账簿、记账凭证、完税凭证及其他有关资料；账簿、记账凭证、完税凭证及其他有关资料不得伪造、变造或者擅自损毁。

此外，您在购销商品、提供或者接受经营服务以及从事其他经营活动中，应当依法开具、使用、取得和保管发票。

三、财务会计制度和会计核算软件备案的义务

您的财务、会计制度或者财务、会计处理办法和会计核算软件，应当报送我们备案。您的财务、会计制度或者财务、会计处理办法与国务院或者国务院财政、税务主管部门有关税收的规定抵触的，应依照国务院或者国务院财政、税务主管部门有关税收的规定计算应纳税款、代扣代缴和代收代缴税款。

四、按照规定安装、使用税控装置的义务

国家根据税收征收管理的需要，积极推广使用税控装置。您应当按照规定安装、使用税控装置，不得损毁或者擅自改动税控装置。如您未按规定安装、使用税控装置，或者损毁或者擅自改动税控装置的，我们将责令您限期改正，并可根据情节轻重处以规定数额内的罚款。

五、按时、如实申报的义务

您必须依照法律、行政法规规定或者我们依照法律、行政法规的规定确定的申报期限、申报内容如实办理纳税申报，报送纳税申报表、财务会计报表以及我们根据实际需要要求您报送的其他纳税资料。

作为扣缴义务人,您必须依照法律、行政法规规定或者我们依照法律、行政法规的规定确定的申报期限、申报内容如实报送代扣代缴、代收代缴税款报告表以及我们根据实际需要要求您报送的其他有关资料。

您即使在纳税期内没有应纳税款,也应当按照规定办理纳税申报。享受减税、免税待遇的,在减税、免税期间应当按照规定办理纳税申报。

六、按时缴纳税款的义务

您应当按照法律、行政法规规定或者我们依照法律、行政法规的规定确定的期限,缴纳或者解缴税款。

未按照规定期限缴纳税款或者未按照规定期限解缴税款的,我们除责令限期缴纳外,从滞纳税款之日起,按日加收滞纳税款万分之五的滞纳金。

七、代扣、代收税款的义务

如您按照法律、行政法规规定负有代扣代缴、代收代缴税款义务,必须依照法律、行政法规的规定履行代扣、代收税款的义务。您依法履行代扣、代收税款义务时,纳税人不得拒绝。纳税人拒绝的,您应当及时报告我们处理。

八、接受依法检查的义务

您有接受我们依法进行税务检查的义务,应主动配合我们按法定程序进行的税务检查,如实地向我们反映自己的生产经营情况和执行财务制度的情况,并按有关规定提供报表和资料,不得隐瞒和弄虚作假,不能阻挠、刁难我们的检查和监督。

九、及时提供信息的义务

您除通过税务登记和纳税申报向我们提供与纳税有关的信息外,还应及时提供其他信息。如您有歇业、经营情况变化、遭受各种灾害等特殊情况的,应及时向我们说明,以便我们依法妥善处理。

十、报告其他涉税信息的义务

为了保障国家税收能够及时、足额征收入库,税收法律还规定了您有义务向我们报告如下涉税信息:

1. 您有义务就您与关联企业之间的业务往来,向当地税务机关提供有关的价格、费用标准等资料。

您有欠税情形而以财产设定抵押、质押的,应当向抵押权人、质权人说明您的欠税情况。

2. 企业合并、分立的报告义务。您有合并、分立情形的,应当向我们报告,并依法缴清税款。合并时未缴清税款的,应当由合并后的纳税人继续履行未履行的纳税义务;分立时未缴清税款的,分立后的纳税人对未履行的纳税义务应当承担连带责任。

3. 报告全部账号的义务。如您从事生产、经营,应当按照国家有关规定,持税务登记证件,在银行或者其他金融机构开立基本存款账户和其他存款账户,并自开立基本存款账户或者其他存款账户之日起15日内,向您的主管税务机关书面报告全部账号;发生变化的,应当自变化之日起15日内,向您的主管税务机关书面报告。

4. 处分大额财产报告的义务。如您的欠缴税款数额在5万元以上,您在处分不动产或者大额资产之前,应当向我们报告。

特此公告。

浙江省地方税务局
关于进一步加强纳税服务工作的意见

2009年12月28日 浙地税发〔2009〕95号

各市、县(市、区)地方税务局(不发宁波),省地方税务局直属税务一分局:

为深入贯彻落实全国税务系统纳税服务工作会议精神,进一步加强和优化纳税服务工作,提高对纳税服务重要性的认识,明确纳税服务工作目标和要求,省局根据当前纳税服务工作实际,提出以下工作意见，请各地认真贯彻执行。

一、牢牢把握新形势下纳税服务工作的新要求

纳税服务是转变政府职能、建设服务型政府的应有之义，是服务科学发展、共建和谐税收的重要内容，是世界税收发展的时代主题，也是当前应对国际金融危机对我省影响的迫切需要。纳税服务与税收征管共同构成税务部门的核心业务，为纳税人提供优质、高效、便捷的服务，是时代发展的客观要求，也是税务部门的重要职责。各级地税部门要适应新形势的要求，充分认识到做好纳税服务工作的重大意义，坚持"法治、务实、有为"原则，秉承"依法治税、为民理财、务实创新、廉洁高效"的工作理念，全面做好纳税服务工作，努力把纳税服务工作提高到一个新的更高水平。

一要牢固树立征纳双方法律地位平等的理念。征纳双方法律地位平等是税收法律关系的基本准则，也是构建和谐征纳关系的必然要求。纳税人不仅是依法纳税的义务主体，也是政府部门提供公共服务的对象。各级地税部门要牢固树立征纳双方法律地位平等的理念，切实尊重纳税人的平等主体地位，在依法向纳税人行使征税权利的同时，切实保障纳税人各项合法权益，坚持公正执法、诚信服务，高度重视纳税人的各种合理需求，努力满足其多层次的共性需求和不同类型纳税人的个性化需求。

二要全面遵循纳税服务工作的基本要求。要坚持以法律法规为依据，以纳税人需求为导向，以信息化为依托，以提高税法遵从度为目标，做好纳税服务工作。以法律法规为依据，就是确定纳税服务目标、服务内容和服务措施，必须遵循相关法律法规，依照法定内容及程序满足纳税人的需求。要充分考虑纳税人需求变化，按权限适时完善税制和税收征管等方面的制度规定，推动纳税人合理需求的合法化。以纳税人合理需求为导向，就是要坚持以人为本，认真倾听纳税人的呼声，尊重纳税人的合理意愿，更多地站在纳税人的角度来考虑纳税服务工作的思路和措施，为纳税人提供有价值的针对性服务。以信息化为依托，就是要充分运用现代技术手段，优化服务流程，提高服务效率，降低征纳成本，为纳税人提供操作简便、内容丰富的纳税服务。要大力推进业务流程标准化建设和创新，充分发挥信息技术对纳税服务和制度创新的支持作用。以提高税法遵从度为目标，就是要始于纳税人需求、基于纳税人满意、终于纳税人遵从，通过改进和优化纳税服务，促进税收征纳关系和谐融洽，提高纳税人对税务机关的满意度，最终实现纳税人自愿遵从税法。

三要努力实现纳税服务工作的基本目标。当前及今后一个时期，全省地税系统要切实采取各种有效措施，全面提高纳税服务水平，努力做到以下几个方面：纳税服务需求及时响应。通过建立健全"收集纳税人需求、分析纳税人需求、满足纳税人需求"的快速响应机制，实现纳税人需求获取渠道日益畅通，纳税人需求分析机制全面建立，纳税人合理需求得到有效满足。纳税服务效能大幅提升。通过全面推进纳税服务工作，纳税服务组织管理和工作流程基本完善，纳税服务平台有效整合，岗位技能和队伍素质明显提高，考核评价和监督管理逐步到位，组织决策、资源配置等工作机制更加协调顺畅，大幅提升纳税服务工作的质量和效率。纳税人办税负担明显减轻。通过完善服务制度、优化服务流程、创新服务手段、加强国地税协作等措施，明显减轻纳税人办税负担。逐步完善以统一的税务网站群、12366纳税服务热线为核心内容的"一体化"纳税服务信息平台，基本建立健全以即时互动、功能多样、便捷高效为主要特征的"网上税务局"。纳税人满意度持续提高。通过不断丰富服务内容、创新服务手段、完善服务机制，全面、扎实、有效地推进纳税服务各项工作，持续提高纳税人满意度和税法遵从度，促进税收征纳关系不断和谐发展。

二、健全和完善纳税服务工作组织机构体系

各级地税部门要建立健全领导有力、分工明确、配合密切、运转协调的纳税服务领导体制和组织体系，为纳税服务各项工作的顺利开展提供组织保障。

（一）加强领导

各级地税部门要建立健全党委统一领导、纳税服务（征管）部门组织协调、其他部门各负其责的纳税服务领导体制，狠抓各项工作的落实。各级地税部门要切实加强对纳税服务工作的领导，把纳税服务放在税收工作全局的重要位置，统筹研究部署。要定期听取纳税服务工作汇报，分析纳税服务工作情况，研究改进纳税服务工作措施，及时解决存在的问题。一把手要负总责，亲自部署纳税服务工作，其他班子成员要根据工作分工，抓好职责范围内的相关工作。

(二)明确职责

纳税服务是一项全局性工作，贯穿于税款征收、税源管理和税务稽查等税收工作各个环节，绝不只是纳税服务部门的任务，各个税收业务管理和内部行政管理部门都负有做好纳税服务工作的责任。各级地税部门要在党委领导下，努力形成各部门齐抓共管、税务干部职工全员参与的良好局面。国家税务总局在《全国税务系统2010—2012年纳税服务工作规划》中明确了办公室、法规、征管、税政等各个部门在纳税服务工作中的职责分工，各部门要按照规定的分工，认真履行职责，切实抓好落实。

纳税服务部门是地税系统主管纳税服务工作的综合职能部门。主要职责是：负责地方税收纳税服务体系建设；组织、协调和指导各部门、各税种、各环节的纳税服务工作；制定并组织实施纳税服务工作规范和操作规程；组织协调、实施纳税辅导、咨询服务、税收法律救济(除税务行政复议、应诉以外)、投诉受理、税收争议调解等纳税服务工作；负责办税服务厅、12366语音特服系统、短信系统、知识库等方面的纳税服务平台的制度建设和管理；组织实施税收信用体系建设；组织实施面向纳税人的税法宣传。

纳税服务部门要发挥专业优势，做精、做细纳税服务工作。加强纳税服务的组织、协调和督查，着力抓好办税服务平台的建设和管理，认真落实各项工作任务。各级地税部门要选派责任心强、业务精通、技能熟练的人员从事专业服务工作。积极开展政治思想教育、职业道德教育和税收业务教育，提高纳税服务意识和工作技能。

(三)健全机构

根据《浙江省地税系统2009—2011年发展规划》精神，要求市、县(市、区)地税机关于2009—2011年期间，按照精简、统一、效能原则，逐步建立健全纳税服务机构。

条件成熟的地方，要加快纳税服务组织机构的设置，并配齐工作人员。目前条件还不成熟的，可以先与征管处(科)合署办公，增配专职人员负责纳税服务工作。

在纳税服务机构成立之前，纳税服务工作由各级地税机关征管部门负责，同时要求纳税服务工作部门领导和工作人员相对固定，各市、县(市、区)地税局征管处(科)中专职人员不少于1人。

对在2010年底前成立纳税服务组织机构的地方，省局将在设备或经费方面予以支持。

三、当前纳税服务重点工作

根据全国税务系统纳税服务工作会议精神，结合我省纳税服务工作实际，当前要着力做好以下工作：

一是贯彻落实总局纳税服务工作三年规划。省局将根据《全国税务系统2010—2012年纳税服务工作规划》和《浙江省地税系统2009—2011年发展规划》(以下简称《规划》)要求，研究下发贯彻落实全国纳税服务三年工作规划的具体实施意见。各单位要按照《规划》及实施意见确定的目标、任务和措施，结合本单位实际，研究提出具体落实措施，确保各项工作落实到位并取得实效。

二是规范办税服务厅标准化建设。为全面加强办税服务厅规范化、标准化建设，切实改进办税服务的各项举措，省局已转发国家税务总局《办税服务厅管理办法(试行)》，明年还将结合全省地税工作实际，研究制定《浙江地税办税服务厅规范化手册》，各地要根据规范化要求做好贯彻落实工作。

三是推广应用办税服务厅视觉识别系统。为进一步便利纳税人办理涉税事项，统一和规范办税服务厅整体形象，弘扬和谐与积极向上的地税文化，省局引入了办税服务厅视觉识别系统，并制定下发了《关于统一推广应用视觉识别系统(VI)有关事项的通知》。为便于各地具体操作，省局还专门制作了《浙江地税视觉识别系统》范本及光盘，各单位要按照通知要求和上报的实施计划所作出的承诺，做好贯彻落实工作。

四是升级改造12366语音服务系统和短信平台。我省12366语音服务系统已正常运行了八年，充分发挥了语音纳税服务窗口的作用。随着地税业务内容和纳税服务理念的更新与发展，对12366语音服务系统和短信平台在服务内容、服务质量、内部管理、外部接口等方面都提出了新的需求，需要不断升级和完善。省局已将升级改造12366语音服务系统和短信平台纳入了议事日程，升级改造方案将于近期出台，并征求各地意见。

五是委托第三方开展满意度与需求调查。委托第三方开展满意度与需求调查，是验证纳税服务工作成效的有效手段。相对税务机关自身开展的满意度调查,第三方调查具有更加公正、客观和高效的特点。因此,省局将委托第三方来实施今年的满意度调查,目前各项工作正在有序进行中,调查结果将在全省通报。

六是推广"纳税人之家"和"纳税服务志愿者"等个性化纳税服务举措。纳税服务工作要结合经济发展和纳税人需求,因地因时制宜,不断创新服务产品,提供个性化服务。杭州市地税局创建的"纳税人之家"活动和金华市地税局组织的"纳税服务志愿者"活动,给纳税人带来了实实在在的便利,深受纳税人欢迎,省局将积极在全省推广这些有效的服务举措。各地应结合实际,创造条件,探索开展更多切实可行、成效显著、能够长效实施的个性化服务举措。

七是开展"纳税服务之星"考评。为进一步提高办税服务厅的服务质量和服务效率,为广大纳税人提供温馨、舒适的办税环境和高效、快捷的办税服务,促进纳税人遵从度的提升,省局出台了《纳税服务之星考评办法(试行)》,请各地按要求组织实施。

八是加强纳税服务专业人才队伍建设。将纳税服务纳入税务系统教育培训的整体计划,大力抓好纳税服务专业培训和日常在岗培训,尤其要注重窗口人员的礼仪培训,增强教育培训的针对性和实效性。逐步建立纳税服务人才库,培养适应新时期纳税服务工作需要的业务骨干队伍。

各级地税部门要坚持一切从实际出发,因地制宜地开展各项纳税服务工作。要真抓实干,办实事、求实效,坚决避免搞花架子、做表面文章。各地要每年年底向省局汇报纳税服务工作开展情况,重点汇报创新纳税服务新举措和成效,查找出的纳税服务问题及应对措施,并要与纳税人满意度调查相结合,进一步印证纳税服务工作成效。

各地在贯彻执行中遇到问题,请及时联系省局纳税服务局。

浙江省地方税务局　浙江省国家税务局
关于公布全省 2007-2008 年度
AAA 级纳税人名单的通知

2009 年 12 月 29 日　浙地税发〔2009〕96 号

各市、县(市、区)地方税务局、国家税务局(不发宁波),省地方税务局直属税务一分局、省国家税务局直属税务分局:

为贯彻实施省委、省政府关于打造"信用浙江"的部署,进一步推进税收诚信体系建设,提升纳税人诚信纳税的荣誉感和税法遵从度,营造诚信纳税的良好氛围。根据《浙江省地方税务局、浙江省国家税务局关于印发〈浙江省纳税信用等级评定管理实施办法〉的通知》(浙地税发〔2009〕55 号),全省国税系统与地税系统联合开展了 2007—2008 年度纳税信用等级评定工作。经省国税局、省地税局联合审查,确认杭州钱江制冷集团有限公司等 2389 户纳税人为 2007—2008 年度 AAA 级纳税信用等级,现予以公布。

各级国、地税机关要通过办税服务厅、政府机关网站以及报纸、电台、电视台等媒体,对 A 级以上纳税人进行大力宣扬,营造浓厚的依法诚信纳税社会氛围。要根据纳税信用等级评定结果,落实各类税收激励措施,大力推行分类管理和个性化服务,充分发挥纳税信用等级评定的积极作用,持续提高纳税人满意度和税法遵从度。

附件:浙江省 2007—2008 年度 AAA 级纳税人名单(略)

稽查类

国家税务总局关于印发《税务稽查工作规程》的通知

2009年12月24日　国税发〔2009〕157号

各省、自治区、直辖市和计划单列市国家税务局、地方税务局：

现将修订的《税务稽查工作规程》印发给你们，请认真遵照执行。执行中如有问题，请及时报告国家税务总局(稽查局)。

税务稽查工作规程

第一章　总　则

第一条 为了保障税收法律、行政法规的贯彻实施，规范税务稽查工作，强化监督制约机制，根据《中华人民共和国税收征收管理法》(以下简称《税收征管法》)、《中华人民共和国税收征收管理法实施细则》(以下简称《税收征管法细则》)等有关规定，制定本规程。

第二条 税务稽查的基本任务，是依法查处税收违法行为，保障税收收入，维护税收秩序，促进依法纳税。

税务稽查由税务局稽查局依法实施。稽查局主要职责，是依法对纳税人、扣缴义务人和其他涉税当事人履行纳税义务、扣缴义务情况及涉税事项进行检查处理，以及围绕检查处理开展的其他相关工作。稽查局具体职责由国家税务总局依照《税收征管法》、《税收征管法细则》有关规定确定。

第三条 税务稽查应当以事实为根据，以法律为准绳，坚持公平、公开、公正、效率的原则。

税务稽查应当依靠人民群众，加强与有关部门、单位的联系和配合。

第四条 稽查局在所属税务局领导下开展税务稽查工作。

上级稽查局对下级稽查局的稽查业务进行管理、指导、考核和监督，对执法办案进行指挥和协调。

各级国家税务局稽查局、地方税务局稽查局应当加强联系和协作，及时进行信息交流与共享，对同一被查对象尽量实施联合检查,并分别作出处理决定。

第五条 稽查局查处税收违法案件时,实行选案、检查、审理、执行分工制约原则。

稽查局设立选案、检查、审理、执行部门,分别实施选案、检查、审理、执行工作。

第六条 税务稽查人员应当依法为纳税人、扣缴义务人的商业秘密、个人隐私保密。

纳税人、扣缴义务人的税收违法行为不属于保密范围。

第七条 税务稽查人员有《税收征管法细则》规定回避情形的,应当回避。

被查对象要求税务稽查人员回避的,或者税务稽查人员自己提出回避的,由稽查局局长依法决定是否回避。稽查局局长发现税务稽查人员有规定回避情形的,应当要求其回避。稽查局局长的回避,由所属税务局领导依法审查决定。

第八条 税务稽查人员应当遵守工作纪律,恪守职业道德,不得有下列行为:

(一)违反法定程序、超越权限行使职权;

(二)利用职权为自己或者他人谋取利益;

(三)玩忽职守,不履行法定义务;

(四)泄露国家秘密、工作秘密,向被查对象通风报信、泄露案情;

(五)弄虚作假,故意夸大或者隐瞒案情;

(六)接受被查对象的请客送礼;

(七)未经批准私自会见被查对象;

(八)其他违法乱纪行为。

税务稽查人员在执法办案中滥用职权、玩忽职守、徇私舞弊的,依照有关规定严肃处理;涉嫌犯罪的,依法移送司法机关处理。

第九条 税务机关必须不断提高稽查信息化应用水平,充分利用现代信息技术采集涉税信息,强化稽查管理和执法监督。

第二章　管　辖

第十条 稽查局应当在所属税务局的征收管理范围内实施税务稽查。

前款规定以外的税收违法行为,由违法行为发生地或者发现地的稽查局查处。

税收法律、行政法规和国家税务总局对税务稽查管辖另有规定的,从其规定。

第十一条 税务稽查管辖有争议的,由争议各方本着有利于案件查处的原则逐级协商解决;不能协商一致的,报请共同的上级税务机关协调或者决定。

第十二条 省、自治区、直辖市和计划单列市国家税务局稽查局、地方税务局稽查局可以充分利用税源管理和税收违法情况分析成果,结合本地实际,按照以下标准在管辖区域范围内实施分级分类稽查:

(一)纳税人生产经营规模、纳税规模;

(二)分地区、分行业、分税种的税负水平;

(三)税收违法行为发生频度及轻重程度;

(四)税收违法案件复杂程度;

(五)纳税人产权状况、组织体系构成;

(六)其他合理的分类标准。

分级分类稽查应当结合税收违法案件查处、税收专项检查、税收专项整治等相关工作统筹确定。

第十三条 上级稽查局可以根据税收违法案件性质、复杂程度、查处难度以及社会影响等情况,组织查处或者直接查处管辖区域内发生的税收违法案件。

下级稽查局查处有困难的重大税收违法案件,可以报请上级稽查局查处。

第三章　选　案

第十四条 稽查局应当通过多种渠道获取案源信息,集体研究,合理、准确地选择和确定稽查对象。

选案部门负责稽查对象的选取,并对税收违法案件查处情况进行跟踪管理。

第十五条 稽查局必须有计划地实施稽查,严格控制对纳税人、扣缴义务人的税务检查次数。

稽查局应当在年度终了前制订下一年度的稽查工作计划,经所属税务局领导批准后实施,并报上一级稽查局备案。

年度稽查工作计划中的税收专项检查内容,应当根据上级税务机关税收专项检查安排,结合工作实际确定。

经所属税务局领导批准,年度稽查工作计划可以适当调整。

第十六条 选案部门应当建立案源信息档案,对

所获取的案源信息实行分类管理。案源信息主要包括:

(一)财务指标、税收征管资料、稽查资料、情报交换和协查线索;

(二)上级税务机关交办的税收违法案件;

(三)上级税务机关安排的税收专项检查;

(四)税务局相关部门移交的税收违法信息;

(五)检举的涉税违法信息;

(六)其他部门和单位转来的涉税违法信息;

(七)社会公共信息;

(八)其他相关信息。

第十七条 国家税务总局和各级国家税务局、地方税务局在稽查局设立税收违法案件举报中心,负责受理单位和个人对税收违法行为的检举。

对单位和个人实名检举税收违法行为并经查实,为国家挽回税收损失的,根据其贡献大小,依照国家税务总局有关规定给予相应奖励。

第十八条 税收违法案件举报中心应当对检举信息进行分析筛选,区分不同情形,经稽查局局长批准后分别处理:

(一)线索清楚,涉嫌偷税、逃避追缴欠税、骗税、虚开发票、制售假发票或者其他严重税收违法行为的,由选案部门列入案源信息;

(二)检举内容不详,无明确线索或者内容重复的,暂存待办;

(三)属于税务局其他部门工作职责范围的,转交相关部门处理;

(四)不属于自己受理范围的检举,将检举材料转送有处理权的单位。

第十九条 选案部门对案源信息采取计算机分析、人工分析、人机结合分析等方法进行筛选,发现有税收违法嫌疑的,应当确定为待查对象。

待查对象确定后,选案部门填制《税务稽查立案审批表》,附有关资料,经稽查局局长批准后立案检查。

税务局相关部门移交的税收违法信息,稽查局经筛选未立案检查的,应当及时告知移交信息的部门;移交信息的部门仍然认为需要立案检查的,经所属税务局领导批准后,由稽查局立案检查。

对上级税务机关指定和税收专项检查安排的检查对象,应当立案检查。

第二十条 经批准立案检查的,由选案部门制作《税务稽查任务通知书》,连同有关资料一并移交检查部门。

选案部门应当建立案件管理台账,跟踪案件查处进展情况,并及时报告稽查局局长。

第四章 检 查

第二十一条 检查部门接到《税务稽查任务通知书》后,应当及时安排人员实施检查。

检查人员实施检查前,应当查阅被查对象纳税档案,了解被查对象的生产经营情况、所属行业特点、财务会计制度、财务会计处理办法和会计核算软件,熟悉相关税收政策,确定相应的检查方法。

第二十二条 检查前,应当告知被查对象检查时间、需要准备的资料等,但预先通知有碍检查的除外。

检查应当由两名以上检查人员共同实施,并向被查对象出示税务检查证和《税务检查通知书》。

国家税务局稽查局、地方税务局稽查局联合检查的,应当出示各自的税务检查证和《税务检查通知书》。

检查应当自实施检查之日起60日内完成;确需延长检查时间的,应当经稽查局局长批准。

第二十三条 实施检查时,依照法定权限和程序,可以采取实地检查、调取账簿资料、询问、查询存款账户或者储蓄存款、异地协查等方法。

对采用电子信息系统进行管理和核算的被查对象,可以要求其打开该电子信息系统,或者提供与原始电子数据、电子信息系统技术资料一致的复制件。被查对象拒不打开或者拒不提供的,经稽查局局长批准,可以采用适当的技术手段对该电子信息系统进行直接检查,或者提取、复制电子数据进行检查,但所采用的技术手段不得破坏该电子信息系统原始电子数据,或者影响该电子信息系统正常运行。

第二十四条 实施检查时,应当依照法定权限和程序,收集能够证明案件事实的证据材料。收集的证据材料应当真实,并与所证明的事项相关联。

调查取证时,不得违反法定程序收集证据材料;不得以偷拍、偷录、窃听等手段获取侵害他人合法权益的证据材料；不得以利诱、欺诈、胁迫、暴力等不正当手段获取证据材料。

第二十五条 调取账簿、记账凭证、报表和其他有关资料时，应当向被查对象出具《调取账簿资料通知书》，并填写《调取账簿资料清单》交其核对后签章确认。

调取纳税人、扣缴义务人以前会计年度的账簿、记账凭证、报表和其他有关资料的，应当经所属税务局局长批准，并在3个月内完整退还；调取纳税人、扣缴义务人当年的账簿、记账凭证、报表和其他有关资料的，应当经所属设区的市、自治州以上税务局局长批准，并在30日内退还。

第二十六条 需要提取证据材料原件的，应当向当事人出具《提取证据专用收据》，由当事人核对后签章确认。对需要归还的证据材料原件，检查结束后应当及时归还，并履行相关签收手续。需要将已开具的发票调出查验时，应当向被查验的单位或者个人开具《发票换票证》；需要将空白发票调出查验时，应当向被查验的单位或者个人开具《调验空白发票收据》，经查无问题的，应当及时退还。

提取证据材料复制件的，应当由原件保存单位或者个人在复制件上注明"与原件核对无误，原件存于我处"，并由提供人签章。

第二十七条 询问应当由两名以上检查人员实施。除在被查对象生产、经营场所询问外，应当向被询问人送达《询问通知书》。

询问时应当告知被询问人如实回答问题。询问笔录应当交被询问人核对或者向其宣读；询问笔录有修改的，应当由被询问人在改动处捺指印；核对无误后，由被询问人在尾页结束处写明"以上笔录我看过（或者向我宣读过），与我说的相符"，并逐页签章、捺指印。被询问人拒绝在询问笔录上签章、捺指印的，检查人员应当在笔录上注明。

第二十八条 当事人、证人可以采取书面或者口头方式陈述或者提供证言。当事人、证人口头陈述或者提供证言的，检查人员可以笔录、录音、录像。笔录应当使用能够长期保持字迹的书写工具书写，也可使用计算机记录并打印，陈述或者证言应当由陈述人或者证人逐页签章、捺指印。

当事人、证人口头提出变更陈述或者证言的，检查人员应当就变更部分重新制作笔录，注明原因，由当事人、证人逐页签章、捺指印。当事人、证人变更书面陈述或者证言的，不退回原件。

第二十九条 制作录音、录像等视听资料的，应当注明制作方法、制作时间、制作人和证明对象等内容。

调取视听资料时，应当调取有关资料的原始载体；难以调取原始载体的，可以调取复制件，但应当说明复制方法、人员、时间和原件存放处等事项。

对声音资料，应当附有该声音内容的文字记录；对图像资料，应当附有必要的文字说明。

第三十条 以电子数据的内容证明案件事实的，应当要求当事人将电子数据打印成纸质资料，在纸质资料上注明数据出处、打印场所，注明"与电子数据核对无误"，并由当事人签章。

需要以有形载体形式固定电子数据的，应当与提供电子数据的个人、单位的法定代表人或者财务负责人一起将电子数据复制到存储介质上并封存，同时在封存包装物上注明制作方法、制作时间、制作人、文件格式及长度等，注明"与原始载体记载的电子数据核对无误"，并由电子数据提供人签章。

第三十一条 检查人员实地调查取证时，可以制作现场笔录、勘验笔录，对实地检查情况予以记录或者说明。

制作现场笔录、勘验笔录，应当载明时间、地点和事件等内容，并由检查人员签名和当事人签章。

当事人拒绝在现场笔录、勘验笔录上签章的，检查人员应当在笔录上注明原因；如有其他人员在场，可以由其签章证明。

第三十二条 需要异地调查取证的，可以发函委托相关稽查局调查取证；必要时可以派人参与受托地稽查局的调查取证。

受托地稽查局应当根据协查请求，依照法定权限和程序调查；对取得的证据材料，应当连同相关文书一并作为协查案卷立卷存档；同时根据委托地稽查局协查函委托的事项，将相关证据材料及文书复制，注明"与原件核对无误"，注明原件存放处，并加盖本单位印章后一并移交委托地稽查局。

需要取得境外资料的，稽查局可以提请国际税收管理部门依照税收协定情报交换程序获取，或者通过我国驻外机构收集有关信息。

第三十三条 查询从事生产、经营的纳税人、扣缴义务人存款账户的，应当经所属税务局局长批准，凭《检查存款账户许可证明》向相关银行或者其他金融机构查询。

查询案件涉嫌人员储蓄存款的，应当经所属设区的市、自治州以上税务局局长批准，凭《检查存款账户许可证明》向相关银行或者其他金融机构查询。

第三十四条 检查从事生产、经营的纳税人以前纳税期的纳税情况时，发现纳税人有逃避纳税义务行为，并有明显的转移、隐匿其应纳税的商品、货物以及其他财产或者应纳税收入迹象的，经所属税务局局长批准，可以依法采取税收保全措施。

第三十五条 稽查局采取税收保全措施时，应当向纳税人送达《税收保全措施决定书》，告知其采取税收保全措施的内容、理由及依据，并依法告知其申请行政复议和提起行政诉讼的权利。

采取冻结纳税人在开户银行或者其他金融机构的存款措施时，应当向纳税人开户银行或者其他金融机构送达《冻结存款通知书》，冻结其相当于应纳税款的存款。

采取查封商品、货物或者其他财产措施时，应当填写《查封商品、货物或者其他财产清单》，由纳税人核对后签章；采取扣押纳税人商品、货物或者其他财产措施时，应当出具《扣押商品、货物或者其他财产专用收据》，由纳税人核对后签章。

采取查封、扣押有产权证件的动产或者不动产措施时，应当依法向有关单位送达《税务协助执行通知书》，通知其在查封、扣押期间不再办理该动产或者不动产的过户手续。

第三十六条 有下列情形之一的，稽查局应当依法及时解除税收保全措施：

(一)纳税人已按履行期限缴纳税款的；

(二)税收保全措施被复议机关决定撤销的；

(三)税收保全措施被人民法院裁决撤销的；

(四)其他法定应当解除税收保全措施的。

第三十七条 解除税收保全措施时，应当向纳税人送达《解除税收保全措施通知书》，告知其解除税收保全措施的时间、内容和依据，并通知其在限定时间内办理解除税收保全措施的有关事宜：

(一)采取冻结存款措施的，应当向冻结存款的纳税人开户银行或者其他金融机构送达《解除冻结存款通知书》，解除冻结。

(二)采取查封商品、货物或者其他财产措施的，应当解除查封并收回《查封商品、货物或者其他财产清单》。

(三)采取扣押商品、货物或者其他财产的，应当予以返还并收回《扣押商品、货物或者其他财产专用收据》。

税收保全措施涉及协助执行单位的，应当向协助执行单位送达《税务协助执行通知书》，通知解除税收保全措施相关事项。

第三十八条 采取税收保全措施的期限一般不得超过6个月；查处重大税收违法案件中，有下列情形之一，需要延长税收保全期限的，应当逐级报请国家税务总局批准：

(一)案情复杂，在税收保全期限内确实难以查明案件事实的；

(二)被查对象转移、隐匿、销毁账簿、记账凭证或者其他证据材料的；

(三)被查对象拒不提供相关情况或者以其他方式拒绝、阻挠检查的；

(四)解除税收保全措施可能使纳税人转移、隐匿、损毁或者违法处置财产，从而导致税款无法追缴的。

第三十九条 被查对象有下列情形之一的，依照《税收征管法》和《税收征管法细则》有关逃避、拒绝或者以其他方式阻挠税务检查的规定处理：

(一)提供虚假资料，不如实反映情况，或者拒绝提供有关资料的；

(二)拒绝或者阻止检查人员记录、录音、录像、照相、复制与税收违法案件有关资料的；

(三)在检查期间转移、隐匿、损毁、丢弃有关资料的；

(四)其他不依法接受税务检查行为的。

第四十条 检查过程中，检查人员应当制作《税务稽查工作底稿》，记录案件事实，归集相关证据材料，并签字、注明日期。

第四十一条 检查结束前，检查人员可以将发现的税收违法事实和依据告知被查对象；必要时，可以向被查对象发出《税务事项通知书》，要求其在限期内书面说明，并提供有关资料；被查对象口头说明的，检查人员应当制作笔录，由当事人签章。

第四十二条 检查结束时，应当根据《税务稽查工作底稿》及有关资料，制作《税务稽查报告》，由检查部门负责人审核。

经检查发现有税收违法事实的，《税务稽查报告》应当包括以下主要内容：

（一）案件来源；

（二）被查对象基本情况；

（三）检查时间和检查所属期间；

（四）检查方式、方法以及检查过程中采取的措施；

（五）查明的税收违法事实及性质、手段；

（六）被查对象是否有拒绝、阻挠检查的情形；

（七）被查对象对调查事实的意见；

（八）税务处理、处罚建议及依据；

（九）其他应当说明的事项；

（十）检查人员签名和报告时间。

经检查没有发现税收违法事实的，应当在《税务稽查报告》中说明检查内容、过程、事实情况。

第四十三条 检查完毕，检查部门应当将《税务稽查报告》、《税务稽查工作底稿》及相关证据材料，在5个工作日内移交审理部门审理，并办理交接手续。

第四十四条 有下列情形之一，致使检查暂时无法进行的，检查部门可以填制《税收违法案件中止检查审批表》，附相关证据材料，经稽查局局长批准后，中止检查：

（一）当事人被有关机关依法限制人身自由的；

（二）账簿、记账凭证及有关资料被其他国家机关依法调取且尚未归还的；

（三）法律、行政法规或者国家税务总局规定的其他可以中止检查的。

中止检查的情形消失后，应当及时填制《税收违法案件解除中止检查审批表》，经稽查局局长批准后，恢复检查。

第四十五条 有下列情形之一，致使检查确实无法进行的，检查部门可以填制《税收违法案件终结检查审批表》，附相关证据材料，移交审理部门审核，经稽查局局长批准后，终结检查：

（一）被查对象死亡或者被依法宣告死亡或者依法注销，且无财产可抵缴税款或者无法定税收义务承担主体的，

（二）被查对象税收违法行为均已超过法定追究期限的；

（三）法律、行政法规或者国家税务总局规定的其他可以终结检查的。

第五章　审　理

第四十六条 审理部门接到检查部门移交的《税务稽查报告》及有关资料后，应当及时安排人员进行审理。

审理人员应当依据法律、行政法规、规章及其他规范性文件，对检查部门移交的《税务稽查报告》及相关材料进行逐项审核，提出书面审理意见，由审理部门负责人审核。

案情复杂的，稽查局应当集体审理；案情重大的，稽查局应当依照国家税务总局有关规定报请所属税务局集体审理。

第四十七条 对《税务稽查报告》及有关资料，审理人员应当着重审核以下内容：

（一）被查对象是否准确；

（二）税收违法事实是否清楚、证据是否充分、数据是否准确、资料是否齐全；

（三）适用法律、行政法规、规章及其他规范性文件是否适当，定性是否正确；

（四）是否符合法定程序；

（五）是否超越或者滥用职权；

（六）税务处理、处罚建议是否适当；

（七）其他应当审核确认的事项或者问题。

第四十八条 有下列情形之一的，审理部门可以将《税务稽查报告》及有关资料退回检查部门补正或者补充调查：

（一）被查对象认定错误的；

（二）税收违法事实不清、证据不足的；

（三）不符合法定程序的；

（四）税务文书不规范、不完整的；

（五）其他需要退回补正或者补充调查的。

第四十九条《税务稽查报告》认定的税收违法事实清楚、证据充分，但适用法律、行政法规、规章及其

他规范性文件错误,或者提出的税务处理、处罚建议错误或者不当的,审理部门应当另行提出税务处理、处罚意见。

第五十条 审理部门接到检查部门移交的《税务稽查报告》及有关资料后,应当在15日内提出审理意见。但下列时间不计算在内:

(一)检查人员补充调查的时间;

(二)向上级机关请示或者向相关部门征询政策问题的时间。

案情复杂确需延长审理时限的,经稽查局局长批准,可以适当延长。

第五十一条 拟对被查对象或者其他涉税当事人作出税务行政处罚的,向其送达《税务行政处罚事项告知书》,告知其依法享有陈述、申辩及要求听证的权利。《税务行政处罚事项告知书》应当包括以下内容:

(一)认定的税收违法事实和性质;

(二)适用的法律、行政法规、规章及其他规范性文件;

(三)拟作出的税务行政处罚;

(四)当事人依法享有的权利;

(五)告知书的文号、制作日期、税务机关名称及印章;

(六)其他相关事项。

第五十二条 对被查对象或者其他涉税当事人的陈述、申辩意见,审理人员应当认真对待,提出判断意见。

对当事人口头陈述、申辩意见,审理人员应当制作《陈述申辩笔录》,如实记录,由陈述人、申辩人签章。

第五十三条 被查对象或者其他涉税当事人要求听证的,应当依法组织听证。听证主持人由审理人员担任。

听证依照国家税务总局有关规定执行。

第五十四条 审理完毕,审理人员应当制作《税务稽查审理报告》,由审理部门负责人审核。《税务稽查审理报告》应当包括以下主要内容:

(一)审理基本情况;

(二)检查人员查明的事实及相关证据;

(三)被查对象或者其他涉税当事人的陈述、申辩情况;

(四)经审理认定的事实及相关证据;

(五)税务处理、处罚意见及依据;

(六)审理人员、审理日期。

第五十五条 审理部门区分下列情形分别作出处理:

(一)认为有税收违法行为,应当进行税务处理的,拟制《税务处理决定书》;

(二)认为有税收违法行为,应当进行税务行政处罚的,拟制《税务行政处罚决定书》;

(三)认为税收违法行为轻微,依法可以不予税务行政处罚的,拟制《不予税务行政处罚决定书》;

(四)认为没有税收违法行为的,拟制《税务稽查结论》。

《税务处理决定书》、《税务行政处罚决定书》、《不予税务行政处罚决定书》、《税务稽查结论》引用的法律、行政法规、规章及其他规范性文件,应当注明文件全称、文号和有关条款。

《税务处理决定书》、《税务行政处罚决定书》、《不予税务行政处罚决定书》、《税务稽查结论》经稽查局局长或者所属税务局领导批准后由执行部门送达执行。

第五十六条《税务处理决定书》应当包括以下主要内容:

(一)被查对象姓名或者名称及地址;

(二)检查范围和内容;

(三)税收违法事实及所属期间;

(四)处理决定及依据;

(五)税款金额、缴纳期限及地点;

(六)税款滞纳时间、滞纳金计算方法、缴纳期限及地点;

(七)告知被查对象不按期履行处理决定应当承担的责任;

(八)申请行政复议或者提起行政诉讼的途径和期限;

(九)处理决定的文号、制作日期、税务机关名称及印章。

第五十七条《税务行政处罚决定书》应当包括以下主要内容:

(一)被查对象或者其他涉税当事人姓名或者名称及地址;

(二)检查范围和内容;

(三)税收违法事实及所属期间;

（四）行政处罚种类和依据；

（五）行政处罚履行方式、期限和地点；

（六）告知当事人不按期履行行政处罚决定应当承担的责任；

（七）申请行政复议或者提起行政诉讼的途径和期限；

（八）行政处罚决定的文号、制作日期、税务机关名称及印章。

第五十八条《不予税务行政处罚决定书》应当包括以下主要内容：

（一）被查对象或者其他涉税当事人姓名或者名称及地址；

（二）检查范围和内容；

（三）税收违法事实及所属期间；

（四）不予税务行政处罚的理由及依据；

（五）申请行政复议或者提起行政诉讼的途径和期限；

（六）不予行政处罚决定的文号、制作日期、税务机关名称及印章。

第五十九条《税务稽查结论》应当包括以下主要内容：

（一）被查对象姓名或者名称及地址；

（二）检查范围和内容；

（三）检查时间和检查所属期间；

（四）检查结论；

（五）结论的文号、制作日期、税务机关名称及印章。

第六十条 税收违法行为涉嫌犯罪的，填制《涉嫌犯罪案件移送书》，经所属税务局局长批准后，依法移送公安机关，并附送以下资料：

（一）《涉嫌犯罪案件情况的调查报告》；

（二）《税务处理决定书》、《税务行政处罚决定书》的复制件；

（三）涉嫌犯罪的主要证据材料复制件；

（四）补缴应纳税款、缴纳滞纳金、已受行政处罚情况明细表及凭据复制件。

第六章　执　行

第六十一条 执行部门接到《税务处理决定书》、《税务行政处罚决定书》、《不予税务行政处罚决定书》、《税务稽查结论》等税务文书后，应当依法及时将税务文书送达被执行人。

执行部门在送达相关税务文书时，应当及时通过税收征管信息系统将税收违法案件查处情况通报税源管理部门。

第六十二条 被执行人未按照《税务处理决定书》确定的期限缴纳或者解缴税款的，稽查局经所属税务局局长批准，可以依法采取强制执行措施，或者依法申请人民法院强制执行。

第六十三条 经稽查局确认的纳税担保人未按照确定的期限缴纳所担保的税款、滞纳金的，责令其限期缴纳；逾期仍未缴纳的，经所属税务局局长批准，可以依法采取强制执行措施。

第六十四条 被执行人对《税务行政处罚决定书》确定的行政处罚事项，逾期不申请行政复议也不向人民法院起诉、又不履行的，稽查局经所属税务局局长批准，可以依法采取强制执行措施，或者依法申请人民法院强制执行。

第六十五条 稽查局对被执行人采取强制执行措施时，应当向被执行人送达《税收强制执行决定书》，告知其采取强制执行措施的内容、理由及依据，并告知其依法申请行政复议或者提出行政诉讼的权利。

第六十六条 稽查局采取从被执行人开户银行或者其他金融机构的存款中扣缴税款、滞纳金、罚款措施时，应当向被执行人开户银行或者其他金融机构送达《扣缴税收款项通知书》，依法扣缴税款、滞纳金、罚款，并及时将有关完税凭证送交被执行人。

第六十七条 拍卖、变卖被执行人商品、货物或者其他财产，以拍卖、变卖所得抵缴税款、滞纳金、罚款的，在拍卖、变卖前应当依法进行查封、扣押。

稽查局拍卖、变卖被执行人商品、货物或者其他财产前，应当拟制《拍卖 / 变卖抵税财物决定书》，经所属税务局局长批准后送达被执行人，予以拍卖或者变卖。

拍卖或者变卖实现后，应当在结算并收取价款后 3 个工作日内，办理税款、滞纳金、罚款的入库手续，并拟制《拍卖 / 变卖结果通知书》，附《拍卖 / 变卖扣押、查封的商品、货物或者其他财产清单》，经稽查局局长审核后，送达被执行人。

以拍卖或者变卖所得抵缴税款、滞纳金、罚款和拍卖、变卖费用后，尚有剩余的财产或者无法进行拍卖、变卖的财产的,应当拟制《返还商品、货物或者其他财产通知书》,附《返还商品、货物或者其他财产清单》,送达被执行人,并自办理税款、滞纳金、罚款入库手续之日起3个工作日内退还被执行人。

第六十八条 被执行人在限期内缴清税款、滞纳金、罚款或者稽查局依法采取强制执行措施追缴税款、滞纳金、罚款后,执行部门应当制作《税务稽查执行报告》,记明执行过程、结果、采取的执行措施以及使用的税务文书等内容,由执行人员签名并注明日期,连同执行环节的其他税务文书、资料一并移交审理部门整理归档。

第六十九条 执行过程中发现涉嫌犯罪的,执行部门应当及时将执行情况通知审理部门,并提出向公安机关移送的建议。

对执行部门的移送建议,审理部门依照本规程第六十条处理。

第七十条 执行过程中发现有下列情形之一的,由执行部门填制《税收违法案件中止执行审批表》,附有关证据材料,经稽查局局长批准后,中止执行:

(一)被执行人死亡或者被依法宣告死亡,尚未确定可执行财产的;

(二)被执行人进入破产清算程序尚未终结的;

(三)可执行财产被司法机关或者其他国家机关依法查封、扣押、冻结,致使执行暂时无法进行的。

(四)法律、行政法规和国家税务总局规定其他可以中止执行的。

中止执行情形消失后,应当及时填制《税收违法案件解除中止执行审批表》,经稽查局局长批准后,恢复执行。

第七十一条 被执行人确实没有财产抵缴税款或者依照破产清算程序确实无法清缴税款,或者有其他法定终结执行情形的,稽查局可以填制《税收违法案件终结执行审批表》,依照国家税务总局规定权限和程序,经税务局相关部门审核并报所属税务局局长批准后,终结执行。

第七章 案卷管理

第七十二条《税务处理决定书》、《税务行政处罚决定书》、《不予行政处罚决定书》、《税务稽查结论》执行完毕,或者依照本规程第四十五条进行终结检查或者依照第七十一条终结执行的,审理部门应当在60日内收集稽查各环节与案件有关的全部资料,整理成税务稽查案卷,归档保管。

第七十三条 税务稽查案卷应当按照被查对象分别立卷,统一编号,做到一案一卷、目录清晰、资料齐全、分类规范、装订整齐。

税务稽查案卷分别立为正卷和副卷。正卷主要列入各类证据材料、税务文书等可以对外公开的稽查材料;副卷主要列入检举及奖励材料、案件讨论记录、法定秘密材料等不宜对外公开的稽查材料。如无不宜公开的内容,可以不立副卷。副卷作为密卷管理。

第七十四条 税务稽查案卷材料应当按照以下规则组合排列:

(一)案卷内材料原则上按照实际稽查程序依次排列;

(二)证据材料可以按照材料所反映的问题等特征分类,每类证据主要证据材料排列在前,旁证材料排列在后;

(三)其他材料按照材料形成的时间顺序,并结合材料的重要程度进行排列。

税务稽查案卷内每份或者每组材料的排列规则是:正件在前,附件在后;重要材料在前,其他材料在后;汇总性材料在前,基础性材料在后。

第七十五条 税务稽查案卷按照以下情况确定保管期限:

(一)偷税、逃避追缴欠税、骗税、抗税案件,以及涉嫌犯罪案件,案卷保管期限为永久;

(二)一般行政处罚的税收违法案件,案卷保管期限为30年;

(三)前两项规定以外的其他税收违法案件,案卷保管期限为10年。

第七十六条 查阅或者借阅税务稽查案卷,应当按照档案管理规定办理手续。

税务机关人员需要查阅或者借阅税务稽查案卷的,应当经稽查局局长批准;税务机关以外人员需要查阅的,应当经稽查局所属税务局领导批准。

查阅税务稽查案卷应当在档案室进行。借阅税务稽查案卷,应当按照规定的时限完整归还。

未经稽查局局长或者所属税务局领导批准,查阅或者借阅税务稽查案卷的单位和个人，不得摘抄、复制案卷内容和材料。

第七十七条 税务稽查案卷应当在立卷次年6月30日前移交所属税务局档案管理部门保管；稽查局与所属税务局异址办公的，可以适当延迟移交，但延迟时间最多不超过2年。

第八章　附　则

第七十八条 本规程相关税务文书的式样，由国家税务总局规定。

第七十九条 本规程所称签章，区分以下情况确定：

（一）属于法人或者其他组织的，由相关人员签名，加盖单位印章并注明日期；

（二）属于个人的，由个人签名并注明日期。

本规程所称以上、日内，包括本数。

第八十条 本规程自2010年1月1日起执行。国家税务总局1995年12月1日印发的《税务稽查工作规程》同时废止。

计财类

国家税务总局关于发行2009年印花税票的通知

2009年5月18日　国税函〔2009〕266号

各省、自治区、直辖市和计划单列市国家税务局、地方税务局：

为迎接新中国成立60周年大庆，2009年税务总局发行《中国古代圣贤故事》和《牡丹呈祥》两套中国印花税票。现已印制完成并开始发行，各地收到2009年版印花税票后即可启用。现将有关事项通知如下：

一、税票图案内容

《中国古代圣贤故事》一套9枚，图案采用范曾先生的"中国古代圣贤故事图"为题材，各面值图名分别是：1角（中国古代圣贤故事·敦颐说莲）、2角（中国古代圣贤故事·东波赏砚）、5角（中国古代圣贤故事·仲淹悯渔）、1元（中国古代圣贤故事·太白仙游）、2元（中国古代圣贤故事·羲之爱鹅）、5元（中国古代圣贤故事·屈原天问）、10元（中国古代圣贤故事·庄子梦蝶）、50元（中国古代圣贤故事·子贡劝农）、100元（中国古代圣贤故事·老子出关）。

《牡丹呈祥》一套9枚，图案采用周彦生先生的"洛阳牡丹图"为题材，各面值图名分别是：1角（洛阳牡丹·芳菲祥瑞）、2角（洛阳牡丹·牡丹绝色三春暖）、5角（洛阳牡丹·富贵长寿）、1元（洛阳牡丹·露浓凝香）、2元（洛阳牡丹·春酣国色）、5元（洛阳牡丹·丹心独抱）、10元（洛阳牡丹·春风富贵）、50元（洛阳牡丹·韵胜西施）、100元（洛阳牡丹·露花倩影）。

二、税票规格与包装

《中国古代圣贤故事》印花税票打孔尺寸为30mm×50mm，每版20枚，每版成品尺寸：180mm×240mm。左右两边出孔到边。图案左侧印有"中国印花税票CHINA"，底部印有"2009(9–X)"，表明2009年版和按票面金额从大面额到小面额的顺序号。

《牡丹呈祥》印花税票打孔尺寸为38mm×50mm，每版20枚，每版成品尺寸:180mm×278mm。左右两边出孔到边。图案下面印有“中国印花税票CHINA”，底部侧印有“2009(9-X)”，表明2009年版和按票面金额从大面额到小面额的顺序号。

两套印花税票每种面值的包装均为每张20枚，100张一包，5包一箱，每箱计1万枚（20枚×100张×5包）。

三、税票防伪措施

(一)采用6色影写凹版印刷；

(二)采用红色防伪油墨印刷；

(三)采用椭圆形异形齿孔，在左右两边的居中位置；

(四)采用第二代彩色荧光点防伪邮票纸印制；

(五)每版右下角有6位连续喷墨号码。

四、2009年版印花税票发行量

2009年版印花税票《中国古代圣贤故事》和《牡丹呈祥》两种共发行11000万枚，各5500万枚。各面值发行量分别为：

《中国古代圣贤故事》壹角票150万枚，贰角票100万枚，伍角票100万枚，壹元票400万枚，贰元票100万枚，伍元票1650万枚，拾元票1200万枚，伍拾元票900万枚，壹佰元票900万枚。

《牡丹呈祥》壹角票150万枚，贰角票100万枚，伍角票100万枚，壹元票400万枚，贰元票100万枚，伍元票1650万枚，拾元票1200万枚，伍拾元票900万枚，壹佰元票900万枚。

五、其他有关事项

(一)税务总局将根据各地印花税票需求量计划按整数最低1万枚发运。

(二)为满足各地集藏爱好者购买成套印花税票的需要，税务总局将向各地发放一部分九种面值成套的印花税票，各地可以安排集中出售点专售。今后各地需要成套票的，请在上报的需求量计划中说明。

(三)2009年版印花税票样本册将于今年8至9月份通过北京市机要局发至各县及县以上税务局计统部门，用于工作中对印花税票的识别，请各地税务机关注意查收。

ZHEJIANG DISHUI NIANJIAN

第三编

省地方税务局工作

全省地方税务工作综述

经济概况 2009年，全省实现生产总值22832亿元,增长8.9%。其中:第一产业增加值1162亿元,第二产业增加值11843亿元，第三产业增加值9827亿元，分别增长2.3%、6.8%和12.5%。人均GDP为44335元（按年平均汇率折算为6490美元），增长7.6%。第一、二、三产业增加值结构从上年的5.1：53.9：41.0调整为5.1：51.9：43.0。全省居民消费价格下降1.5%。全年新增城镇就业人数81.9万人,年末城镇登记失业率为3.26%,比上年末下降0.23个百分点。全部工业增加值为10457亿元,增长5.9%,其中规模以上工业增加值8232亿元,增长6.2%。全社会固定资产投资10742亿元,增长15.2%。房地产开发投资2254亿元，比上年增长11.4%。商品房销售额4303亿元,增长1.3倍。社会消费品零售总额8622亿元,增长15.9%,扣除价格因素,实际增长17.3%。交通运输、仓储和邮政业增加值857亿元,增长1.9%。进出口总额为1877亿美元,下降11.1%,其中进口547亿美元,下降3.7%;出口1330亿美元,下降13.8%,主要出口市场逐渐回暖,出口降幅持续收窄,美国仍为第一大出口国,日本重新成为第一大进口来源地。年末金融机构本外币各项存款余额45112亿元,比上年末增长27.4%,其中人民币存款余额增长27.6%。全部金融机构本外币各项贷款余额39224亿元,比上年末增长32.4%,其中人民币贷款余额增长31.4%。全省城镇居民人均可支配收入24611元,农村居民人均纯收入10007元，扣除价格因素，分别比上年实际增长9.7%和9.5%,城镇居民人均可支配收入连续9年、农村居民人均纯收入连续25年列全国各省区第一位。

税收概况【收入完成情况】2009年,全省地税部门组织各项收入2505.39亿元，增收179.42亿元,增长7.71%;其中:税收收入1596.78亿元,增收102.38亿元,增长6.85%;社保基金收入726.48亿元,增收64.85亿元,增长9.80%。

【收入特点】一是经济税收协调发展。2009年全省地税税收收入随同经济经历了一次快速下滑、企稳、强劲回升的“V”型振荡。全省地税税收弹性系数为1.05，地税税收收入增长与经济发展基本保持同步。2005年至2009年，全省地税税收弹性系数分别为1.01、1.11、1.50、1.10和1.05。可见,近年来全省地税税收增长与经济发展的一致性、协调性较好,经济发展对税收收入增长的主导作用进一步增强。

二是第三产业税收继续领跑。2009年全省入库第二产业、第三产业税收550.01亿元、1045.61亿元,分别增长0.86%、10.32%。第三产业税收占全部税收的65.48%,提高2.06个百分点;第三产业税收对全部税收的增收贡献率达95.57%。第三产业中租赁商务服务业、房地产业、金融业、文化体育娱乐业、信息传输计算机服务软件业税收增长领先，分别增长34.54%、19.43%、17.88%、12.84%、12.06%;其中:房地产业和金融业税收占全部税收的20.73%和12.52%,分别提高2.19个和1.17个百分点；房地产业和金融业税收对全部税收的增收贡献率均创历年新高,分别达52.60%和29.62%,贡献率合计达82.22%。总体上看,金融业税收平稳增长、房地产业税收增幅6月份起强劲反弹,是地税税收收入实现平稳增长的主要推力。

三是地区税收均衡增长。除丽水市税收收入增幅较低外,其余地区税收收入增幅均在6%~12%之间,各地收入增长均衡性进一步增强。各市税收收入增幅从高到低分别为:衢州市11.87%、舟山市10.38%、湖州市10.15%、绍兴市8.58%、杭州市8.45%、嘉兴市7.54%、宁波市6.58%、台州市6.56%、温州市6.13%、金华市6.05%、丽水市0.07%。从各地收入情况看,衢州市、舟山市税收收入增幅领先,杭州市、宁波市、温州市三个大市税收收入合计占全省税收收入的55.66%,比重比上年略有提高。

【税源分析】一是经济增速下滑拉低地税收入增幅。受国际金融危机的冲击,从2008年四季度开始,我省经济增速明显下滑。2009年初,随着金融危机进一步向实体经济蔓延,回落速度进一步加快,至2009年一季度末回落至谷底,税收收入增幅相应跌入历史最低点(-5.19%)。二季度开始,我省经济开始企稳,税收收入随之回暖,二季度GDP现价和税收收入分别增长2.36%和-0.79%。二季度以后,经济快速回升,税收收入在经济回暖带动下快速反弹。三季度GDP现价和税收收入增幅分别达6.86%和18.08%。四季度以来,各项经济指标加速回升,当季GDP现价增长超过14%,地税税收收入增幅高达26.25%。

二是政策性减收加剧地税收入下滑。贯彻落实新企业所得税法税率下调、高新技术企业优惠税率、研发费加计扣除、小型微利企业税收减免等优惠政策,全省(不含宁波,下同)合计减收企业所得税93亿元左右,拉低全省企业所得税收入增幅27个百分点以上。贯彻落实增值税转型、房地产交易环节税收政策调整减收10亿元左右。贯彻落实帮扶企业实施的税费减免政策以及“春雨”专项行动中的“帮扶性”减征和“激励性”减征等因素造成减收,其中房产税和城镇土地使用税合计减免8.9亿元。

三是管理创新促进收入平稳增长。坚持“抓大、评中、定小”的税源管理思路,建立健全数据采集—税源监控—税收分析—纳税评估—税务稽查“五位一体”横向互动机制,积极推进“管查”互动机制建设;重点摸清源头信息,加大第三方信息采集力度和信息比对;积极推广应用不动产建筑业、出租房等税收管理软件,进一步推进个人所得税代扣代缴明细申报工作,通过各种有效措施,加强税源源泉控管,促进税收平稳增长。

各项工作情况【**依法治税**】扎实开展依法行政考核工作,省地税局连续三年被省政府评为依法行政先进单位。稳妥推进执法责任制考核,确定省对市县地税局的执法责任考核指标。在桐乡、嘉兴试点基础上,从业务上进一步梳理、确定省对市县的执法责任考核指标,设置公共指标库,统一在《税友2006》省局库中设置《浙江省地税系统执法责任制考核方案(测试)》,组织各市县局对系统中的省对市县执法责任制考核管理功能进行试运行。嘉兴市地税局率先在市本级各税务分局、稽查局和所辖县(市)局试行责任到岗的税收执法责任制电子化考核。深入开展执法检查,充分运用和解、调解手段妥善解决税务行政争议,2009年行政复议案件2起,行政诉讼案件5起,行政争议案件明显减少。

【**社保费管理**】持续深化社会保险费征管改革,初步建立可持续社保费长效筹资机制,不断增强基金支付能力。会同财政、人力社会保障等部门,认真抓好社保费征缴扩面工作,制订下发《浙江省社会保险缴费登记暂行办法》,统一规范全省社会保险缴费登记的流程和内容,并对已办理税务登记未办理缴费登记的企业单位进行补登记。截至2009年底,全省(不含宁波)企业养老保险缴费登记户数达47万户,基本实现社会保险企业全覆盖。积极加强和社保等部门的配合协作,努力扩大社保覆盖面,探索开展地税、社保“一站式”服务新举措,方便缴费人。积极参与养老保险省级统筹政策的调研和制定,开展社保费征管情况调查,基本掌握全省企业的工资总额情况和社保费负担水平,为推进缴费比例逐步统一、公平负担,进一步规范社保费征管奠定坚实的基础。

【**税收征管**】一是在加强税源管理上有新突破。坚持“抓大、评中、定小”税源管理思路,积极推广杭州市地税局加强重点税源管理经验;组织开展住宿业、租赁业专项纳税评估、重点税源专项评估以及资源税纳税评估试点,建立餐饮、建筑、广告三行业纳税评估模型,入选国家税务总局百佳模型;推广“参数定税法”。圆满完成城镇土地使用税税源清查,积极推进机动车车船税保险机构代收代缴工作。统一规范省内跨地区经营建筑安装企业所得税征管,积极开展个人工资薪金所得与企业工资费用支出比对。二是在完善管理制度上有新举措。在全国率先出台营业税差额征税管理办法,推出全省统一格式的企业所得税汇算清缴和财产损失鉴证报告与工作底稿范本。建立重点工作责任分解和调研时基层反映问题办理制度。

【**信息化建设**】加快推进发票电子化,推行机打发票和有奖发票,提供网上发票真伪校验服务,加强以票控税。持续改进《税友2006》系统,全年组织开发50多项新增功能。建立国地税信息共享平台,实现双方申报和财务数据的实时共享。组织开发稽查查账、大企业风险监测管理、营业税差额征税管理等新软件;推广应用不动产建筑业税收项目管理软件、车船税保险机构代收代缴明细申报软件,全面应用快捷查询软件。建立健全与工商部门的个人股权转让信息传递机制。

【**税务稽查**】坚持以整顿规范税收秩序为主线,以开展税收专项检查、区域税收整治、大型集团企业税收检查为抓手，严厉打击制售假发票犯罪活动，突出大要案查处和举报案件查处力度，提高稽查工作质量和效率，强化稽查队伍建设，发挥稽查职能作用，构建法治公平的税收环境，为地税收入增长提供有力保障。2009年，全省各级地税稽查部门共对16689户纳税人实施检查，占全省纳税总户数的4.8%，其中重点检查5393户，已查结5289户；查补总额共计265974万元，实际入库262286万元，入库率98.6%；查补税款230791万元，其中重点检查案件查补税款19224万元，罚款12318万元，检查案件处罚率64.1%；查处大要案153起，移送司法机关处理44起，曝光100件；对1104件案件实施复查，复查率20.5%；公告案件总计3590件，公告率82.9%。

【优化服务】一是开展“十百千万送服务”。通过“十项便民措施”、“百场专题税企沟通会”、“千名税干进千企”、“网送税法连万家”等活动载体，千方百计为纳税人解难题、送服务。各地共派出7038名地税干部走访16589家企业，现场解答涉税问题12790个，收集意见建议6034条，提供个性化服务3552项；举办631场专题税企沟通会，参加人数达72881人，免费发放资料163261份；12366语音特服系统共受理纳税人咨询电话153万话次，推送最新政策通知、提醒等服务短信432万条，分别比上年增长88%和5%。二是落实“两个减负”。取消办税业务事项52项，减少主表41份，附列资料113项。继续实行免收税务登记证工本费制度，节约纳税人成本740万元。三是优化服务方式。规范办税服务厅标准化建设，导入视觉识别系统，探索开展个性化服务。在全国省会城市纳税服务满意度调查中，杭州地税进入前三甲，有关做法在全国税务系统纳税服务工作会议上进行经验介绍和现场观摩。

队伍建设【机构人员情况】稳妥处理好契税、耕地占用税征管职能划转后有关编制、机构和人员等问题，确保两税征管职能划转工作顺利开展。根据《省局处级干部选拔实施办法》要求，通过竞争上岗、委任等方式局机关共选拔26名处级干部。2009年，全省地税系统共招收291名(不含宁波)具有本科以上学历公务员，有效缓解基层地方税收征管人员编制偏紧的问题。不断规范加强全省地税系统地税所专项编制管理，全年共批复转任、交流、接收军转干部等63人。

【领导班子建设】严格按照《干部选拔任用工作条例》要求，做好省局机关和系统领导干部配备调整工作。根据干部管理权限，任免市地税局领导干部15名，批复任免县(市)地税局局长8名，系统领导班子力量得到充实，班子结构进一步优化。

【廉政建设】制订《浙江省地方税务局关于进一步推进全省地税系统反腐倡廉工作的意见》，认真做好违纪违法案件防范和查处工作。召开全省地税纪检监察工作会议，扎实做好案件预防工作，使系统违纪违法案件发生率继续保持个位数的较低水平。2009年全省地税系统干部受党纪政纪以上处分7人，较上年略有下降。

【教育培训】一是制订规划，深入实施人才兴税战略。制发《浙江省地税系统2009—2011年干部教育培训规划》，提出未来三年教育培训工作的目标任务、主要内容及保障措施，进一步推进地税干部教育培训的科学化、制度化、规范化建设。二是组织培训，提高地税干部的综合素质。2009年，以能力建设为主线，扎实开展分层分类培训，全省地税系统共举办培训班1178期，共有35730人次参加培训。三是组织考试，实现以考促训。组织稽查人员业务考试，全省地税系统1347名稽查人员参加考试，成绩优秀，90分以上有1145人，占85.0%。举办全省地税系统岗位业务技能比武活动，充分展示岗位业务技能全员轮训成果，提高全省地税系统办税服务厅工作人员的业务能力，提升服务水平。

【精神文明建设】2009年，全省地税系统有5个单位、2名个人荣获“全国税务系统先进集体”和“全国税务系统先进工作者”称号。1个单位获“全国文明单位”称号，1家单位被授予“全国巾帼文明岗”称号。1个单位和1名个人荣获浙江省“人民满意的公务员集体”和“人民满意的公务员”称号。1个单位荣获浙江省“青年文明号创业创新示范项目”。69个单位被评为地税系统省级“基层文明单位”，36个单位被评为省级“青年文明号”，13个单位被评为浙江省地税系统“群众满意基层站所(办事窗口)”，45个单位被继续认定为地税系统“群众满意基层站所(办事窗口)”。在全省地税系统组织开展“做时代新女性，创税收新业绩”巾帼建功活动、青年文明号集体“践行科学发展观,服务群众、服务企业专项行动”等活动。

【文化建设】一是对学习平台、制度平台、情感平台、激励平台、宣传平台和活动平台等六个平台进行进一步梳理和细分,制订《2009年全省地税系统开展文化建设活动要点》,指导全省地税系统深入开展财税文化建设。二是根据总局的统一部署,在浙江省地税系统组织开展“窗口行业创建文明单位网上行”活动。三是组织举办“庆祝新中国成立60周年”诗歌、书画等作品征集评选活动。活动共征集到文字类(诗歌、散文)、书画类、摄影类和篆刻类(篆刻、剪纸)等四大类作品1000余件。四是组织举办“光辉税月”——庆祝新中国成立60周年暨地税文化建设成果展,集中展示浙江地税人文化素养。五是圆满举办“庆祝新中国成立60周年文艺晚会暨第三届文艺调演”,展示全省地税工作的丰硕成果和税务干部良好的精神风貌。六是在全省地税系统组织开展群众性爱国主义和核心价值观教育活动,“爱国歌曲大家唱”群众性歌咏活动,弘扬时代主旋律,激发广大干部职工的爱国热情。

【新闻人物】张水灵,男,1961年6月出生,中共党员,现任绍兴市地税局税政管理处处长,全国税务系统先进工作者。自1981年8月进入绍兴市地方税务局工作以来,历任绍兴市城关财税所专管员、绍兴市越城区税务分局检查组组长、绍兴市税务稽查支队一队队长、绍兴市地税局稽查局副局长等职务。自2001年担任绍兴市地税局税政管理处处长以来,一直兢兢业业,扎扎实实工作在税政战线,在推进税收工作科学化、精细化、规范化管理基础上,开拓了用思维创新、靠管理创新、凭服务创新的税政新路子,赢得领导的肯定、同事的赞许。

【先进经验】温州市地税局直属一分局相继荣获“全国税务系统先进集体”、“全国青年文明号”,“全国青年文明号十年成就奖”、首届浙江省“杰出青年文明号”、省市巾帼文明示范岗、全省地税系统最佳办税服务厅、“省级基层文明单位”、“温州市群众满意基层站所”等称号。该分局干部多人次被评为全国税务系统精神文明建设先进工作者、省市优秀青年岗位能手、温州市“三八红旗手”和温州市“十佳公务员”。

主要经验:一是推行精细管理模式。该分局实行组、片、科、局的四级税收预测机制,每季召开专题税收分析会,未雨绸缪,精密安排,牢牢掌握抓税源的主动性和前瞻性;对税源进行ABC分类管理,对不同类别企业设置分类管理台账,实时掌握税源动态;推行“一户一档”档案管理制度,实现税收征管从户籍管理至档案管理全方位、全流程控制。二是创新纳税服务方式。该分局力求在纳税服务上求变、求创新,主动提供个性化、贴心式服务,主要有:推进信用体系建设,推广预约服务、提醒服务、限时服务、弹性服务、跟踪服务等“温馨五服务”;开通“绿色通道”等措施为纳税人提供个性化服务;实行滚动AB岗制,在业务不相涉的窗口设置滚动B岗,有效解决窗口高峰时段排队现象;实行补正承诺制,方便纳税人办理涉税事项;实行每日值班长制,轮流负责服务厅一天的公共设施管理工作,确保服务厅始终保持整洁、统一。三是搭建立体服务平台。通过搭建远程、近台服务平台,构建立体的纳税服务支持体系。建设远程纳税服务平台:依托互联网,完善以网上电子申报为主体的多元化申报征收方式;充分利用网络优势开展税企沟通,拓宽纳税服务的时间与空间。建设近台纳税服务平台:打造办税厅的环岛型服务平台,将办税台从原来1.4米降到0.8米,拉近征纳双方的距离;推进个税全员申报,为纳税人提供“即时办理个税纳税证明”等服务;引入POS机刷卡缴税,方便纳税人。

办公室工作

2009年,面对金融危机给浙江省地税工作带来的困难和挑战,办公室围绕“依法治税保增长、务实创新抓转型、以人为本重民生、廉洁高效促稳定”的工作主线,进一步提高办公室工作参谋力、执行力、服务力,努力提升为领导服务、为机关服务、为基层服务的水平,突出重点、扎实推进各项工作,取得一定成效。

一、文秘宣传工作

面对金融危机给浙江省地税工作带来的困难,进一步提高办公室决策参谋力,提炼共性问题、总结创新思路、推广管理经验,为领导掌握情况、科学决策和指导工作提供参谋更显重要。

【信息调研工作】办公室紧紧围绕学习实践科学发展观、“保增长、抓转型、重民生、促稳定”省委省政府的战略部署、推进企业分离发展服务业等省局的中心和重点工作，组织好文稿材料、编辑好重要信息。及时关注各地经济税收态势和地税热点问题，快编动态信息，发挥信息领导的“耳目”作用；精编调研与建议类信息，为领导决策提供依据；选编涉税舆情，为省局领导提供国内外涉税资讯。围绕“保稳促调”和省局中心工作，共编发《浙江地税信息》98期，其中上报的信息《浙江整合税收政策资源积极应对金融危机》得到陈敏尔常务副省长的批示：“省地税系统积极落实税收政策，有效帮扶企业和服务民生的做法值得肯定和总结，更应坚持发扬并做得更好。”

改进调研信息内容，增加实情、实事的调研信息，通过《调研与建议》这个反映情况、分析问题、建言献策的畅通渠道，充分反映全省地税工作难点、热点和创新点。共编发《调研与建议》24期，其中第四期《杭州市局积极探索重点税源项目化管理见成效》得到单美娟常务副局长批示，在全省推广西湖区局管理创新经验，在困难时期一定程度上促进了浙江省地税增收。第八期《衢州市地税局局长徐素荣进一步加强稽查工作的几点思考》得到钱子辉巡视员批示。第十二期《上虞市局加强“五位一体”互动管理机制的实践与思考》得到劳晓峰副局长批示，指示征管处、信息中心认真研读，将有关做法可以纳入到大集中需求中去。

围绕分离企业发展服务业这一中心工作，编发《深入推进企业分离发展服务业简报》37期，其中第四期得到劳晓峰副局长和徐敏俊总会计师批示。编发《财税文化建设专辑》17期、《舆情参阅》4期。在做好信息编发工作的同时，办公室也努力提高自身信息撰写报送工作，办公室撰写信息录用篇数占省局信息录用总数的48.74%，占全省信息刊发总数的11.76%。

【综合文稿】结合省局中心工作，积极撰写各种综合文稿，当好领导的参谋助手，多次得到省局领导的肯定，办公室共撰写正式发文文稿120件。同时，认真做好收发公文工作，共发文691件，其中与其他单位联合发文75件，收文985件。

【税收宣传】2009年税收宣传工作，结合“进一步推进工业企业分离发展服务业”等十项重点工作，与有关媒体合作开展快速有效、持续深入的税收宣传活动，取得良好的社会效应。突出“帮扶企业、共克时艰”中心工作，大力宣传“依法治税、依法减免、依法服务”的工作理念，推进帮扶经验，努力营造地税工作和谐舆论氛围，赢得纳税人的好评。结合帮扶企业“春雨”专项行动，把点的辅导和面的宣传统一起来，把政策宣传和形象宣传结合起来体现税收“取之于民，用之于民”本质属性，努力营造良好的税收执法环境。在帮扶企业“春雨”专项行动中，积极搭建平台，局领导亲自参与，率先垂范，2月17日，钱巨炎局长、单美娟常务副局长参加了“纳税人之家”长效服务的启动仪式；2月16日，单美娟常务副局长参加浙江地税“春雨”行动暨金华“纳税服务志愿者”帮扶活动启动仪式；2月26日，劳晓峰副局长、徐敏俊总会计师做客浙江在线新闻网站，围绕“帮扶企业‘春雨’专项行动”主题，就如何及时、高效地把各项税收优惠政策落实到相关企业等问题与网友展开讨论，解答网友提问。

积极组织宣传稿件，宣传介绍浙江省地税工作创新经验，省局办公室2009年组织撰写的新闻稿件20余篇，如通过《浙江日报》刊发《转型升级中的财税“杠杆”撬动浙江发展空间》一文，历数地税部门支持企业转型、结构升级的各项税费优惠政策，为分离发展服务业等工作营造良好的舆论氛围。在《中国税务报》发表《“六化”开启浙江地税系统纳税服务新篇章》，总结近年来浙江地税系统在纳税服务工作中的突出成绩，为在杭州召开的全国纳税服务会议积极造势。

4月份第18个全国税收宣传月中，按照总局、省局的部署和要求，紧密围绕“税收·发展·民生”的宣传主题，积极服务“保增长、保民生、保稳定”的大局，以“服务发展、服务民生”的各项举措为主要宣传内容，通过整合资源、创新形式，在全省范围内开展一系列内容丰富、形式多样的税收宣传活动，进一步扩大税收宣传覆盖面，初步建立起税收“大宣传”格局。利用浙江卫视传播优势，继续开设《阳光行动》专栏，大力开展对浙江地税系统特色工作的报道，深入各个市县局和税务分局实地拍摄，宣传报道基层工作亮点、特色工作，如“真情帮扶、共克时艰”专题片，尤其是今年推出的帮扶企业“春雨”专项行动专题报道，获得了纳税人的广泛好评。

二、日常管理工作

作为综合协调和执行部门，为履行好上情下达、下情上传、协调左右、联系内外的职能，办公室突出工作质量和效率，积极贯彻落实省局各项中心工作和省局领导的各项指示，抓好日常工作，不断强化执行力。

【三年规划编制】按照局领导的要求和指示，具体落实《规划》工作，在各处室提交本部门三年规划草案的基础上，牵头各处室骨干力量集中编制，十易其稿，保证三年规划在6月份按时保质出台。

【信息公开】认真贯彻实施《政府信息公开条例》，以公开为一般，以不公开为例外，依托互联网不断充实信息公开内容。进一步夯实基础，拓展信息公开平台建设，有效推动全局及全省地税系统信息公开工作。2009年6月和10月，对主动公开、依申请公开实施情况和工作机制、相关制度建设情况进行认真的自查和调研，确保政府信息公开工作在全局及全省地税系统规范有序地开展。到目前为止，全局公开政府信息430条，其中法规库提供126条法律法规信息；通过本部门门户网站公开政府信息301条，其中公文类信息128条；收到依申请公开信息的申请2条并给予及时回复。改造升级内网网站，改造后的内网网站界面更加友好、内容更加丰富、功能更加完善、处室主页更加清晰，同时，结合省局机构调整，增加完善了处室主页。进一步加强地税外网站建设，畅通地税内外沟通渠道，完善功能、丰富内容、增强互动。

【扶贫工作】2009年是浙江省实施"低收入农户奔小康工程"的关键年。办公室把做好结对帮扶工作作为学习实践科学发展观的一项重要活动，克服金融危机带来的困难，积极落实结对帮扶各项举措，有力地促进了结对帮扶地区的经济社会发展和低收入农户增收。钱巨炎局长、单美娟常务副局长亲赴泰顺考察扶贫，王俭副局长具体负责结对帮扶工作，安排落实35万元对口扶贫资金。同时，慰问补助低收入农户贫困户7万元，针对台风等灾害补助合计34万元，走访困难户120家，带动100余户困难家庭脱贫。

【保密与信访工作】严把公文和信息的安全关，与信息中心一起，在全省地税系统开展网络与信息系统安全保障和保密检查，督促各地认真制订并执行保密制度，严格做好公文和公开信息的安全保密工作，全年未发生泄密事件。进一步规范并细化局机关信访工作各环节程序，健全信访工作机制。严格落实初信初访首办责任制，坚持依法办事，有信必办，由访必接。认真分析原因，拿出切实可行方案，立足于教育及思想稳控做好信访人息诉息访劝导工作。今年共受理人民来信67件，同比下降16%；受理复查信访件3件，复核信访件1件。接待人民来访2人，与去年持平。

【档案工作】做好公文处理系统日常运作工作，提高公文处理质量和效率，抓好文件材料的归档和保管工作。做好本局档案的收集与整理。共归档文书档案1407件，音像档案15件，实现纸质电子双套制保管。指导全省的档案工作，规范档案目标管理。对26家单位进行档案目标管理省级达标考评，其中省一级5家，省二级16家，省三级5家。

【目标考核工作】按照局机关目标考核要求，严格落实相关制度和责任，细化考评项目，认真做好省政府对全局以及局内各单位的考核，获得2008年度省直单位工作目标责任考核优秀单位，是全局第8次荣获优秀单位称号。

【建议与提案办理工作】做好建议提案、交办件办理及督查工作。共接收到省"两会"建议、提案63件，其中人大建议22件(主办2件，会办20件)，政协提案41件(主办1件，会办40件)。严格按照省政府规定的办理时限要求，协调各相关处室在4月底前完成全部会办件的答复工作；5月底以前，全局对60件会办件一一提出了书面会办意见并交主办单位，及时完成会办件的工作任务。根据收到的代表委员反馈意见，代表和委员们对全局的答复意见均表示满意。

三、后勤服务工作

积极为全局上下服务是办公室的基本职能，也是决策参谋、综合协调得以实现的保证。为此，2009年办公室热情服务，强化管理和节约，抓好行政事务工作，增强服务力。

【机关食堂工作】机关食堂做到卫生规范化，操作标准化，食品多样化，服务人性化。全年热菜品种600余种，冷菜品种400余种，面点品种60余种，早餐小菜品种200余种。春节提供净菜服务，平时延长晚餐外卖时间。一年来，保障机关干部职工用餐12万余人次，外卖2万多点，接待本系统干部职工用餐6000多人次。落实餐台布置、餐具配置、设备定位、宣传牌制作等工作，营造良好的就餐环境。2009年以来，各省市税务部门同仁参观了全局机关食堂，受到参观者的一致好评。通过不断努力，机关食堂既为广大干部职工提供舒适的就餐、休闲场所，又为干部职工提供一个交流工作和思想的良好平台，在一定程度上促进了全局工作。

【行车与安全保卫工作】强化管理，把好行车、保卫等保障关。科学管理与技术改造并举，做好机关大楼的维护保养与保卫工作。2009年，中央空调系统全年节电20多万度，各种照明设备全年节电3万多度。其他能耗也有所下降。一些主要车型车辆行驶里程已超10万公里，在故障率明显提高、油耗明显增加的情况下，通过加强管理，做到维修费用不增加，百公里油耗不增加。加强安全和服务意识教育，做好车辆管理和行车调度工作，完成全年行车任务。全年安全行车62万多公里，特别是出色地完成了全国纳税服务工作会议等大型会议的车辆保障任务。物管工作到位，发现问题及时督促纠正，物管工作满意度进一步提高。

【后勤保障】做好全省税务服装换发的招投标和定点制作工作；配合审计部门对省局的审计工作，抓好部门预决算，做好机关政府采购预决算报批工作；完善接待工作制度，厉行节约、提升接待服务质量。做好机关四楼的装修质量监管和调用工作。及时做好干部交流调整后的办公室调整使用和服务工作。完成干部子女入托入学、省直机关专用房出售工作。按照节约成本、有效保障原则，做好机关干部职工的实物福利工作以及机关干部职工的医疗保健和美容美发工作。房产维修工作及时完成。

人事基层工作

【干部人事制度】始终坚持用制度管权、管事、管人，从健全制度、创新机制入手，加强干部人事管理。制订出台了《市、县(市)地方税务局领导干部管理工作的若干规定(试行)》，首次对市、县(市)地税领导班子配备、领导干部任职年龄、后备干部管理及干部管理和任免程序进行规范和明确。制订出台了《市、县(市)地方税务局公务员管理的若干规定(试行)》，对全省地税系统公务员录用、信息管理、调动、交流、调配、辞职、退休、奖励、惩戒、培训作了明确的规定，进一步规范全省地税系统公务员管理工作。积极探索研究系统领导班子和领导干部考核和系统后备干部管理制度，着力规范干部考核和后备干部选拔、培育、管理、任用等工作。这些制度办法的出台，为全省地税系统加强干部人事管理提供良好的制度环境，确保干部人事管理工作沿着严谨、规范、公平、公正的程序健康运行。

【机构改革】由于前期准备工作充分，酝酿时间长，其间与省编办等部门积极沟通、协调，确保省政府办公厅下发的《浙江省地方税务局主要职责、内设机构和人员编制规定》文件与省局上报的意见基本一致。根据“三定”规定，省局行政编制84名，其中局长1名，副局长4名，总会计师1名；处级领导职数37名(含机关党委专职副书记1名)；内设12个职能处室；直属行政机构5个，使用地税所专项编制119名。根据省局机构改革“三定”规定要求，认真贯彻局领导提出的“小调整、重组建”思路，积极做好5个新处室的组建和7个处室职能微调工作，确保人员配备、工作调整及时到位，确保新成立的处室开好局、履好职。积极与财政厅人事、农税部门沟通协调，稳妥处理好“两税”征管职能划转后有关编制、机构和人员等问题，确保两税征管职能划转工作顺利开展。深入开展调研，广泛征求系统各部门意见和建议，为系统机构改革做好各项准备工作。

【干部队伍建设】严格按照《干部选拔任用工作条例》要求，做好省局机关和系统领导干部配备调整工作。2009年，以省局机构改革为契机，通过竞争上岗等方式选拔一批处级干部。根据干部管理权限，任免市地税局领导干部15名，批复任免县(市)地税局局长8名，系统领导班子力量得到充实，班子结构进一步优化。坚持“凡进必考”原则，做好2009年全省地税系统公务员招录工作，共录用291名(不含宁波)具有本科以上学历公务员，有效地缓解基层税务人员编制偏紧的状况。不断规范加强全省地税系统地税所专项编制管理，全年共批复转任、交流、接收军转干部等63人。

【教育培训工作】制订并下发《浙江省地税系统2009—2011年干部教育培训规划》,提出未来三年教育培训工作的目标任务、主要内容及保障措施,积极推进地税干部教育培训的科学化、制度化、规范化建设;建立和完善干部教育培训档案制度,切实把干部参加学习培训作为干部考核的内容和任职、晋升的重要依据之一;健全和完善教育培训考评制度,对培训工作质量和效果进行评估。以能力建设为主线,分层分类抓好培训工作。2009年全省地税系统共举办1178期教育培训,共有35730人次参加培训,干部队伍综合能力、素质进一步提高。组织稽查业务考试、执法资格考试及岗位业务技能比武活动,实现以考、以赛促训,不断提高基层一线税务人员综合素质、业务能力和服务水平。

【学习实践活动】按照省委的统一部署,在前一阶段"树新形象,创新业绩"主题实践活动取得明显成绩的基础上,以高度的责任感、饱满的热情、务实的态度、创新的精神,紧扣"加快转变经济发展方式,推进经济转型升级,再创浙江科学发展新优势"这一实践载体,严格按照活动实施方案,牢牢把握关键环节,通过领导动员、专家讲课、观看资料片、组织考试、党支部民主讨论等各种形式,完成规定动作。在完成"规定动作"的同时,积极创新"自选动作"。结合地税工作实际,以"帮扶企业'春雨'专项行动"为契机,开展"十百千万"送服务活动,协调多方力量、整合多方资源,广泛宣传、深入辅导、优化服务,持续做好在一线调研、在一线问计、在一线解决问题的工作,为企业爬坡、过坎、转型、过冬带来及时雨和春天的希望,确保企业获得实惠,活动取得成效。在向局机关及直属单位处级干部、部分服务对象、全省各市及部分县地税基层单位征求意见并请其评议。评议结果显示:总体评价为"好"的占97.8%,"较好"的占2.2%。通过学习实践活动,达到增强发展意识、提高发展能力、解决突出问题、创新体制机制等预期目的,同时也得到省委学习实践活动第十指导组的高度肯定。

【争先创优工作】按照有关规定要求,认真开展先进集体、文明单位、青年文明号、群众满意基层站所、巾帼文明示范岗等创建活动,做好考核、验收、评选和命名、表彰、宣传工作,充分发挥先进典型的示范带头作用,努力营造崇尚先进、争当先进的良好氛围。2009年,全省地税系统有5家单位、2名个人荣获"全国税务系统先进集体"和"全国税务系统先进工作者"称号。1家单位获得"全国文明单位"称号,1家单位被授予"全国巾帼文明岗"称号。1家单位和1名个人荣获浙江省"人民满意的公务员集体"和"人民满意的公务员"称号。1家单位荣获浙江省"青年文明号创业创新示范项目"。69家单位被评为地税系统省级"基层文明单位",36家单位被评为省级"青年文明号",13家单位被评为浙江省地税系统"群众满意基层站所(办事窗口)",45家单位被继续认定为地税系统"群众满意基层站所(办事窗口)"。在全省地税系统组织开展"做时代新女性,创税收新业绩"巾帼建功活动、青年文明号集体"践行科学发展观,服务群众、服务企业专项行动"等活动。

【文化建设】按照厅党组关于《在全省财政地税系统开展财税文化建设的意见》要求,对"学习平台、制度平台、情感平台、激励平台、宣传平台和活动平台"等"六个平台"进行进一步梳理和细分,制订下发《2009年全省地税系统开展文化建设活动要点》,指导全省地税系统深入开展财税文化建设。2009年是文化建设集中活动年,全省地税系统文化建设全面推进,集中开展了形式多样、内容丰富的创建活动,着力推进"六大平台"建设。其中省局组织举办"庆祝新中国成立60周年文艺晚会暨第三届文艺调演"、"窗口行业创建文明单位网上行"、"庆祝新中国成立60周年"诗歌、书画等作品征集评选、举办"光辉税月"——庆祝新中国成立60周年暨地税文化建设成果展等文化创建活动,集中展示浙江省地税工作的丰硕成果和干部队伍的精神面貌和人文素养。各地把注重文化活动、文化元素融入到税收工作之中,呈现一些各具特色的廉政文化、机关文化等,推进文化建设的深入开展。

【思想政治工作】深入调研,认真分析当前干部队伍思想状况,及时研究解决群众反映强烈的突出问题。加大思想政治工作创新力度,不断增强思想政治工作的吸引力和感染力,通过人文关怀、心理疏导,化解矛盾,促进和谐,维护稳定。针对规范津补贴政策带来的干部队伍思想波动,通过理想信念、核心价值观教育、健全干部队伍激励保障和约束机制,在依法、合规的条件下,创造条件,破解思想工作难题,激发基层税务干部的积极性、主动性和创造性。以深入开展基层单位文明创建为依托，不断加强精神文明建设，进一步激发干部队伍凝聚力和战斗力。

【老干部工作】坚持以人为本，切实保障老干部政治待遇，有效发挥老干部作用。组织老同志学习科学发展观实践活动和省委有关会议精神，为老干部订阅杂志，支持老干部老有所学，帮助报名到老年大学学习，适时组织老干部参观考察和趣味活动。坚持服务为先，从实际出发，落实好老干部的生活待遇。定期安排老干部体检、避暑疗养活动，邀请中医专家给老干部及其家属讲解老年人中医保健课。认真做好日服务工作，及时传达与老干部利益相关文件精神，坚持“四个必访”制度，即重大节日必访、生病住院必访、困难必访、伤亡必访等，使离退休干部能舒适地安度晚年。

【日常干部人事工作】做好出国境管理工作。严格按照中央和省里有关规定，切实做好省局出国(境)考察团组团、系统出国人员审核等工作。按照总局、省公务员主管部门的有关要求做好各类人事报表统计、分析工作。按照有关制度要求，做好文件流转和保管、人事档案管理、人事信访、工资、津补贴规范等工作。

税务纪检监察工作

2009年，纪检监察工作紧紧围绕财税工作“十六字”方针，认真按照总局、省纪委和厅党组的工作部署和要求，扎实做好各项工作，较好地完成了上级机关交办事项及地税系统党风廉政建设和反腐败工作各项任务，为全省地税工作顺利开展提供坚强保证。

一、党风廉政建设责任制不断落实

一年来，局领导班子高度重视党风廉政建设和反腐败工作，始终把它作为地税工作头等大事来抓，将之摆上重要议事日程。年初下发《浙江省地方税务局关于进一步推进全省地税系统反腐倡廉工作的意见》，对纪检监察工作的重点内容提出明确要求，年中开展督促检查，年终进行总结，做到有部署、有监督、有总结。按照省委、省政府《关于开展2009年度推进惩防体系建设和落实党风廉政建设责任制情况检查实施方案》要求，积极开展自查，在全省地税系统征求对省局领导班子党风廉政建设情况的意见建议，做好相关问卷调查，并统计汇总有关报表，圆满完成此项考核检查任务。局班子成员平时能根据地税工作实际，经常向基层听取了解党风廉政建设相关情况，及时研究和解决工作中存在的问题，坚持以税收工作为中心，不断推动党风廉政建设责任制各项任务的全面落实。

二、领导干部廉洁自律各项工作不断推进

按照《税务系统领导班子和领导干部监督管理办法》，本着“关口前移、正面教育”的工作思路，重点加强对领导干部的廉洁自律教育，不断推进领导干部廉洁自律各项工作。组织开展对2009年省局新提拔的处室负责人进行集体廉政谈话，并赠送《党员领导干部廉洁从政手册》。根据形势需要将近几年党风廉政建设的有关制度文件汇编成《税务人员必读》(五)一书，下发给系统每位干部学习。按照省委关于在全省领导班子和领导干部中开展反腐倡廉专题教育的通知，组织全局处级以上干部观看省委书记赵洪祝同志在领导干部党风廉政建设会议上的讲话录像，并对王华元等有关干部严重违纪违法案件进行了通报。认真贯彻总局纪检监察工作会议，抓好中央纪委《关于严格禁止利用职务上的便利谋取不正当利益的若干规定》的学习和贯彻。根据总局、省纪委、省直机关纪工委的统一部署和要求，加大监督检查力度，牵头或配合有关部门，认真抓好礼金、礼券、礼卡及“小金库”等有关专项整治和清理工作。

三、完善监督机制，增强监察效能

按照省纪委、省监察厅关于在全省开展“两提高两降低”效能建设主题活动的要求，紧密结合地税实际，采取有效措施，开展相关工作并及时组织报送信息材料，较好地完成了局机关效能建设各项工作，进一步提高局机关的工作效能，确保效能建设主题活动取得实效。2009年全省市、县地税局共聘请特邀监察员1095人，不定期地开展明查暗访工作，并广泛听取各界意见，教育广大地税干部树立正确的政风行风意识。按照加强“两权”监督制约机制的要求，进一步完善在用权、管人、花钱、办事等方面的行为规范，加强对地税工作各环节的监督制约,保证地税工作的规范化,力争用规章管理事务,靠规章约束行为,凭规章促进建设,收到较好效果。2009年,在办公室、计财处、人教处等处室支持下,牵头组织完成对票证管理中心、中瑞大厦、西园山庄、局工会及《浙江税务》编辑部等单位的内审工作,确保单位财产、资金及人员安全。同时配合办公室、人教处、法规处做好工程招投标、干部选拔考核、税收执法检查等相关工作。

四、认真做好全省地税系统廉政预警机制的建立和推广工作

为控制和化解税收执法、行政管理过程中的风险,增强反腐败工作的前瞻性、主动性和实效性,依据省委、省政府和总局关于《建立健全惩治和预防腐败体系2008—2012年实施办法》的相关要求,结合地税实际,制订《浙江省地税系统关于贯彻落实。〈建立健全惩治和预防腐败体系2008—2012年工作规划〉实施办法的分工方案》和《浙江省地税系统廉政建设预警实施办法(试行)》。通过实施科学预警,实现对可能发生问题的倾向性行为开展预防和警示,既及时有效防范和遏制违纪违法行为的发生,也有效地防止违纪违法大要案发生。

五、违纪违法案件预防和查处工作继续保持较好态势

认真做好违纪违法案件防范和查处工作。高度重视干部违纪案件的防范和转化工作,通过加强调查研究,认真分析情况,针对存在的问题,采取有力措施,努力降低违纪违法案件发生率。在全省地税纪检监察工作会议上,就如何加强系统违纪违法案件管理,强化案件预防工作进行交流,并就如何采取有效措施,预防违纪违法案件的发生进行研究和探讨,全省地税纪检监察部门认真贯彻落实会议精神,扎实做好案件预防工作,使系统违纪违法案件发生率继续保持个位数的较低水平。2009年全省地税系统干部受党纪政纪以上处分共7人,较上年略有下降。

同时,认真做好纪检监察信访件的管理和核查工作。按照"分级负责、归口管理"原则,做好信访举报问题的调查处理工作,做到件件有结果。2009年全省地税系统纪检监察部门共受理来信来访电话举报12件(次),与上年持平。

六、认真抓好纪检监察干部队伍建设

一年来,全省地税系统各级纪检监察部门组织广大纪检监察干部认真学习关于党风廉政建设和反腐败斗争的一系列文件精神,通过举办纪检监察业务培训、组织考察学习等多种形式,努力提高纪检监察干部的政治素质、业务素质、思想道德水平和实际工作能力。注重加强调查研究,增强对搞好纪检监察工作的责任感和紧迫感,纪检监察干部队伍建设得到进一步加强。

税收法治建设工作

2009年,浙江省地税法规部门以科学发展观为指导,按照"依法治税、为民理财、务实创新、廉洁高效"的工作理念,紧紧围绕地税中心工作,充分发挥法规综合、协调、服务、监督四大职能,坚持依法行政、依法治税,落实税费优惠政策帮扶企业,进一步强化执法监督,切实规范执法行为,深入开展法制宣传教育,努力营造良好的税收法制环境,为推进全省地税事业的发展发挥积极的作用。

一、依法行政、依法治税工作有了新举措。一是省局制定《浙江省地税系统2009—2011年发展规划》,提出今后三年进一步推进依法行政、依法治税工作的目标和11项具体举措,到2011年底努力做到社会主义法治理念牢固树立,依法治税水平进一步提高,执法行为合法合理,执法监督有效到位,纳税秩序规范有序。二是研究制订《浙江省地方税务局贯彻〈浙江省人民政府关于加强市县政府依法行政的意见〉的通知》,对市县地税部门提出新的具体要求。三是继续开展依法行政考核。认真落实《浙江省依法行政工作考核办法(试行)》及年度考核评议内容,2009年省局依法行政工作得到省政府的充分肯定,又被省政府评为依法行政优秀单位。同时,2009年4月省局从落实依法行政重点工作等六方面对10个设区的市局、义乌市局和部分县(市、区)局2008年度依法行政工作情况进行重点考核,通报表彰36家依法行政优秀单位。依法行政考核作为工作创新得到国家税务总局法规司的充分肯定，并在国家税务总局法规司召开的会议上作经验介绍。四是对《全面推进依法行政实施纲要》颁布实施五年来省局依法行政工作进行全面、系统的总结和分析，接受总局的检查，受到国家税务总局法规司的充分肯定。

二、落实结构性减税政策积极主动。2009年3月，省局制订《关于贯彻落实保增长扩内需调结构若干政策的实施意见》，帮扶企业脱困解难，得到省政府常务副省长陈敏尔的充分肯定。全省各级地税机关和广大地税干部认真贯彻省局《实施意见》，充分发挥税收职能作用，依法减负、帮扶企业，为保增长、保民生、保稳定作出应有的贡献。

三、贯彻扩权强县措施扎实有效。研究制订《浙江省地方税务局关于贯彻〈中共浙江省委办公厅、浙江省人民政府办公厅关于扩大县（市）部分经济社会管理权限的通知〉的实施意见》，得到省政府常务副省长陈敏尔的充分肯定，并在省级机关扩权强县改革工作推进会上作了典型经验交流发言。全省各级地税部门认真做好扩权事项衔接工作，确保扩权强县涉税措施落实到位。

四、规范性文件管理进一步加强。一是认真执行国家税务总局《税收规范性文件制定管理办法（试行）》和省政府《浙江省行政规范性文件备案审查规定》，进一步规范税收规范性文件制定程序，全年共会签局内规范性文件63件；加强规范性文件备案审查工作，及时向省政府和国家税务总局报备规范性文件。二是及时反馈法律、法规、规章草案征求意见。认真、及时办理省人大法制委、省政府法制办及有关部门的法规、规章及政策性文件的征求意见稿回复工作。全年共办理地方性法规、政府规章、部门规章征求意见稿22件，做到每件必复，并详细阐述意见及理由。三是建立规范性文件清理和定期汇编制度。根据《浙江省人民政府办公厅关于征求省政府及省政府办公厅行政规范性文件清理意见的函》，牵头组织有关处室对省政府及省政府办公厅1992年以来制定的110件涉税（费）规范性文件提出清理意见。对省局税收规范性文件进行整理汇编，出版《中华人民共和国地方税收法规汇编（2008年浙江省地税卷）》。建立税收规范性文件公告制度，通过浙江地税网站法规库和《浙江省地方税务局法规政策公告》等形式向社会公告。

五、税收执法责任制稳步推进。进一步完善《执法责任制考核》自动化考核模块，并在桐乡、嘉兴试点的基础上，进一步梳理业务，确定省对市县执法责任考核的若干结果性指标。全省各级地税部门按照省局的统一部署，认真开展试运行，对考核指标进行校验，提出许多建设性意见。桐乡市局全面实施建立在ISO9000质量管理体系和“工作流”基础上的人机结合全过程的税收执法责任制考核。嘉兴市局率先在全省试行对下属县（市）局、各税务分局及稽查局的税收执法责任制考核。

六、执法检查深入开展。结合浙江省经济税收形势和地税工作实际，确定推进依法行政工作情况、扩权强县政策贯彻执行情况、税收政策特别是结构性减税政策贯彻执行情况、缓税减免税等重大事项的审批情况、日常征管工作情况、税务稽查案件情况等为2009年执法检查重点。在市、县局自查和重点检查的基础上，省局从全省地税系统征管、税政（含规费、法规）、稽查等专业人才库中抽调业务骨干50余人，组成5个执法检查小组，对杭州、温州、台州、金华、丽水5个市局及所属部分县（市、区）局开展重点税收执法检查，对查出的问题进行认真整改处理。

七、税务行政争议显著减少。全省地税部门认真贯彻《行政复议法》、《税收征管法》和《税务行政复议规则》等有关规定，依法办理税务行政复议，充分发挥地税机关自我监督职能，切实保护纳税人合法权益。为加强对全省地税系统行政复议、应诉工作的指导，省局法规处组织法规人员编写《地税案例评析》，通过具体案例的评析，以案说法，为一线执法人员提供针对性较强的业务指导，对全省地税部门的执法起到借鉴、警示作用，进一步提高浙江省地税系统依法行政工作水平。2009年，浙江省地税系统行政复议案件2起，行政诉讼案件5起，基本得到妥善解决。徐雪良诉省局不履行行政复议职责经人民法院一审、二审，裁定省局胜诉。

八、普法宣传教育深入开展。一是把全面提升地税干部法律素质和依法行政能力作为普法教育的培训目标，以领导干部和执法人员为重点对象，组织开展法律法规学习。二是积极参加“全国公务员学法用法征文活动”,共收到普法征文42篇,多篇学法征文获得省普法办征文二等奖和三等奖。三是注重提高全省地税法制干部的业务素质,举办全省地税系统税收法制培训班,全省70多名法规干部参加培训,收到较好效果。四是以结构性减税政策为主要宣传内容,以“帮扶企业‘春雨’专项行动”为载体,积极开展税收宣传月、法制宣传月、“12·4”全国法制宣传日等主题宣传活动,引导纳税人用准、用足、用好各项政策。

九、宏观税收政策研究富有成效。积极开展宏观税收政策研究,圆满完成《完善企业所得税优惠政策问题研究》,受到国家税务总局科研所的充分肯定。积极参加国家税务总局法规司牵头的《当前宏观经济形势与税收政策问题研究》、《应对金融危机税收政策研究》等课题研究。《税收推进以改善民生为重点社会建设政策研究》和《房地产调控中的税收作用机制及政策取向》,2009年被国家税务总局评为2007年至2008年全国税务系统优秀税收科研成果三等奖。

十、地税法规工作不断开拓创新。2009年,全省各级地税部门顺应新时期法治工作发展规律,充分发挥主动性和创造性,开拓创新,推动依法行政、依法治税各项工作深入开展。杭州市局编写了303项“阳光权力运行”流程图,构建权力阳光运行机制;温州市局注重规范性文件管理,编写《税收依法行政政策汇编》;绍兴市局邀请法院、政府法制办等有关部门领导专家对执法案卷开展现场点评互动;湖州市局制订《税收执法若干问题的实施意见(试行)》,对薄弱环节提出防范和改进意见;台州市局依法审理重大税务案件,改变稽查部门拟处理意见占70%;嘉兴市局专门制作执法重点检查提纲,明确检查的工作方法、重点环节和不同执法岗位的检查内容;金华市局注重行政许可事项的规范办理,实行一审一核制,并纳入电子监察网审批系统实行网上审批;丽水市局加大综合协调力度,加强税收政策执行情况的跟踪问效;衢州市局规范税务行政处罚裁量权,从源头上降低裁量权被滥用的风险,确保税收执法公平公正;舟山市局规范涉税移送事宜;义乌市局对2008年度水利建设资金减免审批情况进行重点抽查,进一步规范水利建设资金审批。

税收计划会计统计、票证和经费管理工作

2009年是浙江省税务机构进一步分设以来地税组织收入面临形势最为严峻、最为复杂的一年,经历了先抑后扬的“V”型反转,组织收入面临的困难和取得的成绩都超乎预料。这一年里,我们按照“依法治税、为民理财、务实创新、廉洁高效”的工作理念,念好“实、稳、优”三字诀,坚持“法治、务实、有为”的组织收入原则,认真审视和深入思考计财工作的定位和趋向,充分发挥计财职能作用,进一步深化税收分析预测、完善计财制度、强化数据管理、加强队伍建设,为确保地税收入持续稳定增长和税收收入结构优化作出积极贡献。

一、当好参谋,牢牢把握组织收入主动权

(一)组织收入把握,求“精”求“准”

坚持从经济到税收、积极稳妥、统筹兼顾和从实际出发的原则,综合考虑国家税务总局任务、省财政预算安排以及全省税源实际情况,确定了2009年全省地税税收收入目标:税收收入计划1585亿元,同比增长6%;不含宁波,税收收入计划1250亿元,同比增长6%。在税收计划执行过程中,由于受经济增速下滑和结构性减税影响,上半年全省地税税收增幅出现自1997年全省税务机构进一步分设以来首次下降。面对严峻的组织收入形势,计财处加强分析预测,准确研判经济税收发展态势,按照厅党组和省局领导关于组织收入的指示精神,体现全省地税组织收入“一盘棋”的要求,及时、有效指导各地有针对性地做好组织收入工作,加强“一项分析”和做好“两项预测”,牢牢把握组织收入主动权,确保收入平稳持续增长。

建立定期税收预测工作机制,加大考核力度,及时通报各地区间税收预测水平不平衡和地区月度间、上中旬间预测准确率差距较大等问题,并将各地税收预测准确性作为税收计划管理的一项重要内容进行

考核。引入EXCEL、SPSS等统计分析软件，综合使用回归法、时间系列法等多种税收预测方法，建立税收收入年、季、月度预测模型。利用预测模型对2009年、2010年全省税收收入进行预测，相关工作得到省局领导的充分肯定。2009年全省（不含宁波，下同）税收收入完成1261.25亿元，同比增长6.92%，与11月底我们对全年税收收入的预测数非常接近，预测误差率远远低于国家税务总局所要求的“不超过千分之一”的控制目标；地方税比重为64.0%，比上年提高4.61个百分点；收入总量增长和结构优化都出色完成了省政府年初下达的任务。

（二）税收收入分析，求“实”求“深”

“做实”经常性分析。积极做好月度、季度等定期税收收入常规分析，充分利用税收快报、会计统计报表、税收政策因素分析表等各类数据，对当期的税收特征、税收与经济的相关关系等进行深入分析，针对税收变动较大的行业进行重点分析，不断深化分税种分行业税收分析。在分析的基础上及时撰写收入专报和通报，按月及时向上级有关部门报送地税收入专报，为领导研判经济税收形势提供决策参考；按月向各级地税部门通报全省地税收入情况，明确组织收入导向，提出下一步组织收入工作措施。面对严峻的税收形势，为指导各地更好地贯彻落实组织收入“法治、务实、有为”目标要求，交流各地在把握组织收入主动权过程中取得的好经验与做法，2009年编发《组织收入决策参考》12期，其中计财处课题组完成5篇专题报告。

“做深”拓展性分析。综合运用税收弹性分析、税负分析、税源分析、税收关联分析等方法，扎实开展经济税源分析、政策效应分析和预测预警分析，不断拓展税收分析领域，积极开展税收专题分析。针对2009年以来，在宏观政策、货币政策刺激下浙江省房地产市场重新火爆、地税税收增长对房地产业税收依赖程度加重的现状，开展了房地产税收调研，撰写了《浙江省房地产税收现状及趋势分析报告》，报告在深入分析房地产税收增长驱动因素的基础上，对全省房地产税收的发展趋势作出客观判断，并就防范房地产市场的波动给全省税收增长带来的风险提出建议；利用历年税收和经济数据，建立税收预测模型，对2009年全省月度、季度、上半年、全年税收进行预测，并撰写《税收收入年、季、月度预测模型——应用EXCEL软件建模》，指导各地利用预测模型结合当地税源实际开展税收预测工作；加强浙江省与全国及相关省（市）的税收经济比较分析，从横向角度把握浙江省经济税收所处的位置，先后开展了全国六大省市税收完成情况、金融业税收比较、企业税源规模和质量等专题研究，并撰写了《2009年上半年六大省市税收完成情况比较分析》、《2009年1—7月六大省市金融业税收比较分析》、《2009年1—3季度全国六大省市地税收入比较分析》、《浙江等六省市地税税源比较分析与税收增长预测》等专题分析报告。

健全联动分析机制。4月初、7月初和10月中旬，由计财处牵头召开季度省局局内收入分析会和各市局参加的全省地税收入形势分析会，分析收入形势，探讨部分热点税收政策和征管措施执行过程中存在的问题，拟定应对措施，部署下期工作，将税收分析与加强征管紧密联系起来，切实提高税收分析的实效性，省局主要领导到会并作重要讲话。

二、加强管理，努力实现计财工作规范化

（一）深化税收会统核算和缴库电子化改革

组织修订税收会计统计核算制度和税收退库管理制度，明确信息化条件下税收会计统计的核算主体及其职责，规范电子数据档案管理要求，制订科学合理的税收会计统计电算化核算程序和方法。进一步推进税款缴库方式改革，与人行杭州中心支行商议确定湖州市为财税库银横向联网系统的试点单位，拓展优化电子缴税业务功能，确保税款缴库的安全、规范、便捷、高效，浙江省地税网上开具缴款凭证业务经验被总局正式发文推广。加强与人行杭州中心支行国库处联系沟通，积极探索电子退税新模式，授权丽水市试点退库改革，退库凭证由原来的明细收入退还书改为汇总退还书和电子信息，切实减轻基层工作负担。

（二）创新重点税源监控和税收调查方式

一是不断扩大监控范围，积极推广先进做法，组织修订重点税源管理办法。进一步规范2009年浙江省重点税源监控级次标准、数据采集及上报方式等相关制度，更加注重对新的税收增长点和潜在税源的监控，增加对第三产业企业的选取。2009年省级以上重点税源监控企业达5063户，监控面进一步提高。积极推广杭州市局加强重点税源管理的主要做法，指导各地按照省局间接控管模式要求,贯彻落实省局"抓大、评中、定小"税源管理思路,切实加强重点税源企业监控,增强组织收入工作的预见性和主动性。在杭州市局加强重点税源管理主要做法的基础上,组织系统内骨干人员编写《浙江省地税系统重点税源管理办法》,完成第二稿修订工作。

二是创新数据采集方式,不断推进税收调查工作。圆满完成全省税收调查数据的采集、汇总、审核等工作,并顺利通过全国税收调查数据的集中汇审。联合省局信息中心开发税收调查数据直接取数模块,既确保数据质量,而且切实减轻基层和纳税人的工作负担,浙江省是全国为数不多的调查数据直接取自征管软件的单位。2009年浙江省(不含宁波)地税部门实际共调查企业4231户,同比增长12.4%,调查企业2008年度实际入库营业税占全省营业税入库总额的56.3%。

(三)加强税收票证管理和经费内审工作

一是认真做好税收票证的印制、领发、停用、缴销及保管工作。2009年,向国家税务总局领取印花税票658万枚,下发印花税票约648万枚;印制税收票证约2222万份,发放约1886万份,未发生任何差错。加强库存票证管理,定期不定期进行盘点,发现长短及时查明原因。加强对已停用票证的清理工作,指导各地按省局文件规定要求做好销毁处理工作。

二是实现票证专用章戳《税友2006》票证模块管理,提升监管水平。为进一步规范税收票证专用章戳管理,认真组织开展全省票证专用章戳清理工作,并将票证专用章戳统一录入《税友2006》票证管理模块,省局可以查询到每一枚章戳的放置情况,实现票证专用章戳信息化管理。

三是认真组织开展税收票款大检查,夯实基层基础管理。于4月初至8月底,采取以基层税务分局自查为主、县(市、区)局复查、市局抽查、省局重点检查的方式,在全省范围内组织开展税收票款检查工作,取得较好成果。据统计,基层税务分局自查面达100%,县(市)局复查面在60%以上,市局抽查面在50%以上。在各地自查复查基础上,组织业务骨干,以交叉检查的方式,对温州等5市及所辖部分县(市、区)基层税务分局税收票款管理情况进行重点检查。在检查中,发现全省委托代征单位开票软件使用率比较低,计财处及时将该情况反馈给省局征管处,并配合征管处就加强委托代征单位管理下文,切实加强税(费)款委托代征工作。

四是加强沪办代征票款管理,确保票款安全。针对沪办代征票款管理中存在的税款安全、票证领用与结报安全、手续费支付标准不统一、预征企业所得税税率不一致等问题,计财处牵头召开由省局征管处、税政二处、信息中心及沪办建管处、绍兴县等4县局计财征管部门负责人参加的座谈会,就上述问题进行协商。会后,针对存在问题,从确保票款安全的角度,向局领导提出"由沪办将每天开具外经证的信息发送到各相关地税局,由各相关地税局向当地建筑企业预征企业所得税"的建议。

五是组织开展全省税务经费内部审计工作,规范内部经费管理。

按照经费制度规定,合理安全使用税务经费。进一步落实和规范税务经费管理制度,不断完善和健全地税系统税务经费的内控机制,确保税务经费管理的规范、安全。指导各地开展2008年度税务经费内部审计工作,并专门召开全省税务经费系统内部审计会议,对各市局和义乌市局2008年度税务经费管理制度执行情况和税务经费电算化核算管理情况进行内部审计,确保全省税务经费管理的规范、安全。同时,针对系统税务经费内审情况,及时通报,要求各地就内审中发现的问题,建立领导工作责任制,明确整改责任,限期进行整改。

三、夯实基础,全面提升数据管理工作质量

(一)加强考核,做实各类报表数据

建立系统内部数据质量管理制度,加大对各地上报的税收会统报表、重点税源监控和税收调查数据差错的通报力度,要求各地严格数据的逻辑性和合理性审核,如实统计上报,确保数据完整、准确、真实。发现数据质量问题时,及时提交下级部门核查纠正。不断提高各类计财报表数据的准确性,为税收分析提供真实的数据源。

(二)沟通协调,规范相关数据口径

一是牵头减免税统计项目的清理。为准确、及时反映和报送税收减免税情况报表,统计分析减免税对组织收入的影响,计财处牵头召集税政一、二、三处、外税处和规费局对《税友 2006》中减免税项目进行清理,重新规范各减免税项目的定义口径,确保各减免税项目之间不重复、不交叉。二是联同稽查局规范稽查查补税收口径。针对计财部门会统报表与稽查部门统计表反映的入库稽查查补税收数不一致的情况,与稽查局经多次沟通,并联合发函,要求各地按照省局规定对入库稽查查补税收数进行清理,确保计财部门会统报表与稽查部门统计表反映的数据一致。

(三)依托《税友 2006》,提高数据利用率

充分利用《税友 2006》计财模块下的省局计财处计划管理菜单,每月定期将报表数据、重点税源监控数据和企业税收调查数据导入《税友 2006》,为省局相关业务部门和各市县局开展业务分析提供充足的数据源。

(四)开展多形式的业务培训,加强计财队伍建设

一是利用税收会统报表、重点税源监控工作、税收调查工作布置会等机会,加强对各市局相关业务经办人员培训;同时,制作业务视频教材,及时下发各地,从而使培训覆盖各县(市、区)业务人员。二是充分利用省局内网计财主页业务交流平台,答疑解惑,提高各地计财业务人员的工作水平。三是组织举办全省会统业务培训班,结合地税计财工作实际,安排专题讲座,并组织讨论交流。通过各类形式的培训,达到加强计财队伍建设的目的,又为各地开展业务培训提供重要的师资力量。

四、兢兢业业,认真做好计财其他本职工作

一是认真做好总局布置工作。按照总局收入规划核算司的要求,派员参与业务教程《税收统计基础教程》(第五、六章)的编写,目前已完成教程第二稿的再编写工作;承担《全国税收会计信息化管理办法》修改工作,按照省税收会计核算的流程进行修订完善,按时完成修改工作;承接总局收入规划核算司房地产研究课题,联合科研处、省税务学会和浙江大学组成课题研究组,目前正积极准备课题的开题报告。

二是圆满完成《2008 年度税务统计》和《2008 年度浙江地税分析报告》的编制工作。抽调系统部分业务骨干,对 2008 年度各市、县(市)组织收入各项数据及全省汇总数据进行认真的会审、校对,并编写《2008 年度税务统计》。认真做好 2008 年度浙江地税分析报告的审稿、汇编和通报工作。经对各地上报省局的 363 篇税收分析报告严格评审,评选出 39 篇优秀分析报告,汇编成册,供各地交流学习和领导决策参考。

三是认真做好契税、耕地占有税“两税”征管职能划转后的有关前期准备工作。明确过渡期内两税的缴库、《税友 2006》数据导入、票证管理等工作办法;起草制订两税入库的预算科目管理、与国库之间对账的办法。

四是做好日常性的配合协调及数据资料服务工作。通过加强与信息中心的日常沟通、积极做好与省人民银行国库中心和杭州各商业银行的协调工作,保证“一户通”电子缴税系统、电子缴税付款凭证纳税人自行打印系统的正常运行,确保税、费款按时、足额缴入国库。整合数据资源,及时向省局有关部门和发改委、统计局等外单位提供税收数据、税收分析等材料,认真做好数据服务工作。

五是认真做好计财部门其他有关工作。坚持“谦虚、务实、协调”的工作作风,认真做好税收计划、税收分析档案、会计统计报表旬、月、年的编报工作,税务经费的拨补工作,信用浙江企业欠税数据的审批工作,省局内网计财业务交流平台问题的日常答复工作及局领导交办的其他工作。

税收征管工作

2009 年,征管处紧紧围绕“以全省地税工作要点为指导,依托纳税服务机制建设,促进帮扶减负;依托税源管理精细化,促进收入增长;依托数据信息增值利用,促进科学发展,不断优化和完善符合发展方向的税收征管体系”的征管工作思路,励精图治,各项工作有了新的进展,取得了可喜的成绩。

一、征管信息化建设与时俱进

(一)《税友 2006》快捷查询管理软件推广应用获得实效

2009 年以来,征管办在制订推广工作方案、组织

师资培训、部署推广应用工作的基础上,始终注重《税友 2006》快捷查询管理软件推广应用的组织协调工作,统筹安排各地培训、清理数据和上线运行进度;每月对各地推广应用情况尤其是数据清理情况进行统计和分析,有针对性地加以指导。其间,组织督导组赴舟山、金华、丽水等地,实地督导数据清理的进度,并现场答疑。根据所掌握的情况,下发《浙江省地方税务局关于〈税友 2006〉快捷查询管理软件推广应用进展情况的通报》,进一步提出有针对性的工作要求。截至 7 月,全省各单位全面推广应用到位,并清理系统数据 966030 条,清理完成率 95.58%。2009 年 12 月,征管办又组织举办省局机关"快捷查询"应用培训。

"快捷查询"在应用过程中,得到各级税务部门的普遍欢迎和认可。一是进一步拓展管理深度。"快捷查询"从管理层角度出发,将原来多个互有关系但并不关联的数据整合为有效信息,方便各级管理层从多个角度进行税源的挖掘与深度分析,提高组织收入能力和税源管理能力。二是进一步提高征管效率。"快捷查询"通过"层层钻取"便捷式查询,从全省数据一直查询至具体企业。运用中间表预加工技术,使得在极短时间内从海量数据中快速查询结果变为现实。原来十几万条的纳税人清册查询需要数十分钟,现在只需几十秒钟。三是进一步推进依法治税。管理决策层通过《日常税源管理质量情况表》,能一目了然地掌握各单位的税源管理质量或个人的工作完成情况。管理不到位和工作进度都处于自上而下的监督中,为进一步推进绩效考核、依法治税提供数据和基础。

(二)《税友 2006》新增功能试点开发工作建立机制

2009 年 4 月,征管办修订出台《浙江地税应用系统试点开发管理办法》。《办法》明确了应用系统试点开发管理的职责分工、申请条件、受理审核、开发管理、验收管理、推广应用管理、绩效评价等内容,建立健全新增功能试点开发机制。

杭州市局、绍兴市局等单位认真总结征管工作实践经验,按照《办法》要求,向省局提交多项《税友 2006》新增功能试点开发申请。其中,省局批复同意部分试点开发项目,为进一步拓展《税友 2006》的系统功能打下基础。

(三)《浙江省个人出租房税收管理软件》试点开发顺利完成

2009 年 1 月,完成《浙江省个人出租房税收管理软件》的基本框架设计,新建各类数据表单 44 张。2 ~ 3 月,完成代码设计。4 ~ 5 月,组织进行两次模拟测试,对测试发现的 76 个各类问题,进行认真分析,一一予以解决。6 月,组织进行实地测试。随后,征管办组织业务技术人员对系统进行验收,试点开发工作顺利完成。

2009 年 10 月,征管办发文确定金华、嘉兴等 14 个市、县(市、区)地税局作为试运行单位。11 月征管办组织举办试运行单位《浙江省个人出租房税收管理软件》师资培训,软件进入试运行阶段。

(四)数据省级集中调研工作取得成果

组织开展与数据省级集中相适应的管理模式调研。在座谈、调研的基础上,2009 年 4 月形成《关于"省级数据集中应用"建设项目的一些想法》,9 月形成《浙江地税系统"大集中"项目建设的基本思路》,10 月完成《关于浙江地税系统"大集中"工程基本思路的调研报告》,11 月与有关处室共同研究形成《浙江地税信息化建设"大集中"工程实施方案》,提交局长办公会议研究同意实施。杭州市局、绍兴市局、温州市局、海盐县局积极参与调研,为实施方案的最终确定作出了贡献。

(五)地税质量管理工作持续推进

上半年,组织对 2008 年度全省 ISO9000 质量管理工作进行考核并下发考核通报,研究制订 2009 年 ISO9000 质量目标、2009 年度 ISO9000 质量管理体系考核方案并下发通知。2009 年 8 月,下发文件,对 2006—2008 年度连续 3 年被评为全省地税系统质量管理先进单位的 3 家单位予以表彰,并授予"浙江地税质量管理奖"。11 月,组织举办"全省质量管理员(内审员)继续教育培训班",对各地质量管理员进行知识更新培训,并就下一步持续推进质量管理工作进行研究探讨。

(六)"浙江地税应用系统工作交流平台"平稳运行

认真做好工作交流平台问题分发、跟踪催办、归类等日常业务维护工作。全年共受理问题 2379 个,已处理2294个，正在处理85个。其中，受理《税友2006》问题1595个，已处理1532个，正在处理63个。

二、日常税源管理又创佳绩

(一)纳税评估工作卓有成效

继续遵循“一年开展两个行业专项评估带动日常评估”的工作思路，评估一个行业，建立一个评估模型，并通过“建模”工作，整合纳税评估成果，用于指导日常评估工作，卓有成效。在总局开展的全国“百佳”优秀纳税评估模型评选活动中，地税系统共入选25个优秀评估模型，浙江省选送的餐饮业、建筑业和广告业3个纳税评估模型均获得“百佳”称号，名列前茅。

2009年，全省开展租赁业、住宿业的专项纳税评估。经统计，共确定评估对象1908户，约谈1098户，实地调查883户，补缴入库税(费)款、滞纳金等合计3567.9万元，调减企业所得税亏损数额746万元，移交稽查12户。根据总局要求，部署开展重点税源专项评估工作，共确定专项评估对象58户，35户企业经自行评估补缴税款15203万元，经省局评估小组确定，对其余23户企业中不能消除疑点的14户企业进行实地评估，应补缴税款1614万元。

(二)因地制宜推进社会综合治税

深入落实“抓大、评中、定小”的税源管理工作思路，组织指导各地公平、合理、稳妥地开展定额调整，各地结合省局要求和当地实际，大力推进社会综合治税工作，涌现出不少好的做法。杭州市局明确乡镇、街道协税护税工作站个人出租房屋协税护税工作职责及业务流程，通过政府主导、部门联动，实行综合治税，取得较好的成效。绍兴市局、丽水市局出台《个体工商户分类管理办法》。嘉兴市局与地方政府、国税部门积极磋商，研究下发加强个体税收社会化管理的综合治税文件。余杭区局以地国税协作方式开展社会化征管，进一步按照省局要求探索社会综合治税，献计献策。

(三)积极稳妥开展综合考核工作

组织开展2008年度贯彻“三个三”工作措施五单工程考评工作，积极顺应规范津补贴等制度要求，改变表彰激励形式，评选杭州市地方税务局等32家单位为2008年度税源管理先进单位。制订并组织实施《2009年税收管理工作综合考核办法》，进一步深化细化税源管理重点工作的落实激励措施。

(四)妥善调整进沪建筑施工企业的征管方式

结合省政府对驻沪办建筑管理处职能的调整，按照省政府意见，积极协商，妥善调整进沪建筑施工企业的征管方式，下发《关于浙江省进沪建筑施工企业代征税款有关问题的通知》，明确不再委托驻沪办代征进沪企业相关税收，但外管证仍可委托沪办开具。

三、发票管理不断优化

(一)推进发票管理信息化

积极落实即时采集发票开具信息要求，结合浙江地税实际，调研确定依托现有客户端软件实现网络在线开票功能的稳妥做法，改造开票软件，增加网络在线开具发票功能(开票信息实时上传)、开票信息限时上传(可以在1—30天间选择设定)等功能，并增加保证数据安全的若干措施。

继续扩大《浙江地税普通发票开票软件》应用面，目前全省用户已超过6万户，发票领购、缴销信息实现以网络方式传递和控制。手工发票占比从上年的8.5%(1.07亿份)降至3.75%(0.54亿份)，机打票占比从上年的45.2%(5.854亿份)提高到49.5%(7.18亿份)。

2009年度通过网络等方式报送发票电子信息2451万余条，开具金额14040亿元。各地积极利用这些信息落实“信息管税”要求，以《税友2006》为平台开展发票数据与申报数据比对等增值应用工作。

完善《税友2006》发票计划管理预警功能，提高发票库存管理水平，有力地保证日常供应；健全发票查询系统，查询发票领购、缴销等信息不再需要选择税务机关，更加方便纳税人。

(二)认真做好日常发票管理工作

下发批准2009年度浙江省地税普通发票定点印制企业通知，并做好日常监督管理工作。组织各地开展货物运输业自开票纳税人和代开票单位年审工作和日常审验工作。继续深入开展有奖发票试点工作。各级地税机关通过严格具名发票的审批工作，全年具名发票种类进一步缩减，由上年末3467种下降到3264种。

四、征管制度日益完善

(一)结合实际贯彻总局征管制度调研要求

积极参与总局《税收征管法》、《发票管理办法》的修订工作。多次组织系统内座谈和讨论,征求修改意见,对照《征管法修订对照表》,共提出21条修订意见和建议反馈总局。根据总局要求,就《税收征管法》电子商务税收征管课题,结合浙江实际,作了专题调研,形成报告上报总局。转发《国家税务总局办公厅关于税务登记中企业登记注册类型有关问题的通知》,解决工商登记类型与税务登记类型不一致的问题。积极参加总局组织的发票管理工作座谈会,汇报实践经验与想法;认真组织研究《发票管理办法》及其实施细则以及简并票种、简并票样的征求意见稿,及时反馈修改意见。

(二)务求实效制订下发征管制度和办法

年初制订下发《浙江省地方税务局关于统一部分税(费)种申报期限的通知》,对部分税(费)种申报期限进行统一。结合征管工作实际,出台《关于进一步做好税收征管工作的实施意见》、《关于加强税种征管促进堵漏增收的若干意见》等规范征管行为的文件。

(三)做好缓缴税款审批等日常工作

全省共审批缓缴税款54.79亿元,比上年同期增加12.58亿元,同比增长29.81%。其中,第四季度缓缴税款42.22亿元,比上年同期增加21.2亿元,同比增长100.89%。延至2010年缴纳的税款42.21亿元,比上年同期增加21.20亿元,同比增长100.86%。及时公告走逃、失踪纳税人的欠税信息。全年共发布公告信息19次,公告欠税企业130户,个体工商户1542户,公告欠税金额316.04万元。做好税务检查证的制作、发放工作,全年制作发放税务检查证101本。

纳税服务局工作

基本情况 2009年,是省局纳税服务局开始独立运转的一年。该局从纳税服务体制、机制和制度建设入手,大力推进纳税服务全局性、系统性和基础性工作,及时制订下发《浙江省地方税务局关于进一步加强纳税服务工作的意见》等指导性文件,明确新形势下加强和改进纳税服务工作的指导思想和工作思路,提出完善纳税服务工作的目标和具体举措,开创了浙江省纳税服务工作的新局面。

【帮扶企业“春雨”专项行动】面对全球经济金融危机,纳税服务局坚持把优化服务举措、提升服务水平作为与纳税人“共克时艰”、维护社会稳定的重要手段。深入开展“帮扶企业‘春雨’专项行动”,通过“十项便民措施”、“百场专题税企沟通会”、“千名税干进千企”、“网送税法连万家”等活动载体,为企业送温暖、送服务、送政策上门,千方百计帮助纳税人解难题、渡难关。“春雨”专项行动期间,全省各级地税机关组织税务干部7038人,实际走访企业16589户,现场解答涉税问题12790个,收集意见建议6034条,提供个性化服务3552项。举办631场专题税企沟通会,参加人数达72881人,免费发放资料163261份,深受纳税人好评。

【落实两个减负】 为切实减轻纳税人办税负担,减少纳税人办理涉税事项时报送的涉税资料,对全省地税系统要求纳税人依申请的涉税事项所报送的资料进行全面清理,拟定下发《浙江省地方税务局关于清理简并纳税人报送涉税资料有关问题的通知》,清理简并内容涉及税政、规费、法规、计财、征管等部门,共取消52项办税业务事项,减少41份主表,113项附列资料,保留的涉税申请业务共计123项,主表92张,份数245份,附列资料304项。

【服务工业行业龙头骨干企业】 为支持鼓励全省146家工业行业龙头骨干企业用足用好税费优惠政策,促进产业转型升级,制订下发《浙江省地方税务局关于做好全省工业行业龙头骨干企业跟踪服务工作的通知》。要求全省各级地税部门加强与当地工业行业龙头骨干企业的联系和沟通,充分利用办税服务平台为当地工业行业龙头骨干企业提供更加多元化、个性化服务,简化办税流程,提高办税效率。2009年,全省各级地税机关组织税务干部走访企业1066人次,举办税企沟通会281次,落实税收优惠政策536项,涉税政策优惠金额达83962万元。

纳税服务评价机制 **【纳税人满意度调查】** 为更

加客观、公正地反映纳税人对税务机关的评价，真实反映纳税人的办税需求，验证纳税服务工作的成效，借鉴先进经验，通过招标，引入第三方机构对浙江省纳税人满意度、纳税人需求进行调查暗访，全面掌握浙江省基层纳税服务工作情况，其中发现一些需要改进的问题，并将调查结果以适当方式公布，促进纳税服务质效的提升。

【纳税信用等级评定】为进一步推进税收诚信体系建设，提升纳税人诚信纳税的荣誉感和税法遵从度，营造诚信纳税的良好氛围。根据《浙江省地方税务局、浙江省国家税务局关于印发〈浙江省纳税信用等级评定管理实施办法〉的通知》，全省地税系统与国税系统联合开展2007—2008年度纳税信用等级评定工作。通过对全省488653户纳税人的评审，确认2007—2008年度AAA级信用等级纳税人2389户，AA级纳税人2134户，A级纳税人5194户。

【纳税服务之星考评】为进一步提高办税服务厅服务质量和服务效率，培养办税服务厅工作人员全心全意为纳税人服务的意识，为广大纳税人提供温馨、舒适的办税环境和高效、快捷的办税服务，以促进纳税人自愿遵从度的提升，在广泛征求意见的基础上，制订下发《纳税服务之星考评办法（试行）》，指导各级开展"纳税服务之星"的考评工作，提升办税服务厅一线窗口工作人员的服务水平。

纳税服务平台建设　【12366语音服务系统】发挥12366语音服务系统的"桥梁"作用，实现其电话申报、纳税咨询、投诉举报以及主动发送提醒和通知等服务功能，努力打造"听得见"的纳税服务平台。2009年，全省12366语音服务系统共受理纳税人咨询电话153.1万话次，向纳税人发送提醒、政策通知等服务信息431.9万条，分别比上年增长88.3%和5.3%。

建立纳税咨询热点问题收集公布制度，及时上报国家税务总局热点问题12次共120个，受到总局通报表扬。

2009年，对全省12366语音服务系统使用情况进行2次抽查暗访，及时通报检查结果，对表现优良的单位点名表彰，对做得欠佳的地方进行提示，以促使各地认真做好语音咨询服务工作。

随着纳税服务理念的更新和地税业务内容的发展，12366语音服务系统和短信平台在服务内容、服务质量、内部管理和外部接口等方面都提出新需求，亟须升级和完善。在调研和广泛征求各地意见的基础上，拟定12366语音服务系统和短信平台升级改造方案，为下步升级改造奠定基础。

【办税服务厅建设】为进一步便利纳税人办理涉税事项，统一和规范办税服务厅整体形象，弘扬和谐、积极向上的地税文化，省局下发《关于统一推广应用视觉识别系统（VI）有关事项的通知》，专门制作《浙江地税视觉识别系统》范本及光盘，基层税务分局的办税服务厅全面导入视觉识别系统。

全面贯彻落实国家税务总局《办税服务厅管理办法（试行）》，进一步推进浙江省办税服务厅规范化、标准化建设。以全省导入视觉识别系统为契机，统一规范办税服务厅功能区划，统一设置办税服务厅窗口，统一服务内容，完善制度建设。

优化基层办税服务功能，全省所有基层税务分局（所）推行"一次性告知制"、"补正承诺制"和免收税务登记工本费，全省共有196个办税服务厅配备POS刷卡机，占总数的71.5%；241个办税服务厅实行"一窗式"服务，占总数的88%；全省办税服务厅基本上实行"同城通办"和"税务登记免填单"，配置服务评价器，设置一米等候线，还有一部分办税服务厅开始应用排队叫号系统。

【网税系统建设】目前，《浙江地税网上办税系统》可以提供网上申报、表单下载、政策咨询、税款缴纳、税务预登记、发票预缴销、预约扣款等服务。纳税人可在网上自行打印电子缴税付款凭证，并作为缴纳税款的会计核算凭证，足不出户便可完成税款缴纳全过程。

【纳税人之家和纳税服务志愿者活动】为拓展服务渠道、丰富服务内容、提高服务水平，各地积极探索纳税服务工作的新思路、新举措，创造性地开展纳税服务工作。其中杭州市地税局创建的"纳税人之家"活动和金华市地税局组织的"纳税服务志愿者"活动，给纳税人带来实实在在的便利，深受纳税人欢迎。为此，省局专门出台《浙江地税纳税服务志愿者管理办法（试行）》和《关于推广杭州市"纳税人之家"服务活动的通知》，倡导各地结合工作实际，积极创造条件，探索开展更多切实可行、成效显著、能够长效实施的个性化服务举措。

完成总局省局任务【**承办好总局会议**】2009年2月，承办全国部分省市12366语音电话建设座谈会。13个省、市国地税局40余位会议代表参加会议。会议总结近年来12366建设和管理工作的成功经验，提出下一步建设中需要注意和解决的问题，同时对12366纳税服务热线管理工作规范进行了充分讨论。

2009年7月份，省局与省国税局联合承办浙江省历史上规模最大、层次最高的全国纳税服务工作会议，得到了国家税务总局领导的肯定和全国税务系统同行的好评。

【**完成总局布置工作**】一是做好纳税服务相关规划、办法的征求意见工作，按照总局要求，两次征求各市、县局和省局各业务处室关于《全国2010—2012年纳税服务工作规划》(征求意见稿)、《办税服务厅管理办法》(征求意见稿)的修改意见，并及时汇总、整理反馈意见建议，上报总局。二是组织人员起草总局布置的《企业所得税管理规范——服务管理》内容。三是组织开展国家税务总局办公厅关于开展纳税服务资源配置情况调查工作，完成税法宣传费用、人力资源、办税服务厅费用、短信平台、纳税人满意度调查、12366纳税服务热线等服务资源配置情况调查上报工作。

【**落实总局有关文件**】一是转发国家税务总局《关于协助做好定点联系纳税人相关工作的函》，组织相关市、县(市、区)地税局工作人员联系总局文件中点名的企业，告知总局与其定点联系的目的和意义，及时将企业回复情况反馈总局。二是及时转发国家税务总局《关于纳税人权利与义务的公告》，要求全省各级地税部门迅速组织全体工作人员认真学习公告内容，切实保障纳税人依法行使权利，忠实履行纳税义务。为扩大宣传范围，提升宣传效果，专门印制10万册《纳税人权利与义务》宣传手册，下发各地办税服务厅，供纳税人取阅。

【**加强调研工作**】完成省局《优化和创新纳税服务工作研究》的课题调研，协助完成《整体推进，多元深化，努力构建"大服务"体系》、《积极推进国地税协作，努力构建全方位的纳税服务体系》等全国纳税服务会议经验交流材料。

税征管理一处工作

2009年全省营业税和文化事业建设费(以下简称"一税一费")工作以科学发展观为统领，紧紧围绕"创业富民、创新强省"总战略和"保增长、抓转型、重民生、促稳定"的工作主线，坚持"依法治税、为民理财、务实创新、廉洁高效"的工作理念，念好"实、稳、优"三字诀，全面落实"抓大、评中、定小"税源管理思路，提高"一税一费"科学化、专业化、精细化管理水平，促进浙江省"一税一费"工作科学发展。

一、创新理念，科学发展形成新共识

2009年，全省"一税一费"工作以科学发展观为指导，将总局"完善税制，强化管理"的总体要求和"以票控税、网络比对、税源监控、综合管理"的管理方针与浙江实际紧密结合起来，提出"一、二、三、四"的具体工作思路和管理理念。

1.建立一个机制：按照"信息管税"要求，着力构建"一体两翼"(即以涉税信息，重点是第三方信息数据为主体，以信息化为技术支撑，以社会化为力量支持)的"一税一费"税(费)源管理机制。

2.提高两个能力："一税一费"工作要全面提高"科学组织收入、依法落实政策"两个能力。

3.实现三个目标：牢牢把握"一税一费"工作的目标、任务和重点，坚持三个并重，做好三篇文章，力求三个转变。

一是坚持三个并重：坚持"开源与挖潜并重，政策与管理并重，执法与服务并重"的"一税一费"工作思路。

二是做好三篇文章："一税一费"工作要重点做好"抓管理、保增长、促发展"三篇文章。

三是力求三个转变：实现"一税一费"工作由注重政策管理向政策与税源管理并重转变；由经验管理、粗放管理向科学管理、精细管理转变；由税务机关专业管理向税务机关专业管理与全社会综合治税并重转变的工作目标。

4.找准四个定位。

一是在服务大局中定好位，做科学发展的“服务器”。为构建和谐社会，全面建设小康社会、加快推进社会主义现代化，促进浙江省经济社会科学发展提供财力保障是地税部门的首要任务，“一税一费”尤其是营业税在保障地方可用财力方面发挥龙头作用责无旁贷。“一税一费”工作要主动融入全省地税工作的大局，注重从大局中把握职能定位，做科学发展的“服务器”。

二是在培育税源中定好位，做经济发展的“孵化器”。税收是调节经济运行的重要手段，依法落实税费政策是“一税一费”工作的重要职能。“一税一费”工作要树立税收经济观，依法用好用活税费政策，主动服务浙江省经济发展，积极支持全省创业创新，大力促进经济与税收良性循环，重点扶持浙江省服务业加快发展和经济转型升级，培育税收收入新的增长点。

三是在纳税服务中定好位，做社会和谐的“稳定器”。税收在维护社会稳定中具有重要作用。“一税一费”工作，一方面要不断优化纳税服务、推进征纳关系和谐，另一方面找准维护社会稳定的关键环节，做社会和谐的“稳定器”，通过创新税收管理机制，维护社会稳定。

四是在自身建设中定好位，做素质提升的“助推器”。队伍建设是做好“一税一费”税（费）源管理工作的关键所在。“一税一费”工作要按照“外树形象、内强管理”要求，以能力建设和廉政建设为核心加强“一税一费”干部队伍建设，全面提高“一税一费”干部队伍的综合素质和业务能力。

二、助推转型，分离发展取得新成效

2009年，全省各级地税部门按照省委、省政府的决策部署，发挥职能，狠抓落实，真正做到推进企业分离发展服务业工作有布置、有分工、有责任、有检查、有成效。正如省局局长钱巨炎批示：分离发展服务业很有实效，而更重要的是倡导了一种理念。2009年全省新增1252户企业分离发展服务业，其中分离成立独立核算的法人企业1209户（含16户销售收入在全省前100名的工业企业实施了分离发展服务业），非独立核算企业43户，超额完成2009年度新增1000户企业分离发展服务业的目标任务。浙江省已分离出来的服务业企业2009年产生营业收入376.07亿元、地方税费收入15.80亿元，2008年、2009年累计营业收入534.09亿元、地方税费收入23.71亿元。

三、开源挖潜，组织收入实现新增长

2009年，全省“一税一费”工作坚持“法治、务实、有为”组织收入原则，做到“开源、挖潜、堵漏”三措并举，着力发挥营业税在组织收入中的龙头作用。在“房地产业营业税增幅快速回升拉动、管理创新举措推动和分离发展服务业带动”的三重作用下，实现营业税收入持续稳定增长，为进一步增强地方可用财力作出积极贡献。2009年，浙江省地税部门共组织营业税收入663.62亿元，增收89.31亿元，增长15.55%，对地方税收收入的增收贡献率为87.24%，其中房地产业营业税增收45.01亿元，对营业税收入的增收贡献率为50.4%。从全国情况看，浙江省营业税收入总量居全国第五，增幅在总量前六名省份中居第三位。从收入结构看，营业税收入占地税收入41.56%，比上年提高3.13个百分点；占地方财政收入30.98%，比上年提高1.28个百分点。

四、服务发展，落实政策发挥新作用

以贯彻新营业税暂行条例和实施细则为契机，依法全面落实各项营业税政策。一是认真做好新营业税暂行条例和实施细则的实施工作，重点做好宣传培训、文件清理等工作，跟踪掌握新营业税暂行条例和实施细则执行情况，对出现的新情况新问题统一过渡性操作意见，确保新营业税暂行条例和实施细则的顺利施行；二是围绕“保增长、抓转型、重民生、促稳定”的工作主线，参与制订《浙江省地方税务局关于贯彻落实保增长扩内需调结构若干政策的实施意见》，参与修订《浙江省地方税务局关于促进第三产业发展的若干意见》；三是全面落实贯彻促进经济社会发展的各项营业税优惠政策，重点贯彻落实好财政部、国家税务总局关于支持文化产业发展的有关营业税优惠政策、中小企业担保机构免征营业税优惠政策、技术先进型服务企业营业税优惠政策、鼓励数字电视发展的营业税优惠政策，等等。2009年，全省（不含宁波）累计免征营业税5.16亿元，减征营业税8.13亿元。

五、深化创新，税源管理实现新突破

深入开展管理创新，向管理要收入。2009年4月，税政管理一处专门召开全省“管理创新年”活动经验交流会,总结交流2008年“管理创新年”活动经验,大力推广管理创新成果,以创新实践推动浙江省“一税一费”工作科学发展。按照“突破一个行业、研究一个课题、建立一项制度、探索一种办法、形成一个机制”的“五个一”创新目标,全省各地着眼于地方经济税源培育,大力推进税源管理内容创新,树立经济到税源到税收再到经济的经济税收工作思路,通过政策、管理、服务三措并举,大力培育全省地方经济税源,以推进企业分离发展服务业为抓手,促进浙江省经济转型升级和服务业发展;着眼于贯彻落实“抓大、评中、定小”税源管理思路,大力推进税源管理方法创新,着力构建数据采集—税源监控—税收分析—纳税评估—税务稽查“五位一体”的税源管理互动机制,继续深化资源。如杭州市局西湖分局重点税源管理,提高税源管理的质量和效率;着眼于构建以涉税信息(重点是第三方信息)数据为主体,以信息化为技术支撑,社会化为力量支持的“一体两翼”税源管理机制,大力推进税源管理机制创新。如绍兴市局的不动产建筑业税收项目管理软件的开发应用、萧山局城厢一分局依托入住旅客流量统计信息规范旅店行业税收管理等,在数据管税和综合治税方面进行了有益的探索和实践;着眼于科学化、专业化、精细化管理,大力推进分行业税源管理创新,如湖州市局、杭州市局江干分局货运业税收管理、杭州市局高新分局楼宇经济税源管理、瑞安市局医疗行业税收管理、金华市局江南分局房地产“后续”税收管理、绍兴县局福全税务分局不动产出售(出租)最低计税依据管理、温岭市局城区分局专业化与社会化相结合加强营业税分行业税源管理等,夯实税源管理基础,强化营业税分行业税源管理。2009年税政管理一处在重点组织做好企业分离发展服务业、不动产建筑业税收项目管理、营业税差额征税管理等创新项目在全省范围内的推广应用工作的同时,进一步深化管理创新,突破管理薄弱环节,在全国率先出台《浙江省营业税差额征税管理办法(试行)》,编写了营业税差额征税管理系统的业务需求。另外,还草拟了《浙江省重点工程项目税收管理办法》。

六、深入调研,业务建设取得新进展

2009年,税政管理一处将深入调查研究作为加强“一税一费”业务建设的一项重要基础性工作,组织开展多项调研。一是组织开展浙江省企业分离发展服务业情况的专题调研,通过调研,提出推进浙江省企业分离发展服务业的工作建议;二是参与财政部、国家税务总局在浙江有关营业税新条例新细则贯彻实施情况的调研,对营业税新条例新细则实施后财政部、国家税务总局营业税规范性文件清理工作提出建议意见;三是根据总局要求,布置开展物流企业税收征管情况调查核实工作,向总局报送了核查报告;四是组织开展浙江省娱乐业营业税税率调整的专题调研,对娱乐业营业税税率调整影响全省营业税收入的情况进行测算,向省政府报送了浙江省娱乐业营业税税率调整的政策建议;五是开展浙江省铁路运营收入营业税问题的专题调研,并提出对策建议,得到陈敏尔常务副省长批示;六是与省财政厅税政处一起研究提出《营业税税目注释(试行稿)》的修订意见。

税政管理二处工作

2009年,面对严峻复杂的经济形势和繁多复杂的税收政策,在浙江省地方税务局领导的正确领导和其他处室的大力支持下,税政二处按照“依法治税、为民理财、务实创新、廉洁高效”工作理念,念好“实、稳、优”三字诀,认真贯彻落实各项所得税政策规定和“抓大、评中、定小”税源管理思路,在坚持依法合规前提下,狠抓各项所得税优惠落实,帮扶企业“保增长”;强化各项堵漏征管措施,创新管理“增收入”,充分发挥所得税职能作用,为浙江省经济社会又好又快发展作出应有的贡献。

一、深化收入分析预测,做好组织收入工作

企业所得税,2009年度全省(不含宁波)地税机关共组织收入212.27亿元,同比减收52.24亿元,下降19.75%,占税收收入的16.83%。

个人所得税,2009年度全省(不含宁波)地税机关共组织收入237.50亿元,同比增加27.48亿元,同比增长13.08%,占税收收入的18.83%。

2009年,税政二处认真贯彻落实收入分析制度,在坚持按月收入分析的基础上,拓宽分析数据来源渠道,进一步改进收入分析的内容和方法,深化按行业、按经济类型的细化分析,通过收入分析发现征管漏洞,改进和加强征管。继续做好宏观经济、政策调整、征管措施等因素对收入变化的影响。深化经济形势变化、经济增长下滑趋势、企业利润下降等因素对企业所得税和个人所得税收入影响的分析预测工作。此项工作多次得到国家税务总局的肯定和表扬。

二、及时贯彻落实各项企业所得税配套政策,确保企业所得法实施后首次汇算清缴的顺利完成

(一)做好企业所得税年度纳税申报表软件开发和税源基础管理工作。一是根据国家税务总局文件,及时提出年度纳税申报表及其附表的业务需求,会同信息中心开发申报软件,确保新税法实施后首次企业所得税汇算清缴工作顺利进行;二是根据汇算清缴软件运行情况和各地要求,及时做好修改完善工作;三是根据税源管理需求,提出特殊债务重组所得、捐赠所得分期确认、广告费和业务宣传费跨年度纳税调整、资产评估增(减)值、弥补亏损等8个项目管理台账和清册的业务需求。

(二)统一规范企业所得税优惠操作办法。一是根据企业所得税法及其实施条例和国税发〔2008〕111号文件,并商省级有关部门同意,制订浙江省《企业所得税减免税有关管理问题的通知》,明确减免依据、报送资料、报送时限和审批权限;二是结合浙江省实际情况,及时转发国家税务总局制定的技术转让所得减免、资源综合利用企业减计收入等优惠管理文件,确保优惠政策及时贯彻落实到位;三是根据企业所得税法及其实施条例和国税函〔2008〕251号文件,结合浙江省企业所得税管理实际,制订《小型微利企业认定办法(试行)》,统一规范浙江省小型微利企业认定管理工作。

(三)及时贯彻落实各项政策规定,认真研究解决执行中出现的新情况新问题。一是结合浙江省实际,及时转发确认收入、企业重组、资产损失、房地产经营业务等总局文件;二是及时研究解决执行中出现的新情况,对属于省局权限内的,及时予以解决,如:制订《浙江省地方税务局关于工资费用税前扣除问题的通知》,明确企业工资费用税前扣除有关问题;制订《浙江省地方税务局关于调整代开货物运输业发票所得税预征率后有关退税问题的通知》,明确统一退税机关、退税程序等有关退税问题;制订《关于浙江省内跨地区经营建筑安装企业有关所得税管理问题的通知》,统一规范省内跨地区经营建筑安装企业的所得税管理,对在省局权限内不能解决的,如要求允许市场运营企业预收商位使用费按租赁期限均匀确认收入,要求将金华火腿、禽类制品、山野果初加工等列入享受企业所得税优惠的农产品初加工范围等问题及时向财政部、国家税务总局反映,并提出解决问题的建议,供上级决策参考。

三、指导各地做好减免税、税前扣除等涉税项目的审批或备案工作,认真落实各项所得税优惠政策

(一)树立“不落实优惠就是收过头税”的思想,指导各地及时做好涉税事项的审批或备案工作,确保各项所得税优惠落实到位。据统计,2008年度全省各级地税机关共审核批准或同意备案企业所得税优惠92亿元,其中:国债利息收入、符合条件的居民企业之间的股息、红利等权益性投资收益等免税收入免征企业所得税57亿元;1441户开发新技术、新产品、新工艺发生的研究开发费用加计扣除金额21.28亿元,比2007年增加6.58亿元,同比增长44.76%,相关企业可少缴企业所得税5.32亿元;3792户企业安置残疾人员按职工工资总额100%加计扣除金额10.82亿元,相关企业可少缴企业所得税2.7亿元;489户企业从事农、林、牧、渔项目所得减免企业所得税2.44亿元;17326户符合条件的小型微利企业减征企业所得税7784万元;546户高新技术企业减征企业所得税10.38亿元;109户享受购置用于环境保护专用设备、节能节水专用设备、安全生产专用设备的投资额抵免企业所得税优惠政策,减免企业所得税2977万元;86户符合资源综合利用企业条件,减免企业所得税7210万元;986户国产设备技术改造(2007年前购置的国产设备)抵免企业所得税5.54亿元。

(二)会同有关部门做好高新技术企业、技术先进服务企业、动漫企业等的认定工作,确保认定通过与享受优惠政策同步。

一是配合科技部门做好高新技术企业认定工作。2009年浙江省分四批共认定925户高新技术企业,其中地税系统负责征管企业所得税433户。2008年以来累计已经认定高新技术企业2255户，其中地税1124户,2009年高新技术企业预计可享受企业所得税减税额14.24亿元，已在2009年内预缴时办理抵缴、退税等方式的所得税额7.26亿元。

二是配合科技部门做好技术先进服务企业的认定工作。2009年共认定16家,其中5家企业亏损。16家企业中有15家为外资企业,1家为2004年成立的企业,其企业所得税均在国税部门征收。

三是配合文化厅做好动漫企业的认定工作。2009年底已有3户企业通过国家认定,其自主开发、生产的动漫产品,可申请享受国家现行鼓励软件产业发展的所得税优惠政策。

四、加强与国税部门的沟通协调,确保企业所得税征管范围调整工作落实到位

接《国家税务总局关于调整新增企业所得税征管范围问题的通知》(国税发〔2008〕120号)后,税政二处及时转发各地执行,并在辅导各地认真执行好总局通知规定的同时，十分关注实际执行中出现的新情况、新问题,并对反映的内资转外资所得税征管范围等问题,通过深入详细了解,对照总局政策规定,及时与省国税局沟通协调,确保企业所得税征管范围调整工作落实到位。据各地统计,2009年全省地税系统(不含宁波)新增企业17862户,缴纳企业所得税额2亿多元。

五、认真做好2008年度年所得12万元以上个人所得税自行纳税申报工作,圆满完成目标任务

面对严峻经济形势造成的个人收入下降,对年所得12万元以上个人所得税自行申报工作的影响,要求各地在做好2008年度年所得12万元以上个人所得税自行纳税申报工作时,讲究工作方式方法。做好有关宣传资料审核、申报口径的解释说明以及定期掌握各地申报期自行申报人数、申报所得额、应补应退税额等情况,确保此项工作有序开展。2008年度,浙江省(不含宁波)自行申报人数195798人。各所得项目合计申报年所得额546.53亿元，应纳税所得额453.24亿元,应纳税款79.02亿元,已缴(扣)税款76.68亿元,抵扣税款574.34万元,减免税额4025.93万元,应补税款为1.95亿元,应退税款734.54万元。年所得12万元以上纳税人申报的应纳税款占2008年全省全部个人所得税入库数的37.42%。人均申报年所得额37.63万元。

六、继续深入推进个人所得税全员全额管理系统应用全覆盖工作

2009年，在巩固个人所得税全员全额管理明细申报已有成绩的基础上,着重在广度和深度上继续深入推进该项工作,在广度上,督促各地积极推动行政机关、事业单位、社会团体等纳入全员全额管理明细申报;在深度上,加强对企业覆盖率低、明细申报人数低的市、县的督导。及时了解各地推进个人所得税全员全额管理系统应用全覆盖工作情况，做好指导工作。至2009年12月底,全省纳入个人所得税全员全额管理明细申报的企业数为37.67万户，涉及人数918.62万人,纳税人数256.20万人。

七、创新管理方式,进一步加强对高收入个人的所得税监管

一是及时转发《国家税务总局关于加强股权转让所得征收个人所得税管理的通知》，要求各级地税机关全面开展调查，掌握辖区内企业自然人股东情况，按企业建立征管档案，详细记录自然人股东姓名、身份证号码、住所、投资方式、投资额、投资时间等内容，并录入《浙江地税信息系统》,实施动态管理,为股权转让所得征收个人所得税夯实征管基础。与此同时，各地主动加强与工商部门的沟通联系，截至2009年11月有55个单位已经与当地工商部门建立个人股权转让信息传递机制,形成征管合力,个人股权转让所得征收个人所得税79216万元。

二是及时转发《国家税务总局关于企业年金个人所得税征收管理有关问题的通知》，编写年金企业申报扣缴年金个人所得税的业务需求,提交信息中心开发。与此同时,提出进一步加强对企业年金个人所得税的管理意见,要求各年金企业将企业年金方案的批文和企业年金方案报主管地税机关备案;要求各级地税机关加强对企业年金的企业所得税与个人所得税的协调管理,主动与当地人力社保部门联系,取得当地已建立企业年金的企业名单,对企业所得税税前扣除的年金支出总额与已经代扣代缴个人所得税的年金总额进行比对分析,对疑点企业应实地核查,或者由稽查部门进行税务稽查,从而进一步提高个人所得税代扣代缴质量,规范企业所得税年金支出的税前扣除。

三是及时转发《国家税务总局关于加强个人工资薪金所得与企业的工资费用支出比对问题的通知》，开展个人工资薪金所得与企业工资费用支出比对，从中查找差异及存在的问题，规范工资薪金支出税前扣除，强化个人所得税的征收管理。与此同时，为更好地利用浙江省税务征管信息系统的现有数据，经过认真调研后尝试开发个人所得税工资薪金与企业所得税工资费用比对分析管理软件。在杭州市局的积极参与、上城税务分局的积极配合下，目前已经进行简单的程序开发和数据测试工作。

八、编写个人所得税明细申报纳税人纳税信息网络查询打印业务需求

为进一步优化纳税服务，充分利用现代信息技术条件，更好地满足个人方便快捷地了解自身个人所得税纳税情况，根据省局领导的要求，在考察江苏省网络查询开展情况和充分征求各地意见的基础上，编写浙江省个人所得税明细申报纳税人纳税信息网络查询打印业务需求。目前，该项工作已进入业务需求完善阶段。个人所得税明细申报纳税人纳税信息网络查询打印服务开展以后，将可以达到节约邮资、同时又能更好地满足广大纳税人实际需要的目的。

九、及时做好省人大、政协提案及省委深化“双服务”抄告单等有关所得税方面的解释、说明工作

2009 年，税政二处主办浙江省人大、政协提案 17 件，参与会办 13 件；主办浙江省委深化“双服务”抄告单 4 件；认真及时答复“12366”服务热线、省长信箱等反映的所得税政策问题。

税政管理三处工作

2009 年，浙江省“地方七税”工作紧紧围绕全省地税工作要点，坚持“依法治税、为民理财、务实创新、廉洁高效”工作理念和“实、稳、优”工作要求，积极应对经济和税收形势的发展变化，强化税收政策研究，科学指导组织收入，加强税种、税源管理，积极有为地发挥地方税收职能作用，促进“地方七税”收入持续稳步增长，为全省地税收入目标的圆满完成和地方税比重的进一步提高作出应有的贡献。

一、服务大局，及时应对，组织收入重在“实”

1.强化管理，保持“地方七税”收入持续增长。坚持“均衡入库、持续增长、优化结构、调控有力”的组织收入原则，通过加强税收经济分析预测，及时掌握影响收入变化的因素，积极应对金融危机，在认真落实房产税、城镇土地使用税优惠政策、优化纳税服务的同时，自觉服从服务于大局，采取切实有力措施，加大“地方七税”管理力度，及时采取有效措施，进一步挖掘税费收入潜力，保持“地方七税”收入持续稳定增长。2009 年全省(不含宁波)“地方七税”收入 271.60 亿元，比上年同期增长 13.77%；绝对额增收 32.87 亿元，占地税税收收入绝对增长额的 41%；“地方七税”收入占地税税收收入的 21.53%，比上年同期提高 1.3 个百分点，为圆满完成税收收入任务，促进经济发展和改善民生作出积极贡献。

2.帮扶企业，积极贯彻落实优惠政策。针对严峻的经济形势，围绕省局工作大局，一是通过梳理整合相关税费优惠政策，参与制订《浙江省地方税务局关于贯彻落实保增长扩内需调结构若干政策的实施意见》，帮扶企业脱困解难、助推经济社会平稳较快发展。二是根据省政府要求，及时高效地落实好困难企业税费减免政策，减免困难企业房产税、城镇土地使用税 8.9 亿元，为全省经济“保增长、促稳定”作出贡献。三是针对城乡公共交通企业存在的实际困难，通过研究测算，汇总各地意见建议后提出方案，及时向省政府写了报告，要求继续减免公共交通车船税，代拟《浙江省人民政府关于继续免征城乡公共交通车船税的通知》，省政府正式文件下发后及时通知各地执行。

二、规范执法，审时度势，落实政策把握“稳”

1.积极有为，推进机动车车船税保险机构代收代缴工作。围绕车船税全面实行由保险机构代收代缴的工作目标，开展系列工作。一是深入到试点市、县调研指导，在不断完善、总结试点单位成功经验的基础上，指导督促各地推进机动车船税代收代缴工作。二是协调省地税局直属一分局和杭州市区及县(市)车船税代收代缴工作征管主体,发文加以明确,解决杭州市车船税代收代缴工作中存在的问题。三是在绍兴试点的基础上,积极推广应用车船税代收代缴申报软件,为采集机动车明细数据,建立健全车船税税源数据库打好基础。四是进一步加强与省保监局的沟通协调,做好车船税保险机构代收代缴政策的宣传和辅导,及时解决推行过程中存在的问题。2009 年全省 6 个市地已完成从车管、公管等其他部门过渡到保险机构代收代缴的转换工作。其余 4 个市地(杭州市、温州市、金华市、衢州市)在 2009 年做好准备工作基础上,从 2010 年 1 月 1 日起全省全面实施由保险机构代收代缴车船税。从推行后的结果看,征管基本平稳,2009 年全省(不含宁波)车船税入库总额为 8.93 亿元,比上年同期增长 12.50%。

2.审时度势,逐步规范土地增值税的清算管理。2009 年,随着浙江省房地产行业的迅速发展和总局对清算管理工作的要求,审时度势,认真分析清算管理的得失利弊,多次召集部分市县进行研究、反复征求各地意见和建议基础上,制订并下发《浙江省地方税务局关于房地产开发企业土地增值税清算若干问题的通知》,明确土地增值税清算的若干问题和申报清算办法,充分显现政策出台后的增收效应。从全省(不含宁波)土地增值税收入情况看,收入总额为 42.35 亿元,从 2009 年 1—7 月份的负增长 6.8%上升到全年增长 24.52%。目前全省土地增值税清算工作稳步推进,对调控房地产市场的作用和对社会的影响开始显现。

3.抓好衔接,落实好外资企业、外国企业和外籍个人房产税征收管理工作。认真贯彻落实国务院取消城市房地产税,对外资企业、外国企业和外籍个人统一征收房产税的决定,做好相关税收政策的衔接工作。采取有效措施,及时解决贯彻中的问题。开展税源调查,摸清税源,强化管理,并及时做好《税友 2006》税源登记数据的整理工作。

三、加强协作、信息管税,税源管理力求"优"

1.强化税源管理,完成城镇土地使用税的税源清查工作。一是在做好税源清查工作的基础上,做好城镇土地使用税税源清查的汇总审核工作,汇总审核全省城镇土地使用税税源清查的数据资料,上报了全省税源清查的工作总结,并督促各地及时将清查出来的税款组织入库,完善《税友 2006》中的税源数据库。通过清查,使城镇土地使用税收入在上年高增长的基础上依然保持稳定增长,取得良好的工作成效。2009 年入库城镇土地使用税税款 51.01 亿元,同比增长 26.55%。二是根据总局的工作要求,为深入推进城镇土地使用税的税源管理工作,下发加强税源清查后续管理工作的通知,要求各地在开展税源清查的基础上,全面实施信息比对,并提出开展实地测量的具体要求,为下一步开展征管夯实税源基础。三是根据总局要求,应用总局的财产行为税税源监控平台,把城镇土地使用税数据导入监控平台,便于加强税源管理。

2.加强协作,继续开展两税信息比对工作。根据国家税务总局的工作要求,继续在全省范围开展城建税和增值税、消费税的"两税"信息比对工作,各地安装应用总局两税信息比对软件或使用本地软件,集中力量开展对 2006—2008 年三个年度的两税信息比对工作,截至 11 月底,三个年度的比对工作共查实漏征漏管应补税费近 7.1 亿元,充分发挥了"两税"信息比对工作对税种信息化管理的促进作用。

四、注重调研、加强沟通,税政工作精益求"精"

1.及时调研,完善"地方七税"政策管理。为了加强房产税和城镇土地使用税的征收管理,进一步规范减免审批,对下发的各类综合性文件中的优惠政策进行逐一梳理,细化规定了各项减免的上报审批资料,下发《关于房产税和城镇土地使用税减免的把握口径》,进一步完善和规范全省各地的减免税审批工作。

另外,根据基层的征管实际和税收执法需要,及时进行政策施行前后的调研、论证,认真梳理、分析各地反映的政策问题,及时予以答复解决。及时做好省人大、政协有关"地方七税"方面的答复工作。及时加强对税收政策落实情况的检查和监督,增强政策执行的刚性、实效性和及时性,提升税政工作的科学化、精细化管理水平。

2.配合改革,做好数据测算和调研。一是按照总局税制改革部署,及时做好 2007 年度和 2008 年度内资企业缴纳城建税、印花税及负担情况的统计测算；同时开展2008年度分行业城建税、印花税及负担情况统计测算。通过从信息系统中提取数据进行普遍测算与采取典型调查方式，开展对数据的分析测算工作，最终得出测算和分析的结果上报国家税务总局。二是为摸清车船税税源状况，主动争取当地交管局、保监局、统计局等相关部门的积极配合，较为完整地采集了相关税源信息，为下一步顺利开展车船税的委托代征工作打下良好的基础。三是对总局建立在财产行为税税源监控平台上的城镇土地使用税、车船税分析子系统业务需求进行广泛讨论，并提出修改建议和意见。四是配合总局，在杭州试点中使用的评税软件功能情况进行分析和评价，为做好在全国范围内开展房地产模拟评税试点及应用评税技术核定二手房计税价格工作做好准备。五是布置开展房产税征管及政策问题调研，并形成专题调研报告供领导决策。

3. 做好服务，编撰《财产和行为税政策法规汇编》。为了使各级地税干部更好地把握"地方七税"的政策规定，方便基层工作人员掌握税收政策要领，对七个地方税种的所有政策文件进行了重新梳理，编撰《财产和行为税政策法规汇编》并下发各地。

规费管理工作

工作概况 2009年，浙江省地税规费管理工作坚持以科学发展观统领全局，认真贯彻落实党的十七大、省第十二次党代会精神，按照省委关于"全面改善民生，促进社会和谐"要求，紧紧围绕"保增长、抓转型、重民生、促稳定"工作主线，认真贯彻落实省委、省政府制定的政策措施，帮助企业积极应对全球金融危机的挑战。同时，坚持以"五费合征"为抓手，不断深化社会保险费征管改革，强化管理，积极创新，改进征管措施，进一步巩固和完善社会保险费长效筹资机制，为社会保障制度的健康发展提供可靠的资金来源，为保障民生和改善民生作出积极的贡献。2009年浙江省地税部门共组织各项规费收入902.3亿元，增长9.34%，增收77.07亿元，占地税总收入的36.01%。其中：社会保险费收入726.5亿元，比上年同期增长9.80%；教育费附加收入58.3亿元，增长11.64%；地方教育附加收入48.2亿元，增长11.80%；水利建设专项资金收入56.54亿元，下降0.66%，残疾人就业保障金收入12.86亿元，增长12.59%。

各项工作情况【社会保险费征管】2009年，浙江省共征收入库各项社会保险费726.48亿元，增收64.85亿元，比去年同期增长9.80%，社会保险费收入占地税总收入的29%，比去年同期提高0.55个百分点；其中：基本养老保险费452.76亿元，增收20.47亿元，同比增长4.73%；基本医疗保险费193.96亿元，增收29.69亿元，同比增长19.24%；失业保险费40.74亿元，增收6.45亿元，同比增长18.79%；工伤保险费16.08亿元，增收2077亿元，同比增长20.81%；生育保险费9.04亿元，增收1.95亿元，同比增长27.57%。社会保险费收入的持续稳定增长，极大地提高了基金保障能力，为提高保障水平、深化社会保险制度改革打下了坚实的基础。2009年12月在武汉召开的全国税务机关社会保险费征管工作会议上，规费局作了《以"五费合征"为核心，建立可持续的社会保险费长效筹资机制》经验介绍。

(一)以缴费登记为抓手，全面推进社会保险费征缴扩面工作。2009年，省地方税务局制订下发《浙江省社会保险缴费登记暂行办法》，统一规范浙江省社会保险缴费登记的流程和内容，规定对企业单位缴费登记和税务登记同步进行，并对已税务登记未缴费登记的企业单位进行补登记。各地进行认真的落实，制订实施办法，清理漏管户，进一步推进社会保险费征缴扩面。2009年底，浙江省(不含宁波)养老、医疗、失业、工伤、生育保险费的企业缴费户数分别为46.6万户、41.9万户、45.8万户、46.1万户、43.0万户，分别增长14.9%、27.5%、21.7%、17.2%、23.3%，基本实现社会保险企业全覆盖。浙江省企业基本养老、基本医疗、失业、工伤、生育保险参保人数分别达到1433万人、

1174万人、784万、1331万人、750万人,比2008年底分别增加139万人、120万人、53万人、69万人、60万人。

(二)开展企业减负“春雨”专项行动,帮助企业应对金融危机。浙江省各级地税部门认真贯彻落实省委、省政府“标本兼治、保稳促调”的总体思路,积极开展“企业减负‘春雨’专项行动”,把临时性下浮企业缴费比例、减轻企业负担工作以推动浙江省经济平稳较快发展的高度来宣传和落实。各级地税部门及时通过召开座谈会、培训会、网站公告、短信通知、上门送政策等方式,利用各种媒体、渠道对政策进行广泛宣传。同时,明确操作流程,完善措施,规范执行,顺利完成集中减征的工作任务。2009年,浙江省共减征社会保险费36.30亿元,其中企业单位32.04亿元、城镇个体劳动者4.26亿元;惠及企业36.88万户、城镇个体劳动者188.32万人。为进一步减轻企业负担、帮助企业渡过难关作出重要的贡献。

(三)积极落实降低用人单位基本养老保险费缴费比例政策。认真贯彻浙江省政府《关于调整用人单位基本养老保险费缴费比例有关工作的通知》和《浙江省企业职工基本养老保险省级统筹实施方案》文件精神,切实做好养老保险缴费比例调整工作。一方面要求浙江省各级地税部门高度重视、思想统一,开展大量的基础性数据调研工作,科学测算下调费率对养老保险费收入的影响,积极参与用人单位基本养老保险费缴费比例调整工作;另一方面我们跟踪政策贯彻落实情况,详细分析缴费比例调整对收入的影响。2009年,浙江省共有68个统筹地区(浙江省共76个统筹地区)对用人单位基本养老保险缴费比例进行调整,平均下调4个百分点左右,影响全年养老保险费收入达45亿元。用人单位养老保险缴费比例的降低,切实减轻企业社保费用负担,改善了缴费环境,为全省缴费比例的逐步统一、公平地区间和企业间的社保费负担创造了条件,也为养老保险基金的收支平衡建立了较为灵活可控的长效机制。

(四)认真做好社会保险基金专项治理工作。浙江省各级地税部门根据浙江省社会保险基金专项治理工作实施方案,认真开展基金专项治理自查工作,同时积极配合有关部门及时完成专项治理各阶段工作。4月份,省地方税务局组织开展全省交叉检查,共对10个市局和20个县市局的社会保险费征收管理情况进行检查,并对自查和交叉检查中发现的问题落实整改措施。7—8月份,与省人力社保厅等9部门一起组成联合检查组在浙江省开展社会保险费专项治理的重点检查工作,对6个市及所属县、市的专项治理工作开展情况进行抽查,对专项治理过程中发现的问题进行督促、整改,取得预期效果。

(五)开展全省性社保费征管情况调查工作,积极参与养老保险省级统筹政策的调研和制定。为加快社会保障体系建设,实现企业职工基本养老保险省级统筹的目标,根据浙江省政府的统一要求,在全省开展以养老保险缴费基数和缴费比例为重点的调查,把调查深入到每个县市,全面掌握、分析全省企业和职工的参保情况和社会保险费负担水平,为省政府制订养老保险省级统筹方案提供详尽的基础数据,也为进一步规范社会保险费征管奠定坚实的基础。

(六)征缴程序日趋完善。1.进一步规范征管流程,努力提高征管质量。根据《浙江省社会保险费征缴办法》和“五费合征”工作要求,缴费人自行申报制度初步确立,全面实现网上申报、“一户通”缴库,从而明确缴费人责任和权利,方便缴费人,提高了服务质量;同时极大地提高了社会保险费的征管质量和效率。如丽水市通过开展社会保险费征管质量考核和检查工作,大力提高社会保险费申报率,2009年12月,五项社保费企业申报率均在95%以上。2.加强社会保险费精细化管理,开展社会保险费年度结算。浙江省各级地税部门以贯彻社会保险费缴费登记办法为契机,加强基础管理,完善社会保险费征缴机制,做好2008年度社会保险费年度结算工作。通过努力,2008年度结算补缴入库社保费近7亿元。如金华市对2008年社保费进行全面结算,补缴收入达3431万元,比去年增加945万元。3.强化欠费管理,加大清欠力度。2009年,浙江省各级地税机关不断强化欠费管理,针对欠费形成原因,加强分类分析,落实催缴计划,发送限期改正通知书,加大清欠力度,努力压缩陈欠,防止新欠。同时,对认定的非正常户及时通报社会保险经办机构办理有关停保手续。2009年,浙江省(不含宁波)共计清理社会保险费欠费12.2亿元,其中清理陈欠

2.77 亿元。衢州市地税局通过分析欠费成因,采取核销"历史死欠"、严格加收滞纳金、专岗专人清欠、中断非正常户等措施,使清理欠费工作处于常态化,社保费欠费率控制在 1%以内。4.积极尝试缴费评估和社会保险费稽查工作。社会保险费缴费评估和稽查是地税机关提高企业社会保险费自行申报真实性和申报质量的重要手段,各级地税部门根据省地方税务局社会保险费检查暂行办法,统一规范社会保险费征收检查机制,进一步加强和规范社会保险费的征缴工作,促进社会保险费的应收尽收,提高执法刚性。同时各地不断探索,积极尝试开展社会保险费缴费评估工作,取得很好效果。如杭州市萧山地税局制订《缴费评估办法》,加强社会保险费征缴管理,规范社会保险费的日常管理行为,加强催报催缴。

【水利建设专项资金征管】2009 年,面对水利建设专项资金紧张的收入形势,及早对收入进行分析和预测,密切关注收入进程,督促浙江省各级地税机关进一步加强水利建设专项资金的征收管理,努力完成全年收入任务。2009 年共征收入库水利建设专项资金 56.54 亿元,与 2008 年同期基本持平。水利建设资金的征收,增强了地方政府的可用财力,推动了地方政府财力结构的进一步优化,也为省重点水利建设"千库保安工程"、"千万农民饮水工程"、"万里清水河道工程"、"治太骨干工程"、"主要堤防加固"、"钱塘江维护"以及"灌区节水改造"等项目的建设提供有力的资金支持。浙江省地税部门依靠地税信息化手段,不断加大水利资金宣传力度,逐步规范和理顺政策,加强水利建设资金费源监控和分析,及时掌握水利资金的收入动态,实现税费同征、同管、同查,全面提高水利资金征管的质量和效率。在紧抓收入的同时,为积极帮扶企业应对金融危机,用足用好优惠扶持政策,深入基层税务机关、典型企业和相关省级部门调研,上门了解企业困难和需求,在依法规范执行前提下,认真做好 2008 年度水利建设专项资金减免审批工作,积极为符合条件的企业办理减免手续,帮助企业解决实际困难,支持企业平稳发展。2009 年,浙江省共审批水利建设专项资金减免企业 14110 多户,金额达 11.4 亿元,并全部通过《税友 2006》征管信息系统运行,进一步规范审批流程。

【教育费附加和地方教育附加征管】2009 年浙江省教育费附加和地方教育附加征管工作继续沿着法制化、规范化和税收化的方向发展。浙江省共组织入库教育费附加 58.3 亿元,增长 11.64%;地方教育附加 48.2 亿元,增长 11.80%。面对今年以来经济增长放缓和经济结构转型等诸多减收因素,各地认真贯彻各项政策,加强精细化管理,认真进行费源监控和数据比对,找出数据差距,分析原因,及时发现漏报少报情况,查漏补缺,夯实征管基础,堵塞征管中存在的漏洞。指导各地加强两项教育费附加的日常征收管理,大力实行精细化措施,同时密切国、地税合作,做好委托国税部门代征小规模纳税人两项教育费附加工作,避免国税征管户费源的流失,进一步完善国地税收入数据信息比对机制,做到源头控制,同时各地加强与国税部门的联系和协作。通过加强各种征管措施,努力做到应收尽收,确保两项教育费附加可持续协调增长。2009 年 10 月,根据省地方税务局有关机构改革和处室职能调整的要求,及时将两项教育费附加的管理职能向税政三处移交。

【残疾人就业保障金征管】2009 年,继续加强和残联、财政等部门配合沟通,规范指导各级地税部门做好残保金的征收工作,及时了解和掌握各地残保金收入的进度,做好收入分析,依法、规范地做好残保金的征收工作,2009 年共征收残疾人就业保障金 12.86 亿元,增长 12.59%。残疾人就业保障金收入的快速增长为浙江省 311.8 万残疾人就业和教育培训事业提供有力的资金保障,残疾人就业保障金代征工作得到各级残联的充分肯定。积极参与《浙江省残疾人保障条例》的制定、参与修订《浙江省人民政府残疾人工作委员会成员单位职责》、《浙江省人民政府残疾人工作委员会各成员单位 2009 年度履行职责重点工作》等相关文件。积极配合审计部门做好浙江省的残保金专项审计调查工作,同时也向审计部门做好残保金征收的宣传和解释工作;对各级审计部门提出的意见和问题集中到省地方税务局并加以整理,指导、督促各地认真整改。各项工作的开展,更好地推进了残保金的征收,为浙江省残疾人事业的更好更快发展打下坚实基础。在浙江省地税干部共同努力下,地税系统的残疾人工作取得突出的成绩,2009 年 4 月份,规费管理局在42个省政府残工委成员单位考核中名列第二,被评为2008年度扶残优秀单位。

【法制建设】积极参加有关社会保险的立法调研,提出科学合理的建议。在《社会保险法》征求意见过程中,规费管理局提出的相关建议被省人大和国家税务总局充分吸收,成为省人大和国家税务总局上报意见的重要组成部分。制订下发《浙江省社会保险缴费登记暂行办法》,统一规范浙江省社会保险缴费登记的流程和内容。

【部门协作】规费工作政策性强、涉及面广,需要各相关部门密切配合。针对工作中出现的新情况、新问题,我们及时主动到省级有关部门进行沟通协调,对涉及重大问题的,及时召开部门联席会议进行研究、解决,从而促进各项规费征管工作的顺利开展。浙江省上下基本上都建立了良性的部门协作机制,部门工作联系渠道畅通,工作效率进一步提高。

【信息化建设】不断加强信息化建设,推进城镇个体劳动者征缴方式转变。城镇个体劳动者社会保险费征管按照与税收征管一体化运行的工作思路,采用“实时联网”技术,搭建“数据共享”平台,大力推广由地税部门自行征收的征缴模式。如绍兴市本级自2009年10月1日起实行以“分户管理、逐户登记、实时联网、数据共享”为特点的城镇个体劳动者社保费征缴新模式。社保部门在办理参保登记的时候,实时触发地税《税友2006》征管系统功能接口取得地税编码,地税局亦可通过三方联网系统实时提取社保、银行方的登记信息,避免重复录入,提高数据准确度,实行两个月,就有近5万人员通过新模式进行征缴管理,扣款45003笔,扣款金额1972万元,运行稳定,成效明显。

【宣传工作】积极配合办公室做好税法宣传月活动中的规费业务宣传,利用各种渠道向企业、参保职工和群众宣传社会保险费,有效提高大众对社会保险的认知度。在2009年年初的社保费集中减征工作中,各地更是动员各种可能的力量开展宣传活动,把政府应对金融危机集中减征社会保险费的优抚政策及时宣传到企业和广大参保人。同时十分重视将各地的好经验、做法通过信息、简报的渠道进行宣传,2009年推荐的40多篇稿件在《浙江税务》杂志和省地方税务局地税信息上刊登。

【调查研究】1. 加强浙江省水利建设专项资金筹资研究。针对水利建设专项资金2010年政策执行到期后如何做好衔接进行专项课题调研,多次召开调研会,研究水利建设专项资金对浙江省水利建设的重要性和必要性,以及对后续工作的相关建议,形成课题成果。2. 认真开展深化社会保险费“五费合征”机制研究。为进一步完善“五费合征”工作机制,从2009年初开始就深入有关市、县开展有关调研,掌握各地工作动态,分析存在的问题,总结好的做法,及时向浙江省通报、介绍。同时省地方税务局分管领导还多次带领规费局人员到基层开展调研,通过调研会、座谈会等多种形式了解、掌握情况,完成了完善“五费合征”工作机制研究课题。

【优化缴费服务】2009年,浙江省地税部门着力完善征缴业务流程,依托现代信息技术和现有的社会服务网络,加大信息公开力度,设立社保费咨询台,实行一站式服务,及时准确地办理有关社保费征管事项,耐心细致地宣传解释政策,最大程度地方便缴费人。如义乌市地税局实行社保费缴费“一站式服务”,分别在地税各分局办税服务厅和社保中心办事大厅设立社保窗口和地税窗口,做到在地税或社保部门的任何一个服务厅都可全程办理社保登记、申报、缴费、咨询等事项,避免缴费人在社保、地税之间来回奔波,减少缴费人的办事时间,社保费缴费“一站式服务”被列入义乌市2009年十大民生实事便民服务的五项内容之一。

【队伍建设】随着浙江省社会保险费收入规模的不断扩大、征管工作的不断规范,对征管机构和队伍素质提出更高要求。要求干部队伍牢固树立责任意识、大局意识和创新意识,注重干部队伍建设,多层次、多渠道开展规费业务培训,提高干部综合业务素质和沟通协调能力,有针对性地提出解决问题和推动工作发展的新举措、新办法,创造性地开展工作。举办浙江省社保费征管业务骨干培训班,积极帮助各地开展规费业务培训,取得较好的效果。目前,浙江省各市、县(市、区)基本上都已设立规费科,保证浙江省社保费征管工作顺利开展。

税务稽查工作

2009年，浙江省各级地税稽查部门根据全省地税工作要点和全国税务稽查工作要点，以科学发展观为指导，坚持“依法治税、为民理财、务实创新、廉洁高效”的工作理念，按照“实、稳、优”的工作要求和“法治、务实、有为”的工作原则，努力倡导和谐稽查、文明稽查和阳光稽查。坚持以组织地税收入为中心，紧紧围绕经济税收形势，加大稽查力度、强化稽查管理、创新稽查方法，牢牢把握稽查工作主动权。坚持有所为，有所不为，通过有针对性地开展稽查各项工作，充分发挥稽查职能作用，为构建法治公平的税收环境、促进地税收入稳定增长提供有力保障。据统计，2009年全省地税稽查系统共对16686户纳税人实施了检查，占全省纳税总户数的4.8%，其中：责成自查11293户，责成自查转重点检查2228户，责成自查转重点检查面19.7%，其他重点检查3165户；已查结16174户，其中重点检查查结5289户，重点检查查结率为98.1%；查补总额（含费基金）计26.60亿元，实际入库26.23亿元，入库率98.6%，创浙江省地税稽查成立以来新高；查补税款23.08亿元，其中重点检查案件查补税款1.92亿元，罚款1.23亿元，检查案件处罚率64.1%；查处大要案153件，移送司法机关处理案件44件，曝光100件；对1104件案件实施复查，复查率20.5%；公告案件3590件，公告率92.6%；听证案件2件，无复议案件和诉讼案件。

一、围绕中心工作，查补收入创历史新高

2009年，浙江省地税稽查系统入库查补税款、滞纳金、罚款共计25.85亿元（不含费基金），同比增长120%，占全省地税部门组织税收收入的2.04%。查补收入增加额对全年税收收入增长的贡献率达17.3%，带动地方可用财力同比增长8.4亿元，有力地促进了全年税收收入任务的完成，并圆满完成国家税务总局稽查入库查补收入占工商税收收入1.5%的任务要求，在2010年全国税务稽查工作税务会上受到国家税务总局点名表扬。在全省72个市、县稽查局中，有64个市县局完成了1.5%的考核任务，其中绍兴、仙居、云和、丽水、海宁、余杭、永嘉、温州等8个市县局在2.5%以上；省局直属税务一分局、洞头、桐庐、龙泉、建德、海盐、舟山、上虞、玉环、杭州市稽查二局和萧山等11个市县局查补收入占比指标超过全省平均水平，在2.1%以上，为推动全省查补收入任务的顺利完成作出贡献。

二、发挥稽查职能，整顿规范税收秩序成效显著

一是大力开展重点税源企业税收检查成效明显。2009年根据国家税务总局的统一部署和安排，全省地税稽查部门认真开展对第一批24户大型企业集团、第二批36户大型企业集团以及45户总局定点联系企业集团在浙总部及分支机构的税收自查、抽查和重点检查以及对浦东发展银行和中国人民财产保险公司的抽查、对国家电网公司的税收重点检查工作。通过对84家单位2230户大型企业集团在浙总部及分支机构的税务检查，共实现查补收入5.6亿元，占全省查补总额的21.4%，进一步强化对重点税源企业的税收监管。

二是扎实推进税收专项检查工作成绩突出。根据《2009年度全省税收专项检查工作计划》安排，全省地税稽查部门对建筑安装业、营利性医疗机构和教育培训机构、KTV行业、大型连锁超市及电视购物企业、娱乐业、旅游业、拍卖企业、高收入行业及高收入个人的个人所得税等进行税收专项检查，通过深入践行责成自查与重点检查、行业规范与重点整治相结合的工作模式，专项检查取得显著成效，全年共重点检查纳税人2760户，查结2323户，发现1966户有问题，开展自查7533户，有问题5586户，查补收入11.6亿元，同比增加4.1亿元，增幅达53.8%。

三是深入开展打击发票违法犯罪活动工作成效显著。根据《浙江省打击发票违法犯罪活动工作方案》的职责分工，明确将打击虚假发票“买方市场”作为地税部门开展打击整治行动的工作重点，并对各市、县稽查部门提出必须查处1起“买方市场”发票案件的目标要求。2009年，全省地税稽查部门在全省打击发票违法犯罪工作协调小组领导下，联合公安、国税等有关部门,共参与破获、查处制售假发票和非法代开发票案件722件,捣毁146个制售假发票窝点,抓获犯罪嫌疑人490人,缴获各类假发票499.53万份,查处非法取得、购买和使用虚假发票企业455户,查补收入1.29亿元,查处涉及杭州、绍兴等六地区的“5·08”专案、苍南“1·05”和“3·18”票案、温州“7·09”票案、平阳“7·16”票案、湖州、安吉“2·12”票案、舟山“11·06”票案、丽水“6·09”票案、衢州“8·31”票案等一批有重大影响的发票案件,严厉打击发票违法犯罪行为的嚣张气焰,受到总局和公安部的多次通报表扬。省局稽查局、温州市局稽查局被评为全国打击发票违法犯罪活动先进单位,谢继良、斯宏伟、李锡斌、朱林光4位同志受到公安部、国家税务总局的联合通报表彰和省局的记功授奖。

四是严厉查处一批重大税收违法案件工作有所突破。2009年全省地税稽查部门共查处大要案153件,依法移送公安机关处理案件44件,案件曝光100件。根据总局稽查局交办,妥善处理了杭州娃哈哈集团、丽水纳爱斯集团等重大涉税违法案件,省局稽查局还专门抽调业务骨干查处公安部、国家税务总局和省纪委交办的多起大要案件,受到有关部门的高度赞赏,地税稽查威慑力进一步增强。

五是深入推进限售股减持税收专项检查初显成效。根据《国家税务总局关于2009年税收专项检查工作的补充通知》要求,全省各级地税稽查部门共对1454户相关企业进行检查,初步查实少计或未计应纳税所得额54.15亿元,涉及地方税收2.36亿元,限售股减持专项检查取得阶段性成效。

六是规范做好举报案件查处工作扎实有效。深入落实举报案件分类管理办法,明确分类权限和程序,对线索清楚、证据确凿的案件加强督办和查处力度,切实提高举报案件查办质量。2009年全省各级地税举报中心共受理各类举报案件3248件,查处1250件,查补金额1.22亿元,入库1.22亿元,支付举报奖励11.04万元,依法移送司法机关8件。省局稽查局还开展对近几年省局督办、交办各地逾期未结、未报的146个案件进行清理工作。

三、优化内部管理,稽查质效不断提升

一是强化系统管理。加强省局稽查局对全省地税稽查系统业务工作的指导和案件查处的指挥力度,在开展税收专项检查、打击整治发票违法犯罪活动、查处重大举报案件中,着重加强对重点地区、重点案件的督导力度;在开展总局布置的重点税源企业的自查、抽查和重点检查以及定性处理、政策使用方面,始终坚持全省一盘棋思想,做到检查步调一致、处理口径一致,系统打击合力进一步增强;开展对重大案件和举报督办案件的督导、协调力度,确保案件及时、有效地查处。开展稽查查补收入统计报表数据与计财会统报表查补收入数据的比对分析,及时发现原因、缩小差异,稽查统计数据的真实性进一步提升。

二是提升案件质量。首次将选案准确率引入指标考核体系,2009年全省选案准确率为84.2%,达到并超过总局80%的考核要求,全省查前选案环节的质量管控水平进一步提升,检查对象的准确率越来越高、针对性越来越强。全面开展案件复查,部分地区还进行查中复查的有益尝试,全年共对1104件案件进行复查,复查率20.5%,比2008年提高6.1个百分点。开展全省案件质量评比,创新评比方法,及时发现和整改执法环节存在的问题,促进规范执法和案件质量的提升。其中,全省有5个案件被评为一等奖、6个案件被评为二等奖、8个案件被评为三等奖,舟山、杭州、湖州、绍兴、丽水、衢州6个地区获得案件集体奖。在调整检查业务交流片区构成的基础上,舟山市、温州市、绍兴市牵头组织开展三大片区地区间检查业务交流协作会议,针对管查互动等共同关注的重点和难点问题进行深入交流,达到借鉴、启发、提升的预期效果。

三是创新工作机制。深入探索管查互动工作机制,完成在绍兴市、舟山市的试点工作,初步形成以征管与稽查协调会议为龙头、软件平台为支撑、信息共享为主线、部门联动为依托、业务开放为补充的科学管理、相互配合、相互促进的征管与稽查的互动机制,并已取得初步成效。顺利完成全省稽查系统查账软件的开发工作,并在杭州部分市县进行了测试,达到预期效果,已通过省局征管办验收,标志着地税稽查信息化进程又向前迈了一大步。

四、强化队伍建设,稽查人员综合素质显著提升

一是加强党风廉政建设。积极开展稽查人员思想政治素质和职业道德素质教育，在全省稽查部门形成知荣辱、讲正气、促和谐的良好风气。坚持依法行政、合理行政，切实提高依法稽查的能力和水平。树立正确的执法理念，推行稽查廉政回访和聘请行风监督员制度，自觉接受稽查执法行为的外部监督。防范稽查执法风险，建立健全惩治和预防腐败的长效机制。2009年全省稽查案件无复议、无诉讼，全省地税稽查部门未发生一起稽查干部违法违纪案件，真正做到案件不少查一件，干部不掉队一个。

二是组织参加全国税务稽查业务考试。积极组织、动员符合条件的稽查干部参加全国税务稽查业务考试和查前考试培训，并取得优异成绩。据统计，全省地税系统共有1707名稽查人员参加考试，90分以上为1544人，占90.45%，最高分为136分。更新省级稽查人才库人员。根据全省稽查人才库考试及全国稽查业务考试成绩，结合日常工作业绩特别是近三年来查处大要案的情况，省局对原有的省级稽查人才库人员进行更新，重新确定105名省级稽查人才库人员，其中有4名计算机专门人才进入人才库，并于10月进行为期一个月的稽查人才库人员业务知识更新培训；同时，从省级稽查人才库中挑选40人作为全国稽查人才库人员。

三是推动稽查人员立功授奖工作。对在打击制售假发票工作中作出突出贡献、受到总局通报表彰的4位同志记三等功，并积极争取对出色完成2009年稽查查补收入任务、打击假发票和查处大要案成绩突出的单位和个人进行表彰、记功。

科研工作

根据《浙江省人民政府办公厅关于印发浙江省地方税务局主要职责内设机构和人员编制规定的通知》要求，浙江省地方税务局设立科研处，作为12个内设职能处室之一，负责组织、协调、管理本系统税收科研工作；拟订并组织实施本系统税收科研工作规划、方案；负责对税收改革和发展中的一些重大问题进行预测研究；按照浙江省委、省政府和国家税务总局要求，提出浙江省运用税收政策调控经济的意见和建议；研究地方税收发展战略，编制中长期地方税收发展规划；参与起草全省地税工作重要制度办法；组织开展浙江省税收调研工作；承办浙江省委、省政府和国家税务总局布置的重要课题调研；负责搜集国内、国际先进的税收管理经验、资料，为领导决策服务。2009年11月中旬，科研处正式运转（此前的相关职能由法规处、办公室负责），按照省局领导的指示要求，落实工作职责，组织协调好各方面关系，主要完成如下几方面工作：

一是做好工作的交接与沟通。根据省局“三定方案”对科研处的职能定位，结合实际，与法规处、办公室等相关处室做好工作交接；积极主动与局内各单位沟通联系，了解科研调研需求，商讨合作开展研究事宜。

二是及时与上级部门建立联系。向国家税务总局科研所、省委政策研究室、省政府研究室及省人大、省政协研究室相关领导汇报省地税局成立科研处的相关情况，争取支持。参加国家税务总局科研所召开的“完善企业所得税优惠政策课题”的结题会，与《涉外税务》编辑部联系刊发省地税局研究成果。

三是扎实做好基础性工作。组织收集整理各省国、地税局税收研究机构的制度及经验材料；与局工会、办公室合作，依托省局图书室，建立“税收研究资料库”；在省局内网科研处主页增设国内外税收研究资料、研究报告等栏目。

四是组织选择专题开展研究。牵头完成《2010年全省经济地税形势展望与建议》专题研究报告，受到浙江省委常委、常务副省长陈敏尔的批示肯定；与省局计财处会同浙江大学公共财政与经济研究所、房地产研究中心，承担国家税务总局收入规划核算司“地方税收增长过于依赖房地产业的机理分析与风险防范”课题研究，做好前期准备工作。

五是抓好科研处内部管理。从明确目标、提升素质、分工协作等方面入手，加强科研处团队建设。将按照“务实、创新、高效”要求，贯彻落实好科研处工作职责和省局领导的指示要求；牢固树立“甘于寂寞、矢志钻研”的科研工作态度。

直属税务一分局工作

税收概况【任务完成情况】2009年,直属税务一分局共组织各项收入197.09亿元,增收6.72亿元,增长3.53%。其中:组织税收收入142亿元,增收1.69亿元,同比增长1.2%,完成年度计划的100.1%;组织非税收入55.09亿元,增收5.04亿元,同比增长10.07%。税收收入中,营业税90.00亿元,同比增长10.74%,完成年度计划的101.58%;企业所得税31.57亿元,同比下降22.61%,完成年度计划的93.7%;个人所得税13.54亿元,同比增长16.04%,完成年度计划的106.91%;其他各税6.89亿元,同比增长4.63%。非税收入中,社会保险基金50.21亿元,增收4.88亿元,同比增长10.65%。

【税收特点】一是总体收入保持增长,增幅同比回落明显。2009年直属税务一分局组织的税收收入增幅仅为1.2%,与2008年29.72%的税收增幅相比,大幅回落了28.52个百分点。二是税收收入的波动幅度较大,呈小V型走势,与浙江省经济走势基本吻合。四个季度税收收入同比增幅分别为7.8%、-3.87%、-1.42%、1.2%。三是营业税主体税种地位更加突出,收入规模进一步扩大。营业税收入规模突破90亿元,占税收收入的63.38%,比2008年提高5.46个百分点。四是企业所得税收入大幅下降,个人所得收入增幅回落明显。企业所得税收入2009年出现大幅下降,降幅达22.61%;个人所得税保持了16%增幅,但与2008年58.33%的增幅相比,回落明显。五是社保基金继续保持平稳增长态势。社保基金规模突破50亿元,继续保持10%以上的增长幅度。

【税源分析】1.营业税:直属税务一分局营业税主要来源于银行、保险、证券、期货等金融企业,全年共入库各类营业税90.00亿元,同比增长10.74%。增收因素:(1)银行业:全年入库银行业营业税70.99亿元,同比增加4.54亿元,增长6.83%。一是为了应对全球性金融危机,国务院出台4万亿元规模的经济刺激计划拉动银行贷款快速上升,但是,2008年9月至12月中国人民银行连续五次降低金融机构人民币存贷款利率,直接减少银行2009年的利息收益额,降息所带来的营业税收入减收效应基本抵消了贷款余额增长的增收效应;二是国家开发银行于2009年初完成改制后,其营业税征管权限由中央下放地方,带来营业税增量税款达1.12亿元。(2)保险业:全年入库营业税10.77亿元,同比增加2.53亿元,增长30.66%,在营业税中的占比也同时上升1.82个百分点。保险业营业税大幅增长,得益于国家出台的包括汽车下乡补贴、车辆购置税减免政策等鼓励汽车消费政策,致使汽车销售量猛增,同时大大拉动车险保费收入的增长。(3)证券业:全年共入库4.97亿元,同比增收0.96亿元,增幅为23.88%,相较于上年-36.11%的增幅增长显著。主要原因是由于充裕的流动性支持和经济复苏的预期,2009年国内股市先于经济探底回升,市场热情高涨,交投相当活跃,成交量明显放大。(4)其他金融业:全年入库其他金融业营业税1.21亿元,同比增收5353万元,增幅高达44.24%。典当、信托、期货及其他金融服务行业均出现较大幅度的增长。

2.企业所得税 :全年入库31.57亿元,同比减收9.22亿元,降幅高达22.61%。减收因素:一是烟草公司由于开征的烟草消费税和进销差价缩小使烟草企业利润大幅减少,造成烟草企业所得税大幅减少,以及征管范围调整尚未完全到位因素,全年仅入库企业所得税23.8亿元,减收6.77亿元,下降22.15%。二是由于工业企业开工不足造成售电量大幅下降、供电电价进销价格调整不同步造成供电企业进销差价减少,造成供电企业利润大幅减少。全年共入库供电企业所得税5.13亿元,同比减少2.09亿元,降幅为28.95%。

3.个人所得税:全年入库13.54亿元,同比增长16.04%。增收因素:税务稽查查补处罚力度加大,2009年稽查查补入库个人所得税1.6亿元,较上年增加1.55亿元。

4.其他税收:全年入库6.89亿元,同比增长4.63%。增收因素:一是受电力企业增值税下降拖累,城建税出现负增长,全年共入库城建税4.05亿元,同比下降4.57%。二是印花税实行预征办法后,随企业营业收入的增长而稳步增长，共入库印花税 1.31 亿元，增长 17.92%。三是房产税、土地使用税由于房产价格和土地价格的增长而稳步增长，分别比上年增长 23.92% 和 25.32%。

工作情况【优化收入结构】根据分局税源特点，着力抓好金融企业营业税、烟草流通企业和供电企业企业所得税的征收管理。紧紧抓住直属税务一分局第一大税种营业税的征收管理，密切关注营业税收入影响因素，制订应对措施，确保营业税保持稳定增长，同时加大营业税税务稽查力度，共查补银行业营业税税款 0.6 亿元。通过努力，2009 年共入库营业税 90.00 亿元，占税收收入 63.38%，与上年相比，提高 5.45 个百分点。在“抓大”的同时“不放小”，加强对个人所得税、印花税、房产税、土地使用税等地方性税种的征收管理。特别是针对银行、保险、证券等高收入人群开展个人所得税全面稽查，全年稽查查补入库个人所得税 1.6 亿元，较上年增长 32 倍。同比，全年个人所得税增长 16.04%，印花税增长 17.92%，房产税增长 23.92%，土地使用税增长 25.32%，增幅远高于税收收入的增长，占税收收入的比重也有了明显提高。

【帮扶企业“春雨”专项行动】针对全球金融危机的严峻经济形势，分局按照省局部署开展形式多样的“企业减负‘春雨’专项行动”，努力做好“解困、帮扶、服务”。一是采取多种措施加大政策优惠宣传力度，确保符合减免条件的企业充分了解已有的各项税费优惠政策。二是积极行动，提高减免税审核工作效率，在严把审核标准的前提下，加快减免税费审核进度，让企业尽快享受到各项税费优惠政策。2009 年共减免各项税收 5140.39 万元，地方性规费基金 1.76 亿元，社会保险基金 2.36 亿元。其中减免：营业税 4637.25 万元，城建税 1 66.20 万元，教育费附加 28.37 万元，地方教育附加 34.10 万元，个人所得税 7.22 万元，房产税 360.81 万元，城镇土地使用税 24.97 万元，水利建设专项资金 1.74 亿元，普通养老保险基金 2.16 亿元，行业养老保险基金 2.16 亿元，医疗保险基金 0.20 亿元。

【税收法制建设与税收宣传】认真贯彻执行税收征管法及其实施细则，加大税收法制宣传力度，努力提高广大纳税人依法纳税观念，改善税收执法环境。认真执行行政许可法、积极完善行政审批的各项管理制度，根据省局要求开展 2009 年度税收执法检查，对日常税收征管的行政处罚、税务稽查案件的案卷进行抽查，规范税收执法行为。围绕国税总局确定的 2009 年度税收宣传月主题“税收·发展·民生”，开展形式多样的税收宣传月活动。一是分局领导走访省会计核算中心，上门宣传讲解个人年所得 12 万元以上个人所得税自行纳税申报的政策。二是利用省电力系统、银行系统召开系统会议的机会，宣传讲解税收政策。三是为直属税务一分局管辖的全部企业订阅《中国税务》和《浙江税务》杂志。四是分局印发《办税人员学习资料》、《税收资料汇编》等税收专业学习资料，帮助企业财务人员提高税收业务水平。

【征管改革与税源管理】一是采取多种措施加强个人所得税管理。通过深化推广个人所得税的全员管理系统软件，将以前尚未进入全员管理软件的人员纳入软件管理，确保个人所得税征管不留死角；积极开展年所得 12 万元以上个人所得税的纳税申报工作，2009 年共办理年所得 12 万元以上个人所得税纳税申报 13291 人，超过省局下达的任务人数的 77%；与杭州市邮政局合作，对纳入个人所得税全员申报管理系统的个人纳税人，按年度寄送个人所得税完税证明，增强纳税人的自觉纳税责任感和纳税光荣感。加强重点税源管理，积极开展税收调研。继续加强重点税源管理，努力实现税源的精细化管理，完成 520 户重点税源企业的采集、审核和上报工作，按季向省局保送重点税源分析报告。分局还举办税收调查座谈会，对税收调查工作进行布置和培训，保质保量地完成税收调查工作的数据收集、审核汇总、汇审分析工作，及时上报工作总结及数据分析报告。进一步深化经济税源调研工作，充分贯彻“向管理要税收”的思路，加强行业税源调查研究，面对严峻的经济形势，分局加强税收增减收因素的分析研究和收入预测，分析宏观调控、经济运行变化对税收收入的影响，为领导决策提供依据。针对 2008 年五次降息对银行业的巨大影响，分局采取多种方式开展调研，结合对企业财务资料的分析，形成关于降息对银行业税收影响的调研报告上报省局。分局还针对纳税人反映较为集中的税收政策问题，特别是新营业税条例及细则实施后的金融保险业尚待明确的营业税税收政策进行重点调研，完成《新条例实施后金融业营业税的调研报告》，供领导决策参考。积极开展纳税评估工作,深化征管质量。根据国税总局关于开展重点税源专项评估工作的通知要求,分局于2009年对2户银行企业开展重点税源专项评估工作。通过深入开展案头分析,对《税友2006》中企业发票缴销、税款申报情况和季度财务报表数据进行比对分析,共查找可疑问题项20余项,围绕可疑问题项展开纳税评估约谈。通过约谈共查补营业税金及附加0.34万元,滞纳金0.14万元,水利建设专项资金3.56万元,通过纳税评估提升日常税源管理水平。

【信息化建设】一是抓好《税友2006》的深化应用工作。结合分局职能调整对税收征管工作流程进行梳理。二是强化《税友2006》相关模块菜单的培训和使用工作,进一步提升操作应用水平。加大培训力度,通过加强对地税干部综合征管软件操作的培训,提高操作熟练程度,提升各工作岗位的软件应用水平。三是做好信息化系统的日常运行维护工作。加强运维管理,完善安全措施,确保网络安全通畅、信息系统安全运行。四是做好《税友2006》基础数据清理工作,全面清理房产原值与土地登记资料,并与企业缴纳的房产税和土地使用税相比对,并逐户通知企业进行变更,通过清理提高征管数据质量,夯实征管基础。

【各项规费征收】2009年共征收教育费附加1.74亿元,地方教育附加1.18亿元,社会保险基金收入50.21亿元,其中养老保险基金收入37.21亿元、基本医疗保险基金收入11.77亿元、工伤保险基金0.57亿元、生育保险基金0.66亿元,残疾人保障基金0.36亿元。坚持税费并重,抓好各项社保基金征收入库工作。不折不扣地落实省政府和省局实行五费合征的要求,从2009年8月起,直属税务一分局实行五费合征,完成社保费由企业自行申报征收方式的重大调整,做到申报和征收入库的平稳过渡。组织召开行业养老保险工作座谈会,对行业养老保险征缴工作进行总结,并对先进单位及先进个人进行表彰奖励,充分调动缴费单位及经办人员的积极性与主动性,还做好新接收的子女统筹医疗保险基金征收工作。

【优化纳税服务】1.规范制度,提高效率,拓宽服务领域,提升服务质量。《浙江地税信息系统》2006版上线运行后,依托电子服务平台,落实专人负责网站维护和答疑,充分利用"网税系统"办理涉税业务,将减负落到实处。2.宣传税收政策法规、做好税收政策答复工作。发放《税收法规公告》等宣传资料,让企业财务人员及时掌握最新的税收法规,全年共邮寄发放《税收法规公告》、《中国税务》、《浙江税务》杂志8000余册,发放各种《办税服务指南》宣传资料数千份;通过电子显示屏滚动播出最新税收动态,因地制宜开展第18个全国税收宣传月活动。3.采取多种形式,积极与纳税人沟通。通过走访企业、召开相关企业税收座谈会等形式,加强税企联系。4.做好纳税人满意度调查,反馈纳税人信息。2009年进行两次纳税人满意度(行风建设)调查,发放问卷886份,总满意度为99.2%。通过调查还征集到有效意见建议25条。5.加强硬件建设,创造良好的纳税环境。在服务厅各窗口统一设置"一米线",保护纳税人隐私权;在每个窗口设置"纳税服务评价器",接受纳税人监督,促进服务质量和效率的提高。直属税务一分局的办税服务厅被评为"群众满意基层站所(办事窗口)"和"巾帼文明岗",为争创全省地税系统文明窗口、树立地税良好形象做出榜样。

【机构分设】积极稳妥地做好机构分设工作。根据省地税局内设机构调整方案,原"浙江省地方税务局直属一分局"更名为"浙江省地方税务局直属税务一分局";原与直属一分局合署履行稽查职能的"浙江省地方税务局直属稽查分局"独立运行。随着机构的调整,直属税务一分局的职能发生较大变化。10月份以来,直属税务一分局重点开展内设机构的调整工作,按照省局对分局内设机构设置的要求,结合税务一分局的实际,提出内设科室的调整方案,报经局长办公会议批准后实施。将原直属一分局的综合科、税政科和征收计财科调整为办公室、综合业务科、计会信息科和办税服务科。为了适应新的职能和新的科室设置,分局着手开展各科室职能、岗位设置、工作制度和业务流程的梳理工作,以进一步提高税务一分局规范化运作水平。

队伍建设【财税文化建设】不断创新理念,按照省局建设"六大平台的要求",不断完善制度,培育财税文化根基。一是开展读书写作活动。在省局统一部署下,定期开展读书活动,并针对所读好书、好文撰写个人体会。二是对内开展关怀谈心活动，局领导定期与干部职工谈心，从政治、思想、工作、生活多方面关怀干部，营造“财税一家人”的浓厚氛围，增强干部职工的归属感。三是对外树立“依法治税、为民理财、务实创新、廉洁高效”的地税形象，不断丰富服务内容，创新服务手段，强化财税宣传，积极参与省厅省局及社会各种形式的文化活动，在人民群众中树立文明规范、积极向上的良好形象。四是开展形式多样的文体活动，积极开展“1＋1”兴趣小组活动，组织干部职工积极参加爬山、篮球、拔河、网球、游泳、骑自行车等体育活动，丰富干部群众的业余生活，增强干部职工的凝聚力。

【作风建设】认真学习中央和省委会议精神，积极开展作风建设年活动，努力提高干部的政治素质。在每月一次的政治业务学习会上，坚持全局干部职工集体学习《人民日报》、《求是》杂志等党报党刊的思想政治理论文章，不断提高加强机关作风建设的思想认识，切实转变观念，改进工作作风和思想作风。按照改进机关作风要求，认真落实各项机关作风建设的制度措施，巩固机关作风建设成果。统一接受省、市两级行风监督员开展的外部监督，坚持推行首问责任制等系列服务制度，提高服务质量。同时，加大机关作风建设督查力度，抓好有关制度的落实，进一步完善作风建设的长效机制。

【教育培训】以人为本，加强队伍建设，建设学习型组织。认真加强政治理论学习和业务学习，努力提高干部的政治业务素质。坚持每月集中召开业务学习会，积极参加省局组织的各类政治业务学习，积极鼓励干部职工参加各类资格考试和“双学历”、学历升级班的学习。创新教育形式，学历教育与能力教育并重，提高干部的学习能力、创新能力、执行能力，按照管理岗、业务岗、服务岗的工作要求，提升管理能力、业务能力、服务能力，以实际工作能力检验学习效果。经过努力，直属税务一分局多人入选省地税局稽查、计财、税政人才库。

【廉政建设】大力加强党风廉政建设，把税收减免、财务管理作为廉政建设的重点，将内部监督制约机制贯穿于日常税收征收、管理工作全过程，通过自我监督、制度监督构建全方位廉政建设制度。分局领导与各科室签订《党风廉政建设责任书》，层层落实干部的廉政责任，实现责任、措施、考核“三到位”；严格执行“廉政执法反馈意见单”制度；不断加强干部职工的廉政教育，经常组织学习纪检、监察部门的有关文件规定以及违法违纪案件的通报，做到警钟长鸣，时刻警示广大干部职工廉政勤政，防止和杜绝腐败现象的发生。认真贯彻落实干部诫勉谈话、重大事项报告、年度考评考核、述职述廉测评等制度。

【创建文明单位】进一步加强创建文明单位的管理，认真开展创建工作。一是通过税企联系卡、温馨提醒、纳税人服务满意评分等多种形式，倡导文明用语、行为规范和优质服务。二是紧紧抓住服务创新这个主题，突出重点，积极推进和完善“一窗式”服务、预约服务、短信提醒等服务项目，以创建活动为抓手，提升纳税服务水平。三是完善落实服务制度，通过推行微笑服务、首问责任、AB岗工作、一次性告知、政务公开等十几项制度，切实提升纳税服务工作的规范性。据2009年纳税人满意度调查问卷统计，纳税服务满意率在99%以上。2009年直属税务一分局先后获得“青年文明号”、“行风建设示范窗口”、“巾帼文明示范岗”等多项荣誉称号。

机关党建及工会、妇委会、共青团工作

2009年以来，省地税局机关的党建工作，在省直机关工委和厅党组的领导下，坚持以邓小平理论和“三个代表”重要思想为指导，以科学发展观为统领，认真贯彻落实党的十七届三中、四中全会和省第十二次党代会精神，坚持用中国特色社会主义理论指导工作，把深入学习实践科学发展观摆在首位，抓好以“转型升级、科学发展”为主题的科学发展观学习教育活动，坚持“依法治税、为民理财、务实创新、廉洁高效”的理念，大力加强思想政治工作和精神文明建设，抓

好以新中国成立60周年庆祝活动为主要内容的文体活动,进一步活跃机关的文化生活,确保省局机关的高度稳定,确保各项任务的圆满完成。

一、认真落实科学发展观学习实践活动,"服务企业、服务基层"专项行动成效明显。

1.积极参与省局帮扶企业的"春雨"行动及"纳税服务志愿者"帮扶活动的组织、宣传工作。按照省局实践办的统一部署,积极组织"春雨"行动各阶段的组织宣传工作,努力树立地税形象。活动中,浙江电视台在新闻联播时间播放"帮扶春雨润人心,十百千万送服务"的专题新闻;《今日早报》以"以保企业来保就业保民生"为题专版报道省局在杭州举行的帮扶企业"春雨"专项行动启动仪式活动情况。省财政厅党组书记、厅长兼省地税局局长钱巨炎在启动仪式上介绍省局采取的《企业减负"及时雨"、"十百千万"送服务》的"十百千万"活动措施(即"十"就是"十项便民措施","百"就是"百场税企沟通会","千"就是"千名税干进千企","万"就是"网送税法连万家"),得到社会的赞扬;2月23日,《浙江日报》以"帮扶'春雨'润人心"为题、《钱江晚报》和《今日早报》以"春雨催日暖 企业渡难关"为题,刊登了省局"春雨"专项行动帮助企业减负的3篇文章,《浙江工人日报》也以"省地税为企业送上减负及时雨"为题报道了省局"帮扶性"减征税费情况。同时,省局还有4篇材料收录于《浙江省第一批单位学习实践活动"服务企业、服务基层"重点专项行动成果汇编》,大大宣传了地税形象,有力扩大了地税影响。

据统计,在历时半年的学习实践活动中,《浙江日报》、《钱江晚报》、《今日早报》、《浙江工人日报》共7次、《浙江电视台》共2次宣传省地税局的活动情况;省局地税网站登载信息共39次、省局实践办专题《简报》共22期宣传了活动信息。组织考试1次,看电影1场,组织报告会、讲座2次,召开座谈会8次,征求省直机关各部门、地税系统意见建议187条,活动收到了较好效果。

2.全程参加"服务企业、服务基层"专项行动,开展"四送"服务效果显著。

按照省委的要求,省地税局参加全省深化"服务企业、服务基层"专项行动。在省科技厅牵头的历时三个月的"双服务"工作活动中,省地税局派人参加并担任衢州市龙游县"双服务"工作小组组长。工作中,认真贯彻落实省委关于深化"服务企业、服务基层"专项行动的工作要求,在龙游县委、县政府的大力支持下,在服务组成员的共同努力下,龙游服务小组认真抓好以"送政策、送技术、送资金、送长效机制"为主要内容的"四送"服务,各项帮扶指标综合考核列衢州市各县(市、区)前茅,专项行动取得明显效果。据统计,龙游服务小组共为当地基层解决问题93个,向省各有关部委上报抄告单16个,为龙游县中小企业解决贷款6600多万元。组织协调龙游县政府、龙游各有关部门和相关企业与省有关大专院校、科研院所、中行龙游支行签订合作协议8个,为建立"服务企业、服务基层"的长效机制奠定坚实的基础,受到龙游县委、县政府的好评。同时,按照要求,我们还赴衢州参加深化"双服务"专项行动的回访活动,进一步落实"服务企业、服务基层"措施的到位情况。

二、及时学习贯彻十七届四中全会和省委十二届六次全会精神,全面加强机关的党建工作。

党的十七届四中全会和省委十二届六次全会召开后,按照中央和省委的要求,浙江省地税机关及时认真地组织学习贯彻。为了把学习贯彻党十七届四中全会和省委十二届六次全会精神落到实处,初步采取了五项措施进行落实。

一是及时下发学习《通知》。从"充分认识重大意义"、"准确把握全会精神"、"努力推动当前工作"、"切实加强组织领导"等四个方面提出明确要求。

二是购买复印学习材料。为干部职工购买《中共中央关于加强和改进新形势下党的建设若干重大问题的决定》,复印省委《关于认真贯彻〈中共中央关于加强和改进新形势下党的建设若干重大问题的决定〉的实施意见》和省委书记赵洪祝同志在省委十二届六次全会上的讲话等学习资料,做好学习保障。

三是组织学习培训。浙江省地税机关于11月中旬组织党支部书记、处级干部培训班,抓好省局机关中层干部的理论武装工作。

四是邀请专家学者来局辅导,及时邀请省委党校副校长郑仓元、省委党校经济学教研室主任李炯和浙江大学教授陈国裕等3位专家学者来局上辅导课,搞活学习形式。

五是适时组织学习考试，进一步检验和巩固初学成果。

三、积极开展经常性的思想教育，干部职工的“诚信、责任、敬畏”意识普遍增强。

1.认真开展“诚信、责任、敬畏”教育。按照省直机关工委年初的部署，省局机关党委组织100名机关干部参加省直机关工委举办的“省直机关干部思想伦理道德情况问卷调查”活动，为开展以“诚信、责任、敬畏”为主题的三位一体教育活动做好准备工作。下发以“诚信、责任、敬畏”为主要内容撰写体会文章的通知，组织有关理论专家对体会文章进行评比，对获奖文章进行通报表彰并编印成册，对获奖作者颁发证书。

2.组织参加学习论坛报告会。先后7次组织处级干部参加由省直机关工委举办的“省直机关学习论坛报告会”，听取全国政协经济委员会副主任、上海交通大学经济学院名誉院长李德水作“面对国际金融危机的中国经济”报告、国务院法制办副主任袁曙宏作“改革开放与中国法制建设”讲座、清华大学哲学系主任万俊人教授作“制度伦理与公务员道德”讲座；组织听取全国民族团结进步模范事迹报告会；机关党委推荐的《浅谈建设节约型地税机关》论文获省直机关“庆祝新中国成立60周年”征文比赛一等奖，并被省直机关工委编成书籍进行发放。

3.开展读好书、看爱国影片活动。2009年以来，局团委为干部职工购买由著名经济学家郎咸平编写的《产业链阴谋》书籍，组织举办青年论坛讲座，邀请浙商证卷公司闻岳春、詹诗华来局作“金融危机背景下的中国经济与资本市场”的辅导报告；为了激发干部职工的爱国热情，机关党委、团委先后组织全局干部职工观看《南京南京》、《铁人》、《建国大业》等爱国影片，进行爱国主义教育，激发大家的爱国热情。

4.开展“送温暖 献爱心”社会捐赠活动。组织机关干部职工“送温暖 献爱心”社会捐赠活动，为宁夏回族自治区受灾的群众捐赠过冬的棉衣、棉被共121件。

四、抓好以新中国成立60周年庆祝活动为主要内容的文体活动，进一步活跃机关文化生活。

1.新中国成立60周年文化活动有声有色。一是组织歌咏比赛。省局机关党委、团委组织开展以“歌颂党、歌颂祖国、歌颂改革开放”为主题的庆祝新中国成立60周年歌咏比赛活动，唱出了干部职工爱党、爱国、爱社会主义的心声。通过比赛，票证中心党支部获得一等奖；办公室党支部、人教处、监察室、法规处党支部、稽查局、外税处党支部获得二等奖；一分局党支部、信息中心、编辑部党支部、税政一、二、三处党支部、计财处、征管处党支部获得三等奖；老干部党支部获得特别奖。二是组织观看文艺汇演。组织机关干部职工观看全省财政地税系统新中国成立60周年文艺汇演，省局选送的舞蹈女子健美操《青春之歌》获得二等奖和大会组织奖。三是组织知识竞赛。组织流动党员参加“我爱我的祖国”知识竞赛并获得二等奖和优秀组织奖。四是购买张贴图片。购买庆祝新中国成立60周年图片进行张贴，以宣传改革开放取得的伟大成就。

2.日常活动丰富多彩。先后组织了省局机关2009年迎新春联欢会、省局机关全员参加的第十届乒乓球比赛和春游、秋游活动，进一步增强干部职工的身心健康；组织干部职工登保俶山开展全民健身活动，增强干部职工身体素质；组织青年团员进行以徒步走徽杭古道为主题的户外拉练活动，以磨练青年干部的吃苦耐劳、坚忍不拔的毅力意志；组织女干部到滨江白马湖渔村开展庆祝“三八”妇女节活动等。通过这些活动，省局机关的团队意识进一步增强，干部职工的敬业精神得到进一步提升。

3.参与组织庆祝新中国成立60周年地税文化及书法、摄影、篆刻成果展。成果展共展出省局机关《光辉税月》30个版块157幅照片；展出美术作品210幅，其中书法32幅、绘画10幅、摄影75幅、篆刻7个版块85幅、剪纸5个板块8幅。作者用潇洒的笔触、斑斓的色彩、精细的刻工、灵巧的快门，表现对祖国的热爱、对生命的赞美和对生活的喜悦之情，展现地税干部的人文修养和艺术水平，体现了财税文化建设的丰硕成果。

五、结合省局机关的工作特点，努力做好省局机关的党务工作。

1.组织开展省局机关党支部换届选举工作。根据《中国共产党章程》、《中国共产党党和国家机关基层组织工作条例》和《中共浙江省委办公厅关于加强机关党的基层组织建设进一步发挥机关党支部作用的意见》,认真组织省局机关党支部的换届选举工作。工作中,省地税局机关分别召开机关党委会和党支部书记会议,对机关党支部的设置、选举中需要注意的问题进行了明确,即根据机关各处室现有党员人数情况,为了便于开展工作,省局机关设置了19个党支部,支部书记由行政负责人担任,实行一岗双责。到目前为止已有18个支部完成了换届工作,1个支部换届正在进行中。

2.召开党、工、团、妇工作例会,落实党建工作。由机关党委牵头,定期不定期地召开党、工、团、妇工作例会,总结前一阶段工作,明确下一阶段任务。省局领导高度重视机关工作,每次召开会议,都到会指导。如在讨论研究2009年度机关党建工作时,省局常务副局长单美娟参加会议,并对机关党建工作提出要求。又如2009年5月中旬在落实年度机关党建工作时,省局副局长王平对党、工、团、妇如何发挥自身优势促进工作上新台阶提出新的要求。党、工、团、妇按照省局领导要求,在机关党委的统一领导和协调下,团结协作,形成合力,认真履行职责,较好地完成年初确定的工作任务。

3.认真做好党员的发展工作。按照"坚持标准,改善结构,慎重发展,保证质量"的方针,做好发展党员工作,确保新党员的质量;讨论通过5名同志的预备党员转正、吸收4名同志为预备党员,确定2009年度党员发展对象3人和建党对象3人。

4.做好党费的收缴工作。按照《中国共产党党章》要求,及时做好党费收缴工作。

税收信息化建设工作

工作概况 2009年,浙江省地税信息化建设紧紧围绕地税中心工作,牢牢抓住"抓管理、促应用、保安全"工作主线,加强领导,统筹协调,全面落实各项信息化建设工作任务,信息技术对地税各项工作的支撑、保障和引导作用不断增强,为促进全省地税事业的稳步发展作出贡献,得到国家税务总局、省政府及有关部门的肯定和认可。2009年省局被国家税务总局评为省级税务机关互联网站建设综合评估先进单位,被省政府办公厅评为电子政务建设综合考核优秀单位,被浙江省"信用浙江"建设领导小组评为省社会信用体系建设工作考核优秀单位,被浙江省网络与信息安全信息通报中心评为省网络与信息安全信息通报工作先进集体,省局信息中心被浙江省信息安全等级保护工作协调小组评为全省信息安全等级保护工作先进集体。

各项工作情况 **【《税友2006》运行维护】**(一)开发、完善和新增软件功能。以深化应用为重点,及时按照业务需求组织开发、完善相关软件,增加和完善《税友2006》相关功能。2009年实现新增功能50多个,如"信用浙江"数据报送、新税法企业所得税汇算清缴系列报表、大企业风险监测管理、社保费减征程序修改、网送税法连万家程序完善等;修改完善各项功能400多个,如社保费汇算清缴、执法质量管理考核指标、个税12万元申报等。

(二)做好《税友2006》的应用维护工作。做好《税友2006》、网税系统等应用软件维护工作,及时解答软件运行中出现的问题。截至2009年底,通过《浙江地税应用系统工作交流平台》解决(解答)1526个问题,发布版本17个。针对前后台版本不一致的问题,调整版本发布方法,加强版本控制功能,将原来储存过程由基层更新变为省局统一更新,确保前后台程序版本的统一。完善《税友2006》在线帮助系统,将用户手册集成在《税友2006》中,提供在线操作和学习帮助。组织召开《税友2006》开发维护支持小组技术研讨会,对省级集中软件技术方案、省级集中数据管理平台功能、运行维护监控平台以及完善存储过程发布机制等进行深入讨论,并对支持小组中市、县(市、区)局技术人员的2009年度工作进行考核表彰。

(三)积极做好与外部门信息交换工作。一是做好国地税信息共享平台建设工作。协同省国税局制订国地税信息共享平台系统架构和技术接口标准,实现国地税网络连接,组织完成信息共享软件开发和联调测试,并正式应用。初步确定国地税联合办证平台升级改造方案及联网的接口标准，以增加与公安联网进行身份证核查的功能。二是主动联系省信用中心，确定通过省信用中心的企业基础信息交换平台共享工商、国税数据的机制，明确数据交换的内容、格式、时间等问题，完成数据导入、转换和下发的程序开发与运行测试，并从6月开始每月下发到各市县局。三是做好包括稽查数据在内的信用数据抽取、报送工作，并在《税友2006》“信用浙江数据交换”模块下，新增加“‘信用浙江’数据报送情况统计”、“‘信用浙江’报送基本信息查询”等功能，便于省局及市县局人员查询信用浙江信息的报送情况。

(四)完成相关系统的部署和应用。参与稽查查账软件的开发验收。完成总局财产行为税监控平台的安装，根据省地税局实际优化数据转换模块，并增加数据比对查询功能。协助相关处室做好《税友2006》快捷查询管理软件、不动产项目管理软件的推广应用工作。

【网络与信息安全管理】(一)落实各项安全管理措施。一是与各市局签订《浙江地税网络与信息安全应用管理责任书》，进一步明确信息安全事故的类型、等级及相关责任。二是在办公室帮助下举办消防安全知识培训，学习、了解机房消防安全紧急事件的应对方法，提高安全自救意识和基本技能。三是及时转发总局《关于做好应对部分IC卡出现严重安全漏洞工作的通知》和《关于做好IC卡系统密码管理工作的通知》，组织各地对使用IC卡的应用系统开展检查，进行安全风险评估，落实应对措施。四是3月上旬圆满完成省局数据应急处理中心的数据恢复演练。五是严格落实《浙江地税计算机机房管理实施办法》，加强机房日常管理工作。六是做好节假日及“国庆”、“两会”等敏感时期的信息系统运行监控和机房值班工作。

(二)强化信息安全技术保障。完成深度防御系统项目验收以及防火墙升级改造任务，开展上网行为审计系统选型和入侵检测系统升级等工作。根据总局信息中心对省地税局2008年信息安全检查的报告，制订整改方案，明确工作责任，优化网税系统安全配置，规范整理各设备之间的线路连接，升级相关防火墙；将全省地税系统216台广域骨干网网络设备的远程管理连接方式由TELNET明码登录模式改为SSH加密登录模式，并分设远程登录用户和系统管理用户，提高设备远程访问控制级别。

(三)完成全省地税系统信息安全等级保护定级工作。各地认真落实省局要求，2月完成重要信息系统的安全等级保护定级、评审及备案工作，4月全部向省局上报定级工作报告，省局及时将等保定级情况报省信息安全通报中心。定级工作的圆满完成为信息系统建设、测评、整改等后续工作奠定了坚实的基础。

(四)开展信息安全教育宣传月活动。按照总局要求，在全省地税系统开展以“信息安全、人人有责”为主题的信息安全教育宣传月活动。一是在全省地税系统分管局长培训班上开展“加强信息安全保障工作”的专题讲座，并将讲座视频放在省局内网网站上供各地学习；二是在省局内网网站开辟“信息安全教育宣传月活动”专栏，介绍国家对信息安全工作的一系列要求、省局信息安全制度汇编、信息安全讲座视频及挂图、信息安全系列小讲座汇编、全省地税系统信息安全情况每月通报等；三是除在省局机关通过书面试卷进行考试外，搭建“信息安全知识竞赛”的网络平台，组织全省地税系统开展信息安全知识竞赛，并对组织参赛工作突出的单位通报表彰；四是在开展全省地税系统信息安全检查的过程中，利用沟通、反馈的时机，及时宣讲信息安全教育宣传月活动的内容和要求；五是按照总局要求及时发放《税务系统工作人员信息安全手册》，加强宣传。

(五)开展各项信息安全检查。一是开展2009年度全省地税网络与信息系统安全和保密检查。按照总局及省信息安全协调小组的有关要求，会同办公室制订全省地税网络与信息系统安全和保密检查方案；组织各市县局对其网络与信息安全及保密工作进行自查，对各地的自查报告进行梳理；会同办公室组织五个检查小组对部分市县局进行抽查，及时向被抽查单位通报发现的问题并提出整改意见，并将检查情况通报各地；将自查情况分别报总局和省经济和信息化委员会。二是配合局保密办开展局机关信息安全和保密自查工作。按照省保密办的有关要求，对局机关重要部门的内、外网机器逐台进行检查，扫描木马、清除密级文件、设置系统密码及账户锁定策略。三是认真准备、顺利通过省信息安全协调小组的检查。对照省网络与信息安全协调小组办公室关于开展政府信息系统安全检查的通知要求,对省局的内外网网络、信息安全系统、各应用系统以及机房管理等认真自查,及时整改,积极做好迎查准备,顺利通过省经信委、省公安厅、省安全厅、省保密局、省密码管理局的联合检查。

(六)抓好信息安全日常防护工作。一是加强信息安全情况通报。结合实际,认真分析研判,每月分别向总局和省网络与信息安全信息通报中心报送信息安全情况,并对全省系统内发布网络与信息安全情况通报,指导各地做好网络与信息安全防范工作。二是开展对重要系统的健康检查。按照总局要求对货物、运输发票税控系统进行健康检查,重点对数据库、Web应用、主机等进行运行状态扫描。协同信息安全检查,组织各地开展对《税友2006》的健康检查工作,逐步使运维工作从"事后救急"转变为"事先预防";网税系统的运行监控系统开发完成并应用。三是做好日常防护工作。对因特网门户网站的主机进行漏洞扫描,根据扫描结果修补安全漏洞;更新桌面安全管理系统的补丁,以解决《税友2006》客户端应用故障;通过入侵检测系统发现系统内有大量蠕虫病毒攻击,分析定位到作为攻击源的计算机,并立即组织进行处理;修复省局防病毒系统服务器程序故障,升级病毒集中预警管理系统的网络插件程序;组织对所有计算机及时安装微软Office网页组件ActiveX控件的补丁程序。

【硬件基础设施建设】(一)完成省局异址备份中心机房建设。按省局工作部署,配合湖州市局完成省局异址备份中心机房建设。一是经多方了解、实地考察后,反复测算、比较,并经专家论证会论证,确定机房综合布线方案。二是派人在湖州市局参与机房建设的监理工作,定期沟通、交流,及时解决建设过程中的有关问题。三是根据湖州市局申请,批复省局异址备份中心机房建设的有关意见。四是协同湖州市局做好机房功能验收工作。

(二)加快主机、存储等硬件平台建设。1.做好有关设备采购工作。针对现有存储设备容量不够的情况,对省级集中的存储需求进行统筹规划,制订存储系统的新配方案,同时积极联系,完成跟标总局采购EMC存储设备手续。制订主机、网络、备份的完善方案,提交核心交换机升级需求、省局备份系统及小型机的续保需求,开展大集中工程所需主机跟标总局的采购工作。2.顺利完成EMC存储设备的安装与《税友2006》等应用迁移工作。一是按照厂家要求充分做好设备搬运、UPS供电、接地、综合布线等方面的准备;二是对现有业务数据存储情况进行分析与优化,制订新存储设备的应用规划;三是制订详细的迁移计划、操作步骤及应急措施,并明确每个环节的责任人。为不影响《税友2006》的正常运行,相关技术人员利用非工作时间,连续加班加点,从设备到货到正式运行,前后历时一个多月,省局《税友2006》数据库、全省《税友2006》集中复制库、"快捷查询"数据库顺利迁移至新存储设备。

(三)加强对基础设施的日常维护管理。加强对系统特别是硬件、网络、机房等基础设施的监控管理,通过监控,及时解决设备故障,保障应用系统稳定运行。2009年组织小型机、存储设备的日常巡检共7次,及时联系更换故障部件19个,进行其他维护30次。更换Notes邮件系统服务器和货运发票文件服务器的故障硬盘;解决网税系统Web小型机硬盘故障,重新安装WEBLOGIC中间件和应用系统;更换5台IBM P650小型机的5个电源模块,调整一户通交易平台IBM P650小型机页面交换空间值大小以解决TUXEDO应用多次停止故障;解决IBM P690小型机的环境监控模块故障;根据应用调整EMC8830的硬盘空间分配,并更换4块故障硬盘及环境控制卡和数据卡;解决用于《税友2006》的F5 6400均衡负载交换机的系统故障。

【其他应用系统维护】(一)配合办公室做好内网网站升级改版工作。一是协助办公室对网站栏目与功能需求进行细化,并据此制订网站技术需求。二是完成网站页面的修改和旧网站数据的迁移。三是完成图书管理系统、食堂订餐服务系统、通讯录系统和报表系统的开发和功能测试工作,目前已提交试运行。

(二)及时做好《公文处理系统》升级工作。按照总局要求,做好与总局的2次文件远程传输联调工作,及时将省局端《公文处理系统》软件升级至4.04版本，组织做好全省地税《公文处理系统》软件版本升级工作，以解决无法浏览总局下发的扫描文件问题。

（三）积极做好其他设备、系统的维护工作。一是制订视频会议系统全省联调方案，并完成联调，提高各地视频会议系统的运行管理与技术水平。二是完成省局 FTP 服务器系统迁移，并对 FTP 用户系统进行调整以规范和简化 FTP 应用。三是组织各地梳理 Notes 邮件系统的用户注册信息，由省局进行统一规范清理和调整。

【信息化管理工作】（一）不断健全信息化管理制度。一是制订并印发《浙江地税数据应急处理中心应用系统运行维护管理办法》。二是印发《关于加强网络与信息安全保障工作的紧急通知》，并在省局信息中心内部制订《信息安全事件简要应急处置预案》，明确处置流程、应对措施、工作责任及人员保障，以快速、稳妥、有效应对全省地税系统发生的各类信息安全事件。三是配合征管处制订《浙江地税应用系统试点开发管理办法》。四是根据 2009 年浙江地税信息化建设工作要点，制订下发《2009 年浙江地税信息化建设工作考核办法》。五是研究起草《浙江地税网络与信息安全应急预案》的框架及相关文档。

（二）组织开展相关技术培训。一是举办两期全省地税系统网络与信息安全技术培训班，系统讲解网络与信息系统特别是 Web 网站应用层典型攻击及防护，防火墙、入侵检测（防御）系统的工作原理、部署、配置及典型应用等安全技术，通过分组竞赛、学练结合，增强学习效果，进一步提升信息安全管理员的技术防护能力。二是举办全省 IT 项目管理培训班，集中学习 Eclipse 安装与使用、Flex3.0 程序设计、Hibernate 应用与开发等前沿软件开发技术以及开发项目的管理模式和配套的技术平台，为下一步省级集中开发做好技术储备。三是配合征管办完成对省局各业务处室《税友 2006》业务联系人的快捷查询管理软件应用培训。

（三）积极开展形式多样的宣传。除开展信息安全教育宣传月活动，还积极开展其他形式多样、内容活泼的宣传。编印《软件需求管理的重要性》、《软件测试的重要性》、《什么是云计算？》等 14 期《信息技术知识系列小讲座》，普及宣传计算机知识，提高应用水平。同时，积极向省网络与信息安全通报中心报送相关信息，宣传省地税局的信息安全工作。

（四）不断提高调研质量。一是开展有关“大集中”工作的调研。组织省局和部分市局的同志分别到江苏地税和广东地税就省级大集中的开发组织、技术方案、运维体系、安全建设、资金投入等方面进行考察、学习，高质量完成《关于赴江苏地税考察省级大集中工作情况的汇报》和《关于赴广东地税考察省级大集中工作情况的汇报》的考察报告，对即将实施的省级大集中开发工作起到很好的参考借鉴作用，考察取得实效。二是组织开展全省地税系统信息技术论文（调研报告）评选，共评出一等奖 4 篇，二等奖 10 篇，三等奖 16 篇。三是积极参加总局组织的信息安全论文评比，推荐的 7 篇论文中有 3 篇获奖，省局还获得组织奖。

【“大集中”工程准备】在前期调研和充分讨论的基础上，提出“大集中”工程技术工作方案，内容涉及主机、存储、网络、数据库、中间件、开发工具、项目管理工具、开发模式、运维体系等。协同相关处室起草《浙江地税信息化建设“大集中”工程实施方案》，提出“大集中”工程的总体目标、实施原则、组织机构、推进计划、配套措施等内容。物色系统内参加集中开发的人员，为集中培训、开发做好准备。

【税收信息化现状】（一）网络系统建设。全省地税系统广域骨干网络为两条 SDH 传输电路。每条线路市局到下属县（市、区）局的带宽为 2M，省局到市局的带宽为其下属县（市、区）局带宽总和的 70%，其中省局到杭州市局的一条线路为千兆光纤。县（市、区）局至各税务分局（税务所、办税服务厅、远程申报点）的带宽均在 2M 以上。各市、县（市、区）局都已建成以综合布线为基础、采用 10/100/1000 M 交换以太网技术的局域网，形成高速、畅通、稳定、安全的信息交换平台。

（二）硬件设备配备。至 2009 年底，全省地税系统已装备各类计算机设备 33247 台，其中：小型机 135 台、PC 服务器 1036 台、PC 机 19527 台、路由器 404 台、交换机 1804 台、打印机 9977 台、安全设备 364 台

(套)。存储设备总容量494TB。

(三)信息化技术队伍建设。各级地税部门重视计算机专业人才招录、引进工作。截至2009年底,全省地税系统共有信息技术人员592人,其中工程师以上职称的中、高级专业技术人员占37.8%(高级职称28人,中级职称196人)。

《浙江税务》编辑部工作

2009年,《浙江税务》编辑部在省局领导的关心重视和机关各处室的大力支持下,在编辑部全体同志的共同努力下,紧密围绕省局中心工作和基层税收工作实际,扎扎实实地做好编辑业务,杂志的赠送数量基本稳定,编辑质量和发行质量都有较大的提高,较好地发挥了全省地税宣传主渠道的作用。

一是认真做好日常编辑工作。2009年共编发12期《浙江税务》和12期《浙江省地方税务局法规政策公告》,增编了4期《浙江税务》(理论研究)专辑;此外,完成了《浙江地税年鉴》(2008年卷)的编纂出版,2009年卷已基本编辑结束,全年编辑文字量共400多万,在政策业务和文字上没有出现大的差错。其中,《浙江地税年鉴》(2008年卷)被中国版协年鉴协会分别评为年鉴综合类二等奖和装帧设计类二等奖。

二是始终围绕省局中心工作组织稿件。针对2009年金融危机影响全省经济税收形势,编辑部着重把组织收入、帮扶企业、分离发展服务业、纳税服务和地税文化建设作为宣传重点,有计划、分专题、定人员做好策划,组织稿件,使之在一定范围内形成较大的声势,扩大省局所抓重点工作的影响。比如,年初全省地税组织开展的帮扶企业"春雨"行动,《浙江税务》从第3期开始到11期结束,先后共组织了16篇相关文章,重点报道了全省地税系统在金融危机背景下,给企业送优惠政策、送优质服务、减免税费等一系列帮扶企业的措施,携手企业共克时艰,收到了良好的效果。

三是加强了编辑部记者采写稿件的力度。2009年,编辑部针对系统内自发来稿少、尤其是反映地税中心工作内容的重点稿较少的情况,充分调动编辑人员的积极性,自我加压,认真组织好一些重点稿件的采写。一年来,编辑部记者先后撰写了《结构性减税拉开大幕》、《帮扶企业,保稳促调,我省财税积极有为应对时艰》、《我省有望率先走出经济困境》、《财税杠杆撬动企业分离之柔与刚》、《永康企业分离总部经济双轮驱动促服务业发展》、《浙江地税,开创科学发展新局面》、《结构性减税助我省经济企稳回升》等20多篇质量较高的稿件,得到了全省地税系统和有关单位的好评,有的文章还被其他媒体转载。

四是突出了对基层一线干部职工的宣传。在2008年建立基层税收宣传联系点的基础上,2009年对这项工作进行了总结完善,调整充实了23个基层税收宣传联系点。一方面,对基层联系点加强了联系与指导,及时了解基层在贯彻落实税收政策及组织收入过程中遇到的新情况新问题,帮助基层理顺思路,总结经验,搞好宣传。另一方面,有针对性地对基层一线的宣传予以倾斜,把宣传的重心放在基层典型经验与先进事迹上,在系统内营造一种服务基层、宣传基层、关注基层的良好氛围。

五是努力打造地税文化建设的平台。充分注意发挥刊物在建设地税文化方面的平台作用,在拓展干部职工的兴趣爱好,培养干部职工的高尚情操、提升干部职工的综合素养、促进干部职工队伍建设方面作出应有的努力。2009年,编辑部与丽水市局一起,开展了"秀山丽水"杯美术摄影比赛,并结合《浙江税务》创刊十周年之机,开展了"我与《浙江税务》十年"文学作品征文,收到了良好的效果。同时,积极配合局人教处,做好庆祝新中国成立60周年暨全省地税系统文化建设成果展的作品征集、图版制作和布展工作。

六是注重抓好杂志编排印刷和投递质量的提高工作。2009年,杂志赠送量继续稳定在10万册。在抓好图文质量的同时,高度重视编排质量、印刷质量和投递质量的提高,把好赠送清册的单位、地址、份数关,防止多送、滥送;注意印刷单位与投递单位的衔接与协作,提高工作效率;加强对邮局工作的检查与监督,提高投递质量。

注册税务师管理工作

任务完成情况　在浙江省地方税务局领导的正确领导和兄弟处室的支持配合下，注册税务师管理中心全体同志根据《2009 年全省地税工作要点》和《注税中心 2009 年工作要点》，紧紧围绕"加强行业监管、指导，促进注册税务师行业规范执业和拓展涉税业务，坚持科学发展观，按照'依法支持、利于征管'的原则，引导注册税务师行业在进一步深化税收征管改革中健康规范发展"的工作思路，较好地完成了各项工作任务。

各项工作情况【帮扶企业"春雨"专项行动】一、会同省局有关处室，组织召开"浙江地税注税工作新春座谈会"，研究探讨税务中介机构如何紧密结合当前经济形势，围绕省委、省政府"保稳促调"中心工作，进一步落实一系列税收优惠政策，更好地发挥税务中介职能作用。通过研讨，进一步加强了税务机关与税务中介的工作沟通，进一步明确了行业职能定位，引导税务中介服务大局，与党委政府一起"共克时艰"，助推政策落实。

二、在全省地税系统按照省委实践办关于"服务企业、服务基层"专项行动统一部署开展的"春雨"专项行动暨金华地税"纳税服务志愿者"帮扶活动启动仪式上，组织金华地区税务师事务所向全省注册税务师行业发出"开展'纳税服务志愿者'活动"的倡议。倡议全行业以"和谐地税"为目标，致力于为特殊困难纳税群体提供公益性、个性化、专业化的纳税服务。

【税收法制建设与税收宣传】一、根据国家发改委、税务总局印发的《税务师事务所服务收费管理办法》，与省物价局、省国税局联合转发文件，并结合浙江省实际，制订浙江省注税行业服务收费办法，对政府指导价的涉税鉴证业务，规定下浮不低于基准价的 20%，在政策上取得突破，有利于维护行业整体利益，防止恶性竞争，提高服务质量，进一步规范税务师事务所服务收费行为，维护委托双方的合法权益。

二、会同省国、地税两局税政处室，组织全省 12 家骨干税务师事务所，于 2009 年 4 月，在全国领先推出全省统一格式的企业所得税汇算清缴和财产损失鉴证报告与工作底稿两个执业规范，明确涉税鉴证报告统一格式和鉴证审核要点与程序，有力地促进了全省注册税务师行业规范执业和形象提升，也促进了税收征管质量的进一步提高，实现征、纳、中三方共赢，获总局纳税服务司和中税协充分肯定。

三、召集 8 家事务所对《征管法》(征求意见稿)进行研讨，提出了高质量的意见和建议，报省国税局和省地税局，同时报中税协，并获好评。

四、召集有关事务所对总局 14 号令提出修改意见。

五、对总局《涉税服务基本准则》和《涉税鉴证基本准则》进行研究，提出修订意见。

六、对中税协有关涉税鉴证具体准则和准则体系建设提出意见和建议。

【信息化建设】一、将"浙江省注册税务师协会网站"更名为"浙江注册税务师行业网站"，使行业网站成为注册税务师管理中心和注册税务师协会工作的共同网络平台，并完善功能模块和页面设计，促进自律管理效能和服务水准的提高。

二、做好省局外网"注税管理"主页的维护管理和省局内网改版后新增"注税管理中心"主页的完善、维护与管理，做好政务公开、信息公开。

【其他工作】一、理顺工作机制，完成管理中心国、地税合署办公，并报经领导小组工作会议通过，进一步明确公文处理办法、事务所设立审批、注册税务师全国统考资格审查、事务所年检年审等工作规程。

二、做好日常例行工作。与省人事厅考试办公室做好注册税务师执业资格全国统考的文件会稿、资格审查及教材征订工作。考生达 4800 人，合格 220 人，合格率 4.6%；办理 2008 年度注税资格考试合格人员的执业与非执业备案。办理执业备案 60 人，非执业备案 140 人。办理转籍(跨省)20 人、转所(省内)85 人；办理事务所变更事项 33 次；国、地税联合审批税务师事务所 8 家；做好 2008 年度注税行业年度报表(6 类报表)的汇总分析与上报工作。

票证管理服务工作

【发票管理】2009年,票证管理中心依托信息化,突出数据集中,发票集中印制监管工作扎实推进。

(1)完善信息系统功能,实现发票数据大集中。完善《税友2006》发票管理模块,增设“最低库存量”和“待办事项”提醒功能。提醒市、县地税局及时上报发票印制计划,有效控制发票用量;动态了解各级地税机关发票印制计划的上报、领购、库存等信息,确保发票的正常供应。同时,对全省地税普通发票票样实行全真上网,广大用票单位和个人可以便利地掌握发票“全貌”,更直观地鉴定发票的真伪。2009年,全省累计审批印制发票14.5亿份,与2008年同比增长12.24%。

(2)优化业务流程,确保票证管理工作高效运转。明确发票审批、生产印制、入库发放和送货安排的具体要求,进一步规范、优化操作流程,提升工作效率。出台《异常发票印制计划审批合议制度》,对发票印制计划用量超出同期150%以上的、印量较大、规格特殊或缺少纸质资料等异常情况的,由合议组依照有关发票管理制度的规定,对发票计划的合理性、规范性进行合议后再作出审批,提高计划上报的科学性、计划执行的准确性。对全省普通发票防伪用纸、防伪油墨等防伪措施进行改进和完善,进一步提高防伪水平。与此同时,配合征管处做好2010年发票定点企业招标和下一步普通发票简并票种统一票样改革的各项准备工作。

(3)加强保密工作,维护经济秩序稳定有序。作为浙江省发票集中印制的管理和生产部门,中心严格执行国家保密法律法规和有关保密工作的规定,认真落实保密工作责任制。与各定点印刷企业签订《浙江省税务普通发票印制承揽合同》,以合同形式来界定发票印制权利和义务,明确防伪措施、印制工艺安全管理等规定,要求健全网络信息安全和保密规章制度,加强保密安全硬件建设等。中心所有涉密要害部门、部位的员工都签订了保密承诺书,切实做好发票防伪技术、涉密资料的印制等各项保密安全工作。与此同时,配合各级稽查局、公安机关开展打击制售假发票和非法代开发票专项整治行动,全年累计出具发票鉴定报告54份,涉及假发票506367份,为打击制售假发票提供有力证据,为维护经济秩序的稳定有序作出积极贡献。

(4)柔性管理、质量管理齐头并进,产量、质量、满意率再创新高。全年共印制发票4.24亿份,占全省总印量的30%。发生质量事故仅9起,比2008年又下降1起,下降幅度为10%。客户满意率为97.1%,与2008年同比上升1.02%。

【内部管理】坚持以人为本,突出规范化,内部管理持续改进。

(1)出台十件实事,为员工办实事解难题。中心坚持以人为本,把领导的关心直接付诸具体行动上,出台为员工改善工作、生活条件的十件实事。通过完善薪酬制度,提高社保缴纳基数等实实在在的举措,维护员工权益。

(2)完善制度体系,筑牢拒腐防变堤坝。重点加强对物资采购、发票定点印制、发票委外加工、财务管理和资产管理等方面的制度建设。编印《职工手册》,对中心的基本规章制度、工资制度、安全保密制度等各个方面进行梳理,汇编成册;细化《采购管理程序》和《采购管理实施细则》,进一步规范审批程序,并建立新增物资前置审批的程序;进一步规范委外产品的采购流程,采购工作真正实现“需、购、付”三分离。

(3)开展市场调查,为引进新生产线做好准备。中心有关职能部门负责人组成项目引进调研组,对引进新设备进行了广泛而深入的市场调查。通过走访票据印刷行业的龙头企业、实地考察印刷设备生产厂家、向行业协会咨询、公开询价等途径进行调研,组织数次论证研讨会,最终形成设备引进的可行性报告提交局领导决策。

【队伍建设】中心积极创新文化建设载体和内容,推进文化建设深入开展。一是组织“票证文化周”系列活动,加强员工对税收票证文化的了解,增强员工对票证工作的责任感和归属感。二是开展“爱与你同行”

诗歌征文比赛和青年原创诗会，用诗歌的形式来描述自己的亲身经历和生活感悟，用诗歌朗诵的形式来诠释对中心的热爱和对工作的热忱。三是开展写一封家书活动，引导员工对家庭、对社会常怀感恩之情。四是开展踢毽子、跳绳等健身活动，增强员工的身体素质。五是党工青妇形成合力，开展丰富多彩的活动，丰富员工的业余生活。六是代表省局参加文体比赛，屡获佳绩：参加全省财税系统文艺调演，获二等奖；参加灵隐街道运动会，获健美操一等奖和广播操三等奖；参加局机关庆祝新中国成立60周年歌咏比赛，获一等奖。

【教育培训】票证中心大力倡导以人为本的组织文化，着眼于员工全面发展。不仅追求产品质量，更注重精细化管理，做到思想上引导，工作上要求，生活上关心，学习上促进。以组织观看教学光盘等形式开展团队建设、有效沟通、职业化管理、辅导与激励等四个专题培训，并组织员工交流学习体会，分享学习成果。同时，选派3名员工参加省印刷协会组织的印刷行业等级工培训，不定期组织员工参加长三角等地的业务和管理对口培训。截至2009年底，该中心已拥有高级证书员工12人，中级18人，初级20人。拥有大专及以上学历的员工43人，占全员的60.6%。

【创建文明单位】积极开展各项文明创建活动，培养干部职工步调一致、团结协作的精神，增强组织的向心力和凝聚力，促进中心和谐发展的好局面。2009年，中心被授予全国巾帼文明岗、省级青年文明号等荣誉，省局先进党支部、先进团支部和先进工会等。

税务培训中心工作

2009年是中瑞大厦新老经营班子交接的一年，大厦在管委会直接领导下，在两局各处室的大力支持下，以“安全、服务、效益”为宗旨，通过全体员工的共同努力，全年实现营业收入1223.9万元，增加115万元，增长8.24%。其中：客房收入604.7万元，餐饮收入619.2万元，全年客房利用率63.8%，平均房价218元/间·天，圆满完成了各项工作任务，超额实现年初确定的经营目标。总结回顾过去的一年，主要做了以下几方面的工作。

一、加大营销力度，积极促进效益增长

1.拓宽销售渠道，积极寻找客源。总经理室亲自带领销售部、餐饮部负责人和厨师赴丽水、金华等地考察菜肴，开拓新客源。还带领其他班子成员和销售人员拜访省、市国地税两局的相关领导和处室，争取更多的支持和帮助。并与电信114百事通签订订房协议，有效地补充了淡季的业务空隙。2009年，协议单位新增30多家。通过拓宽销售渠道，推出各种房价优惠等相关经营措施，全年客房营业收入604.7万元，比上增加37.3万元，增长6.57%。

2.立足现有条件，努力提高菜肴口味。大厦餐饮是大厦的一块招牌，为了大厦菜肴品质在市场占有一席之地，餐饮部克服人员少、员工流动性大的困难，努力在菜肴品质上下工夫。一是采取走出去、请进来的办法，派厨师赴宁波、丽水、金华等地学习菜肴。同时，引入粤菜厨师，提高菜品档次。全年共推出新菜38只。二是加强与餐饮协会和同行的沟通与交流，获取市场信息。三是参加各类菜肴比赛，提高厨师技艺。在2009年11月8日杭州市贸易局和行业协会举办的牛、羊、禽菜肴比赛中，大厦参赛的两个作品都获了奖，其中“碳火妈妈乐”获得金牌，“家乡竹节卷”获得银牌，不仅为大厦争得了荣誉，更为大厦打响了知名度。通过努力，全年实现餐饮收入619.2万元，比上年增加77.7万元，增长14.35%，全年接待就餐客人10.53万人次。

3.改善外部环境，增强识别效果。针对大厦晚间外部识别标志不清、入口不明的状况，9月份，总经理室重新调整解放路与建国路外墙店标店徽的位置、大小和颜色，增强了店标夜间的亮灯效果，让大厦夜间的形象更醒目，使客人更容易识别。

二、改善设施设备，不断提升服务档次

大厦开业至今十五年，设施设备均不同程度地出现老化现象，影响了安全和服务。对此，大厦利用经营空隙，合理进行调配，逐步对设施设备进行更新改造，保障大厦经营正常开展。

1. 2—4月份间，对6—9层楼的客房、走廊、会议室的地毯进行了更换。同时，更换了所有客房内的服务指南,添置了网线接口的竖牌。10月份,更换了6楼会议室的椅子和所有客房的防滑垫,增加了电梯厅和2楼的指示牌,添置了4块电梯厅地毯,更换了公共区域的纱帘,对各个楼层的会议室进行重新命名。

2. 按照上城区卫生局评比“杭州市公共场所监督量化分级管理A级单位”工作要求,对大厦4—12层楼消毒间和布草间进行了改造。11月份,通过验收,大厦被评为“杭州市住宿业卫生信誉度等级A级”。

3. 大厦原有的电话系统程控交换器从开张投入使用至今,设备严重老化,一旦出现问题,整个大厦的电话系统将全部瘫痪,而更换一台程控交换器需要投入20余万元。为消除隐患,节省开支,12月份,大厦在电信部门的支持下,启用电信虚拟网络,对电话系统进行了改造。

4. 为缓解大厦日益突出的停车难问题,在建国路入口处设置了岗亭和道闸,实行保安员24小时值班制,较好地控制了车辆的进出,保障了大厦经营的需要。12月份,通过男女更衣室的调整,新增地下车位5个,逐步改善停车紧张的问题。

5. 做好大厦日常的防火、防盗、消控等安全防范工作。一是为充分发挥监控设备的监控效果,有效提高防范能力,大厦对大院及地下室的监控设施进行调整,确保大院不留监控死角;二是加强对保安员的安全、消防等专业知识的培训,每年开展一次全员消防演练;三是配合派出所做好治安保卫工作,勤于巡逻,严密防控,确保大厦各项活动万无一失和大厦忙而不乱的安全稳定。2009年度被评为“小营地区社会治安综合治理先进集体”和“上城区旅馆业先进单位”。

三、立足开源节流,严格控制成本费用

2009年,大厦制订了《能源管理考核办法》,节约意识深入人心。各部门都将节能降耗工作落到实处。

财务部在不违反原则的情况下,尽量用足用好各项政策,努力实现大厦利益最大化。一是与开户银行沟通协调,于11月份签订了相关协议,商定只要大厦银行账户余额超出50万元,超出部分每天利息就由活期利率0.36%转为按定期利率0.81%计息,以此适度增加了大厦的银行利息收入。二是积极与银联商务有限公司浙江省分公司沟通协调,申请优质商户合作,并于2009年10月份签订了优质客户合作协议,将银行卡交易的手续费率降到同行最低费率1.8%(原为2%),节约了手续费。三是与主管税务机关建立良好的税企关系,最大限度地取得他们的税收政策扶持。2009年7月份,上城区地税局为大厦减免水利建设专项资金1.4万元,12月份又减免了房产税81.6万元、土地使用税8.4万元。四是财务部会同人事部积极和省残联沟通、走访,咨询相关的政策,申请办理困难减免。8月份,省残联减免了大厦全年的残疾人保障金5.5万元。

人事部通过对各部门办公费用、电话费的控制,全年节省经费1万余元。

客房部将教育员工树立“节能增效”的思想列入岗前培训内容。要求员工在实际操作中做到节约用水、用电。视天气情况调节电梯厅和消防楼梯开灯时间。收集用过的香皂用于一楼二楼卫生间,收集牙刷用于做地面卫生,利用报废纱帘改制成三楼走廊纱帘,利用报废浴帘改成工作车上的消耗品袋,利用报废棉织品改制成两局干部的洗衣袋。针对洗涤剂用量过大,容易造成地面污迹,对每个楼层配置了安利喷壶,并调换了更经济实惠的消毒药水,节约洗涤剂2000多元。

工程部作为能源消耗的大户,也积极开展节能降耗工作。根据气温变化和客房入住情况,随时对锅炉、变压中央空调运行方式进行调整。严格控制中央空调水温及生活热水水温,确保不浪费。定期对设备管线进行检查,消除跑冒滴漏现象。严格材料领用制度每月对材料仓库定期盘点,对报废设备和拆下来的材料,进行分类整合,合理再利用。全年共节电7496千瓦,节水8188立方,节油2吨,合计节省能耗费4.3万元。

四、强化服务意识,努力完成对两局保障任务

为两局机关做好各方面的服务保障是大厦工作的重中之重。2009年我们着重抓好三项服务:一是会议保障服务。今年共接待两局机关各类会议82场。只要是两局机关在大厦召开的会议,不论大小,我们都坚持做到认真、周到、细致、负责,从会议准备到接待入住、会中服务到会议结束,提供全方位跟踪服务,及时了解和尽可能满足客人需求。二是陪导服务。今年共接待陪导客人100余次,700余人。三是洗衣服务。今年共收送两局机关干部衣物16000多件。认真对待两局机关的洗衣服务:坚持每周4次派人收送衣物,对临时不能接送以及节假日前后的时间调整都能及时与两局沟通。对衣物的疑问和纠纷都与两局丁部本人及时沟通。对所有衣物进行品牌、颜色、时间、姓名、饰品、瑕疵等详细的检查和登记,和两局收发、洗衣公司交接时仔细清点、登记清楚。经常督促洗衣公司要保证洗涤质量,今年没有发生衣服洗坏需赔偿的事情。

五、修改完善各项制度,强化内部管理机制

1.大厦的各项规章制度在经过多年运作以后,有些制度已不适应当前工作实际,迫切需要对其进行修改和完善。为此,总经理室及时将梳理、修改、完善规章制度的任务布置到各部门,要求各部门按照各自职责,结合实际进行修改完善,并保证制度的可操作性和实用性,以此来保障每项工作、每个环节都有章可循,有规可依。目前,已经出台《财务管理制度》、《员工培训管理办法》、《印章管理制度》、《会议管理制度》和《员工更衣室、浴室管理制度》。其他制度还在制订中。

2.完善大宗物品采购监督机制,规范大宗物品采购管理。大厦成立了大宗物品采购领导小组,总经理任组长,两位副总任副组长,成员由财务部、餐饮部、客房部、工程部、保安部、办公室等部门负责人组成。

3.严抓劳动纪律。从9月份开始,大厦恢复员工上下班打卡制度,加强对员工考勤制度的监督管理。同时,实行员工会议、培训签到制度。

4.为改变招工难、用人体制死的现状,总经理室决定学习外单位的先进经验,在用工体制上进行改革尝试。首先对保安队伍进行改革,终止原保安人员的劳动合同,按《劳动法》进行适当赔偿。引入专业保安公司,协助做好大厦的安保工作。

六、关心员工生活,健全党、工、团组织

1.健全各类组织,积极开展活动。一是完善组织,大厦经营班子8月份进行调整后,及时对党支部、工会、团支部等组织进行改选。二是积极发展新党员。本着成熟一个、发展一个的宗旨,积极而谨慎地做好党员发展工作。党支部针对2名预备党员的转正申请,及时召开党员大会,使他们按期转正。1名入党积极分子转为预备党员。三是开展丰富多彩的群众性文体活动。3月24日、25日,大厦分两批组织工作十年以上老员工和优秀部门经理赴千岛湖学习考察。3月30日,为庆祝国际“三八”妇女节,组织所有女员工前往绍兴吼山踏青赏花。为迎接新中国成立60周年,9月24日、25日,组织全体员工观看电影《建国大业》,让员工重温新中国的成长史。9月29日,大厦党支部、工会、团支部共同举办“庆祝新中国成立60周年红歌演唱比赛”,员工们在红歌声中祝福祖国、讴歌生活。比赛还邀请了省国税局、省地税局党委、工会、团委领导担任比赛评委。为放松员工劳累的心情,增进相互间的沟通、交流,10月30日、11月2日,大厦工会分两批组织全体员工,前往秀山美地生态农庄秋游,丰富员工业余生活。四是关心员工工作生活。上半年大厦为全体员工专门安排了一次体检。对生病住院的员工,工会及时派人前往探望、慰问。同时,对生活有困难的员工,大厦积极提供援助,为他们排忧解难,让他们感受到大家庭的温暖。

2. 改善员工的就餐、洗澡和更衣环境,保障员工的财产和人身安全。下半年着手对员工食堂、更衣室和浴室进行改造,改造一新的场所为员工们带来了舒适和安定。

ZHEJIANG DISHUI NIANJIAN

第四编

市、县(市、区)地方税收工作

杭州市地方税务工作概述

局长　陈锦梅

经济概况 2009年，杭州市实现生产总值(GDP)5098.66亿元,按可比价格计算,比上年增长10.0%,连续19年保持两位数增长。其中：第一产业增加值190.25亿元,第二产业增加值2434.89亿元,第三产业增加值2473.52亿元,比上年分别增长3.2%、6.8%和13.9%。第一、二、三产业结构由上年的3.7：50.0：46.3调整为3.7：47.8：48.5。全年完成财政总收入1019.43亿元,比上年增长12.0%,其中地方财政一般预算收入520.79亿元,比上年增长14.4%。

税收概况【任务完成情况】2009年,杭州市地税部门共组织各项收入636.48亿元,比上年增长8.8%。其中:税收402.65亿元,比上年增长8.5%;社会保险基金189.16亿元，比上年增长9.5%；地方水利基金12.79亿元,同比微降0.1%;教育附加14.07亿元,比上年增长14.5%。

【税收特点】一是收入总量实现新跨越,全年走势前低后高。2009年,杭州市地税部门组织收入和地税收入总量分别突破600亿元和400亿元大关,实现新的跨越。全年收入走势呈现明显前低后高态势,增幅逐季回升，四个季度税收增幅分别为-11.5%、6.5%、25.5%、26.7%。二是营业税、个人所得税实现两位数增长,企业所得税则大幅减收。全年全市入库营业税176.6亿元,同比增长22.7%,拉动全年税收增长8.8%。全年入库个人所得税80.3亿元，同比增长17.8%。企业所得税全年税收下降幅度始终徘徊在20%上下,全年入库65.1亿元,同比下降23.2%。三是地方小税种实现了持续增长,但增幅明显趋缓。全年地方七税入库80.7亿元,同比增长8.4%,与总税收增幅基本持平，与2008年度和2007年度分别高达26.6%和39.2%的增幅相比出现明显回落。四是二、三产税收均实现正增长,三产税收对二产税收领先优势继续扩大。全市入库三产税收288.5亿元,同比增长11.46%;二产入库税收113.9亿元,同比增长1.87%,三产超二产增幅9.59个百分点，比前三季度继续扩大3.4个百分点。五是市区与县市总体增长较为均衡,县市各单位均完成年初计划。市区(不含萧山、余杭)全年入库税收256.7亿元,比上年增长8.4%,完成年初计划任务的100.1%；县市全年入库税收146亿元,比上年增长8.56%,完成年初计划任务的104.1%。

【税源分析】1.营业税:全年入库176.58亿元,同比增长22.7%，高出全省平均增幅7.16个百分点,占全省比重26.6%,同比提高上升1.6个百分点,对全省营业税贡献进一步增强。二产的建筑业和三产的房地产业对营业税的贡献稳居首席和次席,两大行业营业税占全市营业税总量的55.5%。2.企业所得税:全年入库65.13亿元,减收19.7亿元,同比下降23.2%,拉低全年税收增长5.3个百分点。全市14个征收单位仅开发区和淳安实现增长,降幅居前三位的拱墅、建德和上城分别减收58%、49.8%和39.4%。3. 个人所得税:全年入库80.27亿元,增收12.15亿元,同比增长17.8%。个人所得税比重最大的制造业和批发零售业制造业是今年出现负增长的两大行业,同比降幅均在6%左右，这也与其在此轮经济危机中企业效益减退密切相关。全年个人所得税增幅最高的两大行业为金融业和房地产业，分别同比增长118%和101%，除从业人员收入上涨一般因素之外均有特殊原因所致，其中金融业的高幅增长因杭州银行职工个人股权转让；房地产业个人所得税增收额中的3亿元来自二手房转让个人所得税收入，占行业增收额的75%。4.其他各税：全年入库80.7亿元，同比增长8.4%，收入规模已经超过两个所得税，但与以前年度持续30%左右的增幅相比出现明显回落。地方七个小税种中今年增速最快的土地增值税同比增长18.5%，因房地产业销售形势火爆带来同比增长；其次为房产税，其税收总量在小税种中仅次于城建税，近年来协税护税网络日益完善、征管效能不断提升对房产税保持持续稳定增长起到了积极促进作用。

各项工作情况【优化收入结构】在保持收入任务完成的同时，继续落实"三个三"举措，促进收入结构进一步优化，全年营业税和地方七税占税收收入总量的比重为64%，同比继续提高5.2个百分点。构成地方财政收入的地方税收同比增长12.8%，比地税收入增幅高4.4个百分点。

【帮扶企业"春雨"专项行动】2009年，浙江省地方税务局企业减负"春雨"专项行动暨杭州市"纳税人之家"长效服务在杭州正式启动，现场为杭州摩托罗拉移动通信设备有限公司等9家企业兑现财政扶持政策及税费减免政策合计5413万元；开展向"万家企业送温暖"及服务企业"七个一"专项行动；贯彻落实国家出台的支持企业发展、扩大消费需求、支持企业自主创新等税收优惠政策，市区全年支持高新技术企业发展减免所得税2.2亿元；落实地方税费减免政策共减免12.92亿元，其中营业税3.23亿元；落实养老保险优惠政策，降低和临时性适当下浮企业社会保险费比例共减轻企业用工负担20.72亿元。

【推进企业分离发展服务业】制订《关于推进企业分离发展服务业三年行动计划指导意见》，根据总体目标和2009年主要行动计划的工作安排，2009年，全市通过分离整合已新增企业350户，完成省局下达目标任务(300户)的117%，完成市局目标任务(330户)的106%。350户新分离企业和分离整合业务的28户企业已实际入库地方税费（可用财力）7768.38万元；2008年12月底前已分离的企业实际入库地方税费(可用财力)13996.6万元。同时，350户新分离企业中，2009年新增年营业额超过1000万元的较大型服务业企业12户，新增年营业额超过5000万元的大型服务业企业6户。

【税收法制建设与税收宣传】制订《杭州市财政局杭州市地方税务局推进依法行政五年规划(2009—2013)》；全面梳理税务行政执法职能和执法依据，编制行政权力目录，编写地税"阳光权力运行"流程图；深入推进"数字监察"系统建设，初步形成与全市对接的地税"数字监察"子系统。

紧紧围绕"税收·发展·民生"税收宣传主题，印发《关于做好2009年税收宣传工作及第十八个税收宣传月活动的通知》；积极参加全国"十大优秀税务工作者"评选活动和全省税收公益广告大赛；组织动漫企业参与全国税收动漫Flash创意大赛，税收动漫《阿狼开店》获铜奖、《龙太子开店》获好作品奖；制作《映日荷花别样红》纳税服务宣传片，在浙江经视《阳光行动》和杭州财税网站播出，并作为全国纳税服务大会随车播放的资料片展出；组织对我省地税推进企业分离发展服务工作进行专题宣传；遴选各地开展税收宣传月活动在《杭州财税》集中展播；对文化建设、服务工作中涌现的先进典型进行宣传。

【征管改革与税源管理】开发完成"浙江省个人房屋出租征管软件"，在全市推广应用；加强和规范企业所得税核定征收管理工作，全年有289户核定征收企业恢复查账征收方式缴纳企业所得税；开发完成"浙江省个人房屋出租征管软件"，实现全市推广应用；全面启动社保费企业征缴全覆盖工作；对九大类涉税事项推行"同城通办"，实行两年来，累计办理达2.6万余户次。

推广应用《杭州市地方税务局重点税源管理办法》，建立市(县)局、分局多层级重点税源监控管理机制。2009年，全市税源管理岗工作人员585人，其中重点税源管理岗115人；全市纳入正常管理企业(不含个体)17.2万户，列入各级管理的重点税源企业4132户，占全市税收收入的67%；重点税源企业基础信息抽查准确率、收入申报率、入库率、企业报表报送率均达到100%。

【信息化建设】建立以《税友2006》数据库为基础，"网页浏览模式"为技术的税源管理门户平台；统

—全市50个协税护税工作站征收软件，建立零散个体税收“自助纳税”征收方式；研发个人所得税完税凭证自助打印系统，获国家税务总局2009年度创新项目认定；在分局服务大厅推行MIS-POS刷卡缴税(费)，累计刷卡54646户次，金额达1.7亿元。

【各项规费征收】2009年，全市规费收入继续保持增长，市区社保费入库134.2亿元，比上年同期增长10.2%；市区两教育附加费入库16.66亿元，比上年同期增加17.7%；水利建设专项资金征收6.5亿元，比上年同期增加7.53%；残疾人就业保障金征收2.59亿元，比上年同期增加28.39%。社会保险费收入同比增幅不高，主要受政策性因素影响：一是企业基本养老保险费费率下调，二是社会保险费临时性减征措施的出台。

【优化纳税服务】启动纳税人之家长效服务机制，推出万家企业送温暖、专家贴身服务等主题活动；12366中心实现从单一呼入服务向呼入与呼出并举的多元化服务方式重要转变，来电总量突破百万大关，并荣获2009中国(亚太)最佳政府呼叫中心大奖；率先推出标准化服务厅建设，试点运行全省VI视觉识别系统；组织开展财税政策宣讲会32场，辅导近6600家企业用足用活用好各项财税政策；为全市100家房地产重点企业配备专家，开展贴身服务；组织全局副处级以上干部与全市2146位党代表、人大代表等建立起联系人制度，开展贴身服务2750次，帮助解决实际问题530个；专家坐堂及网上在线受理各类咨询2000余人次；所有窗口推行“一窗通”办税；制订推行“补正承诺制”；对资料携带不全的纳税人，采取“一次性告知制”与“补正承诺制”相结合办法；税务登记免收工本费并扩大税务登记证免填单范围。

【税务稽查】全市共对4206户企事业单位、个体工商户开展税收检查，检查面为6%，同比增长1%。已查结案件4034起，结案率96%。查补税、费(基金)、滞纳金、罚款共8.89亿元，已入库88057万元，入库率99%。有959件涉税违法案件通过办公场所、办税服务大厅等进行公告，有41件案件通过新闻媒体进行曝光，并向公安机关移送涉嫌涉税违法犯罪案件14件。

队伍建设【人才成长机制】一是制订《杭州市财政地税局关于机关财政线及税务稽查线处级领导职务以下干部交流的暂行规定》，加大干部交流力度；两次推出机关干部和财税政策首问责任官的选调选拔；采取破格提拔年轻优秀干部的方式进行市局团委副书记选拔；对优秀中年干部，有高级会计师职称的同志，通过选拔派驻到市属国有公司担任财务总监形式进一步锻炼他们的才干；对有丰富财税工作经验的优秀年长干部，选拔晋升为副调研员或调研员；专门选拔1名党外干部到富阳市地税局挂职锻炼；继续选拔处级后备干部及新提拔的处级领导干部到12366和财政监督检查局锻炼，选调处级非领导职务干部到“纳税人之家”工作。

【机关作风建设】认真贯彻落实省、市加强机关作风建设有关文件精神，扎实推进机关作风建设：一是严格执行省机关效能建设“四条禁令”和省厅省局“五条禁令”，强化纪律检查与抽查；二是修改完善管理制度，加强干部日常教育与管理，强化制度管人；三是不定期邀请行风监督员监督与检查。

【教育培训】建立和形成党、青、工、团、妇共同抓教育的“大宣教”格局，大力开展以“交益友、读好书、观案例、扬正气”为主题的形式多样的教育活动；以网络学校和干部学习新干线为载体，提高干部学习自觉性。完成系统干部各类培训班13期，共1493人次，会计继续教育培训3097人次。举办各类系统考试，参考人数共2980人次。

【廉政建设】年初邀请市检察院副检察长刘诚民为全系统财税干部作预防职务犯罪专题讲座；积极落实党风廉政建设责任制，通过“一级抓一级、层层抓落实”责任体系逐一落实，并将其作为考核部门和个人工作业绩的主要指标；积极加强反腐制度体系建设，拟定全局惩防体系建设任务，建立健全反腐倡廉教育机制、权力阳光运行机制、监督制约机制、源头治腐保证机制、作风建设长效机制、保障机制等“六项机制”。

【财税文化建设】完成《浙江财税之歌》词曲创作；排练《财税和谐大家庭》节目，获全省文艺表演一等奖；组织“跨越千亿、成就未来”系列体育活动；组织团员青年知识竞赛，坚持开展青年团员外语活动，聘请外教，提高外语应用能力；完成《财税志》续编工作；“税收牵手动漫活动”全省创优，进入全国总决赛。

(杭州市地方税务局供稿　金　迈撰写)

杭州市西湖区地方税务工作概述

局长　高建国

经济概况 2009年,杭州市西湖区实现地区生产总值405.12亿元,按可比价格计算,比上年增长13.05%。其中:第一产业增加值3.55亿元,比上年下降1.08%;第二产业增加值83.39亿元,比上年增长10.04%;第三产业增加值318.18亿元,比上年增长14.03%,第三产业增速高于经济总量增速0.98个百分点。第一、二、三产业结构由上年的1:21:78调整为0.9:20.6:78.5。全区完成财政总收入78.48亿元,比上年增长16.2%,其中地方财政收入45.55亿元,比上年增长18.71%。

税收概况【任务完成情况】2009年,杭州市西湖区地税部门共组织各项收入72.09亿元,比上年增长17.94%。其中:税收收入47.50亿元,比上年增长20.25%;组织各类基金、费等其他收入24.59亿元,比上年增长13.71%。

【税收特点】一是总量再创新高。继2007年、2008年分局收入分别突破50亿元、60亿元大关后,2009年组织收入总量再破70亿元大关。二是走势前低后高。2009年一季度面临严峻的宏观经济形势,累计增幅仅为3.07%,从二季度开始,在经济回暖及房地产市场新一轮热潮刺激下,税收收入开始进入加速通道,特别是6—10月份,加上2008年同期低基数因素的助推,每月增幅都在30%以上,全年累计增幅稳居全市第一,在全省也名列前茅。三是三产增长强劲。2009年第三产业入库38.54亿元,同比增长22.32%,高于第二产业10.29个百分点,其中,房地产业入库12.32亿元,同比增长38.32%,税收增收贡献率为43.22%,成为增长的主力。四是征管质量提高。通过日常税务管理,以及从工商、镇街获取的交流信息,财产转让和利息股息红利项目监管有力,2009年两项目入库3.47亿元,同比增长166.42%。

【税源分析】1.营业税:全年入库22.65亿元,增长23.71%。增收因素:一是以推进企业分离发展服务业为契机,以点带面全面推进扶持第三产业发展,第三产业(除房地产业外)入库营业税10.49亿元,同比增长7.38%。二是加强房地产、建筑业等重点行业营业税征管,密切关注房地产行业等重点行业税收变化情况,全过程监控土地拍卖、房地产立项、开发、销售等环节,确保房地产营业税持续增长,房地产业入库营业税8.35亿元,同比增长67.02%,占营业税增收比重77.20%,拉动营业税增长18.30%,成为营业税增长的绝对主力。另外,积极推广应用不动产建筑业税收项目管理软件,加强对建筑业营业税动态管理,建筑业入库营业税3.44亿元,同比增长6.64%。

2. 企业所得税:全年入库7.85亿元,同比下降6.55%。减收因素:主要受"两法合并"税率调整等因素影响,汇算清缴出现大幅度减收所致,全年汇算清缴入库3.3亿余元,同比减收8900万元。增收因素:随着二季度经济基本面的逐步向好,企业收益逐步改善,全年预缴企业所得税约4.55亿元,同比增长8.07%,有力弥补了政策性因素带来的减收。

3.个人所得税:全年入库10.50亿元,增幅高达43.52%,收入水平已超过企业所得税,成为第二大税种。增收因素:一是随着12万元自行申报人数和应用全员申报的企业数持续增长,有效推动了工薪收入的增长,全年入库5.96亿元,同比增长18%。二是财产转让项目增收显著,成为2009年度亮点,全年入库1.67亿元,个税增收的近50%来自该项目。三是利息股息表现突出,全年入库1.80亿元,增长57.53%。

4. 其他税收:全年入库6.50亿元,增长18.73%。增收因素:一是加强房产税等的基础数据管理,运用与工商、财政、镇街等部门的信息共享机制获取信息并实地核查,堵塞征管漏洞,共征收房产税1.85亿元,增长15.70%。二是随着房地产市场的快速回暖和升温,土地增值税快速增长,6月以后单月增幅基本都在50%以上,全年入库1.25亿元,增长46.01%。三是加大基础信息核实力度,运用比对手段对印花税等小税种进行排查,全年印花税累计增长12.05%。

各项工作情况【优化收入结构】在保持收入总量增长的同时,继续落实"三个三"工作措施,促进收入结构进一步优化,抓好全额入库地方财政收入税种征管,保障地方可用财力。全年组织入库营业税与地方六税29.15亿元,占税收收入总量的61.37%,同比提高1.15个百分点。

【帮扶企业"春雨"专项行动】一是面对严峻的经济形势,分局班子成员带队深入30余户企业开展调研,多形式、多方位送政策送服务送温暖。二是顺利完成对1110户企业的消费券发放,金额7302万元,努力为企业发展提供帮助。三是加强宣传和催报,确保辖区企业2009年2月份社保费企业统筹部分应免尽免,总计共减免社保费11048万元。四是设置专门窗口及工作人员,密切与财政部门协调联系,使得用消费券抵缴社保费工作有序进行,共完成59家单位用消费券缴纳社保费近2100万元。

【推进企业分离发展服务业】一是成立企业分离发展服务业工作领导小组和调研组,分别负责该项工作的总体目标、工作方向和典型企业的调研、业务指导。二是鼓励符合条件的企业实施分离,对分离企业条件不成熟、符合业务分离的企业,在依法合规的前提下,引导实施业务分离,以壮大地方税税基。三是制订《西湖分局推进企业分离发展服务业三年行动计划(2009—2011)》,以《目标任务分解落实情况表》的形式公布各科室完成目标任务情况,并通过督查和跟踪问效加强该项工作推进。四是对符合分离发展服务业方向的重点行业、重点企业进行摸排,通过电话联系、上门走访等方式加强税企沟通,了解企业需求,积极宣传相关政策,在尊重企业意愿前提下,发挥引导作用,鼓励有意向的企业实施分离。2009年共完成企业分离发展服务业42户,提前并超额完成杭州市地税局下达的目标任务。

【税收法制建设与税收宣传】贯彻落实《浙江省地税系统税收执法过错责任追究办法》和《浙江省地税系统税收执法责任制考核评议办法》等相关规定;深化地税行政审批制度改革,按规定公告,并依法办理行政许可;按照ISO9000 D版质量管理体系要求,进一步规范税费管理;根据《纳税评估管理办法(试行)》文件规定认真组织实施纳税评估;严格按要求做好权力在阳光下运行的流程图编制工作。

围绕"税收·发展·民生"主题,积极开展第18个税全国收宣传月活动,先后组织开展"税收牵手动漫"、"税企连心·共促发展"、"地税宣传村居行"、"志愿者服务月"、"纳税服务质效回访"等内容丰富、形式多样的宣传活动,其中"税企连心·共促发展"活动被杭州市地税局评选为2009年度全市税收宣传月活动优秀项目。同时积极参与"第五届全国税法动漫大赛",选送的动漫作品《发票风波——阿狼开店》在网络投票中位列全国九强,并通过层层选拔,最终荣获全国铜奖。

【征管改革与税源管理】一是深入推进重点税源的科学化、规范化和精细化管理。加强重点税源管理的组织体系建设,设立"重点税源管理办法深化完善"项目,形成重点税源管理长效机制;积极利用税源管理平台,加大对重点税源日常监控力度,充分运用纳税评估与税务约谈等征管手段,有效堵塞税管漏洞;加强重点税源预测分析,根据宏观经济形势、税收政策等因素发展变化,做好税收收入月度分析、季度和年度发展趋势预测分析,增强组织收入的前瞻性和主动性。二是抓好"房地产行业税收征管"项目,着重对房地产企业销售情况及税源情况加强全行业的全面预测与分析,全年房地产业税收增加有效拉动营业税增长,成为营业税增长的主力。三是积极探索个体行业参数定税管理新办法。对个体工商定期定额户深入推广应用"参数定税"管理新方法,完成文印、棋牌、洗车、台球四个行业指标参数测算,设计定税系数指标和参数指标,确保核定税负公平、公正、公开,为全市建立四个行业征管指标体系提供依据。四是不断加大财产转让个人所得税征管力度。通过建立与国税、工商、国土等部门信息定期交换制度和与辖区各街镇协税护税组织涉税信息定期报送和协查制度,积极利用第三方信息,加大财产转让个人所得税征管力度。

【信息化建设】一是依托《税友 2006》数据平台,深化重点税源管理功能,研究开发出重点税源的五项个性化查询功能,为全局完善建立重点税源管理办法提供有力依据。二是注重网络安全建设,制订网络安全故障响应机制,签订互联网接入信息安全责任书,并在全市首先试点引入具有“系统安全、使用便捷、节能低碳”特点的瘦客户机模式。三是开展信息化应用培训,推广使用个税全员申报、网络申报、代征开票软件、建筑业不动产软件、个人房屋出租软件、电脑发票软件等,信息化应用的全面普及提高了工作效率,提升了服务质量,降低了公共成本。

【各项规费征收】2009 年度,全局规费收入继续保持可持续增长,社保费、水利建设基金、两教育附加费共计入库 24.03 亿元,同比增长 13.47%。加强规费征管的主要措施为:一是加强宣传,社保费一个月减征工作和水利建设专项资金减免工作全部落实到位。二是严格办理社保投诉件,全年共办理投诉件 135 件。三是做好养老保险费费率下调工作的政策衔接。四是积极做好社保费缓缴的政策宣传和办理。五是及时有效做好非正常户认定工作,认定社保费非正常企业共 325 户。六是进一步抓紧抓好社会保险费申报率工作,各项申报率均在 95%以上,五险平均申报率为 96.25%。七是加大宣传力度,编报规费工作简报 4 篇,在省级刊物上发表 2 篇。

【支持创业创新落实优惠政策】继续深化落实“创业富民,创新强省”战略,加大技术开发费加计扣除、总部经济等税收政策的优惠力度,帮助企业用足、用好税收政策,发挥税收政策资源的最大效应。2009 年度合计办理各类税费减免(抵扣)1048 户次,减免(抵扣)税费金额计 2.56 亿元。其中:减免企业所得税 154 户计 4780 万元;国产设备投资抵免所得税 2 户,抵免所得税 77 万元;企业所得税前加计扣除 120 户 7927 万元,减少所得税 1982 万元;减免营业税 383 户计 1.03 亿元;减免房产税 83 户计 4350 万元;减免城镇土地使用税 35 户计 1139 万元;减免水利建设专项资金 271 户计 3011 万元。同时,积极落实西湖区委、区政府促进第三产业发展的有关决定,发挥新企业所得税法产业优惠导向作用,为高新技术产业、电子商务业发展营造良好的政策环境。

【优化纳税服务】一是根据办税服务厅现有条件进行窗口重新整合,推出“一窗式”全程服务模式,办税服务厅引入办税叫号设施。二是在完善“午间值班制”等服务制度基础上,相继推出“补正承诺制”、“预约服务”以及增设“英语涉税服务专窗”提供双语实时解答等服务。三是增设导税台,为纳税人提供咨询、资料发送、自助区及填单区辅导等。四是深入落实“两个减负”,对纸质报表资料进行全面清理和整合简并,充分利用信息化渠道与纳税人进行资料交互,减轻纳税人负担。五是进一步打造“88912366 易税通”特色服务平台,满足纳税人涉税咨询需要,全年受话总量 27149 话次,回答税企 QQ 提问 15376 个,添加税企 QQ 好友人数 942 人。

队伍建设 **【财税文化建设】**一是继续深入开展“读一本好书”活动,指导干部阅读《致加西亚的信》等励志和管理类的优秀文章,倡导人人书写心得体会,通过内网学习园地进行相互交流。二是重视发挥工会、团支部、妇女组织作用,通过开展形式多样的文体活动,丰富干部群众文化生活,增强队伍凝聚力;组队参加杭州市财税系统排舞比赛,荣获二等奖;参加杭州市财税系统“跨越千亿·成就未来”体育竞赛的所有项目均进入前八名。三是以争创“建功立业标兵岗”为目标,积极开展岗位练兵,组织第四届岗位竞赛,提升干部职工业务技能,全局上下形成你追我赶、争创一流业绩的良好局面。四是组织干部参加“春风行动”和扶贫帮困等活动,全年累计捐款 22400 元,数次组织慰问团前往淳安县 9 户低保户进行走访慰问,尽力为困难群众送去一份关爱、一份温暖。

【机关作风建设】一是扎实开展科学发展观学习实践活动。分局领导班子带头深入企业开展调查研究,认真听取企业对地税工作的意见和建议;并通过网络、座谈会、谈心谈话等多种形式广泛征求局内外意见,认真形成分析报告,在找准问题的基础上,提出整改措施。二是严格执行税务机关“五条禁令”,每月不定期对分局所属各科室劳动纪律、服务质量等效能行为进行监督检查,进一步提高机关工作效率,转变工作作风,优化纳税服务。三是进一步营造公平税收环境,对纳税人经常办理的涉税事项,严格实行当场办结制和限时办结制,尽可能简化办税环节,降低纳税人办税成本。

【教育培训】一是开展各类主题教育活动，以深入学习实践科学发展观活动为契机，先后开展理想信念、职业道德、服务宗旨教育，聘请高国舫、魏杰等专家为干部现场讲课，组织学习吴大观等优秀党员先进事迹，引导全体干部职工树立正确的世界观、人生观、价值观。二是充分运用各类学习平台，组织好党员远程教育、杭州干部新干线网络、杭州市地税局网络学校平台的学习，深化学习效果。三是定期开展业务培训，以政策宣讲讨论形式，促进干部业务知识更新。四是开辟党建园地，布置展示党员干部风采的宣传展板和学习心得栏，营造积极向上的政治氛围。五是围绕庆祝新中国成立60周年，积极开展形式多样的庆祝活动，组织干部观看爱国主义影视作品、国庆大阅兵仪式等，深入进行革命历史、革命传统教育，增强干部爱国情感。

【廉政建设】一是有针对性地开展公务人员岗位廉政教育、组织学习中纪委会议精神、赴省第六监狱参观接受警示教育、上廉政党课，以及在节假日前多提醒等，有效促使干部职工始终保持清醒头脑，自觉构筑廉洁自律、拒腐防变思想防线。二是进一步完善行风建设监督体系。一方面强化内部监督，着重对干部着装情况、文明礼仪、服务水平开展定期检查，进行自我纠错，进一步提高工作效能；另一方面完善外部监督，对分局行风监督员适时进行调整，优化人员结构，定期征询监督员对行风建设的意见和建议，并认真开展各类涉税投诉事件协调查处工作，切实维护纳税人合法权益。三是加强廉政制度建设。重点抓好"一书两表"，年初分局党委与各科室签订《党风廉政(行风)建设责任书》，从责任目标、责任考评、责任追究等方面对干部做出具体的责任界定，要求各科室每月按时上报《纪检监察机关查办案件工作统计表》和每季上报《干部上交、拒收礼金(物)登记表》，强化干部廉洁自律意识。

【创建文明单位】广泛开展各类文明创建活动，将文明创建工作与税收业务工作一起布置、一起检查、一起考核，大力开展争创"文明单位"、"巾帼文明示范岗"、"五好党支部"和"优秀党员"等活动，形成上下联动、全员参与、整体推进的良好创建氛围。被杭州市级机关妇工委授予市级机关"巾帼文明岗"称号，被浙江省地税局继续认定2009年度省地税系统"群众满意基层站所(办事窗口)"创建工作先进单位，被浙江省青年文明号、青年岗位能手活动组委会授予"省级青年文明号"。

(杭州市地方税务局西湖税务分局供稿　谢红燕撰写)

杭州市上城区地方税务工作概述

局长　陈婷婷

经济概况 2009年，杭州市上城区实现地区生产总值466.03亿元(按可比价格计算，下同)，比上年增长9.10%。其中：第二产业增加值208.33亿元，比上年增长7.0%；第三产业增加值257.70亿元，比上年增长10.90%，第三产业对地区生产总值增长贡献率为64.30%，拉动地区生产总值增长5.80个百分点。第二、三产业结构由上年46.10∶53.90调整为44.70∶55.30，产业结构进一步优化。全年完成财政总收入65.43亿元，比上年增长2.80%，其中地方财政收入

38.99亿元,比上年增长5.60%。

税收概况【任务完成情况】2009年,上城税务分局组织各项收入61.17亿元,比上年增长6.72%。其中:税收收入40.40亿元,比上年增长5.83%;组织其他各类收入20.77亿元,比上年增长8.51%。

【税收特点】一是总量实现突破。组织收入总量突破60亿元,其中税收突破40亿元,均再创历史新高;其他各项收入突破20亿元,成为地税部分组织收入的重要组成部分。二是月度波动较大。受经济形势和政策因素影响,2009年上半年税收平稳增长;下半年呈现出倒"V"字形走势,7、8、9三个月快速增长,10、11、12三个月急剧下降,最大月增幅(9月份)为101.60%,最小月(12月)增幅份为-36.10%。三是行业分化明显。房地产行业和现代服务业成为主要增长点,分别比上年增长42.07%和167.62%,税收比重分别比上年提高11.35个百分点和5.97个百分点;而传统的商业、制造业出现较大幅度下降,分别比上年下降25.52%和58.41%,税收比重分别比上年下降6.03个百分点和3.11个百分点。四是税种结构趋优。营业税及地方八税占税收总收入60.73%,首次超过60%,比上年57.4%提高3.33个百分点。

【税源分析】1.营业税:入库18.68亿元,同比增长18.10%。增收原因:一是杭州市出台21条房产新政,促进房地产行业在下半年全面回暖并高速发展,带来房地产行业营业税款大幅增长。二是杭州市财政局发行了六大类消费券,有力刺激了消费,带来旅游、餐饮、商业等行业营业税增长。三是分局认真贯彻落实浙江省地方税务局《关于贯彻落实保增长扩内需调结构若干政策的实施意见》,积极落实各项税收优惠政策,有力支持了企业的复苏和发展,带来营业税款增加。2.企业所得税:入库5.77亿元,同比下降39.43%。减收原因:一是国际金融危机持续和蔓延,西方主要经济体经济复苏缓慢,国际经济大环境持续低迷,对杭州市外向型发展的企业带来严重影响,1752家企业所得税纳税企业中,913家企业所得税同比下降;二是重点税源企业营业额和利税总额持续下滑,其中娃哈哈集团、物产燃料集团等10家重点税源企业入库企业所得税同比减收2.14亿元;三是企业所得税税率下调,带来政策性减收。3.个人所得税:入库10.09亿元,同比增长49.96%。增收原因:一是杭州市出台二手房政策,促进了二手房市场的复苏和活跃,同时二手房个人所得税入库方式的改变,带来2009年个人所得税入库增长3.06亿元;二是加强对重点行业、重点企业、重点人群个人所得税跟踪管理,认真开展12万元自行申报工作成效显著,入库个人所得税4.23亿元。4.其他各税:入库5.86亿元,同比下降3.92%。减收原因:一是受增值税影响,城市维护建设税减收0.50亿元,同比下降19.05%;二是房产税受政策因素减收0.12亿元,同比下降97.27%。

各项工作情况【优化收入结构】认真贯彻省局"保增长、扩内需、调结构"工作要求,继续贯彻落实好"三个三"工作要求,抓好地方税种征管工作,促进收入结构优化。全年组织营业税与地方六税24.53亿元,占税收总收入60.73%,比上年57.4%提高3.33个百分点。认真贯彻"创业富民,创新强省"总战略,充分发挥税收政策作用,支持和服务现代服务业发展,促进现代服务业税收呈现快速增长势头,其中商务服务业、科技服务业、卫生社会福利服务业分别同比增长167.62%、221.73%和72.13%,税收比重分别提高5.97个、1.11个和0.5个百分点。

【帮扶企业"春雨"专项行动】认真落实省局帮扶企业"春雨"专项行动部署和要求,深入开展帮扶企业活动:一是开展上门为企业送温暖、送政策、送服务活动,上门了解企业生产经营中遇到的困难,为企业提供优质纳税服务,辅导企业及时足额享受优惠政策,制订减免税"回访制度",确保税收优惠政策落实到位。二是领导带队调研各类企业100余家,召开调研座谈会8场次,积极为企业发展诊脉、支招,穿针引线、申报项目、争取资金。三是认真做好各项税收减免,累计减免各类税费2.76亿元,同时做好临时性下浮社保费缴费比例工作,4644户企业享受减征社保费0.93亿元。四是认真做好消费券发放和抵交工作,向675家企业发放0.95亿元消费券,兑付"以券抵交"社保费0.25亿元。

【推进企业分离发展服务业】认真贯彻省局工作规划,制订三年行动计划,积极开展分离发展服务业工作:一是实行"每周一次情况通报会,每月一次情况分析会,每季一次考核鉴定会"制度,落实责任,强化考核;二是领导带队到华东家具市场等重点企业调研,与企业负责人沟通交流,宣传政策;三是开设绿色通道,提供优质税收服务;四是加强与区财政、国税、街道等部门联系与合作,形成分离工作合力。

2009年成功分离发展服务业31家,其中注册资金1亿元以上的企业有2家,注册资金1000万元以上1亿元以下的企业有13家,贸易企业分离出11家服务企业,企业集团总部分离出服务企业6家,大型市场分离出服务企业3家。31家新分离出的企业2009年实现营业收入0.55亿元,实现地方税收361.15万元,进一步壮大了地方税基。

【税收法制建设和税收宣传】建立长效机制,持续推进法制建设:一是定期邀请专家对干部进行执法培训,与稽查局联合开展税收执法案例培训;二是建立阳光权力运行机制,开展执法自查和互查工作,设立局长信箱,加强外部监督;三是开展信访工作,受理信访案件125件(社保类信访案件除外),累计补缴各类税费36.08万元,维护纳税人合法权益。

紧扣"税收·发展·民生"主题,积极开展第18个税全国收宣传月活动:一是组织开展税收动漫设计大赛、税收宣传海报设计大赛,评选出优秀动漫作品和脚本各3个,其中动漫形象"桂花宝宝"获得杭州市地税局税收动漫大赛二等奖;二是参加市直机关为民服务活动,积极宣传税收政策和理念;三是组织开展青年文明号志愿者服务队进社区、进企业、进市场活动,有针对性开展税收宣传。

【征管改革和税源管理】积极推进征管改革,不断提高税源管理水平:一是建立以"部门紧密衔接、专业精细实施、人机结合控税、注重深度分析"为特点的重点税源集约化管理模式,对重点税源实行分级管理、交叉管理、深度管理、联合管理和温馨管理,确保"责任到人,管理到位,服务到门";尤其是对房地产重点企业管好"土地拍卖、施工建造、房屋销售"三个阶段,算好"三年账、来年账、当年账",提高重点税源管理质量。二是强化比对夯实基础,抓好中型税源管理。自行设计开发"三方比对"征管软件,开展数据比对和纳税评估,补缴各类税费0.22亿元;与上城法院、工商等部门建立长期联络机制,强化个人股权转让、公开拍卖案件、大型企业集团内部借款个人利息收入和医疗工作者兼职收入源泉控缴,增收各类税费合计487.88万元。三是定额管理健全网络,抓好零星税源管理。对医疗、台球和摄影三个行业实行参数定税,提高定额科学性;依托6个街道协税护税工作站,大力推行房地产一体化软件;对近江水产市场等老市场开展纳税秩序整治工作,维护良好税收环境。

【信息化建设】严格执行ISO9001D版质量管理体系,积极推进信息化建设:一是"零差错"通过北京三星九千质量认证中心的第三方监督审核和内审;二是在省局和市局征管处、信息中心的指导和支持下,依托省局《税友2006》,扎实推进CA认证项目,完成技术问题归集、业务需求论证和设计、与省CA中心就维护问题达成共识、解决数据存放和还原等关键技术难题,为进一步深入应用奠定良好基础。三是按照市局统一要求,推进标准化服务厅建设,引入排队叫号系统、涉税查询终端系统、完税证明打印系统等信息系统,进一步提升办税服务信息化程度。

【各项规费征收】组织干部认真学习《2009年财政社会保障政策汇编》等社保政策,加强与社保中心等单位的沟通与协调,联合开展清理社保欠费行动,促使规费征管工作有序开展,2009年五项社会保险基金收入17.78亿元,同比增长7.87%,申报率全部超过95%,其中养老保险、医疗保险、失业保险、工伤保险、生育保险分别入库8.27亿元、7.60亿元、1.54亿元、0.18亿元、0.19亿元,同比分别增长2.44%、12.58%、13.65%、22.23%、20.34%。

【优化纳税服务】认真贯彻省市局关于做好纳税服务有关会议精神,不断优化纳税服务:一是深化"纳税人之家"服务,实行纳税专家服务,为纳税人提供品质服务;二是推出驻街纳税服务,选拔业务骨干担任驻街专员,提高服务的及时性、便捷性和高效性;三是组建青年文明号志愿者服务队,上门为纳税人提供人性化、个性化和温馨化服务,分局该项特色服务得到企业的认可与好评,在浙江省服务业百日集中行动暨青年文明号服务企业风采展示大赛活动中获得一等奖;四是打造网络服务双平台,倾力打造有上城特色的"税企交流论坛"和"QQ群",利用网络的及时性和便捷性,在第一时间满足纳税人服务需要,得到广大纳税人的好评和欢迎。

队伍建设【**财税文化建设**】认真贯彻落实省局财税文化建设要求,积极推进财税文化建设,打造"努力学习、勤奋工作、刻苦钻研、快乐生活"的上城文化:一是组织干部职工参加市局组织的七人制足球联赛、乒乓球比赛、"跨越千亿"系列体育活动,取得较好成绩;二是组织干部参加市局组织的排舞比赛、省局新中国成立60周年全省文艺汇演活动,有2名干部参与《浙江财税之歌》作词,近20名干部职工参加《浙江财税之歌》大合唱、《和谐财税大家庭》演出及西牌楼社区红歌会活动;三是组织开展计算机技能比赛、演讲比赛、公文写作培训,组织团员青年积极参加市局财税知识竞赛,对新进公务员开展基础业务培训。

【**机关作风建设**】认真贯彻执行省市局加强机关作风建设有关文件精神,扎实推进机关作风建设:一是严格执行省机关效能建设"四条禁令"和省厅、省局"五条禁令",强化纪律检查与抽查;二是修改完善管理制度,加强干部日常教育与管理,强化制度管人;三是不定期邀请行风监督员监督与检查,在办税服务厅设立意见箱、意见簿和服务评价器,在办公室设立局长信箱和作风监督举报电话,强化外部监督。

【**教育培训**】一是以组织收入、帮扶企业为中心,深入开展学习实践科学发展观活动:学习调研阶段采取自学、集体讨论、会议交流等形式,组织干部学习《深入学习实践科学发展观活动领导干部学习文件选编》等资料,开展国有独资企业成长性调研、专业市场调研、建设指挥部调研、以票控税调研等4个专题调研,调研企业100余家;分析检查阶段组织开展金点子征集活动,征集到 5 大类意见与建议20条;整改落实阶段,对各个问题进行逐项研究分析和整改落实,参加"公述民评"活动,接受代表评议。二是鼓励干部职工参加MBA、MPA等学历教育,有2名领导和4名干部参加EMBA、MBA、MPA学习。三是鼓励干部职工参加会计师、经济师、注册会计师、注册税务师等各类专业考试,提升专业技能。四是组织干部职工参加杭州新干线和杭州财税网络学校学习,不断更新财税知识体系。五是不定期开展各类讲座,满足干部职工多样化的知识需求。

【**廉政建设**】一是认真贯彻执行省局《建立健全惩治和预防腐败体系2008—2012年工作规划》精神,推进惩防体系建设,从制度上和体制上提高廉政建设水平;二是与各个科室签订廉政建设责任书,明确责任,加强考核;三是组织党员干部前往杭州市南郊监狱开展党员干部廉政警示教育;四是组织开展以"缅怀革命先烈,重温入党誓言"为主题的"七一"党员教育活动,举办廉政教育专题讲座、局长上党课、领导廉政谈话等一系列活动,增强干部防腐拒变意识和能力。

【**创建文明单位**】依托团支部,整合青年突击队、志愿者服务队、青年文明号等队伍,充分调动干部积极性和创造性,通过开展各类创建活动推动工作:团支部原创情景剧《同心汇聚》先后夺取"华数杯"杭州市青年文明号服务风采展示大赛最高奖项——最佳风采奖和"工行杯"全省青工原创情景剧表演大赛决赛一等奖,充分展示和宣传了"服务经济、服务社会、服务百姓、服务纳税人"的财税精神,被团市委授予"杭州市青年文明号优质服务示范岗"称号,被团省委授予"省级青年文明号"称号,被杭州市巾帼建功获得协调小组授予"杭州市巾帼文明岗"称号。

(杭州市地方税务局上城税务分局供稿　李雪丰撰写)

杭州市下城区地方税务工作概述

局长　叶庆年

经济概况 2009年，杭州市下城区实现地区生产总值405.5亿元，同比增长13.19%。实现财政总收入98.11亿元，同比增长1.7%；实现地方财政收入57.53亿元，同比增长9.13%。财政总收入和地方财政收入均居全省90个县(市、区)第四位。全年完成地方财政支出17.07亿元。实现第二产业增加值50.69亿元，同比增长5.65%；实现第三产业增加值354.81亿元，同比增长16.58%；第二、三产业结构比例为0:12.5:87.5。引进内资企业1779家，注册资金130.40亿元。地区生产总值占全市7.95%，位居六城区第二；服务业增加值占全市14.34%，社会消费品零售总额占全市22.04%，地方财政收入占全市11.05%，分别位居六城区榜首。

税收概况【任务完成情况】2009年杭州市地方税务局下城税务分局组织地税收入61.85亿元，同比增收2.74亿元，增幅4.63%，圆满完成杭州市地方税务局下达的计划。

【税收特点】一是税收收入总量再创新高，税收总量在市区地税收入中占比24.10%。二是税收收入结构显著优化，地方财政收入占财政总收入比重达75.62%，比上年提升6.81个百分点。三是主体税种收入增幅呈现较大差异，营业税增收明显，增幅为31.66%；个人所得税和其他各税平稳增收，增幅分别为7.33%和7.93%；企业所得税大幅减收，降幅26.49%。四是收入产业结构分布保持合理。第二产业税收占比19.01%，第三产业税收占比80.99%。五是从行业来看，批发零售业依然为地税收入的第一大行业，全年地税收入为134952万元，所占比重为21.82%。居民服务和其他服务业为第二大地税收入行业，全年地税收入为106871万元，所占比重为17.28%。建筑业为第三大地税收入行业，全年地税收入为79443万元，所占比重为12.84%；房地产业地税收入的行业排位由2008年的第三降为2009年的第四，全年地税收入为67923万元，所占比重为10.98%。上述四大行业所占比重达62.92%。

【税源分析】1.营业税增收明显。全年入库268627万元，同比增收64596万元，增幅31.66%。增收主要因素：杭州绕城高速公路25年经营权转让增收营业税37500万元，房地产行业在2009年快速复苏，增收营业税12793万元，杭州市建筑企业管理站增收营业税3348万元；媒体广告、通信业等均保持较平稳的增长。2.企业所得税大幅减收。全年入库143519万元，同比减收51719万元，降幅26.49%。减收主要因素：一是政策性减收3.53亿元，2008年度是实施新企业所得税法的第一个汇算清缴年度，贯彻落实新税法造成企业所得税大幅度减收。新税法取消了工资薪金及三项经费税前扣除的限制，该项目在2008年纳税调整增加71230万元，新税法可据实扣除，相应减少企业所得税23506万元；汇算清缴的税率由2007年度的33%调整为2008年度的25%，相应减少企业所得税5770万元。进一步落实税收优惠政策。据统计，59

户企业加计扣除10506万元,比上年增加9063万元,相应减少企业所得税2991万元;2008年末,认定高新技术企业31户,其中20户企业所得税在地税缴纳,享受15%的优惠税率,高新优惠税率减少企业所得税近3000万元。二是2008年5户企业"大小非"减持股票产生巨大投资收益,入库企业所得税3.9亿元,此类情况在2009年大为减少。3.个人所得税增收平稳。全年入库124705万元,同比增收8519万元,增幅7.33%。增收主要因素:工资、薪金所得增收5908万元,利息、股息、红利所得增收3554万元。体育、福利彩票中心代扣代缴个人所得税减收2150万元。4.其他各税增收平稳。全年入库81665万元,同比增收6002万元,增幅7.93%。增收主要因素:城建税因营业税增长保持了较好的增幅,增收4861万元;土地增值税因房地产市场复苏增收1440万元。房产税及土地使用税因落实优惠政策退库,入库税款同比分别减少417万元和1009万元。

各项工作情况【**优化收入结构**】认真贯彻省局"保增长、扩内需、调结构"工作要求,继续贯彻落实好"三个三"工作要求,抓好地方税种的征管工作,促进收入结构优化。认真贯彻"创业富民,创新强省"总战略,充分发挥税收政策作用,支持和服务现代服务业发展,促进现代服务业税收呈现快速增长势头。全年组织营业税与地方六税35.03亿元,占税收总收入56.63%。2008年地税地方财政收入41.27亿元,地税地方财政总收入59.97亿元,占比68.81%。2009年地税地方财政收入46.77亿元,地税地方财政总收入62.92亿元,占比74.33%,较上年提升了5.52个百分点。

【**帮扶企业"春雨"专项行动**】认真落实省局帮扶企业"春雨"专项行动部署和要求,在"四个千方百计"工作思路指引下,深入开展帮扶企业活动:一是开展上门为企业送温暖、送政策、送服务活动,上门了解企业生产经营中遇到的困难,为企业提供优质纳税服务,辅导企业及时足额享受优惠政策,制订减免税"回访制度",确保税收优惠政策落实到位;二是领导带队调研各类企业100余家,召开调研座谈会9场次,积极为企业发展诊脉、支招,穿针引线、申报项目、争取资金;三是认真做好各项税收减免,累计减免各类税费3.2亿元,同时做好临时性下浮社保费缴费比例工作,所辖企业享受减征社保费1.22亿元;四是认真做好消费券发放和抵交工作,向1205家企业发放2.03亿元消费券,兑付"以券抵交"社保费2109万元。

【**推进企业分离发展服务业**】认真贯彻省局工作规划,制订三年行动计划,加强与区财政、国税、街道等部门联系与合作,一是统一认识,加强领导;二是明确重点,有序推进;三是落实到人,责任清晰,积极开展分离发展服务业工作,对大型工业企业、零售企业开展调研,加强服务业税收政策宣传,通过引导企业剥离服务项目或新设立与原业务相关联企业的方式,拓展地税新增点,引导42户企业实行主辅分离。

【**税收法制建设与税收宣传**】编制阳光权力运行目录,推进政府信息公开。开展税收执法检查自查,对存在的问题制订措施落实整改。执行ISO 9000D版质量管理体系文件,调整规范相关业务流程。

税收宣传坚持创新实用。紧扣"税收·发展·民生"主题,积极开展第18个全国税收宣传月活动。分局以经济合作社税收政策专题辅导会启动税收宣传月活动,通过税收宣传使税法进入社会各阶层,提高税法的普及率和纳税遵从度。积极参加省局组织的"千名税干进千企"和市局组织的"服务万家企业"活动。积极开展"财税情 社区行"活动,送政策送服务到社区,贴近民生,把"财税情 社区行"活动打造成一个服务品牌。

【**征管改革与税源管理**】推进税源管理改革,夯实征管基础,加强税收与经济关联度的分析,完善重点税源分析预测考核,着力提高税收预测分析质量,规范和细化纳税评估,规范操作,形成示范效应。探索实施重点税源管理与行业管理、专业化与社会化协作管理相结合的管理方式。成立重点税源管理组,将占分局税收收入80%以上的企业和所有房地产企业纳入重点税源管理组管理范围。根据一般税源规范管理的要求,将所有一般税源企业逐户分解到每一个税源管理岗。实施重点税源预测分析考核,有效降低误差率,提高组织收入的预见性和预测分析质量。顺利实现车船税代征单位的转移,实现车船税征管新模式。不动产、建筑业管理软件试点顺利。个体税收征管逐步加强,个人房屋出租税收进一步增收扩面,浙江省版个人房屋出租税收征收软件在下城先期试点通过验收,并于2010年在全省推广应用。

【**信息化建设**】严格执行ISO9000D版质量管理体

系,积极推进信息化建设:根据市局项目化管理要求,充分反复论证调研撰写《关于建立"数字化"办税服务大厅相关问题的研究》论文,荣获杭州市财税系统调研课题二等奖,"数字化大厅" 业务需求被省局采纳。按照市局统一要求,推进标准化服务厅建设,引入排队叫号系统、涉税查询终端系统、完税证明打印系统等信息系统,进一步提升办税服务信息化程度。

【各项规费征收】以《2009 年财政社会保障政策汇编》等社保政策为依据,继续开展养老保险、医疗保险、生育保险、工伤保险、失业保险五项社会保险统一征缴工作。全年各项社会保险费收入完成 23.55 亿元,同比增收 2.11 亿元,增幅 9.84%。实行社保投诉案件处理职能部门调整,全年受理社保投诉案件 159 件,当年办理回复完毕 158 件。严格执行水利建设专项资金减免政策,全年征收 12983.95 万元,同比增长 580.46 万元,增幅 4.68%。征收地方教育附加收入 9981.80 万元,同比增长 1631.48 万元,增幅 19.54%。

【优化纳税服务】认真贯彻省市局关于做好纳税服务有关会议精神,不断优化纳税服务:一是深化"纳税人之家"服务,实行纳税专家服务,为纳税人提供品质服务;二是开通绿色通道和组建青年文明号志愿者服务队,上门为纳税人提供人性化、个性化和温馨化服务,分局的该项特色服务得到企业的认可与好评;三是打造网络服务双平台,利用网络的及时性和便捷性,在第一时间满足纳税人服务需要,得到广大纳税人的好评和欢迎;四是彰显下城地税特色,十一年如一日办好《办税指南》,为纳税人提供贴心服务。

队伍建设【财税文化建设】认真贯彻落实省局财税文化建设要求,积极推进财税文化建设:一是组织干部职工参加市局组织的七人制足球联赛、乒乓球比赛、"跨越千亿"系列体育活动,取得了较好成绩;二是组织干部参加市局组织的排舞比赛;三是组织团员青年参加市局财税知识竞赛,潘礼军获得市局参赛选手个人总分第一的好成绩,代表市局参加省局竞赛获得一等奖,浙江省地方税务局授予潘礼军同志省"办税服务能手"称号。

认真抓好科学发展观的学习贯彻,通过日常工作中的十项载体来深化科学发展观学习成效,在工作中进行公职岗位廉政教育,积极落实整改措施,提高贯彻落实科学发展观的实效。分局长升任市局副局长,一名干部担任首问责任官,两名干部担任局长助理。

【机关作风建设】认真贯彻执行省市局加强机关作风建设有关文件精神,扎实推进机关作风建设:一是严格执行省机关效能建设"四条禁令"和省厅、省局"五条禁令",强化纪律检查与抽查;二是修改完善管理制度,加强干部日常教育与管理,强化制度管人;三是不定期邀请行风监督员监督与检查,在办税服务厅设立意见箱、意见簿和服务评价器,在办公室设立局长信箱和作风监督举报电话,强化外部监督。

【教育培训】坚持定期开展地税业务知识培训。一是以组织收入、帮扶企业为中心,深入开展学习实践科学发展观活动:学习调研阶段采取自学、集体讨论、会议交流等形式,组织干部学习《深入学习实践科学发展观活动领导干部学习文件选编》等资料,参加"公述民评"活动,接受代表评议。二是鼓励干部职工参加 MBA、MPA 等学历教育,有 5 名干部参加 EMBA、MBA、MPA 学习。三是鼓励干部职工参加会计师、经济师、注册会计师、注册税务师等各类专业考试,提升专业技能。四是组织干部职工参加杭州新干线和杭州财税网络学校学习,不断更新财税知识体系。五是不定期开展各类讲座,满足干部职工多样化的知识需求。

【廉政建设】落实党风廉政建设责任制度,坚持平时教育提醒。深入开展公职岗位人员教育。重经常,将廉政教育融入经常性的会议、工作布置中;重分析,适时开展干部思想心态状况分析,有针对性做好思想工作;重时效,及时传达上级廉政要求,及时提醒,防微杜渐。全局干部继续保持廉洁从政的形象。

【创建文明单位】坚持创新理念,优化办税服务环境。进行大厅标准化建设,办税服务达到"五个标准化"。针对残疾人员、孕妇、外籍人员开设绿色服务专窗,推出受理资料"补正承诺制"。分局继续保持省、市地税系统基层文明单位、市地税系统先进基层党组织、满意单位等荣誉,连续 5 年荣获省局"群众满意基层站所"、"省级基层文明单位"等称号。参加下城区机关满意单位评选连续 7 年名列市级延伸单位前列。

(杭州市地方税务局下城税务分局供稿　江夏明撰写)

杭州市拱墅区地方税务工作概述

局长 王武华

经济概况 2009年,拱墅区实现国内生产总值249.11亿元,按可比价格计算,比上年增长10.7%。其中:第一产业增加值0.34亿元,同比下降17.7%;第二产业增加值105.90亿元,同比增长4.6%;第三产业增加值142.87亿元,同比增长16.0%。第一、二、三产业结构由上年的0.1:45.3:54.6调整为0.1:42.5:57.4,其中第三产业比重比上年提高2.8个百分点。全区完成限额以上固定资产投资115.18亿元,同比增长17.3%;外贸自营进出口额7.77亿美元,同比下降4.6%。全年实现财政总收入58.20亿元,同比增长1.0%;地方财政收入29.08亿元,同比增长6.5%。

税收概况【任务完成情况】2009年,拱墅区地税系统共组织各项税费40.05亿元,同比增长1.0%,增收4104万元。其中:组织税收收入21.40亿元,同比下降8.1%,减收7102万元;其他收入完成18.65亿元,同比增长6.4%,增收1.12亿元。

【税收特点】一是税费总量创新高。克服金融危机的不利影响,组织收入总量成功迈进40亿元大关,并实现1.0%的增幅。二是税种结构持续优化。构成地方财政收入的税收(营业税100%+地方七税100%+所得税40%)达17.89亿元,较上年同期增长5.6%。地方税比重达73%,较上年增加12个百分点。三是“进三退二”特点十分显著。房地产业和以交通运输、住宿餐饮、租赁商务居民服务业为主的现代服务业稳步增长,增幅在10%以上,尤其是房地产业入库税款5.97亿元,增收6893万元,增幅达13%,是回升速度最快的行业。建筑业、批发零售业和服务业的税收贡献度都有不同程度增加,分别达11%、18%和20%。减收主要集中在制造业,税收贡献度由上年的21%下降到本年的10%。四是重点税源企业受金融危机影响明显。纳入分局级以上监控的291户重点税源企业累计入库13.95亿元,减收2.76亿元,降幅为16%,占比65%,较上年同期下降10%。

【税源分析】1. 营业税持续增长。入库10.63亿元,增收1.76亿元,增幅为19.8%。主要原因:一是房地产市场快速回暖,实现营业税税款4.27亿元,增收额8096万元,同比增长23.4%。二是拱墅区扩大内需型消费、应对危机保增长的措施为以批发零售业、住宿餐饮、租赁商务、居民服务业为主的现代服务业营业税稳步增长提供强大动力。

2. 企业所得税大幅减收。入库2.09亿元,减收2.92亿元,降幅为58%,是减收额和降幅最大的主体税种。主要原因:一是2008年前高后低的经济形势带来了1.18亿元企业所得税汇算清缴退库。二是受宏观经济形势不利、产能过剩等因素影响,制造业入库所得税-3402万元,减收2.14亿元,同比下降119%。三是企业整体经营状况未得到根本改善,预缴所得税增收乏力。四是政策性因素影响明显,税率下降影响企业所得税汇算清缴减收2100万元,加计扣除和计税工资等费用扣除影响企业所得税减收近2000万元。

3.个人所得税增幅微小。入库3.77亿元，增收1142万元,同比增长3.1%。受工资薪金扣除额提高的翘尾和浙江移动期权激励冻结的影响,工薪所得同比有所下降。但得益于对利息股息红利所得和财产租赁转让所得的大力监控和管理,增幅在20%以上,使得个人所得税增幅总体保持微小增长。

4.小税种增幅较大。入库2.94亿元,增收2967万元,同比增长11.2%。主要原因是2009年的房产税始终保持较快增长,累计增幅达25%,而土地增值税在房产税增收带动下,累计增幅达34%,成为增幅最大的税种。

各项工作情况【优化收入结构】按照省局“保增长、扩内需、调结构”工作要求,积极优化税种结构。一是大力发展现代服务业。全年实现现代服务业营业税税款2.40亿元,增收额2795万元,同比增长13.2%。二是开展房产税、土地使用税清查。全年累计查补房产税1200余万元,土地使用税102万元。三是开展土地增值税清算。全年清算应缴土地增值税2.02亿元,已缴9227万元，补退相抵累计应补税款1.10亿元。四是建立国地税信息比对制度,抓好小税种的信息比对工作。

【帮扶企业“春雨”专项行动】一是认真落实各项税收优惠政策,力促经济发展:全年累计抵免企业所得税2437万元;减免土地使用税766万元;减免房产税1844万元；共审批同意1394户企业减免水利基金,减免金额9960万元。二是认真开展临时性下浮社保费缴纳比例集中减征工作,7500余户企业累计减征各项社保费1.24亿元。三是积极参加“千名税干进千企”活动,与企业建立一对一联系帮扶关系,逐户了解企业生产经营情况,讲解税收优惠政策,赠送税收法规政策,解答纳税人反映的涉税问题,提供个性化服务,及时解决企业难题,帮扶企业渡过难关,送温暖、送政策、送服务到家。共计走访企业291户。

【推进企业分离发展服务业】根据省、市局统一部署,制订了分离发展服务业三年行动计划,积极推进企业分离发展服务业:一是加强领导,形成“一把手负总责,分管领导具体抓,各科室各司其职”工作机制;二是落实责任，将目标任务数分解到每个管理岗,加强对岗位目标的考核;三是深入调研,找到主辅分离工作的推进方向与工作重点,走出一条“分离和整合相结合”的正确道路;四是形成合力,积极依托辖区政府资源,充分发挥区属部门作用,将分离发展服务业工作纳入辖区政府的日常工作中。全年成功分离发展服务业企业34户,新产生税费413万元,超额完成全年目标任务数。

【税收法制建设与税收宣传】税收法制建设方面,一是分局分别与各责任科室签订《行政执法责任书》,加强对税务执法工作的监督，推动建立权责明确、行为规范、监督有效、保障有力的税务执法体系。二是2009年4月至5月对辖区内所有税收票证使用单位开展自查和互查,并于6月顺利通过杭州市局和富阳市局组成的七人税收票款检查小组检查。三是2009年11月顺利通过浙江省地税局执法检查。四是进一步完善执法责任制计算机考核系统,量化考核税收管理工作,规范税收执法行为。

税收宣传方面,一是吸收浙江长征职业技术学院在校大学生加入“税收宣传志愿者服务队”,并开展相关税收宣传活动。二是为浙江省华强中等职业学校盲人按摩专业的盲人学子送去汉字版与盲文版《残疾人税收优惠政策汇编》,让盲人学子感受到政府的关爱。三是召开年所得12万元以上个人所得税自行纳税申报工作表彰大会,总结经验,奖励先进,为12万元申报工作的开展营造良好氛围。四是长期致力于为大学生创业提供税收政策服务,定期开展免费培训,坚持送税法进学校,努力助推大学生初创企业“孵化器”,开创大学生创业税收服务工作新局面。

【征管改革与税源管理】征管改革方面,一是规范个体征管,推行参数定税法实现阳光定额;试点运行市场委托代征税款软件,确保纳税环境公平合理。二是完善国地税对共管户的协作,完成数据交换管理办法、联合行业调查操作办法、联合定额管理操作办法。三是深化立体税源管理模式,加强分行业管理。对房地产企业,推行项目“户籍”管理、预售楼盘台账管理、跟踪在售楼盘、疑点企业评估约谈四阶段管理,全年评估入库房地产税收3280万元，实现对房地产税源的全面监控。

探索税源管理新模式方面,一是强化重点税源管理。根据辖区企业实际情况,确定3个重点税源管理小组、9个重点税源管理岗、291户重点税源企业，全面落实《重点税源企业管理办法》。2009年度，291户重点税源企业累计入库税款13.96亿元，监控面达65.2%。二是持续推进纳税评估。一方面注重评估工作常态化，自行开发企业所得税税前列支的工资总额、个人所得税全员申报系统中工资、薪金以及企业申报基本养老保险工资信息三方比对软件，对纳税人日常申报信息进行评估分析，进一步规范企业所得税、个人所得税和社保费的征收。另一方面注重专项评估，分别对村级经济、房地产企业和租赁业企业开展专项纳税评估，共计补缴税款2811.48万元。

【信息化建设】严格执行ISO9000D版质量管理体系，积极推进信息化建设：一是针对个人所得税完税凭证"取得难"的问题，创新思路，自行研发《个人所得税完税证明自助打印系统》。解决以往纳税人需凭单位证明到办税服务厅获取完税凭证费时、保密性差、不方便，税务部门邮寄凭证送达率低、及时性差、费用高等六大问题，较好地实现了两个减负要求。由于该项目的社会、经济、管理效率显著，被国家税务总局认定为2009年度全国税务系统创新工作项目。二是组建科室软件联络员队伍，深化应用《税友2006》、在线监控、房地产税源监控系统、全员申报系统、私房出租系统、建筑业不动产管理系统等软件，不断提高"信息管税"水平。

【各项规费征收】采取四项措施确保规费征管工作有序开展：一是出台一系列征管考核办法提高征管质量，二是加强对缴费非正常户的清理认定工作，三是开发与完善信息化手段和四级分析体系保证收入任务完成，四是广泛开展政策宣传，确保政策落实到位。2009年五项社会保险基金收入15.63亿元，同比增长6.82%，申报率全部超过95%，其中养老保险、医疗保险、失业保险、工伤保险、生育保险分别入库8.57亿元、5.55亿元、1.09亿元、0.22亿元、0.20亿元，分别同比增长0.85%、15.23%、14.28%、16.08%、14.47%。

【优化纳税服务】坚持以"始于纳税人需求、基于纳税人满意、忠于纳税人遵从"为服务宗旨，不断增强服务意识，完善服务机制，创新服务手段，提升服务质量。一是率先推行标准化服务厅建设，承办全省办税服务厅VI视觉识别系统并试点运行。在办税服务厅为纳税人呈现浙江省地税特有的标志、基础色、环境指示、办公用品、媒介宣传、电子设备等样式、规格，展示浙江地税"同心汇聚"行业文化和服务理念，整体提升服务软件和服务硬件，解决纳税人同质服务的需求，进一步提升行业形象。二是贯彻落实"两个减负"，推行网上发票预缴销系统，加快纳税人上门缴销、购买发票的节奏；同时为业务人员检查审核发票提供充足时间，减轻办税窗口压力，提速又提效。三是加强对办税大厅业务人员培训，制订标准化业务操作手册，提高业务人员为纳税人服务能力。四是开设新企税校，加强纳税服务的前瞻性和针对性。

队伍建设【财税文化建设】认真贯彻省局关于财税文化建设的文件精神，不断创新理念、完善制度，培育深厚的文化根基，创造浓郁的文化氛围：一是丰富文化活动形式，办好兴趣协会，努力做到周有活动、月有安排、季有专题讲座。二是完善"职工之家"活动设施，增设影视新干线、生活知识讲座等活动项目，工会职工之家荣获2009年度"杭州市先进职工小家"称号。三是充分发挥地税文化的沟通引导作用，搭建多层次、多形式、多主题的沟通交流平台，形成党、团、工、妇多级联动的工作机制。

【机关作风建设】全面贯彻落实市委市政府、省市局关于加强机关作风建设的要求，进一步改进机关作风：一是严格执行省机关效能建设"四条禁令"，定期开展纪律检查。二是开展为期半年的学习实践科学发展观系列活动，深化内部管理、推行标准服务、强化责任意识、实现阳光运作，促进地税事业又好又快发展。三是召开行风监督员会议，加强与机关、企业等社会各界行风监督员沟通，汇报工作并听取意见和建议，进一步提高服务质量。

【教育培训】一是会同拱墅区国税局、财政局、审计局开展每季度一次的联合学习，分析形势，宣讲政策，促进干部素质全面提高。二是利用以网络学校、干部学习新干线网站为主体的网上学习平台，开展"争创学习型科室，争做学习型干部"活动，促进岗位技能提升。三是邀请杭州市财税局领导到分局开展深入学习实践科学发展观活动宣讲会，响应党组号召，建设财税文化。四是团支部组织团员青年积极应战杭州市财税局组织的财税业务知识竞赛，提高业务水平，实现自我超越。五是举办首届办税服务技能比武，考察业务人员操作能力与服务形象，规范服务流程，提高服务质量。

【廉政建设】完善四项廉政制度，规范干部行为，提升干部廉政意识。一是落实党风廉政建设责任制，局领导和各科室签订《党风廉政建设》协议，层层落实责任，加强廉政建设。二是加强阳光运行，强化内外督查制度。对内，一方面实行减免税集体审批制度，另一方面对分局各个岗位权力进行清查，列出权力清单，编制权力运行流程图，从制度和流程设置上确保权力监督制约到位。对外，健全行风监督员制度，特邀人大代表、政协委员、企业代表等12人担任分局行风监督员，定期召开会议，汇报廉政工作情况，总结措施经验，听取意见并研究思路方法，指导廉政文化建设的开展。三是完善岗位交流制度。2009年完成中层干部轮岗和科室人员调配，让干部在不同层面、不同岗位上体现自己的能力、水平和价值，激发内在活力，降低岗位廉政风险。四是完善教育制度。通过对新提任和调整到重要岗位的领导干部开展任前预防教育、对全局干部定期开展警示教育和提醒教育，强化干部廉洁意识，提升廉洁能力。

【创建文明单位】以夯实文明创建工作为基础，完善"组织、制度、廉政、教育和文化"五大机制；以组织收入工作为中心，巩固"税源涵养、挖掘潜力税源、精细化管理、税收调研、基础管理"五项收入基础工作；以打造一流服务品牌为目标，搭建"一流办税服务大厅、纳税人监督平台、综合信息高效服务平台、税法学习辅助平台、税法宣传平台"五大服务平台。连续两年被评为省级基层文明单位，2009年度获得杭州市财税系统窗口满意单位、杭州市杰出青年文明号、杭州市基层文明单位等荣誉称号。

（杭州市地方税务局拱墅税务分局供稿　张晓莹撰写）

杭州市江干区地方税务工作概述

局长　李　双

经济概况 2009年，江干区实现生产总值251.9亿元，比上年增长13.5%。其中：第一、二、三产业增加值分别为1亿元、86.1亿元、164.8亿元，比上年分别增长-32.3%、9.1%、16.6%。2009年第一、二、三产业结构比为0.4:34.2:65.4。财政收入快速增长，全年实现财政总收入52.3亿元，比上年增长12.1%；其中地方财政收入29.9亿元，比上年增长12.7%。

税收概况【任务完成情况】2009年，杭州市江干区地税部门共组织各项收入39.57亿元，比上年增长7.19%。其中：税收收入25.51亿元，比上年增长5.15%；组织其他收入14.06亿元，比上年增长11.10%。

【税收特点】一是收入总量再创新高，税收增幅呈"先抑后扬"走势。2009年上半年受整体宏观经济形势影响，税收增幅趋缓，入库136985万元，一、二季度税收增幅分别为1.22%和3.67%，下半年随着国家刺激经济措施效果的逐步显现及房地产业全面复苏的影响，三季度税收增幅明显回升，单季增幅高达20.36%，四季度由于受缓缴税款约23343万元影响，增幅再度有所回落，全年税收总量仍创新高。二是三大主体税种强弱分化明显，营业税、个人所得税出现较好增长,企业所得税大幅减收。2009年营业税、个人所得税分别入库141901万元、31966万元,增幅分别为13.08%和11.18%,保持两位数增长,而企业所得税出现分化,入库37355万元,下降23.56%,连续两年出现负增长。三是第二、三产业发展差距较大,房地产业是拉动增收的主要力量。第二产业2009年税收入库41711万元,减收1412万元,下降3.27%,其中制造业成为经常性收入中减收幅度最大的行业,入库14869万元,减收2271万元,下降13.25%;第三产业入库213007万元,增收13873万元,增长6.97%,房地产业依然发挥了"中流砥柱"的作用,入库125795万元,增收13151万元,增长11.67%,增收额占整个第三产业增收额的94.80%,是税收增长的主要拉动力量。四是重点税源企业整体税收增幅不高,影响了分局整体税收总量的增长。2009年214家分局级以上监控重点税源企业共入库税收189142万元,增收3041万元,增长1.63%,占分局税收总量的74.14%,但增收额仅占分局税收总增收额的24.33%,增幅比分局整体税收增幅低3.5个百分点。其中营业税入库113200万元,增收11665万元,增长11.49%;企业所得税入库30613万元,减收10899万元,下降26.25%,减收额占分局企业所得税总减收额的94.68%;个人所得税入库17497万元,减收350万元,下降1.96%,三大税种中有两个税种同比出现负增长,影响分局整体税收总量的增长。

【税源分析】1.营业税:入库141901万元,增收16411万元,增长13.08%。营业税是分局2009年税收增长的主要拉动力量,超过全年税收总增收额3914万元。分行业来看,营业税的增收主要来自房地产业,入库83384万元,增收13367万元,增长19.09%,占营业税总体比重的58.76%,增收额占营业税总增收额的81.45%,对房地产业的依赖性较大,存在着一定的收入结构性风险;除房地产业外,其他行业合计入库58517万元,增收3044万元,增长5.49%,其中住宿餐饮业与交通运输、仓储及邮电通信业的增长较好,分别入库3879万元和4429万元,增收976万元和562万元,增幅分别为33.63%和14.52%。2. 企业所得税:入库37355万元,减收11512万元,下降23.56%,其中汇算清缴入库10112万元,减收11884万元,下降54.03%。企业所得税由于结构性减税、经济效益下滑、落实税收优惠政策等多种因素共同影响下出现大幅减收,其中税率下降因素影响约3000万元,各类优惠政策涉及减免所得税约5300万元。分行业来看,除了建筑业和住宿餐饮业保持增长外,其余各主要行业基本都出现了20%以上幅度的减收,批发零售业、房地产业和制造业这三大行业成为减收主力军,其中批发零售业和房地产业的减收额度均在4000万元以上。3. 个人所得税:入库31966万元,增收3215万元,同比增长11.18%。个人所得税在全员申报的全面普及和股权转让分红跟踪等因素的推动下,全年实现了较好的增长。分项目来看,工资薪金所得增长趋缓,入库16729万元,增收716万元,增长4.47%,其中按20%以上税率征收的工资薪金所得入库10108万元,增收567万元,增长5.94%;利息股息红利所得由于滨江房产股份有限公司和华生投资分红净增1597万元和1140万元,入库9484万元,增收2003万元,增长26.77%。4. 其他各税:其他收入入库140631万元,增收14049万元,增长11.10%。其中:社保基金入库116888万元,增收11205万元,增长10.60%;水利基金入库7551万元,增收611万元,同比增长8.80%;教育费附加入库6676万元,增收772万元,同比增长13.07%。

各项工作情况【优化收入结构】认真贯彻省局"保增长、扩内需、调结构"工作要求,继续贯彻落实好"三个三"工作要求,抓好地方税种的征管工作,促进收入结构优化。以项目化管理为抓手,努力优化税收结构,按"抓大不放小"原则,加强地方税征管工作。2009年,分局制订详细工作计划,分阶段对各项小税种开展比对工作。通过对印花税缴纳情况的比对、采集包括增值税、消费税数据与城建税比对以及根据房产、土地登记信息对漏报户进行催缴等手段共计补缴税款约1028万元。

【帮扶企业"春雨"专项行动】2009年,分局积极组织、落实好帮扶企业"春雨"专项行动的各项活动:一是认真落实各项税收优惠政策,做好税费减免工作,联合有关部门单位,加强纳税人政策培训;二是利用媒体加大政策宣传力度,开展"向百家企业送温暖"活动;三是推出POS机刷卡等个性化服务,打造现代一窗式办税服务人厅；四是深入企业和基层进行调查研究，积极献言献策；五是积极开展各种形式的税法宣传活动，以办税服务厅、网上社区等纳税服务平台为依托，不断拓展税收优惠政策辐射面。经统计共有857家企业享受不同类型的税收优惠政策，涉及减免税款13464.5万元。

【**推进企业分离发展服务业**】2009年分局按照省、市局关于分离发展服务业的工作部署，积极稳妥推进企业分离发展服务业工作，通过排查可分离发展服务业的企业，主辅分离工作取得阶段性进展。全年分局成功进行主辅分离的企业共30家，据统计，已分离企业本年度已入库税款52万元，其中营业税32万元，其他税收20万元。据初步测算，未来三年可增加税款800多万元。

【**税收法制建设和税收宣传**】开展税收执法自查、行政处罚和"五五"普法中期的自查工作。对存在的问题制订措施、落实整改。执行ISO9000 D版质量管理体系，进一步规范税务行政操作，并根据新情况提出改进意见。

认真贯彻省委"树新形象，创新业绩"活动精神。一是积极响应团市委与浙江之声电台共同发出的"学雷锋精神，万名团员签名"活动的号召，展开"税务政策进社区"的青年团员志愿者服务活动，把针对性强、实用性好的政策第一时间送到社区居民手中；二是召开以"税收·发展·民生"为主题的税企互动座谈会，邀请辖区内部分企业团委书记及团员代表与本局团员青年一起进行座谈交流；三是分局局长李双带领各科长来到辖区内各街道进行多次调研，与街道书记、主任、经管科(办)等相关负责人进行座谈，及时传递有关优惠政策，同时在积极努力帮助街道解决一些实际困难的基础上，针对一些问题向区政府、区财政提出合理性建议。

【**征管改革和税源管理**】积极推进征管改革，不断提高税源管理水平：一是挖掘税源，重视税源的全面把握，强化重点税源管理制度；二是加强财务基础信息报送的管理、催缴及考核工作。2009年度，积极开展设备租赁业专项纳税评估工作，制订实施方案，合理分工，明确职责，并且十分注重外部宣传，召开全区设备租赁业自查自纠宣传辅导及动员大会，共评估企业21户，其中正常性结论4户，差异纠正性结论17户，查补税费24.33万元。注重土地增值税基础调研，稳步推进清算工作。至12月底，分局上报参加清算的房地产企业(项目)共46个，其中已上报清算达标企业(项目)37个，总体税负率1.94%，清算应缴土地增值税63530.75万元，已征税款22137.51万元，清算应补缴税款41393.24万元。

【**信息化建设**】严格执行ISO9000D版质量管理体系，积极推进信息化建设：一是积极推广应用不动产建筑业税收项目管理软件，截至2009年底，分局共完成48家企业自开票认定工作，其中47家企业已经完成安装并使用软件进行开票。二是积极做好"数据大集中"的相关工作。根据市局工作要求，组织安排骨干人员参与省局"数据大集中"业务需求编写工作。其次是组织各科室人员学习讨论需求讨论稿的各项内容，做好意见征集工作，并将相关材料按时上报市局。三是继续深入推进国地税协作。做好门征税款委托国税代征工作，协助市局开发《国地税协作平台管理系统》，实现国地税个体工商户定期定额信息共享。

【**各项规费征收**】始终坚持"税费并重"原则，2009年，全局规费收入继续保持可持续增长，其中社保基金入库116888万元，增收11205万元，增长10.60%；水利基金入库7551万元，增收611万元，同比增长8.80%；教育费附加入库6676万元，增收772万元，同比增长13.07%。在加强各项规费征收工作方面，一是努力提高各项规费的申报率；二是及时有效做好非正常户认定工作；三是加大社保宣传力度；四是加强社保投诉件办理；五是加强国地税分析比对工作，确保应收款入库。

【**优化纳税服务**】认真贯彻省市局关于做好纳税服务有关会议精神，不断优化纳税服务：一是深化"纳税人之家"服务，实行纳税专家服务，为纳税人提供品质服务；二是组建青年文明号志愿者服务队，上门为纳税人提供人性化、个性化和温馨化服务；三是以全国纳税服务工作现场会为契机，大力推进办税服务大厅标准化建设。7月份，国家税务总局局长肖捷与杭州市市长蔡奇在浙江省地税局副局长单美娟的陪同下，亲临江干区地税局办税服务大厅观摩，对办税服务大厅标准化建设工作给予高度评价。分局牢固树立征纳双方法律地位平等的服务理念,从"提供温馨服务、加强突发应对、细化税法宣传、完善税务咨询、拓宽外语服务"五个方面着手,使办税大厅服务更加标准化、制度化、多元化和人性化。

队伍建设【财税文化建设】着力培育"依法治税、为民理财、务实创新、廉洁高效"的核心价值观和共同目标追求,大力加强财税文化建设,倡导充满活力、积极向上的精神文化。一是积极开展深入学习实践科学发展观活动,认真传达市局深入学习实践科学发展观动员大会陈锦梅书记的讲话精神,着重就"内强4项管理,外推10大举措"进行宣传解析和号召动员。二是按照"解放思想、敢为人先、反骄破满、跨越发展"要求,围绕企业面临的困境,分局就如何帮助企业解困、如何促进财政收支平衡等问题展开讨论和研究,积极为促进税收收入、为企业充分享受优惠政策献计献策,充分挖掘大家的聪明才智,广泛收集金点子,形成合理化意见建议十余条。三是建立每季班子成员讲党课机制,结合"七一",开展党员征文和演讲比赛。四是积极推行标准化大厅建设,推行"政务公开、阳光办税",把办税大厅窗口作为干部锻炼和培养基地,不断丰富纳税服务内涵,提升优质服务形象,创新纳税服务新举措,为纳税人提供有价值的针对性服务。五是创建形式多样的活动载体,成立"英语兴趣小组"、"青工活动小组"和"青年志愿服务小分队",开设"读书沙龙"、开展摄影展览、瑜伽健身班等活动,不断丰富干部业余生活,营造和谐向上的工作氛围。

【机关作风建设】认真贯彻执行省市局加强机关作风建设有关文件精神,扎实推进机关作风建设:一是严格执行省机关效能建设"四条禁令"和省厅省局"五条禁令",强化纪律检查与抽查;二是修改完善管理制度,加强干部日常教育与管理,强化制度管人;三是切实做到依法行政,每月不定期对局属各科室劳动纪律、服务质量等效能行为进行监督检查,进一步提高机关工作效率,转变工作作风,优化纳税服务。

【教育培训】一是以组织收入、帮扶企业为中心,深入开展学习实践科学发展观活动:学习调研阶段采取自学、集体讨论、会议交流等形式,组织干部学习《深入学习实践科学发展观活动领导干部学习文件选编》等资料;分析检查阶段组织开展金点子征集活动;整改落实阶段,对各个问题进行逐项研究分析和整改落实,参加"公述民评"活动,接受代表评议。二是鼓励干部职工参加会计师、经济师、注册会计师、注册税务师等各类专业考试,提升专业技能。三是组织干部职工参加杭州新干线和杭州财税网络学校学习,不断更新财税知识体系。四是不定期开展各类讲座,满足干部职工多样化的知识需求。

【廉政建设】一是认真贯彻执行省局《建立健全惩治和预防腐败体系2008—2012年工作规划》精神,推进惩防体系建设,从制度和体制上提高廉政建设水平;二是与各个科室签订廉政建设责任书,明确责任,加强考核;三是分局在荣获"杭州市廉政文化示范点"荣誉称号的基础上,持续建设分局廉政文化走廊、活动室,更新廉政文化台账、台历,悬挂名言警句;四是严格落实党委中心组学习和民主生活会制度,坚持重大事项民主决策、民主议事,落实思想政治工作"八个必谈",完善廉政文化考核评价机制,抓好干部廉洁自律各项规定的落实;五是开展"打造廉洁杭州、共享品质之城"主题教育实践活动,通过"学习思廉"、"扶贫省廉"、"警示促廉"等形式多样的廉政文化活动,旗帜鲜明地倡导"廉洁地税"文化。

【创建文明单位】2009年,分局先后荣获"杭州市廉政文化示范点"、"杭州市税务系统基层文明单位"以及"人民满意基层站所"等荣誉称号。

(杭州市地方税务局江干税务分局供稿　陈　斌撰写)

杭州市高新(滨江)区地方税务工作概述

局长 费林建

经济概况 2009年,杭州高新技术产业开发区(滨江)实现生产总值293.64亿元,比上年增长16.2%,超过预期目标4.2个百分点,高于全市平均增幅6.2个百分点,增幅列全市第一。第一、二、三产业结构由上年的0.8:56.7:42.5调整为0.6:44.4:55.0,第三产业在信息服务业的带动下比重持续上升,经济结构进一步优化。全年完成财政总收入71.88亿元,其中地方财政收入36.91亿元,分别比上年增长12%和16.9%,增幅超过预期目标2个百分点和6.9个百分点。

税收概况【任务完成情况】2009年,全局共组织各项收入52.14亿元,增收5.51亿元,同比增长11.82%。其中:税收收入完成32.16万元,同比增长8.11%;其他收入完成19.98亿元,同比增长18.37%。

【税收特点】一是总量再创新高,全年走势先抑后扬。在金融危机影响下,企业效益普遍减退,房地产市场一度低迷,导致分局前4个月收入持续出现负增长,至4月底累计降幅高达9.82%。5月份以后,随着房地产市场的快速回暖,收入增幅持续反弹至8月份首次出现正增长,最终实现全年8.1%的增幅。二是结构持续优化。营业税和地方六税占36.58%,较上年提升5.14个百分点,同时对地方财政收入增长的贡献度达122.1%。三是行业税收集中度有所提高。信息产业、制造业、房地产业以及建筑业四个行业共计占比78.85%,特别是房地产业从5月份复苏以来一直走势良好,占全局税收的比重为25.15%。四是纳税大户引领整体税收走出低谷。入库排名前100位的企业共实现税收22.44亿元,增收4.86亿元,收入规模占全局的69.78%,其中排名前10位的企业增收2.55亿元,占全局比重29.29%。值得注意的是,这10家企业中房地产企业占了一半,并且贡献了增收额中的绝大部分。

【税源分析】1. 营业税:入库14.58亿元,同比增长32.47%,拉动整体税收11个百分点,成为扭转税收收入的关键。增收因素:不论从存量上还是增量上看,房地产业、信息传输业、建筑业均为三大支柱,全年增收3.52亿元,占营业税增收总量的98.6%。

2. 企业所得税:入库3.39亿元,同比下降31.63%,拖累总体税收5.28个百分点。减收因素:受两法合并、经济效益下滑双重影响,企业所得税全年持续低迷,减收3成以上,其中预缴企业所得税减收0.82亿元,汇算清缴企业所得税减收1.02亿元,查补企业所得税增收0.35亿元,退税增加0.08亿元。

3. 个人所得税:全年入库9.69亿元,同比下降4.28%。减收因素:一次性因素1.36亿元,如果剔除此因素,个人所得税实际增幅为10.6%。增收因素:一是工资薪金所得税增收0.34亿元,增幅为4.65%,其中阿里巴巴(中国)网络技术入库0.4亿元;二是利息、股息、红利所得增收0.31亿元。

4. 其他税收:入库4.5亿元,同比增长27.84%。其中土地增值税、房产税增量居前两位,分别增收0.3亿元、0.26亿元,并且增幅均在30%以上,前者受惠于房地产市场的回升,后者则与加强征管密不可分;其他小税种除了车船税由于政策性因素减收,其余均有两位数增幅。

各项工作情况【优化收入结构】一是用好用足税收政策,大力发展第三产业。2009年高新(滨江)第三产业入库税收22.09亿元,同比增长6.2%,占比68.69%。二是优化收入结构,保障地方可用财力。营业税和地方六税占比36.58%,较上年提升5.14个百分点,同时对地方财政收入增长的贡献度达122.1%。三是加强地方小税种征管。2009年城建税入库1.68亿元,同比增长10.79%;房产税入库1.03亿元,同比增长33.94%;土地增值税入库0.84亿元,同比增长56.19%;土地使用税入库0.45亿元,同比增长11.42%。

【帮扶企业“春雨”专项行动】一是多次召开政策发布会,对各项税费减免政策的内容、所需条件及认定办法等进行充分宣传、解释和辅导。二是由3位局长及各管理员对多家企业进行上门走访,全面了解企业生产经营状况和财务状况,在政策允许的范围内尽可能为其排忧解难。三是集中退税期间,各科室通力合作,集中人力,加班加点,以最快的速度完成受理、审核及退库事项。

2009年全局减免税费总额超过3亿元,其中企业所得税11868万元,包括高新减免5449万元,以及加计扣除42796万元,研发费用减免6419万元;水利建设专项资金减免4464万元;房产税减免3323万元;土地使用税减免1376万元;社会保险基金减免8766万元,另外实现凭证式消费券抵缴5237万元。

【推进企业分离发展服务业】一是统一思想,健全组织。分局第一时间出台“主辅分离工作三年规划”,明确工作目标和工作思路。二是明确重点,有序推进。根据高新区实际情况,采用“抓重点带一般”方法,在做大做强主业的同时,着重在工业转型升级和兼并重组中分离发展服务业企业,并确立信息软件业、社区服务业、大文化产业以及专业设计、安装企业四个分离方向。三是注重引导,成效显著。在分离发展工作中,采取“集中分析、专人辅导、定期回访”工作模式,确保分离工作顺利开展。

至12月底,分局已成功分离发展服务业企业23户,当年新产生税费237.69万元,经过培育发展,预计每年可产生地方税收500余万元,为企业每年节约税收成本约1000万元。

【税收法制建设与税收宣传】一是倡导依法治税,组织广大干部深入学习《保密法》、《行政执法专题研究》等。二是做到有法可依,编写分局制度汇编,内含会议制度、干部人事管理制度、财务制度、办税服务制度等八项内容,作为工作准绳。三是强调从严治政,制订分局ISO管理考核机制,并建立内审制度,定期对全局各科室进行内部审查和管理评审。

以税收宣传月为契机,打造“纳税服务三大品牌”,分别为外语服务品牌、网上服务品牌和个性化服务品牌,其中个性化服务以分行业税收宣传册为代表,改变分税种宣传税收政策的传统模式,根据高新(滨江)区产业结构分类,为纳税人“量身定做”包括房地产业、软件业、信息传输业、制造业、动漫产业等八本税收宣传册,受到一致好评。

【征管改革与税源管理】一是创造性地开展广告业电子商务税款代征工作,截至12月底,由阿里公司通过代征形式入库税费252.35万元,由税务机关门征代开票缴纳税款329.01万元,涉及纳税人次13.25万人次,为电子商务的税收征管打下良好基础。二是制订了《重点税源群日常管理制度》,加强对重点税源企业的沟通和监控。三是利用纳税评估的新型征管手段,组织有针对性的抽样评估,全年共评估29户企业,共补税费390332.08元。四是在原有参数定税的基础上新增棋牌业、洗车业、文印业、台球业等四个行业,为参数定税法最终实行奠定扎实基础。

【信息化建设】一是创建一批重点税源企业QQ群和MSN群,方便辖区内重点税源企业人员与岗位责任人即时沟通,截至12月底,共创建重点税源群7个,入群人数500余人。二是依托《税友2006》系统,研发具有分局特色的税源管理软件,实现重点税源收入的预测数字、入库数字及变动说明直接录入。三是通过集中讲解、专人负责、上门服务三种方法成功推广不动产、建筑业开票软件，截至12月底共完成软件安装测试27家，其中房地产企业22家，建筑业企业5家。

【各项规费征收】一是社保费征缴工作迈上一个新台阶，清理出社保费非正常户442户，追缴农转非养老保险费欠缴费款3亿元，同时社保投诉案件由上年的105起下降到55起，全年社保费收入累计增长超过10%，企业单位参保率在95%以上。二是教育费附加和地方教育费附加稳步增长，合计入库1.59亿元，同比增长8.70%。三是积极贯彻落实水利建设专项基金减免政策，全年共入库水利建设资金6988万元，同比增长18.20%，分局权限内审批减免水利金246户，省局复核54户，减免金额4971万元。

【优化纳税服务】一是根据省局标准化大厅要求，对纳税服务大厅进行标准化改造，营造舒适温馨的办税环境。二是举办"新办企业财税知识培训会"，免费为辖区内新办企业人员进行基本操作流程和财税知识培训，截至12月底，分局共举办此类培训10余场次，培训人员800余人次。三是发放办税服务卡，公布局内主要职能办公室负责人的联系方式、市局咨询热线、到达分局的公交信息、同城通办事项等，使纳税人做到"一卡在手，办税不愁"。

队伍建设【财税文化建设】一是积极开展"企业服务年"，扶贫救灾，帮困助学等爱心活动，创造良好的舆论氛围。二是积极开展文体活动，一举囊括"跨越千亿·成就未来"系列体育比赛团体第二以及网球、足球、登山三项冠军。三是成立包括外语、瑜伽、足球、网球、登山等十个俱乐部，深化柔性管理，创建和谐队伍。

【机关作风建设】一是贯彻执行"三公"治理，积极响应公车改革，坚决杜绝公款吃喝，明令禁止公费旅游。二是提高办事效率，推出一次性告知制和补正承诺制，对纳税人经常办理的涉税事项，严格实行当场办结制和限时办结制，简化工作流程，树立高效、严谨的地税形象。三是深入开展"主题辩论赛"、"好书推荐会"等活动，引发广大干部对工作态度和人生哲理的思考，进一步完善作风建设长效机制。

【教育培训】一是鼓励干部职工参加各类学习与职称考试。二是积极支持干部职工参加省局、市局的知识竞赛，在7月市局团委组织的知识竞赛中，分局共有3位团员进入前30名，其中一位更有幸代表杭州市局参加省局知识竞赛，夺得团体第一、个人第三的好成绩。三是定期开展业务培训，举办企业所得税汇算清缴、营业税新条例等内部培训讲座10余场次。四是邀请专家学者开展消防安全、摄影入门、PS制作等知识讲座，满足广大干部职工各方面知识需求。

【廉政建设】一是坚持理论学习，通过自学和讨论相结合，深入学习科学发展观，树立起正确的世界观、人生观、价值观。二是树立正反典型，一方面利用吴大观、钱学森等优秀共产党员的先进事迹倡导奉献精神，另一方面利用反腐纪录片中职务犯罪人员的现身说法起到警示作用，在广大干部心中筑起道德和法纪两道防线。三是推行政务公开，通过税企恳谈会、政务公开制度等引入群众力量，主动接受群众监督。

【创建文明单位】一是分局领导亲自带队到江干分局和下城分局学习创建经验。二是开展自查工作，查漏补缺。三是筹备巾帼文明岗申请工作，做好台账的整理和分类。四是荣获杭州市级"青年文明号"。

（杭州市地方税务局高新（滨江）税务分局供稿　应哲艳撰写）

杭州市开发区地方税务工作概述

局长 叶莉

经济概况 2009年，辖区所属下沙经济技术开发区全年财政收入69.08亿元,同比增长33.1%。其中地方财政收入26.26亿元,同比增长33.3%;辖区所属风景名胜区全年财政收入3.55亿元，同比增长13.2%,其中地方财政收入2.58亿元,同比增长17.9%。

税收概况【任务完成情况】2009年,杭州市地方税务局开发区税务分局共组织各项收入62.59亿元,比上年增长12.82%。其中税收收入27.85亿元,比上年增长16.51%,完成年度计划的104.90%。三项规费收入(包括水利建设专项资金、教育费附加和地方教育附加的入库数）实际完成7.28亿元，同比增长25.16%。

【税收特点】一是全年税收走势先抑后扬,稳步回升。2009年一季度税收收入同比增幅仅为4.75%,后期随着经济的回暖,房地产税收快速增长,二、三季度税收收入同比增幅升至15.82%和37.63%，四季度在落实各项税收优惠政策后,仍保持同比8.90%的增幅。二是税收结构居于高位,优势明显。依托中烟公司稳定的城建税税源,以及房地产税收的贡献,2009年度营业税及地方七税合计达19.33亿元,占税收总量的69.41%。三是优惠政策落实到位,减免税额突破亿元。2009年度,落实各项减免税额破1亿元。四是第三产业税收较快增长,优势进一步扩大。2009年度商品房价格和成交量不断创出新高,拉动房地产税收增幅升至91.95%。五是重点税源企业稳定增长,增幅略高于平均水平。2009年度,占税收总量71%的109户重点税源企业，累计入库各项地方税收19.90亿元,同比增长17.38%,略高于分局平均增幅。

【税源分析】1.营业税:入库8.99亿元,同比增长30.83%。增收原因:随着保利、金隅、新鹏等新盘的相继推出,7月、8月、9月房地产营业税单月入库分别为0.52亿元、0.42亿元和0.56亿元，平均增幅287.85%,全年房地产营业税增量达到1.3亿元,占营业税增量的62%,拉高营业税增幅19个百分点。与此同时,主辅分离的不断深入以及各相关部门招商引资力度的不断加强也促进营业税进一步增长。2.企业所得税:入库1.54亿元,同比增长0.01%。企业所得税与上年持平。受宏观经济形势低迷影响,2009年1月份企业所得税同比下降56.06%，分局及时调整部分企业的征缴期限(按月进行征缴核算),加强征管力度以遏制企业所得税进一步下降。新入企业(浙江运达风力有限责任公司)在年度内带来0.19亿元增量,避免了年度企业所得税负增长局面。3.个人所得税:入库6.98亿元,同比增长16.37%。增收因素:股权交易为主要支柱,2009年度股息红利及财产转让部分入库个人所得税2.31亿元，同比增收1亿元，增长77.20%，其中杭州银行因职工股减持贡献0.88亿元个所税增量。工薪类个人所得税同比出现小幅下降(-1.66%)，其在个人所得税中所占份额也由上年的

75%下降到63%,特别是按45%以上税率征收的高薪人群,受国际金融危机影响,整体收入明显下降,全年入库个人所得税同比减少0.35亿元,下降35%。4.其他税收:入库10.34亿元,同比增长8.93%。增收因素:房产税和土地使用税两项减免退库金额已达0.32亿元(含以前年度减免,在今年退库)。同时,由于烟草、石油消费税政策的调整,2009年度两行业城建税增量1亿元,使分局在消化了经济下滑、增值税转型、优惠政策落实等减收因素后,仍保持其他各税近9%的增长。

各项工作情况【优化收入结构】税收结构居于高位,优势明显。依托中烟公司稳定的城建税税源,以及房地产税收的贡献,2009年度营业税及地方七税合计达19.33亿元,占税收总量69.41%,比上年提高1个百分点。

【帮扶企业"春雨"专项行动】一是2009年,落实减免税2.2亿元。其中:减免高新企业所得税额0.25亿元,研发费加计扣除0.6713亿元,减免房产税0.18亿元,土地使用税减免0.15亿元,营业税减免0.32亿元,水利建设资金0.63亿元。二是做好企业养老保险单位缴纳部分的费率下调和社会保险费企业缴纳部分集中减征工作。根据测算,2009年由于下调4个百分点的费率,养老保险(企业缴纳部分)收入减少将近1.6亿元,加上集中减征社会保险费(企业缴纳部分)1.4亿元,两项合计为企业减负达3亿元。三是开展税务干部进企业活动,全局43名干部累计112人次走访159户企业,建立起一对一的联系帮扶关系,逐户了解企业生产经营情况,讲解税收优惠政策,赠送税收法规政策250册,现场解答纳税人反映的涉税问题50个,提供个性化服务15项,及时解决企业难题。

【推进企业分离发展服务业】一是目标任务完成情况。截至2009年12月,完成分配目标任务,实施分离发展服务业新增企业27家,分离整合业务企业2家。27家新增企业中,分离出物流(运输)企业4家,分离出建筑安装企业1家,分离出科技服务企业2家,分离出文化创意服务企业1家,分离出其他三产服务企业19家。二是分离企业发展及政策落实情况。2009年实施分离的新增27户企业,截至2009年12月30日,实际入库313.975万元。2009年实施业务分离企业2家,实际入库28.72万元。实施业务分离后企业税负降低,效果明显。2009年实施分离企业共减免税收159.58万元。

【税收法制建设与税收宣传】深入实践依法行政、依法治税,不断加强税收法制建设,积极开展税收法律法规政策宣传咨询活动。一是不定期召开税企恳谈会,做好对税费征收有异议纳税人的沟通工作。二是结合财税专家送政策到企业。三是开展税收宣传月活动,加强"保增长、扩内需、调结构"结构性减税政策的宣传;加强社会保险费的宣传,组织干部进入社区发放税收宣传手册,现场解答税收相关政策问题。

【征管改革与税源管理】探索新形势下征管工作新模式。一是把税收管理延伸到税务登记前,从三个层次建立"事前税源管理制度"。1.在引进税源时,提前介入,向潜在的纳税人提供税收政策咨询等服务,支持和帮助有关部门引进税源。2.在辖区经常性开展单位面积商业资源税收贡献率调查,为辖区管理部门提供调研报告,支持和引导辖区政府引进优质税源。3.每月为辖区提供详细税收分析报告、税源调研报告等,做强地方主体税种,做大地方小税种。二是实现税收管理"个性化"。1.针对新办企业税务知识比较欠缺、对办税程序不了解等情况,主动走访新办企业。2.建立税企"即时服务QQ群"。由税收业务骨干作为QQ群管理者,提供及时、详尽的政策发布和咨询。3.定期召开纳税人代表会议,就纳税服务工作向纳税人代表"述职",认真向纳税人汇报近期工作情况,请纳税人"亮分",并听取纳税人对税收征管工作的意见和建议。三是加强对重点税源企业、重点税源行业的监控,及时掌握新增税源情况,抓住支柱税源。四是以人为本,创新手段,实现税源精细化管理。有针对性地开展技能培训,不断提高管理员的综合素质和业务能力;建立健全岗责体系,明确税收管理员职责;加强发票管理,强化"以票控税"、源关监控;加强协作,多头并进,建立和完善各级协税护税网络,实现涉税信息资源高度共享,拓宽税源信息的来源渠道,特别是加强对车辆、房屋租赁、房地产开发、个人所得税等征管薄弱环节税源信息的实时交换工作,充分发挥协税护税网络对地方税收控管作用,强化税收源泉管理。

【信息化建设】(一)软件推广与应用方面:应用税友2006系统,做好垃圾数据清理工作;做好浙江省个人房屋出租税收征管软件、税票代开系统在辖区内协税护税工作站的推广应用工作;做好不动产建筑业管理软件的推广应用工作,加强对销售不动产和建筑业营业税的精细化、科学化管理。2009年度共有7家企业安装该软件,并通过软件申报税收入库0.12亿元。(二)硬件设施及网络方面:为方便纳税人,配合办税大厅标准化建设项目的实施,在办税服务大厅启用MIS-POS刷卡系统和电脑叫号服务系统,做好网上申报区的网络铺设;为配合保密安全教育月活动,在下沙办税大厅移除原有无线网络,改以铺设有线网络,增强安全性。(三)国地税协作方面:做好个体工商户定期定额信息共享等工作,目前武警石材市场、下沙金沙数码港、下沙石材市场等6个市场累计938户个体工商户在定额核定上实现与国税定额的信息共享。(四)信息化制度建设方面:依托《税友2006》,进一步深化税源间接控管模式,落实《日常税源管理下户工作规范》、《信息采集工作规范》等制度。根据浙地税发〔2006〕142号文件,制订日常税源管理下户工作规范和信息采集工作规范。

【各项规费征收】2009年度,规费收入共入库34.73亿元,占地税总收入的55.49%,与上年同比31.57亿元,增长10.02%。(一)社会保险费:1.征收入库社保费27.16亿元,同比增长6.41%,增收1.64亿元。2.征收入库养老保险费企业缴纳部分5.77亿元,完成全年任务数的117.53%,超额完成17.53%。3.征收入库医疗保险费企业缴纳部分5亿元,完成全年任务的111.20%,超额完成11.20%。(二)水利建设专项资金:征收入库水利建设专项资金0.89亿元,增长31.39%。(三)两教附:教育费附加和地方教育费附加两项合计入库6.39亿元,增长24.35%。其中教育费附加收入入库3.37亿元,同比增长20.31%,地方教育附加收入入库3.02亿元,同比增长29.19%。(四)残疾人就业保障金:共代征入库残保金0.28亿元,同比增长28.34%。

【优化纳税服务】一是加强信息化建设,全面提高纳税服务效率。加强对多元化纳税申报管理模式宣传,电话申报、邮寄申报、网上申报等多元化的纳税申报方式比例逐渐增多。通过网上论坛、QQ群等方式为纳税人提供及时、准确的政策咨询,打造纳税服务的“电子平台”。二是创新服务方式,满足纳税人日益增长的个性化服务需求。建立或完善“假日服务”、“延时服务”、“预约服务”、“限时办结”、“首问负责制”等各项服务制度。三是制订纳税服务标准和规范,重视维护纳税人的合法权益。围绕保障纳税人各项权利,设立服务投诉电话和征求意见箱,聘请行风监察员。建立健全纳税服务评议评价机制和服务质量、效果的保障制度,建立为纳税人提供优质纳税服务的长效机制。

队伍建设【财税文化建设】和谐的财税文化是提升干部工作满意度的重要因素。分局建立羽毛球、乒乓球、登山、游泳、太极拳、读书等文体协会,定期举办登山、球类、手工、读后感等比赛。深入开展争创文明单位、青年文明号、巾帼文明示范岗等活动,开展扶贫帮困、建设和谐机关等创建活动,提升地税形象。2009年,在杭州市财政地税系统“跨越千亿·成就未来”体育系列活动中取得羽毛球混团冠军、乒乓球团体第三名等好成绩。年末“包饺子餐话会”,增强与兄弟分局的同事感情。工会、妇委会举办“读一本好书”、“才艺大比拼”等活动,展示税务干部“心灵手巧、秀外慧中”风采。

【机关作风建设】健全机制,强化执行。一是通过深入开展落实实践科学发展观活动,提高干部政治素质。全体党员、干部通过集中学习、自学、座谈、听取讲座等多种学习方式,深刻体会和理解科学发展观含义。同时在深入调研走访企业,组织纳税人座谈,全局干部征求意见的基础上,顺利完成党委专题民主生活会、党员组织生活会、形成领导班子分析检查报告和组织评议等环节工作,正确开展批评与自我批评,客观总结贯彻落实科学发展观以来取得的成绩,认真分析存在的问题及原因,提出下一步贯彻落实科学发展观的主要思路和具体措施。

【教育培训】通过集中培训和自学、网上学习、讲座、讨论、大会等形式开展业务学习。提升岗位技能,创建学习型机关,提高工作业务素质和能力。通过学习,全局干部职工的素质得到极大提高。2009年,由分局干部陈巨阳参加的杭州市局代表队,在全省地税系统岗位技能比武中夺得团体第一名,展示了基层干部良好的办税服务技能。

2009年度共组织撰写税收调研文章13篇。其中,《金融危机对杭州经济技术开发区经济税收的影响及建议》,对分局、辖区管理部门、辖区企业如何应对金融危机提出意见和建议,受到相关部门好评。该调查报告被杭州市政府内参全文刊登,为领导决策提供了基础资料;《关于杭州经济技术开发区大学科技城税收现状的调查报告》,提出培植大学科技城税源的意见和建议,对增加税源起到积极作用。

【廉政建设】在干部大会、党委、支部会议、科长会议上强调加强"三靠两抓"(靠教育、靠制度、靠领导以身作则和正面抓、抓正面)的工作思路,切实做好党风廉政建设。通过先进典型教育与反面警示教育相结合,不断增强干部提高拒腐防变、经得起各种诱惑和考验的能力。引导干部职工算清"三本账",一算"前途账",二算"经济账",三算"家庭账"。通过算"三本账",从思想源头上刹住不良的思想和念头,真正把思想政治工作做深、做透,走出一条自我约束、自我监督的廉政建设新路子。

【创建文明单位】以科学发展观为统领,将为民服务、依法治税的理念切实贯彻到工作中去,持续提高工作效率和服务质量。在与广大纳税人沟通时展示税务干部良好的精神风貌和过硬的业务素质。积极行动,为争创市级巾帼文明岗做准备。

(杭州市地方税务局开发区税务分局供稿　祝彬森撰写)

杭州市萧山地方税务工作概述

局长　金　伟

经济概况 2009年,萧山区实现国内生产总值1044.85亿元,增长10.1%。其中:第一、二、三产业增加值分别为43.41亿元、652.68亿元和348.76亿元,分别增长5.5%、7.9%和15%;第一、二、三产业增加值占生产总值比重分别达到4.2%、62.4%和33.4%;人均生产总值81567元,增长6.21%。全区完成财政总收入137.08亿元,增长8.1%;实现地方财政收入69.53亿元,增长10.1%。

税收概况【任务完成情况】2009年,杭州市萧山地税系统共组织各项收入74.81亿元,增收2.94亿元,增长4.09%。其中:税收收入50.02亿元,增收1.19亿元,增长2.5%;其他收入24.79亿元,增收1.75亿元,增长7.57%。

【税收特点】一是总量继续攀升,增幅低开高走。全年税收收入首次突破50亿元大关。受国际金融危机影响,1月份出现30.3%的负增长。随着经济形势的逐步好转,收入增幅逐月回升,8月份实现正增长,但全年2.5%的增幅比2008年下滑了11.13个百分点。二是主要行业税收全面回升,制造业相对滞后。从第二季度开始,房地产业、建筑业等主要行业全面回升,特别是建筑业、交通运输业、餐饮住宿、批发零售业从5月份起实现正增长,但制造业全年税收收入下降10.02%。三是第三产业税收增长明显。实现税收收入28亿元,同比增长22.84%,增幅提高9.9个百分点,占税收收入的比重达55.98%,同比提高4.43个百分点。

【税源分析】1.营业税基本保持平稳增长。入库20.32亿元,增收2.34亿元,增长13%。增收因素:一是房地产业。受适度宽松的货币政策和二手房交易优惠政策影响，房地产市场从二季度开始迅速回暖,全年入库营业税7.22亿元,增长30.12%。二是建筑业。一方面,萧山城市化进程加快,基建投资逐年加大,比如庆春路过江隧道、地铁工程、机场高速扩建等工程,客观上为建筑业营业税增长提供基础；另一方面,采取规范建筑业发票管理、实施建筑项目控管办法、强化外来施工企业税收征管等举措,进一步加强了建筑业营业税征管。全年入库5.08亿元,增长13.49%。

2. 企业所得税继续负增长。入库8.17亿元,减收1.93亿元,下降19.11%。减收因素:一是制造业受金融危机影响较大，全区30个制造行业,19个行业税收出现下降,特别是金属制品业、电气机械及器材制造业、化学原料及化学制品制造业、交通运输设备制造业下降最大;二是政策因素,技术开发费加计扣除政策和高新技术企业所得税减按15%税率征收,分别减收企业所得税7000万元和6000万元。

3. 个人所得税增长明显。入库8.67亿元，增收1.23亿元,增长16.53%。增收因素:出台《萧山区企业股票投资、个人股权转让税收管理暂行办法》,加强对个人股权投资、转让和股息红利个人所得税控管,全年利息、股息、红利个人所得税入库2.8亿元,增收1.3亿元,增长85%;年所得12万元以上个人所得税自行纳税申报工作顺利完成,净补缴税款168万元。

各项工作情况【优化收入结构】一是继续落实对文化创意产业、总部经济、楼宇经济、服务外包产业的税收优惠政策,支持现代服务业做大做强。二是加大对地方税种的征收力度。全年入库营业税及地方七税33.18亿元,占税收收入总量的66.3%,同比提高2.2个百分点,创历史新高。三是完善小税种征管机制。做好2008年度国地税共管户执行期的地方税款结算工作,补征地方税费623万元;加强城建税和营业税、增值税的比对,入库城建税4.11亿元;完善土地增值税管理,全年入库1.2亿元,增幅达36.05%。

【帮扶企业“春雨”专项行动】一是落实企业基本养老保险费费率下降2%和企业社会保险费单位统筹部分减征一个月政策,减轻企业负担1.5亿元。二是落实各类税收优惠政策,减免房产税5000万元,城镇土地使用税6016万元；审核确认国产设备投资企业所得税抵免57户,金额4407万元,全年减免企业地方税费累计达3.8亿元。三是优化服务。开展“送温暖”活动和“企业服务月”活动,建立了领导干部联系企业服务点和服务企业小分队。全年走访企业300家,解决实际问题58个。四是加大对企业各类税费优惠政策的宣传力度，对一些新的优惠政策进行了梳理,重新编印宣传小手册并及时分送给企业。

【推进企业分离发展服务业】一是拟订并经区政府下发了《关于支持企业分离发展服务业的若干政策的通知》，明确了扶持对象和涉及财政奖励、税收优惠、用地指标、水电气要素价格、行政审批等方面的19条扶持政策。二是成立了领导小组,制订了《萧山区财税分离发展服务业三年行动计划指导意见》和《萧山区财税推进企业分离发展服务业工作绩效评价办法》等文件,保证分离工作的顺利开展。三是分离工作取得实效。全年完成分离发展服务业企业47家,实现地方税费3200万元。

【税收法制建设与税收宣传】严格依法对税务案件的审理,全年共处理涉税案件11起,涉及税(费)款、滞纳金、罚款合计3014万元;开展行政权力事项清理,共清理142项;认真贯彻实施税收执法责任制“两个办法”，推进执法责任制人机结合考核项目的运行。

创新税收宣传形式,局领导走进萧山网,就“服务保增长、政策促转型”主题与网友交流;编纂发行《萧山财税三十年》大型画册，并被浙江省地税局评为2009年度税收宣传优秀项目;开展税收宣传进学校、进社区、进企业活动;在《萧山日报》对2008年度缴纳税费超500万元的企业进行表彰,营造良好的税收氛围。

【征管改革与税源管理】一是加强重点税源监控。对622家被认定为县(市)级以上重点税源户企业的税收、经营等情况全面纳入TRAS管理系统进行监控,其入库税款占全部税额的67.6%。二是加强行业税收和特殊经济行为税收管理。分别就外地进萧建筑企业、教育劳务、歇业企业清算、股权投资和转让等有关税收问题进行明确和规范;认真落实建筑业、化纤织造业行业税收管理办法。三是改革完善税收征管机制。税控收款机对在营业税起征点以上的所有餐饮业纳税人全面应用;出台下户派工管理办法,完善对税务工作人员的跟踪管理机制;个体参数定税法在18个小行业全部应用到位;契税、耕地占用税划转地税征管工作顺利完成。

【信息化建设】完善了信息化建设的总体思路、目标和基本规划;落实经费,积极保障小型机等重大信息硬件设备运行;全新的地税内外网站上线运行;"税企通"信息交流平台开发完成并上线试运行;全面推广应用《税友2006》快捷查询管理软件;不动产建筑业税收项目管理软件完成试运行;自行开发并应用"my office"办公管理软件。

【各项规费征收】加强社会保险费征收,全年共入库17.39亿元,增长13.21%;认真做好企业工会经费、水利建设专项资金、残疾人就业保障金的征收工作,分别征收2385万元、2.78亿元、4406万元;制订《萧山区社会保险费未申报公告办法》和《萧山区社会保险费欠费公告办法》,加强未申报、欠费行为治理。

【税务稽查】开展对大型超市、营利性医疗机构、教育劳务业、旅游业、建筑业、房地产业专项检查,全年共检查394户,查补金额1.05亿元;会同公安、国税等部门加大打击制售假发票力度,行政拘留3人,刑事拘留3人,有力地维护了税收秩序。

【优化纳税服务】进一步规范办税服务厅标准化建设,开展对窗口工作人员的集中培训;利用财税网站、税企QQ群、"税企通"等数字化办税平台,深化政策服务,及时主动地将最新、最全的税收政策告知纳税人;开展涉税事项"同城通办"业务,不断减轻纳税人负担。

队伍建设【财税文化建设】邀请中央音乐学院副院长周海宏举办《音乐与人生》讲座,提高干部文化素养;对全体干部职工的业余爱好进行普查,成立了11个兴趣小组,大力倡导"三远离、三走近"休闲方式;举办以"健体魄、悦心灵、强团队"为主题的环湘湖健身走活动、国庆60周年文艺汇演和财税青年论坛,丰富干部职工的业余文化生活

【机关作风建设】深入学习实践科学发展观,开展"权力阳光"主题教育,提高干部思想政治素养;制订《税务工作人员着装纪律》,规范着装要求;规范税企联系单的运作,更新、完善局机关、基层单位的干部去向牌,强化去向管理,严肃工作纪律。

【教育培训】邀请区检察院副检察长作预防职务犯罪讲座;组织干部279人分6批到看守所进行警示教育;组织新任中层干部到法制教育基地接受现场教育;邀请省级电台批评类节目著名主持人叶峰作遵纪教育讲座;开展"干部学习新干线"活动,提高干部职工业务水平。

【廉政建设】完善廉政监督员交叉明查暗访制度;开展廉政文化示范点建设活动,设立廉政文化展示厅;在办公区域设立廉政文化景观;在走廊布置廉政书画作品;在局域网上专门设立廉政文化网页,每天播出干部职工的廉政座右铭;以廉政建设为主题,统一基层办公电脑屏保和桌面,营造办公场所浓厚的廉政文化氛围。

【创建文明单位】按照"管理创新年"要求,全面实行地税工作项目化管理,提高工作效率。继续开展"春风行动"、爱心助学、扶贫结对以及义务献血等各类社会公益活动,提高干部责任感,树立良好财税形象。2009年,瓜沥税务分局被评为省级基层文明单位。

(杭州市萧山地方税务局供稿 吴水忠撰写)

杭州市余杭地方税务工作概述

局长 姚文华

经济概况 2009年,杭州市余杭区实现地区生产总值532.46亿元,可比增长8.8%。其中:第一产业增加值35.53亿元,同比增长3.7%;第二产业增加值287.89亿元,同比增长5.4%;第三产业增加值为209.04亿元,同比增长15.1%。第一、二、三产业结构为6.7:54.1:39.2。按户籍人口计算,全区人均GDP为63172元,按当年平均汇率计算突破9000美元,达到9269美元。全区财政总收入完成100.07亿元,同比增长20.1%;地方财政收入完成59.67亿元,同比增长22.9%。

税收概况【任务完成情况】2009年,余杭区地税部门共组织各项收入65.44亿元,同比增长13.9%。其中:税收收入47.35亿元,同比增长16.3%;组织各类基金、费等其他收入18.09亿元,同比增长8.1%。

【税收特点】一是收入进度呈逐月上升态势。一季度,税收收入单月和累计增幅均呈负增长态势,二季度由于房地产市场回暖,经济形势逐渐趋好,税收收入单月增幅自5月起实现正增长,累计增幅在7月份开始飘红,至年终实现正增长16.3%。二是产业税收贡献占比二产增、三产降。第二产业入库税收16.45亿元,占税收比重为34.7%,较上年增长5.3个百分点;第三产业入库税收30.80亿元,占税收比重为65.1%,较上年下降5.4个百分点。三是建筑业、制造业等行业税收增长较快。房地产业入库税收20.90亿元,同比增长1.2%,增收2522万元;建筑业入库8.37亿元,增收3.15亿元,同比增长55.7%;制造业入库7.66亿元,增收1.33亿元,同比增长21.0%。

【税源分析】1.营业税。全年入库21.05亿元,同比增长23.3%。增收原因:一是房地产、建筑业经济回暖后稳步上升。2009年共成交31146套商品房,占营业税收入总量的46.8%,建筑业营业税入库5.72亿元,同比增长58.3%。二是第三产业发展迅速。淘宝(中国)等软件公司入驻余杭,信息传输、计算机服务和软件业三大信息产业营业税入库8526万元,同比增长169.3%。三是"金融业"营业税增长较快,增幅达30.2%。

2.企业所得税。全年入库10.23亿元,同比减少3.5%。减收因素:一是企业效益普遍下滑、利润减少导致税收下降;二是一些大型房地产公司都已于年前结盘,"房地产业"企业所得税入库同比减少16.4%。

3. 个人所得税。全年入库6.15亿元,同比增长39.5%。增收因素:一是利息、股息、红利所得入库税款增幅较大,达72.2%。二是加强股权转让个税征管,引入股权转让个税征管长效机制,当年度共计入库税收7000万元,同比增长126%。三是知名企业入驻余杭经济开发区后带动效应明显,工资薪金所得入库税款2.32亿元,同比增长22.4%。

4. 其他税收。全年入库9.93亿元,同比增长27.3%。一是城镇土地使用税实现121.7%的增幅;二是资源税入库2513万元,同比增长71.9%。

各项工作情况 【帮扶企业"春雨"专项行动】认

真落实“保增长、促内需、调结构”及促进第三产业发展等各项税收优惠政策要求，全年累计减免税收2.91亿元，其中：企业所得税预计减免1.3亿元，房产税减免4900万元，城镇土地使用税减免6300万元，再生资源增值税办理退税4944万元。落实水利建设资金减免工作，473户企业减免水利建设资金3830万元。落实降费减负工作，全年累计为企业减负1.57亿元，其中：3月份对五项社会保险费缴纳比例实行临时性适当下浮，共计减征企业9284户，减征金额7178万元；5月份养老保险费率由15%下调至12%、工资基数打折比例不分行业均下调至60%，为企业减负8500万元。此外，全年行政事业性收费减征、免征7047万元。

【推进企业分离发展服务业】全面贯彻营业税新条例，鼓励企业在余杭发展总部经济，引导企业正确核算混合销售行为、兼营行为等营业税，做大营业税税基。推进企业主辅分离工作，制订《余杭区财税推进企业分离发展服务业三年行动计划指导意见》和《推进企业分离发展服务业工作绩效评价办法》，全年分离发展服务业企业33家，增加税收750万元。

【税收法制建设与税收宣传】一是实施《税收执法责任制考核评议办法》和《税收执法过错责任追究办法》，依托《税友2006》对2009年度的税收执法情况进行考核；二是做好经纬房产等9件重大税务案件审理工作，对长岗纸业案件进行案审研讨；三是制订出台《税务行政处罚案卷评审办法》，对行政处罚案卷进行检查评审；四是开展权力阳光运行工作，编制行政权力清单274项、流程图123项，规范权力运行；五是实施政府信息公开工作，主动公开财税政策文件、行政许可、行政处罚等政府信息52条。

在第18个全国税收宣传月活动期间，制作《木马现形记》宣传片，开展“政策法规培训”、“民生政策走进新农村”等特色活动，重点宣传税收优惠政策。

【征管改革与税源管理】一是建立健全重点税源五级监控制度和重点税源监控预警机制，辖区内375家企业纳入重点税源管理户。二是深入开展个人所得税征管，加大对个人股息红利、财产转让所得的税源监控，追缴税收收入7071万元。三是出台《关于外来建筑企业所得税征收管理有关问题的通知》，规范对外来建筑业所得税管理，防止税源流失。四是推进租赁业专项纳税评估工作，出台租赁业税收征管暂行办法和评估指标体系，全年补缴各项税费364万元。五是强化纯地税行业个体税收管理，全年增加地税收入2000万元。六是加强与国税部门协作，开展城建税缴纳情况比对工作，查出应补缴税款1388万元，现已入库973万元。同时，联合国税部门下发《协税护税组织章程》，在全区范围开设办税服务点35个，代征税款1779万元。七是调整车船使用税征收方式，自2009年6月1日起实现保险公司代扣代缴。

【信息化建设】一是深化应用《税友2006》快捷查询管理软件，发挥对日常税收征管工作的支持作用。二是推广应用不动产、建筑业税收管理软件，推广应用至全区128家房地产企业和119家建筑企业。三是扩大电脑版普通发票开票软件应用范围，实施“以票控税”。四是推出POS刷卡缴税服务，方便纳税人缴税。

【各项规费征收】一是继续深化“五费合征”征缴机制，全年全区净增参保人员17523人，社会保险费支付能力从去年的42个月提高到52个月。二是规范水利建设专项资金、残疾人就业保障金和两项教育费附加征管，全年共征收水利建设专项资金1.42亿元，同比增长6.18%；代征残疾人就业保障金3753万元，同比下降0.7%；征收教育费附加1.34亿元，同比增长14.1%；征收地方教育费附加1.12亿元，同比增长18.6%。此外，推出两项教育费附加比对工作，开发计算机比对程序，共比对665户，入库1185万元。

【税务稽查】全年共查处企业399户，检查面为4.7%；查补入库1.26亿元，完成省稽查局下达任务的142%，其中：税款1.17亿元，罚款433万元，滞纳金425万元；复查24件，复查率为18.2%；公告90件，公告率为75%；检查案件处罚率为52.2%，均达到省局考核指标要求。此外，确定2家企业开展查账软件的试点工作，完善相关应用程序，全年责成自查企业241户，查补税费5317万元，滞纳金234万元。

【优化纳税服务】一是组织开展“百名党员访企业”活动，走访全区重点、骨干企业178家，为企业送上最新财税政策。二是推出“手机报”项目化工作，全年共发送以财税政策为内容的手机报彩信15期，服务对象达2400余人。三是做好《余杭财税》刊物编印工作，全年累计发放2.4万余册。四是推行“一窗式”

办税服务，提高服务效率。五是建立“地税之家QQ群”,在线解答纳税人涉税问题。

队伍建设【财税文化建设】以创建“五型机关”为目标,以“五大文化”建设工作为载体,全面打造特色财税文化。一是创建精神文化,丰富具有财税特色的精神文化内涵;二是创建行为文化,提升干部学习力、执行力和创新力;三是创建廉政文化,落实党风廉政建设责任制,开展公述民评等活动,形成“不想为、不敢为、不能为”的廉政环境;四是创建制度文化,建立健全内部管理机制和考核激励机制;五是创建物态文化,设立廉政文化活动室,悬挂廉政警句牌,并将干部职工的书画作品制作成精美的廉政台历,既起到提醒作用,又能鼓励干部职工养成健康向上的生活情趣。

【机关作风建设】一是按照《干部队伍建设和党风廉政建设工作目标考核办法》、《余杭区财政局纳税管理考核办法》等规章制度对全体干部职工进行考核,并将考核结果与“文明单位”等评选活动相挂钩,实行“一票否决制”。二是不定期对干部职工遵守禁令、上下班纪律、请销假执行等情况进行暗访和检查,严肃工作纪律。

【教育培训】开展以新法规新知识为内容的全员业务轮训,以专题讲座为载体的中层干部培训,以网络学校为平台的基础性教育,以“三个能手”评选活动为抓手的巩固型教育等六大教育培训活动,努力提升干部队伍综合素质。一年来,共获得区级以上个人先进、表彰44人次,其中国家级先进3人次、省级先进6人次、市级先进10人次,区级先进25人次。

【廉政建设】一是实施岗位风险点查找和教育工作,按照“自己找、相互查、群众评、领导点”方法,查找廉政风险点,并提出一些切实可行的防范措施。二是开展公述民评活动,邀请47名评议代表,对余杭区地税部门依法行政、服务态度、工作效能等五方面内容进行评议。三是组织收看《贪官心理档案》、《秘密》等电教宣传片,开展廉政系列征文活动,树立清廉意识,筑牢反腐防线。

【创建文明单位】通过开展“三力提升”工程及“项目化”管理工作,余杭区地税部门在各项竞赛、评比中均取得不俗成绩,2009年共获得区级以上集体类先进、表彰22项,其中:省级先进9项、市级先进5项、区级先进8项,余杭分局和良渚分局分别获得全省地税系统“群众满意基层站所”先进单位,“全省地税系统省级基层文明单位”荣誉称号。此外,获得区级以上个人类先进、表彰19人次,其中国家级2人次、省级3人次、市级5人次、区级9人次。

(杭州市余杭地方税务局供稿　徐素琦撰写)

富阳市地方税务工作概述

局长　华之江

经济概况　2009年，富阳市实现国内生产总值356.4亿元,按可比价格计算,比上年增长8.1%。其中:第一产业增加值24.9亿元,比上年增长2.3%;第二产业增加值214.7亿元,比上年增长4.0%;第三产业增加值116.8亿元,比上年增长18.5%。第一、二、三产业增加值结构由上年的6.9:63.7:29.4调整为7.0:60.2:32.8。全市完成财政总收入50.11亿元,比上年增长11.2%,其中地方财政收入27.57亿元,比上年增长16.9%。

税收概况【任务完成情况】2009年,富阳市地税系统共组织各项收入28.82亿元,比上年增长4.11%。其中:税收收入19.04亿元,比上年增长12.96%;共组织其他各类基金、费等收入9.78亿元,下降9.66%。

【税收特点】一是从时间上看,全年税收收入呈前低后高走势,6月份开始连续3个月高增长,之后税收增幅加速上扬,全年税收增幅达12.96%。二是从税种上看,三大主体税种"两增一减",营业税在房地产市场持续回暖的推动下快速回升,同比增长33.67%;企业所得税受经济效益下滑、消化2008年大量企业所得税一次性入库税收等多种因素影响,同比下降12.30%;个人所得税在股息红利和财产转让所得的推动下,同比增长9.37%;地方七税除车船税因政策因素外,其余小税种均同比增长。三是从行业上看,第二产业中制造业受经济危机影响,同比减收2583万元,下降5.30%;第三产业中,房地产业随着房地产市场的回暖呈快速回升态势,同比增收1.83亿元,增长38.90%。

【税源分析】1. 营业税:入库7.17亿元,同比增长33.67%。剔除房地产业,营业税同比增长13.45%。增收因素:楼市"回暖"与复苏,直接拉动房地产等行业,房地产业增收1.35亿元、建筑业增收2394万元、金融企业增收583万元。

2. 企业所得税:入库2.79亿元,同比下降12.30%。下降主要原因:一是宏观经济不景气,企业效益下降;二是受新所得税法影响,汇算清缴入库9337万元,政策性减收3000万元;三是去年同期一次性收入因素抬高基数。而从减收最大的三大行业情况分析看,主要是由去年同期一次机会收入引起的。其中租赁商务服务业减收2666万元、房地产业减收1552万元、批发零售业减收1208万元。

3. 个人所得税:入库3.04亿元,同比增长9.37%。从分项目情况看,工资薪金所得增收1305万元、利息股息红利所得增收1099万元、财产转让所得增收1855万元。其中财产转让所得增收原因,是二手房交易市场的火爆,个人转让财产所得项目增收1081万元。而个体工商户生产、经营所得减收1738万元,主要原因是个人所得税预征率下调及运输业同比减收873万元。

4. 其他税收:入库6.04亿元,同比增长9.23%。城建税、印花税受经济危机影响,分别仅增收547万元、207万元;车船税由保险公司代征从6月份推开,影响收入进度减收559万元;土地使用税、土地增值税、房产税分别增收1886万元、2422万元、189万元。

各项工作情况【优化收入结构】全年企业所得税比重同比下降4.23个百分点,营业税所占比重提高5.83个百分点,地方税收结构继续维持良好态势。一是做好税收社会化管理体系建设,实现个体税源和零星税源管理新突破。二是探索纯地税户税收定额参数化管理,10月份起5个行业全面实行参数定税。三是抓好行业税收管理。制订建筑、房地产、饮食、娱乐等重点行业管理办法。四是通过上下、部门联系协调与技术支持,率先在杭州地区实行交强险环节代征,入库税款628万元。

【帮扶企业"春雨"专项行动】汇总、整理、出台包括结构性减免税、财政补助、政策扶持3大类10个项目的减负解困政策,为企业及居民直接减负14.23亿元。一是落实各类结构性减税政策。通过调整城镇土地使用税征税范围,为企业减负5000余万元;将造纸企业所得税预警率从1%调整为0.5%,为企业减负5236万元。二是落实社保费优惠政策。从2009年1月起,将企业缴纳基本养老保险费费率从14%调整为12%,职工医疗保险基金统筹比率从6%调整为4%,为企业减负8500万元。三是加大金融保障力度。建立"2亿元中小企业风险基金",新增授信贷款13.54亿元。通过"3亿元应急转贷基金",为11家企业24笔贷款共3.13亿元搭桥周转。四是加大财政补助力度。制定出台各类扶持政策,及时兑现本级地方扶持企业的补助和奖励资金1.57亿元,同比增长17.46%;积极向上争取各类经济扶持补助奖励资金,全年报送上级扶持项目20大类237个项目,中央、省、杭州市共下达补助和奖励资金1.04亿元,同比增长79.36%。

【推进企业分离发展服务业】分离发展服务业企业22家,实现营业收入7.95亿元。2008年12月,下发《关于支持企业主辅分离若干政策的通知》等文件,确定首批列入分离的8户试点企业名单。3月,由市经贸局、地税局、国税局、交通局等部门联合调研,现场解决问题,推进分离工作。同时,乡镇街道领导主动深入企业,及时向领导小组提出建议分离企业的名单。最后,落实专人进行全程优化服务、跟踪分离工作。

【税收法制建设与税收宣传】重新制订《富阳市财政地税系统规范性文件会签办法》,聘请浙江立峰律师事务所为局常年法律顾问单位,做好税收执法检查的日常检查工作,制订"阳光权力清单",2009年被省财政厅评为财政法制工作先进集体。

打造《财税动态》、《财税专版》、"财税服务网站"三大服务平台,刊登《财税动态》7期、《财税专版》9期、9月份财税服务网站正式上线。在省级以上媒体、刊物录用稿件29条,其中7条被《今日早报》刊登。被省地税局评为全省地税信息县(市、区)局组三等奖、全省税收新闻宣传县(市、区)局组二等奖。

【征管改革与税源管理】一是做好税收社会化管理体系建设。12月份,富春街道、东洲街道、大源、新登、高桥5个乡镇街道的协税护税组织正式运行,实现个体税源和零星税源管理新突破。二是实施行业管理指标化建设。选择以铜冶炼、钢结构、马铁铸造、石粉加工、纺织服装、仪表阀门6个加工制造业,对同一个行业分别建立投入产出模型、电费耗用模型、人员工资测算模型、综合评价模型等,建立纳税评估模型和指标体系。三是纯地税户税收定额参数化管理。通过对餐饮、美容、旅店、网吧和足浴5个纯地税行业191户的调查、分析、测算,设立行业定额参数核定数据模型,10月份起全面实行参数定税。

出台《重点税源管理办法(试行)》,明确388户重点税源企业的岗位设置和职责、管理质量标准、绩效考核等内容,将重点税源分成A类和B类,并在分局、新登所试行设立重点税源管理岗,实行A、B角补位管理。全年重点税源企业组织税收收入入库12亿元,占总入库比重63%,同比增长14.4%,比地税总收入增长高1.4个百分点。

【信息化建设】进一步深化《税友2006》数据应用,成立《税友2006》应用互动小组,组织开展快捷查询、纳税评估、参数定税等模块应用的全员培训,制订《税友2006》快捷查询管理软件实施方案,建立快捷查询推广应用联络员制度,清理管理未到位户6558户,总体完成率98.67%。

【各项规费征收】一是以保稳促调为目标,落实好各项规费的优惠政策,做好降率减负与集中减征工作。二是推进社会保险费"五费合征"工作,10月份市政府通过社会保险费"五费合征"方案,12月份地税和社保之间信息和数据共享和交换正式上线运行。2010年1月1日全市范围内所有缴费单位实施社会保险费"五费合征"。三是做好规费日常征缴管理工作,其中205户企业补缴2008年度社会保险费155万元,2009年度社会保险费申报人数达108352人,比上年增加缴费人数8423人。

【税务稽查】一是大力推行辅导式检查。实施辅导式检查139户,查补税费2330万元。二是实行案例引路的行业检查方法。通过组织案例分析,及时对查处的案件进行分析解剖,确保稽查效率。三是建立检查范本。对宾馆餐饮、房地产、仪表阀门3个行业选择典型企业进行解剖式检查,为行业检查和税源管理提供参考。全年检查纳税人246户,查补总额3901万元,为年度地方税收收入的2.04%;入库3901万元。

【优化纳税服务】充分运用"用心去执法,用情去感化"工作理念,丰富和完善"一窗式"、全市通办、网上互动等个性化服务项目。一是开展"我为纳税人办一件实事"活动,从"爱商、护商、促商"角度,将服务工作做到位。二是充分发挥"地税QQ群"作用,实时公布有关政策和办事要求,第一时间宣传有关税收政策。三是开展"一对一"服务活动,全局37支服务小分队和5个服务小组共结对走访企业437户,通过各种形式走访,了解企业实际困难,最大限度地按政策帮助解决困难和问题。

队伍建设【财税文化建设】深化"掌握一门技能、增学一门业务、细读一本好书、写好一篇文章、加入一个组织、贡献一个亮点""六个一"活动。一是重新整合15个文体活动兴趣小组,确定登山、篮球为共性项目,乒乓球等为个性项目的干部活动兴趣小组,306名干部职工人人报名参加。二是举办局系统第九届运动会。设立登山、篮球、钓鱼、游泳、摄影书法等10个团体项目,600余人次参加比赛。三是举办新中国成立60周年"爱祖国·爱财税"知识竞赛,提高干部职工政治素质、业务水平和工作能力。四是组队参加上级部门组织的一系列活动。选送运动员代表杭州市财税局参加杭州市运动会,获得乒乓球比赛个人第一。

【机关作风建设】一是开展学习科学发展观实践活动。3月份起,246名党员和50名非党业务骨干参加开展学习实践科学发展观活动,通过学习调研、分析检查和整改落实三个阶段,加强党员队伍与机关作风建设。二是出台《工作目标考核办法》,体现奖优罚劣奖勤罚懒。做好月度工作日标考核,对各专项工作完成情况、各职能科室考核工作开展情况、各单位内部考核情况进行4次监督检查。

【教育培训】全局共组织各类培训20余次,参加培训1600多人次。一是实施全局干部脱产一周全员培训。培训分稽查业务培训、一般干部业务技能轮训和中层干部素质提高班培训三个层次,培训内容以课堂授课、案例分析、参观交流等。共举办培训班6期、285人次,占全局总人数的93%。二是开展“学先进、当先锋、保增长、促发展”主题教育活动培训。通过开展大讨论活动,把广大干部的思想和行动统一到为民、爱民、保民、助民上来。三是举办青年干部培训班。全局79位35周岁以下干部参加培训与测试。

【廉政建设】一是权力清理。对全局391项行政权力清理核定,最终形成320项行政权力清单。对33项班子权责和4项人财物管理权力进行清理,编制职权目录和权力运行流程图。二是勤政廉政风险点查找。共查找风险点445个,其中高风险297个,一般风险84个,低风险64个。三是风险防控措施落实。对每项权力的风险点逐一制订落实防控措施,对局领导和下属28个单位每个岗位的风险点制订防控措施。

【创建文明单位】一是开展“一对一”服务活动。全局37支服务小分队和5个服务小组共结对走访企业437户,为企业解决困难和问题34个。二是开展各项关爱社会、帮困结对活动。196名党员干部结对困难户128户,送去慰问金10万余元。组织干部参加第十次“春风行动”,捐款14万余元。直属分局荣获“2008年度浙江省地税系统文明创建成果奖”称号。

(富阳市地方税务局供稿 刘学文撰写)

建德市地方税务工作概述

局长 滕明湘

经济概况 2009年,建德市实现国内生产总值165.87亿元,同比增长5.3%。其中:第一产业增加值19.13亿元,同比增长2.7%;第二产业增加值95.74亿元,同比增长2.2%;第三产业增加值51亿元,同比增长13%。第一、二、三产业增加值占国内生产总值比重分别为11.5%、57.7%、30.8%。全市完成财政总收入20.03亿元,比上年增长3.21%,其中地方财政收入10.57亿元,比上年增长9.12%。

税收概况【任务完成情况】2009年,建德市地税系统共组织各项收入13.98亿元,比上年同期负增长2.28%。其中:税收收入完成8.00亿元,同期负增长10.77%,完成省局计划的101.40%;基金、费收入5.98亿元,同比增长11.96%。

【税收特点】一是税收收入全年累计负增长。2009年1月份出现了自2004年以来首度1月份负增长,每月累计增幅均呈负增长态势。二是主体税种增减背离悬殊,收入格局进一步变化。营业税、企业所得税、个人所得税累计增幅同比分别增长23.76%、-49.78%、10.54%,三大主体税种增减背离悬殊,呈现“两正一负”格局。三是地方小税种有增有减,但总体收入基本与2008年持平。四是第三产业实现转负为正,制造业成为“软肋”。第三产业税收全年累计入库3.28亿元,增长7.89%。制造业成为所有行业中降幅最为剧烈的行业。五是重点税源企业贡献率下降,降幅尤深。全市纳入县(市)级以上重点税源监控的168家纳税户共入库税款47705.31万元,比上年同期负增长21.93%。重点税源企业税收收入占全局税收收入比重为59.63%,对全局税收贡献率同比下降8.53个百分点。六是各分局减收面不断缩小,三个分局超计划完成任务。

【税源分析】1. 营业税:入库2.57亿元,增幅高达23.76%。增收原因:一是房地产业回暖,直接拉动营业税走势上扬。从6月份开始出现单月增幅"七连阳",除7月份单月增幅为93%外,其余各月增幅均在100%以上,销售不动产更是在11月份达到222.68%的单月最高增幅。二是受政府投资性项目增多和房地产业回暖影响,建筑业全年各月累计增幅都保持在20%左右,增量较为稳固。三是2008年营业税处于低位。

2. 企业所得税:入库1.66亿元,同比减收49.78%。减收原因:一是受宏观经济影响,企业利润下滑。二是政策性因素影响。其中两法合并税率差因素减收0.31亿元,落实高新技术企业所得税优惠政策减收0.31亿元。

3. 个人所得税:入库1.66亿元,增长10.54%。增收原因:一是近几年来,积极推进个人所得税全员申报工作,纳税人自觉缴纳意识逐渐增强。全年工资薪金所得税入库0.81亿元,增长16.19%。二是稽查局开展高收入行业个人所得税专项检查等措施。三是一级房地产市场的火爆带动了二手房市场繁荣,二手房市场交易量持续放大,个人转让财产所得增收0.05亿元。

4. 其他税收:入库2.11亿元,同比增收1.11%,总量与上年同期相比基本持平,各税种的表现有增有减。一是受矿山企业前期不景气影响,资源税本期入库0.25亿元,降幅为11.49%。二是加强房产税源登记比对和土地使用税税源登记比对,房产税和土地使用税都实现了增长,其中房产税全年入库0.31亿元,增幅33.27%,土地使用税入库0.58亿元,增幅10.26%。

各项工作情况【优化收入结构】将"进一步加强营业税和地方税征管,切实提高占地税收入比重"列为2009年度全局工作重点之一,对营业税和地方税的征管情况进行全面调查。根据当前各税种管理过程中存在的漏洞,提出了对应整改意见,明确了各税种的管理重点,并制订了具体的考核目标。安装不动产建筑业税收项目管理软件,加强房地产、建筑业等重点行业营业税税源管理。2009年营业税和地方小税种比重达58.55%,比去年同期提高12.07个百分点,税收收入结构得到优化。

【帮扶企业"春雨"专项行动】全面贯彻落实国家出台的各项减负政策措施,支持调结构、扩内需、促增长,努力将金融危机对市内企业的影响减到最低程度。积极落实各项税收优惠政策,全年累计落实高新技术企业所得税优惠、研究开发费用加计扣除所得税优惠、土地使用税困难减免、社会保险费临时下浮减征、水利建设资金减免等各项税收优惠额达1.05亿元,有力支持企业在逆境中的生存和发展。

【推进企业分离发展服务业】贯彻落实建德经济"工业兴市、商旅活市、环境立市"方针,破解企业发展难题,应对当前金融危机,促进企业转型升级扩大地方税基,增强地方财力。根据工作部署,将推进企业分离发展服务业工作摆在突出位置,以服务大局、顺应大势为目标,以解放思想、改革创新为动力,以优化服务、落实政策为抓手,结合实情,积极主动作为,采取有力措施,工作稳步推进。2009年,从企业分离出服务业企业6家,超额完成省局下达的主辅分离不少于5家的考核任务。

【税收法制建设与税收宣传】在局系统全面落实行政执法责任制,签订行政执法责任书,定岗、定责;根据人事变动,调整行政执法责任制联络员队伍。认真开展税收执法检查,及时开展规范性文件清理。开展形式多样的普法教育宣传培训活动。精心组织第18个全国税收宣传月活动,走访纳税大户,送金牛、表祝福,税企携手、共克时艰,举办建德市"地税杯"工业摄影大赛,举办第四届"税企杯"乒乓球比赛。通过市工商联和会计协会及税务师事务所等社会机构,采取税企沟通会、财税专题讲座、继续教育培训等形式,向纳税人、财务人员开展有针对性的、有重点的财税法制宣传。

【征管改革与税源管理】一是以贯彻所得税法及其实施条例为契机,加强企业所得税基础管理和文化建设事业费征管。在《税友2006》系统中,新设企业所得税税收优惠政策统计表,企业上一年度享受的一系列税收优惠均能在该表中准确反映。摸清所得税管户,抓好申报管理稽核,注重企业所得税优惠政策贯彻落实;同时做好2009年度所得税征收方式的认定工作。抓大不放小,强化源头监控,进一步加强文化事业建设费的管理,全年文化事业建设费入库88.68万元,增幅高达125.19%。二是加强房地产、建筑业等重点行业营业税税源管理,安装不动产建筑业税收项目管理软件。三是排查摸底,强化监管,促进资源税管理。对全市应税矿产品、开采方式开展全面普查,广泛收集涉税信息,摸清税源。与国土部门联系,获取矿产分布情况和矿主经营规模、应税资源品目、开采方式等信息;与公安部门、民用爆破公司联系,详细了解各矿点的炸药购买量、资源税代征等情况,并比对、分析各矿点开采量;印发《关于进一步加强资源税征收管理工作的通知》,对资源税的预征标准重新作了调整。

【信息化建设】一是针对现行管理中的薄弱环节,充分整合征管信息资源,增强税收征管工作的预防主动性、控制准确性和工作导向性,建立税情预警管理机制,有效提高税收征管质量和效率。二是加强税收社会化管理,实现跨部门涉税信息共享。积极争取并依靠地方党委政府的支持,推动政府各部门、乡镇(街道)和社会各界积极参与协税护税,建立税源信息共享制度,全面、有效地汇集由各相关部门掌握的涉税信息,科学分析,综合利用,形成全面、实时、动态的税源监控网络,实现对税源全方位控管,构建“政府主导、地税主体、部门配合、社会参与、信息支撑”税收社会化征管新格局。三是进一步完善委托国税代征相关地方税费机制。四是认真做好《税友2006》快捷查询管理软件推广应用工作。对辖区范围内所有纳税人逐户进行片区调整,完成初始化错误数据修改188098条,实施正常户管理方式“四分类”办法,管理未到位户由清理前2220户减到目前210户,完成基础数据清理工作,清理数据31283条,占应清理记录31935条的97.96%。

【各项规费征收】2009年,全局规费收入稳步增长,全年入库5.98亿元,同比增长11.96%。在加强各项规费征收工作方面,一是突出重点工作,进一步推进并规范完善社会保险费的征缴工作。二是根据科学化、精细化管理要求,以全面采集信息为切入点,以重点比对信息为突破口,大力加强费源监管,提高征管质量和效率。三是贯彻落实好临时性下浮社会保险费的减免工作。四是加大宣传力度,做好政策辅导培训。五是及时有效做好非正常户的认定工作,完善社会保险费非正常户、注销户的管理流程。

【税务稽查】一是抓好培训,提升素质。以国家税务总局开展稽查干部业务考试为契机,对全体稽查干部开展地方税费业务知识、税务稽查基本方法、税务稽查证据等方面知识培训,提高干部业务知识和查账水平。二是加强部门协作,提高稽查执行力。做好与法院、土管、公安、国税部门协作配合,传递信息资料,提高稽查案件办理水平。三是完善制度,提升稽查管理水平。制订单项工作目标考核办法,建立重大案件、举报案件跟踪管理办法,实施制订稽查建议制度,优化纳税服务,推出温馨提醒服务。组织开展银行、保险、通信、发电和石油等5个行业24户大型企业集团及总局定点联系企业税收自查工作,同时认真开展税收专项检查和打击发票“买方市场”专项整治工作,加大对举报案件的查处和打击力度,有力打击各类税收违法行为,确保税收收入稳定增长。

【优化纳税服务】清理简并纳税人报送涉税资料。取消29项优惠审批办税事项,改为备案类;减少主表7份,31项不必要的、重复报送的附列资料;对5项涉税事项中的9条附列资料进行简并;对68项办税业务中的近120条附列资料进行修改、简化、重组;通过对123项保留的办税业务流程全面梳理,减少流程审批环节15个。落实“两个减负”简化退税程序,缩短退税审批时间,全面加快退税速度。平均每户受理到退库开票只需要10个工作日。成立地税服务小分队,通过双向预约服务形式,走进企业,开展点对点服务。完善“首问执行官“制度,进一步强化办税大厅的管理,拓展服务内容,建立双向预约办事制度,开展预约扣款、预约登记、预约领购、预约缴销等服务,提升服务质量。

【税情预警管理】依托不断完善的地税信息化系统和数据集中化特征,推动征管转型,实现税收征管集约化管理,提高征管工作绩效。针对现行管理中的薄弱环节,充分整合征管信息资源,建立税情预警管理机制,突出抓好质量过程控制,强化税情预警,落实管理责任,坚持持续改进,采取有效措施,切实增强税收征管工作的预防主动性、控制准确性和工作导向性,把科学化、精细化管理要求落到实处,走出一条提高征管水平的科学新路。2009年发布10期预警信息,通过预警管理在基层分局之间形成抓管理、促质量的竞争态势,带动全局税源监控管理工作的开展。税情预警机制管理机制已经体现其成效,基本达到预期目标。

【涉税信息社会化管理】加强税收社会化管理,实现跨部门涉税信息共享。积极争取并依靠地方党委政府的支持,推动政府各部门、乡镇(街道)和社会各界积极参与协税护税,建立税源信息共享制度,全面、有效地汇集由各相关部门掌握的涉税信息,科学分析,综合利用,形成全面、实时、动态的税源监控网络,实现对税源全方位控管,构建"政府主导、地税主体、部门配合、社会参与、信息支撑"税收社会化征管新格局。成立"建德市涉税信息共享工作领导小组",两次召开跨部门涉税信息共享工作领导小组成员会议和涉税信息系统建设工作会议,全市19个政府部门、16个乡镇(街道)的分管领导参加会议,专题研究部署部门、乡镇(街道)涉税信息管理工作,制订了《关于加强部门涉税信息共享推进税收社会化管理的工作意见》以及《关于进一步推进乡镇(街道)涉税信息管理深化协税护税工作的意见》。及时深入其他18个政府部门安装专用信息采集软件,发布第1期部门共享涉税信息,涵盖《建德市2009年8月工业投资项目备案汇总统计表》等23个大类6000余条涉税信息。

【"找差距、找原因、及时改、讲实效"践行活动】应对严峻经济和税收收入形势,规范税收征管,提升税收征管质量,确保完成年度收入目标,于8月1日起组织开展"找差距、找原因、及时改、讲实效"践行活动,旨在积极利用当前收入形势趋紧形成的"倒逼机制",引导广大干部职工树立"向征管要效益"理念,重点解决过去被经济高速发展拉动税收高幅增长的表象所掩盖的征管薄弱点,打破局限挖掘收入潜力,坚定信心确保完成全年收入目标任务。公布2期共42个整改项目,要求责任单位根据问题整改要求(目标)研究制订具体的整改方案,明确整改措施,切实落实责任,认真组织实施,限期整改完成,切实把"找差距、找原因、及时改、讲实效"践行活动落到实处。

队伍建设【财税文化建设】以"为国收税、为民理财"为职责使命,以"和谐平衡、源远流长"为文化取向,以"快乐工作、健康生活"为人生追求,"外化于行、内化于心",以文化人,将人的积极性充分调动起来,激发干部职工内在动力,财税文化建设深入人心。一是组建乒乓球、羽毛球、自行车越野、太极跳操、瑜伽美容、棋牌、摄影书法、登山竞走和读书会等9个俱乐部,充分调动各层面干部职工参与文化体育活动的积极性,俱乐部活动开展有声有色。二是开展"文体健身周"活动。精心设计项目载体,传统项目、促进项目、创意项目有机结合,展示风采、激发活力、鼓舞人心、凝聚力量,干部队伍的能动性、进取心充分彰显。三是精心策划和组织机关廉政文化、效能文化建设,构筑以"领导干部自律守廉、述廉,一般干部自觉尊廉、倡廉,干部职工家属自主助廉、护廉的'三自六廉'"廉政效能文化建设体系和以廉政"教育阵地、警示现场、文化平台和'廉洁的干部——平安的家'为'三点一题'"廉政效能文化氛围。2009年被确定为建德市首批效能文化建设试点单位。

【机关作风建设】严格执行税务机关"五条禁令",切实做到依法行政,全年组织效能建设明查暗访14次,通报12次。开展以争创党员先锋岗、巾帼建功岗、青年文明岗、争当税务服务之星、理财服务之星、创建勤政廉政双优单位为主要内容的"三岗二星一创建"活动,进一步提高机关工作效率,转变工作作风,优化纳税服务。

【教育培训】积极探索创建"学习型组织"的有效途径,一是每月制订学习计划,集中学和自学相结合。二是通过每周组织一次学习,每月开设干部讲坛,一季一题争明星,脱产轮训,开展企业会计、财务管理、法律、哲学及其他综合知识学习。三是举办专题讲座,全年组织专题讲座5次;组织开展请进来走出去专题教育4次。四是利用学分制度、考学机制两项机制,记录干部职工参加学习并纳入年底综合考核。形成较为全面的"周学制、月讲坛、季竞赛、年轮训"和"3+2"长效机制,有力地促进了全员自觉学习提高综合素质的原动力、驱动力,干部队伍整体素质和服务水平较以往有了明显提高。

【廉政建设】一是建章立制抓落实,针对重点环节和重点部位,建立和完善34项内部规章制度,用制度规范人、管理事。二是成立政务效能督查组和干部作风督查组两支队伍,坚持每一个月,确定一项重点内容进行督查，将每次督查情况进行一次通报的“三个一”督查机制，加强监督，2009年组织督查15次。三是开展“以反促正”现身说法教育活动，组织党员干部赴杭州西郊、南郊监狱，接收现场教育；组织“双新两员”到建德市看守所进行实地警示教育。全年开展警示教育4次。四是开展“访贫促廉”惜职教育。结合“千名机关干部帮扶结对”活动，到帮扶结对困难户家庭上门体察。五是廉政教育联入家庭互动管理，利用家属力量管理干部职工八小时之外生活，使干部有更多精力投入工作，家属更加放心地支持工作。2009年被授予浙江省“廉政文化进家庭”示范点。

【创建文明单位】一是扎实推进机关“满意科室”、“满意站所”创建活动，进一步提升税收征管工作质量，夯实税收工作基础。二是开展“星级卫生办公室”创建活动，将健康教育、环境卫生、资料整洁、办公有序、节能节电等方面纳入创建内容，采用一季一检查，“背靠背”考分，“四分法”评定，进行星级办公室排名，取得明显成效。三是响应全市清洁城市、健康城市的创建要求，争创绿色单位、健康单位。

（建德市地方税务局供稿　洪飞霞撰写）

桐庐县地方税务工作概述

局长　俞谷

经济概况　2009年，桐庐县实现生产总值171.57亿元，比上年增长8.1%。其中：第一产业增加值14.47亿元，比上年增长2.7%；第二产业增加值106.12亿元，比上年增长6.7%；第三产业增加值50.98亿元，比上年增长13.0%。第一、二、三产业增加值结构由上年的8.1:63.9:28.0调整为8.4:61.9:29.7。全县完成财政总收入17.64亿元，比上年增长10.2%，其中地方财政收入9.50亿元，比上年增长15.5%。

税收概况【任务完成情况】2009年，桐庐县地税系统共组织各项收入10.81亿元，比上年增长14.22%。其中：税收收入6.39亿元，比上年增长14.05%；组织各类基金、费等其他收入4.42亿元，比上年增长14.46%。

【税收特点】一是实现总量突破。组织收入总量首次突破10亿元，其中税收收入占全部收入59.1%，非税收入(包括社保基金收入)占全部收入40.9%。二是收入增幅持续走高。一至四季度税收累计增幅分别为-10.28%、8.18%、9.22%、14.05%，呈现前低后高现象。从税种上看，除企业所得税同比下降3.21%外，营业税、个人所得税、其他各税都保持增长。三是建筑行业税收成为增长亮点。面对金融危机，政府基础设施建设和固定资产投资力度进一步加大，建筑行业税收增长明显，全年入库1.68亿元，同比增收4080万元，增长31.97%，占税收增收总额51.84%，行业税收结构比重达26.37%，居首位。四是营业税持续高幅增长。营业税在2008年增长39.05%的基础上仍实现27.49%高幅增长，对税收总量的增收贡献度为76.37%。营业税增收主要来自建筑业、房地产业、金融业，三行业合计增收贡献度达87.39%。

【税源分析】1.营业税：入库2.79亿元，同比增长27.49%，增幅居各税种之首，占税收收入总量的

43.65%。增收因素:一是基建投资增加,建筑业发展较快,全年入库1.02亿元,同比增长37.22%,占营业税比重36.46%,居营业税行业比重之首。二是房地产业销售形势逐步回暖,全年入库8798万元,同比增长29.96%。三是政府实行适度宽松的货币政策,各银行存贷业务量不断扩大,金融业税收增长较快,全年入库1494万元,同比增长45.61%。四是国有资产投资经营公司入库稽查查补税款净增215万元。减收因素:经济形势对货运行业冲击明显,交通运输业入库841万元,同比下降17.14%,是所有营业税项目中唯一减收的。

2.企业所得税:入库8237万元,同比下降3.21%。减收因素:一是新税法实施带来的减收。二是受金融危机影响企业效益滑坡、利润减少影响企业所得税收入,其中制造业减收554万元,富春江旅游股份公司减收311万元。三是落实各项所得税减免及抵免、加计扣除等优惠政策,影响收入828万元。四是不可比因素,分水房地产开发有限公司2008年入库稽查查补税款及罚款206万元。增收因素:政府对基础设施建设和固定资产投资力度不断加大,建筑行业入库3604万元,同比增收824万元,增幅达43.75%;万里长运公司入库2008年度汇算清缴税款664万元,同比增收459万元。

3. 个人所得税:入库12857万元,同比增长3.51%。增收因素:主要是全面推广"个人所得税全员申报系统"、高收入行业个人所得税专项检查等措施成效明显,工资薪金所得税入库6461万元,增收744万元,同比增长13.01%。减收因素:经济总体不景气对小规模个体工商户冲击较大,个体工商户生产、经营所得入库3833万元,减收727万元,同比下降15.94%。

4. 其他税收:全年入库14902万元,同比增长12.85%。增收因素:一是私房出租税收征管不断规范,房产税实现27.83%的增幅。二是房地产行业销售形势回暖,土地增值税同比增长31.67%。三是建筑业、不动产销售、金融合同带来印花税同比增长13.05%。减收因素:土地使用税入库3890万元,同比减收111万元,下降2.77%。剔除由于落实土地使用税降低一个等级标准征收及加大减免力度的政策因素导致减收1048万元,仍然增收。

各项工作情况【优化收入结构】继续落实"三个三"工作措施,促进收入结构进一步优化。全年组织地方税收4.28亿元,占税收收入67.0%,比上年提高4.4个百分点,地方可用财力不断增加。一是坚持贯彻关于支持第三产业发展相关税收优惠政策,促进新兴服务业发展,加快产业结构调整。2009年第三产业地税收入3.25亿元,增长17.65%,除居民服务业外,其他行业全部增收。二是加强小税种征管。采取自行申报和委托代征方式加强资源税管理,全年入库468万元,同比增长18.2%。与国税联合开展城建税信息数据比对工作,加强对生产企业出口自产货物免抵增值税征收城建税,全年城建税入库4569万元,增长14.63%。

【帮扶企业"春雨"专项行动】一是大力宣传税收优惠政策,在2月18日开展了"税收优惠政策辅导日"活动,全年组织"高新技术企业优惠政策辅导"、"全县重点工业企业、行业协会税收优惠政策辅导"等9次专题辅导。二是积极落实税收优惠政策,继续按照降低一个等级标准征收城镇土地使用税,工业加工费个人所得税征收率由原2%降为1%,全年各项税收优惠减免6179万元。三是积极开展社会保险费缴纳比例临时性适当下浮集中减征工作,共减免社保费1444万元。四是大力开展2008年度水利建设专项资金减免工作,共减免72户企业水利建设专项资金292.47万元,增幅达74%。五是将城镇土地使用税和房产税纳税期限从3月20日和9月20日分别调整至5月15日和11月15日,缓解企业资金困难。六是开展"千名税干进千企"活动,了解企业生产经营形势,帮助解决困难。

【推进企业分离发展服务业】一是成立分离发展服务业工作领导小组,制订三年计划,"一帮一、一对一"引导、培育可分离企业。二是加强与工商、财政、国税等部门沟通,共同推进分离工作。三是重点促进规模工业制造业企业转型升级,主要从机械设备制造企业的货物销售中分离出安装、售后服务及培训服务等劳务;妥善推动大宗物资经营、商品混凝土企业分离出专业运输或物流企业;清理大型超市和商场向供货方收取与销售无必然联系的各种费用;引导集团公司分离出专业管理咨询公司从事集团管理和培训。全年辅导8户企业分离发展服务业,分离出建筑安装企业4家,物流(运输)企业1家,其他服务业企业3家。2009年实现地方税费130万元,减轻企业负担110万元。

【支持企业转型升级】一是积极落实技术开发费加计扣除、高新技术企业所得税优惠等政策,支持传统产业转型升级,支持高新产业发展。二是积极落实好鼓励节能减排相关税费政策,对未达到节能减排目标的高耗能、高耗水和高污染企业,一律不减免地方税务部门负责征管的各类税费,支持低碳经济发展。三是落实资源综合利用企业所得税优惠有关政策,支持循环经济发展,全年为8户资源综合利用企业减计收入518万元。

【税收法制建设与税收宣传】一是贯彻落实扩权强县工作,顺利接受12项省、市地税局下放的权力。二是完成非行政许可事项及行政许可、行政处罚两项行政权力的清理,保留11个非行政许可对外审批事项,对外公布62项地税部门权力事项。三是组织开展2009年税收执法检查,做好税收执法责任制实施准备工作和各级依法行政考核迎检工作。2008年度,分别被浙江省地税局、桐庐县政府评为依法行政工作优秀单位,被桐庐县政府授予依法行政示范单位称号。四是制订《桐庐县财税局领导干部学法制度(试行)》,建立法制联络员工作制度。五是认真执行重大税务案件集体审理制度,对桐庐垂云通天河旅游有限公司和桐庐兴合新型墙体材料厂两案进行集体审理。

积极开展税收宣传,一是联合桐庐县国税局在桐庐县委党校设立纳税人教育培训基地,开展重点税源企业法人代表税收知识培训等专题培训,落实纳税人培训长效机制。二是通过"送政策进企业"、"财税情社区行"、"税收宣传走进畲乡农家乐"、"税收主题漫画剪纸大赛"等活动,实现税收宣传进企业、进社区、进农村、进学校。三是在桐庐财税外网、《今日桐庐》上开辟专栏,宣传税收政策,曝光典型案例。在桐庐电视台播出公益广告,与桐庐广播电台联合制作播出《财税广角》栏目,在90辆公交车车载电视上播放税收宣传动漫。

【征管改革与税源管理】一是及时组织学习新企业所得税法相关规范性文件,制订相应管理办法。加强分支机构税收管理,特别是建筑业分支机构所得税管理。将中介机构所得税由原来的核定征收改为查账征收,除个别会计核算健全外对小水电企业按20%核定应税所得率办法进行征收管理。二是推进个人所得税管理,工资薪金全员申报率保持在95%以上,年所得12万元以上纳税人个人所得税自行纳税申报人数达1403人。对外籍人员实行"户籍式"统一管理,推行年检制度。三是加强行业税收征管。制订《娱乐业税收管理试行办法》,建立网吧行业纳税指标体系,确定行业预警营业额管理方式;修订《个人出租房产税收征收管理暂行办法》;开展房地产企业土地增值税清算工作。四是贯彻落实新《营业税条例》,深化国地税联席会议制度,联合开展2007—2008年纳税信用等级评定工作。五是落实《税收分析工作制度》,坚持按月分析预测制度,对306家重点税源企业进行监控,监控面达65%。

【信息化建设】一是实现"金税"各系统数据的自动备份和异地备份机制,地税数据集中模式的数据库复制实现数据实时备份,提高数据安全性。二是深化《税友2006》系统应用,全面启用快捷查询应用模块、下户调查模块和纳税评估模块,推广应用"票证管理模块",试点推行委托代征软件和不动产建筑业税收管理软件。三是将国税代征税款划解纳入"一户通"电子缴税系统,在各办税大厅推广运用MIS-POS机。四是综合办公平台从2.5升级到3.0版本,公文管理更加规范。

【各项规费征收】2009年社保费、水利建设资金、教育费附加、地方教育费附加共入库4.33亿元,同比增长13.9%。其中社会保险费入库3.5亿元,同比增长14.5%。一是开展社会保险费年度结算网上申报工作。二是将纳入县级财政综合预算的行政事业单位(包括乡镇中小学校)残疾人保障金征缴方式从由单位自行申报改为统一由县财政局国库集中划征。全年共征收残疾人就业保障金712万元,同比增长51.81%。三是利用新版收入分析系统,开展2006—2008年“一税两费”信息比对工作,比对效率大幅提高。

【税务稽查】全年共检查189户,查补入库税费1502万元,入库率100%。一是对营利性医疗机构、足浴业等6个行业开展税收专项检查,查补税款滞纳金罚款1157万元,查补大要案2件。二是检查核实“限售股”减持纳税申报情况,对两户企业作出处理,核定征收个人所得税21484元。三是以旅游景点为重点区域,开展打击制售使用假发票专项整治行动,查处使用假发票案件5起。四是重视举报案件查处,接受举报案件7件,查结5件,查补税费等45.2万元。五是实施税务稽查预案制度、各税种项目必查制度,完善稽查建议制度。对2万元以上的案件,制作《税务稽查建议书》,初步形成涵盖查前、查中、查后税务稽查全程质量管理模式。

【优化纳税服务】一是从6月份起,推出“同县通办”业务,纳税人可在全县任一办税大厅办理纳税申报、发票领购缴销等9项涉税业务。二是在各办税大厅推行“一窗式”服务,纳税人在任一办税窗口都可以办理各项涉税事项。三是继续落实两个“减负”,推行“一次性告知制度”和“补正承诺制”,取消52项办税业务事项、减少主表41份、附列资料113项。四是推出二手房交易“一站式”服务,从6月份起将二手房交易事项全部调整至行政审批中心财政(地税)窗口办理。

队伍建设【财税文化建设】深入推进财税文化建设,倡导“快乐工作、健康生活”理念。一是调整完善工会俱乐部组织,规范开展俱乐部活动。二是成功举办纪念新中国成立60周年财税系统文艺汇演,并在全县文艺调演和“学习节”活动中获得好成绩。三是丰富团员活动、妇女活动及老干部活动,积极组织“志愿者”、“姐妹帮扶”等活动。四是营造良好的激励环境,通过业务竞赛、调研文章评比等活动激发干部潜能。

【机关作风建设】一是深入开展学习实践科学发展观活动,通过问卷调查、座谈会和“我为桐庐财税科学发展献一计”等多种活动,全面查找问题,认真落实整改措施,改进工作作风,提高工作效能。二是修订完善局综合考核办法,加强日常监督与考核。三是聘请机关效能(行风)建设监督员,以座谈会、明查暗访等形式,加强监督检查。

【教育培训】一是开展全局干部综合业务培训,内容包括宏观经济形势分析、税收业务知识、公务员礼仪和党风廉政教育等。二是组织信息宣传、FOA公文处理系统、《税友2006》应用系统等专项培训十多期,培训人员600多人次。三是继续举办中层干部学习论坛,与建德市财税局联合在厦门大学开设中层干部更新知识培训班,提高中层干部综合素质和执行力。四是组织干部职工参加新干线网络学习,推荐阅读好书。

【廉政建设】一是召开中层干部“公述民评”会议,公开述职述廉,接受群众评议和提问。二是广泛开展公职人员岗位廉政教育,组织干部职工参加读书思廉活动、观看廉政教育片、聆听反腐倡廉专题讲座。三是严格执行机关管理制度,控制会议规模,规范办公用品申领登记,加强公务用车管理。

【创建文明单位】一是继续开展以“规范、创新、争优”为主题的“财税管理年”活动,促进精细化、规范化、法制化、科学化、人本化管理。二是重视群众来信、来电、来访及网上举报,及时处理信访件,全年办理各类交办件42件,反馈率、办结率均达100%。三是积极参与无偿献血、“送温暖、献爱心”等社会公益活动。2009年县局在县级机关、直属单位综合考评中位列第一,连续四年被评为优秀单位(满意单位)。在桐庐县第三次“千企评百岗”活动中,稽查局获得执法类第二名,行政审批服务中心财政(地税)窗口获得服务类第四名。横村税务分局被评为“人民满意基层站所”。

(桐庐县地方税务局供稿　谢　凌撰写)

临安市地方税务工作概述

局长　罗石荣

经济概况 2009年，临安市实现生产总值236.50亿元，比上年增长10.0%。其中：第一、二、三产业增加值分别为24.78亿元、133.13亿元、78.59亿元，分别比上年增长6.0%、6.8%、17.4%。全年规模以上工业企业实现销售产值372.93亿元，比上年增长6.0%；实现社会消费品零售总额62.08亿元，比上年增长15.6%；完成全社会固定资产投资90.34亿元，比上年增长14.2%。全年完成财政总收入25.51亿元，比上年增长13.6%，其中地方财政收入14.04亿元，比上年增长20.4%。全年地方财政支出18.95亿元，比上年增长27.9%。全年财政实现收支平衡，略有节余。

税收概况【任务完成情况】2009年，全市地税部门共组织各项收入17.37亿元，比上年增长9.6%，其中：地方税收收入11亿元，比上年增长11.5%；各项规费收入6.37亿元，比上年增长6.6%。

【税收特点】一是主税种收入增减不一。营业税、个人所得税分别比上年增长12.0%、15.8%，而企业所得税比上年下降12.6%。二是小税种增长较快。土地使用税、房产税、车船税、资源税因政策调整，分别比上年增长117.1%、56.3%、40.5%、37.2%。三是行业结构略有起伏。全年第二产业入库税收4.60亿元，占税收比重41.8%，比上年增长1.6%；第三产业入库税收6.37亿元，占税收比重58.0%，比上年下降1.2%。四是非税收入增速显著趋缓。全年非税收入6.37亿元，同比增长6.6%，增幅同比下降37.4%。

【税源分析】1.营业税收入稳步增长。全年实现收入4.06亿元，同比增长12.0%。增收因素：一是房地产业入库1.90亿元，同比增长27.9%，主要得益于房地产业持续升温。二是由于经济回暖，交通运输业入库1155万元，同比增长12.4%。三是金融保险业入库2139万元，同比增长3.3%，主要是由于金融业营业税税源新增所致。

2. 企业所得税减幅较大。全年实现收入2.17亿元，同比下降12.6%。减收因素：受金融危机影响，部分制造业企业生产成本加大，效益大幅下滑，再加上新企业所得税政策的执行及各项优惠政策的落实，造成企业所得税大幅减收。

3. 个人所得税增幅稳中有升。全年实现收入2.03亿元，同比增长15.8%。增收因素：一是推行个人所得税全员全额申报管理系统效果显著，工资薪金所得入库9479万元，同比增长23.7%。二是浙江万马电缆股份有限公司等4家公司一次性股息、红利个人所得税入库1476万元，上年均无入库。三是建立企业投资者信息管理机制，加强对财产转让监管力度，全年财产转让所得个人所得税入库2731万元，同比增长达35.4%。

4. 其他各税增长较快。全年入库2.74亿元，同比增长36.3%。增收因素：一是因建立城镇土地使用税税源长效管理机制，加之房产税、城镇土地使用税征期调整致使两税种增长较快。二是因房地产市场活跃及土地增值税预征率调整，土地增值税入库情况较好。三是资源税、车船税征管措施有力，入库情况良好。全年房产税、土地使用税、土地增值税、车船税、资源税同比分别增长56.3%、117.1%、62.4%、37.2%、40.5%。

各项工作情况【**优化收入结构**】落实好结构性税收优惠政策,发挥税收在支持节能减排、科技创新等方面引导作用,促进企业实现结构调整,增强第三产业特别是现代服务业竞争优势,提高地方税收收入在税收总收入中的比重。2009年纯地方税收入占地税收入61.8%,比重同比上升4.7个百分点。

【**帮扶企业"春雨"专项行动**】定期召开税政例会,讲解研发费加计扣除、小型微利企业、高新技术企业等税收优惠政策。关注企业在新税法实施环节涉及的财务和税收问题,帮助企业防范财务风险。实施企业社会保险费缴纳比例实行临时性下浮,按政策规定和审批权限,受理、报批各项税费减免。全年落实减免税款6552万元,税前扣除应纳税所得额1.31亿元,减征社会保险费6761万元,减免水利建设专项资金和残疾人就业保障金472万元。

【**推进企业分离发展服务业**】深入规模企业进行调研,宣传涉及分离发展服务业相关政策,了解企业分离发展服务业意愿和条件,挖掘企业中较大的服务性经营项目。在此基础上,制订《临安市财政地税局推进企业分离发展服务业工作三年行动计划》、《临安市财政地税局推进企业分离发展服务业工作绩效评价实施意见》与《关于推进企业分离发展服务业工作实施意见》等文件,鼓励企业实施分离发展服务业,全年共计分离企业7家,超过任务数1家。

【**税收法制建设与税收宣传**】制订《临安市地税局税务行政处罚自由裁量权规则》,完善《临安市地税局税收执法过错追究办法》,开展权力阳光运行机制工作,梳理地税类权力项目154项,规范税收执法行为。

在第18个全国税收宣传月活动期间,围绕"税收·发展·民生"主题,举办税收宣传月启动仪式暨税收小知识竞答活动;开展以"税企心连心,携手渡难关"为主题的送温暖活动;开展第四届"税收杯"摄影比赛等活动;在共建社区播放税收宣传教育片,开展现场税法咨询;开展正反典型宣传,对诚信纳税者进行表彰,对典型偷逃税案件予以曝光。

【**征管改革与税源管理**】建立城镇土地使用税税源动态管理长效机制,出台《临安市地方税务局企业投资者信息管理办法》,制订营业税分行业管理办法,国地税联合比对分析重点企业销售收入数据,将税收计划管理进行网上流转,完善个体参数定税法,提高房地产企业土地增值税预征率,实行对外地建筑企业就地征收企业所得税,调整契税最低计税标准,加强税(费)源调查、分析、预测和监控。全市税(费)源监控企业625家,监控面在72%以上,增强组织收入的前瞻性。

【**信息化建设**】采购并应用库塔智擎运维管理系统,实现从机房环境设备,到应用系统的整体管理。加强门户网站运行监控,定期分析防火墙、入侵检测、操作系统和数据库日志情况,做到系统数据自动备份和异地复制。及时优化数据库设置与各系统模块升级,推广应用《税友2006》快捷查询管理软件和分行业税源监控软件。

【**各项规费征收**】制订《临安市地税局社会保险费费源管理办法》,完善社会保险费"五费合征"征管机制,开展税费比对分析工作,压缩企业欠费。全年各项规费收入6.38亿元,同比增长6.6%,其中:社会保险基金收入5.14亿元,同比增长8.0%;水利建设专项资金4206万元,同比增长1.2%;教育费附加4188万元,同比增长1.5%。

【**税务稽查**】制订《临安市地税局税务稽查案件质量检查制度》,完善"税务+会计"稽查模式,健全税务约谈、稽查建议反馈等制度,开展对建筑安装、医疗卫生、旅游业、连锁超市和教育机构等税收专项检查。全年共检查企业356家,其中查处大案要案5件,查补税款2250万元。

【**优化纳税服务**】制订《临安市地税局办税服务大厅标准化建设项目实施方案》,优化办税服务大厅标准资源配置,实施12366语音服务热线平台建设,鼓励纳税人使用网上预约功能,在完善"一户通"扣税和POS机刷卡缴税的基础上,巩固"网上打印缴税扣款凭证",使纳税人足不出户就能完成所有缴税事项。

队伍建设【**财税文化建设**】定期举办财税大讲台与干部读书会活动,以讲座或沙龙的形式,邀请专家学者或本局干部职工结合自身岗位实际或工作案例发表个人见解,开展业务交流。发挥八个"财税文体俱乐部"的作用,落实活动经费,提供活动平台,组织开展"迎国庆"体育周以及新中国成立60周年系列活动，丰富干部职工业余文化生活。

【机关作风建设】组织干部职工参加文明礼仪培训，推行微笑服务与温馨提醒服务，完善首问责任制、限时办结制、效能问责制。将行风建设工作列入岗位目标责任制考核范围，年初把任务进行层层分解落实，年中对行风建设落实情况进行跟踪督查，年末对行风建设工作进行目标考核。每年向社会各界聘用行风监督员，广泛听取社会各界对财税部门的意见与建议。

【教育培训】结合深入学习实践科学发展观活动，以财税网络学习为载体，开展网上教育培训，开辟网上学习园地和学习论坛，组织"人人读一本好书"、科学发展观演讲比赛和赴杭州财校、湖州税校参加分线培训活动，进行岗位大练兵，开展以学习实践科学发展观活动为重点的政治学习、以提升服务技能为核心的分层次业务培训工作，提升干部队伍业务水平与政治素质。

【廉政建设】实施《临安市财政地税局党风廉政建设预警信息管理试行办法》，完善《临安市财政地税局干部职工教育、培训、管理、考核和监督办法》，年初与各分局、科室签订党风廉政建设责任状，构建教育、制度、监督并重的惩治和预防体系。组织全体干部职工到临安看守所接受警示教育，邀请市反贪局领导上廉政教育课，落实党风廉政建设责任制，增强党员干部拒腐防变能力。

【创建文明单位】以创建"和谐财税"为载体，开展争创满意单位、文明基层站所、基层党建示范点和满意型机关党组织等活动。直属分局荣获省级基层文明单位、杭州市级基层文明单位和杭州市青年文明号等称号，於潜税务分局获得全省地税系统"群众满意基层站所"、杭州市"双千结对、共创文明"活动先进单位等荣誉。

（临安市地方税务局供稿　崔超撰写）

淳安县地方税务工作概述

局长　詹　韧

经济概况　2009年，淳安县实现地区生产总值103.30亿元，按可比价格计算，比上年增长12.5％。其中：第一产业增加值19.70亿元，增长5.0％；第二产业增加值43.20亿元，增长14.4%；第三产业增加值40.40亿元，增长14.20%。第一、二、三产业增加值结构为19.1：41.8：39.1。按户籍人口计算，全县人均GDP为2万元，按2009年平均汇率折算，约合3346美元，分别增长12.60%和13.4％。全县完成财政总收入9.57亿元，比上年增长12.4%，其中地方财政收入5.59亿元，比上年增长13.7%。

税收概况【任务完成情况】2009年，淳安县地方税务局共组织各项收入7.71亿元，比上年增长21.0％，其中：税收收入4.19亿元，比上年增长14.8%；其他费(基金)收入3.52亿元，比上年增长29.4%。

【税收特点】一是税收收入增幅逐季回升。2009年税收收入从6月份开始总体止跌回升，且增幅较为明显。2009年税收收入一、二、三、四季度分别入库1.13亿元、1.18亿元、9561.28万元、9148.64万元，同比分别增长－4.3％、－7.8％、65.2％和51.9%。二是2008年缓缴因素对2009年税收增幅贡献较大。2009

年入库2008年度缓缴税款1513万元，占税收增量28.0%。三是收入结构继续保持一个良好态势。主体税种中营业税增幅为15.5%,高出税收增幅0.74个百分点,营业税增量2738万元,占税收增量的50.8 %。地税税收收入中，营业税和地方七税比重达到68.9%。四是其他收入增长好于税收收入。其他收入比税收收入增幅高出14.62个百分点。

【税源分析】1.营业税:2009年入库2.04亿元,同比增收2738万元，同比增长15.5%，占税收比重48.7%,比上年同期提高0.29个百分点。增收的主要因素:一是2009年二季度以来房地产市场快速回暖;二是在旅游经济带动下,住宿和餐饮、租赁和商务服务以及居民和其他服务业等行业都有不同程度的增长。

2. 企业所得税:2009年入库5682万元，增收1093万元,同比增长23.8%,占税收比重13.6%,比上年同期提高1.01个百分点。增收因素:一是加强建筑安装业企业所得税检查,该行业企业所得税同比增收431万元;二是旅游业企业所得税增收175万元。

3.个人所得税:入库7322万元,增收636万元,同比增长9.5%,占税收比重为17.5%,比上年同期下降0.85个百分点。个人所得税增幅低于税收总体增幅的主要原因：一是个人所得税政策调整翘尾影响,二是烟草公司2008年自查一次性入库147万元不可比因素。

4.其他各税:入库8463万元,增收921万元,同比增长10.9%，完成计划的113.6%；占税收比重20.2%,比上年同期下降0.46个百分点。其中:车船使用税、房产税、土地使用税和印花税在加强小税种征管力度的带动下,同比分别增长16.3%、33.3%、37.5%和45.0%。资源税受环境保护影响,本县关闭部分采石厂,下降49.4%。土地增值税由于2008年土地增值税结算一次性入库的不可比因素下降20.7%。

各项工作情况【优化收入结构】认真开展小税种调研分析，挖掘地税税收潜力。做好外来建筑企业税收专项管理工作,制订出台《关于建筑安装业税收征管有关问题的通知》，并根据建筑安装业的实际情况确定所得税税负预警值。将全县所有保险支公司和出租车公司纳入正常申报范围。规范个人出租房屋税收征管,出台《个人租住房屋税收管理实施办法》,采取按实征收和核定征收两种方式进行征收,做好《浙江省个人房屋出租税收征管软件》试点运行工作。将房产税、土地使用税征收管理与房产、土地转让环节相结合，建立办证窗口与税源管理岗位联系制度,逐步推行专人精细化管理。开展工商注册资金比对,逐户核对印花税预征情况,严格执行印花税预征办法。

【帮扶企业“春雨”专项行动】安排专人联系重点企业和重点项目,深入企业开展走访活动,一对一为企业上门宣传各项税收政策和优惠措施。召开税企沟通会,主动听取纳税人意见和建议,完成规模以上工业企业前100户的问卷调查工作,帮助企业解决发展中遇到的困难,化解各种矛盾。做好养老保险费费率下调及“农民工双低养老保险”等政策。一是2009年3月继续做好对企业社会保险费缴纳比例实行临时性适当下浮有关政策的落实、实施。全县减征社会保险费802万元,惠及企业约870户,城镇个体劳动者约1.4万人。二是落实减轻企业稳定就业政策,做好企业养老保险单位缴纳部分的费率调整工作,2009年8月由16%调整到14%。同时,针对“劳务派遣单位”的就业压力,落实、调整“农民工双低养老保险”政策,确保企业正常申报。三是落实2008年度水利建设专项资金减免审批工作。2009年水利基金减免退税分四批,共减免224户,减免金额259万元。

【推进企业分离发展服务业】深入开展调查研究,全面了解和掌握淳安县有意向分离发展服务业的企业情况,采取“抓重点带一般”方法,在调查摸底基础上,向企业宣传分离发展服务业的有关政策和重要意义,面对面与企业负责人讨论分离发展服务业对企业发展的利弊,做好分离企业税费测算工作。注重促进生产性服务业发展，促进块状经济产业链发展,按照“成熟一家、辅导一家、分离一家”的思路，2009年确定分离企业6家,增加各种税(费)131万元。

【税收法制建设与税收宣传】实施税务稽查选案县局下查一级。进行《税友2006》执法责任制考核校验工作,推进行政执法责任制。

围绕“税收·发展·民生”主题,创新活动形式,坚持面向纳税人、社会公众、少年儿童、社区、农村等多方位进行宣传,开展丰富多彩的税收宣传活动,包括举办淳安县第二届“税企杯”乒乓球邀请赛;开展“小手拉大手、税收进万家”社会宣传事件活动;开展有奖征文比赛系列宣传活动;开设"广播村村响、税法天天讲"专题节目,举办第18个全国税收宣传月大型广场文化活动;开展"财税情、社区行"活动、开展"百名干部联系百户企业送税法服务"活动和"小小短信送税法"活动,展现淳安县地税风貌,使税法政策深入人心。

【征管改革与税源管理】全面实行个体工商户"定额加发票超额"管理方式,分行业核定,调整个体税收定额标准。对双定户采取参数定税法核定定额,并根据双定户实际经营情况变化作相应调整,2009年对纯地税管理的113户个体工商户核定调整税收定额。制订并下发快捷查询基础数据清理工作方案,布置和落实好数据清理工作任务。对全体税务干部进行《税友2006》快捷查询应用操作的全员培训。2009年6月份正式推广应用《税友2006》快捷查询管理软件,累计清理数据19967条,完成率在90%以上。正常户管理方式中,纳税户按照外来户、内部使用户、非独立分支机构、被委托代征户、其他特殊专项户、仅扣缴个人所得税义务人、无纳税义务缴费人等类别进行归类清理,使管理未到位户从8013户减到2920户。对机动车车船税实行委托保险机构代收代缴。

建立多层级税源管理机制,加强重点税源管理分析,积极开展以行业评估为重点的专项纳税评估工作;实施建筑安装业、旅游业为重点的专项检查活动,联合公安机关打击制售假发票行为,进一步整顿和规范税收征管秩序,全年查补入库865万元。做好房地产交易税收一体化管理,应用房屋交易最低计税价格系统,规范相关税费征管。

【信息化建设】依托计算机网络资源,不断加快计算机软件开发和应用步伐。从加强培训辅导入手,继续大力推进企业电子申报工作。推广应用税控收款机,促进以票控税,堵塞税收流失。建设辅助分析系统,实现税收情况分析和对基层所工作情况分析监督。

【各项规费征收】2009年,全局组织规费收入35135万元,增收7958万元,同比增长29.3%,占地税总收入45.6%。其中,水利建设专项资金1046万元,同比增长3.2%;两项教育费附加2536万元,同比增长9.6%。落实2009年残疾人就业保险金代征任务,从11月份开始扣款征收,并通过网税系统提醒纳税人及时办理。累计征收企业742户,征缴入库残保金313万元,完成应征数的98%。

【税务稽查】2009年,全局辅导企业自查226户,自查查补813万元(含申报数43万元);检查各类企业80户,检查案件有问题户数65户,选案准确率80%,检查查补52万元。全年查补收入865万元,入库率100%。其中:税款767万元,费款38万元,滞纳金40万元,罚款20万元,处罚率75.16%。一是开展专项检查,其中对建筑安装业进行重点专项检查。二是开展严厉打击制售假发票专项整治活动,联合国税、公安等部门,依法查处各类企业、单位利用假发票、代开发票抵扣税款、虚列成本偷税等税收违法案件。三是加大举报案件查处力度,完善税务举报管理工作各项制度,依法对各类税收违法行为加大打击及处罚力度,切实提高举报案件查处效率。通过举报案件查补各项税款计29万元。

【优化纳税服务】一是对现有电脑版普通发票开票软件系统、个人所得税全员管理信息系统、税控装置系统、地税网税服务系统、货运发票系统、《税友2006》纳税人代征软件及地税其他涉税需维护软件等7个涉税应用软件,以外包服务方式,为纳税人免费提供终端软件应用服务。2009年为纳税人上门服务达600多家,电话、网络咨询服务达1800多家。二是对办税服务厅进行功能区分和布局调整。做好预约服务、延时服务和中午值班服务工作,公布预约服务联系电话,确保在非工作时间内方便纳税人办理相关涉税业务。进一步加强"12366"人工坐席咨询服务工作完全畅通,累计受理答复咨询139户次。推广运用银联卡缴纳税费,在办税大厅安装POS机。三是制订下发《关于清理简并纳税人报送涉税资料有关问题的通知》,印制《淳安地税办理纳税人涉税事项操作指南》,全面清理简并纳税人报送的涉税资料,取消办税业务事项52项,减少主表份数41份,附列资料113项,保留办税业务计123项。

队伍建设**【财税文化建设】**在局系统开展第三届"在平凡中闪光"先进事迹演讲会。举办"飞得更高"主题新春联欢晚会,为干部职工搭建一个展示自我、沟通交流的舞台,激发干事热情。全年共刊发《淳安财税信息》27期,有8条信息被上级刊物录用,其中1条经省厅转报后,被财政部网站录用。设立财税文化展示厅,展现局系统近十年来的发展历程和所获得的成绩。通过举办午间影院、开设财税阅览室、举办丰富多彩的文体活动,增强队伍凝聚力。

【机关作风建设】制订局行风监督员开展明查暗访工作方案,每季组织一次检查活动,并及时通报监督检查情况。加强干部队伍建设,在全局干部队伍中树立"赢在中层"理念,提出"想干事、会干事、干成事,能团结、会创新、有激情、高效率,热爱本职工作、积极主动、健康向上"三十五字的中层干部要求,组织中层干部缺岗竞聘活动,按照公开报名、竞聘演讲、民主测评、组织考察等程序,选拔录用9名干部,营造风清气正的用人环境。

【教育培训】进一步完善干部学习制度,建立干部职工教育培训制度,新的干部学习制度分别对党委理论中心组、干部政治理论学习和干部业务学习等方面的组织管理、学习时间、学习内容、学习形式和要求作相应调整和规定。2009年分别组织中层以上干部和一般干部到厦门国家会计学院和上海国家会计学院进行集中培训。建立干部开展调查研究的激励机制,鼓励干部职工积极参加系统内外各项业务考试。2009年,全局干部在省级以上刊物发表调研文章23篇。

【廉政建设】深入开展学习实践科学发展观活动,加强廉政文化建设,通过观看廉政电教片、召开专题讲座、撰写廉政文章格言警句、编制岗位廉政风险点,全面提高干部廉政意识。落实党风廉政建设责任制。2009年8月份,开展以"弘扬优良作风、推进科学发展"为主题党风廉政建设宣传教育月,组织副县级以上老干部、县级效能和行风监督员到新办公大楼参观和指导工作,邀请县纪委副书记胡泽球开设《党风廉政建设专题讲座》,组织党员干部开展到结对贫困群众户"送清凉"和岗位廉政征文、廉政书法征集活动。根据县纪委部署,淳安地税局作为13个试点单位之一,在干部职工中开展岗位廉政教育工作。

【创建文明单位】深入开展争创综合考评优胜单位活动,切实做好"增强政府财力、服务经济发展、保障民生支出、深化财税改革、建设和谐机关"五篇文章,层层分解落实2009年综合考评任务。在全县县级机关、直属单位综合考评中获得第一名,实现连续三年获得全县综合考评优胜满意单位目标,获得县委、县政府授予的优胜满意单位荣誉奖。行政服务中心地税窗口获得满意荣誉称号,稽查局获得县级文明单位称号,直属分局获得省级文明单位称号。

(淳安县地方税务局供稿 房巧慧撰写)

宁波市地方税务工作概述

局长 胡谟敦

经济概况 2009年,全市实现生产总值4214.60亿元,按可比价格计算,比上年增长8.6%。其中:第一产业实现增加值183.80亿元,比上年增长4.1%;第二产业实现增加值2247.80亿元,增长5.4%;第三产业实现增加值1783.00亿元,增长13.3%。一、二、三产业的比重为4.4:53.3:42.3,第三产业比上年提高1.9个百分点。人均生产总值为73998元(按年平均汇率折算为10833美元)。全市实现财政一般预算收入966.25亿元,比上年增长19.2%。其中:中央财政收入533.45亿元,增长26.9%,地方财政收入432.80亿元,增长10.9%。完成地方财政一般预算支出506.10亿元,增长15.1%。

税收概况【任务完成情况】2009年,全市各级地税部门组织各项收入504.20亿元,增收28.89亿元,同比增长6.1%。其中:税收收入335.50亿元,增收20.70亿元,同比增长6.6%,完成年度计划100.2%;社保费等其他各项收入168.70亿元,增长5.1%。2009年市本级组织各项收入548294万元,同比增长13.0%,增收63063万元。其中:税收收入339487万元,增收27391万元,同比增长8.8%,完成年度计划104.6%。

【税收特点】一是收入增幅趋于逐步提高,呈前低后高态势。受经济回落、政策性减收、同期高基数等影响,1–5月份宁波地方税收收入增幅大幅回落,从6月份开始出现回升,9月份实现由负转正。2009年四个季度的税收收入分别为105.30亿元、80.00亿元、85.50亿元、66.70亿元,同比增长–2.8%、–5.2%、13.5%、36.6%,税收增幅基本趋于逐步提高,下半年税收实现22.6%的增长,前低后高态势明显,与全市GDP增长方向大致吻合。

二是地方税种比重明显提高,税收收入结构不断优化。2009年全市营业税、企业所得税、个人所得税、地方小税分别入库129.80亿元、59.70亿元、65.40亿元、80.60亿元,同比增长13.8%、–16.6%、7.6%、18.0%。地方税(营业税+地方七税)占税收收入比重达62.7%,比2008年提高4.8个百分点,税收结构进一步优化。所得税受到经济效益滑坡、税收政策调整、新企业所得税法实施等因素的叠加效应影响,减收7.27亿元。其中企业所得税减收11.87亿元,所占比重下降4.9个百分点。

三是服务业贡献率迅速提高,房地产金融成增收主力。2009年,在积极财政政策和适度宽松货币政策双重刺激下,全市投资保持较快增长势头,基础设施建设和居民消费增势良好。服务业率先回暖,增长不断提速,7至12月份提供税收增幅分别为14.9%、36.4%、17.6%、43.7%、53.3%、27.0%。全年服务业税收入库207.40亿元,占税收总收入的比重为61.8%,同比增长9.7%,明显快于第二产业税收1.8%的增速,增收贡献率达88.7%。分行业看,建筑、房地产业和金融业是2009年税收增收主力,建筑、房地产业税收达99.60亿元,占税收比重29.7%,比上年提高2.4个百分点,同比增长15.7%,拉动整体税收增幅4.3个百分点。其中.房地产业实现税收收入60.80亿元,增收10.20亿元,同比增长20.2%,增收贡献率达49.3%,所占税收比重达18.1%,比上年提高2.1个百分点;金融业实现税收收入37.5亿元,增收4.9亿元,同比增长15.1%,增收贡献率达23.8%。

【税源分析】1.营业税:入库129.80亿元,同比增长13.8%,增收15.70亿元。营业税增收点主要在建筑、房地产业和金融保险业。受旧城改造、地铁建设引起的拆迁拉动,以及国家出台的房地产政策实施影响,宁波市房地产业发展良好,全年房地产营业税入库36.70亿元,增收8.70亿元,增长31.1%;建筑业营业税23.30亿元,增收1.60亿元,增长7.6%;受降息因素影响,金融保险业增幅下半年开始收缩,全年营业税入库27.10亿元,增收3.30亿元,增长14.0%;受运费降低尤其是海运业运费大幅下降影响,交通运输业营业税入库10.60亿元,减收1.20亿元,减幅达10.5%。

2. 企业所得税:入库59.70亿元,同比下降16.6%,减收11.90亿元。除建筑业和住宿餐饮业外,其他行业同比均有减收。减收因素:实体经济受金融危机影响、新企业所得税法实施翘尾因素、汇算清缴企业所得税减收、高新技术企业、小型微利企业享受企业所得税优惠等。分行业看,制造业企业所得税全年入库12.90亿元,减收6.70亿元,同比下降34.3%,批发零售业、交通运输业、房地产业企业所得税分别入库12.40亿元、10.10亿元、10.80亿元,同比下降13.8%、8.0%、6.8%;建筑业全年入库7.30亿元,增收6757万元,同比增长10.2%。

3. 个人所得税:入库65.40亿元,增收4.60亿元,同比增长7.6%。工资薪金个人所得税全年入库31.30亿元,同比增长10.5%,其中年所得12万元以上的个人所得税纳税人补缴税额1259万元;利息股息红利个人所得税全年入库13.20亿元,增长6.5%。个体工商户个人所得税全年入库14.50亿元,下降13.2%;财产转让所得个人所得税入库4.90亿元,增长120.9%,其中房屋转让所得3.26亿元,同比增长211.4%。

4. 其他税收:完成80.60亿元,增收12.30亿元,同比增长18.0%。全市房产税和土地使用税收入在2008年高增长基础上继续高位运行,2009年分别入库 13.26 亿元和 21.14 亿元，增长 16.5%和 20.6%；车船税全年入库 2.14 亿元,同比增长 23.1%；受经济低迷、对个人销售或购买住房暂免征收印花税等减收因素影响,全年印花税入库 6.10 亿元,同比下降 2.3%；全面推进土地增值税清算工作,全年土地增值税入库 6.60 亿元,同比增长 5.3%；受增值税转型、新增燃油消费税和烟草消费税政策调整等影响,城建税全年入库 30.80 亿元,同比增长 25.4%。

各项工作情况【帮扶企业落实优惠政策】认真贯彻落实结构性减税政策,2009 年共为企业和群众累计减负约 50 亿元,有力地支持了地方经济的发展。系统梳理国家已经出台的各项税收优惠政策,支持企业用好用足政策优惠,帮助企业大力拓展国际、国内两个市场,引导企业技术改造和自主创新,大力助推产业结构转型升级。以税企座谈、财务辅导、送政策上门等形式,主动服务企业发展。整合税法宣传资源,从资金、成本、进出口业务、税收政策等多个方面为纳税人答疑释惑,解决好各类涉税问题。

【推进企业分离发展服务业】坚持“企业主导、政府助推”原则,全市共完成分离新设企业 337 户,完成年初下达任务指标的 112.3%，新设企业预计可产生税费收入 7.98 亿元。在 2009 年度全省财税系统企业分离发展服务业工作考核中,宁波市局获得省级企业分离发展服务业工作一等奖,鄞州、余姚、北仑 3 个地区获得省级先进单位,1 人记三等功,6 人被评为省级先进个人,10 人获省级表扬。

【税收法制建设与税收宣传】以开展税收执法检查为抓手,规范减、免、缓、退审批程序;对全局近年来制定的规范性文件进行一次全面清理,共清理出废止和失效文件 13 件、修改文件 10 件、拟修改文件 7 件;建立健全财税行政争议解决处理机制,全年办理 2 起行政复议案件。

积极参与宁波网“对话”、宁波电台“阳光热线”和宁波电视台“新闻透视”等节目,宣传宁波市财税部门服务“保增促调”的各项政策举措。在上半年建立全市纳税咨询热点问题收集公布制度的基础上,从 7 月份开始在市局网站定期公布全市纳税咨询热点问题,初步统一了全市税收宣传资料。

【征管改革与税源管理】加强对重点税源的分析调研,健全税源监控体系,对金融保险业、建筑业、房地产业等重点行业和企业集团进行税源监控。探索行业纳税评估新方法,把亏损和微利企业列为重点评估对象,有针对性地开展重点核查。加强经济税收联动分析,把握经济形势和税源动向。认真开展新企业所得税法全面贯彻实施后的首次汇算清缴;继续稳步推进个人所得税全员全额申报和年所得 12 万元以上纳税人自行申报,全市个人所得税建档人数达 29 万人;扎实做好新营业税暂行条例的梳理辅导和贯彻落实工作;发挥土地使用税 GIS 信息管理系统征管优势,大力开展土地使用税税源清查;构建与保险机构信息共享的车船税数据监控平台,申报覆盖率和成功率均达 100%;深入开展土地增值税清算工作,对不符合清算条件的纳税人一律实行核定征收,进一步加大清算力度;针对成品油消费税和烟草消费税政策调整,抓好相关城建税和教育费附加的征收工作;强化社会保险费征缴数据管理,征缴率在 98%以上。

【信息化建设】对“税易 07”征管信息系统进行功能拓展和效率优化,完成税收管理员平台、征管质量考核、一户式(一员式)电子信息查询的开发试点和推广应用。完成个体工商户计算机定税、计算机开具发票、税务登记预登记、发票预领购、预缴销等模块的业务需求与分析工作。整合地税信息资源,为社会公众提供高品质电子化公共服务。在 2009 年度宁波市政府系统网站评比中,宁波财税网荣获“十五佳网站”称号。

【各项规费征收】2009 年,社保基金收入 125.80 亿元,同比增长 2.8%,增收 3.40 亿元,征缴率在 98%以上；其他政府性基金收入 42.90 亿元，同比增长 12.5%。强化社会保险费征缴数据管理,形成覆盖社保征收资金管理、数据管理和工作流程管理等方面的社保征收工作制度,统一和规范社保征收和服务流程。

【税务稽查】全市共检查纳税人 4406 户,查补收入 60512 万元,其中:自查查补收入 50923 万元,重点稽查查补收入 9589 万元,查补收入入库 59964 万元。稽查选案准确率、查补收入入库率、平均处罚率分别达到 92.9%、99.1%、30.8%。会同国税、公安等部门查处发票违法犯罪案件 53 起，抓获犯罪嫌疑人 55 个，查获涉案发票 106273 份，直接查补税收 948.57 万元。

【优化纳税服务】稳步试行“一站式”服务,改进和简化纳税人报送的各种报表，完善办税流程内控机制。制订全市地税办税服务厅管理办法,统一内外标识、窗口设置、功能区配置和服务项目，推进办税服务厅的规范化建设；对12366纳税服务热线进行调研分析，进一步增强12366纳税咨询、办税指南、涉税举报、投诉监督等服务功能。

队伍建设【**财税文化建设**】9月，在宁波逸夫剧院举办全市财政地税系统庆祝新中国成立60周年暨第二届文艺汇演。24支代表队，383名干部职工汇报演出33个精彩节目，选送的小品《一日夫妻》和民乐演奏《金蛇狂舞》两个节目在全省财政地税系统庆祝新中国成立60周年文艺晚会暨第三届文艺调演中获二等奖，市局被授予调演组织奖。组建文体兴趣小组，适时开办各类文体培训班，发动群众参与“职工之家”建设。坚持“五必访”制度，及时关注有困难的干部群众，开展“送温暖”活动等。

【**开展学习实践科学发展观活动**】深入开展学习实践科学发展观活动，在局内网上开设学习实践活动专栏，共编发活动动态信息366条，体会征文147篇，编印活动简报51期。组织宁波日报、宁波电视台等媒体对全局开展学习实践活动情况进行两次专题采访报道，市委学习实践活动“简报”和市委办“通报”等15次介绍了全局学习实践活动的做法。其中，“整改落实方案”被重点推介，“财政支持担保行业发展，缓解中小企业融资难”入选宁波市学习实践科学发展观实践探索80例。

【**教育培训**】实施“235”轮训计划，在南京大学举办二期由85名处级干部参加的能力建设培训班，在浙江财经学院举办三期来自系统167名科级干部参加的业务建设培训班，300余人参加了宁波市人事局组织的公务员综合素质专题讲座。做好与财政部、国税总局、市委组织部等相关部门的联系协调工作，确保参训参学人员与时间的落实。

【**廉政建设**】扎实推进党风廉政建设，制订《构建反腐倡廉教育长效机制实施办法(试行)》，建立处职领导干部廉情报告制度，进一步健全权力运行监控机制，切实抓好廉政谈话、述职述廉和廉情预警等制度的落实，全面落实党风廉政建设责任制，开展上级领导同下级主要负责人谈话115人次、任前谈话105人次、廉政谈话116人次，201人进行述职述廉，有292人次报告个人有关事项。

【**创建文明单位**】开展争先创优活动，评选表彰全市“十佳”财税干部。开展各类精神文明创建活动，余姚地税泗门分局被新评定为全国税务系统先进集体，在2008年全市获评的8个省级“群众满意基层站所(办事窗口)”中，宁波地税部门占得4席，有2家单位被评为省地税系统“群众满意基层站所(办事窗口)”，2家单位被评为省级巾帼文明岗。

(宁波市地方税务局供稿　钱斌华撰写)

宁波市海曙区地方税务工作概述

局长　陈世豪

经济概况 2009年，海曙区国民经济运行呈现“低开高走”态势，实现地区生产总值（以下简称GDP）358.17亿元，按可比价计算同比增长8.8%。第一、第二、第三产业构成由去年同期的0:16.7:83.3调整为0:15.4:84.6，第三产业增加值占GDP比重进一步提高。具体分产业来看，第一产业累计实现增加值272万元，同比下降27.6%；第二产业实现增加值55.13亿元，同比增长1.0%，对经济总量增长贡献率达到1.7%，拉动GDP增长0.1%；第三产业实现增加值303.01亿元，同比增长10.2%，对经济总量增长贡献率达98.4%,拉动GDP增长8.7%。2009年全区完成财政一般预算收入50.45亿元,比上年增长6.9%,其中地方财政收入32.52亿元,比上年增长9.5%。

税收概况【任务完成情况】2009年,宁波市海曙地税局共组织各项收入50.87亿元,比上年增长5.6%。入库地方税收收入34.09亿元,比上年增长10.5%,完成年度收入计划32.80亿元的103.9%。组织各类基金、费等其他收入16.78亿元,比上年减少3.2%,其中:社会保险基金收入14.72亿元,比上年减少3.0%。

【税收特点】一是辖区经济整体下滑,企业税基萎缩。除主要税种受冲击外,对各小税种及基金、费征收影响也较大。二是经济不景气,促使企业转让股权、有价证券、房地产等行为增多,此类税收体现较为可观。但除房地产、保险、证券企业外,依靠自身发展保持税收增长的企业不多。三是金融行业增收主力角色转换,银行业由原来的增收大户逐步转为减收大户。保险业、证券业企业异军突起,但增幅难以填补银行业减收金额。四是受村级留用地开发以及城区拆迁改造影响,住宅销售市场供需两旺,房地产业税收同比增长。

【税源分析】1.营业税:入库15.52亿元,同比增长13.3%。增收因素:一是国家基建项目增多,加上前期开发楼盘竣工结算等因素,建筑业全年入库1.53亿元,同比增长23.7%。二是城市规划进程加快,市区拆迁项目增多,市民购房需求放大。2009年下半年起,一、二手房屋交易重新升温,带动房地产业增收,房地产业全年入库1.85亿元,同比增长44.0%。三是国家宏观政策刺激,促进证券市场回暖,金融保险业全年入库6.54亿元,同比增长17.4%。减收因素:金融危机影响货代、鉴证类企业经营业绩下滑,居民服务和其他服务业营业税全年入库1.15亿元,同比减收10.2%。

2. 企业所得税:入库5.99亿元,同比减少0.2%。增收因素:一是某企业外迁注销,自查补税增收5540万元。二是房产市场活跃,新开楼盘预售良好,房地产企业所得税同比预缴增多。三是房产开发项目结算增多,部分建筑安装和房产开发企业企业所得税入库同比增长。减收因素:一是受经济下滑影响,外向型企业经营受损,企业所得税入库减收明显。二是居民服务和其他服务企业外迁增多,又无新税源引入,造成企业所得税减收。

3. 个人所得税:入库8.24亿元,同比增长17.9%。增收原因:一是加强对市、区两级行政事业单位年终奖个人所得税征缴。此外,由于新企业所得税法颁布,工资薪金税前列支规定调整,企业不再承担工资发放超标部分的纳税调增,企业员工薪金增发情况增多。工资薪金所得入库4.79亿元,同比增长10.9%。三是个别企业业绩上升,股东分红增多。利息、股息、红利所得入库1.82亿元,同比增长30.0%。

4. 其他各税:入库4.34亿元,同比增长4.3%。增减原因:一是加强对保险企业代征车船税管理,实现车船税同比增收32.6%。二是房地产交易活跃,土地增值税预缴增多,实现土地增值税同比增收3.0%。三是辖区厂房、经营用房大面积拆迁,影响房产税收入。房产税同比减收6.4%。四是企业自查补税、银行信贷业务增多等原因,印花税同比增长7.2%。

各项工作情况【优化收入结构】一是落实税收优惠政策,加大对高新技术、中小企业贷款担保、医疗教育等第三产业扶持力度,2009年第三产业税收29.73亿元,占地税总量87.2%。二是加强地方小税种管理,继续加大对车船税、城镇土地使用税等新政策的执行力度,规范日常征管流程。地方小税种全年入库4.34亿元,增收1820万元。三是重点加强对证券保险行业、货运自开票、二手房买卖等行业的税收征管,推进地方税源建设。

【帮扶企业落实优惠政策】一是落实企业走访制度,了解企业经营状况,解决实际税收问题,为企业发展提供合理化建议,全年共走访企业500余家。二是对部分困难企业和其他需要扶持企业给予土地使用税、房产税和水利基金减免,全年共减免上述税金8674万余元。三是定期召开政策辅导会,精心选择辅导内容,为企业财会人员提供现场答疑。全年共组织纳税辅导200余场次。

【推进企业分离发展服务业】根据浙江省经贸委《关于推进企业分离发展服务业的实施意见》以及宁波市政府《关于推进制造企业二、三产分离发展的实施意见》等文件规定,按照上级部门统一部署,组织人员对符合分离条件的企业进行走访调研、宣传政策、征询意见,积极开展服务业分离工作。全年共分离发展包括 2008 年度浙江省制造业百强企业在内的 12 家制造企业。

【税收法制建设与税收宣传】一是开展税收执法检查。重点检查文件制定、征管流程、税务稽查等情况,对存在问题进行及时整改。二是开展"残疾人税收宣传"专项服务,为辖区 186 户残疾个体户制作宣传手册,被宁波市局评为优秀创新活动项目。三是通过专题报告会、楼宇税收长廊等形式,开展"送政策优服务解难题"活动,宣传下岗失业、二手房交易等税收优惠政策。

【征管改革与税源管理】一是实施重点税源监控,着重做好重点税源税收数据的分析、比对,加强动态管理。二是加强一般税源管理,设置中小企业户籍台账,建立中小企业税源月度分析报告制度。三是在稳定旧市场管理的基础上,完成对新开辟市场的个体征管。

【信息化建设】一是制订外网门户网站管理办法,建立规范的信息采集、审核、发布和更新机制。二是完善门户网站建设,即时更新税收政策、最近税讯、涉税通知等网络信息。三是完成"税易"征管系统的数据整合。及时清理、修正老系统数据迁移过程中的垃圾数据和错误数据。

【各项规费征收】落实 2008 年度社保征管档案整理归档以及注销、失效单位的社会保险费欠费清理。开展社保征收数据对账、应征数据清理、社会保险费国库入库数据核对等工作。修订《海曙地税社保征管规程》,进一步规范社保费征收流程。2009 年共征收社保费 14.72 亿元。

【税务稽查】一是按照国税总局及上级部门要求,做好持限售股企业、国家级大型企业下属公司的自查工作。并自行组织多年未接受稽查重点企业和社会力量办学企业开展自查。全年共自查补税 7860 余万元。二是规范举报案件登记、稽查、会审等各环节规定,定期公告案件处理结果。全年共受理举报案件 28 件,补罚税款近 572 万元。三是强化注销清税,对部分房地产、交通运输等重点企业及存疑企业的闭歇清税,由稽查局负责检查。

【优化纳税服务】继续落实提前到岗、午间值班、延时服务等特色服务制度。为纳税人提供形式多样的信息告知服务。开通绿色通道,为老弱病残孕等特殊纳税人提供上门服务。并开设退税"三快服务",即受理快、审核快、退库快。全年共为 2606 户企业办理退税手续,退税金额 1.43 亿元。

干部队伍建设【财税文化建设】一是动员群团力量,组织参加新中国成立 60 周年系列活动,取得优异成绩。二是组织干部、职工投身公益事业。"六一"节前夕,该局青年文明号及巾帼文明岗成员前往信谊民工子弟学校探望农民工子女;党员干部开展"帮扶弱势群体"主题活动,竭力解决贫困户生活困难;在全局开展"慈善一日捐"活动,为台湾地震灾区捐款。

【机关作风建设】一是推行政务公开制度,在局门户网站发布各类政务信息。二是制订《宁波市海曙地方税务局办税服务厅工作规范》,细化税收服务程序。三是制作"纳税人评价卡",设置"纳税人满意度评议箱",广泛采集纳税人意见和建议。四是开设网上税政咨询、投诉举报、局长信箱等互动栏目,拓宽征纳交流渠道。

【教育培训】一是组织干部职工到上海复旦大学接受全员业务培训,培训内容涵盖经济形势分析、税收管理等方面。二是在局内网开设"每日一题"专栏,实行答题考核制,干部答题得分计入年度业务考核。三是每月以科室为单位开展政治、业务学习;按季选派业务骨干开设政策辅导讲座,分析讨论实际税收难题。

【廉政建设】一是严格落实领导干部重大事项报告、个人收入申报等制度;召开专题民主生活会,听取各方意见建议,围绕存在问题进行剖析、整改。二是建立廉情预警机制,成立廉情预警队伍,加强预警信息采集,针对存在问题启动处置预案。三是与检察院等部门建立行政执法与刑事司法信息共享平台,配合开展预防职务犯罪宣教工作。四是严格落实局内部轮岗制度,全年共轮换岗位 18 人次。

【创建文明单位】倡导新颖、灵活、务实的创建理念,大力开展形式多样的创建活动,推动税收中心工作健康、持续发展。2008 年度继续被宁波市局评为地税系统文明单位、财税系统"青年文明号"和创建"群众满意基层站所(办事窗口)先进单位,继续被共青团海曙区委评为海曙区"青年文明号"。

(宁波市海曙地方税务局供稿　陈哲峰撰写)

宁波市江东区地方税务工作概述

局长 张立权

经济概况 2009年，宁波市江东区实现生产总值280亿元，增长8%；完成全社会固定资产投资102.3亿元，增长27.9%；实现社会消费品零售总额129亿元，增长12.8%；进出口总额达39亿美元，其中进口突破10亿美元，增长41.7%；引进市外内资39.8亿元，利用合同外资、实际外资均为1.03亿美元；完成财政一般预算收入35.8亿元，增长8.7%，其中地方财政收入24.7亿元，增长12%。

税收概况【任务完成情况】2009年，江东地税系统共组织各项收入32.82亿元，同比增长3.89亿元，增幅13.44%。其中：地方税收入库22.57亿元，同比增收3.34亿元，增幅17.36%，增长幅度位列全市第一；组织各类基金、费等其他收入10.25亿元，同比增长5.67%。

【税收特点】一是税收收入逆势上扬，总体呈现前低后高趋势。在金融业、房地产业等区域支柱产业快速发展的拉动下，税收收入实现较快增长，但季度振幅趋大，呈现前低后高走势，与区域经济“V”形反转态势保持一致。

二是主体税种内部结构出现调整。营业税、企业所得税和个人所得税三大主体税种完成情况呈现“两升一降”。其中：营业税、个人所得税增长较快，增幅分别为27.21%、31.25%；企业所得税出现大幅减收，降幅为22.38%，减收缺口持续扩大。主体税种组成结构发生交替，个人所得税取代企业所得税地位，成为主体税种的增长主力。

三是“服务强区”建设成效显现，第三产业税收比重逐年上升。区域现代服务业的迅猛发展对第三产业税收增长形成强力支撑，全年入库18.62亿元，增收3.31亿元，增幅21.65%，占地方税收总额比重达82.5%，占据压倒性优势。

【税源分析】1. 营业税：入库11.82亿元，增收2.53亿元，增幅27.21%。增收因素：一是区域楼市回暖，量价齐涨，销售不动产成为营业税增收主力，入库2.89亿元，增长54.81%，同时房屋租赁营业税呈现38%的大幅增长，累计入库5546万元；二是金融保险业营业税保持高位增收，入库3.47亿元，增长41.39%；三是全区基础设施建设投资力度不断加大，促使建筑业税收持续上升，入库1.91亿元，增幅22.72%。

2. 企业所得税：入库2.87亿元，减收8263万元，跌幅22.38%，其占地方税收总额比重跌至12.7%。减收因素：一是部分高产值企业因受资源要素制约而注销外迁，规模以上企业户数减少，区域税源逐步削弱，是企业所得税大幅减收的主要原因，纳税百万规模以上企业同比减少11家，减收7559万元，占总减收额的91.48%；二是因受金融危机影响以及区域间同质竞争力度加大等原因，企业利润普遍下滑，亏损企业增多；三是税收优惠政策形成的结构性减收效应不断扩大，2009年共减免企业所得税4931万元，减免规模较2008年同期扩张近14倍。

3. 个人所得税：入库4.92亿元，增收1.17亿元，增幅31.25%，有效弥补了企业所得税的减收缺口。增收因素:经济形势转好、人均收入提高、纳税意识增强及征管手段的逐步完善推动了个人所得税的较快增长。2009年,工资、薪金部分个人所得税入库2.64亿元,增收6554万元,增长32.96%,是个人所得税的主要增长点;财产租赁、财产转让所得入库6646万元,增收3571万元,增长116.13%;利息、股息、红利部分入库9814万元,增收2186万元,增长28.66%。

4.其他税收:入库2.96亿元,增收4652万元,增长18.62%,总体呈现“一降五升”态势。增减因素:一是仅土地使用税收入出现9.19%下跌,主因是外迁、闭歇的企业不断增加及房产公司存量房的减少影响了该税种的税基;二是城建税增幅平稳,增长26.67%;三是车船税、印花税有所回升,分别增长3.07%、0.85%;四是土地增值税实现61.25%的较快增长,剔除缓缴因素后,增幅为190%;五是房产税入库5598万元,增长21.04%。

各项工作情况【帮扶企业落实优惠政策】积极贯彻落实区域产业政策和各项税收优惠政策,成立3支专项帮扶工作组,深入企业开展信息采集、政策调研和涉税咨询,帮助企业走出阶段性困境;加强纳税服务的针对性,开设多期税收政策解读会,充分发挥政策引导力。2009年,审核减免税款7461万元,其中高新技术企业减免4214万元。

【税收法制建设与税收宣传】严格落实税收执法责任制,健全完善责任追究体系,扎实开展各项税收执法检查工作,扩大执法监督卡发放范围,切实保障依法治税。

紧扣第18个全国税收宣传月“税收·发展·民生”主题,组织开展“浓墨写税收”、原创宣传情景剧拍摄、电影进社区、广场咨询会等系列活动,取得良好成效。其中,“地税电影进社区”被评为宁波市税收宣传月优秀创新活动项目。

【各项规费征收】认真做好社保基金与其他政府性基金的征收管理工作,规范建立档案资料和备查台账,加强陈欠催缴工作,确保各项规费应收尽收。2009年,社保基金共计入库8.70亿元,增长4.32%,其中养老保险、医疗保险、失业保险、工伤和生育保险以及职教保险基金分别入库4.15亿元、3.59亿元、6298万元、2168万元和1162万元。其他政府性基金收入1.56亿元,增长13.98%,其中水利基金、教育费附加、地方教育费附加、残疾人保障金和文化事业建设费分别入库4471万元、5017万元、3989万元、1740万元和341万元。

【征管改革与信息化建设】一是调整新办企业企业所得税征收方式的认定方法,大力推行查账征收,并精心部署汇算清缴工作,切实提高企业自核自缴、自行申报比例。二是进一步完善个人所得税的征收管理,将个体工商户个人所得税征收方式调整为按应税所得率征收,取得良好成效;圆满完成2008年度年收入12万元以上个人所得税自行申报工作,受理纳税人自行申报3181人。三是积极落实土地使用税、土地增值税的清查清算,扎实开展营业税重点税源调查,为精细化税种管理打实基础。四是加速建设信息化征管平台,全力确保税易07新征管系统多个新功能子模块上线运行,同时,顺利完成外网升级和门户系统试点工作,成为全市财税系统中首家完成新门户网站建设单位。

【征收管理与发票管理】一是扎实开展经济税源动态监控,厘清管理流程、优化人员配置,切实加强“征、管、查”多方联动的内控协调机制。二是扎实开展以餐饮、建筑安装、广告等行业为重点的纳税评估工作,全年纳税评估企业59家,查补税款、滞纳金228.7万元。三是规范“一户式”管理,加强对非正常户、特殊状态户、失效户的认定与管理,认真开展注销清理工作,确保征管基础信息的准确性。2009年,新办税务登记3570户,认定非正常户265户,解除非正常户28户,公告失效户581户,核准纳税人注销2097户。四是全面推广货物运输发票税控系统,对34家货物运输业自开票纳税人实行年检年审,严查严防借证开票行为,并开展税票比对分析683户(次),对存在异常情况的纳税人落实跟踪管理。五是组织开展整治发票犯罪专项行动,联合警力破获2起重大出售假发票案件,抓获犯罪嫌疑人18名,缴获各类空白假发票18600份、假公章250余枚,查补税款40余万元。

【推进企业分离发展服务业】高度重视企业开展服务业分离工作,成立专项领导小组,研究制订《关于进一步推进企业分离发展服务业工作的实施办法》,有序开展实地调查、企业约谈、政策解读等各项引导帮扶工作,共有11家企业完成分离发展服务业工作。

队伍建设【学习实践科学发展观活动】深入开展

学习实践科学发展观活动,以“推动科学发展、构建和谐税收”为载体,扎实做好“细、实、新、合”四字文章,形成一级抓一级、层层抓落实的工作格局。在学习实践活动期间,共组织各类学习座谈30多期,累计学习时间逾30小时,并对征求到的29条意见建议和查找到的27个问题开展全面汇总梳理和整改落实。

【廉政建设】充分发挥党风廉政建设责任制的龙头作用,健全完善“一把手”负总责、班子成员“一岗双责”的责任体制,以廉情信息员、联络员、观察员“三支队伍”为依托,进一步完善廉情预警信息网络;精心部署“廉政文化进机关”示范点创建工作,大力开展家庭助廉活动,在“四有、六个一”系列廉政活动中征集各类廉政作品逾90件,并在各级廉政比赛中连获佳绩。2009年,被评为宁波市“廉政文化进机关”示范点之一。

【教育培训】集中开展读书月活动,全体干部依托多种平台广泛开展学习调研,并不断加大业务培训和岗位练兵力度,组织集体理论学习4期、全员培训3期、个人自学24期,督促干部队伍做到以学促干、学用相长。

【财税文化建设】积极开展税务文化建设,组织干部走进军营、走进廉政教育基地、走进重点企业,集中力量筹建图书室、税务文化园地专栏,并组建起太极拳、羽毛球等多个兴趣小组,同时以自编自演的精彩节目献礼庆祝新中国成立60周年文艺晚会,在寓教于乐中营造了团结和睦、奋发向上的良好氛围。

【创建文明单位】积极参与各级各类文明创建工作,不断提升创建项目等级,新辟文明创建工作内网专栏,不断完善文明创建联动制度,切实树立起“勤政廉洁、务实高效”的文明单位形象。2009年,被评为宁波市财税系统文明单位,办税服务厅获评宁波市“群众满意基层站所”示范单位。

(宁波市江东地方税务局供稿　盛峥峥撰写)

宁波市江北区地方税务工作概述

局长　俞亚君

经济概况　2009年,宁波市江北区实现地区生产总值159.60亿元,同比增长5.5%;财政一般预算收入41.01亿元,同比增长2.4%;全社会固定资产投资总额103.80亿元,同比增长23.6%;社会消费品零售总额79.20亿元,同比增长20.4%;外贸进出口总额19.20亿美元,同比增长1.6%。

税收概况【任务完成情况】　2009年江北地税系统共组织收入33.06亿元,比上年增加2.3%。其中税收收入22.39亿元,比上年增加2.5%;组织各类基金、费等其他收入10.19亿元,比上年增加-3.2%。

【税收特点】一是各月税收收入波动很大,2009年税收收入呈现头尾月份下降较大、中间月份增幅较为迅猛的显著特点。因受金融危机影响较深,税收收入年初4个月下降幅度较大,其中1月份到4月份同比分别下降11.8%、22.4%、21.5%和30.0%,年底12月份下降-12.7%;但年中7个月随着经济的企稳回升,税收收入增长较为迅猛,5月份到11月份同比分别增长16.7%、77.5%、3.3%、15.2%、44.4%、67.7%和22.9%,全年税收收入比上年增长2.3%。二是税收收入主要来源于房地产业、交通运输业、制造业、金融业、建筑业及其他服务业等行业,其税收收入分别是

5.15 亿元、4.53 亿元、4.41 亿元、1.33 亿元、1.26 亿元和 1.28 亿元，占全年税收总收入的比重分别为 23%、20%、20%、6%、6%和 6%，六大行业税收收入共占全年税收收入的 81%。但这六大行业同比出现不同程度的增减，其中居民和其他服务业和以宁波海运股份有限公司为代表的交通运输业增长最大，分别增长 23%和 19%，其次是金融业和房地产业分别增长 9%和 8%；而以金田铜业集团为代表的制造业因受金融危机影响较深，税收收入下降 28%，建筑业也负增长 3%。

【**税源分析**】1.营业税：入库 9.86 亿元，同比增长 4.45%。增收原因：一是房地产业入库 3.54 亿元，同比增长 2.7%，上半年因受金融危机冲击房地产业营业税同比出现 28%的负增长，但下半年随着房地产交易的量价齐升，营业税收入也随之大幅增加。二是交通运输业营业税入库 2 亿元，与上年 2.05 亿元基本持平。三是服务业良好的发展态势为税收提供较高质量税源，居民和其他服务业入库 1.68 亿元，同比增长 13.1%。四是建筑业入库 1.59 亿元，同比增长 3.8%。五是证券市场回暖及银行经营形势较好，金融业营业税全年入库 1.04 亿元，增收额为 0.12 亿元，增幅为 13.56%。

2.企业所得税：入库 5.13 亿元，同比增长 1.63%。新企业所得税法税率下调、小型微利企业和计税工资按实列支等因素是企业所得税收入减收的主要原因，新法实施导致企业所得税减少 1.08 亿元。

3.个人所得税：入库 3.73 亿元，减少 3700 万元，同比下降 10.0%。减收原因：一是股息、利息、红利所得及财产转让所得个人所得税两个税目同比减少 4700 万元，主要是由于 2008 年金田集团筹备股票上市产生的此两税目一次性收入合计 84 万元，而 2009 年度只有 2000 万元。二是通过加强征管，尤其是年所得 12 万元自行申报工作的有效开展提高了纳税人自觉纳税意识，以及工资、薪金所得入库 1.61 亿元，增收 1400 万元，增长 9.4%。

4.其他税收：入库 4.05 亿元，同比增长 11.5%。增收原因：一是加强对企业自有房产及土地清查工作，房产税和土地使用入库 1.87 亿元，同比增长 24.9%。二是加强与国税等部门的信息交流，实现两税比对，城建税入库 1.33 亿元，同比增长 5.6%。

各项工作情况　【**税收法制建设**】一是规范税收执法。认真落实税收执法责任制，严格过错追究，最大限度减少执法的随意性，降低税收执法风险。严格执行税务稽查工作规程，落实查前告知制度，充分听取纳税人申辩，保障纳税人合法权益。二是严格审批程序。坚持依法征税的组织收入原则，按照税务行政审批法定权限和程序，加强减免税审批管理与监督，杜绝违规批准减免税。

【**税务稽查**】推行企业自查、针对抽查、重点稽查等税收检查新模式，不断提升稽查效能。企业自查 562 户企业，其中存在涉税问题 440 户，补缴税款 3072 万元；对 36 户纳税人开展专项检查，共查补入库税款 545 万元；受理涉税举报案件 13 起，查结率 100%；与国税、城管和公安分局经侦大队等多部门联合，进行集中整治街面倒卖发票拉网行动，并努力提高发票协查效率，共协查发票 6000 份。

【**税收宣传**】紧紧围绕“税收·发展·民生”这一主题，以科学发展观为统领，坚持以“税收促进发展，发展改善民生”为原则，结合多年来开展税收宣传月活动的经验和做法，创新载体，着眼长效，重点开展公交车流动宣传、税宣互动“四个一”、“游古镇、话税收”和共建税企交流平台等内容丰富、形式多样的宣传活动，其中“共建税企交流平台”项目被宁波市地方税务局评选为 2009 年市级税收宣传月优秀创新活动项目。

【**征管改革与税源管理**】一是制订协税护税管理办法。在深入调研基础上，更新征管理念，提出税收管理社会化的工作思路，制订协税护税管理办法，借助社会各方面力量，健全多层次的协税、护税网络。二是开发协税护税配套工作软件。为使协税护税工作更加规范，避免传统手工代开发票、税票产生的问题，联合信息中心积极研发计算机开票软件。三是配合宁波市地税局开发“个体工商户参数系数定额核定系统”，完成个体工商户计算机定额系统模型的行业测试。根据个体工商户计算机定额系统模型开展行业测试，为确保该测试具有代表性，进行行业细分，并结合地段、经营面积、雇工人数、设备等指标测算模拟税负率，通过反复测算、比较，最终确定合理参数指标，使得计算机核定定额更加科学、规范、合理，为该系统核心内容——模型的确定做好基础准备工作。四是出台个体户国地税共管户管理办法，提升个体征管工作质效。针对目前个体工商户纳税意识不强,国地税共管户定额管理不统一,地税监控力度较弱的现状,通过对江北区市场内、外个体增值税共管户进行全面调查摸底,形成更符合江北区实际的共管户管理办法,加强对个体工商户国地税共管户的管理。

【征收管理与发票管理】一是开展工商数据比对,掌握户籍动态,杜绝征管盲点。开展与工商数据信息动态比对,凡通过系统比对发现不一致信息,组织力量采取集中筛选和人工核对相结合的办法进行逐一核查,分类处理。并认真分析研究工商信息比对存在的异常原因,查找管理工作中存在的问题,不断提高税收征管工作水平,进一步增强服务意识,强化信息资源的综合利用，建立实现工商税务登记信息统一、堵塞管理漏洞、提高税收征管工作水平的长效机制。二是全面开展业务流程梳理工作。以需求应用为核心,结合新征管系统运行模式,以税收征管业务为主线,把税务登记、征收管理、计划统计、税收法制、纳税评估、税务稽查、税源管理设计成一个完整的业务流程,全面开展业务流程梳理工作,为提高业务水平搭建平台。三是推行计算机开票工作,健全发票管理长效机制。为方便发票查询辨伪,防堵假票,维护市场经济秩序,全局积极配合市局的开票软件,逐步实施部分行业计算机开具发票,规范发票管理,健全发票管理长效机制。

【信息化建设】做好“税易 07”税收征管系统、台账管理信息系统和行政管理信息系统三篇文章,实现纳税人信息、部门信息和全局干部信息的采集与应用。主要抓好四个平台建设:一是打造税收征管信息化平台。在税易试点工作结束后,及时把税易应用工作的重点转向深入应用,做好以纳税人为“主体”的税易试点与推广工作,实现纳税人涉税信息的采集与应用。二是打造文明创建信息化平台。以提升文明创建活动层次为抓手,扎实做好文明单位台账管理系统的建设与应用工作，实现部门与单位的信息采集与应用。三是打造行政管理信息化平台。为进一步加强行政工作和干部管理，及时建立起行政管理信息系统,实现对干部工作信息的采集与应用。该系统还将行政办公事项的办理流程纳入管理,实现对行政事项办理流程的全过程管理、跟踪、记录,记录反映全局、部门、个人行政人事信息及工作轨迹,为各级查阅、共享、交流信息提供便利。四是打造知识管理信息化平台。在局域网上建立起涵盖各项税务工作的知识库系统,搭建起一个积累知识、解决问题、比武练兵的平台,达到有效积累和使用干部职工工作中的知识与经验。

【各项规费征收】2009 年,全局累计征收入库社保费、水利基金、教育附加费 9.63 亿元,比上年减少 2200 万元,同比减少 2.2%。一是继续加强规费征管制度建设,完善征管工作流程,并首次启动征管工作考核机制;二是认真做好规费历年及当年征收数据的三方比对工作,确保规费应收尽收;三是继续做好社会保险费欠费数据清理工作,2009 年共清理上报注销、失踪户欠费 27 户,合计欠费金额 1418 万元,经批准同意数据核销的仅 40 万元；四是努力抓好社会保险费征管档案建设,将社会保险费征管档案纳入税收征管档案管理，有效保护社会保险费征收数据的安全性;五是加强社会保险费征缴政策的宣传力度,积极落实社会保险费减负政策;六是加强与社保部门的横向联系，建立社会保险费征收管理工作的协调机制,共同解决在征缴过程中的突发事件或难点、热点问题。

【推进企业分离发展服务业】深入调研、遵循原则、明确重点、加强引导,助推企业转型升级。一方面,加强分离发展服务业的政策宣传，主动与区经贸、发改、财政、国税等部门沟通协调;另一方面,开展分离发展服务业调研工作,遵循依法创新、自愿分离和政企双赢的原则,积极引导企业分离发展服务业。同时,重点走访辖区内有意向实施主辅分离的企业,特别是混凝土、食品、技术咨询、大卖场等行业,并为企业分离发展提供一对一辅导,帮助企业解决制造业和服务业共同发展中的涉税问题;帮助企业算明主辅分离前后的税负情况,得到企业理解和支持。全年辅导各类企业主辅分离共 14 家,全年实现税收 228 万元。

队伍建设【创建文明单位】在继续开展文明单位、基层文明站所创建的基础上,以临时用工、女干部为主体,推进巾帼示范岗和青年文明号建设,化解临时用工队伍矛盾、活跃女干部职工队伍气氛、增进该群体凝聚力,倡导“我健身我快乐”的理念,通过开展团员青年拓展运动,举办临时用工沟通礼仪专题培训班等,并以点带面促进整个文明创建活动。2009 年江北地税局在江北区机关行风民主评议中综合排名第三名，其中企业负责人的评价自2005年机构分设以来连续五年都是第一名。

【教育培训】一是通过选拔思想素质高，奉献精神强，有较高的热情和较强的学习能力，或有较为丰富的实际业务工作经验的同志组建"教育培训志愿者小分队"，侧重讲授政治理论、税政法规、征收管理、稽查业务、计会统票、公文写作等业务。依托这一新型教育培训平台，全局开展了三次"身边人讲述与实践科学发展观"系列活动，通过互教互学，提高教育培训的针对性，促进干部成才，进一步提高全局教育培训的质量和效益。二是在局内网上开辟"每日一题"平台，内容从科学发展观，拓展到税收业务、征管法业务、计会统业务、税易07操作、办公室、人事廉政类综合业务等，并进行定期的测试，通过这一平台，激发干部职工学习激情，营造"我要学习、人人学习、自觉学习"的浓厚氛围。

【廉政建设】一是积极传达各级廉政会议精神，并在全局范围内进行全面动员，通过层层签订廉政责任状、制订廉政工作实施意见等形式加强廉政工作的力度和深度。二是构建防腐机制。坚持个人重大事项报告、廉政谈话、述职述廉、礼品登记等制度，筑牢廉政防火墙；设置网站、举报箱、投诉电话，聘请特邀行风监督员，畅通廉政监督渠道。三是开展一次廉政短信征集活动。以"拟一条廉政短信，受一次廉政教育"为主题，共征集各类廉政短信265条。每条短信寓意深刻、富有哲理、内涵丰富、弘扬正气，读来颇耐人寻味，较好体现了全局干部职工勤政廉政的精神风貌。

【队伍建设】一是加强专项思想调研。通过定期分析(党组一季度一次对干部队伍进行专项研究)、三级联动(局党组、党支部、各部门每季分别对本序列干部的思想状况进行专题研究)和重点调研(通过党组和部门之间良好的互动，抓准苗头性的动态，由党组和部门按事态进展情况随时进行专项调研)等步骤全面准确地掌握干部思想状况、并把握其发展态势。二是努力营造公平税收环境。落实首问责任制、服务承诺制、午间值班制、文明服务"八公开"等纳税服务制度；推广使用"三张卡"，即一次性告知卡、税企服务联系卡、纳税评议卡，细化告知内容，提供便民服务，加强监督评议，提高服务效能；加强业务辅导，及时答疑解惑；搭建税企信息快速交流平台，完善信息沟通共享机制；巩固和完善纳税申报"一站式"服务，清理简并涉税报表和资料，加快实现涉税办理内部流转，减少办税时间。

(宁波市江北地方税务局供稿 廖拥平撰写)

宁波市鄞州区地方税务工作概述

局长 戴自贤

经济概况 2009年，宁波市鄞州区实现地区生产总值709.91亿元，按可比价格计算，比上年增长10.0%。其中：第一产业增加值26.19亿元，比上年增长4.6%；第二产业增加值437.01亿元，比上年增长4.0%；第三产业增加值246.71亿元，比上年增长21.3%。第一、二、三产业增加值结构由上年的3.7:64.7:31.6调整为3.7:61.5:34.8。全区完成财政一般预算收入145.09亿元，比上年增长8.5%；其中地方财政收入83.30亿元，比上年增长14.4%，财政收入总量蝉联全省各县(市、区)首位。

税收概况【任务完成情况】2009年,鄞州地税局共组织各项收入75.68亿元,比上年减少0.9%。其中:税收收入49.65亿元,比上年减少1.1%;各项费、金等其他收入26.03亿元,比上年减少0.7%。

【税收特点】一是总量首次出现负增长。受国际金融危机的持续影响,组织各项收入规模出现国、地税机构分设以来的首次负增长,比上年同期减少0.9%。税收收入为49.65亿元,与年初下达的收入任务尚有差距;各项非税收入与上年基本持平但略有减少。二是月度增幅震荡明显。2009年元月税收收入首次出现负增长,到一季度税收收入增幅止跌回升为0.9%,二季度开始降幅又逐月增大,上半年税收收入负增长达到全年最大值11.1%;下半年开始税收收入继续呈现负增长态势,但降幅进一步收窄,全年税收收入比上年同期减少1.1%。三是减收税种突出。2009年企业所得税比上年减少47.9%,拉低全局税收收入12.2个百分点;而其他税种均实现不同程度的增幅。四是行业贡献率不均。房地产业和建筑业税收继续保持增长势头,两行业占税收收入的比重过半,比上年增长6.4个百分点;制造业税收减幅最大,同比减少27.1%,占税收比重较上年下降8.5个百分点。

【税源分析】1.营业税:入库23.85亿元,同比增长17.5%。增收因素:第三产业发展势头良好,全年入库18.84亿元,同比增长19.1%,增收额3.02亿元,占营业税增收额的84.8%。通过规范管理,以票控税成效显著,住宿和餐饮业营业税同比增加44.1%。鄞州新城区的开发建设不断完善,国内一流房地产开发企业竞相进驻带动房地产业营业税比上年增收2.73亿元,增幅为26.5%。减收因素:金融保险业受金融危机的影响持续体现,同比减收0.82亿元,拉低了营业税增幅8.8个百分点。

2.企业所得税:入库5.39亿元,同比减少47.9%。减收因素:一是受国际金融危机影响,外部需求萎缩,工业企业效益的下滑主导了企业所得税减收。二是房地产业企业在建楼盘和实际可开发的土地双双减少,几个较大规模的楼盘2009年已进入销售末期,房地产业企业所得税同比减少27.6%。三是落实各项企业所得税减免及抵免、加计扣除等优惠政策,其中44家高新技术企业通过2008年度汇算清缴共享受企业所得税优惠1826万元,784家小型微利企业减免企业所得税319万元,国产设备投资抵免企业所得税1678万元。

3.个人所得税:入库9.00亿元,同比增加0.7%。增收因素:抓好年所得12万元以上自行申报工作,全区有5781人完成自行申报,同比增长2.7%,补缴税款397万元。工资、薪金个人所得税增收2846万元,同比增加9.2%。减收因素:受经济形势影响,个体工商户和企业经营利润普遍下降,个体工商户生产、经营所得入库和分红、股息、利息、红利所得分别入库2.75亿元和1.76亿元,比上年同期减少20.3%和13.7%。

4. 其他税收:入库11.40亿元,同比增长7.6%。增收因素:加大房产税、土地使用税的征管力度,2009年入库房、土两税5.15亿元,比上年同期增长7.5%。印花税增长稳定,同比增收842万元,增幅达12.1%。

各项工作情况【优化收入结构】加大城乡统筹结合,继续大力发展第三产业,加大服务业招商引资力度,为地方税收提供强劲税源支持。2009年组织入库营业税和地方七税35.25亿元,占税收收入的比重为71.0%,比上年提高9.4个百分点。加强地方小税管理:一是积极开展"增值税、消费税两税信息比对",2009年共比对"两税"信息111552户次,核实有差异户数3182户,补缴各项税费541万元;二是对房地产开发企业进行土地增值税清算,补缴税款217万元,补充地方税收收入;三是强化比对、评估、清查等征管手段,核查免抵增值税应缴城建税和教附费161户,补缴税款398万元。

【帮扶企业落实优惠政策】走访房地产、外贸、重点工业企业,听取企业在金融危机下面临的难点热点问题,协助企业攻坚破难、携手企业渡过难关,为企业发展创造良好的环境。一是运用税收杠杆引导产业结构调整,落实好高新技术企业、小型微利企业以及部分国家鼓励产业的税收优惠政策。据统计,各类企业共享受2008年度地方税费优惠1.66亿元。二是认真执行新修订的营业税暂行条例,响应增值税转型改革,落实促进房地产市场稳定健康发展的税收优惠政策等,使结构性减税助力经济企稳回升。2009年共办理二手房交易个人所得税退税579户,金额计27万元。三是继续深入实施市局《促进经济又好又快发展若干意见》,落实下岗再就业、退伍军人自谋职业和残疾人就业税收优惠政策。2009年审批房产税、土地使用税减免2620万元,水利建设专项资金减免4085万元。

【推进企业分离发展服务业】认真贯彻落实市局推进企业分离发展服务业工作的有关精神和鄞州区《关于进一步加快现代服务业发展的若干政策意见》,整合力量,重点关注建筑安装、混凝土、物流、商贸、科技等五大行业的80户企业,采取“政策宣传、解剖典型、分类引导”三大举措,实施定向辅导、上门服务、全程跟踪制度,扎实有效推进企业分离发展服务业工作,减轻企业税负,着力促进经济转型升级、优化税收结构和壮大地方财力。2009年,全区共有58家企业实现主辅分离,可实现地方税费1473万元。该项工作被市局评为企业分离发展服务业工作先进单位一等奖。

【税收法制建设与税收宣传】税收执法责任制深入推进。组织税收执法自查,进一步严格执法程序,加大税收执法监督力度,发现执法薄弱环节,逐一整改,防范风险。

紧贴经济热点和税收形势,围绕“服务民生、促进发展”,增强第18个全国税收宣传月活动的针对性和实效性,推出“税与家电齐下乡”主题活动和“税收宣传进古村、进军营、进广场、进企业”等系列项目。其中“税与家电齐下乡”主题税宣活动被国家税务总局评为优秀项目,“和谐地税优服务、共克时艰促发展”税企结对服务活动被评为市级优秀创新活动项目。

【征管改革与税源管理】一是加强个体税收征管秩序,调整全区25500余户个体定期定额户的定额,共调增定额620余万元。二是进一步规范委托代征单位管理执法程序,对23户委托代征单位重新进行评估,适度增减代征单位,签订委托代征协议。三是健全考评体系,完善考评措施,狠抓责任落实,顺利通过ISO9001征管质量体系外部监督评审,确保该体系实时有效运行。四是以行业纳税评估为重点,以构建评估模型为突破口,做好行业评估模型及优秀案例报送工作,铸造行业评估模型被选送到国税总局参加全国优秀行业评估模型的评比。五是组织开展日常或专项纳税评估,定期通报评估情况,2009年共确定评估对象351户,评估入库税(费)1839万元,成为扎实征管基础和堵塞征管漏洞的有力抓手。

【信息化建设】不断加强对税收征管系统“税易07”及其外围系统的监控,认真做好系统数据维护,确保稳定运行。一是完成所得税年报申报查询、小型微利企业认定等7项新功能模块应用推广,梳理“税易07”业务需求规格书和操作手册。二是在全大市率先开发启用“税易07”运维知识库,进一步体现数据集中优势,提升信息共享度。三是全面改版、升级局门户网站,使之页面更美观、访问更快捷、信息更集中、服务更高效,被评为2009年度中国鄞州门户网站十五佳优秀子网站。

【各项规费征收】2009年,全局共组织征收水利建设专项资金、两教育附加费、社会保险费等其他规费收入26.03亿元,同比减少0.7%。主要是执行企业社会保险费缴纳比例临时性适当下浮和企业基本养老保险费缴费比率调整政策,社会保险费入库20.74亿元,比上年减少4575万元,减幅为2.2%。

【税务稽查】涉税违法案件查处成果显著。重点对建筑安装业、三年以上未查的重点税源企业、限售股持有企业减持限售股和宾馆、餐饮、娱乐行业开展税收专项检查,全年查补税款总额9679万元,入库率100%;其中对1户企业实施解剖式检查,查补总额达227万元。联合公安、国税等部门,开展两次集中整治街面倒卖发票拉网行动,查处了8起企业收受假发票案件,对发票违法行为起到较强的震慑作用。大力推行查前辅导和稽查约谈制度,给企业更多的自查自纠机会,受到辖区纳税人普遍好评,促进征纳和谐。

【优化纳税服务】以开展“创建服务型机关、促进企业发展”活动为契机,创新服务手段和平台,着力推动全局“纳税服务建设年”各项工作,满足纳税人多元化的需求,提高纳税人的税法遵从度。完善服务制度,实施规范服务,通过举办大型税收政策辅导培训会、建立纳税咨询热点问题收集制度、走进“阳光热线”和提供提醒、预约、延时、点题等个性化服务形式,进一步拓宽纳税人诉求渠道,推动服务效能持续提升。巩固与创新并举,引导基层进一步整合服务资源,加快纳税服务品牌建设步伐;继创建“轻松办税e路通”服务品牌后,2009年又推出服务品牌“快税宝”,积极在实践中探索向高层次服务迈进的新载体。

队伍建设【主题实践活动】精心组织、扎实开展为期半年的深入学习实践科学发展观活动,确定“和谐地税强服务，共克时艰促发展”的活动主题，通过多种形式学理论、创新载体造氛围、深入企业搞调研、广开言路求意见、深刻剖析查问题、求真务实抓整改，圆满完成了学习调研、分析检查、整改落实三个阶段的各项工作任务。共组织14次中心组专题理论学习，举办专题讲座6次，征集心得体会和主题征文28篇，完成专题调研报告4篇，查找在贯彻落实科学发展观方面的6项不足和存在的突出问题，向上级部门报送全面充分反映学习实践活动特色的信息100多条，采编活动专题简报20期，学习实践活动群众测评满意率达100%。

【财税文化建设】一是定期组织开展有益于身心健康的文体活动，积极参与慈善捐款、扶贫结对等社会公益活动，进一步激发干部活力。二是踊跃参加“读书思廉”征文、廉政屏保原创、演讲比赛等活动，组织党员干部赴革命圣地和余姚黄湖监狱，接受示范教育和警示教育，廉政文化建设示范点扩大到7个。三是发挥群团组织合力，倡导健康向上的文明生活方式，丰富干部职工文化生活，增强队伍凝聚力。

【教育培训】修订和完善教育培训制度，根据岗位结构要求，组织参加多层次、多梯级的理论教育和业务培训。中层领导干部分批参加处级干部能力建设和科(所)长培训班，共举办营业税、发票管理、信息写作等各类专题业务培训10期，有411人次参加公务员专题培训，稽查局干部参加全国税务系统稽查人员业务考试，举行全局业务考试，使干部不断更新知识和提高素养，推进“学习型机关”的创建。

【廉政建设】推进惩防体系建设，局党组与各支部(科室)签订党风廉政建设责任状，按照“分级管理，一级抓一级”和“谁主管，谁负责”的原则，把党风廉政建设工作纳入岗位责任制考核办法。落实领导班子和局中层干部述职述廉报告制度，督促领导干部以身作则，严格执行廉洁自律各项规定，确保全局没有重大违法违纪行为发生，被评为全市财税系统纪检监察工作先进单位。

【创建文明单位】大力开展创建“群众满意基层站所”活动，抓长效机制，促成果扩大，3个基层单位分获省地税系统、市级、市局级创建活动先进单位荣誉称号。以“青年文明号”、“巾帼文明岗”等活动为载体，推出文明单位创建电子台账管理系统，文明单位创建迈上新台阶；2009年8个基层分局全部被继续认定为省级及以上“青年文明号”创建集体，4个基层分局顺利通过市级“巾帼文明岗”复评。

(宁波市鄞州地方税务局供稿 叶 琳撰写)

宁波市镇海区地方税务工作概述

局长 叶国萍

经济概况 2009年，宁波市镇海区实现区属生产总值193.51亿元，按可比价格计算，比上年增长9.3%，第一、二、三产业增加值分别为4.87亿元、113.5亿元、75.14亿元，增幅分别为3.8%、6.4%、14.1%。城镇居民年人均可支配收入27368元，增长9.2%，农民人均纯收入13508元，增长12.7%。全区一般预算收入完成42.13亿元，比上年增长7.9%。其中地方财政收入21.66亿元，比上年增长8.9%。2009年全区一般预算支出完成20.78亿元，比上年增长11.8%。

税收概况【任务完成情况】2009年镇海地税系统

共组织税、费、基金收入25.00亿元，，增收1.42亿元，比2008年增长6%。其中：税收收入完成15.15亿元，增长9.7%，完成全年税收计划15亿元的101%，增收1500万元；其他费、基金收入完成9.85亿元，增长0.9%。

【税收特点】一是税收收入总量增加，增幅逐季上升态势明显。四个季度的税收收入分别增长3.7%、3.9%、5.6%和9.0%，与地方经济运行趋势基本一致，总体好于年初预计。二是第三产业平稳增长，房地产业金融业税收贡献显著。第三产业税收完成7.49亿元，占年度总收入的49.5%，增收8593万元，同比增加1.5个百分点，其中房地产业、金融业税收贡献突出：房地产业入库2.21亿元，增收6638万元，增长43%；金融业入库1.40亿元，增收3136万元，增长28.8%；两个行业的增收额为全年地方税收增收总额1.34亿元的73.0%。三是不可比因素对税收收入的影响逐年扩大。跨年度税款入库、稽查局以前年度自查入库等不可比因素对税收增长贡献较大，成为三大主体税种主要增长点的来源，特别是企业所得税，没有上述因素存在，将是负增长。

【税源分析】1.营业税：共入库6.13亿元，增收6852万元，增长12.6%。其中：建筑业得益于大工程大项目固定资产投资的加大，入库1.77亿元，增收283万元，增长1.6%；金融保险业随着适度宽松的货币政策和各银行中间业务的拓展，入库1.23亿元，增长29.2%，增速呈逐季回落；房地产业由于5月始楼市逆势而上，呈现热销，共入库1.34亿元，增收2248万元，增长20.2%，；交通运输业入库5721万元，表面增长1.5%，但仍未走出困境。

2. 企业所得税：入库2.24亿元，增收1846万元，增长9.0%。剔除缓缴入库、以前年度自查入库因素，实际减收861万元，下降4.2%，降幅在逐季收窄。主要是受全球金融危机、国家结构性减税政策等影响。

3. 个人所得税：入库3.00亿元，增收2229万元，增长8.0%。增减因素：一是工资薪金所得入库1.61亿元，增收755万元，增长4.9%，主要是征收管理工作的加强和纳税人税法遵从度的提高；二是个体工商户生产经营所得入库5255万元，减收1698万元，下降24.4%，主要受经济大环境影响；三是利息股息红利所得入库5521万元，增收2295万元，增长71.1%，主要是受不确定因素影响；四是财产转让所得入库3023万元，增收958万元，增长46.4%，主要是二手房交易激增所致。

4. 其他税收：入库3.77亿元，增收2560万元，增长7.3%。增收因素：一是城建税入库1.15亿元，增收448万元，增长4.1%，主要因国税部门增值税增收而增长；二是土地使用税入库1.29亿元，增收1779万元，增长15.9%，主要是减免退税同比减少和新办企业用地增加；三是房产税入库7206万元，增收665万元，增长10.2%，主要是减免退税同比减少和新办企业建房增加；四是车船使用税入库1007万元，增收131万元，增长15.0%，主要是社会购置车辆增加。

各项工作情况【优化收入结构】以税收科学发展观为导向，按照"三个三"工作措施，努力实现地方区域经济税收的良性互动，促进税收收入结构进一步优化。从保障经济社会建设的财力基础出发，综合运用多种手段，全面深入掌握税源，应收尽收保障收入。作为第一大主体税种的营业税地位依旧，占据税收总额的40.5%，比2008年增加1个百分点，地方七税占税收总额的24.8%，地方税占税收总量的比重已达65.3%。坚持抓大不放小，做好城建税和教育附加费与增值税、消费税两税的信息比对，全年城建税增收448万元，增长4.1%。开展城镇土使用税、土地增值税清查工作，对数据库中的房屋、土地底册数据的真实性进行核对，及时进行调整，清算入库税款121万元。

【帮扶企业落实优惠政策】认真贯彻落实"保增促调"一系列政策举措，服从大局，勇克时艰，优化纳税服务，切实帮助企业渡过难关。通过区71.90服务平台和外网咨询平台等渠道，及时答复纳税人提出的问题，解决纳税人反映的困难，全年共回复解答问题33个，做到件件有回复、件件有落实；经调研试行后，正式推出发票预领购、预缴销，个人房屋出租开票全区通办，开业税务登记免填单三项服务新举措，为纳税人节约办税时间和成本，提供实实在在的便利；局

"服务企业促发展"调研组坚持每月走访制,解决企业生产经营中的实际困难,帮助资金短缺的航运企业向市局报批缓缴税款,切实增强企业的市场竞争力和赢利能力。

实施好结构性减税、停征或临时下浮企业社保费等政策,确保发挥税收职能,及时为符合条件的企业办理减免税,帮助企业减费轻负,促进经济又好又快发展。全年累计审核退税1187户,提退税款6328万元;办理减免退税2895万元,涉及企业及个体生产经营户486户;帮助危机环境中困难企业减免土地使用税53户1090万元、房产税114户801万元、水利基金107户703万元。贯彻落实促进技术创新和科技进步的税收优惠政策,共有9户纳税人享受高新技术企业税收优惠政策,累计435万元。

【推进企业分离发展服务业】大力支持服务业发展。落实好结构调整专项工作,积极扶持企业分离发展服务业,通过前期摸排调研、逐个政策辅导、帮助实施分离,有力推进全区企业分离发展服务业工作,全年累计分离30户,促进第三产业比重逐步提高。对福利企业政策调整后要求摘帽进行专项调研,提出切实可行的解决办法,得到政府和纳税人的肯定。

【税收法制建设与税收宣传】加强税收法制建设,注重全员法制培训,不断提高执法风险意识,先后出台镇海地税《税务行政处罚自由裁量权管理办法》、《稽查案件复查办法》、《税务行政执法举报管理办法》。开展年度税收执法检查、年度行政执法责任制自查自评工作,地税依法行政形象良好,实现执法行为程序化、规范化、服务化。全年未发生因违法行政被投诉或被媒体曝光情况,也无行政复议、行政诉讼发生。

加强税收宣传工作,从提高税法遵从度着手,积极打造政策宣传覆盖面广、针对性强、效率高的税法宣传"四大渠道":一是新闻媒体渠道,在《今日镇海》上开辟"聚焦地税"和"税务直通车"专栏,并通过镇海电视台"深度十分"和广播电台等节目,向纳税人宣传税收政策热点问题。二是上门宣传渠道,印制5种8项50条税收优惠政策和纳税服务制度汇编,由税收管理员向纳税人进行定向宣传。三是信息网络渠道,制作政策辅导视频,开通网上"纳税人之家"QQ群,提供在线咨询服务。四是专项宣传渠道,利用"税收宣传月"活动、街道园区等部门组织的统一活动,定期进行政策咨询和宣传。

【征管改革与税源管理】根据科学化、精细化、专业化税收管理要求,依托信息化建设成果,稳步推进税收征管方式改革创新,提高税收管理水平。研发税收征管软件,抓实征管基础工作,充分利用综合征管软件系统数据,积极获取第三方信息,拓展税收分析数据源,构建好职能清晰、责任明确、流程科学的税收分析工作机制。

加强重点税源监管,拓展纳税评估渠道。完善重点税源管理办法,开展经济税收分析,掌握组织收入的主动权。纳税评估工作与两税比对、所得税汇算清缴、信息普查等工作紧密结合,通过分析评估成果,研究潜在税源转化为可用税源的征管措施。全局94户重点税源企业入库税收占税收总收入的比重达46.9%,并贡献了全年税收增收额的68.4%。

加强各种专题调研,不断提升征管质量。调研外来建筑业税收征管情况,探讨综合运行自行申报、委托代征、源泉扣缴等方式,理顺外来建筑业税收征管关系;调研外资企业、运输业征管现状,按照属地管理、有利控管原则,对原集中征管模式进行调整;对货物运输业自开票纳税人税负明显偏低的纳税人开展实地调查,把好年检年审关,取消自开票纳税人11户;加强对自印发票的监管,规范发票管理,取消区技术交易市场自印发票,进一步减少涉税风险。

加强征收管理基础,建设行业税收管理。落实个体工商户税收定期定额征收管理办法,强化个体私营税源的日常监控管理,做好"两税"比对工作,对停歇业户和起征点以下纳税人进行动态跟踪管理;继续做好新旧企业所得税法的衔接工作,对653户纳税人所得税征收方式进行认定,进行核定征收所得率的调整;扎实开展年所得12万元以上个人所得税纳税人自行申报工作,共受理申报2186人,完成计划数的104.1%,补缴税额64万元。

【信息化建设】按照"以应用为核心,以安全为基础”的工作思路,积极推进税收信息化建设,着力从税易应用、系统安全、内部网站改版、新大楼机房系统等几大方面抓好税收信息化建设。局域网功能更加完善,内容更加丰富,应用更加方便。电教室、电子阅览室也为计算机应用提供更有利的条件。着重加强税易07及其外围软件(包括网上申报、个人所得税全员申报、货运发票、税收管理员平台、工商数据比对、两税比对等)的应用、维护和完善工作。严格数据质量管理,积极提供技术保障。全面推行网上报税等办税服务信息化运用。目前,电子申报缴税户占应纳税总户数的3/4, 其中企业电子申报缴税普及率近80%,有力促进了税收管理的现代化建设。

【各项规费征收】2009年,全局社保费、水利建设金、两教育附加费共计完成9.85亿元,基本与上年持平,仅增收800万元,同比增长0.9%。主要是加强征管考核,不断提高各项规费的申报率;加强部门协作,不断推进社保基金管理工作;加强调研宣传工作,实现自然人社保征收方式改变;加强劳动、国库、税务部门三方比对工作,及时做好非正常户的认定工作。

【税务稽查】加强内部管理,规范工作流程,狠抓干部稽查业务水平,以整顿和规范税收秩序为目的,开展税收专项检查工作和重点打击税收违法犯罪活动。税收专项检查共安排企业自查170户,自查有问题企业43户,补税2023万元。安排检查纳税人42户,查结34户,检查有问题32户,选案准确率94.1%,查补税收347万元。联合公安、国税等部门,开展严厉打击经济违法犯罪案件宣传活动,组织了拉网式专项整治行动,集中整治打击街头兜售发票违法行为。全年共受理举报案件17件,立案稽查10件,已结案6件,其中公安介入3件,共计查补收入25万元。

加强与征管部门的联系协作机制,以稽查的刚性推进征管质量提升。针对稽查中发现的虚假抵扣货物运输营业额,虚开运输发票等运输企业涉税违法现象,核定征收企业建账建证、建筑业大量收用假发票以及村级经济收入税收问题等,分别向征管部门提出征管建议,通过以查促管作用,征管水平得到提高。

【优化纳税服务】梳理、整合、完善各项服务制度,出台办税服务厅规范化建设实施办法和手册。坚持落实办税“八公开”、预约服务、提醒服务、午间值班制等各项服务制度。推出班前点评制度。加强应急服务建设,确保常规情况外纳税人的特殊办税需求能得到保障。

在加强外部环境建设、改革办税服务模式等方面走出重要一步,引进叫号服务系统、银行窗口和自动取款机,推出“一窗式”全职能窗口服务,前置咨询辅导服务,解答纳税人的涉税问题,帮助纳税人检查资料准备情况,辅导纳税人填写涉税表单。

队伍建设【机关作风建设】牢固树立群众意识,进一步强化地税服务效能,做到执法文明规范,依法行政办事,服务高效便捷。通过规范化办税服务厅的建设,工作效率得到提高,工作作风得到加强,纳税服务得到优化,真正体现“执法为民”工作宗旨。尤其是在应对金融危机中,通过深入企业调研、送政策解疑惑、加快审批效率等方式,切实帮助纳税人用好、用足、用活政策。同时坚持以人为本,不断增强干部职工的能力素养培训,切实发挥干部职工建设地税事业的积极性、主动性,营造出敬业勤奋、廉洁务实的工作作风,树立地税良好社会形象,在全区民主评议机关活动中获垂直管理类第一名。

【教育培训】根据上级部门干部培训计划,结合实际提出干部年度培训工作补充意见,抓好落实各项工作。认真做好继续教育、公务员素质培训等工作。教育培训从切合工作实际出发,以业务骨干授课为形式,建立起教学互动、讨论交流的循环课堂。持续举办第七届税收技术比武活动,促进大家追求知识、提高技能、完善自我。

【廉政建设】坚持党组统一领导、党政齐抓共管、“一把手”负总责、业务领导“一岗双责”、纪检监察部门组织协调、业务部门各负其责、依靠群众参与和支持、一级抓一级、层层抓落实的党风廉政建设工作机制。以纠防并举、优化作风为重点,实施好重大事项报告制、礼金礼品上交等一系列规章制度。切实推进廉情预警机制建设,制订出台系统廉情预警机制建设实施办法,将建设范围覆盖到机关科室、基层分局、个人预警三个层面。充分结合各时期的热点问题、重要形势,开展富有针对性的廉政教育。作为全区唯一一家被推荐单位,参加市级“廉政文化进机关”示范点的考核验收。通过召开特邀监督员会议、走访纳税人等多种渠道,及时监督干部职工在服务企业、服务基层等方面的工作作风、服务态度,有效保障队伍清正廉洁。

【财税文化建设】注重健康文化的尊崇和推广,达到教育人、感染人、鼓舞人、塑造人的目的。充分发挥干部职工在书法、绘画、绣品、动漫等方面的才干,开展廉政文化作品征集活动。结合学习实践活动,推出“和谐机关、快乐学习、追求卓越”干部学坛“十个一”活动,编撰三分钟话廉政宣传小册子,组织参加“廉之游”活动。开展新春联欢、庆祝建党88周年歌舞晚会、庆祝新中国成立60周年联欢会等多样化文体活动。组织开展“送温暖、促和谐”走访慰问活动,开展扶贫帮困爱心行动。调研课题工作有成效,干部撰写的文章被国家、省市级刊物录用多篇,在全市国际税收研究会论文评选活动中,有关调研课题获特等奖。

【创建文明单位】以创建市级文明单位为契机,利用各种有效载体,全面推进群众满意基层站所先进(示范)单位、文明标兵单位、文明窗口等各类争创活动齐头并进,文明单位创建率达100%。三分局、一分局分别被评为市级“群众满意基层站所”示范单位和先进单位,二分局“巾帼文明岗”创建工作跃上省级台阶。积极发掘个人先进事迹,鼓励个人发展进步,一名同志当选为全市财税系统“十佳财税干部”,一名同志获全市窗口服务行业“文明优质服务标兵”称号,同时蝉联税收技术比武年度“业务标兵”。

(宁波市镇海地方税务局供稿　张连军撰写)

宁波市北仑区地方税务工作概述

局长　郑林生

经济概况 2009年,北仑区(包括宁波经济技术开发区、宁波梅山保税港区,下同)实现地区生产总值446.50亿元,比上年增长10.1%。其中:第一产业增加值6.68亿元,比上年增长3.2%;第二产业增加值256.48亿元,比上年增长9.6%;第三产业增加值183.34亿元,比上年增长11.0%。全区完成财政总收入85.69亿元,比上年增长8.3%,其中地方财政收入42.69亿元,比上年增长14.3%。

税收概况【任务完成情况】2009年,全区地税系统共组织各项收入43.27亿元,比上年增长3.0%。其中地方税收收入28.60亿元,比上年增长5.9%,完成市局年度计划的100.0%;其他收入14.67亿元,比上年增长1.2%。

【税收特点】一是地方税收总体保持平稳增长,全年呈“前低后高”走势。二是政策性减收效应持续显现,企业所得税减收明显,营业税、个人所得税成为主要增收税种。三是制造业税收下降明显,金融业、房地产业、建筑业成为税收增长主力,第三产业税收比重进一步提高。

【税源分析】1.营业税:入库10.91亿元,同比增收1.19亿元,增长12.4%。增收因素:一是5月份以来,宁波港口集装箱吞吐量走出低谷,连续5个月环比增加,交通运输业营业税平稳增长。二是受适度宽松货币政策影响,金融业营业税实现较快增长。三是受国家房产税收政策及经济回暖影响,房地产市场呈现较好的发展势头,对税收产生积极影响。四是租赁和商务服务业保持稳步增长势头。

2.企业所得税:入库4.73亿元,同比减少4757万元,下降9.1%。房地产业受房地产市场回暖影响,改变负增长的态势,建筑业保持平稳较快增长,工业、商业继续呈明显下滑态势。减收主要因素:企业效益下滑和企业所得税税率下降。工业企业受经济危机影响,呈现低迷负增长状态,所得税下降明显。商业企业受区域优惠政策弱化影响税收收入。

3.个人所得税:入库5.99亿元,同比增收2585万元,增长4.5%。增收因素:一是城镇居民可支配收入平稳增长,以及北仑地税局广泛开展个人所得税代征代扣宣传工作,纳税人、扣缴义务人的纳税意识增强。二是2009年以来二手房交易活跃,房屋转让所得个人所得税增收明显。减收因素:一是受宏观经济形势影响,企业股息红利分红明显减少。二是个体经营者受经济危机影响较大,利润大幅下降,导致个体生产经营所得个人所得税有一定幅度减少。

4.其他地方各税:入库6.98亿元,同比增收6430万元,增幅10.1%。地方小税税额增加主要原因是北仑地税局严把税源信息采集关和调查核实关,重点是加强对企业土地房产资料的登记和核对,提高房产、土地使用税申报的准确性,促使两税增长。

各项工作情况【优化收入结构】密切关注宏观经济和企业经营形势变化情况,全面掌握影响税收收入变化的各项因素。强化收入计划、预测和分析,加强税收收入控管。强化重点税源管理,落实重点税源企业纳税服务12条措施。核对房产、土地基础资料,完善地方小税征管。落实税收政策,加快支持服务业、交通运输、餐饮、旅游等第三产业发展,培育地方税源。

【帮扶企业落实优惠政策】及时落实各项税收政策,促进企业科学发展。一是落实促进就业再就业、支持自主创新、促进区域协调发展、发展服务业等税收政策。落实各项减税轻费政策,加大对高新技术企业、现代服务业的支持力度。二是用足用活税收政策,加强与区招商局、街道乡镇等部门的联系配合,落实专人负责联系区对外新引进三产、重点税源项目,全程跟踪。加强与重点税源企业、关联企业等的联系,做好评估工作,在政策允许范围内最大限度地支持企业发展。三是配合财政部门实施对企业的财政补贴政策,努力帮助企业走出金融危机困扰。

【推进企业分离发展服务业】坚持"企业主体、政府引导、市场配置、地税助推"的工作思路,分类实施政策辅导,帮助企业实现分离。加强宣传,积极服务企业,结合经济形势和企业实际情况,为企业定制个性化的分离方案提供有效服务。对已经分离的企业,配合做好相关扶持政策的兑现落实,促进企业做大做强,对有分离意愿和条件的企业,提前谋划,尽可能为企业分离提供便利。

【税收法制建设与税收宣传】积极参与"法治北仑"创建工作,结合"五五"普法规划要求,以干部教育为先导,重视日常学法活动,增强依法行政工作意识。以规范执法为重心,开展税收执法检查工作,积极探索落实税收执法责任制,有力提高全局依法行政工作水平。

优化税收宣传,促进诚信纳税。把税收宣传贯穿于日常税收工作中,通过外网网站、税收政策辅导会等形式进行税收宣传;编印政策宣传手册10000册、《地税通讯》9200册发放给企业;在税收宣传月活动期间,开展税收宣传进企业、进社区,举办"税收·发展·民生"主题摄影比赛等活动,全社会诚信纳税意识进一步增强。

【征管改革与税源管理】进一步贯彻落实税收管理员制度,加强税务登记、发票管理和漏征、漏管户等的税收管理,完善工商地税信息交换平台,认真开展国地税税收数据比对,开展房产税、土地使用税分户核查工作。进一步探索和深化纳税人分类、分片和分行业管理模式,开展纳税信用等级评定工作,税收征管质量和效率进一步提高。

强化税源监控,积极开展"干部进企业,服务促发展"活动,挖掘增收潜力。安排100家重点税源企业进行走访,准确了解经济税源变动情况。坚持"抓大不放小",强化对零散税源和地方小税种的管理,加强个体税收征管。配合区政府加强属地管理和部门协作,开展对辖区内企业拉网式检查,从源头上遏制税款流失。局领导亲自带队深入实际调研建筑业代征税款工作,并落实措施有效堵塞税收漏洞,确保税款应收尽收。5 月份在全局范围内组织开展税收"保存量、增新量"金点子征集活动,鼓励干部职工为完成全年税收收入出谋划策。

【信息化建设】积极推广应用"税易 07"新税收征管系统,规范征管工作程序。做好"税易 07"新功能模块上线工作。积极推进网上纳税申报、税库银联网、以征代报等多种纳税人申报缴纳税款的方式。全局采用网络申报方式的纳税户达到 10800 余户,其中企业 8700 余户,占正常申报企业户数的 91.0%。

【各项规费征收】2009 年全区各项规费共征缴入库 14.65 亿元,同比减少 2.2%。其中社会保险费入库 11.85 亿元,同比减少 2.5%,总体征缴率达 99.9%;教育费附加入库 7151 万元,同比减少 4.9%;水利金入库 8870 万元,同比减少 5.9%;其他收入入库 1.20 亿元,增长 5.5%。

【税务稽查】进一步转变稽查观念,讲究稽查方式方法,严格执法,进一步规范税收管理秩序。全年共选案 34 个,其中专案检查案件 10 个,日常检查 18 个,专项检查案件 6 个。共查结案件 19 个,累计查补入库金额 1018 万元,其中税费 808 万元,滞纳金 75 万元,罚款 135 万元。同时开展各类自查工作,参加自查企业 90 户,查补入库税费、滞纳金计 4391 万元。

【优化纳税服务】更新服务理念,创新服务手段,从服务态度、形象、效率、质量上狠下工夫。着重制订落实《北仑地方税务局关于进一步深化纳税服务工作的意见》,对涵养税源、办税服务、税收宣传、纳税咨询、保护纳税人权益五个方面工作提出具体要求。在具备条件的第一税务所(涉外税务所)办税服务厅配备电子显示屏,启用智能排队叫号系统和服务评价系统,设立办税服务厅导税员岗位,进一步规范办税秩序,优化办税服务厅功能,和谐地税建设工作进一步推进。

队伍建设【财税文化建设】注重人文关怀和心理疏导,积极关心干部职工身心健康。充分发挥党群组织的作用,开展丰富多彩的活动,提高干部人文素养,营造地税文化建设的良好氛围。

【教育培训】以科学发展观为指导,进一步树立"学习意识、全局意识、争创意识",深入开展业务培训考核。加大干部教育培训力度,及时吸取新知识,掌握新政策。组织开展全员税收培训,大力开展岗位练兵,举办"税易 07"查询技能竞赛,提高广大干部业务素质、税易操作技能和解决实际问题的能力。

【廉政建设】大力开展廉政教育和反腐倡廉教育,组织全局干部职工赴市法制教育基地——黄湖监狱接受警示教育,筑牢思想道德防线。全面落实党风廉政建设责任制的各项规定,层层签订《党风廉政建设工作责任书》和《党风廉政建设承诺书》,进一步落实领导干部述职述廉、个人重大事项报告、拒贿却礼报告、廉政谈话制度。积极开展对干部言行和税收执法的监督检查。

【机关效能建设】聘请行风监督员强化外部监督,广泛征求各方意见,共发放意见征求函 145 份,认真制订整改措施,抓好意见建议的落实。设立投诉电话、举报信箱及网络邮箱,畅通信息传递反馈渠道。开展效能监督检查,局效能建设领导小组对各科室、基层单位进行督导检查,完善效能建设长效机制,树立地税部门的良好形象。

【创建文明单位】深入开展"文明单位"、"青年文明号"、"群众满意基层站所"等创建活动,树立起"文明、高效、勤政、廉洁"的地税机关形象。2009 年度,北仑地税局被评为市局文明机关、市财税系统"纪检监察工作先进单位"、北仑区委建设"法治北仑"工作先进单位;第一税务所获浙江省创建"群众满意基层站所(办事窗口)"先进单位、市地税系统基层文明标兵单位称号;直属税务所获市级创建"群众满意基层站所(办事窗口)"先进单位称号;稽查局、直属税务所、第二税务所、第三税务所被评为市地税系统基层文明单位;第二税务所(办税服务厅)被评为第二批市级文明窗口;2009 年度北仑地税局在驻区垂直管理部门行风评议中再次获得第一名的好成绩。

(宁波市北仑地方税务局供稿 胡春莺撰写)

宁波市大榭开发区地方税务工作概述

副局长　冯伟业

经济概况 2009 年,宁波市大榭开发区实现生产总值 130.04 亿元,比上年增长 11.0%。其中:第二产业增加值 70.52 亿元,增长 49.6%;第三产业增加值 59.52 亿元,下降 14.8%。第二、三产业结构比例为 54.23:45.77。全区财政一般预算收入 59.80 亿元,增长 59.3%,其中地方财政收入 13.07 亿元,下降 6.0%。

税收概况【任务完成情况】2009 年,宁波市大榭开发区地税系统共组织各项收入 11.91 亿元,比上年下降 8.7%。其中地方税收收入 8.69 亿元,比上年下降 15.6%;组织各类基金、费等其他收入 3.22 亿元,比上年增长 18.1%。

【税收特点】一是地方税收收入减幅较大,但总体态势仍较为乐观。2009 年受国内外经济形势影响,全区地税收入减幅达 15.8%。但剔除 2008 年高基数因素外,纵向比 2009 年近 16%的减幅,还是处在可预计范围之内。二是税收收入总体呈现低开企稳态势。地税收入由于收入结构因素,一直在低位徘徊,6 月份创下 47.0%的最大减幅,下半年随着经济的好转以及征管力度的进一步加强,止住下滑趋势,呈现企稳状态。三是税种结构发生较大变化,营业税、企业所得税、个人所得税呈三足鼎立局面。2009 年由于经济低迷导致企业利润下滑以及税率影响,造成企业所得税大幅下降,而个人所得税由于股息红利所得大幅增长仍保持较高水平。四是税源结构依然如旧。2009 年分行业看,批发零售业 39%的比例仍占主导地位,其次是交通运输业、制造业、建筑业以及服务业,这四个行业占 51%,剩余行业占 10%。占财政收入 70%以上的工业,即制造业,地税收入只占 13.7%。

【税源分析】1. 营业税:入库 2.22 亿元,比上年减收 0.11 亿元,减少 5.0%。减收因素:一是交通运输业营业税同比减收 0.10 亿元,减少 13%。受宏观经济影响,交通运输行业在上半年比较疲软,特别是 2、3 月份陷入低谷,下半年有较大回升。二是建筑业营业税同比减收 0.06 亿元,减少 10.0%。建筑业由于工程进度不同,不具有可比性。三是金融保险业营业税比上年减收 0.02 亿元,同比减少 5.0%。受严峻经济环境影响,银行日均贷款和利率差都出现下降。四是服务业营业税同比增收 0.05 亿元,增长 11%。房地产业同比增收 0.02 亿元,增长 8.0%。

2. 企业所得税:入库 2.71 亿元,减收 1.51 亿元,同比减少 36.0%。其中受全球金融危机影响,汇算清缴入库数大幅下降,比上年下降 75.1%。

3. 个人所得税:入库 1.99 亿元,比上年同期增收 0.03 亿元,同比增长 1.0%。工资薪金个人所得税入库数下降明显,但股息分红所得增幅较大,抵消了工资薪金所得的减收因素。

4. 其他税收:入库 1.77 亿元,同比减少 0.04 亿元。

各项工作情况【优化收入结构】一是以产业转型带动收入结构调整。充分利用税收杠杆,促进产业结构调整,优先发展物流业。制订《关于引进第三产业企业的考核奖励办法》等一系列扶持第三产业发展政策;组织召开物流企业企业家代表座谈会,共同谋划物流业长远规划。二是在抓好营业税、个人所得税征管的基础上,狠抓房产税、土地使用税小税种的税源监控,做好房产税、土地使用税比对工作,全年比对补缴税款835万元。

【帮扶企业落实优惠政策】认真落实各项税收优惠政策,切实减轻企业负担。一是严格核实企业经营情况,减免5户困难企业房产税,减免金额388万元。二是贯彻落实水利建设基金减免政策,办理139户企业水利建设基金减免,减免金额4175万元。三是开展企业财产损失所得税税前扣除的审核和批转工作,审核批转企业9户,税前扣除金额达7795万元。

【推进企业分离发展服务业】一是广泛走访企业,把政策宣传工作做到位,努力提高全区对工业企业分离发展服务业工作的认识,引导企业主动分离发展服务业。二是以编制全区物流业发展规划为契机,科学推进企业分离发展服务业,能将企业的服务职能从企业中分离出来的,则优先成立各种公司形式企业自主经营,无条件分离的则提供给专业服务业企业经营,进行服务外包,以壮大全区服务业。

【税收法制建设和税收宣传】持续改进ISO9000质量管理体系,认真做好税收政策法规的检查清理工作。开展税收执法检查,开展执法监察和效能监察自查工作,开展非行政许可审批项目的清理工作。

及时在内外网公开税收政策,以短信通知受政策影响较大企业;每月开展新办企业财务人员培训,累计纳税辅导107户。积极开展以“税收 发展 民生”为主题的税收宣传月活动,举办“税企同心、共克时艰”主题活动、“小小画笔汇税宣”和税收主题摄影比赛等宣传活动,其中“税企同心、共克时艰”主题活动荣获市局税收宣传创新活动奖。

【征管改革与税源管理】一是加强重点税源监控。做好100户重点税源企业监控,并对其中的55户增值税企业进行增值税监控;开展每季11户区特大税源企业的税源调查。二是加强税收收入分析。落实每月收入预测分析和每季收入分析会议,开展针对重大经济事项对收入影响的专题分析和每季单项税种专题分析会。三是首次开展重点税源纳税评估工作。针对全区集装箱企业较多现状,选取3户重点交通运输业企业作为专项评估对象,评估入库税款3万元,并初步建立交通运输行业税收预警指标体系。四是加强建筑安装业管理。积极落实建筑业税收管理办法,通过源泉管理,以票控税等手段,对建筑安装工程项目实施数据库管理,进行全方位监管。五是强化纳税数据比对工作。开展房产税和土地使用税比对工作,重点对工业、码头企业的纳税数据开展比对。开展每月货运业营业税和税控盘申报数据的比对工作。六是加大企业注销清算和个人股份转让监控力度。进一步规范企业注销程序,防止企业通过注销途径逃避纳税义务。

【信息化建设】一是加快推进信息化建设。“税易07”征管系统税收管理员、催报催缴等多个模块顺利上线运行,提升税收征管的技术水平,做好其他功能模块的试点应用。二是推进政务公开体系建设,及时更新内、外网网站,完成外网网站改版工作,丰富网站内容,便于税企沟通。三是强化服务器数据安全管理工作。加固办公系统,开展信息系统安全整改工作。及时更新各类数据库服务器,保证数据安全。

【各项规费征收】强化社保“五费合征”工作,增设专门社保费征收管理岗位,全年组织社保基金1.43亿元,比上年增长2.9%。规范水利建设基金等其他非税收入的组织工作,水利基金、教育费附加、地方教育附加分别入库4264万元、3468万元、10092万元,其中水利建设基金比上年下降14.2%,教育费附加比上年增长4.5%,地方教育费附加比上年增长102.6%。

【税务稽查】加大税务稽查力度,达到以查促收。2009年共向161户企业发放自查通知书,自查发现问题55户,补缴各类税费滞纳金2081万元。开展限售股持有企业减持限售股纳税情况的税收专项检查。以提升企业纳税意识为目的,积极开展辅导性纳税检查工作,累计辅导企业14户。

队伍建设【财税文化建设】组织参加各类文体活动,培养干部健康生活方式。一是组织参加全区“迎新春长跑接力赛”,成功卫冕该项比赛。二是积极组织全市财税系统庆祝新中国成立60周年文艺汇演,原创节目诗武韵《中华魂》获优秀创作奖和三等奖双奖。三是主打“篮球”牌。篮球运动作为财税文化建设的重要载体,进一步活跃了工作气氛,助推全民健身运动。

【机关作风建设】一是以加强“作风深化年”和学习“实践科学发展观”为契机,以优化纳税服务为目标,不断改进工作方式、简化办税环节,减轻纳税人办税负担。严格执行“首问责任制、限时办结制、征收大厅中午值班制”等服务制度。继续完善“一窗式”办税流程。二是做好企业走访工作,为企业排忧解难,共克时艰。

【教育培训】一是按照年度培训教育工作计划,认真落实每周一晚上开展政治理论和业务学习制度,采取邀请专家学者授课、专题讨论、局领导重点发言、观看爱国教育纪录片等多种形式开展学习培训,确保全局干部理论学习的日常化、制度化、规范化。二是组织开展全局业务考试,不断巩固学习效果。三是鼓励青年干部参加研究生学历进修学习,选送干部参加知识更新和任职培训等各类培训学习,不断提升干部综合素质。

【廉政建设】一是局领导班子分别与处室负责人签订党风廉政建设责任状，通过表廉增强职业操守，促进党风廉政建设责任制落实。二是通过开展案例分析、情况通报、邀请市局领导讲课等形式加强全局干部廉政意识。三是畅通局领导班子与干部沟通渠道，及时掌握干部思想变化,倾听干部心声,不断增强队伍凝聚力。

【创建文明单位】不断巩固文明创建成果,扎实开展创建“文明单位”、“青年文明号”等各类载体活动，通过组织慈善一日捐、结对共建、结对助学、慰问贫困户、青年志愿者公益服务等一系列活动,不断提升团队的健康文明社会形象，推动文明创建向高层次发展。征管分局接连荣获市级创建“群众满意基层站所(办事窗口)”先进单位和市级“工人先锋号”荣誉称号。征管分局与稽查局一起被评为市地税系统基层文明单位。

（宁波市大榭开发区地方税务局供稿　吴　丹撰写）

宁波市东钱湖旅游度假区地方税务工作概述

局长　周一伦

经济概况 2009 年，宁波东钱湖区实现国内生产总值 24.63 亿元,同比增长 10.5%(按可比价格计算)。其中：第一产业增加值 1.43 亿元，第二产业增加值 15.49 亿元,第三产业增加值 7.71 亿元;社会固定资产投资 36.78 亿元,同比增长 8.4%;接待国内外游客 254 万人次,实现旅游总收入 11.5 亿元。全区财政一般预算收入 7.54 亿元,同比增长 22%,其中地方财政收入 5.05 亿元,同比增长 24%。

税收概况【任务完成情况】2009 年,共组织各项税收收入 3.51 亿元，同比增长 16.2%，增收 4898 万元;组织各项费金 1.31 亿元,与 2008 年基本持平。

【税收特点】一是总量突破。地方税收收入 3.51 亿元，总量再创新高，为分局 2005 年成立时的 5 倍强。二是增幅较大。总体税收增幅达 16.2%,超出全市平均水平(6.5%)近 10 个百分点,居全市前列。三是增收集中。营业税增收 3371 万元,占全部税收增收额的 69%。四是结构趋优。第三产业税收完成 2.37 亿元,占全部税收收入的 67.5%; 地方税收占税收总收入的55.4%。

【税源分析】1. 营业税:入库 1.86 亿元,增收 3371 万元,同比增长 22.1%。增收因素:一是为应对金融危机,政府性投资加大,新开发建设项目较多,建筑业同比增收 1387 万元;二是房地产销售稳步增长,同比增收 650 万元;三是个人住宅二手房交易量增大,同比增收 800 多万元。

2. 企业所得税:入库 5492 万元,增收 1556 万元,同比增长 39.5%。增收因素:下半年,政府应对金融危机措施逐渐显现成效,企业效益逐步回升。减收因素:新增 3 家高新技术企业,所得税税率降为 15%而产生减收;汇算清缴按新企业所得税法执行新税率而产生减收;上半年,金融危机对东钱湖区汽车配件等主要产业的冲击还比较大。

3. 个人所得税:入库 4367 万元,增收 687 万元,同比增长 16.8%。增收因素:一是代扣代缴和委托代征工作得到进一步规范,工资薪金所得税款入库 1563 万元,同比增收 225 万元;二是公司经营业绩趋好,分红较多,利息、股息和红利所得入库 694 万元,增收 311 万元;三是二手房交易量增大,入库 544 万元,增收 481 万元。减收因素为个体生产经营下滑,入库 1535 万元,减收 347 万元。

4.其他税收:入库 6634 万元,减收 716 万元,同比减少 9.7%。减收因素:一是纳税对象结构性变化,房地产销售不同于 2008 年以预征税率为 3%的单体别墅为主而是以联体别墅为主,预征税率为 1%,造成土地增值税大幅减收;二是政策变化影响,个人销售和购买住房暂免征收印花税,使印花税减收近 70 万元。增收因素:一是建筑行业的营业税增收,带动城建税增收;二是加大对小税种的征收力度,土地使用税和房产税均有较大增收;三是纳税企业结构性变化,2008 年房地产企业多为外资企业不用缴纳城建税,而 2009 年房地产企业多为内资企业,造成城建税增收。

各项工作情况【优化收入结构】落实“三个三”工作措施,扶持第三产业发展,促进收入结构进一步优化。2009 年,第三产业实现增加值 7.71 亿元,占 GDP 的 31.3%,比 2008 年提高近 4 个百分点;第三产业税收收入为 2.37 亿元,同比增长 24.1%,占全部税收收入的 67.5%;共组织小税种收入 6634 万元,做到应收尽收。

【帮扶企业落实优惠政策】一是实施“帮护性”减征。全年社保缴费率从 20%降到 12%,为企业减少开支约 4000 万元。1 月份停征医保一个月,约为企业减少开支 100 万元。二是实施“激励性”减负。帮助企业申评高新技术企业,新增高新技术企业 3 家,减征企业所得税 270 万元;主动为企业办理国产设备抵免企业所得税手续,抵免额为 69 万元;办理企业技术研发费加计 150%扣除,加计扣除额为 354 万元;全年共办理各类减免手续 200 余户次, 减免税额达 1766.5 万元。三是实施“一对一”帮护。组织“干部进企业,服务促发展” 活动, 为企业解决实际困难或存在问题 12 个。

【推进企业分离发展服务业】一是加强横向协调,得到财政、国税等部门的积极配合。二是加强政策宣传,举行重点企业负责人专题座谈会,让大家正确理解政策。三是加强分离辅导,对有可能实现主辅分离的企业,提供“一对一”专题辅导。四是谨慎推行,按照“成熟一家、辅导一家、分离一家”的原则稳步推进,有 2 户企业顺利分离发展服务业。

【税收法制建设与税收宣传】深入推行税收执法责任制, 严格执行考核评议和执法过错责任追究;清理税收行政审批事项,组织执法自检,大力开展普法工作,努力提高依法治税水平。积极开展各类日常税收宣传活动,坚持每月一次小型辅导,每季度一次专题辅导。围绕“税收·发展·民生”主题,组织“税收宣传月”十二项活动,取得较好的宣传效应。

【征收管理与税源管理】一是坚持依法征收,做到应收尽收, 坚决不收过头税, 企业征期申报率 100%,税款入库率 100%。二是强化基础建设,与国税、工商等部门开展数据比对,开展个体双定户户籍排查、经营情况调查,税务登记率达 100%。三是加强纳税评估,修订完善工作规程,利用数据集中和纳税人涉税信息“一户式”储存的有利条件,提高涉税信息的采集和处理效率, 推动纳税评估工作的有效开展,有一个案例报告在市地税局纳税评估案例评比活动中获得一等奖。四是加强税源监控,健全重点税源户税收征管台账及税源档案,加大对重点行业和重点税源企业的监控力度;建立和经发、建设等部门数据信息交换协作机制,实现对建筑安装、房地产等行业的源泉管理。五是加强发票管理,在三个景点推行电子门票,增强以票管税能力。

【信息化建设】进一步完善"税易07"新征管系统和社保征收系统,提升系统工作效率。加强两税比对应用,积极拓展短信平台应用功能,信息化对税收管理的支撑作用进一步显现。继续大力推广应用网上报税、以征代报等简易纳税申报方式,网上申报率达92.5%。

【各项规费征收】2009年,在缴费率下浮的情况下,共入库社会保险费1.3亿元,与2008年持平,征缴率达99.9%。一是加强与劳动部门、金融部门的协调,改进月度数据传递机制,完善数据交流共享体系,实现数据三方统一。二是以社保征收管理软件为依托,逐步规范征收业务操作流程,确保数据月结月清。三是大力治理社保欠费,做到应收尽收。

【优化纳税服务】一是加强办税服务厅标准化建设,增设涉税办理服务区,推出十六项便民服务。二是强化纳税服务管理,改进办税流程,落实纳税服务工作规范,全面实行纳税服务承诺制,加强考核,不断提升服务水平。三是建立医保中断应急机制,对因关账时间提前而未能及时扣缴成功的单位和个人,开通办理特殊医保待遇通道,确保不影响正常治疗。

队伍建设**【财税文化建设】**一是加强分局精神建设。围绕"团结奋进,务实创新"的分局精神,努力在干部队伍中培育"团结奋进"的团队精神,树立"务实创新"的工作作风。二是加强制度文化建设。将2009年作为"制度完善年",共修订、新制订制度40余项,同时抓好制度的落实,提升制度的执行力。三是加强行为文化建设。组织参加市财税局文艺汇演、东钱湖区"歌声飘过60年"歌咏活动和趣味运动会,组织开展"爱国歌曲大家唱"等各类主题文体活动,丰富大家的文化生活。

【机关作风建设】落实"关于建立健全作风建设长效机制的意见",不断改进工作作风,提升行风建设水平,在区行风评议活动中再次名列前茅。完善党组学习调研和议事规则,开展"民主评议党员"活动,引导大家加强自身修养。开展节约型分局建设活动,落实厉行节约八项要求。以"和谐征纳克时艰,科学发展创佳绩"为实践载体,深入开展学习实践科学发展观活动,大家对科学发展观内涵、精神实质有了进一步的理解和掌握。

【教育培训】努力创建"学习型"分局,到复旦大学开展全员培训,组织参加区里举办的"钱湖讲坛",提升干部综合素质。按月组织集体学习和研讨,按季开展技能练兵、岗位达标、能手竞赛活动,推动岗位技能学习。引导大家参加网上学习,拓宽知识面。制订有关学习制度,鼓励大家开展自学,目前本科以上学历人数已达80%。

【廉政建设】一是抓好责任落实。年初分局党组与各科室签订党风廉政建设责任状,层层明确责任,落实好"一岗双责"。二是以主题活动为载体加强教育。开展"我的祈祷,我的梦"专题廉政讲座,组织"上一堂廉政课、读一本廉政书、看一部廉政教育片、写一篇廉政体会""四个一"活动。三是强化监督。组织集体述职述廉,抓好干部个人重大事项报告,加强与有关部门的廉情沟通,开展问卷调查,主动向社会征求意见。四是加强思想政治工作。做到"五必访、五必谈",定期开展干部思想动态分析,努力掌握干部思想动态,筑牢思想防线。

【创建文明单位】进一步修订完善文明单位创建方案,落实责任主体,明确活动要求,并通过评选"文明科室",提升创建效率。积极开展"群众满意办事窗口"创建工作,成功蝉联宁波市"群众满意办事窗口"示范单位荣誉称号,并被评为省地税系统"群众满意办事窗口"先进单位;先后获得包括市财税局、东钱湖区文明单位在内的集体荣誉9项,个人荣誉8人次。

(宁波市地方税务局东钱湖旅游度假区分局供稿 刘贻强撰写)

宁波市保税区地方税务工作概述

局长　方　明

经济概况 2009年，宁波市保税区完成生产总值87.90亿元,同比下降35.1%;完成工业产值409.00亿元,同比下降23.3%;完成进出口90.60亿美元,同比下降20.2%;完成固定资产投资15.20亿元,同比下降56.8%。全区完成财政总收入21.30亿元，同比增长4.3%,其中地方财政收入11.04亿元,同比增长5.3%。

税收概况【任务完成情况】2009年共组织各项收入11.58亿元,比上年增长1.42%。其中地方税收入库8.47亿元，比上年增长5.75%；社会保险基金收入2.47亿元,比上年下降11.25%;其他政府性基金收入6254万元,比上年增长5.3%。

【税收特点】一是地方税种比例有所提高。2009年地方税占税收收入的比重明显提高，达到55%,比上年提高2个百分点,税收结构有所优化。二是金融保险业收入大幅增长,成为保税区税收收入稳定增长的保障。金融保险业收入3.03亿元，同比增长22.37%。三是落实减费轻税,税收在保增促调中作用明显。支持符合条件的纳税人享受国家优惠政策,包括企业所得税两法合并、高新技术企业所得税减免、临时性下浮企业社保费缴纳比例等政策措施,减负约3000多万元。四是一次性入库因素较大,将对下年的收入造成较大压力。

【税源分析】1.营业税:入库2.89亿元,同比增长6.45%,占税收比重34.11%。增收原因:金融保险业的稳定发展,2009年金融保险业入库3.02亿元,占总体税收的35.7%,增收0.55亿元，税收增长贡献率120%。

2.企业所得税：入库1.23亿元，同比减收0.59亿元,同比降幅为32.46%。减收因素:一是企业所得税税率调整因素,二是经济效益整体下滑。据统计,全区赢利工业企业赢利总额8.1亿元,同比下降69.1%,亏损工业企业亏损总额9.39亿元，同比增长116%,经济效益下滑非常明显。

3.个人所得税:入库2.56亿元,增收0.63亿元,同比增长32%。其中工资、薪金所得入库1.76亿元,同比增收1376万元,增幅为8%;利息、股息、红利所得4777万元,同比增收1898万元,增长66%;劳务报酬入库954万元,同比增收802万元,增长527%。

4.其他税收:入库1.79亿元,同比增长16.26%。城市维护建设税4590万元,同比下降2.13%;房产税5742万元,同比增长56.76%;土地使用税2912万元,同比增长36.59%；印花税3701万元，同比下降12.77%;车船税773万元,同比增长50.68%。减收原因:深受经济形势影响,经济效益同比下降。而直接体现企业订单的印花税同比也下降了12.77%，与流转税挂钩的城建税下降2.13%,

各项工作情况【优化收入结构】进一步优化收入结构,大力支持主导产业发展,对高新技术、现代仓储、物流产业等区域主导产业，在减免税上实行重点扶持；进一步发挥体制机制优势，充分利用区域液晶光电产业优势，加快进口市场建设，提升进口市场税收占总体税收比率；进一步延伸产业链，营造产业集聚洼地，培育新的税收增长点。

【帮扶企业落实优惠政策】面对严峻的国际国内经济形势，特别是保税区区内生产型企业大幅滑坡，商贸型企业市场受阻的严峻形势下，分局在认真实施结构性减税的同时，贯彻落实“保增长、拓市场、调结构”各项税收优惠政策。一是结合区域经济特点和发展规划，大力支撑主导产业发展，在减免税费上实行重点扶持。2009年共办理各类减免企业579户，减免金额1469万元，其中房产税减免364万元，土地使用税减免429万元，水利金减免676万元。二是加强对小型微利企业的认定，帮助中小企业渡难关，2009年共认定小型微利企业83户，确保小型微利企业及时享受20%税率的税收优惠。三是深化服务促发展，为帮助企业更加深入了解和运用税收政策，深入重点企业，宣传税收政策，指导企业用足用好税收优惠，借助税收经济杠杆导向，实现创新发展和转型升级。

【推动企业分离发展服务业】制订详细实施办法和考核办法，成立专门领导小组及办公室，明确目标、方法以及具体职责。按照“成熟一家、辅导一家、分离一家”的原则，结合区域经济发展水平和产业布局实际，对有分离意向的企业密切跟踪，对符合条件的企业率先实施，完成企业分离发展服务业企业5户，为促进企业升级转型，提高企业竞争力，培植新税源，促进地方经济又好又快发展提供可靠的财力保障。

【税收法制建设与税收宣传】全面推行行政执法责任制，完善执法监督体系，进一步推进和深化税收执法责任制；全面启动“五五”普法教育活动，制订活动规划，统筹安排和部署各项工作，全面推行行政执法责任制。

在第18个全国税收宣传月活动中，围绕“税收·发展·民生”主题，结合学习实践科学发展观活动，深入开展各项税法宣传活动，组织“图说税法”大型宣传栏，通过制作税法宣传漫话、税种介绍和简单案例等形式进行展览，向大众宣传税法，与国税局联合举办“税企携手促发展，服务经济促和谐”政策答疑会，进一步融洽税企关系，构建和谐征纳关系。

【征管改革与税源管理】一是加强纳税信用等级评定工作。坚持公正、公平、公开的原则，按照统一的评定内容、标准和程序，运用评定软件，评定A类企业9户，C类企业143户，其余为B类企业。二是加强税源动态监控。按月收集、整理影响收入变化的重大因素数据，掌握企业经济发展动态，做好税收分析建档和应用工作，把组织收入的主动权建立在对税源税基全面掌握和有效控制上。三是积极开展纳税评估工作。通过“二税”信息比对评估城建税等附加税费，通过房产、土地资源状况评估房产税、土地使用税，以及通过报表资料分析进行日常纳税评估等三种方式，较好地开展了评税工作，共对217户企业进行纳税评估，补缴税款及滞纳金351万元，比去年同期增长155%。

【信息化建设】进一步优化和提升“税易07”的应用，认真做好各类应用平台的上线应用操作培训、业务梳理等工作，做到三个到位：一是模拟运行到位。分局对系统涉及分局的各项操作，每一项都做了模拟，相关操作具体到每一个操作人员。二是培训工作到位。对系统推出的新增功能培训到相关人员，确保其能独立操作，保证系统平稳运行。三是应急反馈到位。每一个系统的运行都难免会碰到突发事件及难以处理的问题，对此，分局指定专人负责，能处理的及时处理，超过范围的及时上报，对一时无法解决的及时通过“问题跟踪系统”上报，对影响系统运行的不稳定因素及时清除。通过以上“三到位”举措，2009年新增加年所得12万元以上个税申报、社会保险费征管、税收管理员平台等新功能模块，使分局的税收信息化管理工作跃上一个新台阶。

【各项规费征收】2009年，分局继续坚持税费并重，对社保费征缴实行规范化管理，共入库水利基金2201万元，教育费附加1493万元，各项社会保险基金1.78亿元。一是推进规范化管理，通过加强与社保部门的核对和稽核，进一步扩大社会保险覆盖范围，确保社会保险费应收尽收。二是建立定期对账制度。做好2005—2007年度社保费的核对工作，对发现的问题及时核对、纠正和总结经验。三是加强社保基础建设,规范建档管理程序、申报程序、征收程序、检查程序和催缴程序。对社保归档资料进行重新梳理,共整理2008年度社保档案5大类15卷。

【优化纳税服务】一是进一步推进网上申报和全员全额申报,继续提高全员全额申报管理系统推广应用率,提高申报准确性,网上申报率99%。二是开展“涉税提醒”服务。在工商办证大厅、银行窗口、代征点分发涉税资料;采用电话、短信、互联网站等形式进行税务登记开业、变更提醒、新开户首次申报提醒、个体户纳税申报提醒等,有效促进征管质量各率的提高。三是加大调研走访力度。成立以局长带队的重点企业走访小组,分组分行业深入企业调研,召开分行业重点企业座谈会,倾听企业在生产经营中遇到的难处,帮助企业分析问题,研究对策,力所能及地解决企业生产经营中碰到的实际问题。

队伍建设【财税文化建设】一是弘扬财税文化建设,开展专题读书活动。制订干部“多读书、读好书”活动计划,统一购买《细节决定成败》、《从星空到心灵》、《论语》等书籍发给每个干部,通过读书活动,把学习体会和成果转化为谋划工作的思路、促进工作的措施和解决问题的能力。二是党、工、团共建,进一步丰富干部职工的业余生活。先后组织干部职工观看《开国大典》主题教育影片,会同财政局、国税局等部门举办庆国庆财税联谊会,增强团队凝聚力;积极组织参加市财税系统举行的新中国成立60周年文艺汇演,歌伴舞《祖国你好》获得三等奖。三是积极回报社会,奉献爱心。参加团市委牵头的“千团结对千村”活动,与奉化大堰镇社家畈村扶贫结对,助学助贫;组织参加慈善一日捐,全体干部职工捐款4100元;为台湾灾区捐款2800元,以实际行动体现一片爱心。

【机关作风建设】通过修订《干部岗位考核办法》、《协税员考核办法》,将各科负责人与科内人员的岗责考评相挂钩,采取科长岗责由局领导和考核小组评定,各科人员由科长和考核小组评定,采取不定期抽查和定期考核相结合的方针,通过自评和交叉考评,切实将纵向、横向考核有机结合起来,进一步拓宽考核评价面和考核评价深度,调动干部职工爱岗敬业积极性,增强党风意识、服务意识和效能意识。

【教育培训】一是坚持每月一次的政治业务学习。先后组织学习实践科学发展观教育活动和税易软件查询功能培训、企业所得税汇算清缴业务培训等业务学习,进一步提升干部的政治素养和业务水平。二是依托市局和管委会培训平台,派员参加高校短期培训。通过参加基层工作处组织的干部培训班和保税区组织部举办的科学发展能力培训班,收到良好效果。三是鼓励干部参加继续教育和竞争上岗,为干部发展搭建平台。通过组织参加在职硕士研究生考试和市局副处职领导干部选拔,提高干部政治业务能力和业务工作水平。

【廉政建设】一是健全相关工作机制。召开全局党风廉政建设工作会议,局领导与各科负责人签订《党风廉政建设目标责任书》。认真执行收入申报制度、礼品上交制度和个人重大事项报告制度,着力提高党员干部廉洁自律意识,强化第一责任人意识。二是抓好廉政教育。始终坚持教育为本、预防在先的方针,定期开展党风廉政教育活动,认真组织党员干部学习文件精神,定期观看管委会组织的廉政教育录像,通过案例警示教育,做到警钟长鸣,筑牢拒腐防变的思想道德防线。三是开展特色教育活动。以建党88周年为契机,组织党员干部去革命圣地沙家浜重温入党誓词,进行革命传统教育和爱国主义教育。

【创建文明单位】积极开展“群众满意基层站所(办事窗口)”活动。通过三结合,即与税收中心工作相结合,促进分局征管水平的提高和税收任务的完成;与分局的廉洁工程相结合,促进依法行政、勤政廉政;与和谐地税建设相结合,促进分局开展优质服务,提高办事效率,提升文明程度。在2008年取得“群众满意基层站所(办事窗口)”先进单位荣誉称号的基础上,不断深化内涵,扩大外延,于2009年荣获“群众满意基层站所(办事窗口)”示范单位。

(宁波市地方税务局保税区分局供稿 贺淑宏撰写)

慈溪市地方税务工作概述

局长　张炳华

经济概况　2009年,慈溪市经济在金融危机的严重影响下依然保持平稳发展，实现地区生产总值626.24亿元,按可比价格计算,比上年增长8.2%。其中第一、二、三产业增加值分别为31.39亿元、372.14亿元、222.71亿元,增幅分别为5.1%、5.5%、13.4%。全市完成财政一般预算收入91.00亿元，比上年增长5.8%,其中地方财政一般预算收入49.10亿元,比上年增长13.0%。

税收概况【任务完成情况】2009年,全市地税系统累计组织各项收入47.92亿元，比上年增长8.7%。其中:税收收入34.19亿元,比上年增长9.6%,各类基金、费、五项保险等其他收入13.73亿元,比上年增长6.4%。

【税收特点】一是总量再上新台阶。2009年组织各项收入47.93亿元,其中税收收入34.19亿元,各项基金、费收入4.81亿元,五项保险收入8.93亿元,均创历史新高。二是收入先抑后扬,月度振幅趋大。受全球金融危机、政策性减收、2008年度基数较高等因素影响,2009年上半年税收同比下降2.9%。但从二季度开始,经济逐渐回暖,税收收入从6月份开始回升且势头逐月上扬,下半年税收同比增长27.2%,全年税收收入实现9.6%的增长。三是三产税收增速超越二产税收。第三产业税收同比增长15.9%,比第二产业税收增长高10.6个百分点。这主要得益于房地产业发展带来的税收贡献,房地产业税收增长占第三产业增长总量的55.0%。

【税源分析】1. 营业税:全年入库11.61亿元,增收2.37亿元,同比增长25.61%。增收的主要原因是房地产业的快速增长，房地产业营业税全年增收2.03亿元,占营业税增长额的85.7%。

2.企业所得税:全年入库4.25亿元,同比下降29.5%。减收因素：一是2008年度汇缴企业税率下降之政策翘尾影响;二是落实各项所得税减免、抵免、加计扣除等优惠政策影响；三是企业受全球金融危机影响,效益回落明显。

3. 个人所得税：全年入库7.52亿元，同比增长2.9%。上半年度,个人所得税同比下降8.8%,主要原因:一是中小企业贷款难、资金紧张、销售不畅,使小企业特别是个体工商业户销售锐减；二是从2008年下半年以来的工业原材料上涨、物价上涨导致中小企业生产成本提高、利润下降,直接体现在2009年度职工工资及企业分红减少上；三是企业所得税政策调整,税率降低,导致部分个私企业、个体工商业户转注册为公司,或直接将销售转移到缴纳企业所得税的企业中去。下半年度,全局强化个人所得税征管的举措渐见成效,在消化上述几点不利因素的影响后,同比增长17.1%,从而使全年个人所得税同比增长2.9%。

4. 其他税收：增长快速保证总体收入的增长，2009年度,其他税收保持了25.0%的快速增长,同比增收2.19亿元，为总体税收同比增长9.6%提供有力保证。

各项工作情况【优化收入结构】进一步落实措

施,促进税收收入结构不断优化。全年营业税及地方七税达22.41亿元,增长25.5%,地方税比重达65.0%,比2008年提高8个百分点。

【帮扶企业落实优惠政策】2009年,全市地税部门积极完善工作措施,及时兑现各项减税轻费政策,不断优化自身服务水平,与企业共渡时艰,力促全市经济平稳健康发展。一是积极开展规模效益型税源培育和公平合理的工业税费征管措施专项调研,为市委、市政府决策提供参考。二是及时落实各项税收优惠政策。全年共落实国产设备投资抵免企业所得税825万元,落实高新技术企业税收优惠2823万元,落实新技术、新产品、新工艺开发费用加计扣除政策3705万元,落实残疾人安置工资扣除2371万元,落实农业龙头企业税收优惠2114万元,落实小型微利企业所得税优惠419万元,其他减免税3340万元。

【推进企业分离发展服务业】根据慈溪市实际情况,详细制订了分离工作的实施方案,积极走访分离试点企业,宣传分离政策,拟定具体分离方案,推动整个分离工作高效有序开展,全年通过分离共新成立45家企业,新增地方财政收入2000万元。

【税收法制建设与税收宣传】继续开展"五五普法"教育,对税收政策执行情况进行专项执法检查,强化对税收执法权的监督,规范税收执法程序。将税法宣传融入日常征管中,利用政策宣讲、财务辅导等机会积极宣传税法知识,切实开展"税收服务:'家电下乡'城隍庙会"等内容丰富的税收宣传月活动,突出宣传实效。

【征管改革与税源管理】一是创新个税征管模式。在白沙路街道、观海卫、龙山三北片三个镇(街道、片区)设立个体税收国地税联合征收站,有效整合国地税税收征管资源,同时充分调动镇(街道)的协税护税积极性,形成以街道政府为主导,财政、国税和地税部门全力配合的个体税收社会化管理新模式。二是强化经济税源分析。建立并组织实施了经济税源分析规范,进一步加强经济税源和企业税负分析,准确把握全市经济税源发展变化动向。三是加强所得税征管。提前介入企业所得税汇算清缴,提高财务辅导的针对性和有效性,全年共辅导企业1553家,调减应纳税所得额1.39亿元,调增应纳税所得额3.16亿元,应纳税所得额调整净额为1.77亿元,补缴税费额4443万元。对企业中层以上管理人员、建筑工程承包人等重点纳税人加强个税征管,逐步实行建档管理;对财产转让所得、个体工商业户生产经营所得以及股息、利息、红利所得等个人所得税重点项目加强监管,确保个税应收尽收。四是深化纳税评估工作。继续推进纳税评估工作"三个转型"和纳税评估优秀案例评选活动。积极推动纳税评估标准化建设,在宁波大市范围内率先引入企业、行业协会共同制订行业纳税评估规范,共出台毛绒、洁具、轴承等九个行业纳税评估规范。全年共评估企业1516户,评估入库金额7086万元,比上年净增597万元,户均补税额由上年的3.32万元提高到4.67万元。

【信息化建设】积极推进"税易07"催报催缴模块、工商数据比对软件的试点工作,大力推广企业(个人)所得税年度申报、小型微利企业认定等软件的运用;努力提高电子申报和电子缴税比例,有效降低纳税成本;大力推广应用新办公自动化软件系统,实现公文网上阅办等无纸化办公功能,大大提高工作效率。

【各项规费征收】全年规费收入继续保持平稳增长,社保费、水利建设金、两教育费附加共计入库12.61亿元,同比增长8.4%。在加强各项规费征收工作方面,一是运用先进的税易征收软件和税银库扣缴平台,努力提高各项规费的申报率和入库率;二是加强考核,完善规费征管运行机制,出台社保费征管质量考核办法和社保费数据对账工作办法;三是完善部门协作机制,加大社保及规费的宣传力度;四是加强国地税分析比对,确保规费应收尽收。

【税务稽查】进一步密切征管与稽查关系,提高非查账征收企业稽查比重,并有重点地选择高污染、高能耗、低产出和征管申报质量低的企业进行稽查。全年地税部门共稽查企业381户,查补税费、滞纳金及罚款2789万元,责成自查企业559户,自查入库地方税费3182万元。

【优化纳税服务】深入开展"服务品质提升年"活动,前往基层一线,了解企业面临的实际困难;积极传达上级有关财税优惠政策,将慈溪市新一轮财税扶持政策编印成册并广为宣传,做到符合条件的企业政策享受全覆盖;强化查账征收企业财务辅导,规范财务管理,加强非查账征收企业纳税评估,力促税负公平。

队伍建设【深入开展学习实践活动】认真做好各项“规定动作”和“自选动作”:局党组成员带头参加各类学习,带头撰写心得体会,带头做好蹲点调研,带头办理人大政协建议提案;切实开好民主生活会,仔细查找分析自身在服务科学发展方面存在的突出问题和原因,认真撰写党组班子分析检查报告和整改方案。广大党员干部也积极加强学习,主动参加干部“进社区、入家庭”、“我为慈溪科学发展献一策”等各类学习实践活动。

【财税文化建设】充分发挥群团作用,组建乒乓球、羽毛球、音舞、棋牌四个兴趣小组,开展“我爱记歌词”爱国歌曲大家唱主题活动,编排舞蹈《紫竹聆风》参加宁波市局文艺汇演,这些活动进一步丰富了干部业余生活,增强干部之间凝聚力。

【教育培训】制订实施年度教育培训计划,分3批组织133名干部,到浙江税务学校和南京大学进行财税知识更新学习培训;积极参加宁波市局组织的处级干部、科所长培训班;组织一年一次全系统干部综合知识与能力考试,提高干部学习自觉性;制订财税干部业务能手评定办法,根据考试成绩,结合平时业务能力,按比例评定业务能手,一年一评,与考核相挂钩。

【廉政建设】对市党风廉政建设工作五年规划和2009年工作要点进行职责分工;切实做好局领导廉情公示工作;召开局行风廉政义务监督员会议,重新聘请局义务监督员;继续开展党风廉政建设专题教育月活动,邀请市检察院同志作慈溪本地案例警示教育,用身边鲜活事实、触内心深处灵魂,增强对法纪的敬畏感;坚持三分钟廉政教育,认真执行半年度党风廉政责任谈话,切实提高廉政意识;深化廉政文化建设,通过发放廉政台历、树立户外廉政广告牌以及廉政小故事演讲比演、“清风伴我家”十字绣评选等家庭助廉活动营造浓厚的廉政文化氛围。

【创建文明单位】以开展“服务品质提升年”为契机,积极发挥党及群团组织作用,深入开展各类文明创建活动,取得较好成绩:全局被评为2007—2008年度全国农田水利基本建设先进单位和宁波市服务企业专项活动先进集体,城区分局成功通过2009年宁波市群众满意站所示范单位和省地税系统群众满意站所的复评,逍林分局荣获2009年宁波市级群众满意站所,长河所荣获宁波市青年文明号15年荣誉奖。

(慈溪市地方税务局供稿　杨继辉撰写)

余姚市地方税务工作概述

局长　俞剑清

经济概况　2009年,余姚市实现地区生产总值500.7亿元,比上年增长8.5%。其中第一、二、三产业增加值分别为29.6亿元、286.6亿元、184.5亿元,比上年分别增长3.6%、5.6%、14%。全市规模以上工业企业实现产值826.7亿元,比上年增长3.0%;完成全社会固定资产投资171亿元,增长10.0%;实现社会消费品零售总额185.5亿元,同比增长16.2%。全年进出口总额50.5亿美元,同比下降5.4%,其中自营出口37.2亿美元,同比下降14.4%,实际到位外资0.8亿美元。城镇居民人均可支配收入和农民人均纯收入分别达26868元和12231元。全市完成一般预算收入72.7

亿元,比上年增长3.4%,其中地方级财政收入39.0亿元,比上年增长17.1%。

税收概况【任务完成情况】2009年,余姚市地税部门共组织各项收入44.33亿元,比上年增长8.98%。其中:完成地方税收收入29.03亿元,比上年增长9.35%;各项规费收入15.3亿元,比上年增长8.28%,保持收入稳定增长的良好势头。

【税收特点】一是税收收入增幅逐季稳步回升。受国际环境变化和国内宏观调控政策双重影响,一季度税收收入负增长10.10%。二季度开始收入逐季稳步回升,分别增长14.80%、7.68%和16.77%,特别是6月、9月、10月份,单月增幅分别达91.54%、56.52%、55.11%。二是营业税、企业所得税、个人所得税三个主体税种呈现一高二平。营业税增幅最高,累计增长13.55%。受企业效益和税前扣除口径等因素影响,企业所得税增收乏力,全年累计增收215万元,同比增长0.38%,基本与去年持平。虽然"工资、薪金所得"、"利息、股息、红利所得"、"财产转让所得"比上年均有增收,但由于"个体工商户生产、经营所得"减少税收3951万元,个人所得税与上年基本持平。三是"三产"税收比重上升,增幅高于"二产"。2009年"三产"税收入库13.8亿元,占税收比重47.51%,比上年的44.13%提高3.38个百分点。产业结构变化带动税收结构变化,进而推动了税收总量提升。四是涉外税收在税收增收的贡献度上在减小,而"房土两税"对涉外税收增收的贡献度在加大。2009年涉外税收入库2.65亿元,比上年同期增收919万元,增长3.59%。房产税和土地使用税分别增收132万元和2416万元。"房土两税"占涉外税收的46.05%,比上年增加8个百分点。涉外税收收入占整个地税收入的比重为9.11%,比上年下降0.5个百分点。

【税源分析】1. 营业税:入库9.18亿元,同比增长13.55%。营业税增收原因主要是国家在财税、金融等一揽子政策扶持下,房地产业从第二季度开始恢复较快。营业税分税目看,"销售不动产"本年累计入库2.87亿元,增收6246万元,增长27.79%,占营业税增收额57.00%,占地税增收额25.16%。适度宽松的货币政策是一揽子计划的主要力量。金融保险业由于金融运行稳定发展,存贷款额度增长迅猛,银行中间业务拓展、金融产品的不断推陈出新,使金融保险业在去年增收基数较高的基础上今年又增长15.24%。2009年累计入库金融保险业营业税22705万元,增收3002万元,占营业税增收额的27.40%。由于投资增幅下降,新开工项目减少,建筑业营业税占营业税的比重下降到22.57%,连续三年占营业税的比重环比下降分别为3.7%、1.61%、2.19%。

2. 企业所得税:入库5.69亿元,同比增长0.38%,基本与上年持平。其中制造业征收2.99亿元,增收659万元,增长2.25%。房地产业征收9847万元,增收1254万元,增长14.59%。租赁和商务服务业征收1472万元,同比增长21.85%。批发和零售业征收3641万元,增长18.06%。建筑业入库6355万元,减收310万元,同比下降4.65%。主要减收在"房屋和土木工程建筑业",该业入库2961万元,同比减收435万元,下降12.81%。"建筑安装业"入库2255万元,同比增收170万元,增长8.15%。电力、燃气及水的生产和供应业征收2667万元,减收2446万元,下降47.84%。住宿和餐饮业征收596万元,减收48万元,下降7.45%。

3. 个人所得税:入库6.27亿元,同比增长0.61%。增幅不大的原因是"个体工商户生产、经营所得"全年持续12个月下跌,下跌趋势无法逆转,全年减收3951万元。"工资、薪金所得"入库1.83亿元,增收1900万元,增长11.59%。"利息、股息、红利所得"入库1.25亿元,增收1981万元,增长18.84%。"财产转让所得"入库3003万元,增收628万元,主要是房屋转让所得增收882万元,催生该项目的增收。

4. 其他税收:入库7.89亿元,同比增长20.24%,增幅居各税种之首。增收原因是通过强化征管及落实政策,如土地使用税加强源头管理,数据共享比对,同比增收9897万元。车船使用税同比增收715万元,增长43.62%;城建税同比增收272万元,增长1.81%;印花税同比增收113万元,增长2.21%。

各项工作情况【帮扶企业落实优惠政策】根据省政府统一部署,认真开展临时性下浮社保费缴纳比例集中减征工作。2009年共减征社保费5196万元,惠及企业8508户。积极落实养老保险费缴费比例调整政策,全年用人单位基本养老保险缴费比例平均下调约8个百分点,减少企业当年缴费13650万元。继续落实水利基金减免政策,对2008年认定的高新技术企业进行集中减征,54 家高新技术企业共减免 618 万元。依法依规实施社保费减征、土地使用税减负补助、高新技术企业税费优惠、职工职业教育经费暂缓统筹等措施,减轻企业税费负担。

【税收法制建设与税收宣传】推进税收信息化建设,继续扩大"税易 07"应用范围,完善税收法制模块,进一步规范税收执法行为,防范因执法行为不当引起复议或诉讼的风险。围绕"税收·发展·民生"这一主题,积极开展第 18 个全国税收宣传月活动,先后组织开展第 14 届"地税杯"围棋赛、"地税杯"摄影比赛、征文比赛、"百名村官宣传税法"、"纳税 A 级信用企业"评比等活动。利用财税 LED 大屏幕不间断播放纳税百强企业名单,倡导纳税光荣,引导纳税遵从。

【征管改革与税源管理】加强税收精细化管理,对城区征收户管多、数额大的一分局实施了机构分设工作,新设立了直属第三分局。强化税收分析预测和计划管理,通过加强对金融、房地产企业的征管,实现税收稳定增长。对金融保险业等 18 户重点税源企业实施纳税评估,入库税费 454 万元。对股权变更事项进行源头管理,做到税务前置。2009 年入库个人所得税 646 万元,并做好近三年股权转让应缴税收的基本资料调查工作。积极推广网上申报,网上申报和以征代报的纳税户比例达 70%,既方便纳税人,又缓解办税服务厅的压力。

【信息化建设】继续完善税易模块系统,开通"工商登记数据比对"、"所得税年报"、"应税财产登记"等新模块。对税易日常使用中有疑难的几个模块进行专门培训,共培训 130 多人次。为配合地税三分局成立,对各个征管系统中原一分局的户管和数据进行了拆分,确保一分局数据的连续性和三分局期初数据的正确性。继续推进"阳光工程",在余姚市财税局网站上及时提供各类涉税文件、政策,为企业纳税提供便利,全年共解决 1280 余条业务咨询。

【征收管理与发票管理】加强税收定额管理,共对 1770 户营业税定额进行调整。经数据重新采集后,重新定额 678 户,平均定额增长 15%,其中农村分局的税收定额平均增幅达 50%。加强发票管理,对发票进行交叉检查。针对以往货运发票在分局代开给纳税人带来的不便,在三个货运市场增设货运发票代开点,方便纳税人开票,增加税源。

【各项规费征收】2009 年,社会保险费、水利建设基金、教育费附加共入库 9.76 亿元,同比增长 2.18%。在加强规费征收工作方面,一是加强同劳动局和社会保障局的社保模块数据交换工作,确保每月社保资金的正常征管;二是落实自由职业者养老保险金银行委托代征工作;三是做好养老保险金的欠费清理工作;四是落实水利建设专项资金征收,对所有三资企业统一按规定征收水利建设专项资金,取消对增值税、营业税起征点以下的个体工商户水利基金的征收,全年征收"三资"企业水利资金 2093 万元,增收 1303 万元。五是依托"两税"比对软件,加强比对分析,查漏补缺。

【推进企业分离发展服务业】加强调研和政策辅导,助推企业稳定发展和转型升级。一方面,加强分离发展服务业的统计调研,发掘企业分离发展服务业的新途径,培育企业新的"增长点"。在调研中,确定了三个分离重点:一是以宁波华东电器检测有限公司为代表的 9 户检测服务平台,二是以天邦股份水产饮料工程技术中心为代表的 107 户企业工程技术中心,三是 2008 年度企业财务报表中有"其他业务收入"和"营业外收入"的制造企业。另一方面,加强政策宣传,逐户上门辅导,帮助分析企业可分离的环节,协助筹划分离方案。全年共对全市 50 家制造企业分离发展服务业。

【税务稽查】组织对建筑安装、中介机构、营利性教育培训机构、拍卖企业、限售股持有企业减持限售股情况实施专项检查。对 19 个举报案件进行专案检查,共检查纳税人 96 户,各项查补收入达 4831 万元,其中自查补缴收入 4031 万元,重点检查查补收入 800 万元。完善查前告知制度,把自查从稽查环节提前到选案环节,拓展了自查对象的广度,增加了自查时间。继续执行稽查建议服务制度,全年向被查对象发出《稽查服务建议书》45 份,向征管部门提出稽查建议 3 份。

【队伍建设 服务企业年活动】按照余姚市委、市政府的统一部署,结合学习实践科学发展观活动,积极开展"服务深化年"活动。认真贯彻落实国家税务总局、宁波市地税局关于加强服务工作的会议精神,召开纳税服务专题座谈会,研究和部署优化税收服务工作。扎实开展政策宣传辅导,编印政策汇编 2000 多册,发放到规模企业,让企业更全面地了解政策。

【教育培训】以“积极财政促发展,和谐征纳克时艰,科学发展创佳绩”为载体,认真开展学习实践科学发展观活动。以提高综合素质为目标,抓好干部教育培训工作。安排中层以上干部参加宁波市财税局组织培训。举办窗口工作人员素质提高培训班,提高窗口服务水平。定期开发业务培训,以政策宣讲讨论形式,组织召开新企业所得税法、“创业创新”税收优惠政策等业务培训会,促进干部知识更新。

【廉政建设】召开反腐倡廉建设工作会议,局党委班子成员分别与分管科室和联系单位的负责人签订党风廉政建设责任状,每位中层干部向局党委签订保廉承诺书。通过中层干部家属座谈会的形式,开展家庭保廉助廉活动。组织中层正职干部赴海军驻牟山某部接受教育。开展廉政文章、廉政故事和廉政楹联的征集活动。通过发廉政短信的形式,经常进行廉政提醒。严格执行礼金、礼品、礼券登记上交等制度。严格规范财税工作人员从事经营活动。定期召开党风廉政监督员会议,重视发挥特邀监督员的作用。抓好监督检查,确保各项制度得到落实。

【财税文化建设】注重财税文化建设,营造良好的工作、学习氛围。一是开展局“十佳财税干部”评选活动,推荐干部参加宁波市财税系统“十佳干部”评选。二是组织开展各类文体活动,举办“十佳财税干部表彰暨新中国成立60周年文艺汇演”,充分展示全局干部职工良好的精神风貌。组队参加宁波市财税局、余姚市直机关党工委、市总工会、市妇联组织的拔河、演讲、摄影、书画、大合唱等文体活动,均获得较好成绩。三是开展与留守儿童结对活动,给孩子们送去一份温暖与关爱。四是开展以“进一步解放思想,推动科学发展”为主题的读书活动,努力在全局营造“好读书、多读书、读好书”的氛围。五是《余姚财税志》历时三年多,编写工作顺利完成。

【创建文明单位】积极开展“创建群众满意基层站所(办事窗口)”活动,全局已有6家单位分别被评为宁波市和余姚市“创建群众满意基层站所(办事窗口)”先进单位和示范单位。2009年度被评为宁波市“创建服务型机关、促进企业发展”活动先进集体、余姚市和谐机关、余姚市党建工作先进单位。泗门分局被评为全国税务系统先进集体。

(余姚市地方税务局供稿　黄　颖撰写)

奉化市地方税务工作概述

局长　韩圣光

经济概况 2009年,奉化市实现生产总值196.83亿元,同比增长6.2%。其中:第一、二、三产业增加值分别达18.95亿元、94.43亿元、83.45亿元,分别增长6.0%、2.0%、11.6%。第一、二、三产业比重由上年的8.8:50.8:40.4调整为9.6:48.0:42.4,第三产业比重比上年提高2个百分比。实现全社会消费品零售总额69.21亿元,增长15.2%;完成全社会固定资产投资总额70.12亿元,增长11.9%;城镇居民人均可支配收入和农民人均纯收入分别达2.59万元和1.19万元,分别增长9.8%和10.0%。全市实现财政一般预算收入27.17亿元,同比增长7.6%。其中:中央级收入完成12.75亿元,同比增长3.4%;地方级收入完成

14.42 亿元,同比增长 11.6%。全市财政一般预算支出 20.44 亿元,同比增长 11.4%。

税收概况【任务完成情况】2009 年,全市地税系统共组织各项收入 16.57 亿元,比上年增收 1.62 亿元,增长 10.8%。其中,税收收入 10.21 亿元,同比增收 7297 万元,增长 7.7%;各类基金、费等其他收入 6.36 亿元,同比增收 8907 万元,增长 16.3%。

【税收特点】一是总体税收形势逐季好转,地方税收收入首破 10 亿元大关。2009 年,全局地方税收首次突破 10 亿元大关,达到 10.21 亿元。从季度入库情况看,税收形势逐季好转,地方税收增长幅度由一季度的 -4.2%上升到二季度的 -1.5%,三季度的 15.4%,四季度的 30.8%。二是共享税税收比重持续下降,营业税一枝独秀。在经济增长速度放缓、企业效益普遍下滑和政策性、结构性减收因素影响下,作为中央和地方共享的企业所得税和个人所得税一路震荡走低,对税收增长贡献乏力,占总体税收比重持续下降。其中个人所得税入库 2.20 亿元,同比减收 320 万元,减幅为 1.4%;企业所得税入库 1.15 亿元,比上年同期增收 95 万元,增幅为 0.8%,二税虽占税收总量的 32.8%,但比上年同期下降 2.77 个百分点。营业税入库 4.34 亿元,同比增收 7000 万元,增长 19.2%。三是四大支柱行业发展差异较大,三产税收形势明显好于二产。从入库税收的行业分布来看,全市地方税收主要来源于制造、建筑、房地产、金融四大行业,2009 年该四大行业共入库各项税收 7.90 亿元,占税收总量的 77.4%。但四大行业差异较大,制造业遭受金融危机重创,入库税收大幅下挫,减幅为 10.7%;建筑业税收增长趋缓,增幅为 19.4%,回落了 10 个百分点;房地产业快速回升,入库税收强劲反弹,增幅达 63.2%;金融保险业运行良好,税收保持稳定增长,增幅为 25.8%。

【税源分析】1.营业税:全年入库 4.34 亿元,同比增收 7000 万元,增长 19.2%。增收因素:一是在中央和地方一系列刺激楼市的利好政策和刚性需求释放共同推动下,楼市行情由年初的“小阳春”逐步演变为年末的“井喷”,行业入库税收呈现“强势反弹”,房地产业营业税同比增收 3861 万元。二是金融业营业税同比增收 1989 万元,其原因是在国家适当宽松货币政策的推动下,全市各项存款余额增长了 20.2%,贷款余额增长了 20.2%,为行业的税收增长提供了根本保证。三是在国家出台 4 万亿元经济刺激政策的大背景下,建筑业营业税同比增收 2385 万元。

2. 企业所得税:全年入库 1.15 亿元,同比增收 95 万元,增幅为 0.8%。增收因素:一是房地产企业所得税同比增收 1455 万元,增幅为 98.7%。二是建筑业企业所得税同比增收 519 万元,增幅为 32.1%。减收因素:受金融危机重创,全市制造业的不景气直接制约企业所得税的增长,制造业企业所得税同比减收 1964 万元,减幅达 27.7%。

3. 个人所得税:全年入库 2.20 亿元,同比减收 320 万元,减幅为 1.4%。增收因素:一是财产转让所得个人所得税同比增收 2629 万元,主要原因是年初大桥分局引进的股权转让个人所得税 1690 万元。二是二手房交易大幅增加。减收因素:一是个体工商户生产经营所得和企业单位承包承租经营所得个人所得税同比减收 1563 万元。二是利息、股息、红利所得个人所得税同比减收 1468 万元。

4. 其他税收:全年入库 2.52 亿元,同比增收 531 万元,增幅为 2.2%。增收因素:一是在巩固 2008 年房、土二税的全面核查成果和基层税务机关加强征管的情况下,房产税和土地使用税分别比上年增长 1.9%和 8.9%。二是土地增值税在规范不动产交易的情况下,实现 11.6%的增幅。三是车船使用税和资源税比上年分别增长 21.2%和 39.4%。减收因素:受遭金融危机重创的制造业影响,城建税和印花税比上年同期分别减收 21.2%和 39.4%。

各项工作情况【优化收入结构】一是第三产业税收比重持续上升,财源结构得到优化,收入质量得到改善。2009 年,第三产业税收入库共计 5.05 亿元,比上年同期增收 8105 万元,增长 19.1%,占地方税收比重 49.4%,比上年同期上升 2.26 个百分点。第二产业税收入库 5.16 亿元,比上年同期减收 857 万元,减幅为 1.6%,占地方税收的比重为 50.5%,比上年同期下降 2.32 个百分点。二是税种结构进一步优化,地方税成地税增收主力军。全年营业税和地方七税共增收 7531 万元,地方税比重超 6 成,占全局增收额的 100%,地方税作用进一步加大。

【帮扶企业落实优惠政策】全年共为企业减负4.05亿元。全面落实国家、省、宁波市出台的一系列结构性减税政策,为企业减负2.05亿元;及早落实临时性下浮企业社会保险费缴纳比例、减征一个月企业社会保险费和取消172项行政事业性收费的相关政策,为企业减负1.22亿元;认真落实高新技术企业税收优惠、小型微利企业所得税优惠和支持技术改造税收优惠政策,实施废旧物资回收企业退税政策,下调纺织、服装等劳动密集型企业核定应税所得率等,直接为企业减免税费7800万元。及时研究出台市本级保增促调财税扶持措施;积极创新政策兑付方式,加快政策兑付进度,扶持资金拨付时间较往年提前半年,为全市保增促调目标实现作出了努力。

【推进企业分离发展服务业】一是梳理、细化扶持政策。根据上级相关政策,出台本级6条财税扶持政策。二是做好政策宣传。利用办税服务厅、上门宣传等多种宣传渠道平台,对分离企业加强辅导力度,开展“一帮一、一对一”个性化政策辅导,协助制订分离发展方案,辅导企业建账、建制,建立回访制度,优化已分离企业后续服务。全年共有24家企业实现分离,其中分离出商贸企业1家,物流运输企业3家,建筑安装企业1家,科技服务企业2家,其他三产服务企业17家。全年新增税收收入1000余万元。

【税收法制建设与税收宣传】认真落实税收执法责任制,加强和完善依法行政制度体系。在各基层征收单位开展2次税收执法检查,对明显的执法错误行为追究差错责任,确保政令畅通。

组织开展第18个全国“税收宣传月”活动。一是以“共谱和谐新曲、同创美好未来”为主题,制作奉化市纳税百强企业大型广告牌,发放百强企业纪念奖牌;二是开展管理员下百户企业纳税辅导和促帮活动;三是开展“你我他税法知识竞赛”;四是向重点骨干纳税企业寄送《税务公报》;同时开展送税法上门、政策培训、网上政策问答等,进一步优化服务,密切征纳关系,将税收宣传贯穿全年。

【征管改革与税源管理】一是开展纳税户登记资料普查,夯实征管基础,探索推进纳税评估工作,各基层征收单位根据各自区域特点开展行业评估。二是加强经济税收分析和税源监控,按照最低利润预警值,对原实行查账征收的826户企业进行逐户审核、重新认定,严把资格核准关;对建筑业、餐饮业行业税负情况进行督查,对不符合最低税负率的两家企业进行督查,辅导企业自查补缴税款33万元。三是对营业税尤其是货运业自开票纳税人税负率偏低的企业,审核其财务状况、自备车辆拥有情况和货运发票领用、使用情况,提示预警,同时加强对货运业自开票纳税人的年审工作,5户被责令限期整改。四是深入开展“两税比对”工作,采用案头核查与实地核查相结合的办法,共进行补税处理636户,补缴各项税费及基金230万元。五是加强企业注销环节税务监管,严把企业“关、停、转、逃”关口,对一些涉及不动产多、情况复杂清算企业着重清算。六是严格落实房、土两税比对核查,开发房、土两税底册资料比对软件。七是全面推开税务中介机构服务模式,159家企业主动委托中介机构实施汇缴,企业所得税汇缴工作更加规范。

【信息化建设】成功开发税典—银税库平台两者结合的征收平台,使接手自由职业者社保征收工作顺利开展;加强“税易07”后期培训工作,着重对税管员操作模块进行上机培训,包括催报催缴、违法违章处理、税收分析预测等,并对平时工作中碰到的难点进行收集整理,提出修改意见和建议,不断提高“税易07”的易用性、兼容性。

【各项规费征收】全年完成各项规费征收6.36亿元,同比增长16.28%。通过前期调研、政策制定、广泛宣传,顺利开征职业教育统筹经费。深化和规范社会保险费“五费合征”。全年累计征收五项社会保险费4.86亿元,比2008年增长19.8%。其中:养老保险费2.69亿元,同比增长20.8%;失业保险费2809万元,同比增长17.1%;医疗保险费1.68亿元,同比增长18.8%;工伤保险费1268万元,同比减少0.2%;生育保险费828万元,同比增长60.8%。

【税务稽查】一是在实施“阳光稽查”基础上推行“微笑稽查”,并推行对纳税人“无过错推定”。二是发挥稽查专业化管理和电算化管理优势,利用CTAIS系统,通过发送“内部协查”信息,采取税收保全和强制执行措施,规范各种规章制度等手段,进一步加强稽查执法,强化监控。三是健全完善稽查—征管协作机制,深入开展重点区域、重点行业税收专项整治和专项检查,积极推进企业自查,有效提高企业税法遵从度,进一步整顿和规范税收管理秩序。四是加大大要案的查处和打击力度,依法严厉查处偷税、骗税等税收违法行为;认真落实税收专项检查和区域税收专项整治工作,对一些影响恶劣、有代表性的大要案件,以各种方式在社会上予以曝光,更好地发挥案件的警示和震慑作用,全年共查补各项税收1669万元。

【优化纳税服务】整合服务资源,拓宽服务领域,提高服务质量。设计《纳税人纳税服务意见征求表》,放置于各征收大厅,征求纳税人的需求;编印《纳税服务手册》,实现的首问责任制、服务承诺制、提醒预约等服务制度将有章可循,税务人员的依法执法水平得到提高。各基层征收单位创新载体,优化服务:大桥分局设立"QQ信息服务群",溪口所实行"零距离、零差错、零投拆、零障碍、零收费"服务,江口所开办《江口地税》宣传专刊,莼湖所开通"税收服务直通车"、尚田所开展"一对一"服务企业活动,稽查局推出以企业责成自查为重点的"阳光稽查"。

队伍建设【学习实践科学发展观活动】在不折不扣完成好奉化市委学习实践活动"规定动作"的前提下,紧扣财税工作中的重点、难点、薄弱点,做好"自选动作",以"积极财政促发展,和谐征纳克时艰,科学发展创佳绩,从严治队树形象"为活动载体,结合财税工作实际,提出重点研究和解决十大问题,顺利完成学习调研、分析检查、整改落实等各个阶段的各项内容。围绕八大课题开展专题调研,对分析检查中梳理出的6大类34条意见、建议进行全面落实整改。

【教育培训】组织开展新企业所得税法、所得税汇缴政策、营业税暂行条例及实施细则、发票管理、"金财工程"、"税易07"及公务员讲座等一系列业务培训计8期,培训700余人次;组织开展稽查业务竞赛,进一步提高税收稽查业务水平;组织参加宁波市财税局组织的处级、科(所)长等5期培训班,加强中层干部能力建设;组织188名公务员分批参与更新知识培训考试。

【财税文化建设】组织开展"科学发展观在我心中"主题实践活动,以文艺表演、知识问答等形式展现干部在精神文明建设中取得的成果。通过青年联谊、植树育林等活动,提升干部职工身体素质,培养团队精神。组织干部参与献血、扶贫助困、赠送"爱心儿童读物"等社会公益活动,增强社会责任感和使命感。组织干部参加宁波市财税系统第二届文艺汇演,获得二等奖和优秀创作奖。

【机关作风建设】积极开展"强服务 提效能 保增长"效能建设活动,不断完善岗责体系,健全激励约束、科学考评办法,加强责任追究,进一步提升财税工作质量和效率,提高财税干部职工服务大局、开拓创新能力以及科学化、精细化管理能力,财税干部大局观念、创新观念、效率观念、服务观念、法治观念和责任观念进一步增强。各基层单位在各自辖区组织的行风评议中均被评为第一名或优胜单位。

【廉政建设】组织召开反腐倡廉工作大会、特邀监督员会议、廉情分析会、预防职务犯罪案件剖析会、重点部门主要负责人监察工作交流会等廉政教育会,开展廉政谈话、反腐倡廉金点子征集、廉政知识答题、违法违纪案例典型学习等教育活动,每月一次对机关和各窗口单位进行明查暗访,做到预防在先,警钟长鸣。制订《建立健全反腐倡廉惩防体系2009—2012年工作计划》,逐步建立起以教育、制度、监督、改革、纠风、惩治等为内容的反腐倡廉惩防体系。进一步加强对重点对象、重点岗位、中层干部的日常监管,各项规章制度落实检查到位,执法检查、执法监察、内部审计等监管机制更趋完善。

【创建文明单位】积极开展文明单位、青年文明号、示范党支部和巾帼示范岗创建活动,系统精神文明建设得到较大提升,各基层单位文明创建取得丰硕成果:大桥分局顺利通过国家级巾帼示范岗复查,溪口所和莼湖所通过省级文明单位复评,4个基层单位通过宁波市(省)级青年文明号验收,6个基层单位通过宁波市地税系统文明单位考核,江口所在再次荣获宁波市地税系统基层文明标兵单位基础上,被宁波市局推荐为全国税务系统先进集体,并新获奉化市"基层群众满意站(所)"称号。

(奉化市地方税务局供稿 周 黎撰写)

宁海县地方税务工作概述

局长 尤永强

经济概况 2009年,宁海县实现生产总值235.55亿元,按可比价格计算,比上年增长8.5%。其中:第一产业、第二产业、第三产业增加值分别为25.20亿元、131.65亿元、78.70亿元,同比增长4.8%、6.9%、12.3%,第一、二、三产业比例调整为10.7:55.9:33.4。城镇居民人均可支配收入和农民人均纯收入分别达到25945元和11367元,增长1.05%和10%。全县财政一般预算收入34.46亿元,增长7%,其中地方财政收入17.91亿元,增长14.4%。

税收概况 **【任务完成情况】**2009年,全县地税系统共组织各项收入20.55亿元,增长11.1%,收入规模首次突破20亿元大关。其中:税收收入12.68亿元,增长4.3%;其他基金、费收入7.87亿元,增长24.1%。

【税收特点】一是税收入库先降后升。受经济形势影响,自2008年11月至2009年5月,应征税款出现连续7个月负增长,自6月份起又出现连续7个月正增长,反映到税收上,前6个月呈现下降趋势,最大降幅达4%,7月份开始由降转升。二是税种结构优化。全年营业税和地方六税占税收总额58.4%,同比上升3.9个百分点。三是税收产业结构更趋合理。全年二、三产业分别入库6.77亿元和5.91亿元,其中,三产占税收总额的46.6%,同比上升3.6个百分点。

【税源分析】1.营业税:入库4.69亿元,增收7788万元,同比增长19.9%,其增量的86.4%来自三产。三产中增收最大的是房地产,增收营业税3586万元,占增收总量的46%。其次为金融保险业,增收营业税1560万元,占增收总量的20%。建筑业营业税受一次性税收减收因素影响,全年仅增收645万元。

2. 企业所得税:入库2.19亿元,减收3934万元,下降15.2%。减收因素:一是受经济形势影响,制造业减收企业所得税2744万元,主要集中在塑料、橡胶、文教、金属制品四个行业。二是受金海投资股权转让一次性税收减收企业所得税2429万元。增收因素:大项目开工带来建筑业增收企业所得税1217万元。

3. 个人所得税:入库3.08亿元,增收1358万元,增长4.6%。增收因素:工资薪金个税增收1761万元,股息红利分配增收771万元,财产转让增收518万元。减收因素:生产经营所得税减收1697万元,主要分布在金属制品、塑料制品和其他制造业中。

4. 其他税收:入库2.72亿元,增收30万元,增长0.1%。增收因素:一是受国华电厂购销、建筑承包合同等影响,印花税增收386万元;二是受私家车增加影响,车船税增收296万元。减收因素:受跨年度税收影响,城建税减收580万元,房产税减收261万元。

各项工作情况 **【优化收入结构】**深化分行业分税种管理,探索餐饮业、房地产业、建筑业等有利于地方税收增长的税源管理。推进企业分离发展服务业工作,优化产业结构,通过深入企业调研,制订工作方案,指导企业做好财务处理和涉税事项,全年分离企业22家。开展国、地税协作,积极争取新办企业所得税管辖权,新登记企业所得税地税管辖同比提高近两成。

【帮扶企业落实优惠政策】落实扶持企业发展各项政策措施,做好鼓励高新技术产业发展、促进就业再就业、促进现代服务业发展、支持新农村建设等各项税收优惠政策的落实工作。落实临时性下浮社保费缴纳比例和暂停一个月征收社保费政策,为企业减负

11338 万元。减免各类企业所得税 2600 余万元,其中:高新技术企业享受减免税 1681 万元,企业研发费税前加计扣除 6670 万元。落实水利建设专项资金、职教费等优惠 220 余万元。减免困难企业土地使用税、房产税、水利基金等 595 万元,减免信用担保企业、电视村村通、教育、医疗、科技服务等营业税 293 万元。

【税收法制建设与税收宣传】完善税务登记、纳税人状态、门征开票等业务操作流程,规范纳税证明出具和税收会计操作办法。编印《房地产交易税收管理操作手册》,规范窗口操作人员日常工作。开展税收执法检查,采取全面自查和重点抽查的方式,重点检查税务登记、文书表单、发票管理、执法程序等内容。出台《宁海县自然人股东股权转让个人所得税征管暂行办法》,规范自然人股东股权转让个人所得税征管。

加大政策宣传力度,开展税收法规培训会、政策发布会、政策研讨会等传达各类税收政策。建立重点企业工作联系制度,帮助解决发展中出现的困难和问题。选择具有县域经济支柱特点的模具、文具、压铸和汽配等行业,建立全省首个行业税收宣传教育基地。

【深化税源监控分析】密切关注经济形势发展变化,开展税收经济联动分析,逐月对工业经济税收进行专题分析,按季度组织召开经济税收分析会。关注重大项目投资、重点行业景气指数等变化对地税收入的影响。建立 160 家重点税源企业财务及税收指标数据库,完善纳税人重大涉税事项备查制度。

【征管改革与税源管理】建立网上申报质量审查制,通过数据分析、比对、走访、核查,全面提升申报质量。建立起餐饮行业税源管理预警模型,发布各类预警信息,补征税款 90 余万元。推广实施“参数系数法”定额核定方法,完成网吧行业基础数据的汇总统计工作。完善纳税评估机制,明确把退税、注销、财务及纳税指标异常的纳税户定为日常评估的重点对象。

【信息化建设】全面做好一户式一员式综合查询模块的全市试点工作,开发完成公管所客运代征税款管理应用软件。扩面应用网络报税系统,网上申报系统应用户达 8399 户,个人所得税全员全额申报系统应用户达 7120 户,分别比去年增长 10.42%和 26.8%。

【各项规费征收】2009 年,全县各项规费收入各有增减,其中增收的有社保基金收入、职业教育统筹经费、文化事业建设费等,分别增收 37%、21.6%、15.7%;减收的主要有教育费附加和水利建设金,分别减收 2.7%和 2.4%。在社保费征管中,制订《宁海县地方税务局社会保险费征管业务操作规程(暂行)》,规范《社保费自行征收情况表》,印发社保征缴政策书籍和宣传手册,并开展社保政策上街、进企业活动。

【税务稽查】开展系统审计性检查,在全面自查基础上,对建筑业、餐饮旅店业、重点税源企业、大型企业集团等开展税收专项检查。全年共检查纳税户 150 户,查补税款、滞纳金、罚款总额 2347 万元,同比增长 46.4%,其中稽查局直接查补罚 563 万元。按法定程序对餐饮业尝试电子查账,通过破译纳税人设置的数据库密码,掌握真实经营情况,当年采集企业涉税电子数据 28 户。

【优化纳税服务】理清加强和改进纳税服务的工作思路,立足办税服务厅、税企 QQ 群、网上报税等平台,整合服务资源,拓宽服务领域。开展“百名干部进千企、服务企业促发展”活动,以税企座谈、财务辅导、送政策上门等形式,主动服务企业发展。加强政策调研力度,深入调研模具行业税负情况,做好税源普查工作。

队伍建设【深入学习实践科学发展观活动】围绕“理财治税强保障、科学发展作贡献”实践载体,分两批深入开展学习实践科学发展观活动,结合财税业务工作,广泛征求意见,深入分析检查,全面整改落实,积极解决实际问题。活动开展以来,局机关和直属单位共组织集中学习培训 1000 余人次,开展微型党课 9 次,组织解放思想大讨论 9 次,召开各类研讨、调研座谈会 8 次,制定和修改了 12 个政策文件。

【财税文化建设】加强制度文化建设,修订完善关于干部选拔、使用、奖励、培养等制度。丰富群体活动,以党、团、工、妇为平台,组织参加首届县直机关运动会、“歌声飘过 90 年——纪念‘五四’运动 90 周年”主题歌会、“庆七一·红色情怀”诗歌朗诵比赛、健美操比赛。国地税联合举办“拥抱辉煌、开创未来”庆祝中华人民共和国成立 60 周年大型广场文艺晚会。财税合唱队代表宁海县参加宁波市庆祝新中国成立 60 周年“我和我的祖国”大型歌会。开展群众满意基层站所创建活动,以优质服务、廉洁高效为标准,以“服务效能大提速”为抓手,促进基层单位由“行政执法型”向“服务效能型”转变。结合第六轮机关文明创建活动,开展文明单位、青年文明号、巾帼文明岗、工人先锋号等创建活动,全县 9 个基层单位全部跨入全市地税系统文明单位行列。

【廉政建设】推进惩防体系建设,成立局纪检组,强化责任分解,共拟定42项工作任务,明确责任单位和责任人,抓好廉政谈话、述职述廉和廉情预警等制度的落实。注重廉政文化熏陶,发动干部撰写廉政故事、廉政楹联、读书思廉等文章,县局荣获全市财税系统"学廉、思廉、崇廉、守廉"系列活动优秀组织奖。常抓廉政教育,组织开展岗位廉政教育、党性修养和作风建设教育,组织中层干部到黄湖监狱接受警示教育,组织全体干部观看《反腐前线》等警示教育片。

【**教育培训**】注重教育培训,加强干部队伍管理,组织召开8期专题研讨会,提高干部对政策的理解与运用水平。推行税收管理员工作讲评制度,通过采取"逐日记录、月末小结、个人讲述、科室点评"的方式,提高税收管理员整体业务素质。组织开展税易系统操作技能竞赛活动,检验干部税易操作技能,提高税收信息化应用水平。

(宁海县地方税务局供稿 章静霞撰写)

象山县地方税务工作概述

局长 陈柳松

经济概况 2009年,实现地区生产总值237.1亿元,比上年增长8.1%。城镇居民人均可支配收入26431元,农渔民人均纯收入11159元,分别增长9.8%和9.4%。全县财政一般预算收入30.01亿元,比上年增长9.8%,地方财政收入16.71万元,增长12.6%。

税收概况【任务完成情况】2009年,全年共组织各项收入19.92亿元,比上年增长9.3%。其中:地方税收收入13.70亿元,增长11.8%;各项社会保险基金4.51亿元,增长2.1%;组织各项基金附加1.70亿元,增长9.8%。

【**税收特点**】一是上下半年收入差距较大。受金融危机持续影响及政策性减收效应、上年基数较高以及汇算清缴影响,前6个月应征税款下降10.7%。受经济企稳回暖、落实税收政策以及加强征管力度的影响,下半年连续6个月实现高幅增长,但累计应征数增幅比入库增幅低6.4个百分点。二是增收行业集中。2009年度十个税种除房产税、土地使用税、车船使用税三个财产税高幅增收、增幅高于平均增幅外,其他几个税种收入情况均不理想,增幅均低于平均增幅,其中三个税种出现负增长。三是重点税源企业收入增量缓慢。2009年,全县年缴地税200万元以上(不包括代扣代缴税款)的重点企业共77户,比上年增加4户,全年入库地税7.61亿元,占全县地税总额的55.5%,同比下降2.8个百分点,比上年增加4711万元,增长6.6%。

【**税源分析**】1.营业税:2009年度入库5.11亿元,营业税入库额首超5亿元,增长10.3%,其中缓缴入库8483万元,增加1655万元,剔除缓缴因素,实际增收3115万元,增幅为7.9%。从分行业入库情况看,房地产业和金融业的营业税入库增收额较大,分别增收4592万元和993万元。受全球金融危机影响,交通运输业营业税入库2080万元,减幅达43.3%,尤其是海运业从2008年8月份开始运价下降70%,船只运力减少40%,海运业入库税收减幅达60.9%。

2. 企业所得税:2009年度入库3.56亿元,增长7.7%,剔除缓缴入库的6510万元和核查补征入库的312万元,实际入库2.88亿元,减收4288万元,减幅达13%。主要原因:一是受金融危机影响,企业效益下降利润造成企业所得税减收。二是由于企业所得税税率下降造成企业所得税汇算清缴入库数减少,2009年汇算清缴入库1.29亿元,比2008年减少1150万元。三是建筑业受《跨地区汇总纳税企业所得税征收管理暂行办法》影响,2009年入库企业所得税减少400余万元。

3. 个人所得税:2009年度入库2.55亿元，增长11.5%。个人所得税增收的主要原因是二手房转让个人所得税增收,二手房纳税户数、入库税收、计税价值、单位均价比上年增长238.3%、54.7%、238.5%、16.3%。此外,利息、股息、红利所得个人所得税增收995万元。

4. 其他税收:2009年度七个地方小税入库2.48亿元,同比增收4568万元,增幅为22.6%,所占比重从上年同期的16.5%提高到18.1%。

各项工作情况【优化收入结构】坚持"抓大不放小",继续促进收入结构进一步优化。全县地税89.5%的税收来源于上年地方税收上5000万元的五大主体行业:工业、建筑业、房地产业、金融业、交通运输业,入库税收11.27亿元,增长13%。加强地方小税种管理,完善房产税、土地使用税的税源普查,督促企业申报缴纳闲置的土地、挂账"在建工程"已投入使用的房屋等应缴的两税,增收1772万元、2605万元,同比分别增长57.4%、117%。

【帮扶企业落实优惠政策】开展征集"优化纳税服务,促进企业发展"金点子活动,通过在象山手机报、象山港网站及向200余家四型企业发放意见表等渠道,共回收"金点子"征集表246份,回收1476条建议。扎实做好临时性下浮社保费缴纳比例集中减征工作,全年减缓征社保费9714万元,惠及2539家企业、城镇个体劳动者13701人。依法依规免征或下调行政事业性收费,全年累计减负2509万元。推进高新技术和小型微利企业减征企业所得税工作,减轻445户企业税负54万元。进一步规范海运、冷冻等特色行业税收征管,减轻145家企业税负790万元。

【推进企业分离发展服务业】坚持政府引导、企业主导的原则,通过分类排摸,以推进企业分离发展服务业为突破口,为现代服务业发展营造良好环境。共分离出20家新企业,今年预计实现营业收入1.10亿元,预计实现税、费376万元。通过分离,原企业税收负担减幅在25%以上;除专业的进出口公司外,其余企业都由增值税应税行为转为营业税应税行为,增加地方可用财力50万元。

【税收法制建设与税收宣传】开展税收执法检查,合理界定各执法单位的职责权限,规范行政处罚自由裁量权,出台规范性文件报备、税务稽查案件会审等制度;积极推进审批制度改革,做好县扩权工作,进一步规范简化审批流程。大力开展"税收·发展·民生"为主题的税收宣传月活动,其中"优化纳税服务'金点子'"被宁波市局评为优秀项目;连续6年在《今日象山》上设"财税之窗"专栏,集中刊登群众关心的财税政策。

【征管改革与税源管理】一是强征管。实行商品房销售备案制度，严把各类房地产税收的审核审批关;对企业所得税采取规范核定征收办法、不再办理政策外任何减免等措施;发挥土地使用税GIS信息管理系统的征管优势,大力开展土地使用税税源调查。同时,全面实行征管"六率"考核,提升征管质量;不断强化以票管税,做到票清税清。二是挖税源。加强税收经济联动分析，继续对重点税源企业实行全面分级管理,落实动态监管措施,牢牢掌握组织收入主动权。同时,各分局继续加强分行业、分类型税源监控,重点探索纳税评估新方法，评估企业74户，补征税款891万元,移送稽查局1户。

【信息化建设】分析"税易07"运行中存在的问题,按照先试点后推广的思路,开展为期半年的"税易07回头看,征管质量提升年"活动。实行单独辅导、专家指导、集体"会诊"、分别"开方"的办法,逐一摸清各分局征管家底,查清问题症结所在,共发现问题19类7600户次,督促各分局逐条整改,夯实"税易"。

【各项规费征收】继续实行社会保险费"五费合征"办法,推行"三同"一体化管理模式,社会保险基金征缴水平进一步提高。此外,继续加大组织非税收入力度,完成3.21亿元,增长23.7%,推进社保基金"五费合征",全年收缴4.51亿元,入库率99.8%。

【税务稽查】以专项检查为重点,以专案检查为突破口,加大对涉税违法行为的打击力度,全年共查补入库2192万元。联合国税开展涉税专项检查,组织全县205家企业自查，自查入库税收及滞纳金2046万元,重点检查16家企业。集中力量开展专案检查,查处上级交办、群众举报案件16件。

【优化纳税服务】打造以"税企连连看"税企交流QQ平台为主导的网络服务,QQ群注册人数近400人,网上申报、电话报税等便民举措更加普及,"全天候、零距离"的服务目标基本实现。行政许可科推出预约、远程代办及休息时间现场踏勘等八大服务,累计服务5200多户次,全年受理办结事项21272件,平均每5分钟办理1件,工作量较上年翻番。

队伍建设【学习实践活动】按照县委部署,以"积极财政促发展,和谐征纳克时艰,科学发展创佳绩”为载体,精心组织各项活动,妥善处理工学关系,做到两不误、两促进,坚持“三强三确保”、“四贯穿四突破”,建立健全学习制度,强化二级督导,举办知识竞赛、微型党课比赛,开展“四访企业”春风专项行动等。

【财税文化建设】全面完成党工妇团换届工作,有效推进财税文化建设。全局上下捐款捐物计10万余元,助学结对献爱心,扶贫帮困送温暖,联村帮扶办实事;组建九个工会兴趣小组,干部职工文化生活更加丰富;自编自导自演的“地税人的桥海畅想”在市局文艺汇演中荣获三等奖和优秀创作奖。

【机关作风建设】以“抓作风、树形象、促发展、创和谐”为目标,在县地税系统开展作风建设年活动,抓好“六个一”,即开展一次作风建设专题大讨论、进行一次党风廉政建设警示教育、开展一次领导干部蹲点调研活动、开展一次行风评议、开展一次法律法规和财税业务知识培训、建立健全一批长效机制。深入开展“干部进企业,服务促发展”活动,摸清制约发展的问题,广泛听取意见和建议,并及时沟通和协调解决。县局和行政许可科在全县机关作风民主评议中获双第二。

【教育培训】采取多种形式,分期分批开展业务培训,做到集中辅导与个人自学相结合,理论学习与实务操作相结合。县局集中组织税收知识、综合文字三个培训班,激发全局干部职工学习积极性,业务技能不断提高。在全国税务稽查干部业务考试中,稽查局获得全市集体第五名。

【廉政建设】深入落实县党风廉政建设和反腐败责任分工,做好治本堵源、纠风治乱等工作,筑牢廉政建设“防火墙”。通过召开动员大会、签订党风廉政建设责任状、细化强化考核等措施落实廉政责任,完善预防职务犯罪联席会议制度,构建惩防体系,形成廉政重担众人挑的局面。加强廉政教育,举行廉政讲座,局领导和基层负责人公开述廉,开展廉政文化进机关活动。严格执行“四条禁令”,严查有章不循、有禁不止的行为,处理一个、教育一片。

【创建文明单位】以转变观念为切入点,以落实服务措施为着力点,以群众真正满意为落脚点,不断提高为民服务质量。再次获得县机关作风民主评议第二的好成绩,丹城分局获得省级和省地税系统“群众满意基层站所”创建工作先进单位荣誉称号,西周分局通过市级“群众基层满意站所”创建工作先进单位复评,结算中心被评为宁波市“工人先锋号”,行政许可科被县政府评为文明示范窗口,各基层分局和稽查局成功通过市地税系统基层文明单位复评;励旦丹荣获宁波市十佳财税干部称号。

(象山县地方税务局供稿　黄　鹏撰写)

温州市地方税务工作概述

局长　李步鸣

经济概况 2009年,温州市实现生产总值2527.88亿元,按可比价格计算,比上年增长8.5%。其中:第一产业增加值79.89亿元,增长3.1%;第二产业增加值1287.75亿元,增长6.3%;第三产业增加值1160.24亿元,增长11.5%。人均生产总值32595元,增长7.3%,按年平均汇率折算,达到4772美元。国民经济第一、二、三产业结构由上年的3.1:53.1:43.8调整为3.2:50.9:45.9。全年实现财政总收入360.72亿元,比上年增长6.2%,其中地方财政一般预算收入195.64亿元,增长8.6%。全年地方财政一般预算支出252.23亿元,增长20.3%。

税收概况【任务完成情况】2009年,共组织各项收入249.70亿元,比上年增长9.4%。其中:税收收入150.60亿元,比上年增长6.1%;规费收入99.10亿元,比上年增长14.6%。

【税收特点】一是税收收入增幅逐季回升。2009年1-4季度税收收入分别入库37.00亿元、41.00亿元、37.00亿元和36.00亿元,同比分别增长-7.5%、0.6%、18.6%和19.2%,从5月份开始月度均实现正增长,季度累计增长分别为-7.5%、-3.4%、2.7%和6.1%。二是房地产业推高第三产业税收增幅,制造业拉低第二产业税收增幅。全市第二产业、第三产业税收分别入库57.11亿元和93.49亿元,增幅分别为-5.5%和14.7%,增幅较去年分别回落22.3个百分点和上升1.4个百分点。第二产业中制造业税收减收3.54亿元,同比下降8.3%,拉低税收增幅2.5个百分点。第三产业中主要行业均实现增长,其中房地产业税收增收7.26亿元,拉高税收增幅5.1个百分点,对全部税收增收贡献率达83.3%。三是地方税收入增长较快。全市地方税入库89.22亿元,同比增长15.4%,增幅高于共享税20.4个百分点。四是社会保险费增长较快。全市社会保险基金入库81.08亿元,同比增长16.3%;全市地税部门组织非税收入99.06亿元,同比增长14.6%,高于税收收入增幅8.5个百分点;非税收入占比39.7%,比上年占比提高1.8个百分点。

【税源分析】1.营业税:入库55.11亿元,增收8.18亿元,同比增长17.4%;占税收收入36.6%,比重比上年提高3.5个百分点。增收主要原因:全市房地产营业税入库20.78亿元,同比增长41.7%。

2. 企业所得税:入库29.71亿元,同比下降21.1%;占税收收入比重为19.7%,比重比上年下降6.8个百分点。减收主要原因:企业所得税税率下调以及成本费用扣除标准进一步放宽因素减收3.17亿元,高新技术、小型微利企业所得税减免因素减收1.89亿元。

3.个人所得税:入库31.73亿元,,增收4.71亿元同比增长17.4%。增收主要原因:对金融企业开展个人所得税自查,加强对企业高管的个税政策宣传和税收知识辅导;浦发银行工效挂钩工资2009年集中发放,个人所得税增收2817万元;股权转让增多,新办企业诚隆股份有限公司财产转让净增个人所得税3610万元;通过加强个人所得税全员申报,将机关行政事业单位纳入全员申报管理。

4.其他税收:入库34.10亿元,同比增长12.3%;占税收收入22.6%,所占比重比上年提高1.2个百分点。增收主要原因:开展土地增值税预征、清算工作,土地增值税入库5.68亿元,增收1.70亿元,同比增长42.8%;土地清查工作和土地使用税政策调整滞后增收效应,城镇土地使用税入库4.44亿元,增收1.03亿元,同比增长30.2%;加强财务、税种信息和第三方信息比对及金融业开展自查,印花税入库2.89亿元,增收0.46亿元,同比增长18.9%。

各项工作情况【优化收入结构】一是贯彻省局关于支持第三产业发展的实施意见等税收优惠政策,加大对第三产业投入力度,鼓励金融保险等现代服务业发展。全年第三产业地税收入93.49亿元,同比增长29.4%,占税收收入的62.1%,比重比上年提高5.2个百分点,其中金融业入库税收10.02亿元,同比增长34.4%。二是加强小税种征管。按照“抓大不放小”原则进一步加强各项征管措施,全年地方七税入库34.10亿元,同比增长12.3%,其中:土地增值税增长42.8%、城镇土地使用税增长30.2%。

【帮扶企业“春雨”专项行动】开展“科学发展‘春雨’帮扶”专项行动。一是全市1045名财税干部走访企业1322户,现场解答财税问题1162个,提供个性化服务114项,收集意见建议536条。二是全市举办“专题税企沟通会”130场,企业参加人数7341人。三是编印《春雨帮扶 税企联动——保增长扩内需调结构税费优惠指南》20000本,向全市上万家骨干企业和纳税人赠送发放。

【推进企业分离发展服务业】优化服务,到企业走访调研,在全市范围内开展问卷调查,加强对企业的辅导,在全省范围内率先建立财政、地税、工商联合登记认证制度。加强宣传,在温州主要媒体刊登“企业分离发展服务业工作答记者问”,向企业赠送《温州市企业分离发展服务业政策汇编》,指导企业用好政策。全年全市累计分离服务性企业149户,完成年度目标任务数的115.0%,新增地方税费收入1.88亿元;上报的

《温州市“五重五抓”助推企业分离发展服务业进程》做法,得到金德水副省长批示;获得全省推进企业分离发展服务业工作专项考核先进单位第一名。

【税收法制建设与税收宣传】一是推行行政处罚自由裁量权基准制度。对行政裁量予以细化,出台实施意见和执行标准。二是推行行政执法责任制。修改完善《税友 2006》监督考核模块相关功能,推进执法责任制考核模块的应用。三是做好重大税务案件审理工作。执行重大税务案件集体审理制度,健全听证、重大案件备案等一系列配套制度。四是做好 2009 年度税收执法检查工作。开展自查和重点检查工作,全市地税执法检查自查面达 100%。五是加强税收宣传工作。与温州市电视台联合组织市区 10 家企业共 40 名代表参加“税企携手 共闯难关”活动,在温州电视台新闻频道进行现场直播;加强网站建设,充实和更新网站信息量,增强服务功能,加大对税收政策的宣传力度,及时发布相关动态信息。

【征管改革与税源管理】一是深化征管改革。配合省局完善、推广“快捷查询”管理软件,协助省局做好软件的完善升级工作,增强税源管理查询功能;提出《税友 2006》改进完善的需求建议,做好问题的汇集、梳理和解决;推广应用不动产建筑业项目管理软件,组织完成市本级 442 户建筑、房开企业培训,并制订《关于推广应用〈税友 2006〉不动产建筑业税收项目管理软件的实施方案》。二是加强税源管理。加强税收分析和计划管理,开展税源调查分析,完善税务登记动态管理按月通报联系制度,强化异常税源信息比对,加强发票用票核定管理;完善税种行业管理,贯彻营业税条例,做好企业所得税征管范围调整、汇算清缴和分类管理等。

【信息化建设】一是巩固深化《税友 2006》应用。继续承担省局《税友 2006》申报征收、征管六率和执法责任制等模块的开发和维护工作。二是强化安全建设和管理。做好应用系统业务数据备份和测试,加强终端及安全管理。三是做好内外网站的维护工作。对外网网站进行安全性整改。

【各项规费征收】一是完善“五费合征”制度和办法。全面实施“参保登记、征收机构、征缴基数、征缴流程和数据信息五个统一”的社会保险费征缴制度。二是落实临时性下浮社会保险费缴费比例政策。全市企业社会保险费共减征 44177 户,减收 3.13 亿元。三是贯彻执行企业养老保险费率下调政策。适当降低用人单位养老保险缴费比例,全市企业养老保险费率下调减收 2.87 亿元。四是落实有关规费优惠政策。按照省局水利建设专项资金的政策规定,审批市区 939 户,减免水利专项资金 6851 万元;落实市区困难中小企业帮扶政策,共受理企业 410 户,发放失业费财政补贴 3961 万元。

【税务稽查】全市共检查企业 2581 户,查补金额 3.40 亿元,加收滞纳金 955 万元,罚款 621 万元。一是开展全市税收专项检查工作。对 783 户建筑安装企业、166 户拍卖企业、42 户教育培训机构、24 户旅游业、19 户营利性医疗机构、4 户大型连锁超市、490 户金融保险业实施专项检查。二是抓好大要案查处。查补 50 万元以上大要案件 7 件,联合有关部门侦破 4 起特大制售假发票案件,捣毁制假窝点 19 个,抓获犯罪嫌疑人 53 名。三是重视举报案件查处工作。全年共受理举报案件 181 件。

【优化纳税服务】一是编写《办税指南》,方便纳税人办税。二是做好纳税信用等级评定工作。与国税联合对 2007—2008 年度的纳税信用等级进行评定,全市评出 AAA 纳税信用 550 户、AA 纳税信用 362 户、A 纳税信用 590 户、D 纳税信用 189 户。三是做好纳税大户的统计表彰工作。提请市政府对 2008 年度纳税百强、制造业纳税 50 强和温州市企业集团纳税 10 强予以表彰。四是做好纳税证明审核、出具工作。做好全市申报中国驰名商标、中国著名商标、AAA 级浙江省合同重信用新申报及续展等纳税证明出具审核工作。

队伍建设**【财税文化建设】**一是开展财税机关第三届文化节。开展财税发展论坛、名师讲座、乒羽比赛、趣味运动会等 16 项文体活动,近 2200 余人次参加各项活动。二是参加专题活动。参加全省财税系统及市直机关“新中国成立 60 周年”文艺汇演并获一等奖。三是开展“献爱心、促和谐”活动。与社区、农村开展结对帮扶,为贫困人员送去大米、粮油等生活用品,并与泰顺贫困山区学生开展结对助学。

【机关作风建设】一是组织交叉检查。组织各县(市、区)局的 16 个单位开展交叉检查。二是及时处理举报投诉。对网上收到的12件投诉件及时处理,逐一进行核实回复。三是督查并改进会风。制发《会议纪律规定》,对"会前通知,会议签到,会议请假,会议精神传达落实,违纪追究"作出具体规定。

【教育培训】一是制订《温州市财政地税局2009年系统教育培训工作计划》。全年列入年度计划培训课题21个,2700余人次参训。二是落实各项培训任务。共举办各类培训班42期,参训人员2381人次。三是加强高学历、复合型人才的培养。继续委托上海财经大学合办研究生班,新举办上海财经大学区域经济学专业研究生班,共招生38人。

【廉政建设】一是组织全局党员干部观看警示教育片。二是挂放廉政箴言。制作400多幅廉政箴言框和卷幅,挂放在市局和各分局服务大厅、办公楼梯口及走廊通道的墙上。三是制订公务人员利益冲突回避方案,规范行政处罚自由裁量权。

【创建文明单位】一是营造氛围。将文明机关创建活动的主题、考核标准、创建理念等内容印制在电脑鼠标垫上,设置成电脑屏幕保护图案。二是深化社会评议整改年活动。将征集到的91条意见建议,进行梳理汇总,制订整改落实方案。三是继续深入开展"树阳光财税,创满意单位"活动。定期向市四套班子、人大代表、政协委员通报财税工作,组织开展"阳光财税社区行"活动。五是加强党组织建设。局党组被市委评为全市党委理论学习中心组先进单位。

(温州市地方税务局供稿　杨海曼撰写)

温州市瓯海区地方税务工作概述

局长　何　凡

经济概况 2009年全区实现地区生产总值230.11亿元,按可比价格计算,同比增长8.2%。其中:第一产业实现增加值4.86亿元,同比增长0.1%;第二产业实现增加值145.17亿元,同比增长5.9%;第三产业实现增加值80.08亿元,同比增长13.5%。第一、二、三产业结构比为2.1∶63.1∶34.8,其中第三产业比重比上年提高1.7%。2009年全区实现财政总收入28.00亿元,同比增长7.6%,其中地方财政收入13.08亿元,同比增长14.9%。

税收概况【任务完成情况】2009年,组织各项收入16.11亿元,同比增长8.4%。其中:税收收入9.83亿元,同比增长9.0%;各项基金、费收入6.28亿元,同比增长7.4%,圆满完成市区两级收入任务。

【税收特点】从收入结构来看,第二产业税收受制造业税收增幅持续低迷影响,税收增长较慢,入库税收6.04亿元,增长4.0%;第三产业税收受房地产业、交通运输推动,税收增幅较大,入库税收3.77亿元,增长18.0%,第三产业的增长率超过第二产业。从行业税收情况看,制造业是瓯海的支柱产业,在金融危机影响下,入库税收3.89亿元,同比下降2.3%;建筑业税收受扩大内需政策的拉动,入库税收2.11亿元,同比增长21.0%;在地方特色小行业中,有近一半特色小行业入库税收出现不同程度的下降,其中锁具下降幅度最大,达29.7%。

【税源分析】1.营业税:入库2.90亿元,同比增长26.9%。增收因素:一是受扩大内需政策的影响,投资增长拉动营业税增加。二是加大建筑业稽查力度,2009年建筑业查补营业税款392万元,比上年增加2599万元。三是二手房交易活跃,入库营业税4410万元,比上年增加2130万元。

2.企业所得税:入库2.65亿元,同比下降19.5%。减收因素:一是经济虽然企稳回暖,但基础不牢固,前期亏损需要弥补。二是由于国地税征管权调整影响企业所得税减少8115万元。三是高新技术企业减免573万元。

3.个人所得税:入库1.78亿元,同比增长22.0%。增收因素:一是利息、股息、红利所得,同比增长51.7%;二是财产转让所得,加强股权转让的征管,同比增长46.6%;三是工资薪金所得增长较平稳,同比增长8.6%;四是个体工商经营所得,加强双定管理,同比增长10.5%。

4.其他税收:入库2.50亿元,同比增长7.7%。增收因素:一是城镇土地使用税由于入园企业增加,加强与农税局的数据核对,入库4036万元,同比增长44.8%;二是土地增值税由于二手房交易活跃,经营用房交易金额大幅增加,入库1400万元,同比增长35.8%;三是印花税由于加强对资本账户印花税的比对,同比增长16.7%,增收230万元。

各项工作情况【优化收入结构】一是积极培育和发展总部经济,培育大企业大集团,支持企业做强做大。二是大力发展现代服务业,使现代服务业成为地税收入的新增长点和收入结构优化的重点,实现产业结构优化和经济转型升级。地方八税及营业税入库5.40亿元,占全部地方税收比重54.9%,比上年同期提高5.7%,税收结构得到优化。

【帮扶企业"春雨"专项行动】一是积极落实优惠政策。2009年核准技术改造国产设备抵免企业所得税81万元;高新技术企业减免企业所得税573万元;小型微利企业减免393万元;房产、土地税减免341万元;下岗职工再就业减免税费65万元;残疾人减免个人所得税2万元。二是积极做好"千名税干进千企"活动,由分局局长室带队选派100人次业务骨干,深入到100多户具有代表性的企业,推进税企和谐互动。三是组织召开企业减负"春雨"专项行动座谈会,科技型企业、建筑企业、投资担保企业及重点企业税企沟通会等,不断提高税收政策覆盖面。

【推进企业分离发展服务业】坚持把推进企业分离发展服务业作为增加企业效益、增强地方财力、优化产业结构的一个有效抓手。加强与发改、经贸、工商、交通、建设等部门的协调,全面推进企业分离发展服务业工作,推动企业转型升级。2009年共分离17户企业,完成年度分离任务的155%,新增地方税费1050万元。分离发展服务业工作被省局作为先进典型推广。

【税收法制建设与税收宣传】一是严格落实规范性文件,不折不扣抓好结构性减税政策的贯彻落实。积极推进执法责任制考核工作,深入开展执法检查,提高执法水平。二是建立办税人之家,依托行业协会期刊编发税收政策,分行业、分类型举办财会人员辅导班,宣讲相关政策。三是举办"区域经济发展趋势与企业转型升级"经济论坛,辅导企业转型升级。

【征管改革与税源管理】一是加强税收基础工作。以《税友2006》快捷查询系统为依托,做好税收基础数据清理,不断加强税务登记率、个税全员申报认定率、发票缴销率等征管指标的提升。二是建立健全对投资、担保企业纳税申报实施监控的评估机制。三是重点加强货运市场、特色专业市场的征管模式调研。

【信息化建设】一是深入挖掘《税友2006》管理和应用功能,建立税收分析员队伍,健全收入稳定增长机制。二是按照"以票控税、网络比对、税源监控、综合管理"的方针,推广应用不动产建筑业税收项目管理软件,全面应用快捷查询软件。三是打造纳税评估电子操作流程,深化外籍人员个人所得税约谈制。四是加快推进发票电子化,推行机打发票,加强以票控税。

【各项规费征收】坚持"税费并举",大力组织非税收入。2009年共组织社保费收入4.82亿元,同比增长1730万元,增幅3.7%;认真开展2009年临时性下浮企业社会保险费缴纳比例集中减征工作,惠及企业4747户,减征社会保险2849万元。同时,进一步做好教育费附加、地方教育附加、水利建设专项资金等的征收管理工作。

【优化纳税服务】一是进一步完善办税服务厅的标准化建设,梳理服务流程、制度,优化工作流程,简并报表资料,减轻纳税人负担。二是深入开展"税企联动、攻艰克难”企业服务年活动。通过“十项便民措施”、“千名税干进千企”、“网送税法连万家”等活动载体,建立健全领导干部联系企业制度,千方百计为纳税人解难题、送服务。

队伍建设 **【财税文化建设】**一是开展以理想信念、职业道德、税收法制、勤政廉政等为主要内容的宣传教育活动。二是发挥党、团、工、妇作用,开展第三届财税机关文化节和金秋趣味运动会,丰富业余文化生活,营造健康向上的工作氛围。

【机关作风建设】一是以科学发展观为指引,突出思想教育引导性。通过学习调研、分析检查和整改落实,开好专题民主生活会和组织生活会,制订整改落实方案等。二是强化制度管人、制度管事,突出制度防范性。每周一召开中层干部碰头会,落实各项具体工作要求。

【教育培训】一是制订2009年系统教育培训工作计划。二是深入开展学习实践科学发展观活动。三是分类别开展培训,综合类培训有科所长培训、新录用公务员培训、岗位技能知识全员培训、廉政建设专题培训、礼仪基础知识培训等;业务类的培训有纳税评估流程培训、企业上市财务知识、新企业所得税法及实施条例培训、汇算清缴业务培训、减免税退税业务审核、税收分析员培训等。

【廉政建设】一是建立健全完善岗位绩效考核制度,落实党风廉政建设责任制及过错追究制。二是深化反腐倡廉宣传教育,组织全体干部职工前往浙江省第四监狱(余杭)和浙江省预防职务犯罪警示教育基地(萧山南郊监狱)开展警示教育活动。三是开展多形式的廉政文化宣传教育活动,如邀请区检察院领导主讲廉政建设专题报告,组织特邀廉政监督员和青年干部座谈会,等等。

【创建文明单位】一是设立内部专职效能监督员和聘请社会兼职廉政监督员,约请监督员明查暗访,向社会各界发放征求意见书等方式开展创建活动。二是组织开展“阳光财税社区行”活动。三是创新服务举措,改善服务态度,减少中间环节,完善工作流程,方便群众和部门办事。

(温州市地方税务局瓯海税务分局供稿　叶春春撰写)

温州市鹿城区地方税务工作概述

局长　林江帆

经济概况 2009年,温州市鹿城区实现生产总值516.41亿元,按可比价计算,同比增长7.8%。其中:第一产业增加值1.38亿元,比上年增长3.0%;第二产业增加值141.55亿元,与上年持平;第三产业增加值373.48亿元,比上年增长11.2%,居全省单独核算的83个县(市、区)首位,对GDP的贡献率达102.1%,拉动率达7.9%,高于全市平均水平。社会消费品零售总额454.46亿元,增长16.5%,占全市总量的37.7%;外贸出口总量和增速均居全市首位。第一、二、三产业结构从上年的0.3:30.2:69.5调整到0.3:27.5“72.2,三产比重位居全省第二位。全年实现财政总收入31.58亿元,同比下降1.2%,其中地方财政收入16.96亿元,同比增长7.2%。

税收概况 **【任务完成情况】**2009年,共组织各项收入38.04亿元,同比增长4%。其中:税收收入25.09亿元,同比增长2.1%;地方规费收入12.95亿元,同比增长7.9%。

【税收特点】一是总体税收收入略有增长,但增长幅度为五年来最低。全年入库税收25.09亿元,增收5166万元,同比增长2.1%,增长幅度为近五年来最低。二是主体税种呈现“两高一低”,地方小税种增长不平衡。主体税种中营业税和个人所得税增长较快,但企业所得税减收明显;地方小税种增长较快,但税种间增长不平衡,城镇土地使用税和车船税高速增长,土地增值税、房产税和城市维护建设税也有所增长,但印花税和资源税分别同比下降。三是二产、三产一降一升,房地产业成为增收主要因素。第二产业入库税收7.14亿元,同比下降5.7%,其中制造业减收最为明显,减收4072万元,同比下降8.1%,成为减收的主要因素。第三产业入库税收17.95亿元,同比增长5.6%,其中房地产业入库4.44亿元,增收5570万元。

【税源分析】1.营业税:入库9.94亿元,增收1.09亿元,同比增长12.3%。增收因素:一是房地产业贡献大,全年入库2.75亿元,同比增长25.5%,全年二手房交易成交16860件,较上年同期增加9394件,增长125.8%,量的成倍扩大弥补了普通住宅交易减少的营业税;二是加大对建筑业的稽查力度,全年入库1.76亿元,同比增长4.3%,下半年对建筑业2007—2008年的建筑业预收款责令自查申报,查补入库营业税2300万元;三是服务业发展势头良好,住宿和餐饮业全年入库1.35亿元,同比增长6.2%,租赁和商务服务业全年入库9022万元,同比增长16.0%。

2.企业所得税:全年入库3.66亿元,减收1.77亿元,同比下降32.6%。减收因素:所得税“两法合并”后,税率降低、税前列支放宽和企业享受高新技术企业优惠政策及技术开发费加计扣除等使得2009年1月预缴所属2008年12月的企业所得税以及2008年度汇算清缴入库大幅减少,加上弥补亏损68户,金额达3864万元。

3.个人所得税:全年入库5.03亿元,,增收4879万元同比增长10.7%。增收因素:一是通过加强个人所得税全员申报,将202户机关行政事业单位也纳入全员申报管理,2009年度累计申报人次271万,增加47万人次,增收1996万元,同比增长21.0%;二是通过国地税共管户信息比对,调整定额差额户2182户增加个人所得税;三是加强股权交易的审核,入库个人所得税1959万元,增收293万元,股息、分红所得申报个人所得税1.33亿元,增收1338万元,同比增长11.1%。

4.其他税收:全年合计入库6.46亿元,同比增长12.3%,增收7079万元。增收因素:一是进一步完善房产、土地、车船等税源数据库,控制非住房自用、租赁和流转环节税收;二是完善车船税、二手房交易税收“先税后 证(审)”管理办法,建立“信息化支撑、预警值控制、专业化辅导、派单制下户”的税源预警管理模式。

各项工作情况 **【优化收入结构】**全年组织入库营业税与地方八税16.40亿元,占税收收入总量的比重为65.4%,较上年同期提高5.9个百分点,税种结构得到进一步优化。在营业税管理方面,加强房产交易源头控管,全年共办理二手房交易16939户,同比增长125.0%,入库营业税2.75亿元,同比增长25.5%;在地方小税种管理方面,加快采集房产、土地等税源信息,健全数据库,加强非住房自用、租赁等多个环节的税收征管,入库城镇土地使用税5862万元,同比增长70.0%;加强5个车船税代征点的源头控管,入库车船税6254万元,同比增长69.5%。

【帮扶企业“春雨”专项行动】积极开展“科学发展‘春雨’帮扶”专项活动,全年共落实各类优惠政策减免税费近3亿元。成立税收优惠政策送达小组,走访鹿城区个体协会、温州开元集团有限公司、浙江大虎打火机有限公司等重点企业和行业协会,为他们送去“企业社保费缴纳比例继续实行临时性适当下浮、企业研发费150%抵扣应纳税所得额、对认定的省级高新技术企业按15%税率征收企业所得税”等最新优惠政策。开展“百名财税干部下百企”活动,各基层管理科选派业务骨干组成精干力量,深入300多户企业,赠送1440本《税收优惠政策读本》,召开14场企业培训及行业座谈会,建立起一对一的联系帮扶关系。

【推进企业分离发展服务业】成立督查小组、政策辅导小组和管理调查小组，多层面深入企业调研，上半年选择辖区内 2－3 个行业中特色优势明显、带动作用强、配套服务需求大的龙头骨干企业进行先期试点，并积极落实回访制度，了解企业主辅分离工作落实情况，上半年共完成 6 户企业分离任务；下半年通过召开企业分离发展服务业经验交流会，对试点情况进行交流总结，树立典型，全面推开，将试点范围扩大至大中型的建筑业、商业企业形成全局上下联动格局，对有分离意向的 17 家企业进行“一对一”辅导走访帮扶。历时 9 个月，成功分离出商贸、物流等 7 大类 22 户企业，超额超前完成 2009 年企业分离发展服务业的工作目标，并全部获得工商认证。全年新增营业收入 1.33 亿元，产生税收(费、基金)收入 504 万元。

【税收法制建设与税收宣传】按照温州市局《关于规范税务行政处罚自由裁量权的实施意见(试行)》及《税务行政处罚自由裁量权参照执行标准(试行)》，规范行政执法一般处罚程序，理清处罚事实，明确处罚法律依据。同时深入学习和贯彻落实《浙江省地税系统税收执法过错责任追究办法》和《浙江省地税系统税收执法责任制考核评议办法》，加大执法过错责任的追究力度，把行政执法纠错与过错责任落实紧密结合起来，确保执法责任落实到岗，过错责任追究到人。组织业务骨干，历时 5 个月编写近 30 万字的《鹿城地税税源间接控管业务流程》，明确 108 项业务的操作流程和岗位职责。

围绕“税收·发展·民生”主题，开展第 18 个全国“税收宣传月”活动，走进上陡门小学少年税校，开展现场书画比赛，深入温州地区的高校，服务大学生创业就业。

【征管改革与税源管理】按照“抓大、评中、定小”的征管思路，全面实施《鹿城地税企业税源分类管理办法》，将纳税人按财政片区、信誉等级、税源规模、行业类型等因素划分为 A、B、C 三类，对各类企业实施不同侧重点的管理。设置重点税源管理岗、市本级企业集中管理岗，对 A 类企业集中重点管理，实时监控，逐月逐户预测分析，摸清税源，掌握税收收入工作的主动权，加强重点税源管理深度。在个体工商户管理方面，落实《鹿城地税个体工商户定期定额管理实施办法》，创新个体行业分类管理，对营业税户片区与共管户片区进行分离，理清税源，针对行业特点，实施重点管理。

【信息化建设】一是推广《税友 2006》的运用，通过数据清理、流程研讨、学习培训等工作，制订《税友 2006 个性化查询功能试运行工作方案》，推广应用《税友 2006》快捷查询功能和个性化查询”征管软件，进一步提高税收征管质量。二是健全绩效考核机制，依托《税友 2006》快捷查询功能，在全市率先制订实施《税收征管质量量化考核办法(试行)》，形成上下衔接、相互配套的科、组、岗三大层级百分制考核体系，同时，为全方位监控收入任务的执行情况，还将税收任务的完成进度纳入绩效考核内容，占比 50.0%，责任到人。

【各项规费征收】2009 年，全局规费收入继续保持可持续增长，全年共组织入库 12.95 亿元，同比增长 7.9%，获 2009 年全省规费管理工作先进单位。在加强各项规费征收工作方面：一是基本实现“五费合征”全覆盖，通过建立规范的缴费人档案，加强对社保费缴费基数管理，及时完成调整社会保险费“五费合征”范围工作和“双定”企业社保费数据维护工作。二是做好 2008 年税费年度结算申报和社保费结算工作，组织企业培训，明确结算范围、对象、缴费基数及工资总额的计算口径，在结算环节与企业深入沟通，把政策通过实际操作宣传、落实到位，共对 10925 户企业进行税费结算，结算率 96.5%；对 12003 户社保缴费户进行社保费结算，结算率 100%。三是对 2007—2008 年社会保险费征管的各个工作环节开展自查自纠，做好社会保险基金专项治理工作 。

【税务稽查】组织力量对投资、担保、培训业、中外合资企业进行前期数据采集，行业调查，制订投资、担保、中外合资企业行业管理办法，对 55 户担保企业，161 户投资企业、134 户中外合资企业开展专项行业税收辅导工作，其中投资担保企业所属 2008 年自查申报税费 730 万元；进一步强化对美容医疗、培训学校、宾馆等外籍人员个人所得税申报辅导，通过上门宣传、辅导自查等形式，补缴税款 8600 元。

【优化纳税服务】一是将“新办企业社保费征收方式认定”、“新办个体征收方式鉴定” 等 5 项工作下放到大厅,在内容上为办税服务大厅实体化运行奠定基础。二是引入排队叫号系统,顺利分流纳税人,有效缓解窗口拥挤程度,并在此基础上开通并成功办结温州市财税系统首例“同城通办”业务。三是整合窗口功能,实现“窗口受理、内部传递、内部审核、限时办结、窗口出件”的“一站式”服务模式,现有30多项涉税事项可由服务厅窗口即时办理。四是针对纳税人需求,结合新出台的办税业务流程和优惠政策,修订整合《个体工商户一次性告知书》、《单位纳税人一次性告知书》。五是更新纳税服务评价系统,以纳税人满意度为主要标准,结合业务接待量等因素,制订《纳税服务之星评比制度》。

队伍建设【财税文化建设】制订实施《关于加强鹿城地税文化建设的意见》,建立“文化建设工作计划”,树立“清勤敬业 和谐聚力”核心理念,通过加强精神文化、制度文化、行为文化、廉政文化建设,以正确的价值观念、先进的管理理论、共同的发展愿景,凝聚队伍精神力量。组织开展迎春联欢会、元旦健身跑、财税杯羽毛球比赛、金点子征集、爱国歌曲大家唱、金秋登山、读书征文等一系列健康向上的活动,并在市局第三届财税文化节中获团体总分第一名。

【机关作风建设】一是重新修订《中层干部会议制度》、《劳动纪律管理制度》、《借用人员管理暂行办法》等综合管理制度,定期组织作风纪律检查,不断提升机关作风建设;二是进一步改进工作作风,变“我管纳税人”为“我服务纳税人”,做到以纳税人为服务的主体,以纳税人需求为关注的焦点,以纳税人满意度为工作评价的标准,多个窗口单位被评为年度优秀基层站所。

【教育培训】一是加强业务培训,首次安排协税员与干部一起参加培训课程,并根据实际工作需要,安排“税源管理与快捷查询的应用”、“岗位业务流程”等实用性课程,有效提升干部职工、协税员的业务水平。二是成立税收政策研究小组,组织业务骨干对工作中遇到的问题展开讨论,及时学习新的税收政策、知识,以点带面,形成全局上下共同学习的良好氛围。三是开展针对性教育,对比较容易犯的经济问题、风纪问题和失职渎职问题做好廉政、勤政和善政教育。每个季度制订政治学习计划,做到学习有安排,有计划。

【廉政建设】一是全面落实党风廉政责任制。制订《2009年党风廉政建设和反腐败工作的责任分工》,并与各科室签订《党风廉政责任书》,明确分工,责任到人。二是开展廉政教育行动。通过悬挂廉政格言,营造廉洁自律的良好氛围;编发《党风廉政建设学习材料》,开展读书助廉活动,巩固思想防线;开展廉政警示教育周活动,组织观看《跌入污潭的环保官》等廉政警示教育片,以反面教材告诫干部要“清白做事,干净做人”。三是组织进行岗位轮换。共对92人进行轮岗,轮换面达38.0%,其中干部轮换63人,轮换面达46.0%;管理岗轮换61人,轮换面达66.0%,有效整合了队伍。

【创建文明单位】一是坚持思想教育不放松。以深入学习实践科学发展观活动为契机,紧扣市局“五大专项行动”部署,积极落实三个阶段九个环节的各项工作,多次举办分局一把手主讲的动员报告和理论宣讲会,并认真做好各科室每周的政治业务学习等思想教育工作。二是开展“阳光财税社区行”活动。开展社区税收优惠政策宣传、税法答疑、团总支红日亭义工行动和慰问困难户等活动,共慰问全区164个社区的1718困难户。三是开展各类争先创优活动。分局被评为2009年度温州市财税系统基层文明单位,金河办税服务厅先后获得“省级青年文明号”、“温州市青年文明号创建十五周年突出贡献奖”等荣誉称号。

(温州市地方税务局鹿城税务分局供稿 李菲娅撰写)

温州市龙湾区地方税务工作概述

局长　施明秀

经济概况 2009年,龙湾区(不包括温州经济技术开发区)实现地区生产总值207.49亿元,按可比价格计算,比上年增长7.5%。其中:第一产业增加值3.06亿元,比上年增长0.7%;第二产业增加值157.03亿元,比上年增长6%;第三产业增加值47.40亿元,比上年增长13.5%。第一、二、三产业结构由上年的1.5:77.4:21.1调整为1.5:75.7:22.8。全区完成财政总收入25.13亿元,比上年下降8.9%;完成地方财政收入10.79亿元,比上年下降5.8%。

税收概况【任务完成情况】2009年,温州市地方税务局龙湾税务分局共组织各项收入12.43亿元,比上年下降6.9%。其中:税收收入7.10亿元,比上年下降14.4%;组织各类非税收入5.33亿元,比上年增长5.4%。

【税收特点】一是税收收入首现减收,降幅居全市之首。2009年初,税收收入延续上年10月份以来的下降势头,1月份、4月份的税收更是大幅下挫,降幅分别为66.1%、48.7%,全年税收收入同比下降14.4%,与全市平均增幅6.1%相差20多个百分点。二是营业税大幅增长,其他主体税种全面减收。三大税种中除营业税增长17.2%之外,其他几个税种均出现不同程度减收,尤其是企业所得税降幅高达38.8%。三是第二产业大幅减收,第三产业小幅增长。第二产业税收收入5.13亿元,税收占比72.3%,降幅高达20.1%,其中制造业收入4.76亿元,税收占比67.6%,降幅更是达到21.4%;第三产业税收收入1.96亿元,小幅增长5.3%,其中增长较快的主要行业有住宿业、居民服务业、娱乐业、零售业,分别增长97.5%、49.2%、31.6%、21.2%,但税收占比不大,增长拉动能力不强。四是工业强镇全面减收,区域优势逐渐缩小。除天河镇和永兴街道今年税收有较高增长外,其他乡镇(街道)全面减收,特别是前几年税收收入增长较快的温州工业园区、海城街道、永中街道、蒲州街道等工业强镇,今年税收下降明显,降幅为27.4%、20.8%、18.9%、17.8%,对组织收入影响很大。五是个体税收增长较快,社会化征管初具成效。通过加大个体征管力度,按镇街道成立个体管理组,职责独立、任务单定、单独考核,个体税收收入0.58亿元,同比增长28.1%;另外,通过大力开展社会化征管工作,设立10个委托代征点,联合社会协税护税力量堵塞征管漏洞,全年委托代征税收合计入库0.13亿元。

【税源分析】1.营业税:入库1.09亿元,同比增长17.2%,税收占比15.36%,上升4.2个百分点。增收行业主要是金融业、建筑业、交通运输业和住宿餐饮业,增幅分别为758.3%、29%、25.2%和20.6%。增收因素:区沿海产业带建设全面启动,工业基地和项目建设步伐加快,第三产业迅速发展,星级酒店加快建设,主副业分离稳步推进,现代物流业有序发展。减收行业主要为房地产业,受金融危机影响,龙湾区二手房交易等房地产业营业税入库0.12亿元,同比下降9.3%。

2.企业所得税:入库1.92亿元,同比下降38.9%,税收占比27.1%,比上年下降10.8个百分点。减收行业主要是制造业,入库1.65亿元,同比降幅39.6%,减收额高达1.08亿元。减收原因:高度依赖出口的龙湾区制造业在这次金融危机中受到严重冲击非常,几个支柱产业同时都大幅受挫;同时由于上年将汇缴企业由按季预缴改为按月预缴,增加两个月税收入库,增收0.30亿元,加大了上年基数;退税大幅增加、两税合并等政策性减收因素的影响显现。

3.个人所得税:入库2.04亿元,同比下降3.2%,税收占比28.8%,增加3.3个百分点。减收因素:企业税后利润分红大幅减少,减收利息、股息、红利所得征收个人所得税0.14亿元,同比增长19.4%;企业受金融危机影响开工不足,加上个人所得税扣除标准提高,工资薪金所得收入减少0.11亿元。增收因素:加强股权转让纳税评估,增加财产转让所得征收个人所得税0.11亿元,同比增长106%。

4.其他税收:入库合计2.04亿元,同比下降3%,税收占比27.8%。减收因素:受金融危机、增值税转型影响,城建税收入下降1.4%;2008年开始组织收入当年度的房产税、城镇土地使用税,无形中增加同比基数,使这两个税种收入分别下降4.6%、4.7%;由于房产转让减少,土地增值税同比下降31.1%。

各项工作情况【优化收入结构】认真落实“保稳促调”工作措施,按照二、三产互动发展要求,大力支持服务业发展,进一步优化地税收入结构。先后对餐饮、娱乐等三产行业进行调查摸底,加强营业税与相关经济指标的比对分析;继续抓好地方小税种征管,完成房产税和城镇土地使用税税源信息实地核查和汇总录入,推进城建税和印花税比对软件应用,努力挖掘小税种增收潜力。2009年营业税与地方八税入库3.14亿元,同比增收3.3%,税收占比提高7.6个百分点;个私税收收入4.37亿元,同比下降13.3%,税收占比提高0.6个百分点。

【帮扶企业“春雨”专项行动】积极开展“千名税干进千企”、“百场专题税企沟通会”、深化“十项便民措施”等“春雨行动”,帮扶企业共渡难关。组织开展服务性走访调研,共走访企业75户,逐户讲解税收优惠政策,赠送税收法规政策读本,解答纳税人反映的涉税问题;召开税企座谈会和专题业务沟通会,针对专项业务政策进行辅导解读,了解企业对地税工作的意见和建议,提高涉税服务的针对性;认真落实各项税费优惠政策,扶持企业发展,引导产业、技术升级,推动全区经济增长,2009年共减免各项税费0.35亿元。

【推进企业分离发展服务业】通过走访企业了解意向、发放调查表、召开运输业企业分离发展服务业工作座谈会,鼓励符合条件的企业进行分离,实现对现有资源的有效组合;联合区财政、国税部门,成立工业企业分离发展服务业督查工作领导小组,注重税费优惠政策的梳理、研究、落实及跟踪调研,确保政策到位、执行到位、优惠到位,切实减轻企业税负。共引导11户企业成功实现分离,入库税费0.06亿元(其中税款0.04亿元)。

【税收法制建设与税收宣传】深入贯彻落实税收执法责任制,按照省局税源间接控管模式要求,进一步完善岗位设置;加强对税收征收管理行为的日常监督检查,按照市局部署集中开展税收执法内部检查和交叉检查,加大过错责任追究和教育力度;深化地税政务信息公开等工作,每月对停业户、注销户,新开业户的定额情况、非正常户欠税、定期定额户的定额调整情况进行公开,自觉接受监督,提高地税工作透明度。

以4月份税法宣传月和12月份税法宣传周活动为契机,针对不同群体纳税人的实际情况,强化点对点宣传实效:向企业、个体纳税人和漏征漏管户发送纳税知识、提示问候短信14000多条,发送税法宣传专邮9000余份,在各乡镇学校发放税法宣传单10000余份;在《今日龙湾》上开辟专栏,汇总平时纳税人反映较多的政策法规和实务操作问题进行集中解答,将营造依法纳税环境作为一项长期工作,抓好抓实。

【征管改革与税源管理】一是建立和完善“以电管税”机制,将电费销售额预警纳入工业企业税收征管过程,牢牢把住申报关口。全年共完成电费比对2573户,其中有查补税款的1026户,补缴税款2400万元。二是加强企业对外投资税收管理,根据企业利用“其他应收款”账户隐瞒投资收益和利息收入的不同情况制订相应补税措施,抽查的85户企业共补缴企业所得税700万元。三是改革征管档案管理模式,实现征管资料“一窗式”受理和“一户一档”管理,由专人管理和移交,去年各科共移交征管档案4568份,方便纳税人和税务机关查阅。四是强化税源信息采集工作,建立规模以上企业信息一览表、重点行业利润情况表和户籍管理情况表等数据资料库,及时更新资料库内容,有效保障税源信息的真实准确。五是加强规模以下企业管理,出台《关于加强规模以下企业税收管理的通知》文件,对有厂房、有生产设备的规模以下企业进行重点清理,切实提高规模以下企业征管质量。

【信息化建设】积极做好货物运输企业进行自开

票税控系统的应用扩面工作，从原来的8户扩大到13户，并对其进行应用指导、数据接收及监控；完成机房、线路改造，配合装修公司对全局机房进行改造，重新整理办公网线、电话线路，并新增所有办公室的UPS电源接入点；结合办公室固定资产管理，对各科室人员的电脑、打印机等电子设备安装、排除故障、硬件及软件升级或更新；协助市局做好信息运维系统（ITIL系统）的需求分析、软件考查，并进行应用测试。

【各项规费征收】一是按照“征收机构、参保登记、缴费基数、征缴流程、信息数据”五统一要求，做到扩面、扩基数、扩比例三到位，进一步拓展社保费“五费合征”工作深度。二是全面开展2008年度社保费结算工作，继续加强社保费结算政策学习和落实，全力提高结算进度和质量，全年完成结算申报5192户，结算进度92.4%。三是进一步做好教育费附加、水利专项资金、地方教育附加及残疾人就业保障金的征收管理工作。

【税务稽查】一是做好稽查选案工作，将申报销售收入或营业收入同比大幅度下降企业、纳税额和税收负担率同比大幅度下降企业、年度税款结算问题企业、发票开具异常的企业和在评估过程中缺乏配合的企业共计30户，移送市局选案办作为稽查案源。二是在上年经济下行和企业发展困难较大的背景下，提前介入执法过程中产生的争议问题，充分运用和解、调解手段妥善解决，有效地将征纳矛盾化解在最初阶段，维护和谐的办税环境和征纳关系。

【优化纳税服务】一是充实基层服务力量。将市局选调、考录的新同志和分局机关抽调、对外招聘的同志共25人，充实到基层一线；完成部分办公场所的装修和基层科室运行较慢台式电脑的扩容更新，并购置一批手提电脑充实一线，改善基层服务硬环境。二是流程“再造”提高办税效率，规范窗口办税流程，节省纳税人办税时间；将纳税证明的审批权限下放管理科室，避免纳税人科室分局两头跑，方便纳税人及时办理；将简易处罚、外经证管理等日常共性工作，交由专人进行专业化管理，减轻管理员工作量、提高工作效率。

队伍建设【财税文化建设】一是召开四个层面干部职工座谈会，收集干部职工对做好分局各项工作的建议，及时整理汇编成文字材料分发到人，创新交流方法，方便学习、方便决策。二是开展送温暖献爱心活动，走访退休老干部和困难户，继续组织开展义务献血和“慈善一日捐”活动。三是组织开展户外拓展训练、重阳节登山比赛，参加市局第三届财税文化节系列活动以及元旦健身跑等系列集体活动，丰富干部职工业余生活，增进相互之间的了解。

【机关作风建设】一是多次召开干部职工会议，通过教育引导，帮助干部职工树立大局意识、服务意识和竞争意识，提高队伍向心力、凝聚力和战斗力。二是从执法、服务、廉政、民主等方面加强队伍治理，坚持“以查促纠”原则，多次不定时开展劳动纪律、办事效率、服务态度、税容风纪等行风督查，针对发现的问题，及时督促整改，并在全局范围内通报教育。

【教育培训】一是组织干部职工参加市局组织的各类培训，并在分局内部开展分岗位业务技能培训，提高全局干部职工业务水平和工作效率。二是结合学习实践活动，积极开展专题调研和自选题调研，形成高质量的调研材料40余份；开展调研论文评选活动，进一步调动干部职工调研积极性。三是配合区相关部门对15家在外投资企业进行走访调研，分析上海、温州两地企业地方税费综合负担率，摸清企业大规模对外投资和外迁的原因。四是拓展学习内容、鼓励学历学习，组织4名干部参加研究生学习，提升干部综合素质。

【廉政建设】开展“抵制人情风、把好权力关”专项教育活动，落实党风廉政责任制，每月组织“三礼”自查清理，由专人登记并向分局汇报；参加区纪委组织的预防职务犯罪知识讲座，集中观看廉政教育警示片，构建预防腐败的“防火墙”；加强日常及节日期间廉政提醒教育的针对性，充分利用分局内部网站、手机短信平台、廉政格言牌匾等载体和形式，全方位营造部门内部廉政氛围。

【创建文明单位】积极开展“文明单位”、“群众满意基层站所”、“青年文明号”、“巾帼文明示范岗”等创建评比工作，并以此为载体推行文明建设，建立健全岗位目标责任制、信息科研工作考核办法等项规章制度，完善办税服务设施、开展优质纳税服务，推动全局各项工作顺利开展。被温州市政府授予“市级文明单位”称号，被温州市财税局授予财税系统“基层文明单位”称号。

（温州市地方税务局龙湾税务分局供稿　郑莉娜撰写）

温州市开发区地方税务工作概述

局长　陈建斌

经济概况 2009年,温州市开发区实现地区生产总值100.30亿元,比上年增长7.1%。其中,第二产业增加值71.10亿元,比上年增长5.6%;第三产业增加值29.20亿元,比上年增长11.1%。全区完成财政总收入17.83亿元,比上年增长6.1%,其中地方财政收入8.38亿元,比上年增长5.6%。

税收概况【任务完成情况】2009年,共组织各项收入7.71亿元,比上年增长10.0%。其中税收收入4.93亿元,比上年增长10.7%;组织各类基金、费等其他收入2.78亿元,比上年增长8.6%。

【税收特点】一是第三产业税收比重大幅增长。第三产业税收入库2.08亿元,占全部税收42.2%,比上年增加14.0个百分点,贡献最大的是批发零售业,共入库税收1.25亿元,同比增长98.8%。二是重点税源企业贡献率降低。规模以上企业134户(2008年度税收50万元以上),共入库税收2.41亿元,占全部税收的比重下降到49.0%,比上年降低8.0个百分点。三是在第二产业中税收比重最大的是制造业,共入库2.25亿元,占第二产业税收的比重上升到79.0%,比上年增长12.0个百分点。

【税源分析】1.营业税:入库1.00亿元,同比增长19.1%。增收主要来自第三产业,共入库税收6947万元,同比增长69.9%。增收行业依次是批发零售业、交通运输业、居民服务业和租赁商务服务业等,其中批发零售业共入库营业税2624万元,同比增长282.4%,增收的主要原因是汽车销售增长快及加强对股权转让的税收征管。下降最大的行业是建筑业,共入库1930万元,下降39.7%。

2. 企业所得税:入库1.04亿元,同比下降34.9%。减收因素:一是受全世界金融危机影响,企业效益大幅下降;二是受新《企业所得税》实施税率下调带来的减收效应;三是落实各项所得税减免及抵免、加计扣除等优惠政策。

3. 个人所得税:入库1.61亿元,同比增长90.7%。增收因素:一是加强对利息、股息、红利所得的征管,共入库5407万元,比上年同期增收2377万元;二是加强对财产转让所得的征管,共入库6259万元,比上年增收5598万元。减收因素:一是工资、薪金所得入库3753万元,同比下降9.6%;二是个体工商户生产、经营所得共入库450万元,同比下降7.7%。

4. 其他税收:入库1.28亿元,同比增长8.9%。增收因素:一是受税率调整,城镇土地使用税涨幅最大,共入库2337万元,同比增长99.0%;二是加大对小税种的征管力度,印花税与土地增值税都有较大增幅。减收因素:城市维护建设税入库5091万元,同比下降3.2%,主要受经济不景气和增值税转型影响。

各项工作情况【优化收入结构】全力抓好营业税与地方六税的征管,促进收入结构持续优化,切实保障地方可用财力。全年组织入库营业税与地方六税2.28亿元,占税收收入总量46.3%,与上年相比提高1.1个百分点。

【帮扶企业"春雨"专项行动】积极开展"春雨"专项行动,帮助企业应对危机。制订税企联系制度,分解落实联系企业，将走访一线、倾听一线、服务一线制度化、常规化，2009年局班子带队走访企业160余家，发放资料500多份，发送短信3000余条，召开3场税企沟通会，举办企业所得税汇算清缴、预算申报等5次业务培训。及时落实社保费缴纳比例临时下浮、财产报损、国产设备投资抵免、高新技术企业所得税税率优惠、研发费加计扣除、水利建设基金减免等相关税费优惠政策，减轻企业负担近5000万元，占地税各项收入的6.5%。同时，大力支持企业兼并重组、股份制改造等，如及时主动为拟上市的福达合金、华润电机等企业提供企业合并重组等方面涉税政策辅导。

【推进企业分离发展服务业】积极贯彻落实省局关于推进企业分离发展服务业的工作部署，做好税费政策整合梳理、宣传辅导、跟踪问效等工作，已成功分离企业6户。

【税收法制建设与税收宣传】积极参与《关于规范税务行政处罚自由裁量权的实施意见》的讨论并及时做好意见反馈，继续深入贯彻落实《温州市依法行政工作考核办法》和《浙江省地税系统依法行政工作考核办法(试行)》，努力提高财税干部依法行政的能力，不断提高行政执法人员的法律素质。开展内部执法检查，规范地税执法行为。围绕“税收·发展·民生”主题，开展第18个全国“税收宣传月”活动。以雁湖社区为试点，在社区内设立服务联系点，由业务骨干、青年干部定期接受税收政策咨询、开展税法宣传、提供相关纳税辅导、负责涉税建议及时传递和反馈、提供其他相关服务等。“建立社区服务点”项目被评为市局税收宣传优秀项目。

【征管改革与税源管理】一是狠抓重点。下发《关于进一步加强税源监控工作的通知》，在继续对22户省级以上重点税源企业进行监控的基础上，加强分局级重点税源户监控，及时掌握变化动态，分析和预测变化趋势。二是不放小点。按照“抓大不放小”原则，深入实地调查了解个体纳税人生产经营情况，进一步推行“参数定义法”，对定额评定及调整过程中出现的问题及时予以妥善解决，确保公平、公开、科学、合理。全年共核定357户新办个体工商户定额，核定定额533万元。同时还结合实际，对家具、餐饮等行业的个体工商户定额进行调整，调整幅度10.0%以上的达200多户。三是确立预警点。建立皮鞋、服装制造业税收预警模型，制订营业房交易计税价格、厂房和营业房出租计税租金等预警值，进一步健全税源的预警管理。同时对区内31家投资担保公司和租赁业开展专项纳税评估，加强企业注销环节评估清算，取得一定成效，经评估确认补缴税款72万余元。

【信息化建设】加强信息安全工作。调整终端机的设置、增加网关绑定等，增强终端机的防病毒能力。做好地税软件应用方面的工作。完成《税友2006》个性化查询、快捷查询新增功能等应用培训；做好货运发票代开票、不动产、建筑业自开票等软件应用辅导工作。

【各项规费征收】2009年，规费收入继续保持可持续增长，社保费、水利建设金、两教育费附加共计入库2.78亿元，同比增长8.6%。在加强各项规费征收工作方面，一是贯彻落实“五费合征”工作，做好社保费结算工作；二是通过网络、短信等各种新信息渠道通知纳税人，对相关容易出错的环节加以强调，防止错误重复发生，并及时催促零申报、未申报的纳税人进行规费申报工作；三是结合“春雨”专项行动，积极落实社保费临时性减征措施，做好水利资金减免工作。

【优化纳税服务】一是根据ISO9000质量管理体系和税收征管质量考核要求，力求实现税收执法和日常税源管理工作规范化，提高办事效能；二是积极推进“一窗式”、“一站式”、“同城通办”纳税服务工作，认真落实和完善岗位责任制、首问责任制、一次告知制、承诺补正制、短信平台提醒服务、AB岗工作制、否决事项报告备案制等在内的各项服务。

队伍建设【财税文化建设】组织干部职工参加形式多样的文体活动，培育积极的工作态度和健康的生活方式。一是积极组织干部参加市局第三届财税文化节系列活动和开发区文体月活动。二是充分发挥党、团、工、妇等组织作用，经常性组织开展登山、羽毛球等各类文体活动，陶冶情趣，增进交流，倡导健康文明的生活方式。

【机关作风建设】认真贯彻落实《财政地税工作人员作风建设十项规定》，采取定期或不定期的方式，对涉及考勤、办公电脑、工作纪律、工作态度、工作效率等进行全方位检查或抽查，加大监督落实力度。按照“德、能、勤、绩、廉”要求，组织开展公务员年度考核工作，民主推选评比先进个人。

【教育培训】组织干部职工参加形式多样的各类学习活动，切实增强干部职工学习的自觉性和主动性，干部职工的综合素质进一步提高。一是继续实行每月学习交流机制，组织干部职工学习时势政治、政策文件、科室相关业务、计算机应用知识等；二是按照省市局、管委会要求，积极组织干部参加公务员学分制培训班、科所长培训、财政地税岗位培训等；三是鼓励干部业余时间参加学历教育和各种职称考试。

【廉政建设】一是以主题活动为载体加强教育，认真开展深入学习实践科学发展观活动。召开3次专题民主生活会，举行2次解放思想大讨论，汇总和梳理出开发区财税事业需破解的30个问题，逐一建章立制予以落实，进一步加深对科学发展观科学内涵的认识和理解，更加明确开发区财税事业的发展方向和奋斗目标。二是开展以“抓廉政、促规范、提效能”为主题的专项教育整顿活动。通过学习、查摆问题、落实措施、查找廉政风险点等活动，切实增强干部职工廉洁自律意识，努力筑牢制度防线。2009年荣获开发区党风廉政建设工作优秀单位。

【创建文明单位】将新办纳税户划片、行政处罚录入以及门征开票申请审核等涉税审批事项进行窗口前置与内部流转处理，进一步提高工作效能。开展社区税法宣传，走访社区困难户，让财税服务近在咫尺，财税阳光温暖人心。不断深化“青年文明号”创建，连续6年被评为市级“青年文明号”。

（温州市地方税务局开发区税务分局供稿　徐克燕撰写）

瑞安市地方税务工作概述

局长　苏德贤

经济概况 2009年，瑞安市实现生产总值383.24亿元，比上年增长8.7%。其中:第一产业增加值12.36亿元，增长3.3%；第二产业增加值194.04亿元，增长6.2%；第三产业增加值176.84亿元，增长12.3%。第一、二、三产业结构比为3.3:50.6:46.1。全年实现工业总产值801.16亿元、规模工业产值559.31亿元，分别增长1.5%和2.6%。全社会固定资产投资108.71亿元，增长25.2%；社会消费品零售总额152.39亿元，增长17.1%。全市财政总收入51.01亿元，比上年增长10.1%，其中：地方财政收入27.40亿元，增长14.3%；上划“中央四税”收入23.61亿元，增长5.6%。全年地方财政支出27.02亿元，比上年增长7.2%。

税收概况【任务完成情况】2009年，全市地税系统共组织各项收入34.04亿元，比上年增收3.24亿元，增长10.5%。其中，地方税收收入19.55亿元，增收1.02亿元，增长5.5%，完成省局下达年度计划的100.0%；各项规费收入14.49亿元，增收2.23亿元，增长18.2%。

【税收特点】一是税收收入逐步企稳回升。从单月税收入库情况来看，1—3月份平均降幅为7.9%，但降幅逐渐收窄；从4月份起实现正增长，且呈逐月回升态势。从税收累计入库情况看，直到下半年开始实现正增长。二是二、三产业税收差距拉大。第二产业入库税收7.46亿元，同比下降19.1%，税收占比由上年的

49.7%下降至38.1%；第三产业入库税收12.09亿元，同比增长29.7%，税收占比由上年的50.3%上升至61.8%。三是房地产业税收再创新高。房地产业入库税收6.22亿元，增长72.8%，占税收收入的比重达31.8%，首次超过制造业跃居行业第一位，超过年度历史最高记录(2007年)2.31亿元。四是税收收入结构更趋优化。营业税和地方七税占税收收入的比重达59.6%，比上年提高5.8个百分点；非税收入同比增长18.2%，占税收收入的比重提高2.8个百分点。

【税源分析】1.营业税：入库6.72亿元，同比增长25.1%，连续两年超过企业所得税成为第一大税种。增收因素：一是房地产市场活跃，拉动房地产业营业税增收1.38亿元，增长83.1%。二是瑞安市经济发展总公司标准厂房销售及经济适用房项目一次性入库增加营业税2727万元。三是农村合作银行、温州商业银行、交通银行及华峰小额贷款公司等金融业企业加大信贷投放增加营业税623万元。四是加强相关行业税收征管，信息产业、住宿餐饮业、文化体育娱乐业分别增收434万元、391万元、316万元。

2. 企业所得税：入库3.82亿元，同比下降17.9%，创五年内最低入库纪录。减收因素：一是受国际金融危机对实体经济的持续影响，企业效益大幅下滑，导致企业所得税大幅减收。二是企业所得税"两法合并"后税率调低导致减收4840万元。三是落实小型微利企业税收优惠、高新技术企业税收优惠、技术开发费加计扣除等政策，导致企业所得税减收且下降幅度继续扩大。增收因素：瑞安市水产城有限公司因企业产权整体转让一次性征收企业所得税1812万元。

3. 个人所得税：入库4.07亿元，同比增长3.9%，超过企业所得税成为第二大税种。增收因素：一是加强个体税收征管、企业股东转让股权及"二手房"税收征管，个体生产经营所得与财产转让所得分别增收882万元、3576万元，分别增长10.8%、82.6%。二是房管局代征点房产转让增收个人所得税2620万元。三是受金融危机影响，企业效益下滑减少分红及工资薪金扣除标准提高等因素影响，表现在工资薪金所得、利息股息红利所得分别下降5.0%和22.2%。

4. 其他税收：入库4.94亿元，同比增长7.6%。增收因素：一是土地增值税大幅增长，全年入库1.36亿元，增长率达139.0%，主要是房开企业销售收入增加使预征税款增收2000万元，企业土地增值税自行清算申报、稽查局对部分项目进行清算增收4400万元；二是车船税增收562万元，主要是2008年起税率变化带来的后续增量及新增车辆征收带来的税源。三是城市维护建设税受增值税转型、小规模纳税人增值税税率调整和起征点提高等影响保持微幅增长，增长率为3.4%。减收因素：房产税、城镇土地使用税受入库时间推迟影响，同比下降31.4%。

各项工作情况【优化收入结构】按照"法治、务实、有为"的组织收入原则，及时转变组织收入工作思路，在工业企业经营困难的情况下，把个私税收、纯地税行业、非税收入作为征管的重点，进一步优化收入结构，保障地方可用财力。加大营业税和地方小税种的征管力度，重点加强企业厂房出租环节房产税管理，加快土地增值税结算工作，完善账册验印环节印花税的征收，全年组织入库营业税和地方七税11.67亿元，同比增长17.0%，占税收收入总量的59.6%，比上年提高5.9个百分点。

【帮扶企业"春雨"专项行动】一是组织召开多场税企交流会和鞋业、箱包、眼镜等重点行业及行业协会座谈会，共同探讨企业在严峻形势下应对困难、转型升级的对策，并征求对税务部门在落实政策、优化服务、税收宣传等方面的意见建议。二是认真兑现扶持企业发展的系列税收优惠政策，核准国产设备投资抵免税额3098万元，核准企业技术开发费用加计扣除额9901万元，落实高新技术企业优惠税额3300万元，审批企业财产损失3140万元，落实安置残疾人员支付工资税前加计扣除额1917万元，减免其他各项税收1.24亿元；落实临时性适当下浮企业社保费缴费比例政策，减轻企业和个人负担4316万元；减免企业水利建设金1461万元。三是开辟"绿色服务通道"，充分利用政策和信息资源，根据企业特点和要求提供按需服务、主动服务、上门服务。四是推行"部门联动"制度，定期召开联席会议，加强横向沟通，实现与国土、房管、规划建设等部门的互动，形成帮扶合力。五是以市委、市政府开展的"千名干部进千企、共渡难关促升级"活动为载体，组织领导干部与66家重点企业建立结对帮扶关系，建立"周日门诊"制度，就企业关心的政策问题召开专题会议。

【推进企业分离发展服务业】配合市政府研究出台《关于推进企业分离发展服务业工作的实施意见》,确定企业分离发展服务业主要方式,积极为企业分离发展服务业提供载体、搭建平台,推进总部基地、物流园区、信息平台和通关中心等配套设施建设,规划建设瑞安总部经济园和集商务楼宇、星级宾馆、商业设施及相关生产生活配套设施于一体的小型中央商务区,以及"一园、三中心、多节点"的物流发展布局等。加强税收政策等相关服务,与国税部门联合出台支持企业分离发展服务业的相关税收优惠政策,其中地税方面优惠政策 12 项;明确实施扶持政策相关操作流程;与工商部门研究制订企业分离创办服务业登记认证制度;走访企业了解在实施主辅分离过程中遇到的各类难题,想方设法予以解决。全年共完成分离发展服务业企业 20 家,在全省推进企业分离发展服务业试点工作中成为先进典型。

【税收法制建设与税收宣传】开展规范性文件清理,编制完成《瑞安市地方税务局税收规范性文件汇编》,共整理收录规范性文件 114 个。开展规范自由裁量权工作,对 7 大类 44 项税收违法行为的处罚依据进行细化。建立税收法制员制度,每个分局确定 1—2 名法制员,组建法制员队伍,增强基层税务机关的法制力量。制订税收政策执行情况反馈报告工作制度,加强"国产设备抵免"、"社保费结算"政策执行情况的跟踪反馈。组织开展税收执法检查,在自查基础上开展重点检查,重点检查面在 50%以上。

开展以"税收·发展·民生"为主题的第 18 个全国税收宣传月活动,组织"税企牵手"谋发展、渡难关、促转型、优环境等系列活动;成立纳税志愿者服务队,推出税企 QQ 群等系列服务活动。同时通过在《瑞安日报》上刊编"财税经纬"专栏,在电台开展"阳光行动·局长在线"活动,在地税门户网站设立"税收宣传月"专栏,在宣传橱窗展示税收宣传图片等形式,进一步增强税收宣传效果。

【征管改革与税源管理】一是按照"信息管税"的征管思路,加强同电力、工商、国税、国土、房管等部门的协作,定期获取电力部门的企业用电信息、国土部门的用地信息、工商部门的登记信息、国税税收入库信息等。二是以"抓大、评中、定小"税源管理思路为指导,及时掌控房地产业这个全市税源龙头,共入库新开楼盘相关税收 4.13 亿元、二手房税收 2.07 亿元,增幅分别达 90.5%和 54.7%;加强个私经济的定额调整,共入库个私税收 5.38 亿元,同比增长 23.2%。三是强化主体税种管理,针对企业所得税税率调整,及时开展化工塑料、橡胶鞋、工艺品、针织袜、漆包线、废铜砂等生产行业利润水平调查;抓好年所得 12 万元以上个人所得税自行申报工作,全年高收入个人申报人数 3887 人;开展全员全额代扣缴申报工作,共代扣缴税收 9092 万元;规范股权转让征收管理的审核程序,共入库个人所得税 1319 万元。四是强化重点行业税收管理,全面加强建筑业税收管理,共入库委托代征建筑业税收 7989 万元,同比增长 31.0%;进一步规范工业用地出让税收管理,共审核 136 宗交易,入库税款 2138 万元。

【信息化建设】深化《税友 2006》"快捷查询"功能应用,及时更新表证单书,修改完善社保"一户通"签约和数据收发存储过程,确保系统安全平稳运行。成功开发《开发营运车辆营业税征收管理系统》,为强化营运车辆营业税源头控管和案头审核提供平台,该软件同时在温州平阳、泰顺等地得到推广应用。实施新的车船税征收系统,对全市机动车数据进行比对,按照新系统的数据格式核对并确认每辆车的基本信息,进一步加强车船税征管。积极推广应用不动产建筑业项目管理系统,提高征管效率。加大硬件设施建设投入,安装网络运维管理系统和机房动力监控管理系统,提高网络运行质量与维护效率。

【各项规费征收】研究解决技术和业务难题,于 1 月 1 日起在全市范围内全面推行社保费"五费合征"。加强社保费日常管理,实行缴费参保统一登记,对新办企业在办理税务登记时同时办理缴费登记;出台具体措施和流程,规范个体参保人员社保费登记,并签订"一户通"扣款协议,个体参保人员缴费登记率在 95%以上。全年共征收入库社保费 12.16 亿元,比上年增收 2.15 亿元,增长 21.5%。开展欠费清理工作,成立由地税、社保、财政、审计等部门组成的历史欠费清理工作领导小组,加强部门协调,实施联合清欠,共收回与压缩历史欠费 110 万元,并清理养老保险费新欠

3028万元、陈欠1975万元。同时,积极加强其他各项规费的征收工作,通过国地税信息比对加强对教育费附加的征收管理,做好残疾人就业保障金和工会经费的代征工作。

【税务稽查】全年共检查233户,查补入库税收2726万元。开展教育培训机构专项检查工作,在责令自查的基础上有针对性地选择19户教育培训机构进行重点检查,共查补税款、滞纳金计100余万元。深入开展打击发票违法犯罪专项整治行动,对印制、兜售、虚开、购买、使用假发票等环节实施全过程治理,与公安联合查处瑞安市某大酒店非法购买假餐饮发票案,查获假发票3000余份,2名犯罪嫌疑人被刑事拘留。按照“查管互动”有关流程,对征管部门移送的3户纳税人依法实施检查,共查补税费57万元;对全市造林队开展税收约谈、政策宣传并责成自查,共查补税费13万元。

【优化纳税服务】一是进一步完善服务制度。优化办税流程,精简涉税申请事项;推行“一窗通”全程办税服务,实行即办事项“即受即办”,限办事项“内部运转、承诺服务”,并按照“谁受理,谁回复”的原则由同一窗口进行回复;强化导税台服务功能,提供全过程引领办理和代办服务;推行“补正承诺制”,与“一次性告知制”相结合,理顺工作流程,提升服务效率。二是开展纳税志愿者服务活动。通过向社会招募活动,成立一支由71名成员组成的纳税志愿者队伍,为纳税人提供税企QQ群服务、网上纳税咨询服务、“一对一”帮扶活动等特色服务项目。三是改善办税服务环境。加强办税服务厅建设,在直属分局率先推出电子排队呼叫系统,设立填单区、税吧、等候区、休息区等功能区,为纳税人办税提供良好的办税环境。四是优化纳税服务举措。推广应用POS机刷卡缴税(费),推行税务登记免填单制,推出“一机双屏”服务,方便纳税人办事。

队伍建设【深入学习实践科学发展观】按照上级统一部署和要求,深入开展学习实践科学发展观活动,研究制订活动方案,组织开展学习调研,召开民主恳谈会,落实整改方案,圆满完成各阶段、各环节的工作任务和要求。结合财税工作实际,推出“科学生财保稳促调、科学理财增收节支、科学强基提升素质、科学管理转变作风”等四大专项行动,着力解决制约科学发展的突出问题。活动中,共完成调研报告10篇,发放征求意见函和表格600份,征求到意见建议98条,集中解决突出问题和历史遗留问题6个,在群众满意度测评中满意率达99.4%。

【财税文化建设】以“学习平台、制度平台、情感平台、激励平台、宣传平台和活动平台”等六大平台建设为抓手,推进财税文化建设。加强图书阅览室、网上学习园地等平台建设;开展“温暖工程”募捐和爱心捐赠活动,慰问生病住院或经济困难干部职工76人次,送上慰问金14万元;借助报刊、电视、广播、网络等媒介,突出财税文化和良好形象宣传;结合庆祝新中国成立60周年开展形式多样的文体活动,安排摄影、健身操、篮球和羽毛球体育兴趣小组等集体生活,参加国庆大合唱、诗歌朗诵、演讲、廉政知识竞赛等比赛活动,并在各个项目中获得较好成绩。

【机关作风建设】坚持“集体领导、民主集中、个别酝酿、会议决定”的决策和议事制度,局领导班子定期召开党委会研究重要工作,对于重点工作、人事安排、大宗财务等重大事项,做到集体研究,集体决定,群策群力,规范完善决策程序。深化人事制度改革,严格按照《干部选拔任用条例》,坚持公开、公正、公平的原则,完善干部民主推荐制、考察考核工作责任制。加强目标责任制考核工作,修订完善“两级”考核办法,继续实行月考制度,促进各项工作制度的落实。推行重要工作主办责任制度和跟踪督办制度,明确分管领导、责任单位、责任人和限办时间,实行跟踪督办,提高办事效率和工作质量。

【教育培训】加强主题教育,组织开展党的十七大、十七届三中、四中全会精神学习活动,深入学习党和国家三代领导人的重要论述,提高广大干部的理论修养。开展业务培训,印发《瑞安市财政地税局2009年教育培训计划》,组织626人次参加省地税局、温州市地税局及本局组织的公务员初任培训、岗位轮训及更新知识培训,稽查人才库培训、信息技术专业培训等,选派2名业务能手参加省局开展的业务技能比武活动,提高广大干部的业务水平。全年共投入学习教育培训经费27万元,对新取得本科、专科学历13人,高级、中级职称8人给予奖励。

【廉政建设】一是落实党风廉政建设责任制,细化责任分工,明确责任主体,使党风廉政建设与税收业务工作同布置、同落实、同考核。二是进一步完善和落实廉政制度,积极推行中层正职干部述勤述职制度,继续实行"一否、二考、三挂钩"制度,开展"三礼"清理和信访举报核查工作。三是深入开展形式多样的廉政教育和廉政文化活动,组织干部职工观看党风廉政建设电教片和职务犯罪现场庭审,邀请市纪委讲师团成员作反腐倡廉专题讲座,营造知廉、守廉、助廉、促廉的舆论氛围。

【创建文明单位】以创建"文明单位"、"群众满意基层站所"、"青年文明号"等活动为载体,进一步完善工作制度,明确岗位职责,加强相互协作,不断增强团队凝聚力和执行力。在各级评先评优中取得较好成绩,荣获省局推进企业分离发展服务业工作先进单位,连续五年在瑞安市级部门行风建设民主评议中名列前五,并获瑞安市精神文明建设工作、"千名干部进千企,共渡难关促升级"活动、纪检监察工作先进集体等荣誉称号。基层分局中,直属分局荣获温州市级基层文明单位,陶山分局获温州市级"青年文明号"称号。目前,6个基层单位中有5个曾被评为省级基层文明单位或省级"青年文明号"。

(瑞安市地方税务局供稿 谢钦袖撰写)

乐清市地方税务工作概述

局长 叶乐安

经济概况 2009年,乐清市实现生产总值418.60亿元,比上年增长8.5%,增幅比上年提高0.5个百分点。其中:第一产业增加值14.58亿元,增长1.0%;第二产业增加值253.62亿元,增长6.8%;第三产业增加值150.4亿元,增长12.2%。人均地区生产总值(按户籍人口计算)34396元,比上年增长7.2%。国民经济第一、二、三产业结构由2008年的3.6:62.3:34.1调整为3.5:60.6:35.9。全市完成财政总收入58.94亿元,比上年增长7.9%,其中地方财政收入27.23亿元,比上年增长8.6%。

税收概况【任务完成情况】2009年,乐清市地税部门共组织各项收入34.15亿元,比上年增长18.1%。其中:税收收入20.71亿元,增长6.6%,完成省局年度计划的100.6%;组织各类基金、费等其他收入13.44亿元,增长41.6%。

【税收特点】一是增幅较低。由于受国际金融危机影响以及上年基数过高,累计税收增长率上半年始终处于负增长态势,到9月份累计税收增长率实现正增长,全年增长6%到年末实现,但增幅仍然比上年低了11.1个百分点。二是结构趋优。除企业所得税、车船税和资源税同比下降外,其他税种均实现不同程度增长。2009年度地方税占税收总量48.83%,提高6.1个百分点。三是三产比重上升。第二产业和第三产业税收占税收总量比重分别为60.4%和39.5%,与上年相比第三产业比重提高5.2个百分点。其中房地产业税收成为全市税收增收的主力军,增收贡献率达68.4%。

【税源分析】1. 营业税：入库5.96亿元，增收8909万元，增长17.6%，增幅比上年提高5.8个百分点。增收因素：随着新开盘的几个房地产项目销售转旺拉动营业税快速增长，房地产业营业税增收4669万元，增长32.9%。减收因素：一是同期缓缴税款入库减少1813万元；二是重点基建工程结算进度较缓造成阶段性减收；三是受金融危机影响，沿海货运业运费下降较大，交通运输业营业税下降10.0%。

2. 企业所得税：入库5.74亿元，减收1.40亿元，同比下降19.7%。减收因素：一是受全球金融危机影响，2008年下半年以来企业效益下滑，利润下降；二是企业所得税“两法合并”法定税率下降翘尾减收5500万元；三是高新技术优惠政策性减收7280万元。受上述因素影响，企业所得税汇算清缴减收6184万元，预缴减收1.07亿元。

3. 个人所得税：入库4.86亿元，增收8851万元，增长22.3%，增幅比上年回落25.2个百分点。增收因素：一是通过加强对高收入行业管理和全员申报软件的全面推广，工资薪金所得增收1548万元，增长12.2%；二是利息股息红利所得和财产转让所得增收7910万元，增长47.4%。减收因素：一是受金融危机影响，独资合伙企业销售收入下降9.1%，个体工商户生产经营所得减收806万元，下降8.6%；二是工资薪金所得受工资薪金扣除标准提高影响，政策性减收约900万元。

4.其他税收：入库4.15亿元，增收9102万元，增长28.1%。增收因素：一是土地使用税征期调整和税额标准提高增收6705万元；二是房产税征期调整增收412万元；三是土地增值税清算查补入库339万元，房地产业销售转旺增收1303万元；四是加强预征率管理，印花税增收861万元，查补入库574万元，浙能电厂二期工程相关合同集中入库约150万元。减收因素：一是增值税转型影响城建税减收1600万元，二是车船税由于代征单位调整影响减收514万元，三是资源税由于矿产资源出让减少制约减收99万元。

各项工作情况【优化收入结构】全年组织入库营业税与地方六税10.11亿元，占税收收入总量48.8%，比上年提高6个百分点。一是规范建筑业税收管理。会同规划建设局制订《关于进一步规范建筑业税收征收管理的通知》，对一些零星及外来建筑业户由规划建设局委托代征，实行源头控管。二是加强城镇土地使用税税源管理。通过国土部门的数据比对、分析排查，通过税源治理清查，2009年调查税源信息登记应征税额达7886万元，剔除计税标准提高因素净增税额1700万元。三是做好土地增值税申报结算工作，补税税款467万元。四是定期开展城建税和教育费附加与“增值税、消费税”的信息比对，全年城建税同比增长19.8%。

【帮扶企业“春雨”专项行动】一是帮扶性减征。3月份对企业社会保险费缴纳比例实行临时性下浮集中减征2914万元，全市用人单位基本养老保险费缴费比例由13%下调至12%，全年为企业减负5410万元。为365户小型微利企业减免税额243万元。审批财产损失653万元，批准弥补亏损金额2177万元，残疾人员工资加计扣除金额2921万元。二是激励性减征。减免企业所得税1.11亿元，其中20户高新技术企业减免税8084万元；国产设备抵免企业所得税2469万元，惠及67户企业；为66户企业加计扣除研究开发费1.02亿元。

【推进企业分离发展服务业】一是积极向各级领导汇报分离发展服务业的重要意义，争取市领导支持，并由市政府发文支持分离发展服务业的财政税收扶持政策。二是深入企业调查研究，确定重点分离企业，加强政策辅导，制订分离发展服务业方案，将正泰股份和浙能乐清电厂作为试点，将物流行业作重点分离对象，并成功将6家物流企业合并成立温州市首家物流集团“迅捷物流”。三是提前完成目标任务，至9月份成功分离发展服务业企业19户，其中：商贸企业4户，物流企业3户，建筑安装业、中介服务业、科技服务业和文化服务业各1户，分离出来的服务业企业2009年贡献地方税费达2804万元。

【税收法制建设与税收宣传】推进依法行政工作，做好省强县扩权省局权力下放对接工作，清理行政规范性文件159件，积极开展“五五”普法活动，扎实有效开展行政处罚案卷评查和重大税务案件审理，继续开展税收执法检查和行政监察，建立健全税收法制员工作制度，规范财税自由裁量权。积极开展第18个全国“税收宣传月”活动，联合乐清电视台推出《咔你讲税法》节目，被评为2009年度全省税收宣传月活动创新项目。《乐清有个财税百晓》被评为全省地税系统十佳好新闻。

【征收管理与税源管理】一是坚持“抓大、评中、定小”的税源管理思路,414户重点税源监控企业入库税收11.47亿元,占全部税收的55.4%。二是加强个私税收管理。全年共组织个私税收4.40亿元,增长30.8%。制订《进一步加强个体税收征收管理的若干意见》,开展租赁业、重点行业专项纳税评估,将参数定税法中7个行业的淡旺季系数进行调整。三是全面开展2008年税费结算,重点加强企业所得税国税管辖的纳税人,地方两税和个人所得税申报入库情况等方面的审核比对工作,通过税费结算共补缴税费2823万元,比上年增长6.35倍。四是大力推进应用机打发票,组织清理并销毁库房发票,对2008年度到期未使用的统一发票进行销毁,销毁电脑版发票33246份,手工版发票2497本,定额版发票5568本。

【信息化建设】一是深化和完善《税友2006》应用。推广应用不动产建筑业税收项目管理软件;深化重点税源管理功能,研究开发出重点税源的五项个性化查询功能;契税和耕地占用税数据进入《税友2006》;加强与银行、国税、工商、社保等联网沟通协调。二是全面应用快捷查询软件,定期通报日常税源管理质量及数据清理进度,税种登记率、双定申报率、个体入库率均有较大幅度提高。

【各项规费征收】一是基本实现“五费合征”全覆盖。根据市政府的部署2009年开始全面实施五费合征,至6月底,全市企业缴费户数达16068户,其中:基本养老、基本医疗、失业、工伤和生育保险企业缴费登记户数分别为15938户、15712户、15483户、15964户和15317户。二是规范社保费结算申报管理制度,实行按月预缴、年终结算方式,制订《乐清市地方税务局关于明确社会保险费结算申报若干事项的通知》,建立社保费结算申报管理制度。三是开展社保基金专项治理工作,形成历史性欠费清理意见;经过多方协调,明确自2010年开始自由职业社保费征管全面下移到各税务分局征缴。四是稳妥做好退伍军人养老保险金征收工作,受理5633次,征收入库1.85亿元。

【税务稽查】科学选案,加大消费性行业税务稽查,将建筑安装业、大型连锁超市、营利性医疗机构、教育培训机构等行业作为税收专项检查重点。提升案件审理质量,对2008年已查结的案件进行全面复查。全年共检查纳税户数147户,其中重点检查75户,滞补罚入库3435万元。

【优化纳税服务】通过“十项便民措施”、“十场税企沟通会”、“百名干部进百企”、“网送税法连万家”等活动载体,千方百计为纳税人解难题、送服务,门征税款POS机刷卡缴税全面推进。继续实行免收税收登记证工本费等五免服务,开展办税服务厅标准化建设。全年免费发放各类资料38000份,免费培训2000人次,答复纳税咨询36条,出具纳税证明433份。拓宽乐清财税网站功能,开辟财税百晓栏目,架起和纳税人沟通的桥梁。

队伍建设【财税文化建设】依托“学习、制度、情感、激励、宣传、活动”六平台,开展以“五个一”为主要内容的财税文化建设。一是唱好一支歌。财税主题歌《我的祖国我的家乡》,激励广大财税干部热爱祖国,热爱家乡,奉献财税事业,并在乐清市机关大合唱比赛中荣获一等奖。二是拍好一部片。拍摄财税文化纪录片《财税文化交响曲》,撰写财税文化建设纪实文章。三是演好一个节目。创作小品《80后税务局长》,在全省财税系统庆祝新中国成立60周年文艺晚会暨第三届文艺调演上成功演出并获二等奖。四是编好一本刊物。创刊内部刊物《清风集》,为财税干部展示文学、摄影、书画作品才能提供平台。五是建好一个活动中心。成立财税文化活动中心,并下设摄影、读书、羽毛球、太极拳、户外运动、舞蹈、垂钓等10个兴趣小组,引导干部趋向健康、文明、节俭的业余生活。

【机关作风建设】以“保稳促调,增收节支,促进财税事业科学发展”为实践总载体,深入开展学习实践科学发展观活动。加强干部职工劳动纪律、文明服务、着装上岗、制度落实、环境卫生等方面的日常检查和监督,及时纠正不良行为。加强对干部廉洁自律、行政效能的监督,对群众举报和来信反映的问题,做到认真分析,调查核实。对有章不循、有法不依的行为坚决予以纠正和处理,同时向当事人进行意见反馈,对举报和反映的问题做到件件有落实。

【教育培训】采取个人自学、集中培训、专题讲座、集体讨论等多种形式开展学习培训。组织部分中层干部参加浙江大学举办的中层干部培训班。安排地税系统科所长参加温州市局举办的科所长培训班,安排综合科室的人员参加温州市局举办的综合管理知识培训班，组织近两年新录用的公务员参加初任培训。组织选录干部参加上海财大09级区域经济学研究生班学习。全年共举办各类培训班15期，共有620人次参加培训。

【廉政建设】一是抓好党风廉政建设责任的落实，签订党风廉政责任书，明确各单位、各科室及个人的责任；落实领导干部“一岗双责”，既抓财税业务工作，又抓党风廉政建设。二是抓廉政教育，组织干部阅读廉政书籍，多方位了解廉政文化内涵，及时组织学习传达党风党纪条例和廉政建设会议精神，开展廉政知识考试。三是警示促廉，深入自省自警，坚持日常教育和专题教育相结合，在计算机屏保统一设置廉政警示语。

【创建文明单位】大力开展文明单位创建活动，各基层分局均保持省级或温州市级文明单位荣誉，城关分局连续19年保持省级文明单位，徐金存同志获乐清市2009年度优秀基层站所负责人。沿江分局荣获全省财政地税系统唯一的“浙江省模范集体”称号。会计核算中心获得省级“巾帼文明示范岗”和“青年文明号”荣誉称号。

（乐清市地方税务局供稿 朱正整撰写）

永嘉县地方税务工作概述

局长 胡国强

经济概况 2009年，永嘉县实现生产总值179.71亿元，按可比价计算，比上年增长6.8%。其中：第一、二、三产业增加值分别为6.29亿元、109.27亿元、64.15亿元，增幅分别为0.8%、5.8%、9.2%；第一、二、三产业占生产总值的比重为3.5: 60.8: 35.7；人均生产总值为19356元，增长0.8%。全县财政总收入23.58亿元，同比增长8.3%，其中地方财政收入11.59亿元，同比增长7.3%。全县财政总支出19.37亿元，同比增长14.8%，其中省市补助及本级上年结转支出5.31亿元，本级当年支出14.06亿元。当年实现财政收支平衡，略有结余。

税收概况【任务完成情况】2009年，永嘉县地税系统共组织各项收入15.67亿元，同比增长10.9%，其中工商税收收入入库8.03亿元，同比增长7.2%。社会保险费收入6.45亿元，比上年增长18.8%；规费总收入7.64亿元，比上年增长15.2%。

【税收特点】从月度税收收入情况看，1—12月税收收入分别为9810万元、5918万元、5569万元、8866万元、5651万元、6718万元、7867万元、5315万元、5570万元、8952万元、5521万元、4570万元，同比增长分别为-1.2%、-11.8%、-3.8%、0.1%、16.5%、28.4%、0.7%、33.1%、27.4%、9.7%、-1.5%、26.1%；从税收收入月度平均增幅看，1—2月、1—3月、1—4月、1—5月、1—6月、1—7月、1—8月、1—9月、1—10月、1—11月、1—12月分别为-5.5%、-5.0%、-3.6%、-0.9%、2.8%、2.5%、4.8%、6.5%、6.9%、6.2%、7.2%。税收收入增幅呈下滑、收窄、止跌、回升态势。

【税源分析】从分税种情况看，营业税、企业所得税、个人所得税、其他各税分别入库2.61亿元、2.16亿元、1.57亿元、1.70亿元，同比增长分别为6.6%、15.5%、13.6%、-5.6%，同比增收分别为1625万元、2894万元、1869万元、-997万元。营业税因诸永高速等三大重点工程不可比因素减收2196万元，税收收入增幅走低；企业所得税因上市预上市企业的拉升增收893万元和巴菲特投资有限公司的迁入增收1596万元，继续保持快速增长；个人所得税随着全员申报系统征管措施的推广应用到位、年所得12万元以上个人自行纳税申报、二手房交易纳税保证金清理入库、加强股权交易税收征管继续保持稳定增长；其他各税中：车船税因征收方式的改变减收931万元，房产税、土地使用税因入库时间差异分别同比减收896万元、654万元。全年地方税(营业税+地方八税)收入4.31亿元，同比增长仅1.5%，慢于税收收入增幅5.7个百分点；地方税比重为53.6%，比上年同期56.7%下降3.0个百分点，优化税收收入结构步伐放缓。

各项工作情况【优化收入结构】全面贯彻落实新企业所得税法、新营业税暂行条例，加强个人所得税征管，强化和规范小税种管理。持续做好个人年所得12万元以上自行申报和个税全员申报工作，补缴税2267万元，全年实现个人所得税入库1.57亿元，同比增长13.6%。地方小税种累计入库1.70亿元，车船税“先税后检”成功驻点车辆管理所就地征收，全年入库961万元，印花税、城建税和土地增值税继续保持较高增幅，同比分别增长32.5%、5.2%、100.1%。依照《税收分析工作制度》和《税收计财工作质量考核办法》，通过按旬预测、按月通报分析、按季召开收入分析会，做好收入情况分析和经济税源调查工作。营业税和地方七税累计入库4.31亿元，占同期税收收入比重53.6%。

【帮扶企业“春雨”专项行动】开展百名税干进企业、专题税企沟通会、局长在线你问我答等活动，继续做好对拟上市企业辅导，为纳税人解难题、送服务。2009年3月对企业社会保险费缴纳比例继续实行临时性下浮，惠及企业3400户、城镇个体劳动者35400人，减征费额2200万元；做好养老保险费费率调整测算工作，从2009年7月起养老保险费费率由14.0%调整为12.0%，2009年直接为企业和城镇个体劳动者减负2096万元；减征水利建设专项资金367万元；进一步完善工会经费征缴管理，全年为企业减负近200万元；认定高新技术企业21户，实现税收优惠1883万元，继续落实技术研发费加计扣除等政策。

【推进企业分离发展服务业】深入贯彻落实“三个三”工作举措，遵循“着力优化产业结构，着力优化税收收入结构”的指导思路，全面推动企业分离发展服务业，建立推进企业分离发展服务业工作领导小组，形成“一把手负总责，分管领导具体抓，税政科牵头落实，办公室信息宣传，相关科室各司其职，基层分局为主体”工作机制，认真整合税收政策，加强与工商、房管、消防等部门的组织协调，全力指导全县基层各单位推进企业分离发展服务业。全年全县成功实现顺吉集团有限公司、东方巨龙汽车销售有限公司等15家企业服务业分离，实现税费收入279万元，其中营业税收入165万元。顺吉集团有限公司是温州市分离发展服务业的试点单位，永嘉县局的成功经验被温州市委市政府、温州市局确立为先进典型，得到上级领导充分肯定。

【税收法制建设与税收宣传】加强规范性文件会签会审、备案审查工作，贯彻落实新修订的税务行政复议规则，充分发挥行政复议化解税务行政争议的主渠道作用，认真执行重大税务案件集体审理制度，开展有针对性的专项检查和专案检查，最大限度化解和降低基层执法风险。借助税收宣传月平台，以“税收宣传，我主持”为口号，让纳税人在税宣月中唱主角，将纳税人纳入社会化协税框架之中。永嘉会计QQ群主办的“税收知识大算盘”被省局评为优秀宣传项目、市局最佳宣传项目，县局已连续6年获得省局优秀奖。此外，县实验小学“校讯通”短信平台宣传税法、永嘉宾馆和钱塘世纪大酒店百辆人力三轮车税收宣传、瓯北中心小学“税收·发展·民生”现场绘画、东日药业税企互动少年情、桥下教玩具协会灯谜竞猜、县五金协会参观红十三军旧址表信心等活动开启税宣大局面。

【征管改革与税源管理】坚持“抓大、评中、定小”的税源管理思路，借鉴杭州市局经验，在全市各县局率先修订出台《永嘉县地方税务局重点税源管理办法》，全年651户重点户税收收入4.84亿元，占地税税收总收入的60.2%，集中力量集中时间开展漏征漏管户清理，全面推行“参数定税法”，加强个体工商户的税收管理，加大历年欠税清理力度，积极推进机动车车船税保险机构代收代缴工作，做好耕地占用税和契税征管职能划转的前期工作。将日常纳税评估和专项纳税评估结合起来，组织企业所得税专项纳税评估和省局确定的租赁业、住宿业纳税评估。全年开展企业评估258户,评估入库税款451万元。

【信息化建设】推行不动产建筑业税收项目管理软件和代征单位单机版开票软件的应用,对全县25户房地产、建筑业自开票纳税人进行全面培训,为符合代征的3户企业安装使用委托代征软件;加快推进发票电子化,加强以票控税;建立国地税信息共享平台,8月份开始实行国税门征开票代征地方税、费工作;信息中心利用《税友2006》报表工具,开发"获取存储过程说明"的功能,优化流程,深入挖掘《税友2006》增值功能,全面推行快捷查询功能的应用和《个人所得税全员管理信息系统》的应用;依托《税友2006》运行ISO9000质量管理体系,不断优化征管流程,已连续6年获全省ISO9000质量管理先进单位。

【各项规费征收】圆满完成年度税费、社保费结算,应用系统数据比对功能,2008年税费结算应申报4992户,申报结算4931户,累计补缴税费1824万元,其中税收1487万元,社会保险费结算企业4000多户,结算补缴社保费1689万元,同比增长154.8%,结算退费60万元。完善社保费"五费合征"工作,进一步落实"参保登记、缴费基数、征缴流程、信息数据"的统一,推进企业征缴扩面,推行社保费缴费登记管理办法,做好社保地税信息实时联网前期准备工作和城镇个体劳动者社保费征缴方式改革工作。

【税务稽查】按照上级统一部署,履行稽查职能,以打击制售假发票为重点,兼顾以整顿规范税收秩序为主线的行业专项检查,配合开展大型企业集团、总局定点联系企业的自查工作,并组织开展教育劳务、医疗、广告等8个行业的专项检查。2009年共稽查纳税人128户,查补各种税费、基金合计2127万元,查补收入占总收入2.7%,超出1.5%的年度考核目标。

【优化纳税服务】规范办税服务厅标准化建设,导入视觉识别系统,首先在瓯北税务分局试行办税服务厅的改建,统一标志、统一窗口设置、统一服务内容和标准,统一文书受理的形式和流程、统一纳税公开的内容和渠道。推行"十项便民服务措施",继续推行为纳税人免费服务,实行免费税务登记、免费培训、免费软件提供与维护、免费资料提供、免费咨询服务等"五免"服务,减轻纳税人负担;基层登记窗口实行免填单服务和双屏显示服务;在"一次性告知制"的基础上推广"补正承诺制";深化"一户通"电子缴税和POS机刷卡缴税(费),为便纳税人,有效降低征纳成本,优化纳税服务。

队伍建设【财税文化建设】以"科学发展文化聚力"活动为切入点和着力点,通过构建"中层干部论坛"平台,举办"科学发展从我做起"、"权利与责任"等主题论坛,烘托和渲染财税干部职工公正、专业、清廉的职业操守,提炼和升华"依法治税、为民理财、务实创新、廉洁高效"的财税核心价值观。建立健全制度保障体系,确保财税管理科学化、制度化、规范化,着手财税执法制度建设、财税服务体系建设以及财税行政管理制度建设等,以强有力的制度体系为财税发展保驾护航。同时,通过志愿者县城道路卫生整治、"情系永嘉、圆梦大学"贫困大学新生助学活动、"慈善一日捐"等系列活动,开展各类公益事业,营造正面社会效应,充分发挥党、工、团、妇等组织作用,组织开展趣味运动会、篮球赛、羽毛球赛等。

【机关作风建设】深入开展学习实践科学发展观活动,组织开展"五个一"活动,认真开好"四个会",结合县委"科学发展十大行动"联动推出"科学发展和风惠民"、"科学发展'春雨'扶企"等五个专项行动,坚持以科学发展观指导各项工作,取得积极成果。制订《2009年机关效能行风建设实施方案》,召开党风廉政建设专题汇报会,以切实优化工作作风,提高机关效能为工作重点,争取工作主动性。2009年共进行39次效能行风督查,同时,委托县邮政部门向机关部门、乡镇、村居和企业代表发放2000份调查表开展社会问卷调查,向各类纳税人发放《纳税人满意程度调查表》,提高满意度调查的科学性。在全县行风效能综合评议中,县局、上塘分局、稽查局分别被评为满意单位、群众满意基层站所、群众满意重点岗位,至此整个系统在社会各界中良好形象得到进一步巩固。

【教育培训】一是根据上级厅局的培训计划与永嘉县财政地税局《干部教育培训规划》,组织中层干部参加科所长培训、100人参加岗位业务技能培训;1人参加J2EE技术提高培训和6位新录用公务员参加初任培训。二是组织力量对试用期满提任干部进行考核,按程序组织述职、测评、谈话。三是对新招考公务员进行考察,严把财税队伍进口关。四是组织389人次参加业务培训。

【廉政建设】以读书思廉、手机送廉、网络传廉、电视观廉、干部述廉的“五廉教育”为载体，防微杜渐，固本强基，强化廉政文化建设。制订《2009年党风廉政建设实施方案》、《2009年度党风廉政建设和反腐败工作责任分工》，召开专题汇报会，与县检察院共同建立预防职务犯罪的工作协调机制和内部防范机制，举办《把好方向 踩好刹车》预防职务犯罪专题讲座，观看警示教育片《贪欲铺就自毁路》，进一步加强廉政建设。

【创建文明单位】推进“文明单位”创建工作，组织党、团员开展各类活动，提升财税形象，以不同形式开展财税宣传，全方位、多渠道将文明单位建设活动切入到日常生活中去。以创建“文明单位”为载体，把创建活动引向深入；以开展优质服务活动为抓手，扎实创建活动的开展基础；以开展财税文化建设为主旋律，狠抓干部队伍建设；以加强党风廉政建设为重心，杜绝违法违纪现象；以服务地方经济为落脚点，圆满完成财税各项工作任务。

（永嘉县地方税务局供稿　马永亮撰写）

苍南县地方税务工作概述

局长　徐象广

经济概况 2009年，苍南县实现生产总值219.26亿元，按可比价计算，比上年增长10.3%。其中：第一产业增加值17.15亿元，比上年增长3.6%；第二产业增加值100.15亿元，比上年增长13.3%；第三产业增加值101.96亿元，比上年增长8.6%。第二、三产业增加值双双突破百亿元大关，第一、二、三产业增加值结构由上年的7.9:45.2:46.9调整为7.8:45.7:46.5。全县完成财政总收入21.80亿元，突破了20亿元大关，比上年增长9.4%，其中地方财政收入12.93亿元，比上年增长10.3%。

税收概况【任务完成情况】2009年，苍南县地税系统共组织各项收入17.09亿元，增收2.70亿元，比上年增长18.8%。其中：组织地方税收收入9.30亿元，增收8490万元，比上年增长10.0%，完成省局下达年度计划8.96亿元的103.8%，县预算年度计划9.29亿元的100.1%；组织各类基金、费等其他收入7.79亿元，增收1.85亿元，比上年增长31.2%。

【税收特点】一是税收收入增幅稳步增长。面对经济下行、结构性政策调整等多重压力，各个季度均按收入计划和时间进度完成税收收入任务，尤其是后5个月税收保持快速增长（8—12月税收收入增幅分别为32.9%、33.9%、29.1%、87.0%和21.2%）。二是二产、三产税收收入平稳增长。二产税收收入3.23亿元，增收1715万元，比上年增长5.6%，三产税收收入6.06亿元，增收6784亿元，比上年增长12.6%。三是企业所得税政策性减收因素持续影响。受全县经济形势、税收政策调整、税率下降等因素影响，企业所得税收入1.27亿元，比上年下降22.2%。四是房地产、建筑业税收形势好转。2009年房地产业税收收入2.74亿元,增收 3679 万元,比上年增长 15.5%;建筑业税收收入 1.35 亿元,增收 1609 万元,比上年增长 13.5%。两项税收收入合计 4.09 亿元，占税收收入比重 44.0%,同比上升 1.8 个百分点。五是其他收入快速增长。其他收入增长 31.2%,快于税收收入增幅 21.2 个百分点,主要是由于全面落实“五费合征”政策,占其他收入 85.6%的社保费增长快速,增收 1.75 亿元。

【税源分析】1. 营业税持续增长,全年入库 3.98 亿元,增收 5116 万元,比上年增长 14.8%,占税收收入比重 42.7%,比上年提升 1.7 个百分点。增收因素:一是全县银行业经济态势较好,新设浦发银行苍南支行等 3 家商业银行和苍南联信小额贷款公司，入库 2117 万元,增收 722 万元,比上年增长 51.9%。二是房地产业和建筑业发展迅速，分别入库 1.65 亿元和 9851 万元,比上年增长 25.5%和 12.9%。

2. 个人所得税快速增长,全年入库 1.70 亿元,增收 4411 万元，比上年增长 35.1%，占税收收入比重 18.3%,比企业所得税比重高出 4.6 个百分比,成为地税第二大税种。增收因素:一是加强对个体税收的征管力度,对 349 户住宿旅馆业开展自查,较大程度提高了旅馆业个体税收定额,个体生产经营所得项目入库 5443 万元,比上年增长 16.8%。二是加强年所得 12 万元以上个人所得税申报管理,利息股息红利所得项目入库 4298 万元，增收 1255 万元，比上年增长 41.3%。三是加强房地产权属、股权变更的税收征管,财产转让所得项目入库 2795 万元，增收 1838 万元,比上年增长 192.0%。

3. 企业所得税降幅收窄,全年入库 1.27 亿元,减收 3626 万元，比上年下降 22.2%，占税收收入比重 13.7%,比上年回落 5.6 个百分点。减收因素:一是制造业收入 4995 万元，减收 973 万元，比上年下降 16.3%。二是房地产业收入 2203 万元，减收 3264 万元,比上年下降 59.7%。

4. 其他各税持续稳定增长，全年入库其他各税 2.35 亿元,增收 2589 万元,比上年增长 12.4%,占税收收入比重 25.3%，同比上升 0.5 个百分点。增收因素：一是通过加强税费结算及利用外资企业年审,对城镇土地使用税实行严格把关,全年实现 17.4%的增幅。二是受益于全县房地产业形势好转的影响,土地增值税增长 22.9%。三是实行“人机结合”的结算方法,全面开展印花税比对工作,补缴印花税 300 多万元。

各项工作情况 【优化收入结构】按照“抓大、评中、定小”税源管理思路,加强营业税和地方小税种收入分析预测，进一步推行房地产一体化的税收管理，规范房地产业的税收管理，规范医疗机构的税收征管。2009 年地方税收入 6.33 亿元,增收 7705 万元,比上年增长 13.9%,占税收收入比重 68.1%,比上年上升 2.3 个百分点。

【帮扶企业“春雨”专项行动】制订企业减负“春雨”专项行动实施方案,组织开展“百名税干进百企”活动,建立起一对一的企业结对帮扶关系,加强与企业的联系和沟通。共回收征求意见表 109 份,征求各类意见建议 102 条,整理归类后出台各类财税政策与征管办法,切实帮助企业渡过难关。

【推进企业分离发展服务业】根据省、市有关文件精神,由县政府统一部署,县地税局牵头负责,全年共分离发展服务性企业 11 户，其中分离商贸企业 3 户、物流企业 3 户、科技服务企业 1 户、其他三产企业 2 户、建筑安装 2 户,完成市局下达的目标任务数,全年可增加地方财政收入 305 万元。

【税收法制建设与税收宣传】制订《税收执法责任制考核评议实施办法》和《税收执法过错责任追究实施办法》,对执法过错人给予责任追究,通报批评 4 人次,责令作出书面检查 3 人次,批评教育 2 人次,并扣发相应考核奖金。同时,以 4 月份第 18 个全国税收宣传月为契机，精心制作播放 1 个税收宣传片、3 个公益广告片和 4 集系列专题片,积极营造良好的税收舆论环境。

【征管改革与税源管理】一是出台《关于加强企业房地产权属、股权变更登记税收征管的补充通知》,完善股权变更税收征管流程，审核股权变更企业 132 户,征缴各项税款 950 万元。二是依托信息化软件对重点税源进行一体化管理,进一步扩大重点税源监控面,监控户数 191 户,比上年增加 25 户。三是由国税部门在门征环节代征地方税费,增加地方税收入 800 万元;与工商部门建立信息共享机制,通过股权变更联系单加强税收征管,增加收入 1200 万元;与交警部门实行驻点征收车船税,车船税收入 623 万元;与房管部门加强二手房转让税收征管,二手房税收收入达5200万元;与土管部门强化土地使用权转让环节联系,增加税收收入300万元。

【信息化建设】做好《税友2006》新增管理软件推广应用工作,通过分期培训、逐步推广方式,做好《不动产、建筑业管理软件》推广应用工作,第一批26户企业开始试运行。同时组织两期TAA管理软件和快捷查询税源管理功能应用培训工作。

【各项规费征收】一是加强社保费征缴。全面推行"五费合征",企业社保五费实行统一缴费基数和申报征缴;做好2008年度自行申报缴纳社保费企业年度结算工作,结算补缴社保费242万元;开展残疾人就业保障金征收和工会经费代征,分别增长20.3%和19.1%。二是落实社保费临时下浮缴费比例减征政策。联合社保局,明确下浮减征的规定、要求和具体操作方法,减征五项社保费1874万元,受益企业2597户,个体劳动者45275人。

【税务稽查】对82户房地产开发企业、180户宾馆业、1户铁路施工企业开展自查,查补税款1500万元。开展总局管大企业税收专项检查工作,共对7户企业开展自查、自查辅导,查补税款200万元。与公安部门密切协作,开展打击制售假发票和非法代开发票专项整治行动,成功破获4起重大假发票案件,查获假发票150万份,由公安机关拘留犯罪嫌疑人13名。加大举报案件查处力度,受理检举案件13件,查补税款、滞纳金和罚款45万元。

【优化纳税服务】积极落实各项税收优惠政策,维护纳税人合法权益。全年办理高新技术企业开发加计扣除4户,加计扣除研发费用金额948万元;技术改造固定资产抵免21户,抵免税额688万元;审批企业财产损失2户,金额23万元;减免医疗卫生机构营业税2250万元;审批下岗再就业186户,减免税收25万元;审核2009年度城镇土地使用税减免企业21户,减免城镇土地使用税788万元。

队伍建设【财税文化建设】制订《加强财税文化建设的实施意见》,力争用3—4年的时间,通过建设"学习、制度、情感、激励、宣传、活动"等六大平台,努力打造有苍南地税特点的"共荣共进、温馨和谐、廉洁高效、充满活力"的和谐财税大家庭。

【机关作风建设】由纪检监察室牵头,成立作风督查组,定期对全局落实内部管理制度的情况进行督查;对全局IP地址进行绑定,开展干部上网行为审计。由办公室牵头,强化督查、督办,确保政令畅通,提高工作的效率和质量。在局外网设立局长信箱和违法违纪举报信箱,强化社会各界监督。

【教育培训】采取"请进来"、"送出去"、"财税讲坛"等多种方式,开展中层干部、全员轮训等学习培训工作。完善后备干部管理办法,加大股级后备干部的培养,通过选拔形成30名副股级后备干部的"笼子"。推出中层干部轮岗制度,对在同一岗位5年以上的48名中层干部进行轮岗交流。

【廉政建设】落实党风廉政建设责任制,认真执行"一岗双职";创新党风廉政建设形式,组织召开全县财政地税系统基层单位一把手反腐倡廉建设工作汇报会,多次组织赴法院旁听庭审,丰富廉政说教形式;重新调整聘任兼职监察员,扎实开展预防职务犯罪工作。

【创建文明单位】开展深入学习实践科学发展观活动,组织召开2次民主恳谈会,向社会各界发放征求意见函300份,收集到各类意见建议51条,帮助企业和乡镇解决实际困难。在全县"三级联评"活动中连续三年名列前茅,并被评为"群众满意单位"。

(苍南县地方税务局供稿　陈青友撰写)

平阳县地方税务工作概述

局长　温从岳

经济概况 2009年，平阳县实现生产总值171.91亿元,按可比价计算,比上年增长10.0%。其中:第一产业增加值9.31亿元,同比增长3.6%;第二产业增加值82.32亿元,同比增长9.5%;第三产业增加值80.28亿元，同比增长11.2%。人均GDP达到20000元,同比增长9.4%。全县财政总收入17.73亿元,同比增长10.1%，其中地方财政收入9.95亿元，同比增长12.9%。

税收概况【任务完成情况】2009年,平阳县地税部门共组织各项收入13.06亿元,同比增长14.9%。其中:税收收入6.68亿元,同比增长13.5%;组织各类基金、费等其他收入6.38亿元,比上年增长16.4%。

【税收特点】一是收入持续回升,结构不断优化。1—12月地税收入增幅从-25.7%到36.3%,四个季度增幅分别为1.3%、7.9%、15.8%、32.9%;同时,收入结构进一步优化,营业税与地方七税收入占税收收入比重为66.3%。二是行业热点转换,第三产业税收增势明显。从今年各季度税收形势来看,第一季度税收增长点主要是金融业、服务业、制造业,从第二季度开始,房地产业已成为收入增收的重点,其中房地产、建筑业占比达46.9%。全县二、三产业分别实现税收收入3.08亿元、3.59亿元,第三产业税收收入增幅比第二产业增幅高6.5个百分点。

【税源分析】1. 营业税:入库2.78亿元,同比增长12.3%。增收原因:主要是下半年金融政策的扶持及经济的触底复苏带动房地产市场回暖,其中建筑业营业税入库7576万元,增收561万元,增长8.0%;房地产业营业税入库12780万元，增收3289万元，增长34.7%。

2. 企业所得税:入库9200万元,减收1200万元,同比下降11.1%。减收原因主要是企业所得税“两法合并”、高新技术企业、小型微利企业所得税减免等因素影响。

3. 个人所得税:入库1.32亿元,同比增长38.8%,增收3700万元,完成县局计划的131.0%。增收原因是企业自查及征管措施到位收入保持快速增长。

4.其他税收:入库1.65亿元,同比增收2400亿元,增长16.8%。其中:城建税入库4744万元,增长11.8%;房产税入库3150万元,增长26.0%;印花税入库1092万元,增长12.7%;车船税入库379万元,下降54.9%,主要是车船税征收政策的改变;城镇土地使用税入库4285万元,增长61.0%,主要因素是扩面征收及定额提高；土地增值税入库2805万元，下降2.3%。

各项工作情况【优化收入结构】一是加大对第三产业投入力度,鼓励现代服务业的发展,巩固营业税主体税种的地位，全年营业税占税收收入比重达41.6%。二是加强小税种征管,按照“抓大不放小”原则进一步加强各项征管措施,全年地方小税种占税收收入比重达24.7%。

【帮扶企业“春雨”专项行动】围绕“促增长、抓转型、重民生、促稳定”工作主线,将一系列税费优惠政策落实到相关企业。对社会保险费缴纳比例实行适当下浮,合计减征 1904 万元,给企业送去“真金白银”;积极落实支持工业企业自主创新、转型升级税费减免优惠政策,有效落实税款缓缴优惠政策。开展“双百税干进百企” 结对帮扶、“专题税企沟通会”、“网送税法连万家”等系列活动。

【推进企业分离发展服务业】2009 年共实现企业分离发展服务业 12 户,可增加税费收入 374 万元,其中分离商贸企业 6 户,物流企业 4 户,建筑安装 2 户。一是通过税企座谈会等各种形式对该项工作进行宣传,为企业在分离过程中破解难题。二是做好企业涉税辅导工作,建立“一对一”联系制度,帮助企业分离。三是研究制定优惠政策,出台《平阳县人民政府关于支持企业分离发展服务业的实施意见》。

【税收法制建设与税收宣传】一是加强全县地税系统规范性文件会签会审和备案审查工作,提高规范性文件质量,加强对抽象行政行为的事前监督。二是理顺重大税务案件审理工作管理机制, 规范程序,强化监督,全年共审理重大案件 2 个,其中 1 个按规定移送公安机关。三是开展税收宣传活动。举办“少年心、税月情”校园主题征文比赛,“税收在信”宣传活动、“税收政策进万家”主题活动,等等。通过网络、报刊和服务队等宣传形式,结合省局“春雨”行动,深入企业、社区和乡镇开展政策宣传和解读活动。

【征管改革与税源管理】一是完善日常征管、纳税评估和稽查职能, 继续推进房地产一体化征管工作,强化养路费取消后营运车辆收入代征工作。二是从源头掌控税源,跟踪政府投资项目、工业新增项目以及零星工程项目的实施进度,掌握重点企业的生产经营状况。三是突出重点财源征管,加强对房地产行业、建筑安装、制造业等重点行业税收分析、监控和征管,通过对该类投资担保企业的资金运用分类进行认定和审核,设定监控预警值,规定操作流程,为实施申报纳税监控评估做好准备。

【信息化建设】一是深化应用《税友 2006》信息平台,加强使用与操作培训,推广应用建筑业、不动产业项目管理软件。二是推行网税系统、个人所得税全员网上申报、银税库联网等现代化虚拟服务系统,使纳税人通过因特网就能完成纳税申报、财务报表等事项。三是做好“平阳财税”网站的建设和改版,及时向纳税人提供最新的政策和涉税信息。

【各项规费征收】共征收规费收入 63701 万元,比上年同期增长 16.4%,同比增收 8985 万元。其中共征收各项社保费 556 亿元,增收 8140 万元,比上年同期增长 17.2%。一是全面实施“五费合征”征缴新模式,在全面调查摸底和测算的基础上,加强同社保、财政等部门的协调和沟通,形成《关于要求下发平阳县社会保险费五费合征试行办法》, 并针对企业做好宣传和培训。二是不断提高社保费征缴率,2009 年社保费(不含陈欠) 征缴率达 99.1%。三是做好清理欠费工作,要求乡镇制订还款计划,并实行税费同征,每月(不含陈欠)征缴率均在 97.0%以上,同时,往年陈欠比上年同期减少 54 万元。

【税务稽查】完善稽查制度,强化税务稽查职能,发挥举报中心的作用,转变稽查选案方式,规范执法行为。全年共结案各类案件 378 件,入库地方各税款 1443 万元,其中责成自查 332 件,入库地方各税款 1328 万元, 重点检查案件 46 件, 入库地方各税款 115 万元,成功查获制假发票窝点 2 个,查获假发票近 50 万份,涉案金额 8500 多万元,扣押制假设备两套。

【优化纳税服务】一是建立“以人为本”的纳税服务体系,实行免费税务登记、免费培训、免费软件维护、免费资料提供、免费咨询服务等“五免服务”,完善首问责任制、一次性告知制、AB 岗制等。二是上门为企业送政策、送税收读本,提供纳税辅导服务,帮助落实或回复企业涉税申请事项,解答或协助解决企业涉税问题,帮扶企业渡过难关。三是在软件建设方面,在各分局安装“办税指南查询机”,全面推行 POS 机刷卡缴税(费)和“一窗通”办税等。通过有效整合 12366 语音服务、网上在线服务、面对面咨询服务、短信服务等多种服务资源,加强政策宣传和跟踪服务,深入开展税收政策辅导,完善信息公开制度等。

队伍建设【财税文化建设】一是开展“一日捐”以及“春蕾”计划等社会公益活动,利用 “七一”等节日,组织党员慰问挂钩联系村的老党员、贫困户,送上党和政府的关怀和温暖。二是动员干部参加各类文体活动,开展登山、钓鱼、游泳和演讲比赛等文体活动,成立羽毛球、乒乓球、健身等兴趣小组。三是组织财税干部职工到革命老区、名胜古迹等参观考察,进行爱国主义、革命传统教育。

【机关作风建设】一是开展“转变作风”专项行动,通过公开办事流程、实行服务承诺、设立意见箱、电子邮箱、建立便民服务卡、开展满意度调查等方式,听民声、纳民意、问民计;通过汇总梳理征求到的意见建议,不断改进工作作风。二是推进纳税服务体系建设,向企业、个体纳税人和行政事业单位发放《满意度调查问卷》640 份, 开展满意度调查, 总体满意度为97.4%。

【教育培训】一是开展星级学习型组织创建活动,制订出台《平阳县财政局、地方税务局 2009 年度教育培训工作计划》等具体方案和制度,搭建学习平台。二是建立优化载体机制,加大经费投入,完善图书阅览室、视频会议室、人手一机(计算机)等硬件设施,完善“平阳财税网”,开辟“学习园地”。三是加强学历教育工作,全局共有高级会计师 5 名、会计师 43 名、助理会计师 35 名、注册税务师 12 名、经济师 2 名、研究生 3 名。学历层次明显提高,45 周岁以下干部职工大专以上学历比例达 94%。

【廉政建设】一是按照“三靠两抓一组织”、“三走近、三远离”和“三个好好”要求,贯彻落实党风廉政建设责任制,形成一级抓一级、一级带一级、层层抓落实工作机制。二是通过开展“严纪律、塑形象”、“创业发展办事难,纪检监察来督办”等活动,加强执法监察和效能监察,有效解决“办事难”问题。三是开展“读书思廉”、“家庭倡廉”、“征集廉政格言”等活动,积极创建财税廉政文化。

【创建文明单位】以创建学习型、节约型、廉洁型、高效型的财税机关为抓手, 加大文明单位创建力度。昆阳税务分局被推荐为市级基层文明单位,鳌江税务分局等单位被评为市先进集体, 水头税务分局荣获“市级青年文明号”称号。

(平阳县地方税务局供稿 张晓慧撰写)

洞头县地方税务工作概述

局长 叶明理

经济概况 2009 年, 洞头县实现国内生产总值 33.34 亿元,比上年增长 11.9%。其中:第一产业增加值为 3.40 亿元,比上年下降 3.7%,第二、三产业增加值分别为 11.18 亿元、18.76 亿元,增幅分别为 12.7%、13.0%。第一、二、三产业结构调整为 10.2:33.5:56.3。全县人均生产总值 26277 元,比上年增长 11.2%。全年实现财政一般预算收入 4.29 亿元, 比上年增长 19.8%, 其中地方财政收入 2.27 亿元, 比上年增长 7.4%。全县财政总支出 6.39 亿元,比上年增长 4.6%。

税收概况【任务完成情况】2009 年,全县地税部门共组织各项收入 2.60 亿元,比上年增长 10.6%。其中:地方税收收入 1.62 亿元,比上年增长 8.0%,完成省地税局下达计划的 102.6%;各项规费收入 9749 万元,比上年增长 14.8%。地方小税种保持高幅增长,共入库 3127 万元,比上年增长 28.5%。

【税收特点】经济税源总体回落。2004—2008 年,地方税收增幅分别为 11.4%、13.6%、13.9%、20.4%、20.0%,平均增幅为 15.86%。2009 年税收增幅远远低于近 5 年同期的平均水平,税收增长明显乏力。二产税收增速快于三产。第二、三产业分别实现税收收入6986万元、9224万元,第二产业税收比上年同期增收773万元,增长12.4%;第三产业税收比上年同期增收419万元,增长4.8%。第二产业税收收入增幅高于第三产业增幅7.6个百分点。第三产业中的房地产业呈高速增长态势,成为该行业增长的重要支撑。

【税源分析】1.营业税收入平稳增长。全年营业税共入库8472万元,比上年增长7.9%,完成年度计划102.7%。 主要增收因素:房地产业、建筑业、租赁和商务服务业、批发和零售业营业税增幅较大,分别增长98.5%、11.7%、33.8%、43.5%。主要原因:国家宏观调控的一系列针对房地产市场的税收优惠政策,稳定洞头县房地产交易市场,来自房开公司的营业税实现2200万元,比上年增长54.2%;二手房交易量不断增加,入库营业税735万元,比上年增长7.5%。减收因素:主要是金融业、交通运输业、居民服务及其他服务业分别下降13.1%、4.8%、66.4%。

2.企业所得税呈负增长。全年企业所得税共入库2208万元,比上年下降10.9%,完成年度计划100.4%。主要减收因素:受企业所得税税率下调及一系列优惠政策实施的影响,企业所得税下滑较为明显。其中交通运输业因经济不景气,货运量减少,货运价格下滑等原因,交通运输业企业所得税比上年下降42.8%。

3.个人所得税略有下降。全年个人所得税共入库2438万元,比上年下降1.1%,完成年度计划92.8%。主要减收原因:由于2008年,7位私营业主股东自行申报股息红利个人所得税316万元,造成不可比因素。

4.其他税收增幅较大。全年其他各税共入库3128万元,比上年增长28.5%,完成年度计划113.7%。主要增收因素:建筑用石资源税实行"以炸药核税",全年资源税入库112万元,比上年增长700%,成为地税收入新的增长亮点;由于实业型企业新建和扩建厂房,土地使用税入库4986万元,比上年增长104.7%。

各项工作情况【优化收入结构】2009年,营业税、企业所得税、个人所得税和地方七税收入分别入库8472万元、2208万元、2412万元和3128万元,增幅分别为10.4%、-10.9%、-1.1%和28.5%。地方税收收入中,营业税和地方七税占比为71.5%,比上年提高4.2个百分点,快于税收收入增幅20.5个百分点。税收收入结构进一步优化。

【帮扶企业"春雨"专项行动】一是做好企业减负帮扶工作。抓好企业社会保险费缴纳比例实行临时性下浮集中减征工作,2009年共集中减征社会保险费255万元;落实企业研究开发、高新技术、小型微利企业的税收优惠政策,支持工业企业自主创新、转型升级;落实支持服务业发展的税费优惠政策和困难企业税款缓缴优惠政策。二是推出十项便民服务措施。推出"送温暖、送政策、送服务"到家、涉税事项"同城通办"、办税服务厅POS机刷卡缴税费、"一窗通"办税制度、办税"补正承诺制"、登记窗口"双屏显示"服务以及涉税事项精简服务等十大便民服务。三是做好税企联动工作。开展"税干进企业"活动,选派业务骨干深入重点骨干企业进行一对一结对帮扶;召开"专题税企沟通会",了解企业发展情况,切实为企业解难题。

【推进企业分离发展服务业】出台《关于财税支持洞头县企业分离发展服务业的意见》,通过政府网站、报刊、电视等平台,加大宣传力度,主动深入企业开展政策辅导,倾听企业反馈意见,按1:5的比例对企业分离发展服务业进行问卷调查。成功分离发展服务业企业3户,新增地方税费120万元。

【税收法制建设与税收宣传】健全税收规范性文件管理工作,2009年,审核、会签税收规范性文件3件。认真做好重大税务案件审理工作,全年重大税务案件1件,未发生行政复议、诉讼案件。认真开始税收执法检查,自查面100%,配合上级做好重点检查,及时整改存在问题。组织开展第18个全国税收宣传月活动,进社区、进企业开展税收知识有奖问答,发放税收宣传资料,举办"税收·发展·民生"主题及新中国成立60周年税收成就摄影征集和税收短信征集大赛,建立全县企业纳税20强月排行榜制度,定期刊登在洞头县门户网站,鼓励企业争先创优。

【征管改革与税源管理】认真做好ISO9000质量管理体系、征管质量目标及"三个三"工作措施五单考核工作。开展纳税信用等级评定,推荐AAA级纳税信用等级企业1户,确定AA级纳税信用等级企业7户,A级纳税信用等级企业11户,C级纳税信用等级企业3户,D级纳税信用等级企业1户。加强税源源头控管,做好委托代征工作,2009年起车辆车船税统一由交警车管所代征,建筑用石资源税由民爆公司代征,并委托国税为临时经营纳税人代开票时,先缴纳地方税费后开具发票,做好源头控管,减少地方税费流失。

【信息化建设】深化"一户通"电子缴税系统运用,在办税服务厅安装POS机,实现银联POS机刷卡缴税(费);由于《新车船税暂行条例》的贯彻实施、燃油税的开征及车辆养路费的取消,原车船税的征收方式已不适合新形势下车船税的征管工作,洞头县全面推广应用车船税征收管理系统;深化应用《税友2006》系统,制订企业所得税专项申报流程,全面推行使用《税票代征软件》。

【各项规费征收】稳步推进"五费合征",做好"五费合征"集中培训工作,印发宣传手册,营造良好氛围。抓好基本养老保险费缴费比例调整的落实工作,统一对企业职工基本养老保险费统筹部分由18%调至16%,城镇个人劳动者基本养老保险费统筹部分由12%调至10%。全年组织各项规费收入9749万元,比上年增长14.8%,占地税税收收入的60.1%,占地税组织总收入的37.5%。

【税务稽查】以责成自查和重点检查相结合,充分发挥稽查职能。以调研式检查为抓手,围绕县域经济发展态势和行业特点,掌握日常征管动态,抓住选案重点,突破税收征管的难点和盲点。2009年对建筑安装业及部分房地产业、营利性医疗机构、教育培训机构、旅游业、拍卖业、低税负企业、高收入行业等进行专项检查。2009年,全县共检查纳税户134户,立案16户,查补税费入库382万元。稽查十项考核指标均超过或达到省局要求。

【优化纳税服务】建立首问责任制、限时办结制、一次性告知制、预约服务、纳税提示制、双休日和长假无休息制等多项服务,并提出"五个零"服务目标:办税服务零距离、办税质量零差错、服务对象零投诉、办税流程零障碍、规定之外零收费。

队伍建设**【财税文化建设】**充分发挥党、工、团、妇等组织作用,搭建平台,创新载体,开展形式多样的文体活动,举办第四届体育节、"唱响红色歌曲、传承革命传统"红歌会等活动,增强队伍凝聚力和向心力。开展干部竞争上岗和轮岗,完善干部管理制度。

【机关作风建设】深入学习实践科学发展观活动,在全系统内分层面、分批次、多形式开展大讨论活动、报告宣讲会、调研成果交流会等,深入剖析案例,总结工作经验。下基层下企业广泛征求意见,召开征求意见座谈会、财税服务与发展座谈会,抓好"民主恳谈开门纳谏"和"科学发展问计于民"活动,共征集到各类意见、建议59条。

【教育培训】强化税务干部队伍教育,制订教育活动计划,开展干部能力提升培训,组织参加全市岗位业务技能全员轮训,鼓励干部职工参加大中专、研究生学习以及各类技能培训,完善学习激励机制,激发干部职工学习的自觉性、主动性;开辟内网学习专栏和讨论专栏,建立干部职工阅览室,为干部职工提供学习平台,不断优化干部队伍结构。

【廉政建设】深化惩防体系建设,加强廉政教育,做好重大节假日节前廉政教育和干部任前廉政谈话;规范财税权力运行,印发《关于开展规范财税权力运行工作的通知》,进一步将权力纳入制度化和程序化轨道,强化监督和制约;认真落实"三书两报告"工作,组织开展"两提高、两降低"效能主题活动,引导和规范财税干部行为。

【创建文明单位】巩固省级文明单位,推进"全国巾帼文明示范岗"、"基层文明单位"创建。2009年,洞头县局获得浙江省委省级文明单位称号,直属分局获得2008年度市级文明单位、市级文明服务示范点,1998—2008年,直属分局连续11年被评为全省地税系统省级基层文明单位和全市财税系统基层文明单位。

(洞头县地方税务局供稿　朱红波撰写)

文成县地方税务工作概述

局长 郑士钗

经济概况 2009年，文成县实现生产总值33.59亿元，比2008年增长10.2%。其中：第一产业增加值3.64亿元，增长9.9%；第二产业增加值11.13亿元，增长7.7%；第三产业增加值18.82亿元，增长11.7%；第一、二、三产业结构为10.8∶33.2∶56.0；全县人均GDP为9009元，增长9.5%。全县完成固定资产投资18.53亿元，增长28.6%；社会消费品零售总额16.28亿元，增长21.7%。全年实现财政总收入3.69亿元，增长7.6%，其中地方财政收入2.68亿元，增长15.2%；财政总支出10.92亿元，增长25.6%。

税收概况【任务完成情况】 2009年，全县地税部门共组织收入2.87亿元，增长23.4%。其中：税收收入1.26亿元，增长20.1%，完成省地税局下达计划的109.0%；其他收入1.61亿元，增长26.1%。社保费收入1.47亿元，增长29.1%。

【税收特点】 一是税收收入保持较快增长。全县入库地方税收1.26亿元，增长20.1%，增幅高出全市平均水平13.8个百分点。二是税收结构进一步优化。地方七税及营业税入库8104万元，增长22.2%，占税收收入的64.1%，比上年提高1.1个百分点。三是主要增收行业趋向集中。建筑业、房地产业、批发零售业分别增收1019万元、655万元、425万元，占税收增收额的99.2%，拉动税收增长19.9个百分点。

【税源分析】 1. 营业税：入库5287万元，增长14.6%。增收原因：主要是由于2009年下半年开始，文成县房地产市场快速升温，带动建筑、房地产业营业税快速增长，分别增收441万元、165万元，占营业税增收额的90.0%。

2. 企业所得税：入库1579万元，增长26.0%。主要是采取纳税评估等有效的征管措施，推动了企业所得税增长。

3. 个人所得税：入库2966万元，增长12.0%。增收原因：主要是由于2009年二手房交易活跃，带动个人住房转让所得激增。财产转让个人所得税入库224万元，增收215万元。

4. 其他税收：入库2817万元，增长39.6%。增收原因：一是再生资源增值税政策调整，带动城建税增长。二是嘉盛花园、鑫隆帝景两个房地产开发项目对前期已售商品房进行税款结算，土地增值税快速增长149.5%。三是土地使用税征收标准提高，增收100万元。

各项工作情况【优化收入结构】 坚持"抓大不放小"原则，加大对城建税、印花税、土地使用税、土地增值税等小税种的摸底和催缴力度，开展土地增值税专项清查结算；创新征管考核激励机制，引导各基层征收单位加强地方税征管。2009年，土地增值税、土地使用税、城建税分别增长149.5%、94.3%、26.0%。

【帮扶企业"春雨"专项行动】 开展"一对一"帮扶活动，落实"十项便民服务措施"，优化纳税服务，简化办税流程。分片区召开税企沟通会，向纳税人发放《企业减负"春雨"专项行动征求意见表》，征求纳税人对地税工作的意见和建议。编印并发放《办理纳税人涉税事项操作指南》8000册。落实临时性适当下浮企业社会保险费缴纳比例等一系列税费优惠政策，探索税收优惠政策和财政政策联动管理机制。

【推进企业分离发展服务业】深入企业开展调研，分析分离的可能性，测算分离后给地方和企业带来的效益，最终确定浙江名泰钢铁有限公司等6家分离条件比较成熟的企业作为重点分离对象。组织财政、地税、国税、国土、工商等部门人员和重点分离企业建立"多对一"帮扶关系，为企业开展分离工作提供政策咨询和辅导，帮助企业拟订分离方案、计划。全县于7月成功分离4户企业，提前完成分离3户企业的任务。

【税收法制建设与税收宣传】一是采取自查和重点检查相结合方式，开展2009年税收执法检查工作，针对检查中发现的问题，及时落实整改措施。二是落实税收规范性文件会签审核和备案审查制度，做好年度税收规范性文件的分类清理工作。三是做好财税法律法规的宣传。开展第18个全国"税收宣传月"活动，通过举办税法知识有奖竞赛等活动提高纳税人依法诚信纳税意识。

【征管改革与税源管理】一是深化地税征管改革。制订行政审批职能整合方案，清理归并行政审批事项，确定内设机构的撤并和设立；研究制订耕地占用税、契税征管职能划转工作方案。二是强化税源管理。主动加强与工商、国税等部门的协作，利用各部门的涉税信息对重点税源进行全面监控；建立日常税源管理质量考核通报制度，对各基层分局的16项日常税源管理和3项数据清理情况进行考核，按月通报考核结果，提高税源管理质量。

【信息化建设】推进《税友2006》快捷查询功能的推广应用，新增和完善39项功能，组织开展新增功能应用培训；推广应用《税友2006》不动产建筑业税收项目管理软件，完善《税友2006》与ISO9000质量管理相结合管理机制，提高地税征管信息化程度。

【各项规费征收】推行社会保险费"五费合征"工作，主动加强与社保、财政、银行等部门沟通联系，明确各部门职责分工，加强协作配合。制订社会保险费"五费合征"配套制度，出台《文成县社会保险费年度结算申报管理办法》等政策。

【税务稽查】深化日常税收检查，开展对建筑安装业、营利性医疗机构、教育培训机构、旅游业、高收入行业个人所得税等项目的专项检查，全年查补税款164万元、滞纳金26万元。完善稽查、征管信息共享和管查协作机制，定期以数据报表等形式与征管科和各基层征收单位互通信息。

【优化纳税服务】清理简并纳税人需报送的涉税资料，优化办税流程，提高办税效率。开展预约服务和巡回服务，为在节假日急需办理涉税事宜和边缘地区的纳税人提供方便。在办税服务厅推行"双屏显示"办税服务，接受纳税人对涉税事项办理过程的监督。通过短信等形式及时提醒纳税人按期办理相关涉税事项。在基层分局设立纳税辅导中心，为纳税人提供纳税辅导及税收管理员联系单、《办税服务指南》等便民资料。

队伍建设【财税文化建设】深化学习型组织建设，坚持"一月一书"读书活动，培养财税干部"爱读书、会读书、读好书"的习惯。建设"财税文化走廊"，在每个楼道悬挂人生哲学、廉政文化、财税思想、工作态度等方面格言。通过举办各类知识讲座形式，锻造干部"公正、专业、清廉"的职业操守，提倡"健康、文明、节俭、安全"的生活。完善财税服务设施建设，优化美化办公服务环境，树立财税机关良好形象。

【机关作风建设】完善内部各项管理制度，严格执行制度，坚持领导值周效能检查，着重加强对干部职工上下班、在岗效能、中途外出、环境卫生等情况的检查，对发现的问题及时纠正和处理。与一线办税人员签订文明办税公约，将"文明办公、礼貌待人、热情服务"纳入公约范围，要求对符合办理条件的事项确保在规定期限内办理，不能办或不能立即办的事项耐心向来人说明原因，做到急事急办、特事特办。

【教育培训】组织干部参加综合岗位业务轮训等各类培训；完善党委理论学习中心组、党支部和全体财税干部三个层次的学习制度，采取定期集中学习、分层次分岗位培训的方式，邀请专家、教授、学者开展政治理论和业务知识专题讲座。2009年，全局共组织开展各类培训、讲座28次(期)，参训干部达700人次。鼓励干部参加学历教育和职称考试，截至2009年底全局大专以上学历干部149人,占89.2%,中级以上职称53人,占31.7%。

【廉政建设】严格执行领导干部廉洁从政公开承诺、个人重大事项报告等党风廉政制度。落实党风廉政建设责任制,与各科室、下属单位签订“党风廉政建设”责任书。健全领导干部廉政档案,与局党委成员和中层干部签订廉政从政承诺书。加强党风廉政警示教育,组织干部观看“党风廉政进机关”系列网上教育警示专题,增强干部廉政意识。

【创建文明单位】从严格执法、文明服务、人性化管理入手,开展“巾帼文明示范岗”、“青年文明号”创建和“挂钩帮扶”、“双百结对、文明共建”等一系列活动,2009年共结对挂钩9个村(居),走访慰问老干部、老党员、特困群众145人次。积极举办、组织参加“地税杯”青年辩论赛、人大制度知识竞赛、庆祝新中国成立60周年演讲比赛等,展示财税干部良好素养和风貌。开展棋类比赛、乒乓球团体对抗赛和游园、登山等一系列文体活动,增强干部队伍凝聚力。

(文成县地方税务局供稿 朱建成撰写)

泰顺县地方税务工作概述

局长 翁晓彬

经济概况 2009年,泰顺县实现地区生产总值34.00亿元,按可比价格计算,同比增长10.5%。其中:第一产业增加值4.1亿元,同比增长5.3%;第二产业增加值12.32亿元,同比增长10.2%;第三产业增加值17.58亿元,同比增长11.8%。第一、二、三产业结构比例为12.1:36.2:51.7。人均地区生产总值9581元,同比增长10.2%。全县财政总收入3.64亿元,同比增长13.6%,其中地方财政收入2.63亿元,同比增长15.5%。

税收概况【任务完成情况】2009年,共组织各项收入3.05亿元。其中:税收收入1.54亿元,完成省局必成数的113.2%,完成省局奋斗目标的109.0%,同比增长19.9%;组织各类基金、费等其他收入1.51亿元,同比增长11.9%。

【税收特点】一是增幅保持稳定。面对金融危机对组织收入带来的冲击和税源缺乏的实际,以组织收入为中心,层层落实责任制,加强征收管理,全年增幅每月均保持在10.0%以上。二是建筑业保持较快增长。建筑业受房地产市场复苏、扶持政策效应显现等因素推动,入库税收5241万元,同比增长54.5%,增收1849万元,成为第二产业中增长最快的行业。第二产业入库7497万元,同比增长37.2%,增长快于第三产业。三是税费减免力度加大。积极贯彻落实财政政策,先后下调企业社保费单位统筹部分3个百分点,减轻企业负担300万元;城镇个体劳动者(或自谋职业人员)缴费比例下调2个百分点,惠及8446人,减征金额达210万元。落实企业社会保险费临时下浮减征政策,企业统筹部分免征一个月,优惠金额达321万元。加大对困难企业房产税和城镇土地使用税减免幅度,减免困难企业和下岗失业人员税收135万元。落实个人住房转让营业税优惠,对2009年度个人购买住房暂免征收土地增值税、印花税。

【税源分析】1. 营业税:入库6062万元,同比增长30.2%。主要税源是建筑业和房地产业,建筑业营业税入库1416万元,同比增长79.5%。房地产业营业税1761万元,同比增长30.8%。增收原因:一是加强欠税管理,及时进行销售结算,其中云天房地产公司、广泰建设集团分别入库751万元、500万元。二是国家出台刺激房地产发展政策,如二手房营业税减免年限缩短、首付比例放宽等,推动房市交易;再加上下半年经济企稳回升,温州、瑞安、文成等周边地区房价暴涨带动上涨。

2. 企业所得税:入库2965万元,同比增长19.9%。其中建筑业所得税入库2227万元,同比增长31.8%。批发零售业受“家电下乡”等扩大内需政策影响,同比有较大增长。制造业由于两法合并税率降低,成本费用扣除范围和标准提高,特别是金融危机使其业务量萎缩,利润下滑,所得税同比下降49.2%。

3. 个人所得税:入库2700万元,同比增长9.4%。增收原因:加强管理,尤其加强对重点行业代扣代缴和漏征漏管户管理;全年工资薪金所得入库个人所得税1223万元,同比增长72.3%;个体工商户个人所得税入库876万元,同比增长9.4%。

4. 其他税收:入库1866万元,同比增长0.7%。宽松的货币政策使金融业业务增加,印花税同比增长60.8%;城建税随着主税种营业税增长而同比增长26.6%;房产税和土地使用税平稳略有增长;土地增值税因结算退库同比下降61.2%;资源税因部分建筑业企业未结算(由建筑业企业代征)同比下降66.3%;车船税因两年并期在上年征收同比下降37.0%。

各项工作情况【优化收入结构】按“三个三”和“四位一体”要求,认真做好优化结构的文章,大力扶持发展第三产业,收入结构超额完成省局下达60.0%的任务;其中共享税(企业所得税和个人所得税)所占比例为36.7%,营业税和其他地方七税所占比例为63.3%,同比上升1.7%,非税收入增幅11.6%。

【帮扶企业“春雨”专项行动】携手企业,共克时艰,以“春雨帮扶行动”为载体,按照“减负、便民、和谐”要求,启动“税企沟通会”、“百名税干进百企”、“税收优惠政策专题辅导”,推出导税服务、预约服务、双屏显示、同城通办、POS机刷卡缴税等十项纳税服务新举措,清理简并纳税人涉税资料报送,依法及时办理缓缴税款审核,提高办税效率。

【推进企业分离发展服务业】成立由常务副县长为组长的工作领导小组,深入调研,宣传政策,了解企业意愿和想法。制订实施意见,对扶持范围内的企业创办当年实际缴纳的营业税,县财政在第一年给予企业65%的奖励扶持,第二年比上年增长的部分给予企业80%扶持,第三年比上年增长的部分给予90%的扶持;乡镇每年企业分离后新设立服务性企业缴纳的营业税,自分离年度起3年内,由县财政按10.0%比例给予各乡镇补助。超额完成市政府下达的年度企业分离发展服务业目标任务,累计完成4户。

【税收法制建设与税收宣传】一是加强税收法制建设。将依法行政、依法治税工作列入年度目标考核,对涉及地税部门的2项行政许可和24项非行政许可共26项审批服务事项进行全面梳理,按一事一表要求修订办事指南和运作规程。认真遵守规范性文件会签和报备制度,严格规范性文件制订和管理;加大日常税收管理违法违规行为处罚力度;认真开展税务行政处罚案卷自查自评,规范执法程序。稳步推行税收执法责任制和税收执法过错责任追究制,认真组织开展税收执法检查自查和重点检查工作。二是加强税收宣传。以“税收促进发展,发展改善民生”为主题,及时下发工作方案,逐项落实具体活动。结合“春雨”行动,举办税法知识讲座。坚持开展日常税法宣传,充分利用新闻媒体,在县电视台图文频道宣传税法,与县广播电台联办《地税之声》节目。

【征管改革与税源管理】深化应用《税友2006》快捷查询功能,从税务登记、发票管理、申报征收等环节,加强基础资料管理,强化数据采集,提高征管质量。将ISO9000质量管理新版体系文件、作业指导书导入《税友2006》,对照质量管理文件要求进行日常操作。开展纳税评估规范化操作业务培训,严格评估程序。加强发票管理,加强建筑业的源头控管,对会计核算中心、指挥部、行政事业单位以及重点企业等受票单位财务人员进行税收宣传和辅导。对逾期未缴销的发票进行全面清查,共清理缴销逾期未缴销发票200多万份,出台发票核定数量的管理办法。

【信息化建设】维护和拓展《税友2006》快捷查询管理软件功能,编写18张查询报表,密切跟踪运行情况,确保系统稳定运行。开展《税友2006》深化应用培训,提高软件应用操作水平。开展《税友2006》不动产建筑业项目管理软件应用工作,推广应用不动产建筑业自开票系统。为保障网络安全,及时完成防病毒软件的升级工作,加强重要数据备份,建立应急恢复机制;为杜绝应用内网的计算机上互联网,全局实行PC机上因特网。

【各项规费征收】加强与社保部门的沟通协调,通过业务碰头会、工作例会等形式,及时沟通解决问题。举办7期企业财务人员社会保险费业务培训班,制订《泰顺县社会保险费征缴考核办法》,2009年5月份顺利推开五费合征。做好社会保险费欠费清缴工作,共清缴欠费入库316万元,全年共组织社会保险费入库1.37亿元,增长9.5%;三项规费入库1210万元,增长13.4%;残疾人就业保障金入库125万元,同比下降8.0%,略低于上年水平。

【税务稽查】落实稽查四分离工作制度,做到程序合法、手续完整、违法事实清楚、适用法律法规正确、文书规范。制订2009年税收专项检查计划,将建筑安装业、KTV歌厅娱乐业、旅游业、企业所得税等行业或税种作为检查重点,全年共检查纳税户数56户(其中:举报案件2户、重点检查29户、责成自查20户、上级部门交办自查5户),查结56户,查结率100%;发现有问题户数26户,案件公告21户,案件公告率达8.0%,查补各种税(费)、滞纳金合计270万元,入库率100%。

队伍建设【财税文化建设】举办丰富多彩的文化活动,陶冶情操,凝聚力量,倡导健康生活情趣。举办全县"地税杯"乒乓球赛,篮球队在县第五届"动感地带"杯篮球赛上获得冠军,新中国成立60周年大合唱比赛荣获金奖。推行目标管理,出台13个专项考核办法,将目标管理向系统内部29个科室延伸,争先进位的浓厚氛围进一步形成。2009年目标考核再获先进单位,已经连续3年获得目标考核先进单位。

【机关作风建设】加强制度建设,先后制订《关于进一步深化机关效能建设暨开展"两提高、两降低"活动的实施意见》、《效能建设若干制度》、《着装管理制度》、《2009年度党风廉政建设、效能建设考核实施细则》。围绕"四条禁令"等有关效能建设制度执行情况,每月进行不少于一次的明查暗访活动。

【教育培训】积极开展落实科学发展观学习实践活动。制订2009年度培训计划,培训人员达110人。鼓励干部报考成人高等学校、远程大学,进行继续教育,提高素质,取得毕业证书按文件规定给予相应报销等。另有5位具有学士学位的青年干部在读上海财经大学研究生班。

【廉政建设】签订党风廉政建设责任书,明确职责分工。年中、年末对各基层站所进行2次党风廉政考核,每月开展一次动态督查。安装廉政电脑屏保,悬挂廉政格言,组织全体财税干部观看警示电教片,节假日利用"手机短信平台"向广大财税干部发送廉政短信,及时提醒,防范于未然。

【创建文明单位】积极参与省级文明县城创建工作,做好责任路段卫生治理及其他分工事项。大力开展青年文明号、群众满意基层站所创建,仕阳分局获得2009年省局群众满意基层站所创建工作先进单位和市财税系统青年文明号,雅阳分局获得温州市财税系统基层文明单位称号。

(泰顺县地方税务局供稿 刘志潮撰写)

嘉兴市地方税务工作概述

局长　马邦伟

经济概况 2009年，嘉兴市经济继续保持较快增长，经济发展方式进一步转变。全市实现生产总值1917.96亿元(可比价计算,下同),增长9.3%。其中第一、二、三产业分别实现增加值107.01亿元、1111.74亿元、699.21亿元，分别增长3.1%、7.4%、13.6%。第一、二、三产业结构由上年的5.8：59.8：34.4调整为5.6：58.0：36.4。全市工业增加值987.00亿元,增长6.2%；全社会固定资产投资1233.34亿元，增长22.5%；全社会消费品零售总额694.30亿元，增长15.8%;进出口总值172.05亿美元,同比下降13.3%。全市财政总收入279.35亿元,增长10.8%,其中地方财政收入141.70亿元,增长11.7%;市本级财政总收入88.13亿元,增长13.1%,其中地方财政收入47.51亿元,增长11.2%。

税收概况【任务完成情况】2009年,全市地税部门共组织各项收入173.32亿元,增长6.7%。其中:税收收入99.20亿元,增长7.5%;非税收入74.12亿元,增长5.6%。市本级共组织各项收入57.18亿元,增长7.0%。其中:税收收入35.80亿元,增长8.1%;非税收入21.38亿元,增长5.2%。

【税收特点】一是收入增幅逐季回升但仍处历史最低水平。受国际金融危机和宏观经济增速下滑影响,2009年开年以后税收收入大幅下降,5月份以后随着宏观经济形势的回暖和房地产市场持续升温,季度收入增幅逐步回升，分别为-0.6%、0.6%、14.6%和26.6%,但收入同比增幅仍处历史同期最低水平。二是财产类税收高增长和企业所得税减收明显。全年房产税、城镇土地使用税和车船税分别增长27.0%、36.7%和41.0%,占税收总增收额的50%。企业所得税由于受政策和经济双重影响,年度收入减少近25%。三是二产税收增幅回升慢于三产。全年二产、三产税收增幅分别呈缓慢爬坡和“V”形走势。二产税收由一季度0.8%的增幅缓慢提高至年末的5.3%；三产税收增幅由1月份的8.5%降至4月份的-6.7%,其后又快速回升,至年末达最高点9.4%。二产和三产税收收入增幅变化基本反映了全年全市经济复苏和调整的走势。

【税源分析】1. 营业税：入库39.65亿元，增长15.4%。增收原因:一是受嘉兴“地王”纪录不断被刷新、市场投资需求旺盛和通胀预期强烈等多重因素影响,全市房地产一级和二级市场交易持续火爆,房地产业税收由年初减收到下半年跳跃性增长,入库营业税14.24亿元,增长22.9%。二是受政府重点工程如沪杭高速铁路、嘉绍快速通道、秦山核电一期扩建等项目陆续开工和楼市销售火爆等因素带动,建筑业税收稳步增长,入库营业税11.93亿元,增长13.0%。三是受宽松货币政策下金融业务迅速发展影响,全市金融业税收大幅放量。入库营业税1.85亿元,增长21.7%。四是受杭州湾跨海大桥开通等因素影响,交通运输业税收增长较快,入库营业税1.66亿元,增长17.4%。

2. 企业所得税:入库12.24亿元,下降24.6%。减收因素:一是受国际金融危机影响,全市企业效益普遍下降。工业经济自2008年四季度加速下滑以来,市场需求持续萎缩,直至2009年下半年,随着各项“保稳促调”政策效应的逐步显现,企业经营有所改善但回升缓慢。二是受“两法合并”税率下调影响。经测算共减收3.07亿元,其中高新技术企业减免影响约1.04亿元。三是受部分纳税大户税源萎缩影响。浙江嘉兴高速公路有限责任公司由于申嘉沪高速、杭浦高速、杭州湾跨海大桥及北连接线相继建成通车,业务经营量明显下降,全年入库企业所得税1.62亿元,减收1.42亿元。

3. 个人所得税:入库18.19亿元,增长4.4%。增收因素:虽然存在工资薪金个人所得税费用扣除标准提高的翘尾影响,但由于企事业单位工资薪金水平普遍增加、全员申报管理系统推广应用等有利因素,工资薪金所得个人所得税总体增长,入库9.68亿元,增长8.3%。受政策推动,二手房交易活跃,个人住房转让所得个人所得税大幅增收,入库7014万元,增长203.5%。减收因素:受金融危机影响,服装辅料等部分行业的个体工商户关停较多,入库个人所得税3.54亿元,下降10.2%。受经济效益下滑影响,企业分红水平普遍下降,利息、股息、红利所得个人所得税入库3.03亿元,下降2.3%。

4. 其他税收:入库29.11亿元,增长20.2%。城建税入库8.41亿元,增长5.5%,主要随主体税种的增收而增长。房产税入库6.76亿元,增长27.0%;城镇土地使用税入库6.80亿元,增长36.7%,两者主要受税源清查影响。土地增值税入库3.79亿元,增长29.1%,主要受房产销售高速增长影响。车船税入库9420万元,增长41.0%,主要受车市火爆和车船税征收方式改变影响。

各项工作情况【优化收入结构】大力支持第三产业发展,利用嘉兴区位交通、商务成本等优势,大力推进市场物流、服务外包、软件创意、休闲旅游等服务业发展,服务业成为嘉兴经济增长新引擎。2009年,全市第三产业增加值699.21亿元,增长13.6%。第三产业税收入库54.35亿元,同比增长9.4%,占税收收入比重54.8%,收入占比较同期提高0.9个百分点。在努力保持地税收入可持续增长的前提下,按照“抓大不放小”的征管原则,切实加强地方小税种征管。通过开展增值税与“一税两费”比对、城镇土地使用税和房产税税源清查、土地增值税清算、实施车船税代收代缴等工作,全市全年地方八税与营业税收入之和占税收收入的比重达69.3%,比同期提高5.8个百分点。

【帮扶企业“春雨”专项行动】面对国际金融危机对全市实体经济尤其是外向型经济的冲击,根据省局“春雨”专项行动各项部署,开展“百场税企沟通会”、“千名税干进千企”、“网送税法连万家”、“深化十项便企措施”等11项行动,从落实政策、优化服务等方面,坚定企业发展信心,支持企业从危机中抢抓机遇。其中,贯彻落实省委、省政府临时性适当下浮企业社会保险费缴纳比例政策,全市共减轻企业和参保人员负担2.8亿元,惠及3.6万家企业和15.6万个体劳动者;调整用人单位基本养老保险费缴费比例,将全市用人单位基本养老保险费缴费比例逐步统一到15%,共减轻企业负担3.4亿元。充分发挥报纸、电视、网络等渠道作用,宣传“春雨”专项行动,听取群众对地税工作的意见建议,改进服务举措,及时解决发展难题。

【推进企业分离发展服务业】积极发挥地税职能作用,通过专题调研、加强组织领导、分解落实任务、建立健全机制、梳理整合政策、加强部门协作等措施,在注重分离质量的前提下,稳步推进分离发展服务业工作。2009年全市共分离发展服务业企业158户,其中:市本级42户、桐乡市31户、海宁市26户、平湖市24户、嘉善县20户、海盐县15户,分离后预计可实现年营业收入13亿元,预计年产生地税收入5000万元左右。主要分离类型是从制造业企业中分离物流(运输)、商贸企业等。

【税收法制建设与税收宣传】继续推行税收执法责任制电子化考核,强化行政执法内部管理机制。根据省局工作安排,承担并完成修改后执法责任制管理模块的首次试运行与指标校验任务。在全市开展执法检查和执法监察,制订落实整改措施,规范税收执法行为。对城镇土地使用税、车船税、企业所得税以及房地产税收政策执行情况进行反馈并提出完善建议。注重税收长效宣传,开展“同心协力,服务发展”地税与行业协会、主管部门和谐共建系列活动,签订三方和谐共建书,从政策落实、税收宣传辅导、经营数据反馈、发票使用等明确三方责任,建立协作机制。

【征管改革与税源管理】出台《税收收入动态分析与监控工作管理办法》,规范税收收入分析与监控工作。建立重点企业生产经营和税源事前监控制度。建立重大税源变动报告制度,拓展月度收入预测渠道。建立收入措施落实反馈制度。加强重点税源监控,2009年市本级列入分局、市、省、国家四级重点税源监控的企业共1565户,增长16.7%,基本涵盖各行业中经营情况稳定的中小规模以上企业以及具有潜在税源增长趋势的企业。强化重点行业、重点工程和重点环节的税收征管,对市本级纳入日常申报管理、所得税实行查账征收的建筑安装业企业推行所得税预警值管理。抓好沪杭高速铁路、嘉绍快速通道、秦山核电一期扩建等一批重点工程项目的税收征管。与工商协作,加强企业股权变更登记环节的税收征管。

【信息化建设】深化运用《税友2006》"快捷查询"模块,开展各征管基础数据的清理和更新。推广应用不动产建筑业税收项目管理软件,组织228户房地产企业和355户建筑企业参加软件操作培训。加强与国税、建设、国土、公安等部门协作,利用第三方信息开展税种清查。针对个体工商户量大面广、地税管理手段相对缺乏的矛盾,联合市财政局、国税局和各区政府全面推进个体税收社会化管理,建立社会化征管共享信息平台,全年个体税收申报率和入库率分别达96%和99%。推广使用电脑开票软件,全年电脑发票使用量占比达74%。出台出租车机打发票管理办法。强化货运发票的比对和监控管理,发挥以票控税作用。全面推广应用POS机刷卡办税。以市政府打造"数字嘉兴"和省局数据"大集中"工程建设为契机,加快地税和社保数据交换平台的联网建设。

【各项规费征收】对市本级个体劳动者社会保险费征管由原来委托农业银行代征改为地税部门自行征收,推动个体劳动者社保费征管税收化。完善市本级水利建设专项资金减免管理,重点支持企业创新创业、转型升级和节能减排等。对市本级13606户缴纳社会保险费的行政事业单位和企业进行2008年度社会保险费结算,补缴社会保险费3432万元。2009年,全市共入库社会保险费59.52亿元,增长6.7%;入库教育费附加、地方教育附加和水利建设专项资金三项规费13.27亿元,增长1.1%。

【税务稽查】2009年,全市共检查纳税人1554户,查补入库金额1.90亿元,其中市本级检查纳税人364户,查补入库金额7548万元。组织开展大型连锁超市及电视购物企业、建筑安装业、营利性医疗机构、教育培训机构等行业的税收专项检查,维护正常税收秩序。陆续出台《调研式检查操作办法(试行稿)》、《工作联系回报制度》等8项制度,推动稽查工作科学化、精细化。探索实践调研式检查工作手段,树立稽查干部由单纯的稽查执法者向执法服务者转变的工作理念,融合运用纳税辅导、提醒、约谈等多种手段,引导企业自觉依法纳税。组织干部赴建设局、工商局、车辆管理所、运输管理处等单位采集第三方信息,通过分析、比对,开展针对性检查。

【优化纳税服务】制订实施"暖春促发展,绿荫护民生"专项行动方案,开展送政策、送服务活动,对方案中的12项举措进行责任分解并明确分工。组织"春风服务队"纳税志愿者服务队,对本地区需要纳税服务援助的特殊困难群体以及其他需要纳税服务援助的特定人员提供纳税服务。构建税企虚拟交流平台,实现与纳税人实时联系。梳理税费优惠政策100条并印制13000份宣传册发放给企业。定期、不定期召开各种专题的税企沟通会,辅导企业用足用好各项优惠政策。组织干部调研农村土地"两分两换"试点工作中的涉税政策,提出相关政策意见,得到市委、市政府主要领导充分肯定。

队伍建设【财税文化建设】制订并实施《2009年度财税文化建设实施计划》,推进六大平台建设。一是建设学习平台,提升财税文化内涵。深化"财税论坛"平台建设,加强中心组学习,推荐干部阅读财经领域、人文领域前沿的书籍。二是建设制度平台,拓宽财税文化层面。探索建立财税文化建设考评机制、交流机制、奖励机制、调研机制,确保财税文化常创常新,持之以恒。三是建设情感平台,促进财税文化和谐。在内部开展"四个关怀"活动,在政治上关怀干部,在事业上关怀干部,在成才上关怀干部,在生活上关怀干部,建设关爱文化。在外部开展"三送"活动,送服务、送政策、送温暖,营造外部和谐氛围。四是建设激励平台,推动财税文化发展。创新干部选拔任用机制,选拔干部和培养后备干部,优化人力资源机构,开展系列"文明创建"活动。五是建设宣传平台,扩大财税文化辐射。组织财税品牌服务团队和志愿者队伍,宣传财税优惠政策;加大宣传力度,扩大财税文化影响力。六是建设活动平台,展示财税文化风范。开展书法、绘画和摄影比赛,组织开展文艺汇演,《财税文化苑》顺利创刊。

【机关作风建设】深化机关效能建设,针对效能建设存在的问题,加大对干部在工作态度、服务质量、办事效率、作风形象中存在问题的督查和通报力度。开展满意度调查,全年共向服务对象、纳税人发放调查问卷1800份,满意率在96%以上。组织特邀监察员对"基层满意站所"、"效能示范岗"等窗口单位服务质量进行明查暗访,推进"服务民生满意单位"创建活动开展。加强对效能行风的监督检查,对效能方面存在的问题及时进行通报。参加"行风热线"电台直播节目,取得良好社会反响。运用"12366"投诉电话、网上举报信箱、召开不同层次行风建设座谈会等形式,自觉接受群众监督。组织兼职监察员对机关、基层的工作纪律、服务态度进行交叉检查,及时发现和纠正问题。

【教育培训】深入开展学习实践科学发展观活动,紧扣"统筹推进科学发展,聚力建好'和谐财税'"这一实践载体,坚持高标准、严要求,扎实推进学习实践活动各个环节的工作,做到思想认识到位、工作部署到位、计划措施到位,学习实践活动取得阶段性成效。制订实施《2009年度干部教育培训工作计划》,在广泛征求和调研基础上,安排综合类、地税类、财政类和操作类共17项培训。组织全市61名干部赴清华大学继续教育学院参加公共管理高级研修班。开展以提升能力素质为核心的分层次、分专业岗位培训,启动地税人才库建设,在能力培养的基础上,促使干部工作态度的转变和正确价值观的培养,提高地税干部综合素质。

【廉政建设】落实党风廉政建设责任制,制订《2009年党风廉政建设工作要点及责任分解》,层层签订《廉政建设责任书》。深化党风廉政教育,在中层干部中建立廉洁过节"零报告"制度。在元旦春节期间向干部编发廉政提醒短信。邀请市纪委领导进行预防职务犯罪专题讲座。落实新任或新提拔中层干部勤政廉政考试制度。建立对部分中层干部集体廉政谈话制度。建立民主监督员工作制度和兼职监察员制度。开展廉政风险排查和防范工作,对在廉政风险排查中查出的166个风险点进行分类梳理,提出200条防范措施。2009年被评为市落实党风廉政建设责任制优秀单位。

【创建文明单位】深入开展以"创建文明单位"为龙头的"争先创优"活动,并与创建"先进基层党组织"、"目标责任制优胜单位"、"青年文明号"、"最佳办税服务厅"、"文明科(处)室"等活动有机结合起来,把创建文明单位作为一个系统工程来抓,不断提高干部职工的服务意识和争先创优意识。开展地税系统基层文明单位和青年文明号评比,评出市级基层文明单位13家,上报省级基层文明单位6家、省级青年文明号3家。开展"慈善一日捐"和"送温暖、献爱心"社会捐赠活动,共筹善款12万元。举办"嘉兴市办税服务能手"选拔赛,推荐3名干部代表嘉兴队参加全省地税系统岗位业务技能比武,荣获团体总分第二名。2009年被评为市目标责任制考核优秀部门、文明单位。

(嘉兴市地方税务局供稿 陆毓英撰写)

桐乡市地方税务工作概述

局长 赵洪亮

经济概况 2009 年，桐乡市实现生产总值 335.16 亿元,比上年增长 10.0%,人均生产总值 49950 元,比上年增长 9.7%;第一、二、三产业完成增加值分别为 20.05 亿元、183.82 亿元、131.29 亿元，分别比上年增长 3.0%、8.5%、13.5%,第一、二、三产业结构由上年的 6.43：56.39：37.18 调整为 5.98：54.85：39.17。全市财政总收入 44.45 亿元,比上年增长 6.3%,其中地方财政收入 22.57 亿元,比上年增长 10.6%。

税收概况【任务完成情况】2009 年,全市地税部门组织各项收入 27.44 亿元,比上年增长 5.7%。其中:税收收入 15.34 亿元,比上年增长 7.3%,完成省局下达年度计划的 100.3%;其他收入(费)12.10 亿元,比上年增长 3.8%。

【税收特点】1.收入总量再创新高,收入规模突破 27 亿元,其中税收收入突破 15 亿元,社保费等各项规费突破 12 亿元。2.收入结构持续优化。营业税加地方七税入库 10.78 亿元,占全部税收收入的 70.3%,比上年提高 9.2 个百分点，其中地方七税入库 4.50 亿元,比上年增长 15.4%。3.税收收入增长趋缓,增幅较上年大幅回落。受结构性减税和金融危机等影响,全年入库税收收入 15.34 亿元,比上年增长 7.3%,但增幅较上年年末回落 7.8 个百分点。

【税源分析】1. 营业税大幅增长。营业税入库 6.28 亿元,比上年增长 29.9%,增幅比上年上升 21.0 个百分点。增收因素:入库上年缓缴的营业税税款较多,2009 年下半年房地产市场行情转暖,带来营业税大幅增收。房地产业营业税入库 2.48 亿元,比上年增长 45.6%。

2. 企业所得税大幅下降。企业所得税入库 1.53 亿元,比上年下降 37.2%。减收因素:一是 2009 年无上年的缓缴企业所得税入库;二是两法合并企业所得税税率调整到 25%,共减收企业所得税 4592 万元;三是受宏观政策调控影响，全年减免企业所得税 6737 万元。

3. 个人所得税税负增长。个人所得税入库 3.03 亿元,比上年下降 3.0%。减收因素:工资薪金所得入库 11062 万元,下降 2.1%,主要受金融危机影响企业效益下降,带来年终奖及分红大幅减少;利息、股息、红利所得入库 6508 万元,下降 11.2%,主要原因是新凤鸣集团、桐昆集团两企业 2008 年包装上市分别入库股息红利所得税 1042 万元、766 万元。

4. 地方七税继续保持增长态势,但增幅回落。地方七税入库 4.50 亿元,比上年增长 15.4%,但增幅比上年回落 18.8 个百分点。增收因素:入库城市维护建设税 1.21 亿元,增长 9.5%,入库房产税 1.14 亿元,增长 7.5%,入库城镇土地使用税 1.00 亿元,增长 1.5%,入库土地增值税 6525 万元,增长 131.7%,入库车船税 1044 万元,增长 43.1%,车船税、土地增值税增幅较大的原因:排量 1.6 升以下车购税减半征收使得汽车销量大增,房地产行情回暖和土地增值税清算政策落实。减收因素:化纤企业销售收入较上年大幅下降。入库印花税 3396 万元,下降 3.7%。

各项工作情况【优化收入结构】1.抓好营业税征

管。扩大地税电脑版发票及开票软件的推广应用,截至12月底,已推广电脑开具发票用户3242户,比上年增加906户,占用票户81.6%;开展房地产和建筑业项目管理,推广应用不动产、建筑业税收项目管理软件;调整纯地税个体定额。2.强化地方小税种征收管理。完善个人生产经营用房税收征收管理,组织开展房产税、土地使用税申报数据与税源信息数据的比对工作,委托保险公司代收代缴车船税,组织开展土地增值税清算工作。3.支持第三产业发展,做大做强专业市场和旅游业,2009年第三产业税收入库8.39亿元,比上年增长23.5%,占税收收入54.7%,比上年提高7.2个百分点。

【帮扶企业“春雨”专项行动】自2009年2月开始,根据省局的统一部署,结合本地工作实际,组织开展“企业减负‘春雨’专项行动”,将各项税费优惠政策及时宣传落实到相关企业,同时采取切实可行的服务措施,减轻企业负担,帮助企业克服经营危机。举办“税收优惠政策辅导会”、“税干进企业”等活动,在桐乡经济开发区试建嘉兴市首个“纳税人之家”,将各项税费优惠政策及时宣传落实到企业。同时,建立“新办企业税收辅导日”、“分局长值班接待日”等制度,并每半年组织召开“重点税源企业座谈会”,辅导企业财务人员熟悉办税流程、及时解答涉税咨询,指导企业用足用好各项税费优惠政策。2009年,桐乡市地税部门为企业减免地方税费1.80亿元,其中通过下调社会保险费缴费比例、落实社会保险费临时性下浮比例集中减征政策等措施,为企业减征社会保险费6866万元。

【推进企业分离发展服务业】成立以局长任组长的企业分离发展服务业工作领导小组,把分离发展服务业工作作为推进经济转型升级、转变经济发展方式的重要任务来抓,加强梳理排摸,对符合条件的企业跟踪服务,确保分离服务业工作的顺利实施。深入企业开展调研,加强与财政、工商、交通、发改委等相关部门联系沟通,并向市政府作专题汇报,制订出台《关于鼓励和引导企业分离发展服务业的意见》,把企业分离发展服务业作为税费政策扶持的重点对象。同时通过电视、广播、报刊等新闻媒体以及举办新闻发布会等形式,宣传企业分离发展服务业的相关政策。截至12月底,全市完成分离企业31户,预计每年新增营业收入4亿元,实现地方税收收入1600万元。

【税收法制建设与税收宣传】与各部门签订《执法责任书》,明确执法职责,落实执法责任;强化执法考核,共设置市局科室、稽查局、税务分局日常考核与专项考核四个方案;完善《税友2006》“全过程跟踪考核”功能,新增计算机考核指标23个,修改考核指标8个;配合省局、嘉兴市局做好执法责任制层级考核试点工作,对相应的5张报表格式和口径进行修改;组织实施日常执法监督检查、内审及执法重点检查等,对检查中发现的执法过错行为,立案调查过错追究27件,实施经济追究14人次,批评教育24人次,责令作出书面检查2人次,免予追究3人次。

4月份,围绕“税收·发展·民生”主题开展系列税收宣传活动。通过广播、电视、路牌广告、道路口电子显示屏等媒体开展税收口号宣传,营造宣传氛围。与桐乡市经济开发区管委会联合举办“同心汇聚,共享和谐”税企联欢会,举办新企业所得税法培训班、所得税汇算清缴辅导班、社保费相关政策辅导班,与国税部门联合举办税企互动的政策解答现场会,与国税、农经等部门联合开展农民专业合作社税收优惠政策座谈会,与劳动保障局联合召开社保费政策企业主座谈会等,打造税收宣传品牌,唱响税收宣传主旋律。同时,组织开展经常性的税收宣传活动,每半年编印一期有关税收政策《法规汇编》,每季刊印一期《地税宣传》,并及时分发给全市纳税人。

【征管改革与税源管理】1.完善质量管理体系,优化业务工作流程。修改、完善质量管理体系作业指导书16个;引入流程管理再造理念,修改和完善发票领购、缴销等工作流程,简化操作手续;开发业务交流平台和问题管理工作流程,实现业务政策信息共享。2.加强部门协作,创新征管举措。实施国地税个体税收联合征管试点工作,2009年9月,在濮院镇组建桐乡市首个个体税收联合征管所,探索国地税个体税收联合征管新模式;完善工商、国税、地税三方清无协作机制,健全三方管控平台,全年共清理漏征漏管户700户,追补税款20万元。3.规范纳税评估,在《税友2006》中设置旅游业、印染业、毛衫业等行业的预警指标和税负指标,有针对性地开展纳税评估。4.加强税源管理。扩大税源监控范围,监控户数从2008年度1000户增加到1189户,增长18.9%,监控企业入库税收收入10.86亿元，占全部地方税收收入70.8%；组织开展营业税税源专项调查、国地税征管数据比对、个体定期定额户典型调查等工作，夯实税源信息基础。

【信息化建设】1.拓展《税友2006》功能。开发“定期定额过程的监控与比对分析”、“税源库信息数据的监控与比对分析”、“税务登记信息数据的监控与比对分析”、“企业财务信息数据的监控与比对分析”、“发票管理信息数据的监控与比对分析”、“纳税申报信息数据的监控与比对分析”六个模块，初步实现对征管信息数据的监控。2.深化《税友2006》应用，推广应用已有的快捷查询模块，通过数据清理及补正维护，共清理管理未到位户5500余户，清理数据26000多条。3.推行数字证书网上申报试点工作。于2009年12月在乌镇分局推行数字证书网上申报试点工作，至12月底全市已实行数字证书网上申报561户。4.扩大网上办税对象，实施定期定额纳税人网上发票预缴销。

【各项规费征收】1.完善社保费“五费合征”。开展社保费政策调研，调整基本养老保险费率，由17%调整为15%；组织开展社保基金专项治理工作，规范征缴秩序；加强社保费日常征管，在《税友2006》中增加社保费零申报查询菜单，减少非正常零申报情况。2009年，共征收社保费9.90亿元，同比增长4.1%，征缴率99.9%。2.加强其他规费征管。组织开展教育费附加与消费税、增值税、营业税的信息数据比对工作；全面启用《残疾人就业管理系统》，实现地税、国税、残联、民政等四部门信息数据共享，提高残疾人就业保障金的征收质量和效率。同时，实行各项规费减免的集体审核审批制度，规范减免程序。

【税务稽查】组织开展个体工商户、房地产企业、个人所得税、营利性教育培训机构和医疗机构、企业所得税汇算清缴、调研式检查等专项检查，开展大规模羊毛衫服装行业的责成自查。2009年共检查纳税户数105户，其中责成自查21户，查补税款2013万元、费(基金)24万元，加收滞纳金153万元、处以罚款154万元，合计2320万元。查处举报案件15件，并以“稽查建议书”及时反馈稽查中发现的征管薄弱环节和存在问题，发挥“以查促管”职能。加大税务执行和案件曝光力度，2009年协助分局执行165户，执行金额218万元，向社会公告税务违法案件62户。

【优化纳税服务】1.在全市推出十项“同城通办”事项，方便纳税人办理涉税事项，降低纳税人办税成本。全年共办理同城通办事项153户次。2.清理和简并涉税申请资料。2009年上半年共取消办税业务事项52项，减少主表41份、附列资料113项；取消定额申报表、发票超定额申报表和领购发票申请表。3.推行POS机刷卡缴税和缴纳工本费业务，实现新办、变更税务登记免填单业务。4.在梧桐分局办税服务大厅推出“一窗通”叫号系统，优化办税秩序。

队伍建设【财税文化建设】坚持贯彻“以人为本”思想，融入情感和文化，结合制度管人与文化育人，推进财税事业发展。2009年，组织开展中层干部读书会、“四心服务，助推财税保障新跨越”演讲比赛、“科学发展聚共识”读书征文评选、“我为财税科学发展献一策”、迎“七一”等系列活动；组织集体无偿献血活动；组织成立乒乓球、女子编织、合唱队等兴趣小组，激发单位、个人投身活动的主动性和创造性；组织参加嘉兴市财税系统文艺调演，选送节目小品《春雨》、音乐情景快板《桐乡财税人之歌》参演，均获二等奖。

【机关作风建设】通过《桐乡市财政局地税局政策制度汇编》整合已有作风建设相关制度与措施，印发给全系统干部职工学习。强化监督检查，通过设立意见箱、意见卡、问卷调查、纳税人满意度测量、召开特邀行风(效能)建设监督员座谈会等形式，向社会各界征求意见和建议，接受群众监督。8月份组织开展一次纳税人满意度的调查测量工作，对整体形象、服务态度、服务质量、办事效率、依法行政、税收宣传、廉洁自律等七个方面情况听取社会各界评价，综合满意率达98.0%。

【教育培训】制订2009年度教育培训计划，明确全年理论学习内容和重点。组织税务稽查干部参加全国税务稽查业务考试，组织140名税务干部参加嘉兴市地税干部业务轮训，配合桐乡市委组织部、人事局组织开展公务员更新知识培训，召开中层干部读书会，举办后备干部和青年干部培训班。2009年11月组织全系统地税干部职工参加业务知识考试。

【廉政建设】1.成立由局长任组长的党风廉政建设责任制工作领导小组，签订党风廉政建设责任书，构筑党风廉政建设责任制网络。2.抓廉政教育，提高干部职工廉政意识。组织党风廉政知识学习培训，分别采取集中学习辅导、个人自学和邀请有关专家、学者作报告等多种形式,深入开展党风廉政教育。三是开展丰富多彩的活动,营造廉政文化氛围。举办廉政书法作品展,参观警示教育基地;在元旦、春节、"五一"节来临时制作廉政短信发送给全体干部职工;制作廉政文化公益广告牌,在办公楼醒目位置悬挂。

【创建文明单位】组织各基层单位、窗口单位开展文明单位、青年文明号、巾帼文明岗、群众基层满意站所等各项文明创建工作和城乡、社区共建活动。每半年组织开展一次窗口规范化建设考评工作,对各分局窗口进行现场考评、召开互评会议,提出改进措施,并对优胜窗口及个人进行表彰,提升窗口形象。组织开展文明标兵、纳税服务之星评选活动,树立先进典型。2009年,桐乡市地税局获得桐乡市级先进部门,其下属的梧桐分局获得省级青年文明号、嘉兴市级文明示范窗口,濮院分局获得嘉兴市级文明单位、嘉兴市服务民生满意站所,乌镇分局获得省地税系统基层文明单位,石门分局获得嘉兴市地税系统基层文明单位。

(桐乡市地方税务局供稿　熊瑞淑撰写)

平湖市地方税务工作概述

局长　俞明祥

经济概况 2009年,平湖市实现生产总值289.05亿元,按可比价格计算,比上年增长9.1%,按户籍人口计算,人均生产总值达到5.96万元,比上年增加2541元。三次产业协调发展,第一、二、三产业分别实现增加值13.78亿元、185.53亿元、89.74亿元,比上年分别增长3.2%、7.5%、13.6%,三次产业占生产总值的比重分别为4.8%、64.2%和31.0%。全年财政一般预算总收入43.70亿元,比上年增长11.3%,其中地方一般预算收入20.82亿元,增长11.5%。

税收概况【任务完成情况】2009年,平湖市地税部门共组织各项收入25.03亿元,比上年增长6.0%。其中:税收收入入库13.46亿元,比上年增长3.7%;组织各类基金、费等其他收入11.57亿元,比上年增长8.8%,其中社保基金入库9.28亿元,比上年增长12.3%,占地税部门组织的全部收入37.1%。

【税收特点】 一是总量稳定增长。组织收入总量突破25亿元,其中非税收入(包括社保基金收入)超过11亿元,占全部收入的46.2%,成为地税部门组织收入的重要组成部分。二是月度振幅较大。受金融危机影响,2009年上半年各月份税收收入呈"过山车"走势,其中3月份下降38.8%,6月份又同比增长26.2%,达到全年峰值,下半年各月收入渐趋平稳。三是增收行业集中。全年第三产业税收收入占税收总量比重为50.8%,比上年提高1.1个百分点,增量税收主要集中在房地产业。四是收入结构趋优。全年营业税与地方小税种合计入库10.16亿元,同比增长10.2%,占税收收入的75.5%,比上年同期提高4.5个百分点。

【税源分析】 1.营业税增势趋缓。2009年入库5.86亿元,同比增长6.0%,增幅同比下降20.6个百分点。一是房地产市场回暖较晚,全年房地产行业营业税入库2.08亿元,同比增长22.0%,增幅较去年同期下降19.6个百分点。二是政府重点工程项目减少,全年外来建筑业营业税入库1.03亿元,同比下降

13.11%,减收1557万元。

2. 企业所得税下降明显。2009年入库9294万元,同比下降35.6%,减收5138万元。减收因素:“两法合并”政策性影响减收2403万元;“高新技术企业”减免影响减收405万元;服装、箱包等支柱产业由于外贸依存度高,出口占比大,受金融危机影响企业利润大幅下滑,造成企业所得税下降明显。

3. 个人所得税略有增长。2009年入库2.37亿元,同比增长2.1%,增幅下降10.2个百分点。主要受全球金融危机影响,企业经济效益下滑,开工不足,工资薪金普遍下降,股息、红利大幅减少。

4. 小税种增减不一。城镇土地使用税、房产税和印花税分别比上年同期增长73.2%、42.3%和6.6%。城市维护建设税、土地增值税和车船使用税分别同比下降5.2%、13.0%和19.2%。影响因素:城镇土地使用税税收政策调整,企业固定资产投入增加,小税种征管措施进一步加强。

各项工作情况【优化收入结构】树立科学的组织收入观,构筑稳定的地方税源基础,确保地税收入持续稳定增长。利用平湖区位优势,大力支持发展第三产业。定期开展城市维护建设税和教育费附加、地方教育附加的信息比对工作,查漏补缺,全年地方教育附加同比增长2.4%。开展城镇土地使用税、房产税的专项执法检查,共查补税款761万元。全年营业税与地方小税占税收收入75.5%,比上年同期提高4.5个百分点。

【帮扶企业“春雨”专项行动】按照省局“春雨”专项行动部署,积极开展“百场税企沟通会”、“千名税干进千企”、“网送税法连万家”、“深化十项便企措施”等活动,鼓励并引导企业创业创新,共克时艰。开展“结对助企活动”,通过局领导一对一结对重点纳税企业,帮助解决涉税难题。开展“走访助企活动”,深入重点税源企业、高新技术企业、困难企业等进行走访,逐户了解生产经营情况,讲解税收优惠政策。落实省委、省政府临时性适当下浮企业社会保险费缴纳比例政策,为企业和灵活就业人员减负4568万元。开展“辅导助企活动”,与平湖市国税局联合举办政策辅导活动,制作展出税收宣传展板,邀请一部分企业老总与会计等代表参加,开展现场专题辅导。

【推进企业分离发展服务业】通过专题调研、拟订个性化分离方案、选择骨干企业先期试点、实施年度目标责任制考核和定期公布分离进度等举措加大推进企业分离发展服务业工作力度。结合平湖市“一镇一品”块状经济特点,注重在服装、箱包、童车及洁具等行业的研发上下工夫,大力发展现代物流业和商贸业。2009年,共分离发展服务企业24户,其中物流(运输)企业3户,从事购销业务的商贸企业4户。

【税收法制建设与税收宣传】完善以《税友2006》和ISO9000质量管理体系为载体、以电子化考核为支撑、以执法过错责任追究为手段的人机结合式税收执法责任制体系。进一步做好重大税务案件的审理工作,及时调整重大案件审理委员会成员,全年共审理重大税务案件1件,无行政复议和行政诉讼案件;加强对税收规范性文件的会签、会审和备案备查工作,全年共梳理规范性文件329个,公布废止失效和部分失效文件97个。

围绕“税收·发展·民生”主题,积极开展第18个全国“税收宣传月”活动。一是开展以“关注启蒙教育”为主题的“地税春天校园行”活动,依托“税收实践基地”当湖中心小学开展“情系税收”系列美术作品比赛。二是开展“满意在税收”青年文明号优质服务年活动,并将每年的4月18日定为青年文明号统一的“税收优惠政策辅导日”。三是通过电视、报纸、手机短信、宣传标语以及电子显示屏等媒介,开展各类税收宣传。

【征管改革与税源管理】一是深化税源管理,建立健全数据采集—税源监控—税收分析—纳税评估—税务稽查“五位一体”税源管理互动机制,创新管理手段,加强税源监控,2009年重点税源监控户为650户,比上年新增137户,监控面扩大到75.8%。二是细化税种管理,积极推广应用不动产建筑业税收项目管理软件;进一步推进个人所得税代扣代缴申报工作,全年申报人数达2065人,扣缴税款8232万元。三是加强发票管理,对发票开具数和申报数比对不符的纳税人进行全面清理核查。

【信息化建设】积极推广应用《税友2006》快捷查询管理软件,以“快捷查询”模块为平台,进一步清理、修正基础数据信息,对税务登记及认定环节重要指标和参数进行重申和明确,对登记岗位和后台管理岗位的基础信息管理工作职责作进一步规范。以不动产建筑业项目管理软件为载体,加强与建设部门的沟通与协作,实现建设部门信息数据共享,强化建筑业税收征管。

【规费征收】2009年,社会保险费、水利建设专项资金、教育费附加、地方教育附加共入库11.31亿元,同比增长8.5%。一是注重申报质量。深入企业开展政策宣传,针对规费申报过程中出现的问题,抓好薄弱环节的辅导,督促企业及时足额申报。二是做好收入预测。加强对规费收入趋势的分析和把控,提高收入预测的准确性。三是强化数据比对。加强与国税部门的沟通与联系,及时交换数据信息,做好相关税种间的收入数据比对,重点抓好国税代开票环节和稽查查补环节税收收入的后续控管。四是做好社会保险费的汇算清缴工作。制订并下发《关于做好社会保险费汇算清缴工作的通知》和《社会保险费欠费管理办法(试行)》,全年共对4431户企业开展汇算清缴。

【税务稽查】2009年,稽查部门共查处各类涉税案件362起,查补税费2404万元,同比增长87.4%,结案率和入库率均100%。一是积极开展对"大小非"减持企业、教育培训机构以及从事金融、电力、建筑安装业等行业的专项检查,完成检查户数353户,补罚各项税费计1273万元。二是抓好举报案件查处,全年受理举报案件8起,结案8起,补罚各项税费合计80万元。三是加强部门配合,突出专项整治效果,联合国税、工商、公安经侦部门等力量,重点检查非法取得假发票、假票据和非法代开发票等违法行为。

【优化纳税服务】一是积极推行办税服务厅POS机刷卡缴税(费)、涉企科室(单位)和中层岗位服务承诺制以及涉税事项的"一次性告知制"、"补正承诺制"和"同城通办"等举措,服务纳税人;二是制订并下发《办税服务厅服务规范》、《青年文明号大厅布置规范》和《青年文明号礼仪服务规范》等制度,提高服务窗口"即办件"的比例;三是通过电视向社会公开作出服务承诺,接受社会监督和评议;四是开展纳税人满意度网络测评,全市共有1580多户企业参与点击测评,总体满意率达96.1%;五是汇编《"企业减负"有关税费优惠政策》、《税费优惠政策100条》等宣传册并免费发放给企业。

队伍建设 【财税文化建设】一是突出实践活动平台。以"服务科学发展、构建和谐财税"为总载体开展系列活动,共为企业和基层群众办实事279件,受惠企业4526户。二是突出情感建设平台。组织开展扶贫济困送温暖系列活动,与丽水市云和小学开展"帮困思廉"助学结对,共捐款27500元;开展"送温暖、献爱心"捐赠衣被活动,共捐赠衣被247件;开展"慈善爱心一日捐"活动,共募集捐款32600元。三是突出文艺宣传平台。积极排练并参与各类文艺汇演,包括全省财税系统文艺调演、嘉兴市财税系统第二届文艺汇演以及平湖市总工会举办的庆"五一"诗歌朗诵表演赛等;组织开展"推动科学发展,促进社会和谐"演讲比赛和《祝福祖国、与国同庆》新中国成立60周年文艺汇演。

【机关作风建设】一是亮牌上岗。以新税务制服换装为契机,及时制订完善税务人员着装管理规定,制作"三亮"牌(亮工作人员身份、亮岗位职责、亮服务承诺)。二是组织明查暗访。加强对机关科室、基层及窗口单位工作人员贯彻执行"四条禁令"情况的效能检查,开展明查暗访4次。三是营造公平、公正纳税环境。对经常性涉税事项,严格实行当场办结制和限时办结制,尽可能简化手续、减少环节,提高机关办事效能,降低纳税人办税成本。

【教育培训】制订2009年度教育培训计划,注重将干部职工的思想教育与业务培训有机结合,先后开展新录用公务员上岗培训、地税信息系统操作培训、计算机管理员培训、ISO9000质量管理体系内审员培训、公务员更新知识培训和考试、地税干部全员轮训等。加强以网络为平台的互动性学习,在新版内网设立"专题教育",供全局干部交流学习,注重引导干部学习财政、金融等知识,提升综合业务素质。

【廉政建设】开展以"推进工程"、"提升工程"、"创新工程"、"优化工程"为核心的四位一体党风廉政建设。制订并出台《平湖市财政地税系统惩治和预防腐败体系2009—2012年工作方案和责任分解》、《开展岗位廉政排查防范工作实施方案》。开展廉政风险排查,共排查出风险点104项,针对风险点制订完善防范措施79条。定期学习纪委相关通报文件,组织观看《悲喜人生》、《平湖市"3·23"系列腐败案件警示》等教育片。全年共收到各级干部上交的礼金、礼券折合人民币25300元。

【创建文明单位】加强和改进机关党风政风,开展

"五型机关"、"基层文明单位"、"群众满意基层站所"、"青年文明号"和"岗位能手"等创建活动。建立健全公共服务信息平台,建设透明高效的"办事网",通过局长信箱、网上投诉等栏目,实现与公众的互动交流,及时解决群众反映强烈的问题,积极创建群众满意的文明单位。2009年,平湖市地税局继续被平湖市委、市政府评为优秀部门和党风廉政建设责任制考核优秀单位。所属黄姑税务分局被评为嘉兴市级"基层文明单位"、"服务民生满意站所"和"二星级群众满意基层站所",同时继续被认定为2009年度浙江省地税系统"群众满意基层站所"创建工作先进单位。

(平湖市地方税务局供稿　叶　栩撰稿)

海宁市地方税务工作概述

局长　陈金明

经济概况　2009年,海宁市实现生产总值371.77亿元,按可比价计算,比上年增长10.4%;人均生产总值56936元,比上年增长9.9%。第一、二、三产业增加值分别为17.72亿元、226.32亿元、127.73亿元,分别比上年增长3.0%、9.2%、13.7%。全市实现财政总收入48.39亿元,比上年增长10.1%,其中地方财政收入23.95亿元,比上年增长12.0%。收入总量继续居嘉兴各县(市)首位。全市财政一般预算支出26.30亿元,比上年增长16.0%。全市地方基金收入39.27亿元,比上年增长10.1%。地方基金支出37.96亿元,比上年增长0.7%。

税收概况【任务完成情况】2009年,海宁市地税部门共组织各项收入30.05亿元,比上年增长7.4%。其中:税收收入16.62亿元,增长8.0%,增收1.23亿元;费(基金)收入13.43亿元,增长6.7%,其中社会保险费10.86亿元,增长6.9%。

【税收特点】一是税收收入逐月企稳回升,前低后高态势明显。收入形势开局严峻,至4月底税收收入同比出现减幅,从5月份起,随着制造业、房地产业、建筑业三大支柱行业销售收入和经济效益的回升,以及市内重点楼盘开始热销,税收增幅逐月上升,全年增幅达8.0%。二是主体税种一升两降,税收结构有效优化。三大主体税种中营业税保持增长,两个所得税受企业经营效益下降影响出现减收。地方小税种在加强基础税源管理和楼盘土地增值税结算增收的情况下实现增收。三是房地产业税收大幅增收,收入比重持续上升。全年房地产税收同比增长15.6%,如剔除楼盘企业所得税结算入库减收因素,房地产业税收同比增幅为41.6%。四是产业结构同比相对稳定,重点行业增减明显。第二产业税收同比增长9.0%,其中建筑业税收增长14.4%,采矿业下降50.6%。第三产业税收同比增长7.0%,其中房地产业和金融业分别增长15.6%和37.3%,信息传输业、批发零售业和租赁商务服务业分别下降16.1%、9.7%和5.2%。五是社保费收入低幅增长,养老保险基本持平。受社保费集中减征以及下调养老保险缴费比例两项因素影响,社保费同比增长6.9%,其中养老保险同比增长0.9%。

【税源分析】1.营业税:累计入库6.41亿元,比上年同期增收8857万元,增长16.0%。行业中除信息传输业同比出现减收,其他行业均保持一定幅度的增长。其中房地产业增幅逐月上升，累计入库2.04亿元,比上年同期增收4337万元,增长27.0%。增收原因:主要是从二季度起楼市销售明显好转,特别是下半年房地产营业税入库1.09亿元，比上年同期增收6970万元,增长179.6%。建筑业增长幅度加大,累计入库1.98亿元，比上年同期增收2547万元，增长14.7%。增收原因:一是市内重点工程进入实质施工阶段和楼市热销后建筑业税款增加,二是嘉绍高速和沪杭高铁营业税入库。

2.企业所得税:累计入库2.46亿元,比上年同期减收6391万元,下降20.6%。减收主要集中在房地产业和商务租赁服务业。房地产业减收原因:一是受新企业所得税实施后税率调低影响,二是市区大型重点楼盘全部在国税缴纳企业所得税。商务租赁业减收原因:一是皮革城股份有限公司上年入库基数大,同比减收1680万元；二是鼎兴投资有限公司股票投资收益缴纳企业所得税比上年减收431万元。另外,受金融危机影响,上半年全市规模以上工业企业效益同比下降18.2%,这也是造成企业所得税减收的重要原因。

3.个人所得税:累计入库2.60亿元,比上年同期减收226万元,下降0.9%。影响个人所得税总体减收的主要因素：一是受宏观经济因素和金融危机影响,企业经济效益大幅下降,从而导致全年重点税源分红大幅下降；二是个体工商户生产经营所得调低带征率,全年减收1100万元。工资薪金个人所得税累计入库1.17亿元,同比增收1889万元,增长19.3%。增收因素:加强行政事业单位个人所得税申报管理,共补缴个人所得税916万元。

4.其他税收:合计入库5.13亿元,比上年同期增收8893万元,增长21.0%。地方七税中除资源税因石料企业开工因素影响下降外,其他小税种均保持一定的增幅。增收主要原因:一是落实车船税暂行条例,在委托保险代收代缴车船税的同时,继续委托车管部门对上年度未征收的部分车辆进行补缴;二是加强房产和土地使用税税源基础管理,开展对房产税和土地使用税的征收比对工作,带动税款增收;三是加强土地增值税项目结算和检查。

各项工作情况【**优化收入结构**】不断优化税源结构。建立健全“全面调研、月度预测、量化分析、动态监控”的预测分析机制;加强税源管理,使税源管理由“外延扩大”的粗放型向“内涵细化”的精细化管理转变;健全“数据采集、税源监控、税收分析、纳税评估、税务稽查”五位一体互动征管机制。不断优化税种结构。利用第三方信息强化各项地方税种征管;贯彻落实新营业税暂行条例,做好新企业所得税法实施后的汇算清缴工作；强化年所得12万元以上个人所得税自行申报管理工作;全面启用国税、地税、工商信息共享系统。全年地方税结构比重为69.5%,比上年提高6.0个百分点。

【**帮扶企业“春雨”专项行动**】针对金融危机下的严峻经济形势,积极开展为企业减负“春雨”专项行动,全面落实国家规定的各项税费减免政策,与企业共渡难关。一是认真开展临时性下浮社会保险费单位缴费比例工作,对企业五项社会保险费单位统筹部分集中减征,减轻企业负担5558万元,其中:企业单位减免4860万元,自谋职业者减免698万元。二是下调养老保险缴费比例。实施养老保险单位费率下调和自谋职业养老保险费率下调，企业费率从18%下调为15%,自谋职业从20%下调为18%,共减轻企业负担7500万元。三是依法依规落实好困难企业税费减免政策,共减免企业房产税、城镇土地使用税、水利建设专项资金等各项税费16100万元。

【**推进企业分离发展服务业**】大力推进企业实施主辅分离。全面梳理整合现有税费优惠政策,制定实施鼓励和引导企业实施主辅分离的政策意见,对实行主辅分离的企业给予政策扶持。通过走访企业和召开座谈会等形式深入企业调研,在尊重企业意愿及市场发展形势的前提下,促成企业分离发展服务业。重点是突出规模企业、物流运输业及其他分离发展服务业有较大潜力的企业,做到成熟一家、推行一家,由点及面,步步推进。全年共完成主辅分离企业26户,新增地方财政贡献590万元。

【**税收法制建设与税收宣传**】一是引入法律咨询决策机制,建立法律顾问制度。二是开展税收执法检查。组织对行政许可、行政处罚、行政审批等事项的日常检查;开展对稽查案件的复查,建立税收执法自查以及征管与稽查交叉互查工作机制。三是推进法制制度建设。结合规范行政自由裁量权,制订行政处罚的配套制度,实行检查处罚职能分离、重大行政处罚案件集体审议等措施。四是开展税收执法风险防范机制建设,形成以岗位为点、以程序为线、以制度为面环环相扣的执法风险防范机制。

加大税收宣传力度,围绕“税收·发展·民生”主题,4月份开展第18个全国税收宣传月活动。活动以“六个面向”为实践载体,不断增强税收宣传原创力,扩大覆盖面,打造特色宣传品牌。同时,积极构建大宣传格局,建立健全税收宣传长效机制,增强税法宣传效果。开展“财税政策大巡讲”活动,组织财税骨干分赴各镇、街道和开发区开展政策巡讲共9场次。

【征管改革与税源管理】一是分行业开展纳税评估工作,加强税源案头分析,探索建立分行业纳税评估模型和实行评估复查。二是修订完善《娱乐业税收征管办法》,实施预警指标管理。三是探索多元征管模式。深入开展征管查互动工作,形成征管合力;强化部门协作,完善联合办税、协作办证、信息共享等机制。四是强化信息比对,实行科学化的信息比对,纵向突出深度,横向突出广度。五是加强税源管理。制订《日常税源责任片区管理实施办法》,实行税源责任片区管理制度;对重点税源实行分类分级管理和动态监控。

【信息化建设】一是深化应用《税友2006》系统。深入挖掘《税友2006》管理和应用功能,全面推广应用快捷查询系统;将ISO9000质量管理工作通过《税友2006》质量管理模块运行,提高信息化管理质量。二是深入应用各项软件。应用不动产建筑业税收项目管理软件;启用新的房地产交易税收征管软件,为实施房地产税收“一体化”管理和房屋交易最低计税价格管理打下基础。三是开发建立国税、地税、工商信息共享平台,实现国、地税共管户定额信息共享,实现三方数据的有效比对,提高税收征管质量和效率。

【各项规费征收】巩固和推进社会保险费“五费合征”。完善考核机制,推进社保扩面征缴,社保费征缴率达99.9%;加强部门合作,做好企业裁员、停业人员社保接续工作;实行动态管理,抓好社保欠费清理和社保基金专项治理。全年社会保险费征缴入库10.86亿元,比上年增加6967万元,增长6.9%。做好三项规费的征收和信息比对。通过案头分析比对,核实补缴入库两项教育附加450万元;通过企业财务表主营业务收入与水利建设资金申报销售收入的比对,补缴水利建设资金332万元。全年三项规费入库2.33亿元,比上年增长5.1%。

【税务稽查】一是规范税收秩序,有重点地组织实施建筑安装、营利性医疗机构、教育培训机构等专项检查,严肃查处重大偷税案件,强化税务稽查执法刚性。二是健全案件复查长效机制。采取阅卷方式对案件进行全面复查,结合复查反映的问题,通报问题案件有关人员,强化内部监督制约。三是创新稽查工作方法,由重点检查向“体检式”检查转移,把送政策、送技能、送服务融入到税务检查中,对企业实行个性化辅导和行业性政策辅导相结合,丰富稽查工作内涵,重点对灯泡、袜子、家纺、娱乐、五金等五个行业纳税人开展“体检式”检查工作。全年稽查查补入库4520万元,比上年增长58.5%。

【优化纳税服务】开展“进百企,联百项,帮办服务促发展”活动,分工作小组经常性下基层、下企业走访调研,深入了解企业发展现状,协调解决企业在生产发展过程中遇到的各种困难和问题,进行多形式的结对帮扶活动。创新形式开展“日记民情,每周一议”活动,了解纳税人、服务对象的需求,切实解决群众反映的热点、难点问题。深化POS机缴税、同城通办、补正承诺制、网络答疑、QQ论坛、手机提醒等便民措施,切实方便纳税人办税,优化纳税服务。

队伍建设【财税文化建设】深化财税文化建设,搭建“六大平台”,营造浓厚的财税文化氛围。做好财税系统文艺调演,充分反映全市财税干部职工在建设祖国和财税改革进程中的精神风貌、优秀事迹;开展“家乡礼赞 庆祝祖国六十周年华诞”摄影、书法、绘画、剪纸、诗歌、散文比赛,歌颂财税工作的发展和改革成果;组织妇女、党员、团员开展丰富多彩的文体活动,增强组织工作的凝聚力和战斗力;开展各项廉政文化建设,组织财税干部参加讲廉政故事、写廉政故事、唱廉政歌曲大赛,在财税系统营造浓厚的清廉文化氛围。

【机关作风建设】坚持以“两优三服务”、“两提高、两降低”、“两集中两到位”为要点,结合地税部门实际,有针对性地开展各项工作。一是完善监管平台,畅通投诉渠道,主动接受作风效能和执行力监督。充分发挥特邀监察员、兼职监察员、局长信箱、信访投诉等监督渠道作用,听取意见,严肃纪律,加强整改。二是将作风效能和作风建设相关工作开展情况纳入考核范围,并实行责任追究制度,建立作风效能和执行力建设长效机制。三是全面推行依法行政、依法治税,构建事前、事中、事后的全方位执法监督体系。四是进一步增强内部约束机制。严格控制会议费、招待费、公务用车费用支出。

【教育培训】统筹规划,分级分类,认真做好财税干部的教育培训管理。一是注重提高干部的业务能力和操作技能,全年实施13项专项业务培训。二是做好公务员初任培训和锻炼、公务员知识更新培训、干部任职培训,使干部能更好地适应岗位要求。三是开展分期分批分类业务培训。重点对会计电算化基础与实务、涉税会计业务处理进行培训,提高地税干部实际工作能力。全系统共实施教育培训2457人次。

【廉政建设】一是落实2009年度党风廉政建设和反腐败工作责任分工,逐级签订"一岗两责"责任书。二是制订推进岗位廉政风险防范机制建设工作方案。组织广大党员干部学习有关廉政法规、纪律制度,深入查找在思想道德、岗位职责、制度机制以及外部环境影响等方面的廉政风险点,共查找出廉政风险点20个。三是修订完善规范权力运行、限定自由裁量权等防范廉政风险的防控措施和工作制度,建立廉政风险防范工作长效机制。四是形式多样地开展各项廉政教育活动,增强党员干部拒腐防变能力。

【创建文明单位】以深入学习实践科学发展观活动为契机,把"两优三服务"活动与文明创建工作有机结合起来,研究制订并深入实施《开展"群众满意基层站所(办事窗口)"评创活动实施方案》,着力提高基层单位政风行风建设水平,各项创建取得较好的成效。其中硖石税务分局被人力资源和社会保障部、国家税务总局授予"全国税务系统先进集体"荣誉称号,被浙江省地方税务局评为省地税系统省级基层文明单位和省地税系统"群众满意基层站所(办事窗口)"创建工作先进单位。

(海宁市地方税务局供稿 许立锋撰写)

海盐县地方税务工作概述

局长 贺伟民

经济概况 2009年,海盐县实现地区生产总值210.30亿元,按可比价格计算,增长8.0%;人均生产总值56845元。第一、二、三产业增加值分别为15.13亿元、135.01亿元、60.16亿元,增长分别为3.0%、6.4%、13.3%。全县实现财政总收入21.30亿元,增长11.2%,其中地方财政收入10.88亿元,增长12.3%。

税收概况【任务完成情况】2009年,全县地税部门共组织各项收入15.48亿元,增长2.5%。其中:税收收入7.69亿元,增长6.6%,完成省局下达计划的101.5%;地方八税入库2.43亿元,增长3.3%,对税收增收贡献率为16.2%;社保基金收入6.19亿元,增长5.3%。

【税收特点】受国际金融危机影响,2009年是新世纪以来经济发展和组织收入最为困难的一年。一是收入增幅前低后高。在6月底止跌回升后,增幅逐月提高,全年增长6.6%。二是收入结构持续优化。地方税收收入5.19亿元,增长8.4%,增收4011万元;地方税占比67.5%,比上年提高1.1个百分点,高于全省平均3.5个百分点。三是行业税收不均衡,三产呈负增长。17个行业大类无一个行业能保持每月增长，四大主导行业(制造业，电力、燃气及水的生产和供应业，建筑业，房地产业）增幅分别为0.1%、6.5%、51.7%、-20.7%。三产总体一直处于负增长，但降幅逐月收窄，且回升较快，全年下降2.2%。四是非税收入持续下降。前10个月一直处于下降区间，11月总体回升后稳步增长。其中非税收入入库7.79亿元，减收953万元，下降1.2%；三项规费下降21.5%，其中两项教育费附加下降23.2%，减收3358万元，水利建设专项资金受2月份起下调征集率和落实省批减免退库共同影响，下降15.9%。

【税源分析】1.营业税：入库2.76亿元，增收3245万元，增长13.3%。建筑业营业税入库1.04亿元，增收2722万元，其中外来建筑增收2190万元；交通运输业入库2808万元，增收1608万元，主要是跨海大桥和杭浦高速分别增收918万元和87万元；金融业受新办金融机构和贷款增长影响入库1133万元，增收294万元；房地产入库6421万元，但受上年清欠引起基数提高及二手房交易政策影响，减收1568万元。

2.企业所得税：入库4618万元，增长9.0%，增收383万元，在汇算清缴和稽查入库的双重推动下至6月底止跌回升较快，保持较高增幅。分经济类型看，只有股份公司增长51.0%，国有企业、集体企业、股份合作企业和私营企业分别下降37.3%、21.6%、55.3%和13.4%。分行业看，只有工业，交通运输、仓储及邮政业，建筑业，租赁和商务服务业分别增长2.6%，98.9%，619.1%和44.4%，商业、住宿和餐饮业、房地产业分别下降28.1%、112.1%、65.9%，工业中纺织、化工、紧固件和造纸业分别增长58.2%、143.1%、11.5%和166.7%，服装皮革、交通运输设备、电气器材制造分别下降47.3%、95.9%、37.0%。

3.个人所得税：入库2.04亿元，增收347万元，增长1.7%。主要项目中只有工资薪金所得增长7.4%，增收988万元，其中3个核电公司入库8522万元，占全县59.3%；财产转让所得因上年银燕啤酒影响而下降；受企业效益下降影响，利息股息红利所得下降12.9%；个体工商生产经营所得下降11.6%。

4.其他税收：入库2.43亿元，增收766万元，增长3.3%。其他税收中城镇土地使用税、城建税、印花税、房产税和车船税分别增长13.0%、1.9%、32.5%、23.1%和37.2%。其中，城镇土地使用税4月份集中征收以来申报情况好于上年，1505户缴纳税款3308万元，增收440万元；城建税受废品收购增值税政策影响增收716万元，3个核电公司减收632万元，增值税转型改革影响553万元，其中因设备抵扣影响465万元；印花税增收主要是核电一期方介山扩建项目合同签订增收784万元，同时因房地产交易环节优惠政策减收31万元；房产税4月份集中征收以来申报情况也好于上年，1223户缴纳自用房产部分2846万元，增收793万元；车船税实施由保险公司代收代缴，税源稳定增长；资源税受石料企业关闭影响，4个石料企业入库605万，减收489万元元，下降44.7%；土地增值税入库1030万元，减收804万元，下降43.8%，主要受房地产公司销售结转和上年稽查因素影响。

各项工作情况【优化收入结构】一是加大税收预测分析力度。面对严峻复杂的经济形势，及早安排收入计划，每月通报收入情况，每月两次收入预测，实时跟踪收入进度。二是提高小税种管理能力。车船税全面实施由保险机构代收代缴，全年入库838万元，增长37.2%；开展房产税和土地使用税税源基础数据清理，入库“两税”6491万元，分别增长23.1%、13.0%；房地产开发企业土地增值税专项清算补缴入库290万元；建立国税、地税、工商“三方”联合办证平台，解决新开户工商、税务登记差异问题；建立非居民税收管理工作机制，全年向境外支付征收税款395万元，增收354万元。三是组织开展所得税汇算清缴。汇缴率98.6%，为历年来最高，汇缴净入库985万元。四是采取上门受理、开设“绿色通道”、全员参与等多项措施，年所得12万元以上个人所得税自行纳税申报人数2833人，补缴税额313万元。

【帮扶企业“春雨”专项行动】一是服务载体多样。围绕“解困、帮扶、服务”工作主线，开展“春雨”减负专项行动、“百名干部进百企、出谋划策解难题”和“双服务”等活动，在政策权限内把各项税收优惠政策及时落实到企业。二是贯彻政策主动。全年依法审核审批减免、抵免企业所得税1705万元；涉及企业所得税税前扣除金额1.32亿元，其中技术开发费加计扣除金额5427万元；对符合减免条件的企业，予以减免水利建设专项资金和房产税2600万元。三是帮扶举措积极。贯彻社会保险费缴费比例集中减征政策,集中减征3369万元,惠及企业3678户,城镇个体劳动者10825人;贯彻基本养老保险费缴费比例调整政策,年初将用人单位基本养老保险费缴费比例由18.5%降到15%,4月份起将城镇个体劳动者养老保险费缴费比例由20%下调为18%,全年减轻企业、城镇个体劳动者负担6000万元;调整水利建设专项资金征集率,相关企业减少缴纳790万元;推行限缴期内预约扣款,帮助企业和困难群体缓解资金困难。

【推进企业分离发展服务业】贯彻省委、省政府和省局决策部署,成立推进企业分离发展服务业工作领导小组,负责组织协调、工作计划和考核办法的制订实施;各分局成立由分局长、业务骨干组成的工作调研组,选取重点企业开展上门调研,对具备条件的企业积极引导;在实践探索中,对大中型工业(商业)企业或集团中的运输、仓储、包装、配送等物流业务,从主业分离后设立专门的物流、运输、仓储公司;对企业内部的技术咨询、技术研发、维修服务等业务,实行单独剥离,成立相应的分公司或专门公司;对闲置的资产和剩余劳动力,组建相应的租赁、物业管理和劳务公司;鼓励现有各类企业或其股东投资创办各类三产服务型企业等;对已实施分离的企业保持经常联系沟通,做好回访工作。全年成功分离企业15户,新增地方税收250万元。

【税收法制建设与税收宣传】一是推进依法行政。始终把依法行政工作放在全局突出位置,年初局长与各科室签订行政执法责任书。二是强化执法考核。以半年预考、全年统考方式,稳步推进执法责任制考核;全年召开五次会议集体审议决策重大税务事项。三是规范执法行为。制订出台海盐县地方税务局行政处罚自由裁量权指导性意见,细化分解自由裁量权范围、行使条件、裁量幅度和实施种类,规范和约束行政执法行为。四是注重宣传实效。围绕“税收·发展·民生”主题,把宣传重点放到帮扶企业解困发展及与民生紧密相关的重要税费政策的解读和宣传上;各基层税务分局贴近纳税人需求,召开形式多样的税企恳谈会、辅导会,主动送政策、送咨询、送服务;创新开设“就业创业税收课堂”,解答创业青年的疑难困惑,8名创业辅导员与薛洁利等创业青年签订帮扶结对书,并以“1+X”模式进行点对点结对联系,服务青年就业创业。

【征管改革与税源管理】一是开展“税源管理年”活动。印发《进一步加强税源管理工作的实施意见》;加强重点税源监控管理,筛选审批认定224户重点监控企业,全年入库重点税源户税收5.14亿元,占全部税收的66.8%;全面应用“不动产、建筑业项目管理软件”,深化项目管理制度,提高营业税科学化、精细化管理水平。二是加强个私税收征管。理顺内部管理流程,优化“参数定税法”指标体系,个体税收“双定”共调整定额户数3393户,调整面达57.2%,并对建账建证、自行申报的103户个体大户设置“预警值”进行监控。三是推进发票电子化、数字化管理。推广应用省版电脑开票软件,加大机打发票应用力度,限制手工票和定额票使用量,2009年新增电脑开票156户。四是加强部门合作。完善与国税、工商等部门的协作项目,健全部门信息共享网络和机制。重点建立与建设部门在建筑业项目登记上的信息传递机制,掌握全县200多个在建项目明细数据;与旅游局联合开展旅游行业专项纳税评估的后续整改工作等。

【信息化建设】推进《税友2006》各模块深入应用,以“快捷查询”功能应用为切入点,重点推进税务登记“四分类法”的实施,各项目数据清理完成率都超过95%,多项达到100%,提高了《税友2006》数据库质量;完善三方联合办证平台,全年通过该平台办理税务登记新开户4185户;加强个人所得税全员管理软件的技术支持及日常维护,确保年度个人所得税完税证明信息传递;在国地税联合办证系统基础上,采用省局统一接口,实现了三方联合办证,全县个体工商户税务登记证可直接在工商相应窗口打印;深化应用国地税个体双定户联合定额系统,重点解决国地税共管户个体定额比对及国税数据传输不稳定等问题。

【各项规费征收】一是推进完善社会保险费“五费合征”办法。加大征收力度,月申报率、入库率分别达96.4%、99.9%;全年共组织入库6.19亿元,在政策调整前提下,比上年增收3121万元,增长5.3%;社保费汇算清缴补缴入库74万元,压缩陈欠112万元。二是加强教育费附加和地方教育附加的征收管理。开展与三税信息比对,74户有问题纳税人补缴税费46万元,堵塞了征管漏洞,确保应收尽收。三是加强水利建设专项资金征收管理,严格执行减免政策。全年共征收水利建设专项资金 3854 万元。四是推动残疾人就业保障金征缴面的全覆盖和征缴工作的规范化。全年代征户数达 2493 户，征收残疾人就业保障金 962 万元，增长 1.5%。

【税务稽查】一是创新稽查方式。开展辅导式专项检查，提高责成自查效能，提升人性化执法理念；加大稽查力度，重点查处海盐新天地实业有限公司等一批大案要案；税警联合开展整治制售假发票集中统一行动。二是专项检查成效显著。开展营利性医疗机构、教育培训机构、建筑安装企业、大型企业集团、国家税务总局定点联系企业及房产税和城镇土地使用税、大小非减持企业等各类税收专项检查。三是实施大案要案联合查办。健全完善查前信息沟通、查中协调配合、查后结果反馈工作机制，拓宽与国税、公安、检察、法院等部门协作的广度深度，有效解决一些疑难案件的查处难和执行难问题。全年共检查 97 件，查补入库税费、滞纳金和罚款 1718 万元。

【优化纳税服务】一是健全首问责任制、限时服务、“一窗式”服务，推行节假日预约服务；各基层分局办税厅工作日中午设置值班窗口，为纳税人提供“全天候服务”；推行“补正承诺制”，实施“先受理，后补正”，避免纳税人来回奔波；贯彻“两个减负”要求，进一步简化办税手续、简化文书、简化审批。二是深化实施“同城通办”，推广实施“三方”联合办证工作机制；推行税款缴库方式改革，加大“一户通”扣税的推广应用力度。三是推进办税服务厅形象建设，规范窗口设置，将办税服务厅划分为人工服务、税法宣传、自助服务三大区块，安置自助电脑专供纳税人免费进行纳税申报、涉税查询等；深化“免填单”服务，缩短纳税人手工填表及等候时间。

队伍建设**【财税文化建设】**开展军地共建、社区共建、税企共建、村委共建等系列文明共建活动，争负社会责任；创建市级廉政文化进机关示范点；开展“倡行好书”活动，丰富干部职工业余生活；组队参加省市系统文艺调演；百名干部参加的大合唱节目获县第二届文化艺术届“爱国歌曲大家唱”活动金奖；组织干部职工参加“人文海盐”讲坛系列讲座活动；组织干部参加“外经贸杯”科学发展英语口语演讲比赛，展示现代地税干部精神风采；组织干部职工及家属参加市局和嘉兴日报组织的书画摄影比赛，绘画作品《乡村小屋》获一等奖；推荐沈荡税务分局《春风润雨细无声》电视专题片，参加省局组织的树文明新风网上行专题活动；开展“心连心爱心募捐”活动，党员干部带头捐款捐物，全局捐款 59000 元，捐衣捐物 165 件。

【机关作风建设】围绕优化服务工作重点，下发《“优化服务年”活动工作责任分解方案》；针对性地部署开展财税专题教育，加快转变工作作风；完善效能建设绩效考核，细化税收执法过错责任追究暂行办法；建立兼职监察员制度，构建内部监察网络，加强对劳动纪律、服务质量等为重点的明查暗访；制订“纳税服务评价器”管理暂行办法，发挥纳税人服务评价功能；开展创建群众满意机关、效能示范岗、基层满意站所(办事窗口)等系列活动，向各类纳税人发出满意度调查表，接受监督评价，征求意见建议。

【教育培训】开展公务员更新知识培训，分 4 期 6 批组织公务员 280 人次，参加公共危机、法治浙江与和谐社会建设等课程的培训及考试；鼓励干部职工参加业余学历学习和专业技术职称考试，2009 年有 1 人完成法律研究生学业，各有 1 人完成本科和大专学业，2 人取得中级经济师资格；安排 8 期 101 人参加市地税系统为期 3 天的脱产培训；组织干部职工参加全省地税系统信息安全知识竞赛活动并获省局通报表彰；选送 4 名业务骨干参加市局“办税服务能手”选拔，余明忠被评为“市级办税服务能手”，并代表市局参加省局比赛获全省团体第二名。

【廉政建设】一是落实党风廉政建设责任制。坚持把党风廉政建设工作任务与地税业务工作同部署、同督查、同落实，形成上下齐抓共管“责任链”。二是增强廉政教育的针对性和有效性。把反腐倡廉教育纳入年度教育计划，突出教育重点，创新学习形式；深化节前廉政教育制度；开展党纪法规知识测试；突出正面教育与警示教育相结合，开展评创“十佳廉洁型家庭”活动和组织干部职工观看反腐败警示教育片、参加案件庭审旁听活动。三是着眼“文化育人”。丰富“廉政书柜”，添置各类廉政书籍、杂志、报纸、光盘，不断更新廉政教育资料库；精选廉政格言警句，以短信等形式传播廉政精神；党风廉政宣传月活动收集和展示优秀的廉政书画作品。

【创建文明单位】构筑全局性文明创建总体框架，县局机关巩固提升市级文明单位创建成果，为申报省级文明单位打下基础；各基层分局争优创先成果显著：直属分局继续保持嘉兴市级和市地税系统文明单位及市级"青年文明号"称号，还被授予嘉兴市文明示范窗口、群众满意基层站所称号；澉通税务分局在保持以往荣誉基础上，又获市系统"群众满意基层站所"、市效能建设示范岗和市巾帼文明岗等称号；沈荡税务分局获浙江省"双万结对共建文明"先进对子、系统省级基层文明单位和树文明新风网上行窗口单位、省级卫生先进单位等多项荣誉。

（海盐县地方税务局供稿 范建松撰写）

嘉善县地方税务工作概述

局长 沈恩达

经济概况 2009年，嘉善县实现生产总值227.33亿元，按可比价格计算，比上年增长10.5%。其中：第一产业增加值17.50亿元，第二产业增加值133.53亿元，第三产业增加值76.30亿元，分别增长3.3%、9.9%、13.5%。第一、二、三产业结构从上年的7.9：60.1：32.0调整为7.7：58.7：33.6。人均生产总值59437元，增长10.3%。全县完成财政总收入33.38亿元，增长11.0%，其中地方财政收入15.97亿元，增长14.0%。

税收概况【任务完成情况】2009年，全县地税部门共组织各项收入18.13亿元，比上年增长10.9%。其中税收收入10.28亿元，比上年增长11.2%；组织各类基金、费等其他收入7.85亿元，比上年增长10.5%。

【税收特点】一是总量实现新突破。税收收入首次突破10亿元大关，为1997年国、地税机构进一步分设时地税税收收入的15倍。二是增幅逐步回升。在经济、征管、调控等众多因素影响下，全年税收收入呈现上半年增幅逐月下降、下半年逐步回升的态势。1月份由于缓缴税款增加，入库上年度土地使用税较多，增幅18.6%，后几个月增幅逐月下降，至6月底累计增幅仅2.0%。下半年，在经济企稳回升作用下，受房地产税收增加及同期基数相对较低等因素影响，增幅逐月回升，至年底累计增幅升至11.2%。三是营业税增幅明显。由于房地产市场升温，销售大幅度增长以及固定资产投资较快增长，带动营业税明显增长，全年营业税入库3.71亿元，比上年增长15.1%，增收4855万元，占全部增收额的46.9%，是三大主体税种中唯一增长税种。四是土地使用税增长明显。由于提高土地使用税征收标准，增收效应显现，全年共入库土地使用税1.24亿元，比上年增长113.1%，增收6586万元，占全部增收额的63.7%。五是企业所得税下降明显。受金融危机以及高新技术企业政策等因素双重影响，企业所得税入库大幅度下降。全年共入库企业所得税1.01亿元，同比下降26.4%。个人所得税受经济环境影响较大，全年个人所得税增长0.9%。

【税源分析】1.营业税：入库3.71亿元，同比增长15.1%。增收原因：一是受年度缓缴增加及2009年楼市逐渐回暖影响，全年房地产营业税共入库1.35亿元，增收2907万元，增长27.4%，占营业税增收额的59.9%；二是由于沪杭客运专线等基础设施投资和房地产业快速发展，带动建筑业营业税增长，全年共入库1.18亿元，增收1206万元，增长11.3%；三是宽松货币政策以及新增交通银行等金融机构,金融业营业税增幅较大,全年入库金融业营业税 1696 万元,增长 24.9%;四是住宿餐饮等传统服务业快速发展,全年住宿餐饮业营业税共入库 2029 万元,增长 16.4%。

2.企业所得税:入库 1.01 亿元,同比下降 26.4%。减收因素:一是"两税合并"翘尾影响,减少收入约 1880 万元,其中高新技术企业减免收入 183 万元;二是受国际金融危机影响,工业企业效益下滑明显,制造业全年入库企业所得税 5171 万元,比上年下降 18.8%,剔除税率降低和高新技术企业减免等政策性翘尾因素影响,制造业企业所得税下降 10.0%以上;三是缓缴税款入库 181 万元,比上年同期减少 875 万元。

3.个人所得税:入库 2.15 亿元,同比增长 1.0%。增收因素:一是个人住房转让政策调整。二手房交易活跃,个人所得税入库 980 万元,比上年增收 524 万元,增长 114.9%。二是加强个人所得税扣缴管理。重点抓好对行政事业单位个人所得税代扣代缴工作,自查补缴个人所得税约 600 万元。三是浙江新嘉联电子股份有限公司、嘉善双飞润滑材料有限公司等单位股息红利所得入库较多,分别入库 749 万元和 548 万元。减收因素:一是由于工资薪金个人所得税费用减除标准提高的翘尾影响,减收 720 万元;二是制造业经济下滑间接影响个人所得税,独资、合伙企业的个人所得税生产经营所得下降明显,2009 年制造业共入库生产经营所得 6175 万元,同比减收 1819 万元,下降 22.8%。

4.其他税收:入库 3.42 亿元,同比增长 35.3%,增幅居各税种之首。增收因素:一是加强土地使用税征收,全年共入库 1.24 亿元,比上年增长 113.1%,其中补缴上年度 6037 万元,比上年同口径增加 5487 万元,当年度入库 6374 万元,同比增收 1099 万元;二是加强土地增值税结算,全年 10 户企业,15 个项目通过结算,入库土地增值税 1208 万元。减收因素:一是受企业经营形势影响,印花税入库 2036 万元,减收 156 万元,下降 7.1%;二是车船税征收方式改变后,部分本地车在嘉兴等地办理交强险并入库车船税,影响本地车船税入库,全年共入库车船税 906 万元,比上年减收 127 万元,下降 12.3%。

各项工作情况【优化收入结构】加强小税种征管,重点调整城镇土地使用税征收范围和征收标准,在 2009 年度内,将县中心区域内工业企业一级土地等级范围调整为二级土地等级范围,自 2009 年 1 月 1 日起,将县经济开发区内一级土地等级范围调整为二级土地等级范围。加强房地产企业的土地增值税清算管理,对原自行清算企业税负明显偏低或退税的,重新委托中介机构进行清算,共补缴税款 2500 多万元。全县第三产业地税收入 4.80 亿元,比上年增长 11.3%,占地税收入的 46.7%。全年营业税和地方小税种共增收 1.38 亿元,企业所得税和个人所得税增减相抵后减收 3423 万元,地方税占比由上年的 62.2% 提高至 69.3%,提高 7.1 个百分点。

【帮扶企业"春雨"专项行动】全面开展"情系企业、共渡时艰——'春雨'专项行动",认真贯彻落实税费减免政策,严格执行集中减征社会保险费、下调企业基本养老保险缴费比例等政策,全年共减免税费 1.33 亿元,减轻企业和纳税人负担。组织举办"工商联税企政策沟通会"、"台商协会政企政策沟通会"、"纽扣行业政企政策沟通会"等 10 场专题政策沟通会。加强税收优惠政策宣传,编印《科学发展服务民生税费优惠政策便民服务措施汇编》1 万余册,发放给企业和纳税人。开展百名干部进百企活动,选派 100 名干部与重点税源企业、高新技术企业、困难企业等 100 户企业建立联挂帮扶机制。成立由地税干部、协税护税工作者等组成的纳税服务志愿者队伍,聘请 10 名"兼职税法宣传员和 10 名"小小税法宣传员",组织开展上街现场咨询等活动。

【推进企业分离发展服务业】联合国税、工商、服务业发展局等部门,组成考察团先后赴山东滨州、诸暨、永康等地参观学习,并制订出台嘉善县企业分离发展服务业指导意见。建立推进企业分离发展服务业工作目标责任、部门分工协作、定点联系、统计考评五项机制。全年共有 20 户工业企业完成生产性服务业分离任务,分离后的企业实现营业收入 1.26 亿元,新产生税收收入 550 万元。

【税收法制建设与税收宣传】贯彻国务院《全面推进依法行政实施纲要》和《浙江省地税系统依法行政工作考核办法(试行)》等相关规定,加强规范性文件合法性审查,严格执行重大税务案件集体审理制度和大额减免税款集体审核审批制度,依法审理重大税务案件2件。推行执法责任制电子化考核,编制重点检查提纲,深化执法检查。建立税收政策执行情况反馈报告制度,重点对再就业税收政策、个人年所得12万元以上自行纳税申报等执行情况开展评估和跟踪问效。围绕“税收·发展·民生”宣传主题,开展第18个全国税收宣传月活动,组织开展“百名干部联百企”、“税收宣传走进新农村”、“税法知识进万家”、“税法宣传进学校”、“依法纳税促和谐”、“税法宣传进机关”等六项活动,其中西塘分局“税收教育基地”揭牌仪式暨“信心作伴、放飞希望”放风筝主题活动项目被省地税局评为优秀项目。

【征管改革与税源管理】一是完善质量管理体系。组织开展质量管理员、内审员等专题培训辅导,专题召开管理评审会,对质量方针、质量目标等方面开展评审。二是完善部门协作机制。强化协税护税网络建设,与国税、工商等部门建立协税护税协作机制。开展总分机构清理工作,与工商部门比对分支机构信息,共清理总分机构472户。加强企业股权变动基础信息管理,建立自然人股东情况征管档案。三是完善税源控管机制。健全“五位一体”横向互动机制,强化重点税源管理。全年重点监控企业627户,监控税款达6.60亿元,占全部税款64.2%,全年代征代扣税款入库1.43亿元。四是开展纳税评估。开展住宿业专项评估,确定行业评估指标,规范行业纳税行为。全年共纳税评估企业290户,占自行申报企业数的4.4%,补缴税费224万元。

【信息化建设】一是推广应用《税友2006》快捷查询管理软件。全县共划分91个片区,完善税源间接控管模式,细化税源管理考核指标,实行职责到岗,责任到人。对正常户实施“四分类”管理,消除差错数据,加强数据录入管理。二是推广不动产建筑业税收项目管理软件。组织相关科室和分局干部赴省局试点单位海盐参观学习,分5期对企业用户和税收管理人员开展推广应用培训。三是完善税款征收入库办法。推广应用“电子扣税凭证”打印功能,完善银联POS机转账缴税办法,推广“一户通”扣款办法,完善“一户通”实时授权功能,除国税及个别代征单位代征的税款外,其他所有税费都通过“一户通”批量、实时或者以一户通专户进行扣缴。

【各项规费征收】全年累计征收各项规费7.83亿元,比上年增长10.5%,其中社会保险费6.40亿元、水利建设专项资金0.43亿元、两项教育费附加0.90亿元、代征残疾人保障金0.10亿元。完善对基层分局考核制度,提高各项规费的申报率和征缴入库率,加大陈欠和新欠清缴力度。加强规费政策培训宣传,分期举办社保费征缴、年终结算知识培训班,受训人数近5000人次。加强与各相关职能部门联系,定期与国税部门的征收情况进行比对、分析,掌握两项教育费附加征收变动情况,确保应收尽收。

【税务稽查】一是组织开展税收检查。2009年共检查户数169户,结案169户,其中责成自查91户,重点检查78户,共查补入库税收1753万元,占地税收入1.7%,其中查补入库税款1416万元,加收滞纳金182万元,罚款155万元。二是整顿和规范发票管理。联合公安、国税开展发票涉税违法犯罪专项整治工作,共捣毁12个专门制售假票证窝点,收缴各类票据12万余份。三是建立查管互动机制。强化查管联席会议制度,深化互动工作方式,发挥以查促查、以查促管职能作用。四是开展执法检查自查和案件评比。加强执法管理和监督,及时发现和纠正执法偏差,有效防范执法风险,提高执法水平,一选送案件被评为2009年全省地税稽查案件三等奖。

【优化纳税服务】在实行“一窗式”服务基础上,推行“流动办税服务车”,利用车载笔记本电脑、票据打印机、无线POS刷卡机等设备,以移动办公的形式,提供最新税收政策、征收税(费)等服务,方便纳税人办理涉税事宜。继续扩大税务登记免填单、免收工本费服务范围。实现所有办理税务登记免填单和免收工本费,全年免填单企业1662户,个体工商户2249户,免收税务登记工本费10万元。

队伍建设【财税文化建设】一是组织开展专题研讨。组织开展中层干部思想政治工作研讨会,围绕财税文化建设主题作课题交流,局长进行专题辅导。二是营造财税文化环境。建成文化长廊,将干部职工创作书画、摄影作品上墙展览,编印《廉政文化作品集》、《思想政治工作研讨会汇编》、《小梅飘雪杏方红》等书。三是深化廉政文化建设。以廉政文化进机关、进岗位、进家庭为抓手,争创廉政文化进机关示范点。四是丰富各类文体活动。开展文学、摄影、剪纸作品征集评选,“我家60年”照片征集,歌咏和诗歌朗诵比赛,金秋篮球比赛等“四个一”活动。

【机关作风建设】深入开展“服务企业年”和“两提

高、两降低"等主题活动，积极推动"双百"评创和基层站所负责人绩效考评活动，开展服务效能大排查，通过单位内部集体查找、个人自查自评、征求行风监督员意见，以及服务对象满意度测评等，查找影响机关效能、软环境建设的重点问题，落实整改措施，建立长效机制。完善制度措施，严格控制一般性支出，大力压缩公用经费，积极创建节约型机关。开展机关与基层互动式的行政效能监察巡查，邀请服务对象、行风监督员等开展民主行风评议，转变机关作风，提高部门社会满意度。2009年度，获得省、市、县各级评选的"群众满意基层站所(办事窗口)"先进集体共6项。

【教育培训】一是组织开展岗位培训。以岗位练兵为重点，先后组织法律知识、规费政策业务知识、所得税政策等培训，开展财税基础知识及岗位能力轮训，通过分组学习、专家辅导、座谈讨论、观看电教片等方式，提高干部职工理论水平。二是组织干部参加选拔考试。坚持以考促学，组织干部参加全国税务系统稽查人员业务考试和全市办税服务能手选拔考试，3名干部被评为全市办税服务能手，获奖人次均列全市各县(市、区)首位。三是抓好课题调研工作。加强课题调研工作，组织开展优秀课题评选，专题召开课题交流会，为加强税收管理、推进税收改革等提供决策参考。

【廉政建设】一是落实党风廉政建设目标责任制。专题召开党风廉政建设会议，举办反腐倡廉主题民主生活会、预防职务犯罪报告会，开展集体廉政谈话、述职述廉、干部旁听法庭庭审、网站典型宣传、廉政短信提醒和"廉政宣传教育月"等一系列活动。二是建立健全惩防体系工作措施。明确党风廉政建设责任分工并签订责任书，编制岗位廉政风险防范目录，明确分工，落实责任，强化防范。三是加强廉政监督检查。坚持执行重大事项报告、礼品上交登记和个人收入申报等制度，开展内部各科室(单位)账户资金检查。被县委、县政府评为2009年度"落实党风廉政建设责任制优胜单位"。

【创建文明单位】推动"五型机关"创建，巩固省级文明单位创建成果，深入推进精神文明建设，做好市级文明行业复评，组织各科室、基层单位开展"巾帼文明示范岗"、"基层文明单位"、"青年文明号"、"双百"评创、群众满意基层站所等创建工作。开展各项争先创优评选，开展"示范文明科室(单位)、"模范学习型单位"和"十佳业务能手"评选。所属西塘分局连续18年被评为省级文明单位，连续19年被评为市级文明单位，还被评为浙江省群众满意基层站所、浙江省地税系统群众满意基层站所。

(嘉善县地方税务局供稿 陆东利撰写)

绍兴市地方税务工作概述

局长 阮坚勇

经济概况 2009年，绍兴市实现生产总值2375.46亿元，比上年增长9.3%。其中：第一产业增加值124.45亿元，增长3.5%；第二产业增加值1379.50亿元，增长7.1%；第三产业增加值871.51亿元，增长14.2%。第一、二、三次产业比调整为5.2∶58.1∶36.7。全市人均生产总值54309元。城镇居民人均可支配收入26874元，增长9.0%；农村居民人均纯收入12026元，增长9.8%。全市完成财政总收入298.53亿元，增长8.7%；地方财政收入160.43亿元，增长11.7%。

税收概况【任务完成情况】全市地税系统组织各

项收入191.73亿元，增长9.6%。其中：税收收入116.17亿元,增长8.6%,完成年度计划的102.8%；其他收入75.56亿元,比上年增长11.2%。市本级地税部门组织各项收入54.01亿元,增长7.0%,其中:税收收入32.86亿元,增长6.0%,完成年度计划的100.0%；其他收入21.15亿元,比上年增长8.6%。

【税收特点】一是税收收入逐季回升。2009年全市税收收入呈现稳步回升的状态，降幅逐步缩小,在7月份实现由负转正,分季看,分别为-2.6%、-0.4%、17.1%和33.2%。二是收入结构继续优化。全年营业税及地方八税收入达75.68亿元，占全部税收收入的65.2%,比上年提高4.2个百分点。三是重点行业贡献突出。全市入库第三产业税收65.64亿元，增长11.5%,占全部税收的比重为56.5%,较上年提高1.5个百分点；对全部税收的增收贡献率高达73.5%,其中租赁商务服务业、金融业和房地产业三大行业对全部税收的增收贡献率高达60. 7%。四是各县(市)发展均衡。其税收收入增幅均在6%～12%之间,增幅最高的单位和最低的单位仅相差4.8个百分点,收入增长均衡性进一步增强。

【税源分析】1. 营业税：入库40.82亿元，增长13.9%。增长原因：一是二季度开始的商品房交易火爆,推动房地产业营业税恢复性增长,全市房地产业营业税增长29.6%，增收3.5亿元，增收贡献率达70.6%。二是宏观经济持续向好,银行信贷大幅增长、餐饮旅游逐步攀升、消费信心持续增强,全市金融业、租赁和商贸服务业、住宿和餐饮业营业税分别增长3.4%、36.4%和5.3%。

2. 企业所得税：入库20.32亿元，同比下降13.8%。回落原因:一是经济因素影响。国际金融危机对实体经济产生负面影响，随着外需的逐渐减少,企业出口量急剧下降,效益下滑。受2008年四季度经济效益明显回落影响,全市汇算清缴企业所得税同比下降28.4%。二是政策性因素影响。受新《企业所得税法》实施税率下调翘尾减收、房地产业预征率下降、高新技术企业税率优惠、技术开发费加计扣除等政策性减收因素影响,全市减收6.40亿元,拉低全市企业所得税增幅27.1个百分点。三是管辖权调整影响。受管辖权转移影响,近年来地税部门企业所得税管户呈逐年下降趋势,目前国税部门入库的内资企业所得税比重已从前几年不到1/3,上升至目前的50%以上。而新的所得税征管体制政策对2009年地税企业所得税收入的效应不明显。

3. 个人所得税：入库20.1亿元，同比增长10.6%。增长原因:一是加强个人所得税全员申报和行政事业单位个人所得税征管工作成效显著,全年工资薪金所得入库8.97亿元,增长13.9%。二是加强对重点行业(金融、烟草等)高收入群体的税收检查,仅金融业个人所得税入库2.70亿元,同比增长56.8%。三是加强对股权转让、“大小非”减持的税收征管,促进收入增长。

4. 其他税收:入库34.86亿元,同比增长18.9%。增长原因:实施土地使用税新政,入库8.64亿元,同比增长46.5%;车船税委托保险机构代收代缴工作全面展开,入库1.02亿元,同比增长36.4%。

各项工作情况【优化收入结构】继续坚持“一二三”地税工作思路,即继续坚持依法治税“一个中心”,不断提高税源控管、纳税服务“两个能力”,努力搭建质量强税、科技管税、人才兴税“三个平台”,实现地税收入可持续性增长,切实抓好全额入库地方财政收入税种征管,保障地方可用财力。全年构成地方财政收入的地税收入达91.75亿元,同比增长12.0%,快于全部税收收入增幅3.4个百分点。全市第三产业税收占全部税收的比重为56.5%,较上年提高1.5个百分点。一是深入推广不动产建筑业税收项目管理系统。市本级已有房地产开发企业111户，不动产项目219个，建筑安装企业190户，建筑工程项目6815个进入系统运行。二是启动年新一轮管理创新项目。落实推广建筑业甲供材料营业税项目管理、加强对企业资产、股权转让行为的税收管理等6个创新项目,达到以点带面提升税收管理的目的。

【帮扶企业“春雨”专项行动】开展“千名税干进千企”、“专题税企沟通会”、“纳税服务志愿者”、“税收优惠政策辅导日”等多项活动,确保“服务企业、服务基层”真正落实到位。一是积极落实各项税费优惠政策。市本级减免高新技术企业企业所得税704万元，加计扣除研发费用3909万元，减免房产税1812万元、城镇土地使用税458万元、水利建设专项基金3290万元。二是继续实施五项社会保险费缴纳比例适当下浮。全市共减征企业34859户,减征金额3.03亿元。三是下调市本级企业职工基本养老保险单位缴费比例。从18%调整为16%,一年可为企业减负7200

万元。

【推进企业分离发展服务业】坚持"挖潜开源并重"思路,制订分离发展服务业工作专项考核办法和详细分离发展计划,按照抓重点带一般的方法,专题部署工作,多次开展调研,加强部门协作,推进分离工作向纵深发展。全市新增分离企业204户,超额完成年初150户任务目标,其中市本级40户。加上2008年底前分离企业252户,全部456户企业累计实现地方税费14686万元。

【税收法制建设与税收宣传】以《税友2006》考核指标校验工作为抓手,稳妥推进税务行政执法责任制工作。在省内率先建立行政首长出庭应诉制度,明确规定五种情形下行政首长必须出庭应诉。制订《税收强制执行工作规程》,化解税收执法争议。组织兼职法制员与普法联络员旁听民事诉讼案件审理,开展依法行政案卷评查。

以"税收促进发展,发展为了民生"为主要内容,积极开展全国第18个"税收宣传月"活动。开办新办企业"税企沙龙",介绍地税业务相关知识与最新税收政策。开展"短信送税法"活动,对一些重要政策出台等涉税信息通过12366短信对纳税人进行提醒。选择快阁苑社区建立市本级第一个社区税(费)政策宣传服务基地,设立税收政策宣传长廊,赠送优惠政策视频讲解光盘。与电台举办"举案说法"曝光典型涉税案件,提供良好的税收法制宣传平台。开展"换岗一天"活动,到重点纳税人企业的生产或管理一线换岗一天,加强理解和沟通。

【征管改革与税源管理】完善"内部管理责任制,外部下户派工制",在普遍按区域建立内部责任制的基础上,对部分重点行业、企业集团改按行业、集团建立内部责任制。推进征管查互动机制建设,初步建立起以征管查协调会议为龙头、信息共享为主线、部门联动为依托、业务开放为补充的科学管理、相互配合、相互促进的征管查互动机制。落实"抓大、评中、定小"征管思路,将重点税源监控落实到日常税源管理岗的具体工作中,按季完成相关企业税源信息的采集、整理、审核、汇总和测算工作,全市已有3349家企业被纳入重点税源监控,其中市本级977家,市本级重点税源监控企业入库税收约占税收总量的80%。

【信息化建设】加大第三方信息引进和利用力度,出台《第三方信息引进方案》、《税源信息应用管理办法》,对照征管查业务梳理地税管理所需第三方信息,并与工商、国税、社保、规划、公安等17个部门签订或商定共享协议信息传递方式,成功实现20方面信息的定期交换,实现工商登记、企业股权结构变动、纳税人流转税缴纳、社保费登记、房地产规划项目审批、旅馆业住宿登记等信息联网。组织推广应用《税友2006》快捷查询系统,分期分批进行应用培训,统一思想。

【各项规费征收】全市共组织规费收入75.56亿元,同比增长11.2%,其中五项社会保险费收入60.98亿元,同比增长14.2%。市本级共组织规费收入21.16亿元,同比增长8.6%,其中五项社会保险费收入17.44亿元,同比增长10.8%。积极开展五项社会保险年度汇算清缴,全市共清缴37318户企业,补缴五项社保费9610万元,退库2295万元。探索灵活就业人员社保费征缴新模式,实现《税收2006》系统灵活就业人员社保费"分户管理,逐户登记,实时联网,数据共享",地税、社保、银行三方通过实时联网交换分户登记信息和缴费人资料信息。

【税务稽查】在坚持重点检查、专项检查、专案检查的基础上,突出责成自查这一有效的检查方式,实现依法稽查与和谐稽查相统一。全年市本级检查总户数897户,检查案件罚款率60.9%,执行入库1.45亿元,入库率100.1%,增幅为31.8%,查补入库税款占同期工商税收收入4.4%。开展建筑安装业、营利性医疗机构、教育培训机构、拍卖业、大型连锁超市、大小非减持等税收专项检查。深入开展打击制售假发票和非法代开发票活动,与国税、公安等部门联合查处"3·20"假票案和非法制售假票的"5·08"专案,联合捣毁两个制售假发票窝点。积极应用查账软件,开展大型KTV解剖式检查、建筑企业比对式检查等新型检查方式。

【优化纳税服务】推出"真情'1+5',服务零距离"活动,充分发挥"1+5"模式的纳税服务体系,在全面落实办税服务厅软硬环境前提下,充实完善"一网一话一会一报一册"的"五个一"服务载体,推出预约服务、上门服务、"补正承诺制"等个性化、需求型服务措施。实施网上办税系统试点,开展网上预约办理税务登记、网上预领购、缴销发票等办税业务。组织开展清理简并纳税人涉税资料工作,共减少主表41种、附列资料113项。

队伍建设【财税文化建设】成立财税文化建设研

究分会,开展党、团支部调整、换届改选和党员发展工作。成功举办首届系统庆祝新中国成立60周年文艺汇演,表彰"财税工龄30年以上的干部"。丰富干部职工业余生活,积极开展书法、摄影等各项兴趣小组活动,举办书画摄影展。

【机关作风建设】积极开展"企业评部门、群众评行风"、"重点岗位评议"和以"提高工作效率、提高服务水平、降低公务支出、降低行政成本"为内容的"两提高两降低"机关效能建设活动,开展以"服务企业发展、服务项目建设、服务群众需求"为主题的"三服务"活动,引导干部锻造财税精神,为企业和百姓排忧解难。全系统行风评议满意度名列全市第五,获得市委、市政府通报表彰;市局第一税务分局、行政审批服务处、第二税务分局等4个单位被市有关部门授予"群众满意机关科室"称号。第一税务分局、第二税务分局评为全省系统"群众满意基层站所",第二税务分局还被评为全省"群众满意基层站所"。

【教育培训】组织后备干部开设"财税干部讲坛"10期,坚持"请进来、走出去"培训机制,邀请专家学者专题辅导,组织干部赴高等院校进行短期培训,更新财税知识,防范财税执法风险,完善网上学习平台,鼓励干部参加财经类、法律类执业资格考试,市本级共有21人取得注册会计师、注册税务师或司法执业资格。

【廉政建设】坚持"一把手负总责"原则,明确职责分工,逐级签订责任状,实行全员廉政承诺,设立廉政套餐,进行每月一片(播放廉政教育片)、每月一文(推荐廉政文章或案例)、每周一言(内网平台廉政格言)、每节一信(节日廉政短信)、每人一铭(个人廉政座右铭上桌)的专题廉政教育,组织廉政进党课、进会、进网、进刊的"四进"行动,营造"勤政、善政、廉政"氛围,推进廉政建设。

【创建文明单位】不断深化文明单位创建,扎实推进扩大应用执法质量管理系统和强化ISO9000质量管理体系建设,明确责任、加强考核,进一步提升税收工作质量,提高干部工作效率。第二税务分局办税服务厅被命名为浙江省巾帼文明岗。绍兴市财税信息中心、绍兴市财税干校后勤服务中心、绍兴农税征收管理中心被命名为市"青年文明号",第二税务分局的封园园同志被命名为市级青年岗位能手。绍兴市地方税务局稽查局等10家基层单位被命名为市级系统基层文明单位。

(绍兴市地方税务局供稿 丁 玲撰写)

绍兴县地方税务工作概述

局长 宋天平

经济概况 2009年,绍兴县实现地区生产总值655.26亿元,按可比价计算,增长9.8%。其中:第一产业增加值23.96亿元,增长4.0%;第二产业增加值408.18亿元,增长8.0%;第三产业增加值223.12亿元,增长14.2%。第一、二、三产业的比例为3.66:62.29:34.05。人均生产总值91491元,比上年增长9.3%。全县完成财政总收入81.20亿元,增长7.2%,其中地方财政收入43.58亿元,增长13.1%;全县完成财政支出42.06亿元,增长23.7%。

税收概况【任务完成情况】2009年,全县地税部门共组织各项收入442318万元,增收32567万元,增长 7.95%。其中税收收入 281090 万元,,增收 25683 万元增长 10.06%，完成省局年度计划的 107.33%;各项规费收入 161228 万元，增收 6884 万元，增长 4.46%。

【**税收特点**】一是地税收入总体呈现积极向好态势。由于经济企稳回升和房地产市场持续回暖,自 6 月份起,全县地税收入累计增幅持续保持正增长,税收收入同比持续下滑的态势得到根本改变。二是营业税、地方八税增幅持续回升,企业所得税、个人所得税持续下降。全年营业税和地方八税分别入库 10.32 亿元和 9.79 亿元,分别增长 19.5%和 40.8%;地方八税中土地使用税、土地增值税和房产税保持较快增长，分别增长 185.5%和 53.4%和 25.0%。企业所得税和个人所得税分别入库 4.09 亿元、3.91 亿元,分别下降 31.3%和 2.3%。三是房地产业税收的贡献率和占比居首位。房地产业税收入库 7.49 亿元,增长 20.6%,占全部税收的 26.6%,较 2008 年提高 2.3 个百分点,对全部税收增收的贡献率高达 49.9%,贡献率和占比均居各行业之首。四是地税收入结构进一步优化。地方税(营业税 + 地方八税)比重占 71.6%,比 2008 年提高 10.5 个百分点，构成地方财政收入的地方税收同比增长 29.0%。五是非税收入政策性减收明显。非税收入入库 16.12 亿元,增长 4.5%,低于税收收入增幅 5.6 个百分点，占地税部门组织全部收入的 36.5%,下降 1.2 个百分点。

【**税源分析**】1. 营业税:入库 10.32 亿元,同比增收 1.69 亿元,增长 19.5%。增收因素:一是房地产业营业税增幅不断回升,2009 年房地产业出现了新一波热潮,全县房地产销售价量齐升,1—4 季度房地产业营业税累计增幅分别为 -42.4%、-19.8%、14.9%、40.5%。二是建筑业营业税同步增长。受房地产市场好转影响，建筑业亦水涨船高，全年建筑业营业税入库 3.03 亿元,增收 4386 万元,比上年增长 16.9%。三是租赁商务服务业营业税有所增收,主要为中国轻纺城钱清原料市场 2009 年起连续三年的房租当年一次性收取,并征收入库,带来增收营业税 205 万元。

2. 企业所得税:入库 4.09 亿元,比上年减收 1.86 亿元,下降 31.3%。减收主要原因:一是房地产企业所得税大幅下降,主要受大企业金昌房产大幅下降的拉动,金昌房产 2009 年汇缴入库企业所得税 619 万元,同比减少 1.07 亿元，占全县房地产企业所得税减收额的 111.7%。二是租赁和商务服务业企业所得税减收 6847 万元，剔除中国轻纺城集团股份有限公司 2008 年同期入库跨年度缓缴税款 5403 万元因素,同比减收 1444 万元,下降 38.5%。三是制造业所得税持续下降，主要是受全球金融危机影响,国内外市场需求萎缩,企业成本上升,导致企业销售收入和利润下降。增收主要因素:一是稽查查补企业所得税款 2533 万元,同比增收 1916 万元。二是建筑业所得税稳定增长，宝业建设集团入库企业所得税同比增收 971 万元。三是批发零售业快速增长,主要来自“日月集团”在资本市场转让股权,6 月份一次性入库企业所得税 3510 万元,全年入库 3810 万元。

3. 个人所得税:入库 3.91 亿元,同比减收 938 万元,下降 2.3%。减收主要原因:一是工资薪金所得个人所得税减少，主要是个人所得税扣除标准提高后，行政事业单位同比减少 296 万元，年所得 12 万元自行申报同比减少 1149 万元。二是利息、股息、红利所得个人所得税减收,主要是企业经济不景气及股市低迷引起企业投资收益减少所致。增收主要因素:财产转让所得与个体工商户生产经营所得增收,财产转让所得主要来自商超投资有限公司因股东个人转让股权,2009 年一次性缴纳个人所得税 969 万元。

4. 其他税收：入库 9.79 亿元，同比增收 2.84 亿元,增长 40.8%。增收主要原因:一是加强出租房屋税收征管，全年入库房产税 2.48 亿元，比去年增长 25.0%；二是城镇土地使用税税额标准调整为 4 元 / 平方米、8 元 / 平方米、10 元 / 平方米，全年城镇土地使用税入库 2.77 亿元,增长 185.5%。三是加强房地产企业税源监控，对部分项目进行土地增值税清算,全年土地增值税入库 1.63 亿元,增长 53.4%。

各项工作情况【优化收入结构】认真贯彻落实《浙江省地方税务局关于促进第三产业发展的若干意见》,进一步整合税收政策和征管资源,支持传统服务业升级改造,积极鼓励培育现代服务业,使现代服务业成为地税收入新增长点和收入结构优化重点。2009 年第三产业税收入库 15.13 亿元,增长 10.7%,占全部税收的 53.8%,比上年上升 0.3 个百分点,对全部税收增收的贡献率达56.7%。在支持第三产业发展的同时,坚持"抓大不放小"征管原则,切实抓好地方税收的征收,进一步挖掘小税种增收潜力,2009年地方小税种共入库9.79亿元,同比增长40.8%,进一步优化收入结构。

【帮扶企业"春雨"专项行动】一是适度下调企业社会保险费缴费比例,基本养老保险费缴费率从15%调整为12%,基本医疗保险费缴费率从5.6%调整为5%,生育保险费缴费率从0.8%调整为0.5%。3月份五大社会保险费缴费比例实行临时性适当下浮,共减免企业9995户,集中减征金额达6140万元。二是全面落实高新技术企业税收优惠政策,对2008年已认定为国家级高新技术企业减按15%的税率征收企业所得税,全年审核减免2008年度企业所得税636万元。三是做好其他减免税费及资产损失税前扣除工作,审核审批各类减免税(不含高新技术企业)731户,减免各类税费达4466万元,审核各类资产损失税前扣除7户,税前扣除金额为923万元。

【推进企业分离发展服务业】全年有52户企业成功实施了分离,正常投产后预计新增地方税费5000余万元。一是强化产业集群效应,以"柯桥轻纺城"为平台,推进纺织业研发中心建设,通过轻纺行业的技术革命来推动轻纺产业的转型升级,已分离成立10户科技服务公司。二是以轻纺原料交易为切入点,推进网上交易(电子商务)平台,分离成立浙江钱清轻纺原料电子商务有限公司。三是以柯桥纺博会、药博会为平台,积极打造柯桥会展业的发展,分离成立绍兴县华通会展有限公司等企业。四是从制造业中分离出生产性服务业,绍兴华威化工有限公司、绍兴永盛建材有限公司、绍兴化工民爆器材专营有限公司、绍兴兰亭高科有限公司等企业均已成功分离出物流企业。

【税收法制建设与税收宣传】加强税务案件审理,全年共审理稽查移送案件39件,涉及查补税费、滞纳金、罚款803万元;加强税收执法监督,对12户纳税人进行稽查案件抽审复查,对存在的问题及时改进;做好行政争议处理,组织开展"绍兴县金典装饰工程有限公司"和"绍兴县中国轻纺城联托运有限公司中联宾馆"两件行政处罚案的听证工作。同时,切实加强税法宣传教育,围绕"税收·发展·民生"主题,开展第18个全国"税收宣传月"活动,组织"网上地税直通车"、"百名税干送政策"、"纳税服务志愿者" 等活动,强化对税收政策、税收职能和地税形象的宣传。

【征管改革与税源管理】按照"抓大、评中、定小"的税源管理总体思路,以纳税人规模分类为主、兼顾行业分类,构建起规模企业、中小企业、个体户三级税源管理框架模式。对规模大、财务制度健全且经营规范、纳税信用好的企业,着重加强企业所得税的日常管理;对经营规模大但账证不健全、纳税信用等级低的企业,实施重点管理,加强对企业所得税纳税申报的评估和检查;对中型企业分类分行业设置不同的企业所得税预警率,利用预警分析平台进行日常监控;对账证不健全、核算水平低或无能力核算的中小企业,在做好企业所得税核定征收工作的同时,督促建账建制;对长期亏损的企业作为纳税评估和检查的重点对象,加强管理。

【信息化建设】积极拓展《税友2006》新功能,重点对纳税评估、快捷查询方式系统、不动产(建筑业)管理信息系统等管理辅助模块推广应用,强化数据采集、管理和增值利用,探索以案头分析为主、纳税评估为辅的税源监控机制,实现税源动态性管理。进一步加强网络安全监控,从管理、安全培训、服务器安全、网络设备安全、应用系统安全、外网联结安全等方面入手,规划和构建信息安全体系,不断提升网络安全管理。切实加强地税网站建设,面向社会发布税收政策法规、提供涉税咨询、下载涉税文书和受理涉税举报,形成一个面向所有纳税人的"网上办税服务厅"。

【征收管理与发票管理】一是强化税源经济形势分析,扩大重点税源监控范围,2009年纳入县级以上重点税源企业600户,比上年增加48户。二是强化税种征管。积极推行建筑、房地产等行业营业税项目管理办法,全面推广应用《税友2006》不动产建筑业税收项目管理软件;加强机关事业单位、镇(街)以及金融、保险等重点行业的个人所得税管理,有4260人自行申报年所得12万元以上的个人所得税,补缴税款784万元。三是开展纳税信用等级评定。采用纳税人自评和税务机关审核评定相结合的办法,评审出2007—2008年度A级纳税人122户,AA级纳税人32户,AAA级纳税人56户,对不同等级的纳税人分别落实各项激励、服务、管理和监控措施。四是规范发票分类管理,引导个体工商户应用计算机开票,结合纳税评估和专项性检查加强对发票的日常检查,对查实的发票违章行为进行严肃处理。

【各项规费征收】进一步完善社会保险费“五费合征”征缴管理模式,规范和完善征缴流程,开展社会保险费专项治理工作,建立与县劳动和社会保障局欠费核对工作机制,加强欠费管理,全年共征缴各项社会保险费11.95亿元,比上年增长5.3%;切实加强水利建设基金、教育费附加、残疾人保障金等地方规费的征管,其中教育费附加全年入库1.11亿元,比上年增长5.1%。

【税务稽查】组织开展税收专项检查,对大型连锁超市及电视购物企业、建筑安装企业、营利性医疗机构、教育培训机构、旅游业、拍卖企业及高收入行业及高收入个人的个人所得税进行专项检查;做好涉税举报工作,全年共受理举报案件29件,查补金额592万元;加大大要案查处力度,全年共查结30万元以上大要案27件,查实账外收入100万元以上案件1件,另有移送公安机关大要案1件,共涉及查补税费、滞纳金、罚款合计3561万元。

【优化纳税服务】开展“百名税干进企业”、专题税企沟通会、“新办企业办税辅导日”、重点税源企业座谈会等活动,组织干部走访企业,提供税收优惠政策辅导培训。开展“纳税服务志愿者”活动,对需要纳税服务援助的特殊困难群体以及其他需要纳税服务援助的特定人员提供纳税服务。对纳税人上门办理依申请涉税事项,实行“一次性告知制”与“补正承诺制”相结合的服务方式,方便纳税人办税。清理简并纳税人报送涉税资料,取消办税业务事项52项,减少报表154项,切实减轻纳税人办税负担。

队伍建设【财税文化建设】积极搭建学习、制度、情感、激励、宣传和活动平台,组织开展“书香读书月”、“税收宣传月”、“理论调研月”、“服务发展月”、“健康情趣月”、“廉政文化月”等六个主题月活动。深化财税陈列室建设,充实调整内容,注重各项财税工作成就的积累与整理,扩大财税陈列室的影响力和辐射力。通过财税文化建设着力培育干部聚财为国、执法为民的核心价值观和共同目标追求,强化“依法、高效、公正、清廉”的核心价值理念,激发干部创业创新的新合力。

【机关作风建设】推进办税大厅标准化建设,落实办税大厅一米线和服务评价器等设施的配置,坚持和完善首问责任制、限时服务制、AB岗工作制、一站式服务制等23个规范性制度和18项个性化服务举措。调整特约财税监督员和特邀监察员队伍,定期不定期地开展明查暗访活动,通过召开纳税人座谈会、上门走访调研等形式及时了解社会各界对党风廉政建设和行风效能建设方面的意见建议,并及时进行研究改进。推进政府信息公开,到2009年底累计主动公开政府信息412条,电子化全文公开率达100%。

【教育培训】深入开展学习实践科学发展观活动和“解放思想、创业创新、率先发展”主题教育活动,将学习活动与财税工作实践紧密结合,推动财税工作的创新与发展。积极推进学习型组织建设,以财税网络学校为依托,开展基础型教育;以新政策技能应用为重点,开展更新型教育,先后组织新企业所得税法及实施条例、《税友2006》快捷查询管理软件、新营业税条例等专题业务培训;以财税大讲坛为阵地,开展专题型教育,邀请绍兴文理学院教授作学习贯彻科学发展观专题辅导讲座。

【廉政建设】强化思想教育,深化廉政文化示范点创建活动,加强对干部勤政廉政意识的教育,牢筑拒腐防变的思想道德防线;抓实党风廉政建设责任制落实工作,健全党风廉政建设组织领导机制,建立了以责任追究为重点的责任运行机制;加强监督管理,坚持中层以上干部述廉评廉、个人重大事项报告、长假期间活动情况报告等廉政制度,建立健全政府采购、财务管理、公务接待、经费审计等一系列监督制度。

【创建文明单位】围绕“创一流业绩,展财税风采”创建思路,引导干部树立“敢于争先、勇争第一”的理念,深入开展文明机关、文明单位、文明窗口、文明示范岗的创建活动,充分发挥干部的创建主体作用,形成上下联动、全员参与、全面创建的工作格局。被省委、省政府授予“浙江省文明单位”,下属滨海分局被授予“全国巾帼文明岗”称号。

(绍兴县地方税务局供稿　祝建良撰写)

上虞市地方税务工作概述

局长 茅国清

经济概况 2009年，上虞市实现地区生产总值368亿元，增长8.8%。其中：第一产业增加值26.18亿元，增长3.7%；第二产业增加值219.09亿元，增长6.9%，其中工业增加值190.63亿元，增长6.5%；第三产业增加值122.73亿元，增长13.3%。第一、第二和第三产业增加值占地区生产总值的比重分别为7.1%、59.5%和33.4%，工业经济占主导地位，第三产业比重提高1.4个百分点，对GDP的贡献率达48.5%，比上年提高11.2个百分点。按户籍人口计算，人均生产总值达5万元，比上年增长8.7%。全市实现财政总收入43.96亿元，完成预算的102.3%，增长10.4%%；其中地方财政收入22.76亿元，完成预算的103.3%，增长12.5%。全市实现财政支出26.75亿元，完成调整预算的95.7%，增长26.1%。当年实现净结余6138万元。

税收概况【任务完成情况】2009年，全市地税部门共组织各项收入27.56亿元，增长15.6%。其中：税收收入16.7亿元，增长8.0%；社保费8.78亿元，增长41.1%；政府性基金2.08亿元，下降3.4%。

【税收特点】一是增幅先高后低。年初，受经济增长趋缓、政策性减收、上年高基数以及房地产市场低迷影响，税收增长比较困难，呈现低位运行态势。从4月份起受经济回暖和房地产交易强势回归拉动，税收降幅逐步收窄，走出一条上行线，并于10月份实现年内首次“翻红”，此后受上年四季度低基数影响，税收快速增长，最终确保全年收入任务圆满完成。二是实现均衡入库。面对严峻的收入形势，强化税收预测、分析和调控，加强一次性税源控管和地方小税种征收等工作，有效实现税收均衡入库，全年税收收入完成进度分别为一季度30.6%、半年度56.6%、三季度81.3%、全年100%，均衡性进一步提高，月度税收收入离散系数仅为0.25，创下十年来最低值。三是结构不断优化。全年共组织地方税10.23亿元，增长4.2%，地方税比重达61.3%，继续保持在较高水平；构成地方财政收入的税收收入12.75亿元，增长5.7%；基金费10.87亿元，增长29.7%。

【税源分析】1.营业税：入库6.04亿元，减少0.37亿元，下降5.82%，主要是无跨年度缓缴税款入库，较上年净减少1.24亿元。其中：建筑业营业税1.82亿元，下降10.6%，房地产营业税2.14亿元，下降0.9%，两者占营业税总量的65.7%，两行业受经济形势影响较大，尤其是房地产业经历年初的低迷后，4月份起开始回暖，至下半年成交量不断刷新历史高位，带动行业税收快速增加，缓解因税款缓缴而带来的减收冲击。

2.企业所得税：入库3.01亿元，下降4.3%。其中：制造业企业所得税0.91亿元，下降21.5%，主要受工业企业效益下降、“两法合并”政策性减收等因素影响；建筑业企业所得税1.26亿元，下降4.15%，主要是亚厦建筑受上市因素影响，入库企业所得税0.46亿元，比上年减少0.12亿元；房地产业企业所得税0.4

亿元,增长 2.4%,随着楼市趋旺,企业赢利状况得以逐渐改善。

3.个人所得税:入库 3.46 亿元,增长 38.8%,其中财产转让个人所得税 0.8 亿元,增长 3.4 倍;股息红利个人所得税 0.82 亿元,增长 93.4%。主要是加强税收筹划,关注企业股权转让、资产转让、股份分红等涉税信息,加强对企业重组、兼并、收购等资本运作的税收征管。

4.其他税收:入库 4.19 亿元,增长 22.9%。其中房产税、城镇土地使用税通过强化小税种信息比对,分别入库 0.56 亿元、0.44 亿元,分别增长 46.9%、108%;车船税在汽车家电"以旧换新"等政策的刺激和扶持下,入库 0.13 亿元,增长 45.8%。

各项工作情况【优化收入结构】贯彻落实国务院取消城市房地产税政策,出台房地产开发企业城镇土地使用税征收管理办法,进一步明确征收起止时间、计税依据、税款申报期限等政策;出台土地增值税清算管理办法,明确日常管理、预结算管理、清算管理、核定征收等具体工作要求;完善车船税代收代缴机制,做好完税情况的查验和税款补征工作,同时加强对保险机构的辅导检查;加强城建税征管,重点分析与流转税是否同步增长及原因分析,做大地方小税种,地方税比重达 61.3%。

【帮扶企业"春雨"专项行动】认真落实市委"企业解困年"各项举措,积极筹划"财税服务年"暨企业减负"春雨"专项行动,开展百名税干进百企、驻点帮扶促发展等十大专题活动,认真落实高新技术企业、小型微利企业、研发费用和福利企业工资加扣等各类企业所得税优惠政策,及时办理契税、耕地占用税、房产税、土地使用税等减免事项,积极落实社会保险费减征、降率政策,对临时性生产经营困难、就业贡献率高的中小企业进行社保补助,减轻企业负担 4.5 亿元,增强企业发展后劲。

【分离发展服务业】围绕企业成长、地方税收增长和区域经济发展"三位一体"目标,积极开展政策调研和可行性研究,提出完善扶持政策的意见报市政府决策,对分离工业企业实施政策扶持。强化任务落实,制订财政地税系统分离工作方案,召开专题工作会议,分解目标任务,切实做好分离过程中的引导、培训和督促工作,保障分离工作顺利推进。全市累计分离企业 70 户,其中 2009 年度新增分离企业 26 家,超额完成 25 家分离任务;分离企业 2009 年度累计实现地方税费 2670 万元,提前超额完成 2500 万元税费考核指标。

【税收法制建设与税收宣传】加强行政执法规范化管理,建立依法行政第一责任人制度,稳步推进执法责任制;制订《上虞市地方税务局税务行政处罚衡量标准(试行)》,规范税务行政处罚自由裁量权,完善行政处罚、行政复议、行政应诉及信访工作制度;严格执行大要案审理制度,共审理大要案 3 件。深入推进"五五"普法工作,开展第 18 个全国税收宣传月活动,排定"百场电影进企业(社区)"等十大系列活动,开办"新农村农民创新创业税收政策培训班"8 期,受训 1000 人次,不断优化执法环境。

【征管改革与税源管理】完善"五位一体"税源间接控管模式,建立日常税源案头分析联动工作机制,细化日常案头分析内容,规范二级税源报告例会,初步形成目录式案头分析方法。组织开展租赁业纳税专项评估,参加全国地税纳税评估模型评选并入围全国"百佳"。加快房产税、土地使用税"两税"税源录入,继续开展纳税人基本信息"年鉴"、"双定"户年度申报、代征单位年检工作。加强重点税源管理,完善市级重点建设工程项目库,落实嘉绍跨江大桥、杭甬客运专线代征工作。

【信息化建设】推进做好《税友 2006》"快捷查询管理软件"应用,推广"不动产建筑业税收项目管理软件",完成 400 多家建筑企业和房地产企业软件安装及上线运行工作,做好行政事业单位社保费征缴模式改革的技术支持,加强内外网站、政府门户网站和 12366 短信平台的维护工作,完成"计算机网络安全集成项目"及防病毒软件服务器升级,提高计算机安全性能。

【各项规费征收】实施社会保险费"五费合征",严格执行年度社会保险费结算工作,对工资总额明显不合理的企业,按下户派工制的有关规定,下户核实并纠正虚报、漏报问题,共清算企业 4397 户,补缴社会保险费 1961 万元。完善机关事业单位工伤保险制度,机关和参照公务员制度管理的事业单位按规定参加工伤保险。落实社会保险费减征政策,减免企业 3471 万元、城镇自谋职业人员 750 万元;从 7 月 1 日起下降社会保险费费率，养老保险费从14%下调到12%，医疗保险费从5%下调到4.7%，工伤保险费从上下浮动调整为不高于基准费率；对34家就业容量大、就业贡献率高的中小困难企业给予社会保险补贴或岗位补贴，补助资金600万元。

【税务稽查】牢固树立稽查服务于经济发展的理念，以调研式检查、查后辅导为主线，加强专项检查及行业评估分析，全年共检查企业319户，其中责成自查238户、重点检查81户，查补地方税费3617万元，其中税款3401万元、罚款34万元、滞纳金139万元、费(基金)43万元；稽查查补收入已占2009年度工商税收收入的2%，人均检查企业6.8户，结案率、入库率、公告率均为100%，查处大要案1件，案件曝光1件。

【优化纳税服务】着力做好政策服务、纳税服务、管理服务，组织百名税干进百企、驻点帮扶促发展等十大专项行动，成立纳税服务中心建设，开通纳税服务热线，举办新办企业培训班、纳税人俱乐部、重点税源企业例会、优惠政策辅导日、“金牌服务单位”评选等专项活动，推广“同城通办”、POS机刷卡缴费、网上预约、“一窗通”、补正承诺制、简并涉税资料等服务措施，积极构建和谐的征纳关系。

队伍建设【财税文化建设】深入开展“财税文化建设年”活动，举办系统全民健身运动会、迎国庆歌咏晚会、元宵晚会、全员登山健身活动，组队参加绍兴市财税系统文艺汇演，举行“五四”主题座谈会暨超龄团员退团仪式，组织青年干部演讲比赛，开展庆“三八”女干部系列活动，组织干部健康检查和疗休活动，增强系统凝聚力。

【机关作风建设】开展以“两提高、两降低”为内容的机关效能建设活动，积极投身全市行风评比，广泛开展“群众满意基层站所”创建，参加全市“百名中层岗位评议”，组织一把手走进“民情热线”，召开行风效能监督员座谈会，组织监督员明查暗访，开展纳税人满意度测评，不断提升系统社会形象。

【教育培训】深入开展学习实践科学发展观活动，开展菜单式培训，实施“形势、任务、责任”和“营造良好风气、推进科学发展”专题教育，组织公务员更新知识培训和事业人员继续教育，举办以“积极向上、奋发有为”为主题的中层干部读书会和以“读书、励志、境界”为主题的全员读书活动，实施后备干部上挂下派实践锻炼，组织专业技术人才选拔，徐景武同志荣获全国税务系统稽查人员业务考试全省地税系统第一名。

【廉政建设】举行“党风廉政建设”中心组专题学习，由局主要领导上党课，观看《亲情错位酿悲剧》警示教育片，赴浙南革命老区开展党风党性教育，到周恩来风范廉政文化教育基地接受党性党风熏陶，观看“廉政之窗”主题作品展，征集廉政短信78条，实行廉政核心理念上墙；规范财税权力运行，继续实施权力搜索，摸清财税各项工作的权力底数，做好权力界定，制作权力运行流程图，制订管理规程，初步构建权力规范运行的长效管理机制。

【创建文明单位】参与省级示范文明城市创建活动，开展“三联三促奔小康”、“双百结对共建文明”活动，鼓励文明单位、青年文明号、巾帼示范岗等创建，组织青年志愿者活动，深化“结贫思廉”、“献爱心、送温暖”等慈善捐助活动，开展困难职工补助和结对帮扶，推进精神文明建设。直属分局荣获省地税系统基层文明单位称号，直属分局、东关税务分局荣获绍兴市地税系统基层文明单位称号，章镇税务分局荣获绍兴市级青年文明号称号，东关税务分局荣获上虞市级青年文明号称号。

（上虞市地方税务局供稿　丁光兴撰写）

诸暨市地方税务工作概述

局长 张建林

经济概况 2009 年，诸暨市实现生产总值 527.50 亿元，按可比价格计算，比上年增长 9.5%。其中：第一产业增加值 31.48 亿元，增长 3.9%；第二产业增加值 317.58 亿元，增长 8.2%；第三产业增加值 178.44 亿元，增长 13.0%。人均生产总值 49509 元，比上年增长 9.1%。全市共完成财政总收入 54.69 亿元，比上年增长 8.7%，其中地方财政收入 29.57 亿元，增长 11.5%。

税收概况 **【任务完成情况】**2009 年，全市地税部门共组织各项收入 35.30 亿元，比上年增长 11.8%。其中：税收收入 22.39 亿元，比上年增长 10.9%；组织各类基金、费等其他收入 12.91 亿元，比上年增长 13.3%。

【税收特点】一是税收收入增幅稳步回升。随着经济企稳回升，税收收入历经低谷、持平到增长的三个阶段，走势呈现低开高走，逐季回升，1—4 季度的分季增幅分别为 0.6%、0.8%、17.6%和 38.4%。二是第三产业税收增幅回升较快。第三产业税收四个季度增幅分别为 -6.8%、9.6%、41.1%和 56.8%，共入库税收 11.13 亿元，占税收收入的比重为 49.7%，比上年提高 3 个百分点。三是地方税比重创新高。营业税和地方七税入库 13.24 亿元，同比增长 18.1%，高于全部税收增幅 7.2 个百分点，地方税比重达 59.1%。

【税源分析】1. 营业税：入库 6.50 亿元，同比增长 19.1%，占税收收入的比重为 29.0%。增收因素：房地产业税收随着房地产市场的回暖呈快速回升态势，入库房地产业营业税 2.75 亿元，同比增长 66.5%。

2. 企业所得税：入库 4.92 亿元，同比下降 6.8%，占税收收入的比重为 22.0%。减收因素：宏观经济因素、政策性减收因素以及一次性因素是企业所得税连续下跌的主要原因。一是国际金融危机导致企业出口减少，企业利润下滑；二是受两税合并及落实各项所得税减免优惠政策影响，分别减少企业所得税 1.20 亿元和 1.05 亿元；三是一次性因素影响，如 2008 年海越公司减持北辰实业股票缴纳长期投资转让收益所得税 5800 万元，抬高了收入基数。

3. 个人所得税：入库 4.23 亿元，同比增长 14.2%，占税收收入的比重为 18.9%。增收因素：一是财产转让所得入库个人所得税 2899 万元，同比增长 284.5%，主要是申科滑动轴承股权转让入库 1200 万元；二是工资薪金所得入库个人所得税 1.27 亿元，同比增长 18.2%，主要是完善个人所得税代扣代缴、高收入者纳税档案管理制度，提高了征收率；三是利息股息红利所得入库个人所得税 9791 万元，主要是公司经营业绩较好，分红较多。

4. 其他税收：入库 6.75 亿元，同比增长 17.1%，占税收收入的比重为 30.2%。增收因素：一是土地增值税在商品房销售额高幅增长的推动下，同比增长 44.5%，增幅逐季攀升；二是车船税随着居民购车量的增加以及在保险机构“税险同步”管理机制逐步完善，收入稳步提升,同比增长28.3%;三是城建税和印花税在经济回暖及流转税快速增长的推动下保持较快增长,同比分别增长11.3%和14.4%。

各项工作情况 **【优化收入结构】**继续加强地方财政收入税种征管,保障地方可用财力,地方税比重比上年同期提高3.6个百分点。一是完善营业税征管模式,建立营业税差额预警式管理机制,加强对混合销售营业税政策的调研辅导。二是落实城镇土地使用税税源管理,建立与土管部门信息互通机制。三是抓房产税管理创新。推行"生产性房屋出租预警价格的形成及应用"等管理创新项目,建立房产税税源管理监管机制。四是强化其他地方税税源管理。对城建税管理采用国税入库税款信息比对,印花税运用确定收入比例入库,资源税采取在炸药销售环节代征等形式实施管理,与保险机构建立车船税代征关系。

【帮扶企业"春雨"专项行动】通过依法治税、依法减免、真诚服务,及时把各项税收优惠政策和服务落实到相关企业,为企业发展增添信心,全年共审批有关税费减免3841户次,减免各类税收1.50亿元,减免水利建设专项基金818万元。贯彻省政府关于调整用人单位养老金缴费比例精神,将养老保险费的企业缴费比例从17%降至15%,落实社会保险费集中减征一个月政策,共减征社会保险费4471万元,惠及企业5860户。贯彻落实清费减负政策,减少规费审批环节,累计减免缓各种行政事业性收费6492万元。同时发挥税收政策的导向和激励作用,鼓励企业加快技术改造,落实高新技术企业研究开发费加计扣除政策,对28户高新技术企业减征企业所得税952万元。

【推进企业分离发展服务业】全年新增46户企业分离发展服务业,其中分离出法人企业45家,项目分离企业1家,完成省局下达的2009年企业分离发展服务业目标任务。诸暨市十强工业规模企业中有5家企业实施分离发展服务业,如海亮集团分离出升捷货运,盾安控股分离出创安商务服务有限公司等,已分离出来的服务业企业全年新增地方税费1095万元。

【税收法制建设和税收宣传】落实扩权强县改革,落实到位省厅下放的扩权事项26项。深化行政审批制度改革,规范行政审批行为,对财政地税共58项即办或限办事项进行汇总并统一工作流程。规范税务行政处罚行为,减少处罚的随意性,强化行政执法人员的执法责任。

扎实开展"税收·发展·民生"为主题的第18个全国税收宣传月活动,先后组织开展"树信心·克时艰·谋发展"税企座谈会、税收知识竞赛、"财税杯"全市财税成果摄影大奖赛,并在全省率先推出通过电子活动报亭进行税收宣传活动。12月,市局被省地税局评为2009年度全省税收新闻宣传先进单位一等奖。

【征管改革与税源管理】一是强化纳税人预警管理。制订《纳税人预警管理办法》,完善29个行业(产品)复合预警指标体系,加强机内信息与纳税人生产经济情况的分析比对,全年给580户纳税人发送《预警提示函》,补缴税费215万元。二是规范纳税评估。印制《纳税评估样卷》,统一标准,规范操作。组织开展物业管理和租赁业专项评估活动,全年共评估企业378户,评估应补税费款1317万元。三是加强个体税收分类管理。按照"抓大、评中、定小"原则,对具有一定经营规模或属个人独资、私营性质的企业实行建账申报,重新调整部分个体双定行业的参数设定和标准。四是加强发票管理。实行送票提醒和用票量提醒服务,制订出台发票"分级审核"制度和《代开发票岗位责任制考核办法》。五是完善重点税源管理机制。强化重点税源监控的广度和力度,确定713户重点税源监控企业,监控面达70%。

【信息化建设】一是深化应用《税友2006》。上线应用《税友2006》快捷查询管理软件,开展数据清理。二是关注网络安全。开展网络与信息系统安全自查,部署落实新中国成立60周年国庆期间网络安全防范,并对所有设备进行一次应急演练。三是利用第三方信息强化部门协作。实现与国税部门征收数据的实时联网,强化对在国、地税有申报差异的纳税人的征管。完成与社保部门数据联网,实时提取社保应征数。与工商部门进行双网卡实时联网,办理税务登记证时间压缩在2分钟内完成。

【各项规费征收】在社会保险费"五费合征"基础

上推行人员参保全覆盖,基本实现五项保险费参保登记、征收机构、征缴基数、征缴流程和数据信息统 的社会保险费征缴模式,共入库社保费1.04亿元。加强两项教育费附加的费源监控和数据比对、水利建设专项资金等其他规费征管,利用国家税务总局传输提供的各户企业增值税、消费税的入库数,与企业自行申报数进行比对,找出数据差距,堵塞征管漏洞。

【税务稽查】继续实施和完善“预警式稽查工作模式”,注重发挥以查促管、以查促收的职能。开展对建筑安装、医疗卫生机构等行业以及上市公司“大小非”的税收专项检查,深入开展打击发票违法犯罪活动,共对135户纳税人实施检查,入库查补税款(含费、滞纳金、罚款)4433万元,查补收入占2%,连续七年获得诸暨市行政执法部门“十佳行政处罚案件”一等奖。

【优化纳税服务】强化服务创新意识,成立政策服务组、优化纳税服务组开展专题纳税辅导,召开税企恳谈会和政策解读会,上门“听意见、听需求、送政策、送服务”,帮助企业解决生产经营中面临的实际困难。立足针对性税法传递、通知通告、温馨提醒等功能打造信息直通平台,建立税企直通车“QQ群”,向企业免费赠送税企“直通邮箱”1303个,为全市重点企业和260家行政事业单位建立电信ECP移动办公系统。积极推行“一次性告知制”、“补正承诺制”、“稽查预先告知”等新举措,使服务工作更加贴近形势。

队伍建设【财税文化建设】以“和谐聚力、诚信服务”为核心理念,动员干部参加各类文体活动。一是参与省局组织的迎接新中国成立60周年书法、绘画、摄影作品征集评选和征文比赛。二是在全体干部职工中开展“我为财税发展献计策”活动,共收到献计312条。三是与浙江洁丽雅集团开展“激扬青春,共渡时艰”活动,使干部更加深入了解企业面临的困难和挑战,明确责任和使命。四是组织乒乓球、游泳、登山等11个兴趣小组,连续五年举行端午龙舟比赛,为干部减轻工作压力,陶冶情操。

【机关作风建设】坚持将行风效能建设融入财税工作全过程,针对存在的突出问题,明确目标任务,制订配套措施,加强检查考核,使纳税人对财税工作的满意度有了新攀升,在诸暨市34个重点评议部门的“企业评部门”活动中满意率为92.18%,排名第二,在“群众评窗口”活动中排位第一,在绍兴地区市县“企业评部门”活动中排位第一。

【教育培训】 汇总干部职工文化教育需求,分层分类分时间推出教育培训总体计划,第二次组织干部赴扬州国家税务培训中心进行业务培训。鼓励干部参加学历升级和高职称学习考试,全局50岁以下干部全部取得大专以上学历,本科学历达到62%,研究生学历达6%,高级职称达8%,118名干部通过了EXCEL国家计算机三级考试。

【廉政建设】通过组织干部赴省六监现场警示教育、上廉政党课、节前短信提醒等方式,对干部进行多方位廉政教育,牢固树立廉政思想防线。注重制度规范和责任落实,从源头推进反腐倡廉工作,完善资金审批拨付、经费报销、税费减免等各项制度,坚持以制度管人,按程序办事,被绍兴市局评为纪检监察工作先进集体和诸暨市纪检监察工作先进集体。

【创建文明单位】围绕服务发展、服务民生、服务基层、让群众满意的“三服务一满意”主题,建设“为人实、工作实、数字实”的财税机关。市局被诸暨市委评为“学习实践科学发展观活动”先进集体,牌头分局通过“全国巾帼文明示范岗”复评,枫桥分局被省地税局授予“省级基层文明单位”称号。

(诸暨市地方税务局供稿 斯 巍撰写)

嵊州市地方税务工作概述

局长 孙元东

经济概况 2009年，嵊州市实现地区生产总值231.18亿元,比上年增长9.2%。其中:第一产业增加值23.28亿元，比上年增长3.8%；第二产业增加值126.63亿元，比上年增长8.6%；第三产业增加值81.27亿元,比上年增长11.8%。第一、二、三产业结构比例由上年的10 : 55.8 : 34.2变为10 : 54.8 : 35.2。全市财政总收入20.83亿元,比上年增长7.8%,其中地方财政收入10.86亿元,比上年增长8.5%。

税收概况【任务完成情况】2009年,全市地税部门共组织各项收入14.55亿元,比上年增长4.3%。其中:税收收入7.58亿元,比上年增长6.7%;组织各类基金、费等其他收入6.97亿元,比上年增长1.7%。

【税收特点】一是收入止跌为升周期较长。受全球经济危机影响,2009年前7个月地税收入一直呈负增长,但其降幅逐月减小呈回升态势,直到8月份实现正增长,尔后逐月上扬。二是个人所得税和企业所得税一增一降幅度较大。个人所得税在前几年持续增长基础上,继续高幅增长,同比增长21.2%,拉动全局税收收入增长3.6个百分点。企业所得税由于受经济形势和税收政策影响,下降21.9%。全年企业所得税降幅前高后低现象明显,至年底尽管降幅已经大大收窄,但与2008年相比仍减收2350万元。三是第三产业优势明显。全年一产税收比上年增长7.1%,二产同比下降1.2%,三产同比增长13.5%,三产税收率先从6月份起实现正增长,并增幅逐月提升。四是收入结构持续优化。全年地税部门共组织税收收入75783万元,其中组成地方财政收入61995万元,占全市地方财政收入的57.2%。第三产业税收入库43464万元,税收占57.4%,比上年末上升3.4个百分点。

【税源分析】1. 营业税:入库2.55亿元,同比增长15.1%。增收原因:一是房地产业营业税大幅增长。2009年房地产销售由冷转暖变热，房地产营业税增长也随之由负转正变高,全年入库8559万元,同比增长25.2%，增收额1722万元，占营业税增收额的51.5%。二是金融业营业税增幅较大。2008年下半年新办的绍兴市商业银行嵊州支行等3家金融保险企业,2009年产生效益，全年金融业营业税入库2109万元,同比增收389万元,增长22.6%。三是建筑业营业税有一定增长。104国道全线动工、房地产业复苏等带动建筑业务增长,全年建筑业营业税增收536万元,增幅为11.6%。减收因素:交通运输业营业税为唯一减少的一个行业税种,其主要原因是受金融危机影响,运输业务下降。

2. 企业所得税：入库8400万元，同比下降21.9%。减收因素:一是工业企业受金融危机影响,销售收入下降而原料成本不断上涨,利润大幅减少。据统计,全市工业企业所得税因金融危机影响至少减收1000万元。二是房地产行业企业所得税减少1478万元。其原因是新开发项目楼盘的房地产企业所得税还未反映,而原开发楼盘的房地产企业,企业所得税大幅减少,其中9家房地产企业就减收1500万元。三是实施新企业所得税法和落实税收优惠政策减收企业所得税。落实法定税率降低、高新技术企业享受15%优惠税率、企业研究开发费用税前扣除,分别减收企业所得税279万元、775万元、415万元。

3.个人所得税:入库1.46亿元,同比增长21.2%。增收因素:一是加强对高收入个人所得税征管,特别是扎实开展年所得12万元自行申报工作,效果明显,工资、薪金所得入库7233万元,增收1005万元,增长16.14%。二是国有企业经济效益较好,分红较多,利息、股息、红利所得入库1351万元。减收因素:受税收政策调整影响,个体工商户生产经营所得比去年减少481万元。

4.其他税收:入库2.73亿元,同比增长4.8%。增收因素:一是房地产企业土地增值税大幅增长,全市入库土地增值税4608万元,同比增收1967万元,增长74.48%。二是车船税入库983万元,同比增收320万元,增长48.27%。三是房产税入库5727万元,同比增收858万元,增长17.62%。减收因素:土地使用税入库7931万元,同比减少2114万元,减收的主要原因是2008年3月份补征了2007年差额部分,该部分税款为一次性税款。

各项工作情况【优化收入结构】一是用足用好现行政策。大力扶持第三产业和现代服务业发展,提升三产占经济总量的比值。二是落实多项增收措施。有重点地开展企业房、地两税核实补税和企业自建厂房补税工作,加强对高收入个人和行业的个人所得税征管,加大对出租房税收征管力度。三是加强小税种征管。在房地产企业全面推广应用不动产项目管理软件,确保应纳税款及时足额入库,2009年共征收房产税5727万元,同比增长17.6%。进一步完善车船使用税、资源税管理,全年入库车船使用税、资源税分别增长48.3%、26.4%。

【帮扶企业"春雨"专项行动】一是组织开展"春雨"专项活动。多次组织税企沟通会、网上送税法、专题调研等一系列活动;进一步深化"六项便民措施",支持企业发展。二是推行"一窗式"办证服务。6月1日起,在绍兴地区率先委托工商部门办理个体工商户税务登记及证照发放工作,实行工商营业执照、国地税税务登记证"一窗式"办理,方便纳税人。三是减轻企业负担,实行社会保险费集中减征,降低养老保险费率,加上各类税收减免,共计减征6600多万元。

【推进企业分离发展服务业】一是齐抓共管。领导小组由分管副市长挂帅,10个指导小组均配备相应的牵头部门和配合单位。二是政策扶持。市财政安排专项资金3000多万元,用于实施领带服装、电器厨具、机械电机三大主导产业转型升级方案。三是考核促动。市政府将指导分离发展服务业工作列入各部门的年度考核。2009年全市新分离发展服务业企业13家,增加地方财政收入304万元。

【税收法制建设与税收宣传】一是开展"三进"活动。"进校园",和教体局联合举办"地税杯"税收宣传征文比赛;"进广场",向市民分发税法宣传资料3000多份;"进企业",税务干部分片上门开展税法咨询活动。二是面向全社会开展"税收·发展·民生"主题摄影比赛,评出一、二、三等奖28幅。三是积极推进依法治税。切实开展税收政策和征收管理执行情况检查,抓好大要案审理、规范性文件审核备案、税费减免复查等工作,对基层单位实行依法行政工作考核。

【征管改革与税源管理】健全精细化管理机制。坚持"抓大、评中、定小"税源管理思路,深化"数据采集—税源监控—税收分析—纳税评估—税务稽查"五位一体互动机制,实行税收源头控管。优化税源间接控管模式。出台《嵊州市地方税务局日常税源管理岗业绩考核试行办法》,将税源管理工作责任到人。建立税源比较分析平台,对相关指标进行定期研判。实施企业所得税行业管理办法,实行所得税预警管理。健全部门联动机制,与开发委、经贸局等单位联动,跟踪管理重点工程涉税信息;与国土部门联合,在土地交易时,把缴纳税费作为办理土地过户手续的前置条件。

【信息化建设】一是推广应用《税友2006》。把社保应征数导入《税友2006》自定义模块和网税系统,创建《行业税负率分析表》等35张自定义报表,方便统计、查询、分析。二是积极开展信息共享和联网工作。与国税、工商、残联、社保、各大银行、税务师事务所、房地产交易所等部门实行直接联网,通过政府网实现与市政府所属各部门的横向联网。三是应用不动产项目管理软件。在107家建筑、房地产企业纳入软件管理,纳入比例达99%,达到“以票控税、网络比对、税源监控、综合管理”的目的。

【各项规费征收】采取抓申报入库,及时催报催缴,开展缴费评估和规费稽查等措施,提高各项规费申报率。通过在电声、电机、领带等行业选取303家企业开展所得税汇算清缴、社会保险基金辅导,落实社保基金政策,保证各项基金及时足额入库。2009年,共入库各项规费6.97亿元,同比增长1.7%,其中社保费及残保基金6.10亿元,同比增长3.1%。

【税务稽查】全面开展税收专项检查,对大型连锁超市企业、建筑安装企业、营利性医疗机构、教育培训机构、旅游业等行业进行重点检查,对符合年所得12万元以上自行申报条件的纳税人申报情况进行核查,对企业入账的发票真实性、合法性和合理性进行审核,依法查处各类涉税违法行为,加强税收征管,堵塞税收漏洞。全年检查纳税户188户,查补税款1128万元,加收滞纳金60万元,罚款106万元。

【优化纳税服务】以“双服务”活动和“春雨行动”为载体,纳税服务与时俱进,重点推出勤送政策上门、税收政策辅导、解决企业困难、组织业务培训、手机短信提醒等五项服务项目;实施定期开展税企互动活动、全面推行补正承诺制、免收税务登记工本费并全面实行税务登记证免填单制度、精简纳税人申请涉税事项、简化纳税人报送涉税资料、拓展网税系统办税功能等六项便民措施;积极帮助企业落实税收优惠政策,受到纳税人好评。

队伍建设【财税文化建设】在局机关和各税务分局(所)分别开展创建文明科室、群众满意站所活动。组织干部职工开展唱红歌比赛、拔河比赛、太极拳、瑜伽、游泳、爬山等丰富多彩的文体活动。把开展活动与纳税服务、丰富生活、提高素质有机结合,相互配合,相互弥补。通过活动调节精神,锻炼身体,寓教于乐,陶冶情操,受到干部职工普遍欢迎和积极参与。

【机关作风建设】进一步完善《干部职工岗位责任制》《失职追究制》等制度,提高干部执政能力和机关效能。建立以局党委为领导,党、政、工、团、妇齐抓共管的管理体系,机关作风建设纵向到底、横向到边,全员参与。通过开展学习沈浩先进事迹、“广播心连心”、“广场面对面”以及“送政策、送服务、听意见、听需求”为主要内容的“两听两送”活动,强化为纳税人服务,提振干部队伍精神风貌。

【教育培训】坚持一周一次定期学习、一季一次专题讲座、一年一次调查研究、一年一次业务考试、一年一次评比先进为内容的“五个一学习制度”。采取多种形式组织开展学习活动,对中层干部、后备干部、一般干部,多渠道开展行政管理、财政知识、税收法律、会计知识、公文写作等业务技能培训,组织业务考试,以考促优。组织学习实践科学发展观活动,提高思想认识,推进财税工作。

【廉政建设】通过举办廉政报告会、组织观看廉政教育片、组织中层干部旁听法院庭审等多种形式,教育干部职工珍惜所在,自重、自省、自警、自律,增强廉政意识。通过坚持开展读书思廉、短信送廉、干部述廉活动,警钟常鸣,及时提醒,提高干部廉洁从政的自觉性。2009年全系统无违纪违法案件发生,在全市党风廉政责任制考核中被评为先进集体。

【创建文明单位】引导干部树立“敢于争先、勇夺第一”的理念,积极开展争创“文明单位”、“青年文明号"”、“巾帼文明示范岗”等活动,增强干部争先创优的责任意识。局机关在市委市政府的部门年度综合考评中荣获总分第二名,被评为先进党委、先进集体,“春雨行动”被评为嵊州市行风建设十大亮点之一,全局多个单位和个人被评为各类先进获得众多荣誉。

(嵊州市地方税务局供稿 黄小明撰写)

新昌县地方税务工作概述

局长　求国安

经济概况 2009年，新昌县实现生产总值187.06亿元，增长8.7%。其中:第一产业增加值13.12亿元，增长3.6%;第二产业增加值104.81亿元，增长5.2%;第三产业增加值69.13亿元，增长15.4%。全社会固定资产投资66.83亿元，增长13.3%;城镇居民人均可支配收入24987元，增长8.6%;农民人均纯收入9965元，增长9.4%;人均生产总值42925元，增长8.7%。全县财政总收入23.10亿元，增长13.8%，其中地方财政收入10.64亿元，增长13.8%。

税收概况【任务完成情况】2009年，全县地税部门组织各项收入16.06亿元，增长14.1%，其中:税收收入8.53亿元，增收8300万元，增长10.8%，完成省局计划的100.7%。税收收入中营业税2.30亿元，增收5054万元，增长28.2%;企业所得税2.91亿元，增收2189万元，增长8.1%;个人所得税1.29亿元，增收1134万元，增长9.6%;其他各税2.03亿元，减收77万元。各项规费收入7.53亿元，增收1.16亿元，增长18.2%，其中社会保险费收入6.38亿元，增收1.14亿元，增长21.7%。

【税收特点】一是收入总量稳步增长，达16.06亿元，税收收入入库均衡，全年各月均实现正增长，规费收入突破7亿元，占全部收入的比重为46.9%。二是税收增幅前低后高。1—4季度分别入库1.98亿元、2.44亿元、2.23亿元、1.88亿元，分别增长7.4%、4.9%、15.2%、18%，增幅呈前低后高态势，与经济止跌回升趋势相吻合。主要因素是加大中小企业扶持力度，应对金融危机冲击，促使县域经济回升向好，税收形势逐步好转。三是税收结构得到优化。地方税收入库4.32亿元，增长13.0%，全年税收结构为50.7%，上升1个百分点。四是行业税收增减不一。第一、二、三产业税收分别增长-4.2%、9.6%、12.7%，占税收收入比重分别为0.6%、58.9%、40.5%。五是税源区域分布不均。直属分局2009年税收收入7.92亿元，占全县地税收入总量的92.8%，增长10.6%，澄潭分局、儒岙分局、大市聚分局分别增长19.9%、11.1%、7.9%。

【税源分析】1. 营业税：入库2.30亿元，增长28.2%，增幅高于全省12.67个百分点。建筑业入库4951万元，增长30.1%，增幅为各行业最高，主要是投资力度加大及房地产业回升带动建筑业发展。房地产业入库5402万元，增长11.6%，主要是银行利率下调和适度宽松货币政策影响，6月份起房地产交易逐月高涨，拉高营业税总量。住宿餐饮业营业税入库1233万元，增长14.4%，主要是出台《饮食业营业税管理办法》，加强税收征管。金融业营业税下降9.6%，主要受利率下调影响，营业收入减少。

2. 企业所得税:入库2.91亿元，增长8.1%。增收主要集中在制造业，2009年制造业入库企业所得税2.08亿元，占企业所得税总量的71.3%，增收因素主要是浙江新和成股份有限公司2008年度缓缴税款1.32亿元在2009年入库。建筑业企业所得税入库2747万元，增长59.8%，主要是政府投资力度加大、房地产回升推动及总分支机构企业所得税管理规范。受房地产业毛利率下调影响，房地产业入库企业所得税

2281万元,下降20.9%。

3. 个人所得税:入库1.29亿元,增长9.6%。工资薪金个人所得税入库5029万元,增长6.6%,主要是加强年所得12万元以上个人所得税自行申报管理,增加税收总量。利息、股息、红利所得入库个人所得税4174万元,增长43.8%,主要是浙江新和成股份有限公司分红增加,入库税收增长11倍。个体工商户经营所得入库个人所得税2801万元,下降13.4%,主要是制造业应税所得率由7%下调到5%。

4. 其他税收:入库2.03亿元,下降0.4%。土地增值税入库3820万元,增长38.2%,主要得益于房地产交易的逐月高涨及房价的不断攀升。车船税入库761万元,增长40.7%,主要是通过保险公司规范车船税的代收代缴。城建税、印花税分别下降7.9%、14.6%,主要是受金融危机影响,企业订单减少,产品销量下降。城镇土地使用税、房产税入库减少,主要因素是2008年查补以前入库税款813万元,而2009年仅为57万元。

各项工作情况【优化收入结构】推广运用房地产税收一体化、建筑业不动产项目管理软件,加强建筑房地产营业税征管。提炼广告业、旅游业纳税评估指标体系,开展住宿业、租赁业专项纳税评估。开展餐饮业经营情况调查,制订饮食行业专项税收征收管理办法。制订出租房产税收管理办法,加强出租房屋的税收征管。强化地方小税种征管,落实车船税委托保险公司在缴纳"交强险"环节代收代缴办法,实现税险同步。2009年入库地方税收4.32亿元,增长13%,税收结构提高为50.7%,比2008年提高1个百分点。

【帮扶企业"春雨"专项行动】一是邀请25家企业代表参加税企专题沟通会,听取企业对地税工作的意见和建议,增进税企交流。二是安排38名业务骨干深入重点税源企业、高新技术企业、困难企业、工业企业分离发展服务业企业,了解生产经营情况,赠送法规政策资料,提供个性化服务。三是开展"税收优惠政策辅导日"、"新办企业办税辅导日"、"重点税源企业座谈会"等税企互动活动,宣传辅导税费政策。四是抓好高新技术企业和小型微利企业的认定工作,落实营业税和企业所得税优惠政策,减轻企业负担。实施社会保险费缴纳比例临时性下浮政策,对2678户企业的社会保险费单位缴纳部分实行临时性下浮集中减征,共减征社会保险费2410万元。

【推进企业分离发展服务业】一是研究制定财政奖励、工商登记、资质认定、信用评定、供水供电等扶持政策,加快企业分离发展服务业进程。二是明确20家企业作为推进企业分离发展服务业的工作重点,采用"抓重点带一般"的方法,制订具体实施方案。三是开展专题辅导,加强政策宣传,帮助企业算好经济账,提高企业分离发展服务业积极性。四是实施分类管理,结合企业生产经营情况,区别情况实行分类管理,做到成熟一家分离一家。2009年共辅导26家企业分离发展服务业,增加地方税费836万元。

【税收法制建设与税收宣传】利用《税友2006》数据,健全执法过错责任追究制度,实现"计算机考核为主,人工考核为辅"的执法责任监控考核新机制。规范案件初查报告制度,出台案件违法线索报告制度,制订税务违法案件公告办法,落实税务稽查反馈制度,提高税务行政处罚的公正性、合法性。开展税收执法检查,做好重大税务案件审理工作,保障税务机关依法行使职权,维护纳税人合法权益。2009年未发生行政复议、行政诉讼案件。

以"税收·发展·民生"为主题,开展第18个全国税收宣传月活动,通过举办第二届"地税杯"书法大赛,编发《地方税收政策选编》等措施,开展送政策、送信心、送服务活动。利用广播电视、《今日新昌》等媒体,宣传地税政策法规,普及税收知识,增强企业诚信纳税意识。利用新昌财税网发布税收政策、征管措施等信息,建立地税机关与纳税人互动交流平台,构建和谐征纳关系。

【征管改革与税源管理】健"全数据采集—税源监控—税收分析—纳税评估—税务稽查"五位一体互动机制,推广应用《税友2006》快捷查询管理软件,完善基础数据。利用工商、国税等部门信息,规范定期定额户管理,加强漏征漏管户清理。强化国地税协作,召开专题会议明确联合办理税务登记、联合信用等级评定、加强个体税收管理、欠税企业发票控管、税务稽查等合作内容。

突出税源监管,参照杭州市局加强重点税源管理的工作方法,加强重点税源企业的税收征管。利用发改、财政等部门提供信息,对投资项目实行全程监控,加强重点行业、重点企业、重点工程税源管理。综合国地税征管信息,加强税收科学分析,推行税收分析例会制度,增强收入预测把握能力。完善重点税源管理网络,根据税源状况确定监管对象,按季开展重点税源监控分析。

【信息化建设】一是加强硬件建设,投入资金实施机房改造,购配小型机,完善机房及计算机网络等设施。二是深化软件应用,开展网税系统电子签名证书应用试点工作,提高网上涉税事务的安全性。三是拓展信息共享,做好与社保、工商、国税、房管等部门的数据共享工作,实现优势互补,促进协同管理。四是保障信息安全,购置防火墙、入侵检测等安全设备,对局域网进行分区分级权限管理,防止外部网络非法访问;开展数据备份恢复演练,检验备份数据有效性,保证业务数据库完整性。

【税务稽查】深化部门协作,与公安、检察等部门召开联席会议,明确立案标准和案件移送操作规程,加强打击涉税犯罪案件整体协作。实施税收专项检查,深入整顿和规范税收秩序,开展广告装潢业专项检查、餐饮业解剖式检查、建筑装潢业责成自查、大型连锁超市及电视购物企业专项检查、营利性医疗、教育、培训机构专项检查,2009年共检查纳税人256户,查补税费总额1315万元。强化税务稽查法治管理、精细化管理,实行查后回访制度,落实稽查案件分析和建议反馈制度,达到以查促管,以查促收,以查促查。

【各项规费征收】强调规费征收与税收征收在思想上同等重视、工作布置上同时落实、对税务分局实行同时考核。贯彻《浙江省社会保险费征缴办法》,落实缴费登记、自行申报等办法,实现税费“软件统一、数据共享”。利用《税友2006》企业财务数据与社会保险费申报数据展开比对,核实费基。利用网上申报系统,实现社会保险费电子申报缴费,形成多样化征缴格局。全年各项规费收入7.53亿元,增收1.16亿元,增长18.2%,其中社会保险费收入6.38亿元,,增收1.14亿元增长21.7%。

【优化纳税服务】一是优化服务环境,明确纳税服务工作定位,推进办税服务厅标准化建设,梳理服务内容、业务流程、窗口设置、环境设施,规范办税服务厅资源配置。二是创新服务举措,逐步推行“同城通办”、POS机刷卡缴税等便民措施,拓展网税系统办税功能,方便纳税人办税。三是完善服务机制,实施“一窗通”办税、“补正承诺制”、税务登记“免填单”、个体户办证“三窗合办”等服务手段,精简纳税人依申请涉税事项,提升纳税人满意度。四是深化服务方式,实施提醒服务、“五个零”承诺服务、无差别服务、纳税预约服务,实现便民利民措施的经常化、制度化。

队伍建设【财税文化建设】树立“依法治税、为民理财、务实创新、廉洁高效”核心价值观,培育财税特色文化理念和行为体系,发扬“实、稳、优”财税文化。一是强化意识,召开青年干部座谈会,开展团队培训,要求青年干部政治上求进步,业务上求精通,工作上求进取。二是拓展能力,举办中层干部读书会,引导中层干部研究新情况,创建新机制,解决新问题,提高中层干部开拓创新能力。三是营造氛围,组建游泳、登山、羽毛球、乒乓球等健身队,利用业余时间开展健身活动。四是凝聚合力,建立部门负责人工作日志查询系统,开展后备干部推荐和业务能手评比活动,引导干部热爱财税事业,珍惜集体荣誉。

【机关作风建设】健全行风效能建设长效机制,提高服务意识,提升工作效能,优化服务手段,与企业共克时艰,共谋对策,共创未来。一是联合发改、经贸等部门组成政策指导服务团,通过编印服务指南、邀请专家开展政策指导等方式,开展“送信心、送政策、送服务”活动。二是组建纳税服务志愿队,开展志愿服务,延伸纳税服务触角,拓宽纳税服务领域,营造良好税收舆论环境。三是召开行风监督员座谈会,加强与企业、群众联系和沟通,促进服务型机关建设。2009年行风评议在县执法类部门排名第一,并获县“十大群众满意机关”称号。

【教育培训】开展科学发展观实践教育活动,实施分层次岗位培训,加强干部素质技能培训。一是坚持中心组理论学习制度,确定学习重点、学习专题、学习书目,通过党委会等形式,进行集中学习交流。二是坚持周一学习制度,制订学习计划,安排学习内容,开展教育培训,增强干部事业心和责任感。三是鼓励和支持干部参加学历教育,从经费、时间上创造条件,培养更多高学历、复合型人才。四是开展网络学习,利用新昌干部教育网络资源,促进干部职工自觉进行网上自学。2009年干部大专以上学历在97%以上,获县“学习型机关”荣誉称号。

【廉政建设】履行领导干部“一岗双职”规定,签订党风廉政建设责任书,推行廉政承诺公示制和述廉评廉制,建立中层干部廉政档案。坚持民主集中制,对人事管理、重大资产处置、大额资金使用等重大事项实行集体决策。推行政务信息公开,公布财税工作内容、工作标准和工作纪律,便于外界监督。邀请行风监督员开展明查暗访,检查本单位各部门的服务态度、着装及行风效能禁令的执行情况。2009 年被评为"县纪检监察先进集体"。

【文明单位创建】落实创建工作责任制,人人参与创建活动,在基层办税服务厅安装"满意度评价器",对办税人员的服务质量、服务态度、服务效率进行量化考核。开展机关开放日活动,邀请社会各界人士走进机关,了解工作职能、办税程序,开展互动交流。开展满意度问卷调查,征求纳税人的意见和建议,集中解决群众所反映的热点、难点问题。执行"一月一通报、两月一督查"制度,强化对规章制度、工作目标落实情况的监督检查,提高工作效率和服务质量。

(新昌县地方税务局供稿　梁晓富撰写)

湖州市地方税务工作概述

局长　沈建平

经济概况 2009 年,湖州市实现地区生产总值 1111.50 亿元,按可比价格计算,比上年增长 10.2%。分产业看,第一产业增加值为 89.74 亿元,增长 3.0%;第二产业增加值 617.76 亿元,增长 8.3%,其中工业增加值 554.24 亿元,增长 8.0%;第三产业增加值 404 亿元,增长 14.8%;第一、二、三产业比例为 8.1:55.6:36.3。全市实现财政总收入 146.69 亿元,其中地方财政收入 80.01 亿元,分别比上年增长 9.7%和 11.7%;财政总收入占 GDP 的比重为 13.2%,比上年提高 0.3 个百分点。

税收概况【任务完成情况】 2009 年,全市地税系统共组织各项收入 98.35 亿元,比上年增长 12.0%。其中:税收收入 58.74 亿元,增长 10.2%;社会保险费 32 亿元,增长 16.1%。市本级共组织各项收入 44.33 亿元,比上年增长 11.6%,其中税收收入 26.64 亿元,增长 7.1%;社会保险费 14.45 亿元,增长 22.8%。

【税收特点】 1.总体上,收入呈现逐步好转态势。受全球金融危机冲击和政策性减收因素影响,一季度全市税收收入出现负增长,为 -3.7%,为国、地税机构分设以来首次;二季度以后,在经济形势趋稳以及房地产市场回暖的拉动下,地税收入逐渐走出低谷,二、三、四季度当季收入增幅稳步提高,分别为 3.9%、20.87%和 36%,全年累计增幅提高到 12.0%。

2.从产业税收看,三产税收增长明显快于二产。2009 年,全市第二产业入库税收 26.70 亿元,增长 6.3%;第三产业入库税收 31.97 亿元,增长 13.6%。二产中,除建筑业税收增长较快为 18.0%外,采矿业、制造业等税收均处于负增长或低位增长水平;三产中,仅交通运输业税收负增长,房地产业税收增势较好,为 25.2%,也是全年地税税收收入增幅由负转正的主要因素。制造业、房地产业、建筑业仍是地税税收收入的三大支柱产业,全年累计入库分别为 13.40 亿元、12.85 亿元、9.35 亿元,在税收总收入中的比重达 60.6%,比上年提高 1.8 个百分点。

3.从税种结构看,由于企业所得税回落明显,使地方税占比进一步提高。2009年,营业税、企业所得税、个人所得税三大主体税种"两升一降"。地方小税种继续保持较快增长,全市累计入库17.09亿元,增长20.6%。由于企业所得税较大幅度回落,使得地方税占比进一步提高,全市为66.0%,比上年提高4.6个百分点;本级为65.9%,比上年提高5.3个百分点。

4. 从区域看,地区间税源不平衡的状况比较明显。特别是市本级,全年地税收入增幅仅为7.1%,低于全市收入增幅,与增幅最高的安吉21.6%相比,差距达14.5个百分点。2009年,市本级税收在全市税收总量中的占比为45.4%,比上年降低1.2个百分点。

【税源分析】1. 营业税实现较快增长。全市入库营业税21.70亿元,比上年增长16.9%。主要原因:一是房地产业迅速回暖,全市共入库房地产营业税7.35亿元,增长43.3%。二是城市改造、新农村建设、道路建设、河道改造投入加大,特别是湖州市杭长高速、合溪水库、宁杭铁路等重大项目的施工,为建筑营业税提供较为丰富的税源。全市入库建筑业营业税6.74亿元,增长38.5%。三是较为宽松的信贷政策助推金融业税收增长。全市入库金融业营业税1.26亿元,增长23.6%。四是餐饮住宿业、租赁和商务服务业、文化娱乐业、旅游业在扩内需政策带动下稳健增长,其中饮食业营业税9311万元,增长158.7%,租赁业税收4922万元,增长52.1%。五是在日常征收管理中,各分局加强税源跟踪管理,推广电子发票,加强开票数和申报数的信息比对,进一步提高营业税以票控税的质量。

2. 企业所得税出现负增长。全市入库企业所得税8.47亿元,比上年下降16.6%。主要原因:一是制造业不景气,企业效益改观不明显。虽然国内在经济刺激政策下,下半年开始出现触底反弹,但总体仍处于低位徘徊状态。加之,企业所得税反映实体经济变化的时间滞后性,所以2009年制造业企业所得税出现下降21.0%的情况。二是政策性减收因素,其一是企业所得税基本税率调整,使汇算清缴企业所得税下降明显。其二是高新技术企业所得税优惠政策落实到位,减少所得税入库。到年底,全市122家企业获批国家高新技术企业。其三是由于计税工资扣除标准的取消,导致企业所得税减收。

3. 个人所得税实现平稳增长。全市入库个人所得税11.48亿元,比上年增长9.9%。增收的主要原因是房地产市场的火爆,以及2010年购房优惠政策可能取消的预期,使房产转让行为剧增,全市房产转让个人所得税所得征收5385万元,同比增长718%。减收的原因主要是上年长兴、德清等地水泥行业股改入库个人所得税较多,而2009年同样的一次性因素较少,造成收入同比下降。

4. 其他各税增势喜人。2009年,其他各税入库17.09亿元,比上年增长20.6%,除资源税小幅下降外,其他地方小税种均实现较快增长,其中土地使用税、土地增值税、房产税分别增长42.5%、39.9%、23.2%。主要原因:一是各基层分局加强与有关部门、乡镇的密切配合,加强涉税信息的比对,促进征管质量的提高,长兴县局、德清县局还对管辖内企业的土地进行实测,夯实了税基,增加了税源;二是房地产市场的迅速回暖带动了相关税收的增长。

各项工作情况【优化收入结构】切实抓好地方税征管,不断优化收入结构。依托信息化,完善营业税"以票控税"办法。加强信息比对,做好城建税、资源税等的征收管理。进一步规范机动车车船税保险机构代收代缴工作。持续做好城镇土地使用税、房产税税源调查和清理工作,完善动态管理。出台应税自用房产计税价格核定办法,对无原值房产和原值明显偏低房产加强税收征管。

【帮扶企业"春雨"专项行动】扎实开展"三访三优、共克时艰、和谐共进"专项活动和"帮扶企业'春雨'专项行动",建立结对帮扶工作机制,市局领导带头,深入重点税源企业、高新技术企业、困难企业和分离发展企业,送关怀、送政策、送服务。结合表彰纳税大户、所得税汇缴等工作,开展多层次的税企沟通活动,加大税收优惠政策宣传力度。合理运用税费减、免、缓等手段,有效落实高新技术企业税收优惠、技术开发费加计扣除政策,市本级依审批减免各项税费1.08亿元,力度大于往年;及时落实临时性下浮企业社会保险费缴纳比例政策,减轻企业负担1.34亿元;从7月1日起,市本级将企业养老保险费单位缴费率从20%下调至18%,企业社保费负担进一步减轻。

【推进企业分离发展服务业】成立推进工作领导小组,召开系统内工作会议,出台进一步推进分离发展的实施意见。结合本地实际,深入调查研究,通过政策激励、优化服务等措施,大力推进商品混凝土行业整体分离发展,进一步规范矿产品运输和大宗产品运输分离工作,促进大中型生产企业服务外包,探索培育功能性总部经济。2009年,全市45户企业分离发展了服务业,增加地方税费2240万元。

【税收法制建设与税收宣传】出台《税收执法若干问题的实施意见》,在制订规范性文件、实施行政处罚、运用保全和强制措施、应对行政复议和诉讼等八个方面提出防范和改进意见。贯彻落实好重大决策需经社会征询、专家论证、听证公示“三项制度”规定,细化实施方案,明确实施范围、操作流程和有关工作要求。认真开展2009年税收执法检查,及时发现税收执法问题,有效加以整改。精心组织开展全国第18个税收宣传月活动,围绕“服务企业、服务发展、服务民生”主题,推出“税收·发展·民生”电视系列专题报道;建立首批税收教育基地,开展“大手拉小手,税法走近你我他”、“我和‘护税树’共成长”等针对中小学生的主题宣传活动;举办“开心茶馆·说税”专题广场宣传,进一步营造税收宣传声势。

【征管改革与税源管理】完善税源间接控管模式,加强收入预警分析和重点税源监控,对收入有重大异常变动的企业及时了解原因,有针对性地采取措施。进一步推进纳税评估工作,健全常态化工作机制,开展多种形式的深度评估,日常评估达到10%。2009年,全市累计评估2068户,评估入库税款超过1亿元。持续改进ISO9000质量管理体系,调整充实质量管理员队伍,专题组织业务培训,进一步规范、整合、优化工作流程,组织实施内部审核与管理评审,通过检查、评审指导促进税收征管工作。

【信息化建设】加快推广使用电脑开票软件,市本级应用计算机开票的纳税人基本覆盖以营业税为主体税种的所有行业。积极推广应用不动产建筑业税收管理软件,全市纳入系统管理的项目有2881个。推动政府部门间信息交换平台建设,成功实现工商地税登记信息的实时联网。积极推广运用《税友2006》快捷查询软件,集中进行数据清理,全市共清理数据4.9万多条。

【各项规费征收】推动“五费合征”扩面工作,确保社保费收入可持续增长。以自行申报为抓手,重点抓好医疗保险费和生育保险费的全面自行申报缴纳。进一步推进征缴信息化,做好社保导入数与企业自行申报数、应征数与入库数、各费种缴费户数与缴费基数的比对工作,及时解决非正常户形成的虚增欠费问题。

【税务稽查】年初根据经济形势,将营利性医疗机构、教育机构、娱乐业等社会经济影响较小的行业列入专项检查。此后,按照总局关于进一步加大执法检查力度的要求,市局专题向市政府常务会议进行汇报,并及时调整工作思路和方向,将近三年未实施税务检查的部分工业制造业列入税收专项检查范围。2009年,全市共查补入库9151万元,圆满完成各项稽查工作任务。

【优化纳税服务】推出免收税务登记工本费并扩大税务登记证免填单范围、全面推行“一次性告知制”和“补正承诺制”、精简纳税人依申请涉税事项、拓展网税系统办税功能等十大服务举措。进一步规范和简化税收业务工作流程,完善网上申报、网上发票预缴销、网上下载报表资料等业务。全市全面免收税务登记工本费后,直接受益纳税人达25576户。发挥12366语音热线服务功能,接听、回复咨询电话2055个,发送各类涉税短信226700条。坚持办好基层税收政策辅导刊物,为企业提供个性化辅导。

队伍建设【财税文化建设】积极贯彻《关于在全省财政地税系统开展财税文化建设的意见》,建立完善符合地税工作特点和干部实际的财税文化建设规划。认真组织中心组理论学习,坚持“机关学习日”制度,统筹安排各类学习、培训项目,扎实推进学习型组织建设。进一步发挥群团组织优势,丰富干部业余生活,提高团队凝聚力。组织开展纪念新中国成立60周年文艺汇演,充分展示税务干部精神风貌。

【机关作风建设】开展深入学习实践科学发展观活动,成立活动领导小组和工作机构,结合工作实际,确定“优质服务促发展、齐心协力稳收入、突出重点保民生”的实践载体,制订以“三访三优、共克时艰、和谐共进”为主要内容的实施方案。从3月中旬开始,系统内集中开展以“联百名代表、助百家企业、访百个乡村”为主要内容的集中走访活动,并召开“帮扶企业,促进发展”民主恳谈会、特邀监察员和老干部座谈会,从不同层面听取意见建议。针对征集的意见和问题,制订整改方案,进一步推动日常工作的开展。

【教育培训】认真抓好教育培训工作,根据不同岗位业务技能要求组织专题培训,切实提高干部思想政治素质和业务技能。组织中层干部到上海财经大学进行专题培训,拓宽视野,提升素质。举办地税岗位业务技能培训,积极参加全省地税系统岗位业务技能比武,提高基层干部业务技能。

【廉政建设】下发《关于深入推进本系统反腐倡廉和作风建设的通知》,印发财政地税系统《党风廉政建设责任制考核实施意见》,对考核内容进行量化,使考核更具有可操作性。开展权力"搜索",规范权力运行机制。大力开展党风廉政和反腐倡廉"五个一"教育,坚持实行内部审计制度,加大对作风效能问题的查处力度。

【创建文明单位】深化精神文明创建活动,不断巩固和发展基层文明单位、文明处室、青年文明号、巾帼示范岗等创建成果。市局通过市级文明单位复评,市局领导班子获得"创新创业好班子"称号,吴兴税务分局被评为全国税务系统先进集体,纳税人综合满意率达 99.18%。

(湖州市地方税务局供稿　孙华阳撰写)

德清县地方税务工作概述

局长　杨永林

经济概况 2009 年,德清县实现生产总值 202.40 亿元,比上年(下同)增长 9.6%。其中:第一产业增加值 16.10 亿元,增长 4.6%;第二产业增加值 123.80 亿元,增长 8.3%;第三产业增加值 62.5 亿元,增长 13.6%;第一、二、三产业增加值结构由上年的 7.9:62.5:29.6 调整为 8.0:61.1:30.9。全县财政总收入 28.38 亿元,增长 10.2%,其中地方财政收入 14.82 亿元,增长 10%。全县财政总支出 18.84 亿元,增长 28.8%。

税收概况【任务完成情况】2009 年,全县地税系统共组织各项收入 18.96 亿元,增长 14.0%。其中:税收收入 10.74 亿元,增长 10.9%;三项规费、社会保险基金等其他收入 8.22 亿元,增长 18.3%。

【税收特点】一是收入总量实现突破。组织收入总量接近 19 亿元。其中:税收收入首次突破 10 亿元,保持了 10%以上增幅;非税收入超过 8 亿元,占全部收入比重为 43.3%。二是税收结构进一步优化。营业税和地方七税入库 7.42 亿元,增长 18.5%,占地税收入 69.1%,比上年上升 4.6 个百分点。其中地方七税入库 4.34 万元,增长 37.7%,增量占地税总增量的 125.4%,拉升地税收入 12.3 个百分点,成为 2009 年地税收入的征收亮点。三是共享税收出现下降。企业所得税和个人所得税入库 3.32 亿元,下降 3.1%,其中企业所得税入库 1.23 亿元,下降 9.3%;个人所得税入库 2.09 亿元,增幅仅为 1%。四是重点行业税收增长趋缓。制造业入库 3.44 亿元,增长 10.2%,但剔除土地使用税和房产税则下降 15%。房地产业入库 1.82 亿元,增长 5.5%;建筑业入库 1.36 亿元,增长 1.6%,远低于地税平均增幅。

【税源分析】1. 营业税:入库 3.08 亿元,减收 272 万元,下降 0.9%。减收原因:浙江华诗置业有限公司、华盛达房产、金盛达房产等 15 家企业申请并批准缓缴营业税 6518 万元。

2. 企业所得税:入库 1.23 亿元,减收 1264 万元,下降9.3%。减收原因:受金融危机影响,出口形势严峻,上半年企业亏损面较大;企业所得税税率下调带来政策性减收;落实各项所得税减免及抵免、加计扣除等优惠政策。

3. 个人所得税:入库2.09亿元,增收213万元,增长1%。增幅较低原因:主要是一次性因素影响,2008年5家企业股权被收购入库个人所得税4246万元,基数抬高,而2009年为净减收数。

4. 地方七税:入库4.34亿元,增收1.19亿元,增长37.7%。其中土地增值税6129万元,增收2767万元,增长82.3%。增收原因:绿城中田房产1577万元2008年结转入库以及春晖房产一次性因素入库608万元;车船税1059万元,增收546万元,增长106.4%。增收原因:新购车的自然增长和委托保险公司代征成效明显;城镇土地使用税14663万元,增收4658万元,增长46.6%;房产税6258万元,增收1844万元,增长41.8%。两税种增收原因:年初针对税收应征数持续下滑的不利局面,加强与国土部门信息比对,提高征收质量,确保基本稳定的税收及时、足额入库。

各项工作情况【优化收入结构】一是支持第三产业发展。落实加快服务业发展税收优惠政策,减免三产税费597万元,重点扶持现代物流业、旅游、商贸等现代服务业发展。二是加强地方七税征管。调整资源税征管办法,推进车船税委托保险机构代收代缴工作,完善城镇土地使用税和房产税管理,进一步规范土地增值税预征管理,全年地方七税总量占财政总收入比重为15.3%,列全省第一位。三是抓好不同行业及税种的征管重点。加强对第二产业和商贸流通业所得税征管,深化建筑业和其他第三产业的营业税征管,进一步规范外资、个体、私营经济等非公有制经济的税收征管秩序。

【帮扶企业“春雨”专项行动】一是开展“网送税法连万家”活动,丰富和更新德清财税信息网内容;专门印制相关税收优惠指南4000册,通过办税服务厅、税务干部直接下发到企业。二是开展“税干进企业”和“专题税企沟通会”,实施“新办企业办税辅导日”、“值班分局长接待日”制度,针对企业具体问题,提供个性化纳税辅导及服务。三是落实税收优惠政策,2009年企业社会保险费缴纳比例临时性下浮减征2858万元,减征工业企业水利建设专项资金1056万元;减免上千家企业地方税收2918万元,为企业自主创新、转型升级和渡过难关提供支持。

【推进企业分离发展服务业】成立领导小组及办公室,建立工作机制。出台《德清县人民政府办公室关于进一步支持工业企业分离发展服务业的若干意见》,制订企业分离发展服务业工作地税系统专项考核办法。通过新闻媒体、政府网站、信息刊物等媒介以及召开现场会等形式,加强对扶持政策和成功案例的宣传报道。2009年成功分离技术服务、物流运输等服务业企业10户,超额完成预定工作目标,分离后的企业预计每年增加地方税收1364万元。

【税收法制建设与税收宣传】有序推进依法行政工作,开展年度税收执法检查和执法案卷评查工作。探索建立税款追缴法院协调机制,研究税收优先权执行方式,在法院执行欠税人财产时提前介入。以高新技术企业认定、农产品税收优惠政策、企业分离发展服务业等为主题,落实税收政策执行情况反馈报告制度。成立扩权强县改革领导小组及办公室,明确并落实扩权事项审批管理方式。深化行政审批制度改革,设立行政许可科,清理整合行政审批事项与职能。

加强网站建设,发挥财税门户网站宣传主渠道作用;利用税企邮箱、手机短信、彩铃、办税服务厅和户外LED大屏幕广泛开展税收政策宣传。继续打造德清地税“护税树”税收宣传品牌,与教育局、国税局合作开展“我和护税树共成长”故事大王讲演比赛。

【征管改革与税源管理】一是加强税源管理。推进“数据采集—税源监控—税收分析—纳税评估—税务稽查”五位一体的税源管理横向互动机制,加强部门信息共享和税收源头控管。加大重点税源监控力度,全年纳入各级重点税源监控企业522家,监控面达61.5%。二是加强税种征管。试行营业税差额征税管理办法;开展企业所得税工资薪金税前扣除金额与个人工资薪金所得信息对比;根据矿产品开采行为调整资源税征管办法;推进车船税委托保险机构代收代缴工作。三是规范征管秩序。实行个体税收管理进度通报制度,分析通报个体户定额与发票开具额对比情况,加强个体税收征管。实现纳税评估信息国地税共享,全年纳税评估236户,入库税费2977万元。

【信息化建设】推广应用《税友2006》快捷查询管理软件,建立工作进度通报机制,开展软件操作专题培训班,管理未到位户及数据不符项目的清理在96%以上。开展不动产建筑业项目管理软件试运行工作,完成系统及企业操作人员软件营业培训,实现全部23户正常营业的房地产企业项目管理软件安装及运行。与工商、国税、质监等部门协作开发管理软件,实现工商户办证"三窗合办"。

【各项规费征收】按照"法制化、规范化、税收化"要求,做好社保费等各项规费征管工作,重点加强社保费年度汇算清缴、清欠及专项治理工作。2009年全县各项规费收入8.07亿元,增长18.5%。其中:社会保险费6.77亿元,增长20.2%;水利建设专项资金、教育费附加、地方教育费附加等三项规费1.30亿元,增长10.5%。此外,全年代征残保金584万元。

【税务稽查】一是发挥以稽查促征管作用,积极开展调研式稽查。二是开展各类行业税收专项检查。对建筑安装业、拍卖企业、教育培训机构、医疗门诊所、高收入行业及个人的个人所得税等开展专项检查。三是落实省局部署,对辖区内4家企业开展大型企业集团税收自查辅导。四是重视涉税举报工作,积极开展举报案件的调查和检查工作。全年查处税务案件158件,查补入库金额1721万元。

【优化纳税服务】以"三大活动、十项举措"为载体,优化纳税服务。实施"新办企业办税辅导日"、"值班分局长接待日"制度,组织税务干部下企业,提供个性化纳税辅导及服务。重新设计办税服务厅窗口指示牌,清楚标明窗口业务受理内容;进一步完善"一窗通"办税服务,简化办税流程;在办税服务厅和代征点全面推广POS机刷卡缴税,提高办税效率。

队伍建设【财税文化建设】扎实推进"学习、制度、情感、激励、宣传和活动"六个平台建设,提升干部综合素质。组织全局公务员普通话培训,全部获得三级甲等以上证书。梳理党组议事、财税业务、党风廉政、内部管理等各项制度,全方位完善制度建设。组织参与党员共建社区和美化家园活动,树立财税基层党组织良好形象。参与省、市、县组织的乒乓球、游泳等体育赛事,增强干部活力。

【学习实践科学发展观】紧扣"深化财税改革,推进转型升级,保障社会民生,服务科学发展"实践载体,以"深化财税改革、推进转型升级、保障社会民生、服务科学发展"为目标,坚持解放思想、突出实践特色、贯彻群众路线、贯彻正面教育,把科学发展观理论精髓贯穿于财税工作始终。鼓励干部参与德清科学发展"金点子"和"十破十立"征集活动,其中一条被评为"十佳金点子"。

【机关作风建设】落实"服务企业、服务项目、服务基层"各项制度,提升干部服务意识。开展局属科室工作效能不定期检查,进一步转变工作作风。严格执行下户管理分局长审批制度,避免重复下户。实行窗口服务AB岗、涉税事项当场办结和限时办结等制度,提高工作效率。

【教育培训】扎实开展税务干部理论及业务培训。制订年度干部教育培训计划,有序开展法律法规、财税业务、文明礼仪、普通话培训测试、会计人员后续教育等学习培训,受训干部270人次。抓好公务员培训,组织干部参加县公务员更新知识培训和青年干部培训班。开展局内部专题教育培训,聘请专家作"提升机关干部执行力"专题讲座。

【廉政建设】挖掘和运用各种教育资源,加强系统党风廉政教育。落实党风廉政建设责任制和反腐倡廉惩防体系建设,严格责任考核和责任追究。坚持局属各单位内部审计工作制度,确保内部财务规范运行。充实特邀监督员、兼职监察员队伍,完善"两权"监督制约机制,营造廉洁高效、干净干事的工作氛围。

【创建文明单位】加强内部规章制度执行情况监督检查,确保制度落实到位和政务高效运行。以"千人评议机关"、"创业创新好班子"等活动为载体,实行机关效能督查制度,开展岗位服务明星评选。发挥工、团、妇作用,开展"巾帼示范岗"、"青年文明号"等先进团体创建。2009年度,局领导班子被县委、县政府评为"创新创业好班子",局机关连续七年被评为一等奖部门。

(德清县地方税务局供稿 褚洁滢撰写)

长兴县地方税务工作概述

局长 冯梅山

经济概况 2009年，长兴县实现地区生产总值242.31亿元,比上年增长11.0%。其中:第一产业增加值22.17亿元,增长3.7%;第二产业增加值135.22亿元，增长10.0%；第三产业增加值84.92亿元，增长14.3%。第一、二、三产业结构从上年的9.0:57.1:33.9调整为9.2:55.8:35.0。人均生产总值39132元，增长10.5%。规模以上工业总产值454亿元,增长12.6%;全社会固定资产投资总额157.56亿元，增长21.3%;社会消费品零售总额91.15亿元,增长16.0%。全县财政总收入33.89亿元,增长10.0%,其中地方财政收入18.47亿元,增长13.3%;财政总支出23.00亿元,增长13.8%。全县财政当年收支平衡。

税收概况【任务完成情况】2009年,地税部门共组织各项税费收入22.65亿元，同比增收2.48亿元，增长12.3%。其中:地方税收收入14.23亿元,同比增收1.32亿元，增长10.2%，完成省局下达力争计划14.08亿元的101.1%。组织非税收入8.42亿元,同比增长16.1%,其中:社会保险基金入库6.48亿元,同比增长16.6%;两项教育费附加收入9465万元,同比增长17.7%;规费收入9910万元,同比增长11.9%。

【税收特点】1.地税收入增幅呈"V"形平稳回升。由于受金融危机和上年一次性因素影响,地税收入在1—3月份呈下降态势,累计降幅在3月份达到9.4%。自4月份起，在经济形势稳步好转及房地产建筑业快速回暖带动下,地税收入进入上升通道,并在7月份扭转持续6个月的负增长态势,四季度月平均增幅达到41.3%。

2.除个人所得税外，各税种呈增长态势。营业税、地方七税分别入库4.91亿元和4.16亿元,同比分别增长20.7%和22.2%，增幅呈逐月攀升态势。企业所得税入库2.46亿元,增长13.0%。个人所得税入库2.69亿元,比上年同期下降17.4%,是地方八税和两个共享税中唯一负增长的税种。

3.各行业税收增幅趋于回升。第三产业税收在持续10个月的负增长后，于11月份开始转负为正,至12月份第三产业税收累计入库6.94亿元，增幅为3.7%。第二产业税收入库7.29亿元,增幅17.18%,从9月份开始，增势下滑的趋势得到遏制，单月连续4个月保持增长。

4.地方税占比进一步提高。地税收入中，地方税占63.8%,比上年同期57.9%上升5.9个百分点,保证地方财政收入稳步提高。

【税源分析】1.营业税稳步提升。入库4.91亿元,同比增收8422万元,增长20.7%。增收因素:房地产营业税累计入库1.52亿元，在营业税收中占比30.9%,增收额3767万元,占营业税增收额的44.7%。建筑业入库1.47亿元，在营业税收入中占30.0%,增收2427万元。房地产和建筑业合计为营业税增收贡献率达到了73.6%。另外,服务行业增收2491万元，主要是浙江杭宁高速公路有限公司增收483万元、新办企业长兴和生经济贸易咨询有限公司入库415万元以及分离服务业产生的增收效应。

2. 企业所得税回升缓慢。企业所得税入库2.46亿元，同比增收2837万元，增长13.0%。如剔除跨年度结算因素，企业所得税同口径实际入库数为1.98亿元，同比下降6.2%。企业所得税由于受金融危机导致实体经济效益下降影响，减收效应在2009年充分显现。另外，受税收政策影响：税率下调、高新技术企业优惠税率等，均影响企业所得税增收。

3. 个人所得税短收缺口无法弥补。个人所得税入库2.69亿元，同比减收5668万元，负增长17.4%。上年的众盛公司和超威集团股权转让入库的个人所得税1.07亿元一次性因素所造成的缺口难以弥补。金融危机对经济实体的影响也表现在"企事业单位承包承租经营所得"上，减收1254万元。

4. 地方小税种节节攀升。地方七税共计入库4.16亿元，同比增长22.2%，增收7560万元，领涨于主体税种。增收原因：一方面是税务机关不断加大征管力度，充分挖掘增收潜力所致；另一方面得益于经济的复苏。其中：土地使用税入库7137万元，同比增收2942万元，增长170.1%，增幅列各税种之首。主要是上年在县政府的主导下，乡镇、部门密切配合，对县内所有企业的土地进行了实测，夯实了土地使用税税基。房产税入库3163万元，同比增收478万元，增长17.8%。在政府的主导下，房管、工商部门密切配合，对县城城区内个人营业房进行彻底清查，全年共征收个人营业房出租（自营）税收876万元，比上年增长75.9%。土地增值税、印花税、城建税、资源税这几个与经济发展密切相关的税种，随着经济的好转，销售收入的回升，同比分别增长45.8%、14.6%、12.4%和3.1%。车船税入库960万元，同比增长10.4%。由于代征方式改变，由原来公管部门在年初集中征收改为保险公司代征，车船税每月均衡入库。

各项工作情况【优化收入结构】加快发展服务业，县政府出台《关于加快服务业发展的若干意见》政策措施，优化发展环境，加大扶持力度，全县服务业得到快速发展，地方税源不断壮大，2009年，服务业实现地税收入6.94亿元，同比增长3.7%，占全部地税收入的48.7%。尤其是努力挖潜消费潜力，出台房地产业扶持政策，发放旅游消费券等一系列举措，有力支持、促进了服务业的发展。随着房地产市场的持续火爆，房地产业全年增收6596万元，拉动税收增幅5个百分点。通过自丰开发成功"货运定额征管系统"、针对建筑工地和矿山企业使用的外地车辆实行"一工地(矿山)一清册一核定"办法、个人私房(自营)出租清理、运用社会化办税服务平台等征管举措，进一步强化地方税收征管，地税收入结构进一步优化；地方财政收入占财政总收入的54.5%，比上年提升1.6个百分点，财政收入结构进一步优化。

【帮扶企业"春雨"专项行动】开展"送政策上门、帮企业解困、促全民创业"主题实践活动和"为企业减负'春雨'专项行动"，出台各类惠企措施，落实增值税转型改革和高新技术企业税收优惠、技术研发费加计扣除等政策；取消和降低行政事业性收费；在3月份集中减征社保费2235万元；调整用人单位基本养老保险费缴费比例，使全县企业全年减负2120万元。落实企业税费"减免缓"政策，全年为企业直接减负1.25亿元。

【推进企业分离发展服务业】认真贯彻省委、省政府决策部署和省地税局工作布置，高度重视工业企业分离发展服务业工作，成立专门领导班子和组织机构，确立以需要运输大宗产品的工业企业、区域性行业矿产品短驳运输、特殊行业产品运输为重点，以政策扶持为引导，以点带面、分步推进工业企业主辅分离，全年分离8户，增加税费收入382万元。有效提升地区第三产业比重，促进产业结构转型升级、优化税收收入结构。

【税收法制建设与税收宣传】制订《2009年普法工作计划》(长财地法〔2009〕56号)，按照"五五"普法总体要求，积极推进依法行政工作的有序开展。全面推行税收执法责任制。结合征管质量考核要求，实施"人机结合"的方式，对执法行为进行全过程跟踪、考核。县局先后被评为县级"2008年度依法行政先进集体"、省局级"2008年度依法行政先进集体"、县级"2008年度普法先进集体"。

认真开展以"税收·发展·民生"为主题的第18个全国税收宣传月活动。一是充分发挥电视、广播、报刊、网络等各种媒体的优势，在进行常规宣传的基础上，重点开展特色宣传。二是评选出2007—2009年度诚信纳税企业进行表彰，在全社会营造依法诚信纳税的良好氛围。三是在重点学校发放《青少年税收知识通俗读本》,对青少年进行税法启蒙和常识教育,使税收宣传真正面向未来。四是举办第三期长兴经济与税收讲坛,邀请全县纳税总额前128名的企业主参加。五是结合“百个项目促转型”、“百名干部助千企”专项行动,开展“送政策上门、帮企业解困、促全民创业”财政地税扶持优惠政策宣传活动,编辑一本《财政地税扶持优惠政策宣传汇编》小册子,发给企业、城镇、农村等纳税人。

【征管改革与税源管理】一是实行“抓大、评中、定小”税源分类管理。全面掌握重点税源企业基本信息,开展行业专项纳税评估,公平、合理地开展定额调整。二是建立税收征管评估分析机制,在县政府主持下,分乡镇、部门、国地税三个层次定期或不定期召开综合治税联席会议。三是加强国地税部门的联系,对共管税种实行统一征管办法、统一征收标准。四是加强与乡镇(街道)和公管、航管等部门的协作,建立社会化综合治税机制,提高征管效率。五是实行欠税公告制度,运用强制措施,加大清欠力度,深入开展纳税评估,取得了堵漏增收的明显成效。

【信息化建设】一是继续对《税友2006》深化应用,重点做好《税友2006》快捷查询管理软件的推广应用。二是积极开发应用业务软件,推进信息化建设。做好农业两税、水路运输定额比对开票软件等一系列业务软件的开发、培训、应用。三是继续更新维护相关设备,实施网络及安全升级改造工程,正式启用桌面管理系统,实行内外网隔离,保障信息安全。

【各项规费征收】一是继续加强社会保险费征收管理,完善“五费合征”实施办法,2009年入库社保“五费合征”6.48亿元,增长16.6%,企业养老金的支付能力由2008年末的19.3个月提高到22个月;二是加强教育费附加的征收,2009年两项教育附加入库9465万元,增收1426万元,增长17.7%;三是加强其他规费征收,2009年入库其他各项规费9909万元,增长11.9%。

【税务稽查】继续以整顿税收秩序为重点,开展税收专项检查。加大税务稽查力度,实施“一案两查”和“一案双结”。加强与国税、公安等部门协作,打击偷逃税,维护税收秩序,不断提高稽查成效和水平。全年稽查查补入库税款2202万元。

【优化纳税服务】结合“服务基层创优年”活动,在全面落实首问责任制、服务承诺制等效能建设有关制度基础上,进一步优化纳税服务,完善办税服务厅窗口即时办理、限时办结、一窗式服务,推行“一次告知制”和“补正承诺制”,实行“特事特办、手续补办”,不断提升服务效率和水平。

队伍建设【机关作风建设】通过开展理论学习、民主恳谈和剖析整改,不断完善有利于科学发展的财税工作机制,外树形象,内强作风,建立完善内部考核制度和纪检监察制度,以制度保障队伍建设,不断提升机关作风建设水平。

【财税文化建设】出台2009年系统财税文化建设意见,扎实推进“学习、制度、情感、激励、宣传和活动”“六个平台”建设,积极营造“勤学、善思、践行”氛围,提升干部队伍综合素质。

【教育培训】对全年培训作出计划安排,利用星期一夜校组织政治理论学习和警示教育,加强干部业务培训,把政治学习和业务学习结合起来,干部综合素质和能力得到进一步提升。

【廉政建设】全面落实党风廉政建设责任制,积极开展党风廉政教育,持续深化和有效落实具有地税特色的惩防体系建设,进一步健全权力运行监控机制,提升干部拒腐防变能力。

【创建文明单位】2009年,系统内荣获1个省级文明单位、1个省局级基层文明单位;5个市级文明单位、5个市局级基层文明单位、2个文明科室,5个市级“青年文明号”。1个分局获2009年度省、市局级“群众满意基层站所(办事窗口)”创建工作先进单位。

(长兴县地方税务局供稿 殷 巍撰写)

安吉县地方税务工作概述

局长　梁蕴伟

经济概况　2009 年,安吉县实现生产总值 159.52 亿元, 比上年增长 11.2%。其中: 第一产业增加值 18.12 亿元,增长 1.1%;第二产业增加值 77.27 亿元,增长 9.9%(其中工业增加值 67.28 亿元,增长 8.4%);第三产业增加值 64.13 亿元,增长 15.5%。人均生产总值 34978 元,增长 11.5%。城镇居民人均可支配收入 22484 元, 增长 10.1%, 农村居民人均纯收入 11326 元,增长 9.5%;全年完成财政总收入 18.31 亿元,增长 24.3%,其中地方财政收入 10.54 亿元,增长 27.4%。全年财政总支出 17.25 亿元,增长 39.0%。

税收概况【任务完成情况】2009 年,全县地税部门组织各项收入 12.39 亿元, 增收 1.07 亿元, 增长 9.5%。其中:税收收入 7.10 亿元,增长 21.6%,完成省局计划的 105.8%;其他规费收入 5.29 亿元。

【税收特点】一是税收收入持续增长。全年入库地方税收 7.10 亿元, 增长 21.6%, 地方税比重为 66.8%,同比增长 0.2 个百分点。二是营业税及个人所得税增幅较高,地方税保持稳定增长。除企业所得税由于金融危机影响以及"两法合并"政策影响外,其他各税种均有较高的增幅,营业税、个人所得税和其他各税同比分别增长 25.7%、41.2%和 16.4%。营业税主要是建筑业、金融业和住宿餐饮业增幅较高,分别增长 30.7%、50.1%和 20.5%;个人所得税主要是财产转让和股息红利所得增长;其他各税主要是城镇土地使用税和房产税增幅较高,分别增长 57.8%和 27.2%。三是第三产业税收增长较快。第二产业税收入库 3.31 亿元,增长 14.4%,第三产业税收入库 3.76 亿元,增长 28.3%,占全部税收比重 52.9%,比上年提高 2.7 个百分点。四是税收收入增幅呈上升趋势。1—4 季度入库地方税收分别比上年同期增长 14.4%、15.6%、28.9%和 25.1%。主要原因是工业企业向企稳回升的方向发展,产业转型升级成效明显,前 100 强企业产值增幅逐步提高,效益回升;固定资产投资,特别是第三产业投资有较高增幅,分别增长 17.4%和 38.1%。五是从税费结构看,社保费等非税收入有所下降,共组织非税收入 5.29 亿元,同比下降 3.5%,占全部收入的比重为 42.7%, 比上年同期降低 5.7 个百分点。主要原因是"春雨行动"2 月份社保费集中下浮。

【税源分析】1. 营业税: 入库 2.93 亿元, 增长 25.7%。主要增收行业:建筑业增收 2520 万元,增长 30.7%; 批发零售及其他行业增收 936 万元, 增长 43.1%;租赁和商务服务业增收 917 万元,剔除上年同期退库 420 万元, 实际增长 109.5%; 房地产业增收 709 万元, 增长 8.4%; 金融业增收 385 万元, 增长 50.1%;住宿餐饮业增收 258 万元,增长 20.5%。

2. 企业所得税:入库 9013 万元,下降 1.7%。减少的原因主要是上年有股改因素入库。除房地产业和采矿业外,制造业等行业受金融危机影响利润下降以及政策性因素,减幅较大。采矿业增收主要是宇宏粘土股权转让入库 242 万元。

3. 个人所得税:入库 1.46 亿元,增长 41.2%,财产转让和股息红利个人所得税增长较快, 分别增长

323.6%和128.6%。

4. 其他税收:入库1.82亿元,增长16.4%。除土地增值税缓缴因素增幅有所下降外,其他税种均有一定增幅,其中土地使用税和房产税增幅较高,分别增长57.8%和27.2%。

各项工作情况【优化收入结构】全年组织入库营业税与地方七税4.74亿元,占税收收入总量的66.8%,与上年相比提高0.2个百分点,收入结构得到进一步优化。加强对小税种的管理力度。一是规范税源管理。以信息化管理为依托,以税源监控平台及数据比对为重点,开展税源调查,建立基础台账,防止税源流失。二是清理漏征漏管。组织开展个体工商户和专业市场的税收清理工作,将经营户纳入正常的税收征管。三是密切部门协作。定期开展与相关部门的交流协作,加强数据信息的交换、比对以及税收的代征,堵塞征管漏洞。

【帮扶企业"春雨"专项行动】开展形式多样、多方位送政策、送服务、送温暖活动,帮助企业树信心、渡难关。一是编辑发放《税收优惠政策汇编》,使广大企业全面及时了解现行税收优惠政策,用足用好优惠政策。二是集中下浮各类企业统筹部分养老等五大保险,涉及企业1975户,减征金额1153万元。三是落实各项减免税(费)政策,经批准享受减免企业232家,减免税(费)1358万元。四是认真落实小型微利企业、残疾等特殊人员工资加计扣除等优惠政策,涉及企业237户,实际减免企业所得税316万元。

【推进企业分离发展服务业】加强调研和政策辅导,助推企业转型升级。一是加强分离发展服务业的政策宣传,主动与财政、国税部门沟通协调。二是开展分离发展服务业的统计调研,发掘企业分离发展服务业的新途径,培育企业新"增长点"。全年辅导各类企业主辅分离7户,新增地税收入360万元。

【税收法制建设与税收宣传】依法行政、规范执法。全面实施税收执法责任制考核评议办法。深化行政审批制度改革。认真执行政府信息公开制度。规范做好行政许可、处罚和执法保障。积极预防化解行政争议。进一步开展税收执法检查和案件复查。

围绕"税收·发展·民生"的宣传主题,创新宣传方式,拓宽宣传载体。组织开展税法进"农家乐";开展"助百家企业活动";与电视台合办"税收前沿"栏目;在"辉煌中国·精彩安吉"宣传册刊登"十二年传唱税收和谐"文章;开展百场广场电影惠民活动,在电影放映前播放政策宣传片;深入开展"少年税校"宣传活动。

【征管改革与税源管理】一是推动与工商、国税、质监三部门的"四证联办"工作并成功运行,推进户籍管理工作,夯实征管基础。二是积极协调与国税部门的合作,完成委托国税代征地方税费的操作流程和规范,堵塞征管漏洞,增加税收收入。三是积极探索征管模式变革,创造性地建立国地税联合办税机构的运行机制,将国税、地税的前台业务整合到"一窗通"办理。加强税源调查和重点税源监控,掌握税源动态,强化税源管理,实现税收精细化、科学化管理。

【信息化建设】积极推进地税信息化建设,提高地税征管现代化、信息化水平。深化应用《税友2006》,推广运用《税友2006》快捷查询管理软件,完善国税代征地方税费软件,推广运用《税友2006》不动产、建筑业税收管理项目管理软件,不断提高征管和工作效率。

【各项规费征收】2009年,规费收入除养老保险因政策调整因素负增长外,其他规费均有不同程度的增长,共入库5.29亿元。一是努力提高各项规费的申报率。二是及时有效做好非正常户的认定工作。三是加强考核,完善征管运行机制。四是出台五费合征管理办法,加大社保费征缴宣传力度。五是加强国地税数据分析比对,确保应收款入库。

【税务稽查】全年查处各类税务违法案件125件,查补税款、基金(费)、罚款及滞纳金1469万元。全面完成省局制订的税务稽查十项考核指标。做好重点行业专项检查和省局指定的专项检查工作;查结"2·12"假发票涉税案;加大稽查和评估力度,对2008年度纳税排名前100户企业进行重点评估。

【优化纳税服务】创新纳税服务举措,完善纳税服务机制,提高服务质量。一是加强税企沟通,通过座谈、走访等形式,了解掌握纳税人需求,改进纳税服务存在的不足。二是做好税收政策的宣传解释工作,通过印发宣传资料、上门业务辅导等多种形式为纳税人提供政策服务。三是发放便民服务卡,向社会公开业务受理电话和工作人员手机号码,搭建税务机关与纳税人之间联系通道。

队伍建设【财税文化建设】制订方案,加强组织,完善机制,确保组织有力、保障有序、措施健全,为财税文化建设活动的顺利开展提供有力保障。发挥党、工、青、妇组织领导作用,开展各项文体活动,增强团队凝聚力,打造和谐工作氛围。将增强干部的责任心、进取心作为财税文化建设的核心目标,打造一支"思想组织好、业务能力强、管理绩效高、服务品质优"的干部队伍。

【机关作风建设】严格执行效能建设"四条禁令",切实强化效能建设。严格执行首问责任制、一次性告知制等服务承诺制度,按承诺要求及时办理相关涉税事项,对办税人员热情接待,周到服务,杜绝门难进、脸难看、话难听、事难办。结合基层满意站所创建和县级重点涉企股级岗位评议活动,切实加强效能建设,纳税服务环境得到改善,干部服务意识得到提升,群众满意度进一步增强。

【教育培训】以深入学习实践科学发展观活动为契机,通过专题学习会、民主生活会、自学等形式提高干部职工政治理论素养;鼓励干部职工通过在职学历教育提高学历水平,更好地服务税收工作;组织开展基层税务人员岗位业务技能培训,增强办事能力;组织开展业务骨干培训、公务员更新知识培训、公务员学法用法考试、行政复议法知识竞赛、"全国公务员学法用法"征文比赛以及普通话水平测试。

【廉政建设】制订《党风廉政责任制实施办法》,把党风廉政建设作为加强干部队伍建设的根本措施。结合科学发展观学习实践活动,组织党员干部参加报告会、聆听党课,开展形式多样的党风廉政教育活动。制订《关于进一步规范行政权力运行工作的实施方案》,加强对权力运行的监督和制约。修订出台《税收执法过错责任追究实施办法》和《税收违法案件一案双查办法》,进一步规范税收执法行为,促进税务工作人员依法行政,维护纳税人合法权益。

【创建文明单位】通过开展"文明单位"、"巾帼文明岗"、"群众满意基层站所"等争先创优工作,提高机关整体形象和干部职工综合素质,为文明单位的创建打下坚实基础。同时,通过建立各项考核机制,督促干部转变作风,提高工作效率,提升纳税人满意度。稽查局被评为省级基层文明单位,梅溪税务分局被评为湖州市创建群众满意基层站所示范单位。

(安吉县地方税务局供稿 饶立新撰写)

金华市地方税务工作概述

局长 周益民

经济概况 2009年,金华市实现国内生产总值1765.94亿元,增长9.0%。其中:第一产业增加值92.13亿元,增长4.8%;第二产业增加值920.74亿元,增长7.4%;第三产业增加值753.07亿元,增长11.6%。全市规模以上工业实现总产值2652.70亿元,增长5.6%;实现利润111.83亿元,增长35.7%。全市累计完成全社会固定资产投资635.45亿元,增长8.3%。全市社会消费品零售额780.99亿元,增长15.6%。全市财政预算总收入232.63亿元,增长6.3%;其中地方财政收入129.28亿元,增长8.0%。全市农村居民人均纯收入9001元,增长8.9%。

税收概况 **【任务完成情况】**2009年,全市地税系统共组织各项收入154.28亿元,增长9.0%。其中:税收收入95.44亿元,增长6.1%;社会保险基金收入47.44亿元,增长17.3%。地税税收收入中,构成地方财政收入的税收收入增长7.2%,快于全部税收收入增幅1.1个百分点。

【税收特点】1.税收收入逐季回升,全年实现平稳增长。2009年,全市地方收入变化与经济态势基本吻合,随着经济企稳回升和房地产市场持续回暖,税收增长实现由负到正的转变。一至四季度累计税收分别增长-4.7%、-2.2%、3.7%、6.1%。

2.主体税种增长分化,小税种稳步增长。全市地税部门企业所得税入库15.11亿元,下降8.6%;营业税入库3414亿元,增长6.8%;个人所得税入库21.72亿元,增长9.3%;其他各税入库24.47亿元,增长13.2%。

3.行业税收全面回暖,三产增速快于二产。2009年,二产税收增长3.7%,主要是制造业景气度回升较快。三产税收增长7.6%,比二产快3.87个百分点。三产中,金融业、租赁与商务服务业、文化体育业保持稳健增长,房地产全年也实现正增长。

4.收入结构继续优化,非税收入增长快速。2009年,全市地方税占61.4%,同比提高1.86个百分点。组织各项非税收入58.84亿元,增长14.2%,超过同期税收收入增幅8.16个百分点,非税收入占地税部门组织收入的比重为38.1%。

5.县(市)税收质量好转,增幅均实现正增长。各县(市)税收收入增幅持续回升,均实现正增长。除义乌市受房地产税收影响,完成年度任务98.9%外,其他县(市)均完成全年收入计划。

【税源分析】增收因素:一是宏观经济探底回升为税收增长提供支撑。随着刺激经济和各项帮扶政策措施的逐步到位,全市各经济指标总体呈现企稳向上态势,为税收增收奠定税源基础。二是房地产业形势好转带来税收转机。2009年,全市商品房销售面积419万平方米,销售额达224.26亿元,同比分别上升24.5%和52.5%。全市房地产业实现税收16.48亿元,增长3.7%,增收贡献率22.0%。三是稽查征管双管齐下为税收增长提供了保障。2009年,全市各级稽查部门开展房地产行业、拍卖行业、建筑安装业、营利性医疗机构等专项稽查,共检查单位1291户,查补税款1.38亿元,增长211.6%。加强推进企业分离发展服务业,全市新增地税纳税户49家,入库税费约8189万元。房产税和土地使用税增收2.16亿元,增收贡献率39.8%。

减收因素:一是企业所得税“两法合并”等优惠政策减收1.2亿元。二是个人住房转让营业税政策调整减收7400万元。三是房地产业企业所得税预征政策调整减收5100万元。四是房地产交易环节税收政策调整减收3000万元。五是由于增值税转型、小规模纳税人征收率调整及起征点提高等税收政策调整,带来城建税减少2300元。六是其他政策性因素减收6100万元。

各项工作情况 **【优化收入结构】**进一步落实“抓大、评中、定小”管理思路,重点加强建筑业、房地产营业税及货物运输业等变动性大的地方税种征管。市本级通过推广不动产建筑业税收项目管理软件,建筑业税收增长9.7%;强化二手房税收征管,房地产业税收增长23.6%。税收收入结构不断优化,营业税和地方小税种占税收收入61.4%,比上年提高1.8个百分点。

【帮扶企业“春雨”专项行动】把帮扶企业渡过难关与推动地税持续发展统一起来,2009年为全市企业减负8.38亿元。一是积极贯彻落实各项结构性减税政策,2009年全市共批准税收减免5.08亿元。二是集中减征社会保险基金和降低养老保险基金缴费比例。通过临时性下浮企业社会保险基金缴纳比例,全市共减征社会保险基金1.85亿元,其中:企业单位1.48亿元,城镇个体劳动者3624万元,惠及企业3万多户和城镇个体劳动者18万人。积极落实养老保险基金缴纳比例下调政策,将用人单位缴费比例由18%降到14%,减轻企业负担7200万元。三是积极落实水利建设专项资金优惠扶持政策。2009年全市共审批水利建设专项资金减免企业1529户,减免金额5797万元。

【推进企业分离发展服务业】加强对企业分离发展服务业工作的组织领导,出台《关于转发推进企业分离发展服务业实施意见的通知》,建立部门县(市)联系制度,健全信息反馈制度和专项考核办法,确定分离重点对象。调整服务业发展政策,对企业因分离发展服务业而增加税负的,财政予以相应补助。同时,对分离发展服务业企业在市场准入、登记注册、资质认定等方面均规定了优惠政策。进一步加大服务力度,采取逐片调查摸底、逐户上门辅导、逐家培育壮大,着力提升企业分离意愿,确保税企双赢。2009年,全市新增79家企业分离发展服务业,加上2008年已分离的35家企业,2009年增加地方税费收入8523万元,实现营业收入16.89亿元。

【税收法制建设与税收宣传】认真贯彻落实国务院《全面推进依法行政实施纲要》,按照“合法行政、合理行政、程序正当、高效便民、诚实守信、权责统一”的依法行政基本要求,坚持依照法定职能、权限和程序办事,进一步规范自由裁量权工作和“一审一核”等制度,进一步落实、深化行政执法责任制,树立“关口前移”理念,重点加强基层执法部门的内控机制和预警机制建设,降低税收执法风险。

围绕第18个全国税收宣传月主题,进一步创新形式,丰富内涵,注重宣传实效。市本级联合国税部门开展税法知识进万家活动、金华市税收调研论文征文比赛、网上局长接待日活动、电台行风热线活动,进一步树立地税部门良好形象。

【征管改革与税源管理】一是有序开展双定纳税人征期结算工作,重点做好以增值税为主体的双定纳税人的征期结算,通过信息比对的方式,逐户跟踪辅导,督促纳税人履行申报义务,落实法律责任。经结算,2194户在国税部门开票金额高于地税部门当月核定定额的纳税人共补报应缴税费152万元,对1079户纳税人的定额进行了调整。二是积极探索建立纳税评估考核制度。对2008年7月至2009年5月的纳税评估运行情况开展考核。以《税友2006》为依托开展纳税评估工作,确保评估效果,达到评估一行规范一行的目的。三是加强对征管质量考核,重新修订征管质量考核指标体系,按月分项目开展考核,及时通报考核结果,规范征管行为。四是继续强化ISO9000质量管理体系运行,确保岗职明确,责任到位。

【信息化建设】依托信息化,强化执法程序到位。全面推广应用《税友2006》快捷查询、不动产业税收项目管理等软件,强化重点地方税源的分析、预测和监控。全市各级地税部门制订并落实《税友2006》快捷查询软件应用实施方案、组织学习培训、开展数据清理与校验、及时通报进展情况,保证软件顺利运行。积极推广应用建筑业不动产销售税收管理软件,按照“准备、试运行、推广应用、总结”四个阶段组织实施,成立领导机构,制订实施方案,有序推广应用。5月份市本级3家企业试点成功;7月份,市本级151家房地产开发企业全部应用建筑业不动产销售税收管理软件。

【各项规费征收】全面推广应用“五费合征”工作。在积极落实优惠政策的同时,进一步强化社会保险基金收入情况的监测,及时分析增减因素,采取有效征缴措施,确保收入稳定增长。2009年,全市地税部门共征收养老保险基金30.46亿元,增长26.6%;征收医疗保险基金10.91亿元,增长10.2%;征收失业保险基金2.34亿元,增长39.2%;征收工伤保险基金1.19亿元,增长25.6%;征收生育保险基金0.40亿元,增长32.4%。

【税务稽查】严厉打击涉税违法行为,净化税收执法环境。2009年,全市共检查单位1291户,查补金额1.55亿元。查处大要案5件,移送司法机关处理案件1件。严厉打击发票违法行为,全市共查获涉案假发票13244张,涉案金额1800多万元。与公安联手捣毁窝点1个,抓获犯罪嫌疑人9人,缴获用于非法开具发票的手提电脑、打印机各1台,发票打号器2台,假印章168枚以及手机、银行卡、汇款单、电脑U盘、名片等一大批作案工具。

【优化纳税服务】坚持把优化服务举措,提升服务水平作为与纳税人共克时艰、共渡难关的重要手段。组织“百场专题税企沟通会”,就有关税费优惠政策进行现场讲解和辅导。市本级继续开展在线税法咨询活动,在金华财税网站组织与网民在线互动交流,举办“局长接待日”活动10期,接待纳税人2049人次,回答各类问题1150个;开展“三送三服务”帮扶企业活动,设立“驻点办公室”,208名干部参与活动,受惠企业8070户次,受惠群众55000人次以上。

队伍建设 【财税文化建设】全面贯彻落实全省财政地税系统财税文化建设意见,加强“六大平台建设”,重点抓好干部教育培训工作。进一步丰富书法协会、摄影协会、体育协会等局内部文化活动团体活动载体。构筑好沟通、交流平台,定期开展谈心、教育活动、召开思想政治分析会,在干部职工中树立正气,抵御歪风。以开展税收宣传月、优质服务月活动、12366纳税服务热线、财税网站、纳税服务志愿者等为载体,大力宣传财税文化建设,营造良好的舆论氛围。

【纳税服务志愿者】2月份,配合省地税局开展“春雨”专项活动,举行浙江地税“春雨”行动暨金华纳税服务志愿者活动启动仪式。开展志愿者上门服务活动,对需要纳税服务援助的纳税人提供上门服务,建立起“一对一”的纳税人与志愿者联系帮扶关系;对160多家新办企业法人或财务人员进行税收法规政策培训,并免费赠送《税费政策指南》;邀请志愿者开展在线税法咨询活动,与网民在线互动交流;注重纳税服务志愿者队伍建设,千方百计为纳税人解决涉税问题,实现“要我服务”到“我要服务”的转变。

【机关作风建设】进一步建立健全效能建设和内部管理各项制度,规范办事程序,严格依法行政,促进效能建设经常化。强化效能督查力度,创新效能督查手段,充分发挥社会监督员作用,进一步加强监督力度。同时,将效能建设情况列入年度考评内容,提升部门抓效能建设的主动性和积极性。强化效能责任追究,严肃惩处效能违纪行为。

【教育培训】重学习,抓教育,强素质。继续抓好各类主题教育、专题培训、鼓励干部自学、积极培育学习教育平台。优化干部提拔任用机制,加大年轻干部培养力度,有计划地推进人才库的建设。市本级对中层干部开展以“勤修个人品质、恪守职业道德、弘扬财税文化”为主题的集中教育培训,提升领导艺术,充分发挥中层干部的中坚作用;组织干部到江西财经大学开展全员轮训,全方位多层次提高干部思想素养和业务能力。

【廉政建设】细化自由裁量权,规范行政审批权,提高依法行政能力,着力降低执法风险。进一步加强宣传教育,有针对性地开展干部谈话,筑牢干部思想防线;开展离任中层干部审计,进行税收权力“搜索”,进一步提高权力运行的公开性、透明性、规范性。加强党风廉政建设,健全税收征、管、查相互制约和协调机制,建立“堵”与“疏”相结合的干部监管体系,不断加强地税团队的纪律性和战斗力。

【创建文明单位】全市各级地税部门继续以作风建设年、争创“群众满意基层站所”活动为抓手,不断加强基层单位全面建设,营造争先创优的良好氛围。2009年,全市有7家单位被评为省级“基层文明单位”、有1家单位被评为国家级“青年文明号”、有3家单位被评为省级“青年文明号”。在金华市委组织的涉企科级岗位评议活动中,市本级江北税务分局、江南税务分局和税政处进入前10名。

(金华市地方税务局供稿 章文有撰写)

兰溪市地方税务工作概述

局长 陈玉祥

经济概况 2009年,兰溪市实现生产总值147.76亿元,比上年增长9.2%。其中:第一产业增加值14.90亿元,增长4.8%;第二产业增加值88.36亿元,增长8.0%;第三产业增加值44.50亿元,增长13.2%。第一、二、三产业增加值结构由上年的9.8:63.0:27.2调整为10.1:59.8:30.1。人均生产总值22444元,增长9.1%。全市完成财政总收入17.18亿元,增长7.3%,其中地方财政收入9.02亿元,增长11.0%;全市地方财政支出10.01亿元,增长15.2%。

税收概况【任务完成情况】2009年,兰溪市地税部门共组织各项收入11.42亿元,比上年增收5853

万元，增长5.4%。其中：税收收入6.36亿元，增长5.7%,完成省地税局调整任务数6.14亿元的103.6%;各项基金、规费收入5.06亿元,增长5.0%,其中社会保险费收入3.74亿元,增长3.9%。

【税收特点】一是税收增幅总体逐月提高。一方面由于经济形势企稳回升,税收收入稳步增长,另一方面上年收入“前高后低”,使得收入基数不断降低,前10个月累计税收收入均为负增长，但下降幅度总体不断收窄,11月份开始转正并实现全年超预算完成任务。二是房地产业税收成为增收主要来源。房地产业自二季度开始迅速回暖，全年入库房地产业税收1.46亿元,比上年增收4749万元,房地产业税收收入创历年新高,占地税税收比重达23.6%,增收额为地税税收总增收额3451万元的1.38倍。

【税源分析】1.营业税:入库2.3亿元,同比增长33.1%,增收5715万元。增收因素:一是为了扩内需保增长,政府主导的公共投资建设项目较多,同时房地产项目建设加快,建筑业营业税较快增长,增收1186万元;二是自二季度开始房地产业迅速回暖,房产交易价升量增,房地产业营业税大幅增长,增收3927万元,同比增长65.1%;三是租赁及商务服务业营业税增收447万元,主要是代征税款及零星税款有所增长。

2.企业所得税:入库6496万元,减收7383万元,同比下降53.2%。减收因素主要是受国际金融危机影响,企业经营效益大幅缩水,特别是重点企业、重点行业的企业所得税减收明显,其中华东铝业公司全年无入库,减收4625万元,康恩贝公司减收1620万元,水泥行业减收115万元。

3.个人所得税:入库9571万元,同比增长9.5%,增收828万元。增收因素:一是工资、薪金所得个人所得税增收375万元,主要是部分单位、企业增收较多,其中农村合作银行增收230万元,浙能兰溪发电公司增收93万元;二是利息、股息、红利所得个人所得税增收443万元，其中捷安工程公司增收155万元,水泥行业红利所得增收217万元。减收因素主要是受经济形势不景气影响,个体户生产、经营所得税收减收480万元。

4.其他税收:入库2.45亿元,同比增长21.1%。增收因素:一是城镇土地使用税经过清理检查,清欠税款1224万元,收入同比增长57.5%;二是房产税由于浙能兰溪电厂补缴税款增收361万元,收入同比增长50.0%;三是土地增值税由于房地产交易大幅增长,相应税收增长达151.9%。减收因素主要是资源税收入下降24.9%,主要由于石灰石矿产质量下降,而且近年水泥行业效益下滑,石灰石开采量下降。

各项工作情况【优化收入结构】加强营业税征管,把握政府加大投资、房地产业回暖的有利时机,实施工程项目税收跟踪管理，对较大型房地产开发项目、重点工程落实专人负责税收监管,确保税款及时足额入库,2009年建筑和房地产业共增收营业税5276万元。大力挖潜增收,加大税款清欠力度,开展城镇土地使用税清理检查,清欠入库税款1224万元。在确保完成收入任务的同时,收入结构进一步优化,纯地方税收入占地税税收收入的74.7%,比上年提高12.3个百分点。

【帮扶企业“春雨”专项行动】积极开展“春雨减负”行动,落实好社会保险费临时性下浮、高新技术企业税收优惠、城镇土地使用税减免、财产报损税前扣除等税费减免(减征)政策,全年共为企业减免(减征)相关税费超过5000万元。深入开展“企业服务年”活动,积极办理企业难题,及时办好市政府交办的14项企业难题,妥善解决市热电公司税费问题等企业实际困难。

【推进企业分离发展服务业】深入调查分析,研究制定企业分离发展服务业以及发展总部经济的政策措施,以市委、市政府名义出台《关于加快发展服务业的若干意见》，对企业分离发展服务业给予税费优惠政策及财政扶持政策。加强对企业宣传和政策辅导,确定混合销售企业、规模以上工业企业、主辅业混业经营企业、总分公司等几个类型的企业作为主辅分离工作的重点,对可能分离的企业实行点对点、面对面宣传辅导。2009年5家企业实现主辅分离,已分离的企业实际产生税费895万元。

【税收法制建设与税收宣传】认真贯彻落实省局《关于全面推进依法行政依法治税的实施意见》、《浙江省地税系统税收执法过错责任追究办法》及《浙江省地税系统税收执法责任制考核评议办法》等相关规定,积极推行税收执法责任制,组织开展税收执法检查，进一步加强规范性文件会签会审和备案审查,认真做好重大税务案件审理工作，确保各项税收法规、政策正确贯彻执行。

紧扣“税收·发展·民生”主题,积极开展第18个全国税收宣传月活动,先后开展“进企业送政策”、“税收·发展·民生”摄影展、部门联合举办税收知识讲座等活动,进一步提高纳税人税法遵从度,提升税务部门的社会形象。

【征管改革与税源管理】调整交通运输营运车辆定额标准及征管方式,加强交通运输税收征管。开展住宿业纳税评估,初步建立住宿业的纳税评估模型和预警指标体系。组织修改ISO9000质量管理体系文件,推进质量管理体系持续改进。加强与国税、工商、公安等部门的联系沟通,建立相关信息共享机制。

【信息化建设】进一步深化应用《税友2006》系统,全面推广应用快捷查询管理软件,地税征管的效率和质量大有提高。加强网络管理,新增防火墙、入侵监测、网页防篡改等安全设备,保障网站及网络信息安全。

【各项规费征收】进一步加大社会保险费征缴力度,与社保部门成立联合辅导检查组,对费负偏低或非正常申报缴费企业进行缴费辅导检查,辅导检查企业应补缴社保费1338万元，其中基本养老保险费823万元。在实施社保费临时性下浮、费率调整等因素基础上,全年入库社会保险费收入3.74亿元,其中基本养老保险费收入2.45亿元。严格执行水利建设专项资金减免政策，全年共征收水利建设金4874万元,同比下降0.4%。

【税务稽查】 全年共查处各类税收违法案件127起,查补入库地方税费713万元。一是开展以建筑、房地产业为主的税收专项检查工作，规范行业税收征管;二是积极配合市重点工程,为市重点工程建设实施“保驾护航”,提高税收执法公信力;三是发挥稽查以查促管的作用,通过稽查案例分析,对娱乐行业税收定额、营利性教育培训机构和医疗机构征管漏洞等方面提出改进征管的合理化建议。

【优化纳税服务】优化办税流程,清理简并重复报送及无报送依据的涉税资料,提高办税效率。进一步深化落实优化服务环境措施,及时做好优化服务直通车——网上对外平台受理答复工作,干部服务水平特别是窗口人员的服务水平不断提高。打破条条框框限制及人员分工束缚,从AB角制转换到全角制,尽力使每个人都有能力办理窗口的各项业务,有效提高办事效率。

队伍建设**【财税文化建设】**加强财税文化建设,牢固树立“十六字”财税核心理念和“实、稳、优”财税精神,积极构建财税文化平台。有序开展党、团、工、妇等团体活动,利用业余时间,积极开展形式多样的团体活动，引导干部职工培养健康向上的生活情趣,营造“快乐工作”氛围。

【机关作风建设】加强机关作风建设,坚决贯彻全市干部大会精神,以提高干部执行力为重点,狠抓干部作风建设,财税队伍保持良好的精神风貌。对现行税费优惠政策和财政扶持政策进行全面梳理并汇编成册,免费向纳税人分发。由各局领导带队,组织相关科室、分局负责人分组对全市40多家重点企业进行走访,了解企业生产经营情况和实际困难,引导企业用足用好各项税费优惠政策和财政扶持政策,认真倾听企业对财税工作的意见和建议。

【教育培训】全面开展深入学习实践科学发展观活动,针对经济财政实际形势,提出“服务企业,春雨行动;攻坚克难,奋发有为”的活动载体,并以科学发展观指导财税工作实践,提高财税科学发展能力。加强干部教育培训,分批组织全局干部到扬州税校进行税收知识更新培训,进一步提高干部综合素质。

【廉政建设】抓好党风廉政建设,坚持“三靠两抓”,认真落实党风廉政建设责任制,积极构建惩治和预防腐败体系建设,从教育引导和强化管理两方面入手,保证干部的政治生命安全,维护良好的财税部门形象。

【创建文明单位】积极参与全市科所站队民主评议,主动接受人大代表、政协委员、群众代表、企业代表等社会各界的评议,行政审批科被评为全市行政服务中心三个“示范窗口”之一。积极开展地税系统基层文明单位创建,马涧税务分局被评为全省地税系统基层文明单位,稽查局、兰江税务分局、马涧税务分局被评为金华市地税系统基层文明单位。

（兰溪市地方税务局供稿　章承枫撰写）

义乌市地方税务工作概述

局长　赵健明

经济概况　2009年,义乌市实现生产总值519.50亿元,比上年增长9.0%,增速比全省高0.1个百分点。其中:第一产业增加值14.60亿元,增长5.0%;第二产业增加值227.30亿元,增长6.8%;第三产业增加值277.60亿元,增长11.1%,第一、第二、第三产业比重由上年的3.1:45.3:51.6调整为2.8:43.8:53.4,第三产业比重比上年提高1.8个百分点。全市实现工业总产值972.00亿元,增长4.7%。完成全社会固定资产投资178.10亿元,增长4.7%。自营进出口总额23.54亿美元,增长13.0%;外贸出口增长全年呈现稳步上扬,并且明显快于全国全省平均水平,增幅分别高出28.0个和25.8个百分点。实现商品市场成交额556.10亿元,增长13.0%。全年小商品城平均景气指数为1052.0点,同比下跌3.7%。

全年完成财政一般预算收入70.80亿元,比上年增长2.4%,其中地方财政收入38.60亿元,比上年增长2.2%,增幅分别比上年回落15.1个和14.9个百分点。全年累计财政一般预算支出35.70亿元,比上年增长11.6%;其中一般公共服务支出增长1.1%。

税收概况【任务完成情况】2009年,全局组织各项收入46.82亿元,比上年增长12.7%。其中:税收收入30.36亿元,比上年增长2.9%;各项基金、规费收入16.46亿元,比上年增长36.7%,其中社保费收入13.60亿元,同比增长46.0%,增收4.28亿元。

【税收特点】一是税收收入逐步回升,但增收基础尚不稳固,呈现前低、中高、后平的走势。收入累计增幅6月份才由负转正,增幅在三季度冲高后逐步趋向平稳增长,累计增幅比上年同期回落13.6个百分点。二是除企业所得税外,各税种增幅明显回落。企业所得税同比增长7.7%,增幅较上年同期提高2.4个百分点。营业税收入增长乏力,同比下降5.2%,比上年大幅回落15.5个百分点。个人所得税在上年高基数、高增幅基础上仍同比增长10.5%。地方小税种同比增长3.1%,比上年增幅大幅下降28.2个百分点。三是第二产业税收增幅回升快于第三产业,三产税收比重下滑。第二产业入库税收9.18亿元,同比增长17.2%,增收1.35亿元,占整个税收收入的比重由上年同期的26.5%上升为30.2%。第三产业入库税收21.08亿元,减收5370万元,同比下降2.5%,占税收收入的比重由上年同期的73.2%下降为69.4%。

【税源分析】受国际金融危机冲击,经济增长趋缓,税收收入增速大幅回落,地税收入出现自税务机构进一步分设以来历史同期最低增幅。1–5月份地税收入累计增幅均为负数,跌入历史同期最低点,6月份起由负转正。

1. 营业税:入库9.73亿元,同比下降5.2%,比上年大幅回落15.5个百分点。减收因素:虽金融业和商城集团第四分公司分别增收1177万元、3765万元,但房地产行业和建筑业受金融危机影响严重,行情低迷,分别减收1.29亿元和1106万元,同比下降34.1%和5.9%,增收因素难以弥补减收缺口。

2. 企业所得税:入库5.43亿元,同比增长7.7%,

增幅比上年提高2.4个百分点。增收因素:一是得益于国际商贸城三期市场的开业及市场整体的繁荣发展,商城集团累计入库企业所得税2.54亿元,同比增收1.12亿元,对企业所得税增幅贡献率达22.2个百分点,弥补了房地产企业所得税欠收的巨大缺口。二是由于上年1月份开始,所得税预缴期调整,导致2008年收入基数偏低(2008年少收11月、12月共计2434万元税款)。如剔除以上两个因素,2009年企业所得税收入同比下降将达19.4%,与全省水平相似。

3.个人所得税:入库8.30亿元,同比增长10.5%,增幅比上年回落11.6个百分点,在三大主税种中增幅最高。增收因素:一是商城集团和银行业、供电系统的利息股息红利所得,同比增收5777万元,增幅高达135.6%。二是企业股权转让所得,增收1222万元,同比增长44.3%。三是财产转让所得,增收940万元,同比增长20.4%。

4.其他税收:入库6.90亿元,同比增长3.1%,增幅比上年大幅下降28.2个百分点。其中:房产税和城镇土地使用税同比分别增长16.8%和18.5%,增收2834万元和2033万元;土地增值税同比下降35.1%,减收3766万元。增幅回落主要因素:一是政策性增收因素减少而减收因素增加,二是金融危机使得房地产行业销售不足、赢利下降。

各项工作情况【优化收入结构】一是坚持依法征管和结构优化并重,确立"稳大、评中、抓小"的管理思路,建立健全"数据采集—税源监控—税收分析—纳税评估—税务稽查"五位一体横向互动机制。二是下调部分行业的企业所得税预警率;加强企业所得税汇算清缴工作,补缴税款852万元。三是6月份起,在建账企业房产税和土地使用税改为半年度申报、商业门店房产税逐步征缴入库和加大房地产税收催缴力度下,地税收入全年占比回升到54.8%。

【帮扶企业"春雨"专项行动】一是通过组织开展"千名税干进千企"活动、召开专题税企沟通会等形式,认真贯彻落实各级有关帮扶企业政策,减免各类税费合计2948万元。二是切实做好3月份社保费单位统筹部分减征工作,全市减征4135万元。三是认真做好水利建设专项资金减免工作,减免943万元。

【推进企业分离发展服务业】一是按照"挖潜和开源并重"思路,进行认真调查摸底,抓住物流、安装、研发、后勤服务等重点环节,选择符合分离条件的企业,"成熟一家、辅导一家、分离一家"。二是根据义乌市企业分离发展服务业实施意见和工作方案要求,召开多部门工作协调会议,明确职责,加强部门联动,确保及时有效解决分离过程中遇到的实际问题。三是加强扶持,完善政策。全面梳理各相关部门对现有扶持企业分离发展服务业的税费政策,并研究制定相关配套政策。四是加大督查力度,以部门联席会议或例会制度的形式,定期通报试点工作情况。全年共有15家企业完成主辅分离工作,增加地方税收近300万元。

【税收法制建设与税收宣传】一是完善执法责任制,以ISO9000质量管理体系为载体,以税收执法过错责任追究为手段,强化税收执法监督。二是积极参与省局法规处《完善企业所得税优惠政策问题研究》税收科研调研课题工作。钱塘凯信酒店偷税案入选全省地税系统法规案例汇编。2009年办结2起重大税务案件,入库税费、滞纳金及罚款合计271万元。

围绕"税收·发展·民生"主题,积极开展第18个全国税收宣传月活动。开展"一帮、二访、三送"活动,帮扶企业;通过门户网站、新闻媒体、电子显示屏和短信平台等,进行税收政策宣传;开展纳税大户表彰;百场电影进企业、进社区等宣传活动。

【征管改革与税源管理】一是抓大不放小,规范小企业管理。以营业额保底和企业所得税应纳税所得率保底,规范小规模建账企业的纳税申报。调整个体税收定期定额标准;对定额不到位的企业进行定额调整并补缴相应税费,合计补缴33万元。二是出台营运车辆税费代征办法,对财务制度不健全、会计核算不规范的运输单位或个人,其营运车辆应缴纳的相关税费实行委托代征。下发《关于进一步加强义乌市教育劳务行业税收征管的通知》,规范教育劳务行业税收征管。三是加强外税管理。完善外商投资企业报送报表制度,通过外资企业联合年检,补缴税款200万元;加强对外国企业常驻代表机构的登记注册管理,全年有40名外籍个人办理12万元以上个人所得税申报手续,入库51万元。

【信息化建设】一是积极推广应用《税友2006》系统快捷查询软件,清理垃圾数据,加强欠缴税费清理及催缴工作,系统欠缴税费数据压缩42.0%。二是加强部门协作,积极探索深化企业基础信息共享应用机制。开展国地税征管数据比对,补缴税款695万元。开展工商和地税数据比对,补缴税款226万元。三是与社保部门建立日常联系机制,完善五费征管流程。四是大力推广应用"税企通"和"浙江地税一户通"电子缴税系统。

【各项规费征收】全年共组织各项规费收入16.46亿元,占地方税费总收入的35.2%,同比增长36.7%,其中社会保险费收入13.60亿元,同比增长46.0%;水利建设专项资金完成9343万元,同比增长10.2%;两个教育费附加共完成1.68亿元,同比增长3.0%。清理规费欠费7100万元;开展两项教育费附加征管比对,补缴两个教育费附加及滞纳金840万元。

【税务稽查】一是在抓好日常涉税举报的同时,明确税收专项检查重点行业,进一步公平企业税负,防范企业税收风险。二是认真做好发票协查工作,共配合完成2起假发票案件查处。全年共查处各类涉税案件204户,查补税收收入4648万元,费99万元,罚款29万元,滞纳金92万元,合计4868万元。

【优化纳税服务】一是深化"一窗式"综合服务,逐步推行"同城通办";全面推行社会保险"一站式"服务;免收税务登记工本费并扩大税务登记证免填单范围。稠城税务分局实行电子排队叫号服务系统。二是制订税企互动长效机制、深化开展税企互动活动。编印税收优惠政策专刊,筛选、汇总符合减免条件的企业,通过邮寄,进行"点对点"宣传和提醒。

队伍建设**【财税文化建设】**一是出台《义乌市财政地税局关于加强财税文化建设的实施意见》,提出"建设六大平台,营造六大环境"的财税文化建设框架。二是组建了文学、篮球、乒乓球、摄影等兴趣小组,开展健康丰富的集体活动。文学兴趣小组被评为义乌市学习型城市建设创新载体。三是组织承办金华市财税系统文艺调演活动,选送的两个节目均获三等奖。四是有序开展党、团、工、妇等团体活动。

【机关作风建设】一是规范着装行为,试行二级考核办法。对稽查局、税务分局公务员试行日常考核记分,考核结果与年终奖金、评先选优相挂钩。二是坚持集中教育与日常教育、示范教育与警示教育、传统教育与现代教育相结合,以生动的案例,筑牢全体干部的思想防线。三是深入开展"两提高 两降低"效能建设主题活动,切实降低公务支出和行政成本,提高工作效率和服务水平。

【教育培训】一是组织干部深入开展党纪国法、理想信念、廉洁从政等方面的学习,并增加人文音乐等知识培训。二是开展中层干部读书班、全员培训、2008年新录用公务员初任培训;组织税收会计业务知识竞赛,选派业务能手参加上级部门业务比赛;鼓励干部参加各类职称考试和继续教育。

【廉政建设】一是利用财税网站、年轻干部QQ群、财税专刊等载体,加大对反腐倡廉的方针政策、廉政知识、廉政警示教育等宣传力度。二是年初制订2009年党风廉政建设暨健全惩防体系建设工作计划,与各单位签订党风廉政建设目标管理责任书;8月份出台《义乌市财政地税局兼职纪检员工作制度》。三是建立健全领导班子和成员的自我约束机制,加强对财税工作全过程的动态监督,严格执行述职述廉谈话、诫免谈话等制度;加大对来信来访案件及时调查和按时反馈力度。

【创建文明单位】一是配合全市开展文明卫生创建、安全生产大检查、综合治理、登革热防控等活动。二是积极开展争先创优活动,培养干部的竞争意识,提升执行力。中国小商品城税务分局分获浙江省和金华市"群众满意基层站所(办事窗口)"先进单位。2009年,全局下属单位有"全国巾帼文明岗"1个,省级"巾帼文明示范岗"2个;省级基层文明单位1个,地市级"基层文明单位"3个,地市级"青年文明号"4个。

(义乌市地方税务局供稿　楼　峰撰写)

东阳市地方税务工作概述

局长 徐立刚

经济概况 2009年,东阳市完成生产总值248.83亿元,比上年增长9.1%。其中:第一产业增加值11.66亿元,增长4.5%;第二产业增加值131.67亿元,增长7%;第三产业增加值105.50亿元,增长12.3%。全市人均生产总值达30555元,增长4.4%。全市完成财政总收入25.55亿元,增长6.1%,其中地方财政收入15.15亿元,增长11.7%。全市财政总支出18.82亿元,增长21.8%。全市财政收支实现平衡。

税收概况【任务完成情况】2009年,全市地方税务部门组织各项收入20.02亿元,同比增长6.5%。其中:税收收入11.95亿元,增长5.8%;组织各类基金、费等其他收入8.07亿元,同比增长7.5%。税费收入保持稳定增长态势。

【税收特点】一是税收收入增幅前高后低。全年税收收入一直呈正增长态势,但受经济形势影响,税收收入增幅逐月下降,至11月份增幅回升。而上半年收入增幅仍明显快于金华市平均增幅,主要原因是实施跨地区经营汇总纳税企业所得税政策和房地产企业翘尾税款全部清收入库。二是税收收入结构持续优化。营业税和地方七税占地税税收收入62.7%,比上年占比59.6%提高3.1个百分点。非税收入止跌回升,同比增长7.5%,占地税部门组织收入的40.3%,且增幅快于税收收入增幅。三是行业税收增幅不均。全年二产税收5.56亿元,三产税收6.39亿元,分别同比增加-932万元、7423万元,税收增收贡献全部来自三产,其中房地产业、文体娱乐业分别同比增长16.1%、28.4%。制造业税收自近年来首次出现负增长,其税收的贡献度仍呈下行趋势。四是工业税收增幅企稳回升。规模以上企业是东阳工业经济发展的晴雨表,其国、地税全年累计增幅-8.6%,比1—3季度累计增幅-15.6%回升7个百分点,表明工业经济回升趋势明显。

【税源分析】1. 营业税:全年入库4.80亿元,同比增长7.0%,主要原因是翘尾税款入库、经济发展逐步企稳回升和房地产销售形势回暖有力地促进了营业税增长。

2. 企业所得税:全年入库2.05亿元,同比下降16.4%。近两年均呈现负增长,占地税比重不断降低,拉低了全年收入增幅。主要原因是受新企业所得税法实施政策性减收、高新技术认定退税等因素影响。

3. 个人所得税:全年入库2.41亿元,同比增长14.0%,成为税收收入第二大税种。增收因素:一是加强对高收入者的税收征管,全年补缴税款695万元。二是对二手房交易的个人所得税保证金一次性转为税款入库,全年共转税款1094万元。三是调整个人所得税征收方式,对二手房交易直接征收个人所得税;对开具外经证按金额0.2%征收个人所得税。

4. 其他税收:全年入库2.69亿元,同比增长19.7%。其中土地使用税和房产税通过加强税源管理,提高单位税額等增长明显，特别是房产税同比增长50.7%；土地增值税通过规范征收、提高预征率、强化土地增值税结算工作实现58.8%的增长。

各项工作情况【优化收入结构】坚持税收可持续增长理念，按照省局提出的“四位一体”组织收入目标要求，不断优化税收收入结构。全年组织入库营业税和地方小税种7.49亿元，占税收收入62.7%，比上年提高3.12个百分点。继续加强地方小税种管理，重点做好政策辅导、纳税申报、项目清算工作，组织入库2.69亿元，同比增长19.7%。调整土地增值税“预征率”，从2009年1月1日起“预征率”从1%调整为2%，对财务不健全、无法进行土地增值税清算的企业土地增值税“核定征收率”调整为5%，保证土地增值税及时并均衡入库，全年组织土地增值税入库5172万元，同比增长67.7%。

【帮扶企业“春雨”专项行动】开展财税干部进企业活动，建立“一对一”帮扶机制；举办三场“专题税企沟通会”和三个“专题日”（新办企业办税辅导日、值班分局长接待日、税收优惠政策辅导日），全面讲解税收优惠政策；深化“十项便民措施”，提供个性化服务，帮扶企业渡过难关。制订“企业帮扶行动计划”企业难题责任分解意见。积极落实税费优惠政策，加快高新技术企业认定工作，落实企业技术开发费加计扣除优惠政策，全年共减征企业所得税3611万元；实施社会保险费临时性适当下浮政策，3月份集中减征2153万元，惠及企业3000户；落实养老保险基金缴纳比例下调政策，将用人单位比例由18%降到14%，为企业减负900万元；继续做好困难企业房产税、城镇土地使用税和水利建设专项资金的减免工作，共减免3190万元。

【推进企业分离发展服务业】深入贯彻省委、省政府“推进工业企业分离发展服务业”决策部署，及时成立领导小组，制订《关于进一步推进企业分离发展服务业工作的实施意见》，召开工作专题会议，下达分离目标任务。做好市委市政府、部门、乡镇三个层面宣传发动工作，大力争取市领导支持，建立与财政局、国税局、经贸局、改革局五部门联席会议制度，发挥乡镇在分离中的作用。出台支持企业分离发展服务业的财税优惠政策，设立分离专项资金，对分离后的三产企业，符合相应条件给予减免部分企业所得税、房产税、城镇土地使用税等。加大宣传力度，利用税企沟通会、纳税辅导会、纳税大户表彰会及网媒平台，多层次、全方位宣传主辅分离政策。开展拟分离企业走访活动，实行全过程专人跟踪服务，做到成熟一家分离一家。目前成功分离9户（设计2户、建筑安装业2户、运输业2户、其他服务业3户），新增税费收入160万元。

【税收法制建设与税收宣传】开展2009年税收执法检查，在责成各单位自查基础上，抽调精干力量专门成立检查组，重点解决执法程序不规范、自由裁量权过大、责任追究不到位等问题。加大税收宣传力度，围绕“税收·发展·民生”主题，认真开展全国第18个税收宣传月活动，组织税收教育基地上税法课、开展“税收杯”中学生体育比赛、在《东阳日报》刊登《财税政策记者问答》、制作“滚动灯箱式”税收宣传栏、向企业赠阅5000份《税费优惠政策指南》、与文化局联合开展送500场税收电影进企业、下农村等。

【税收改革与税源管理】按照“五位一体”互动管理模式，进一步完善税收征管体制，提高税源控管水平。一是加大对重点税源动态变化的实时监控，建立税源预测分析上下联动机制，实行税收月初预测、月中调整、月末分析的预测分析工作。二是严格发票管理，强化以票控税，提高机打发票在所有地税发票中的比重，占比从上年的50%升至85%。三是加强对欠税管理，强化登记源头控制，同时，与法院建立资产处置企业欠税扣缴机制。四是调整修订ISO9000地税质量管理体系，进一步明确岗位职责，优化操作流程，提升办事质效。

【信息化建设】通过信息技术在税收管理中的广泛运用，进一步转变地税工作的管理理念和管理方式，促进整个地税工作质量和效率提高。以加强数据采集与增值利用来提高税收征管质量和效率为工作目标，积极推广应用《税友2006》快捷查询系统，做好实施方案制订、宣传发动、运行环境准备、数据清理、问题交流解决机制建立等一系列准备工作，并于5月份应用到位。强化第三方数据尤其是国税方数据交互，组织开发与《税友2006》系统相匹配的征管查询软件—“税友伴侣”。推广应用不动产建筑业税收项目管理软件，完善和规范12366语音服务系统，利用

12366短信平台定期发送催报催缴短信及有关涉税信息。

【各项规费征收】全市共征收社会保险基金收入6.80亿元,增长7.0%。一是认真做好2008年度社会保险费汇算清缴工作,共补费款1493万元。二是改进城镇个体劳动者社会保险费的征管方式,全面推行“一户通”实时扣款,取消医保基金收入过渡户。三是认真做好社会保险基金专项治理工作,出台《关于加强和规范社会保险补报业务的通知》,对少征的企业进行逐户清查,补征社会保险费104万元。

【税务稽查】严格执行税务稽查预案制度、执行税收执法责任制和稽查建议制度,实施预查制度+严格过程控制,规范内部管理。坚持实行“廉政意见反馈”和“稽查回访制度”,自觉接受稽查执法行为的外部监督。加大整顿规范税收秩序力度,突出大案要案和举报案件查处,开展行业税收专项检查、打击销售假发票等税收违法行为,提高稽查威慑力。全年共查处各类案件153户,查处税费总额1978万元。

【优化纳税服务】深入开展学习实践科学发展观活动和企业服务年活动,优化纳税服务,营造高效文明的税收环境。深入贯彻“十项便民措施”,推行“同城通办”,推广POS机刷卡缴税(费),实行“补正承诺制”,开展“网送税法连万家”活动等。启用国地税联合办税中心,加强办税服务厅规范化建设。推行办税服务厅窗口“纳税服务之星”考评,深化激励机制,提高办税服务水平。调整部门内设机构,特设建筑业管理股,满足日益增长的建筑业不动产纳税服务需求。

队伍建设【财税文化建设】通过召开座谈会、集中研讨会、财税网讨论等形式,广泛深入开展人文精神大讨论,征集财税文化精神表述语,引导干部职工增强攻坚克难、敢为人先的人文精神。开辟财税文化长廊,制作财税文化宣传片,展示财税人文风貌。充分发挥工会、摄影协会、各类体育运动组织作用,开展登山、摄影、书画等活动,增强干部队伍凝聚力。

【机关作风建设】严格执行市委、市政府“十个严禁”规定,不定期进行明察暗访,有效规范干部行为。开展“两提高 两降低”主题效能建设活动,按照“改革创新、转变职能、从严管理、高效服务”要求,规范和优化工作流程。开展第四轮中层干部竞争上岗和一般干部双向选择工作,优化干部队伍结构。在市纪委组织的“万人百企评机关”和涉企科级岗位评议活动中局机关列机关部门评议“涉企组”第一名;行政审批科、税政科分别获“涉企科室”组第二名、第五名。

【教育培训】深入开展学习型组织建设,坚持以能力建设为核心,广泛开展各种层次的岗位大练兵。建立和完善各项管理制度,加强对干部的培养、教育和管理,努力营造激励干部干事业、支持干部干成事业的良好氛围。

【廉政建设】加强党风廉政建设,落实党风廉政建设责任制,深化教育、健全制度、强化监督,严肃查处干部违法违纪案件。加强廉政建设课题调研,确定廉政文化、作风建设、惩防体系等7个课题。开展“廉政教育月”活动,组织干部观看廉政教育警示片,召开以反腐倡廉为主要内容的生活会,着力解决思想、工作、作风等方面存在的突出问题,提升拒腐防变能力。

【创建文明单位】深入开展精神文明创建活动,落实基层文明单位、群众满意站所创建的各项规定和要求,强化基层单位的内部管理。吴宁分局荣获全国总工会命名的“全国工人先锋号”称号。

(东阳市地方税务局供稿　徐宏刚撰写)

永康市地方税务工作概述

局长　施建民

经济概况 2009年,永康市实现生产总值257.36亿元,比上年增长9.5%。其中:第一产业增加值6.99亿元,增长4.5%;第二产业增加值167.21亿元,增长8.8%,其中工业增加值154.71亿元,增长7.7%,建筑业增加值12.50亿元,增长25.7%;第三产业增加值83.16亿元,增长11.5%,第一、二、三产占比为2.7:65.0:32.3。全年实现财政总收入33.69亿元,增长7.3%,地方财政收入17.71亿元,增长12.1%。财政一般预算支出19.23亿元(包括省、市专项和上年结转使用数),增长16.3%。实现财政收支平衡。

税收概况【任务完成情况】 2009年,全市地税部门共组织各项收入18.95亿元,同比增长11.6%。其中:税收收入11.94亿元,同比增长12.1%;社会保险基金5.25亿元,同比增长14.2%。

【税收特点】 1.从年度看,税收收入呈稳定增长态势。2005年增长19.5%、2006年增长11.8%,2007年增长9.8%,2008年增长16.9%,2009年增幅12.1%。

2.从季度收入看,季度间收入波动明显,全年四个季度的地税税收收入增幅分别为12.0%、-16.1%、32.9%、27.1%。一季度,跨年度税款入库缓冲增收压力,保证税收的增长,二季度,税收增长呈下滑势头,三、四季度,保增长、强征管各项措施成效显现,增幅快速回升。

3.从产业情况看,受分离发展服务业和房地产业税收大幅增收推动,第三产业税收增速高于第二产业。2009年,第三产业入库税收5.99亿元,同比增长27.3%,占总体税收的50.1%,比去年同期上升6个百分点。

4.从税收结构看,地方税(营业税和地方七税,下同)比重同比上升,结构持续优化。2009年,地方税占总体税收为58.8%,比上年同期上升1.1个百分点,增收结构趋于多元化。

【税源分析】 1.企业所得税:入库2.83亿元,同比增长21.1%,增幅居三大主体税种之首。增收原因:房地产业和建筑业拉高了企业所得税的增幅,2009年,房地产业和建筑业分别入库企业所得税5418万元和2694万元,同比增幅分别为180.0%和41.4%。

2.营业税:入库3.25亿元,同比增长19.9%。增收原因:一是受房地产业营业税快速增长因素推动。2009年,房地产业营业税入库9492万元,增长37.3%。二是由于总部中心、物流中心、会展中心等市重点工程税收的推动,建筑业营业税同比增收1570万元,增长25.1%。三是交通运输业入库1633万元,同比增长48.0%。四是住宿餐饮业、租赁和商业服务业分别增长7.7%、18.5%。

3.个人所得税:个人所得税增幅出现负增长,同比下降3.7%。其中:财产转让收入个人所得税入库2494万元,同比增长336.7%,个体工商户生产经营所得个人所得税同比下降20.0%,利息、股息、红利所得个人所得税入库761万元,同比减收46.5%。

4.其他税收:地方七税入库3.78亿元,同比增长9.8%。其中:土地增值税入库5975万元,同比增长54.4%;车船税累计入库1891万元,同比增长9.2%,城建税、房产税、土地使用税有小幅增长,分别增长7.0%、5.0%、2.9%。而与经济形势密切相关的印花税、资源税出现负增长,同比分别下降10.3%、24.6%。

各项工作情况 **【优化收入结构】**加大总部经济政策引导力度,与60户企业签订《总部经济备忘录》。加大投入促进企业转型升级,兑现工业经济发展奖励专项资金9992万元,用于企业技改、科技孵化、品牌培育、三产发展等方面的奖励和补助,推动产业结构调整。全年实现第三产业增加值83.16亿元,占GDP比重提高到32.3%,按可比价计算同比增长11.5%,高于全市GDP增速2个百分点;地方财政收入占财政总收入的比例提高到52.5%;地税部门入库第三产业税收5.99亿元,同比增长27.3%,占地税税收收入的比例提高到50.2%。

【帮扶企业"春雨"专项行动】组织百名干部走访全市724家规模以上企业,其中重点是"纳税双百"工业企业,落实税收优惠政策,与企业共同应对困难和挑战,共谋发展。落实临时性下浮企业社会保险费缴费比例,对企业2009年2月份的单位缴纳部分实行减征,共减征2042万元;调整基本养老保险缴费比例,对23270户城镇个体劳动者共减征1125万元。及时办理1808笔退库手续,金额达8267万元,增强企业发展活力。出台《关于调整个人所得税附征率的通知》,对部分行业的个体工商户个人所得税附征率进行下调,减轻个体工商户的生产经营负担。

【推进企业分离发展服务业】将分离发展服务业工作与全市五金产业集群的优势充分结合起来,根据五金产业的共性,将分离重心确定为"物流业",并建立以物流业为"主导",以研发和售后服务为"两翼",以其他分离方式为"后缀"的"雁阵式"分离发展服务业引导体系。2009年,全市企业分离发展服务业工作完成省地税局下达目标的227.2%,分离企业满意度测评达99.6%,取得金华市地税局专项考核最高分,受到省地税局通报嘉奖。2009年新增分离企业28家,加上2008年分离的9家,成功分离的企业共37家。工业企业分离发展服务业成效逐步显现,其中步阳、王力、群升等工业企业分离出的物流运输企业增加税收361万多元;同时增加地方可用财力,地方财政收入占财政总收入的比例已提高到2009年的52.5%。

【税收法制建设与税收宣传】严格依法治税,重视重大税务案件审理工作,审理重大税务案件10件。认真梳理非行政许可审批事项。在第18个全国税收宣传月里,围绕税收宣传主题,有针对性地选取"企业分离发展服务业"作为宣传重点,集中精力开展系列宣传活动。联合永康市国税局开展"税务在线—我与局长话税收"网络交流活动,进一步普及税法。

【征管改革与税源管理】整合基层征管机构,进一步增强基层征管力量,将征管机构整合为江南税务分局、经济开发区税务分局(内设芝英延伸点)、西城税务分局(内设象珠申报点)、古山税务分局四个分局。提升信息化水平,推广"一户通"扣缴税款,提高电脑版普通发票开票应用水平,提高征管效率。加强税源管理,强化对建筑安装业、房地产业、交通运输业等重点行业的税收征管。

【信息化建设】完善国地税数据的比对及企业国税信息的查询功能,提高数据比对的高效性和准确性,补征教育费附加、地方教育附加、水利建设基金83万元。完成税收统计、报表分析、纳税评估、行政执法责任考核等模块的制作工作。及时更新网络安全设备,全面改造网络系统,认真做好病毒防控工作。

【各项规费征收】依托《税友2006》征管软件,把"五费合征"的范围扩大到所有的网上申报企业。全市共有6300户企业纳入"五费合征"范围,全年入库社会保险费基金5.25亿元。其中:养老保险基金3.58亿元、医疗保险基金1.29亿元、失业保险基金1872万元、工伤保险基金1640万元、生育保险基金263万元。其他基金费收入1.76亿元。其中:教育费附加6086万元、地方教育附加4298万元、地方水利建设金5934万元、残疾人就业保障金1037万元、文化事业费208万元。

【税务稽查】开展建筑业、国家税务总局部署大型集团税收、技改企业发票核查、教育培训业等税收专项检查。全年共受理各类举报件12件,立案稽查5件,转国税稽查局1件,转有关分局纳入税收征管6件。全年共检查纳税户323户,其中重点稽查85户,责成自查238户,入库税(费、基金)1653万元,罚款31

万元,加收滞纳金 23 万元。

【优化纳税服务】深入企业走访调研,重点了解企业的生产经营、税源变化、税收优惠政策是否落实等情况。开展以"知心行、贴心信、交心会、连心桥、暖心屋"为载体的"税企连心"主题活动,将 QQ 群作为税企沟通方式,获得纳税人好评。成立行政审批科进驻行政服务中心,并将江南和西城两个分局的纳税服务厅纳入行政服务中心管理,规范审批内容,减少审批程序,方便纳税人办事。

队伍建设【财税文化建设】明确"对上以敬、对下以爱、对己以严、对人以和、对事以真"作为财税文化的核心理念。以摄影协会、书画俱乐部、音乐俱乐部、乒乓球俱乐部、篮球俱乐部五个文体兴趣小组为平台,经常性地开展培训、比赛,丰富干部职工文化生活。精心组织开展"新中国成立 60 周年——财税文化艺术周"活动,营造健康、文明、向上的和谐氛围,增强干部队伍凝聚力。

【机关作风建设】聘请人大代表、政协委员、企业负责人及社会各界人士作为行风监督员,及时通报有关党风行风建设工作开展情况,征求社会各界对地税工作的意见和建议,交流开展税企行风联防工作的做法,研究部署行风联防的有关工作事项。多次组织人员对职能科室和基层单位进行明察暗访,加强内部监督。组织开展中层干部竞聘活动,完全采用公开、公平的形式进行,新提拔任用 11 名中层正职,16 名中层副职。

【教育培训】以"抓分离促转型、优结构保民生、讲科学助发展"为载体,开展深入学习实践科学发展观活动,认真完成各项学习任务。坚持机关周一、基层周二的学习夜制度,认真开展政治理论和税收业务学习。组织岗位业务全员培训,在浙江大学之江校区开展 3 期业务知识全员轮训,共计 150 多人参加。

【廉政建设】坚持"标本兼治、综合治理、惩防并举、注重预防"方针,抓好党风廉政建设责任制分解落实,建立健全与财税工作相适应的教育、制度、监督并重的惩治和预防腐败体系,保护好队伍安全。自 1997 年国地税机构分设以来,连续 14 年未发生违法违纪案件和重大责任事故。

【创建文明单位】以"文明单位"、"巾帼文明示范岗"、"青年文明号"等创建活动为载体,积极推进各项文明创建活动,营造健康向上的团队氛围。永康市地方税务局及下属江南税务分局、经济开发区税务分局、西城税务分局、古山税务分局被评定为金华市级文明单位。

(永康市地方税务局供稿　韩余鹏撰写)

武义县地方税务工作概述

局长　陈进一

经济概况 2009 年,武义县实现生产总值 103.25 亿元,比上年增长 9.1%。其中:第一产业增加值 9.78 亿元,比上年增长 6.2%;第二产业增加值 58.96 亿元,比上年增长 7.9%;第三产业增加值 34.51 亿元,比上年增长 12.0%。第一、二、三产业增加值结构由上年的 9.2:58.8:32.0 调整为 9.5::57.1:33.4。全县完成财政总收入 14.37 亿元,比上年增长 4.8%,其中地方财政收入 7.34 亿元,比上年增长 6.0%。

税收概况【任务完成情况】2009 年,全县地方部门共组织各项收入 8.01 亿元,比上年增长 3.9%。其中:税收收入 5.04 亿元,比上年增长 5.8%;组织各类基金、费等其他收入 2.97 亿元,比上年增长 0.9%。

【税收特点】一是税收收入降幅逐季收窄。年初受国际金融危机和宏观经济增速下滑影响,税收收入一度出现负增长,在政策面、经济数据趋暖以及地税部门大力挖掘税收潜力的背景下,第三季度税收收入企稳回升,到 11 月底,累计增幅由负转正,全年增长 5.8%。二是主体税种增减不一。三大主体税种中,企业所得税全年同比下降 27.0%,成为下降幅度最大的税种;个人所得税增幅在持续回落 3 个月后稳步回升,全年入库 1.15 亿元,同比增长 12.0%;营业税收入较前期有较大回升,全年实现收入 1.59 亿元,同比增长 8.9%。三是小税种成为增收主力。地方小税种今年共入库 1.15 亿元,同比增长 44.0%。除城建税和印花税外,其他小税种均有不同程度增长。

【税源分析】1. 营业税:入库 1.59 亿元,同比增长 8.9%。其中建筑业营业税同比增长 7.3%。增收主要原因是房地产业成交放量以及相关联建筑业的影响。

2. 企业所得税:入库 2961 万元,比上年下降 27.1%。减收原因主要受经济、税制和政策等因素影响。

3. 个人所得税:入库 4598 万元,同比增长 12.0%。其中个人所得税财产转让所得 2451 万元,同比增长 9.94 倍,对企业股权转让行为的税收清理成为个人所得税增长的主要因素。

4.其他税收:入库 1.15 亿元,同比增长 44.0%。其中:增收幅度最大的是土地增值税,同比增长 109.0%,预征率的提高和全县工业企业资产处置税收政策的出台是其增长主要原因。

各项工作情况【优化收入结构】积极开展税收征管调研,针对薄弱环节逐步完善征管措施。加强工业企业资产处置税收管理,从税负上引导企业通过土地、厂房转让过户方式流转土地要素资源,并加大对以前年度股权转让个人所得税的清理征收力度,该项措施增加地方税收 4409 万元。积极探索建立税收数据模型,加大对"销售类"税收的控管力度。不断优化纳税服务,通过健全企业不动产台账、完善管理措施、开展纳税评估等措施加强"资产类"、"效益类"和"资产交易类"税收管理。鼓励企业分离发展服务业。在完成收入任务的同时,收入结构得到优化,纯地税收入占地方税收 62.5%,比上年提高 5.3 个百分比。

【帮扶企业"春雨"专项行动】围绕"服务企业、服务基层"这一活动主题,开展帮扶"企业'春雨'专项行动"。通过为企业减(缓)征社会保险费、送政策上门、抓优化服务、开展主辅分离调研等活动,真心诚意帮扶企业。举办政策宣讲会 4 场,举办税收政策辅导班 3 期,培训企业主和财务人员 1600 人次。继续做好临时性下浮社会保险费缴纳比例集中减征工作,为企业减负 1125 万元,惠及企业 2200 户,城镇个体劳动者 23000 户。做好社会保险费缓缴工作,缓解企业资金周转困难,减轻企业负担。

【推进企业分离发展服务业】成立分管领导为组长、相关部门为成员的推进企业分离发展服务业工作领导小组,并拟出台企业主辅分离的政策意见。在广泛调查基础上,针对性地从规模以上工业企业中分离发展物流企业;从具有混合销售行为的企业中分离出服务业,重点是钢结构企业、混凝土公司等;从国有企业中分离中介服务业;从规模较大、研发能力较好的企业中逐步培育分离研发机构。结合帮扶企业"春雨"专项行动,将推进企业分离发展服务业作为纳税宣传和纳税服务重点,优化服务举措,深入开展宣传发动和政策辅导。及时总结实行主辅分离较早且比较成功的几家企业作为典型加以推广,树立企业信心,帮助企业破解难题。2009 年,武义县新增 7 家企业实行主辅分离,为地税增收 196 万元,企业降低税收负担 18 万元。

【税收法制建设与税收宣传】根据武义县委、县政府党风廉政建设工作要求,落实行政执法责任。加强规范性文件的会签和上报备案工作,完成对全局 1998 年至 2007 年发布的规范性文件清理,共清理规范性文件 219 个。认真做好 2009 年税收执法自查工作,进一步规范税收执法行为,降低税收执法风险。对稽查局提请的重大案件严格把关,使每个案件做到事实清楚、程序合法、适用法律法规正确,切实减少行政复议和行政诉讼的概率。

继续围绕"税收·发展·民生"主题,积极开展第 18 个全国"税收宣传月"活动,先后组织开展上门服务送政策、建立税企互动平台等活动,并以税收宣传月活动为龙头,充分利用"品牌效应",把税收宣传月集中宣传与日常宣传结合起来,及时把握税收宣传亮点,精心组织宣传素材,通过在电视、报刊、网站等媒体宣传,进一步增强地税宣传的感染力,增强地税系统的凝聚力。

【征管改革与税源管理】推广应用《税友2006》快捷查询系统和不动产建筑项目管理软件。分行业推进定期定额户"参数定额法",组织实施《住宿餐饮业税收定期定额征收管理暂行办法》、《娱乐业(歌舞厅)税收定期定额征收管理暂行办法》。针对武义县旅游景点小、多、散的特点,开展旅游业营业税税源调查,通过对全县旅游景点的经营情况、门票收入、游客结构等各项指标进行分析,制订印发《武义县旅游业营业税征收管理暂行办法》。

【信息化建设】升级客户端程序和更新存储过程,有力夯实《税友2006》系统基础,确保系统准确稳定运行。更新社保费申报减免程序、更新减免项目、调整备案类减免程序。配合县局有关科室,新建自定义报表。建立快捷查询系统。针对旧的内外网站存在较多问题,筹备新内外网门户系统已进入开发阶段。通过信息技术在税收管理中的广泛运用,进一步转变地税工作的管理理念和管理方式,提高地税工作质量和效率。

【各项规费征收】2009年,规费收入保持略为增长,社保费、水利建设基金、两教育费附加共入库2.90亿元,同比增长0.7%。在加强各项规费征收工作方面,一是做好2008年度汇算清缴工作。组织企业社保汇算清缴培训6场,培训人员1300人次,通过汇算清缴已补缴入库348万元,退库40万元。二是做好各项规费收入分析工作。通过社会保险费收入和税费种申报数对比,查找征管漏洞。三是加强基础数据管理。修正社保征收过程中出现错误登记,调整残疾人就业保障金征收率和做好基本养老保险省级调剂金上缴比例调整后有关工作。

【税务稽查】2009年,全县共检查单位109户,查补税款883万元。扎实开展中介行业、建筑业、"高能耗、低产出"工业企业等税收专项检查和总局定点联系企业、大型企业集团的税收自查工作。认真抓好大要案稽查,有力地打击了涉税违法行为,治理了纳税环境。加强部门配合,建立联动机制。与国税、公安、检察等部门相互联动建立联动机制,形成打击涉税违法犯罪合力,积极开展在"高能耗 低产出"工业企业专项检查、特大型中央企业的专项检查以及打击假发票等活动。

【优化纳税服务】围绕服务经济社会发展、服务基层、服务纳税人这个中心,不断创新服务机制,完善服务内容,相继推出"一窗式"办税、POS机持卡划缴、网上报税并打印税票、"一户式"银行扣缴、将所有税费种的申报纳税期限统一整合并延长、国地税联合办证、一户一证、免收税务登记工本费、定期税收辅导,发放办税手册等新型服务措施。2009年举办"办税服务之星"评选活动,建立税企互动平台,定期开展业务交流活动,及时了解纳税人服务需求,增强服务针对性,建立长效服务机制。

队伍建设【财税文化建设】一是推进学习型组织建设,进一步营造浓厚良好的学习氛围。通过开设"内部课堂"、鼓励干部参加学历和职称考试等办法,提高广大干部特别是一线干部业务水平和工作技能。二是广泛开展文体活动,建立良好的生活氛围。根据干部的需求和特长,建立登山、书法、乒乓球、篮球等兴趣小组,引导广大干部远离其他低级庸俗的活动,培养高雅情趣,进一步融洽干部之间的感情。同时,积极组织和参加各种比赛,如市县组织的运动会、文艺调演、大合唱等活动,都取得较好成绩。

【机关作风建设】以深入学习实践科学发展观活动为契机,局班子积极开展开门纳谏,广泛征求意见。局党委组织召开民主生活会,针对查找出的意见建议,研究制订整改项目。完善干部激励机制,营造良好工作氛围,挖掘干部潜能,注重领导与普通干部、干部与干部间的情感交流。2009年,根据工作需要,提拔任用一批年轻干部,为他们施展才能提供新平台,在全局上下进一步形成凝心聚力干事业的生动局面。

【教育培训】以干部需求为导向,结合形势和工作要求,制订干部教育培训计划、党员理论学习计划和党校学习计划,按计划精心组织实施。建立和完善以业务水平和工作业绩为导向的用人机制,建立教育培训考评制。根据形势发展和干部思想动态,定期和不定期地组织开展政治理论、时事政治、党风廉政建设、职业道德等方面的专题教育;根据经济社会发展和工作需要,认真组织公务员更新知识培训,组织开展"法治浙江和谐社会"等培训;按照岗位需求和实际工作需要,开展业务知识和岗位业务技能培训,支持和鼓励干部职工参加在职学历教育,组织参加上级举办的各项培训共200人次。

【廉政建设】通过观看警示片等形式,加强反腐倡廉教育,加强和改进思想政治建设。落实党风廉政建设责任制,把反腐倡廉工作列入重要议程,与业务工作紧密结合,加强教育、制度、监督并重的惩防体系建设。认真执行民主集中制,对重大决策、重大项目安排、大额资金支出、干部任免,人事安排等重要事项都通过局党委会集体研究决定;认真开展领导班子成员述职述廉,做好个人重大事项报告;通过邀请特邀监督员明察暗访、开展纳税人满意程度调查、上阳光热线、设置投诉举报箱、开通投诉举报电话等多种方式,自觉接受社会监督。开展"三基"建设工作。为拓宽从源头上防治腐败工作领域,全面清查行政权力的风险点和对应的风险等级,确立相关防控措施。

【创建文明单位】坚持以科学发展观为指导,以组织收入为中心,以优化服务为推手,深入开展精神文明创建活动,落实基层文明单位、群众满意站所创建的各项规定和要求,强化单位内部管理。2009年武义县局团委获省先进团委称号,直属分局被评为全省市地税系统基层文明单位、金华市"群众满意基层站所(先进窗口)"创建工作示范单位,直属分局和稽查局被评为金华市地税系统基层文明单位,直属分局办税厅获省级纳税服务之星称号1人、金华市级纳税服务之星称号2人、并连续三年获县行政服务中心先进部门分中心称号。

(武义县地方税务局供稿 陈红波撰写)

浦江县地方税务工作概述

局长 傅兴琰

经济概况 2009年,浦江县实现国内生产总值109.64亿元,同比增长8.6%。其中:第一、二、三产业增加值分别为6.28亿元、67.44亿元和35.92亿元,分别增长4.6%、7.7%和10.9%。按户籍人口计算,人均生产总值为28200元。全县完成工业增加值63.20亿元,比上年增长7.1%,工业增加值占GDP比重57.7%。完成全社会固定资产投资40.91亿元,增长10.8%。全社会消费品零售总额47.53亿元,增长15.3%。全县完成财政总收入13.17亿元,增长6.2%,其中地方财政收入7.21亿元,增长7.1%。

税收概况【任务完成情况】2009年,全县地税部门共组织各项收入7.67亿元,增长7.0%。其中:税收收入4.68亿元,增长7.1%;社会保险基金2.35亿元,增长10.8%;其他收入6413万元,下降5.8%。

【税收特点】一是税收呈"前低后高"的增长趋势,四个季度税收同比增幅分别为-19.5%、17.1%、17.3%、43.7%。二是主税种增长乏力,地方税比重进一步提高。所得税、营业税占全部税收的比重分别为29.7%、37.5%,两者较上年都有小幅下降,地方八税占全部税收的比重为32.8%,高于2008年的30.3%。三是第三产业税收增幅与比重均高于第二产业。第二、三产业税收分别为2.17亿元、2.50亿元,分别增长6.1%、8.0%。第三产业税收占全部税收收入的53.5%,较上一年有小幅提高。四是税基拓宽,重点企业税收收入及权重下滑。年度管理登记户23143户,其中8076户在本年度缴纳税费,增长10.2%。县级以上重点税源管理企业595户,共入库税收2.77亿元,下降

2.1%。

【税源分析】1. 营业税：入库1.75亿元，增长5.5%。房地产业入库8582万元，增收1013万元；建筑业入库3066万元，增收433万元；信息传输、计算机服务和软件业入库1153万元，增收58万元。制造业入库829万元，减收5万元；其他行业以减收为主：公路运输代征减收143万元、交通运输、仓储和邮政业减收132万元、租赁和商务服务业减收131万元、居民服务和其他服务业减收118万元。

2. 企业所得税：入库5360万元，同比略减0.1%。占比64%的制造业入库3453万元，下降164万元。下降的主要原因：一是受金融危机影响，企业经营效益下滑；二是企业所得税税率下调影响。占比20%的建筑业入库1052万元，增长482万元；占比第三的批发与零售业入库329万元，下降323万元。

3. 个人所得税：入库8520万元，增长1.7%。受金融危机影响，企业经营效益下滑，以制造业为主的个体工商户生产经营所得个人所得税入库3857万元，减收703万元；工资、薪金所得由于个人所得税全员申报工作的推进，2009年纳入全员申报单位达2181户，入库2621万元，增收107万元；二手房转让激增使财产转让所得个人所得税入库1242万元，增收802万元。

4. 其他税收：共入库1.54亿元。其中房产税2753万元，增收280万元；车船使用税663万元，增收55万元；城镇土地使用税4589万元，增收1535万元。土地增值税在房地产市场火爆、交投活跃的情况下入库2856万元，增收632万元；受今年增值税转型、出口企业免抵调部分未足额申报等因素影响，城建税入库3441万元，减收167万元；印花税入库1020万元，减收107万元。

各项工作情况【优化收入结构】全年组织入库营业税和地方八税共3.29亿元，占全部税收的70.3%，小税种占地方税收比重进一步提高，成为推动税收增长的主要因素，地税收入进一步优化。实行"抓小不放大，稳小做大"的管理思路，加强对房地产行业、建筑业等重点税源的税收管理，实行"以票控税"。房地产行业和建筑业对本年税收增长贡献率分别为74.1%、31.2%，是推动今年地税收入增长的主要因素。做实做大房产税和城镇土地使用税基数，建立相关数据信息。实现房产税同比增收459万元，土地使用税同比增收1367万元。

【帮扶企业"春雨"专项行动】开展"帮扶企业'春雨'专项行动"，组织"千名干部进百企"，组成帮扶小组深入企业调研走访，为企业重点解决40多个难题。结合汇缴清算邀请200多户企业参加"税企沟通会"。帮助企业用足用好财税优惠政策，提高企业自主创新和转型升级的积极性，提振企业信心。兑现落实一系列鼓励企业自主创新、发展第三产业、促进福利企业和下岗失业人员再就业等方面的税收优惠政策，2009年度减免各项税费1.18亿元。其中：减征社保基金980万元，福利企业、企业搬迁等政策性减免企业所得税700万元。

【推进企业分离发展服务业】建立工作机构，财政、国税、地税联合出台《关于推进企业分离发展服务业的实施意见》。通过报刊、电视、网站、召开税企座谈会等形式，宣传企业分离发展服务业的意义及财税扶持政策，引导企业树立做精主业，加快发展服务业的意识。结合税源结构分析，筛选确定调研对象，开展专题调研，对重点企业实行专人辅导。出台税收优惠政策，对分离后新设立的服务业企业，给予三年财政补贴，按每年新增税收留县部分50%给予财政补贴。2009年分离发展企业5家，新增地税收入207万元。

【税收法制建设与税收宣传】严格执行有关法律法规，依法开展税务案件审理工作，税务违法案件的检查程序符合相关法律规定，做好依法行政考核工作，对重点检查的案件进行自查。深入100户重点税源企业，讲解国家出台的税收优惠政策；推广网送税法，通过财税网站扩大税收宣传覆盖面。发放《税收优惠政策汇编》、"三卡一册"等服务资料，准确快捷为企业提供税务信息。

【征管改革与税源管理】推行企业所得税和餐饮、娱乐、足浴等行业税收预警管理，开展国地税联合定税，采取"数据采集、自动定税、张榜公布"的方法，营造公平税收环境。实行工商、国税、地税"三证合办"，建立地税、国土、城建、房管等部门协调机制，对个人股权转让和住房买卖实行"先税后证"管理，夯实税源管理基础。免费提供统一会计核算软件，鼓励纳税人实行会计电算化，提高企业财务管理水平。开展《税友2006》数据清理，扩大税源信息采集范围，深化数据应用。加强对重点税源房地产建筑业的税收管理。强化重点税源监控,595户企业纳入县级以上监控,其中省级33户,中央级5户。建立建筑业竣工档案,实行项目登记、跟踪管理,随时掌握税源变化。

【信息化建设】全面推广应用《税友2006》快捷查询;试行"应用不动产建筑业税收项目管理软件";开发国地税联合定税软件,建立与工商、国税数据交换机制,提升税收征管信息化水平;机房运维平台监测系统投入运行,机房设备、数据和网络安全进一步得到保障。

【各项规费征收】深化和规范"五费合征",加强欠费清理,水利建设专项资金、残疾人就业保障金等规费征收和减免审批进一步规范。社保基金收入2.35亿元,增长10.8%;两项教育费附加小计3832万元,下降0.4%;水利建设专项资金1797万元,下降15.3%;残疾人就业保障金506万元,下降8.7%。

【税务稽查】积极开展各项专项检查,查处案件66件,查补税费总额642万元,已全部入库。稽查七项指标中,检查案件罚款率52.4%、入库率100%、查结率92%、复查率9%、责成自查转重点检查面33%、人均检查户数8户,曝光案件1件。及时做好来信、来访、来电举报案件的受理和登记、传递、保管工作,严格举报保密制度。共受理举报案件13件,受理协查案件1件,入库税款7万元,罚款11万元。

【优化纳税服务】办税服务厅启用POS机缴税系统,开展"纳税服务之星"评比活动。开通"网上互动"服务,充分发挥局网站的作用,为纳税人提供及时、准确的政策业务咨询。开通短信提醒业务,在每月征期结束前采用电话催报、手机短信通知等方法,提醒未申报纳税的纳税人及时申报纳税,避免因纳税人疏忽造成损失。

队伍建设【财税文化建设】针对税收工作实际,按照"依法治税、为民理财、务实创新、廉政高效"核心财税理念,深化财税文化建设。以兴趣小组为载体,开展太极拳、摄影、书画、汽排球、登山、钓鱼、拔河等各种有益身心的活动,组团参加县十四届全民运动会、全省财税系统第三届文艺调演,选送书画、摄影作品参加庆祝新中国成立60周年主题活动,多位同志的书画、摄影作品在总局、省局组织的比赛中获奖。积极开展"道德浦江"建设,组织党员干部志愿者参与县"文明交通"劝导活动、自愿献血、结对扶贫等活动。

【机关作风建设】推行干部办事档案制度,制订干部办事档案记录本,把干部工作业绩、道德操守、廉洁自律等情况列为记录内容,由人事部门按季进行记录归档。深入开展学习实践科学发展观活动,强化机关效能作风建设,全年获得县级以上先进集体22项,先进个人33人次。

【教育培训】深化拓展学习型组织建设,举办中层干部读书会,坚持每周一次学习制度,鼓励并提倡干部职工参加各种业务培训、学历考试和资格考试,提高业务水平。坚持中层业务干部调配必须具有中级职称且"逢进必考"原则,强化持续学习理念。

【廉政建设】通过财税廉政文化活动室、开展书画润廉活动、邀请司法部门举行廉政讲座、观看廉政警示教育片、设立廉政屏保、发送廉政短信、开设网站廉政专栏、组织廉政宣誓等多种形式,增强干部自律意识,营造清正廉洁的廉政文化氛围。

【创建文明单位】组织开展"纳税服务之星"、"青年文明号"、"涉企中层群众评议"等活动,树立先进典型,营造争先创优氛围。直属分局获得金华市地税系统基层文明单位先进集体称号,会计核算中心获得省级巾帼文明岗荣誉称号。

(浦江县地方税务局供稿　潘荷花撰写)

磐安县地方税务工作概述

局长　周丽水

经济概况 2009年，磐安县实现生产总值40.65亿元,增长9.2%。其中:第一产业增加值6.11亿元,增长4.8%;第二产业增加值22.01亿元,增长9.3%;第三产业增加值12.53亿元,增长11.2%。第一、二、三次产业增加值结构由上年的15:55.6:29.4调整为15.1:54.1:30.8。全县完成一般预算总收入5.20亿元,增长5.3%,其中地方财政收入2.72亿元,增长7.6%。

税收概况【任务完成情况】2009年,磐安县地税部门共组织各项收入3.24亿元，增收2235万元,增长7.4%。其中:税收收入1.88亿元,增长8.2%,完成年度税收收入计划1.82亿元的103.6%；各项基金、规费收入1.35亿元,增长6.3%。

【税收特点】一是税收增长前低后高。受国际经济危机影响,1—5月份税收收入连续负增长,累计同比下降11.5%;从6月份开始,随着经济的逐步回暖,税收增幅开始企稳回升，至年底税收收入实现增长8.2%。二是产业税收增幅不平衡。第二产业税收增长13.2%,其中:建筑业增长23%,成为增收主力军,拉动全县税收增长5.7个百分点;制造业增长6.8%,低于平均水平。第三产业税收增长2.7%,其中:房地产业增长53.1%,批发和零售业下降52.2%。三是两个所得税增幅差距较大。企业所得税增长37.5%,个人所得税增长0.3%。

【税源分析】1. 营业税：入库8142万元，增长5.7%。增收因素:一是房地产业增长72.9%,主要原因是房地产市场回暖,海德、檀溪等房地产公司销售形势好转;二是建筑业增长24.6%,主要原因是开展房地产开发建筑营业税的稽查和企业厂房建筑营业税的清理;三是交通运输业增长35.5%。减收因素:居民服务和其他服务业下降49.5%，受经济形势影响较大。

2. 企业所得税:入库2618万元,增长37.5%。增收因素:一是建筑业增长113.2%,主要原因是和勤通信、金厦等几个规模较大的建筑企业跨地区业务拓展较快;二是电力业增长146.7%,主要原因是开展小水电企业所得税的汇算清缴。减收因素:一是制造业下降11.0%,二是批发零售业下降63.5%。

3. 个人所得税:入库5055万元,增长0.3%。增收因素:一是工资薪金所得项目个人所得税征管进一步规范，增长17.0%；二是个人房产转让增多，增长103.3%。减收因素:劳务报酬所得和利息、股息、红利所得分别下降63.6%、26.3%。

4. 其他税收:入库3018万元,增长9.6%。增收因素:通过对企业土地使用面积的清查和金磐开发区征收期的调整，土地使用税、房产税分别增长23.9%、21.7%。减收因素:一是车船税因委托代征的部分税款尚未解报入库,减收46万元;二是较大规模的道路建设项目已基本完成,资源税下降30.3%。

各项工作情况【优化收入结构】全年组织入库营

业税和地方七税合计1.12亿元，占税收收入总量的59.3%。主要措施:一是加大对建筑项目的监控力度，推广应用不动产和建筑项目税收征管软件,建筑项目税收实现源头控管;二是开展企业厂房建筑营业税专项清理,全年建筑业营业税增长24.6%;三是加强部门协作,完善土地、房产等涉税信息共享机制,扎实推进税收征管社会一体化进程,城镇土地使用税和房产税分别增长23.9%和21.7%。

【帮扶企业“春雨”专项行动】以深入学习实践科学发展观、税收宣传月等活动为载体,组织开展“帮扶企业‘春雨’专项行动”。一是优化政策服务。分区域召开座谈会和政策辅导会,编印、发放《地方税费优惠政策指南》和《地方税收政策指南》1200份,广泛宣传税收优惠政策;利用政府信息公开平台、主流媒体,公开政策法规、办事流程和各类表单,扩大税收政策普及面。二是开展走访活动,组织税务干部走访企业、召开座谈会达86人次，了解企业生产经营状况和服务需求,帮助企业解困难、稳生产、谋转型。三是落实减免政策。落实好资源综合利用企业和福利企业税费减免、临时性下浮企业社会保险费缴费比例等政策,减免税费计959万元,其中税收617万元,企业社会保险缴费342万元。

【推进企业分离发展服务业】一是抓调研。在筛选分析的基础上,深入企业走访调研,宣传有关政策,了解企业分离意愿。二是明政策。根据走访了解的情况,对有分离意向的企业进行认真分析,根据企业不同情况研究确定不同的扶持政策。三是定方案。与经贸、国税、工商等部门共同成立工作小组,上门征求企业意见,开展政策辅导,与企业共商确定分离方案。四是强服务。确定专人,对企业分离实施全程跟踪服务;发挥各成员单位的部门优势,帮助分离设立的企业开拓业务。年内成功分离成立一家物流公司,上缴税收12万元。

【税收法制建设与税收宣传】严格执行规范性文件审查备案制度,确保规范性文件质量;开展行政审批事项清理工作,整合、规范税务行政审批行为;及时落实地税扩权事项的衔接和办理,如期完成本部门的“扩权强县”工作;健全执法责任制,完善考核机制,做好行政执法资格考试和执法证件年审工作,开展税收执法检查自查和交叉检查,开展行政处罚案卷评查。

着力构建税收宣传长效机制,把税收宣传融入税收征管、发票管理、税务稽查等日常管理中,发挥政府门户网站、电视、报纸等平台作用,重点加强税费优惠政策的宣传,提高政策透明度和普及率,帮助企业用足用好政策。围绕“税收·发展·民生”主题,积极开展第18个全国“税收宣传月”活动,组织开展“走出门、深入户”大走访、“送出去、请进来”大辅导、“造氛围、扩影响”大宣传等系列活动。

【征管改革与税源管理】加强部门涉税信息共享,扎实推进房地产税收社会一体化征管模式,首次实行催缴税款通知书“公证送达”;开展住宿行业纳税评估,建立行业纳税指标评估体系;集中清理征管基础数据,对行政事业单位进行重新归类,对原先设置的79个片区进行整合;成立营业税专项管理小组,开展全县企业厂房建筑营业税清理,推广应用不动产和建筑项目税收管理软件;推广应用快捷查询软件,实行征管质量每月通报制度;委托东阳市汽车综合检测站代征交通运输营业税,规范运输业税收管理。

扩大税源监控范围，县级监控企业扩大到264户，发挥重点税源监控数据在税收分析中的作用;执行税收收入每月分析报告制度,及时反映各税种、各行业税收的增减变动情况和存在的问题,为领导决策提供参考依据；建立部门涉税信息定期比对制度,按月或按季对国税、交警、城建、土管等相关单位的涉税信息实行税费数据比对,查找征管漏洞。

【信息化建设】一是深化应用《税友2006》系统。通过开展业务培训、建立数据库、重组管理业务,于6月份成功启用税友2006系统“快捷查询模块”。二是推广应用不动产和建筑项目税收管理软件。经过准备、试运行、全面推广和总结提高四个阶段,于6月完成全面推广应用工作,13家企业的53个项目纳入管理。三是加强系统软件的维护管理。4月底增设稠州商业银行扣缴点,“一户通” 扣缴系统实现全覆盖;编写14个自定义程序,促进“五费合征”系统升级和完善;做好“联合办证”系统、网税申报系统、个人所得税全员申报系统的维护工作,确保正常运行。

【各项规费征收】稳步推进社会保险费“五费合征”工作,组织五个批次的企业会计人员培训,受训人员610人次;个体工商户和自谋职业人员的社会保险费征收网点,延伸至各乡镇的基层信用社,社会保险费缴纳窗口增加到23个;制订出台《磐安县社会保险费征缴业务规程》,进一步规范工作流程。社会保险基金收入1.11亿元,增长8.0%。加强国地税征管数据的分析比对,水利建设专项资金、教育费附加、地方教育附加、残疾人就业基金等收入2480万元。

【税务稽查】加强征管查互动,以查促征、以查促管工作进一步推进。以部分建筑安装企业、金融保险行业、税负偏低企业为重点,组织开展税收专项检查工作,共完成检查30户,查补入库341万元,完成年度查补收入任务的139.9%;严格涉税违法案件举报管理,从严从快查处举报案件,确保案件受理、检查、处理渠道畅通,程序规范,共查处举报案件4件。

【优化纳税服务】一是提供个性化服务。帮助县内景点向省局申请印制具名发票,15天内印制发票,确保景点如期开业;组织召开金华威邦公司分离发展服务业辅导会,成功分离成立物流公司;为鹏孚隆公司的企业合并、野老生化和野老农业的重组提供纳税辅导。二是提供精细化服务。整合、简并涉税事项办理所需资料,取消税务代开发票工本费,税务登记免填单,下班延时办税服务,在办税大厅设置网上申报服务台,建立不动产和建筑项目税收管理软件应用QQ群,涉税事项办理更快捷、纳税辅导更直接、征纳关系更和谐。

队伍建设【财税文化建设】全面贯彻落实全省财政地税系统财税文化建设的有关文件精神,围绕“依法治税、为民理财、务实创新、廉洁高效”核心价值观,开展“财税文化建设为什么、是什么、怎样建”讨论调研活动;完善岗位目标责任制考核办法,建立临时聘用人员绩效考核制度,形成以分线考核、捆绑考核、量化考核为框架的考核机制,制订和完善人、财、物、事、廉一系列管理制度;以党工团妇组织和兴趣小组为依托,组织开展太极拳和拉丁舞培训,举办登山、游泳、书法等比赛活动,组队参加金华市财税系统文艺汇演。

【机关作风建设】建立完善办事流程及限时服务承诺制度、涉审涉批涉付事项限时办结制、中层以上干部每周工作内网公示等多项制度,狠抓制度落实;实行每周督查制度,对上下班纪律、网络使用、电话资费等情况开展检查;发挥特邀行风监督员作用,开展明察暗访;组织实施中层岗位社会民主评议,查找不足,及时整改。

【教育培训】以“深化财税改革,构建品质财政;落实科学发展,服务磐安经济”为主题,突出财税特色,深入开展学习实践科学发展观活动;以支部为阵地,深入开展政治理论学习;建立干部理论和业务知识学习培训考试制度,组织52岁以下干部职工进行理论和业务知识考试;组织参加新录用人员培训、行政执法资格考试、公务人员法律知识考试;按季组织系统中心组学习会,开展理论调研和工作交流。

【廉政建设】认真落实党风廉政建设目标责任制,不断完善系统惩防体系;完善公务接待、加班管理、公车使用管理等制度,进一步规范财务支出;通过组织理论学习、廉政短信提醒、专题警示教育活动等方式,加强勤政廉政教育;组织开展规范财税权力运行工作。

【创建文明单位】“强管理、提绩效、优服务、树形象”,积极开展争先创优工作。2009年,共获市级以上表彰10项,其中直属分局荣获浙江省地税系统“群众满意基层站所”创建工作先进单位、金华市“工人先锋号”等多项称号。在30个部门90个岗位参与的“磐安县重点涉企中层岗位群众评议”活动中,6个参评岗位名列前10位,其中直属分局获得第一名。

(磐安县地方税务局供稿 胡志锋撰写)

衢州市地方税务工作概述

局长　徐素荣

经济概况 2009年，衢州市实现生产总值617.50亿元，比上年增长11.1%。其中：第一产业增加值60.02亿元，增长4.1%；第二产业增加值337.24亿元，增长12.8%；第三产业增加值220.24亿元，增长10.7%，第一、二、三产业增加值结构调整为9.7:54.6:35.7。全社会固定资产投资415.40亿元，增长15%。社会消费品零售总额250.30亿元，增长16.1%。进出口总额11.84亿美元，下降10.8%。市区城市居民人均可支配收入19539元，增长8.1%；农村居民人均纯收入7336元，增长7.2%。全市财政总收入62.34亿元，增长8.8%，其中地方财政收入37.85亿元，增长10.1%；市本级财政总收入33.09亿元，增长13.6%，其中地方财政收入19.21亿元，增长13.5%。全市财政支出95.39亿元，增长40.4%，其中市本级40.45亿元，增长36.2%。

税收概况【任务完成情况】 2009年，全市地税系统共组织各项税费收入45.12亿元，比上年增长9.5%，其中：税收收入26.07亿元，比上年增长11.9%，为年初省核计划的105.8%；规费收入19.05亿元，比上年增长6.3%。市本级共组织各项收入24.14亿元，增长13.6%，其中：税收收入13.27亿元，增长19.2%，为年初省核计划的111.4%；规费收入10.87亿元，比上年增长7.5%。

【税收特点】 一是税收收入起伏较大。受国际金融危机影响，全市税收收入1—5月份出现前所未有的累计同比负增长现象。随着国家"保增长、抓转型、重民生、促稳定"一系列政策措施的落实，全市经济于下半年开始回暖，6月份起税收收入明显回升，单月同比增幅最高达46%。全市和市本级税收收入年度增幅均列全省第一。二是龙头企业托盘作用明显。衢州元立金属制品有限公司一次性增收个人所得税1.22亿元，占税收总体增收额2.76亿元的44.2%，拉动税收总体增长5.2个百分点。三是区域发展不平衡。各单位收入增幅高低悬殊，市本级增长19.2%，江山市增长8.0%，开化县增长6.2%，龙游县增长3.2%，常山县增长1.2%，高低相差18个百分点。其中，常山县和龙游县未完成年度计划。

【税源分析】 1. 营业税：全市全年入库营业税11.01亿元，增长13.0%。因供求规律和价值预期效应，衢州房地产市场于5月份触底反弹，房地产销售量价齐升，全市全年入库房地产业营业税4.01亿元，增长46.3%，拉动营业税整体增长13个百分点。因一次性重点建设项目减少，全市入库建筑业营业税2.82亿元，下降5.2%；重点项目减少导致代征税款减收，入库交通运输业营业税7744万元，下降6.1%。

2. 企业所得税：全市入库企业所得税1.48亿元，下降37.8%。减收原因：一是企业利润普遍下滑，如浙江巨化股份有限公司比上年减收4185万元，江山市双氧水有限公司减收753万元，开化县合成材料有限公司减收 592 万元，开化元通硅业有限公司减收 496 万元。二是在于“两法合并”内资企业所得税税率下调和有关优惠政策实施带来减收效应显现。

3. 个人所得税：全市入库个人所得税 5.55 亿元，增长 38.7%。利息、股息、红利个人所得税增长 229%，主要是由于衢州元立金属制品有限公司一次性增收 1.22 亿元。此外，由于全员申报的不断普及，以及“阳光工资”应税收入的普遍提高，工资薪金所得税增长 8.6%。

4. 其他税收：全市入库 8.03 亿元，增长 11.9%。由于房地产市场好转，土地增值税入库 1.65 亿元，增收 5848 万元，拉动“其他各税”整体增长 8 个百分点。全市土地使用税仅增收 497 万元，同比略增 2.3%，主要是由于市本级土地使用税税额标准降低 30%。

各项工作情况【优化收入结构】加强小税种征管，严格实行土地增值税清算、城建税国地税数据比对工作；开展楼宇经济调查，夯实房产税和土地使用税征管基础。全市和市本级地方税比重分别达 73.0% 和 72.1%，均列全省首位。

【帮扶企业“春雨”专项行动】全面落实高新技术企业税收优惠、技术研发费加计扣除、加速折旧等政策，依法减免、及时退库。做好临时性下浮企业社保费缴纳比例工作，全市共减征各项社保费 7292 万元，受惠企业 7473 户，其中市本级减征 4222 万元，受惠企业达 3299 户。从 2009 年 1 月份开始，再次降低市区职工基本养老保险费费率，由 18%降为 16%，全市全年因此减征养保费 4780 万元，其中市本级 2170 万元。全市通过落实各项税收优惠政策全年共优惠税额 3.18 亿元。

【推进企业分离发展服务业】本着“双赢、依法、可行、重点”原则，以物流、安装、售后服务等为关注点，有针对性地送政策、送服务上门，满足不同分离阶段的个性化服务需求。深入重点企业调研，参与拟定分离方案，加强辅导论证，做好跟踪服务。全市全年成功分离 11 家企业，超额完成省局下达的年度任务，当年产生税费 130 万元。

【税收法制建设与税收宣传】推行《税友 2006》执法责任制模块，初步建立起与日常税源管理岗相对应的考核方案。履行好市管县职能，全市对国税代征、门征开票个人所得税计征、建安企业所得税征管等事项统一政策口径。开展第 18 个全国税收宣传月活动，“百名干部联百企，税法宣传面对面”和纳税公益广告分别被省局评为税收宣传优秀项目奖和创新项目奖。发动全市近千名财税干部“一对一”结对联系企业，开展“三服务”活动。创设“知税情，解难题”、“税收政策发布会”等服务方式，宣传和辅导企业用足用好各项税费优惠政策。

【征管改革与税源管理】一是建立业务问题现场交办机制。发动各单位查找征管工作中的热点难点问题，每季一次召开现场交办会，集中研究、限时解决，市本级全年借此共解决 41 个业务问题。二是加强税源分析监控。修订《税收分析工作实施办法》，从经济税源、税收政策、征管力度等方面，按税种、税源结构、税源大户综合预测税收收入，准确把握收入形势。三是加强重点税源管理。借鉴西湖区重点税源管理经验，深入重点企业调研税源，制订组织收入应对预案；全市共有 1785 家企业列入重点税源监控范围，入库税收占税收总量的 70%。四是加强个体税收管理。组织对卡拉 OK、咖啡、足浴等行业个体定额工作进行全面核查，进一步规范定额管理水平；对餐饮业首批 23 家个体大户实行查账征收，通过改进管理措施，入库税收比上年增长 41%。五是深入推进部门协作。国地税双方在税务稽查、委托代征、联合办证等方面进入常态协作；争取司法部门支持，做好涉税事项的执行工作，市本级首次实现在民事案件资产拍卖中扣缴企业欠税，共入库 218 万元。六是坚持以票控税。组织明察暗访，加大对使用假发票和发票二次使用行为的打击力度；监控发票领用情况，对连续 3 个月发票开具金额超过定额 20%以上的经营户及时调整定额。

【信息化建设】提高《税友 2006》后台管理模块使用绩效，大力开发自定义报表，进一步完善 CA 证书、12366、MIS-POS 等系统应用。建立国税、地税、工商数据共享平台，实现从工商部门实时获取纳税户营业执照数据。以快捷查询软件推广应用为契机做好数据清理工作，使基础数据更为准确清晰，特别是企业申报率得到大幅提升。

【各项规费征收】按照“税务部门为主，中介机构补充”原则，建立社保费汇算清缴中介参与模式。市本级首次对社保费缴费单位开展全面审核，补缴各项社保费 1931 万元，补开劳务发票入库税款 444 万元，进一步规范各用人单位的缴费行为。

【税务稽查】将大型连锁超市、营利性医疗机构、教育培训机构等列入指令性检查项目。以组织收入为中心,对连续三年亏损企业、欠缴土地使用税企业和社保费汇算清缴不予配合企业开展重点检查,进一步发挥以查促管作用。运用移送公安、查封拍卖等手段,做好陈欠税款的执行工作。全市共对663家纳税人实施检查,查补入库5545万元,各单位均完成省局下达的年度查补收入任务。

【优化纳税服务】按照"大统一小灵活"原则,对办税服务厅进行改造,加快推进标准化建设。创新服务方式,推行"首违免罚制"、"补正承诺制",下户帮助解决CA认证、电脑开票、网上申报、个税全员申报等技术性难题,减负增效成果进一步显现。

队伍建设【财税文化建设】出台《关于开展财税文化建设的实施意见》,把财税文化建设融入地税工作,人文文化的示范效应、导向效应和激励效应进一步显现。充分发挥党、团、工、妇等组织作用,先后举办全市财税系统运动会、全市财税系统文艺汇演、税收征文等文体活动。

【机关作风建设】深入开展学习实践科学发展观活动,将学习实践活动与业务工作有机结合。开展"四体"教育(体会发展、体验创业、体知民生、体现服务)和"假如我是纳税人"大讨论活动,引导干部换位思考,增强大局意识、责任意识和服务意识。完善《年度岗位目标责任制考核办法》,推进以制度管人、管事,作风建设进一步深入。

【教育培训】制订干部教育培训计划,全市全年组织各类干部教育培训51期,培训干部2100人次。通过每月举办专题讲座和业务培训活动,邀请专家授课,集中组织中层干部赴厦门国家会计学院接受知识更新培训等方式,提高干部综合素质。

【廉政建设】在全省率先出台《惩治和预防腐败体系2008—2012年工作计划分工抓落实操作版》,使惩防体系建设更具系统性和操作性。出台《税务行政处罚自由裁量标准操作办法》,对逾期申报处罚、滞纳金加收、制售假发票和非法代开发票案件处罚等事项执行规范的操作标准,减少自由裁量权。

【创建文明单位】积极开展争先创优活动,继续抓好省、市级基层文明单位和"青年文明号"创建工作。全年获市以上各类单项和综合先进单位奖项85个,获市以上单项和综合表彰先进个人77人次。

(衢州市地方税务局供稿 郑成岗 黄少罕撰写)

江山市地方税务工作概述

局长 巫小雄

经济概况 2009年,江山市实现国内生产总值140.91亿元,比上年增长12.1%。其中:第一、二、三产业增加值分别为15.10亿元、80.40亿元、45.41亿元,分别增长4.9%、13.9%、11.8%。全市实现财政总收入10.77亿元,增长4.1%,其中地方财政收入6.59亿元,增长6.0%。

税收概况【任务完成情况】2009年,全市地税系统共组织各项收入7.67亿元,增长6.7%。其中:税收收入5.02亿元,增长8.0%,超出地方财政收入增幅2个百分点;各类基金、费等其他收入2.65亿元,增长

4.2%。

【税收特点】一是收入成功逆转。受国际金融危机影响，前4个月税收收入均呈负增长,5月份实现转跌回升,此后增长态势不断得到巩固,全年税收增幅最终达到8.0%,成功实现逆转。二是收入结构趋优。营业税入库2.16亿元,占全部税收收入42.9%,地方七税入库1.57亿元,占地方税收的31.3%,营业税与七税合计占全部税收收入的74.3%，同比提高5.2个百分点,创历史新高。三是三产增收明显。第三产业入库税收3.07亿元,增收7816万元,增长34.2%,占全部税收收入的61%,增收贡献率达209.7%,增收绝对额、增收贡献率、税收占比均为2001年以来峰值。

【税源分析】1. 营业税:入库2.16亿元,增收2040万元,增长10.5%。增收因素:房地产业是增收主力,全年房地产业共入库营业税8992万元,增收2666万元,增长42.1%。减收因素:建筑业减收1235万元,下降17.7%,其中"黄衢南"高速工程减收1819万元。

2. 企业所得税:入库4283万元,减收198万元,下降4.4%。增收因素:股票转让带来一次性增收996万元,发展总部经济增收300万元。减收因素:新企业所得税法实施翘尾影响减收990万元,企业赢利能力下降减收约500万元。

3. 个人所得税:入库8656万元,减收1269万元,下降12.8%。增收因素:主要是征管加强带来工资薪金所得增收617万元,增长18.5%。减收因素:交通运输征收率调整影响生产经营所得减收208万元;"黄衢南"高速工程完工影响承包经营所得入库减收259万元;企业效益下降、分红减少影响利息、股利分红所得减收397万元;一次性税源减少影响财产转让所得减少1039万元。

4. 其他税收:入库1.57亿元,增收3155万元,增长25.1%。除资源税、印花税同比下降外,其他五税均实现了较大程度增收。其中土地增值税入库3701万元,增长77.1%,主要是新房、二手房销售火爆,拉动房产相关税收大幅增长;房产税、土地使用税分别入库1763万元、4047万元，分别增长35.8%、32.0%,主要是征期调整后,多征收一个季度;车船税增收75万元,增长18.3%,主要是私家车快速增多;城建税增收389万元,增长9.9%,主要随营业税、增值税的增长而增收。资源税减收363万元,下降13.2%,主要是外地加强矿石源头控管，导致水泥企业代扣部分减少;印花税减收4万元,下降0.5%,主要是房地产业政策性减收。

各项工作情况【优化收入结构】继续落实"三个三"工作措施,加强地税收入的预测和分析。加强与重点税源户、有关部门的沟通,充分掌握涉税信息。贯彻营业税、车船税、土地使用税等管理条例,开展房地产行业和土地使用税税源调查,加强城建税及三项规费的信息比对。全年入库营业税和地方"七税"共计3.73亿元,占全部税收收入的74.3%,比上年提高5.2个百分点。

【帮扶企业"春雨"专项行动】开展"访企业、送政策、解难题、优服务"和"百名干部进企业"活动,安排100名干部与100家企业进行"一对一"挂联,全面落实江山市工业提升36条、保稳促调12条、房地产发展17条等政策,力助企业渡过难关。落实社保费临时下浮政策,共集中减征各项社会保险费1158万元;对163户困难企业减免水利建设专项资金497万元。加快符合条件的出口企业、资源综合利用企业、福利企业的退税办理力度;及时兑现各类扶工惠企政策。做好减免审批工作，全年共审批减免各项税费2986万元,审批企业财产损失税前扣除507万元。

【推进企业分离发展服务业】提请政府出台扶持政策,鼓励企业分离发展服务业。发动全体干部深入企业开展调研和宣传,倾听企业意见,与企业主共同分析分离发展服务业的利弊,帮助企业研究分离的可能性和可行性,消除企业疑虑,引导企业开展主辅分离。及时兑现有关优惠政策,鼓励分离出来的服务型企业上规模、增效益。全年有3家企业成功实现分离,当年实现地方税费收入62.1万元。

【税收法制建设与税收宣传】印发2009年普法依法行政工作要点,扎实开展"五五"普法工作。制订并实施地税行政处罚自由裁量权适用规则(试行),组织开展税收执法检查。制订《江山市地方税务局行政执法与刑事司法网络信息衔接操作办法》。制订财税扩权事项实施意见，明确扩权放权事项及相关责任单位。组织开展第18个全国"税收宣传月"活动,与《今日江山》联合举办"我与税收"征文活动,编印《地方税收知识百问》和《社会保险费征管业务手册》并分发至纳税人,组织社保费、所得税等纳税辅导班,通过网络、报纸、电视等媒体开展税收知识进机关、企业、农村、学校活动。

【征管改革与税源管理】推进个人所得税代扣代缴明细申报。开展房地产开发企业土地增值税清算，健全源头控管和委托代征等征管方法。按照《税友2006》参数定税法，对餐饮业定额参数进行多轮测算，完成餐饮业定额调整。完善地方小税种征管工作，健全源头控管和委托代征等征管方法。联合国税部门开展2007—2008年度纳税信用等级评定；与城建、工商、国土等部门协作，加强房产权属登记环节的税收源头控管、股权交易以及土地使用税的征管；加强与乡镇及财政所的联系沟通，重点加强土地使用税和餐饮营业税的控管。加强对自开票纳税人和代开票纳税人的用票管理，继续推广电脑版普通发票应用，强化以票控税。

【信息化建设】开展不动产建筑业项目管理软件应用试点，推广契税征收管理系统、《税友2006》“快捷查询”、“不动产建筑项目管理” 软件和CA认证的应用，加强基础数据采集和日常税源管理。进一步推行涉税事项“同城通办”工作，完善门征“一户通”票款内控制度。

【各项规费征收】定期不定期地召开费源分析会，对规费收入情况进行深入调研。加强征管数据清理，开展规费征管质量考核分析，抓好登记率、入库率、催缴率等“三率”考核；加强对零申报、同比负申报等情况的比对和预警，强化征管。加强欠费清理，全年入库陈欠、新欠社会保险费261万元。完善社会保险费自行汇算清缴办法和残疾人就业保障金征缴办法。全年共实现各项规费收入2.65亿元，增长4.2%；其中社会保险基金收入2.11亿元，增长6.5%，比地方财政收入增幅高出0.5个百分点。

【税务稽查】成立税收专项检查工作领导小组，制订税收专项检查工作计划。继续推行税务稽查项目必查法，加强对稽查数据的分析，提升检查质量。开展中介服务、酒店宾馆业和建筑安装业税收专项检查，对中介服务业、教育培训机构和大型企业集团开展责成自查。全年共检查纳税户65户，其中责成自查45户，责成自查转重点检查20户，查补各项税费收入762万元，加收滞纳金24万元，罚款3万元。

【优化纳税服务】开展“百名干部进百企”活动，以宣传税收优惠政策为主线，突出抓好帮助企业排解政策疑难和落实优惠措施等工作；组织实施《浙江地税纳税服务准则》，规范各分局办税服务厅窗口设置，在各办税服务厅设置办税指南、公告栏、表证单书填写样本、举报箱等，提供纸、笔等办公用品；开辟网上申报自助服务区。在直属分局设立市行政服务中心分中心，开展优质服务竞赛和“纳税服务之星”评选活动。采取定期调查、问卷调查、座谈会、开展评税活动等方式，征询纳税人和社会各界对纳税服务的满意度。

队伍建设【财税文化建设】继续开展科学发展“点子”征集活动；深入开展调查研究工作，共完成业务调研课题100个；加强登山、摄影、乒乓球、篮球等兴趣小组建设；组织创作《收税纳税都是爱》、《财政颂》两个节目参加衢州市财税系统文艺会演；组队参加第三届衢州市财政地税系统运动会和江山市第四届机关运动会，并在江山市第四届机关运动会上取得总分第3名的历届最好成绩。

【机关作风建设】组织开展以“推进科学理财，服务跨越发展” 为主题的深入学习实践科学发展观活动。在江山信息网增加网上评议财政地税干部行业作风的窗口，并纳入岗位责任制考核。及时办理人大代表议案、政协提案、党代表提案39个，面商率和满意率均为100%。组织开展纳税人满意度调查和服务承诺兑现情况检查，总体满意度达到98.69分，为满意等次，服务承诺兑现率100%。

【教育培训】制订干部培训计划，安排各种培训班11个。组织160名干部赴厦门国家会计学院理论研修班学习，利用中心组学习会、支部会、全局干部大会和邀请专家举办专题讲座等形式，加大干部培训力度。完善在职教育制度体系，鼓励干部职工参加在职学历教育、职称考试和技工技师培训。

【廉政建设】召开党风廉政建设座谈会，签订《党风廉政建设责任书》、《廉政建设责任书》，将反腐倡廉各项工作任务分解到局领导班子成员和各单位。全面开展权力搜索，对个别干部实施诫勉谈话，组织中层干部赴看守所开展警示教育。召开民主监督员、特邀监察员座谈会。落实中层干部个人重大事项报告制度，全年有21位中层干部向监察室报告重大事项。

【创建文明单位】开展文明单位、群众满意基层站所创建活动，直属分局被评为衢州市级文明单位，并被衢州市局推荐参加省级文明单位评选。全年共获得衢州市级以上集体先进43个,个人先进20个;市级集体先进20个,个人先进18个,并连续4年在全市评议市机关部门(单位)活动中荣获“最佳满意部门”称号。

(江山市地方税务局供稿　王成诗撰写)

龙游县地方税务工作概述

局长　陆　雄

经济概况 2009年，龙游县实现地区生产总值97.88亿元,增长11.7%,人均生产总值24280元,增长11.5%。其中,第一、二、三产业增加值分别为9.92亿元、56.21亿元、31.75亿元,分别增长4.1%、13.1%、11.6%。实现财政总收入7.93亿元,增长6.7%,其中地方财政收入5亿元,增长6.4%。财政支出12.94亿元,增长33.7%,其中民生支出占72.3%,新增财力用于民生支出的达72.4%。

税收概况【任务完成情况】全局共组织各项收入5.44亿元,同比增长5.4%。其中税收收入3.02亿元,同比增长3.2%,完成省局下达计划的100.2%;各项规费收入2.42亿元,同比增长8.1%,其中社会保险费收入1.98亿元,同比增长11.3%。

【税收特点】一是税收形势稳步回升,增幅“前负后正”。受国际金融危机影响,一季度税收收入出现两位数负增长;下半年经济开始企稳回升,税收形势也逐步好转,6月份开始单月税收收入出现正增长,累计增幅从9月份开始“转负为正”。二是三大主要税种增长不均,呈现“两正一负”。营业税和个人所得税均实现正增长，营业税增幅为3.1%，接近税收收入增幅;个人所得税增长9.1%,超出税收收入增幅近6个百分点。企业所得税出现负增长,下降幅度达15.6%。三是第二产业滞涨明显,第三产业发力迅速。第二产业入库税收1.30亿元,下降5.5%,第三产业入库税收1.72亿元，增长11.0%。第二产业税收占比降至43.0%,第三产业税收占比达57.0%。

【税源分析】1. 营业税:入库1.29亿元,同比增长3.1%。增收因素:楼市“回暖”直接拉动房地产业,房地产业入库4115万元,增长20.9%;租赁和商务服务业入库2432万元,增长12.5%。

2. 企业所得税：入库1498万元，同比下降15.6%。主要是宏观经济形势造成的减收效应使全县企业所得税处于低谷。其中房地产业企业所得税减收总额最高,同比减收259万元。

3. 个人所得税:入库5760万元,同比增长9.1%。增收因素:利息、股息、红利所得同比增收167万元,住房转让个人所得税增收308万元。减收因素:规范公务员津补贴后工资薪金所得入库2499万元，同比下降11.3%。

4. 其他税收:入库1.00亿元,同比增长3.6%。增收因素：主要来自土地增值税的增收影响，7月、8月、9月增幅分别达117.4%、331.0%、875.9%,土地增值税全年增幅达33.7%；车船税由龙游县交警队代征,同比增长26.0%。

各项工作情况【优化收入结构】一是夯实税源信息基础。全面开展税源调查,逐步建立健全分产业、分区域、分企业的基础信息资源台账,将大小税源纳入全方位管理、分析、监控范围;不定期走访企业,及时、全面收集企业征管基础数据；深化数据分析应用,着重分析主要行业、主要税种收入结构和趋势、税源存量和潜力、征管指标变化情况等。二是创新重点税源监控办法。建立独立纳税重点税源监控报表制度,将2008年度实际入库地税收入达100万元和10万元以上的企业分别纳入省级和县级税源监控范围。三是强化个私税收征管。推行行业代表座谈会、个体工商户巡查等征管方式,开展纯地税行业典型调查测算工作,并在此基础上对原"参数定税法"行业定额指标进行调整。2009年,全县税收收入中划归地方财政2.59亿元,占85.8%。

【帮扶企业"春雨"专项行动】一是加大优惠政策宣传力度,会同经贸部门编印和发放《龙游县扶持工业发展政策续编》2000份。二是深入企业解答涉税问题,帮扶企业渡过难关;召开"专题税企沟通会",听取意见建议,改善服务举措,提升服务水平。三是全面清理纳税人依申请涉税事项,减少纳税人涉税申请事项上报内容。对全县行政事业性收费项目进行初步清理,取消、降低21项行政事业性收费,全年共减少行政事业性收费近1000万元。四是认真落实社保费减征、企业所得税减免等优惠政策,共减免税费5978万元。

【推进企业分离发展服务业】成立领导小组,制订工作方案,在走访十多家重点企业的基础上,确定分离工作重点,建立月报制度。全县新办营业执照的交通运输企业8家、运输个体工商户6家,其中依托经济开发区在园区新办物流公司3家;实现分离发展服务业企业2家,全年上缴地方税收20余万元。

【税收法制建设与税收宣传】一是制订《普法依法行政工作要点》。二是深化规范行政处罚自由裁量权工作,拟订税务行政处罚自由裁量权执行标准的修订草案,开展行政处罚自由裁量权的专项检查。三是制订财政地税扩权事项实施意见,明确扩权放权事项及相关责任单位。四是加强规范性文件监督管理,严格规范性文件制订权限和发布程序,开展规范性文件清理工作。

围绕"税收·发展·民生"主题,积极开展第18个全国"税收宣传月"活动,一是组织一场"春雨行动"税企沟通会,二是播出一期"地税之声"专题宣传节目,三是开设一堂"小小税官"税收知识讲座,四是开展一次"金点子"税收工作征集活动。

【征管改革与税源管理】一是出台《关于进一步加强和规范财务票据管理工作意见》,进一步加强票据管理。二是加强货物运输业税收管理。货物运输业税收881万元,同比增长24.9%。三是加强个人所得税管理。出台《关于加强行政机关和事业单位个人所得税管理意见》。四是组织开展服务业专项治理。服务业税收入库2591万元,同比增长20.8%。

【信息化建设】一是全面推广应用《税友2006》快捷查询软件,建立快捷查询库,清理28079条记录,并将2000年后产生的所有数据导入查询库。二是推广应用《税友2006》不动产建筑业(车船税)税收项目管理软件,对软件安装技术故障排除进行服务外包。三是大力推广应用电脑版发票和新开票软件,应用电脑版发票户数达527户,使用电脑版发票110余万份,同比增长37.6%。

【各项规费征收】一是认真做好临时性下浮社会保险费缴纳比例集中减征工作,减征各项社保费911万元,涉及企业898户、城镇个体劳动者10079人。二是做好养老保险费企业缴纳比例和城镇个体劳动者养老保险费缴费比例调整工作,两项合计减征877万元。三是做好欠费的清理工作。共清理社保费194万元。四是做好养老保险费单位缴纳部分基数与个人缴纳部分基数比对工作。

【税务稽查】全年共检查126户,查补税费罚款共计550万元,实际入库税费罚款合计512万元,入库率93.1%。一是突出抓好税收专项检查,选取六个行业开展专项检查,检查案件数105件;二是抓好日常检查工作;三是做好大要案查处和案件曝光工作,查处大要案1起,移送公安机关处理4起,曝光案件1起;四是抓好举报案件处理,共受理举报案件6起,办结6起。

【优化纳税服务】一是及时宣传和落实各项税收优惠政策、社会保险费有关优惠政策。二是结合"帮扶企业'春雨'专项行动",通过"千名税干进千企"、"专题税企沟通会"等形式,深入85家重点企业,解答涉税问题,及时解决企业难题,听取意见建议。三是继续抓好便民措施的落实工作。全面推广"补正承诺制";免收税务登记工本费,扩大税务登记证免填单范围;优化税源间接控管模式,严格执行下户管理制度;全面清理纳税人依申请涉税事项,减少纳税人涉税申请事项及其主表份数、附列资料项数等上报内容。四是组织开展窗口人员礼仪培训和手语培训。

队伍建设【财税文化建设】一是创新领导机制抓文化,形成局党委统一领导、党政工团齐抓共管、干部职工积极参与的新型文化格局。二是创新工作机制抓文化。建立《财税文化领导、工作和责任机制》、《干部职工文明管理规定》、《文明服务示范窗口考核标准》等多项制度。三是创新考核机制抓文化。将财税文化工作量化为考核指标纳入年度目标考核体系之中,建立由各党支部、各单位组成的财税文化工作动态信息网络。

【机关作风建设】结合规范权力运行工作,进一步完善财税管理和内控管理制度,重新修订《财税局内部管理制度汇编》,同时严格执行制度,把作风建设的好做法、新经验上升为制度、日常规范。完善政务信息公开工作制度,进一步增加政务公开的内容,丰富政务公开的形式,推进网上政务大厅建设,将各科室、单位的业务职责、办事指南、办事程序、服务承诺等内容上网。在"窗口"单位开展"争先创优"活动,优化纳税服务,提高社会税收遵从度。

【教育培训】全年共举办20期培训班,参加培训430人次;参加上级部门培训班13期,参加培训30人次,全年参加培训共1636人天数。一是制订《年度干部教育培训计划》、《政治理论学习计划》。二是组织开展全员轮训,进行干部队伍知识更新。三是积极开展以财税知识为主题的知识竞赛和演讲比赛。四是制订《干部教育培训管理办法》,在制度、时间、费用开支等方面支持干部参加学历学位教育、业务技能培训、职称资格考试等。

【廉政建设】一是完善廉政制度。制订《纪检监察工作要点》、《预防职务犯罪工作计划》、《党风廉政建设考核办法》、《党风廉政建设和反腐败工作组织领导及责任分工》。二是加强廉政教育。认真开展学习实践科学发展观活动、反腐倡廉教育活动、"树新形象、创新业绩"主题实践活动和"解放思想找差距、创业创新促发展"主题活动。三是做好责任对象廉政谈话制度。根据《班子成员廉政谈话、谈心分工表》,层层落实廉政谈话、谈心教育责任。

【创建文明单位】深入开展"两提高 两降低"效能建设主题活动,龙游县地税局被衢州市纪委评为全市20个市级效能建设创新创优先进典型。积极开展"青年文明号"、"群众满意基层站所"等"争优创先"活动,城关分局被评为"全国巾帼示范文明岗"、省级青年文明号,东华分局被评为省级基层文明单位,小南海分局被评为衢州市十佳群众满意基层场所,稽查局被评为衢州市级基层文明单位。

(龙游县地方税务局供稿　金德锋撰写)

常山县地方税务工作概述

局长　俞宝根

经济概况 2009年,常山县实现地区生产总值62.96亿元(可比价计算,以下同),比上年增长10.5%。其中:第一产业增加值5.73亿元,比上年增长4.3%;第二产业增加值35.06亿元,比上年增长12.6%;第三产业增加值22.17亿元,比上年增长9.2%。第一、二、三产业增加值结构由上年的9.3:56.1:34.6调整为9.1:55.7:35.2。全县实现财政总收入5.66亿元,比上年增长2.7%,其中地方财政收入3.81亿元,比上年增长7.1%。

税收概况【任务完成情况】2009年,全县地税系统共组织各项收入4.06亿元,比上年增长3.5%。其中:税收收入2.41亿元,比上年增长1.2%;组织各类基金、费等其他收入1.65亿元,比上年增长7.0%。

【**税收特点**】一是收入增速明显放缓。受金融危机和“保稳促调”等一系列减税政策实施的影响,地方税收收入出现近十年首次一季度负增长,全年实现税收收入1.2%的增幅。二是收入结构逐步优化。地方税收收入占地方财政收入85.1%,比上年提高3.7个百分点。三是主体税种表现不佳。受经济形势影响,传统制造业低迷减收,加上新企业所得税法税率下调,企业所得税同比减收30.8%;个人所得税剔除企业股权转让等一次性因素,实际同比下降17.8%。四是小税种贡献显著提高。小税种共入库8304万元,同比增长15.2%。除车船使用税因征收方式调整减收外,其余六个小税种同比全部实现增长。

【**税源分析**】2009年,在国家调控政策拉动下,常山县经济逐步企稳回升,但因经济总量少,经济发展结构性矛盾仍很突出,经济增速明显减缓。从宏观经济发展来看,地方税收涉及地方经济发展中的各个领域和环节,经济发展的快慢,决定地方税收增长的高低;从行业构成来看,制造业、建筑业、交通运输业和房地产业占地方税收的2/3,受行业不景气影响,企业效益下滑,纳税能力下降。

1. 营业税:累计入库1.01亿元,同比下降4.9%。减收因素:一是一次性因素减收950万元,土地转让收入减收630万元、城投公司安置房减收320万元。二是受金融危机影响较大的交通运输业等减收明显。交通运输、仓储及邮政业入库1451万元,同比下降12.7%。三是建筑业和房地产业增幅不大,黄衢南高速2009年入库817万元,减收185万元,而房地产业虽然销售形势比较火爆,但因可供销售的楼盘较少,增收有限。

2. 企业所得税:累计入库1079万元,同比下降30.8%。受宏观经济形势影响,轴承、化工等行业大幅滑坡,水泥、纺织行业受汇算清缴影响全年入库额为负,制造业减收729万元,同比下降38.5%。建筑、房地产业由于近年新办企业的管辖权属国税,地税部门仅靠原有老企业的存量增收,两个行业合计入库才485万元。自烟草、供电两大企业所得税上划后,除上述制造、建筑、房地产三大行业,常山县没有其他行业的企业所得税入库额能达到百万元,企业所得税逐年萎缩。

3. 个人所得税:累计入库4676万元,同比增长4.1%。精密集团整体转让后股东分红入库和天马水泥股权转让入库是个人所得税小幅增长的直接原因,扣除一次性增收后个人所得税实际入库2906万元,同口径减收627万元,下降17.8%。

4. 其他税收:累计入库8304万元,同比增长15.2%,增幅居各税种之首。其中:土地使用税入库2362万元,增长20.0%,主要是贯彻实施新条例及一季度翘尾增收。资源税入库1973万元,增长46.8%,主要是水泥企业新生产线投产。城市维护建设税入库1603万元,增长1.8%,主要是增值税增长,尤其是废旧物资回收政策改变的增收。土地增值税入库1090万元,增长0.2%,房价火爆但可供销售房源减少,基本与同期持平。房产税入库758万元,增长9.1%,主要是征管到位新增应税房产增收。印花税入库426万元,增长3.4%,主要是园区企业基建及购销合同增收。车船使用税入库93万元,下降24.4%,主要是征收方式变化而减收。

各项工作情况【优化收入结构】以组织收入为中心,按照“均衡入库、持续增长、优化结构、调控有力”的目标要求,加强对县域经济形势及企业发展状况的研究与分析,明确年底必成数和年度目标数,要求征收单位充分挖掘税源,掌握税收收入主动权,确保税收收入持续稳步增长。根据行业特点和近年来税源企业的税收入库情况,把重点税源企业列入重点监控网络,对纳税人申报纳税的真实性、准确性、合法性进行纳税评估,强化重点税源的精细化管理。建立和完善多环节、全方位、社会化的征管体系,加强资源税、房产税、城镇土地使用税等小税种的征收管理。

【**帮扶企业“春雨”专项行动**】针对金融危机下的严峻经济形势,及时落实各项帮扶企业优惠政策,开展临时性下浮社保费缴纳比例集中减征工作,减征社保费590万元,惠及企业1560户、城镇个体劳动者10153人;落实养老保险费缴费比例调整政策,下调用人单位基本养老保险缴费比例2个百分点,减少企业缴费约425万元;落实困难企业税费减免政策,减免水利专项资金68万元,涉及纳税人26户。

【**推进企业分离发展服务业**】成立企业分离发展服务业工作领导小组及办公室,加强调研和政策辅导,加大现代物流业的地位和作用宣传力度,顺利完成工业企业分离发展服务业的工作目标。

【税收法制建设与税收宣传】按照普法规划和年度计划,开展税收法律、法规的学习和宣传活动,做好"五五"普法宣传教育考核工作。印发《2009年普法依法行政工作要点》,进一步规范执法行为。紧扣"税收·发展·民生"主题,积极开展全国第18个"税收宣传月"活动,先后组织"税法咨询"、"手机短信送税法"、"'我与税收'征文"等内容丰富、形式多样的宣传活动。

【征管改革与税源管理】一是强税收征管改革。建立健全"数据采集—税源监控—税收分析—纳税评估—税务稽查"五位一体横向互动机制,实现部门间信息共享,强化税收源头控管。实行"先税后证"制度,做好契税、耕地占用税和房地产交易税收一体化管理工作。二是加大对重点税源的监管力度。2009年确定县级重点税源监控企业共计363家,中央级和省级重点税源监控企业23家。三是强化票据管理,实现"以票管税"。加强税收票据稽核检查力度,对房地产行业、建筑安装行业全面实行电脑开票和按季纳税比对制度;对其他企业用票实行管理人员按月(按换票)审核制度;对餐饮业、个体纯地税业实行购票扣税制度,确保税款及时足额入库。四是设立纳税评估岗位,专项开展纳税评估工作,提高征管质量,其中旅游行业的评估案件被市局推荐到省局作范例。

【信息化建设】推广应用《税友2006》快捷查询管理软件,加强对各类管理报表产生的数据信息增值利用,进行纳税评估,促进税收征管的精细化管理。开发车船使用税征收软件,投入运行使用,并做好车船使用税由车管所协助征收的衔接工作,对全县87家行政事业单位发放车船税催缴通知。

【各项规费征收】2009年,规费收入继续保持持续增长态势,共组织各项规费收入1.65亿元,同比增长7.0%。在加强各项规费征收工作方面,一是着力推进社会保险费"五费合征"工作;二是推进规费征收信息化建设,提高征管效能;三是加强国地税分析比对,确保应收款及时足额入库。

【税务稽查】充分发挥稽查的职能作用,加大执法力度,狠抓查补税款的入库工作。在稽查工作中,着重加强对建筑业、房地产业等行业的稽查,进一步规范税收征管秩序。全年税收查补收入为385万元,同比增长434.4%。

【优化纳税服务】积极开展"创建和谐财税、争当服务标兵"活动,强化纳税服务意识,提升纳税服务水平。实行国地税联合办证,由窗口工作人员直接将纳税人的信息录入国地税联合办证系统,打印税务登记表,交纳税人审核签字盖章,将办理时间压缩50%以上。改进流程,缩短审批时间,平均承诺时限比法定时限缩短75%。

队伍建设【财税文化建设】制订《常山县财税文化建设的实施意见》,组织动员干部参加各类群体活动,丰富干部业余文化生活,营造良好工作氛围,增强队伍凝聚力和向心力。一是举办"地税之约"文艺晚会,开设阅览室、健身中心、党员活动室等场所,组建乒乓球、篮球等各类兴趣小组,积极参加衢州市财税系统运动会和财税文艺演出比赛等;二是以"落实科学发展观,构建和谐财税"为主题,鼓励干部职工"走近书桌",激发创作热情,使干部职工的才华、特长得到充分展示。

【机关作风建设】2009年,开展以"提高工作效率、提高服务水平、降低公务支出、降低行政成本"为主要内容的效能建设主题活动,进一步提高工作效率,转变工作作风,营造良好税收环境。继续从人大、政协、纳税人等社会各界聘请行风监督员,通过各种形式,广泛接受社会各界监督。

【教育培训】按照县委统一部署,深入开展学习实践科学发展观活动,邀请县有关部门领导、讲师团成员、专家学者作专题报告,撰写学习心得体会,并以财税信息形式刊发。以深化学习型机关创建为抓手,组织部分干部职工到厦门国家会计学院进行业务知识更新培训,积极开展《企业所得税》、税费新政策等业务培训,坚持每周一学习例会制度,切实提高财税干部队伍的思想政治素质和业务能力。

【廉政建设】按照党风廉政建设责任制要求,印发《2009年党风廉政建设和反腐败工作组织领导和责任分工》。局党委和各党支部签订党风廉政建设责任书,各党支部和党员干部签订廉政建设责任书,形成层层抓落实的责任机制。以开展"深入学习实践科学发展观活动"为载体,召开理论学习会、专家专题讲座,坚持每月组织党员干部观看廉政教育警示片,强化干部廉洁自律意识。

【创建文明单位】2009年文明单位创建工作成效显著,县地税局被省局评为税源管理先进单位;第一税务分局被省局授予“群众满意基层站所”和省级文明单位;第一税务分局和第二税务分局被评为市级文明单位。徐烈根同志在参加全省地税系统岗位业务技能比武中成绩突出,被省局授予省“办税服务能手”荣誉称号。

(常山县地方税务局供稿 李慧卿撰写)

开化县地方税务工作概述

局长 邹燕辉

经济概况 2009年,开化县全年实现地区生产总值59.10亿元,比上年增长11.0%。其中:第一产业增加值8.96亿元,比上年增长4.3%;第二产业增加值29.72亿元,比上年增长11.8%;第三产业增加值20.42亿元,比上年增长13.1%。财政总收入4.89亿元,比上年增长0.1%,其中地方财政收入3.25亿元,比上年增长8.3%。

税收概况【任务完成情况】2009年,全县地税部门共组织各项收入3.80亿元,增收1061万元,比上年增长2.9%。其中税收收入2.35亿元,增收1375万元,比上年增长6.2%;社保五费等其他收入1.45亿元,减收314万元,比上年下降2.1%。

【税收特点】一是税收增长呈“V”形走势。一季度税收增长5.1%,4月份累计增长0.3%,5月份出现低谷,累计下降4.0%,从6月份开始逐步回升转负为正,到12月份完成省局下达增长6%的目标。二是政策拉动效应明显,税种间增幅差距较大。与土地紧密相关的土地增值税、城镇土地使用税、房产税增长较快,增幅分别为103.2%、14.2%、12.0%。受投资拉动,资源税入库142万元,增长64.9%。企业所得税出现大幅下滑。全年入库企业所得税3974万元,下降25.8%。三是第二产业税收大幅下降,第三产业税收大幅增长。第二产业共入库税收1.22亿元,下降9.8%,其中工业税收共入库5849万元,下降18.1%。第三产业共入库税收1.13亿元,增长32.2%,其中房地产税收入库5201万元,增长66.7%。房地产税收对地税的增收贡献率高达196.1%。

【税源分析】1. 营业税:入库1.09亿元,增长13.1%。增收因素:一是房地产业营业税入库3293万元,增收1215万元,增长58.5%;二是金融业营业税入库617万元,增收110万元,增长21.7%;三是住宿和餐饮业营业税入库497万元,增长10.7%;四是黄衢南高速公路建筑业营业税入库2287万元,增收233万元。

2. 企业所得税:入库3974万元,同比下降25.8%。减收因素:一是上年结转企业所得税减少1782万元;二是企业效益大幅下滑,当期产生的企业所得税大幅下降;全年新产生企业所得税638万元,只占当年入库企业所得税的13.0%,比上年减少2000万元;三是部分企业有以前年度亏损,上年计提的各项减值准备金等在当年弥补或抵扣,减少当期企业所得税;四是受税率调整和高新技术企业税收优惠等政策性因素影响。

3. 个人所得税:入库3396万元,同比增长14.5%。增收主因是股权转让、股息、红利所得税较快增长。

4. 地方七税：入库 5244 万元，增长 25.5%。增收因素：一是受政策影响，地方七税中与土地紧密相关的税种均出现较快增长；二是受投资拉动，资源税较快增长；三是车船税受车辆存量增加影响，增长 24.4%；四是主要税源企业收入下降，与之相关的城建税、印花税等在下半年增幅有所回落，全年分别增长 3.7%、7.3%。

各项工作情况【优化收入结构】继续落实“三个三”工作措施，促进收入结构进一步优化。贯彻营业税、车船税、土地使用税等管理条例，落实高速公路建筑税收和车船税代征工作，开展土地使用税税源清理，加强城建税和教育费附加计税依据信息比对，抓好全额入库地方财政收入税种征管。全年组织入库营业税与地方七税 1.62 亿元，占税收收入总量的 68.6%，比上年提高 6.3 个百分点。地税收入中构成地方财政收入的税收 1.91 亿元，增长 11.4%，对地方财政收入的贡献率从上年的 57.0%提高到 58.7%。

【帮扶企业“春雨”专项行动】开展帮扶企业“春雨”行动，落实和出台各项税收规费优惠政策，与企业共同抗击金融危机，共渡难关。开展“百名干部联百企”活动，每名干部与一家企业结对，为企业送政策、谋项目、搞服务，促进企业增强信心、稳定生产、积极发展。落实高新技术企业和小型微利企业所得税优惠政策，减免税收 576 万元，落实研发费加计扣除政策，减轻企业负担 430 万元。落实集中减征社会保险费缴纳政策，减征社会保险五费 411 万元；出台社会保险费费率调整方案，企业缴费部分平均降低 3 个百分点，减轻企业负担 909 万元。减免 58 户困难企业水利建设专项资金 69 万元。

【推进企业分离发展服务业】贯彻省局《关于进一步推进企业分离发展服务业工作的实施意见》精神，提请县政府出台并落实《开化县工业企业分离发展服务业的实施意见》，引导企业分离发展服务业。加大政策宣传力度，做好重点企业辅导，帮助“衢州醉根艺品有限公司”成功分离成立服务性企业“开化根博园旅行社有限公司”。

【税收法制建设与税收宣传】实施税收执法责任制考核指标校验，对考核指标试运行的结果进行比对自查，做好整改工作。开展税收执法检查、行政处罚案卷评查、税务案件复查。梳理落实扩权强县事项。围绕“税收·发展·民生”主题，开展第 18 个税全国收宣传月等一系列宣传活动。举办“税收·发展·民生”主题卡拉 OK 比赛、财税专题系列讲座、衢州市“三衢杯”围棋对抗赛暨开化县“合成杯”围棋联赛、“我与税收”征文比赛，“财税杯”纪念新中国成立 60 周年书画摄影比赛。举办团员青年财税知识讨论，开展青年志愿者纳税服务。

【征管改革与税源管理】按照“政府领导、税务主管、部门配合、司法保障、社会参与”的目标，建立社会综合治税机制，形成“齐抓共管、集约管理、事前监管、标本兼治”治税格局，建立起 40 多个部门的涉税信息共享机制，收集涉税资料 4010 条。落实“抓大、评中、定小”思路，开展货物运输自开票和代开票纳税人年审及专题调研，组织住宿业纳税评估，进一步提高税源管理水平。

【信息化建设】深化《税友 2006》系统应用，清理数据 22821 条，建立起快捷查询库，研究开发 42 项个性化查询功能，从 6 月 1 日起启用快捷查询管理软件。推广应用不动产、建筑业税收项目管理软件，选择 2 家企业的 2 个楼盘进行应用。建立地税、国税、工商、质量技监部门数据共享平台，提高数据共享程度。

【各项规费征收】实行社会保险费年度汇算清缴，开展欠费清缴工作。开展专项治理，提高各项规费的申报率。根据 2008 年度全省平均工资及时调高缴费基数，实行社会保险五费、工会经费、残疾人就业保障金的“七费同基”征缴办法，建立工会经费、残疾人就业保障金正常缴费机制。社会保险五费收入 1.19 亿元，下降 2.5%；残疾人就业保障金 182 万元，增长 30.0%；工会经费 361 万元，增长 8.8%。

【税务稽查】开展外来建筑安装业、连续亏损企业、高收入行业及高收入个人所得税等 9 个行业税收专项检查工作。与公安部门共同开展饮食业假发票专项整治活动。全年责成自查 82 户，重点检查 49 户，入库金额 425 万元，占工商税收收入比重 1.7%。组织稽查案件质量评比，落实省稽查局《税务稽查案件样卷》，建立健全稽查建议、协作等制度，提高稽查执法水平。

【优化纳税服务】继续做好网税系统、普通发票开票系统、个人所得税全员管理系统、货运发票开票系统、代征点开票系统等纳税人端软件应用服务的外包工作。对涉税事项、纳税人报送涉税资料进行清理,取消、减少、规范一批涉税事项。完善"一次性告知制"和"补正承诺制",方便纳税人办税。

队伍建设【财税文化建设】按照公开、公平、公正、择优原则,组织实施第四轮中层干部竞聘上岗工作,产生24名中层正职和26名中层副职,对11名连任中层干部进行轮岗,一般干部进行内部交流。进一步修订完善内部管理制度,完善党务、政务、事务管理、资产管理等一系列制度。强化后勤管理,推进大楼物业、食堂、车辆等管理。调整球类、棋类、摄影书画等8个兴趣小组,开展科学发展观演讲、摄影展、钓鱼比赛等活动,组队参加全市财税系统运动会、财税系统文艺汇演、全县庆国庆广场演出等活动,丰富干部职工精神生活。

【机关作风建设】开展学习实践科学发展观活动,征集"科学发展金点子",制订落实整改措施;以"百名干部联百企"为平台,开展服务企业、服务项目活动。落实政务公开工作,通过开化财政地税网及时公开政府信息。实行班子成员联系办理建议提案制度,按时完成所有22件建议提案的办理工作,满意率100%。落实特邀行风监督员制度,加强制度落实的内外督查,提高机关效能。

【教育培训】继续执行每周一学习制度,邀请省厅省局师资库、省委党校和县委宣讲团成员主讲,开展政治理论、财税业务、法制、人文等知识。在内网建立网上学校,丰富完善培训考试内容,供全局干部自学。2009年开展政治、业务各类培训班19期,累计2907人次参加培训,培训经费22万元,人均1636元。

【廉政建设】落实党风廉政建设责任制,修订党风廉政建设责任制考核办法,层层签订党风廉政建设责任书,形成层层抓落实的机制。做好权力搜索工作,规范权力运行,深化惩防体系建设。加强廉政文化建设,邀请市法制办主任开展警示教育,观看警示教育片,构筑干部防腐拒变思想防线。落实监督机制,实行公开办事,自查自纠,民主评议和民主监督。一年来没有党员干部违反廉洁自律规定的情况发生。

【创建文明单位】开展文明单位、群众满意基层站所和"青年文明号"创建工作。开化县地税局在满意不满意单位测评中总排名列全县第二,位居政府部门首位,被评为最满意单位。开化县地税局稽查局被评为全省地税系统省级基层文明单位。城关税务分局被评为市级基层文明单位,城关税务分局办税大厅被评为衢州市劳动模范集体和开化县"青年文明号",华埠税务分局获市级群众最满意"基层站所"称号。

(开化县地方税务局供稿 叶黎明撰写)

台州市地方税务工作概述

局长 叶维军

经济概况 2009年,台州市实现生产总值2025.47亿元,增长8.5%。其中:第一产业增加值131.91亿元,增长2.1%;第二产业增加值1039.01亿元,增长7.7%;第三产业增加值854.55亿元,增长10.3%;第一、二、三产业结构由上年的6.8:52.8:40.4调整为6.5:51.3:42.2。全市人均生产总值为35148元,增长7.6%。社会消费品零售总额817.88亿元,增长15.2%。全社会固定资产投资834.10亿元,增长9.8%。进出口总额120.32亿美元,下降12.9%。城镇居民人均可支配收入24429元,增长7.4%。农村居民人均纯收入 10006 元,增长 9.0%。全市财政总收入 263.16 亿元,增长 6.1%,其中地方财政收入 136.02 亿元，增长 7.9%。全市财政支出 124.57 亿元，增长 9.4%;市本级支出 49.75 亿元,增长 9.8%。

税收概况【任务完成情况】全市地税部门组织收入 153.31 亿元,增长 5.66%。其中:税收收入 102.79 亿元,增长 6.56%;非税收入 50.52 亿元,增长 3.87%。营业税和地方八税入库 62.41 亿元，占税收总量的 60.71%，提高 5.57 个百分点。市本级完成地税收入 63.30 亿元,增长 5.70%,其中税收收入 42.87 亿元,增长 7.99%。

【税收特点】一是税收低开高走,从累计税收增长率和 7 月份开始的当月税收增长情况看,这种趋势非常明显。二是房地产业和金融业增长举足轻重,其他行业逐渐回稳。房地产业税收入库 22.40 亿元,增收 6.47 亿元,增长 40.62%。金融业继续保持高速增长，增收 1.25 亿元,增长 21.72%,增速继续趋缓。三是税种、税费之间增长不均衡,税收结构明显优化。从税种分析，增收主要来自营业税和地方八税，分别增收 5.54 亿元和 3.68 亿元，占税收增收总量的 87.48%和 58.13%;而地方八税的增加主要来自土地使用税和土地增值税，分别增收 1.54 亿元和 1.14 亿元，增长 35.45%和 37.03%；个人所得税增收 1.07 亿元，增长 5.16%,首次低于两位数增长;而企业所得税则负增长 17.54%，减少 3.96 亿元。营业税和地方八税共入库 62.41 亿元,占税收总量的 60.71%,结构明显优化。四是经济结构影响收入增长,各地增长不均衡。

【税源分析】1. 营业税：入库 35.60 亿元，增收 5.54 亿元,增长 18.42%,是增长最快的主体税种。从行业分析,增收主要来自房地产业和金融业,同时房地产和建筑业等投资型一次性税收已占到营业税总量的 55.44%。房地产业上半年增长 2.58%,到三季度增长 33.13%,而全年增长 36.22%。上半年入库 5.09 亿元,下半年入库 7.80 亿元。金融业入库 3.13 亿元,增收 0.82 亿元,增长 35.72%。建筑业入库 6.84 亿元,减少 0.16 亿元,负增长 2.29%。

2. 企业所得税:入库 18.60 亿元,减少 3.96 亿元,负增长 17.54%,是税收减少的主要税种。政策性减少 3.50 亿元左右,大宗性的一次性减收 1.23 亿元,2009 年因缓缴及陈欠入库因素减少 0.38 亿元。

3. 个人所得税:入库 21.79 亿元,增收 1.07 亿元,增长 5.16%。

4. 其他税收:入库 26.81 亿元,增收 3.68 亿元,增长 15.90%,是税收增长的主要来源之一。城建税增收与主体税种的增减密切相关,2009 年消费税入库 3.16 亿元,增长 52.8%;营业税入库 35.60 亿元,增长 18.42%;增值税入库 91.41 亿元,负增长 5.5%。房产和城市房地产税入库 4.67 亿元，增收 0.41 亿元，增长 9.50%。城镇土地使用税入库 5.88 亿元,增收 1.54 亿元，增长 35.45%。土地增值税入库 4.20 亿元，增收 1.14 亿元,增长 37.03%。印花税入库 1.83 亿元,减少 404 万元，负增长 2.16%。车船使用牌照税入库 1.13 亿元,增长 26.05%。资源税的减少主要是随着重点工程的结束,炸药用量明显减少。

各项工作情况【优化收入结构】根据均衡入库、持续增长、优化结构、调控有力“四位一体”的工作思路，狠抓组织收入工作。认真做好税收收入分析、预测工作,健全“数据采集—税源监控—税收分析—纳税评估—税务稽查”五位一体的税源管理互动机制,实现源头控管,省级和市级监控面在 60%以上,全市监控户数达 2048 户。开展租赁行业和住宿行业专项纳税评估,进一步完善税源间接控管模式。出台文件加强股权转让个人所得税征收工作。根据车船税征收方式改革要求,协调车船税入库。2009 年营业税和地方八税入库 62.41 亿元,占税收总量的 60.71%,比上年同期提高 5.57 个百分点,结构明显优化。

【帮扶企业“春雨”专项行动】组织全市财税系统开展“春雨沐万家”——千名财税干部进万家企业活动。市县局两级联动,主要领导亲自带队,全市 2000 名财税干部编成工作小组，深入全市万家中小企业，开展“送信心、送信息、送资金、送政策、送服务”五送活动,落实好各级政府为应对金融危机和经济困难出台的一系列扶持企业发展的优惠政策,帮助企业解决实际困难。落实增值税转型、小规模企业税率调减及高新技术企业所得税率调整等政策，减轻企业负担 11 亿元；落实困难企业减免等税收优惠项目 12 个，受惠户数 3244 户,优惠金额 1.05 亿元;落实社保基金减免及养老基金征收率下调政策，受惠户数 11.5 万户,减轻企业负担 4.1 亿元;全市共减免水利建设专项资金 0.41 亿元。认真开展高新技术企业认定工作,帮助企业做好申报工作,全市已认定67家。

【推进企业分离发展服务业】各级地税部门主动深入到重点区域、重点企业、重点行业调研,摸清底细;主动服务企业,注重宣传辅导,通过地税网站、12366纳税服务热线、报刊、电视等平台,广泛宣传分离发展服务业的重要意义;主动帮助企业,注重方案设计,针对不同的分离对象,按照“一企一策”要求,帮助企业制订个性化的实施方案,重点从税收负担、政策效应等方面入手,帮助企业分离发展服务业;既把工业企业作为重点,又在商业企业、电信企业、建筑企业和房地产企业中寻求突破;通过资源有效整合,创新分离形式。从完善政策体系,建立工作机制,优化服务举措等方面入手,建立健全推进分离发展服务业长效机制。全市工业企业分离75家,完成省局下达的目标任务。

【税收法制建设与税收宣传】按照省局地税信息系统执法责任制考核要求,指导督促全市地税系统做好考核指标口径校验、考核记分办法征求意见等工作。认真开展重大税务案件审理工作。组织开展全市税收执法检查。做好行政处罚案卷评查工作。加强规范性文件管理,修订规范性文件会签和备查备案制度,集中清理市局本级规范性文件,确保税收执法依据合法。建立健全执法监督机制,修改《台州市地税系统重大税务案件审理暂行办法》。围绕“春雨沐万家”主题启动税收宣传月活动,组织全市财税系统2000名财税干部编成工作小组,深入全市万家中小企业,开展“送信心、送信息、送资金、送政策、送服务”五送活动。加强个税自行申报政策宣传,全市自行申报人数达21149人。做好新老税法的过渡工作,积极宣传房产税、城镇土地使用税等新政策。

【征管改革与税源管理】一是认真细致地做好税收收入分析、预测工作。按旬开展月度收入预测;按月做好税收收入进度分析、月度收入增减分析;按季召开收入季度分析会,分析、预测收入发展趋势,为领导决策提供依据。二是进一步加强税源监控。按照《重点税源管理办法》,重新筛选重点税源监控企业,扩大监控面,省级和市级监控面在60%以上。全市监控户数达2048户。三是加强税种管理。加强个税自行申报政策宣传,全市年所得12万元以上纳税人自行申报达21149人,完成省局考核任务的101.94%。做好车船税入库的协调和指导工作,整理选编优惠政策,积极宣传房产税、城镇土地使用税等新政策。四是加强和完善征管手段。坚持精细化、科学化管理,在全市开展租赁行业和住宿行业专项纳税评估。进一步完善税源间接控管模式;推进发票改革,做好不动产建筑业税收项目管理软件的扩大试运行工作,在全市推广应用。

【信息化建设】在全市全面推广应用《税友2006》快速查询管理软件。根据省局要求,至2009年5月31日全市地税系统全面应用《税友2006》快捷查询模块。完成《税友2006》不动产、建筑业税收项目管理软件的应用。完成《税友2006》票证模块应用。开发城建税、教育费附加和地方教育附加国地税数据比对软件。建立全市地税中心数据库的运行维护体系,确保决策系统的数据准确完整。一是建立数据集中的核心技术－数据复制的运维机制。二是建立市局集中库和各县(市、区)地税局数据库核心数据的比对机制。

【各项规费征收】2009年,各项规费收入保持适度的可持续增长,全市规费收入50.33亿元,首次突破50亿元大关,同比增长4%。一是进一步深化和完善社保费“五费合征”工作,推进社保费征管规范化、标准化。认真贯彻落实《浙江省社会保险缴费登记管理暂行办法》,依法加强社会保险费征缴扩面工作。坚持税费联动,规范征管。二是加强其他三项规费和残保金的征管工作。

【税务稽查】坚持税收执法和服务并举,创新稽查工作方法方式,务实稽查内部管理。重视大要案和专案查处,大力开展建筑业、连锁超市、教育培训机构和营利性医疗机构等税收专项检查。做好国税已查企业跟踪检查、汇总缴纳企业及总局定点联系企业的税收检查、举报案件查处、调研式检查活动。深入开展大小非解禁企业税收检查。认真开展打击制售假发票专项整治行动。做好重点稽查、专项稽查工作,全年检查企业1148户,查补税费1.72亿元。

【优化纳税服务】继续开展“五心”服务,在全市地税系统推出POS机刷卡缴税系统,在办税服务厅设置导税员,了解纳税人需求,然后有效指导,避免纳税人盲从,节省纳税人办税时间,解决纳税人后顾之忧。从浙江移动台州分公司引进移动E管家短信服务平台,有效解决税管人员疲于电话催报催缴的问题,既提高了效率,又降低了成本。

队伍建设【财税文化建设】精心组织开展全市财政地税系统庆祝建党88周年·新中国成立60周年文艺调演活动，全市系统上下联动，同唱一台戏，充分展示财税干部的风采风貌。发挥工会、妇联、共青团和12个兴趣小组的凝聚作用，共建多彩活动平台，培育财税干部的高尚情操，提高生活情趣。

【机关作风建设】开展以“保增长、重民生、促管理、强队伍”为主题的机关作风整顿活动，精心组织安排，明确步骤目标，认真分析检查，广泛深入征求各方意见。在活动中分析全市经济形势，提出财税支持经济发展的具体措施，着力解决好经济发展中、民生建设中、财税管理中、队伍建设中的突出问题。

【教育培训】坚持周一晚学习制度，定期举办局机关公务员论坛，组织全市系统科级干部公共管理高级研修班和全市系统新任公务员培训班。至2009年底，全局有硕士研究生45人，本科学历1609人，大专学历481人，大专以上学历占总人数的87.89%；高级职称139人，中级职称705人。

【廉政建设】积极探索廉政文化建设的方式、方法，建立三道“防火墙”，引导干部廉洁从政。常念“廉政经”，以党风党纪课为载体，组织全员学习各种规章制度及政策法规；常敲“警示钟”，通过观看廉政电教片、“双色”教育等形式，促使干部时刻警示自己；常打“预防针”，在不廉行为易发、多发环节，加强提醒教育、预防教育、渗透教育，培育干部坚定的廉政信念、廉洁信仰及爱岗敬业意识。

【创建文明单位】将创建人民满意机关活动与学习实践科学发展观活动相结合、与“两创”活动相结合、与学习型财税组织建设相结合、与工作目标责任制活动相结合。被市委、市政府评为学习实践科学发展观活动先进单位、“创建人民满意机关优胜单位”、依法行政示范单位。

（台州市地方税务局供稿　卢云芬撰写）

台州市椒江地方税务工作概述

局长　牟力群

经济概况 2009年，台州市椒江区实现生产总值265.28亿元，比上年增长5.5%。其中：第一产业增加值8.32亿元，增长3.8%；第二产业增加值124.02亿元，增长2.6%；第三产业增加值132.94亿元，增长8.5%。第一、二、三产业结构由上年3.5:49.5:47调整为3:47:50。全区实现财政总收入32.51亿元，增长4.0%，其中地方财政收入18.07亿元，增长9.8%。

税收概况【任务完成情况】2009年，椒江地税部门共组织各项收入18.70亿元，增长3.2%。其中:税收收入13.14亿元，增长1.7%；非税收入5.56亿元，增长7.1%。

【税收特点】一是季度振幅趋大。2009年税收收入前低后高，前三季度一直呈负增长，减幅随时间推进逐步收窄，第四季度得益于房地产市场升温，同比增收1.66亿元，扭转负增长局面。二是产业发展不均衡。第三产业中房地产业对增收贡献最大，全年入库税收3.34亿元，同比增长101.53%；第二产业中制造业，由于出口下滑因素影响，同比大幅减收。三是主体税种分化明显。营业税是唯一增收主体税种，同比增收9592万元，增长24.9%；企业所得税则是主要减收税种，同比减收1.28亿元，减幅达37.2%。四是税种结构趋优。营业税和地方八税入库 8.55 亿元,所占税收收入比重超 6 成,达 65.1%,比 2008 年提高 11 个百分点。

【税源分析】1. 营业税:入库 4.81 亿元,同比增长 24.9%。增收因素:一是受税收和房贷优惠政策影响,2009 年下半年房地产业市场持续升温,全年房地产行业营业税入库达 2.13 亿元,同比增长 160.7% 。二是租赁业和商务服务业入库营业税 1899 万元,同比增长 30.6%。减收原因:受金融危机影响,沿海物流量和运价骤降,交通运输业营业税同比下降 21.3%。

2. 企业所得税:入库 2.17 亿元,同比下降 37.2%。减收因素:一是椒江经济外向度较高行业集中,受金融危机出口下降影响较为深远,且汇算清缴税率调整(从 33%调到 25%),企业效益下降明显,全年同比减收 6416 万元。二是交通运输业企业所得税减幅达 91.5%,居各行业减幅之首。增收因素:租赁业和商务服务业入库企业所得税 807 万元,同比增长 280.7%。

3. 个人所得税:入库 2.42 亿元,同比下降 2.5%。减收因素:一是剔除企业 2008 年同期二级市场减持国有股收益代扣分红个人所得税 1150 万元;二是除财产转让、工资薪金以外的税目都有不同程度的减收。增收因素:主要是二手房交易量增加,财产转让所得入库个人所得税同比增长 42.1%;工资、薪金所得入库个人所得税同比增长 2.7%。

4. 其他税收:入库 3.73 亿元,同比增长 19%。增收因素:一是土地增值税随销售不动产增加大幅增收,同比增长 123%。二是土地使用税得益于税率调高,同比增长 28.5%。

各项工作情况【优化收入结构】积极落实"三个三"工作措施,挖潜增收,有力地保障地方可用财力。全年组织入库营业税和地方八税 8.55 亿元,占税收收入的 65.1%,比上年提高 11 个百分点。根据精细化管理要求,做实做细房产税和土地使用税等税源调查,针对性地落实好征管环节各项措施,小税种全面增收,其中土地增值税同比增长 123%,城镇土地使用税同比增长 28.5%,房产税同比增长 6.0%,车船税同比增长 45.2%。

【帮扶企业"春雨"专项行动】提出"寓管理于服务"的理念,推行"六上门"工作法,积极开展"帮扶企业'春雨'专项行动"。由局领导带队组建专题调研组,深入企业送信心、送政策、送服务。以帮扶性减征政策和激励性减征政策为核心,自主编印税费政策汇编,指导企业用足用好优惠政策。如将用人单位基本养老保险费缴费比例由 17%降到 12%,全年减征 4000 万元。同时,帮助企业解决集团内部资产分割、物流电子交易等相关涉税事项 20 多件,被浙江省地方税务局拍摄成专题片在浙江经视播出。

【推进企业分离发展服务业】一是制订《主辅分离实施意见》,明确扶持政策。二是建立部门协作机制,形成每家拟分离企业均由一名地税干部、一个地税职能科室、一个政府职能部门跟踪负责的工作格局。三是有重点地引导企业分离发展运输、技术研究开发、仓储等服务业。2009 年成功分离发展服务业企业 9 家,被评为省级分离发展服务业工作先进单位。

【税收法制建设与税收宣传】深入开展"五五普法"教育、税收执法检查工作,严格执法程序、自由裁量权使用,全年未发生行政复议诉讼案件。

积极开展第 18 个全国 税收宣传月活动,推出送政策、税企电视访谈、乒乓球赛等活动扩大税法宣传面。建立税企俱乐部、税收教育基地开展常态化税宣活动,如税企俱乐部通过开展税收知识培训、税企座谈、创办专刊,搭建起税企沟通新平台,会员企业达 102 家。

【征管改革与税源管理】一是加强部门协作,对起征点以下及季节性生产经营的个体工商户,纳入国税征管软件统一管理;国税小规模纳税人门征代开票,征收增值税同时代征地方税(费)。二是有重点地对桑拿、娱乐、餐饮等行业进行税收定额调整,平均调高定额 20%。三是探索纳税评估新模式,推行交叉式纳税评估,全年实施纳税评估 23 户,补征税款 132 万元。四是加强税源管理,实施重点监控、跟踪监控、信息监控,不断拓展税源管理广度和深度,重点监控税源已占税收收入 60%以上。

【信息化建设】深化应用《税友 2006》功能,提升征管软实力,被评为省级信息化建设先进单位。推广应用《税友 2006》快捷查询管理软件,清理数据 17.76 万条,有效提升税收分析和日常税源管理效率。积极稳妥地运行不动产建筑业项目管理软件,及时推广应用到100多家房地产和建筑业企业。积极开展浙江省局出租房征管软件的试点应用工作,进一步规范住宅出租税收征管。

【各项规费征收】2009年共组织社保费入库3.89亿元,同比增长8.8%,三项规费入库1.59亿元,同比增长3.8%。一是充分利用信息化设施和管理优势,实现社保、地税、银行间信息联网和数据共享。二是与社保中心、就业管理处联合开展社保征缴情况全面清查活动,清查企业1000多家,大力推进社保扩面工作。

【税务稽查】积极创新稽查工作理念,实施和谐稽查,灵活运用责成自查与重点检查相结合,实施医疗行业、教育培训机构、中外运企业等五大行业的税收专项检查,责成24户纳税人进行税收自行检查,全年共检查纳税人125户,查补入库税款(费)、滞纳金及罚款合计2089万元,同比增长29%。严厉打击制售假发票行动,查获假发票2700份。

【优化纳税服务】围绕优质高效原则,结合企业需求先后举办企业所得税汇算清缴辅导会、税企沟通会,面对面提供财务风险规避等方面指导。开展百名税干"1+1"服务活动,通过"送"政策、"听"意见、"解"难题,"当"参谋,竭力为企业提供个性化涉税服务。全局134名干部走访企业287人次,帮助解决涉税疑难30多件,提供上门服务80多次。积极推行POS机刷卡缴税业务,大大提高办税效率。

队伍建设【财税文化建设】突出以人为本,以文体活动为载体不断丰富干部精神文化生活。通过组织妇女开展环保主题服装秀、党员红色教育、户外体能拓展训练、纪念新中国成立60周年文艺调演、广场歌咏晚会等丰富的文体活动,引导干部培育积极进取的精神风貌,增强团队凝聚力和战斗力。

【机关作风建设】以"满意科长工程"活动为抓手,切实转变机关作风。开展权责清查,从优设置内部机构和职责分工160项。优化权力运行流程,对行政权力逐项确认其行使依据、内容、程序、责权,绘制成流程图,确保行政职权规范、公开、科学运行。确定审核监督岗、纳税评估岗、税务检查岗等10多个岗位为廉政风险点,建立起相应的内控措施。通过规范行政行为,使单位内部工作运行更为顺畅,带动机关作风效能整体提升。

【教育培训】有计划地开展业务培训,先后组织开展税务稽查新政解析、新企业所得税法、营业税新条例等10多场业务培训会,促进干部知识更新。依托高校教育资源,组织中层以上干部进行税务管理和领导能力提升培训,拓宽知识面。鼓励干部参加各种学历教育,大学(含)以上学历119名(其中研究生学历6人),占现有职工总数的88%。

【廉政建设】一是认真贯彻落实《浙江省预防职务犯罪工作条例》。二是加强廉政教育,一方面组织学习先进事迹,加深对人生观、权力观的正确理解;另一方面组织观看电教片,参观看守所,增强干部勤政廉洁、克己奉公自觉性。三是推行《工作讲评制度》,以好差公开亮相的形式,弘扬先进鞭策后进,提升工作效能成为干部自觉行为。四是深化廉政文化进机关活动,通过开展廉政教育、廉政文化景观建设、廉政制度建设、廉政主题活动等实践,营造反腐倡廉"大宣教"格局,成为全省"廉政文化进机关"示范点。

【创建文明单位】以强化干部队伍建设、提升业务水平、优化纳税服务、培育文明风尚为核心,努力提升地税文明层次。创新干部激励方式,加强非领导职务配备管理。动员干部参加"慈善一日捐"、参加社区创卫,积极投身社会公益事业。与行政村开展文明共建活动经验在椒江区党建共建推进会上作典型介绍。连续4年获椒江区人民满意机关示范单位,顺利通过台州市文明单位考核验收。

(台州市椒江地方税务局供稿 季丽萍撰写)

台州市黄岩地方税务工作概述

局长 郑斌

经济概况 2009年，台州市黄岩区实现地区生产总值194.01亿元,比上年增长8.3%。其中:第一、二、三产业增加值分别为10.28亿元、102.14亿元、81.59亿元,同比增长1.0%、7.5%、10.0%。第一、二、三产业结构比例为5.3:52.6:42.1。全区全年完成财政总收入28.45亿元,同比增长4.4%,其中地方财政收入14.28亿元,同比增长7.6%。

税收概况【任务完成情况】2009年,黄岩地税部门共组织各项收入16.40亿元,增收6311万元,增长4.0%。其中:地方税收收入10.05亿元,增收6910万元,增长7.4%;非税收入6.35亿元,减收600万元,负增长0.9%。

【税收特点】一是收入总体回升。收入低开高走、由负转正,总体呈现回升态势。一季度税收增幅急剧下降,其中企业所得税负增长高达65%。之后逐季转良，地税收入由一季度的负增长9.1%回升到全年增长7.4%。二是减负效应明显。全年社保费等非税收入入库6.35亿元,负增长1.0%,其中社保基金收入4.95亿元,负增长1.2%。三是三产税收实现突破。2009年,全区第三产业税收入库6.08亿元，同比增长21.6%。第三产业税收占税收总额的60.5%。

【税源分析】受国际金融危机影响,经济下行,其中黄岩支柱产业医化、汽摩配、模具等对国内外市场依存度大,受到影响也大,部分企业缺乏抵抗金融危机的能力,生产出现困境。加上帮扶企业实施减负政策等影响,导致税收增幅趋缓。

1. 营业税:入库3.57亿元,同比增长30.8%,成为增收的主干力量。增收因素:房地产市场稳步发展和政策扶持，房地产营业税入库1.46亿元，同比增收6822万元,增长87.9%。

2. 企业所得税：入库1.55亿元，同比负增长29.9%。减收因素：一是实施新企业所得税税率为25%。二是落实各项减免政策。如高新技术企业减按15%征收,2009年度财政性专用资金免征企业所得税,合计减收2630万元。三是退库和清欠企业所得税同比减收1310万元。

3. 个人所得税：入库1.94亿元，同比增长16.1%。其中工资薪金所得个税入库9393万元,增长30.8%,占个税总额的48%,工薪阶层成为个税纳税主体。增收因素:一是津补贴政策实施后,行事单位集中代扣代缴个人所得税,申报足额;二是个人所得税全员申报,代扣税款增加;三是二手房成交量大,财产转让所得增加个税收入。

4. 其他税收:入库2.99亿元,增收2413万元,增长8.8%。增收因素:一是加强小税种精细化管理,工作扎实规范征收。二是政策性影响,如土地使用税因税率调整增收1500万元,同比增长18.9%;土地增值税受房产扶持政策影响，增收1267万元，增长58.5%。减收因素：受征期调整、退库因素影响减收2387万元。

各项工作情况【优化收入结构】继续认真贯彻落实“四位一体”工作要求,促进地税收入可持续增长和收入结构优化。地方税(营业税与地方七税)收入结构继续优化,地方税收入 6.56 亿元,同比增长 19.8%,占地税收入比重为 65.3%。

【帮扶企业"春雨"专项行动】开展"百名税干进百企"、"专题税企沟通会"、"在线答复税法咨询"、"网送税法连千家"和"纳税人俱乐部"等五项活动:组织百名税务干部深入百户企业调研,召开 6 场税企沟通会,开通 5 门热线电话,共征集 200 多条意见和建议,进行汇总分类,予以解决落实。通过一系列措施,把降低社保费率、3 月份集中减征社保费、支持企业自主创新和扶持中小企业、困难企业减免等税费优惠政策落到实处,与企业共克时艰。

【推进企业分离发展服务业】参与制订并实施《中共黄岩区委 黄岩区人民政府关于加快总部经济发展的若干意见》。在推进企业分离发展服务业过程中,一是对重点企业加大宣传辅导力度,营造氛围。为企业分离发展提供个性化服务,一对一辅导,进一步激发、调动企业主辅分离意愿。二是选取分离意愿强烈、符合实行分离条件企业进行试点。引导企业根据自身发展方向合理确定主业和辅业,分离过程中注重实效,力争政企双赢。三是总结经验,树立典型,推动企业主辅分离工作进一步深化。四是建立后续服务工作机制。实行专人联系制度,跟踪分离后企业的经营情况,及时掌握动态,便于适时调整分离工作重点和策略。

【税收法制建设与税收宣传】进一步推行税收执法责任制,全面实施"人机结合"方式的执法责任制考核评议工作。建立规范性文件经常性清理制度,在对现行规范性文件跟踪问效基础上,做好所得税、营业税等有关规范性文件清理工作,废止或修订不相适应的政策规定,做好新旧政策的衔接。

第 18 个全国税收宣传月活动期间,按照省地税局、市财税局的部署和要求,扎实开展服务企业"牵手"活动,组织以"五送(送信心、送政策、送服务、送资金、送信息)十项政策"为主要内容的一系列内容丰富、形式生动的活动。同时建立长效宣传机制,满足纳税人需求,为经济社会平稳较快发展营造良好的税收舆论环境。

【征管改革与税源管理】大力加强精细化管理,深化税收分析和预测工作,全面推进税款缴库方式改革,完善"一户通"电子缴税。继续加强个人所得税全员全额管理,2009 年全员全额申报 4734 户,申报人数 11 万人,纳税人数 3 万人,其中行政事业单位有 286 户,纳税人数 10 万人;认真做好年所得 12 万元以上个人所得税自行纳税申报的工作,2105 名纳税人依法申报,补缴入库个人所得税 600 万元。

【信息化建设】深化拓展《税友 2006》应用,为应用重点向后台管理层转移提供技术支撑。开展信息共享和联网工作,实现与社保、农行、区政府、便民服务中心联网,与国税、工商等部门数据交换。保证信息安全工作落到实处,落实计算机安全责任状,开展了网络与信息系统安全和保密检查。

【各项规费征收】加强非税收入征管。规范行政事业性收费项目和标准管理,落实政府非税收入优惠政策,进一步减轻企业和个人负担。稳步推进"五费合征"工作,加强规费管理,继续巩固社保扩面工作成果。2009 年征收养老保险费 3.05 亿元,医疗保险费 1.38 亿元,失业保险费 2831 万元,工伤保险费 2180 万元,生育保险费 258 万元。

【税务稽查】保持税收稽查力度。在完成指令性和指导性检查的同时,加大举报案件的打击力度,着重开展对旅游业的检查。全年共对 110 户企业实施税务检查,重点检查 27 户,共查补和追缴各项收入 1674 万元,入库率 100%。

【优化纳税服务】重点推行"十项便民措施":大力推行"一窗通"服务,优化办税流程,简化办事程序;应用 POS 机刷卡缴税(费),方便税费款缴纳;开展"新办企业办税辅导日"活动,辅导办税流程、最新税收(费、基金)政策等;全面推行"补正承诺制";设立"值班分局长接待日",及时受理纳税人难题咨询和违纪投诉等事项;开设"每周一课",提高税务人员业务技能。

队伍建设**【财税文化建设】**以文化建设为契机,充分发挥工、青、妇等群团组织作用,打造高素质税务干部队伍。2009 年文化建设硕果累累,在新中国成立 60 周年之际举办第三届"迎国庆·展风采"文化周活动、局羽毛球队获得台州市财税系统羽毛球比赛团体第四名、财税乐团获得台州市财政地税系统文艺调演比赛第一名、获得黄岩区公务员体能运动会团体总分第一名和全区副科级以上乒乓球赛第三名。

【机关作风建设】深入开展学习实践科学发展观活动。以"服务科学发展、完善公共财政、构建和谐税收、再创黄岩辉煌”为实践载体,精心设计“理论知识大学习、蹲点调研大服务、解放思想大讨论、深入企业送服务”四项活动,把学习实践活动与做好各项工作紧密结合起来,集中精力、千方百计解决突出问题,创新体制机制;切实转变作风,提高工作效率。

【**教育培训**】政治思想教育与业务素质培训紧密结合:一是加强业务学习。组织干部参加初任培训、非财税专业人员业务培训、业务考试、素质提升培训等业务性学习培训。二是鼓励参加学历学位班。已有6名干部取得学位证书,9名干部完成研究生课程。三是开展网络学习。局班子带头参加台州市网络学习城学习。局内网设立学习园地、学习论坛,提供干部学习交流平台。

【**廉政建设**】认真落实党风廉政建设责任制,做到源头治理、标本兼治。签订《党风廉政(行风)建设责任书》,在全局工作责任制量化考核中,按月对廉政监察工作评定,强化监督。开展安装电脑廉政主题屏保、参观廉政图片展览、观看教育片等活动,让干部的廉政意识在潜移默化中得到增强。

【**创建文明单位**】实施全局重点工作抓落实方案,每月追踪督查全局8大类49项重点工作,并通报工作进度,进一步提高工作质量和效率,推动全局工作和谐有序进行。档案管理实现新突破:黄岩地税局院桥、头陀和宁溪三个税务分局全部通过档案管理工作省一级验收。至此,所有基层税务分局的档案工作全部达省一级标准。头陀税务分局被继续认定为“国家级青年文明号”。信息工作荣获浙江省局地税信息评比二等奖,台州市局财税信息评比二等奖,在黄岩政务信息考核中得分排第一,连续两年保持黄岩财政地税历史上的最好成绩。

(台州市黄岩地方税务局供稿 夏智敏 彭 颖撰写)

台州市路桥地方税务工作概述

副局长 郦静波

经济概况 2009年,路桥区实现生产总值278.57亿元,同比增长8.5%;财政总收入36.12亿元,其中地方财政收入17.86亿元,同比分别增长10.4%和14.9%;全社会固定资产投资104.7亿元,同比增长4.0%;社会消费品零售总额146.45亿元,同比增长14.7%。城镇居民人均可支配收入30461元、农民人均纯收入12735元,同比分别增长4.6%和8.1%。

税收概况【**任务完成情况**】部门共组织各类收入16.32亿元,同比增长2.6%。其中:税收收入11.30亿元元,同比增长8.5%,完成地方财政收入9.20亿元,同比增长14.7%;完成其他收入5.02亿元,同比降8.6%。

【**税收特点**】一是2009年地税收入及主要税种均保持健康、稳定增长。二是受征管与政策两重影响,营业税、土地使用税及土地增长值税增长较快,其中土地使用税因政策性因素共增收5505万元;政策性税费减免因素增加,社保费出现负增长,累计减收4736万多元,办理各项税费退库2803万元。三是金融业与房地产业强劲增长。两产业税收累计入库4.80亿元,占比达42.5%。四是受新企业所得税法与金融危机双重影响,企业所得税入库为历史最差,累计仅完成1.18亿元,下降35.1%。五是小税种连续六年保持持续高速增长,从2003年7875万元,到2009年达3.52

万元,累计增长约4.46倍。

【税源分析】1.营业税入库4.29亿元,同比增长15.3%。2009年营业税主要行业均保持不同程度的增长。增收因素:一是金融业本身发展健康,增幅最大,入库1.27亿元,同比增长51.9%;二是房地产业入库绝对额最大,入库1.28亿元,同比增长26.0%。区内几个楼盘相对性价比较高,推出时机好,全区房地产存量房基本上全部消化。在政策刺激下,二手房交易营业税入库1929万元,同比增长53.6%。三是建筑营业税扭转减收态势,入库6979万元,同比增长13.6%。减收因素:减收最大的是租赁和商务服务业,累计入库1209万元,降24.6%。

2.企业所得税:入库1.19亿元,下降35.1%。减收因素:一是受新企业所得税法影响,减收近2500万元;二是2008年四季度受金融危机影响,企业效益普遍下降明显,累计完成汇算清缴结算退库501万元,减收382万元;三是制造业入库5139万元,降48.5%,企业所得税减幅最大的10家企业其中制造业7户,减收达1719万元;四是总局企业所得税总分机构管理办法实施,仅腾达建设股份公司企业所得税2007年入库3468万元,2008年入库1691万元,2009年入库1061万元,其中所属2009年度的只有205万元,减收明显。增收因素:房地产业入库1530万元,增长27.8%;服务业入库686万元,增长12.1%;交通运输业入库537万元,增长11.0%。

3.个人所得税:入库2.32亿元,同比增长7.0%。增收因素:一是财产转让所得入库1496万元,同比增长119.4%;其中二手房房屋转让所得入库787万元,同比增长242.2%;股权变更转让所得709万元,同比增长56.9%。二是全员申报全面深入开展,共代扣代缴个人所得税1.25亿元,同比增长21.1%。三是社会平均薪金提高,金融、证券、电力等重点企业个人所得税入库增长加明显,入库9403万元,同比增长18.7%。减收因素:个体工商户生产经营所得入库6979万元,同比下降7.2%;利息、股息、红利入库4225万元,同比下降7.2%。

4.其他税收:地方七税入库3.52亿元,同比增长29.5%。增收因素:一是土地使用税入库8547万元,同比增长181.0%。2008年下半年根据土地使用税新政策,对全区土地资料进行信息化处理,成效显著。二是对以前年度土地增值税进行清理,在三季度共入库2087万元。2009年共入库5259万元,同比增长86.4%。三是车船税首次由保险公司代征,入库1981万元,同比增长18.8%。减收因素:房产税减免力度较大,同时居民出租用房税率下调。累计入库4525万元,同比下降11.1%,是小税种中唯一减收的税种。

各项工作情况【优化税收结构】2009年路桥地税局在确保总量持续健康稳定增长的同时,努力实现收入结构优化。2009年度第三产业税收收入入库7.42亿元,同比增长17.1%,占税收收入比重65.6%。抓好小税种管理,加强代征单位小税种代征工作,其中黄岩化轻公司代征资源税761万元;各保险公司共代征车船使用税1981万元。2009年上半年结合土管部门提供资料,会同审计局对全区所有纳税人的用地情况、征收情况进行普查,对土地资料进行信息化处理,共补征税款427万元,加收滞纳金26万元。2009年上半年,对全区房地产企业以前年度的土地增值税进行重新清理,在三季度共入库2087万元,其中清欠入库1203万元。

【帮扶企业"春雨"专项行动】一是召开税企沟通会,及时了解企业目前所急需的。二是组织"千名税干进千企"活动。深入有代表性的16户企业,建立一对一联系帮扶关系,赠送税收法规政策35册,解答涉税问题48个,提供个性化服务1项,听取企业对地税工作的意见和建议38条,改进服务举措。三是落实各项税收优惠政策。国产设备抵免企业所得税、技术开发费加计扣除等核减抵免税款分别达257万元、670万元;为308户小型微利企业减免企业所得税172.5万元;为6户高新技术企业减免企业所得税369万元;为30户困难企业、清洁生产企业减免土地使用税510万元、房产税218万元;全区福利企业免征土地使用税100万元。四是做好社保费临时减免工作,2009年企业负担统筹部分减至7000多万元,减幅达56%。

【推进企业分离发展服务业】走访重点企业,找准切入点,送政策送服务到企业,鼓励企业家转变思想观念,引导工业企业分离发展服务业;突出与重点企业负责人面对面交流,让他们了解国家产业政策与地方政府在财政补助、税收优惠政策等方面支持;有效落实主业分离发展服务业优惠政策、税费减免和财政补贴、返还等工作,切实减轻企业负担。已成功实施8家企业主辅分离,其中分离建筑安装企业2家、物流运输企业4家、科技服务企业2家。

【税收法制建设与税收宣传】进一步贯彻实施《全面推进依法行政实施纲要》及其实施意见,做好规范性文件会签和备查备案制度;完善税收执法责任制考核及追究工作,做好税收执法责任制管理模块测试工作;做好税收执法检查,加大执法监督力度,规范税收执法行为;开展税收优惠政策执行情况监督工作。

在宣传内容上,突出"税收·发展·民生"主题,广泛宣传与纳税人密切相关的各种税法和税收政策,围绕群众生计、发展和关注的热点、焦点问题,开展宣传活动。在宣传形式上,充分利用各种沟通平台,注重与纳税人互动,开展多种形式的税收宣传。一是组织各种税企联谊活动。通过企业纳税疑难问题及常见错误辩析,解决企业纳税困惑。二是组织召开社会特邀监察员、纳税人代表座谈会、邀请区人大、政协代表到分局检查指导,及时改进工作方法,提高宣传实效。

【征管改革与税源管理】一是持续改进《税友2006》,开展数据清理工作,对快捷查询中各类报表就逻辑性与准确性进行校验分析比对。二是加强对大企业和重点行业的税源监控,强化物流信息和资金流信息的监控分析,综合评价大企业和重点行业企业的经营能力和纳税能力。三是对重点税源以外的企业,开展专项纳税评估工作,总结分析日常评估工作成果,建立行业税源管理制度。四是对各行业各税种进行科学化精细化管理,做好跨地区经营总分机构的税收征管工作,对外来建筑施工企业的所得税加强管理,共征收企业所得税168万元。五是做好企业股权变更的税收征管工作,加强相关部门的协调配合,及时掌握申请变更登记纳税人的股权变更、土地房产拥有及股权转让各项税费清缴情况,2009年增收近千万元,此项工作走在全市乃至全省前列。

【信息化建设】一是持续改进和深化应用《税友2006》系统,加强数据质量管理,从各个阶段对数据质量进行控制,促进其与ISO9000质量管理体系有机结合;开展快捷查询系统的推广应用数据清理工作,自定义50多条清理口径,与省局要求的清理数据同步进行清理。二是强化运用维护保障管理,顺利开展与省局的数据复制,完善自行开发的《税友2006》系统数据备份和监控管理软件,目前该软件已成功应用于《税友2006》以及公文处理系统、档案管理系统等上。在2009年省局调研报告和专用技术论文评选中,论文《实现〈税友2006〉数据库自动备份的探索》获得一等奖。三是继续加强网络安全管理,制订应急预案并付诸实施;加强防病毒管理,完善内外网络的管理;发布新的计算机网络规划,对计算机物理地址与逻辑地址进行捆绑,提高网络安全性。

【各项规费征收】入库社保基金3.28亿元,同比降12.6%,三项规费入库1.62亿元,同比下降0.2%。贯彻社保费减负工作精神,切实减轻企业负担,于3月份对企业社保费缴纳比例实行临时性适当下浮,减免1172万元;降低企业社会养老保险费统筹部分缴费比例;按照新的征收标准计算,加上第二次集中减征,2009年企业负担统筹部分减至7000多万元,减幅达56.0%。

【税务稽查】为帮扶企业应对危机,走出困境,在继续深入开展"稽查服务月"活动,帮助企业明晰国家税收政策基础上,全年对11家旅游公司、10家教育培训机构、18家大型企业在路桥的分支机构、3家大小非减持企业进行检查或责成自查,查补税款600万元。

【优化纳税服务】一是打造服务平台,深入基层,先后开展帮扶企业"春雨沐万家"专项活动,服务企业、服务纳税户"5F"专项活动,组织科局长进企业活动,深入调查,交流沟通。二是为企业送上税收优惠政策汇编,辅导企业解决税收上碰到的困难,将各项税收优惠政策落实到企业。三是精简企业税务登记系列表单,对新开立企业的税务登记表单进行精减简并,同时对个体工商户税务登记实行免填单制度。

队伍建设**【财税文化建设】**一是打造学习文化平台,营造文化建设氛围。在全体干部中开展读书活动,推荐阅读《致加西亚的信》等优秀书籍。二是发展组织兴趣小组,开展有益的集体文体、娱乐等活动,寓教于活动,增长强团队的进取意识和团结协作精神。三是倡导崇尚知识、崇尚自然、崇尚健康的生活方式,鼓励干部职工走进自然,开阔视野,多渠道促进队伍健康发展。

【机关作风建设】一是组织开展现场体验式学习,赴农村基层,听取纳税人情况介绍,参观企业发展状况。二是开展蹲点调研活动,收集各类意见和建议整理为21条,其中,肯定性意见17条,建设性意见建议4条,及时改进工作方法。三是开展机关效能建设督查,做好民主评议政风行风工作,正确处理严格执法和优质服务的关系。四是加强基础管理,严肃日常工作纪律,规费考勤管理。

【教育培训】营造“人人学习、时时学习、处处学习、我要学习”的氛围,加快创新型、复合型人才培育。规范学历培训管理,实现与时俱进。全局目前45周岁以下大专学历人数达100%,本科人数为62%,硕士生2名;中级职称23名,高级职称1名。

【廉政建设】打造廉政文化平台。一是发挥教育功能,打造“自律”的坚实基础。开展“四个一”廉政文化活动,即读一本廉政方面的书籍、作一期廉政文化讲座、发一本廉政指导手册。二是扩展监督功能,营造“他律”的良好环境。对重点岗位重点对象实施监督,将税务分局局长推向社会实施公述民评,将内部监督渠道拓宽到外部监督渠道。三是注重防范功能,逐步规范权力运作体系。以开展“权力搜索”为契机,开展排查,进一步健全预防和惩治腐败体系。

【创建文明单位】把创建活动与建设学习型机关活动紧密结合起来,把创建活动与为民办实事工作紧密结合起来,把创建活动与机关效能建设活动紧密结合起来,把创建活动与创建节约型机关活动紧密结合起来,把创建活动和科学发展观活动结合起来,把创建活动与做好税收工作紧密结合起来。实现税收各项工作与创建“人民满意机关”、“群众满意基层站所”活动两促进、两提高。新桥税务分局被评为市地税系统基层文明单位,市级、区级满意站所;金清税务分局被评为系统内满意站所。

(台州市路桥地方税务局供稿 唐兴诗撰写)

临海市地方税务工作概述

局长 冯荷琴

经济概况 2009年,临海市实现地区生产总值275.62亿元,增长10.8%,实现国内生产总值259.7亿元,增长9.8%。全市实现第三产业增加值106.83亿元,增长10.0%,第一、二、三产业比由上年的8.4:53.0:38.6调整为8.5:52.7:38.8。城镇居民家庭人均可支配收入21912元,增长8.2%;农村居民人均纯收入9595元,增长9.8%。全年完成财政总收入32.95亿元,增长7.5%;地方财政收入完成17.33亿元,增长7.7%;地税工商税收完成14.25亿元,增长7.3%;财政支出24.8亿元。增长21.9%,当年财政收支平衡。

税收概况 **【任务完成情况】**2009年共组织各项收入21.88亿元,同比增收1.68亿元,增长8.3%。其中:税收收入为14.25亿元,增长7.3%,完成省核考核计划的105.2%和目标计划的101.2%,完成市核计划95.8%;各项规费入库7.63亿元,同比增长10.3%,其中社会保险费收入5.93亿元,同比增长10.4%。

【税收特点】一是各项收入的增长幅度明显呈现前低后高的特征。临海市工业经济受大环境影响,税收收入受国际金融危机影响明显,增幅呈明显的前低后高。1—4季度的总收入增幅分别为-5.0%、0.2%、4.2%和8.3%,其中税收增幅分别为-4.5%、-1.4%、3.9%和7.3%。税收收入结构不断优化,全年地税收入中的地方所得部分为10.46亿元,增长10.9%,所占比重为 73.4%,同比增长 1 个百分点。二是第三产业税收增长明显快于第二产业。第二产业入库税收 7.64 亿元，同比增长 5.8%。全市五大主导产业税收入库 3.61 亿元,同比增长 11.2%,汽摩产业增幅较快,同比增长 43.7%,船舶行业同比下降 18.7%。第三产业税收入库 6.6 亿元,同比增长 9.0%,第三产业税收比重稳步上升,占总税收比重从 45.6%升至 46.3%,同比上升 0.7 个百分点。三是纳税大户的数量逐年稳定增长,但增长速度非常缓慢。10 万元以上纳税人入库税收合计占当年入库税款总额的比重稳步上升。从入库税款分析,年入库 10 万元以上纳税人从 2006 年底的 701 户增至 2009 年的 1085 户,年均增加 15%,其税收合计占当期税收的比重从 2006 年的 90.3%上升至 2009 年的 93.2%。四是社保费“五费合征”征缴模式进一步完善。通过加强规费等非税收入的征管,实施税费同管同查,规费收入比重不断上升,地税收入在财政总收入中继续起到托盘作用。

【税源分析】1.营业税继续保持增长。入库 4.07 亿元,增收 3722 万元,增长 9.9%。营业税增长的主要原因是全市地方性商业银行和一些小额贷款公司的成立，带来了金融业营业税，增收 854 万元，增长 44.5%。建筑业营业税得益于房地产业的增长,累计增收营业税 1344 万元,增长 12.1%。餐饮业的规范管理带来大幅增收,餐饮企业入库营业税 2850 万元,增收 381 万元,增长了 15.4%。

2. 企业所得税入库比同期下降。入库 3.53 亿元,减收 2215 万元,同比下降 5.9%。一是两税合并和高新技术优惠政策两项合计减收 9000 万元。二是宏兴电力股权转让所得 1600 万元,增收 400 万元。三是工艺品行业利润明显增长和以上市公司为代表的重点企业利润稳定增长,带来税收增收约 5000 万元。

3. 个人所得税继续增长。入库 2.66 亿元，增收 2951 万元,增长 12.5%。主要得益于利息股息所得和工资部分个人所得税的增收,工资薪金个人所得税部分入库 1.09 亿元,增收 1975 万元,增收的原因主要是部分单位福利提高较快,个税宣传逐步到位。利息所得个人所得税入库 6350 万元,增收 3270 万元。

4. 小税种收入实现较快增长。入库 3.98 亿元,增收 5215 万元,增长 15.1%。

各项工作情况【帮扶企业“春雨”专项行动】按照省局、台州市局“春雨”专项行动部署,3 月份在全市开展企业减负“春雨”专项行动,认真落实税费优惠政策。做好高新技术企业审核和报批工作,为伟星股份、伟星建材、华海药业、永太药业、吉利研究院等 5 家高新技术企业减征企业所得税 3600 多万元；社保费率从 17%调到 14%，为全市 2323 家企业和 2 万多名灵活就业人员减征 1 个月社保费共 2280 万元，同时对困难企业社保费实行缓缴 3—6 个月；为全市 151 家企业报经减免或通过财政返还土地使用税共 1600 万元;全面推行免收税务登记证工本费,对全市 5500 余户个体经营者执行起征点政策;在杜桥分局开展房产税、城镇土地使用税征收方式调整试点,分解纳税人集中纳税的资金压力。

【优化收入结构】受两税合并政策影响,企业所得税比重偏高的税收结构出现明显变化,以房地产业和新型服务业为主的第三产业快速增长,收入中的地方所得比重明显上升，地方八税加营业税占比为 56.5%,同比提高 2.6 个百分点。小税种成为优化收入结构的主要力量,主要是政策促进和严格管理双重作用的结果。小税种增收主要集中在房产税和土地使用税上,房产税入库 7092 万元,增收 1746 万元,增长 32.6%;土地使用税入库 1.22 亿元,增收 1628 万元,增长 15.4%。

【推进企业分离发展服务业】认真贯彻落实全省服务业工作部门联席会议精神,建立工作领导小组及办公室,召开推进企业分离发展服务业工作专题会议并制订具体考核办法,取得初步成效。2009 年成功实施 10 家企业主辅分离及 1 家企业业务分离。其中分离出从事购销业务的商贸企业 3 家,分离出建筑安装企业 1 家,分离出物流运输企业 2 家,分离出中介服务企业 1 家,分离出科技服务企业 2 家,实施企业内部业务分离 2 家,全年实现税收增收 2000 万元,超额完成省核目标任务。

【优化纳税服务】全局中层以上干部与全市 100 家重点税源企业建立一对一帮扶联系制度,通过组织优惠政策培训会、建立重点税源结对联系制度、召开破解难题现场会、完善便民服务措施等活动,开展点对点辅导、零距离服务。利用 12366 语音服务系统发送税收政策短信,实行网上互动交流。对城区税务分局办税服务厅进行改造,设立综合服务区、申报办理区和自助电脑服务区,实行统一标式,完善一米线、手机免费充电等便民措施,优化办税流程。

【税收法制建设与税收宣传】继续深化行政执法责任制工作,坚持在依法治税、规范管理的前提下保证收入任务,组织实施《税收执法责任制考核评议办法》和《税收执法过错责任追究办法》;继续抓好内部执法检查工作,认真配合上级执法检查并开展内部自查,做好重大税务案件审理,全年共审理大案 12 件,连续 6 年获台州市依法行政先进单位称号。加强税收普法宣传教育和税法宣传工作,以 12366 和地税网站为载体加强税法宣传工作,努力营造良好的税收环境支持企业创业创新,促进经济持续稳定增长。

【征管改革与税源管理】一是加强税收预测和分析。密切跟踪经济发展走势、宏观经济政策和税收政策变化对税收的影响,准确把握全市税源及发展趋势,及时掌握重点税源企业、行业生产经营、税源变化以及税收缴纳情况,科学判断收入增减趋势,不断增强调控能力;建立局班子、科室人员下基层抓落实和督查通报制度,及时发现和解决组织收入工作中的苗头性、倾向性问题,切实增强组织收入工作的预见性和主动性。二是加强税收科学化、精细化管理。贯彻落实省局"抓大、评中、定小"管理思路,切实加强税收管理。强化主税种管理,开展房地产业税收专项清算,共清缴入库税款 2593 万元;落实 15 家保险机构代扣代缴车船使用税 1073 万元;全市共有 2160 人自行申报年所得 12 万元以上个人所得税,补缴税款 85.3 万元;房产税、土地使用税等小税种征管有效加强,同比分别增长 32.7%和 15.4%;加强交通运输业、建筑业等发票管理,会同财政、国税等部门出台《关于加强企业运输发票审查管理工作的实施意见》,开展交通运输业、金融保险业和餐饮旅馆业税收专项整治,全面调整餐饮、娱乐、广告等行业个体定额,并做好核定征收率的小型微利企业税款补征工作。三是税费清欠成效显著。在全市范围内开展漏征漏管和欠税的清查工作,多次在城区、杜桥分局开展清理欠税专项整治行动。5 月份在全市范围发布清理契税欠税通告 300 份,共清理契税欠税 180 多户,全年共入库契税 1.21 亿元,创历史新高。10 月份出台《关于清漏清欠工作的通知》,全面加强漏征、欠税业户税收管理。四是推进税源管理信息化建设。依托税友《税友 2006》管理系统推进"数据采集—税源监控—税收分析—纳税评估—税务稽查"五位一体横向互动机制。依托信息化管理手段,抓好个人所得税自行纳税申报和全员申报管理,重点加强对高收入者的个人所得税管理。开展交通运输业、金融保险业和餐饮旅馆业税收专项整治,全面调整餐饮、娱乐、广告等行业个体定额,并做好核定征收率的小型微利企业税款补征工作。加大对社会保险费征缴信息化投入,积极推进与社保等有关部门的信息联网,不断提高使用效率。

【各项规费征收】坚持"税费并重",努力推进社保费"五费合征"工作。全面按照企业工资总额的"最低申报比例"办法确定缴费基数,进一步扩大征缴面,保证社会保险费收入稳步增长。做好用人单位基本养老保险缴费比例和城镇个体劳动者基本养老保险缴费比例从 17%下调到 14%的征收衔接工作,并在 2009 年 3 月为全市 2323 家企业和 2 万多名灵活就业人员减征 1 个月,全年共减征社保费 3828 万元。坚持应收尽收,组织开展社保费清算,共清算企业 1854 家,补缴社会保险费 743 万元。同时根据省局社会保险基金专项治理工作通知精神,积极开展社会保险专项治理,确保未登记企业及时申报、缴纳社保费。

【税务稽查】大力推行"阳光稽查""调研式稽查"和"目录式稽查",确保稽查案件查处的公开、公平与公正,正确处理好检查与服务的关系,把重点从工业性企业转到服务业、中介等第三产业,转到土地使用税、房产税和其他小税种以及企业所得税在国税管理的企业上来,全年重点检查企业 154 家,查补入库税费 2938 万元;与公安、国税、镇(街道)等部门联合,开展打击制售假发票的专项整治,加大对制售假发票和利用假发票偷税等税收违法行为的查处力度,查处力度市场管理服务公司使用假发票等案件,查获餐饮业假发票 502 本,抓获犯罪嫌疑人 1 人,严厉打击制售假发票的违法行为。

队伍建设【深入开展学习实践科学发展观活动】3 月份由局班子成员分头组织各科室开展团队调研,提出科学发展建议 26 条。4 月份全体中层以上干部与全市 100 家重点企业建立一对一帮扶联系制度,共落实政策 260 余条次。同时,建立新办企业办税辅导日制度、扩大税务登记免填单业务、网上互动交流服务等 8 大服务举措,创出财税特色。在全市学习实践办组织开展的"献策临海"活动中,荣获"组织奖",被临海市委评为"践行科学发展观先进基层党组织",被台州市委宣传部评为第五批学习型组织示范点。

【教育培训】继续深化学习型组织建设,完善党组学习会、公务员讲台、学习讲台等制度,狠抓干部在岗学习、团队学习。开展十七大、十七届四中全会精神教育活动,组织经济担保公司业务、清费减负政策、新农村建设扶持政策、新税法业务等知识培训,1960 年以后出生的干部参加普通话培训并全部通过了测试。组织新录用公务员参加任前培训等。至 2009 年底,90%以上干部拥有各类职称,中级以上职称 156 人,达到 68%,高级职称人员 13 人,职称结构得到改善。

【财税文化建设】坚持以先进财税文化引导人,乒乓球、摄影、排舞等健康有益的文体活动蓬勃开展。局代表队在台州市财税系统庆祝新中国成立 60 周年文艺调演中荣获二等奖,在临海市庆祝新中国成立 60 周年歌咏比赛中获最佳演唱奖,并在江南长城节期间成功举办全省"税务杯"桥牌邀请赛。全年有 100 多篇干部撰写的文章发表在《中国财经报》、《浙江税务》、《浙江财税与会计》等报纸杂志上。

【廉政建设】全面落实党风廉政建设责任制和《惩防体系 2008—2012 年工作方案》,建立党政齐抓共管,纪检组织落实,各责任人负其责的立体式、全方位惩防体系。学习好、贯彻好、落实好中纪委全会精神,在规范公务员津补贴的大环境下,健全教育机制、约束机制、监督机制、廉政激励机制、测评预警机制和职务犯罪预防体系,用制度管人、靠制度治税、按制度办事。加强领导班子和中层干部队伍建设,7 月份对部分中层干部进行调整和轮岗。推进"一个领导分管、一个科室负责、一个窗口对外"的"一线工作法",干部自觉践行党风廉政责任制,提高廉洁自律意识,提升财税队伍新形象。

【机关作风建设】全面开展"治庸、治懒、治散",查干部作风、查工作效率、查规范执法、查执行规定、完成工作任务。重申效能禁令,重点科室和关键岗位实行重点监督、效能考评,多次组织明察暗访,强调制度纪律,宣传酒驾处理规定,规范管理对外公开(监督)电话,推进作风效能建设。

【创建文明单位】深入开展争先创优活动。全局干部围绕市委、市政府"比服务"工作要求,积极开展争创"青年文明号"、"文明单位"、"基层满意站所"、"作风建设十佳单位"等活动。在各级评先创优中,取得优异成绩,全系统荣获"两年工作"先进集体、责任制考核优秀单位等各级荣誉 125 项,全局三个职能科室在全市效能评议中均取得好成绩。

(临海市地方税务局供稿 沈卫山撰写)

温岭市地方税务工作概述

局长 江涌清

经济概况 2009 年,温岭市实现生产总值 498.73 亿元,增长 10.0%;人均生产总值 42260 元。其中:第一产业增加值 36.07 亿元,增长 2.1%;第二产业增加值 261.18 亿元,增长 10.4%;第三产业增加值 201.48 亿元,增长 10.7%。第一、二、三产业增加值结构由上年的 7.9:52.8:39.3 调整为 7.2:52.4:40.4。全市财政总收入 47.55 亿元,比上年增长 4.8%。其中:地方财政收入 25.02 亿元,增长 7.0%。

税收概况【任务完成情况】2009 年,全市地税部门共组织各项收入 29.15 亿元,增长 7.7%。其中:税收收入 20.29 亿元,增长 6.7%;非税收入 8.86 亿元,增长 10.0%。

【税收特点】一是税收收入增幅呈现前低后高。1—6 月份税收收入同比增幅均为负增长，从 7 月份转负为正并呈逐月增长态势，其中 12 月份税收收入同比增幅达 41.4%。二是房地产业增收一枝独秀。从二季度开始,房地产市场交易量价齐升,全年房地产业税收收入 4.97 亿元,比上年增长 26.4%。三是税种结构趋优。全年地方税入库 11.77 亿元,增幅 17.4%,占税收收入的 58.0%，所占比重比上年同期提高 5.3 个百分点。四是所得税出现负增长。企业所得税、个人所得税在连续几年高速增长后出现负增长。其中:企业所得税增幅同比下降 6.1%，比重较上年同期下降 2.5 个百分点;个人所得税增幅同比下降 4.5%,比重较上年同期下降 2.8 个百分点。

【税源分析】1. 营业税:入库 6.79 亿元,同比增长 20.6%,主要增收行业为房地产业和租赁商务服务业。其中:房地产业同比增收 9335 万元,增长 51.4%;租赁、商务服务业同比增收 1059 万元。增收原因:一是各项重点工程项目稳步推进,房价攀升,二手房交易活跃;二是温岭市购物中心服务有限公司摊位重新招标,租金同比大幅上升,营业税同比增收 967 万元,增长 34.5%。

2. 企业所得税:入库 3.68 亿元,同比下降 6.1%。减收原因:一是受部分房地产公司未开发新楼盘等因素影响,房地产业企业所得税同比减收 2363 万元;二是新企业所得税法实施以及小型微利企业企业所得税减免造成减收。

3. 个人所得税:入库 4.84 亿元,同比下降 4.5%。减收原因:一是各企业的盈利能力和股份分红明显不如上年同期,其中利息、股息、红利所得和个体工商户生产经营所得两税目分别减收 1465 万元和 4131 万元。二是由于国家取消养路费,代征环节变更,造成一定减收。

4. 其他税收: 入库地方八税 4.98 亿元,同比增长 13.3%。其中增幅最高的是城镇土地使用税,入库 1.04 亿元,增幅 54.8%,主要是税率调整;减幅最大的是车船税,入库 1864 万元,降幅 18.8%。

各项工作情况【优化收入结构】建立建筑业工程项目、房地产业商品房税收管理台账,以台账监控进度,建筑业、房地产业分别入库 2.72 亿元、4.97 亿元,分别增长 8.3%、26.4%;继续开展企业分离发展服务业工作,推进第三产业发展壮大;全面开展饮食业大户等纳税定额调整,专项开展住宿业、租赁业纳税评估;认真执行城建土地使用税政策,全面清查自建厂房,全年土地使用税比上年增长 54.8%。全年入库地方税 11.77 亿元,比上年增长 17.4%,占到税收收入总量的 58.0%,与上年相比提高 5.28 个百分点。

【帮扶企业“春雨”专项行动】落实各项税收减免政策,共为 563 户企业和个人减免税款 6143 万元。落实社会保险费企业缴纳部分停征一个月政策,共减征社会保险费 2990 万元。认真执行用人单位基本养老保险费缴费比例调整政策,共为企业减负 8250 万元。扶持农业龙头和安置残疾职工企业,减免水利建设资金、教育费附加和地方教育费附加 178.16 万元。

【推进企业分离发展服务业】在强化政策宣传基础上,结合拟分离企业生产经营实际,进行分类指导,协助制订分离发展方案,在办理税务登记、发票领购、纳税辅导、房产、土地过户等工作中提供快速高效服务。同时,加强与相关单位的协调配合,帮助企业解决在分离工作中涉及的资质、验审等问题。各税务分局对主辅分离企业,开辟办税绿色通道,落实专人联系,采取一对一方式提供个性化服务，辅导企业建账、建制，建立回访制度，优化已分离企业后续服务。到 2009 年底,全市有 17 家企业完成分离工作,其中分离出物流企业(运输)4 家、安装企业 1 家、贸易企业 6 家、技术服务企业 3 家、咨询服务企业 2 家、物业管理企业 1 家。

【税收法制建设与税收宣传】抓好依法行政第二个五年规划的制订，开展税收执法责任制电子化考核;做好规范性文件的会签和执法依据的清理,建议废止 24 个失效的规范性文件;2009 年，连续第五年被台州市人民政府评为依法行政优秀单位。认真开展第 18 个全国税收宣传月活动,在开展标语式宣传、制作宣传小册子、开展全市税收宣传咨询日活动和召开地税纳税大户代表座谈会等多种传统宣传方式的同时,分“百名老总寄语税收发展”、“千名财务精英齐擂税赛战鼓”、“万名学童共书画信佳作”三个系列开展“税信天使·情飘万家”大型税宣活动。

【征管改革与税源管理】对上年度所得税税负率

偏低或纳税异常的纳税人开展纳税评估;对饮食业大户和国地税共管的水泵、电机等重点行业进行定额调整,平均调增幅度13.2%。抓好税种管理,对733户企业的所得税征收方式进行重新鉴定;落实年所得12万元以上个人所得税自行纳税申报办法,个税全员明细扣缴申报月平均覆盖率达98.1%;在国家取消公路养路费、公路运输管理费等6项收费,公管部门中止委托代征税款后,及时落实征管措施,从2009年2月1日起对全市所有客运业纳税户实行统一向地税机关申报纳税;编制涵盖全市118个涉税小行业的《小行业目录》,夯实税收征管基础。

扩大县市级以上重点税源监控企业至1350家,地市级监控企业至349家,省级及以上重点税源监控企业至73家,并均衡分布于各行业,基本上将年入库税款10万元以上及所得税查账征收企业列为监控对象。在按年分季分解税收计划基础上,实行税收入库“每日一报”制度,实行分税种、分行业分析,做到税收旬测和月测。2009年,税收收入预测综合误差率控制在3.02%以内。

【信息化建设】将10000多户代征户纳入专项管理,明晰申报管理户、双定管理户、专项管理户口径;推广应用《税友2006》不动产建筑业税收项目管理软件工作实施方案,在九龙房产等4家企业进行试点并获得成功;将《税友2006》系统社保号码由原来的6位统一升至8位,并重新修改社保原始数据接收转换程序,增加程序判断功能,减少社保数据差错;继续组织《税友2006》自定义报表开发,自定义报表已达100张。

【各项规费征收】从2009年起,全面接收社保费征收,月增收入170万元。实行残保金按月征收,全年征收额1355万元,比上年增长8.1%。逐步接收医疗保险金征收,全年增收4921万元,占到五费增加额的63.3%。深入开展社保费结算、数据清理和专项清欠,使入库率达到99.9%。全年9项规费收入8.82亿元,比上年增长10%,占到全市地税部门总收入的30.3%。

【税务稽查】对大型超市、建筑安装业等6个行业开展税收专项检查,对鞋料销售、水泵等多个行业开展企业所得税检查和行业税收专项整治。全年共检查233户,查补总额2755万元,其中查补税额2350万元。选送的“温岭市城乡建设开发有限公司偷税案”被省地税局评为2009年稽查案件评比一等奖,是自2005年以来第三次获奖。

【优化纳税服务】制作《有关税收政策摘编》和《百条税费优惠政策汇编》等寄发至广大纳税人,让纳税人及时了解最新的税费优惠政策;分批次组织财税干部深入企业进行纳税辅导、政策讲解,并配合当地政府开展“帮扶企业,破解难题”活动。在实施多形式的纳税申报方式方便纳税人的基础上,还推行多种阳光服务,如推行AB岗服务、一次性告知服务、提醒服务等。在各税务分局实施多项便民制度,如推行办税大厅工作人员征税期早会制度、文明礼仪达标制度、纳税服务联系卡制度、办税大厅办事全程服务代理制度以及办税服务大厅工作人员轮流值班日制度;推出服务评价网络体系,接受上门办税的纳税人对办税质量的评价。

队伍建设【财税文化建设】注重发挥党、团、工、妇作用,引导干部职工开展健康、文明的业余活动。鼓励登山、钓鱼等兴趣小组开展活动,组织干部进行拓展训练,举办趣味运动会、包汤圆比赛等活动。重视做好“爱心帮扶”工作,局机关四个党支部分别与松门镇基层支部开展结对共建活动。编发第一期文化期刊《光影财税》,鼓励干部参与上级部门组织的征文、摄影等比赛。

【机关作风建设】将学习实践科学发展观作为思想政治工作的主线,专题开展以“提高工作水平、提高办事效率和服务转型升级、服务财税发展”为主题的机关作风专项整顿活动,采取开设网上信箱、发放征求意见表、上门座谈、民主恳谈等多种形式,向全市1500家规模以上企业及全市89个部门寄发征求意见表,拓宽作风整改的渠道。

【教育培训】按计划实施13个班次约6000多人次的全年教育培训,组织全体中层以上干部参加素质提升培训,组织内审员进行ISO9001:2008版转版培训,选送8名年轻干部参加高学历学习。至2009年底,全局有硕士研究生14人、本科学历229人、大专学历67人,大专以上学历占到总人数的96.9%;高级职称14人,中级职称82人;进入省地税局、省财政厅各类人才库的有10人,在读研究生18人。

【廉政建设】以明确责任为前提,开展签订责任状、廉政承诺、述廉评廉、召开监督员会议等活动使廉政教育一级抓一级、层层抓落实。以廉政文化建设为载体,通过组织专题讲座、预防职务犯罪教育展板展示、廉政知识测试以及廉洁从政征文比赛等活动,提高干部拒腐防变意识。对34个内审不合格项开展跟踪检查,按照行政执法责任制和执法过错责任追究办法追究责任人过错。

【创建文明单位】2009年,获得温岭市级以上表彰79项,被评为全省地税系统稽查工作、征管目标责任制、税政管理、规费管理、税收宣传月活动先进单位。城区分局被评为浙江省文明单位,松门分局被评为全省地税系统基层文明单位,狄秀松被评为浙江省劳动模范,刘文军被评为台州市劳动模范。

(温岭市地方税务局供稿　潘方军　蒋丽娜撰写)

三门县地方税务工作概述

局长　奚建华

经济概况　2009年,三门县实现地区生产总值86.63亿元,按可比价格计算,比上年增长10.5%。其中:第一产业增加值13.42亿元,增长2.5%;第二产业增加值37.54亿元,增长12.4%;第三产业增加值35.67亿元,增长11.3%。第一、二、三产业增加值结构由上年的15.6:43.7:40.7调整为15.5:43.3:41.2。全县完成财政总收入11.63亿元,比上年增长8.5%,其中地方财政收入6.61亿元,比上年增长8.1%。

税收概况【任务完成情况】2009年,三门县地方税务部门共组织各项收入7.63亿元,增长9.27%。其中:税收收入5.08亿元,增长10.44%;组织各类基金、费等其他收入2.55亿元,增长7.02%。

【税收特点】一是税收收入增长乏力。2007年和2008年的税收收入分别增长32.63%和21.75%,2009年的增幅为10.44%,呈逐年下降趋势。二是单月收入增幅呈现先抑后扬走势。2—5月份单月增幅出现负增长,9—12月份则呈现高幅增长态势,月度振幅较大。三是行业税收增减收明显。机电行业因政策性原因减收1251万元,同比下降26.23%;建筑业因核电工程的支撑增收971万元,同比增长10.48%;服务业增收962万元,同比增长92.15%。四是地税收入结构趋优。主要是企业所得税的大幅下降,营业税及地方小税种的快速增长。

【税源分析】1.营业税:入库2.09亿元,同比增长16.39%。增收因素:一是核电工程及相关项目不断推进,为税收收入提供稳定的税源,全年核电区块入库营业税6038万元,同比增长127.42%。二是房地产行业出现价升量增现象,全年入库2772万元,同比增长9.48%。三是金融业入库750万元,同比增长9.49%;建筑业入库7467万元,同比增长10.87%。

2. 企业所得税:入库5726万元,同比下降25.35%。减收因素:一是受金融危机影响,企业效益下滑明显;二是企业所得税法定税率下降翘尾减收450万元;三是高新技术优惠政策和小型微利企业所得税减免而导致减收440万元。

3. 个人所得税:入库1.17亿元,同比增长27.24%。增减收原因:一是个人所得税全员管理系统的推广到位,抵消了部分因企业效益下滑带来工资薪金所得减收;二是加强造船业定额征收以及核电公司代征有序开展,企事业单位承包承租经营所得不断增长;三是利息、股息、红利所得不断上升;四是个私经营企业和个体工商户受金融危机影响而减收 767 万元。

4. 其他税收：入库 1.25 亿元，同比增长 11.63%。增减收原因：一是车船税由各保险公司代征，实行源头控管，增收 161 万元；二是土地增值税因预征率调高以及补征 2008 年度税款，增收 692 万元；三是城建税因营业税的增收而增长；四是资源税减收 474 万元，主要是由于炸药销售额减少。印花税减收 179 万元是由于三门核电有限公司合同签订大幅减少。

各项工作情况【优化收入结构】继续落实“三个三”工作措施，强化税收征管，加强规费征收，保障地方可用财力。全年组织营业税及地方七税 3.34 亿元，占地税收入 65.73%，与上年相比提高 2.37 个百分点。继续深化地方小税种征管，入库地方七税 1.25 亿元，同比增长 11.63%。大力组织非税收入，全年入库 2.55 亿元，同比增长 7.02%。

【帮扶企业“春雨”专项行动】审核批准 9 家企业国产设备抵免企业所得税 430 万元，审核同意 9 家企业财产损失税前列支 364 万元，减免 11 家企业城镇土地使用税 91.93 万元，减免 45 家企业房产税 343.62 万元。贯彻落实企业社会保险费缴纳比例实行临时性适当下浮政策，涉惠企业 1299 户。

【推进企业分离发展服务业】成立专门的领导小组，制订出台实施方案，从三变科技股份有限公司分离出三变科技股份有限公司经营分公司和三变科技股份有限公司技术中心，在浙江尔格科技有限公司分离出浙江尔格科技有限公司研发中心。2009 年，分离出的 3 家服务业企业产生营业收入 125 万元、地方税收入 23 万元。

【税收法制建设与税收宣传】开展“五五”普法宣传，修改地税系统执法责任制考核管理功能，布置开展税收执法自查。组织召开案件审理委员会会议，对 3 起重大税务案件进行审理。加强税收文件的规范性审核和清理工作。开展第 18 个全国税收宣传月活动，与县邮政局联合开展“鸿雁传‘税’”活动，进行税收知识有奖答题；国地税部门联合开展在线答复税法咨询活动；与县体育局联合举办三门县“地税杯”干部职工羽毛球比赛；开展“网送税法连万家”活动；利用《三门报》、广播电视、横幅标语、宣传册发放等多种形式开展税法宣传。

【征管改革与税源管理】与天台、仙居县局联合做好 ISO 质量管理体系培训。推广应用建筑业和不动产开票软件。完善交通运输业税收管理，车船税由委托公管所代征改为委托保险机构代征，将客运车辆的相关税费交由车辆挂靠的运输公司委托代征。开展日常纳税评估，对租赁行业进行专项纳税评估，完善纳税评估体系。加强重点企业监控，强化建筑房地产等重点行业的税源管理，加强对营业税等重点税种监管，探索对橡胶和纺织行业所得税实施预警率管理，加强对企业自建工程的税收管理。

【信息化建设】做好《税友 2006》征收管理信息系统的维护和管理，认真准备县级数据集中工作；根据省局制订的网络及安全设备配置、网络端口及 IP 地址配置等标准，结合三门实际，对 IP 进行规划并付诸实施，保障网络建设的科学合理；做好契税、耕地占用税及一体化征管软件上线工作；完成货运发票税控系统的升级运行工作；做好网站管理规范化和信息上网审核制度化工作。

【各项规费征收】全年入库各项规费收入 2.55 亿元，同比增长 7.02%。一是部署做好 2008 年度社会保险费结算工作，结算企业 1205 户。二是全面推进社会保险费“五费合征”工作。出台《三门县人民政府关于推进社会保险费五费合征工作的实施意见》和《三门县社会保险费“五费合征”工作实施办法》。三是认真做好社会保险费专项治理工作。制订《三门县地方税务局社会保险基金专项治理工作实施方案》，自查并整改社会保险费征缴中存在的问题。四是做好临时性下浮社会保险费缴纳比例集中减征工作，减征各项社会保险费 1036 万元。五是认真落实水利建设专项资金减免审批政策。六是加强信息化建设，如期完成与社保部门的接口连接工作。

【税务稽查】全年检查企业 125 户，查补税费 860 万元，稽查入库率 98%，查结率 100%。一是开展税收专项检查，开展对连锁超市及电视购物企业、建筑安装业、教育培训机构、娱乐业、高收入个人所得税的专项检查；二是开展打击制售假发票专项整治活动；三是加大涉税举报案件查处力度；四是加强与国税稽查的协作。

【优化纳税服务】持续改进 ISO 质量管理体系，全面推广应用《税友 2006》快捷查询管理软件，组织税收政策法规培训，巩固提高“一窗通办”工作，开通重点纳税人 QQ 群，方便纳税人网上办税和咨询。

队伍建设 **【财税文化建设】** 一是构建活动平台。充分发挥党、团、工、妇作用，组建兴趣小组，开展体育比赛和文化活动。二是构建情感平台。组织开展领导干部谈心谈话活动，开展“送温暖、献爱心”与结对帮扶活动，支持与关心社会公益事业。三是构建制度平台。组织实施“学先进、争先进”活动，挖掘先进典型人物。

【机关作风建设】 一是完善制度。推行首问责任制、服务承诺制、限时服务制等措施，实行“一窗式、AB 岗”工作制，建立领导联系制度。二是开展行风督查。建立行风监督员督查制度，签订效能建设承诺书。三是开展纳税人满意度调查。全年分两次在全县范围内开展纳税人满意度调查，及时了解纳税人和社会各界对财税工作的满意程度。

【教育培训】 一抓在岗自学与培训。制订年度学习方案与培训计划，征订相关业务用书供干部自学。二抓全员系统培训。邀请相关业务专家，利用双休日时间进行系统业务培训，全年共组织两期系统性培训。三抓院校脱产培训。组织干部进行新一轮的院校脱产培训，提升干部业务素质、管理能力和战略思维能力。

【廉政建设】 一是进行经常性的反腐倡廉教育。运用反面典型案例开展党风廉政教育，开展“认真履行职责、自觉遵纪守法”大讨论。二是构建惩防体系。建立健全《财税系统惩防体系工作方案》，规范地税权力运行。三是利用正面事例引导。开展学习吴大观等先进事迹，运用先进典型进行引导教育。四是召开全体干部警示教育大会。客观分析发生在三门的 3 起腐败案件成因，着重指出一些倾向性、苗头性的问题。

【创建文明单位】 修订出台《三门县财政地税局先进个人评选办法》与《三门县财政地税局中层干部选拔工作暂行办法》，形成《三门县财政地税局岗位目标责任制考核办法》初稿。在抓好各基层单位“争先创优”活动的同时，着重抓好全系统的台州市级文明单位创建申报工作。

（三门县地方税务局供稿　叶照虎撰写）

仙居县地方税务工作概述

局长　姚文浩

经济概况 2009 年，仙居县实现生产总值 82.95 亿元，比上年增长 9.3%。其中：第一产业增加值 8.75 亿元，增长 2.2%；第二产业增加值 36.97 亿元，增长 9.9%；第三产业增加值 37.23 亿元，增长 10.2%。第一、二、三产业增加值结构由上年的 10.9:45.3:43.8 调整为 10.5:44.6:44.9。全县完成财政总收入 9.34 亿元，增长 1.1%，其中地方财政收入 4.94 亿元，增长 2.8%。

税收概况 **【任务完成情况】** 2009 年，全县地税部门共组织各项收入 5.57 亿元，增长 1.32%。其中：税收收入 3.35 亿元，下降 4.52%；组织各类基金、费等其他收入 2.22 亿元，增长 11.65%。

【税收特点】 一是金融危机对税收收入造成较大影响。受世界金融危机冲击、投资型税收大幅减少及政策性减收等因素影响，地税收入持续处于负增长态势，进入下半年以后，随着经济的逐步回暖，收入下降幅度也逐步趋缓，总体呈现出 V 字形走势，税收收入增幅从上半年的 -16.8%回升到年底的 -4.5%，回升了12.3个百分点。二是税种增幅冷热不均。企业所得税受稽查查补入库税款较大等非正常因素影响,增长27.4%,而营业税、个人所得税、其他各税则分别下降4.6%、21.7%、3%。三是第三产业成为收入回升的主要拉动力量。2009年,第二产业税收同比下降18.6%,其中医化、工艺品、建筑业分别下降35.4%、15.6%、17.8%;而第三产业税收则逆势上扬,增长13.9%,尤其是房地产业税收在商品房销售火爆的驱动下,增长30.9%,达到了历年来的高峰。

【税源分析】1. 营业税:入库1.25亿元,下降4.6%。减收主要是台金、诸永两条高速公路相继完工,加上无新的重大基础设施项目支撑,投资回落直接影响营业税增长;增收主要是房地产业入库营业税4503万元,增长18.1%;信贷规模大幅增加带来金融业营业税增长,入库652万元,增长53.6%。

2. 企业所得税:入库6250万元,增长27.4%。增收因素:一是加大稽查力度,确保应收尽收,查补入库1268万元,增收1178万元;二是全面开展企业所得税汇算清缴工作,本期汇算清缴入库增收571万元;三是房地产企业收入确定方式调整,增收400万元。减收因素:主要是新企业所得税法及高新技术优惠政策实施减收1300万元。

3. 个人所得税:入库7572万元,下降21.7%。主要是受金融危机影响,企业利润下降所致。

4. 地方税收:入库7199万元,下降3.0%。减收主要是土地增值税清算减少500多万元,以及土地使用税本期办理减免退库126万元造成。

各项工作情况【优化收入结构】全年入库营业税和地方七税1.97亿元,占税收收入的58.8%,比上年提高0.3个百分点。一是加强营业税征管,细化分行业、分税种营业税管理办法,注重对入库异常企业的信息比对和核查分析,堵塞征管漏洞;二是坚持“抓大不放小”,深入开展房产税、城镇土地使用税税源登记与申报差异比对工作;开展车船税专项检查,规范代收代缴行为;对纳税人2008年度缴纳的增值税、消费税、营业税与城建税相关数据进行比对,对少缴税金予以补征。

【帮扶企业“春雨”专项行动】以帮助企业用足用好税收优惠政策为立足点,拓展服务广度和深度,及时将各项税收优惠政策落实到企业。开展临时性下浮社保费缴纳比例集中减征工作,全年共减征社保费616万元;将用人单位基本养老保险费缴费比例从17%下调到14%,减轻企业负担1300多万元;认真落实高新技术企业税收优惠政策,减免企业所得税477万元;依法依规落实好困难企业税费减免政策,减免房产税、城镇土地使用税、水利建设专项资金等税费450万元,有力地增强了企业抵御金融危机的能力。

【推进企业分离发展服务业】一是组织人员深入重点行业和大型企业,了解企业分离意愿;同时利用企业所得税汇算清缴培训会、重点企业座谈会等,宣传有关政策,使分离发展服务业成为企业的主动行为。二是加强与财政、国税等部门的协调沟通,共同商讨推进工业企业分离发展服务业有效办法。三是出台《关于推进企业主辅分离及发展总部经济的实施意见》,通过财政渠道对分离后的服务业企业给予一定奖励。全年共完成3家企业分离发展服务业任务。

【税收法制建设与税收宣传】制订《全面推进依法行政第二个五年规划(2009—2013)》;建立重大具体行政行为和委托行政执法备案制度;开展2009年税收执法检查工作。对全局正在实施审批的税务行政审批项目进行专项检查。对行政执法职能和法律依据进行全面梳理,并通过政府信息公开网站予以公布,接受社会监督。

积极开展第18个全国“税收宣传月”活动,围绕“税收·发展·民生”的宣传主题,在宣传形式上求创新,在宣传效果上求突破,通过组建青年税收服务队、开展诚信纳税大户表彰等活动,增进社会各界对税收的了解。

【征管改革与税源管理】一是加强收入预测和分析,实行收入逐月分析制度,增强组织收入主动性。二是扩大重点税源监控面,实行四级制度化监控管理,提升税源监控力度。三是重视外部信息采集,加强与国税、工商等部门配合协作,健全信息共享平台,建立国地税联席会议制度。四是抓好ISO9000质量管理工作,发布B/1版体系文件;大力做好推广机打发票工作,加强具名发票检查,促进以票控税;加强对漏征漏管户清理力度,每月对所有的停歇业双定户进行实地调查核实,调查面达到100%。五是开展以租赁业为重点的专项纳税评估工作,确保应收尽收。

【信息化建设】全面推广应用个人所得税全员申报管理软件,规范代扣代缴行为;启用《税友2006》快捷查询管理模块;试点应用建筑业不动产税收项目管理软件;依托《税友2006》操作平台,对城镇参保自谋职业者实行“一户通”银行批量扣缴费款,方便缴费人。

【各项规费征收】坚持把规费征收与税收征管放在同等位置来抓,进一步完善“五费合征”,加强信息比对审核,全面清理注销户、非正常户、税务登记失效企业,同时加强催报催缴力度,对161户欠费企业进行书面催缴,清缴欠费405.9万元。2009年,社保费、水利建设基金、两教育费附加共计入库2.18亿元,增长13%。

【税务稽查】树立执法与服务并重理念,合理把握稽查方式,优先采用责成自查检查方法,通过查前开展辅导、查中做好政策宣传、查后做好建议反馈,全年共完成稽查任务73户,查补入库1364万元,查处大要案1件。

【优化纳税服务】坚持把优化服务举措、提升服务水平作为与纳税人共克时艰的重要手段,选派30名业务骨干,联系32户重点税源企业、高新技术企业和困难企业,提供个性化贴心服务。发放“特别服务工作小组”名片200多张,实施“24小时、365天”全天候帮扶。设立税企交流QQ群,进行在线答疑和辅导,实现税企实时互动,现有群成员600多人。建立行业协会联络员制度,解决税源间接控管模式下税企沟通不畅的难题,向县个私协会等12个行业协会派遣联络员。

队伍建设【财税文化建设】坚持“以文化人”,组建登山、棋类、乒乓球等8个兴趣小组,经常性开展活动,引导干部职工培养积极向上的人生态度。鼓励干部职工积极参加各类文体比赛,展示地税干部良好形象,获得全县国庆歌咏大赛一等奖,全县机关运动会团体第二名。

【机关作风建设】出台《关于优化经济发展软环境的若干意见》,简化和规范工作程序,规范服务行为。继续推行全程服务、限时服务、提醒服务、预约服务等,方便纳税人。严格执行“五条禁令”,全面清理外网使用,组建内部效能监督员,不定期开展监督检查。

【教育培训】鼓励干部参加各类学历培训,开展岗位技能比赛和业务大讨论活动,多方位提高干部业务能力。通过举办财税论坛、邀请专家讲课等,拓宽干部视野,提高执行能力。

【学习实践活动】深入开展学习实践科学发展观活动,将地税工作与学习实践活动有机结合,组织了理论知识学习、演讲比赛、征文活动等,使全局上下牢固树立科学发展理念。

【廉政建设】坚持集中教育与日常教育、正面示范教育与反面警示教育相结合,增强干部廉政意识。将党风廉政建设列入局工作目标岗位责任制考核,并与科室负责人签订责任状,实现责任、措施、考核“三到位”。开展规范财政地税权力运行工作,加强对权力运行的监督和制约,确保权力正确行使。

【创建文明单位】积极鼓励干部职工参与各类创建活动,激发和引导全局干部增强责任意识、服务意识和争先创优意识,提升工作绩效,展示地税部门良好形象。获得市级文明单位称号,被县委评为2009年度“创建人民满意机关示范单位”、党建工作先进单位、第十六批县级文明单位等。

(仙居县地方税务局供稿　陈广飞撰写)

天台县地方税务工作概述

局长 余昌杰

经济概况 2009年，天台县实现生产总值101.96亿元，比上年增长8.3%。其中：第一产业增加值7.67亿元，增长2.9%；第二产业增加值45.98亿元，增长8.2%；第三产业增加值48.31亿元，增长9.1%。实现人均生产总值17827元，增长7.3%。全县财政总收入12.40亿元，增长7.8%，其中地方财政收入6.54亿元，比上年增长8.1%。

税收概况【任务完成情况】 2009年，全县地税系统共组织各项税费收入8.59亿元，比上年增长8.7%。其中：地方税收收入5.26亿元，增长10.5%，完成省地税局下达计划的120.1%；组织各类基金、费等其他收入3.33亿元，增长6.1%。地方小税种共入库1.07亿元，增长14.9%。

【税收特点】 一是走势前低后高。税收收入分季度同比增长-4.9%、1.4%、5.9%和10.5%，金融危机对实体经济的影响严重，在开展帮扶企业"春雨"专项行动和"暖冬暖心暖经济"专项行动后，在促增长、强征管各项措施推动下，税收增幅逐渐提高。二是结构更趋优化。全年营业税及地方七税收入2.85亿元，同比增长4.9%，占地税收入的54.3%。第三产业实现税收3.07亿元，增长11.2%，占税收收入的58.4%，比上年提高0.32个百分点。三是增减变化不一。全年税收收入增收4989万元，主要是房地产业营业税、企业所得税、个人所得税、地方小税种分别增收1352万元、3309万元、278万元、1399万元，合计占税收增收额的127%；出现负增长的有建筑业营业税、建筑业企业所得税、个体工商户经营所得的个人所得税、印花税，分别减收71万元、287万元、497万元、23万元。

【税源分析】 1. 营业税：入库1.78亿元，与上年基本持平，同比增收2万元。增收行业主要是房地产业、个人住房转让所得营业税。增收的主要原因：受房地产新政影响，2009年下半年以来房地产营业税快速反弹推动，特别是第三季度房地产业营业税入库3890万元，同比增长118.8%，一举扭转上半年房地产业营业税下滑较大的趋势。

2. 企业所得税：入库1.20亿元，同比增长38.0%。增收原因：一是由于汇算清缴入库1588万元，同比增收近800万元；二是由于经济企稳回升，预缴所得税9139万元，同比增收近2000万元；同时加大稽查与日常管理力度，全年企业所得税查补税款1288万元，同比增收382万元。

3. 个人所得税：入库1.20亿元，同比增长2.4%。由于加大工资薪金所得税代扣代缴工作以及财产转让所得税增长较大，在个体工商户生产经营所得个税大幅下滑的情况下，保持稳定增长。

4. 其他税收：入库1.08亿元，同比增长14.9%。增收的主要原因：城建税全年入库3637万元，增收501万元，增长16.0%，增长的主要原因是查补入库355万元；土地增值税由于房地产业交易的火爆，预缴增长较大，全年土地增值税入库2231万元，同比增收591万元，增长36.0%。

各项工作情况【优化收入结构】牢固树立税收经济观，积极推进以旅游业为龙头的第三产业发展，努力实现经济税收的良性互动。加强与相关经济管理部门以及当地党委政府之间的信息沟通，及时掌握税源变动趋势，制订组织收入预案，增强组织收入的前瞻性、科学性和有效性。坚持“抓大不放小”，切实抓好地方税收的征管，科学把握组织收入的节奏、力度和重点，从公平税负角度抓收入、从拓宽税基角度抓收入、从优化结构角度抓收入，努力实现组织收入速度、结构、质量和效益相统一。全年营业税及地方七税收入2.85亿元，同比增长4.9%，占地税收入的54.3%。

【帮扶企业“春雨”专项行动】积极开展帮扶企业“春雨”专项行动和“暖心暖经济”专项行动，组织“百名税干进百企”、“税企恳谈”等活动，为企业“送温暖、送政策、送服务、送信息、送信心”。主动兑现各类优惠政策，审批国产设备投资抵免422万元，批准技术开发费加计扣除3955万元，落实高新技术优惠政策减征企业所得税2722万元，依法减免地方税收3064万元。实行社保费临时性下浮政策为用人单位和自由职业者减负2400万元。“暖心暖经济”专项行动引起上级的关注和肯定，浙江电视台专程到天台县拍摄专题片在全省播出。

【推进企业分离发展服务业】加强调研和政策辅导，助推企业转型升级。一是抓分离发展服务业的政策宣传。二是开展调研，发掘企业分离发展服务业新途径，培育企业新“增长点”。三是推动县政府出台《天台县关于推进企业主辅分离发展服务业的实施意见》，从财政、税收、综合服务三方联动推进主辅分离工作。全年有4家企业实行主辅业分离。

【税收法制建设与税收宣传】全面开展行政审批项目清理和规范性文件清理，切实加强税收执法检查和执法监察力度，严格规范执法。利用宣传册、税收公益广告等载体在县党代会、人代会、经济工作会议等会议期间开展税收宣传。在各乡镇开展以“税收·发展·民生”为主题的税收文艺宣传演出。建立税企定期联系制度，主动开展新《企业所得税法实施条例》等税收新政面向企业宣传贯彻。做好2008—2009年度政府信息主动公开工作，政府信息公开量位居全县各部门单位前列。

【征管改革与税源管理】按照“分工协作、部门联动、相互监督、优势互补、共同提高”原则，进一步完善征管、稽查、法规相互制衡工作机制。税收征管社会化建设进一步推进，将个人出租房税收、装饰业税收、个体货运定额税收分别委托镇(街道)、消防部门、税务师事务所代征，从源头上加以控管。各代征单位全年共代征税款1060万元，比上年增长50.8%。完善“数据采集—税源监控—税收分析—纳税评估—税务稽查”横向互动机制，组织开展全县性经济税源调研活动。加强重点税源监控工作，市级、县级监控从2008年的28户、228户分别增加到50户、280户，监控范围涉及制造业、交通运输、建筑安装等19个行业，监控面达82%。

【信息化建设】完善网络信息安全制度建设，出台网络安全巡检制度、系统补丁定期下发制度。全面推行网络申报等现代信息化办税手段，积极推广应用《税友2006》快捷查询管理软件、不动产项目管理软件、代征软件及网税CA用户申报；同时，加强网络和数据安全建设。

【各项规费征收】2009年，全局规费收入3.32亿元，同比增长6.3%。按照《关于实行社会保险费五费合征工作的通知》，利用社保、地税联网及“一户通”扣缴手段，简化缴费手续，全面推行社保“五费合征”，全年共征缴社会保险费2.72亿元，同比增长5.8%。

【税务稽查】针对2009年企业发展的艰难形势，开展调研型稽查、服务型稽查。建立稽查程序、法律依据、廉政制度“三公开”制度，实行查后回访和业务帮扶，打造“阳光稽查”。积极发挥稽查职能，开展行业税收专项检查和重点税源自查、重点检查工作，先后对营利性医疗机构、教育培训机构、电力行业、保险业、旅游业共81户纳税人进行稽查，查补税款1184万元，全部入库。

【优化纳税服务】对全部纳税服务流程进行优化整合，实行“办税服务一站式、业务受理一窗式、信息采集一次式、申报征管一网式、档案管理一户式”的“五个一”服务举措，优化办税软环境。完善“首问责任制”等20多项服务制度。完善“假日服务”、“提醒服务”、“延时服务”、“预约服务”等服务举措。加强纳税服务平台建设，实施退税短信提醒服务、POS机刷卡缴纳税费，拓展网税系统，全面优化纳税服务举措。

队伍建设【财税文化建设】以学习实践科学发展

观活动为契机,举办学习实践科学发展观活动系列大讲堂,邀请财政部中国财税博物馆馆长翁礼华等人开办专题讲座;创作两首财税之歌——《财税之歌》和《“税”月流金》;举办庆新中国60华诞《财税之歌》大型文艺晚会;开办摄影、书画等9个兴趣小组;开展拓展训练,激发干部团队意识。通过提炼财税文化核心价值理念,以优秀的财税文化引导、激励干部队伍,用积极的财税精神团结、凝聚干部人心,营造充满活力、积极向上的良好氛围。

【机关作风建设】结合学习实践科学发展观活动,把作风建设引向深入。继续开展“联村联户连心”活动,筹集结对扶贫资金13万多元。倡导干部深入开展调研,共组织调研文章32篇,部分调研成果为县委、县政府决策所采用。完善纳税服务评价器等服务设施,建立起优化纳税服务长效机制,城区、苍山、平桥分局办税服务厅均被评为第二批县级文明单位。

【教育培训】制订干部教育培训计划,组织开展FOA综合平台、所得税政策、国库集中支付软件等系列培训。用制度来规范、引导和鼓励干部职工参加学历教育和职称考评,提升干部综合素质,全局取得大专以上学历的人员占95%,其中本科以上学历占60%。全局累计取得硕士学位7人;高级会计师15人,中级职称68人,中高级职称人数占全局总人数的41%。

【廉政建设】按照《天台县财政地税系统建立健全惩治和预防腐败体系2008—2012年实施细则》要求,围绕“育廉、保廉、助廉、促廉”四个“廉”,突出廉政建设,完善“三不”(不想为、不能为、不敢为)机制,构建符合科学发展的财税部门权力运行构架和运行模式。积极开展廉政文化进机关活动。设立廉政文化活动室、开展原创廉政短信大赛,创作财税廉政题材作品。2009年,天台县局被评为台州市廉政文化示范点。

【创建文明单位】抓好重点岗位动态监管工作,在基层单位开展争创“基层文明站所”活动,平桥分局被省局评为“群众满意基层站所”、城区分局被市纪委评为“群众满意基层站所”。2009年,天台县局首次荣获“全国税务系统先进集体”,荣获“天台县级机关单位工作目标责任制考核优秀单位”、“台州市财政地税系统工作目标考核先进单位”称号,并连续第二次被台州市委、市政府评为“市级文明单位”。

(天台县地方税务局供稿 蔡 斌撰写)

玉环县地方税务工作概述

局长 张恢卓

经济概况 2009年,玉环县实现地区生产总值243.33亿元,按可比价格计算,增长0.30%。其中:第一产业增加值16.38亿元,比上年减少0.60%;第二产业增加值151.91亿元,减少3.40%;第三产业增加值75.04亿元,增长9.20%。第一、二、三产业增加值结构由上年的6.85:64.83:28.32调整为6.73:62.43:30.84。全县完成财政总收入37.01亿元,比上年增长3.81%,其中地方财政收入16.56亿元,比上年增长4.61%。

税收概况【任务完成情况】2009年,全县地税系统共组织各项收入17.19亿元,下降2.12%。其中:税收收入11.70亿元,增长0.80%;组织各类基金、费等其他收入5.49亿元,减少7.80%。

【税收特点】一是税收收入逐渐回升转好,各季度增幅分别为-28.99%、0.14%、6.96%、0.80%。二是三大主体税种增幅不一，除企业所得税高幅下降外，营业税和个人所得税出现小幅增长，增幅相差48.51个百分点。三是地方税种增长明显，地方七税增幅达15.23%，分别高出企业所得税、个人所得税增幅34.28个、8.48个百分点。四是第三产业税收增长明显，入库5.29亿元，增长14.59%，占税收收入的45.20%，同比增加5.44个百分点。五是非税收入明显下降，受社会保险费“降率减征”政策影响，非税收入降幅高出税收收入的10.02个百分点。

【税源分析】 1. 营业税：全年入库3.56亿元，增收5855万元，增长19.66%。增收主要来自金融、房地产、建筑等行业，分别增长66.26%、30.91%、23.93%。交通运输业减收21.5%，减收因素：受工业经济不景气影响，运输发票开票业务量大幅减少。

2. 企业所得税：全年入库2.56亿元，减收1.04亿元，下降28.85%。主要以制造业和批发零售业下降最为明显。减收因素：企业受金融危机影响销售下降，税收明显减少；浙江苏泊尔股份有限公司转为三资企业，企业所得税由国税部门征收，造成减收。

3. 个人所得税：全年入库2.68亿元，增收1697万元，增长6.75%。增收因素：加强工资、薪金所得个人所得税委托代征，规范全县教育系统个人所得税代扣代缴管理；浙江苏泊尔股份有限公司发放股权激励入库个人所得税4049万元，成为税收亮点。

4. 其他税收：全年入库2.89亿元，增收3820万元，增长15.23%。增收主要来自房产税、城镇土地使用税、土地增值税和车船税，分别增长33.19%、51.99%、84.95%、96.02%。增收因素：房产税和城镇土地使用税两税普查促使增收明显，税源普查推动土地增值税持续增长，车船税由保险公司代征代扣大幅增收。

各项工作情况 **【优化收入结构】**通过“抓大、评中、定小”，健全“五位一体”税源管理互动机制，完善税源间接控管模式，加强主体税种源头控管，分行业设置所得税最低预征率，规范个人所得税委托代征、代扣代缴管理，跟踪管理政府投资项目、企业自建厂房；实施财税精细化管理，“抓大不放小”，强化企业运输发票控管，加速房地产税收一体化进程，开展土地增值税清算，推进车船税代征代扣，营业税和地方七税收入占税收收入的55.15%，比上年提高7.89个百分点，比重首次超过50%。

【帮扶企业“春雨”专项行动】按照“减困、帮扶、服务”要求，开展“春雨”专项活动，落实财产损失、技术开发费加计扣除等各类税收优惠政策，取消或暂停、减免和降低57项行政事业性收费，下调基本养老保险费率、临时下浮企业社会保险费等，为企业、个人减负3.33亿元；开展基层专题蹲点调研和“百名财税干部进企业”活动，由局领导班子成员带队，组织财税干部200多人次通过上门走访、专题座谈等，深入300多家企业和村居，为企业和村居送信心、送政策、送服务、送资金、送信息。

【推进企业分离发展服务业】成立工作领导小组，制订进一步推进企业分离发展服务业工作实施方案，并出台推进企业主辅分离相关政策意见；建立局领导联系分局工作制度，走访企业开展实地调研，形成有效的工作机制；认真落实县政府推进工业企业实施主辅分离和扶持废旧金属回收利用企业发展的意见，加强对符合分离条件企业的宣传落实，重点抓好大型物流企业承担部分企业主辅分离任务；成功分离注册登记10户企业，提前超额完成任务。

【税收法制建设与税收宣传】通过规范性文件审核、重大案件审理、行政执法案卷评查、依法行政考核等措施，加强税收执法监督，规范行政执法行为。围绕“税收·发展·民生”宣传主题，加大税费优惠政策、社会保险费“降率减征”、分离发展服务业等宣传，设置大型广告牌宣传地方税费知识，以“以案说法”形式在电视台宣传典型案例。通过刊登和播放宣传内容、组织企业财会人员学习培训、在服务窗口发放宣传册子等措施，宣传贯彻落实“一法两条例”。

【征管改革与税源管理】完成2008年度年所得12万元以上纳税人自行纳税申报，共受理上门申报2891人，超额完成任务。规范社会借款利息税收征管，加强自然人股东股权转让个人所得税征管，通过新办企业“两税”税源调查登记、季后申报后与税源登记信息比对、年度汇算清缴或年度税费结算对“两税”的年度结算等制度，建立税源管理《税友2006》征管系统信息库。实地核查47家2009年度自开票运输企业，取消自开票纳税人资格7户。纳税评估实行“人机结合”模式，共评估企业140家，评估调整应税所得额1500万元，补缴税款670万元。加强双定户比对管理，制订个体工商业户双定户参数定税法定额标准，调增27家卡拉OK厅定额。

【信息化建设】推广应用《税友2006》不动产建筑业税收项目管理软件，全面运作《税友2006》快速查询模块。做好电脑版普通发票开票软件应用升级工作，使用电脑版开票用户近1000户。利用《税友2006》信息系统短信催报催缴平台，向纳税人发送催报催缴、通知告示等相关信息29925条。

【各项规费征收】全面实施社会保险费“五费合征”，实行社保提供企业(个人)变动信息、社保数据来源标记、结算标记错误、五费专用申报表等个性化查询管理，社会保险费收入3.55亿元；利用税源间接控管平台，强化三项规费管理，实施重点费源监控，加强数据比对分析，教育费附加、地方教育附加和水利建设专项资金三项规费收入1.71亿元。

【税务稽查】2009年共检查企业175户，查补税费2522万元。一是对教育培训、医疗、旅游等五个行业组织实施税收专项检查；二是联合县公安局、国税局开展打击制售假发票和非法代开发票专项整治活动，对使用假发票、开具收款收据、非法代开发票等违法违章行为区别分类、严肃处理；三是加强举报案件查处，规范涉税违法案件举报管理，明确岗位职责，规范操作程序。

【优化纳税服务】完善办税服务厅功能，导入“一窗式”服务，缩短办税大厅服务时间，提高办事效率；改造办税服务厅硬件，设置税务咨询区、纳税人休息区、税务宣传资料索取区、办税填表区，统一安装门牌标识、醒目办税标志；完善考评制度，加强窗口工作人员服务质量考核，在办税服务厅设置“纳税服务评价器”，方便纳税人直接对服务质量等指标进行评价；全面落实税务登记免填单服务、“补正承诺制”、POS机刷卡缴税措施。

队伍建设【财税文化建设】以“学习、制度、情感、激励、宣传和活动”六个平台为载体，推进财税文化建设，发挥党、团、工、妇作用，组建文体俱乐部，开辟羽毛球、乒乓球、健身房等场地，举办全县财税系统首届羽毛球比赛。

【机关作风建设】围绕“完善公共财政、构建和谐税收、服务科学发展”实践载体，成立局学习实践活动领导小组，以“深化双服务、建设三平台”活动为契机，按照“规定动作到位、自选动作创新”要求，开展深入学习实践科学发展观活动，通过学习调研、分析检查、整改落实三个环节，研究制订学习实践活动实施方案、各阶段工作方案和工作计划6个，组织召开各阶段动员大会及各类讨论会、生活会、座谈会15次。

【教育培训】通过“走出去”和“请进来”，邀请县讲师团讲师上课，组织全体中层以上干部赴上海国家会计学院学习，安排部分非财税专业干部到市财税干校参加学习培训，组织基层单位干部职工在县委党校进行素质培训，鼓励系统内业务骨干参加硕士等高学历进修，全面提高干部职工综合素质。充分运用网络教育资源，探索党员干部远程教育。

【廉政建设】贯彻落实党风廉政建设责任制，完善工作机制，建立健全内控机制，规范财税权力运行，推进惩防体系建设，将稽查局纳入县级部门关键岗位重点监督、绩效考评范围，进一步规范为民办实事、干好事程序。

【创建文明单位】参与县“人民满意机关”、“群众满意站所队室(办事窗口)”及各级青年文明号、巾帼文明岗、青年岗位能手创建活动。2009年，被玉环县委、县政府评为县级机关、事业单位工作目标管理责任制考核优秀单位，连续四年获得创建县“人民满意机关”示范单位称号；城区税务分局办税服务厅被评为全国“巾帼文明岗”；大麦屿税务分局获得台州市地税系统2009年度市级基层文明单位、县级“群众满意站所队室(办事窗口)”创建工作示范单位称号；坎门税务分局办税服务厅被评为台州市地税系统市级“青年文明号”。

(玉环县地方税务局供稿 盛杰星 陈 煜撰写)

舟山市地方税务工作概述

局长　王　伟

经济概况 2009年，舟山市实现地区生产总值533.3亿元，按可比价格计算（下同），比上年增长11.0%，连续11年保持两位数增长。其中：第一、二、三产业增加值分别为51.4亿元、248.3亿元和233.6亿元，其产业结构比例由上年的10.0:46.2:43.8调整为9.6:46.6:43.8，比重稳定在“二、三、一”。按户籍人口计算，人均生产总值55106元。2009年海洋经济总产出1165亿元，增长12.9%。全年全社会固定资产投资400.7亿元，增长18%；社会消费品零售总额181.69亿元，增长15.1%。全市财政总收入77.0亿元，增长15.5%，其中地方一般预算收入48.8亿元，增长13%。

税收概况【任务完成情况】2009年，全市地税系统共组织各项收入56.21亿元，同比增长11.5%。其中：税收收入突破40亿元，达到40.21亿元，比上年增长10.4%；各类费、基金收入16亿元，增长14.5%。市本级组织各项收入26.1亿元，增长10.3%。其中税收收入16.9亿元，增长8.8%；各类费、基金收入9.2亿元，增长13.1%。

【税收特点】一是税收形势由寒转暖。受金融危机影响，前4个月地税收入出现累计负增长，但降幅逐步收窄。5月成为收入拐点，当月地税收入同比增长22.9%，前5个月地税收入累计增长2.3%。二是行业间税收发展不平衡。金融危机造成重点税源重点行业发展不平衡。全市制造业发展形势良好，尤其是船舶修造业全年实现地税收入同比增长69.6%；金融保险业、房地产业均实现较快发展，全年实现地税收入分别同比增长40.5%和21.3%；受外需萎缩、货运量价齐跌影响，全市交通运输业全年实现地税收入同比下降4.8%，其中水上运输业同比下降11.4%。三是持续增收缺乏后劲。地税收入过度依赖房地产业。由于银根收紧，全市固定资产投资有所回落，同时包括舟山跨海大桥等一批重大基础设施项目竣工，而新的项目还未开工，个别项目进度减慢，建筑业施工减少，全年建筑业实现地税收入6.8亿元，同比增长1.91%，对地税收入可持续增长形成推力不足。

【税源分析】1.营业税：入库19.2亿元，同比增长7.5%。增收行业主要是房地产业、金融业和商务服务业。房地产业从2009年3月起迅速回暖，交易量和交易价格双双上涨，并持续至年底。全年房地产实现营业税4.6亿元，同比增长27.1%，成为最主要的增收因素。金融业在适度宽松货币政策的刺激下也有较快发展，市金融部门积极引进“杭州”、“浙商”等地方银行，对城市和农村信用社进行改制，进一步规范并刺激全市金融业健康稳定发展。但作为上年营业税增收重点行业的建筑业2009年增收乏力，2009年建筑业营业税负增长1.8%。全市交通运输业尤其是海运业受到严重冲击，海运业营业税负增长19.6%。

2. 企业所得税：入库5.1亿元，同比增长1.5%。增收行业主要是机械设备制造业、船舶修造业和交通运输业。其中船舶修造业实现企业所得税同比增长26.0%，机械设备加工制造业实现企业所得税同比增长12%，交通运输业实现企业所得税同比大幅增长58.7%，上述三个行业累计增收6981万元。而批发零售业、房地产业等行业实现企业所得税均出现同比下降,其中房地产企业所得税同比下降18.0%。

3.个人所得税:入库6.3亿元,同比增长12.9%。征管和宣传到位,纳税人纳税意识增强,全市个人收入水平稳定增长,抓好年所得12万元以上个人所得税自行申报管理,进一步加强重点企业个人所得税税源管理。受全市工业经济、房地产业形势转好影响,经营情况良好的行业中个人收入呈现同步增长。船舶修造业个人所得税同比大幅增长161.8%,房地产业个人所得税同比大幅增长108.3%。此外,机械制造业、商务服务业、居民及其他服务业个人所得税也有较快增长。而经营状况不佳的交通运输业个人所得税出现26.1%的负增长。

4.其他税收:入库9.6亿元,同比增长20.7%。小税种实现全面增长。一是随着房地产市场逐步回升,与房产土地相关的税种纷纷实现增收。房产税同比增长41.4%,土地增值税同比增长31.3%,土地使用税同比增长16.9%。二是由于家庭购置车辆增多,车船税实现增收,全年实现同比增长28.1%。三是随着宏观经济转暖,其他各类小税种均实现正增收。城建税同比增长11.2%,印花税同比增长9.5%。

各项工作情况【优化收入结构】大力组织规费收入,完善社保费"五费合征"等征缴机制。加强地方小税种征管,全年实现地方七税收入9.6亿元,同比增长20.7%。2009年地方七税占全市税收收入的23.94%,比2008年提高2个百分点。努力调整税收产业结构,2009年全市三次产业结构比例进一步优化,税收产业结构比例调整为0.19:38.64:61.18,第三产业税收比重进一步增加。

【帮扶企业"春雨"专项行动】组织开展企业减负"春雨"专项行动。积极落实各项优惠政策,切实减轻企业和个人负担。全市减征五项社保费6933万元,其中企业减征5816万元(7093户)。积极做好养老保险费缴费比例下调工作。从2009年7月1日起,将市、区基本养老保险费单位缴费比例由18%调至14%,每年可望为企业减负8400万元,惠及企业5600多家。积极落实水利建设专项资金优惠政策。2009年全市共减免水利建设专项资金1254万元,其中市本级1131万元。切实为企业提供纳税服务,开展"地税干部进企业"活动。全市共选派87名各分管局领导、业务骨干深入到具有代表性的116户企业,累计赠送税收法规书籍283册,现场解决涉税问题219个,提供个性化服务81项,收集意见建议71条。召开"专题税企沟通会"。全市共举办税企沟通会14场次,参加人数1833人次,现场发放资料2498份。

【推进企业分离发展服务业】专门下发《舟山市地方税务局关于推进全市企业分离发展服务业的实施意见》。结合各地实际,制订一系列得力有效的工作措施。加强排查摸底、调查研究,进行可行性论证,加快推进试点工作。加强部门协调配合,加大政策宣传力度,积极优化服务。加强督促落实,建立报告制度。2009年,全市成功分离企业23家,全年新增营业收入7000万元,新增税收380万元。

【税收法制建设与税收宣传】积极落实依法行政保障措施,全面推进依法行政工作;贯彻实施税收法律法规,建立干部学法制度;积极推行行政执法责任制,强化税收执法监督;建立健全行政争议解决机制,积极化解行政执法争议;建立健全行政执法监督制度,开展税收执法和执法监察活动;建立税务决策机制,提高科学决策能力。

积极拓宽税收宣传渠道,丰富税收宣传形式。通过网络、短信、12366电话、电台等媒体,及时向社会公众宣传各类税收法律知识和税收政策。其中通过舟山财税信息网和《舟山财税政策宣传》共答复公众咨询140余条,发布政策文件150余份。

【征管改革与税源管理】加强信息数据管理,规范采集维护流程,加强第三方信息数据采集利用。落实"抓大、评中、定小"思路,强化重点税源监控管理。开展案头分析,强化预警分析管理。积极推进查管互动。

税源管理方面,积极开展股权转让税收征管工作;开展涉港投资项目税收评估;加强税种管理,保持税收收入平稳增长;全面贯彻实施新企业所得税法,做好企业所得税各项工作;认真做好2008年度年所得12万元以上个人自行纳税申报工作,及时为纳税人开具完税证明。

【信息化建设】完成局办公自动化档案系统前期上线准备工作,办公自动化档案系统进入试运行阶段。全力支持业务信息系统的开发和维护,做好《税友2006》、网上申报、个人所得税全员管理等各项应用软件系统的日常维护工作。切实加强硬件及网络安全建设，提高整体网络对各种外来威胁的抵御能力。

【各项规费征收】积极开展规费征缴扩面工作，加大社保费征收力度。2009年，全市五项社保费入库12.3亿元，同比增长16.6%。组织开展2008年度社会保险费年度结算工作，市、区共有6927户企业进行结算，结算申报率为92%，共入库统筹部分社会保险费1391万元。制订并完善机关事业单位和个体工商户的社保费征收和入库办法。组织全市开展社会保险基金专项治理工作。组织开发《社会保险费征缴系统》并推广应用，提高各规费征收管理工作效率。

【税务稽查】以"稽查能力建设"为主线，加强稽查队伍的研究能力、服务能力、执行能力等三项能力建设，并结合全市地税征管工作实际，充分发挥稽查职能作用，建立管查互动机制。2009年，全市共检查纳税334户，查补收入6262万元；稽查查补入库收入占全市同期地税部门组织工商税收收入的1.6%。查处大要案件10件，查补金额达1579万元。

【优化纳税服务】努力塑造"高效、文明"的政府窗口形象，通过一系列举措的落实，切实为纳税人提供优质服务。一是建立完善纳税服务基本制度。简化办税环节，改进办税流程。建立并落实首问责任制、补正承诺制、限时办结制等制度。进一步规范和加强办税服务厅建设，方便纳税人。二是强化纳税服务工作人员素质教育。做到态度谦和、语言文明、举止庄重，为纳税人营造温馨和谐的纳税环境。三是深化各项便民措施。将每月最后一个工作日定为"新办企业办税辅导日"；将每月申报期定为"值班分局长接待日"，受理纳税人的难题咨询和违纪投诉等事项；推行"一窗通"办税；免收税务登记工本费并扩大税务登记证免填单范围。

队伍建设**【深入学习实践科学发展观活动】**根据市委、市政府统一部署，在全市地税系统开展深入学习实践科学发展观活动。制订并下发《舟山市财政局舟山市地方税务局开展深入学习实践科学发展观活动实施方案》，并定期开展形式多样的活动。在财税信息网站开设活动专栏，刊发《深入学习实践科学发展观活动简报》34期，其他各类学习文章78篇。

【财税文化建设】积极建设"六个平台"，以各种形式的活动为载体，丰富干部业余生活，提高干部思想素质和精神内涵，切实推进"学习型、创新型、务实型、和谐型、廉洁型"五型机关建设。充分发挥财税文化的导向、凝聚、激励和约束作用，打造一支"思想素质好、业务能力强、管理绩效高、服务品质优"的干部队伍，实现财政地税事业持续、平稳、健康发展。

【机关作风建设】一是继续提高机关工作效能。通过深入开展作风建设专题教育、继续坚持领导干部蹲点调研、"企业服务年"和"春雨行动"、继续开展"创建群众满意基层站所（办事窗口）"活动等形式；扎实开展"两提高 两降低"专项活动。二是认真抓好财税系统行风建设。2009年纳税人综合满意度比上年略有提高，达97.6%。三是加强纪检监察部门队伍建设。在开展深入学习实践科学发展观活动中，同步深入开展"做党的忠诚卫士、当群众的贴心人"主题实践活动。

【教育培训】坚持以科学发展观为指导，紧密结合中心工作，以深化学习型组织建设为目标，按照《2009年度局干部教育培训工作计划》，开展形式多样、内容丰富的教育培训工作。共组织各类培训7期，参加培训200余人次。重视职称教育，利用培训基地优势，以多种形式鼓励干部职工参加各类专业技术资格和职称考试。目前市局有31人获得高级专业技术职称，73人获得中级专业技术职称。

【廉政建设】深入贯彻落实十七大和中纪委全会精神，紧紧围绕财税中心工作，结合开展深入学习实践科学发展观活动，以协助局党组落实党风廉政建设责任制为龙头，以完善惩治和预防腐败体系为重点，通过积极拓展反腐领域、推进行风效能建设、促进财税文化建设等举措，加强财税系统反腐倡廉建设。进一步落实党风廉政建设责任制，着力推进惩防体系构建工作，深入开展反腐倡廉宣传教育。

【创建文明单位】积极参与"迎大桥经济，创行业新风，塑窗口形象"主题创建活动和"公民文明大行动"活动；继续倡导"三走近、三远离"，组织有益的团队活动；为"中国税务林"和雪灾灾区捐款46330元；局领导及中层以上干部为台湾受灾同胞捐款9300元；137人参加义务献血，荣获全市无偿献血促进奖；开展创建"平安单位"活动，加强单位内部安全防范。

（舟山市地方税务局供稿　郏宣耀撰写）

舟山市定海区地方税务工作概述

局长 李海定

经济概况 2009年,舟山市定海区实现地区生产总值211.16亿元(可比价计算,下同),增长11.0%。其中:第一产业增加值7.43亿元,下降0.8%;第二产业增加值92.78亿元,增长14.0%;第三产业增加值110.94亿元,增长9.2%。第一、二、三产业结构由上年的3.4:44.4:52.2调整为3.5:44.0:52.5。全区完成财政总收入10.78亿元,增长18.7%。地方财政一般预算收入6.20亿元,增长15.7%。

税收概况 **【任务完成情况】**2009年,定海地税局共组织各项收入6.75亿元,比上年增长21.0%。其中:税收收入4.80亿元,比上年增长18.3%;各类基金、费收入1.95亿元,增长28.1%。

【税收特点】一是组织收入总量持续平稳增长。组织收入再创历史新高,总量首次突破6亿元大关,税收收入接近5亿元。二是税收收入月度振幅较大。增幅最高的12月份增长60.2%,最低的6月份负增长33.4%,全年月度增长在平均增长率以上和以下的各占6个月。三是税收收入结构更加优化。营业税和地方八税之和占税收总收入比重超过六成,比上年末提高1.96个百分点;中央和地方共享税占税收总收入的比重下降到3成以下,比上年末下降1.96个百分点。四是建筑业和运输业为税源的主要行业,两者之和占总税收的61.0%。五是重点工程项目税收成为建筑业税收增量的主要来源。全年重点工程项目共入库税收5050万元,同比增收1025万元,占建筑业税收总增量的31.2%。

【税源分析】1.营业税:入库2.35亿元,同比增长24.2%。增收因素:一是在建筑业和房地产业强势拉动下,这两个行业税收保持较高增长幅度,对营业税增收的贡献率达87.4%。建筑业全年入库营业税1.15亿元,增收2902万元,同比增长33.7%;房地产以全年入库营业税1477万元,增收1090万元,同比增长280.9%。二是道路运输业发展势头良好,全年入库营业税2960万元,增收741万元,同比增长33.4%;水路运输业全年入库营业税4660万元,减收636万元,同比负增长12.0%。三是石油化工企业分离发展仓储业,仓储业入库营业税688万元,增收584万元,同比增长561.5%。

2. 企业所得税:入库7251万元,同比增长33.2%。增收因素:水上运输业全年入库企业所得税4329万元,增收2556万元,同比增长144.2%。主要是大型海运企业德勤集团为上市做准备,经营业绩显著,同比新增企业所得税3297万元;其他水上运输企业因运价持续低迷和代开票企业所得税预征率调低等因素,企业所得税普遍减收。减收因素:制造业受国际金融危机等经济大环境影响,企业效益明显下降,甚至亏损,全年入库企业所得税1977万元,减收736万元,同比负增长27.1%。

3. 个人所得税:入库6555万元,同比负增长6.6%。增收因素:一是一些员工工资较高的大型化工、船舶修造企业相继在定海落户,同时个人所得税全员申报管理工作全面推广,使工资薪金所得个人所得税同比增收765万元;二是建筑承包业务较为稳定,企事业单位承包经营所得个人所得税增收220万元;三是规范股权转让税收管理程序,财产租赁转让所得同比增加83万元。减收因素:个体生产经营所得个人所得税同比减少1460万元,主要受金融危机影响,海运市场价格和业务量下降较多,对个体单船经营冲击较大,加上个人所得税预征率调低,全年个体单船入库个人所得税1133万元,同比减少810万元。

4. 其他税收。入库1.07亿元,同比增长16.5%。增收因素:一是计税土地面积增加,同时开展土地使用税税源清理,土地使用税增收386万元,增长14.7%;二是随营业税、增值税等主税种的增长,城建税增收549万元,增长24.4%;三是经营用房增加,房产税增收346万元,增长32.7%;四是进一步落实好印花税预征办法,印花税增收149万元,增长14.9%;五是受金鹰大酒店一次性转让入库土地增值税635万元,房地产企业新开楼盘的销售影响,土地增值税增收971万元,增长483.1%。减收因素:新开工工程项目少和一些重点建设项目推迟,建筑用石比上年明显减少,使资源税减收826万元,负增长44.9%。

各项工作情况【优化收入结构】坚持"抓大不放小"原则,抓好各税种管理,营业税和地方八税之和占税收总收入的71.2%,比上年末提高1.96个百分点;中央和地方共享税占税收总收入的28.8%,比上年末下降1.96个百分点。落实新的《营业税暂行条例》及其《实施细则》,严格营业税各项政策的执行。抓好货运企业的"票表比对",强化运输业税收管理"以票控税"手段。落实个人所得税明细申报工作,完成年所得12万元以上个人所得税自行申报目标任务,补缴个人所得税93万元。开展土地增值税清算和房产税、城镇土地使用税、城建税税收与税源的信息比对,挖掘资源税、土地增值税等小税种潜力。开展建筑业"甲供材料"实际政策执行情况的清理检查,规范"甲供材料"申报纳税管理程序。

【帮扶企业"春雨"专项行动】举办"专题税企沟通会"3场次,现场发放资料1044份。开展"税务干部进企业"活动,选派13名业务骨干深入到具有代表性的30户企业,进行面对面帮扶,累计赠送税收法规书籍47册、现场解决涉税问题56个、提供个性化服务6项、收集意见建议9条。落实科技开发、高新技术企业优惠政策,支持企业转型升级。是年,共办理技术开发费税前加计扣除企业9户,扣除金额434万元;办理国产设备投资抵免企业所得税企业26户,实际抵免企业所得税1403万元;落实临时性下浮社会保险费缴纳集中减征措施,累计减征社保费820万元,惠及企业1281户;落实养老保险费缴费比例调整政策,用人单位基本养老保险费缴费比例平均下调4个百分点,减少企业当年缴费约1187万元;认定小型微利企业减按20%征收企业所得税72户,核准财产损失所得税前扣除金额402万元;减免困难企业房产税、城镇土地使用税、水利建设专项资金等税费403万元。

【推进企业分离发展服务业】做好区委、区政府参谋,建立推进企业分离发展服务业工作机制,组织对规模以上工业企业的生产经营范围、管理模式、企业机构等情况进行调查摸底,对符合条件实施分离的工业企业,上门进行辅导,引导其实施主辅分离。是年,有3家企业实施产业分离,多家企业实施项目分离。2008-2009年分离出的服务业企业是年缴纳税费915万元。

【税收法制建设与税收宣传】规范税法执法,对1996—2008年报备的规范性文件进行重新清理。运用调解手段,及时化解税务行政争议,妥善解决税务行政处罚的执行。组织开展执法责任制指标校验,稳步推进执法责任制考核工作。开展税收执法检查和税务稽查案件的复查,及时纠正执法过程中存在的问题。认真执行税务检查与审理相分离制度,加强案件审理,提高税务案件质量。

利用定海地税网站、办税服务厅公告、宣传窗及多种舆论工具,赠送税务报纸杂志,开展经常性的税收法律法规宣传,重点宣传"保增长、扩内需、调结构"减税政策,宣传税收收入形势,切实加强"五五普法"和"四五依法治区"工作,不断提高纳税人税法遵从度。4月份,开展以"税收·发展·民生"为主题的第18个全国税收宣传月活动,举办书法、美术、摄影作品展、问卷调查、青少年税收教育基地系列活动,营造良好的税收舆论环境。

【征管改革和税源管理】调整房产交易最低计税均价,完善房地产税收一体化管理办法,加强对不动产和建设项目的申报、登记管理及项目资金结算、发票开具、纳税义务发生时间的监控。推行企业所得税分类管理办法,全面实施建筑业企业所得税预警税负管理,统一国地税核定征收应税所得税率。加强企业股权变更税收管理的研究,明确股权转让税收征管的程序和办法。

按照“抓大、评中、定小”税源管理思路,制订《舟山市定海地方税务局关于加强重点税源管理的实施意见》,明确重点税源监控对象和监控手段,强化重点税源管理。改进纳税评估工作,组织开展年度税费清缴专项评估和日常纳税申报的评估,并对料筒螺杆等行业评估指标的建立进行探索。进一步完善定期定额管理办法,及时抓好超定额个体“双定户”的税收补缴工作。

【信息化建设】 推广应用《不动产营业税项目管理软件》,运用计算机手段加强对不动产和建筑业的项目税收管理。推广应用《浙江地税信息系统2006版》快捷查询软件,为精确统计征管基础数据、提高税收分析基础、提升科学组织收入能力提供有效的支持和基础工具。结合网络和信息安全检查,对网络安全风险进行初步评估,并对存在的安全隐患进行排除。

【各项规费征收】 充分运用借鉴税收管理理念,强化各项规费征管。组织开展社保费专项治理,做好社保费征缴扩面工作,压缩零申报户数。开展缴费单位2008年度社会保险费征缴情况结算,及时追缴欠缴的社保费,全年共对1685户缴费人办理年度结算,补缴入库社保费329万元。进一步加强水利建设专项资金的征收管理,开展教育费附加、地方教育费附加与“三税”征收数据比对,确保两项附加费足额入库。2009年,共组织入库水利建设专项资金2895万元,教育费附加1588万元,地方教育费附加1233万元,分别比上年增长23.5%、24.7%、22.2%。

【税务稽查】 组织开展对税负异常,长期亏损和多年利润偏低等纳税申报不正常企业的检查,开展营利性医疗机构和教育培训机构的专项检查,落实好上级地税机关给交办和群众举报案件的查处。全年共对42户企业实施税务检查,查补并入库税款148万元、滞纳金及罚款43万元,严厉打击各种逃避缴纳税款的行为,切实维护税收秩序。探索建立稽查与征管互动机制,落实稽查建议和稽查信息传递反馈制度,加强税务检查结果处理情况的跟踪,以查促管的力度不断加大。

【优化纳税服务】 进一步推进办税服务厅的标准化建设,梳理办税服务内容、业务流程、窗口设置、功能区划分、制度建设、环境设施等工作,不断规范了办税服务厅资源配置。创新纳税服务举措,将每年的4月18日定为全局统一的“税收优惠政策辅导日”,结合税收宣传月活动,集中开展税收优惠政策辅导。定期召开好政策发布例会,有针对性地宣传税收政策,了解纳税人的需求。全面推行“补正承诺制”和落实暂免税务登记工本费政策,将税务登记证免填单服务的范围由个体工商户扩大到所有已领取工商营业执照的纳税人。全面清理纳税人依申请涉税事项,共取消办税业务52项,减少纳税人主表份数41份、附列资料113项,切实减轻纳税人的办税负担。

队伍建设【开展深入学习实践科学发展观活动】 以“构建和谐税务服务经济社会发展,培植地税文化提高科学发展能力”为实践载体,扎实开展深入学习实践科学发展观活动,通过组织学习、深入实际调研、充分征求意见等活动形式的开展,深刻剖析当前地税工作中存在问题的根源,制订整改方案,落实整改措施,地税管理机制得以创新,解决问题取得成效,服务科学发展能力得到提高。

【财税文化建设】 制订《舟山市定海地方税务局关于开展地税文化建设的实施意见》及具体实施计划,着力构建“学习、制度、情感、激励、宣传、活动”六大平台。组织开展业务考试和业务竞赛、选拔调整业务骨干队伍、岗位大练兵活动。开展多种形式的“献爱心”活动,踊跃参加“慈善一日捐”和扶贫帮困的捐款;拓宽干部思想沟通渠道,广泛开展多层次的谈心交心活动。举办羽毛球比赛和一年一度春节联欢晚会,组织干部参加区直机关运动会、全市财税系统文艺调演和总局、省局举办的新中国成立60周年书法比赛。

【机关作风建设】 围绕税收工作中的重点、难点和热点问题,加强调查研究,创新工作思路,局领导和每个部门分别负责一个重点调研课题,并撰写了调研文章。进一步落实好干部职工学习积分制考核办法,调动干部职工加强学习的积极性。整理汇编制度读本,完善各项工作和内部管理制度。建立督查工作制度,切实加强对各项重点工作完成情况的督查督办。

完善信访工作制度,运用调解手段解决税务争议。加强机关效能建设,强化效能监察。及时处理群众投诉事件,纳税人满意度达97.4%,比去年提高0.28个百分点。

【教育培训】组织参加了省地税局组织的地税局长和稽查人员业务考试培训班,参加了市地税局组织的局领导能力提高、基层税务分局局长礼仪、中层干部能力提高、基层税务干部业务培训班、公务员知识更新培训班等。局本级组织举办了所得税汇算清缴业务培训班、不动产建筑业管理软件、《税友2006》快捷查询软件推广应用、信息采编等培训班,不断提高干部的政治素质和业务水平。

【廉政建设】进一步落实党风廉政建设责任制,局长与部门负责人签订《党风廉政建设责任书》,明确《建立健全惩治和预防腐败体系实施细则》职责分工,健全教育、制度、监督并重的反腐倡廉工作机制;开展规范权力运行工作暨重点岗位廉政风险防范专项活动,围绕自由裁量权空间较大的重点部门重点环节实施重点监督;调整充实兼职监察员和特邀监察员队伍,拓宽对干部日常行为的监督渠道。

【创建文明单位】积极参与全国卫生城市创建,开展"文明单位"、"巾帼文明岗"、"群众满意基层站所"等争先创优活动,涌现出一批先进集体和先进个人。在区委、区政府年度考核中定海地税局再次被评为优胜单位;被区爱卫委命名为区级卫生先进单位;被区委、区政府评为档案工作先进集体。所属的临港税务分局再次被评为地税系统省级基层文明单位,金塘税务分局再次被评为省级青年文明号,白泉税务分局被评为区级先进集体。

(舟山市定海地方税务局供稿 王平汐撰写)

舟山市普陀区地方税务工作概述

局长 金伟平

经济概况 2009年,舟山市普陀区实现国内生产总值162.36亿元,同比增长9.8%。其中:第一、二、三产业分别为20.48亿元、72.23亿元、69.64亿元,增幅分别为-3.1%、11.0%、12.1%。全社会固定资产投资总值81.24亿元,增长22.5%;外贸进出口总额21.76亿美元,增长1.5%;工业总产值340.23亿元,增长11.5%;旅游收入73.81亿元,增长9.1%;城镇居民人均可支配收入2.42万元,渔农村居民人均纯收入1.25万元,分别比上年增长8%和9.5%。全区财政总收入和一般预算支出分别为22.18亿元、19.93亿元,分别比上年增长22.3%、-4.6%,其中地方财政收入12.76亿元,增长15%。

税收概况【任务完成情况】2009年,全局共组织各项收入16.55亿元,同比增长13.1%。其中:税收收入12.98亿元,同比增长16.6%,完成年度计划12.4亿元的104.8%;非税收入3.57亿元,同比增长2.2%。

【税收特点】一是税收增长先抑后扬。受经济下滑影响,上半年税收持续保持负增长,下半年月度税收全面增长,一举扭转上半年负增长的局面。税收总量继续扩大,实现连续6六年增幅超过两位数。二是各税收入增幅回落。受金融危机、企业效益下降影响,营业税、企业所得税、个人所得税和地方七税增幅分别为11.5%、12.2%、27.7%和21.6%,分别比去年减少22.26个、9.27个、37.20个和10.36个百分点,尤其是个人所得税大幅回落。三是重点产业贡献突出。第三产业入库税收8.01亿元,同比增长18.1%,占税收比重的61.7%,同比提高0.71个百分点;第一、二产业同比分别增长8.6%和14.3%,落后于第三产业增长幅度。房地产及船舶修造业是拉动税收快速增长的主要行业,分别增收10161万元和8968万元,占全部增收额的55.1%和48.6%,税收所占比重也继续提高,分别为31.6%和15.9%,同比提高3.89个百分点和5.43个百分点。

【税源分析】 1.由营业税:入库5.43亿元,同比增长11.5%。增收因素:受火爆房地产市场的强劲拉动,房地产业入库1.88亿元,增收5142万元,同比增长37.54%;因政府招商引资,新增集装箱运输企业3家,车辆增加285辆,道路运输业增收669万元,同比增长47.7%。减收因素:海运业受金融危机影响,持续低迷,运价下降,减收873万元,减幅达14.3%。

2. 企业所得税:入库2.04亿元,同比增长12.2%。增收因素:受火爆房地产市场的拉动,房地产业增收885万元,增长12.5%;船舶修造业2009年业绩良好,增收2163万元,增长37.9%。减收因素:金融危机导致市场景气度大幅下滑,企业亏损面进一步扩大,水产加工业减收474万元,减少91.7%;水上运输业减收422万元,减少29.2%。受企业所得税政策调整税率降低的影响,汇算清缴所得税同比减少1300万元。

3. 个人所得税:入库2.19亿元,同比增长27.7%。增收因素:一是全面落实个人所得税全员申报管理,较好地控制了偷漏税行为,使得工资薪金所得项目增收1954万元,增幅为35.6%;二是加强对船舶修造企业、凯虹集团和普陀农村合作银行等企业年终分红支出的控管,增收股息红利所得1559万元,增幅达157.2%;三是二手房交易火爆,住房转让所得增收935万元,增幅为279.9%。

4. 其他税收:共入库3.31亿元,同比增长21.6%。增收因素:随着主体税种快速增长,城建税、土地增值税等小税种也“水涨船高”,地方七税共增收5897万元。房产税增收1233万元,同比增长34.0%,其中贯彻落实对中外合资合作企业和外资企业恢复征收房产税政策,导致增收347万元;土地增值税增收2914万元;城建税增收636万元。继续加强数据比对,落实“以源控税”措施,增收土地使用税850万元。

各项工作情况【优化收入结构】大力支持宾馆餐饮、货运物流等现代服务业的发展,促进全区产业结构调整,进一步优化税收结构。继续加强小税种征管。全面落实机动车车船税由保险机构代收代缴工作,确保车船税足额及时入库。加强个人出租房税收征管,实现全区征管全覆盖,房产税同比增长35.88%。对33家房地产企业77个项目进行土地增值税清算工作,促进土地增值税保持高幅增长,同比增长44.90%;组织开展土地使用税、城建税、印花税征缴数据的比对工作,特别是通过对资金账簿、借款合同、自建工程合同等数据信息的分析比对,补征印花税240多万元。2009年,地方七税占税收收入比重达25.5%,比上年提高0.97个百分点。

【帮扶企业“春雨”专项行动】根据省局统一部署,深入开展“税干进企业”、“新办企业办税辅导日”、“专题税企沟通会”等企业减负“春雨”专项行动。共举办“专题税企沟通会”8场,参与的纳税人达600余人。依法做好“减税文章”。全年共为纳税人减免税费1.20亿元,其中为1872户企业集中减征社会保险费1594万元;为19户企业实施国产设备投资抵免企业所得税2808万元;为61户企业减免水利建设专项资金665万元;为2户开山填海整治土地的企业减免城镇土地使用税485万元;为16户困难企业减免房产税138万元;为19户水产企业结算退税140万元。个体方面,减免税费6255万元,惠及纳税人3155户,其中二手房交易减免税费6188万元。同时,以办税协税员协会为载体,分行业开展热点税收政策研讨会、业务培训会等形式多样的活动,促进企业互动发展,为全区经济社会的持续、健康发展创造宽松环境。

【推进企业分离发展服务业】认真贯彻落实省委、省政府关于促进产业结构调整、加快经济转型升级,适度引导企业分离发展服务业的精神。成立以常务副区长为组长,财政、国税、地税、经贸、工商等部门负责人组成的企业分离发展服务业领导小组,并以区政府名义出台普陀区企业分离发展服务业工作方案。同时,按照“企业主体、政府引导、分类实施、分步推进”的工作思路,经过半年的反复调研测算、加强政策宣传引导、落实各项分离措施,重点推进船舶修造业分离发展服务业,2009年成功分离成立服务型企业9家,其中在船舶修造企业中成功分离出仓储、运输、后勤企业3家,其他企业分离成立服务型企业6家,完成省局下达的考核任务。

【税收法制建设与税收宣传】完善税收政策跟踪反馈制度,实现税收政策宣传教育、服务咨询、调研分析、评价反馈的一体化。建立案审环节再监督机制。全面落实《税收执法责任制考核评议办法》和《税收执法过错责任追究实施办法》,初步建立"人机结合"的考核模式。按照省局《案例汇编工作方案》要求,精心组织编写《21幅名人字画引发的避税案》与《关于某案偷税额计算的困惑》两个案例,并成功入选省局案例汇编。2009年依法行政工作成效显著,继续被区政府评为依法行政先进单位。

依托少年税校教育平台、办税协税宣传平台、日常征管辅导平台、现代网络传播平台,认真组织开展第18个全国税收宣传月活动。成功举办"我最关心的税收问题"解答互动见面会,在《舟山日报》公告表彰2008年度缴纳税收在200万元以上的纳税大户,在普陀地税网站开展"在线答复税法咨询"活动,加强对"保增长、扩内需、调结构"结构性减税政策的宣传,积极发挥税收政策的导向作用。

【征管改革与税源管理】一是与工商、消防、土管、城建、海事等6部门加强协作,建立完善外部信息采集和分析比对机制。二是建立纳税评估与日常税源管理岗位联动机制,以评促管,加强对评估工作后续管理。三是针对征管基础薄弱环节和征管热点、难点问题,建立征管定期例会制度。四是加强个体税收征管。与区财政局联合印发《二手住房交易最低计税价格管理办法》;修订双定户系数调整管理办法和地段划分标准;制订景区内季节性个体行业税收管理办法和双定户停业、注销管理办法。五是通过加强对法人、投资人变更税务登记管理,与工商部门建立情报交换机制,引入中介评估、完善转让价格核定体系,采用评估约谈及实地核查等手段和办法,切实加强对股权转让的税收征管。

完善重点行业税源监控分析电子台账,对年入库税收收入在50万元以上的286家企业进行重点税源监控,实行点对点的管理模式。制定出台了住宿和餐饮业、中介业、工程作业船、旅行社、制冰业等七个小行业的所得税分类管理办法。认真落实年所得12万元以上个税自行纳税申报工作,将申报对象重点拓展到个人的投资分红所得、股权转让所得、大型服务业技术工种(如酒店厨师)等项目上。2009年,申报人数达1533人,同比增加130人,超额完成市局所布置的任务。

【信息化建设】按照省局的统一安排,认真做好快捷查询、不动产建筑业项目、机打发票等管理软件的推广应用工作。2009年,不动产建筑业项目管理软件应用户数达90户,机打发票应用户数超过2000户。自行开发稽查与纳税评估辅助系统,促进稽查与纳税评估成果共享。随着各项管理软件的不断推广应用,全局"信息管税"理念进一步增强,征管信息化应用水平有了进一步提高。

【各项规费征收】全年共入库各项规费3.57亿元,同比增长2.21%。一是加强与社保部门的协作,完成2366户企业2008年度五费结算工作,补缴各项社保费552万元。全年社会保险费在基本养老保险费率由18%调至14%的情况下,征收入库2.46亿元,同比增长3.4%。进一步做好残疾人就业保障金的征缴工作,与区残联建立定期联络制度,及时解决征收过程中出现的新情况和新问题。2009年残保金共征缴558万元,同比增长9.68%。继续加强水利建设专项资金的征收管理,认真做好教育费附加、地方教育附加与"三税"征收数据比对工作,特别是与增值税免抵数据的比对,切实提高了两费的管理水平。

【税务稽查】建立稽查案件动态监控机制。认真贯彻落实《浙江省地税系统稽查建议制度》,重点做好宾馆、餐饮业、国有企业的税收征管建议工作,完善案情通报及管查互动反馈机制。按照"规范、谨慎、及时"原则,受理、查处举报案件,并做好"重点举报人"疏导工作。2009年,重点对国有企业、律师事务所、纳税评估移交及群众举报案件共79户企业开展了税务检查,查补税费1787万元,有力打击了税收违法行为。

【优化纳税服务】不断完善并深入推进各项便民措施。如进一步优化涉税审批流程,完善"一窗通"办税模式,推行货物运输业代开票"同城通办"业务,实行"补正承诺制",扩大"免填单"范围,提倡"延时服务”等多项便民服务举措。各基层分局还积极创新服务形式,优化服务措施,如建立税企QQ群、税务博客,成立税企小分队,实行“零间距”互动服务等,进一步促进税企和谐发展。2009年,在全区30个服务单位的评比中,普陀地税局名列前茅,获得好评。

队伍建设【深入开展学习实践科学发展观活动】根据市局、区委的统一安排,认真制订实施方案,深入开展学习实践科学发展观活动。严格按照“在坚定发展信心上下工夫,在组织收入上有新举措,在提高征管质效上有新突破,在治税能力上有新提高”的总体目标,全面、深入、有序开展各项活动。共撰写4篇高质量的调研报告和65篇学习体会,完成领导班子分析检查报告,重点梳理和解决了六个问题,使党员干部在思想认识上有了新提高,在形象上有了新提升,在优化服务上有了新成效,在创新机制上有了新突破,在发展思路上有了新方向。

【财税文化建设】制订《普陀地税局财税文化建设工作实施计划》,进一步加强地税文化建设的组织领导。先后组建健身、棋牌、瑜伽、摄影、球类五大俱乐部,并依托党、团、工、妇组织开展形式多样、内容丰富的文体活动。组织开展了青年干部讲坛、各类棋牌比赛、趣味运动会、“红色五月、飞扬青春”纪念五四运动90周年文艺汇演、参加全区庆祝新中国成立60周年歌咏大会等活动。

【机关作风建设】严格执行税务机关“五条禁令”,切实做到依法行政,定期或不定期对劳动纪律、服务质量等效能行为进行督察,进一步提高机关工作效率,转变工作作风。努力营造公平税收环境,对涉税事项,严格执行当场办结制和限时办结制,尽可能简化工作程序,提高工作效率,降低纳税人成本。大力提倡调研之风,局班子和机关干部深入开展税收调研,切实解决基层热点、难点问题。

【教育培训】按照年初培训计划,组织开展《税友2006》高级应用、计算机操作知识更新、会计电算化、社会保险费征缴和土地增值税相关政策等10个项目的专题培训,参加干部380人次。5月份,组织开展全局干部分岗位业务考试,全面了解各个年龄层面、从事不同岗位干部的业务水平,为下步业务培训“对症下药”提供参考依据。通过召开年轻干部座谈会、落实领导干部谈心制度,及时制订干部培养工作方案。为年轻干部量身定制系统的实习计划,如建立办税服务厅、日常税源管理岗位实践操作平台,发挥业务骨干“帮带”作用等,使年轻干部尽快掌握各方面的业务技能,实现角色转换。

【廉政建设】组织社会特邀监察员多方了解干部廉政情况,为税收中心工作的顺利开展提供强有力的纪律保障。开展规范权力运行工作暨重点岗位廉政风险防范专项活动,通过权力“搜索”和重点岗位廉政风险排查,把反腐倡廉与履行地税职能有机结合起来,并创新和健全各项规章制度,严格杜绝执法过程中容易出现的“任意简化执法程序、超越执法权限、适用法律法规错误、行政不作为、滥用自由载量权、办人情案”等情况,最大程度地控制执法人员自由裁量权的运用,增强干部廉政风险防范意识。2009年,纳税人满意度达98.85%,上升0.14个百分点。

【创建文明单位】根据市、区文明委关于加强社会主义精神文明建设要求,制订创建活动具体计划。党总支、工、青、妇等组织,层层发动,努力营造民主、务实、和谐地税。加强办税服务厅文明窗口建设;大力倡导“爱国守法、明礼诚信、团结友善、勤俭自强、敬业奉献精神”,组织参观爱国主义教育基地;落实15户“结对扶贫”对象。主动参与西大、灵秀社区法制宣传、创卫、文体活动及党建等方面的工作。

(舟山市普陀地方税务局供稿 叶文平撰写)

岱山县地方税务工作概述

局长　童信宇

经济概况 2009年，岱山县实现国内生产总值102.35亿元，比上年增长20.3%。其中：第一产业增加值14.88亿元，下降3.9%；第二产业增加值54.52亿元，增长37.1%；第三产业增加值32.95亿元，增长10.7%。第一、二、三产业结构比例调整为14.5:3.3:32.2。全县人均生产总值53394元，增长20.7%，全社会完成固定资产投资66.06亿元，增长24.0%；社会消费品零售总额28.21亿元，增长15.1%；城镇居民人均可支配收入21978元，增长9.2%；渔农村居民人均纯收入12791元，增长11.1%；全县完成工业增加值41.91亿元，增长45.0%；工业增加值占GDP的比重为40.9%；全县财政总收入9.32亿元，增长23.6%，其中地方财政收入5.11亿元，增长20.0%；全县财政总支出11.40亿元，增长24.0%。

税收概况【任务完成情况】2009年，全县地税部门共组织各项收入7.13亿元，比上年增长13.5%。其中：税收收入4.70亿元，比上年增长9.9%；组织各类基金、费等其他收入2.43亿元，增长21.3%。

【税收特点】一是税收收入增幅不平稳，出现“前低后高”现象。二是各税种之间增减幅度相差悬殊，增减不均衡。主体税种中营业税基本与2008年持平，企业所得税呈下降趋势，下降19.1%，地方小税都呈现出不同程度增长，其中土地使用税增长120.6%。三是产业发展不均衡，第二产业的增长速度远远快于第三产业，第二产业增长17.6%，第三产业维持2008年水平。四是地方小税大幅增长，税收结构进一步优化。2009年，营业税入库2.39亿元，与2008年持平，地方小税入库1.13亿元，增长41.6%。营业税与地方小税所占比重为74.9%，比2008年提高0.5个百分点。

【税源分析】1. 营业税：入库2.39亿元，同比下降0.1%。减收原因：一是受全县重点工程结束影响，门征业务大幅减少，开票金额减少2204万元，减幅35.1%。二是海运业受金融危机严重冲击，造成海运业业务量缩小、运价下跌，税收收入下降明显，全年减收1030万元，下降31.1%。三是集装箱行业由于进口贸易量增加，营业税增收233万元，增长16.3%。四是房地产业增长15.0%。

2. 企业所得税：入库3125万元，同比下降19.1%。减收主要原因：一是“两法合并”新的企业所得税实施；二是国家有关税收政策调整减少企业所得税55万元，水产品初加工企业退企业所得税110万元；三是房地产2008年一次性入库等因素影响，同比减收158万元。

3. 个人所得税：入库8666万元，同比增长23.5%。增收主要集中在船舶修造业上，入库1549万元。增收原因：一是船舶企业由建设期转入生产期，生产规模扩大，就业人员增多；二是建筑业增收330万元，主要是本地建筑企业业务量扩大；三是金融业增收110万元，增长56.2%，主要是信用社和农业银行个人收入增加，个人所得税增收103万元。减收行业主要是海运业，该行业由于受金融危机影响，运量萎缩、运价下降以及代开票业务预征率调减，同比下降33.1%，减收368万元。

4.其他税收:入库1.13亿元,增收3320万元,增长41.6%。其他税收比2008年均有不同程度增长,其中土地使用税同比增长120.6%。增收主要原因:一是由于土地使用税征收范围和税额标准的调整、工矿区的划分以及通过土地使用税清查,土地使用税高幅增长;二是由于2008年第三季度结算退资源税;三是通过加强征收管理,坚持“抓大不放小”原则,对集装箱行业车辆车船税及时申报入库。

各项工作情况【优化收入结构】按照“三个三”工作措施要求和“均衡入库、持续增长、结合优化、调控有力”组织收入目标,完善“五位一体”横向互动机制,不断优化税收收入结构,2009年地方税收所占比重84.9%,比2008年提高0.3个百分点。加强营业税税源管理,进一步贯彻落实新修订的《营业税暂行条例》及其实施细则,规范和加强营业税差额征税管理。加强服务业税收征管,提高服务业税收占税收收入的比重,2009年服务业税收所占比重比2008年提高0.2个百分点。加强小税种管理,及时掌握税源动向,确保应收尽收。

【帮扶企业“春雨”专项行动】一是组织税务干部深入到重点税源企业、高新技术企业、欲分离发展服务业企业了解生产经营情况,解答企业提出的各种涉税问题,建立税务干部与企业一对一帮扶关系。二是举行“百场专题税企沟通会”,就社会保险费缴费比例调整、研究开发费用加计扣除、企业分离发展服务业等专题,邀请有关代表进行讲解,宣讲税法,现场辅导。三是深化便民措施。推行“一窗式”办税,优化办税流程。全面推行“补正承诺制”,对资料不全的纳税人给予先受理后补正。优化税源间接控管模式。四是举行“网送税法连万家”活动。纳税人通过网络办理涉税事项,通过网上申报平台,开展“网送税法连万家”活动,方便纳税人及时、便捷了解掌握税收政策。

【帮扶企业分离发展服务业】积极开展企业分离发展服务业工作。成立分离工作领导小组,制订分离工作方案,出台《岱山县人民政府推进企业分离发展服务业的实施意见》,根据岱山经济结构及行业布局,在排查摸底基础上,重点对现代物流企业、船舶修造企业及各类专业配套服务企业、商贸服务企业、科技服务企业等进行分离,确定金海湾等大型船舶企业分离工作。全年分离岱山县寅通运输装卸有限公司等5家服务业企业。

【税收法制建设与税收宣传】深入学习和贯彻落实《浙江省地税系统税收执法过错责任追究办法》和《浙江省地税系统税收执法责任制考核评议办法》等相关规定。扎实开展规范权力运行工作暨重点岗位廉政风险防范专项活动,促进依法行政、依法治税,规范地税权力运行。按照ISO9000 D版质量管理体系要求,进一步规范税费管理和实施税务检查。

围绕“税收·发展·民生”主题,组织开展形式多样、内容丰富的税收宣传活动。一是开展税法知识进百家企业活动。利用短信平台,向全县上规模的百家企业法人代表发送一条税收法规政策,提高企业家依法诚信纳税意识。二是开展千名“税官”送税法。在岱山实验学校、岱山初级中学等中学开展“税法进家庭”千名中学生税法知识竞赛活动,由小“税官”将与家庭密切相关的税法知识带到家庭,并组织新闻媒体进行跟踪报道。三是开展企业税法知识竞赛活动。邀请全县规模最大的5家企业参加“税收·发展·民生”税收优惠政策知识竞赛活动,并在电视台进行转播,使税法知识进入千家万户。

【征管改革与税源管理】一是贯彻落实“抓大、评中、定小”税收管理机制。围绕“抓大”实行重点税源专业化管理,“评中” 实行一般税源精细化管理,“定小”根据零散税规范化管理要求对各税种、税源进行“分类分级管理”。二是进一步加强和完善重点税源监控管理,对重点税源报表和重点税源及时分析。三是根据新增值税条例、消费税条例、营业税条例,对68个个体定期定额小行业标准进行重新设置,并按“参数定税法”的要求,对个体定期定额小行业参数进行了重新定义,个体定额标准、定额方法更加合理。四是积极开展纳税评估。建立了22个行业纳税评估指标体系,布置开展船舶劳务外包业和住宿业作为专项纳税评估,并对这两个行业建立预警指标,达到评估一个行业、规范一个行业的目的。五是做好机打发票推广应用工作。对全县实行查账征收的地税用票单位,统一使用机打发票;对全县纯地税双定户、定额在3万元以上的纳税户,统一使用机打发票;对全县纯地税双定户,定额在3万元以下的纳税户,未使用机打发票的,住宿业纳税户每月最多只能领购定额50%的定额发票,其余行业每月最多只能领购定额30%的定额发票。

【信息化建设】深化应用《税友 2006》软件,做好快捷查询管理软件和不动产建筑项目软件应用工作,把税收管理科学化、精细化落到实处,切实提高税收分析、税源管理等水平。推进纳税评估工作。在规范纳税评估基础上,结合《税友 2006》对船舶修造业、海运业等行业建立预警指标。自行应用《自由职业者社保信息共享交换平台》软件,大大方便了工作,提高了工作效率。

【各项规费征收】稳步推进"五费合征"工作,建立、健全社会保险费"五费合征"相关工作制度和征管办法,不断改进征管措施。进一步发挥征收主体的作用,不断加强社会保险费征缴政策宣传,全面实施缴费单位依法申报缴纳、地税机关依法征收的征管体制,完善社会保险费征缴流程,规范申报缴纳,加强比对,夯实社保费征缴管理基础。以缴费登记为抓手,进一步推进社会保险费征缴扩面工作。认真开展临时性下浮社会保险费缴纳比例集中减征工作。强化欠费管理,加大清欠力度,努力压缩陈欠,防止新欠。2009 年,全县社保费征缴率达 96.8%,清欠入库 127 万元。

【税务稽查】一是积极开展年度税收专项检查工作。对营利性教育培训及医疗机构、金融行业开展税收专项检查。有针对性地选择 3 家企业进行重点检查,共补罚税费 20 多万元。二是认真做好日常税收检查工作。根据选案办下达的日常检查任务,全年重点检查 19 户,入库税费 230 万元。三是规范举报案件管理工作,认真做好举报工作,提高举报案件查处效率,全年共接到群众举报案件 6 件,补罚税款 53 万余元,并及时向举报人和上级部门进行回复。四是配合上级部门做好全国性税收检查工作。全面完成大企业自查任务,对中国建设银行、农业银行、中国人寿等企业共自查补缴税 7 万元。

【优化纳税服务】一是举办纳税人税收优惠政策辅导会,着重对企业研究开发费税前扣除管理办法、对部分行业社会保险费实行最低缴费基数办法等进行讲解。二是召开专题税企沟通会。分别就企业所得税汇算清缴政策、小型微利企业认定管理办法等内容进行讲解交流。三是实行同城通办。在全县实行同城通办,在各个办税服务厅提供登记、供票、征收、咨询等一条龙办税服务。四是积极推行会计辅导网工作。大力推进由"管理型"税务分局向"服务型"税务分局转变,扩展纳税服务体系,在各税务分局成立会计辅导网,提高纳税人财务管理水平。五是落实企业所得税各项优惠政策,做好对各类减免税和技术开发费加计扣除政策,2008 年度享受政策企业 3 户,扣除金额 240 万元。

队伍建设【财税文化建设】一是举办"廉政格言警句征集评选"活动。围绕"做人、做事、勤政、廉政"等内容,每人创作一条符合财税行业特色和干部真实思想状况的廉政格言警句。二是深入开展精神文明创建活动。把财税文化建设与争先创优结合起来,不断优化工作质量,提高工作效率,不断提高纳税人满意度。三是创建"学习型机关"活动。深化"财政地税业务论坛"学习机制,就当前税收工作中的重点、难点、热点问题进行探讨性研究,提出建设性思路,提升地税征管质量。四是组织各种兴趣小组。成立摄影、绘画等兴趣小组,邀请专家进行专题讲座,丰富广大财税干部的业余生活。五是组织形式多样的文体比赛。举办全局体育运动会、乒乓球、"树新形象、创新业绩"演讲等多项文体比赛,提高财税干部人文修养,活跃文化生活。

【机关作风建设】召开作风建设大会,明确整改重点,着力推进干部作风建设。严格执行税务机关"五条禁令",切实做到依法行政,加强机关效能建设,进行定期监督检查,巩固机关效能建设成果。不定期对各科室进行劳动纪律、服务质量检查,进一步提高机关工作效率,转变工作作风,优化纳税服务。严格执行限时办结制、简化办税环节和程序。

【教育培训】认真实施干部职工教育培训,举办中层干部领导能力提升培训班。对近五年新任职人员进行专题培训和业务测试,加快新任人员素质提升。开展十七大精神主题教育、学习实践科学发展观等主题实践活动,加强科学发展观和十七大精神的学习,提高财税干部服务经济社会发展大局的能力。做好《税友 2006》快捷查询管理软件和《不动产建筑业税收项目管理软件》推广应用的培训工作,为深化应用《税友 2006》打好基础。

【廉政建设】制订《岱山县财政局、岱山县地方税务局惩治和预防腐败体系实施细则》,细化、分解岱山县惩防体系2008—2012年工作细则。认真贯彻省厅《关于开展规范财政权力运行工作的通知》、岱山县纪委《关于在全县开展重点岗位廉政风险防范专项活动的通知》精神,开展规范财税权力运行工作暨重点岗位廉政风险防范专项活动,从源头上预防腐败行为发生。认真贯彻落实上级有关廉政精神要求,自觉落实公车管理、公务卡接待和消费卡结算制度。

【创建文明单位】大力推进“文明单位”、“巾帼文明示范岗”、“青年文明号”等精神文明创建活动,积极开展“一岗一号”活动和扶贫帮困活动,激发广大财税干部爱岗敬业、乐于奉献的精神和人人争当先进的良好氛围。桥头税务分局连续三年被评为省级文明单位,会计核算中心被命名为“舟山市青年文明号”、舟山市“巾帼文明示范岗”和“岱山县三八红旗集体”称号。2009年,全局结对贫困学生24对,捐助资金4500元,结对贫困户47户,捐赠资金56400元。定期看望慰问社区困难户10户,送去慰问金5000元。组织机关党员自发捐款1500元,资助社区3户困难党员家庭。桥头税务分局同结对的司基村积极开展各类共建活动,为村级经济发展出谋划策,并被省文明办评为文明结对先进单位。积极开展抗震救灾,四川大地震后,在第一时间开展捐款活动,全局各单位和个人态度积极,其中赈灾款3万元。

(岱山县地方税务局供稿　高汉旗撰写)

嵊泗县地方税务工作概述

局长　王兴军

经济概况 2009年,全县实现地区生产总值57.39亿元,按可比价计算,增长8.8%。其中:第一产业增加值8.62亿元,比上年增长4.0%;第二产业增加值28.65亿元,增长11.1%;第三产业增加值20.12亿元,增长7.5%。第一、二、三产业增加值结构由上年的15.4:50.3:34.3调整为15.0:49.9:35.1。全县完成财政总收入4.49亿元,增长4.9%,其中地方财政收入3.69亿元,比上年增长10.1%。

税收概况【任务完成情况】2009年,全县地税部门共组织各项收入4.09亿元,增长3.8%。其中:税收收入2.98亿元,增长1.0%;组织各类基金、费等其他收入1.11亿元,增长12.1%。

【税收特点】一是税收完成情况总体好于年初预期,提前两个月完成省局下达的年度计划。在国内国际宏观经济环境诸多不利影响的严峻形势和税收收入基数连年不断推高的情况下圆满完成组织收入任务,收入总量实现逆势增长。二是地方税比重进一步提升。地方税收入为2.70亿元,占比90.8%,较上年同期提升2.8个百分点,营业税、资源税、土地增值税分别增收939万元、623万元、154万元,增幅分别为4.8%、52.8%、46.1%。营业税增收是因为建筑业、交通运输业、房地产业三大行业营业税均有不同程度的增长,同时加强了对洋山港建设用石(砂)资源税的征管及县内房地产热销拉动,资源税、土地增值税均呈现明显的增幅。三是企业所得税大幅减收,拉低税收收入总体增长水平。企业所得税减收1240万元,减幅达35.2%。租赁及商务服务企业所得税减收510万元,减幅较为明显。但在交通运输业、建筑企业所得税方面取得重大突破,向宝钢马迹山码头以分支机构征收企业所得税327万元,向中交三航局洋山分公司以分支机构征收企业所得税156万元。四是税收收入增幅逐年回落,税收形势更趋严峻。由于近年来全县税源结构中工程建筑业税收占比畸高,而重点工程项目的阶段性特征决定税收增长的非持续性。从2005年起,税收收入增幅呈逐年回落态势,2005年同比增长54.9%,2006年为19.7%,2007年为14.3%,2008年为12.9%,而2009年仅略增1.0%。随着重点工程进入竣工或收尾阶段,税收可持续增长的压力将进一步增大。

【税源分析】1.营业税:入库2.04亿元,增收915万元,同比增长4.7%,占税收收入68.7%,较上年上升2.4个百分点。增收原因:一是交通运输、仓储及邮政业营业税入库3530万元,同比增长13.5%;主要得益于洋山申港国际石油储运项目一期投入运行及县内海运业运力增加。二是县内新湖房产楼盘的热销拉动房地产业营业税入库1513万元,同比增长49.1%。减收部分主要是租赁和商务服务业营业税,受金融危机影响,导致马迹山港到岸船舶减少,上半年降幅尤为明显,下半年虽有回升,但总体仍呈下降趋势,直接波及县内船舶代理公司入库营业税出现明显下降。

2. 企业所得税:入库2287万元,减收1518万元,同比下降35.2%。减收因素:房地产业入库480万元,减收1518万元;主要是新湖房产上缴企业所得税较上年同期减少1360万元;租赁和商务服务业企业所得税入库325万元,减收510万元;县宝捷国际船舶代理公司受国际金融危机影响减收572万元。增收因素:建筑业企业所得税入库500万元,增收185万元,得益于分支机构企业所得税划转因素。采矿业企业所得税入库417万元,增收230万元;大洋花岗石有限公司缴纳387万元,增加245万元。

3. 个人所得税:入库2296万元,同比增长0.9%。增收因素:一是企事业单位承包、承租经营所得入库706万元,增收53万元;二是随着城区房地产市场刚性需求强劲增长,二手房交易集中释放,助推财产转让所得入库133万元,增收121万元。减收因素:工资薪金所得受个税费用扣除调高及洋山深水港建筑施工队人员减少影响,入库816万元,减收105万元;利息、股息、红利所得入库225万元,减收40万元。

4. 其他税收:入库4660万元,同比增长13.7%,增幅居各税种之首。增收因素:一是资源税入库1804万元元,增收623万元,尤其是在洋山港工程建设用石(砂)资源税征收取得突破,洋山同盛港口建设有限公司一次性缴入900万元;二是土地增值税和土地使用税分别入库487万元,增收154万元,主要来源于洋上海液化天然气公司小洋山的土地使用税增收。另一方面,为帮助企业应对金融危机,对部分企业实施了扶持性减免,房产税相应减收166万元。

各项工作情况【优化收入结构】一是加大征管力度,进一步关注洋山港、马迹山港、绿华减载平台项目建设进度和税收管理,强化对海运业、物流业等产业的重点税源监控,确保税款应收尽收。二是大力涵养地方税源,用活用足各项税收优惠政策,鼓励县内企业自主创新,重点支持海运业、水产加工行业等产业发展。三是对房产税、土地使用税等小税种实行动态管理,并在洋山深水港区建筑用石(砂)资源税环节的征管上取得重大突破,2009年一次性征收洋山同盛港口建设有限公司资源税900万元。

【帮扶企业 共克时艰】一是做好上年度减免税的受理审核工作,全年共受理减免税1122户次,实际减免税额2001万元,其中受理企业减免税125户次,减免税额1163万元,通过对企业的扶持,增强了企业发展后劲。二是抗击金融危机,开展帮扶企业"春雨"专项行动,以"税收优惠政策辅导日"、"'春雨'行动税企沟通专题会"、"税务干部进企业"等活动形式,向来自各行各业的纳税人宣讲税收优惠政策、社保费缴纳有关政策等内容。

【税收法制建设与税收宣传】深入开展"五五"普法和"四五"依法整治工作,建立普法依法治理各类相关工作制度,做好行政执法资格培训考试和换证年检工作,规范税收执法行为。

不断加大税收宣传力度,利用4月份第18个全国税收宣传月契机,组织开展"税收在我心中"小学生书画比赛、"税收政策进企业"、"流动税收宣传线"等多种形式的宣传活动。

【征管改革与税源管理】深入推进个人所得税全员管理,组织完成年所得12万元以上个人所得税申报工作,全县143人办理自行纳税申报,比上年递增6.7%,涉及应纳税所得额3418万元,应纳税额475万元,补缴税额4.34万元。

拓展重点税源监控面,充分利用重点税源监控数据开展行业和重点税源企业的税收经济比较分析;扎实推进纳税评估工作,以集中和自行评估相结合,着重案头分析,结合日常税源管理,健全纳税评估制度;

组织开展ISO9000质量管理内审，归集总结存在问题，提高质量管理水平。

【信息化建设】加强推广《税友2006》快捷管理软件应用，清理各类错误记录和“管理未到位户”，深化运用功能，提高征管质量和效率。大力推广机打发票应用，逐步取消500元以上大面额定额发票使用，控制起征点以下双定户购买，全面清缴逾期无效发票并强化对具名发票使用企业的发票缴销管理，全年新增机打发票纳税户37户。

【各项规费征收】全县各项规费收入11167万元，历史上首次突破亿元大关。在加强各项规费征收方面，一是加大宣传力度，积极向缴费单位和社会宣传取得理解；二是密切部门间合作，形成增收合力；三是实行规范管理，严格执行各项规定和征收程序；四是目标管理分解，掌握收入进度，实现税费同征。

【推进企业分离发展服务业】成立由局长挂帅的企业分离发展服务业工作领导小组，并及时制订实施意见和组织实施考核办法，确保分离发展服务业工作顺利开展，全年共有3户企业按规定要求进行分离，共入库税款15万元。

【税务稽查】加大税收执法力度，以整顿和规范税收秩序为主线，强化税务稽查。全年先后对建筑业、电力、旅游等行业开展专项检查，共检查企业70户，查补各类税款、滞纳金、罚款合计416万元，有力地打击了偷逃税行为，维护了全县正常的税收秩序。

【优化纳税服务】积极推广“同城通办”、“涉税信息提醒”等服务形式，优化纳税服务、简化办税流程，方便纳税人就近办理缴税和购票业务，以方便、快捷、人性化服务，最大限度抵消因海岛交通瓶颈等客观因素带来的影响。加强第三方信息共享平台和机制建设，推广机打电脑版发票。大力推行补正承诺制，免收税务登记工本费并扩大税务登记证免填单范围，将每月最后一个工作日定为“新办企业办税辅导日”，将每月申报期定为“值班分局长接待日”，受理纳税人的难题咨询和违纪投诉等事项，细化和完善“一窗通”办税制度。

队伍建设【财税文化建设】按照省、市局的统一要求，积极推进财税文化建设。健全乒乓球、羽毛球、摄影、钓鱼、女子健身操等各类兴趣小组，引导干部职工做到“三走近、三远离”；8月份成功组织全局“迎国庆、展风采——财税文化建设文艺汇演”，选送参加市财税系统文艺汇演的两个节目也分别获得一、三等奖。结合“机关干部进家庭”、军民共建、社区联谊和结对贫困户“访贫思廉”等活动，广泛向社会各界宣讲政策。同时要求每位干部结合实际工作，加强调研，积极上报调研论文，群策群力，为地税发展建言献策，一年来共收集到调研论文136篇。

【机关作风建设】加强制度监督，严格执行节假日出岛人员登记等局内各项规章制度，实现以制度管人、管事，确保人和资金的安全；狠抓机关效能建设，不定期组织局内自查，进一步提升工作效率，改进机关工作作风。同时，通过开设“绿色办税通道”、“节假日值班制度”、“温馨提示”等制度，实现纳税服务“零距离”，构建和谐征纳关系。

【教育培训】结合中层干部“锤炼工程”，每月安排3名正职干部，定期开展业务工作交流，达到相互促进、共同提高；拓展业务培训基地，共组织280人次参加各类业务培训和知识更新培训8次，通过集中学习、局域网交流、基层调研、中层干部每月业务交流会等教育培训形式，切实提升局领导的谋划力和决策力，中层干部的执行力和创新力，一般干部的凝聚力和战斗力。

【廉政建设】一是继续强化中层干部“一岗双职”工作职责，签订《股级干部党风廉政建设责任书》，明确职责内容、考核和追究；二是对全局各部门的权力进行全面梳理，制订完善相关制度、规定，规范权力运行形成结构合理、配置科学、制约有效的权力运行机制；三是发挥特邀监察员作用，广泛征求各方意见，强化监督，不断改进干部职工工作作风。

【创建文明单位】积极参与基层文明单位、群众满意基层站所、青年文明号、巾帼文明示范岗等评选，地税稽查局被省局评为“全省地税系统省级基层文明单位”，洋山税务分局分别被省局和市纠风办评为“群众满意基层站所”，泗礁税务分局办税大厅荣获市级“巾帼文明示范岗”称号。

（舟山市嵊泗县地方税务局供稿　王韶华撰写）

丽水市地方税务工作概述

局长　何赤峰

经济概况 2009年，丽水市实现生产总值542.02亿元,比上年增长10.6%。其中:第一、二、三产业增加值分别为58.06亿元、260.93亿元、223.03亿元,分别增长3.5%、11.3 %、11.7 %。第一、二、三产业增加值结构从上年的10.9:48.6:40.5调整为10.7:48.1:41.2。人均GDP 23520元(按年平均汇率折算为3443美元),增长10.0%。全市财政总收入65.58亿元,增长3.4%;其中地方财政收入37.42亿元,增长3.5%。市本级(包括莲都区,下同)财政总收入23.26亿元,增长6.1%;其中地方财政收入12.82亿元,增长1.0%。

税收概况【任务完成情况】2009年,全市地税部门组织各项收入45.59亿元,增长4.7%。其中:税收收入27.32亿元，完成省地税局下达计划的104.5%,增长0.1%;各项规费收入18.27亿元,增长12.4%。市本级地税部门组织各项收入15.66亿元，增长4.8%,其中税收收入9.79亿元，完成省地税局下达计划的100.9%，增长1.9%；各项规费收入5.87亿元，增长9.9%。

【税收特点】一是总量持续扩大。全市地税系统组织各项收入45.59亿元，是1997年国地税机构进一步分设时的15.03倍,年均增长25.3%;其中市本级组织入库总收入15.66亿元，是1997年国地税机构进一步分设时的15.34倍,年均增长25.5%。二是增幅回落明显。2009年是国地税机构进一步分设以来税收收入形势最为严峻的一年。全市上半年各月税收收入均下降,累计降幅达17.3%;下半年税收收入呈现企稳回升的态势,各月均有所增长,累计降幅逐月收窄,12月实现累计增幅由负转正。全市税收收入增幅只有0.1%,市本级税收收入增幅为1.9%。三是多数大类行业税收出现下降。全市工业税收增长16.2%,若剔除一次性因素后下降0.7%，建筑业税收下降16.8%,批发和零售业税收下降21.5%,房地产业税收下降21.3%，交通运输、仓储及邮政业税收下降19.0%。

【税源分析】1. 营业税：入库10.03亿元，增长3.2%。增收行业主要是房地产业、金融业、租赁商务服务业以及其他行业,其中房地产业、金融业、租赁商务服务业、其他行业分别比上年增长16.1%、19.2%、35.2%、7.7%。减收行业主要是建筑业和交通运输业。减收的主要原因:受全球金融危机和国家宏观调控政策等影响,建筑业不景气,交通运输量减少,两个行业减收额分别为4930万元、750万元，分别下降19.6%、15.5%。

2. 企业所得税:入库4.55亿元,下降6.0%。减收行业主要是房地产业、批发和零售业、建筑业。减收的主要原因:房地产业企业所得税大幅下降,减收4727万元,下降50.1%;批发和零售业减收3619万元,下降67.9%;建筑业减收1861万元,下降16.9%。增收的主要行业是工业、租赁商务服务业和其他行业,分别增收5733万元、952万元和524万元，分别增长29.8%、146.5%和28.8%。

3. 个人所得税:入库6.77亿元,下降2.2%。减收的主要原因:经济低迷导致利息、股息、红利所得减少,减收5285万元,下降21.2%;个体工商户生产、经营所得减少,减收1275万元,下降11.6%。增收的主要原因:工资、薪金所得个人所得税征管体系不断完善，出台自然人股权转让所得个人所得税管理办法，以及加强个人所得税全员申报及年所得12万元以上自行申报管理等因素,增收4024万元,增长17.3%;其他所得个人所得税增收993万元,增长9.8%。

4.其他税收:入库5.97亿元,增长2.7%,地方八税种中,除土地增值税和资源税下降外,其他税种都有不同幅度的增长。其中:城建税、城镇土地使用税、房产税、印花税、车船税和烟叶税分别增长14.6%、24.7%、11.1%、3.1%、16.8%和18.7%;土地增值税和资源税分别下降40.7%和33.5%。

各项工作情况【优化收入结构】通过扶持第三产业发展,培植地税税源,主抓营业税和地方小税种征管,促进税收收入结构优化。2009年,全市税收收入中纯地方税达58.6%,提高1.66个百分点。全市营业税入库10.03亿元，占全部地税收入36.7%，提高1.11个百分点。强化地方小税种征管。开展与国税征收的增值税和消费税入库税款信息比对工作,加强城建税等附加税的征管。全年全市城建税入库1.87亿元,比上年增长14.6%。全面开展城镇土地使用税税源清查和跟踪检查,全市新增计税土地面积239.4万平方米,查补税款974.8万元,其中:市本级新增计税土地面积99.8万平方米,查补税款350万元。全年全市地方八税种入库5.97亿元,增长2.7%,其中市本级为2.38亿元,增长12.8%。

【帮扶企业"春雨"专项行动】一是以举办10场专题税企沟通会、深化"十项便民措施"、百名干部进百企、"网送税法连千家"、在线答复企业咨询等活动为载体,为企业提供服务。二是简化减免税审批程序,及时、依法、合规办理缓交税款,帮助解决企业资金紧张问题。全年全市共减免地方税收1.21亿元、水利建设专项资金3178万元;其中市本级减免地方税收3481万元、水利建设专项资金2495万元。全市共核准延期缴纳税款2.15亿元,其中市本级1.85亿元。帮助企业渡过难关,增强企业发展后劲。三是落实下调基本养老保险费缴费比例政策,减轻企业社保费负担。全年全市减轻社保费负担1.06亿元，其中市本级减轻社保费负担4486万元。

【推进企业分离发展服务业】一是落实扶持政策。市政府出台《关于加快市本级企业分离发展服务业的若干意见》,引导和鼓励企业分离发展服务业。二是完善工作机制。印发《关于推进企业分离发展服务业工作实施方案的通知》和《企业分离发展服务业专项考核实施办法的通知》,推进企业分离发展服务业工作。三是加强宣传引导和服务。通过报纸、网站、"税收宣传月"活动等形式,加大对企业分离发展服务业成功事例和先进典型经验及扶持政策的宣传力度。召开物流企业、骨干龙头企业税企沟通会,了解企业分离意愿,逐户开展上门辅导。全年全市成功分离发展服务业企业37户,年产生营业收入3.9亿元,年产生地方税收约2300万元。

【税收法制建设与税收宣传】组织开展税收执法检查、行政处罚案卷自查和评查及执法责任制指标校验工作，查找在税收执法过程中存在的薄弱环节并加以纠正，不断提高税收执法水平。确定2009年ISO9000质量管理目标,组织完成B版体系文件的修改,修改作业指导书39个,修改面达33.3%。强化税收法制宣传，制订2009年法制宣传教育工作计划和第18个全国税收宣传月活动方案，围绕"税收·发展·民生"主题,组织开展"幸运邮天下"税法宣传进千企、召开纳税人座谈会、税收知识进社区、进企业送税收优惠扶持政策等税收宣传月活动。其中"幸运邮天下"税法宣传进千企获省地税局税收宣传创新项目。

【征管改革与税源管理】一是加强重点税源数据分析,完善"抓大、评中、定小"税源管理办法。推广应用不动产建筑业税收项目管理软件，加强房地产、建筑业税收监控。二是开展纳税评估,实现以评促管。对国资营运机构、汇算清缴企业、部分餐饮企业和2008年享受各项财政性资金企业开展纳税评估,补缴税款433万元。三是加强发票管理,加大电脑版发票推广应用力度,推进以票管税。四是开展年所得12万元以上个人所得税自行纳税申报工作,截至4月1日申报期结束全市自行申报人数7791人,其中市本级2845人。五是印发《关于对个体工商户实施分类管理的通知》,对纯地税个体工商户实行分类管理,并调整地税定额。六是印发《关于加强市本级自然人股权转让所得个人所得税管理的通知》，规范自然人股权转让所得个人所得税管理。七是建立与工商、国税部门定期工作例会制度、信息共享制度、企业注销登记联合办理制度、企业股权变更工商税务联系制度,完善协税护税机制。

【信息化建设】以信息化建设为支撑点,提升征管科学化、精细化水平。拓展《税友2006》功能应用,从3月份开始推广应用《税友2006》快捷查询管理软件,实现数据集中查询。运用《税友2006》纳税评估模块,促进纳税评估工作。优化《税友2006》退库功能,完成电子批量退库功能开发。开展信息安全与计算机保密检查、信息安全等级保护定级、备案工作,市本级地税广域网系统、公文处理系统、征管信息系统和局门户网站都定为一级。

【各项规费征收】统一全市社保费征缴模式、业务流程和征管规程,推进"五费合征"工作。印发《丽水市本级社会保险缴费登记管理办法》,以社保费"三率"为抓手,强化社保费征管基础管理。利用《税友2006》实时查询社保费申报缴纳情况,开展社保费结算、缴费评估、税费统查等工作,推进社保费精细化管理。同时,做好"两项"教育费附加征收、残疾人保障金代征及水利建设专项资金征管。全年全市地税部门共组织各项规费收入18.27亿元,增长12.4%,其中社保费收入15.24亿元,增长14.2%。市本级5.87亿元,增长9.9%,其中社保费收入4.89亿元,增长9.2%。

【税务稽查】组织开展营利性医疗机构、教育培训机构、大型连锁超市及电视购物、建筑安装业等税收专项检查。利用调研式检查、责成自查与重点检查相结合及税务约谈等人性化稽查方式,加强对纳税人的政策法规辅导。加大打击假发票等严重税收违法力度,配合公安部门成功破获"609"制售假发票案件。全市共查办假发票案11件,查获假发票684份,其中市本级9件,查获假发票680份。做好国家税务总局、省地税局督办案件和举报案件查处工作。全年全市共受理举报案件和上级交办案件57件,查补金额为568万元。全年全市地税稽查部门共检查纳税户734户,查补入库收入6066万元,增长98%,其中市本级地税稽查部门共检查纳税户190户,查补入库收入3092万元,增长398%。

【优化纳税服务】开展"企业服务年"活动和帮扶企业"春雨"专项行动,建立企业结对服务联系制度,选派52位干部结对联系43户企业,对企业开展一对一帮扶服务。巩固和完善四部门联合办证、补正承诺制、免收税务登记证工本费、"一窗式"服务等服务措施,实行涉税软件客户端服务外包,推广应用远程纳税服务平台、开通预约扣款和预约缴销业务,建立税企交流QQ群,推出"一卡一图一屏"服务(即办税服务小分队联系卡、网上办税费操作流程图、大厅电子触摸屏),构建和谐征纳关系。

队伍建设【学习实践科学发展观活动】按照市委统一部署,3月份,成立深入学习实践科学发展观活动领导小组,印发《关于开展深入学习实践科学发展观活动实施方案》,召开深入学习实践科学发展观动员大会,开展学习实践科学发展观活动。在活动中,共征集发展"金点子"12个,撰写调研文章、心得体会170篇,征集发展案例7个,群众满意度达99%。

【财税文化建设】制订和落实年度工作目标责任制考核办法,细化考评措施,激励处(室)和干部争先创优、争创一流。依托技术练兵、业务比武、专题讲座等各种载体,提高干部职工的工作能力和水平。组织计算机操作技能比赛、岗位业务技能比武,配合全省组织地税人才库的人员选拔,发现和挖掘出一批业务能手。按照"三走近、三远离"要求,充分发挥党、团、工、妇组织作用,组织开展"颂歌献祖国"全市财税系统文艺调演、"心中的丰碑"演讲比赛、"青春献财税"沙龙、"爱国歌曲大家唱"、拔河比赛、摄影比赛、棋牌比赛等活动,为干部提供展示才华的平台,丰富干部职工的文化生活,增强干部职工的归属感和团队的凝聚力。

【教育培训】制订教育培训工作计划,利用多种形式,加强干部队伍教育培训工作。开展计算机操作比武、岗位业务技能比武等活动,以"请进来"的方式,聘请专家、教授举办专题学习辅导讲座,同时,以"走出去"的方式,在扬州税务进修学院举办两期业务骨干培训班。全年共组织各类培训班21个、培训1588人次。

【机关作风建设】加强机关效能建设,完善效能建设相关规定,实行干部纪律考勤"处室轮流值周制度",开展行风建设明察暗访。印发《关于开展"两提高、两降低"实施方案》,开展申报"全省效能建设创新创优先进典型"工作,推进机关效能建设。市财政局、地税局被省纪委、省监察厅、省效能办评为全省"效能建设创新创优先进典型”。

【廉政建设】制订《建立健全惩治和预防腐败体系责任分工》,巩固反腐倡廉机制保障。利用正反典型开展示范教育和警示教育,开展廉政建设主题征文活动和发送廉政短信,加强廉政文化建设。开展规范财税权力运行工作,做好职能梳理、权力“搜索”和流程再造,构建和完善权力运行和监控机制。利用政府信息公开、设立政务公开栏和意见箱、12366服务热线、特邀监督员座谈会、廉政建设问卷调查等形式,自觉接受社会监督。

【创建文明单位】推进文明单位创建活动,开展“全国巾帼文明岗”、“省级基层文明单位”和“省级青年文明号”联创活动。市财政局、地税局被市委、市政府命名为2009年度市级文明单位,并连续7年被市政府评为部门工作目标责任制考核优秀单位。全市地税系统被省地税局评为基层文明单位的有7个、省级“青年文明号”3个。

(丽水市地方税务局供稿 刘克华撰写)

龙泉市地方税务工作概述

局长 吴旭文

经济概况 2009年,龙泉市实现国内生产总值51.03亿元,按可比价格计算,增长11.2%。其中,第一、二、三产业增加值分别为8.70亿元、21.84亿元、20.49亿元,增幅分别为3.6%、14.8%、10.4%,人均GDP 19360元,主要经济指标呈现较快增长,经济效益和运行质量显著提高。龙泉市实现财政总收入4.07亿元,比上年下降2.2%;其中地方财政收入2.49亿元,增长0.3%。

税收概况【任务完成情况】2009年,龙泉市地税部门共组织各项收入3.42亿元,增长5.4%。其中:地方税收收入1.91亿元,下降0.7%;组织各类基金、费等其他收入1.51亿元,同期增长14.2%。

【税收特点】一是总量有所上升,税收有所下降。全市地税部门共组织各项收入3.42亿元,创历史新高。地税部门负责征收的三大主税种中,营业税和个人所得税增幅分别为4.4%和20.8%;而企业所得税由于受经济和政策的双重影响,全年累计收入比去年同期减少940万元,下降29.6%。其他各税减收167万元,下降3.2%。二是二产、三产比重与去年基本持平,但各行业增减不一。从产业结构看,全市来自第二产业的税收收入同比下降0.1%,占地税收入比重的46.4%,与去年持平;全市来自第三产业税收收入同比下降1.1%,占地税税收收入的53.5%,与去年相比变化不大。从行业增减情况看,2009年房地产业和采掘业的税收收入降幅较大,同比下降20.6%和51.4%,而制造业由于第四季度回升,降幅收窄,下降7.8%。电力、煤气及水的生产和供应业、金融保险业、住宿餐饮业分别增长51.8%、47.6%、12.2%,而建筑业仅增长3.9%,在税收收入中的比重为24.6%,较去年同期提高1.09个百分点。三是收入结构进一步优化。营业税加地方七税占税收总收入的69.1%,比去年同期提高1.38个百分点;地方财政收入中税收收入比重占87.2%,收入结构进一步优化,质量进一步提升。

【税源分析】1. 营业税:入库8181万元,同比增长4.4%。增收原因:一是建筑业全年入库营业税2786

万元，同比增长 6.9%。二是金融保险业发展势头良好,全年营业税入库共 311 万元,同比增长 15.1%。三是电力煤气及水的生产供应业增收 182 万元。三是由于国际大酒店和南国花园开业运营,营业税分别净入库 69 万元和 7 万元,住宿餐饮业同比增长 14.1%。

2. 企业所得税：入库 2235 万元，同比下降 29.6%。除新企业所得税法实施影响外,减收的主要因素:一是制造业所得税持续下降,这主要受全球金融危机影响,国内外市场需求萎缩,销售价格下降,工业企业生产经营压力加大。二是经济危机影响下房地产业在 2008 年下半年和 2009 年上半年急速下降,几大房产公司所得税在 2009 年大幅减收。三是采掘业入库只有 42 万元,减收 402 万元,同比下降 90.5%,其中佳和矿业入库 28 万元,减收 393 万元。四是电力煤气及水的生产和供应业所得税入库 146 万元,同比下降 15.8%。

3. 个人所得税:入库 3690 万元,同比增收 635 万元,同比增长 20.8%。主要原因:一是加强个人所得税代扣代缴和全员申报工作进一步推开,以及通过财务结算中心强化行政事业单位个人所得税源头控管,促进了收入增加。二是加强年所得 12 万元以上个人所得税自行申报管理。三是利息股息红利部分增收最为明显,同比增长 62.4%。四是加强专项稽查力度,全年稽查查补个人所得税 231 万元。

4. 其他税收:入库 5040 万元,同比下降 3.2%,而土地使用税、房产税和车船税表现良好，分别增长 14.4%、8.2%和 33.7%。减收因素:一是资源税同比下降 37.8 %。二是城建税随着增值税的减收而略有下滑,同期下降 3.6%。三是土地增值税因为巨龙房产和大洋房产交易量上升而增幅达 257.4%，但前三季度商住房交易市场低迷导致累计入库数仍低于去年同期,下降 20.3%。

各项工作情况【优化收入结构】贯彻落实好“实、稳、优”三字财税工作方针,促进收入结构进一步优化,抓好全额入库地方财政收入税种征管,保障地方可用财力。全年组织入库营业税加地方七税收入之和占税收收入的 69.1%,比去年提高 1.38 个百分点。加强征管力度,向“小税种”要收入。一是加强房产税征管力度。加强与国土、城建等部门联系,获取并更新企业、个体工商户的房产信息,确保房产税及时准确入库。二是加强土地使用税的征管力度。开展城镇土地使用税政策执行情况跟踪管理,进行实地查看工业园区、回归工程等地块的开发使用情况,追踪管理,及时解决税收管理工作中出现的新问题。三是加强车船税新条例的宣传力度。四是继续通过利用已缴水利建设资金推算企业销售额等方法,加强销售合同印花税的征管。

【帮扶企业“春雨”专项行动】深入企业进行调研,完成调研课题 29 个；贯彻落实好国家和省制定的各项税收优惠政策，以及养老保险费征缴等优惠政策，全年共为企业减免养老保险费、城镇土地使用税和水利建设资金等各项税费 637 万元，促进企业发展;做好再生资源增值税政策落实工作,全年共审核退还 5 家符合退税企业增值税 563 万元,帮助企业发展。

【推进企业分离发展服务业】引导服务业加快发展,扎实推进企业分离发展服务业,制订出台《龙泉市关于加快企业分离发展服务业的若干意见》，完善服务业税收优惠政策的具体实施办法,全市共有南丰物流、披云物流和医药药材总公司运输服务中心等 3 家企业进行了分流,上缴营业税和所得税 12 万元。

【税收法制建设与税收宣传】贯彻落实省局《关于贯彻落实保增长扩内需调结构若干政策的实施意见》,编制税收法规小册子 500 本赠发给纳税人;做好税收执法责任制考核和执法检查工作,开展法制宣传月和“12·4”全国法制宣传日等主题宣传活动,规范税收执法行为。

围绕“税收·发展·民生”主题,开展好第 18 个全国税收宣传月活动,先后开展“税收法规明信片进千企送万家”、“地税杯少年税校歌咏比赛”、“服务企业暖冬行动”等宣传活动,营造良好税收氛围。

【税收征管改革与税源管理】一是加强交通运输业税收征管。针对公路养路费停征的实际情况,及时调整运输业定额部分税收代征单位,同时建立部门协管机制,由运管部门在对运输业营运证进行年度审验时进行税收完税情况审核。二是加强个人股权转让所得税管理。出台个人股权转让所得税管理办法,有效加强个人股权转让所得税的管理。三是加强双定管理。鉴于增值税征收率发生调整,根据国地税共管户定额参照国税定额执行的工作要求,及时组织做好定额调整工作,并相应调整双定纳税人的个人所得税附征率，确保定额调整工作平稳过渡。四是不断加强ISO9000质量管理工作，被浙江省地方税务局授予浙江地税质量管理奖。五是加强部门协作，做好信息采集。按月向工商、工程招投标中心、国税等部门采集相关信息，促进税收征管工作。

【信息化建设】认真做好相关管理软件的推广应用。一是做好快捷查询管理软件推广应用，进一步促进“信息管税”工作的发展。二是做好不动产及建筑业项目管理软件推广应用，进一步加强不动产及建筑业税收的分析预测和管理工作。

【各项规费征收】坚持“税费并重”，注重部门协调，规范征缴，稳步推进“五费合征”工作，社会保险费收入平稳增长。全年全市共组织社会保险费收入1.29亿元，比上年增长16.7%。在加强各项税费征收方面，一是落实省政府临时适当下浮社会保险费缴纳比例政策，全年共为企业减轻负担467万元；二是制订出台《龙泉市社会保险费登记管理实施办法》；三是做好事业单位养老保险费从2009年1月1日起移交地税部门征收各项工作。

【税务稽查】按照省局统一部署，结合龙泉实际情况，制订全年检查计划，以服务型稽查的方式对建筑安装业(小水电、交通建筑)、营利性医疗机构、教育培训机构、大型超市、高收入行业及高收入个人的个人所得税列为专项检查项目，全年共查处涉税案件107件，查补金额457万元，是至2009年为止查补税款最多的一年，真正起到以查促管、以查促收的职能作用。

【优化纳税服务】开展“春雨”专项行动和“暖冬”活动，优化纳税服务。一是邀请浙江工商大学、浙江税校教授和业务骨干等为全市130位企业会计举行财税法规和财务知识及电脑版普通发票开票等培训，提高会计人员业务水平；二是开展纳税服务工作，贯彻落实省局关于清理简并纳税人涉税资料的通知，按要求做好清理简并涉税资料工作；三是开展“我为纳税人作贡献，提高办税水平”服务活动，不断优化纳税服务。

队伍建设【财税文化建设】以深入实践科学发展观教育为载体，探索财税文化建设有效途径，一方面，积极参与市委、市政府和各有关单位、部门组织各项文体和技能比武等活动，充分展示财政地税良好形象；另一方面，干净干事，敬业爱岗，业务高超，在全市部门、单位中，充分体现财税干部业务素质和工作水平。开展以每周一晚全体财税干部在体育馆进行体育锻炼为主体的各种文体活动，举办全局干部职工首届气排球赛。按照年龄和职务不同，分5批召开财税文化建设座谈会，征询意见和建议，进行梳理，建设好财税文化。

【机关作风建设】严格执行税务机关“五条禁令”，对干部劳动纪律和服务窗口办事效率、服务意识进行定期和不定期监督检查，促进工作效率和服务意识的提高；结合机关效能建设，开展比提速度提效能比服务比质量的“双提双比”活动，优化纳税服务。

【教育培训】加强业务和思想政治教育，提升干部水平，一是制订出台《关于学历学习及职称管理办法》，鼓励干部职工参加学习，有效地提升干部职工的学历水平，并对学历学习与职称聘用实行规范化管理；二是组织一期共40名干部到浙江省税务培训中心参加综合素质提升学习；三是组织好上级部门牵头的各类教育培训工作，全系统全体干部职工参加普法教育学习，并参加考试，在丽水市地税系统“岗位技能比赛”中，龙泉市局取得团体二等奖、2人进入前五名的好成绩。

【廉政建设】落实党风廉政建设各项规定，从教育、制度、监督入手，建立健全惩治和预防腐败体系责任分工。市局与科室、基层单位层层签订责任书，实行廉政约谈制度，加强对干部廉政教育，提高干部廉洁意识。开展廉政建设进项目活动，地税综合业务用房被丽水市纪委列为廉政文化进项目活动示范单位。

【创建文明单位】组织指导全系统干部职工积极参与文明创建工作，争创各类先进。2009年度，直属分局连续9年获得“全省地税系统基层文明单位”，大厅获得市级“巾帼文明岗”、市局获得龙泉市委、市政府综合目标考核二等奖。

（龙泉市地方税务局供稿　张伟龙撰写）

青田县地方税务工作概述

局长　朱秀雄

经济概况 2009 年，青田县实现生产总值 94.17 亿元，比上年增长 11.0%。其中：第一产业增加值 4.85 亿元，增长 1.9%；第二产业增加值 56.67 亿元，增长 11.2%；第三产业增加值 32.65 亿元，增长 12.0%。第一、二、三产业结构为 5.1∶60.2∶34.7。全县人均生产总值 23859 元，增长 9.7%。全县实现财政总收入 11.48 亿元，增长 2.3%，其中地方财政收入 7.39 亿元，增长 7.2%。

税收概况【任务完成情况】2009 年，全县地税部门共组织收入 7.57 亿元，增长 7.9%。其中：地方税收收入 5.17 亿元，增长 0.2%；各类基金、费等其他收入 2.40 亿元，增长 29.6%。

【税收特点】一是收入增长明显趋缓。国际金融危机对税收收入的影响在本年度更加凸显，地税部门组织收入总量和地方税收收入增幅分别比上年下降 5.3 个和 12.1 个百分点。二是收入呈前低后高态势。受经济形势影响，上半年除 4 月份外，税收收入均同比下降，下半年除 12 月份外均同比增长，下半年收入占全年收入的 53.2%。三是各税种增减不一，差异明显。增收绝对额和增幅最大的是营业税，增收 7623 万元，增长 41.6%；减收绝对额和降幅最大的是企业所得税，减收 3940 万元，下降 36.8%。四是增收集中在第三产业。第二产业税收下降 31.2%，其中采矿业税收下降 77.0%，电力生产和供应行业税收下降 68.5%。第三产业税收增长 23.6%，增收贡献最大的是房地产业，入库税收 2.0 亿元，增收 2875 万元，增长 16.8%，拉动第三产业税收比重达 70.7%，提高 13.3 个百分点。

【税源分析】1.营业税：入库 2.60 亿元，同比增长 41.6%。增收因素：一是受县政府出台的购房补贴政策影响，全县房地产交易活跃，房地产业营业税入库 1.17 亿元，比上年增长 98.1%，占营业税增收额的 76.2%。二是土地收储中心转让土地使用权入库营业税 4200 万元，带动其他行业营业税增收 3062 万元，增长 89.7%，占营业税增收额的 40.2%。减收因素：一是受滩坑电站等大型项目建设完工等因素影响，建筑业营业税减收 992 万元，下降 15.8%。二是交通运输业减收 361 万元，下降 51.1%。

2. 企业所得税：入库 6758 万元，同比下降 36.8%。减收因素：一是受国际金融危机持续影响，全县支柱产业之一的钼矿业基本停产，导致全县企业所得税大幅减收。钼矿业企业所得税减收 2919 万元，降幅达 88.0%。二是香溢房地产公司电台项目汇算清缴入库企业所得税减少 1351 万元，导致房地产业企业所得税下降 36.6%。增收因素：利益五金公司、剑石化工公司资产转让所得税入库 924 万元，推动制造业企业所得税增长 64.2%。剔除该一次性因素，制造业企业所得税实际减收 109 万元。

3. 个人所得税：入库 8532 万元，同比下降 20.1%。减收因素：一是受经济运行环境影响，企业利润空间大为缩减；二是废旧物资个人所得税预征率下调到0.1%；三是受上年五里亭电站股权转让一次性因素影响，以上因素造成个人所得税减收3249万元。增收因素：工资薪金所得增收989万元，增长32.2%。一是青田农村信用联社查补收入，二是电力等部分垄断行业增收，三是个税全员申报深入实施推动。

4. 其他税收：入库1.04亿元，同比下降12.3%。减收因素：一是钼矿业不景气导致资源税大幅下降。二是房地产业土地增值税预征率下调到0.5%，二手房交易免征土地增值税，导致土地增值税下降40.9%。增收因素：增值税和营业税增长带动城市维护建设税增收，增长32.6%。由于征管力度加强，房产税增长34.3%。车船税和城镇土地使用税受落实税收优惠政策影响，增幅放缓，分别增长13.1%和4.1%。印花税与上年同期基本持平，增收3万元。

各项工作情况【**优化收入结构**】税收收入结构方面，地方税收入（营业税和地方七税）占税收收入的70.4%，比上年同期提高11.8个百分点，结构不断优化。一是落实购房补贴政策，推动房地产市场回暖，同时落实先办税后办土地使用证和房产证的措施，促进营业税和城建税大幅增收。二是加强小税种征管，如通过各税源管理员入户调查强化房产税征管，开展城镇土地使用税政策执行情况跟踪管理，提高征管水平等。财政收入结构方面，税收收入占地方财政收入的87.3%，提高7.2个百分点，税收对财政收入的贡献率有所提高。

【**帮扶企业"春雨"专项行动**】一是加强与企业的沟通交流。举办黄垟矿区"税企沟通会"，与钼矿企业共同谋划脱困发展思路。组织22名税务干部与20户企业建立起一对一联系帮扶关系，了解企业生产经营情况，帮助企业解决困难。举办面向工业企业的税收优惠政策讲座，编制并发放《青田县工业优惠政策汇编》，引导、鼓励企业用好用足优惠政策。二是落实各项税费优惠政策。落实税收减免、抵免1600多万元。做好社保费缴纳比例临时性适当下浮集中减征工作，减征社保费462万元。做好养老保险费率调整工作，为企业减轻负担近600万元。

【**推进企业分离发展服务业**】成功分离发展4家服务业企业，超额完成全年分离发展3家的任务。一是成立青田县企业分离发展服务业工作领导小组，实行集中办公、并联审批，为企业提供全程服务。二是对分离出的高成长型服务业企业，推荐给银行、担保公司、风险投资公司等机构，加大融资支持力度。三是鼓励引导中介机构、行业协会为企业分离发展服务业服务。四是明确企业分离发展服务业享受财税扶持政策的对象和范围，让优惠政策"优在明处，惠在实处"。

【**税收法制建设与税收宣传**】一是响应省地税局关于税收执法责任制实施准备工作相关要求，进行考核指标口径校验，组织自查整改，并及时向上反馈意见。二是强化税收执法行为事前、事中和事后全方位监督检查，进一步提高征管水平和执法质量。三是依法审理办结重大税务案件3件，公开曝光1起案件，确保税收执法准确、规范，维护税收征管秩序。

围绕"税收·发展·民生"主题，开展第18个全国税收宣传月活动，先后开展"财税杯"全县乒乓球赛、税企沟通会、税企联谊运动会、征集税收工作"金点子"等活动。

【**征管改革与税源管理**】一是完善企业股权转让环节税收征管。加强与工商部门的协作，建立先完税后办理股权变更手续机制。对不同金额的股权转让行为，采取基层分局实地稽核或委托中介机构评估的方式确定计税依据，确保应收尽收。二是强化销售不动产专用发票（自开）管理。在分局设专人对销售不动产专用发票（自开）进行监开管理，以票控税，杜绝房地产公司欠税、低价交易、二次交易等行为。三是加强欠税监管。按季度对所有欠税企业进行公告和追缴，严格控制新欠、压缩陈欠。四是加强税源调查和税收预测。对全县8个行业的25家企业开展税源调查，及时掌握、深入分析重点行业、重点企业的发展趋势，加强重点税源监控管理。制订《税收收入预测考核办法》，各分局月报旬报报送次数由原来的2次增加为3次，并把预测准确率考核纳入分局年度目标考核，提高收入预测水平。

【**信息化建设**】做好《税友2006》快捷查询软件的推广应用工作，按照省、市地税局要求完成各阶段工作任务，共清理23项17391条异常数据。全面梳理《税友2006》基础信息数据，进一步规范数据信息采集与日常维护等工作，提高案头审核分析质量。认真开展信息安全宣传月活动,签订《网络与信息安全应用管理责任书》,开展信息安全知识培训。

【各项规费征收】一是加强社保费征收管理。县分管领导带队开展调研,制订出台《青田县人民政府关于加强社会保险费五费合征工作的实施意见》,按照《意见》精神制订实施《青田县社会保险费征缴业务规程》和《青田县社会保险缴费登记管理实施办法》,理顺职责,促进管理,全年五项社保费收入1.89亿元,比上年增长35.8%。二是做好其他各项规费征收管理。水利建设专项资金收入1375万元,同比下降4.3%,减征全县83家企业的2008年度水利建设专项资金总计244万元。加强与国税部门协作,做好两项教育费附加的征管,教育费附加和地方教育附加分别入库1969万元和1416万元,分别比上年增长23.3%和26.9%。做好残保金的委托代收工作,依据委托单位征缴清册,促进足额入库,残保金收入303万元。

【税务稽查】全年共检查48户企业,其中责成自查28户,重点检查20户;共查补税款484万元,罚款109万元,加收滞纳金18万元,费和基金4万元,查补收入金额总计615万元。一是依法开展建筑安装业、教育培训机构、大型连锁超市、旅游业专项检查以及保险业汇总纳税企业检查,整顿和规范税收秩序。二是落实全省地税系统稽查指标考核办法,将任务分解到科室,落实到人,建立指标完成情况跟踪监督和反馈机制,提高稽查工作效率。

【优化纳税服务】推行服务型管理模式,税前为纳税人提供公告咨询、辅导服务,提高纳税人依法履行纳税义务的能力;税中为纳税人提供“同城通办”、POS机刷卡缴税(费)、补正承诺制等服务,让纳税人更快捷准确地办理涉税事宜;税后为纳税人监督投诉、行政复议、损害赔偿提供更为方便的渠道。

队伍建设【财税文化建设】以“三个一”工程为载体推进财税文化建设,通过共读一本书《奋翮振翅向云天——青田财税纪事》、同唱一首歌《守望国徽的神圣——青田财税人之歌》、共建一个网站“青田财税网”,弘扬财税精神,坚定依法治税、为民理财的信心和决心,构建纳税人和广大群众眼中的和谐财税。女生小组唱《守望国徽的神圣》参加全省财税系统庆祝新中国成立60周年文艺晚会暨第三届文艺调演并获得三等奖。开展深入学习实践科学发展观活动,先后举办4场学习会,整改落实6个项目,加强干部思想修养,完善财税工作机制。实施中层干部竞争上岗,优化干部队伍结构。开展读书活动、职工运动会、兴趣小组活动、工会活动等集体活动,营造“健康、文明、和谐、向上”的工作氛围。

【机关作风建设】从加强日常管理、动态管理入手,重新梳理机关内部管理规章制度,不定期开展纪律检查,促进干部养成良好作风。高度重视社会监督对地税工作的促进作用,在实行行风监督员制度的基础上,聘请记者和网友组成媒体监督员队伍,定期向监督员通报工作情况,组织召开监督员座谈会,听取意见和建议,认真加以整改,进一步提高服务水平。

【教育培训】一是制订2009—2011年干部教育培训规划和2009年教育培训工作计划,为教育培训工作深入实施奠定基础。二是开展“税收业务学习月”活动,举办税收知识更新培训,组织业务考试和岗位练兵,提高干部业务能力。三是邀请专家举办财税专题讲座,组织中层干部集中培训,强化业务知识学习。

【廉政建设】开展规范地税权力运行工作,对税务行政管理和税收执法两大类十大项权力进行深入搜索、扎实整改和全面规范,从根本上夯实反腐倡廉防线。严格落实党风廉政建设责任制和《建立健全惩治和预防腐败体系2008—2012年工作规划》,为党风廉政建设提供制度保证,被县委、县政府评为党风廉政建设先进单位。

【创建文明单位】开展“提质增效年”活动,完善办税服务厅硬件设施,加强办税人员礼仪培训,整合办税程序,推进网上办税,全面提高办税效率。2009年获得市效能建设创新创优先进典型单位、县直部门年度工作考核先进单位、县级文明单位、县“千名干部评机关”活动先进单位、县“三八”红旗集体等多项荣誉。

(青田县地方税务局供稿　张　毅撰写)

庆元县地方税务工作概述

局长 刘义平

经济概况 2009年，庆元县实现生产总值25.95亿元(可比价计算,以下同),增长10.6%。其中:第一、二、三产业增加值分别为4.63亿元、10.89亿元、10.43亿元,分别增长3.4%、12.6%、11.9%。第一、二、三产业增加值结构由上年的18.7:41.9:39.4调整为17.8:42.0:40.2。全县财政总收入2.15亿元,增长4.3%,其中地方财政收入1.29亿元,增长3.3%。

税收概况【任务完成情况】2009年,全县地税部门共组织各项收入1.83亿元,增长6.0%。其中:税收收入8760万元,完成省局下达计划8190万元及奋斗目标8540万元的102.6%和107.0%;各类基金、费等其他收入9538万元,增长14.1%。

【税收特点】一是收入企稳回升。受经济形势及政策性减收因素影响，地税总收入一季度快速下滑，二、三季度随着经济的回暖向好,收入降幅缩小并略有回升，四季度回升幅度加快。地税总收入增长6.0%,增幅提高4.7个百分点。其中:税收收入下降1.6%,降幅缩小6.6个百分点;各类基金、规费等收入增长14.1%。二是结构继续优化。地方税(营业税和地方八税)入库5027万元,增长3.8%,地方税占税收总量的57.4%,提高3.0个百分点;各类基金、规费等收入占地税部门组织收入的52.1%,提高3.7个百分点,收入结构进一步优化。三是减收行业较为集中。除房地产业下降51.5%,建筑业下降1.3%,电力、燃气及水的生产供应业下降30.7%，批发和零售业下降51.5%,其他行业均有不同程度的增长。

【税源分析】1. 营业税：入库3212万元，增长0.2%。减收因素:由于经济形势、房地产市场调整及存量房少等因素，房地产业营业税入库441万元,下降44.9%。增收因素:政府加大项目建设力度,建筑业营业税入库1074万元,增长11.4%;服务业良好的发展势头为税收增收奠定税源基础,弥补房地产项目减少带来的税收缺口。

2. 企业所得税:入库1642万元,下降13.7%。减收因素:贯彻落实新企业所得税法税率下调、高新技术企业优惠税率、研发费加计扣除、小型微利企业优惠税率等政策,减收企业所得税234万元;受气候因素影响,降雨量小,电力、燃气及水的生产和供应业企业所得税下降26.4%;房地产、建筑业企业所得税分别下降58.5%、34.9%。增收因素:创新企业所得税汇算清缴方式，汇算清缴入库企业所得税440万元,增长98.2%,部分消化了以上因素的减收效应。

3. 个人所得税:入库2091万元,下降3.0%。增收因素：个人所得税代扣代缴全员申报工作的推进,年收入12万元以上自行申报政策的执行。减收因素:工资薪金所得入库1184万元,减少10.4%。

4. 其他税收:入库1815万元,增长10.9%,增幅居各税种之首。增收因素:开展城镇土地使用税税源清查,城镇土地使用税入库311万元,增长72.8%;保险机构代收代缴车船税工作日渐完善，车船税入库138万元,增长53.3%。减收因素:没有新开发楼盘,可售房量和房地产开发企业营业收入减少，土地增值税入库130万元，减少36.3%。

各项工作情况【优化收入结构】在促进税收收入可持续增长的基础上，培植地方税源，优化财源结构，为收入结构优化夯实基础。加强地方税的征管，组织营业税与其他税收5027万元，占税收收入总量的57.4%，提高3.0个百分点。完善小税种征管措施，加强城镇土地使用税政策跟踪管理，通过数据比对、分析排查等，全面清查税源，完善税源资料；加强城市维护建设税与营业税等相关税种的比对分析，查找税种征管的薄弱环节；加强对车船税等税种的征管，建立小税种稳定增长机制。

【帮扶企业“春雨”专项行动】结合庆元实际，与国税部门联合梳理整合并出台保增长扩内需调结构重民生若干政策的实施意见，发挥政策资源的最大效应，帮扶企业发展。落实惠企税费优惠政策，对企业社会保险费统筹部分集中减征1个月，临时性下浮企业社会保险费300万元；落实企业用人单位下调养老保险费率6个百分点，减征养老保险费310万元；减免各项税收1102万元，其中涉企税收减免278万元，提振企业发展信心。举办食用菌、竹木、铅笔、汽摩配、第三产业等五大重点产业的专题税企沟通会和税收政策辅导会，为企业答疑解惑。开展一对一税干联系帮扶企业，30名干部与30户具有代表性的企业结对。认真落实“十项便民措施”，实行分局局长常驻大厅，并通过推进企业财务助理助企活动、新办企业办税辅导等措施，优化发展软环境。

【推进企业分离发展服务业】整合多方力量，成立由分管县长任组长，12个部门负责人为成员的工作协调小组，以县政府名义出台加快企业分离发展服务业的若干意见，推进企业分离发展服务业。抽调地税业务骨干成立专题调研组，通过全县工业经济暨企业服务年活动大会、深入企业调研等方式，加强政策宣传辅导。针对庆元交通路线长、竹制品企业多、产品两头在外的特点，全程帮扶双枪、天竹、三禾等竹木制品龙头企业强强联合分离发展物流业。全年共有5家企业实现服务业分离，新增分离服务业企业3家。实行回访制度，帮助企业分得出、站得住、发展得好，促进经济转型升级，努力培植财源。

【税收法制建设与税收宣传】贯彻落实税收执法过错责任追究办法等规定，严格落实依法行政、税收执法责任制考核，提升依法治税水平。按照ISO9000质量管理体系要求，认真开展税收执法检查，规范税费管理和实施税务检查。加强税收法制宣传，围绕“税收·发展·民生”主题，开展第18个全国“税收宣传月”活动。举办“财税杯”庆元县美术家协会会员作品展，宣传地税服务发展、服务民生的政策和举措；以送电影为载体，开展送政策“下企业、进农村、到乡镇”税法宣传活动，该项目被评为全省税收宣传优秀项目。利用《菇乡庆元·财税之窗》加强日常宣传，建立税收宣传的长效机制。

【征管改革与税源管理】深化征管改革，加强“数据采集—税源监管—税收分析—纳税评估—税务稽查”五位一体的税源管理互动机制建设，强化各税种的科学控管，促进征管科学化、精细化、规范化。一是加强基础管理。完善税源管理统计分析制度，密切关注经济形势，加强对重点税源的监控和跟踪，加强数据的采集分析，提升税收分析预测水平。建立评估促管理工作机制，开展租赁业专项纳税评估，规范行业征管。推进个人所得税代扣代缴全员申报，完成年所得12万元以上个人所得税自行纳税申报。加强欠税管理，做好清欠工作。做好双定户定额调整和双定纳税人的个人所得税附征率调整。二是创新征管办法。出台自然人股权转让所得个人所得税管理办法，规范税收征管。完善交通运输业税收征管办法，调整个体货物运输户定期定额税收委托代征单位，加强交通运输业税收征管。创新2008年度企业所得税汇算清缴方式，抽调业务骨干对204户企业开展上门辅导。三是加大以票控税力度。严格执行发票领发、保管、使用、缴销制度，开展对发票的抽审，推广应用电脑票，提升以票控税水平。

【信息化建设】推进以信息化为依托的税费征管改革，深化《税友2006》模块功能应用，全面应用快捷查询软件，完善税源间接控管模式，提高信息管税的能力和水平。推广应用不动产建筑业税收项目管理软件，加强建筑业税收征管。改进数据交换平台，加强征管、稽查数据信息互动机制建设。完善协税护税体系，理顺与社保、工商、国税、银行间数据交换机制，与国税联合开展2007—2008年度纳税信用等级评定。

【各项规费征管】在落实临时性下浮企业社会保险费率、下调养老保险费率等政策的基础上,各类基金、费等其他收入达9538万元,比上年增长14.1%,其中社保费入库8537万元,比上年增长12.0%。深化“五费合征”,完善社保费征缴机制,将5000多户个体养老保险缴费者纳入“一户通”缴费管理,扩大企业参保覆盖面,提高各项规费申报率。加强部门协作,联合财政、社保等部门制订出台庆元县社会保险费征缴协作机制。加强教育费附加、水利建设专项资金、地方教育附加及残疾人就业保障金的征管。

【税务稽查】发挥稽查职能,加强查前辅导,完善征管与稽查联系协作机制,推动管查互动。对超市和医药超市、营利性医疗机构、中介行业、旅游业等开展税收专项检查,加强对涉税举报案件的查处。全年稽查检查总户数76户,查补税费总额172万元,比上年增长63.8%,规范税收秩序。

【优化纳税服务】开展多形式、多方位的送政策送服务活动,召开企业所得税法、营业税、水利建设专项资金减免等各类政策辅导会,深入企业点对点辅导,以最快速度将优惠政策贯彻落实到位。完善纳税服务举措,落实免收税务登记工本费并扩大税务登记证免填单范围“两免”政策,整合部门优势,设立地税、国税、工商等部门“联合办证窗口”。优化办税服务厅,深化“一窗式”纳税服务,完善大厅内网上申报自助服务区功能,推广POS机刷卡缴费服务,简化办税流程。建立和完善考核监督机制,以“纳税服务之星”评比为契机,加强窗口人员的教育、培训和考核,提升服务效率。

队伍建设【财税文化建设】加强党对团、工、妇等组织的领导,以“六个平台建设”为载体,培育和弘扬财税文化,鼓励干部展现积极向上的精神风貌。组织各类主题文体活动,自编自导自演小品《春雨行动》参加丽水市财税系统文艺汇演及庆元县社区文艺演出,组织“党员万米长跑”迎国庆、党员国防军训、团员青年羽毛球赛等活动,组队参加篮球赛、健美操比赛,陶冶干部情操,增强队伍凝聚力。关心关爱干部职工,加强干部职工食堂管理,定期组织干部职工体检,对生活困难职工给予帮助,重视老干部工作,参与各种社会扶贫救困帮扶活动,营造和谐氛围。

【机关作风建设】开展以“提高工作效率,提高服务水平,降低公务支出,降低行政成本”为核心的效能建设主题活动,进一步转变机关作风。严格执行税务机关“五条禁令”,不定期开展效能行为监察,提高机关工作效率。加强制度建设,出台加强计算机和网络使用管理的有关规定,规范机关管理。开展“百名股(所)长大评议”活动,实现所有干部职工照片上墙,督促干部主动履职。推进政府信息公开工作,接受社会各界监督。

【教育培训】组织党员、非党中层以上干部参加深入学习实践科学发展观活动,通过组织广泛自学、专题辅导会及调研汇报会等形式,促进党员干部受教育、科学发展上水平、人民群众得实惠。建立学习教育长效机制,鼓励干部学历提升,2009年获研究生学位2名,在读研究生3名。组织营业税、企业所得税培训及考试,举行《税友2006》功能应用竞赛,激发学业务热情。开展以知识讲座为载体的普及型学习,邀请专家学者召开党务、新录用人员等培训讲座,满足干部职工知识需求。

【廉政建设】全面落实党风廉政责任制,实行领导干部“一岗双责”工作机制,层层签订责任书。开展权力观、地位观、利益观“三观”教育,以召开理论学习会、专题讲座、发放廉政春联、廉政谈话等形式,推进文化反腐,从思想上筑牢防线。完善权力制衡与运行监控机制,开展权力搜索,推进权力规范运行,持续深化具有地税特色的惩防体系建设。

【创建文明单位】深化目标责任制考核和争先创优工作,对“局先进科室(单位)、先进个人、创新工作”进行评比表彰,营造团结活泼、争先创优的良好氛围,进一步夯实税收工作基础。2009年,庆元县地方税务局直属分局办税服务厅荣获全省青年文明号、全省“巾帼文明”示范岗,“一窗式”纳税服务被评为全县效能建设创新创优先进典型。

(庆元县地方税务局供稿　练素红撰写)

遂昌县地方税务工作概述

局长　赵文明

经济概况 2009年，遂昌县实现生产总值47.86亿元，比上年增长10.3%。其中：第一产业增加值6.43亿元，增长4.7%；第二产业增加值22.06亿元，增长10.0%；第三产业增加值19.37亿元，增长12.7%。第一、二、三产业结构由上年的13.6∶47∶39.4调整为：13.4∶46.1∶40.5。全县地方财政收入3.19亿元，增长3.1%。全县财政总支出9.50亿元，增长25.8%。

税收概况【任务完成情况】 2009年，全县地税系统共组织各项收入4.38亿元，增长8.4%。其中：税收收入2.86亿元，增长14.3%，完成省局任务的124.2%；各项规费收入1.52亿元，减收157万元，负增长1.0%。

【税收特点】一是实现总体企稳向好态势。受经济形势影响，2009年税收收入呈现前低后高特点，1—8月份月均负增长19.1%，自9月份起，税收收入同比持续下滑的态势得到根本改变，月均增长11.3%。二是行业税收结构调整明显。第二产业增长10.3%，占税收收入的60.4%，下降2.1个百分点；第三产业止跌上扬，增长20.9%，占税收收入的39.6%，比上年上升2.4个百分点。三是增收行业集中。2009年增收贡献最大的是制造业，增长66.1%，占全局税收收入增收额的136.0%，成为税收收入增长的主力。而房地产、建筑业分别减收9.6%和35.6%，税收比重为19.0%，下降10.1个百分点。

【税源分析】 1. 营业税：入库6506万元，下降8.5%。减收因素：一是建筑业营业税继续大幅下滑，当年入库1585万元，下降15.8%。二是上年一次性拍卖资产入库营业税993万元，加大营业税下降幅度。增收因素：从第四季度开始，随着对房地产企业欠税控制措施的出台和对房地产企业加大清欠力度，房地产业营业税开始止跌回升，全年入库1621万元，增收262万元。同时随着旅游业的发展，服务业和住宿餐饮业开始活跃，分别增收91万元和75万元。两者相加，消化了部分减收因素。

2. 企业所得税：入库4303万元，增长4.6%。增收因素：2009年制造业入库2358万元，增收519万元，单是浙江元立金属制品集团有限公司入库1071万元，净增695万元。减收因素：金融危机对实体经济的进一步影响，企业效益下滑明显，且新企业所得税法对工资据实扣除等因素，导致2008年度汇算清缴企业所得税下降明显，净减748万元。

3. 个人所得税：入库13664万元，比上年增长43.5%，单税种首次突破亿元大关。增收因素：部分行业转型升级步伐加快，企业效益明显好转，促使利息、股息、红利所得入库个人所得税大幅增长。减收因素：财产转让收入入库337万元，减收108万元；个人所得税扣除标准的提高，应税所得率下调等，导致工资薪金所得税、个体工商户经营所得都有不同程度的减收。

4. 其他税收：入库4083万元，负增长3.8%。减收因素：一是不折不扣落实各项减免税优惠政策，2009年减免房产税、城建税、城镇土地使用税计403万元，增加减免193万元，七税减免税额占全年地税收入1.4%。二是印花税受上股权转让一次性因素影响，减少90万元。三是龙头行业金属制品企业销售形势严峻，当年增值税、营业税两大体税种大幅下滑，造成城建税同比减收。四是土地增值税减收161万元。增收因素：一是新条例的实行及车辆自然增长，车船税同比净增35万元；二是加强工业园区企业的房产税征管，房产税增收133万元；三是取消了建筑用石资源税退库，资源税增收24万元。

各项工作情况【优化收入结构】继续围绕县委、县政府提出的“经营山水、统筹城，全面建设长三角休闲旅游名城”的战略目标，大力扶持以旅游业为龙头的第三产业发展。2009年遂昌县第三产业税收收入11302万元，增长20.9%，占税收收入的39.6%。在旅游业的带动下，全县住宿餐饮业、租赁服务业在其他行业受金融危机的影响而萎缩时，全年分别入库482万元和287万元，分别增长18.4%和46.4%。

【帮扶企业“春雨”专项行动】以省局“春雨”专项行动为契机，认真落实税收优惠政策，帮扶企业渡过难关。一是及时编印《税收优惠政策汇编》，免费发放给各企业。二是积极走访企业，沟通了解企业的涉税需求，努力解决企业税收难题，增强企业发展信心。三是全面及时兑现落实各项税收优惠政策，依法审批减免各项税费847万元，并及时出台企业社会保险费缴纳比例临时性下浮政策，为企业减负1034万元。

【推进企业分离发展服务业】结合县域经济发展特点，通过深入调查摸底，出台《企业分离发展服务业办法》、《关于加快企业分离发展服务业若干意见》等指导性文件，并对分离发展重点对象进行“一帮一”辅导，主动关注企业分离发展中的每一步骤、每一环节，帮助企业解决实际困难，促进企业顺利分离发展。2009年，在充分挖掘企业自身优势的基础上，共成功引导分离注册3家服务业企业。

【税收法制建设与税收宣传】8月份，税收执法责任制考核管理系统成功运行，征管基础数据的完整性、准确性得到进一步加强；加强自然人股权转让所得个人所得税管理，堵塞征管漏洞，创造公平、和谐的税收环境；进一步规范税务行政处罚自由裁量权管理，加强制度建设，从源头上降低执法风险。

突出税收宣传效果，在宣传时间、空间、对象、方式、内容上实现大转变。一是将以往宣传月期间开展的有局部轰动效应的大型宣传项目，分散为若干小项目，从聚焦式宣传向散点式宣传转变。二是根据税收政策的变动情况，有计划地开展宣传活动，从集中性宣传向日常性宣传转变。三是将原来以枯燥的文字宣传为主，配以动漫的形式，从静态宣传向动态宣传转变。四是将以往针对企业为主的宣传活动，扩大到机关、企业、社区、学校、农村等各个层面，从单一宣传向多维宣传转变。五是除了宣传税收政策法规等知识性内容外，还大力宣传税收促进民生等方面内容，从知识性宣传向实用性宣传转变。

【征收改革与税源管理】一是积极探索纯地税个体工商大户建账建制，促进个体工商大户税收征管方式的转变，全县已有11户纯地税工商大户顺利建账。二是依托《税友2006》系统，强化案头分析，开展车船税代征、租赁业税收、国地共管户纳税数据、电脑发票开具数与申报数差异、房产税与城镇土地使用税申报异常的比对，运用快捷查询和案头分析发现数据不全、纳税有疑点等异常情况，进行实地稽核和数据补采补录，提高税源管理质量。三是加强农村建设项目税收管理。通过走访部门和有关乡镇，对照承建单位2008年度全县下拨各乡镇(村)的农村建设资金进行税收管理核查，为加强农村建设项目的税收管理和领导决策提供科学依据。

【信息化建设】一是推广应用《税友2006》快捷查询管理软件，及时对系统数据清理模块提供的异常数据进行清理，重新划分管理单位，并完善户对片的归类，保证了数据的完整性、规范性和准确性。二是纳税评估在《税友2006》系统内成功流转，通过纳税评估追缴税款19.13万元，滞纳金1.94万元。三是稳步推行税收管理软件，按照“以票控税，网络比对，税源监控，综合管理”方针，逐步推行《税友2006》不动产建筑业税收项目管理软件。

【各项规费征收】 按照省局“抓减负、保增长、促发展”要求，进一步夯实征管基础，巩固“五费合征”成果，不断提高征管质量和效率，2009年各项规费收入1.52亿元，下降1.0%，其中社保费收入1.25亿元，增长1.1%。一是出台《遂昌县社会保险缴费登记管理实施办法》,规范费种登记,进一步理顺原有费种的征管工作。二是认真落实对企业社会保险费缴纳比例临时性适当下浮政策,2009年共减征社会保险费734万元。三是及时下调自由择业者和企业的单位统筹部分收缴费率,4月份开始自由择业者的单位统筹部分由12%降至10%;10月份开始企业的单位统筹部分由19%降至14%。四是加强社会保险费的执法考核力度,认真做好社会保险基金专项治理工作,查找和纠正社会保险费征收管理中存在的违规问题,规范社保费征管行为。

【税务稽查】坚持“加强征管,堵塞漏洞,惩治腐败,清缴欠税”的税收工作方针,与时俱进,调整稽查方向,完善事中监督机制,切实发挥以查促管、以查促收、以查促查的稽查效能。对建筑安装企业、教育培训机构及营利性医疗机构等企业进行专项检查。全年共检查纳税户85户,查补金额471万元,入库率100%。

【优化纳税服务】一是深化办税服务厅的岗责体系和首问责任制、一窗式服务、“补正承诺制”、“免填单制”、“延时服务”制等制度。二是在合法基础上对大厅减免退税、停歇业、注销等工作流程进行修改,进一步简化程序。三是加强服务厅硬件设施建设,新增触摸屏等便民服务设施。四是为年所得12万元以上纳税人提供上门申报、网税申报等新方式,并在办税大厅设立专窗,指定专人受理申报资料,加强保密工作。

队伍建设【财税文化建设】 积极响应省厅党组开展财税文化创建活动号召,广泛开展形式多样、内容丰富的财税文化创建活动,通过财税文化熏陶凝聚干部职工,建设团结向上的和谐财税队伍。一是组织参与全县“发现遂昌”金点子征集和“名城建设,我当先锋”演讲比赛等活动,共收集到金点子57个,重大项目谋划2个,推荐的两名干部分获全县“名城建设,我当先锋”演讲比赛一、二等奖。二是积极编排《牡丹亭·游园》昆曲舞蹈参加全市文化汇演获三等奖。三是登山、气排球、羽毛球、乒乓球等文体兴趣小组活动常态化。

【机关作风建设】建立健全机关作风建设长效机制,严格执行《浙江省机关效能建设“四条禁令”》和税务机关“五条禁令”,成立局监督考核领导小组,每月不定期对局属各科室劳动纪律、服务质量等效能行为进行监督检查,监督检查结果纳入年终考核内容,进一步提高机关工作效率,转变工作作风,优化纳税服务。同时,以贯彻落实执行力建设为突破口,积极参与全县“中层干部大家评”活动,参与的4名中层干部在活动中均受到社会各界广泛好评,其中两名干部分别排在全县前10名。

【教育培训】一是坚持日常学习与重点培训相结合,规定每月有新的学习内容,通过知识讲座、全员轮训、在岗自学、业务研讨、业务考试、课题调研等多种渠道,不断创新学习方法和手段,提高财税干部的学习能力和学习效率。二是建立内部网页,开设“最新动态、股室公示、业务学习、政治学习、税收政策、税收专题、党群工作、文化园地、团队荣誉、税收管理、内部管理”等栏目,搭建学习平台。三是鼓励年轻干部和业务骨干争当学习排头兵,学习效果作为年轻干部晋升的有效途径。

【廉政建设】一是深入开展学习实践科学发展观活动,通过召开理论学习会、专题讲座、撰写心得体会等形式加深干部对科学发展观的认识,从而将科学发展观的要求贯穿于各方面工作。二是深入开展权力观教育,深化“权为谁所用”大讨论活动,在全系统范围内开展权力运行“回头看”,针对不同岗位所涉及的执法权进行对照分析,最大限度地减少行政执法中的自由裁量权和随意性。三是积极开展警示教育,组织干部观摩廉政影片、聆听“依法行政防范执法风险”及“如何预防职务犯罪”等专题讲座,并赴上饶集中营缅怀革命先烈,切实加强干部权力观、地位观、利益观教育。

【创建文明单位】以“立足新岗位、塑造新形象”活动为载体,围绕推进科学理财、严格依法治税、深化财税改革、强化科学管理、加强队伍建设五方面主题开展创建活动,并通过组织评比,将执法规范、业务优化、效率提高、群众满意的制度创新、管理创新、服务创新项目用于实践。同时,对全局公开事项、公开平台进行整合,强化各界监督,真正做到依法、公开、透明理财治税。稽查局连续五年(2005—2009)获省地税系统基层文明单位称号。

(遂昌县地方税务局供稿 项国英撰写)

云和县地方税务工作概述

局长 柳少康

经济概况 2009年，云和县实现生产总值27.71亿元,按可比价格计算,比上年增长8.2%。其中:第一产业增加值3.09亿元，增长3.7%；第二产业增加值14.05亿元,增长7.6%;第三产业增加值10.57亿元,增长10.4%。全县财政一般预算总收入完成3.29亿元，同期增长4.5%，其中地方一般预算收入1.90亿元,同期增长3.3%。

税收概况【任务完成情况】2009年,全县地税部门共组织收入2.45亿元,同期增长2.0%。其中:税收收入1.36亿元,同期下降8.3%,完成省局下达税收计划任务的107.92%;费、基金收入1.09亿元,同期增长18.6%。

【税收特点】一是税收收入各月升降不一,税收降幅逐月缩小。全年税收月度同比增幅分别为14.1%、25.3%、-74.2%、-43.9%、-48.2%、-35.4%、16.1%、14.5%、62.8%、-27.2%、-11.1%、21050.1%。二是两大主税种成为减税主力军。营业税、个人所得税两大主税种合计入库9109万元,同比减收1613万元。三是社会保险基金收入异军突起，成为收入增长新亮点。社会保险基金收入入库9340万元,同比增收1631万元,同比增长21.2%。

【税源分析】1. 营业税:入库5192万元,减收463万元，同比下降8.2%。减收原因：一是建筑业入库1659万元,减收1014万元,下降37.9%。主要是丽龙高速公路建设结束,同比减收1214万元。二是租赁和商务服务业入库359万元，减收427万元，下降54.3%。主要是云府土地储备中心减收508万元。三是交通运输业入库252万元，同比减收38万元，下降13.1%。主要是两龙高速丽龙管理处同比减收67万元。

2. 企业所得税:入库1667万元,增收116万元,同比增长7.5%。增收原因:一是房地产企业销售明显回升,房地产业入库259万元,增收165万元,增长175.5%。二是水电业入库183万元,增收113万元,增长161.4%,其中:云和县供排水公司同比增收16万元,云和县金坑口水电有限公司增收58万元等。三是建筑业入库639万元，增收76万元,增长13.5%,其中:七星电力云和分公司增收71万元,永盛公路养护工程有限公司增收24万元。

3. 个人所得税:入库3917万元,同比减收1150万元,下降22.7%。减收原因:一是个体工商户生产经营所得入库907万元,减收56万元,减幅为5.8%。二是事业单位承包、承租经营所得入库120万元,减收208万元。三是股息红利所得489万元,减收1406万元,减幅达74.2%。主要是房地产等企业的民间集资股息、红利所得减少。

4. 其他税收：入库2855万元，同比增加264万元,增长10.2%。增收原因:一是城建税增收149万元,增长14.9%。主要是由于云和顺丰废品旧物资回收有限公司增加入库92万元，云和丽宏废品旧物资回收有限公司增加入库54万元。二是由于加强建筑用沙资源税的管理，资源税增收55万元。三是车船税入库143万元，增收34万元，增长31.2%。四是城镇土地使用税增收172万元，主要是2009年城镇土地使用税减免退税减少而增加。

各项工作情况【优化收入结构】2009年，在地税收入增收形势严峻的情况下，地税部门及时根据经济税源的发展变化，在总体税收收入下降的情况下，调整思路，通过推进企业分离发展服务业、坚持“抓大、评中、定小”税源管理思路，推进重点税源、重点行业、重点环节管理创新等工作措施，加强地方税收征管。地方税收收入比重达59.1%，比上年提高3.6个百分点，税收收入结构继续优化。

【帮扶企业“春雨”专项行动】开展“春雨”专项行动和“百名税干进百企”活动。组织干部上门送政策、送服务、送资金，帮扶企业共渡难关。在活动中，认真贯彻落实税费减免、财政奖励补助等扶持政策，及时落实各项企业扶持资金1252万元。积极提供担保贷款，2009年，首次将专利权等无形资产作为担保抵押物为企业提供担保贷款。

【推进企业分离发展服务业】逐步推进工业企业“主辅分离”，支持企业分离发展服务业。制订《关于推进工业企业分离发展服务业工作的实施方案》、《关于推进工业企业分离发展服务业的若干意见》，加强对紧水滩电厂、电力公司等企业主辅分离的管理力度。

【税收法制建设和税收宣传】紧紧围绕税收中心工作，大力加强税收法制建设，全面开展税收“五五”普法活动，进一步完善行政执法责任制，在坚持依法行政、依法理财、依法治税的同时做到规范行政执法、加强执法监督。继续推行政务公开，使税务部门的行政行为广泛接受社会、群众监督。积极开展税收法规宣传，围绕“税收·发展·民生”主题，开展第18个全国税收宣传月活动。通过电视、报刊、网络等多种媒体进行多种形式的税收宣传，进一步优化纳税环境。地税电视互动点播项目获得省级税收宣传创新项目。

【征管改革与税源管理】按照“均衡入库、持续增长、优化结构、调控有力”组织收入目标的要求，落实各项征管措施，狠抓收入工作。做好纳税评估、信息化建设、税收法制化建设、年收入12万元以上个人所得税自行纳税申报等各项工作，坚持精细化、科学化、规范化征管。加强创新税源监控方法，从源头上堵塞税收漏洞。对重点税源管理进行科学合理分类，实施与其相对应的监控方法。强化零星税源、小税种的监控，完善代收代缴管理，实现应收尽收。

【信息化建设】一是确保《浙江地税信息系统》和“金财工程”的稳定运行。随着信息化建设的逐步推进，各项应用日渐增多，申报方式逐步多元化，极大地方便了纳税人，提高了办事效率。二是精心准备，全力以赴做好《税友2006》信息系统和“金财工程”各软件的推广应用。通过数据测试、强化培训、数据清理等措施，保障快捷查询软件和不动产项目软件运行。三是强化网络和信息安全防范措施，进一步提高安全防护能力。

【各项规费征收】积极推进“五费合征”工作，完善征缴协作联席会议制度，加强与社保、就业等部门的联系与沟通，不断提高社保费征管质量和效率。2009年，共组织社保费收入9340万元，同比增长21.2%。

【税务稽查】狠抓税收专项检查，以查促管。2009年，重点开展高收入行业、小水电、大型超市检查，全年共检查企业76户，查结涉税案件76起，继续拓宽执法检查的广度和深度，打击各种偷税、逃税和抗税行为。共查补税、费、滞纳金与罚款550万元，占地税收入4.0%，受到浙江省地方税务局嘉奖，成为全省8个先进集体之一。

【优化纳税服务】新办税服务厅的建立，优化了纳税服务环境。组织、落实优化纳税服务活动，落实“十项便民措施”，进一步精简办税流程，做好税务登记证联合办证和免收工本费、一次性告知制、一窗式服务等工作，加强税务干部的业务培训和素质培训，提升服务水平和质量。

队伍建设【财税文化建设】坚持把财税文化建设作为促进财税工作、提升财税部门形象的重要措施来抓，通过打造“六个平台”，努力增强财税“软实力”。一是打造长效化的学习平台，提升干部的文化涵养。二是打造规范化的制度平台，构建和谐有序的财税工作环境。三是打造家庭化的情感平台，营造和谐融洽的财税良好氛围。四是打造公正化的激励平台，建设有效的财税激励文化。五是打造效能化的服务平台，建设优质的财税服务品牌。六是打造人性化的业余活动平台，营造“健康、文明、阳光”财税工作氛围。积极倡导“三走近、三远离”，培养干部职工健康的生活情趣。

【机关作风建设】一是深入贯彻十七届四中全会提出的提高党的建设科学化水平的精神,强调作风建设重要意义,不断巩固和推广作风建设的成果。二是调整充实作风建设机构人员,增加聘请作风建设监督员,并发挥监督员的作用,加强对干部政治思想建设、服务态度、服务质量等方面进行有效监督;三是继续把创建"群众满意基层站所(办事窗口)"活动作为重要内容来抓。认真落实岗位责任制、服务承诺制、限时办结制、首问责任制等制度。严格按照国家级巾帼文明示范岗、省级青年文明号、省级文明单位标准要求自己。努力形成工作作风过硬、全员宗旨观念和服务意识强、干部职工爱岗敬业、干净干事、工作成绩突出、群众基础好、社会公认度高的办事集体。

【教育培训】着眼于财税干部履行岗位职责的需要,采取"走出去"学习培训、"请进来"举办专题讲座、组织教育等多种形式,有针对性地强化岗位知识和能力的培训。充分发挥文化凝聚人心、陶冶情操、汇聚力量、提升素质的重要作用。

【廉政建设】一是狠抓党员教育,充分发挥党风廉政"大宣教"作用。以学习实践科学发展观活动为契机,以廉政文化进机关活动为载体,认真制订好党风廉政建设和反腐败工作学习教育计划;深入开展"重品行、讲操守、增本领、提效率、转作风"主题教育活动。二是加强监督,健全党风廉政建设监督体系。加强领导班子成员的监督和自我监督,带头践行八个方面的良好风气,认真执行民主集中制,努力落实党风廉政建设责任制和廉洁自律情况。完善内部监督检查工作方式、方法,在求"真、准"两字上下工夫,从"关键部位,重点环节"入手。

【创建文明单位】深入开展"文明单位"、"巾帼文明岗"、"青年文明号"、"优秀公务员" 等争先创优工作,完善考核激励机制,着力构建良性激励机制。2009年,云和县地税局被评为省级文明单位、省级基层示范党校、市级效能建设先进集体,被县委、县政府评为县级先进集体、作风建设先进集体、基层组织建设先进集体、文明创建工作先进集体和统战工作先进集体。

(云和县地方税务局供稿 王丽华撰稿)

松阳县地方税务工作概述

局长 毛建南

经济概况 2009年,松阳县实现生产总值38.90亿元,增长11.0%。按户籍人口计算,人均生产总值达16462元,增长10.5%。第一产业、第二产业、第三产业增加值分别为8.52亿元、14.89亿元、15.49亿元,分别增长3.0%、15.1%、11.5%。全县财政总收入3.61亿元,增长7.2%,其中地方财政收入2.19亿元,增长9.4%。

税收概况【任务完成情况】2009年,全县地税系统共组织各项收入2.63亿元,下降4.6%。其中:税收收入1.38亿元,下降13.8%;其他收入1.25亿元,其中包括社保基金等各类规费完成1.08亿元,增长11.5%。地方小税种继续保持增长,共入库3195万元。

【税收特点】一是税收结构进一步优化。地方税收入快速增长,共享税收入急剧下降。2009年地方税(营业税和地方八税)入库9079万元,其中营业税

5884万元,地方八税3195万元;地方共享税4729万元,地方税收入比重达65.8%,提高3.3个百分点。二是产业间税收增减差距进一步加大。2009年第三产业税收入库8281万元,同比增长11.2%。第二产业税收入库5501万元,同比下降35.6%。三是规费收入稳步增长。2009年规费收入入库1.08亿元,同比增长11.5%,增收1117万元。

【税源分析】1.营业税:入库5884万元,减收928万元,同比下降13.6%。减收因素为建筑业、交通运输、仓储和邮政业。建筑业入库1860万元,减收1334万元,同比下降41.8%。减收原因为龙丽高速公路入库减少1580万元;交通运输、仓储及邮政业入库189万元,同比减收167万元,减收原因主要是交通运输业收入减少。房地产业在政府一系列税收优惠政策刺激下入库1545万元,同比增收227万元。

2. 企业所得税:入库1167万元,减收1329万元,同比下降53.3%,占全部税收减收额的60.0%。减收因素主要是电力、制造业、建筑业、房地产业等企业所得税减少。电力行业入库105万元,同比减收701万元,制造业入库75万元,同比减收303万元;房地产业入库59万元,减收212万元,同比下降78.3%;建筑业入库572万元,减收216万元,同比下降27.4%。其他行业入库232万元,减收51万元,同比下降18.0%。

3. 个人所得税:入库3562万元,增收40万元,同比增长1.1%。增收因素主要是工资薪金所得和财产转让所得个人所得税增收。其中工资薪金所得入库1778万元,比上年同期1600万元增长11.1%;财产转让所得入库257万元,同比增长424.5%;股息红利所得项目共入库442万元,比上年同期577万元,减收135万元,下降23.4%,主要是企业利润减少;个体工商户生产、经营所得入库812万元,和上年基本持平。

4. 其他税收:入库3195万元。其中城建税入库950万元,减收76万元,同比下降7.4%;车船税入库262万元,增收20万元,同比增长8.3%;土地增值税入库385万元,减收140万元,同比下降26.7%;资源税入库64万元,减收47万元,同比下降42.5%;房产税入库814万元,增收230万元,同比增长39.4%。

各项工作情况【优化收入结构】按照"均衡入库、持续增长、结构优化、调控有力"的组织收入目标,认真落实"三个三"工作措施,收入结构进一步优化,2009年地方税收入比重达65.8%,比上年上升3.3个百分点。制订和落实优化地税收入结构工作目标,加强地税收入和地税结构调研工作,深入调查分析,研究并推出有针对性的工作举措。加强小税种征管,深入贯彻落实促进第三产业、循环经济发展、新农村建设以及"两创"有关的税收征管措施,引导企业深入开展工业企业分离发展服务业工作,进一步优化"三个三"工作目标。

【帮扶企业"春雨"专项行动】成立专项行动领导小组,制订行动实施方案,做到早动员、早宣传、早落实。一是建立税企帮扶关系。选派20名业务骨干,深入到具有代表性的20户企业,建立起一对一的联系帮扶关系,提供个性化服务,及时解决企业难题,帮扶企业渡过难关。二是召开税企沟通会。分别就社会保险费缴费比例调整、研究开发费用加计扣除、工业企业分离发展服务业等专题进行讲解交流,宣讲税法,并对营业税、企业所得税、房产税、土地使用税等税收优惠政策及办理期限、手续等进行重点辅导。

【推进企业分离发展服务业】一是成立以分管县领导为组长,县财政、国税、地税的主要领导为副组长的企业分离发展服务业领导小组。二是深入企业调查摸底,及时了解企业生产经营情况。三是积极制定分离发展服务业的优惠政策。出台《松阳县人民政府关于加快工业企业分离发展服务业的若干意见》,对企业发展服务业提供强有力的政策支持。2009年分离企业2家,按时完成省、市局下达的目标任务。

【税收法制建设与税收宣传】加强对规范性文件的管理,认真做好规范文件会签会审和备查备案工作,根据《浙江省地税系统重大税务案件管理暂行办法》规定,认真做好重大税务案件的审理工作,加强对权力运行的监督和制约,全面推进系统惩防体系建设,促进依法行政和依法理财,确保权力正确行使。进行权力"搜索",强化对权力制约的针对性和有效性。

围绕"税收·发展·民生"主题,在《新松阳》报上整版刊发最新地方税收知识;在县城主要街道悬挂税收宣传标语;在电视图文频道开设专题节目,开展经常性税收宣传;利用市政广场新开通的大型电子显示屏,开展税收政策、税收优惠措施、税收服务等内容的宣传;举办"地税杯"气排球赛,并在赛场四周悬挂税收宣传标语,分发税收传单,现场进行有奖税收知识竞赛;在全县中小学生中大力开展税收知识竞赛及“税收在我身边”征文活动。在全县范围形成全方位、多层次、广领域的税收宣传声势,效果明显。

【征管改革与税源管理】征管改革方面:一是及时制订实施《松阳县货物运输业税收征收管理若干规定》,同时开发运用“货运税款差额补征系统”,规范个体货物运输业税收征管。二是及时开展《税友2006》快捷查询管理软件及不动产建筑业税收项目管理软件推广应用工作。确保快捷查询管理软件顺利应用,满足日常税源管理需要。三是及时开展股权转让税收管理工作。制订出台《关于完善企业股权转让税收管理办法的通知》,就企业股权转让税收管理工作中存在的若干问题进行完善,进一步提升服务效能,方便纳税人办理相关涉税事项。

税源管理上:一是坚持依法治税,突出主体税种征管,加强分税种、分行业、分层次的税源管理。进一步加强与国税、工商、国土、房管、电力、金融等部门单位的协作,积极引入第三方信息加强税收征管,通过比对相关数据,堵塞征管漏洞,挖掘征管潜力,促进增收。二是重点强化项目税收的征管,切实做好建筑业、不动产业项目管理软件推广应用工作,扎实抓好政府投资项目、工业新增项目的税收征管工作。三是继续完善“五位一体”的互动管理机制,积极推动稽查征管互动,严厉查处涉税违法行为。四是加大培育新增税源力度,重点加快企业分离发展服务业工作,努力拓展分离发展服务业新路径。

【信息化建设】自行开发货运定额差额税款补征系统,弥补《税友2006》征收系统中无法实现货物运输业其特殊的车辆号码、吨位等信息的登记,不能按车辆产生定期定额以及中介机构代开发票数据的抵扣功能的不足。继续做好《税友2006》征管系统各模块的应用、运行维护工作,为地税工作的全面开展提供强有力的技术支持。

【各项规费征收】2009年共征收各项规费1.24亿元,比上年同期增收1116万元,增长7.0%。一是积极做好临时性减征社会保险费工作。加强与社保部门的沟通和联系,充分及时地落实相关政策,与企业共渡时艰。当年全县共减征社会保险费315万元,惠及全县所有缴纳社会保险费的企业和自谋职业者8300多人。二是认真落实养老保险的费率下调工作。企业和自谋职业者受惠近600万元。三是全面推进自由职业者医疗保险费进“一户通”扣缴。四是出台《松阳县社会保险缴费登记管理试行办法》,规范全县国家机关、企事业单位、社会团体和城镇个体劳动者缴纳五项社会保险的缴费登记工作。

【税务稽查】2009年共对52户次进行了检查,查补金额228万元,入库率100%;按时结案率94.0%。一是认真开展专项检查工作,成立专门领导小组,制订专项检查工作计划,先后对21户纳税人,其中6户大型连锁超市、7家教育培训机构及其他培训机构、8家建筑安装业等企业开展专项检查工作,自查补缴税费126万元,入库税费126万元。二是认真开展举报案件查处工作。全年受理举报案件3起,顺利完成查处工作,同时重点检查上年的举报遗留案件1起,查补入库税款54万元,滞纳金12万元、罚款27万元,入库率100%。

【优化纳税服务】一是通过多种形式活动及时把各项税收优惠政策、政府出台的社会保险费有关优惠政策落实到相关企业。二是推行“补正承诺制”。对资料携带不全的纳税人,采取“一次性告知制”与“补正承诺制”相结合办法,由纳税人填写《补正资料承诺书》后,税务机关先给予受理或办理相关涉税事项。三是优化办税流程,方便纳税人。将个体工商户“一户通”扣款协议的签订,由管理股办理前推至税务登记办理时同时签订,使得纳税人少跑一次税务机关,极大地方便纳税人。四是编发《松阳地税之窗》专刊,采用温馨提醒的方式提醒行政事业单位在发生涉税事项时应及时纳税。五是在办税服务厅和行政服务中心地税窗口,安装POS机刷卡缴税(费),避免纳税人在银行与办税服务厅两头跑,缩短办理时间,提高办税效率。

队伍建设【财税文化建设】一是组建7个业余兴趣小组。践行“三走近、三远离”理念,引导干部职工积极参与县全民运动会、国地税趣味运动会等健康有益的文体休闲活动,在县机关运动会上取得团体总分第7名的好成绩。二是努力搭建网上平台。充分利用财税内网进行各种政策措施的宣传,宣扬积极、健康、向上的工作生活理念,引导大家树立正确的财税文化观、人生观、世界观。

【机关作风建设】通过完善目标责任制考核、奖惩、请销假等内部管理制度，健全渎职犯罪预防机制和惩防体系，完善党务政务公开制度，积极开展科室权力搜索、效能排行榜、效能示范窗口评比等活动，在全体干部职工中深入实践“七个不让”要求，即“不让领导交办的工作在我手中延误，不让正在办理的事项在我手中中断，不让各项差错在我手里发生，不让前来办事的群众在我这里受到冷落，不让各种不良习气在我身上出现，不让财税部门的形象在我这里受到影响，不让松阳的形象在我这里受到损害”。激发干部职工工作热情，增强干部职工服务意识、大局意识和廉政意识，推动各项工作顺利开展。

【教育培训】一是积极配合相关部门组织干部进行普通话培训，并顺利通过公务员普通话测试；二是鼓励干部参加高学历教育培训，提高整体学历水平；三是开展业务考试，组织大家认真学习相关业务知识，并开展考试，对优秀者予以奖励，鼓励大家提高业务素质；四是聘请税务老干部为全局干部开展人生观、工作观讲座。

【廉政建设】一是进一步深化干部作风建设。大力弘扬求真务实、真抓实干的工作作风，严格执行各项党内监督制度和“财政地税系统工作禁令”，不断提高工作效率、改进工作作风，打造一支高素质的财税干部队伍。二是进一步深化党风廉政建设。建立固定的廉政建设宣传窗口，廉政文化建设深入人心。在办公场所设立廉政标识岗位牌，在会议室、走廊等公共场所悬挂职业道德和廉政格言警句。结合财政地税工作的特点，开展寓教于乐的形式多样的廉政建设活动，组织干部参加党政干部廉洁从政考试、开展“一帮一”结对帮扶活动、组织渗透廉洁从政文化内涵的财税干部元宵文艺晚会，让干部开心地参与，在活动中巩固廉政建设的成果。

【创建文明单位】积极开展2009年度省级基层文明单位创建工作，加强技能培训，推行《岗位责任制及考核办法》，建立健全各项规章制度，简化办税程序，优化审批环节，树立“依法规范、高效服务”的理念，提高纳税服务质量。直属税务分局继续被认定为浙江省地税系统“群众满意基层站所”，县局被县委、县政府评为年度综合目标考核先进单位。

（松阳县地方税务局供稿　毛兰香撰写）

景宁畲族自治县地方税务工作概述

局长　季晓伟

经济概况 2009年，景宁畲族自治县实现生产总值23.14亿元，增长9.8%。其中：第一产业增加值4.03亿元，增长4.9%；第二产业增加值8.31亿元，增长8.5%；第三产业增加值10.8亿元，增长12.7%。全县完成财政总收入2.81亿元，增长0.6%，其中地方财政收入1.70亿元，增长4.8%。

税收概况【任务完成情况】2009年，地税部门共组织各项收入2.42亿元，增长8.6%；其中：组织税收收入1.46亿元，完成省局下达税收年度计划的103.8%，增长10.0%，受金融危机影响，收入增幅比上年明显下降；组织各类基金、费等其他收入9600万元，增长6.5%。

【税收特点】一是税收收入受金融危机影响，增幅呈波浪线起伏。1—2月份税收收入增幅高居全省第一，其中1月份增幅高达62.5%，10月份增幅只有1.2

%。二是个人所得税连续四年成为第一大税源,增幅达27.7%。个人所得税占当年税收收入的46.1%。三是小税种增收难度大,纯地税收入占比下降。地方八税受土地增值税、城建税和资源税下降影响,小税种入库1359万元,比上年下降10.8%,造成纯地税收入占比下降5.1个百分点。四是坚持税费并重,规费收入逆势增长。克服养老保险费比例下调和社保费减征因素的影响,确保社保费收入逆势增长,全年入库社保费8436万元,比上年增长10%。

【税源分析】1.营业税:入库4497万元,同比增长0.4%。减收因素:受金融危机影响,上半年房地产业出现委靡,浙江正达置业股份有限公司减收446万元,浙江省第一水电建筑公司减收151万元等,造成建筑业入库下降6.1%。增收因素:优化纳税服务,依靠征管增收,全年门征收入增收188万元,土地收储中心入库586万元为净增收。

2. 企业所得税:入库2031万元,比上年增长0.4%。增收因素:小水电行业入库1301万元,比上年增长2.1%;其他行业增收344万元,比上年增长13.9%。减收因素:受金融危机影响,工业制造业企业所得税入库比上年下降86.7%,批发和零售业入库比上年下降30.4%。

3. 个人所得税:入库6744万元,比上年增长27.7%。增收因素:加强企业红利转增股本和公司股权转让个人所得税征管,净增收入2782万元,股息、红利个人所得税入库比上年同比增长32.4%;工资、薪金个人所得税入库比上年增收113万元,增长12.7%;其他个人所得税因财产转让所得入库个人所得税增长44.8%。减收因素:受金融危机影响,房地产公司浙江正达置业有限公司入库比上年减收493万元。

4. 其他税收:入库1359万元,比上年下降10.8%。减收因素:受金融危机影响,城建税减收48万元,下降8.7%;重点工程减少,由县化建公司代收的砂石料资源税减收47万元,下降37.6%等;上半年房地产不景气,造成土地增值税减收113万元,下降66.5%。增收因素:加强车船使用税征管入库增收23万元,比上年增长28.8%;加强烟草税征收入库增收51万元,比上年增长268.4%。

各项工作情况【优化收入结构】认真贯彻落实"三个三"工作措施,积极引导企业分离发展服务业,高度重视发展旅游业等第三产业,有效加强地方税收征管,但受地方经济结构和产业基础的影响,税收收入结构却日趋不合理。2009年全县纯地方税收入库5856万元,比上年减收146万元,下降2.4%,占税收收入40%,比上年的45.1%下降5.1个百分点。

【帮扶企业"春雨"专项行动】积极应对金融危机,按照省局统一部署开展帮扶企业"过冬"的"春雨"专项行动,出台扶持企业发展70条实施意见,全年为企业、个体户、下岗失业人员等减免税收2421万元;落实临时性下浮社保费缴纳比例(基本养老保险费单位缴纳比例下调5个百分点、自谋职业者缴纳比例下调2个百分点)和集中减征工作,做好企业享受优惠政策资格认定工作,及时落实优惠政策为企业减负730万元。

【推进企业分离发展服务业】成立景宁县企业主辅分离工作领导小组,制订出台《景宁畲族自治县关于加快工业企业分离发展服务业的若干意见》,深入企业调研制订分离方案,统筹落实税费、产业、信贷等政策帮扶引导企业分离发展服务业,电力公司等2家企业实现成功分离。

【税收法制建设与税收宣传】落实税收执法责任制,推行ISO9000质量执法标准,组织参加普法知识考试,联合国税、公安等部门开展打击制售假发票等违法行为;第18个全国税收宣传月期间开展"地税带来家乡美"宣传画大赛和"小学生税收故事大王"比赛,给全县企业家、财务人员和纳税人发送依法纳税倡议书;成功举办第40届浙闽毗邻地区税务协作会议;全体干部税务制服集体换装。

【征管改革与税源管理】坚持持续改进的质量管理理念,及时制订ISO9000质量标准,切实落实体系文件;分税种、分行业做好税源分析、收入预测预警分析和政策效应分析,加强重点税源监控,确定重点税源监控企业60户,积极推行"抓大、评中、定小"的税源管理方法;推广应用个人所得税全员管理系统,全面推开年所得12万元以上个人所得税自行申报工作;严格税收票证和发票管理,积极开展税收票证专项检查活动;提高税收征管社会化水平,竹木及竹木制品税收实行委托代征；定期召开国地税联席会议，继续加强税源监控和征管协作，不断提高税收征管信息化、规范化、精细化水平。

【信息化建设】推广应用《税友2006》快捷查询软件，安装使用《税友2006》不动产建筑业税收管理软件；切实做好"一户通"应用与维护工作，积极开展自由职业者"一户通"缴费工作，全县所有正常纳税户的税费通过"一户通"实现电子缴税管理改革；全面推广使用网络版的契税征管软件，实现契税联网征收。

【各项规费征收】建立健全"五费合征"工作机制，每季度召开费源分析会，社保费征管纳入稽查范围，加强部门协调和舆论宣传，营造社保费征缴的部门协作良好氛围。全年社保费在降低费率和减征的情况下，社会养老保险等五项社保费入库8436万元，比上年增长10%。

【税务稽查】重视稽查队伍建设和业务交流，全体干部参加全国稽查业务学习和考试，1人入围全国稽查人才库。充分发挥稽查"以查促收、以查促管"的职能作用，不断增强税收执法刚性，有效遏制税费收入流失，组织开展建筑安装业、营利性医疗机构、教育培训机构、超市零售业、广告业及高收入行业个人所得税等旨在整顿规范税收秩序的专项检查。全年共检查纳税户43户，其中责成自查22户，入库税费等251万元。

【优化纳税服务】结合学习实践科学发展观活动，树立向管理要收入理念，不断优化纳税服务，减少办事环节，完善"一窗式"办税、网上申报、POS机刷卡缴税等纳税服务举措，加强纳税辅导、免费咨询、免填单服务等，想方设法提供高效快捷的纳税服务，降低办税成本，进一步融洽税企关系。

队伍建设**【财税文化建设】**把财税文化建设作为推动财税事业长远发展的动力源泉，以建设"学习、制度、情感、激励、宣传和活动"六个平台为载体，全面开展财税文化建设，组织干部职工参加廉政文化征文、书法、摄影比赛等活动，开展"五一"登山、"五四"拔河、全民运动会、篮球乙级联赛、羽毛球比赛等体育竞赛活动，踊跃参加全省财税系统文艺调演活动，《畲山茶歌》音乐剧获全市财政地税系统文艺汇演二等奖。

【机关作风建设】重视机关作风建设，召开各种形式的民主生活会、行风监督会、税企座谈会等征求意见和建议，积极整改干部队伍存在的作风问题，不断提高办事效率，大力提升行政执法水平，对违反效能建设制度规定的干部进行通报批评；推广运用文明用语，提高窗口行业形象；倡导勤俭办事之风，有效降低行政成本；深入基层开展扶贫助困，为英川镇低收入农户集中村筹措资金22.5万元，为结对村低收入农户捐款5万元。

【教育培训】重视加强干部职工教育培训工作，科学制订学习计划，建立健全学习档案，鼓励干部职工参加学历教育和在职自学，组织干部到发达地区宁波市鄞州区局参观学习；参加地税系统各类学习培训26期，4人参加公务员初任培训，结合地税廉政文化建设开展系列读书活动。102人参加全县普法考试取得优异成绩，稽查局荣获全省地税系统稽查业务考试先进单位。

【廉政建设】全面落实党风廉政建设责任制，深化规范权力运行和权力制衡工作，重新修订出台权力制衡的一系列规范性文件；加快具有地税部门特色的惩防体系建设，加大从源头上治理腐败工作力度，就加强党风廉政建设问题广泛开展征求意见和建议，2名违纪干部受到警告处分。

【深入开展学习实践科学发展观活动】3月份开始组织开展为期半年的学习实践科学发展观活动，以"服务提效能，创业促增收，创新保增长，为推动景宁县经济社会实现科学发展提供财力保障"为实践载体，组织集体学习12次，结合个人自学和生动的实践活动，切实把科学发展观贯彻落实到实际工作中去。

【创建文明单位】县局荣获2009年度全县综合目标管理考核先进单位，第一税务分局荣获2009年度全省地税系统创建群众满意基层站所工作先进单位。

（景宁畲族自治县地方税务局供稿　刘小明撰写）

缙云县地方税务工作概述

局长 陈贵长

经济概况 2009年，缙云县实现生产总值89.08亿元,比上年增长10.7%。其中:第一、二、三产业增加值分别为6.39亿元、52.94亿元、29.75亿元，分别增长3.0%、11.8%、10.5%。人均生产总值19845元,增长10.0%。全社会总投资30.13亿元,增长13.3%。外贸自营出口总值27176万美元,同比下降13.1%。社会消费品零售总额31.74亿元,增长14.5%。全县财政总收入9.01亿元,增长0.1%,其中地方财政收入4.45亿元，增长4.1%。全县财政总支出12.51亿元，增长32.1%。

税收概况【任务完成情况】2009年,共组织各项收入5.21亿元,增长0.5%。其中:税收收入2.52亿元,下降10.4%,完成省地税局下达计划的100.6%;各项规费收入2.69亿元,增长17.8%。

【税收特点】一是税收收入增幅从年度中期开始止跌回升,全年税收收入增幅呈前低后高态势。二是地方税比重创新高,构成地方财政收入的税收增幅快速回升，地方七税在上年增长20%的基础上持续增长,全年地方税占地方税收总额的60%,增长5.7%,达到历史新高。三是非税收入规模大于税收收入,基金、规费类非税收入超过税收收入1745万元，增长13.5%,其中社会保险基金收入2.21亿元,增收3343万元,增长17.8%。

【税源分析】1. 营业税:入库7967万元,减收513万元,下降6.0%。减收的主要原因:房地产业税源萎缩,减收728万元。“台缙”高速公路年初通车后,该项目与上年度比减收建筑营业税324万元,虽然政府性投资工程建设项目缴纳的建筑营业税有所增加,但建筑业营业税总体仍下降0.6%。

2. 企业所得税：入库4735万元，减收1939万元,下降29.1%。大幅度下降的主要原因:一是实体经济受金融危机冲击,企业利润减少,纳税能力降低;二是上年同期浙江锯力煌、浙江一胜特、浙江山蒲照明等公司,筹备上市一次性缴纳查补税金1332万元。

3. 个人所得税:入库5317万元,减收833万元,下降13.5%。当年度个人所得税收入增收和减收因素并存。增收因素是全面推广使用个人所得税全员管理信息系统加强税源控管,全年工资薪金所得个人所得税增收478万元,增长26.0%。主要减收因素:一是受经济大环境影响,个人独资、合伙企业、个体工商户经营效益下滑，缴纳个人所得税减收651万元，下降24.5%;二是同样原因上年度企业实现利润减少,缴纳利息、股息、红利所得个人所得税减收766万元,下降68.8%;减收因素远大于增收因素,导致个人所得税出现较大幅度下降。

4. 其他税收:入库7139万元,增收371万元,增长5.5%。2009年房地产企业销售不动产基本处于停滞状态,减收土地增值税248万元。而车船税委托保险机构代征,源头控管得到进一步强化,增收162万元,增长72.7%。

各项工作情况【优化收入结构】一是支持工业做

强做大。全年兑现工业发展专项资金4235万元，增长31.0%。二是做好工贸项目储备和申报工作。鼓励企业加大技改研发投入，帮助企业争取到省以上扶持工业发展资金4124万元。三是支持循环经济发展，累计为15家销售再生资源企业办理增值税退税6346万元。

【帮扶企业“春雨”专项行动】做好临时性下浮企业社保费费率工作，及时下调用人单位和城镇个体劳动者基本养老保险缴费比例，全年累计减免各项税费3700多万元，惠及全县绝大多数工业企业和1.5万名城镇个体劳动者。与县重点企业建立一对一帮扶联系制度，组织“百名税干进百企”，召开两场“专题税企沟通会”，进一步深化“十项便民措施”，建立健全长效服务机制。清理简并办税事项，推进办税服务厅标准化建设，加强财税优惠政策宣传和指导。

【推进企业分离发展服务业】成立企业发展服务业领导小组，结合本地实际确定重点分离目标，组织干部深入企业调查走访，召开3场“分离发展服务业经验交流会”，梳理出台便企服务措施，清理简并办税事项，制定出台扶持企业分离发展服务业优惠政策，全年共有6家企业实现分离。继续支持物流运输、商贸连锁等现代流通方式发展。

【税收法制建设与税收宣传】执行税收执法责任制，加强税收执法责任制考核评议。组织干部参加行政执法考试，做到“持证上岗、依法治税”。做好税收规范性文件审核、会签和备案工作。开展税收宣传“进企业、进社区、进校园”等活动，利用电视台、电台、网络、户外广告、电子邮件、手机短信等宣传载体全方位、多角度地进行税收宣传。贯彻落实《政府信息公开条例》，制订信息公开目录，并按规定做好地税信息公开工作。

【征管改革与税源管理】加强个人所得税全员全额扣缴管理，推广应用不动产及建筑业税收项目管理软件，促进建筑业营业税及时入库。加大城镇土地使用税和房产税堵漏增收力度，通过税源排查核对及时查补税款。继续督促代征机构做好代开运输发票工作，促进外挂车辆回缙落户，减少交通运输业税收流失。开展税收基础数据清理工作，提高技术数据准确率。组织人员对租赁、汽修等行业进行专项纳税评估，对商业连锁、汽车销售、教育培训等行业开展税收专项检查，并认真抓好税务日常稽查和举报案件查处工作，进一步整顿和规范税收秩序。依托重点税源管理软件，继续扩大重点税源监控范围，全年重点监控企业共入库地方税收14692万元，占税收收入的58.4%。

【信息化建设】实现对国库的电子拨款。进一步完善税收退库电子化、对账电子化、“一户通”协议免签单、异地账户“一户通”上线运行等操作方法，上马快捷查询、不动产建筑业税收项目管理软件，地税数据库SZPQBM字段升位技术解决方案在全省地税系统推广。通过安装智擎机房环境及设备监控系统、全面安装实施北信源网络安全管理及补丁分发系统，提高各计算机工作站和服务器的系统安全性。

【各项规费征收】提高各项规费的申报率，做好非正常户的认定工作，加强国地税分析比对，确保应收款入库。做好水利建设专项资金、教育费附加、残疾人就业保障金征收工作。2009年累计组织社保收入22087万元，同比增长17.8%，达到扩面、减负、夯实基础的预期目的。

【税务稽查】从征管的薄弱环节和纳税人反映的热点、难点、焦点入手，对商业连锁超市行业、汽车销售行业、教育培育行业开展专项稽查，补征税款及滞纳金40万元。充分发挥稽查的职能作用，有效打击各种税收违法行为，全年通过开展日常稽查、专项稽查、专案稽查，共完成检查57户，查补税费135万元，滞纳金6万元，罚款28万元，共计169万元。

【优化纳税服务】开通纳税咨询专线，设立局长接待日、纳税沙龙，定期召开税企沟通会等形式为企业提供纳税答疑服务。结合税源调查对纳税人经营情况进行跟踪分析，从税收角度入手，加强对纳税人的政策引导和纳税指导，为纳税人的经营活动提供专业化参考。继续清理简并办税事项，推进办税服务厅标准化建设，全面加强财税优惠政策宣传和指导。

队伍建设【财税文化建设】通过情操培养、爱心奉献、风采展示等形式，先后组织开展专题讲座、观看励志电影、主题讨论会、慈善公益捐赠、爱心献血、首届趣味运动会、青年拓展训练等各种类型的财税文化创建活动，引导干部牢固树立财税核心价值观，切实增强队伍凝聚力和干部的责任心。2009年，该局创作的哑剧《征纳变奏曲》在全省财税系统文艺调演中获得一等奖。

【机关作风建设】认真落实行政执法责任制,进一步明确和细化岗位职责分工，实行过错责任追究,增强干部职工的责任意识;加大效能监察、考核奖惩以及沟通协调工作力度,促进各项制度和工作任务执行落实到位。持续改进ISO9000质量管理体系,完善作业指导书,并着力使干部职工全面了解掌握本岗位作业指导书的程序和要求,促进工作规范。加强公文管理,加大督查督办力度,提高办文效率。

【教育培训】以适应财税未来发展为目标,进一步完善干部轮岗、挂职锻炼、年轻干部培养等办法措施,着力培养复合型、高素质财税人才。按照"德才兼备、以德为先、注重实绩"的选人用人原则,加强后备干部培养、选拔工作,形成良性的竞争激励机制,逐步优化中层干部年龄和知识结构。

【廉政建设】贯彻落实全省财政地税系统反腐倡廉建设工作会议精神,制订《2009年党风廉政建设和反腐败工作组织领导和责任分工》，层层签订党风廉政建设责任书,深入开展"我为反腐倡廉献计献策"、"权力"搜索和走访服务对象等活动;加强廉政监察、效能检查和廉政教育,加大制度执行监督检查,逢会逢事必打廉政"预防针",定期发送"廉政"温馨提醒短信,干部职工的廉洁自律意识进一步增强。

【创建文明单位】抓好争先创优工作,连续三年被评为"全县工作先进集体",县局及下属的两个分局均通过县级文明单位复评,局工会被评为全县工会先进集体,机关团总支获得县级先进团组织称号;全年多项工作和个人受到上级表彰。

(缙云县地方税务局供稿　苏超坡撰写)

ZHEJIANG DISHUI NIANJIAN

第五编

机构和人员情况

浙江省地方税务局领导名单

局长	钱巨炎
常务副局长、巡视员	单美娟
巡视员	钱子辉
副局长	劳晓峰
副局长	王　俭
副局长	王　平
总会计师	徐敏俊
副巡视员	丁富根
副巡视员	许小青

（截至 2009 年 12 月 31 日）

浙江省地方税务局处级干部名单

处室	职务	姓名
办公室	主任	王成林
	副主任	金一星
	调研员	倪逸城
	副调研员	马大明
	副调研员	沈一芳
	副调研员	丁望军
	副调研员	朱文华
人事教育处（基层工作处）	处长	林仕华
	副处长	楼志坚
	副处长	陈　君
	调研员	陈义礼
监察室	副主任（主持工作）	蔡于革
	调研员	顾忠静
政策法规处	处长	项正国
	调研员	朱岁良
计划财务处	处长	郭贤君
	副处长	侯兴钏
	副调研员	李建荣
	副调研员	潘　静
征收管理处	处长	丁　丹
	副处长	金　瓯

	副处长	金 波
	副调研员	张夏琴
税政管理一处	处长	詹红成
	副处长	钱 钧
	副调研员	袁亚芳
税政管理二处	处长	陈伟军
	副处长	宋根松
	副处长	邵丽丽
税政管理三处	处长	饶煜明
	副处长	姜 辉
	调研员	杜肖苓
	副调研员	周 震
税政管理四处	处长	章 征
	副处长	戴 静
	副调研员	郑 靖
规费管理局	局长	刘石浩
	副局长	沈伟忠
	调研员	陈盛桂
科研处	副处长(主持工作)	周仕雅
	副处长	林 森
机关党委	专职副书记	武时品
稽查局	局长	谢继良
	副局长	徐辉(兼信息化管理处处长)
	副局长	徐世颖
	副调研员	田白薇
直属税务一分局	局长	边宏庆
	副局长	金国农
	调研员	郑立元
	调研员	赵 沛
	副调研员	孙庆巧
	副调研员	吴 婷
	副调研员	宋晓华
直属稽查分局	局长	许保国
	副局长	何建芳
	副局长	王行军
	副调研员	陈 岚
纳税管理服务局	局长	徐 建
	副局长	唐光权
	副调研员	金华东
税务票证管理中心	副主任(主持工作)	卢军(兼直属稽查分局副局长)
	副主任	柳世和
	副调研员	陈 玲
信息中心	主任	陈正奎(兼信息化管理处副处长)
	副主任	张雄伟(兼信息化管理处副处长)
	副主任	朱建军(兼信息化管理处副处长)
	副主任	万 峻
《浙江税务》编辑部	主任	周继忠(兼直属税务二分局局长)
省注册税务师管理中心	副主任	邵正(兼直属税务二分局副局长)

(截至 2009 年 12 月 31 日)

市、区、县地方税务局领导名单

杭州市地方税务局局长、副局长名录

杭州市地税局

局　长：陈锦梅

副局长：陈国东　王　希　李永明　张　瑾

萧山地税局

局　长：金　伟

副局长：金国升（兼稽查局局长）　钱凤育

余杭地税局

局　长：姚文华

副局长：吕　伟　吴莹子

富阳市地税局

局　长：华之江

副局长：吴联春　吕建平

临安市地税局

局　长：罗石荣

副局长：叶朝阳

淳安县地税局

局　长：詹　韧

副局长：万海卫　宋　楠

建德市地税局

局　长：滕明湘

副局长：徐福君　王素琳

桐庐县地税局

局　长：俞　谷

副局长：胡怡生

宁波市地方税务局局长、副局长名录

宁波市地税局

局　长:胡谟敦
副局长:王跃鹏　贺也贞　张镇岳

海曙区地税局

局　长:陈世豪
副局长:周永章　洪爱民

江东区地税局

局　长:张立权
副局长:唐杏方　刘　红

江北区地税局

局　长:俞亚君
副局长:林阿毛　唐果穗

北仑区地税局

局　长:郑林生
副局长:吴逸庭　白卫东

镇海区地税局

局　长:叶国萍
副局长:郎建铭　张之光

鄞州区地税局

局　长:戴自贤
副局长:陈贵富　张震宙

保税区分局

局　长:方　明
副局长:李均华

高新区分局

局　长:毛建宁
副局长:汪光明　罗法根

东钱湖分局

局　长:周一伦
副局长:冯成喜

宁海县地税局

局　长:尤永强
副局长:陈焕龙　叶亦利

象山县地税局

局　长:陈柳松
副局长:姜乐平　王其伟

奉化市地税局

局　长:韩圣光
副局长:俞　峰　林　鑫

余姚市地税局

局　长:俞剑清
副局长:杨水昌　王文益

慈溪市地税局

局　长:张炳华
副局长:胡国富

大榭区地税局

局　长:
副局长:冯伟业　叶奇丹

温州市地方税务局局长、副局长名录

温州市地税局

局　长：李步鸣

副局长：马伟俊（正局级）　黄天志（调研员）

总会计师：潘一雄

瑞安市地税局

局　长：苏德贤

副局长：郑扩社　唐福新

乐清市地税局

局　长：叶乐安

副局长：林志勇　王成华

永嘉县地税局

局　长：胡国强

副局长：柯温临　李　业

苍南县地税局

局　长：徐象广

副局长：张俊杰

平阳县地税局

局　长：温从岳

副局长：林宣杰

洞头县地税局

局　长：叶明理

副局长：陈后平

文成县地税局

局　长：郑士钗

副局长：叶小荣

泰顺县地税局

局　长：翁晓彬

副局长：谢学久　陈正步

嘉兴市地方税务局局长、副局长名录

嘉兴市地税局

局　长:马邦伟

副局长:董　渭　马莉萍

桐乡市地税局

局　长:赵洪亮

副局长:吴建勇(兼稽查局局长)　沈培荣

平湖市地税局

局　长:俞明祥

副局长:李大相　孙彭跃

海宁市地税局

局　长:陈金明

副局长:曹立群　夏国平

海盐县地税局

局　长:贺伟民

副局长:王　琦　陶　晨

嘉善县地税局

局　长:沈恩达

副局长:郈勇春　盛　庚

绍兴市地方税务局局长、副局长名录

绍兴市地税局

局　长:阮坚勇

副局长:潘旺明(正局级)　房　紧

绍兴县地税局

局　长:宋天平

副局长:徐志方

上虞市地税局

局　长:茅国清

副局长:邵百尧　卢坚钢

诸暨市地税局

局　长:张建林

副局长:赵章根

嵊州市地税局

局　长:孙元东

副局长:孙作祥

新昌县地税局

局　长:求国安

副局长:求伟清

湖州市地方税务局局长、副局长名录

湖州市地税局	德清县地税局
局　长:沈建平 副局长:姚　温　钱汇丰	局　长:杨永林 副局长:江洪波
长兴县地税局	**安吉县地税局**
局　长:冯梅山 副局长:顾群伟　范首翔	局　长:梁蕴伟 副局长:严明卯

金华市地方税务局局长、副局长名录

金华市地税局	义乌市地税局
局　长:周益民 副局长:王　苹　马海清	局　长:赵健明 副局长:陈忠强　毛新生
兰溪市地税局	**东阳市地税局**
局　长:陈玉祥 副局长:毛海生	局　长:徐立刚 副局长:沈银福
永康市地税局	**武义县地税局**
局　长:施建民 副局长:施贺龙　邵吉新	局　长:陈进一 副局长:程云庆　徐飞云
浦江县地税局	**磐安县地税局**
局　长:傅兴琰 副局长:楼向阳　王卫平	局　长:周丽水 副局长:羊荣华

衢州市地方税务局局长、副局长名录

衢州市地税局

局　长:徐素荣
副局长:王德华

龙游县地税局

局　长:陆　雄
副局长:何　勤

常山县地税局

局　长:俞宝根
副局长:钱志友

江山市地税局

局　长:巫小雄
副局长:郑宇星　郑建青

开化县地税局

局　长:邹燕辉
副局长:廖建忠

舟山市地方税务局局长、副局长名录

舟山市地税局

局　长:王　伟
副局长:王志杰

定海地税局

局　长:李海定
副局长:苗伟奇　马志勤　汤　华

普陀地税局

局　长:金伟平
副局长:张　华　顾　洁　冯海敏

岱山县地税局

局　长:童信宇
副局长:王　挺

嵊泗县地税局

局　长:王兴军
副局长:徐国飞

台州市地方税务局局长、副局长名录

台州市地税局

局　长:叶维军

副局长:陶　勇　徐宏光　徐俊美

椒江地税局

局　长:牟力群

副局长:陈海平　周仙光　张卫平

黄岩地税局

局　长:陈灵平

副局长:李　敏　喻文荣

路桥地税局

局　长:

副局长:郦静波　伍群力　陈军华

临海市地税局

局　长:冯荷琴

副局长:朱怀京　邵跃群

温岭市地税局

局　长:江涌清

副局长:戴晨光　彭夏璋

玉环县地税局

局　长:张恢卓

副局长:李国跃　张定松

三门县地税局

局　长:奚建华

副局长:徐伟晖　丁正聪

仙居县地税局

局　长:姚文浩

副局长:徐林飞

天台县地税局

局　长:余昌杰

副局长:陈孟云　姜静英

丽水市地税局局长、副局长名录

丽水市地税局

局　长:何赤峰

副局长:崔　军(调研员)　叶如华

云和县地税局

局　长:柳少康

副局长:孟学军　任乐群

景宁县地税局

局　长:季晓伟

副局长:陈华星　刘　力

龙泉市地税局

局　长:吴旭文

副局长:项旭明　李饮源

青田县地税局

局　长:朱秀雄

副局长:牛建民　张红兵

遂昌县地税局

局　长:赵文明

副局长:叶宏放　单崇海

松阳县地税局

局　长:林开武

副局长:易　雄　江剑武

缙云县地税局

局　长:陈贵长

副局长:陶柳杨

庆元县地税局

局　长:刘义平

副局长:姚秋云　周必寿

(截至2008年12月31日)

ZHEJIANG DISHUI NIANJIAN

第六编

税收统计资料

2009年全省地税部门组织收入情况

2009年是新世纪以来浙江经济发展最为困难的一年。受经济增速大幅下滑及结构性减税影响，年初全省地税收入增速一度跌入历史最低点，上半年全省地税税收收入增幅出现自1997年税务机构进一步分设以来首次同比下降。面对异常严峻、极其复杂的经济税收形势，全省地税部门在省委、省政府和国家税务总局的正确领导下，按照"标本兼治、保稳促调"的总思路，紧密围绕"保增长、抓转型、重民生、促稳定"的工作主线，自觉践行"依法治税、为民理财、务实创新、廉洁高效"的工作理念，念好实、稳、优"三字诀"，深入贯彻落实"法治、务实、有为"的组织收入原则，着眼经济税收协调发展，积极优化地税收入结构，着力保持地税收入平稳增长。一年来，全省地税组织收入工作在困难和挑战中砥砺奋进，经受住了严峻考验，收入增幅逐季回升，全年实现"收入平稳增长、结构不断优化"的佳绩。

一、2009年组织收入成绩来之不易

地税收入企稳回升。2009年全省地税部门组织各项收入突破2500亿元，达2505.39亿元，增长7.71%，增收179.42亿元；其中：税收收入1596.78亿元，增长6.85%，增收102.38亿元，增收突破100亿元；社保基金收入突破700亿元，达726.48亿元，增长9.80%，增收64.85亿元。不含宁波，全省地税部门组织各项收入突破2000亿元，达2001.20亿元，增长8.13%，增收150.53亿元；其中：税收收入1261.25亿元，增长6.92%，增收81.66亿元；社保基金收入突破600亿元，达600.70亿元，增长11.39%，增收61.44亿元。从全国情况看，我省地税税收收入总量位列广东省（2695.55亿元）、江苏省（1927.52亿元）、上海市（1927.38亿元）之后，仍居第四位；增幅低于全国地税平均增幅5.95个百分点，在六大省市中列第五位，仅高于上海市（4.21%），低于江苏省（16.23%）、山东省（11.63%）、北京市（10.94%）、广东省（6.91%）。尽管2009年我省地税税收收入增幅不高，但在国际金融危机严重影响的背景下，这一增速基本符合浙江经济发展的实际，也体现了地税部门着力"依法落实政策、帮扶企业渡难关"的成效和真心实意。而2009年下半年以来税收收入增长的"企稳回升"，则进一步显示了浙江经济的内在活力和经济税收协调发展的良好态势。

收入结构继续优化。2009年全省分别入库营业税、企业所得税、个人所得税和地方八税收入663.62亿元、271.94亿元、302.95亿元和358.28亿元，分别增长15.55%、-19.08%、11.85%和14.40%，其中个人所得税收入首次超过企业所得税收入，成为第二大税种。从税收收入结构看，地方税收入（营业税和地方八税）比重达到64.00%，比上年提高4.61个百分点。构成地方财政收入的税收收入1251.85亿元，比上年增长10.66%，快于全部税收收入增幅3.81个百分点。从税费收入结

构看,全省非税收入占比达到36.27%,比上年提高0.52个百分点。我省地税部门根据经济税源的发展变化,在总体收入增长不快的情况下,通过支持第三产业发展和加强地方税征管,为进一步增强地方可用财力作出了积极贡献。

三产税收比重提升。2009年全省入库第二产业、第三产业税收550.01亿元、1045.61亿元,分别增长0.86%、10.32%。第三产业税收占全部税收的比重首次突破65%,达65.48%,较上年提高2.06个百分点;第三产业税收对全部税收的增收贡献率首次突破90%,高达95.57%。第三产业中租赁商务服务业、房地产业、金融业、文化体育娱乐业、信息传输计算机服务软件业税收增长领先,分别增长34.54%、19.43%、17.88%、12.84%、12.06%;其中:房地产业和金融业税收占全部税收的比重为20.73%和12.52%,分别比上年提高2.19个和1.17个百分点;房地产业和金融业税收对全部税收的增收贡献率均创历年新高,分别达52.60%和29.62%,贡献率合计达82.22%。总体上看,金融业税收平稳增长、房地产业税收增幅6月份起强劲反弹是今年地税税收收入实现平稳增长的主要推力。第二产业中除建筑业税收增长9.01%外,电力、燃气及水的生产和供应业、采矿业、制造业税收受其企业所得税增幅大幅下降影响(增幅分别下降29%、38%、24%以上)均出现负增长,分别下降11.98%、4.63%、1.82%。

地区税收均衡增长。除丽水市税收收入增幅较低外,其余地区税收收入增幅均在6%~12%之间,各地收入增长均衡性进一步增强。各市税收收入增幅从高到低分别为:衢州市11.87%、舟山市10.38%、湖州市10.15%、绍兴市8.58%、杭州市8.45%、嘉兴市7.54%、宁波市6.58%、台州市6.56%、温州市6.13%、金华市6.05%、丽水市0.07%。从各地收入情况看,衢州市、舟山市税收收入增幅领先,杭州市、宁波市、温州市三个大市税收收入合计占全省税收收入的比重达55.66%,比重比上年略有提高。

二、2009年组织收入增减因素分析

经济增速下滑拉低地税收入增幅。2009年全省地税税收收入随同经济经历了一次快速下滑、企稳、强劲回升的"V"型振荡。下图显示:受国际金融危机的冲击,从2008年四季度开始,我省经济增速明显下滑;2009年初,随着金融危机进一步向实体经济蔓延,回落速度进一步加快;至2009年一季度末回落至底点,税收收入增幅相应跌入历史最低点(-5.19%);二季度开始,我省经济开始企稳,税收收入随之回暖,二季度GDP现价和税收收入分别增长2.36%和-0.79%;二季度以后,经济快速回升,税收收入在经济回暖带动下快速反弹;三季度GDP现价和税收收入增幅分别达到6.86%和18.08%;四季度以来,各项经济指标加速回升,当季GDP现价增长预计超过14%,地税税收收入增幅高达26.25%。预计2009年我省GDP现价增长6.5%左右,现价增幅比上年回落7个百分点以上,而地税税收收入增幅比上年回落8.97个百分点;全省地税税收弹性系数约为1.05,地税税收收入增长与经济发展基本保持同步。2005年至2009年,全省地税税收弹性系数分别为1.01、1.11、1.50、1.10和1.05。可见,近年来我省地税税收增长与经济发展的一致性、协调性较好,经济发展对税收收入增长的主导作用进一步增强。

政策性减收加剧地税收入下滑。一是继续贯彻落实新企业所得税法税率下调、高新技术企业优惠税率、研发费加计扣除、小型微利企业税收减免等优惠政策,全省(不含宁波,下同)合计减收企业所得税93亿元左右,拉低全省企业所得税收入增幅27个百分点以上。二是贯彻落实增值税转型、房地产交易环节税收政策调整减收10亿元左右。三是贯彻落实帮扶企业实施的税费减免政策以及"春雨"专项行动中的"帮扶性"减征和"激励性"减征等因素也带来减收,其中房产税和土地使用税合计减免达8.9亿元。

地税管理创新促进收入平稳增长。一是围绕党委政府工作大局,创新载体、优化平台,努力做好"解困、帮扶、服务"工作,税企携手共同应对国际金融危机带来的冲击;如根据省政府临时性下浮社会保险费缴费比例政策规定,在2009年3月集中减征社保费36.3亿元,惠及企业近37万家、城镇个体劳动者188万人;各项帮扶措施的有力落实为企业后续税源增长奠定了基础。二是坚持把推进企业分离发展服务业作为企业增效、地方财力增强、产业结构优化的一个有效抓手,2009年全省新增1252户企业分离发展服务业,超额完成了2009年度新增1000户企业分离发展服务业的目标任务;已分离出来的服务业企业2009年产生营业收入376.07亿元、地方税费收入15.80亿元,2008年、2009年累计产生营业收入534.09亿元、地方税费收入23.71亿元,取得显著成效。三是坚持"抓大、评中、定小"的税源管理思路,推进重点税源、重点行业、重点环节管理创新,推广应用杭州市加强重点税源管理的经验;创新纳税评估方法、机制,总结推广行之有效的纳税评估经验、模式;推广对个体工商户使用的"参数定税法",在依法治税、规范管理的前提下,公平、公开、科学征税;通过优化纳税服务,不断提高纳税人的满意度和遵从度。四是建立健全数据采集-税源监控-税收分析-纳税评估-税务稽查"五位一体"横向互动机制,积极推进"管查"互动机制建设;重点摸清源头信息,加大第三方信息采集力度和信息比对;积极推广应用不动产建筑业、出租房等税收管理软件,进一步推进个人所得税代扣代缴明细申报工作,通过各种有效措施,加强了税源的源泉控管,促进了税收的平稳增长。

三、认清形势,坚定信心,扎实做好2010年组织收入工作

2010年将是经济形势极其复杂的一年,积极变化和不利影响同时显现,短期问题和长期问题相互交织,国内因素和国际因素相互影响。从全球看,明年世界经济形势可能会好于今年,但金融危机影响仍然存在,贸易保护主义倾向日益抬头,石油等初级产品价格震荡可能加剧,世界经济全面复苏将是一个缓慢曲折的过程。从全国看,国内经济将继续回升,但经济回升的基础不牢固,结构性矛盾仍很突出。从我省看,经济发展环境会有所改善,工业经济将继续回升,服务业将保持较快发展;同时,出口难以恢复较快增长,民间投资意愿依然不强,企业生产经营压力仍然突出。

2010年是实施"十一五"规划的最后一年,是应对国际金融危机冲击、巩固和发展经济企稳回升势头的关键一年。在经济逐步回暖的同时,也应该看到,税收收入增长的结构性问题仍然比较突出,房地产税收高涨带来的收入风险正在进一步积聚;一些结构性减税政策已经制度化,政策性减收对税收收入的影响仍不容忽视。税收收入增长预计不会太快,收入形势依然严峻;财政支出压力大、刚性强,收支平衡矛盾将在较长时期存在。

在新的一年里,各级地税部门要全面贯彻落实全省经济工作会议精神,既要充分看到有利条件和积极因素,牢固树立信心,不断增强组织收入工作的责任意识;又要充分估计困难,深刻认识组织收入工作的艰巨性,避免盲目乐观,切实增强忧患意识,更加周密地做好应对复杂形势的准备;要坚持在依法治税、规范管理的前提下,围绕"促发展、优结构、稳收入"目标,"保稳"与"求优"并举,"当前"与"长远"兼顾,坚持不懈地抓好组织收入工作。

一要着眼"促发展",积极服务经济转型升级和发展方式转变。各级地税部门要深入贯彻落实省委十二届六次全会、中央和全省经济工作会议、全国税务工作会议精神,继续认真落实好研发费加计扣除、支持高新技术企业、现代服务业等方面的税费优惠政策,充分发挥税费政策的经济"杠杆"作用,坚定不移地支持企业转型升级、坚定不移地支持企业自主创新、坚定不移地支持产业结构优化。要进一步加快推进工业行业龙头骨干企业分离发展服务业工作，积极促进块状经济向现代产业集群跨越。

二要着眼“优结构”，大力培植后续经济税源和促进地税收入结构优化。根据全省经济工作会议提出的“进一步发挥民营经济、县域经济、块状经济等特色优势，扎实推进大平台大产业大项目大企业建设”的工作要求，各级地税部门要在这一轮新的经济增长点培育壮大过程中，认真做好服务、促进工作，进一步优化税源结构。要以分税种管理为突破口，加强地方税管理，促进税收收入结构进一步优化。要深化不动产、建筑业营业税项目管理，有序推进土地增值税清算工作，深化房地产税收一体化管理，切实做好耕地占用税和契税征管职能划转工作。

三要着眼“稳收入”，深入开展税收经济分析和地税管理创新。各级地税部门要沉下心、埋下头、踏下步，深入企业、深入基层，加强调研，摸清本地区税源及发展趋势；要密切跟踪宏观经济和企业经营形势变化，全面开展经济税源分析、政策效应分析、税收预测预警分析，重点做好房地产市场调控对地税收入增长的风险分析，及时发现组织收入过程中出现的苗头性、倾向性问题；建立面、线、点有机联系、逐级递进的“立体式”税收分析预测机制，切实增强组织收入工作的前瞻性、主动性。要按照科学化、精细化的管理理念，大力推行专业化、信息化管理，强化数据采集－税源监控－税收分析－纳税评估－税务稽查“五位一体”横向互动机制。以分规模管理为抓手，进一步落实好“抓大、评中、定小”的税源管理思路；以“数据大集中”工程为契机，推进“信息管税”，不断提高税收征管质量和效率。通过管理创新促进地税收入平稳增长。

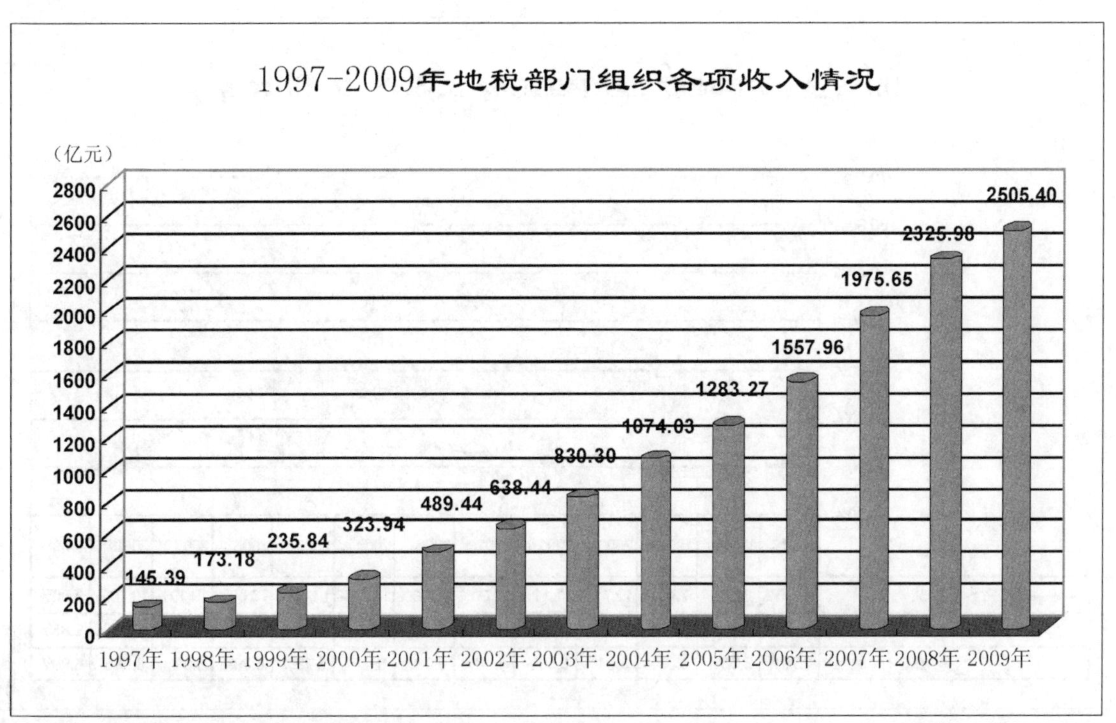
1997-2009年地税部门组织各项收入情况
（亿元）
2800
2600
2400
2200
2000
1800
1600
1400
1200
1000
800
600
400
200
0
145.39
173.18
235.84
323.94
489.44
638.44
830.30
1074.03
1283.27
1557.96
1975.65
2325.98
2505.40
1997年
1998年
1999年
2000年
2001年
2002年
2003年
2004年
2005年
2006年
2007年
2008年
2009年

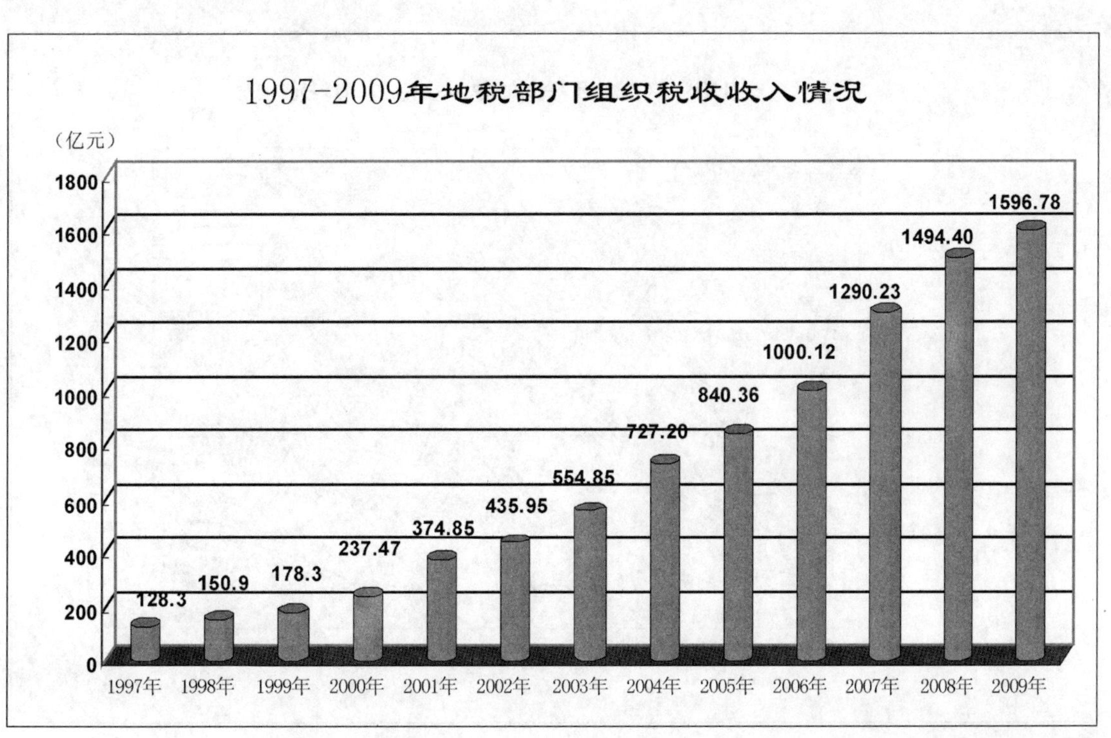
1997-2009年地税部门组织税收收入情况
（亿元）
1800
1600
1400
1200
1000
800
600
400
200
0
128.3
150.9
178.3
237.47
374.85
435.95
554.85
727.20
840.36
1000.12
1290.23
1494.40
1596.78
1997年
1998年
1999年
2000年
2001年
2002年
2003年
2004年
2005年
2006年
2007年
2008年
2009年

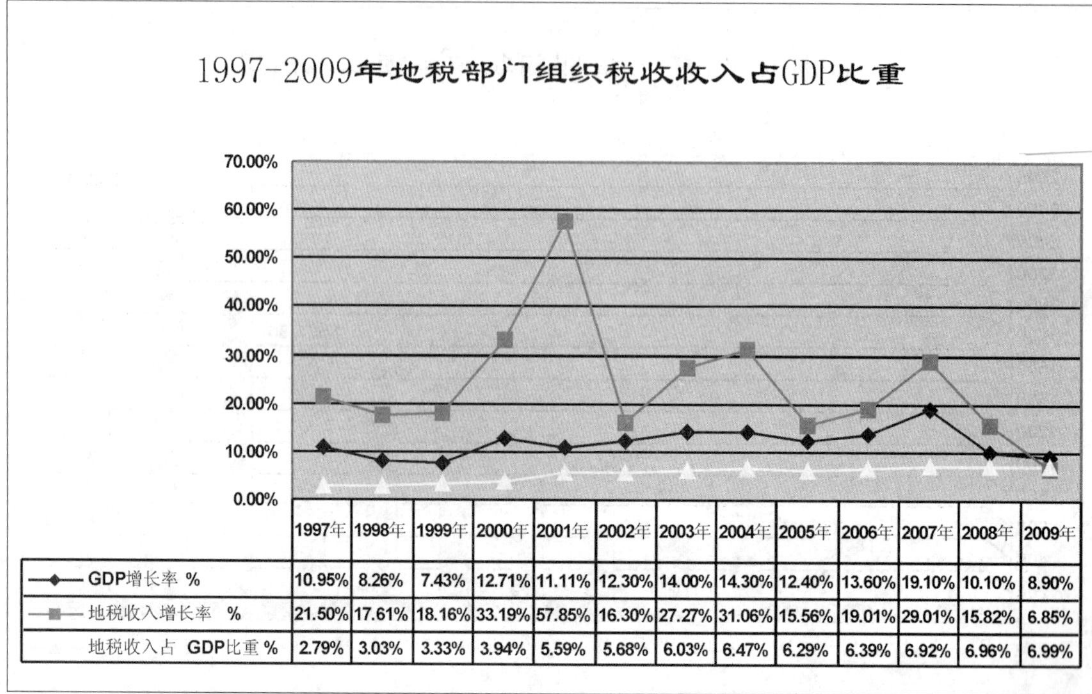

	1997年	1998年	1999年	2000年	2001年	2002年	2003年	2004年	2005年	2006年	2007年	2008年	2009年
GDP增长率 %	10.95%	8.26%	7.43%	12.71%	11.11%	12.30%	14.00%	14.30%	12.40%	13.60%	19.10%	10.10%	8.90%
地税收入增长率 %	21.50%	17.61%	18.16%	33.19%	57.85%	16.30%	27.27%	31.06%	15.56%	19.01%	29.01%	15.82%	6.85%
地税收入占 GDP比重 %	2.79%	3.03%	3.33%	3.94%	5.59%	5.68%	6.03%	6.47%	6.29%	6.39%	6.92%	6.96%	6.99%

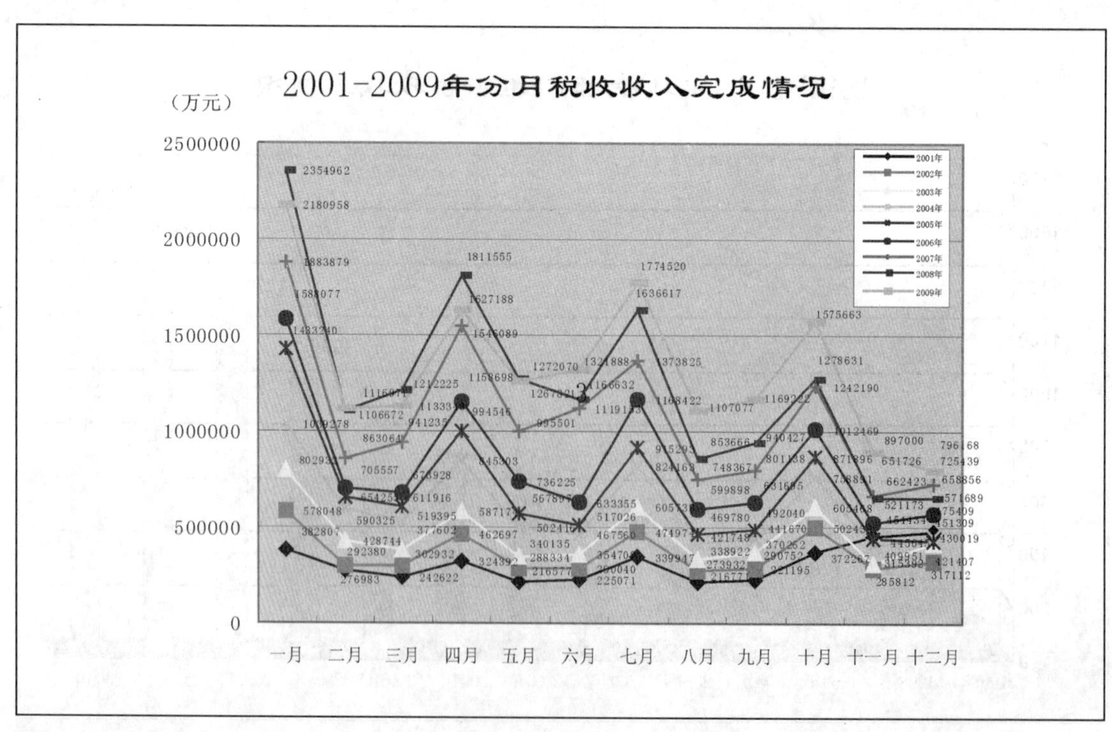

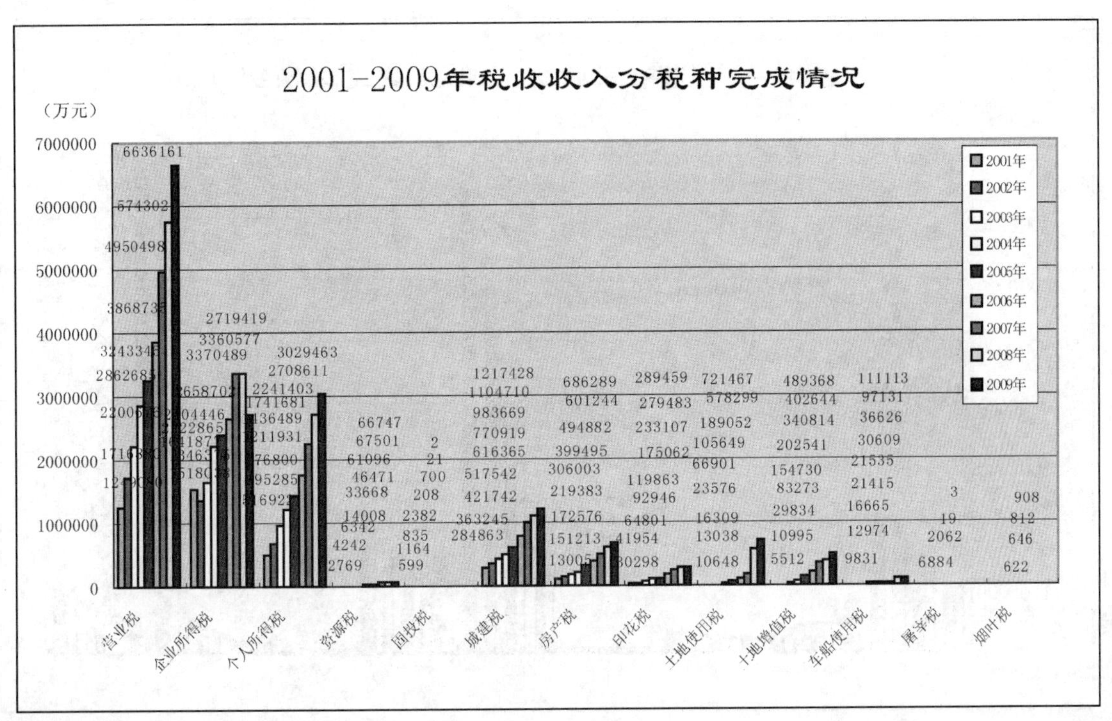

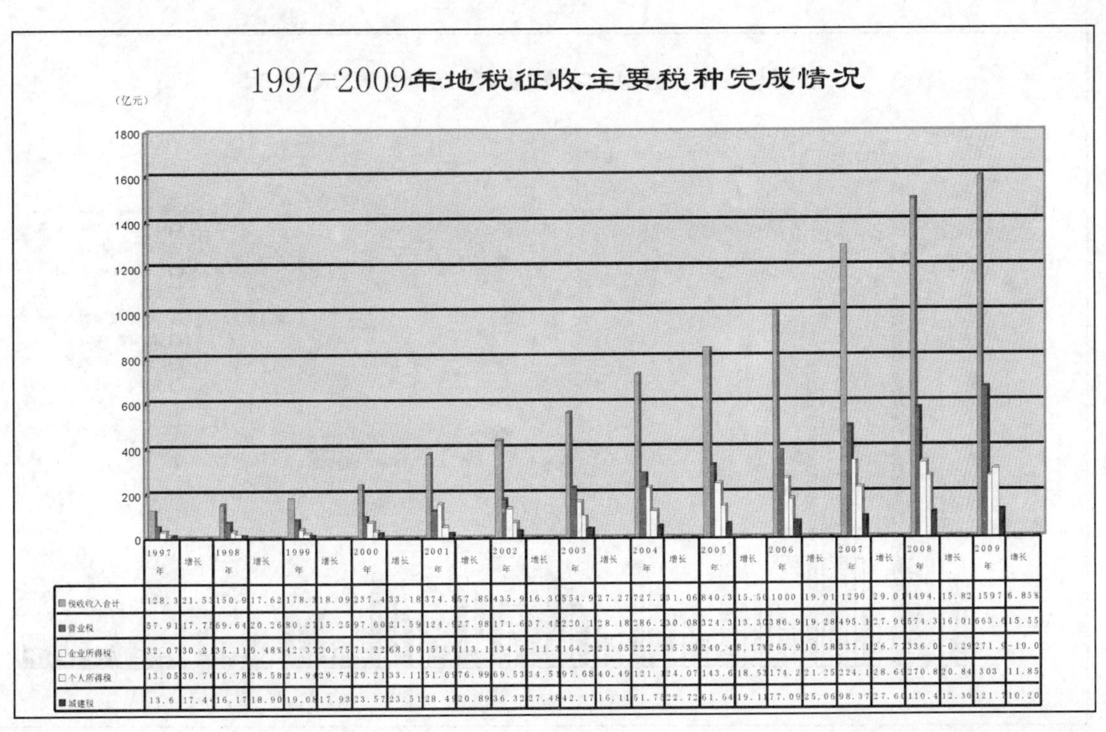

	1997年	增长	1998年	增长	1999年	增长	2000年	增长	2001年	增长	2002年	增长	2003年	增长
税收收入合计	128.3	21.53	150.9	17.62	178.3	18.09	237.4	33.18	374.8	57.85	435.9	16.30	554.9	27.27
营业税	57.91	17.75	69.64	20.26	80.27	15.25	97.60	21.59	124.9	27.98	171.6	37.45	220.1	28.18
企业所得税	32.07	30.21	35.11	9.48%	42.37	20.75	71.22	68.09	151.8	113.1	134.6	-11.3	164.2	21.95
个人所得税	13.05	30.76	16.78	28.58	21.94	29.74	29.21	33.11	51.69	76.99	69.53	34.51	97.68	40.49
城建税	13.6	17.44	16.17	18.90	19.08	17.93	23.57	23.51	28.49	20.89	36.32	27.48	42.17	16.11

	2004年	增长	2005年	增长	2006年	增长	2007年	增长	2008年	增长	2009年	增长
税收收入合计	727.2	31.06	840.3	15.50	1000	19.01	1290	29.01	1494.	15.82	1597	6.85%
营业税	286.2	30.08	324.3	13.30	386.9	19.28	495.1	27.96	574.3	16.01	663.6	15.55
企业所得税	222.2	35.39	240.4	8.17%	265.9	10.58	337.1	26.77	336.0	-0.29	271.9	-19.0
个人所得税	121.1	24.07	143.6	18.53	174.2	21.25	224.1	28.69	270.8	20.84	303	11.85
城建税	51.75	22.72	61.64	19.11	77.09	25.06	98.37	27.60	110.4	12.30	121.7	10.20

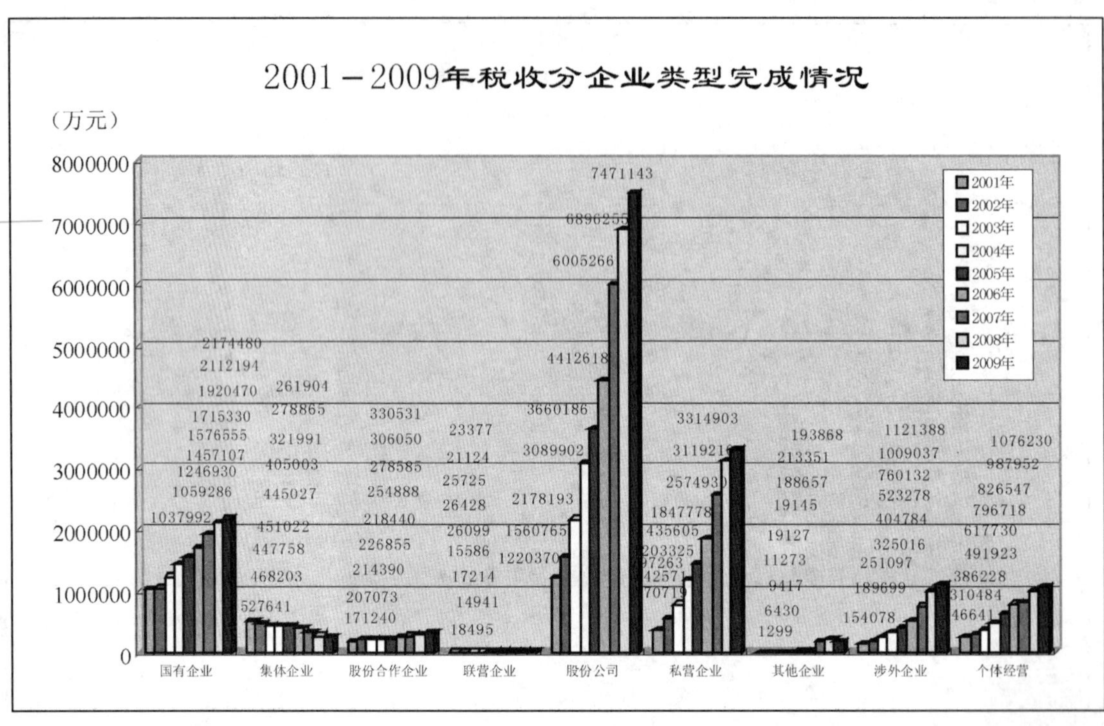
2001－2009年税收分企业类型完成情况
（万元）
8000000
7000000
6000000
5000000
4000000
3000000
2000000
1000000
0
2001年
2002年
2003年
2004年
2005年
2006年
2007年
2008年
2009年
国有企业
集体企业
股份合作企业
联营企业
股份公司
私营企业
其他企业
涉外企业
个体经营
2174480
2112194
1920470
1715330
1576555
1457107
1246930
1059286
1037992
261904
278865
321991
405003
445027
451022
447758
468203
527641
330531
306050
278585
254888
218440
226855
214390
207073
171240
23377
21124
25725
26428
26099
15586
17214
14941
18495
7471143
6005266
4412618
3660186
3089902
2178193
1220370
3314903
1847778
193868
213351
188657
19145
19127
11273
9417
6430
1299
1121388
1009037
760132
523278
404784
325016
251097
189699
154078
1076230
987952
826547
796718
617730
491923
386228
310484

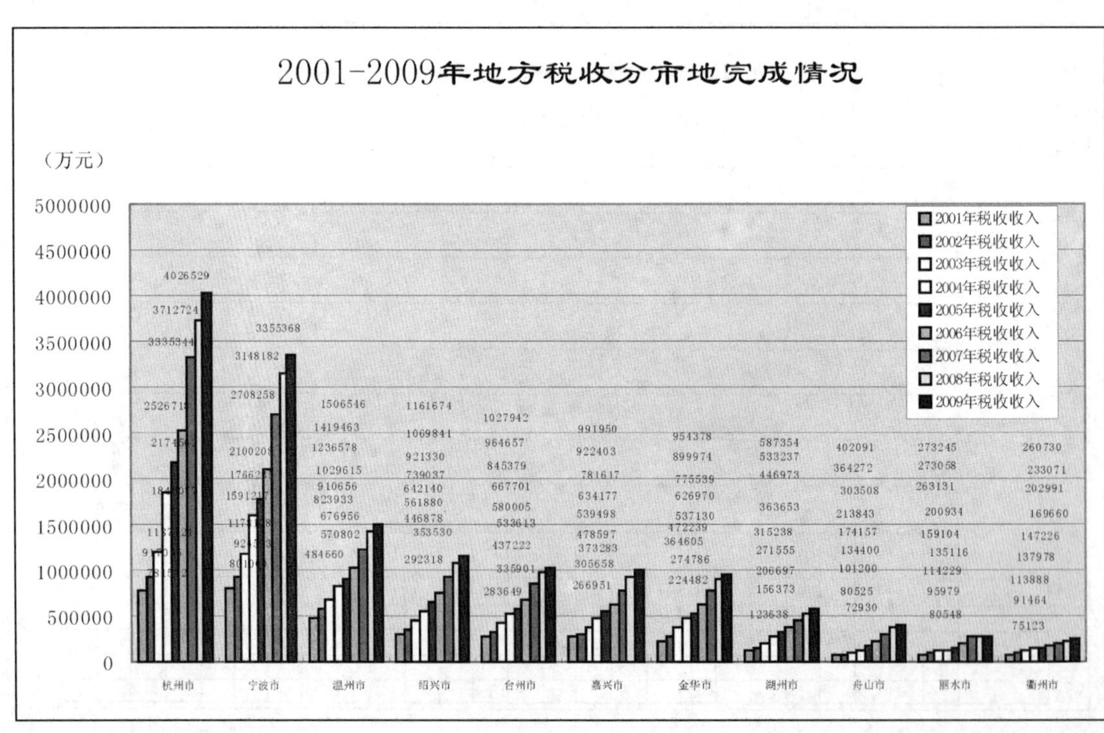
2001-2009年地方税收分市地完成情况
（万元）
5000000
4500000
4000000
3500000
3000000
2500000
2000000
1500000
1000000
500000
0
2001年税收收入
2002年税收收入
2003年税收收入
2004年税收收入
2005年税收收入
2006年税收收入
2007年税收收入
2008年税收收入
2009年税收收入
杭州市
宁波市
温州市
绍兴市
台州市
嘉兴市
金华市
湖州市
舟山市
丽水市
衢州市
4026529
3712724
3355368
3148182
2708258
1506546
1419463
1236578
1029615
910656
823933
676956
570802
484660
1161674
1069841
921330
739037
642140
561880
446878
353530
292318
1027942
964657
845379
667701
580005
437222
335901
283649
991950
922403
781617
634177
539498
478597
373283
305658
266951
954378
899974
775539
626970
537130
472239
364605
274786
224482
587354
533237
446973
363653
315238
271555
206697
156373
123638
402091
364272
303508
213843
174157
134400
101200
80525
72930
273245
273058
263131
200934
159104
135116
114229
95979
80548
260730
233071
202991
169660
147226
137978
113888
91464
75123

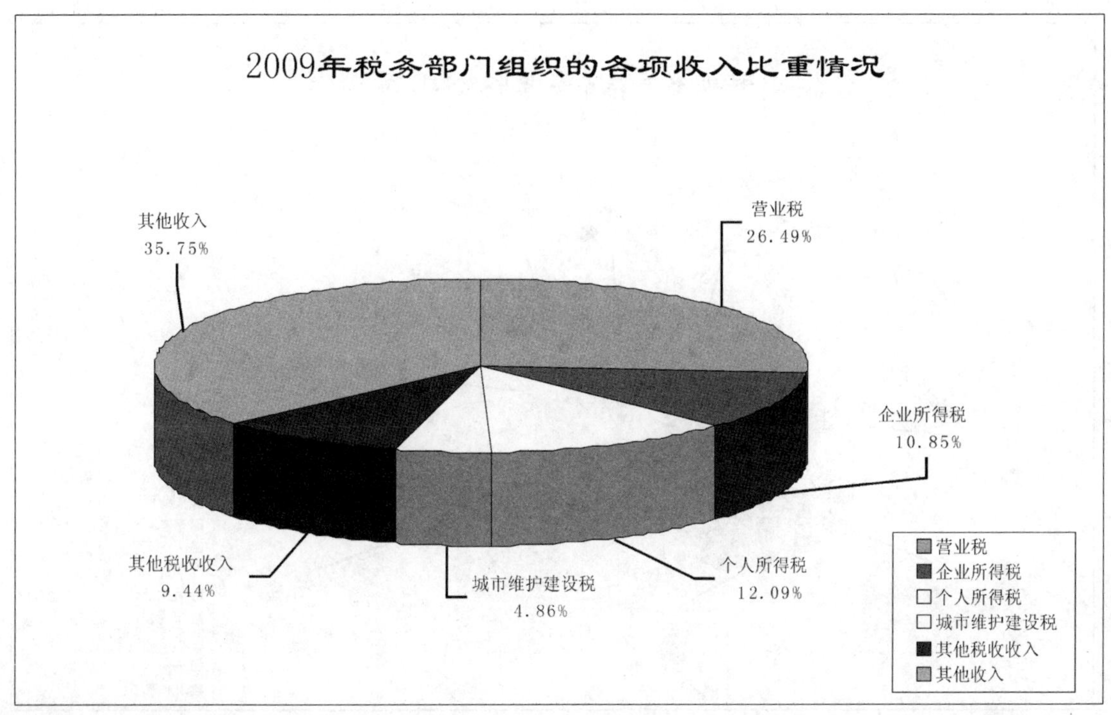
2009年税务部门组织的各项收入比重情况
其他收入
35.75%
营业税
26.49%
企业所得税
10.85%
其他税收收入
9.44%
城市维护建设税
4.86%
个人所得税
12.09%
营业税
企业所得税
个人所得税
城市维护建设税
其他税收收入
其他收入

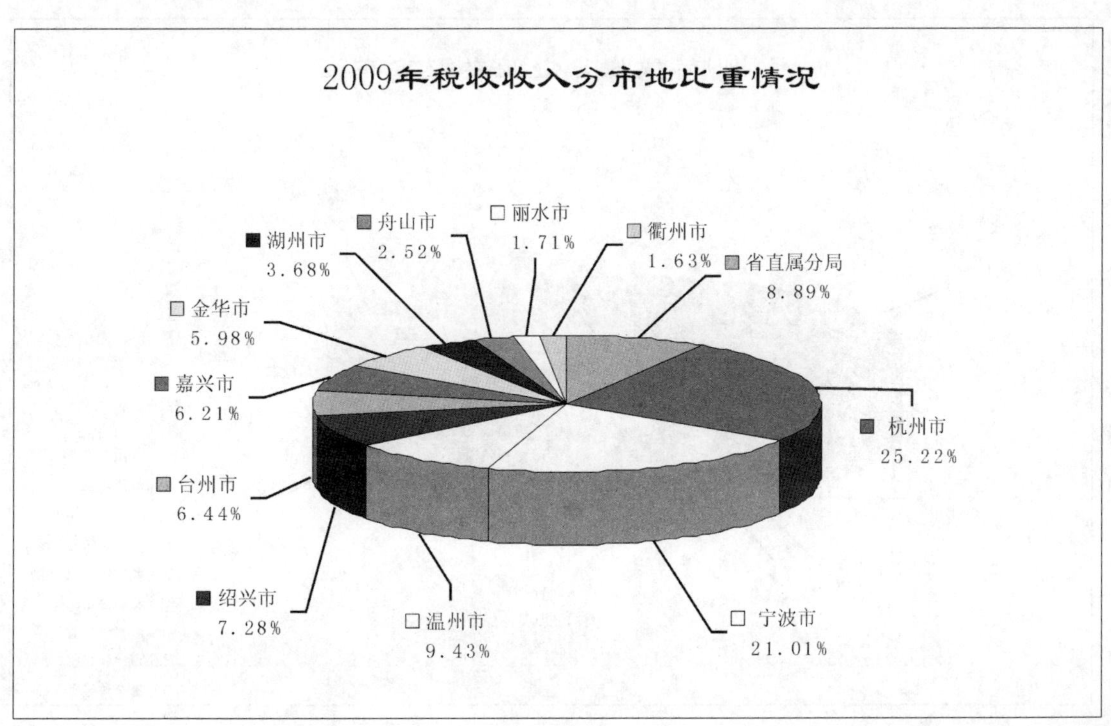
2009年税收收入分市地比重情况
湖州市
3.68%
舟山市
2.52%
丽水市
1.71%
衢州市
1.63%
省直属分局
8.89%
金华市
5.98%
嘉兴市
6.21%
杭州市
25.22%
台州市
6.44%
绍兴市
7.28%
温州市
9.43%
宁波市
21.01%

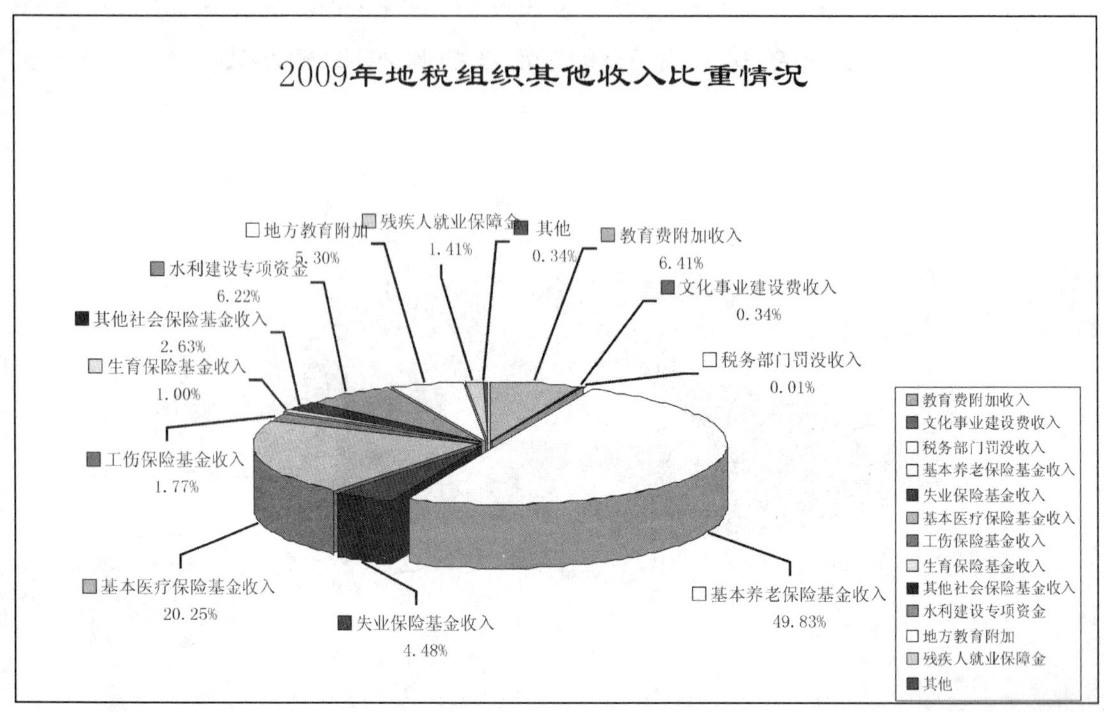
2009年地税组织其他收入比重情况
地方教育附加 5.30%
残疾人就业保障金 1.41%
其他 0.34%
教育费附加收入 6.41%
水利建设专项资金 6.22%
文化事业建设费收入 0.34%
其他社会保险基金收入 2.63%
税务部门罚没收入 0.01%
生育保险基金收入 1.00%
工伤保险基金收入 1.77%
基本医疗保险基金收入 20.25%
失业保险基金收入 4.48%
基本养老保险基金收入 49.83%
教育费附加收入
文化事业建设费收入
税务部门罚没收入
基本养老保险基金收入
失业保险基金收入
基本医疗保险基金收入
工伤保险基金收入
生育保险基金收入
其他社会保险基金收入
水利建设专项资金
地方教育附加
残疾人就业保障金
其他

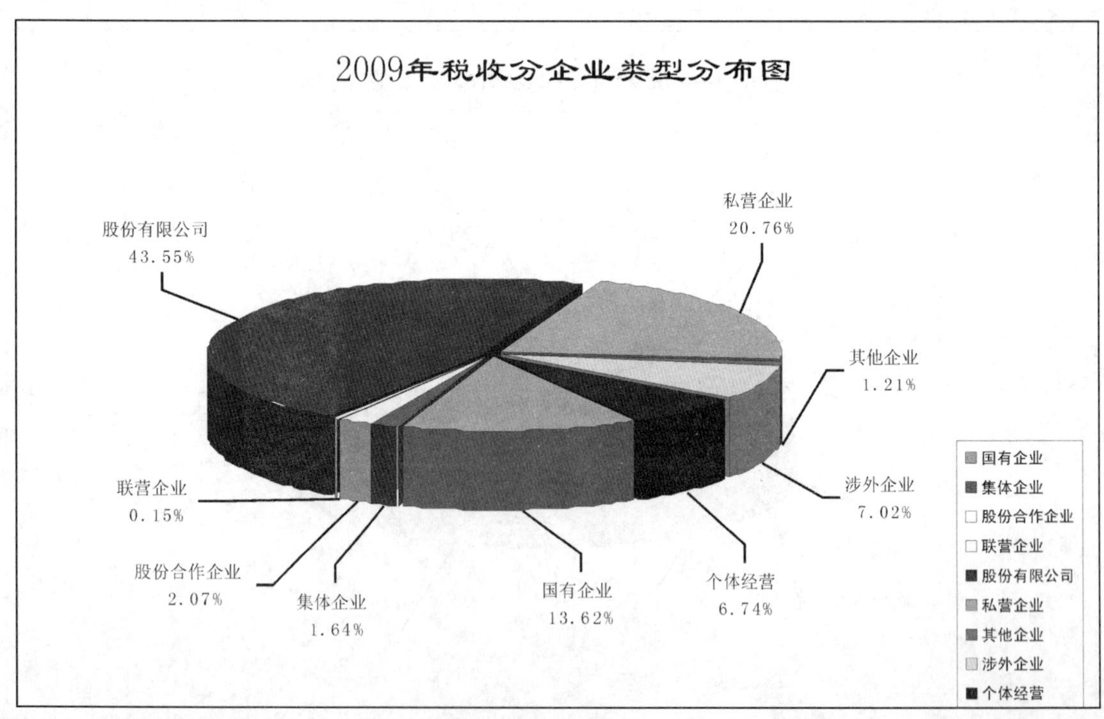
2009年税收分企业类型分布图
股份有限公司 43.55%
私营企业 20.76%
其他企业 1.21%
涉外企业 7.02%
联营企业 0.15%
股份合作企业 2.07%
集体企业 1.64%
国有企业 13.62%
个体经营 6.74%
国有企业
集体企业
股份合作企业
联营企业
股份有限公司
私营企业
其他企业
涉外企业
个体经营

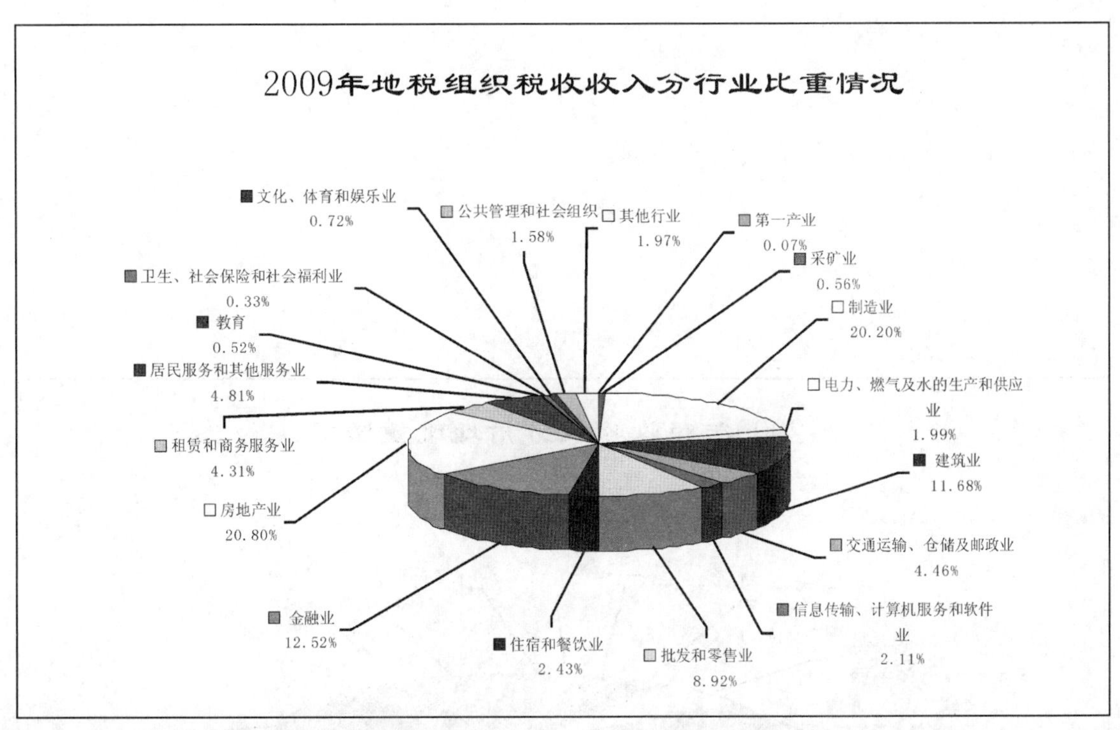
2009年地税组织税收收入分行业比重情况
文化、体育和娱乐业 0.72%
公共管理和社会组织 1.58%
其他行业 1.97%
第一产业 0.07%
采矿业 0.56%
制造业 20.20%
卫生、社会保险和社会福利业 0.33%
教育 0.52%
居民服务和其他服务业 4.81%
电力、燃气及水的生产和供应业 1.99%
租赁和商务服务业 4.31%
建筑业 11.68%
房地产业 20.80%
交通运输、仓储及邮政业 4.46%
信息传输、计算机服务和软件业 2.11%
金融业 12.52%
住宿和餐饮业 2.43%
批发和零售业 8.92%

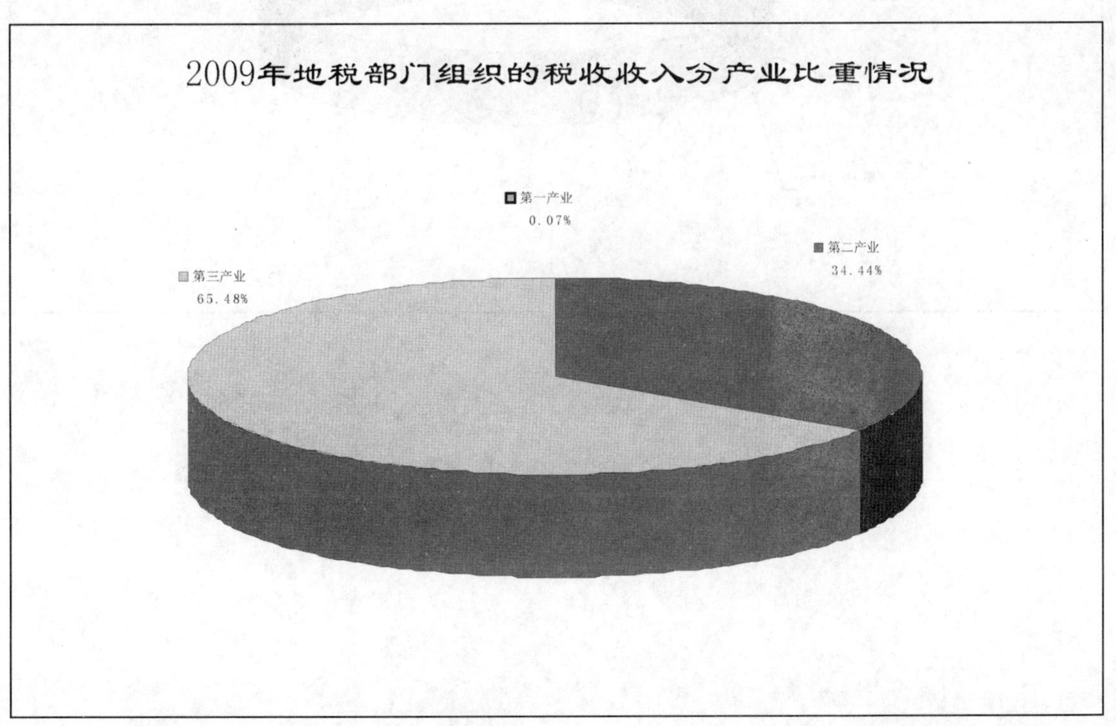
2009年地税部门组织的税收收入分产业比重情况
第一产业 0.07%
第二产业 34.44%
第三产业 65.48%

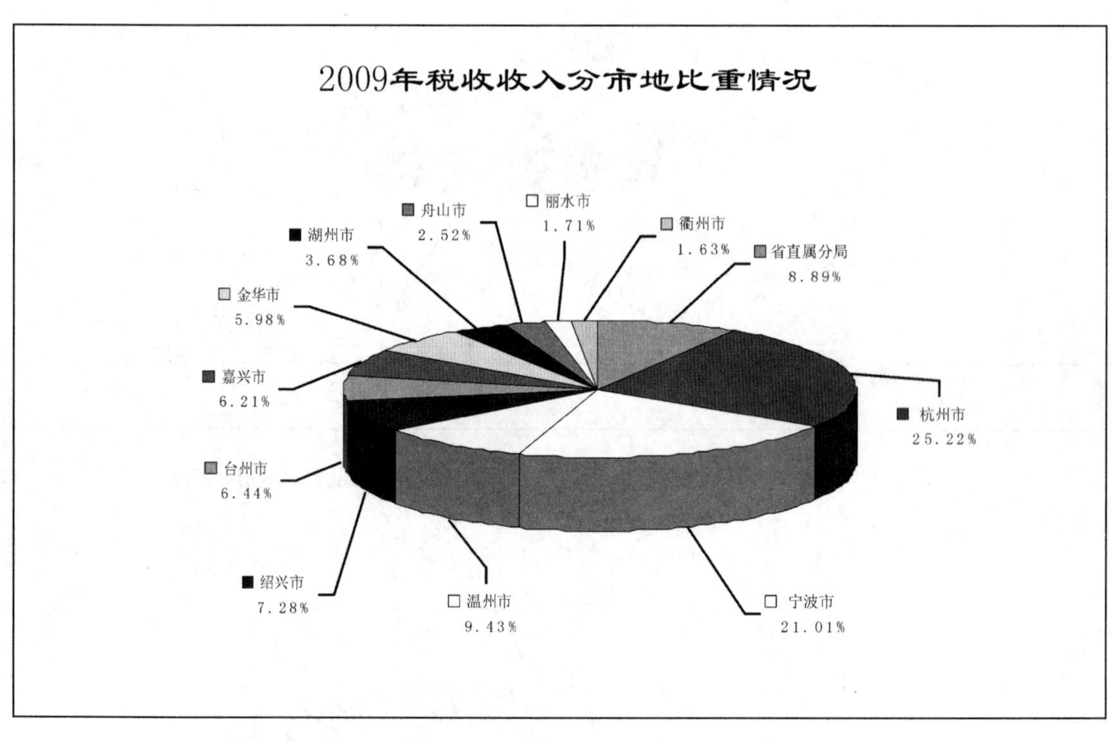
2009年税收收入分市地比重情况
舟山市 2.52%
丽水市 1.71%
湖州市 3.68%
衢州市 1.63%
省直属分局 8.89%
金华市 5.98%
嘉兴市 6.21%
杭州市 25.22%
台州市 6.44%
绍兴市 7.28%
温州市 9.43%
宁波市 21.01%

2009年各市

<table>
<tr><td rowspan="2">地 区</td><td colspan="2">组织收入</td><td colspan="2">税收收入</td><td colspan="2">营业税</td><td colspan="2">企业所得税</td><td colspan="2">个人所得税</td><td colspan="2">城市维护建设税</td></tr>
<tr><td>名次</td><td>金 额</td><td>名次</td><td>金 额</td><td>名次</td><td>金 额</td><td>名次</td><td>金 额</td><td>名次</td><td>金 额</td><td>名次</td><td>金 额</td></tr>
<tr><td>杭州市</td><td>1</td><td>6364763</td><td>1</td><td>4026530</td><td>1</td><td>1765816</td><td>1</td><td>651331</td><td>1</td><td>802655</td><td>1</td><td>308707</td></tr>
<tr><td>宁波市</td><td>2</td><td>5041957</td><td>2</td><td>3355368</td><td>2</td><td>1297748</td><td>2</td><td>596727</td><td>2</td><td>654438</td><td>2</td><td>307782</td></tr>
<tr><td>温州市</td><td>3</td><td>2497183</td><td>3</td><td>1506546</td><td>3</td><td>551140</td><td>3</td><td>297083</td><td>3</td><td>317278</td><td>3</td><td>122117</td></tr>
<tr><td>绍兴市</td><td>4</td><td>1917347</td><td>4</td><td>1161673</td><td>4</td><td>408152</td><td>4</td><td>203153</td><td>6</td><td>201727</td><td>6</td><td>81121</td></tr>
<tr><td>嘉兴市</td><td>5</td><td>1733152</td><td>6</td><td>991950</td><td>5</td><td>396537</td><td>7</td><td>122426</td><td>7</td><td>181868</td><td>5</td><td>84080</td></tr>
<tr><td>金华市</td><td>6</td><td>1542768</td><td>7</td><td>954378</td><td>7</td><td>341421</td><td>6</td><td>151065</td><td>5</td><td>217209</td><td>7</td><td>78665</td></tr>
<tr><td>台州市</td><td>7</td><td>1533177</td><td>5</td><td>1027942</td><td>6</td><td>355965</td><td>5</td><td>186000</td><td>4</td><td>217898</td><td>4</td><td>87333</td></tr>
<tr><td>湖州市</td><td>8</td><td>983530</td><td>8</td><td>587355</td><td>8</td><td>216988</td><td>8</td><td>84695</td><td>8</td><td>114814</td><td>8</td><td>40507</td></tr>
<tr><td>舟山市</td><td>9</td><td>562099</td><td>9</td><td>402091</td><td>9</td><td>191902</td><td>9</td><td>50993</td><td>10</td><td>62933</td><td>9</td><td>23371</td></tr>
<tr><td>丽水市</td><td>10</td><td>455880</td><td>10</td><td>273245</td><td>11</td><td>100348</td><td>10</td><td>45450</td><td>9</td><td>67737</td><td>11</td><td>21406</td></tr>
<tr><td>衢州市</td><td>11</td><td>451195</td><td>11</td><td>260732</td><td>10</td><td>110106</td><td>11</td><td>14820</td><td>11</td><td>55550</td><td>10</td><td>21794</td></tr>
</table>

组织收入排名表

单位:万元

房产税		印花税		城镇土地使用税		土地增值税		车船税		教育费附加		社保基金	
名次	金额	名次	金额	名次	金额	名次	金额	名次	金额	名次	金额	名次	金额
1	162042	1	72775	2	110838	1	119082	1	22784	1	140749	1	1891581
2	132610	2	61048	1	211375	2	65867	2	21390	2	139601	2	1257794
4	74849	4	28872	7	44366	4	56844	3	13229	3	59638	3	810758
3	76069	3	29806	3	86379	3	61426	5	10248	6	41300	4	609815
5	67551	5	23218	4	68031	6	37883	7	9420	4	43342	5	595203
6	53208	7	16276	6	53420	7	31000	6	10068	7	38772	6	474377
7	46691	6	18271	5	58841	5	42016	4	11284	5	43043	7	374299
8	22589	8	10915	8	38467	8	28189	8	5141	8	22482	8	319961
9	14224	9	6622	10	16377	9	24255	10	2076	10	11663	11	122492
10	12235	11	3992	11	10446	11	6288	9	3430	11	11412	10	152399
11	10185	10	4544	9	21746	10	16512	11	1986	9	13304	9	153990

2009年县(市、区)

地区	组织收入		税收收入		营业税		企业所得税		个人所得税		城市维护建设税	
	名次	金额	名次	金额	名次	金额	名次	金额	名次	金额	名次	金额
鄞州	1	756765	2	496460	1	238525	6	53937	1	90020	2	34619
萧山	2	748072	1	500188	3	203219	2	81660	2	86718	1	41092
余杭	3	654369	3	473500	2	210485	1	102257	6	61474	3	31066
慈溪市	4	479182	4	341856	4	116102	8	42509	4	75223	4	21833
义乌市	5	468183	5	303601	6	97280	5	54339	3	82988	5	21702
余姚市	6	443365	6	290335	7	91806	4	56930	5	62721	9	15324
绍兴县	7	442318	7	281090	5	103240	9	40882	11	39072	6	18464
诸暨市	8	353048	8	223923	11	64889	7	49232	9	42267	11	14754
乐清市	9	341441	9	207064	15	59595	3	57388	7	48572	7	18444
瑞安市	10	340475	11	195539	10	67222	10	38198	10	40730	8	15874
海宁市	11	300529	14	166188	12	64088	19	24782	19	25969	13	14138
温岭市	12	291500	10	202900	9	67850	11	36762	8	48445	12	14740
富阳市	13	288119	12	190352	8	71648	17	27942	14	30415	10	15292
上虞市	14	275697	13	167040	14	60372	14	30099	12	34617	19	11331
桐乡市	15	274471	15	153425	13	62808	26	15312	15	30275	18	12066
平湖市	16	250259	19	134605	16	58559	32	9294	22	23701	15	12853
长兴县	17	226484	17	142298	18	49099	20	24645	16	26913	25	8600
临海市	18	218922	16	142501	22	40739	13	35348	18	26570	17	12161
宁海县	19	205501	20	126808	20	46898	21	21930	13	30757	20	10191
东阳市	20	200261	21	119500	19	48026	24	20482	21	24115	24	8660
象山县	21	199169	18	137008	17	51073	12	35640	20	25502	27	7725

税收排名表

单位:万元

房产税		印花税		城镇土地使用税		土地增值税		车船税		教育费附加		社保基金	
名次	金额	名次	金额	名次	金额	名次	金额	名次	金额	名次	金额	名次	金额
3	22183	3	7823	3	29320	3	15427	5	2924	2	14104	1	207437
1	30705	1	10007	4	29071	7	12043	1	4672	1	17836	2	173864
9	9519	6	5742	7	18338	1	30917	16	1189	3	13358	3	138082
7	14093	4	6020	1	50926	9	11719	4	3345	4	11677	13	89263
4	19664	11	3920	10	13014	13	6977	2	3487	7	9806	4	135958
5	15473	7	5231	2	34753	19	5393	7	2354	8	9684	7	118300
2	24781	2	9003	5	27679	2	16306	13	1271	5	11124	6	119539
10	9461	5	5879	6	19366	4	13910	6	2795	12	7284	10	103837
25	5508	9	4225	18	7948	25	3976	15	1205	6	10117	9	104181
13	8454	13	3623	30	4295	5	13598	3	3446	10	8197	5	121563
6	14149	10	4049	14	11160	18	5424	8	2169	11	7393	8	108638
16	7566	17	2856	15	10403	8	12018	10	1864	13	7247	19	66391
15	8232	14	3549	8	17153	6	12521	34	628	9	9472	15	69922
14	8270	8	4409	17	9198	11	7207	12	1296	21	5501	14	87836
8	11453	15	3396	16	10035	14	6525	11	1484	17	6184	11	99012
11	8687	12	3683	13	11662	20	5368	29	798	14	6538	12	92819
32	3163	19	2488	21	7136	10	7762	23	960	22	5261	20	64807
18	7093	27	1866	12	12196	24	4411	17	1166	20	5808	26	59361
21	5977	22	2254	24	6191	44	1418	21	968	15	6347	27	55621
23	5615	23	2162	28	4771	21	5172	41	388	27	4257	16	68036
26	4858	26	1893	27	4832	30	3407	28	803	23	4691	33	45126

2009年县(市、区)

地区	组织收入		税收收入		营业税		企业所得税		个人所得税		城市维护建设税	
	名次	金额	名次	金额	名次	金额	名次	金额	名次	金额	名次	金额
德清县	22	189774	25	107598	28	30827	28	12525	25	20870	31	6577
永康市	23	189512	22	119422	27	32461	16	28269	26	20836	14	12988
嘉善县	24	181329	26	102812	25	37080	31	10072	24	21483	28	7204
临安市	25	173709	24	109955	23	40604	22	21670	28	20286	22	9043
玉环县	26	171982	23	117000	26	35634	18	25631	17	26838	21	9425
苍南县	27	170903	28	93028	24	39766	27	12721	29	16993	32	6445
奉化市	28	165727	27	102110	21	43436	30	11468	23	22023	23	8729
新昌县	29	160641	29	85278	39	22966	15	29133	36	12909	30	6610
永嘉县	30	156680	30	80327	33	26123	23	21590	31	15649	29	7155
海盐县	31	154775	32	76902	32	27573	45	4618	27	20370	16	12834
嵊州市	32	145524	33	75784	36	25479	35	8405	33	14577	33	6354
建德市	33	139769	31	80007	35	25733	25	16550	30	16613	34	6163
平阳县	34	130607	35	66772	31	27809	33	9244	35	13226	36	4744
安吉县	35	123933	34	71029	29	29263	34	9013	32	14598	35	5017
兰溪市	36	114190	37	63617	38	23007	39	6496	41	9572	26	8447
桐庐县	37	108054	36	63876	30	27880	36	8237	37	12857	37	4569
天台县	38	85891	38	52574	44	17770	29	12015	38	12025	40	3637
武义县	39	80097	41	50378	46	15910	37	7401	40	11496	39	4110
淳安县	40	77094	45	41855	43	20387	42	5683	47	7322	47	2258
浦江县	41	76734	44	46782	45	17537	43	5360	45	8520	41	3441
江山市	42	76705	42	50240	40	21568	47	4283	43	8656	38	4326

税收排名表

单位:万元

房产税		印花税		城镇土地使用税		土地增值税		车船税		教育费附加		社保基金	
名次	金　额	名次	金　额	名次	金　额	名次	金　额	名次	金　额	名次	金　额	名次	金　额
19	6258	21	2420	9	14663	15	6129	18	1059	31	3947	17	67673
12	8534	20	2453	25	5918	16	5975	9	1891	18	6086	29	52496
20	6117	24	2036	11	12410	17	5504	24	906	24	4569	22	64030
30	3191	29	1702	22	6762	22	4746	19	983	30	4188	30	51381
17	7220	16	2858	32	4084	29	3625	14	1231	19	5819	36	35477
28	3332	25	1950	34	3930	12	7192	35	623	32	3830	18	66676
24	5522	30	1561	23	6492	38	1816	26	840	28	4254	32	48713
27	3598	31	1556	38	3580	26	3820	30	761	29	4194	23	63803
29	3247	28	1859	43	2124	43	1443	22	961	26	4323	21	64533
35	3042	18	2543	40	3449	48	1030	27	838	16	6299	24	61906
22	5727	33	1396	19	7931	23	4608	20	983	36	2937	25	60427
34	3054	35	1245	26	5843	37	1854	39	421	34	3019	31	50060
33	3150	38	1092	31	4285	34	2805	43	379	37	2835	28	55613
37	2820	36	1228	41	3255	27	3779	25	867	33	3175	34	42953
36	2876	34	1329	20	7709	35	2524	31	688	25	4396	35	37355
40	2447	37	1153	35	3890	39	1738	33	637	35	2992	37	35000
41	2150	45	649	45	1516	36	2231	36	503	40	2172	39	27169
31	3191	40	955	36	3748	32	2880	38	475	38	2755	42	21808
42	2018	43	775	46	1490	40	1583	46	292	47	1401	38	31246
38	2753	39	1020	29	4589	33	2860	32	663	39	2292	40	23539
43	1764	41	841	33	4047	28	3701	37	485	41	1989	43	21144

2009年县(市、区)

地区	组织收入		税收收入		营业税		企业所得税		个人所得税		城市维护建设税	
	名次	金额	名次	金额	名次	金额	名次	金额	名次	金额	名次	金额
三门县	43	76259	40	50801	41	20899	41	5726	39	11684	44	2778
青田县	44	75728	39	51682	34	25957	38	6758	44	8532	42	3131
岱山县	45	71340	43	46995	37	23896	49	3125	42	8666	46	2325
仙居县	46	55664	46	33515	48	12494	40	6250	46	7572	45	2540
龙游县	47	54413	47	30218	47	12911	59	1498	49	5760	48	2082
缙云县	48	52059	50	25157	54	7967	44	4735	50	5317	43	3111
遂昌县	49	43795	49	28557	56	6506	46	4303	34	13664	51	1477
嵊泗县	50	40929	48	29788	42	20545	52	2287	60	2296	54	1224
常山县	51	40626	51	24086	50	10027	61	1078	52	4676	50	1603
开化县	52	38043	52	23499	49	10885	48	3974	56	3396	52	1304
龙泉市	53	34235	53	19146	52	8181	53	2235	54	3690	49	1668
磐安县	54	32376	54	18833	53	8142	51	2618	51	5055	55	1169
泰顺县	55	30461	56	15427	55	7895	50	2965	58	2700	59	847
文成县	56	28700	60	12649	58	5287	58	1579	57	2966	57	999
松阳县	57	26333	58	13808	57	5884	60	1167	55	3562	58	950
洞头县	58	25967	55	16219	51	8472	54	2208	59	2412	53	1273
云和县	59	24551	59	13631	59	5192	56	1667	53	3917	56	1147
景宁县	60	24234	57	14631	60	4497	55	2031	48	6744	61	505
庆元县	61	18298	61	8760	61	3212	57	1642	61	2091	60	567

税收排名表

单位:万元

房产税		印花税		城镇土地使用税		土地增值税		车船税		教育费附加		社保基金	
名次	金额	名次	金额	名次	金额	名次	金额	名次	金额	名次	金额	名次	金额
39	2470	32	1405	39	3522	45	1379	48	272	44	1832	44	20054
44	1736	44	695	50	939	31	2939	47	275	42	1969	47	18923
48	1061	42	788	44	1749	41	1559	51	237	46	1552	46	19056
47	1422	47	568	47	1351	50	808	40	399	45	1561	48	17881
46	1587	46	586	37	3739	42	1533	44	361	48	1301	45	19807
45	1701	49	424	48	1295	55	157	42	384	43	1916	41	22087
49	985	50	378	53	757	60	116	50	259	50	927	53	12455
57	482	60	150	56	451	52	487	61	62	55	741	58	8794
53	758	48	426	42	2362	47	1090	59	93	49	976	50	13733
52	792	51	353	49	1141	46	1337	52	174	54	794	54	11921
50	911	55	240	51	837	49	830	45	324	53	801	52	12916
56	500	52	284	52	758	59	120	53	164	52	860	55	11063
59	383	57	195	60	186	58	129	57	122	59	501	51	13671
54	527	56	204	59	204	51	726	54	146	58	534	49	14695
51	814	54	245	57	430	54	385	49	262	57	599	56	10791
58	445	53	250	55	499	53	459	60	89	51	894	61	7806
55	522	58	194	54	655	56	134	55	143	56	693	57	9340
61	295	59	162	61	89	61	57	58	103	60	423	60	8436
60	375	61	100	58	311	57	130	56	138	61	355	59	8537

全省各项收

项　　　　目	一　月	二　月	三　月	四　月	五　月	六　月
总　　　　计	2863519	4788529	6368446	8732371	10761308	12894851
一、税收收入合计	2180913	3297875	4431212	6058385	7326207	8648124
1.增值税收入	0	0	0	0	0	0
2.消费税收入	0	0	0	0	0	0
3.营业税	952739	1371062	1729170	2401385	2817469	3321159
4.企业所得税	531706	631045	739276	1172116	1476352	1732307
5.个人所得税	338917	717379	988765	1222955	1465377	1706042
6.资源税	6082	11346	18924	24108	29712	36527
7.固定资产投资方向调节税	0	0	2	2	2	2
8.城市维护建设税	132738	230375	304387	404448	497378	595337
9.房产税	64785	98468	204471	258132	341341	413584
10.印花税	36628	53107	69791	94427	118375	141407
11.城镇土地使用税	68601	100610	253650	311438	362923	426387
12.土地增值税	41780	67063	94742	130819	168541	216666
13.车船税	6900	17383	27997	38518	48700	58669
14.车辆购置税	0	0	0	0	0	0
15.烟叶税	37	37	37	37	37	37
16.其他税收	0	0	0	0	0	0
二、其他收入合计	682606	1490654	1937234	2673986	3435101	4246727
1.教育费附加收入	60,214	104,782	140,714	188,646	232,981	280,353
2.文化事业建设费收入	4636	7271	9251	11539	13772	16098
3.海上石油矿区使用费收入	0	0	0	0	0	0
4.税务部门罚没收入	128	224	308	397	512	633
5.税务行政事业性收费收入	0	0	0	0	0	0
6.社会保险基金收入	494856	1173251	1510982	2105357	2712069	3377554
基本养老保险基金收入	329507	743913	955390	1322330	1693098	2114805
失业保险基金收入	24984	65403	83191	117825	152316	188001
基本医疗保险基金收入	108285	292113	376142	528602	678583	840676
工伤保险基金收入	10022	23388	27822	41507	56533	74248
生育保险基金收入	4345	12911	15503	22864	30278	40312
其他社会保险基金收入	17713	35523	52934	72229	101261	119512
7.其他	122,772	205126	275979	368047	475767	572089
其中:水利建设专项资金	64101	104916	142013	187296	244403	293554
地方教育附加	49300	85569	114240	154631	193178	231988
残疾人就业保障金	7562	11113	14891	19483	23609	29642
其他	1809	3528	4835	6637	14577	16905

入分月累计

单位:万元

	七月	八月	九月	十月	十一月	十二月		
						合计	中央	地方
	15489795	17380985	19360325	21750280	23451933	25053989	346004	21593085
	10422648	11529730	12698986	14274674	15171922	15967827	3460864	12506963
	0	0	0	0	0	0	0	0
	0	0	0	0	0	0	0	0
	4104224	4641961	5138160	5814981	6243134	6636166	0	6636166
	2164788	2233351	2290371	2683370	2718028	2719414	1643186	1076228
	1945687	2171556	2393731	2609871	2816955	3029461	1817678	1211783
	41638	46950	53451	58242	61971	66748	0	66748
	2	2	2	2	2	2	0	2
	711080	810031	909478	1029475	1127034	1217427	0	1217427
	461859	502068	591444	637016	671145	686292	0	686292
	170582	194593	217995	243720	264666	289459	0	289459
	485716	514955	631002	672849	699489	721469	0	721469
	268482	337496	387165	429481	465474	489367	0	489367
	68553	76730	86041	95007	103149	111114	0	111114
	0	0	0	0	0	0	0	0
	37	37	146	660	875	908	0	908
	0	0	0	0	0	0	0	0
	5067147	5851255	6661339	7475606	,280011	9086162	40	9086122
	334636	381357	428661	485851	533372	582669	0	582669
	18595	20970	23211	25727	28191	30897	40	30857
	0	0	0	0	0	0	0	0
	749	898	996	1065	1146	1270	0	1270
	0	0	0	0	0	0	0	0
	4027211	4659830	5305171	5929583	6573271	7264770	0	7264770
	2514868	2904364	3308784	3693451	4091004	4527564	0	4527564
	223949	261373	297202	333565	370029	407351	0	407351
	1012697	1177406	1340703	1503009	1666883	1839442	0	1839442
	88512	102590	116828	130810	145367	160803	0	160803
	49529	56372	64645	73076	81553	90426	0	90426
	137656	157725	177009	195672	218435	239184	0	239184
	685956	788200	903300	1033380	1144031	1206556	0	1206556
	345957	394518	446248	503473	552756	565426	0	565426
	276004	314819	354469	400910	440796	481720	0	481720
	45459	58044	79143	103079	122162	128560	0	128560
	18536	20819	23440	25918	28317	30850	0	30850

全省各项收入

项　　目	一　月	二　月	三　月	四　月	五　月	六　月
总　计	2276889	3849083	4964271	6872298	8539775	10274500
一、税收收入合计	1684248	2580509	3377649	4687198	5739201	6814678
1.增值税收入	0	0	0	0	0	0
2.消费税收入	0	0	0	0	0	0
3.营业税	720296	1054939	1341937	1888558	2229665	2633361
4.企业所得税	409515	492124	585721	923748	1171631	1379681
5.个人所得税	260029	559916	780364	964667	1163402	1351995
6.资源税	5236	10267	16828	21695	26644	32785
7.固定资产投资方向调节税	0	0	2	2	2	2
8.城市维护建设税	100515	172094	225215	299877	367501	439455
9.房产税	60149	91705	132063	181185	262164	330381
10.印花税	28297	41620	55066	75,94	95063	113491
11.城镇土地使用税	61567	88679	138685	189325	237974	298139
12.土地增值税	33348	55191	79111	111522	145752	187850
13.车船税	5259	13937	22620	31188	39366	47501
14.车辆购置税	0	0	0	0	0	0
15.烟叶税	37	37	37	37	37	37
16.其他税收	0	0	0	0	0	0
二、其他收入合计	592641	1268574	1586622	2185100	2800574	3459822
1.教育费附加收入	46546	79745	106637	143112	175976	211778
2.文化事业建设费收入	4047	6292	7945	9915	11780	13725
3.海上石油矿区使用费收入	0	0	0	0	0	0
4.税务部门罚没收入	98	176	247	331	439	543
5.税务行政事业性收费收入	0	0	0	0	0	0
6.社会保险基金收入	445586	1024124	1260326	1750452	2253008	2,01848
基本养老保险基金收入	299762	662098	820819	1133331	1449243	1808071
失业保险基金收入	22323	55617	66196	93630	120934	148801
基本医疗保险基金收入	91614	238430	284519	398033	509554	629721
工伤保险基金收入	9894	21340	23872	35618	48729	64323
生育保险基金收入	4280	11116	11986	17611	23287	31420
其他社会保险基金收入	17713	35523	52934	72229	101261	119512
7.其他	96364	158237	211467	281290	359371	431928
其中:水利建设专项资金	52802	85631	115859	152154	198735	237899
地方教育附加	37352	64013	84682	114824	143232	171539
残疾人就业保障金	5174	6490	8136	10352	12307	16,196
其他	1036	2103	2790	3960	5097	6294

分月累计(不含宁波)

单位:万元

七　月	八　月	九　月	十　月	十一月	十二月		
					合　计	中　央	地　方
12380744	13910800	15436144	17335675	18707242	20012032	2709228	17302804
8250270	9144212	10010399	11249700	11969290	12612459	2709188	9903271
0	0	0	0	0	0	0	0
0	0	0	0	0	0	0	0
3264021	3702799	4105949	4658618	5011032	5338418	0	5338418
1726232	1773072	1818632	2101357	2126070	2122687	1284173	838514
1537952	1714977	1890279	2055188	2211630	2375023	1425015	950008
37495	42309	48,352	52513	55863	6065	0	60365
2	2	2	2	2	2	0	2
528485	604169	680201	772481	845107	909645	0	909645
376455	414091	460759	502373	533927	553682	0	553682
136553	154757	172781	192871	209271	228411	0	228411
355049	382412	427401	463770	487889	510094	0	510094
232773	29,439	336487	373355	404404	423500	0	423500
55216	62148	69410	76512	83220	89724	0	89724
0	0	0	0	0	0	0	0
37	37	146	660	875	908	0	908
0	0	0	0	0	0	0	0
4130474	4766588	5425745	6085975	6737952	7399573	40	7399533
254065	290055	326613	370892	406837	443068	0	44068
15820	17787	19636	21788	23773	25998	40	25958
0	0	0	0	0	0	0	0
633	757	835	899	969	1,066	0	1066
0	0	0	0	0	0	0	0
3340121	3860776	4391578	4903275	5432668	6006976	0	6006976
2149626	2,80366	2825662	3151345	3488967	363463	0	3863463
176924	206508	23,466	262856	291316	320514	0	320514
760802	884243	1004147	1124891	1246646	137632	0	1376532
76398	88,301	100335	112097	124407	137548	0	137,548
38715	4633	49959	56414	62897	69735	0	69735
137656	157725	177009	195672	218435	239184	0	239184
519835	597213	687083	789121	873705	922465	0	922465
277898	314399	354254	398230	435847	450213	0	450213
205042	234119	263865	299127	328420	357587	0	357587
29741	40066	58843	80,01	96830	100735	0	100735
7154	8629	10121	11463	12608	13930	0	13930

税收分税种、

项目	合计	内资					
		小计	国有企业	集体企业	股份合作企业	联营企业	其中：国有控股
税收收入合计	15967827	13758016	2174017	263523	329204	23377	7105
1.增值税收入	0	0	0	0	0	0	0
其中:一般纳税人	0	0	0	0	0	0	0
小规模纳税人	0	0	0	0	0	0	0
2.消费税收入	0	0	0	0	0	0	0
3.营业税	6636166	5746793	940695	109255	138661	10643	1046
4.企业所得税	2719414	2717160	454990	56664	56196	7901	5148
5.个人所得税	3029461	2261183	468839	39291	71225	1857	535
6.资源税	66748	55641	8195	6381	398	24	0
7.固定资产投资方向调节税	2	2	0	0	0	0	0
8.城市维护建设税	1217427	1164733	119492	12620	21990	1053	170
9.房产和城市房地产税	686292	519362	81868	20516	17376	736	140
10.印花税	289459	237342	29080	3214	7039	126	28
11.城镇土地使用税	721469	546637	27825	9125	13602	386	32
12.土地增值税	489367	434139	12805	5540	2452	585	5
13.车船税	111114	74116	29320	917	265	66	1
14.车辆购置税	0	0	0	0	0	0	0
15.烟叶税	908	908	908	0	0	0	0
16.其他税收	0	0	0	0	0	0	0

分企业类型统计

单位:万元

企业				港澳台投资企业	其中:国有控股	外商投资企业	其中:国有控股	个体经营	附列资料:乡(镇)企业
股份公司	其中:国有控股	私营企业	其他企业						
7431382	522139	3343431	193082	541504	15217	579817	13173	1088490	1597550
0	0	0	0	0	0	0	0	0	0
0	0	0	0	0	0	0	0	0	0
0	0	0	0	0	0	0	0	0	0
0	0	0	0	0	0	0	0	0	0
3211793	167558	1249830	85916	265480	9195	194169	5791	429724	483575
1565623	82310	566990	8796	0	0	2254	0	0	376425
1029267	91054	570834	79870	113083	2735	183599	4361	471596	299034
22062	786	18581	0	1165	0	1985	0	7957	11008
0	0	2	0	0	0	0	0	0	2
670748	112261	332081	6749	18	0	36	0	52640	138226
236645	24470	157079	5142	53746	1080	67225	1329	45959	82974
123587	12694	73192	1104	16898	852	25453	577	9766	29474
242073	14147	252225	1401	74842	1355	82712	1115	17278	116913
293627	3853	117073	2057	15466	0	21373	0	18389	52875
35957	13006	5544	2047	806	0	1011	0	35181	7044
0	0	0	0	0	0	0	0	0	0
0	0	0	0	0	0	0	0	0	0
0	0	0	0	0	0	0	0	0	0

税收分税种、分企业

项目	合计	内					资
		小计	国有企业	集体企业	股份合作企业	联营企业	其中:国有控股
税收收入合计	12612459	10886530	1902725	218156	270023	21832	6241
1.增值税收入	0	0	0	0	0	0	0
其中:一般纳税人	0	0	0	0	0	0	0
小规模纳税人	0	0	0	0	0	0	0
2.消费税收入	0	0	0	0	0	0	0
3.营业税	5338418	4610958	828029	93908	111451	10435	1041
4.企业所得税	2122687	2122687	373458	43070	46702	6928	4295
5.个人所得税	2375023	1772767	436173	32765	59354	1677	535
6.资源税	60365	50382	6931	5989	358	21	0
7.固定资产投资方向调节税	2	2	0	0	0	0	0
8.城市维护建设税	909645	864739	99647	10355	18241	999	167
9.房产税	553682	430303	73721	18162	15183	711	139
10.印花税	228411	189301	24831	2537	6047	110	28
11.城镇土地使用税	510094	401634	19984	6323	10822	317	31
12.土地增值税	423500	381151	11115	4682	1817	584	5
13.车船税	89724	61698	27928	365	48	50	0
14.车辆购置税	0	0	0	0	0	0	0
15.烟叶税	908	908	908	0	0	0	0
16.其他税收	0	0	0	0	0	0	0

类型统计(不含宁波)

单位:万元

企		业		港澳台投资企业	其中:国有控股	外商投资企业	其中:国有控股	个体经营	附列资料:乡(镇)企业
股份公司	其中:国有控股	私营企业	其他企业						
6101169	316710	2350800	21825	380609	3733	421213	5472	924107	1250659
0	0	0	0	0	0	0-	0	0	0
0	0	0	0	0	0	0	0	0	0
0	0	0	0	0	0	0	0	0	0
0	0	0	0	0	0	0	0	0	0
2637471	101439	923550	6114	195896	1990	143877	1149	387687	406296
1296038	65601	355965	526	0	0	0	0	0	289333
845236	65126	386461	11101	82815	1227	140095	3203	379346	214816
20328	786	16755	0	1165	0	1985	0	6833	10806
0	0	2	0	0	0	0	0	0	2
488624	31982	245642	1231	0	0	0	0	44906	114400
207058	20347	114215	1253	35228	426	46600	417	41551	63370
102579	9151	53030	167	11415	52	19014	379	8681	23765
205484	8669	158640	64	44092	38	53480	324	10888	78985
267245	1618	95490	218	9793	0	15600	0	16956	44756
31106	11991	1050	1151	205	0	562	0	27259	4130
0	0	0	0	0	0	0	0	0	0
0	0	0	0	0	0	0	0	0	0
0	0	0	0	0	0	0	0	0	0

各项收入分市

项　目	大浙江汇　总	小浙江合　计	省直属税务一分局	杭州市小　计	杭	
					小　计	开发区
合计	25053989	20012032	19709384	6364763	5578018	625905
税收收入合计	15967827	12612459	20017	4026530	3540485	278506
1.增值税收入	0	0	0	0	0	0
2.消费税收入	0	0	0	0	0	0
3.营业税	6636166	5338418	900043	1765816	1579564	89878
4.企业所得税	2719414	2122687	315671	651331	571249	15433
(1)一般企业所得税	2660164	2067842	308723	635418	555345	14315
(2)分支机构预缴所得税	11092	10133	304	2864	2859	370
(3)总机构预缴所得税	30862	29264	4566	7509	7506	501
(4)总机构汇算清缴所得税	5748	4879	562	2198	2198	73
(5)企业所得税待分配收入	11548	10569	1516	3342	3341	174
5.个人所得税	3029461	2375023	135354	802655	715162	69764
6.资源税	66748	60365	0	10498	3514	0
7.固定资产投资方向调节税	2	2	0	2	0	0
8.城市维护建设税	1217427	909645	40544	308707	271382	72430
9.房产税	686292	553682	14039	162042	143100	12968
10.印花税	289459	228411	13120	72775	64351	7545
11.城镇土地使用税	721469	510094	1183	110838	75700	6683
12.土地增值税	489367	423500	5	119082	96640	3805
13.车船税	111114	89724	58	22784	19823	0
14.车辆购置税	0	0	0	0	0	0
15.烟叶税	908	908	0	0	0	0
16.其他税收	0	0	0	0	0	0
二、非税收入合计	9086162	7399573	550921	2338233	2037533	347399
1.教育费附加收入	582669	443068	17363	140749	119677	33749
2.文化事业建设费收入	30897	25998	1	10830	10221	100
3.海上石油矿区使用费收入	0	0	0	0	0	0
4.税务部门罚没收入	1270	1066	1	255	239	10
5.税务行政事业性收费收入	0	0	0	0	0	0
6.社会保险基金收入	7264770	6006976	502101	1891581	1653972	271650
基本养老保险基金收入	4527564	3863463	365143	1100946	940045	161724
失业保险基金收入	407351	320514	0	126245	113458	12758
基本医疗保险基金收入	1839442	1376532	85361	558131	505289	87219
工伤保险基金收入	160803	137548	5705	34412	27818	2613
生育保险基金收入	90426	69735	6580	21176	19226	2282
其他社会保险基金收入	239184	239184	39312	50671	48136	5054
7.其他非税收入	1206556	922465	31455	294818	253424	41890

县、分税种统计

单位:万元

州		市		本			级	富阳市	桐庐县
上　城	下　城	江　干	拱　墅	西　湖	滨　江	余　杭	萧　山		
611685	899386	395730	400486	720957	521431	654369	748072	288119	108054
404000	618516	255099	214019	475021	321638	473500	500188	190352	63876
0	0	0	0	0	0	0	0	0	0
0	0	0	0	0	0	0	0	0	0
186762	268625	141902	106339	226555	145800	210485	203219	71648	27880
57749	143519	37356	20865	78491	33919	102257	81660	27942	8237
55783	141154	36569	18545	75455	31540	102242	79744	27933	8237
419	15	530	815	297	229	15	168	5	0
1064	1457	80	884	1239	1240	0	1042	3	0
130	317	94	240	714	360	0	267	0	0
353	576	83	381	786	550	0	439	1	0
100920	124704	31965	37693	104988	96937	61474	86718	30415	12857
0	0	0	0	0	0	2513	1001	2972	468
0	0	0	0	0	0	0	0	0	0
21312	29258	15426	19697	24299	16803	31066	41092	15292	4569
17346	21726	9626	12404	18503	10302	9519	30705	8232	2447
9888	9590	4754	6322	5524	4978	5742	10007	3549	1153
1433	3080	3150	5262	4207	4477	18338	29071	17153	3890
8589	4058	10919	5436	12453	8422	30917	12043	12521	1738
1	13956	1	1	1	0	1189	4672	628	637
0	0	0	0	0	0	0	0	0	0
0	0	0	0	0	0	0	0	0	0
0	0	0	0	0	0	0	0	0	0
207685	280870	140631	186467	245936	199793	180869	247884	97767	44178
9143	12534	6676	8569	10645	7164	13358	17836	9472	2992
989	5551	221	471	1542	402	260	686	186	117
0	0	0	0	0	0	0	0	0	0
17	42	38	39	35	14	26	18	1	3
0	0	0	0	0	0	0	0	0	0
177841	235451	116888	156283	210442	173473	138082	173864	69922	35000
82699	127651	62379	85689	118428	108239	86631	106606	56541	20149
15412	18577	7665	10927	17421	10708	7793	12197	4505	2150
66311	72694	40089	48621	59765	48670	39082	42839	5630	11153
1847	3615	1511	2164	2647	2014	3015	8392	2188	1150
1930	2943	1398	1988	2486	1959	1561	2679	877	398
9642	9971	3846	6894	9695	1883	0	1151	181	0
19695	27292	16808	21105	23272	18740	29143	55480	18186	6066

各项收入分市

项目	临安市	建德市	淳安县	嘉兴市小计	嘉兴市本级	海宁市	桐乡市
合计	173709	139769	77094	1733152	571789	300529	274471
一、税收收入合计	109955	80007	41855	991950	358018	166188	153425
1.增值税收入	0	0	0	0	0	0	0
2.消费税收入	0	0	0	0	0	0	0
3.营业税	40604	25733	20387	396537	146429	64088	62808
4.企业所得税	21670	16550	5683	122426	58348	24782	15312
(1)一般企业所得税	21670	16550	5683	121267	57625	24718	15067
(2)分支机构预缴所得税	0	0	0	508	212	64	105
(3)总机构预缴所得税	0	0	0	419	346	0	73
(4)总机构汇算清缴所得税	0	0	0	76	47	0	29
(5)企业所得税待分配收入	0	0	0	156	118	0	38
5.个人所得税	20286	16613	7322	181868	60070	25969	30275
6.资源税	968	2529	47	865	0	260	0
7.固定资产投资方向调节税	0	2	0	0	0	0	0
8.城市维护建设税	9043	6163	2258	84080	24985	14138	12066
9.房产税	3191	3054	2018	67551	24103	14149	11453
10.印花税	1702	1245	775	23218	7511	4049	3396
11.城镇土地使用税	6762	5843	1490	68031	19315	11160	10035
12.土地增值税	4746	1854	1583	37883	14032	5424	6525
13.车船税	983	421	292	9420	3225	2169	1484
14.车辆购置税	0	0	0	0	0	0	0
15.烟叶税	0	0	0	71	0	0	71
16.其他税收	0	0	0	0	0	0	0
二、非税收入合计	63754	59762	35239	741202	213771	134341	121046
1.教育费附加收入	4188	3019	1401	43342	12359	7393	6184
2.文化事业建设费收入	116	89	101	1990	963	282	265
3.海上石油矿区使用费收入	0	0	0	0	0	0	0
4.税务部门罚没收入	3	6	3	50	18	4	11
5.税务行政事业性收费收入	0	0	0	0	0	0	0
6.社会保险基金收入	51381	50060	31246	595203	168798	108638	99012
基本养老保险基金收入	32927	30515	20769	398971	123523	62209	67002
失业保险基金收入	2240	3221	671	38001	12861	6556	5259
基本医疗保险基金收入	13726	13601	8732	125981	25921	33084	20372
工伤保险基金收入	1701	866	689	11327	2180	1524	2771
生育保险基金收入	246	358	71	9869	3841	1115	1699
其他社会保险基金收入	541	1499	314	11054	472	4150	1909
7.其他非税收入	8066	6588	2488	100617	31633	18024	15574

县、分税种统计

单位:万元

平湖市	嘉善县	海盐县	湖州市 小　计	湖州市 本　级	长兴县	德清县	安吉县	绍兴市 小　计	绍兴市 本　级
250259	181329	154775	983530	443339	226484	189774	123933	1917347	540119
134605	102812	76902	587355	266430	142298	107598	71029	1161673	328558
0	0	0	0	0	0	0	0	0	0
0	0	0	0	0	0	0	0	0	0
58559	37080	27573	216988	107799	49099	30827	29263	408152	131206
9294	10072	4618	84695	38512	24645	12525	9013	203153	45402
9234	10066	4557	84327	38152	24645	12517	9013	190119	43010
60	6	61	250	242	0	8	0	694	168
0	0	0	89	89	0	0	0	8600	1623
0	0	0	4	4	0	0	0	954	117
0	0	0	25	25	0	0	0	2786	484
23701	21483	20370	114814	52433	26913	20870	14598	201727	58285
0	0	605	25050	6059	11532	6270	1189	3059	920
0	0	0	0	0	0	0	0	0	0
12853	7204	12834	40507	20313	8600	6577	5017	81121	23608
8687	6117	3042	22589	10348	3163	6258	2820	76069	24232
3683	2036	2543	10915	4779	2488	2420	1228	29806	7563
11662	12410	3449	38467	13413	7136	14663	3255	86379	18625
5368	5504	1030	28189	10519	7762	6129	3779	61426	15575
798	906	838	5141	2255	960	1059	867	10248	3142
0	0	0	0	0	0	0	0	0	0
0	0	0	0	0	0	0	0	533	0
0	0	0	0	0	0	0	0	0	0
115654	78517	77873	396175	176909	84186	82176	52904	755674	211561
6538	4569	6299	22482	10099	5261	3947	3175	41300	10260
302	139	39	916	505	178	113	120	2374	1552
0	0	0	0	0	0	0	0	0	0
5	8	4	15	0	5	6	4	59	33
0	0	0	0	0	0	0	0	0	0
92819	64030	61906	319961	144528	64807	67673	42953	609815	174373
65806	41183	39248	211433	91523	44051	43906	31953	389048	105903
5862	3728	3735	17687	8215	3197	3633	2642	35154	12847
18351	13398	14855	64689	31001	12037	15009	6642	134476	40095
1676	2081	1095	7997	3399	1500	1926	1172	16456	3819
1124	1213	877	2923	1241	509	648	525	10187	4398
0	2427	2096	15232	9149	3513	2551	19	24494	7311
15990	9771	9625	52801	21777	13935	10437	6652	102126	25343

各项收入分市

项　目	绍兴县	上虞市	嵊州市	新昌县	诸暨市	舟山市小　计	舟山市本　级
合计	442318	275697	145524	160641	353048	562099	449830
一、税收收入合计	281090	167040	75784	85278	223923	402091	325308
1.增值税收入	0	0	0	0	0	0	0
2.消费税收入	0	0	0	0	0	0	0
3.营业税	103240	60372	25479	22966	64889	191902	147461
4.企业所得税	40882	30099	8405	29133	49232	50993	45581
(1)一般企业所得税	37024	26054	8382	28188	47461	50975	45563
(2)分支机构预缴所得税	8	370	23	125	0	18	18
(3)总机构预缴所得税	2141	2893	0	595	1348	0	0
(4)总机构汇算清缴所得税	704	35	0	46	52	0	0
(5)企业所得税待分配收入	1005	747	0	179	371	0	0
5.个人所得税	39072	34617	14577	12909	42267	62933	51971
6.资源税	392	241	117	19	1370	9338	3945
7.固定资产投资方向调节税	0	0	0	0	0	0	0
8.城市维护建设税	18464	11331	6354	6610	14754	23371	19822
9.房产税	24781	8270	5727	3598	9461	14224	12681
10.印花税	9003	4409	1396	1556	5879	6622	5684
11.城镇土地使用税	27679	9198	7931	3580	19366	16377	14177
12.土地增值税	16306	7207	4608	3820	13910	24255	22209
13.车船税	1271	1296	983	761	2795	2076	1777
14.车辆购置税	0	0	0	0	0	0	0
15.烟叶税	0	0	207	326	0	0	0
16.其他税收	0	0	0	0	0	0	0
二、非税收入合计	161228	108657	69740	75363	129125	160008	124522
1.教育费附加收入	11124	5501	2937	4194	7284	11663	9370
2.文化事业建设费收入	101	194	150	79	298	662	630
3.海上石油矿区使用费收入	0	0	0	0	0	0	0
4.税务部门罚没收入	3	10	5	5	3	19	18
5.税务行政事业性收费收入	0	0	0	0	0	0	0
6.社会保险基金收入	119539	87836	60427	63803	103837	122492	94642
基本养老保险基金收入	75539	58579	37160	43518	68349	76300	59155
失业保险基金收入	5640	4337	3147	3803	5380	9524	7982
基本医疗保险基金收入	26357	20475	15488	12767	19294	25918	19214
工伤保险基金收入	4372	2750	1578	1536	2401	6096	4970
生育保险基金收入	2090	575	739	605	1780	1354	1051
其他社会保险基金收入	5541	1120	2315	1574	6633	3300	2270
7.其他非税收入	30461	15116	6221	7282	17703	25172	19862

县、分税种统计

单位:万元

岱山县	嵊泗县	温州市小计	温州市本级	平阳县	苍南县	瑞安市	永嘉县	乐清市
71340	40929	2497183	1271949	130607	170903	340475	156680	341441
446995	29788	1506546	819521	66772	93028	195539	80327	207064
0	0	0	0	0	0	0	0	0
0	0	0	0	0	0	0	0	0
23896	20545	551140	308971	27809	39766	67222	26123	59595
3125	2287	297083	151190	9244	12721	38198	21590	57388
3125	2287	295262	149974	9165	12721	38008	21272	57370
0	0	731	632	79	0	0	2	18
0	0	764	359	0	0	152	253	0
0	0	81	81	0	0	0	0	0
0	0	245	144	0	0	38	63	0
8666	2296	317278	174030	13226	16993	40730	15649	48572
3589	1804	768	48	38	76	99	176	203
0	0	0	0	0	0	0	0	0
2325	1224	122117	66336	4744	6445	15874	7155	18444
1061	482	74849	49803	3150	3332	8454	3247	5508
788	150	28872	15474	1092	1950	3623	1859	4225
1749	451	44366	20895	4285	3930	4295	2124	7948
1559	487	56844	26516	2805	7192	13598	1443	3976
237	62	13229	6258	379	623	3446	961	1205
0	0	0	0	0	0	0	0	0
0	0	0	0	0	0	0	0	0
0	0	0	0	0	0	0	0	0
24345	11141	990637	452428	63835	77875	144936	76353	134377
1552	741	59638	28407	2835	3830	8197	4323	10117
19	13	4408	3190	86	141	370	151	385
0	0	0	0	0	0	0	0	0
0	1	245	166	12	25	2	8	26
0	0	0	0	0	0	0	0	0
19056	8794	810758	362020	55613	66676	121563	64533	104181
12190	4955	586197	245553	44626	53521	87725	50774	76386
1051	491	35498	19957	2023	2283	4317	2030	3914
3799	2905	121342	62269	6554	6575	19147	6893	13713
913	213	19563	7857	1482	1497	3311	2128	2650
174	129	6000	3009	75	374	1433	305	657
929	101	42158	23375	853	2426	5630	2403	6861
3718	1592	115588	58645	5289	7203	14804	7338	19668

各项收入分市

项目	文成县	泰顺县	洞头县	丽水市小计	丽水市本级	云和县	景宁县
合计	28700	30461	25967	455880	156647	24551	24234
一、税收收入合计	12649	15427	16219	273245	97873	13631	14631
1.增值税收入	0	0	0	0	0	0	0
2.消费税收入	0	0	0	0	0	0	0
3.营业税	5287	7895	8472	100348	32952	5192	4497
4.企业所得税	1579	2965	2208	45450	20912	1667	2031
(1)一般企业所得税	1579	2965	2208	45380	20902	1667	2031
(2)分支机构预缴所得税	0	0	0	60	0	0	0
(3)总机构预缴所得税	0	0	0	8	8	0	0
(4)总机构汇算清缴所得税	0	0	0	0	0	0	0
(5)企业所得税待分配收入	0	0	0	2	2	0	0
5.个人所得税	2966	2700	2412	67737	20220	3917	6744
6.资源税	11	5	112	1609	274	60	78
7.固定资产投资方向调节税	0	0	0	0	0	0	0
8.城市维护建设税	999	847	1273	21406	8850	1147	505
9.房产税	527	383	445	12235	4896	522	295
10.印花税	204	195	250	3992	1554	194	162
11.城镇土地使用税	204	186	499	10446	5133	655	89
12.土地增值税	726	129	459	6288	1540	134	57
13.车船税	146	122	89	3430	1542	143	103
14.车辆购置税	0	0	0	0	0	0	0
15.烟叶税	0	0	0	304	0	0	70
16.其他税收	0	0	0	0	0	0	0
二、非税收入合计	16051	15034	9748	182635	58774	10920	9603
1.教育费附加收入	534	501	894	11412	3729	693	423
2.文化事业建设费收入	38	26	21	568	345	13	12
3.海上石油矿区使用费收入	0	0	0	0	0	0	0
4.税务部门罚没收入	3	1	2	23	7	0	3
5.税务行政事业性收费收入	0	0	0	0	0	0	0
6.社会保险基金收入	14695	13671	7806	152399	48914	9340	8436
基本养老保险基金收入	11482	10595	5535	97366	28733	6496	4943
失业保险基金收入	279	454	241	5918	2877	315	224
基本医疗保险基金收入	2627	2292	1272	37593	11628	1959	2475
工伤保险基金收入	256	193	189	3728	952	150	142
生育保险基金收入	51	50	46	1488	649	72	114
其他社会保险基金收入	0	87	523	6306	4075	348	538
7.其他非税收入	781	835	1025	18233	5779	874	729

县、分税种统计

单位:万元

龙泉市	青田县	遂昌县	松阳县	缙云县	庆元县	金华市小　计	金华市本　级	兰溪市	永康市	武义县
34235	75728	43795	26333	52059	18298	1542768	381415	114190	189512	80097
19146	51682	28557	13808	25157	8760	954378	232245	63617	119422	50378
0	0	0	0	0	0	0	0	0	0	0
0	0	0	0	0	0	0	0	0	0	0
8181	25957	6506	5884	7967	3212	341421	99058	23007	32461	15910
2235	6758	4303	1167	4735	1642	151065	26100	6496	28269	7401
2235	6758	4243	1167	4735	1642	146482	26050	6494	28229	7401
0	0	60	0	0	0	1147	50	2	40	0
0	0	0	0	0	0	2595	0	0	0	0
0	0	0	0	0	0	115	0	0	0	0
0	0	0	0	0	0	726	0	0	0	0
3690	8532	13664	3562	5317	2091	217209	54627	9572	20836	11496
230	720	112	64	66	5	2046	367	969	97	212
0	0	0	0	0	0	0	0	0	0	0
1668	3131	1477	950	3111	567	78665	18148	8447	12988	4110
911	1736	985	814	1701	375	53208	10075	2876	8534	3191
240	695	378	245	424	100	16276	4153	1329	2453	955
837	939	757	430	1295	311	53420	12913	7709	5918	3748
830	2939	116	385	157	130	31000	4492	2524	5975	2880
324	275	259	262	384	138	10068	2312	688	1891	475
0	0	0	0	0	0	0	0	0	0	0
0	0	0	45	0	189	0	0	0	0	0
0	0	0	0	0	0	0	0	0	0	0
15089	24046	15238	12525	26902	9538	588390	149170	50573	70090	29719
801	1969	927	599	1916	355	38772	8320	4396	6086	2755
50	56	19	15	49	9	2011	562	41	208	68
0	0	0	0	0	0	0	0	0	0	0
0	4	2	2	5	0	234	48	1	30	3
0	0	0	0	0	0	0	0	0	0	0
12916	18923	12455	10791	22087	8537	474377	124122	37355	52496	21808
9326	12714	7563	7051	15093	5447	304565	75444	24454	35773	15235
361	646	509	314	522	150	23457	7698	2046	1872	896
2900	4306	3834	2591	5449	2451	109088	27859	9660	10714	4288
307	634	470	239	730	104	11872	2427	836	1640	1096
22	142	79	85	293	32	4045	1060	289	263	128
0	481	0	511	0	353	21350	9634	70	2234	165
1322	3094	1835	1118	2845	637	72996	16118	8780	11270	5085

各项收入分市

项　目	东阳市	磐安县	义乌市	浦江县	衢州市小　计	衢州市本　级	龙游县
合计	200261	32376	468183	76734	451195	241408	54413
一、税收收入合计	119500	18833	303601	46782	260732	132689	30218
1.增值税收入	0	0	0	0	0	0	0
2.消费税收入	0	0	0	0	0	0	0
3.营业税	48026	8142	97280	17537	110106	54715	12911
4.企业所得税	20482	2618	54339	5360	14820	3987	1498
(1)一般企业所得税	16138	2618	54192	5360	14820	3987	1498
(2)分支机构预缴所得税	908	0	147	0	0	0	0
(3)总机构预缴所得税	2595	0	0	0	0	0	0
(4)总机构汇算清缴所得税	115	0	0	0	0	0	0
(5)企业所得税待分配收入	726	0	0	0	0	0	0
5.个人所得税	24115	5055	82988	8520	55550	33062	5760
6.资源税	109	23	230	39	3489	643	161
7.固定资产投资方向调节税	0	0	0	0	0	0	0
8.城市维护建设税	8660	1169	21702	3441	21794	12479	2082
9.房产税	5615	500	19664	2753	10185	5284	1587
10.印花税	2162	284	3920	1020	4544	2338	586
11.城镇土地使用税	4771	758	13014	4589	21746	10457	3739
12.土地增值税	5172	120	6977	2860	16512	8851	1533
13.车船税	388	164	3487	663	1986	873	361
14.车辆购置税	0	0	0	0	0	0	0
15.烟叶税	0	0	0	0	0	0	0
16.其他税收	0	0	0	0	0	0	0
二、非税收入合计	80761	13543	164582	29952	190463	108719	24195
1.教育费附加收入	4257	860	9806	2292	13304	8244	1301
2.文化事业建设费收入	448	34	585	65	370	255	46
3.海上石油矿区使用费收入	0	0	0	0	0	0	0
4.税务部门罚没收入	32	1	93	26	36	30	1
5.税务行政事业性收费收入	0	0	0	0	0	0	0
6.社会保险基金收入	68036	11063	135958	23539	153990	87385	19807
基本养老保险基金收入	45011	7576	86951	14121	94461	53072	11104
失业保险基金收入	3238	252	6436	1019	8984	5588	852
基本医疗保险基金收入	17351	2558	29804	6854	41416	23112	6713
工伤保险基金收入	1724	329	2945	875	3604	2101	505
生育保险基金收入	620	121	1331	233	2124	1262	179
其他社会保险基金收入	92	227	8491	437	3401	2250	454
7.其他非税收入	7988	1585	18140	4030	22763	12805	3040

县、分税种统计

单位:万元

常山县	江山市	开化县	台州市小计	台州市本级	临海市	温岭市	玉环县	三门县	仙居县	天台县
40626	76705	38043	1533177	632959	218922	291500	171982	76259	55664	85891
24086	50240	23499	1027942	428651	142501	202900	117000	50801	33515	52574
0	0	0	0	0	0	0	0	0	0	0
0	0	0	0	0	0	0	0	0	0	0
10027	21568	10885	355965	160579	40739	67850	35634	20899	12494	17770
1078	4283	3974	186000	64268	35348	36762	25631	5726	6250	12015
1078	4283	3974	175069	63797	30446	31897	25631	5726	6250	11322
0	0	0	3557	274	1427	1163	0	0	0	693
0	0	0	4714	155	2640	1919	0	0	0	0
0	0	0	889	2	105	782	0	0	0	0
0	0	0	1771	40	730	1001	0	0	0	0
4676	8656	3396	217898	84764	26570	48445	26838	11684	7572	12025
1973	569	143	3643	987	951	396	454	666	111	78
0	0	0	0	0	0	0	0	0	0	0
1603	4326	1304	87333	42052	12161	14740	9425	2778	2540	3637
758	1764	792	46691	18770	7093	7566	7220	2470	1422	2150
426	841	353	18271	8069	1866	2856	2858	1405	568	649
2362	4047	1141	58841	25769	12196	10403	4084	3522	1351	1516
1090	3701	1337	42016	17544	4411	12018	3625	1379	808	2231
93	485	174	11284	5849	1166	1864	1231	272	399	503
0	0	0	0	0	0	0	0	0	0	0
0	0	0	0	0	0	0	0	0	0	0
0	0	0	0	0	0	0	0	0	0	0
16540	26465	14544	505235	204308	76421	88600	54982	25458	22149	33317
976	1989	794	43043	18604	5808	7247	5819	1832	1561	2172
2	57	10	1868	1048	96	338	163	82	59	82
0	0	0	0	0	0	0	0	0	0	0
1	3	1	129	19	4	37	60	4	2	3
0	0	0	0	0	0	0	0	0	0	0
13733	21144	11921	374299	147966	59361	66391	35477	20054	17881	27169
8339	15678	6268	239033	88536	39094	43827	24144	13220	11644	18568
727	1212	605	20046	8709	3159	4151	1829	666	930	602
4187	3183	4221	72537	29866	11784	10722	5962	5010	3361	5832
303	447	248	16788	6297	2273	4205	1488	950	885	690
177	301	205	3989	1582	1220	275	540	123	82	167
0	323	374	21906	12976	1831	3211	1514	85	979	1310
1828	3272	1818	85896	36671	11152	14587	13463	3486	2646	3891

各项收入分市

项　目	宁波市小　计	鄞州区	慈溪市	余姚市	奉化市	宁海县	象山县	镇海区
合计	5041957	756765	479182	443365	165727	20551	199169	250040
一、税收收入合计	3355368	496460	341856	290335	102110	126808	137008	151520
1.增值税收入	0	0	0	0	0	0	0	0
2.消费税收入	0	0	0	0	0	0	0	0
3.营业税	1297748	238525	116102	91806	43436	46898	51073	61347
4.企业所得税	596727	53937	42509	56930	11468	21930	35640	22427
(1)一般企业所得税	592322	53923	42469	56897	11468	21883	35640	22349
(2)分支机构预缴所得税	959	14	34	33	0	0	0	65
(3)总机构预缴所得税	1598	0	4	0	0	37	0	10
(4)总机构汇算清缴所得税	869	0	1	0	0	0	0	0
(5)企业所得税待分配收入	979	0	1	0	0	10	0	3
5.个人所得税	654438	90020	75223	62721	22023	30757	25502	30091
6.资源税	6383	1682	86	350	223	224	1275	166
7.固定资产投资方向调节税	0	0	0	0	0	0	0	0
8.城市维护建设税	307782	34619	21833	15324	8729	10191	7725	11490
9.房产税	132610	22183	14093	15473	5522	5977	4858	7206
10.印花税	61048	7823	6020	5231	1561	2254	1893	3116
11.城镇土地使用税	211375	29320	50926	34753	6492	6191	4832	12947
12.土地增值税	65867	15427	11719	5393	1816	1418	3407	1723
13.车船税	21390	2924	3345	2354	840	968	803	1007
14.车辆购置税	0	0	0	0	0	0	0	0
15.烟叶税	0	0	0	0	0	0	0	0
16.其他税收	0	0	0	0	0	0	0	0
二、非税收入合计	1686589	260305	137326	153030	63617	78693	62161	98520
1.教育费附加收入	139601	14104	11677	9684	4254	6347	4691	4924
2.文化事业建设费收入	4899	253	384	311	83	206	166	79
3.海上石油矿区使用费收入	0	0	0	0	0	0	0	0
4.税务部门罚没收入	204	25	11	61	3	13	10	13
5.税务行政事业性收费收入	0	0	0	0	0	0	0	0
6.社会保险基金收入	1257794	207437	89263	118300	48713	55621	45126	79077
基本养老保险基金收入	664101	112519	44027	86152	27045	32641	21549	39021
失业保险基金收入	86837	13390	6585	6509	2809	3113	2977	5768
基本医疗保险基金收入	462910	74565	32519	20491	16763	17633	18781	31833
工伤保险基金收入	23255	3316	4475	2977	1268	1702	900	1143
生育保险基金收入	20691	3647	1657	2171	828	532	919	1312
其他社会保险基金收入	0	0	0	0	0	0	0	0
7.其他非税收入	284091	38486	35991	24674	10564	16506	12168	14427

县、分税种统计

单位:万元

北仑区	海曙区	江北区	江东区	大榭开发区	保税区	东钱湖区	科技园区	直属分局
432684	508633	320404	328239	119073	115792	48249	120820	548294
286154	340878	223941	225699	86929	84766	35116	86301	339487
0	0	0	0	0	0	0	0	0
0	0	0	0	0	0	0	0	0
109093	155182	98586	118235	22199	28918	18623	48040	49685
47278	59872	51311	28657	27082	12319	5492	8297	111578
47278	61037	51089	28279	23124	11519	5492	8297	111578
0	-1265	219	334	1401	124	0	0	0
0	80	2	18	1283	164	0	0	0
0	0	0	13	572	283	0	0	0
0	20	1	13	702	229	0	0	0
59941	82388	33549	49166	19912	25637	4367	14259	28882
2011	0	222	0	54	0	90	0	0
0	0	0	0	0	0	0	0	0
16922	15087	13297	11507	8093	4590	1834	4808	121733
16652	10329	7188	5598	1839	5742	503	1798	7649
7745	5322	2881	3321	3666	3701	333	1342	4839
21005	4485	11520	3943	3768	2912	1446	2899	13936
3962	3352	4923	4199	205	174	2428	4557	1164
1545	4861	464	1073	111	773	0	301	21
0	0	0	0	0	0	0	0	0
0	0	0	0	0	0	0	0	0
0	0	0	0	0	0	0	0	0
146530	167775	96463	102540	32144	31026	13133	34519	208807
7151	6603	4846	5017	3468	1966	628	2055	52186
113	340	197	341	57	2	25	173	2169
0	0	0	0	0	0	0	0	0
17	16	4	10	2	8	0	9	2
0	0	0	0	0	0	0	0	0
118544	147176	79657	86973	14261	24772	10929	26594	105351
63142	67001	36563	42636	7182	13410	6413	14006	50794
7667	11361	5717	6298	1149	2005	566	2092	8831
43716	65420	35038	35871	5431	8341	3661	9554	43293
1842	1384	1154	906	229	397	142	388	1032
2177	2010	1185	1262	270	619	147	554	1401
0	0	0	0	0	0	0	0	0
20705	13640	11759	10199	14356	4278	1551	5688	49099

税收收入分市县、

项目 单位	合　计	内资						
		小　计	国有企业	集体企业	股份合作企业	联营企业	其中:国有控股	股份公司
大浙江合计	15967827	13758016	2174017	263523	329204	23377	7105	7431382
小浙江合计	12612459	10886530	1902725	218156	270023	21832	6241	6101169
省直属税务一分局	1420017	1399831	838148	0	0	0	0	561650
杭州市小计	4026530	3460331	437256	54072	36585	10191	6140	2219141
杭州市本级	3540485	3032759	397022	46847	26295	9909	6128	2028569
开发区	278506	224904	21544	801	160	601	14	188363
上城	404000	305124	40439	5312	741	489	463	226412
下城	618516	579129	180845	8822	655	4589	4497	335779
江干	255099	228956	15434	4773	2329	41	0	163622
拱墅	214019	189982	18147	5755	1654	262	0	120235
西湖	475021	432016	81778	9658	693	1329	1015	280364
滨江	321638	221078	8099	95	26	129	129	165331
余杭	473500	418627	9846	4576	10067	76	0	288968
萧山	500188	432947	20891	7054	9971	2393	9	259496
富阳市	190352	169118	12243	3245	5357	187	0	61306
桐庐县	63876	51677	4771	848	1559	38	0	23480
临安市	109955	103887	12631	1001	1438	36	0	43547
建德市	80007	70077	5615	1788	1177	12	12	38975
淳安县	41855	32813	4974	343	759	9	0	23264
嘉兴市小计	991950	812656	57364	12538	26246	1252	40	430027
嘉兴市本级	358018	300704	23100	5694	12436	25	0	185683
海宁市	166188	139889	8508	1894	3458	685	0	73441
桐乡市	153425	122775	8504	845	4451	30	0	34590
平湖市	134605	101241	5756	877	2278	77	0	54704
嘉善县	102812	80726	5632	2232	1795	82	40	39085
海盐县	76902	67321	5864	996	1828	353	0	42524

分企业类型统计

单位:万元

企		业	港澳台投资企业	其中:国有控股	外商投资企业	其中:国有控股	个体经营	附列资料:乡镇企业
其中:国有控股	私营企业	其他企业						
522139	3343431	193082	541504	15217	579817	13173	1088490	1597550
316710	2350800	21825	380609	3733	421213	5472	924107	1250659
2	33	0	11376	0	8810	0	0	0
104359	697115	5971	175192	2474	190535	4085	200472	171768
92000	518816	5301	162689	2336	178545	4085	166492	125701
1726	13229	206	4745	11	46613	1611	2244	1623
13196	31525	206	3277	237	11743	13	83856	163
52699	47772	667	16699	2077	18651	1752	4037	2493
161	42528	229	3514	0	16556	0	6073	18864
1007	43753	176	8536	7	7985	708	7516	26649
4291	56378	1816	18512	3	12334	0	12159	37188
596	47333	65	62801	0	35482	0	2277	6998
782	104550	544	19763	0	7326	0	27784	14505
17543	131750	1392	24841	0	21854	0	20546	17218
3152	86770	10	5680	0	4074	0	11480	12613
939	20971	10	2451	0	3190	0	6558	918
66	44587	647	1646	0	1346	0	3076	2395
7407	22507	3	1144	0	921	0	7865	29920
795	3464	0	1582	138	2459	0	5001	221
39372	285229	0	37719	0	70012	106	71563	264339
7748	73766	0	14566	0	25709	0	17039	175289
11621	51903	0	4507	0	7972	0	13820	7612
7637	74355	0	5788	0	8261	66	16601	6411
2010	37549	0	5922	0	16869	0	10573	70848
2196	31900	0	4850	0	9472	0	7764	1529
8160	15756	0	2086	0	1729	40	5766	2650

税收收入分市县、

项目 单位	合　计	内						资
		小　计	国有企业	集体企业	股份合作企业	联营企业	其中:国有控股	股份公司
湖州市小计	587355	478509	39524	12335	11986	6373	6	265113
湖州市本级	266430	223290	19159	2928	4448	5711	0	131684
长兴县	142298	119273	7675	5294	2475	643	6	69389
德清县	107598	81003	5727	3448	3505	4	0	42778
安吉县	71029	54943	6963	665	1558	15	0	21262
绍兴市小计	1161673	1005857	86705	39825	29594	607	0	554791
绍兴市本级	328558	298829	43275	21949	5312	94	0	157676
绍兴县	281090	243432	6166	6179	6825	156	0	116963
上虞市	167040	139712	8090	4814	4371	80	0	96465
嵊州市	75784	63053	10132	903	3322	28	0	10832
新昌县	85278	78002	6560	2140	1289	171	0	49522
诸暨市	223923	182829	12482	3840	8475	78	0	123333
舟山市小计	402091	337843	51412	6809	5497	80	55	182875
舟山市本级	325308	272313	32279	5768	4023	80	55	159405
岱山县	46995	38662	8155	844	1099	0	0	10924
嵊泗县	29788	26868	10978	197	375	0	0	12546
温州市小计	1506546	1252493	133993	54966	76267	483	0	704265
温州市本级	819521	692135	77272	36476	36612	280	0	332933
平阳县	66772	53712	5994	2076	6069	15	0	37997
苍南县	93028	77311	5866	2224	5108	68	0	61179
瑞安市	195539	143556	11348	3716	11550	15	0	104477
永嘉县	80327	63034	8244	1683	3872	14	0	27373
乐清市	207064	185001	17451	5345	11537	91	0	120694
文成县	12649	10773	2574	800	771	0	0	6062
泰顺县	15427	13219	3446	792	316	0	0	6343
洞头县	16219	13752	1798	1854	432	0	0	7207

分企业类型统计

单位:万元

企 业			港澳台投资企业	其中:国有控股	外商投资企业	其中:国有控股	个体经营	附列资料:乡镇企业
其中:国有控股	私营企业	其他企业						
12478	143149	29	21174	0	18243	0	69429	66578
7919	59349	11	8685	0	7394	0	27061	34962
2900	33779	18	3489	0	3796	0	15740	25229
1609	25541	0	7098	0	5129	0	14368	5974
50	24480	0	1902	0	1924	0	12260	413
29798	294254	81	43077	3	37070	822	75669	109098
10753	70523	0	13532	2	10978	40	5219	15913
7558	107100	43	11798	0	11180	0	14680	28925
7075	25874	18	6919	1	5564	782	14845	23884
1776	37836	0	3471	0	2219	0	7041	14413
728	18303	17	838	0	1949	0	4489	3948
1908	34618	3	6519	0	5180	0	29395	22015
7417	91170	0	5627	0	13605	309	45016	18356
5096	70758	0	4373	0	11460	309	37162	11034
589	17640	0	566	0	1623	0	6144	5151
1732	2772	0	688	0	522	0	1710	2171
57438	282193	326	30545	1256	35396	150	188112	344501
49017	208276	286	16300	−1	19553	150	91533	66296
39	1561	0	1773	1257	1213	0	10074	23108
377	2866	0	2758	0	2417	0	10542	15146
4399	12433	17	3215	0	7359	0	41409	75290
1079	21847	1	1594	0	579	0	15120	22571
2111	29863	20	3695	0	4256	0	14112	132960
252	564	2	273	0	7	0	1596	5480
161	2322	0	386	0	0	0	1822	733
3	2461	0	551	0	12	0	1904	2917

税收收入分市县、

单位＼项目	合计	内			资			
		小计	国有企业	集体企业	股份合作企业	联营企业	其中:国有控股	股份公司
丽水市小计	273245	245598	47084	4993	3692	346	0	113259
丽水市本级	97873	90130	15326	1466	808	0	0	57981
云和县	13631	12284	3551	518	256	41	0	4258
景宁县	14631	13205	1738	201	190	1	0	2905
龙泉市	19146	16207	3694	302	307	0	0	5482
青田县	51682	46216	11516	913	673	203	0	20547
遂昌县	28557	26124	2737	351	341	0	0	10755
松阳县	13808	11774	2499	112	327	9	0	3681
缙云县	25157	21940	3999	820	579	0	0	6025
庆元县	8760	7718	2024	310	211	92	0	1625
金华市小计	954378	802024	111165	17542	22047	1678	0	308897
金华市本级	232245	207583	46186	3858	4370	2	0	90027
兰溪市	63617	58859	12555	1275	2223	10	0	35031
永康市	119422	103273	11625	2894	2823	2	0	21275
武义县	50378	41418	3500	1386	1136	2	0	4765
东阳市	119500	106082	6569	3965	597	1540	0	35359
磐安县	18833	15493	3236	160	41	27	0	3610
义乌市	303601	234568	22068	3329	10563	94	0	108242
浦江县	46782	34748	5426	675	294	1	0	10588
衢州市小计	260732	218315	23544	2839	4160	55	0	110084
衢州市本级	132689	113378	12250	827	1229	3	0	61060
龙游县	30218	23486	3303	177	860	2	0	7104
常山县	24086	19991	1360	627	363	0	0	12000
江山市	50240	41645	5027	331	1708	5	0	18114
开化县	23499	19815	1604	877	0	45	0	11806

分企业类型统计

单位:万元

企		业	港澳台投资企业	其中:国有控股	外商投资企业	其中:国有控股	个体经营	附列资料:乡镇企业
其中:国有控股	私营企业	其他企业						
4594	76224	0	3440	0	2598	0	21609	15517
2410	14549	0	1031	0	860	0	5852	0
128	3660	0	174	0	12	0	1161	233
156	8170	0	156	0	34	0	1236	3
129	6422	0	315	0	45	0	2579	30
481	12364	0	586	0	1295	0	3585	10154
537	11940	0	268	0	78	0	2087	2647
197	5146	0	214	0	2	0	1818	575
327	10517	0	536	0	267	0	2414	762
229	3456	0	160	0	5	0	877	1113
25974	325923	14772	20062	0	18180	0	114112	28883
2709	59121	4019	6667	0	8887	0	9108	266
1693	7601	164	1798	0	1551	0	1409	4480
400	63591	1063	497	0	2275	0	13377	3728
359	30168	461	871	0	920	0	7169	184
1168	56584	1468	1177	0	604	0	11637	5872
231	8412	7	236	0	165	0	2939	8162
19060	82792	7480	7609	0	2634	0	58790	6126
354	17654	110	1207	0	1144	0	9683	65
5760	77032	601	3587	0	1787	0	37043	2641
3748	37423	586	1646	0	1074	0	16591	732
363	12040	0	723	0	291	0	5718	544
180	5641	0	380	0	18	0	3697	90
1218	16445	15	579	0	265	0	7751	359
251	5483	0	259	0	139	0	3286	916

税收收入分市县、

项目 单位	合　计	内资						
		小　计	国有企业	集体企业	股份合作企业	联营企业	其中:国有控股	股份公司
台州市小计	1027942	873073	76530	12237	53949	767	0	651067
台州市本级	428651	379434	36945	4541	22086	538	0	283638
临海市	142501	123036	8854	3902	8000	22	0	97199
温岭市	202900	169342	11905	1819	10401	6	0	129227
玉环县	117000	84545	4519	1137	9383	148	0	55447
三门县	50801	40645	4828	355	1259	3	0	31548
仙居县	33515	30085	4895	376	779	0	0	16769
天台县	52574	45986	4584	107	2041	50	0	37239
宁波市小计	3355368	2871486	271292	45367	59181	1545	864	1330213
鄞州区	496460	421559	14866	5447	14218	5	0	205458
慈溪市	341856	277545	35247	4643	5781	35	2	40268
余姚市	290335	229870	21945	14227	8252	0	0	53877
奉化市	102110	88439	12363	2780	4002	0	0	8942
宁海县	126808	104410	7794	2927	1178	0	0	24905
象山县	137008	115583	14495	1792	7540	13	3	38568
镇海区	151520	128284	10358	3387	2973	39	0	58775
北仑区	286154	212232	25212	2462	6748	405	0	100430
海曙区	340878	318119	19886	2255	1867	5	3	202940
江北区	223941	201989	4635	1606	4418	38	0	107094
江东区	225699	204655	7961	2175	1604	69	0	109143
大榭开发区	86929	78600	7932	133	109	863	856	46958
保税区	84766	72816	4158	116	1	0	0	48163
东钱湖区	35116	28101	297	1131	34	0	0	14965
高新技术开发区	86301	71439	1971	235	356	0	0	41415
直属分局	339487	317845	82172	51	100	73	0	228312

分企业类型统计

单位:万元

企			业	港澳台投资企业	其中:国有控股	外商投资企业	其中:国有控股	个体经营	附列资料:乡镇企业
	其中:国有控股	私营企业	其他企业						
	29518	78478	45	28810	0	24977	0	101082	228978
	18067	31668	18	9179	0	5102	0	34936	46134
	5334	5059	0	3635	0	3469	0	12361	68189
	4213	15984	0	4410	0	1995	0	27153	7160
	1376	13911	0	9723	0	8192	0	14540	78100
	27	2625	27	911	0	4480	0	4765	19520
	501	7266	0	326	0	1131	0	1973	2119
	0	1965	0	626	0	608	0	5354	7756
	205429	992631	171257	160895	11484	158604	7701	164383	346891
	5476	168375	13190	32537	0	17819	0	24545	23058
	16195	183000	8571	14021	2649	19111	162	31179	8332
	242	128826	2743	14419	0	12024	0	34022	162848
	0	50872	9480	3934	0	4179	0	5558	10600
	5913	63200	4406	2940	0	3887	0	15571	58009
	4698	49406	3769	5001	0	3297	0	13127	41968
	291	44614	8138	7704	0	12647	0	2885	26849
	272	67383	9592	31005	0	25671	0	17246	3189
	13746	58561	32605	7116	0	7595	0	8048	166
	81	55533	28665	6573	0	11036	0	4343	11236
	0	51237	32466	9613	0	6704	0	4727	0
	1334	22590	15	4271	3129	3743	0	315	0
	21764	18753	1625	2412	17	8902	0	636	0
	0	6888	4786	2714	0	2841	0	1460	618
	0	22163	5299	5357	0	8784	0	721	18
	135417	1230	5907	11278	5689	10364	7539	0	0

税收收入分市县、

单位＼项目	国有企业	集体企业	股份合作企业	联营企业	其中：国有控股	股份公司	其中：国有控股
大浙江合计	13.61	1.65	2.06	0.15	0.04	46.54	3.27
小浙江合计	15.09	1.73	2.14	0.17	0.05	48.37	2.51
省直属税务一分局	59.02	0.00	0.00	0.00	0.00	39.55	0.00
杭州市小计	10.86	1.34	0.91	0.25	0.15	55.11	2.59
杭州市本级	11.21	1.32	0.74	0.28	0.17	57.30	2.60
开发区	7.74	0.29	0.06	0.22	0.01	67.63	0.62
上城	10.01	1.31	0.18	0.12	0.11	56.04	3.27
下城	29.24	1.43	0.11	0.74	0.73	54.29	8.52
江干	6.05	1.87	0.91	0.02	0.00	64.14	0.06
拱墅	8.48	2.69	0.77	0.12	0.00	56.18	0.47
西湖	17.22	2.03	0.15	0.28	0.21	59.02	0.90
滨江	2.52	0.03	0.01	0.04	0.04	51.40	0.19
余杭	2.08	0.97	2.13	0.02	0.00	61.03	0.17
萧山	4.18	1.41	1.99	0.48	0.00	51.88	3.51
富阳市	6.43	1.70	2.81	0.10	0.00	32.21	1.66
桐庐县	7.47	1.33	2.44	0.06	0.00	36.76	1.47
临安市	11.49	0.91	1.31	0.03	0.00	39.60	0.06
建德市	7.02	2.23	1.47	0.01	0.01	48.71	9.26
淳安县	11.88	0.82	1.81	0.02	0.00	55.58	1.90
嘉兴市小计	5.78	1.26	2.65	0.13	0.00	43.35	3.97
嘉兴市本级	6.45	1.59	3.47	0.01	0.00	51.86	2.16
海宁市	5.12	1.14	2.08	0.41	0.00	44.19	6.99
桐乡市	5.54	0.55	2.90	0.02	0.00	22.55	4.98
平湖市	4.28	0.65	1.69	0.06	0.00	40.64	1.49
嘉善县	5.48	2.17	1.75	0.08	0.04	38.02	2.14
海盐县	7.63	1.30	2.38	0.46	0.00	55.30	10.61

分企业类型比重统计

单位:%

私营企业	其他企业	港澳台投资企业	其中:国有控股	外商投资企业	其中:国有控股	个体经营
20.94	1.21	3.39	0.10	3.63	0.08	6.82
18.64	0.17	3.02	0.03	3.34	0.04	7.33
0.00	0.00	0.80	0.00	0.62	0.00	0.00
17.31	0.15	4.35	0.06	4.73	0.10	4.98
14.65	0.15	4.60	0.07	5.04	0.12	4.70
4.75	0.07	1.70	0.00	16.74	0.58	0.81
7.80	0.05	0.81	0.06	2.91	0.00	20.76
7.72	0.11	2.70	0.34	3.02	0.28	0.65
16.67	0.09	1.38	0.00	6.49	0.00	2.38
20.44	0.08	3.99	0.00	3.73	0.33	3.51
11.87	0.38	3.90	0.00	2.60	0.00	2.56
14.72	0.02	19.53	0.00	11.03	0.00	0.71
22.08	0.11	4.17	0.00	1.55	0.00	5.87
26.34	0.28	4.97	0.00	4.37	0.00	4.11
45.58	0.01	2.98	0.00	2.14	0.00	6.03
32.83	0.02	3.84	0.00	4.99	0.00	10.27
40.55	0.59	1.50	0.00	1.22	0.00	2.80
28.13	0.00	1.43	0.00	1.15	0.00	9.83
8.28	0.00	3.78	0.33	5.88	0.00	11.95
28.75	0.00	3.80	0.00	7.06	0.01	7.21
20.60	0.00	4.07	0.00	7.18	0.00	4.76
31.23	0.00	2.71	0.00	4.80	0.00	8.32
48.46	0.00	3.77	0.00	5.38	0.04	10.82
27.90	0.00	4.40	0.00	12.53	0.00	7.85
31.03	0.00	4.72	0.00	9.21	0.00	7.55
20.49	0.00	2.71	0.00	2.25	0.05	7.50

税收收入分市县、

项目 单位	国有企业	集体企业	股份合作企业	联营企业	其中：国有控股	股份公司	其中：国有控股
湖州市小计	6.73	2.10	2.04	1.09	0.00	45.14	2.12
湖州市本级	7.19	1.10	1.67	2.14	0.00	49.43	2.97
长兴县	5.39	3.72	1.74	0.45	0.00	48.76	2.04
德清县	5.32	3.20	3.26	0.00	0.00	39.76	1.50
安吉县	9.80	0.94	2.19	0.02	0.00	29.93	0.07
绍兴市小计	7.46	3.43	2.55	0.05	0.00	47.76	2.57
绍兴市本级	13.17	6.68	1.62	0.03	0.00	47.99	3.27
绍兴县	2.19	2.20	2.43	0.06	0.00	41.61	2.69
上虞市	4.84	2.88	2.62	0.05	0.00	57.75	4.24
嵊州市	13.37	1.19	4.38	0.04	0.00	14.29	2.34
新昌县	7.69	2.51	1.51	0.20	0.00	58.07	0.85
诸暨市	5.57	1.71	3.78	0.03	0.00	55.08	0.85
舟山市小计	12.79	1.69	1.37	0.02	0.01	45.48	1.84
舟山市本级	9.92	1.77	1.24	0.02	0.02	49.00	1.57
岱山县	17.35	1.80	2.34	0.00	0.00	23.25	1.25
嵊泗县	36.85	0.66	1.26	0.00	0.00	42.12	5.81
温州市小计	8.89	3.65	5.06	0.03	0.00	46.75	3.81
温州市本级	9.43	4.45	4.47	0.03	0.00	40.63	5.98
平阳县	8.98	3.11	9.09	0.02	0.00	56.91	0.06
苍南县	6.31	2.39	5.49	0.07	0.00	65.76	0.41
瑞安市	5.80	1.90	5.91	0.01	0.00	53.43	2.25
永嘉县	10.26	2.10	4.82	0.02	0.00	34.08	1.34
乐清市	8.43	2.58	5.57	0.04	0.00	58.29	1.02
文成县	20.35	6.32	6.10	0.00	0.00	47.92	1.99
泰顺县	22.34	5.13	2.05	0.00	0.00	41.12	1.04
洞头县	11.09	11.43	2.66	0.00	0.00	44.44	0.02

分企业类型比重统计

单位:%

私营企业	其他企业	港澳台投资企业	其中:国有控股	外商投资企业	其中:国有控股	个体经营
24.37	0.00	3.60	0.00	3.11	0.00	11.82
22.28	0.00	3.26	0.00	2.78	0.00	10.16
23.74	0.01	2.45	0.00	2.67	0.00	11.06
23.74	0.00	6.60	0.00	4.77	0.00	13.35
34.46	0.00	2.68	0.00	2.71	0.00	17.26
25.33	0.01	3.71	0.00	3.19	0.07	6.51
21.46	0.00	4.12	0.00	3.34	0.01	1.59
38.10	0.02	4.20	0.00	3.98	0.00	5.22
15.49	0.01	4.14	0.00	3.33	0.47	8.89
49.93	0.00	4.58	0.00	2.93	0.00	9.29
21.46	0.02	0.98	0.00	2.29	0.00	5.26
15.46	0.00	2.91	0.00	2.31	0.00	13.13
22.67	0.00	1.40	0.00	3.38	0.08	11.20
21.75	0.00	1.34	0.00	3.52	0.09	11.42
37.54	0.00	1.20	0.00	3.45	0.00	13.07
9.31	0.00	2.31	0.00	1.75	0.00	5.74
18.73	0.02	2.03	0.08	2.35	0.01	12.49
25.41	0.03	1.99	0.00	2.39	0.02	11.17
2.34	0.00	2.66	1.88	1.82	0.00	15.09
3.08	0.00	2.96	0.00	2.60	0.00	11.33
6.36	0.01	1.64	0.00	3.76	0.00	21.18
27.20	0.00	1.98	0.00	0.72	0.00	18.82
14.42	0.01	1.78	0.00	2.06	0.00	6.82
4.46	0.02	2.16	0.00	0.06	0.00	12.62
15.05	0.00	2.50	0.00	0.00	0.00	11.81
15.17	0.00	3.40	0.00	0.07	0.00	11.74

税收收入分市县、

项目 单位	国有企业	集体企业	股份合作企业	联营企业	其中：国有控股	股份公司	其中：国有控股
丽水市小计	17.23	1.83	1.35	0.13	0.00	41.45	1.68
丽水市本级	15.66	1.50	0.83	0.00	0.00	59.24	2.46
云和县	26.05	3.80	1.88	0.30	0.00	31.24	0.94
景宁县	11.88	1.37	1.30	0.01	0.00	19.86	1.07
龙泉市	19.29	1.58	1.60	0.00	0.00	28.63	0.67
青田县	22.28	1.77	1.30	0.39	0.00	39.76	0.93
遂昌县	9.58	1.23	1.19	0.00	0.00	37.66	1.88
松阳县	18.10	0.81	2.37	0.07	0.00	26.66	1.43
缙云县	15.90	3.26	2.30	0.00	0.00	23.95	1.30
庆元县	23.11	3.54	2.41	1.05	0.00	18.55	2.61
金华市小计	11.65	1.84	2.31	0.18	0.00	32.37	2.72
金华市本级	19.89	1.66	1.88	0.00	0.00	38.76	1.17
兰溪市	19.74	2.00	3.49	0.02	0.00	55.07	2.66
永康市	9.73	2.42	2.36	0.00	0.00	17.81	0.33
武义县	6.95	2.75	2.25	0.00	0.00	9.46	0.71
东阳市	5.50	3.32	0.50	1.29	0.00	29.59	0.98
磐安县	17.18	0.85	0.22	0.14	0.00	19.17	1.23
义乌市	7.27	1.10	3.48	0.03	0.00	35.65	6.28
浦江县	11.60	1.44	0.63	0.00	0.00	22.63	0.76
衢州市小计	9.03	1.09	1.60	0.02	0.00	42.22	2.21
衢州市本级	9.23	0.62	0.93	0.00	0.00	46.02	2.82
龙游县	10.93	0.59	2.85	0.01	0.00	23.51	1.20
常山县	5.65	2.60	1.51	0.00	0.00	49.82	0.75
江山市	10.01	0.66	3.40	0.01	0.00	36.05	2.42
开化县	6.83	3.73	0.00	0.19	0.00	50.24	1.07

分企业类型比重统计

单位:%

私营企业	其他企业	港澳台投资企业	其中:国有控股	外商投资企业	其中:国有控股	个体经营
27.90	0.00	1.26	0.00	0.95	0.00	7.91
14.87	0.00	1.05	0.00	0.88	0.00	5.98
26.85	0.00	1.28	0.00	0.09	0.00	8.52
55.84	0.00	1.07	0.00	0.23	0.00	8.45
33.54	0.00	1.65	0.00	0.24	0.00	13.47
23.92	0.00	1.13	0.00	2.51	0.00	6.94
41.81	0.00	0.94	0.00	0.27	0.00	7.31
37.27	0.00	1.55	0.00	0.01	0.00	13.17
41.81	0.00	2.13	0.00	1.06	0.00	9.60
39.45	0.00	1.83	0.00	0.06	0.00	10.01
34.15	1.55	2.10	0.00	1.90	0.00	11.96
25.46	1.73	2.87	0.00	3.83	0.00	3.92
11.95	0.26	2.83	0.00	2.44	0.00	2.21
53.25	0.89	0.42	0.00	1.91	0.00	11.20
59.88	0.92	1.73	0.00	1.83	0.00	14.23
47.35	1.23	0.98	0.00	0.51	0.00	9.74
44.67	0.04	1.25	0.00	0.88	0.00	15.61
27.27	2.46	2.51	0.00	0.87	0.00	19.36
37.74	0.24	2.58	0.00	2.45	0.00	20.70
29.54	0.23	1.38	0.00	0.69	0.00	14.21
28.20	0.44	1.24	0.00	0.81	0.00	12.50
39.84	0.00	2.39	0.00	0.96	0.00	18.92
23.42	0.00	1.58	0.00	0.07	0.00	15.35
32.73	0.03	1.15	0.00	0.53	0.00	15.43
23.33	0.00	1.10	0.00	0.59	0.00	13.98

税收收入分市县、

项目 单位	国有企业	集体企业	股份合作企业	联营企业	其中:国有控股	股份公司	其中:国有控股
台州市小计	7.44	1.19	5.25	0.07	0.00	63.34	2.87
台州市本级	8.62	1.06	5.15	0.13	0.00	66.17	4.21
临海市	6.21	2.74	5.61	0.02	0.00	68.21	3.74
温岭市	5.87	0.90	5.13	0.00	0.00	63.69	2.08
玉环县	3.86	0.97	8.02	0.13	0.00	47.39	1.18
三门县	9.50	0.70	2.48	0.01	0.00	62.10	0.05
仙居县	14.61	1.12	2.32	0.00	0.00	50.03	1.49
天台县	8.72	0.20	3.88	0.10	0.00	70.83	0.00
宁波市小计	8.09	1.35	1.76	0.05	0.03	39.64	6.12
鄞州区	2.99	1.10	2.86	0.00	0.00	41.38	1.10
慈溪市	10.31	1.36	1.69	0.01	0.00	11.78	4.74
余姚市	7.56	4.90	2.84	0.00	0.00	18.56	0.08
奉化市	12.11	2.72	3.92	0.00	0.00	8.76	0.00
宁海县	6.15	2.31	0.93	0.00	0.00	19.64	4.66
象山县	10.58	1.31	5.50	0.01	0.00	28.15	3.43
镇海区	6.84	2.24	1.96	0.03	0.00	38.79	0.19
北仑区	8.81	0.86	2.36	0.14	0.00	35.10	0.10
海曙区	5.83	0.66	0.55	0.00	0.00	59.53	4.03
江北区	2.07	0.72	1.97	0.02	0.00	47.82	0.04
江东区	3.53	0.96	0.71	0.03	0.00	48.36	0.00
大榭开发区	9.12	0.15	0.13	0.99	0.98	54.02	1.53
保税区	4.91	0.14	0.00	0.00	0.00	56.82	25.68
东钱湖区	0.85	3.22	0.10	0.00	0.00	42.62	0.00
高新技术开发区	2.28	0.27	0.41	0.00	0.00	47.99	0.00
直属分局	24.20	0.02	0.03	0.02	0.00	67.25	39.89

分企业类型比重统计

单位:%

私营企业	其他企业	港澳台投资企业	其中:国有控股	外商投资企业	其中:国有控股	个体经营
7.63	0.00	2.80	0.00	2.43	0.00	9.83
7.39	0.00	2.14	0.00	1.19	0.00	8.15
3.55	0.00	2.55	0.00	2.43	0.00	8.67
7.88	0.00	2.17	0.00	0.98	0.00	13.38
11.89	0.00	8.31	0.00	7.00	0.00	12.43
5.17	0.05	1.79	0.00	8.82	0.00	9.38
21.68	0.00	0.97	0.00	3.37	0.00	5.89
3.74	0.00	1.19	0.00	1.16	0.00	10.18
29.58	5.10	4.80	0.34	4.73	0.23	4.90
33.92	2.66	6.55	0.00	3.59	0.00	4.94
53.53	2.51	4.10	0.77	5.59	0.05	9.12
44.37	0.94	4.97	0.00	4.14	0.00	11.72
49.82	9.28	3.85	0.00	4.09	0.00	5.44
49.84	3.47	2.32	0.00	3.07	0.00	12.28
36.06	2.75	3.65	0.00	2.41	0.00	9.58
29.44	5.37	5.08	0.00	8.35	0.00	1.90
23.55	3.35	10.84	0.00	8.97	0.00	6.03
17.18	9.57	2.09	0.00	2.23	0.00	2.36
24.80	12.80	2.94	0.00	4.93	0.00	1.94
22.70	14.38	4.26	0.00	2.97	0.00	2.09
25.99	0.02	4.91	3.60	4.31	0.00	0.36
22.12	1.92	2.85	0.02	10.50	0.00	0.75
19.61	13.63	7.73	0.00	8.09	0.00	4.16
25.68	6.14	6.21	0.00	10.18	0.00	0.84
0.36	1.74	3.32	1.68	3.05	2.22	0.00

ZHEJIANG DISHUI NIANJIAN

第七编

优秀科研论文选

抓分离促转型　重整合谋发展

——浙江省推进企业分离发展服务业工作的调研报告

浙江省地方税务局课题组

推进企业分离发展服务业是加快浙江省经济转型升级和服务业发展的一个重要抓手。近年来,全省各级地税部门将推进企业分离发展服务业工作作为学习实践科学发展观的重要载体,作为贯彻落实“创业富民、创新强省”总战略和“保增长、抓转型、重民生、促稳定”工作主线的重要举措,作为深化拓展省委“服务企业、服务基层”专项行动的重点课题。在2008年全省669家企业分离发展服务业的基础上,2009年全省各级地税部门紧紧围绕“两个确保”(即确保全省新增1000家企业分离发展服务业,确保依法全面落实促进服务业发展的税费政策)的工作目标,在更高层次、更大范围和更宽领域上进一步扎实推进企业分离发展服务业工作,全省各地掀起了企业分离发展服务业的新高潮。

一、主要做法

2009年,浙江全省各级地税部门按照省委、省政府的决策部署,发挥职能,狠抓落实,真正做到推进企业分离发展服务业工作有布置、有分工、有责任、有检查、有成效。2009年1—10月,全省新增1215户企业分离发展服务业,其中分离成立独立核算的法人企业1174户(含16户销售收入在全省前100名的工业企业实施了分离发展服务业),非独立核算企业41户,提前超额完成2009年度企业分离发展服务业1000户的目标任务。截至2009年10月底,浙江省已分离出来的服务业企业2009年预计产生营业收入374.06亿元、地方税费收入15.73亿元;2008年、2009年累计营业收入532.08亿元、地方税费收入23.64亿元。具体做法是:

1. 提高认识抓落实。浙江省各级地税部门站在全局和长远的高度,充分认识到推进企业分离发展服务业是发展壮大浙江省第三产业的必然要求,是保增长、扩内需、调结构、加快浙江省经济转型升级的有效途径,是培育地方经济税源、优化税收结构、壮大地方财力的重要手段,是企业转危为机、做大做强、做精做细的现实需求,自觉将思想和行动统一到省委、省政府的决策部署上来。在实践中,全省各级地税部门全面落实陈敏尔常务副省长提出的“依法推进、创新推动,企业主导、政府引导、分类指导、分步实施,以点带面、点面结合”四项原则,既注重地方税费收入增长的直接效益,又考虑对浙江省第三产业发展的拉动作用,更关注对浙江省经济转型升级的现实意义,将企业分离发展服务业放在更加突出的战略位置,列入重要议事日程,积极主动作为,全省地税系统形成了“上下联动、合力推进”的工作氛围。2009年3月3日,省地税局专门下文将推进企业分离发展服务业工作列入2009年省局十项重点工作之一,并落实了牵头部门;2009年4月8日,又专门下文将《推进企业分离发展服务业长效机制研究》列入2009年省局重点调研课题,由浙江省地方税务局常务副局长单美娟亲自负责。各市、县(市)地税局也分别将推进企业分离发展服务业工作列入2009年的重点工作。

2. 分解任务抓落实。根据《2009年浙江省服务业工作要点》,围绕“两个确保”的工作目标,2009年3月17日,浙江省地税局专门召开各市及部分县(市)地税分管局长会议,贯彻落实省服务业工作部门联席会议和各市常务副市长会议精神,部署落实全省地税推进企业分离发展服务业工作,征求各市对目标任务分解方案的意见和建议。2009年4月8日,省地税局专门下发了《关于进一步推进企业分离发展服务业工作的实施意见》，正式将2009年全省新增1000家企业分离发展服务业的目标任务分解落实到各市地税局。为加大工作落实力度，省地税局制订下发了全省地税系统推进企业分离发展服务业工作专项考核办法，围绕目标任务完成情况、税费政策落实情况、服务举措实施情况、数据材料报送情况等四个方面进行考核。2009年4月14日，省地税局又与省经信委、省发改委、省财政厅、省国税局联合下发了《关于推进企业分离发展服务业的实施意见》(浙经贸制造〔2009〕243号)，再次明确了各市企业分离发展服务业的目标任务，2009年4月底前，全省各市地税局分别召开了推进企业分离发展服务业工作专题会议并制订了具体实施意见和考核办法，将本地区企业分离发展服务业的目标任务分解落实到所属各县(市、区)局。全省地税系统自上而下形成了"目标层层落实、责任层层到位、考核层层连接"的全省地税推进企业分离发展服务业工作目标责任体系。如杭州市地税局制订了《关于推进企业分离发展服务业三年行动计划指导意见》和《推进企业分离发展服务业绩效评价办法》。

3. 健全机制抓落实。浙江全省各级地税部门切实加强对推进企业分离发展服务业工作的组织领导，建立健全工作机制。2009年4月底前，省、市、县(市、区)地税局分别建立了推进企业分离发展服务业工作领导小组及办公室，明确了工作职责和领导班子成员的工作联系点，建立了"一把手负总责，分管领导具体抓，税政部门牵头落实，办公室负责信息宣传，有关部门各司其职，基层分局为主体"的工作机制。同时，省地税局与省经信委、省发改委、省财政厅、省国税局建立了省级层面五部门的联席会议制度，明确了联席会议和五部门的工作职责。目前，全省有25个市、县(区)政府按照《浙江省推进服务业发展工作机制》的要求，成立了推进企业分离发展服务业工作领导小组，形成了由政府领导亲自挂帅，各相关部门各司其职，齐抓共管的工作格局，在更高层次、更大范围和更宽领域上谋划企业分离发展服务业的总体目标、战略思路和政策措施。如温州市及所属各县(市、区)分别成立了由政府领导任组长的领导小组，杭州市地税局专门成立了领导小组、督办小组和工作小组，加强对推进企业分离发展服务业工作的组织领导。

4. 优化政策抓落实。围绕"保增长、抓转型、重民生、促稳定"的工作主线，整合和完善促进浙江省经济转型升级和加快服务业发展的相关税费政策，将企业分离发展服务业作为税费政策扶持重点。2009年，省地税局在原有政策的基础上，研究制订了《关于贯彻落实保增长扩内需调结构若干政策的实施意见》，对工业创意产业及基地，创意文化产业基地、困难文化企业，新办的高新技术企业和连锁经营超市，省重点流通企业等服务性领域实行专项税收优惠政策。结合新企业所得税法、新营业税、车船税和城镇土地使用税条例的颁布实施，修订了《浙江省地方税务局关于促进第三产业发展的若干意见》，完善了服务业优惠政策的具体实施办法，在依法合规的前提下，最大程度地发挥税费政策效应，最大限度地支持浙江省服务业又好又快发展。同时，进一步增强税费政策的公开性和透明度，加大现有推进现代服务业发展税费政策的宣传、辅导和落实力度。目前，全省有43个市、县(区)政府下发了扶持企业分离发展服务业工作的政策性文件，统筹落实税费政策、信贷政策、产业政策、土地政策、财政政策、劳动保障等政策，充分发挥各种政策在企业分离发展服务业中的综合效应。

5. 强化服务抓落实。从2009年2月上旬开始，浙江全省各级地税部门集中开展了"帮扶企业'春雨'专项行动"，不折不扣地落实各项支持服务业发展的税收优惠政策，将推进企业分离发展服务业作为"帮扶企业'春雨'专项行动"的重要内容。在推进企业分离发展服务业过程中，全省各级地税部门结合"千名税干进千企"、"百场专题税企沟通会"、"在线答复税法咨询"等形式，通过浙江地税网站、办税服务厅、12366纳税服务热线、培训班、专题会议等平台多形式、多渠道、多窗口、多视角地宣传企业分离发展服务业的重要意义和税费政策，同时，对重点企业开展"一对一、面对面"的宣传辅导。在具体操作过程中，又针对不同的分离对象，按照"一企一策"的要求，帮助企业制订个性化实施方案，提供个性化服务，重点从税收负担、政策效应等方面入手，帮助企业分析分离发展服务业的可行性，增强可操作性，确保企业分离发展服务业工作的顺利开展。在"帮扶企业'春雨'专项行动"中，全省各级地税部门共选派了5616名由分管领导、业务骨干等组成的精干力量，上门辅导服务4502户企业，提供个性化服务1529项，收集意见建议2065条；举办专题税企沟通会达286场，现场解答涉税问题3908个；免费赠送税收法规政策大全9709册，真正做到送温暖、送政策、送服务到家。

6.深化调研抓落实。企业分离发展服务业工作专题调研分四个层面进行：一是省政府领导亲自调研。省地税局常务副局长单美娟陪同陈敏尔常务副省长深入嵊州、新昌、诸暨、永康等地开展专题调研，总结典型经验，以点带面，推动全省工作。二是部门联合调研。省地税局与省政府研究室组成联合调研组，分别由省地税局总会计师徐敏俊和省政府研究室副主任盛世豪带队，专程赴温州、瑞安、永康、上虞、富阳等地调研企业分离发展服务业工作，了解新情况、新问题，总结新典型、新经验，合力推动企业分离发展服务业工作向纵深发展。三是省地税局领导带队调研。省局领导班子成员带领相关处室负责人分赴各联系点，专题调研企业分离发展服务业工作，发现新问题、破解新难题、实现新进展。四是市县层面组织开展重点区域、重点行业、重点企业摸底调研。通过调研，做到"三个摸清"（摸清已经进行分离的行业、企业数量，摸清正在进行分离的行业、企业数量，摸清可以和将要进行分离的行业、企业数量），"四个掌握"（掌握分离重点，掌握问题原因，掌握政策需求，掌握税负变化）。根据调查摸底的情况，找准工作的切入点，不断优化措施，确保企业分离发展服务业工作取得成效。如温州市地税局按任务户数1∶5比例（共计650户），在全市范围内开展企业分离发展服务业问卷调查，了解企业分离意愿，听取意见建议，摸清政策需求，及时帮助解决企业分离过程中的困难与问题。玉环县地税局将企业分离发展服务业专题调研作为"双服务"活动中"领导干部蹲点基层调研月"的主题。

二、主要体会

通过一年多来推进企业分离发展服务业工作的实践和探索，全省地税系统自上而下对此项工作有了进一步的认识和体会，只有坚持"六个必须"，才能确保推进企业分离发展服务业工作取得成效。

1.必须以高度重视、认真负责的态度来开展工作，才能确保企业分离发展服务业工作顺利推进。全省各级地税部门始终坚持把地税工作放在党委和政府的大局中、历史发展的趋势中来定位和把握。省政府提出"企业分离发展服务业"的重大任务，全省各级地税部门自觉自发地提高认识、统一思想、主动思考、积极作为，将推进企业分离发展服务工作作为一项政治任务，像组织收入一样做好这项工作。各级地税部门主要领导高度重视这项工作，亲自抓调研、抓协调、抓落实。省、市、县三级地税部门上下联动、形成合力、扎实推进。

2.必须以立足当前、着眼长远的思路来谋划工作，才能确保企业分离发展服务业工作科学发展。推进企业分离发展服务业，是事关浙江省经济转型升级、加快服务业发展和促进地方税收可持续增长全局的战略性、基础性工作，既是当务之急，又是长远目标。企业分离发展服务业，分离是手段，发展是目的，关键要分得开、做得好、有效益、可持续。推进企业分离发展服务业不是朝夕之事，不可能一蹴而就、立竿见影，需要持之以恒、常抓不懈，做到"成熟一家、分离一家、发展一家"。

3.必须以依法推进、创新推动的原则来指导工作，才能确保企业分离发展服务业工作充满生机。推进企业分离发展服务业是一项政策性很强的工作，必须在法定的范围内操作。无论是分离的过程，还是分离后的发展，都不能违背国家法律、法规和政策的规定。只有在国家法律、法规和政策规定的大框架下有所作为、规范操作，才有生命力。同时，推进企业分离发展服务业又是一项全新的工作，需要地税部门在实践中不断探索创新，从分离对象、分离形式、综合服务、长效机制等方面寻求突破，以促进浙江省服务业加快发展。

4.必须以企业主导、政府引导的准则来推动工作，才能确保企业分离发展服务业工作扎实有效。分离发展服务业，企业是主体，要按照市场经济的规律，尊重企业的意愿，不搞强制，不搞行政命令，不下达指标。企业在分离发展服务业过程中，客观上要求有积极而科学的政策引导，政府要在尊重市场经济规律的前提下，充分发挥组织、引导、协调、规范的作用，认真落实服务业发展政策，制订服务业发展规划，创新服务业发展机制，创优服务业发展环境，立足现有服务业基础，发掘培育优势项目，扶持龙头企业发展。在具体操作过程中，分与不分，怎么分，权力在企业，地税部门要做到"只组织不干预，只引导不拍板，只协调不做主”。

5、必须以分类指导、分步实施的步骤来深化工作,才能确保企业分离发展服务业工作有序推进。各地实际不同,不能搞一刀切,要因地制宜,因势利导。要从地方实际出发,从阶段性实际出发,一个空间一个时间,条件不成熟就不要分离。不是简单地将企业“一分为二”,“村村点火、户户冒烟”,家家户户都成立服务业企业,而是通过资源有效整合,在不影响或有利于企业发展的前提下,将企业的服务职能或业务从企业中分离出来,有条件的自行成立具有法人资格的子公司或非法人资格的分公司自主经营,无条件的将企业分离出来的服务职能或业务提供给本地专业从事服务业的企业去经营,从而发展壮大当地的第三产业。在具体操作过程中,要针对不同的分离对象,按照“一企一策”的要求,帮助企业制订个性化实施方案,提供个性化服务,重点从税收负担、政策效应等方面入手,帮助企业分析分离发展服务业的可行性,增强可操作性。

6. 必须以以点带面、点面结合的方法来部署工作,才能确保企业分离发展服务业工作有条不紊。龙头企业是某个行业发展中具有标志性、前瞻性、主导性的企业,是产业集聚的重要平台和导入体。在推进企业分离发展服务业过程中,要充分发挥龙头企业分离发展服务业中的辐射带动作用和宣传示范效应,给其他企业一个榜样、一个触动,进而形成一种氛围、一种趋势,为加快浙江省经济转型升级和服务业发展出一份力。同时,要做到成功做法定型化,典型经验普及化,及时总结、提炼各市、县(区)在实践中创造的好经验、好做法,形成全省性的示范典型,在全省范围内统一推广,以点带面、点面结合,推动全省企业分离发展服务业工作。

三、存在问题

推进企业分离发展服务业是一项探索性工作,全省各级地税部门在实践中积累了一些行之有效的做法和经验,也遇到一些困难和问题,需要循序渐进、克难攻坚、破解难题。当前,企业分离发展服务业面临的问题和困难主要有:

(一)企业分离意愿有待进一步增强。一些企业由于受主客观因素的影响,对分离发展服务业心存顾虑。一是担心利益受损,不愿分离。有的企业禀承“肥水不流外人田”、“万事不求人”和“求人不如求己”的传统经营理念,固守“小而全、大而全”的经营模式,认为自己投资、自己研发、自己生产、自己销售、自己运输的“一条龙”经营靠得住。二是担心政策变化,秋后算账。有的企业担心财政奖励政策“雷声大、雨点小”,甚至不能兑现;有的企业担心增值税转型后,营业税相比增值税的税负(小规模纳税人增值税征收率由原来的工业类6%和商业类4%统一调低至3%)比较优势不复存在;有的企业担心原本缴纳增值税的业务分离缴纳营业税后,国税部门不认可,特别是在收入任务相对紧张的情况下怕秋后算账。如混凝土生产企业分离成立运输企业,在运输业务划分上,担心国税部门不认可。三是担心负担加重,得不偿失。有的企业认为分离成立新公司,人员、场地、资金都要分流,经营要分开管理,财务要独立核算,会增加经营费用和管理成本;分离成立新公司有的经营项目要前置审批,有准入门槛,办理证照,车辆过户等要缴纳相关税费。如成立销售公司,要增加印花税和水利建设资金的负担,从事水运业务,航运许可证要通过交通运输部审批,费时费力费心,得不偿失。四是担心员工抵触,影响和谐。主要是电力、电信等国有垄断企业员工,深怕自己被分离出去后,失去国有企业职工的身份,丢掉旱涝保收的“铁饭碗”。企业担心员工情绪和工作积极性受到影响,影响企业和谐稳定。五是担心力不从心,经营不善。有的企业受金融危机影响,订单减少,经营受困,对分离发展服务业无暇顾及、无从下手;有的企业担心分离发展服务业靠自身业务难以维持,受经营人才和经营能力的限制,开拓市场又力不从心。六是担心增加麻烦,影响生意。由于购货企业考虑到增加进项税额、简化财务核算、害怕取得假货运发票等因素,愿意采用“一票结算”方式,将应税货物和营业税应税劳务视同增值税混合销售行为一并使用增值税发票结算。如货运业务分离后,企业分别开具增值税发票和货运发票,通过“两票结算”,担心客户不接受,影响生意,又增加工作量。又如安装业务分离后,企业分别开具增值税发票和建筑业发票,担心客户所在地税务机关不认可。

(二)产业规划对接有待进一步加强。推进企业分离发展服务业是一项牵涉面广、综合性强的系统工程,涉及的问题和矛盾很多,有总体规划与具体实施的对接问题；有政府引导与市场配置的协调问题；有眼前利益与长远发展的统筹问题；有政策导向与政策落实的衔接问题；有改革创新与和谐稳定的统一问题，需要统筹规划、科学发展。省政府已经制定下发《浙江省服务业发展规划（2008—2012）》，但大多数市、县的服务业发展规划尚在研究制订过程中。目前，各地的分离实践还停留在一家一户实施分离的个案操作层面，还没有与当地服务业发展规划有效对接，还没有与当地服务业重大项目计划的实施接轨，缺乏系统性和全面性，依托区域重点行业和优势块状经济分离发展服务业的项目突破的不多。再加上有目标任务的考核要求，容易使企业分离发展服务业再走制造业低水平重复建设的老路。

（三）政策措施落实有待进一步优化。一是政策的配套性问题。省政府《关于进一步加快发展服务业的实施意见》（浙政发〔2008〕55号）已经明确的政策，由于有的地区和部门的贯彻实施意见还没有到位，目前，全省仅有43个市、县（区）政府下发了扶持企业分离发展服务业的政策性文件，致使诸如放宽市场准入、改善融资环境、提供用地保障、调整要素价格等鼓励企业分离发展服务业的政策措施落不到实处，政策的拉动效应难以体现。如分离成立的物流企业的用地审批、车辆过户的税费负担，分离成立的商贸企业的水、电价格、工业用地转商业用地的审批等问题难以统筹解决。二是政策的平衡性问题。从具体的政策措施来看，已下发政策性文件的市、县（区）目前扶持企业分离发展服务业的主要政策措施是财政奖励，统筹落实税费政策、信贷政策、产业政策、土地政策、财政政策、劳动保障政策的措施不多，各种政策在企业分离发展服务业中的综合效应没有充分发挥。从政策的扶持对象来看，目前政策扶持的重点对象主要是分离成立的服务业企业，即服务业的供给主体，而对服务业的需求主体，即对将服务职能或业务从企业中分离出来，提供给本地专业从事服务业的企业去经营，为社会提供服务业有效需求的企业缺少甚至没有必要的奖励措施。另外，对分离成立的服务业企业有政策优惠，其他新办的服务业企业没有政策优惠，不利于服务业的整体发展。从政策的扶持力度来看，地区之间也不平衡，同样是分离成立物流企业，不同市县财政奖励的力度有大有小，容易造成政策洼地，出现地区之间无序竞争，“税”往低处流。

（四）工作推进机制有待进一步健全。部门协作的力度不大，地区之间、上下级部门之间不平衡。目前，浙江省政府已经出台了《浙江省推进服务业发展工作机制》，明确了推进服务业发展的工作机制框架和各部门的工作职责，并确定由省经信委牵头开展制造业二、三产分离试点工作。虽然省经信委、省地税局、省发改委、省财政厅、省国税局已经联合下发了《关于推进企业分离发展服务业的实施意见》，建立了省级层面五部门的联席会议制度，明确了联席会议和五部门的工作职责，但目前全省还有5个市尚未转发五部门的联合文件，只有25个市、县（区）成立了政府领导亲自挂帅的推进企业分离发展服务业工作领导小组，绝大多数市、县（区）推进企业分离服务业的部门协作机制尚不健全，推进企业分离发展服务业工作还是由财政、地税部门牵头落实，不利于在更高层次、更大范围和更宽领域上谋划企业分离发展服务业工作。

（五）统计考评工作有待进一步完善。推进企业分离发展服务业工作已经纳入省政府对省地税局的考核目标，2009年的考核内容：一是全省新增1000家企业分离发展服务业，二是依法全面落实促进服务业发展的税费政策。虽然在工作起始阶段下达一定的目标任务作为工作抓手是必要的，有利于推动全省的工作，但是分离发展服务业企业是主体，要按照市场经济的规律，尊重企业的意愿。下达指标任务，容易出现行政强制分离，为任务而推进分离的情况，分离发展服务业的质量和效果难以保证，不利于科学发展。另外，企业分离发展服务业是加快服务业发展的一种途径，分离出来的服务业企业应该是服务业统计调查对象，分离出来的服务业业务也应纳入服务业统计范畴。在实际操作过程中，一些分离出来的服务业法人企业没有及时纳入服务业统计调查单位管理，一些进行服务业业务分离的企业，其服务业业务不能单独统计服务业增加值，不能全面、准确地反映全社会的服务业增加值。

四、几点建议

经过一年多的实践，浙江省推进企业分离发展服务业工作已由试点探索阶段转向总结提高阶段，现阶段的主要任务要以“发现新问题、破解新难题、实现新进展”为目标，探索建立浙江省推进企业分离发展服务业工作长效机制。

(一)坚持市场导向,激发企业意愿。企业是市场的主体,推进企业分离发展服务业只有充分发挥市场在资源配置中的基础性作用,尊重企业的主体地位,激发企业分离意愿,使之成为企业的自主行为才有生命力。政府在推进企业分离发展服务业过程中,只发挥引导、推动和服务作用,而且必须坚持利益导向,遵循市场规律,不搞行政强制命令,不下达任务指标。全省各级地税部门的职责是全面落实税费政策,充分发挥税收杠杆作用,将推进企业分离发展服务业作为税法宣传和纳税服务的重点,全面、深入、持久、广泛地开展宣传发动和政策辅导,通过帮企业树立信心,促企业转型升级,替企业破解难题,让企业获得实惠,提高企业分离发展服务业的积极性和主动性。

(二)加强规划引导,明确工作重点。企业分离发展服务业是企业转型升级的一种途径,是加快服务业发展的一种形式,其目的是在存量中求增量、在分离中求发展、在整合中求效益。通过分离既为社会提供服务业有效需求,又为社会提供服务业有效供给,实现社会专业化分工,从而发展壮大当地的第三产业。要建立长效机制,必须全面准确地把握企业分离发展服务业的目标任务和工作重点,将企业分离发展服务业纳入各地服务业发展规划,与当地服务业重大项目计划的实施接轨,努力在企业成长、地方税收增长、区域经济发展和民生改善四者之间找到最佳结合点,实现良性互动、同步提高。为继续深化全省企业分离发展服务业工作,促进服务业加快发展和经济转型升级,省地税局将进一步明确下一步分离发展服务业工作重点,从推动区域产业转型升级的战略高度重视企业分离发展服务业工作,拓宽分离思路。坚持"挖潜和开源并重"的思路,采用"抓重点带一般"的方法,走"分离和整合相结合"的路子,把整合发展作为主攻方向,依法落实税费政策,在重点地区、重点领域、重点企业进一步推进浙江省企业分离发展服务业工作。一是突出龙头企业,面向146家工业行业龙头骨干企业抓好分离工作,促进生产性服务业的发展;二是立足块状经济,面向21个浙江省块状经济向现代产业集群转型示范试点单位抓好分离工作,促进企业围绕主导产业加强分工协作,促进块状经济产业链的延伸,实现二、三产融合发展;三是推进县域经济中的总部经济发展,提升价值链;四是注重分离实效,促进整合发展,鼓励已分离出来的服务业企业实现强强联合、优势互补、集聚发展。

(三)健全工作机制,完善政策措施。推进企业分离发展服务业工作是一项系统工程,涵盖领域广、涉及部门多,需要方方面面重视、支持和协作。一方面各市、县(区)政府要加强组织领导,形成"政府激励主管部门、乡镇(街道)→主管部门、乡镇(街道)做企业工作→企业形成分离意向由财政地税等部门给予政策支持→财政地税部门通过引导、辅导,推动企业开展分离工作"的工作格局;另一方面,要充分发挥牵头部门的作用,建立联席会议制度,加强部门协作,不仅要统一部门决策层的思想,而且要加强操作层的协作。把解决问题、优化服务作为部门协作的重点。同时,要加大政策扶持力度,重点是增强政策的针对性、公平性和协调性,既要全面落实国务院和省里出台的促进服务业发展的各项政策,加大政策的落实力度,消除政策落实的人为障碍,又要研究制定相关的配套政策,发挥税收政策、信贷政策、产业政策、土地政策、财政政策、劳动保障政策在推进工业企业分离发展服务业中的综合效应,还要清理不合理的政策规定,避免出现政策洼地,防止无序竞争和变相引税。

(四)加大改革力度,优化统计考评。一是促进服务业市场化进程。重点推进服务业中国有企业的市场化进程,推进工业企业和服务企业内置服务市场化、社会化,放宽服务业市场准入条件,提高服务业中非公有制经济的比重,形成多种所有制经济共同发展服务业的新格局。二是细化社会分工。进一步扩大服务业社会化需求,引导和推动企业通过管理创新和业务流程再造,重点发展具有竞争优势的产业,将生产性服务环节剥离为社会化的专业服务,大力发展产业内部专业化分工体系。逐步优化服务业内部结构,提高服务业整体运行质量,选择最具潜力、市场大、最可能加快发展的服务业产业进行重点发展、优先扶持。三是优化发展环境。进一步推进行政审批制度改革,建立行政审批"绿色通道",对涉及服务业发展的立项规划、前置审批、用地保障、登记备案、工商注册等,简化手续,缩短流程,减少收费。加快服务业硬软件建设和投资,增加政府投入,不断优化服务业的硬件设施,注重培养人才,大力开发人力资源,积极引进服务业发展急需的高素质专业人才。规范服务业市场秩序和各类服务业企业行为。四是加强统计考评。进一步完善服务业统计调查方法和指标体系,建立健全政府统计和行业主管部门分工负责、密切协作的服务业统计工作机制,加强部门信息数据共享。对分离发展服务业企业进行专项统计,由地税部门将分离出来的服务业法人企业和实施业务分离的企业名录提供给同级统计部门或相关行业主管部门,统计部门或相关行业主管部门将这些企业的服务业增加值纳入服务业统计范畴。同时,明确企业分离发展服务业的认定标准,调整考核指标,将依法落实促进服务业发展的税费政策作为对地税部门考核的主要指标,不下达任务数量考核指标。

课题组组长:单美娟

课题组成员:丁富根 詹红成 饶煜明

章 征 刘石浩 丁 丹

项正国 宋根松 徐利君

执笔:詹红成

整合职能优势 增进信息共享

——关于开展管查互动机制试点工作的调研报告

浙江省地方税务局课题组

为进一步深化税源间接控管模式,完善“数据采集—税源监控—税收分析—纳税评估—税务稽查”五位一体横向联动机制,根据省局统一部署,我局作为牵头处室于今年开展了管查互动工作机制试点工作的调查研究,并选取绍兴市地税局、舟山市地税局作为首批试点单位先试、先行。

经过近一年的实践,试点单位紧紧围绕新时期、新形势下地税工作实际,锐意创新、大胆实践,逐步摸索并建立起以管查协调会议为龙头、信息共享为主线、部门联动为依托、业务开放为补充的科学管理、相互配合、相互促进的管查互动机制框架,初步实现了业务流与信息流的同步协调运转,达到了整合职能优势、增进信息共享、提升稽查质效的预期效果。

一、管查互动机制试点工作开展情况

(一)加强组织领导,完善有关制度

1. 设立组织机构,统筹协调开展

为抓好管查互动工作机制的组织协调,试点单位绍兴市地税局成立了专门的工作领导小组,负责管查互动工作中有关制度的制订及相关事项的协调确定。领导小组由市地税局局长任组长,其他副局长任副组长,成员由各税收业务处室、法规处、稽查局、税务分局主要负责人组成。下设办公室,办公室设在绍兴市地税局征管处(选案办)。稽查局、税务分局也成立了相应机构,并分别确定综合科作为牵头职能科室。形成了统一领导,分工协作、统筹协调的工作格局。同时制订了完善管查互动机制试点工作计划表,确保将各项工作细化落实到位。

2. 完善相关制度,整体有序推进

为加强管查互动工作机制各项措施的有效落实,实现由自发互动向自觉互动的根本转变,试点单位绍兴市地税局制订、完善了包括《关于进一步完善管查协调会议制度的通知》、《税务稽查选案管理办法》、《稽查案件初诊办法》、《重大疑难案件沟通(会商)制度》、《稽查建议制度实施意见》、《优秀稽查案例评比办法》、《纳税评估“每季一案”点评办法》、《征管查人员交流互动办法》在内的八项制度和办法。这些制度涵盖了稽查工作开展的全过程,明确了稽查查前、查中、查后三个环节管查互动工作的具体内容和职责分工,为管查互动工作的有序开展提供了坚实的制度保障。具体为:

(1)完善管查协调会议制度,作为实现管查互动的主要平台。进一步明确了稽查局、税务分局、各业务

处室在会上需要通报的工作,需要反馈的情况,需要提交的资料,通过协调会议研究、布置、督查管查互动各项工作的开展,确立了管查协调会议在管查互动中的龙头作用。

(2)完善《税务稽查选案管理办法》,实行稽查选案互动和基础信息采集互动。税务稽查选案采取计算机通盘选案与人工选案相结合、人工分析为补充的办法。严格界定纳税评估与稽查的范围,税务分局向稽查提供案源,并说明理由提供有关线索。稽查局对建议的案件优先查处,并通过管查协调会议反馈查处情况。

(3)制订《稽查案件初诊办法》,实现查前分析互动。对重点税源户和重大疑难案件检查前,税务分局有关人员参与案件的查前分析工作,介绍该行业、该类纳税人日常征管情况以及案头分析中产生过的疑点,提供预警信息内容,供检查人员参考。参加查前分析的税务分局人员由市局选案办牵头税务分局并指派。

(4)制订《重大疑难案件沟通(会商)制度》,实现查中互动。对检查过程中发现的重大、疑难案件,及时将案件有关情况和问题与税政、征管等部门沟通,或以会议形式,共同分析讨论,开拓思路,研究对策,确保案件定性和处理的客观、公平、公正。

(5)制订《稽查建议制度实施意见》,实行检查结果互动。在《稽查建议制度》基础上,制定一套操作性较强的实施意见,细化稽查建议的范围、内容及落实反馈要求。稽查局将《税务处理决定书》、《税务行政处罚决定书》提供给被查单位的主管税务分局,同时填写《检查结果反馈表》,反映出检查发现的主要问题、加强税源管理的建议以及信用等级评定建议。税务分局将稽查反馈的资料与征管资料进行信息比对,分析查找征管漏洞,加强跟踪管理,通过管查协调会议反馈落实情况。

(6)制订完善《优秀稽查案例评比办法》和《纳税评估"每季一案"点评办法》,实行案例评比、点评互动。稽查局优秀案例评选,邀请市局有关业务处室和税务分局有关人员参加,税务分局纳税评估"每季一案"评选,邀请市局有关业务处室和稽查局有关人员参与,交流稽查和纳税评估的思路、方法、技巧,总结经验,共同促进双方业务水平的提高。

(7)制订《征管查人员交流互动办法》,实行干部业务交流互动。稽查局实施专项检查时,根据实际工作需要可以邀请税务分局干部作为协助人员参与部分案件检查;税务分局实施退税(费)审核监督时,根据实际工作需要可以邀请稽查局干部参加对部分退税(费)对象进行实地或调账核实。稽查局、税务分局向市局选案委提出人员交流申请,市局选案委确定选派人员。稽查局、税务分局进行业务培训时,如稽查局进行的年度业务培训,税务分局开展的汇算清缴业务培训等可以互相邀请对方业务干部参加培训,师资共享共同提高。通过不定期开展以业务交流为主的人员互动,相互熟悉业务工作,多岗位学习锻炼,提高干部业务素质,推进稽查、征管工作相互促进。

(二)管查互动机制试点运行的主要措施

经过近一年的试点运行,逐渐确立了"以管查协调会议为龙头、信息共享为主线、部门联动为依托、业务开放为补充"的管查互动思路。并在以下几个方面实现了互动:

1. 发挥管查协调会议的龙头作用

每月 20 日左右召开管查协调会议,协调管查关系并开展互动。明确在协调会议上,税务分局汇报本期辖区税源总体情况及需要稽查配合支持的有关问题,下月建议稽查的情况,本月稽查建议意见的采纳落实情况。稽查局汇报实施税务稽查后关于加强税源管理的征管建议,反馈本月税务分局建议稽查的纳税人的有关线索的检查核实情况。地税局相关领导负责点评并督查互动工作开展。

2. 业务流程全程互动

(1)查前分析互动。在计算机通盘选案的基础上,稽查局、税务分局在日常税收管理中,根据各自搜集到的内外部信息,分析挖掘纳税异常线索,有针对性地提供稽查建议对象上报选案办。凡符合以下三种情形的,税务分局必须作为稽查建议对象提交市局选案办,即:纳税人纳税指标严重偏离预警值,年度内连续三次被列入预警监控名单的;案头核实、下户核实,开展纳税评估等,发现有重大偷税嫌疑,预计应补税额占应缴税额 10%以上且超过 5 万元的;注销清算中发现有偷税嫌疑,预计应补税额占应缴税额 10%以上且超过 1 万元的。稽查对税务分局移送的案件,邀请税务分局人员共同开展案件初诊,了解纳税人日常征管情况以及税源管理、审核监督中发现的疑点或问题，有针对性地制定检查预案。税务分局根据纳税人现有数据，通过税源管理平台提取已作为稽查对象的纳税人的"企业地方税费负担率、企业所得税税负率、个人所得税占营业收入的比例、个人所得税工资薪金项目平均负担率、利润率、毛利率、工资成本率、销售工资含量"等指标，供稽查局查前分析或为责成自查转重点检查提供参考依据。

(2)检查过程互动。稽查局在依法查处涉税违法案件的同时，认真仔细核实各相关单位提供的异常信息、纳税人的基础信息(包括税务登记表、财务报表及财务信息采集表中的有关数据)，对一些重大疑难案件，及时与市局有关处室和税务分局进行沟通，共同研究对策；对开展税收专项检查的有关情况，及时通报征管部门。

(3)查后结果互动。稽查每月及时向征管部门反馈纳税人基础信息、检查处理情况；根据查处情况提出纳税信用等级评定意见对征管传递的异常纳税信息及其他涉税线索，及时检查核实，在管查协调会议上逐一反馈；对稽查中发现的税收征管中存在的问题或漏洞，及时提出稽查建议；在开展优秀稽查案件评比活动时，与有关处室和税务分局进行互动交流。

(三)下一步工作打算——搭建管查互动信息平台

试点单位在管查业务流程互动的基础上，着手搭建一个基于《浙江地税信息系统》业务流之上的管查互动信息平台，以便从选案、检查、数据核对、信息交换等方面对互动进行技术支持和规范，使信息传递速度更快，工作系统运行更顺畅。目前，管查互动信息平台业务需求已起草完成。

二、管查互动机制试点工作的主要成效

1. 构建了管查良性互动的工作格局

通过完善管查协调会议制度，使地税各部门之间，特别是征管与稽查之间互相了解工作开展情况，互通有无，共同协商推进各项工作，实现了加强税源控管、提高管查效能、促进依法治税的目的。

2. 推进了管查信息的共享

通过管查互动机制，规定了税务分局和稽查局在信息提取、使用、维护等方面的职责，挖掘了管查信息相互利用的潜力，完善了税源信息使用和维护的长效机制，为切实开展"信息管税"打下了基础。

3. 提高了稽查选案的质量

在稽查案源的确定中，将税务分局案头分析中发现有异常信息的纳税户、相关各单位从第三方(包括政府各职能部门、新闻媒体等)获取有纳税异常信息的纳税户，市局有关处室在日常税收管理中发现有异常纳税信息的纳税户纳入选案范围，使税务稽查更有针对性。

4. 提高了案件检查的效率

税务分局参与案件的查前分析，实施稽查案件初诊办法，使检查人员能够及时掌握案件日常征管情况以及税源管理、案头分析中发现的疑点或问题，检查更加有的放矢。对重大疑难案件实行沟通会商，稽查与征管、税政、法规和税务分局进行沟通，开拓思路，研究对策。对稽查过程中发现的征管工作薄弱环节和征管漏洞，有针对性地提出稽查建议，由征管部门进行整改落实。实现了查前分析互动、查中沟通互动和检查结果互动。

5. 推进了管查互学互动

稽查和征管在优秀稽查案例评比和纳税评估"每月一案"点评时，分别邀请市局业务处室和对方部门人员参加，互相交流工作思路和工作技巧，实现了业务的互学互助，促进了双方业务能力的提高。

6.切实提高了干部素质

管查人员交流互动，一方面提高了干部业务能力，使得不同岗位的同志对其他岗位的业务有所了解，为培养复合型干部提供了平台；同时也提高了干部的协调能力，通过部门间的沟通、协调，使得合理、有效地协调多个部门的关系成为推动工作开展的必备素质。

三、存在的主要问题

(一)管查互动的机制内容有待进一步精炼

管查互动的核心要义，即通过征管与稽查部门之间的业务协作与沟通，创新工作机制、畅通信息渠道、整合职能优势，最终实现管查效能的共同提升。因此，在管查互动机制的建立过程中，内容应尽量简化，不求多、不求全，重点突出核心业务的互动，并形成机制，以解决制约管查效率提升的主要矛盾和问题。从试点情况看，试点单位在构建管查互动机制时，都能够从业务互动、人员互动、培训互动等多个方面着手制定相关制度和办法,内容全面、系统,并取得了一定成效,但缺点是重点不够突出,抓手作用不够明显,管查互动的机制内容有待进一步精炼。

(二)管查互动机制尚未形成系统的考核指标体系

从试点单位的情况来看,管查互动机制能否有效运行的关键在于是否能够召开管查协调会议并且充分发挥其龙头作用,这在一定程度上也说明,试点运行中的管查互动机制要依赖于行政层面的高位领导和强势推进,尚未形成对管查互动系统的考核指标体系,各职能部门履行机制的自觉性有待进一步加强。

(三)管查互动缺乏信息交流平台,制约了运行效率

影响管查互动机制运行效率主要有以下三个方面问题:一是督查提醒的机制较缺乏。管查互动还没有实行工作流管理,对过程的控制主要是由人工干预来完成,容易造成工作的遗漏或时间上的延误。二是信息共享的针对性不强。虽然目前征管和稽查能够做到信息互动,但是主要通过相互开放系统权限来实现,但是在数量庞大的管查信息中,只是需要对方其中一小部分内容,数据筛选占用大量的人力精力。三是表单传递有一定工作量。目前互动工作中征管和稽查的表单传递还处于纸质传递状态,传递的工作量大,速度慢,不便于统计汇总。为进一步提高工作效率,需要及早在《浙江地税信息系统》中搭建管查互动信息平台,但由于数据省局大集中等原因,这一平台建设计划暂被搁浅。

四、进一步提升管查互动工作机制运行效率的几点建议

(一)准确把握管查互动机制构建原则

为确保管查互动机制的有效运行,在具体实施中注意把握好三个原则:一是求同存异,突出重点。管查互动内容不求多,不求全,要突出重点互动措施,解决主要存在问题。二是各司其职,协同运行。互动不等于替代,协作不是淡化分工,在互动中管查应发挥各自职能,不能混淆。三是完善制度,注重实效。制订管查互动有关制度时,要体现务实这一原则,互动制度出台后,重在抓好落实。

(二)在协调会议制度有效运行的同时,科学设计考核指标体系

管查协调会议的机制有效运行是前提和基础。只有充分发挥管查协调会议的龙头作用,在协调会议框架下讨论研究税源管理措施,分析税源变动趋势,协调管查关系,并且及时进行互动工作的布置、反馈和督查,才能将管查互动工作真正落到实处、实现良性互动。管查协调会议应有专人牵头(局长或分管地税的副局长)定期召开,这样有利于阶段性工作的开展和监督,同时考虑到地税工作的特殊性,不宜与局务会议、局长办公会议等合并召开。

科学合理且相互联动的考核指标体系是机制有效运行的动力和保障。只有在科学合理且相互联动的考核指标引导下,管查互动才能真正打破部门利益局限,实现从零散、自发的业务需要转变为有序、自觉的工作流程。考核指标的设计应涵盖查前、查中、查后的整个业务过程,诸如征管移送稽查案件的数量、查实率、大要案数量,以及稽查证管建议数量、落实情况等,通过设计合理的指标值,不断增强各职能部门参与管查互动的积极性和自觉性。

(三)及早搭建信息平台,逐步规范管查互动工作流程

考虑到全省数据大集中从开发到试点再到全省推广应用需要一段较长的时间,建议在税友2006的基础上先行搭建管查互动信息平台,待信息平台经过一段时间的运行和逐步完善后,数据大集中后再进行技术性调试和转换。

管查互动信息平台通过设置有针对性的共享范围,进行电子表单传递,实现对互动项目的工作流管理;通过对管查互动的工作流程的梳理,逐步在ISO质量管理体系作业指导书中予以明确并纳入年度考核内容,不断把管查互动工作向规范化、制度化、便捷化方向推进。

课题组组长:钱子辉

课题组成员:省局稽查局

优化和创新纳税服务若干问题研究

浙江省地方税务局课题组

纳税服务是税务部门根据国家税收法律、法规和政策的规定，通过多种途径和方式，帮助纳税人了解掌握税法、正确及时地履行纳税义务、维护纳税人合法权益的一项综合性税收工作。它贯穿于税收工作的全过程，分布在地税各部门的工作中，体现在税收征收、管理、稽查等各个工作环节。它是现代税收管理的基础性工作，也是当前深化征管体制改革，提高征管工作质量和效率，降低税收成本的关键环节。

在新的形势下，随着纳税服务理念和要求的不断更新，纳税服务工作的发展面临着新的机遇和挑战。地税部门如何做到优化和创新纳税服务，确立"以纳税人为中心"的纳税服务思想，建立平等对称的征纳沟通渠道，以满足纳税人的合理需求为基本要求，从便利纳税人出发，通过优化办税服务流程，拓展服务渠道，构建公平、公正、公开的纳税服务体系，为纳税人提供全程、高效服务，是当前地税部门需要不断探索研究的问题。

一、优化和创新纳税服务的作用和意义

优化和创新纳税服务，就是要通过优化创新服务，改善征纳关系，提高征纳双方依法履行权利和义务的自觉性。这既是政府职能转变的现实要求，也是税收工作落实科学发展观的具体表现。因此，地税部门急需转变思想，树立科学发展理念，通过规范执法与优化纳税服务并举，整合纳税服务资源，拓展纳税服务渠道，创新纳税服务手段，健全纳税服务体系，实现纳税服务多元化，来赢得更高的社会满意度和税法遵从度，在全社会树立起全新的地税部门形象。

（一）不断优化和创新纳税服务，有助于转变地税部门和干部的服务理念，提升服务意识。通过在征管查各环节，不断推陈出新，优化服务方法，创新服务手段，使纳税服务深入贯穿于地税征管全过程，不仅使地税干部能切实强化和提高服务意识，树立全程服务理念，而且还能实现地税部门由监督型职能向服务型职能转变，实现执法管理与纳税服务并重的工作模式，并推动纳税服务由被动服务向主动服务转变。

（二）不断优化和创新纳税服务，有助于建立和完善纳税服务体系。通过不断的修订和完善纳税服务标准和制度，梳理纳税服务工作规程，整合包括地税外网、内网、办税窗口、管理岗位及12366咨询热线等服务资源，与协作部门加强配合积极拓展服务渠道，丰富服务内容，实现服务的多元化。

（三）不断优化和创新纳税服务，有助于提高税务人员的整体素质。纳税服务是税收征管的基础性工作之一，服务手段和服务技术的不断优化和创新，不仅要求税务人员不断加强自身思想政治、业务素质建设，而且还对提高应用现代信息技术的水平等方面都提出了较高的要求。因此，通过不断的学习和探索，地税干部在提升自身综合素质的同时，也全面推动了地税部门的行风建设，为提升地税部门的整体形象创造了条件。

（四）不断优化和创新纳税服务，有助于营造良好的征纳环境。开展纳税服务工作，是尊重纳税人权利主体平等地位的需要，纳税人享有依法申请减、免、退税的权利，享有对国家税收法律、法规和纳税程序的知情权，以及陈述、申辩、复议等各项权利。但纳税人要便捷、有效、公平地获取和实现这些权利，则需要地税部门提供良好的服务渠道和有效的服务方式。由于纳税主体的多元化和需求的多层次，要求地税部门所提供的服务渠道和手段方法也要多样化，其服务内容也要不断更新和丰富。因此地税部门只有通过不断的创新和优化，积极为纳税人提供内容丰富且能较好满足各层次纳税主体需求的服务手段和方式，才能使广

大纳税人熟悉和了解地税部门的税收政策和办税流程，并赢得纳税人的认同和满意，最终形成公开、文明、和谐的办税环境，达到提高纳税人税法遵从度的目的。

(五)不断优化和创新纳税服务，有助于促进信息技术的发展。当前经济活动日趋复杂，纳税人数量和应税收入种类不断增加，纳税服务需求日益繁多。为了适应新的经济形势，提高地税部门的征管质量，优化和提升纳税服务水平，只有强化信息技术和网络技术在税收征管和纳税服务中的广泛应用，才能实现税收征管和纳税服务的规范化和科学化，才能广泛深入地应用现代技术手段优化创新纳税服务，有效提高纳税服务工作的质量和水平。因此优化和创新纳税服务需求，能不断推动地税部门信息技术的发展进程，使信息技术和网络技术融入地税征管的全过程。

(六)不断优化和创新纳税服务，有助于促进税收收入的持续增长。纳税人的健康发展与税收收入的持续增长是紧密联系在一起的，纳税人在生产经营发展过程中的不同阶段和在不同经济形势下的纳税服务需求是有所不同的。特别是当前在金融危机所带来的严峻经济形势面前，纳税人急需税务部门帮扶解困，提供有效纳税服务。这就要求地税部门转变原有的服务理念和服务方式，通过变被动为主动，出台各项新的服务方式和措施，为纳税人送政策、送服务，帮助纳税人渡过难关。地税部门在帮扶服务的同时也为地税涵养了税源，为地税收入的可持续增长创造了条件。

二、当前纳税服务工作的现状分析

我国自20世纪90年代从西方国家引入纳税服务概念以来，纳税服务工作随着征管改革的不断深入和发展，纳税服务理念、服务行为不断得到提高和完善，服务内容和方式也逐渐丰富和多样化，逐步形成了以办税服务厅窗口服务为主、以管理岗位后台配套服务为辅、以网络信息化为技术支撑的全方位综合性服务。其服务内容主要包括：

(一)办税服务厅的窗口服务。主要分为硬环境服务和软环境服务。硬环境服务主要包括办税服务厅的硬件设施标准化建设，包括纳税人等候休息场所及设施、自助服务设施、电子触摸屏、叫号系统、VI视觉识别指示引导标志和导税台等。如在我省265个办税服务厅中，已配备排队叫号系统的有9个，配备服务评价器的有259个，设置一米等候线的有251个，配备POS刷卡机的有151个，设置网上申报自助服务区的有253个，实行一窗式服务的有237个。软环境服务主要是指办税服务厅税务人员提供的各项服务，按工作职能包括税务登记服务、发票购缴服务、纳税申报服务、文书受理服务、涉税咨询服务等。税务人员在提供服务时所遵守的服务标准主要有“限时服务制”、“一次性告知制”、“补正承诺制”、“首问责任制”、“同城通办”等。另外，地税办税服务厅为方便纳税人办理涉税事宜，除了提供预约服务外，还推出了上门申报、邮寄申报、网上申报、代理申报等多种申报方式，并与银联部门密切配合，为纳税人提供电子缴税、“一户通”扣款服务。

(二)以网税系统及地税外网为平台的信息化技术服务。主要是让纳税人通过因特网办税服务系统来办理纳税申报等涉税事项，使纳税人足不出户就可履行纳税申报、税款扣缴等纳税义务，为纳税人提供了便利。此外通过及时上传更新各级地税网站涉税宣传栏目内容，为纳税人提供税法宣传、网上教育、政策咨询和查询等服务。

(三)以“12366”语音特服系统为平台的语音服务。“12366”语音系统主要是通过拨打全国税务统一特服号“12366”，为纳税人提供纳税咨询、投诉举报、电话申报、主动提醒和涉税通知等服务，其服务方式多样，既提供人工服务，也提供24小时语音自助服务。其发送提醒和涉税通知的短信平台，目前已成为基层税务分局催报催缴、政策宣传的有力工具，成为地税部门与纳税人有效沟通的重要渠道。据统计，2008年度我省共受理“12366”来电总数81.3万次，发送短信41.03万条。

(四)“纳税人之家”等提供的“专家”坐席服务。“纳税人之家”设有财税“专职咨询专家”和“志愿者专家”若干名，分别为纳税人在工作时间和休息时间提供专家咨询坐席服务。“纳税人之家”通过实施代表联系人制度，为重点企业配备财税专家，畅通日常沟通渠道，为其发展提供财税政策咨询解答，帮其解决财税疑难问题。同时也将企业的建议与意见、调查情况、政策落实情况收集反馈至财税机关，为下一步政策的制定与工作的开展铺垫基础，为纳税人提供“诚心、贴心、关心、用心”服务。通过纳税志愿者活动，为需要纳税服务援助的特殊困难群体或特定人员提供无偿的纳税援助服务。

(五)与税源管理工作相结合的各项配套服务。具体包括:一是通过新闻媒体、协税护税网络进行税法宣传普及教育,通过举办培训、座谈、设立税法宣传服务台(车)等方式发放宣传资料、接受纳税人的涉税咨询;二是对未能按时申报和缴税的纳税人及时进行催报催缴友情提醒服务,通过审核评析和比对纳税资料及第三方信息,以"提示函"的形式提醒纳税人及时纠错服务;三是为双定户停歇业提供"请销假"服务;四是辅导并协助纳税人完成年度税费结算服务,为办理注销纳税人进行税费清算服务;五是根据国家有关税费减免优惠政策给予的各类税费减免服务。

(六)税务中介代理服务。这是纳税服务体系的重要组成部分,一方面地税部门积极鼓励纳税人委托注册税务师事务所代理有关涉税事项,减少或避免纳税人在履行纳税义务过程中的偏差;另一方面地税部门及时受理税务师事务所按照规定从事的代理业务,承认其按规定从事经济鉴证类业务出具的审计或鉴证报告,并加强对税务代理行业和注册税务师执业行为的监管,为纳税人提供专业化的服务平台。2008 年,我省国、地税抽调业务骨干组成 10 个核查组,联合开展了全省 68 家税务师事务所的年检复查,对查出的有关部门及时督促整改,规范了事务所的执业行为。

三、当前纳税服务工作中存在的问题

通过多年努力,纳税服务工作在思想认识、服务方式、服务手段及技术等方面都取得了一定的成效,但与新时期地税征管工作对新型纳税服务的要求相比,在建立平等对称的税收征纳关系,为纳税人提供方便、快捷、优质的纳税服务措施,构建公平、公正、公开的纳税服务体系等方面,还存在着一定的差距。

(一)服务理念有待提升。当前虽然地税干部已普遍认识到纳税服务的必要性,在日常税收征管工作中基本上都能体现一定的服务意识。但对如何提高服务水平、深化服务层次、拓展服务渠道和范围等方面认识还不够,还不能正确处理执法与服务的关系,不能很好地将纳税服务与税收管理相结合,没有将纳税服务作为税务部门最基本的职能来看待。一些人狭隘地认为纳税服务只是办税服务厅的事,与管理环节、稽查环节、法制环节、执行环节没多大关系,将纳税服务锁定在共性化服务方面,纳税人多层次多方位所需求的个性化服务没有得到加强,缺乏大服务、全程服务的理念。

(二)服务体系有待完善。一是纳税服务缺乏完整、系统的法律依据,服务概念尚不明确。主要表现在《征管法》及其实施细则上,仅提及税务部门要无偿服务、文明服务,但没有进一步规定相应的具体内容,因此纳税服务缺乏具体内容的法律保障。二是基层部门还没有建立专门的纳税服务组织机构,没有配备专门人员管理纳税服务工作,在日常征管工作中不能很好地突出纳税服务的重要性,专业化程度不高。三是纳税服务标准不能细化、量化,在规定和设置纳税服务工作时,只是笼统地规定一些岗位所要承担的服务职责,没有很清晰地明确纳税服务在时间、质量、目标上要达到的具体指标,影响了纳税服务工作实效。四是纳税服务缺乏健全的考核评价机制。纳税服务大多与行风建设等形象建设紧密联系,没有独自形成一套较为完善的可以量化的考核制度和评价机制,缺乏必要的奖励和惩罚措施,监督和激励机制不完善,监督制约手段不健全,使得纳税服务质量难有质的提高。

(三)队伍素质有待加强。随着社会经济和科学技术的迅速发展,税收征管工作向科学化、精细化、专业化方向发展,对税务人员的素质要求不断提高。由于目前地税干部年龄普遍老化,因受编制等因素所限,不能及时更新、轮换,导致现有部分干部已难以应付复杂多变的税收政策及快速发展的信息技术。因对税收政策掌握不全,技术操作水平不高导致宣传缺失和政策落实不到位,服务效率较低,从而使纳税人的合法权益得不到有效保护,不能获得纳税人的满意。另外随着市场经济发展的不断深化,纳税人的视野更加开阔,对服务的需求也更加多样化,因现有干部队伍的服务能力及水平等原因不能够针对不同的受众人群实行深层次、专业化的服务,大多只停留在浅层次、大众化的表层形式上,没能达到预期的效果。

(四)服务方式有待改进。地税部门在考虑纳税服务的方式上往往只从自身的主观意志出发,以税务机关的单方意愿开展纳税服务工作,缺少"换位思考"。片面强调和注重自身的服务形象,而不是以纳税人的合理合法需要出发,不注重纳税服务的实效,优化服务偏重于口头上的服务,不能满足不同纳税人对纳税服务的不同需求。虽然脸好看了、门好进了、话好听了,但服务水平、服务效率却难于显著改进。在纳税服务的规划建设上缺乏战略性、系统性,缺乏正确的理论指导。

(五)服务手段有待更新。近几年地税部门在征管信息化建设方面投入较大,发展也较快,地税部门在税源管理、税收分析的工作效率有了明显的提升,但由于对纳税服务的定位和认识滞后,使得地税部门在信息化建设过程中,纳税服务信息化建设没有同步发展,纳税服务的技术含量不高,服务渠道狭窄、手段落后、质量较低;在征管改革过程中,地税部门对"集中征收"征管模式的力度加大,办税场所的大量减少并向城镇区域集中,给遍远地区特别是农村地区的纳税人办税带来较大不便。另外,国地税机构在管辖区域、地理位置等方面互不协调配合,国地税征管系统互不兼容,信息采集多头、重复,这也给广大纳税人造成了诸多不便。同时,税务机关的"非许可性"审批仍然大量存在,传统的"以批代管"方式还存在,这都给纳税服务工作带来一定的负面影响。

四、强化基础建设,进一步夯实纳税服务基础

在认清原有纳税服务存在问题的基础上,如何进一步优化和创新纳税服务,全面提高纳税服务效率,是当前新形势下全面提升地税征管质量的一项重要工作,也是一项长期的系统工程。要做好这项工作,需要从思想观念、服务体制、干部队伍素质建设等基础工作下工夫,为优化和创新纳税服务营造一个良好的环境,打造扎实的基础,为服务手段和服务内容的更新提供强劲动力。

(一)创新服务理念,确立以纳税人为中心的服务思想

树立"以纳税人为中心"的纳税服务理念是优化纳税服务的前提。地税部门要将原有的重征管轻服务、以检查促征管的管理模式,转变为执法加服务、服务促管理的"以为纳税人服务为中心"的管理模式。税务机关在制定政策及征管办法时,既要考虑堵塞漏洞、强化管理,又要考虑简化程序、方便纳税人;在行政执法时,既要监督纳税人依法履行纳税义务,又要充分尊重和保护纳税人的合法权益;在办理涉税事务时,既要坚持按规程办事,更要在减少环节、提高办税效率上取得实质性进展。

1. 正确认识依法治税与纳税服务的关系。依法治税与纳税服务不是对立的,依法治税是优化纳税服务水平的基础,公开、公平、公正执法就是最好的优化纳税服务。因此,要牢固树立依法治税就是对纳税人最佳服务的思想,确立征纳双方平等的法律地位,做到在执法中服务,在服务中执法,把优化纳税服务体现到依法治税中,最大限度地保护纳税人的合法权益。

2. 坚持征收管理与诚信服务并举。在新的形势下,税收征管模式正在由管制型税收征管模式向服务型征管模式转变,通过树立"服务促管理"的理念,将纳税人"诚信纳税"理念与税务机关的"诚信服务"结合起来,坚持管理中服务、服务中管理的原则,积极打造"诚信服务"形象。要以纳税人的需求为导向,把优化纳税服务贯穿税收工作的全过程,满足纳税人的各种需求,为纳税人提供税前、税中、税后服务,简化办事程序、优化业务流程,减少审批项目,使税收征管工作效率得到全面提高。

3. 树立积极的纳税服务理念,实现由被动服务向主动服务转变。地税部门应将提供纳税服务视为税务机关应尽的义务,认识到搞好服务是提高地税征管水平的重要前提。要始终把尊重纳税人、理解纳税人、关心纳税人贯穿在税收征管全过程中,积极、主动、及时地为纳税人提供优质、高效、经济的纳税服务。

4. 纳税服务要从职业道德要求向具体行政行为要求转变。在税收工作之中,要将过去作为高标准的职业道德要求,转变为对税务人员的基本行政行为规范,使纳税服务的内容制度化、规范化,并将纳税服务作为税务机关行政执法的有机组成部分,全力打造服务型税收。

(二)推动纳税服务体制机制建设,完善纳税服务体系

纳税服务体系的建立与完善是优化纳税服务的基础。服务体系的优化不仅从战略目标上进行长远规划和设计,更要从服务领域、工作机制、工作职能和步骤上进行创立和明确;不仅要专门优化配备服务机构,优化服务流程,细化服务标准,更要在服务监督与考核上进行创新和强化。要紧紧围绕总局提出的"纳税服务三年规划",牢固树立征纳双方法律地位平等、满足合理需求、坚持统筹协调、实现经济效能等四项

基本原则，以税法宣传、纳税咨询、办税服务、权益保护、信用管理、社会协作为主要任务，以进一步健全组织机制、推进制度建设、优化服务平台、强化队伍建设、细化绩效考评为保障，实现提高纳税人满意度和税法遵从度的目标，形成“始于纳税人需求、基于纳税人满意、终于纳税人遵从”的纳税服务新格局。

1. 进一步完善纳税服务组织机构建设。要合理配置纳税服务岗位，界定岗位服务职责，梳理服务流程，充实和完善服务内容，细化和量化服务标准。一是要从地税部门税收工作实际出发，在省市县三级地税机关，应设立专门从事纳税服务管理的内设处（科）室，统一指导辖区内纳税服务工作的开展。二是要梳理和调整办税服务厅的管理功能，如将税政等部门的税收宣传、政策服务前移，重点突出办税服务厅的纳税服务功能；条件成熟的地方可将地税各类服务整合，单独设立纳税服务科（股）。三是根据征管的实际需要通过各级纳税服务管理部门详细设置、界定每一个征管环节的服务工作岗位和职责；从可行性出发将服务内容、服务方式与手段进行细化、量化和人性化；以方便纳税人办事为原则，不断梳理和优化服务工作流程。如政策咨询服务、登记受理服务、发票管理服务、申报管理中的远程信息技术支持服务、日常审核与检查提醒服务等。

2. 建立和完善纳税服务的各项工作规划、规范和准则。通过向社会公示公开地各项服务工作职责和要求，接受纳税人的监督。例如地税机关现行的“阳光稽查”，文明办税“十公开”，包括公开税收政策法规、岗位职责、工作规程、处理（处罚）标准、服务规范、监督方式和承诺涉税服务标准、办税时限等措施。

3. 建立评价考核机制，加强服务质量的监督与考核。围绕优化纳税服务制订科学可行、体现人性化的考核办法。考核标准与内容应与每个岗位的服务标准、服务内容和要求相结合，方式可采取公众投票、打分、满意度问卷调查等方式定期和不定期考查，考评结果与税务人员的工作业绩挂钩，与目标管理考核挂钩，与年终评先评优挂钩。对服务意识好、服务质量高的人员及时给予表彰，对服务不到位的行为和侵害纳税人权益的执法过错行为要严格责任追究。

（三）坚持以人为本，不断提高税务人员的整体素质

提高干部队伍整体素质是优化纳税服务的保证。税务部门不仅要从思想意识上加强教育，提升服务观念，更应从业务知识上加强学习和培训，以适应不断发展的税收形势。并在服务场所的设置、服务人员的配置上进行优化，使地税的人力资源能得到合理利用、充分利用、有效利用。

1. 由于现有的地税干部年龄已普遍老化，且在编人员数量偏少，税务干部工作压力较大。因此地税部门首先应着重解决人员数量问题，在因编制原因不能大量增加在编人员的情况下，可向社会上择优录用临时人员，充实于办税服务厅等服务一线窗口岗位，在缓解地税人员压力的同时也有助于提升办税服务厅的整体形象。其次按地税征管工作的性质和特点，根据地税干部的业务水平和能力，合理配置服务岗位。如将一些业务处理能力一般的干部配置于服务内容比较单一、方式和手段相对固定的窗口岗位上，将一些经验丰富、业务处理灵活、更新知识快的中坚力量安排到相对重要的、业务量较大的管理岗位，使各类税务干部能充分发挥自身的特长，提升服务质量。

2. 地税干部要不断加强税收业务知识的学习，首先是人教、税政和征管等部门应适时组织各类业务培训与岗位竞赛，通过“每日一题、每月一课、每季一考”等形式，丰富学习内容，创新培训方法；其次通过开展“读书日”等活动，培养读书爱好，养成自觉读书的好习惯；再次是鼓励税务人员参加在职学历教育，通过系统学习，丰富和开阔视野，综合提高业务素质。

五、不断创新，进一步优化纳税服务举措

服务方式和手段的不断改进和创新，是优化纳税服务的重要途径和方法，也是优化和创新纳税服务工作内容的具体表现。地税部门应在服务思想、服务体制与干部队伍综合素质建设的基础上，坚持以纳税人为中心，以法律法规为依据、以纳税人合理需求为导向、以信息化为依托、以提高税法遵从度为目的，不断拓展服务渠道，优化服务方式，创新服务手段，丰富服务内容，全面提升纳税服务的工作质量。

（一）积极拓展新的服务渠道和领域，优化和完善服务设施和场所

1. 积极推进办税服务厅的标准化建设。地税机关应在完善现有办税服务厅的“硬件”基础上，进一步加强“软件”建设。全面落实省局关于统一推广应用视觉

识别系统(VI)的工作要求,根据税收征管工作需要和便利纳税人的原则,按照统一设置、统一布局、统一职能、统一流程、统一标志的"五统一"标准,进行办税服务厅的整体规划布局。即办税服务厅的区域要合理划分,功能要配套完善,纳税指示标志要醒目易懂,业务流程清晰简便,税务窗口服务功能要全面集中,并遵循纳税服务的有关制度,如首问责任制、全程服务制、延时服务制、同城通办制、一窗式服务制、限时服务制等。

2. 积极将纳税服务向后台延伸。地税机关要在丰富和完善办税服务厅服务功能的基础上,进一步将纳税服务工作向后台管理延伸,在管理环节、检查环节设置服务标准和措施,并通过工作流程的形式将前后台的工作进行串联与制约,使前后台的纳税服务形成一个整体,形成全过程、全方位的纳税服务。

3. 深入拓展纳税服务社会化管理工作。地税机关应通过与第三方协作部门积极合作,密切配合,通过借助第三方的服务渠道和途径,扩大地税部门的服务网络和服务触角,为纳税人提供社会化服务,如工商、国税、地税三方联合办证,地税与国土、规划、城建、房管、公安等部门的信息共享与合作等。

4. 积极开通服务渠道,为保护纳税人合法权益提供救济服务。要充分利用各种渠道收集纳税人的意见和建议,建立健全对纳税人意见和投诉的快速处理机制。要高度重视税务行政复议与行政诉讼工作,积极运用调解手段提前解决税务行政争议,制止和纠正违法和不当税务行政行为,保护纳税人合法权益。

(二)改革优化原有的服务方式,积极化被动服务为主动服务

1. 化被动服务为主动服务,变专项活动为日常服务。当前地税部门提供的纳税服务往往是守株待兔式的,是因纳税人的申请而被动提供服务。如纳税人通过电话、上门及网络向税务机关进行政策咨询和办理涉税事项,很少有税务机关主动为纳税人送服务、送政策等活动。税收宣传月、"春雨行动"等专项活动也因为受众面小、活动时间有限,难以形成纳税服务的日常机制和长效机制。因此,地税部门要改变原有的服务方式,通过建立片区日常纳税服务制度,由片区专业纳税服务人员积极与纳税人沟通联系,及时主动为纳税人排忧解难,并根据不同纳税人的经营特点与服务需求提供不同特色的服务,体现个性化服务。

2. 积极开展涉税中介代理等业务工作。地税部门现有人力资源比较缺乏,仅仅依靠自身力量不能完全满足纳税人的各类服务需求,因此地税部门在依法治税的前提下,将一些服务工作委托社会经济中介等机构进行代理,以服务外包形式增加和丰富服务方式。

3. 积极拓展服务内涵,大力开展"纳税人之家"、"纳税志愿者"行动等个性化服务。通过建立"纳税人之家"及分会、设立演播室、专家见面会及税企交流会等形式的专家服务队,为一些有特殊服务需求的纳税人进行预约服务;通过组建"纳税志愿者服务队"等形式,开展预约上门服务、绿色通道办税服务、法律涉税援助服务、代为办理涉税事项等人性化服务。

(三)利用现代信息技术,优化和提高服务手段的技术含量

地税部门除了进一步完善办税服务厅等传统服务平台的同时,应全面加强税务网站、"12366"纳税服务热线、地税征管系统信息化建设,充分利用信息技术,丰富服务内容,提高服务工作效率。

1. 完善税务网站建设。一是要进一步规范和完善税务网站的纳税咨询、办税指南、网上办税、涉税公告和公示、投诉举报等服务功能,及时更新税收政策法规库的内容,准确及时发布涉税信息。要经常组织部门和人员与纳税人实行网上即时互动,及时正确回答纳税人的涉税咨询。二是健全网税办税功能,在保证网上申报畅通无阻的前提下,着力推行网上"CA"认证,简化和简并涉税资料的报送;积极推行网上预约登记、网上预约购领和网上开具发票、网上办理税费减免申请等事项。三是利用互联网功能主动与第三方协作部门进行联网,实现信息共享;积极推进财税库银横向联网,方便纳税人缴税,有效减轻纳税人的办税负担。

2. 拓展"12366"纳税服务热线内容。一是要进一步升级改造"12366"纳税服务的硬件建设和短信平台,及时做好"12366"语音中心知识库的维护工作,实现语音数据的集中管理。在优化纳税咨询、办税指南查询、涉税举报、投诉监督等基本服务功能的基础上,探索推行"12366"纳税服务热线电话呼出语音传真、公告、VIP 客户服务、发票真伪辨别信息等服务。二是将《地税征管信息系统》与"12366"短信平台对接,积

极发挥短信平台在催报催缴、友情提醒上的服务功能。三是将“12366”的服务部门扩大至财政、国税等部门，并与其他政府部门的服务热线进行整合，如与“12345”市长热线、“96345”社区服务热线的联线。通过部门的联合服务，不仅可拓展“12366”的服务内容，同时也可以提高“12366”纳税服务热线品牌的知名度，从而也可进一步提升地税部门的服务形象和地位。

3. 地税征管系统信息化建设。《地税征管信息系统》是地税部门的信息化征管平台，该系统的先进与否、是否能平稳运行将直接影响到地税征管工作能否顺利开展。同样优化纳税服务、提高服务效率也离不开该信息平台的驱动和支撑，因此在地税征管信息化建设过程中，除了要在征收、管理、执法检查等模块和菜单里结合纳税服务功能外，更要在前台办税服务等模块里单独设置纳税服务菜单。要充分运用电子技术，对现有税收征管与服务业务及流程进行信息化设计，对每个岗位及工作过程实施全程监控和电子考核，完善电子签名技术，实现税务登记、纳税申报、税款划拨、税务咨询、政策查询等业务的网络化、无纸化服务，为优化税收服务提供更加有力的技术支持。此外，在软件功能上还应体现征管软件的通用性和兼容性，做好与第三方部门数据和功能的衔接，提高涉税综合分析利用水平，逐步实现地税机关内部征管信息与国税及其他协作部门之间的传递和共享。

课题组组长：劳晓峰

课题组成员：徐　建　唐光权　夏国强

鲍建明　陈国强　金华东

颜家欢　陈世亮　周　亮

执笔：谢伟强

水利建设专项资金管理现状与对策研究

浙江省地方税务局课题组

水利建设专项资金（以下简称水利资金）是浙江省政府为加快本省水利事业发展，加强水利基础设施建设，按照“水利为社会、社会办水利”的方针筹集的一项政府性基金。自1993年征收水利资金以来，全省地税部门在省委、省政府的正确领导下，认真贯彻执行《浙江省人民政府关于水利资金征集办法的通知》（〔93〕浙政发293号），按照“完善政策、规范管理”的工作思路，积极探索水利资金征收管理新措施，逐步规范和理顺政策，完善机制，夯实基础，并实施科学化、精细化管理，全面提高征管的质量和效率，不断推进水利资金的征收管理，收入连年保持了较高幅度的增长。从2000年到2008年间，水利资金收入从7.41亿元增长到56.92亿元，增长了6.68倍，保持了水利资金收入持续快速增长，增强了地方政府可用财力，推动了地方政府财力结构的进一步优化；同时也为省委、省政府提出的各大水利项目的建设提供了有力的资金支持。

一、水利建设专项资金征管措施得力，收入的持续稳定增长

全面加强与规范水利资金征收管理一直是地税部门的重点工作之一，省局领导高度重视，把这项工作作为保障人民生活财产安全和全省经济社会和谐发展的一项重要工作来抓。一方面不断加大征管和宣传力度，实现税费同征、同管、同查，每年超额完成征收任务；另一方面，针对存在的问题因地制宜，积极采取应对措施。

（一）加强宣传，优化缴费服务，营造良好的征缴氛围

在水利资金征管过程中，全省各级地税部门充分利用办税服务厅、报纸、杂志、地税网站、12366语音特服系统等媒体，进行水利资金政策宣传工作；各地基层税务分局也经常利用新政策出台或办税员培训

班、会计人员继续教育的机会给企业工作人员讲解水利资金的各项政策及新的征管措施等,使广大缴费人充分了解水利资金的各项政策内容和及时足额缴纳水利资金的重要意义,融洽征纳双方关系,不断提高企业缴费意识,促进水利资金征缴工作顺利开展。在加强宣传的同时,各级地税机关进一步优化缴费服务。推进网上申报和地税银行国库三家联网的"一户通"电子缴库方式,减轻缴费人负担。各级地税干部在水利资金的征缴流程中承担起大量工作,从征前提示到征后催报催缴,从疑难解答到业务培训,使征缴工作更加人性化,同时也使征缴工作顺利实施。

(二)采取多种措施,着力改变"一刀切"征收标准导致的企业负担不均现象

根据财政部财综字〔1998〕132号对我省水利资金有关问题的批复,除银行(含信用社)和保险公司按利息收入和保费收入的0.6‰征集外,其他单位和个体经营者均按销售收入(或营业额)的1‰征集,在实际征管中,由于行业销售利润率不同,引起了不同行业的实际负担差异,特别是一些销售额大、利润薄的商贸企业反映负担太重。针对这一问题,我们积极与有关部门一起研究,提出建议,经有关部门批准后执行。如对经营大宗物资的商贸企业经主管地税机关审核批准,可酌情给予减免;对建筑业、广告业等实行营业额差额征收营业税的行业,水利资金的计费依据也按照计税营业额认定;对银行、保险公司由利息收入、保费收入为计征依据改为按全部业务收入计征等。这些政策的实施,一定程度上缓解了"一刀切"征收标准导致的企业负担不均矛盾,为企业营造了较为公平的发展环境,受到了企业欢迎。

(三)完善水利建设专项资金征收管理

一是针对原来水利资金征收任务数偏低导致个别地方完成任务后放松征收管理的现象,我们提出了取消下达水利资金任务,严格按规定标准征收,促进各地应收尽收。二是改进征收方式,规范减免审批。为有利于地税部门的催报催缴工作,减少缴费人的申报不实或漏报现象的发生,提高了水利资金的申报入库率,把水利资金的征缴方式由原来的按年征缴改为按月征缴,从而完善了水利资金的征收和缴纳程序。三是把企业缴纳水利资金情况作为纳税评估和税务稽查的内容之一,促进税费同征、同管、同查。四是把水利资金收入增长纳入地税系统的考核,促使各级地税机关进一步加强水利资金的征管,强化征管措施,保证水利资金及时足额入库。

(四)以信息化为依托,加强收入分析预测,进一步提高征收效率

在税收全面实施税源间接控管的前提下,各级地税机关也加强了对水利资金的控管,利用地税的信息化平台,进行数据比对,加强水利资金征缴情况的综合分析和费源监控,及时掌握各地水利资金的收入动态,科学判断收入的增长趋势,以企业申报数为基础,结合历年的收入规律,考虑政策性、特殊性增减收因素的变动情况来预测收入情况,并根据预测,及早采取一系列措施,加强与国税、工商等部门的信息共享,加强漏征漏管户水利资金的征管,确保水利资金收入的持续稳定增长,牢牢把握组织收入的主动权。

(五)加强审批管理,规范减免程序

一是下发了一系列文件,对减免条件作了详细、明确的规定。二是在省地税局下发的《税费基金减免管理暂行办法(2006版)》(浙地税发〔2006〕141号)中对各地减免报批时所需的资料作进一步规定,明确报送符合各项减免条件的证明材料,并严格按照文件规定的条件进行审批。三是对各地上报的水利资金减免申请,经集体审核、讨论后,严格按规定程序完成审批手续。

二、水利建设基金使用情况

(一)各种类型水利项目的使用规模

1998—2007年十年间,全省共计安排水利建设基金210亿元,其中用于水利工程建设192亿元,水利工程维护8亿元,应急度汛5亿元,水利前期工作3亿元。按各种类型项目分年度使用规模详见下表。

(二)水利建设基金发挥的效益和作用

水利建设基金为我省水利建设筹集了大量资金,进一步增加了财政对水利建设的投入力度,增强了各级财政调控能力和地方政府可用财力,推动了各级地方政府财力结构的进一步优化。同时,我省水利建设基金的筹集和使用,对各级地方政府其他财政资金的投入和其他多渠道自筹资金的投入起到了较强的带动作用。1998—2007年十年间,在水利建设基金的带动下,地方配套资金投入900多亿元,为确保重点水利建设项目和重点水利工程的顺利实施提供了财力

水利建设基金使用情况调查表

单位:万元

年度	当年落实情况			当年使用情况								
	省级基金	市县基金	市县配套	工程建设					水利工程维护	应急渡汛	前期工作	其他
				合计	病险水库加固	灌区节水改造	农村饮水安全	其他				
1998	25146	38507	506344	51305	907	81	385	49933	7000	2548	1750	1050
1999	26876	47638	586363	60322	5250	270	70	54732	7175	4008	1750	1260
2000	29550	53925	657015	69591	7000	1796	105	60690	7455	3210	1750	1470
2001	33640	71970	740882	88653	10500	788	508	76858	7630	4778	2800	1750
2002	40156	91570	755373	113635	10500	2660	350	100125	7805	4862	3325	2100
2003	48861	122930	994004	152877	35000	1750	10500	105627	8015	4774	3500	2625
2004	64465	164691	1151099	209416	35000	3500	21000	149916	8225	5040	3570	2905
2005	55313	243291	1163848	277394	31826	7189	18746	219634	8750	5390	3710	3360
2006	74694	337898	1160508	389107	70000	20174	42000	256933	9100	7000	3815	3570
2007	94160	443600	1308739	513190	70000	21000	78750	343440	9380	7000	4235	3955

保障,为“八八战略”的实施、“平安浙江”建设以及建设社会主义新农村作出了巨大贡献。为省委、省政府提出的千里标准海塘、钱塘江千里江堤、城市防洪、千库保安工程、千万农民饮用水工程、万里清水河道、浙东引水工程以及水资源保障百亿工程、治太工程等重点水利项目的建设提供了有力的资金支持。

1.建千里标准海塘,提高沿海防台御潮能力。从1997年开始至今,省委、省政府累计建成标准海塘1400多千米,从根本上提高了沿海防台御潮能力,为沿海地区经济社会持续发展提供了重要的基础保障。

2.建高标准城市防洪工程体系,提高城市防洪能力。我省基本建成全省高标准城市防洪工程体系,城市防洪能力显著提高,抗洪减灾效益明显,保障了人民生命财产安全。同时,城市面貌发生了可喜的变化,推进了城市化进程,改善了投资和生活环境。

3. 开展病险水库除险加固,大幅提高水库安全度。2003年开始至今,全省完成了1021座病险水库除险加固,有效保障了20多个县级以上城市、200多个乡镇以及大量铁路、公路等基础设施和重要工矿企业的安全。

4.加快建设骨干供引水工程,全面提高水资源供给能力。1998—2007年十年间,全省新增水库库容42亿立方米,各类工程年供水能力达7230万吨/日。同时,共实施22项重点水库和引调水工程项目。水资源保障百亿工程建成后,可基本解决全省区域性缺水或取水水源不符合国家规定要求的近37个市(县)的城乡供水问题,全面提高浙江水资源供给能力。

5. 实施千万农民饮用水工程,改善农村饮水条件。2003年,省委、省政府开始实施千万农民饮用水工程,至2007年底,全省累计完成投入60.5亿元,总受益人口833万人,全省农村安全饮用水覆盖率提高到86%。解决了农村饮水困难、保证了农民身体健康,也推动了农村经济发展,改善了农村生活条件和生态环境,促进了社会和谐。

6. 实施千万亩十亿方节水工程，大幅节约农业用水。我省于2004年启动“千万亩十亿方节水工程”，至2007年底，全省共实施项目118个(不包括宁波市)，新增节水灌溉面积275万亩，改善灌溉面积460万亩，平均新增年节水能力3.1亿立方米，取得了巨大的经济、社会和生态效益。

7. 开展万里清水河道建设，改善城乡水环境。2003年，浙江省委、省政府开始实施“万里清水河道建设”，改善河道水环境，最终实现河道“水清、流畅、岸绿、景美”的目标。至2007年，全省已累计整治建设清水河道13400多千米，落实了15000千米河道的保洁管理任务。

8. 开展水土流失治理，改善环境保护水资源。1998—2007年十年间，共治理水土流失564万亩，为遏制水土流失，改善生态环境，保护供水水源作出了巨大贡献。

三、水利资金征收管理中存在的问题

近几年来，一方面，随着税收立法的不断完善和宣传力度的加大，税收法制观念已经深入人心，税收征管工作正沿着规范化的轨道向前发展，水利资金征管政策规定出台比较早，相关政策立法层次较低，而且过于笼统，刚性不足，导致征收机关执行难度日益加大；另一方面，随着经济社会的发展，企业的规模不断壮大和发展模式的多样化，水利资金很多政策规定已不适应目前的企业发展现状，政策本身的不合理之处日益显现，使征管工作较为被动。目前水利资金征管中存在的问题主要表现为：

(一)法律层次低，执法刚性弱

1993年浙江省人民政府发布《关于水利建设专项资金征集办法的通知》(〔93〕浙政发293号)，这是截至目前水利建设专项资金征集法律层次最高的规章。随着法制化建设的日益加强，税务行政行为的规范，水利资金征收政策的规范性矛盾比较突出。税务机关无权对不缴、少缴、不征、少征等违反规定行为采取加收滞纳金、税收保全、查封扣押、罚款、强制执行等相应的行政处罚措施，致使政策本身法律责任缺失，造成政策贯彻各市、县不同步，地税部门政策执行不到位、手段软化，给一些企业无故拖欠或不申报缴纳造成可趁之机，影响了征收效果。

(二)政策设计不科学，企业负担重，行业负担不均

水利建设资金政策出台后，长期未作实质性调整，加之近二十年来我省经济社会发展已有翻天覆地的变化，从现行经济社会运行情况来看，20世纪90年代初期出台的水利建设专项资金政策有很大的局限性，制度设计存在诸多不科学和不合理的地方。

1. 费率设计单一，行业负担不均衡。水利建设资金开征之初，曾设计了三档税率即流通服务性企业1‰、生产性企业2‰、私营企业和个体工商户3‰、金融企业按贷款利息收入的2‰、保险企业按财产保费收入的1‰征集。1999年后对生产性企业和流通服务性企业费率统一调整为1‰，金融、保险企业调整为0.6‰，只保留了两档税率。不管行业差别，也不管企业经营业绩好坏和税收贡献大小，除金融保险企业外所有企业都按一个费率征收，这对企业来说显失公平合理，难免会造成企业之间负担的不平衡。从实际征收情况看，对商贸企业、劳动密集型制造企业等征收标准过高，而对金融保险、房地产、娱乐业、中介服务业等征收标准偏低。我们取2007年和2008年的有关数据进行比较。详见2007年全省水利建设专项资金部分行业负担情况表。

2. 征收费率较高，企业负担较重。水利建设专项资金征集比例尽管经过不同时期的调整已从1994年的1‰—3‰下调到1999年的1‰和0.6‰，但随着国民经济的快速发展，水利建设专项资金的入库数也随经济总量壮大而大幅攀升，企业负担较重。据测算，目前全省水利建设专项资金负担情况如下页表3。

从表中数据可以看出，企业的水利建设专项资金负担还是偏高，特别是在剔除金融保险业以后。表中水利建设专项资金是实际入库数，也就是在扣除减免数以后的数据，如果加上减免数，那么按表2口径2007年、2008年两年的水利资金应缴数占利润总额的比例分别为2.72%和3.72%。从中也可以看出，2008年受世界金融危机影响，我省企业的利润率有了明显下降，而水利建设专项资金负担率的上升也大大加重了企业的负担。

3. 区域负担不均衡。从全省(不含宁波)情况来看，水利建设专项资金收入占税收收入的比重不平衡，从一个侧面反映各地间企业的负担不均衡。有的地方负担较高，有的地方负担相对较低，具体水利建

表1　2007年全省水利建设专项资金部分行业负担情况表

单位:万元

行　　业	水利资金	利润总额	占利润比重%	税收收入	占税收比重%
合　　计	403888.52	24563609.28	1.64	25636999	1.58
加工制造业	205016.25	6899716.53	2.97	11055512.90	1.85
电力公用业	16501.53	1568540.13	1.05	1586144.55	1.04
建筑安装业	24176.61	438335.54	5.52	1179312.79	2.05
交通运输业	8681.39	1917611.95	0.45	5992916.23	0.14
软件服务业	1612.81	37296.81	4.32	86971.04	1.85
批发零售业	101142.17	2738138.54	3.69	4220886.78	2.40
金融保险业	9098.92	8145085.75	0.11	1445812.83	0.63
房地产业	19588.04	1650542.89	1.19	2376294.34	0.82
服务业	15899.26	999319.77	1.59	1170115.83	1.36
教科文卫业	889.00	103971.05	0.86	128566.45	0.69

表2 2008年全省水利建设专项资金部分行业负担情况表

单位:万元

行　　业	水利资金	利润总额	占利润比重%	税收收入	占税收比重%
合　　计	451563.93	26692440.76	1.69	31228295.27	1.45
加工制造业	209828.81	4887694.69	4.29	13,125,182.89	1.67
电力公用业	20324.32	608512.90	3.34	1607320.85	1.26
建筑安装业	29220.96	501912.94	5.82	1395974.50	2.09
交通运输业	10544.26	1362945.68	0.77	1148343.01	0.92
软件服务业	1097.26	68800.90	1.59	112269.47	0.98
批发零售业	115278.35	3055466.18	3.77	3357384.26	3.43
金融保险业	12441.11	12052928.01	0.10	2089712.66	0.60
房地产业	20968.84	2050686.64	1.02	2700354.27	0.78
服务业	17167.27	1073229.67	1.60	1399733.29	1.23
教科文卫业	985.00	183251.52	0.54	145856.84	0.68

表3 目前全省水利建设专项资金负担情况表

单位:万元

年度	水利资金	销售收入	占销售比重%	利润总额	占利润比重%	税收收入	占税收比重%
2007	40.36	49015.42	0.08	2456.36	1.64	2564.55	1.57
2008	45.14	61068.07	0.07	2669.24	1.69	3123.37	1.45

设专项资金占税收比重情况见下表5。

从表中可以看出,绍兴、衢州、湖州、嘉兴、金华、台州等地水利资金占税收比重明显高于全省平均水平,从一定程度上反映了这几个地方的企业负担较重,而舟山、杭州、丽水等地水利资金占税收比重较低,反映了这些地市的企业负担相对较轻。这里面有各地产业结构不同等因素造成的影响,也有各地历史遗留因素造成的政策把握和征收执行力度不一等因素造成的影响,造成地区间企业负担差异较大。

4. 计征依据存在重复因素。水利建设专项资金按企业的销售、经营业务收入的一定比例征收,但水利建设专项资金政策设计时没有充分考虑现代企业集团化的发展趋势,集团内部各成员企业间的销售、调拨等关联交易行为,按现行政策规定征收水利建设专项资金,就会出现重复征收现象,同时也增加了企业的负担。

(三)减免政策条款较多,操作不够规范

由于水利资金费率采取"一刀切",导致不同行业企业的负担水平相差较大,特别是流通环节企业销售额大、利润薄,企业负担偏重,反响较大。为平衡企业负担,支持企业发展,同时也为了引导企业节能降耗、升级换代,优化产业结构,省里出台了一系列征收优惠政策。目前具体的优惠政策条款有三四十项之多,涉及面非常广泛,但实际操作起来有一定难度,不仅企业对优惠政策难以全面理解,而且税务部门在具体办理和政策认定时也很难把握,导致各地减免标准不一。

五、完善水利建设专项资金管理对策

我省地处东南沿海,是全国水利等自然灾害严重的省份之一,风暴潮(台风、暴雨、大潮)频繁,尽管十几年来我省水利基础设施建设得到了巨大改善,但水利建设是一项长期工程,标准海塘维护、河道整治、城市防洪工程、水环境整治、供水保障等水利重点建设任务仍然十分繁重,亟须大量资金投入,资金供需矛盾十分突出。如何建立长效、稳定的水利建设资金筹资机制,切实加大对水利建设事业的投入,提升我省经济社会发展环境,是一个非常现实的课题。

根据我省地理环境和自然灾害发生情况,着眼我省经济社会长远发展,2010年水利建设专项资金征收政策到期后,水利建设专项资金应予继续征收。总体指导思想为:根据国家宏观经济形势和水利建设面临的形势任务,遵循"水利为社会、社会办水利"原则,加强水利资金收支测算,既要充分考虑水利建设事业发展需要,又要减轻企业负担、促进企业发展,既要强化企业社会责任,又要调动县市征收积极性、提升税务部门执法刚性。

(一)提升立法层次,完善征收法律责任

现水利建设专项资金征集办法仅为省政府规章,制约因素较多,执行刚性较差。水利资金征收政策调整完善应从税收征收角度,考虑规范征收需要,比照税收征收设置税收行政处罚措施,完善相关征收法律责任,提高立法层次。水利建设资金征收目前在全国各地执行不一,目前实行以税征收尚不现实,所以,建议省政府对水利建设资金征收政策重新完善时提请省人大进行立法,将水利建设资金征收政策上升为地方性法规,水利建设资金征收相关规定全部比照《中华人民共和国税收征收管理办法》规定,全面完善水利建设资金征收法律责任,在水利建设资金征收中对违法行为可以全面运用加收滞纳金、税收保全、查封扣押、罚款、强制执行等相应的行政处罚措施,进一步规范水利建设资金征纳行为。

(二)科学设计征收政策,增强政策的统一性

水利建设资金征收新政策的设计,要全面增强政策的科学性和规范性,以"统一政策、覆盖全面、公平负担"为原则,从计征依据、征收方式、费率设计、行业负担等多个方面,加强调查测算,完善水利建设专项资金征收政策。

1. 关于计征依据。计征依据是水利建设资金征收政策设计的基础,直接决定政策的导向和征收方式的选择,同时也关系到行业和企业的负担水平。现水利建设资金按企业生产、经营活动产生的销售、经营业务收入的作为计征依据,从上面存在问题的分析中我们知道以销售、经营业务收入作为计征依据存在诸多重复征收因素。

在完善征收政策的前提下,继续按企业生产、经营活动产生的销售、经营业务收入的作为计征依据,对销售、经营业务收入存在的诸多重复因素在政策中予以考虑改进,考虑适当扣除或抵扣。如对企业集团公司下属企业实现的内部销售收入,可以尝试参照增值税征收办法,对每道生产环节实现的收入均应征收

表4 全省剔除金融保险业后水利资金负担情况表

单位:亿元

年度	水利资金	销售收入	占销售比重%	利润总额	占利润比重%	税收收入	占税收比重%
2007	39.48	45912.97	0.09	1641.85	2.40	2419.97	1.63
2008	43.91	55614.90	0.08	1463.95	3.00	2914.40	1.51

表5 全省水利资金占税收比重情况表

单位:亿元

地区	2007年			2008年		
	水利资金	税收收入	水利占税收比重%	水利资金	税收收入	水利占税收比重%
全省	40.36	2564.55	1.57	45.14	3123.37	1.45
杭州	11.74	821.42	1.43	12.80	953.15	1.34
嘉兴	4.69	238.90	1.96	5.05	288.92	1.75
湖州	2.09	107.36	1.95	2.51	130.59	1.92
绍兴	5.51	238.93	2.31	6.14	279.80	2.19
舟山	0.99	179.06	0.55	1.37	308.17	0.44
温州	5.17	290.68	1.78	5.75	342.25	1.68
丽水	0.75	51.54	1.46	0.85	58.41	1.46
金华	3.35	179.72	1.86	3.68	216.34	1.70
衢州	0.87	44.45	1.96	1.14	53.22	2.14
台州	3.97	226.49	1.75	4.49	264.62	1.70

水利建设专项资金,但可以在下一环节实现销售收入时给予抵扣,既可切实做到应缴尽缴,防止企业利用内部销售收入来偷逃应缴资金,又可避免重复征收,以减轻企业负担。

2. 统一征收方式、统一计征年度。水利建设专项资金征收新政策可基本套用税收管理模式,对水利建设资金征收实行税收化管理,实行以税模式征收。在计征年度上,统一按当年度销售收入征收,征收方式上统一实行按月征收方法,由企业随同税收一起实行自行申报,日常管理、稽查、评估等都比照税收程序规定操作。

3. 统一征收费率,适当降低费率标准,减轻企业负担。增强水利资金征收操作规范性,统一全省征收费率,按公共服务均等化要求,杭嘉湖等地区不再实行加征征收。同时,根据现行经济发展形势和水利建设资金需求,加强收支测算,合理确定征收比例,适当降低征收比例,减轻企业负担,合理控制水利建设资金占税收收入的比重。

4. 设计多档费率,均衡企业负担。在深入调研的基础上,全面分析各行业的水利建设专项资金负担水平,制定出符合不同行业负担水平的水利建设专项资金征收费率标准,既保证该项资金足额征缴,又能考虑到不同行业销售情况和效益情况,兼顾公平性,把原以优惠政策形式来考虑行业负担的情况落实到基本政策中。可参照水利资金开征之初税率情况,设计三至四档费率,即:娱乐业、房地产业、中介机构和金融企业(按贷款利息收入)1‰,生产制造、除商贸企业外的其他流通服务企业0.8‰,商贸企业和保险企业(按财产保费收入)0.6‰,农业企业和农产品流通企业0.4‰。

(三)适当保留优惠政策,规范和简化审批操作

应根据经济形势发展,对原属行业性负担、重复销售等政策设计技术性原因的优惠政策予以取消,重点保留或制定对支持企业技改投入、节能节水、环保投入、循环型经济发展和促进民生等方面一些优惠政策,加强地方政府对经济运行的控制。但优惠政策保留或重新设计,应控制优惠项目数量,且优惠项目必须全面细化,增强政策的严密性、规范性和可操作性。

(四)进一步加强征收管理,强化地税执法刚性

充分利用水利建设资金征收新政策的调整,加强对水利资金征收工作的宣传,进一步加强水利建设资金日常征收管理,加强申报、征收、入库各环节的管理,做好费源调查和收入分析,确保水利建设资金及时征收入库。充分利用水利建设资金征收新政策赋予的税收行政执法权,加大对逾期未申报、逾期未缴纳的催缴催报力度,加大对偷逃水利资金等违法行为的查处力度,充分运用加收滞纳金、查封扣押、强制执行、罚款等税收行政执法措施,增强水利资金征收执法刚性,确保应征尽征、应收尽收。

课题组组长:王　俭

课题组成员:刘石浩　陈盛桂　何建芳　邵丽丽
沈伟忠　张　标

论节约型地税机关的建设

浙江省地方税务局课题组

建设节约型社会,是党中央、国务院根据我国基本国情和新时期新阶段经济社会发展的需要而做出的一项重大决策。早在1995年党的十四届三中全会上,中央就提出了实现“经济增长方式”和“经济体制”两个根本性转变的战略要求;2005年,国务院颁发了《国务院做好建设节约型社会重点工作通知》,对建设节约型社会工作进行了部署;党的十七大又把“建立生态文明,基本形成集约能源资源和保护生态环境的产业结构、增长方式、消费模式”作为全面实现建设小康社会的奋斗目标之一。一直以来,省委、省政府十分重视节约型社会建设,把它作为促进我省科学发展、建设社会主义和谐社会的重要方面,切实采取措施抓好落实。建设节约型机关作为节约型社会的重要组成部分,更是被列入了议事日程。去年以来,受国际金融危机的影响,我省经济遇到了一些困难和挑战,省委、省政府及时提出了“标本兼治、保稳促调”的战略决策,有效地保证了经济平稳较快发展和社会和谐稳定。为进一步加强节约型机关建设,今年,省纪委等部门又下发了《关于在全省开展“两提高、两降低”效能建设主题活动的意见》(浙纪〔2009〕9号),对加强机关效能建设,建设节约型机关又进行了部署。作为地税部门如何认真贯彻中央和省委、省政府的要求,进一步巩固学习实践科学发展观活动和财税文化建设成果,积极建设节约型地税机关,是摆在我们面前的一个重要课题。

一、要充分认识建设节约型税务机关的重要意义

建设节约型机关是遵循国情民意,合理使用自然资源,维护人与自然和谐统一的迫切需要;是实践科学发展观,实现经济社会和谐发展,全面建设小康社会的具体体现;也是促进转变作风,降低工作成本,建设高效运转的“依法治税、为民理财、务实创新、廉洁高效”的机关的重要手段,对实现财税文化建设“五个一”目标,促进我省地税系统的科学发展具有十分重要的意义。

（一）创建节约型机关是建设节约型社会的关键。机关在整个社会中是一个庞大的组织系统，而且在各自的分系统中又都是处于首脑地位，是社会和社会事务的管理者。机关的这种特殊性，决定了其在建设节约型社会中必须处于首先被考虑的地位，即欲建设节约型社会，首先必须建设节约型机关，以此为整个社会作出表率。此外，从我国存在的行政费用膨胀、行政成本居高不下、公务消费浪费惊人等现象来看，机关部门节能潜力巨大，建设节约型机关是建设节约型社会的题中应有之义。节约型机关建不起来，节约型社会只能是空中楼阁，机关不发挥示范作用，提高全体公民的节约意识，共同建设节约型社会目标，就会遥遥无期。因此，作为地税部门应切实肩负起建设节约型社会的重任，以社会“第一责任人”的形象，全面推进节约型机关的创建工作，充分发挥自身表率作用，带领整个社会向建设全面小康社会目标迈进。

（二）创建节约型机关是推进党的事业发展的重要保证。节约是一种美德，也是党的事业发展的现实需要。当今世界，资源其实已经成为各国之间相互斗争与牵制的一种手段，无论是美国里根时代的第三次石油危机，还是俄罗斯与乌克兰之间的天然气争端，包括最近我国南海的争端，自然资源都在其中扮演了重要角色，并直接影响了国际局势的发展进程。目前，我国石油、矿产等重要资源进口越来越多，对国外市场依赖程度越来越大。过多地进口资源，不仅需要耗费大量资金，而且还会加剧国际市场供求矛盾，带来一系列经济、政治、外交方面的问题，从而严重影响我们党积极推行的社会主义事业，阻碍祖国和平统一的历史进程，延缓全面建设小康社会的步伐。因此，党的事业的健康发展需要我们更加重视节约，做勤俭节约的典范，确保我国的经济安全和国家安全。

（三）创建节约型机关是转变工作作风，维护机关形象的重要手段。长期以来，政府机关办公浪费现象比较惊人。最近网上热议的“湖北公安县公务用烟事件”、“江苏某乡镇卫生院巨额公款消费”、“安徽淮南市副处级以上干部公款办健身卡”等，都是公务消费过度引起的，一定程度上影响了机关的形象，直接影响着机关的整体工作水平和各项工作的顺利开展。创建节约型机关，就是要求机关每一位工作人员都能从全局和战略的高度，充分认识勤俭节约的重要性和紧迫性，使每个干部职工都成为节约型干部、节约型职工，进一步坚定社会主义理想信念。同时，通过建设节约型机关，全面加强自身建设，促进机关各项管理工作的科学化、规范化。

二、建设节约型地税机关应坚持的原则

勤俭节约具有深厚的思想和历史文化渊源，建设节约型机关是满足人类生存和再生产的需要，“取之有度，用之有节，则长足”，“上节下俭者则用足”，节俭是修身立德的途径和至高境界。建设节约型地税机关是一项系统工程，是一项长期而又艰巨的重要任务，必须高度重视，正确认识，并坚持以下几条原则。

（一）坚持正确的生活消费理念。生活领域的节约不是不要人们消费，也不是压缩必要的消费，而是倡导节约风尚，提倡合理消费、适度消费和文明消费；作为消费者，人们要求不断改善物质生活和文化生活，这是合理的、正当的，但是，不切合实际、无意义的挥霍浪费的消费行为，理应坚决反对；要把勤俭节约作为每一位税务干部的价值取向，作为美德予以发扬。在平时的工作和生活中树立科学的消费理念，倡导积极健康的生活方式，从点滴做起，从自己做起，从身边小事做起，自觉养成勤俭节约、珍惜公物的良好习惯，为建设节约型地税机关做出应有的贡献。

（二）坚持科学发展的节约观。节约不是不办事、不花钱、不消耗，而是要讲究消耗的适度和效益。提倡勤俭节约是为了把事情做得更好，不能为节约而不做事、少做事，也不能为做事而不计成本，不讲节约；只有做到做事与节约两不误，才能达到积极健康的辩证统一。因此，要在做事中注意节约，通过节约更好地做事；使人自身不断得到完善，逐渐培养起科学发展的节约意识和节约习惯，从而不断提高利用自然等资源的能力，努力营造资源节约的良好氛围，促使地税系统逐步形成勤俭节约的良好风气。

（三）坚持依靠科学技术进步的原则。科学技术是推动节约资源和推进循环经济建设的重要动力，只有科学技术的不断进步，才能最大限度地降低成本、节减能耗，才能不断提高节约型地税机关的建设。所以，建设节约型地税机关必须依靠科学技术进步的原则，充分利用地税门户网站和12366短信服务平台等先

进技术手段,通过短信群发对外进行催报催缴,对内进行会议及其他有关事宜的通知;实现无纸化办公,减少办公费用支出,必须形成书面材料的,应严格控制打印数量,提倡双面用纸打印等,坚持依靠现代科学技术的进步来降低税收成本,促进地税系统节能降耗。

(四)坚持发挥机关各部门的整体作用。建设节约型地税机关,需要机关各部门共同协作,整体推进。地税机关各部门要在党组(党委)的统一领导下,义不容辞地担负起建设节约型地税机关的重要职责,密切配合,分工负责,发挥组织的优势,运用组织的力量,把建设节约型地税机关的活动,化为每位干部职工的自觉行动,共同搞好节约型地税机关建设。

三、建设节约型地税机关的主要途径

(一)加强教育,增强节约意识,营造良好氛围。建设节约型地税机关,教育是先导,要加强节约能源资源的宣传教育,开展形式多样的节约能源资源活动,确实提高每个员工的节能和节约意识,努力使节约能源资源成为全体员工的自觉行动。随着市场经济的飞速发展和生活条件的逐步改善,少数税务人员消费观念也发生了变化,使一些税务干部的勤俭节约意识淡化,缺乏集体观念和主人翁思想;这就要求我们必须大力强化勤俭节约意识,加强宣传引导,积极开展形势教育,树立科学发展观,增强忧患意识和危机意识,把厉行节约、反对铺张浪费作为自觉的行动,教育工作人员从现在做起,从自身做起,从点滴做起,养成节约每度电、每滴水、每张纸、每升油的良好习惯,做资源节约的表率。努力营造建设节约型地税机关的浓厚氛围,使全体税务干部职工站在讲政治的高度,充分认识建设节约型税务机关的重要意义和必要性。当前,要把全体干部职工的思想统一到"两提高、两降低"效能建设主题活动中,认真学习、深刻领会省委、省政府关于开展机关效能建设的重要文件精神,进一步认识机关效能建设的重要性、长期性和艰巨性,牢固树立打持久战的思想。坚持高标准、严要求,以加强执政能力建设为中心,以规范行政行为、增强服务意识、提高工作效率、转变机关作风为重点,继续深入推进机关效能建设,着力建立健全效能建设长效机制,注重在抓深化、求实效上下工夫,促进和保障地税工作各项任务的圆满完成。

(二)依托信息化,加强执行力,进一步提高工作效率。依托日益完善的《税友2006》征管软件、全省高效畅通的局域网络和系统《公文处理》、电子监察系统等信息化平台,优化互作流程、简化办事程序、提高工作效率。

1. 省局机关要切实做好中央、国务院和省委重大决策部署及省局重要工作安排的贯彻落实,确保政令畅通。一是加强对政治纪律执行情况的监督检查,严肃查处各类违纪行为;二是开展贯彻落实科学发展观情况的监督检查;三是开展省政府关于促进经济平稳较快发展的各项重大决策部署在全省地税系统贯彻落实情况的监督检查,确保各类税收法规政策的落实到位。

2. 改进机关作风,深化行政审批制度改革。通过进一步深化行政审批制度改革,巩固我省地税系统行政审批制度改革的成果。通过加强纠风工作和研究分析,着力解决社会关注程度高,纳税人反映强烈的突出问题。通过贯彻落实"两个减负"政策,切实减轻纳税人和基层税务机关的负担;通过聘请特邀监察员,加大明查暗访力度,对发现问题定期通报、追究责任、迅速整改。

3. 实施电子监察,充分发挥电子监察系统的作用。建立并完善省、市、县三级联网的电子监察系统,按照应进尽进的原则,保证纳入电子监察的行政审批事项达到上级的要求,同时,通过进一步拓宽电子监察的领域,充分发挥电子监察系统的功能和作用;利用电子监察自动产生的业务数据,对审批情况进行绩效考核;促进地税部门行政审批行为的公开透明、依法规范、廉洁高效。

(三)加强规范建设,优化发展环境,进一步提高纳税服务水平。以正规化建设为切入口,进一步做好纳税服务工作,有效提升纳税人满意度。

1. 创新开展纳税服务,加强办税服务厅规范化建设。以优化发展环境为目标,树立规范、完善、创新的服务理念,夯实纳税服务基础、拓宽服务渠道,丰富服务内容,完善纳税服务体系,提高纳税服务水平,进一步促进减负、帮扶、解困、服务等工作。

一是要千方百计为纳税人解难题、渡难关。组织落实好帮扶企业“春雨”专项行动各项活动。创新服务内容,建立或推广预约服务、补正承诺、取消税务登记证工本费、全省统一模式的POS机刷卡缴税等服务形式。分行业、纳税大户,尤其是对分离发展服务业的企业,提供个性化、人性化服务。

二是要做好纳税人满意度、需求调查。通过第三方机构的调查评价结果,及时掌握全省纳税服务工作现状,发现存在问题,了解纳税人对纳税服务的真实需求,增强服务措施的有效性。

三是要指导各地清理纳税人报送的涉税资料,检查督促《浙江地税纳税人办理涉税事宜操作指南》、《补正承诺制》、《纳税人涉税保密信息管理暂行办法》等制度的落实工作。

四是要继续与国税部门联合做好年度企业纳税信用等级的评定工作。

五是要加强办税服务厅规范化建设和管理,梳理办税服务厅服务项目、业务流程、窗口设置、功能区划分、制度建设、环境设施等工作,进一步规范办税服务厅资源配置,增强税务机关办税服务的规范性和透明度。规范纳税人使用的各类表格、文书,在梳理、规范、统一各类申报表和文书的基础上,制作填写模板。

六是要建立全省地税系统办税服务厅窗口“纳税服务之星”考评办法,深化激励机制,提高办税服务水平。

2. 畅通诉求渠道,完善投诉受理机制和工作制度。

一是要深入贯彻“两提高、两降低”效能建设的各项制度,确保各项规章制度落实到位。以解决纳税人反映强烈的突出问题为重点,严肃查处税务干部损害纳税人利益的不正之风,有效防止税收管理关键环节损害纳税人利益现象的发生。严肃查处有令不行、有禁不止,甚至顶风违纪的违纪行为。对造成恶劣影响、损害税务机关形象的,要坚决追究相关人员和领导的责任,加强对税务师行业的行政监管,规范执业行为。积极参加地方政府组织的民主评议政风行风活动,自觉接受社会各界监督。

二是要进一步完善投诉网络体系,通过加强12366语音特服系统建设,充分发挥其受理投诉、举报功能,确保投诉渠道畅通,及时受理投诉、举报功能,保证投诉、举报“事事有回音、件件有落实”。建立效能投诉件办理情况抽查和通报制度,定期对各部门申请报结的效能投诉件进行抽查核实,并将抽查核实情况进行通报。

(四)倡导节约理念、强化行政管理,进一步有效降低公务支出和行政成本。进一步树立节约理念,深入推进节约型机关建设,始终把厉行节约、反对浪费贯穿于机关工作的各个环节,严格落实局机关关于提高会议、培训工作效率以及严格公务接待标准、严格公车管理等各项规定。

1. 强化行政开支日常管理,从严控制一般性支出,认真按照《浙江省人民政府关于做好增收节支工作的意见》规定,切实做到公用经费压缩5%,保证专项经费和会议经费“零增长”。

2. 通过严格审批、合并套开、控制规模、控制经费等办法,加强对各类会议和培训的管理;严格控制出国(境),确保出国(境)经费削减20%。

3. 规范公务接待行为,减少公务接待范围,严格执行接待标准及减少陪餐人员;严格执行冻结采购公务车一年的规定,加强公务用车管理,探索公务用车管理制度改革。

4. 节约用水用电,降低电话费支出;减少办公用品的消耗,提高办公设备的使用效率,讲究成本核算。进一步加强机关工作人员的节俭意识、成本意识和效能意识的教育,积极营造“人人节约、事事节约、处处节约、时时节约”的氛围,把厉行节约、反对浪费的理念贯穿于日常工作的各个方面。

课题组组长:王 平

组员:林仕华 陈义礼 楼志坚

陈 君 徐 沁 卓 然 郭海泉

执笔:郭海泉

加快转型升级的有关税收政策效应分析及建议

浙江省地方税务局课题组

转型升级的税收政策，主要是政府从宏观的角度对微观的经济主体实施的引导性政策，以引导资源流向国家鼓励发展的行业，以及引导现有企业走科技含量高、经济效益好、资源消耗低、环境污染少、人力资源优势得到充分发挥的经济发展道路，从而实现国民经济的可持续健康发展。深入研究优化和完善转型升级税收政策，进一步加大税收政策促进企业转型升级的力度，对于推进产业升级、调整经济结构和保持国民经济持续稳定发展有着十分重要的现实意义。最近，我省被确定为国家技术创新工程首个试点省，研究如何进一步发挥税收杠杆效应，加快经济转型升级显得尤为迫切。

一、转型升级相关税收政策效应的理论分析

所谓税收政策效应，是指纳税人因政府实施的引导性税收政策而在其经济选择或经济行为方面做出的反映；或者理解为政府实施的引导性税收政策对社会经济生活的影响。税收政策效应的种类很多，根据税收政策的实际效应与期望效应是否一致，可以分为正效应和负效应；根据税收政策是否干扰市场经济的运行，可以分为中性效应和非中性效应；根据税收政策对纳税人的影响，可以分为收入效应和替代效应。在实际生活中，税收政策效应主要体现在政府实施的引导性税收政策对纳税人的影响上，这也是本文研究促进转型升级引导性税收政策效应的重点内容。

(一)税收政策对纳税人的收入效应

税收政策对纳税人的收入效应是指因政府实施的引导性税收政策而相应地影响了企业的可支配收入。市场经济条件下，企业是追求利益最大化的主体，政府实施转型升级的税收政策会对企业的产品产量、生产规模等生产经营决策产生影响，从而影响到生产者实际得到的利润。其作用机制是政府对鼓励发展的产业实行税收优惠，生产者在原料成本不变的前提下，税收成本相应下降，生产能力相应增加，从而起到鼓励扶持相关产业发展的目的。

(二)税收政策对纳税人的替代效应

税收政策对纳税人的替代效应是指因政府实施的引导性税收政策，影响了商品和生产要素的相对价格，从而引起纳税人选择某种投资、生产经营活动或消费行为来替代另一种投资、生产经营活动或消费行为的现象。理论上对生产者的替代效应主要是政府课税后，会使企业的相对收益率发生变化，从而使企业用收益率相对较高的行为取代收益率相对较低的行为。其作用机制是政府实行差别税收政策后，个别商品的成本发生变化，从而促使企业对产品生产做出调整，转向政府鼓励发展的行业。

转型升级税收政策对纳税人的影响是多方面、多渠道的，各种效应相辅相成、相互交织，共同发挥作用，正确认识转型升级的税收政策效应，是企业积极应对金融危机的基础，也是政府有关部门制定出更加科学、更加合理、更趋实际的税收政策的基础。

二、转型升级的相关现行税收政策及其实际效应

通过对促进转型升级相关现行税收政策的逐一梳理及其政策实际效应的深入调研分析，我们认为近几年来，政府实施的一系列转型升级的引导性税收政策在促进企业自主创新、技术进步，产业结构调整，实现经济结构转型升级等方面发挥了积极作用。

(一)企业所得税法将区内高新技术企业优惠政策扩大到区外以及鼓励创业投资企业投资于未上市

中小高新技术企业,加快推动了我省高新技术产业的迅猛发展和高新技术企业的做"强"、做"优"。

从2008年开始实施的企业所得税法将区内高新技术企业优惠政策扩大到区外,一方面解除了我省杭州高新技术产业开发区受园区面积限制,而无法引进更多高新技术企业的后顾之忧;另一方面为全省各地发展高新技术产业提供了税收政策支持,突破了历年来制约高新技术企业发展的税收政策瓶颈。2006年底,我省地税部门负责征管的高新技术企业中只有杭州高新技术产业开发区内158户高新技术企业享受了减按15%征收企业所得税的优惠政策,减征税额20481万元,区外省级以上高新技术企业850家由于受区域限制而无法享受税收优惠。新企业所得税法实施以后,截至2008年底,我省地税部门负责征管的企业中已有691户认定了高新技术企业,享受了减按15%征收企业所得税的优惠政策,减征税额达103798万元。

企业所得税法鼓励创业投资企业投资于未上市中小高新技术企业,规定创业投资企业采取股权投资方式投资于未上市中小高新技术企业2年以上,可按其投资额的70%在股权持有满2年的当年抵扣该创业投资企业的应纳税所得额。2008年,我省地税部门负责征管的企业中有4户企业享受了创业投资企业税收优惠政策,抵扣企业所得税额为210万元。

税收优惠政策的实施极大地推动了高新技术产业的迅猛发展和高新技术企业的做"强"、做"优",高新技术产业化已成为我省经济的重要增长点,即使在2008年国际金融危机下,我省高新技术产业产值仍达8685.6亿元,增长13.1%;高新技术园区、高新技术企业销售收入和利税总额继续保持20%以上的增长率。

(二)对科学技术研究、开发与转让实施税收优惠政策,营造了激励企业自主创新的外部环境,推动了我省自主创新实现新的跨越。

企业为开发新技术、新产品、新工艺发生的研究开发费用,未形成无形资产计入当期损益的,在按照规定据实扣除的基础上,按照研究开发费用的50%加计扣除;形成无形资产的,按照无形资产成本的150%摊销。随着近几年来税收政策宣传和贯彻落实力度的不断加大,使享受加计扣除的企业越来越多、加计扣除金额越来越大。2007年企业享受技术开发费加计扣除金额为14.7亿元,比2006年增加7.94亿元,同比增长117.45%;2008年企业享受研究开发费加计扣除金额为21.28亿元,比2007年增加6.58亿元,同比增长44.76%。

对单位和个人从事技术转让、技术开发业务和与之相关的技术咨询、技术服务业务取得的收入免征营业税。2008年技术开发、技术转让减免营业税3339万元,高新技术企业减免营业税2776万元。2009年1—11月技术开发、技术转让减免营业税8291万元。

一个纳税年度内,居民企业技术转让所得不超过500万元的部分,免征企业所得税;超过500万元的部分,减半征收企业所得税。2008年有41户企业享受技术转让减免企业所得税优惠政策,减免税额2061万元。

税收优惠政策的实施营造了适宜于企业自主创新的良好外部环境,极大地提升了我省企业自主创新的能力。据有关资料显示,2008年,我省规模以上工业企业科技活动经费支出增长35.9%,购置技术成果费用增长15.8%;开发省级以上新产品2868个,新产品产值6802亿元,新产品产值率16.5%。发明专利授权量达到3269件,增长47.7%,专利申请量、授权量位居全国第3和第2位。技术市场稳步发展,经认定登记技术合同19765项,成交金额73.6亿元。

(三)对节能环保实施税收优惠政策,有力地支持了我省循环经济发展和经济增长方式的转变。

企业购置并实际使用《环境保护专用设备企业所得税优惠目录》、《节能节水专用设备企业所得税优惠目录》和《安全生产专用设备企业所得税优惠目录》规定的环境保护、节能节水、安全生产等专用设备的,该专用设备投资额的10%可以从企业当年的应纳税额中抵免。2008年我省地税系统负责征管企业所得税的企业中,有34户企业享受了用于购置环境保护专用设备投资额抵免企业所得税优惠政策,减免企业所得税292万元;31户企业享受了用于购置节能节水专用设备投资额抵免企业所得税优惠政策,减免企业所得税324万元;44户企业享受了用于购置安全生产专用设备投资额抵免企业所得税优惠政策,减免企业所得税2361万元。

企业以《资源综合利用企业所得税优惠目录》规定的资源作为主要原材料,生产国家非限制和禁止并符合国家和行业相关标准的产品取得的收入,减按

90%计入收入总额。2008年我省地税系统负责征管企业所得税的企业中，有86户企业符合资源综合利用企业条件，减计收入28839万元，减免企业所得税7210万元。

优惠政策的贯彻落实，不仅使企业享受到了税收上的实惠，也有力地引导了社会资金投向节能环保产业和项目，引导社会购置使用节能环保设备，为我省大力发展循环经济，转变增长方式，建设资源节约型和环境友好型社会，实现经济持续又好又快发展和全面建设和谐社会，提供了税收政策支持。

(四)对分离发展服务业实施税收优惠，促进了先进制造业与现代服务业的有机融合和互动发展，推动了我省二、三产业优化升级。

发展服务业是加快经济转型升级的有效途径之一，也是当前金融危机形势下企业转危为机、做大做强、做精做细的现实需求。2009年省地税局在原有税收政策基础上，通过整合和完善促进我省经济转型升级和加快服务业发展的相关税费政策，将企业分离发展服务业作为税费政策扶持重点，研究制订了《关于贯彻落实保增长扩内需调结构若干政策的实施意见》，对工业创意产业及基地，创意文化产业基地，困难文化企业，新办的高新技术企业和连锁经营超市，省重点流通企业等服务性领域实行专项税收优惠政策，并结合新企业所得税法、新营业税、车船税和城镇土地使用税条例的颁布实施，修订了《浙江省地方税务局关于促进第三产业发展的若干意见》，完善了服务业优惠政策的具体实施办法，在依法合规的前提下，最大程度地发挥税费政策效应，最大限度地支持我省服务业又好又快发展。

2009年1—10月，全省新增1215户企业分离发展服务业，其中分离成立独立核算的法人企业1174户（含16户销售收入在全省前100名的工业企业实施了分离发展服务业），非独立核算企业41户。截至2009年10月底，我省已分离出来的服务业企业2009年预计产生营业收入374.06亿元、地方税费收入15.73亿元；2008年、2009年累计营业收入532.08亿元、地方税费收入23.64亿元。

如我省巨化集团自1997年实行主辅分离试点后，第三产业的产值从1997年的2.13亿元增加到2007年的32.13亿元，增长了14.11倍，而我省另一特大型企业杭钢集团实施主辅分离后，第三产业的比重达到75%，非钢产业收入从1997年的10.97亿元增加到2007年的284.72亿元，增长了24.96倍。企业通过主辅分离，发展服务业，整合了企业资源，优化了产业结构，加快了转型升级的步伐。

三、现行转型升级相关税收政策在实际执行中存在的问题

(一)高新技术企业认定办法刚性不够强、弹性太大，优惠政策执行成本高。

根据企业所得税法规定，高新技术企业的认定有两个主要条件：一是企业是否拥有专利技术，另一个是研究开发费用比例是否达到规定要求。对这两个条件，税务机关在认定时很难行使否决权。

企业是否拥有专利技术：根据《指引》规定，目前主要依靠相关技术领域的评审专家，税务人员无法判断企业拥有的技术是否属于国家规定的高新技术领域范围。

研究开发费用比例是否达到规定要求：根据《指引》规定，主要依靠中介机构出具的证明来判断，从实际操作情况看，中介机构出具的证明实际上就是一个研究开发费金额和比例，至于真实如何，无法根据中介机构提供的报告来进行判断。另外，由于会计核算上、税收政策上均未强制要求企业必须按开发项目设立研究开发费二级科目或台账，许多企业未单独进行核算，研究开发费金额都是从相关会计科目中摘录下来后进行汇总的，因此，即使税务人员深入企业审核，也很难审查其真实性，造成研究开发费金额发生多少只能由企业说了算。实际认定中，给个别企业钻了政策空子，优惠政策执行成本高。

(二)企业享受的研究开发费加计扣除金额较小。

根据我省有关部门提供的资料，2008年我省科技活动经费投入总额为619.5亿元，研究开发费加计扣除金额为40亿元。由此看出，享受加计扣除优惠政策的研究开发费与全社会科技活动经费投入存在巨大差异，这表明被广大企业普遍认为含金量高的研究开发费加计扣除税收优惠政策，在实际执行中享受的企业面不宽，享受加计扣除金额较小，在对企业自主创新中并没有起到较好的激励作用。分析原因，主要有以下几个方面：

1. 部分企业的科技投入不属于税收规定的研究开发费范围。按统计口径属于科技活动经费投入，但按税收政策规定，不属于享受加计扣除优惠政策的研

究开发费项目范围，主要有：一是购置或自建用于研究开发的房屋、建筑物，二是在研究开发中用于购买研究设备且一次或分次摊入管理费用的投入，三是在研究开发中使用来源于有关部门和母公司的研究开发费用拨款，四是在研究开发中用于购置土地、试验场地等其他支出。

2. 部分企业自身“不要”享受加计扣除优惠。一是优惠政策重叠，而主动放弃优惠。部分企业由于享受了定期减免税等税收优惠政策，已无需再缴纳企业所得税，而主动放弃了加计扣除政策。二是部分企业因研发项目涉及高度保密，担心技术泄密而主动放弃优惠。三是部分地方政府对重点骨干企业的奖励一般是以投资奖励等方式进行，但其中有一个重要考核指标就是税收对地方的贡献，部分企业为了这部分奖励而主动放弃享受研究开发费加计扣除等优惠政策。

3. 部分企业“不敢”享受加计扣除优惠。有些企业人员认为，享受优惠政策企业往往是税务检查的重点对象，因惧怕执法检查而主动放弃优惠政策。特别是财务人员，认为多一事不如少一事，怕税务检查拔出萝卜带出泥而承担责任。另外，2004 年国家取消研究开发费加计扣除审批制度，改为企业年终汇算清缴时自主申报加计扣除办法，本是减少行政许可给企业减负，但部分企业由于对自行申报加计扣除管理心中无底，即使申报享受了政策，但在费用归集上还是自我约束意识过强，政策用得明显不足。在实地调研中，也有不少企业甚至提出建议恢复税前加计扣除审批制度。

(三)享受创投、节能环保等部分税收优惠政策的企业面不宽。

2008 年，我省地税部门负责征管的企业中只有 4 户企业享受了创业投资企业税收优惠政策，抵扣企业所得税额 210 万元；34 户企业享受了用于购置环境保护专用设备投资额抵免企业所得税优惠政策，减免企业所得税 292 万元；31 户企业享受了用于购置节能节水专用设备投资额抵免企业所得税优惠政策，减免企业所得税 324 万元；44 户企业享受了用于购置安全生产专用设备投资额抵免企业所得税优惠政策，减免企业所得税 2361 万元。

新企业所得税实施后，占我省资源综合利用比重较大的垃圾焚烧发电和利用煤渣为主要原料生产水泥未列入国家规定的《资源综合利用企业所得税优惠目录》，造成这些企业无法继续享受税收优惠政策，一定程度上抑制了企业提高能源和资源利用效率、推进循环经济、保护生态环境，促进经济社会可持续发展的积极性。

(四)税收优惠政策的缺失和不完善，限制了服务业发展。

一是营业税与增值税征税范围的交叉限制了生产性服务业的发展。实践中，部分生产企业生产销售商品同时又提供运输、安装、售后服务等经营活动的混合销售行为，需要承担 17%的增值税，使本应该按照 3%或 5%缴纳营业税的劳务，在混合销售行为中需要承担 17%的增值税。二是受高新技术企业享受税收优惠政策和资质认定的特殊性，限制了生产性服务业的发展。高新技术企业原享受 15%税率的企业所得税优惠，分离后的服务业企业产生利润，则须按照 25%税率全额征收企业所得税，加重了企业的税负。由于目前促进服务业发展的有关税收优惠政策的缺失和不完善，在一定程度上抑制了企业发展生产性服务业的积极性，不利于生产企业转型升级，通过对产品的延伸服务提高产品附加值，增强企业的竞争力。

四、提升和完善税收政策对企业转型升级激励作用的对策建议

(一)政府引导，提高企业对促进转型升级的认识。企业是经济结构转型升级的主体，要通过营造推进转型升级的强烈氛围，让企业尽快从眼前利益、短期行为、小步慢走的思维方式中醒悟过来，充分认识转型升级对赢得加快发展、把握未来发展、促进可持续发展的极端重要性，让企业明白加强自主创新能力建设，加快经济结构转型升级是当前十分紧迫的课题，是持续发展的主题，是企业今后的生存之本、竞争之本、发展之本。省委书记赵洪祝到青山湖科技城调研时，指出要把科技城建设作为创新强省重要载体来抓，表明党委政府对自主创新、转型升级的高度重视。

(二)加大税收政策宣传辅导力度。只有纳税人知悉相关税收政策并用足优惠政策，相关转型升级税收政策的导向作用、促进作用才能显现。因此，各级税务机关在巩固已有的电视、报刊、网站、电话和办税服务厅宣传平台的同时，要针对各相关转型升级优惠政策的特殊性，创新宣传方式。宣传对象既要包括财务人

员、办税人员,也要包括企业领导人员、政府经济管理部门人员;宣传内容既要包括税收优惠政策的内容,也要包括相关管理规定;宣传形式上既要着重面上宣传,也要着重点面结合,加强对重点企业的上门宣传辅导。只有把政策用足用好了,才能发挥税收政策效应,既支持了企业转型升级,又尽可能防止政策滥用。

(三)进一步细化明确现行有关转型升级税收政策规定。为正确执行好现行转型升级税收政策,既提高各级税务机关政策执行力,又能降低企业享受税收优惠可能带来的风险,建议国家有关部门要进一步细化明确现行有关转型升级税收政策规定,尽可能减少政策执行偏差和企业纳税风险。

1. 明确对高新技术企业认定的研究开发费用会计核算要求。建议明确要求上市公司、集团公司等财务力量较强的大型企业在管理费用、技改项目在建工程等相关发生研究开发经费支出的科目下,设置研究开发经费二级科目,对中小企业等财务力量相对较弱的企业应要求其设立台账,对研究开发费用进行单独归集,便于中介机构和税务机关审核,防止高新技术企业认定过多过滥,偏离了政策调整本身的意义。

2. 对企业未设立专门的研发机构或企业研发机构同时承担生产经营任务的,应要求企业对研发费用和生产经营费用分开进行核算,准确、合理地计算各项研究开发费用支出,对划分不清,难以准确核算分摊的,建议在税收政策上作统一规定,如按一定比例进行分割等。

3. 建议将垃圾焚烧发电和利用煤渣为主要原料生产水泥给予列入资源综合利用企业所得税优惠目录。

4. 允许高新技术企业分离后的生产性服务业,在高新技术企业有效期内继续享受减按15%税率的企业所得税优惠。

(四)进一步完善与转型升级有关的税收政策体系,提升政策激励效应。

1. 将个人独资(合伙)企业纳入高新技术企业和研究开发费有关政策体系。随着我国多种经济成分的发展,对高新技术企业减征和研究开发费加计扣除税收优惠政策不应仅仅局限于征收企业所得税的企业,要将高新技术企业减征和研究开发费加计扣除税收优惠政策延伸到个人独资(合伙)企业。

2. 加大对科技专业人才的税收优惠力度。人才是创新的主体,是企业实现自主创新、结构转型升级的最宝贵资源。对利用科技进步进行转型升级的鼓励,最终要归结到对科技人员的税收优惠上,可考虑适当扩大对科技人员个人所得税的减免税范围,如对高科技人员的技术成果和服务等方面的收入比照稿酬所得减征30%,对科技人员以技术入股和股票期权实行减免税优惠;设立特殊费用扣除项目,在个人所得税制中规定纳税人本人及家庭成员支付的教育学费、进修培训等教育费用允许作为可扣除费用在计算个人所得税前全额扣除等。

3. 扩大科技型企业税前扣除范围。自主创新是企业实现经济发展方式根本性转变、提高市场竞争力的关键。从实践情况看,除财力限制外,自主创新投入高、风险大、预期收益率低是企业自主创新投入不足的主要原因。因此,要充分运用税收优惠鼓励企业加大科技投入、降低开发风险,提高收益率。借鉴发达国家经验,针对中国的实际情况,可准许科技型中小企业按照销售或营业收入的一定比例设立风险准备金、技术开发准备金、新产品试制准备金以及亏损准备金等,用于研发和技术更新,并允许准备金在企业所得税前扣除。

4. 引导企业推进主辅分离,出台鼓励第三产业发展的税收优惠政策。对企业分离发展的服务业企业实行营业税、所得税优惠,尤其是对科技含量高、附加值高的服务业企业,如设计、研发、创意类企业实行行业优惠政策。

(五)建立税收政策落实的反馈评价机制。税务机关一方面要完善转型升级优惠政策落实情况的统计分析机制,建立完整准确、快速响应的数据库;另一方面要加强政策评估,及时跟踪问效,对政策取得的效果、政策设计是否合理、执行是否到位、是否达到预期目标等指标进行认真评估和深入分析,并结合经济发展适时修改完善,努力发挥税收政策资源的最大效应。

课题组组长:徐敏俊
课题组成员:项正国　王成林　詹红成　饶煜明
章　征　宋根松　邵丽丽　高　远
执笔:宋根松　高　远

浙江省房地产税收现状及趋势分析报告

浙江省地方税务局计财处课题组

近年来，浙江省房地产业快速发展，成为国民经济发展的重要推动力。在税收领域，房地产税收①也成为浙江省地税税收的重要组成部分，在地方财政收入中也举足轻重。但是房地产业的高速发展，给地税组织收入工作带来一些问题：一方面，房地产业的高速发展，带来房地产税收的高速增长，从而有力地拉动了浙江省地税税收的快速增长；另一方面，浙江省地税税收增长对房地产税收的依赖程度越来越高，地税税收的结构性风险不断凸显。在这一大背景下，本报告结合浙江省房地产税收总体性、结构性、阶段性特征，在深入分析房地产税收增长驱动因素的基础上，对浙江省房地产税收的发展趋势作出客观判断；并进一步就防范房地产市场的波动给浙江省税收增长带来的风险提出建议。

一、浙江省房地产税收发展的基本现状

（一）房地产税收快速增长，浙江省地税税收增长对房地产税收的依赖日益突出。

1. 房地产税收历年平均增幅大大超过地税税收增幅，且增幅波动幅度较大。从表1看，浙江省房地产税收从2001年的42.73亿元增长到2008年的279.13亿元，年均增幅达到30.75%，而同期地税税收年均增幅为21.84%，房地产税收增幅比地税税收增幅年均高出近9个百分点。2009年1—10月全省房地产税收增长17.21%，高出地税税收增幅12.5个百分点。房地产税收增长波动幅度明显大于地税税收：从表1看，自2002年以来，浙江省房地产税收增幅最高达到60.41%（2004年），最低仅为-2.62%（2008年），两者相差63个百分点；同期浙江省地税税收增幅最高为31.06%（2004年），最低为4.7%（2009年1—10月），两者相差约26个百分点。通过计算税收增幅的波动量（用来反映增长的波动大小，波动量越大说明增长波动越大）并比较发现，全省房地产税收增幅的波动量为19.91%，即从2002年至2009年1-10月浙江省房地产税收的增幅平均上下波动的幅度达到19.91%，而全省地税税收增幅的波动量仅8.23%。由于房地产税收占浙江省地税税收的比重非常高，因此，房地产税收增长的大幅波动是导致浙江省地税税收增长不稳定的一个重要因素。

2. 房地产税收与地税税收在增长趋势上存在较强的相关性。从表1可以看出，在房地产税收增长较高的年份，地税税收增长也较高；在房地产税收增幅下降的年份，地税税收增长也呈明显的下降趋势。2004年全省房地产税收和地税税收同时达到增长的峰值，2005年和2008年两者则一同步入谷底。

3. 房地产税收占地税税收的比重逐年稳步提高。由于房地产税收在2002年至2004年的高速增长（增幅分别达到49.23%、45.39%、60.41%），房地产税收占全省地税税收的比重从2001年的11.40%迅速提高到2004年的20.45%，此后稳步提高，到2007年上升至峰值22.22%，2008年受国家对房地产市场宏观调控的影响，该比重降至18.68%，2009年1—10月又上升至20.64%。2004年至2008年房地产税收占全省地税税收的比重平均为20.37%。全省（不含宁波）65个市县中，2009年1—10月房地产税收占地税税收的比重在20%以上的有41个，其中房地产税收占比在25%以上的有22个，占比在30%以上的有6个。

4. 地税税收增长对房地产税收的依赖日益突

①本报告中所指房地产税收指由地税部门组织的房地产税收，不包括由国税部门组织的房地产税收。

表1　2001年以来浙江房地产税收对浙江地税税收增长的贡献情况

单位:亿元

年份	税收	增幅(%)	房地产税收	增幅(%)	房地产税收占税收比重(%)	税收增幅(%)中房地产业贡献的部分	房地产税收对税收增长的贡献率(%)
2001年	374.85	57.85	42.73	-	11.40	-	-
2002年	435.95	16.3	63.77	49.23	14.63	5.61	34.43
2003年	554.85	27.27	92.71	45.39	16.71	6.64	24.34
2004年	727.2	31.06	148.71	60.41	20.45	10.09	32.49
2005年	840.35	15.56	170.62	14.74	20.30	3.01	19.37
2006年	1000.12	19.01	204.90	20.09	20.49	4.08	21.45
2007年	1290.23	29.01	286.64	39.89	22.22	8.17	28.17
2008年	1494.4	15.82	279.13	-2.62	18.68	-0.58	-3.68
2009年1-10月	1427.5	4.7	294.63	17.21	20.64	3.17	67.46

出。从表1看,2002年至2007年,房地产税收对全省地税税收增长的贡献率基本都在20%以上,2002年、2004年更是在30%以上,平均贡献率达到26.71%。2008年由于房地产税收出现负增长,房地产税收对全省地税税收增长的贡献率跌入谷底,为-3.68%,比上年减少31.85个百分点,当年全省地税税收增幅比上一年下降13个百分点以上。2009年1—10月,房地产税收对全省地税税收增长的贡献率达到67.46%,全省地税税收超2/3的增收来自房地产税收;剔除房地产税收,其他行业税收同比仅增长1.88%,地税税收增长对房地产税收的依赖程度达到极致。2009年1-10月,全省(不含宁波)65个市县中,房地产税收对地税税收增长的贡献率超过30%的有43个,其中房地产税收的增长贡献率超过50%以上的有32个,贡献率超过全省平均水平(67.46%)的有23个。

(二)房地产主体税种所占比重及贡献呈下降趋势,土地增值税逐渐成为房地产业有重要影响的税种。

1. 营业税和企业所得税仍是房地产业主体税种,但二者所占比重呈逐年下降趋势。表2所示,从房地产业主要税种收入的绝对量来看,营业税是房地产业的第一税种,但所占比重呈下降趋势;相比2002年和2003年两年的65%以上,近五年的比重一直在54%左右徘徊,2005年最低,只有52.81%,2008年则是近几年的第二低点,2009年1—10月回升至57.82%,但仍没达到2002年的峰值。企业所得税在房地产税收中占有重要位置,所占比重自2002年以来呈一个规则的倒"U"形发展过程,先从2002年的20.92%升至2005年的峰值31.13%,随后逐年下降,2009年1-10月降至最低点15.33%。2001年以来,营业税和企业所得税合占比重呈下降趋势,2007年前均保持在81%以上,2008年急剧下降至74.56%,2009年1-10月又进一步降至73.15%。

2. 土地增值税增长最快,逐渐成为有重要影响的税种。房地产土地增值税在2002年至2008年得到跳跃式发展,从占房地产税收不足1%的比重提高到12.62%,年均提高2个百分点,成为房地产税收中的第三大税种，2009年1-10月占比进一步扩大到13.02%。2009年1-10月房地产营业税、企业所得税和土地增值税三者合计收入占房地产税收的比重超过了86%。

3. 营业税和企业所得税对房地产税收增长的贡献总体呈下降趋势，其他税种的贡献近两年快速上升。从各税种对房地产税收增长的贡献分析，营业税的贡献率最高，但表现很不稳定，最高年份达到90%以上(2009年1—10月)，最低年份为-119.37%(2008年)，呈剧烈波动状态；企业所得税的贡献率总体呈下滑态势，由于受金融危机影响，2008年和2009年1—10月出现负贡献率，分别为-215.63%和-28.84%；土地增值税的贡献率呈明显上升趋势，2008年升至峰顶，超过88%；营业税、企业所得税和土地增值税三税合计贡献率在2002年至2007年基本都在90%以上，2008年转入负贡献，为-246.92%，2009年1-10月又升至75.67%。其他税种在2007年以前对房地产税收增长的贡献率均较小，个人所得税主要在3%-4%之间，城建税主要在2%-3%之间，印花税、房产税和土地使用税三税合计在1.5%-4%之间；受金融危机和房地产宏观调控影响，营业税和企业所得税的贡献率大幅下降，其他税种的贡献率快速上升，个人所得税、城建税及其他三税(印花税、房地税、土地使用税)成为2008年房地产税收增收的重要力量，2009年1—10月对房地产税收增长的贡献率也分别超过10%、6%、7%。

表2　2001年以来浙江房地产税收中各税种收入占比情况

单位：%

年　份	营业税比重(1)	企业所得税比重(2)	土地增值税比重(3)	个人所得税比重	城建税比重	(印花税+房产税+土地使用税)合计比重	(1)+(2)	(1)+(2)+(3)
2001年	58.44	32.06	0.70	2.77	3.78	2.12	90.50	91.20
2002年	68.81	20.92	0.93	3.11	4.11	1.96	89.73	90.67
2003年	65.44	23.60	2.07	3.30	3.79	1.70	89.04	91.10
2004年	56.16	30.95	4.74	3.17	3.17	1.64	87.11	91.85
2005年	52.81	31.13	7.73	3.53	2.79	2.01	83.94	91.66
2006年	54.29	28.45	8.55	3.49	2.79	2.40	82.74	91.29
2007年	54.97	26.41	9.98	3.48	2.72	2.43	81.38	91.36
2008年	53.24	21.32	12.62	4.88	3.41	4.51	74.56	87.18
2009年1-10月	57.82	15.33	13.02	5.49	3.58	4.76	73.15	86.17

(三)与全国及六省市比较，浙江省房地产税收对地税税收增长的贡献率偏高。

1. 2003年以来浙江省房地产税收占比平均高出全国水平2.7个百分点，在六省市中排名与税收排名一致。与全国地税房地产税收占比相比，自2003年以来，浙江省房地产税收占比明显高出全国水平，但差距呈缩小趋势，差距最大的是2004年近5个百分点，最低的是2008年不到1.5个百分点。2003年至2008年浙江省房地产税收占比平均达到20.02%，高出全国水平2.7个百分点。与五省市地税房地产税收占比相比，自2003年以来，浙江省房地产税收占比排名基本在第二位至第四位之间，浙江省房地产税收2003年至2008年平均占比仅高于广东(18.03%)和山东(13.72%)，低于上海(21.03%)、江苏(20.83%)和北京(20.82%)，排名第四，与浙江省地税税收排名一致。2009年1—10月浙江省房地产税收占比排名延续

表3　2001年以来各税种收入对浙江房地产税收增长的贡献率情况

单位:%

年份	营业税贡献率(1)	企业所得税贡献率(2)	土地增值税贡献率(3)	个人所得税贡献率	城建税贡献率	(印花税+房产税+土地使用税)贡献率	(1)+(2)	(1)+(2)+(3)
2002年	89.87	-1.70	1.40	3.79	4.76	1.62	88.17	89.57
2003年	58.02	29.48	4.57	3.72	3.09	1.13	87.50	92.07
2004年	40.79	43.13	9.17	2.96	2.14	1.55	83.92	93.09
2005年	30.10	32.30	28.00	5.97	0.20	4.47	62.40	90.39
2006年	61.66	15.16	12.62	3.30	2.82	4.38	76.81	89.44
2007年	56.68	21.29	13.58	3.47	2.54	2.50	77.97	91.55
2008年	-119.37	-215.63	88.08	48.29	22.80	75.05	-335.00	-246.92
2009年1-10月	90.46	-28.84	14.05	10.46	6.34	7.57	61.62	75.67

2008年走势,排江苏、北京、上海之后,位列第四。

2.浙江省房地产税收对地税税收增长的贡献率高出全国水平,在六省市中排名居前。从表5看,2004年至2008年浙江省房地产税收对浙江省地税税收增长的平均贡献率为19.84%,略高出全国水平0.7个百分点。与五省市地税房地产税收的贡献率相比,自2004年以来,浙江省房地产税收的贡献率排名总体呈下降趋势,2004年排名居首,2008年出现负的贡献率排名倒数第二,2009年1—10月浙江省房地产税收的贡献率剧增至67.46%,排名升至第三。2004年至2008年浙江省房地产税收对地税税收增长的平均贡献率在六省市中仅次于江苏(23.05%),排名第二,高出广东、北京、上海、山东分别约0.4个、2.5个、2.5个、3个百分点。

表4　2003年以来全国及六省市房地产税收占本地区地税税收的比重情况

单位:%

年份	全国平均	浙江	广东	上海	江苏	山东	北京
2003年	13.75	16.71	15.27	21.00	15.22	10.29	19.35
2004年	15.57	20.45	15.44	22.84	18.82	11.38	20.01
2005年	16.57	20.30	16.45	23.06	20.53	12.62	20.84
2006年	17.97	20.49	18.79	21.96	21.74	13.79	22.01
2007年	19.79	22.22	20.52	20.76	23.40	16.00	24.16
2008年	17.25	18.68	17.80	18.63	20.77	14.56	18.08
年平均	17.32	20.02	18.03	21.03	20.83	13.72	20.82
2009年1-10月	-	20.64	20.42	21.77	23.46	15.88	22.14

（四）浙江省房地产税收对房地产宏观调控的反应

1. 房地产税收滞后3—4月显现宏观调控影响。2001年以来房地产市场经历了两次国家宏观调控，分别是：以2005年3月人民银行上调房贷利率作为起始标志的2005年—2006年房地产宏观调控；以2008年1月国务院下发关于促进节约集约用地的通知为开局的2008年房地产宏观调控。如果以房地产税收连续两月同比出现负增长作为调控对税收影响正式显现的开始，总体来看，浙江省房地产税收要滞后3—4个月显现宏观调控影响。如2005年3月开始的宏观调控，浙江省房地产税收在当年6月后开始持续出现同比负增长；同样，2008年1月开始的宏观调控，浙江省房地产税收在当年5月后开始持续出现同比负增长。

2. 房地产税收受调控影响持续时间大约在一年左右，过后快速反弹。如果以房地产税收连续两月同比出现负增长作为调控对税收影响正式显现的开始，2005年开始的房地产宏观调控对浙江省房地产税收的影响主要从2005年6月至2006年3月，影响时间为10个月；之后，浙江省房地产税收增幅从2006年3月的-5.66%快速回升至4月的11.45%，此后数月增幅持续攀升，8月到达最高的71.61%。2008年开始的房地产宏观调控对浙江省房地产税收的影响主要从2008年5月至2009年4月，影响时间为12个月；之后，浙江省房地产税收增幅从2009年4月的-13.17%迅速回升至5月的9%；此后数月增幅持续攀升，10月增幅达到112.39%。

二、浙江省房地产税收快速增长的原因分析

（一）房地产市场发展迅猛是房地产税收快速增长的根本原因

1. 房地产开发投资②高速增长，每新增1元的房地产开发投资额大体可增加房地产税收0.16元。近几年浙江房地产投资持续快速增长，增长速度远高于同期GDP增幅，2001—2008年全省房地产开发累计投资10458.57亿元，年均增长速度为24.05%，比同期全社会固定资产投资年均增幅19.7%快4个百分点以上，比同期全省GDP年均增幅17.02%快7个百分点以上；2009年1-10月，浙江省房地产开发投资增长13.6%，比前三季度全省GDP增幅快近6个百分点。通过对2001年至2008年全省房地产开发投资额与房地产税收数据分析发现（见下表6），二者具有很强的相关性（相关系数达到0.983，为高度相关），因此，可以用房地产开发投资增长来测算浙江省房地产税收的增长。通过进一步建立房地产开发投资额与房地产税收间的量化模型，经测算，模型如下：

当年房地产税收 = -65.85 + 0.162 × 当年房地产开发投资额 + 0.014 × 前一年房地产开发投资额

上述模型表明，在2001—2008年期间，房地产投资额每增加1元，当年房地产税收大体可增加0.16元的收入，下一年房地产税收大体可增加0.01元的收入。由于我国目前实行的商品房预售制度，商品房开发投资与销售基本同时进行，因此，房地产开发投资对当

表5 2003年以来全国及六省市房地产税收对地税税收增长的贡献率情况

单位：%

年份	全国平均	浙江	广东	上海	江苏	山东	北京
2004年	22.93	32.49	16.50	28.61	27.84	16.08	22.75
2005年	21.28	19.37	22.44	24.01	27.79	17.47	26.09
2006年	24.94	21.45	31.21	10.56	27.36	19.08	27.99
2007年	25.60	28.17	27.11	17.15	28.20	24.11	29.87
2008年	4.55	-3.68	6.60	5.82	8.52	5.95	-19.24
年平均	19.13	19.84	19.44	17.30	23.05	16.93	17.35
2009年1-10月	-	67.46	73.62	123.87	46.28	38.44	52.51

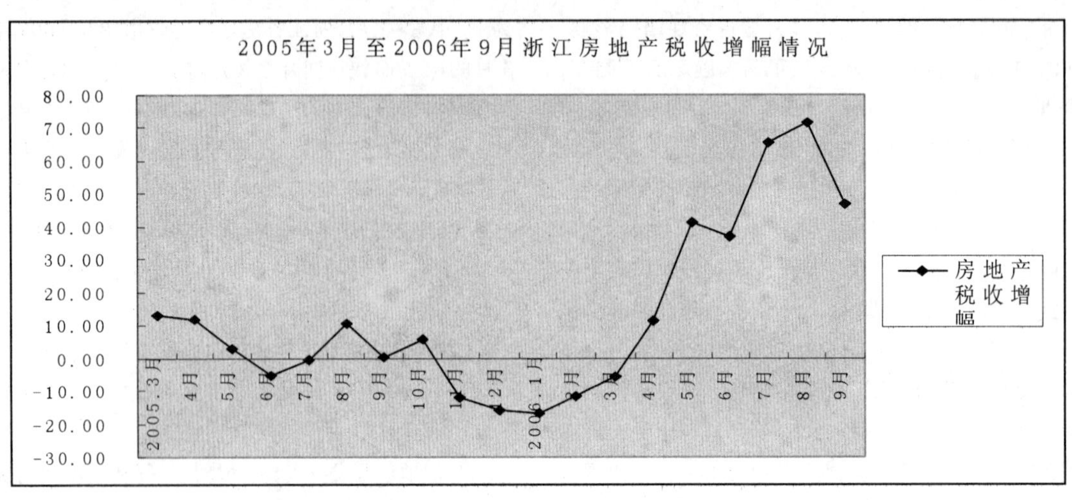

2005年3月至2006年9月浙江房地产税收增幅情况

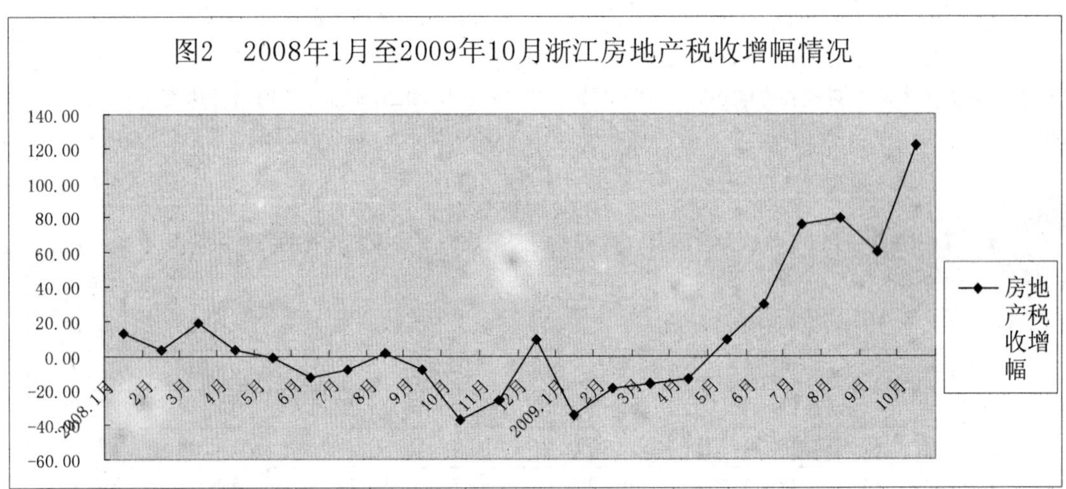

图2　2008年1月至2009年10月浙江房地产税收增幅情况

年税收的贡献比较大。利用模型来测算今年的房地产税收，房地产开发投资按14%的增幅计算，2009年全省房地产税收大致为330亿元，增长18.2%。

2. 商品房销售持续旺盛，价格持续攀升，商品房单位销售额税额平均为0.12元。2001—2008年，全省商品房销售额年均增长25.64%，2009年1-10月，全省商品房销售额增幅高达119.1%。我们也可以用商品房销售额来测算房地产税收，2001年至2009年1-10月浙江省商品房单位销售额税额平均达到0.12元，即每销售1元的商品房大致可产生0.12元的税收。商品房价格节节攀升，2002—2007年，全省商品房价格以年均23.5%的速度快速增长，2008年，虽然商品房销量明显下降，商品房价格同比涨幅有所回落，但房价仍高位运行，全省商品房均价达到6306元/平方米，同比增长8.7%。2009年4月份后，商品房销售"井喷"，房价又随之逐月提高，2009年1-10月全省商品房价格同比增长17.8%(商品房价格按商品房销售额除以商品房销售面积计算)，全省房价上了一个新台阶。

(二)税收政策对房地产税收的快速增长有重要的推动作用

商品房单位销售额税额的历年变化可以较好地反映出税收政策对房地产税收增长的影响。2003年7月，国家针对房地产市场快速发展下出现的一些问题，出台了《关于促进房地产市场持续健康发展的通知》，这一通知的效力在当年就得到了体现。浙江省商

表 6 2001 年以来浙江房地产税收与相关经济指标的关系

年份	房地产开发投资额（亿元）	增幅（%）	商品房销售面积（万平方米）	增幅（%）	商品房销售额（亿元）	增幅（%）	房地产单位投资额税额（元）	单位销售面积税额（元/平方米）	单位销售额税（元）
2001 年	544.91	52.82	1801.45		369.35		0.078	237.19	0.116
2002 年	728.8	33.75	2219.3	23.20	529.78	43.44	0.087	287.32	0.120
2003 年	980.05	34.47	2781.84	25.35	713.77	34.73	0.095	333.26	0.130
2004 年	1353.07	38.06	3051.38	9.69	868.5	21.68	0.110	487.35	0.171
2005 年	1456.49	7.64	3305.84	8.34	1414.9	62.91	0.117	516.13	0.121
2006 年	1574.28	8.09	3544.96	7.23	1692.5	19.62	0.130	578.00	0.121
2007 年	1821.67	15.71	4541.97	28.12	2627	55.21	0.157	631.09	0.109
2008 年	1999.3	9.75	2880.4	-36.58	1816.4	-30.86	0.140	969.08	0.154
2009 年 1-10 月	1747.9	13.6	4130.57	86	3149.9	119.1	0.169	713.29	0.094

品房单位销售额税额从 2002 年的 0.12 元上升到 2003 年的 0.13 元，其后续效应在 2004 年得到了最大释放，2004 年浙江省对房地产业实行销售收入预征企业所得税政策，商品房单位销售额税额升到历史最高的 0.17 元，其中：商品房单位销售额营业税额升到 0.10 元；商品房单位销售额企业所得税额高涨到 0.05 元，同年企业所得税对房地产税收增长的贡献率达到历史最高的 43.13%。从 2005 年开始，其政策效应释放完毕，单位税额出现下滑的走势。在土地增值税方面，2004 年 8 月，国家税务总局下发通知，要求各地加强土地增值税的管理工作，浙江省开始对普通住宅按照收入的 1% 预征土地增值税。这个政策也取得了良好效果，当年商品房单位销售额土地增值税额从 2003 年的 0.003 元上升到 0.008 元，2005 年又进一步升至 0.009 元，随之土地增值税对房地产税收增长的贡献率 2004 年和 2005 年快速攀升至 9.17% 和 28.0%。此后，在 2007 年开始实行的房地产业土地增值税清算政策，其后续效应在 2008 年得到了最大释放，当年商品房单位销售额土地增值税额高涨到历史最高水平 0.019 元，同年土地增值税对房地产税收增长的贡献率达到历史最高的 88.08%。

（三）征管水平的提高一定程度上也促进了房地产税收的增长

由于近几年房地产营业税政策变动较小，我们认为商品房单位销售额营业税额的变动可以较好地体现税收征管对房地产税收的影响。2004 年浙江省加大对房地产业的税收征管力度，开展房地产业税收专项稽查，当年浙江省商品房单位销售额营业税额达到历史最高的 0.10 元，比 2003 年上升 0.01 元。2006 年浙江省实施房地产税收“一体化”管理，加强房地产交易环节各税种征管和房地产开发企业税收管理，房地产税收实现了年初持续下降到下半年快速回升的“V”形逆转，商品房单位销售额营业税额比上一年增加 0.002 元，此后两年又增加 0.003 元。据此测算，2006 年至 2008 年浙江省房地产营业税因实施房地产税收“一体化”管理等征管措施而增收的营业税收入达 16.7 亿元。

三、浙江省房地产税收发展趋势分析

（一）今年以来房地产市场发展情况

2009 年以来，在国家经济刺激政策尤其是宽松的货币政策和通货膨胀预期等因素的影响下，房地产市场提前结束调整而急剧升温，表现远好于预期，出现了投资和价格回升、成交量大幅增加等新情况、新变化。就全国而言，今年以来我国房地产开发投资增

表7　2001年以来浙江商品房单位销售额税额及分税种税额情况

年　份	单位销售额税额(元)	其中:单位销售额营业税额(元)	单位销售额企业所得税额(元)	单位销售额土地增值税额(元)
2001年	0.116	0.068	0.037	0.001
2002年	0.120	0.083	0.025	0.001
2003年	0.130	0.085	0.031	0.003
2004年	0.171	0.096	0.053	0.008
2005年	0.121	0.064	0.038	0.009
2006年	0.121	0.066	0.034	0.010
2007年	0.109	0.060	0.029	0.011
2008年	0.154	0.082	0.033	0.019
2009年1-10月	0.094	0.054	0.014	0.012

长逐季加快,1—10月,房地产开发投资同比增长18.9%;全国商品房销售面积同比增幅达48.4%,创1998年房改以来历史同期最高水平;房价也持续上涨,1-10月全国商品房价格(按销售额和销售面积测算)同比增长20.8%;10月份,全国房地产开发景气指数为102.03,比9月份提高0.95个百分点,比6月份提高5.45点,是今年以来连续第3个月保持在100以上。就浙江而言,今年1—10月,浙江省房地产开发投资同期增长13.6%,比全国低5.3个百分点,比今年一季度、上半年和1—9月分别回升8.8个、3.7个和2.2个百分点;浙江省商品房销售面积同比增长86%,增幅分别比一季度、上半年和1—9月提高72.2个、34.3个和4.1个百分点;伴随着销售面积的较快增长,浙江省商品房销售额也大幅增长,1—10月同比增长119.1%;今年二季度以来,浙江省商品房价格持续攀升,1—10月商品房价格(按销售额和销售面积测算)同比增长17.8%,房价已涨至历史最高水平。

(二)目前,国内主流研究机构对2010年房地产市场走势的判断

1. 10月初,国家信息中心的一份房地产研究报告指出:2010年房价波动的可能性较大。报告认为,由于世界经济走势仍不明朗、我国经济整体还处于恢复期,企稳回升的基础还不稳固,居民收入预期不乐观,因此,自住型需求对房价的承受能力是有限的。面对房价高涨,部分刚性需求已经开始观望、萎缩。另外,随着各地相继收紧二套房贷款政策,投资和投机性需求将受到一定程度的抑制。在房价大涨的同时,市场风险也在不断积累。报告指出如果房价反弹幅度超出购房者的心理预期,楼市将进入新一轮调整,市场波动和房价反复的可能性在加大。

2. 10月下旬,民生银行发布的《中国地产金融蓝皮书》认为:2010年全国房价仍将高位坚挺,甚至持续走高。《蓝皮书》称,目前全国平均的房价收入比已接近11:1,月供占家庭可支配收入的比例已经达到33%,但目前房价的上行动力仍大过下行压力,理由如下:一是销售旺盛给企业带来大量的资金回流,二是投资和建设增速的滞后使得开发商的资金支出不多,三是宽松的货币政策使企业的融资更加顺畅。因此,在资金压力小的情况下,短期内开发商集体降价的可能性微乎其微。

3. 11月初,中国银行总行的一份房地产研究报告判断:2010年全国房地产市场大幅调整的可能性不大。报告总体判断,尽管我国房地产市场存在调整的可能性,受宏观经济景气上升、居民收入增加、流动性总体宽松和消费结构升级等因素的支撑,2010年全国房地产市场大幅调整即房价和成交量大幅下降

的可能性不大。但是报告指出，从行业发展周期和价格水平来看，我国房地产市场未来调整的空间和可能性依然存在，甚至还比较大，理由如下：一是从行业发展周期来看，我国上一轮房地产市场的调整是不充分的，房地产市场调整周期一般在3年以上，而我国从2008年开始的房市调整持续还不到1年，如果以房价环比负增长为调整标志，上轮调整仅持续了7个月时间（2008年8月到2009年2月）。二是房价偏高，房价租金比、房价收入比都严重失衡，调整空间较大。三是自用性购房比例下降，投资性购房为主。

（三）2010年浙江省房地产税收总体判断

2010年浙江省房地产税收先扬后抑、全年呈略微正增长走势的可能性较大。理由如下：

1. 浙江省房地产市场明年量价微跌、总体平稳的可能性较大。中国房地产市场是一个典型的"政策型"市场，几次调控力度较大的政策直接导致市场的快速调整和快速繁荣，我们认为明年房地产市场政策将有所收紧，但由于宏观经济增长尚不稳定，仍存在反复的可能，为避免经济的大起大落，政策面仍将以偏宽松基调为主。因此，明年浙江省房地产市场极有可能进入一个总体平稳发展阶段，表现出量价微跌的走势。

2. 2009年1—10月商品房单位销售额税额明显偏低，部分商品房销售额的税收将在明年实现。从表6看，2009年1—10月商品房单位销售额税额仅为0.094元，为2001年以来最低，比2005年至2008年的平均水平低0.03元。主要原因是今年二、三季度的商品房销售额远高于一季度，销售收入在当月实现，而产生的税收要延后3—5月入库。因此，今年9：10月份商品房销售所带来的税收一部分将在明年上半年结算入库。

四、对策与建议

由于浙江省土地资源稀缺，房地产业又是一个对政策敏感性非常强的行业，主要依赖房地产税源来拉动地税税收增长的格局具有很大的风险。培育多个税收增长极，降低房地产税收在地税税收中的比重，防范房地产市场的波动带来的税收增长的大起大落，已是浙江省地税部门面临的一个重大课题。

（一）要在税源培育环节实现结构互补，优化税收增量。

一是加快经济转型升级，保持税收增长后劲。当前和今后一个时期，浙江省进入了新的发展阶段，正处于人均生产总值从5000美元向8000美元到1万美元发展的重要时期，处于全面提升工业化、信息化、城市化、市场化、国际化水平的关键时期。要积极引导和扶持传统制造企业加快由一般加工和贴牌生产为主向自主研发设计和品牌营销为主转型，让企业站上"微笑曲线"两端，提升价值链，拓展产业链，加快构筑具有浙江特色的现代产业体系，保持税收增长后劲。二是大力发展实体经济，培育多个税收增长极。要大力吸引国内外优势企业来浙江设立总部、引导省内企业以浙江为总部跨区域发展，积极发展总部经济，提升总部经济税收比重；积极推动浙江省块状经济向现代产业集群发展，大力发展高新技术产业，大力发展先进的装备制造业。三是大力发展以生产性服务业为龙头的第三产业，为地税税收奠定持续稳定的税源基础。第三产业是地税税收的主要税源，要以推进工业企业分离发展服务业工作为重要抓手，鼓励和支持服务业加快发展，优先发展生产性服务业，如现代物流业、服务外包产业、信息和科技服务业、文化创意产业等，促进中心城市加快形成以服务业为主的产业结构，努力提高全省服务业发展的比重和水平，推动浙江省产业结构从"二、三、一"向"三、二、一"转变。

（二）进一步加强征管，全面推进房地产业税源科学化、精细化管理。

一是以重点税源监控为立足点，加快杭州市重点税源管理的主要做法等先进经验办法的推广应用，推进项目管理精细化，实行对房地产开发项目的全程监控。二是深化房地产税收"一体化"管理工作，加快不动产建筑业税收项目管理软件等先进税收管理软件的推广应用，建立健全"一房一价"核价体系，完善"先税后证"的征管机制，堵塞房地产税收流失漏洞。三是加强与规划、建设、国土、房管等部门及金融机构的沟通协作，通过引入运用第三方信息进行差错校验和数据共享比对，最大程度地改变征纳双方信息不对称的状况，切实提高房地产税源管理水平。

（三）加强房地产税源分析与预测，增强把握房地产税收增长规律的能力。

在当前房地产市场处于高位运行的情况下，更要密切关注房地产市场运行走势，关注房价和销售量的波动轨迹,准确把握房地产税收发展趋势,防范房地产市场的波动带来的税收增长的大起大落。在工作方法上,要密切跟踪宏观经济和房地产企业经营形势变化,加强因经济政策和税收政策的调整对房地产市场的影响分析;要加强的调研,摸清家底,准确把握本地区房地产税源及发展趋势,真正做到心中有数;要善于寻找影响房地产税收增长的宏观经济指标,建立房地产经济指标分析监控机制,及时评估各种变化对房地产税收的影响程度,并提出有针对性的征管措施。

课题组组长:郭贤君

课题组成员:侯兴钊　王建峰　许忠民　楼飞青

执笔:王建峰

完善企业所得税优惠政策研究

浙江省地方税务局法规处课题组

企业所得税是我国现行税制中的第二大税种。同时,作为经济运行“自动稳定器”,已成为调控经济、调节收入分配的重要工具。新《企业所得税法》(以下简称“新税法”)实现了内外两套企业所得税制的统一,并进一步调整了企业所得税税收优惠政策,优惠重点由区域优惠为主转向产业优惠为主、区域优惠为辅,更注重其在推进产业结构调整、促进经济转型升级、加快经济发展方式转变中的调控职能。本文立足浙江实际,通过新税法实施一年来效果及存在问题的研究分析,提出了进一步完善企业所得税优惠政策的若干建议,以充分发挥企业所得税优惠政策在促进现代农业、先进制造业、现代服务业、环境保护、中小企业发展、欠发达地区发展和就业再就业等方面的作用,进而实现税收增长与经济结构优化的良性互动,推动我省社会经济又好又快发展。

一、现行企业所得税优惠政策及其作用

新税法实行支持农、林、牧、渔业发展,鼓励基础设施建设,节约能源资源,保护环境以及发展高新技术等以产业优惠为主的税收优惠政策。

(一)关注“三农”,支持优质高效农业发展。新税法保留了对企业从事农、林、牧、渔业项目的税收优惠政策,为农业和农村经济的发展提供了强有力的支撑。将从事蔬菜、谷物、薯类、油料、豆类、棉花、麻类、糖料、水果、坚果的种植,农作物新品种的选育,中药材的种植,林木的培育和种植,牲畜、家禽的饲养,林产品的采集,灌溉、农产品初加工、兽医、农技推广、农机作业和维修等农、林、牧、渔服务业项目及远洋捕捞等关系民生、维持基本生活的必需品项目所得列入免税范围。对于从事提升生活品质的非必需品类项目所得给予减半征收企业所得税。

(二)支持技术创新,激励科技进步。为加快科学技术发展,新税法在促进自主创新和科技进步方面采取了多种优惠政策。一是一个纳税年度内,居民企业技术转让所得不超过500万元的部分,免征企业所得税;超过500万元的部分,减半征收企业所得税。二是将仅限于高新技术产业开发区内的高新技术企业税收优惠政策,扩大到区内外一视同仁,统一减按15%的税率征收企业所得税。三是对研究开发费用采取费用加计扣除的政策。四是对创业投资企业从事国家需要重点扶持和鼓励的创业投资,可以按投资额的一定比例抵扣应纳税所得额。五是对企业的固定资产由于技术进步等原因,可以采取缩短折旧年限或者加速折

② 房地产开发投资是指以货币形式表现的房地产开发企业(单位)在一定时期内进行房屋建设和土地完成的工作量及有关费用的总称;不包括单纯的土地交易活动。

旧的方法。

(三)鼓励公共产品和公共服务的提供。能源、交通等基础设施建设是国家经济发展的重要命脉。新税法突出了对基础设施建设项目的税收优惠，规定从事港口码头、机场、铁路、公路、城市公共交通、电力、水利等项目，自项目取得第一笔生产经营收入所属纳税年度起，第一年至第三年免征企业所得税，第四年至第六年减半征收企业所得税，即三免三减半优惠。

(四)重视资源、环境保护，推动可持续发展。保护生态环境是我国的一项基本国策，随着经济增长和社会进步，环境保护是发展问题，也是重要的民生问题。新税法认真贯彻科学发展观，充分体现了促进环境保护、节能节水和资源综合利用的立法意图，规定对企业综合利用资源，生产符合国家产业政策规定的产品取得的收入，可以在计算应纳税所得额时减按90%计入收入；对企业购置用于环境保护、节能节水、安全生产等专用设备的投资额，可以按一定比例实行税额抵免。

(五)照顾特殊人群，创造和谐环境。新税法保留了对鼓励安置残疾人就业的税收政策，根据企业安置残疾人员所支付的工资进行100%加计扣除，同时扩大了残疾人界定范围(除盲、聋、哑，肢体残疾四类残疾外，增加智力残疾和精神残疾)，使得鼓励安置残疾人的优惠政策更有针对性和符合实际。

(六)其他优惠。除以上几项重点税收优惠规定之外，新税法还列举了对居民国债利息收入，符合条件的居民企业之间的股息、红利等权益性投资收益，对在中国境内设立机构、场所的非居民企业从居民企业取得与该机构、场所有实际联系的股息、红利等权益性投资收益，对符合条件的非营利组织的收入等列入免税收入。同时对突发性公共事件授予了国务院制定专项优惠政策的权限，体现了企业所得税法中优惠政策体系的灵活性。

2008年是实施新税法的第一年，我省认真贯彻新税法，大力宣传和不折不扣落实所得税优惠政策，取得了明显成效。我省国、地税部门(不含宁波)共减免企业所得税208.4亿元，其中：为1330家高新技术企业减免所得税14.0亿元；2507户享受研究开发费加计扣除政策，加计扣除金额37.1亿元，减轻企业所得税负担9.3亿元；3409户从事农、林、牧、渔业项目的企业享受企业所得税减免12.7亿元；80406户小型微利企业享受企业所得税减免2.5亿元；134户符合资源综合利用企业条件，减免企业所得税1.4亿元。

新税法对优化我省经济结构和资源配置、促进经济发展、调节收入分配等方面都起到了积极的推动作用。2008年，我省GDP为21486.9亿元，比上年增长10.1%。浙江农村居民人均纯收入达到9258元，连续24年位居全国各省区首位，农业增加值首次突破1000亿元，达到1095亿元，培育农民专业合作社10950户。工业经济总量居全国前列，高新技术产业产值达8686亿元，比上年增长12.1%；有318家国家级和省级企业技术中心，占全国近1/10，总数居全国之首；研究与试验发展经费支出占生产总值比例1.6%，发明专利授权量增长47.7%，拥有自主知识产权13600件；单位生产总值能耗下降4%以上，化学需氧量、二氧化硫排放量均下降3%以上。民营企业不断壮大，个私经济总产值、销售总额、社会消费品零售总额和出口创汇额连续11年居全国首位。

二、现行企业所得税优惠政策存在的若干问题

新企业所得税优惠政策从我国实际出发，并吸收了国际上关于企业所得税优惠政策的通行做法，与原企业所得税法规定的优惠政策相比，其进步性是显而易见的。但是，国际金融危机、全球气候变化等也暴露出我国经济发展方式存在的严重问题，解决的根本之道在于加快经济发展方式的转变。新企业所得税优惠政策在促进经济转型升级、鼓励劳动力就业、推进城乡区域之间经济协调发展、人与自然及社会和谐等方面还存在一定的缺陷，需要进一步完善。

(一)涉农优惠政策体系不够完善。一是对农村经济实体的扶持力度不够大。农村经济实体如农业龙头企业、农民专业合作社等在改造传统农业、推进农业产业化、提高农民组织化程度、增强农产品市场竞争力、增加农民收入、缩小城乡居民收入差距等方面发挥积极作用。对于农民专业合作社销售社员生产的农产品没有相应的所得税优惠，不利于培育农村经济组织。此外，新型农业产业化组织形式较为复杂，能否享受企业所得税优惠政策较难界定。如湖州广东温氏畜牧有限公司采用“公司＋基地”、产供销一条龙模式进行运作，由公司向养殖户提供鸡苗、饲料、药物和科学的饲养技术，养户提供场地和闲散的劳动力，公司与

农户之间风险共担,利益共享。类似的新型农业产业化组织形式能否享受企业所得税优惠政策不明确。若比照养殖业,又非公司本身饲养,不能享受养殖业所得税优惠政策。二是初加工范围和农业资源综合利用范围需进一步完善。如林业"三剩物"和次小薪材不属于初加工及资源综合利用范围,通过林业"三剩物"和次小薪材为原料生产的产品不能再享受相关优惠政策,一定程度上影响了企业综合利用资源的积极性,也间接影响了林区农户收入。此外,在执行中还存在对某些农产品初加工是否属于免税范围难以界定,如火腿、禽类制品、各类山野果等。三是社会力量向新农村建设的捐赠,在企业所得税和个人所得税税前列支遇到严格的政策限制。根据财税〔2008〕160号规定,具有税前扣除资格的县级以上人民政府及其部门不包括乡镇人民政府。而实际上,乡镇人民政府在救助灾害、救济贫困、扶助残疾人、环境保护、社会公共设施建设等许多公益事业方面都发挥了重要作用。通过乡镇政府向新农村的捐赠,不能享受税前扣除,一定程序上影响了社会各界向新农村建设捐赠的积极性。

(二)现行优惠政策在鼓励自主创新方面缺乏针对性。一是对企业自主创新的前期研发过程缺乏税收政策鼓励。研发是自主创新的重要手段,也是一种高投入、高风险的特殊生产形式。当前的税收优惠政策以事后优惠为主,主要集中在成果转化期,缺乏事前的鼓励和支持,对技术创新的过程、对在取得成果之前进行的大量科技投资没有给予优惠照顾,如对企业提取风险准备金、研究开发准备金和新产品试制准备金等,在税前扣除方面没有专门的税收优惠规定。据浙江春晖集团公司反映,该公司研究开发的高科技机电产品从试制成功到批量生产,跨度3至5年,这期间企业需要花费大量的费用甚至亏损。在这种政策导向下,企业把重点放在引进技术和生产产品上,对建立自主创新体系和研究开发新产品积极性不高、投入不足,不利于企业的发展壮大。二是企业研究开发费用加计扣除适用范围过窄,门槛过高,对中小企业的研发活动激励不明显。《企业研究开发费用税前扣除管理办法(试行)》(国税发〔2008〕116号)规定了企业研究开发费用加计扣除的适用范围,即必须是从事《国家重点支持的高新技术领域》和国家发展改革委员会等部门公布的《当前优先发展的高新技术产业化重点领域指南(2007年度)》规定项目的研究开发活动有关费用支出。这一要求,对于绝大多数中小企业来说都是一个较难达到的高标准,中小企业的小发明、小创造、小专利等研发费用支出一般不能列入加计扣除的对象。据相关资料表明,我国65%的发明专利、74%的技术创新和80%以上的新产品开发都是由中小企业完成的,可见,中小企业的技术改造对促进生产力的发展,提高经济发展水平作出了巨大贡献。这些发明专利、技术创新和新产品的前期研究开发费用在生产成本中往往占比较大的比例,有的研究开发项目还不一定能转化为成果,企业风险较大,负担也比较重。由于企业研究开发费用加计扣除适用范围较窄,中小企业往往只能望洋兴叹。

此外,促进技术创新和科技进步的优惠政策在执行中也有一定难度。一是对于开发新技术、新产品、新工艺的认定,应怎么认定、由谁认定,没有明确规定,在实际执行中税务机关和企业都难以把握。二是研发费用项目内容不明确,即研究开发费用究竟应列支哪些具体费用,特别是生产与研发交叉的企业。据杭州市地税局2008年对614户规模以上工业企业的调查,80.46%的企业财务人员认为仅仅依靠财务人员,很难对技术开发费用与其他费用进行划分;有43.76%的企业因技术开发费归集过于复杂,而未享受加计扣除,其中22户企业由于上述原因放弃享受优惠政策,相关技术开发费达6.7亿元。三是对固定资产加速折旧的优惠政策管理存在一定难度。新税法规定了两种情况可加速折旧,对是否符合加速折旧条件,企业和税务机关会有不同的理解。

(三)支持第三产业发展的所得税优惠政策较少。第三产业特别是现代服务业是现代化程度和社会文明进步的重要标志,是拉动经济增长的重要力量,目前,世界GDP总量中服务业产值已超过60%,服务贸易占世界贸易总额的1/4,服务消费占所有消费的1/2。第三产业发展也是我省经济转型升级和舒缓社会矛盾不可替代的途径,三产能耗少、污染低,单位增加值能耗仅为二产的1/5,能有效缓解我省工业化时代日益严峻的生态危机和粗放型经济增长给资源环境带来的沉重压力;同时,发展服务业特别是劳动密集型服务业,能有效缓解就业压力。浙江省是经济大省,2008年第三产业比重仅为41%,2009年上半年第三产业比重达到45.32%，比重不断提高，但与发达国家相比仍存在较大差距。浙江省第十二次党代会明确提出："加快推进产业结构升级，重点是大力发展服务业，把发展服务业作为新的经济增长点和结构调整的战略重点，从改革体制、加大投入、完善政策等方面，鼓励和支持服务业加快发展。"新税法取消了新办第三产业企业所得税优惠政策，缺乏对咨询、物流、会展等新兴现代服务业的所得税优惠政策，与国家大力发展现代服务业、推进经济结构优化的产业政策导向不相一致。此外，《实施条例》中有关"租金收入，按照合同约定的承租人应付租金的日期确认收入实现"的规定，对市场开发服务企业影响较大。浙江是市场大省，拥有义乌中国小商品城、绍兴中国轻纺城、永康中国科技五金城、嘉兴中国茧丝绸市场、海宁中国皮革城、路桥中国日用品商城等成交超百亿元的大市场，2008年共有商品交易市场4087家，全年成交总额9793亿元。有的市场开发服务企业实行一次性收取商位使用费，根据规定要于收款当月(季)一次性申报缴纳企业所得税，而每年支付数额较大的固定费用如固定资产折旧、土地出让金摊销等则无法扣除，收款年份入库税额巨大，而租期内其他年度则无需再缴税，不利于税收均衡入库，也不符合收入与成本合理匹配原则。

(四)环境保护、节能节水优惠政策范围过窄。一是对新兴能源生产企业如风电、太阳能、生物质能没有优惠政策，不利于发展新兴能源以及能源结构的调整。二是节能节水和环境保护设备优惠项目狭窄。《财政部、国家税务总局、国家发展改革委关于公布节能节水专用设备企业所得税优惠目录(2008年版)和环境保护专用设备企业所得税优惠目录(2008年版)的通知》(财税〔2008〕115号)公布了环境保护和节能节水专用设备的目录，涉及的范围比较窄，如节水目录仅涉及洗衣机、换热器、冷却塔和灌溉机具的喷灌机、滴灌带(管)，而对于其他工业、生活上等的节水设备却都未列其中。三是对部分高污染、高耗能企业没有限制性规定。虽然已限制了化工、造纸、水泥制品、石油加工等高能耗、高污染行业享受税收优惠政策，但仍有部分不符合国家产业政策和环保政策的"高耗能、高污染、资源型"行业、企业一边污染环境一边坐享税收优惠。如高污染养殖业特别是淡水海水养殖，未经处理的养殖废水排放导致湖泊富营养化，赤潮和大规模病害的频繁发生，水质污染越来越严重，出现了太湖水污染事件。又如，电池生产企业，属于高新技术企业享受15%的优惠税率，但其生产的产品含大量铅，严重污染土地。新税法没有综合考虑生态效应给予企业所得税税收优惠，不利于环境保护特别是水、土地资源保护。

(五)小型微利企业所得税优惠政策需进一步完善。中小企业在保持国民经济增长、促进社会就业、保证社会稳定中发挥着不可或缺的重要作用，目前，中小企业占工商注册企业总数的99%，经济总量占全国GDP 60%，上缴税收占50%，并提供了城镇就业岗位的75%。但中小企业发展进程中所面临的困难和矛盾也较为突出，特别在这次金融危机中中小企业影响最大。现行企业所得税优惠政策在扶持中小企业发展方面还存在以下问题：一是小型微利企业认定条件过于苛刻。门槛过高、条件过细，同时具备年度应纳税所得额不超过30万元、从业人数不超过100人(80人)、资产总额不超过3000万元(1000万元)的企业不多。特别是对人数的限制过于严格，不利于中小企业吸纳就业。二是小型微利企业所得税优惠税率力度不够。老税法对小型微利企业规定了两档优惠税率，27%和18%，新税法统一为20%。对原按18%税率缴纳企业所得税的小型微利企业来说，新税法实行20%的税率则加重了他们的负担。而新的小型微利企业只优惠了5个百分点，如果按应纳税所得额30万元计算，其优惠所得税税额也只有1.5万元，优惠力度非常小。《国务院关于进一步促进中小企业发展的若干意见》规定从2010年1月1日起，应纳税所得税额低于3万元(含3万元)的小型微利企业，其所得按减少50%计入应纳税所得税，缴税比例依然是20%不变。这一政策受益企业的范围仍过于狭窄，且减计收入不如直接降低税率。三是借款利息税前列支的规定限制了中小企业的发展。近年来，中小企业普遍反映融资难，对此，浙江省审计厅近期作了调查，调查结果为：2106户实地调查企业2009年1—2月银行贷款余额逐月减少，3365户问卷调查企业中574户(占17.06%)认为取得银行贷款出现困难和非常困难；融资成本高，贷款企业在承担利息支出的同时，还需按贷款额的一定比例支付"额度设立费"、"顾问承诺费"等名义费用，或被要求"贷款返存"。为了缓解企业资金紧张，国家鼓励开展小额贷款业务,浙江省政府规定:小额贷款公司的贷款利率上限放开,但不得超过司法部门规定的上限(据了解,最高可上浮到基准贷款利率的4倍)。小额贷款公司从性质上来说属于非金融企业,按新税法的规定,企业从非金融企业取得的贷款利息支出,按不超过金融企业同类同期贷款利率的部分准予税前扣除,这对中小企业融资和小额贷款公司的发展极为不利。

(六)缺乏支持欠发达地区发展的优惠政策。新税法的税收优惠政策从"区域优惠为主"转向"产业优惠为主,区域优惠为辅"后,取消了扶持欠发达地区发展的税收优惠政策,特别是取消了"老、边、穷"地方企业所得税优惠政策,不利于欠发达地区发展,不利于缩小发达地区与欠发达地区的差距。经济欠发达地区往往是工业经济相对落后,企业规模小、技术含量低、科研投入少,难以享受到新税法有关高新技术企业、研究开发费、创投企业等政策,造成越是发达地区享受政策越充分、越是不发达地区享受越不足的现象,政策效应不明显。如丽水作为浙江省经济欠发达地区,2008年市本级高新技术企业减免企业所得税仅0.5万元,研究开发费加计扣除仅147万元。没有一户企业被列入税务总局公布的试点物流企业和集成电路企业名单享受相关优惠政策,丽水市本级没有一家创业投资企业。同时,汇总纳税制度也导致了税源向企业总部机构林立的少数经济发达城市集中,总机构所在地的地方政府可以获得更多的财政收入,分支机构所在地的地方政府则减少了财政收入。对于有分支机构而总部机构很少的欠发达地区来说,所得税地方分享部分由财政环节划转,不能够完全体现税收与税源一致原则,难以实现合理分配。

(七)现行就业再就业政策滞后于当前形势。现行促进就业再就业优惠政策是特定时期针对特定群体的一种制度安排,安置下岗职工再就业税收优惠政策已经滞后于就业形势发展。目前,大规模集中的国有企业改制早已结束,延长一年的安置下岗职工再就业税收优惠政策也将于2009年底到期。而大中专毕业生就业、失地农民、农村富余劳动力转移城市就业等问题已经成为社会就业的主要矛盾,针对这些人群,没有相应的税收优惠政策鼓励其创业就业。此外,就业再就业税收政策存在诸如优惠方式(标准)上不一致,企业安置特定人员就业在享受税收优惠政策条件上有比例限制且不允许企业将各类别的安置对象人数加总计算,享受政策行业和企业范围限制比较严,减免税种设计不够合理等问题亟待完善。目前将2008年执行到期的再就业税收优惠政策延长执行一年,仅是临时性措施,非长久之策。

三、企业所得税优惠政策的国际借鉴

世界多数国家,包括发达国家和发展中国家,普遍重视运用企业所得税优惠政策激励技术创新、推动现代服务业发展、加强环境保护、支持中小企业发展、支持落后地区发展和鼓励吸纳就业等方面,采取了积极的措施,并取得了明显的成效,许多做法值得我们借鉴。

(一)激励企业自主创新,税收政策宽松,受益面广。世界各国为了激励企业自主创新、发展高新技术产业,都纷纷制定税收优惠政策,政策较宽松,受益范围广,激励作用大。一是直接减免。英国对新创办的高新技术小企业免100%的资本税。二是高额教育补助金可在税前扣除。美国允许企业每年为职工支付5250美元的教育补助金,可在税前扣除列支。三是鼓励中小企业创新。美国鼓励中小企业加大科研力度的政策:通常的研究开发费用在课税年度超过过去3年的平均发生额,其超过部分的25%给予免税;在从事基础研究时,把各税收年度的研究开发费65%作为非课税对象,同时还实行企业科研费用增长额税收冲减。匈牙利规定,中小型企业取得和使用专利、设计和受保护的式样等费用支出,除直接列入研究开发支出的以外,可以双倍税前扣除。法国规定中小企业以专利、可获专利的发明或工业生产方法等无形资产投资所获利润增值部分可推迟5年纳税。

(二)实施税收优惠减免,推动现代服务业发展。通过税收减免扶持产业发展是各国政府采用较多的措施。如韩国政府规定对属于现代服务业的中小企业给予了大力支持,扩大减免税种,并增加特别税额扣除。新加坡规定凡固定资产投资在200万新元以上的服务业企业,或营业额在100万新元以上的咨询服务、技术指导服务等企业,所得税可减半征收,并规定对服务贸易出口收益只征收10%的所得税。美国、日本、德国等国家主要通过加速折旧等税收优惠来促进金融租赁业的发展,取得较好的效果。采取所得税优惠措施鼓励物流业发展的国家和地区日渐增多，马来西亚规定，新成立的综合物流公司，可以享受为期5年的法定所得70%免纳所得税优惠，现有综合物流公司可以享受为期5年的再投资新增所得70%免纳所得税优惠。

（三）形成保护环境的激励性政策导向。面对日益严重的资源破坏和环境污染问题，发达国家已经认识到经济增长应考虑环境成本，因而采取了税收等间接干预的经济手段。美国2005年公布的能源新法案（EPACT,2005）提出，在未来10年内，美国联邦政府将向全美能源企业提供146亿美元的减税额度，以鼓励石油、天然气、煤气和电力企业等采取清洁能源和节能措施；美国的公司所得税中有一系列的税收抵免规定：研究开发抵免、节约能源抵免、酒精燃料抵免、石油回收抵免、重新选材抵免等，以鼓励企业研发新技术，节约能源，充分利用资源。日本的法人税中有促进能源需求结构调整投资的税收抵免（购置价的7%）。

（四）多种优惠方式支持中小企业发展。一是税率优惠。巴西规定年总收入未超过规定限额的个体企业和公司可以免征公司税。二是鼓励投资。法国规定中小企业用一部分所得作为资本再投资，该部分所得将按降低的税率（19%）征收公司所得税。三是支持新办企业和小企业。比利时规定，中小企业开始的3年可以在直线折旧法的基础上双倍提取折旧。加拿大对于收入少于20万加元的小企业，提供更长期的缴税宽限期。四是准备金扣除。日本建立了多种特定预备金，针对中小企业设立了中小企业改善结构预备金。德国允许中小企业建立一些可在税前扣除的准备金，如折旧准备金、呆账准备金、亏损准备金等。

（五）特殊区域优惠支持经济落后地区发展。如巴西采用了多项优惠措施以促进东北地区和亚马逊地区等经济落后地区的发展，包括特定地区的企业购置机器设备允许在取得当年全额税前扣除，对某些经批准的项目可以减征75%公司所得税10年。法国对于外资投资于不发达地区，给予了税收优惠和提供补助津贴的鼓励措施。希腊通过了不同的区域性税收鼓励政策，包括税额减免、特别扣除、贴息、加速折旧等优惠，越不发达的地区被提供越多的鼓励政策。

（六）实施低税负，鼓励社会创造更多的就业岗位。欧美等许多发达国家自20世纪80年代以来就一直实施轻税的税制改革，通过减税让利给纳税人，鼓励社会创办更多的企业，吸纳更多的就业人员。同时，根据纳税人的效益规模或者企业规模实施差别税率，扶持发展中小企业，鼓励全民创业。

四、进一步完善企业所得税优惠政策的若干建议

完善企业所得税优惠政策要以科学发展观为指导，按照“五个统筹”的要求，既要看当前的发展，又要看发展的可持续性；既要看城市变化，又要看农村发展；既要发展传统产业，又要扶持新兴产业发展；既要注重经济效益，又要关注生态效益和社会效益。针对现行企业所得税优惠政策在推进经济转型升级等方面存在的局限性，提出以下建议：

（一）完善涉农企业所得税优惠政策，支持现代农业发展。农业是国民经济的基础，也是弱势产业，世界各国一般都对农业实行特殊扶持政策。建议对农业继续按照“多予、少取、放活”的原则实施宽松的税收政策，扩大企业所得税优惠范围。一是给予农村经济实体所得税优惠政策，支持农村经济实体发展。对农民专业合作社享受社员自产农产品取得的所得免征企业所得税。将现阶段存在的企业联农户新型农业产业化企业纳入优惠范围。二是扩大农产品初加工和农业资源综合利用范围。将林业“三剩物”和次小薪材为原料生产的产品列入农产品初加工范围和资源综合利用范围，给予相应优惠政策。将火腿（主要是以新鲜猪后腿为主要原料，除了上盐外，不添加其他任何辅料，通过脱水发酵而成）、禽类制品（主要是对禽类动物通过宰杀，去内脏清洗，腌、熏制后制成熏鸡、熏鸭、酱鸡、酱鸭等；同时对内脏通过清洗，腌、熏制后包装出售，如生鸭舌等）、各类山野果（如瓜子、花生、山核桃、香榧等通过筛选、清洗、脱壳、蒸煮、烘干或炒制、分包等简单加工处理制成的坚果、果仁）等列入可以享受企业所得税优惠的农产品初加工范围内。三是放宽捐赠税前扣除的条件。企业通过乡镇政府对农村社会公益性捐赠支出，在缴纳所得税时给予适当比率的税前列支。

（二）完善促进科技进步和高新技术产业发展企业所得税优惠政策，加快产业升级。建议加大鼓励企业自主创新的税收优惠政策，鼓励企业的科技研究开发投入和人才投入，形成适应企业科技创新活动特点的税收激励体系。一是企业可按销售或营业收入的一定比例(3%—5%)提取风险准备金,用于企业自主创新活动的,准予税前扣除。同时,为避免企业滥用该条款,规定准备金在提留后3年内未使用的部分并入所得额计税,降低企业从事自主创新活动需承担的经营风险。二是提高税前可扣除的职工教育经费的比例,对用于培训教育的费用可在税前据实列支。三是建立鼓励中小企业加大技术研发的专项政策制度。针对中小企业技术创新能力不强,产品技术起点低,研发成果影响面小等现状,研究制订专门适合中小企业、操作便捷的技术研发费用税前扣除办法,适当放宽限制条件,引导中小企业加大技术研发投入力度,促进中小企业的科技创新。

同时,完善支持和鼓励企业技术创新的操作办法。一是完善新技术、新产品、新工艺的认定办法。二是进一步明确研究开发费用扣除的范围,对一些政策未明确列举的费用,加以明确。三是自行研发的项目,建议由相关部门出具认定书,既方便企业,又便于把握标准。四是完善固定资产加速折旧优惠政策,进一步细化加速折旧方法。

(三)完善税收优惠政策,加快第三产业特别是现代服务业的发展。明确第三产业税收优惠政策目标,研究和制定促进第三产业企业所得税优惠政策,发挥税收政策导向作用,促进第三产业特别是现代服务业的发展。一是恢复[94]财税字第001号有关支持和鼓励发展第三产业的所得税优惠政策,对新办的三产企业给予一定期限的减免税优惠。二是研究制定支持新兴的现代服务业如咨询、物流、会展等发展的优惠政策,扶持会展、物流等新型流通业发展和仓储、流通、配送等有形市场的配套设施建设,引导各类主体向现代服务业投资,引导各类服务业向产业化、社会化、品牌化方向发展,积极提升现代服务业发展水平。三是对市场开发服务企业预收商位使用费及配套服务用房租金收入,按收入与成本合理匹配原则,按受益期分期确认收入和相关费用,据以计算缴纳营业税及企业所得税,促进各类市场发展。

(四)扩大享受环境保护、节能节水优惠政策的范围。一是对环境保护、节能节水的全环节实行税收优惠,不仅要体现在设备购买使用上,还要对从事环保和节能节水设备的生产和维护企业,从事节能服务和环境治理的企业,给予税收优惠。二是对研究开发利用新能源的企业,如生产绿色汽车的企业、风能发电的企业给予税收优惠。三是建议扩大能享受所得税优惠政策的环境保护和节能节水项目范围,具体可放权由省级政府或相关部门鉴定把关。四是在运用税收调控手段过程中,对能够节约土地、能源、电力、水、原材料等单位和部门以及综合利用率高的企业进行税收政策的扶持、鼓励,高污染和高耗能企业一律不得享受所得税优惠政策。

(五)进一步完善扶持中小企业的企业所得税优惠政策。一是调整小型微利企业的认定标准。取消对小型微利企业的人数限制标准。二是合理设定小型微利企业优惠税率。为进一步优化中小企业的发展环境,扶持中小企业的发展,根据小型微利企业的理论优惠税额和实际扶持力度的要求,建议小型微利企业的优惠税率应该比一般企业低1/3,并设定两档税率,根据企业规模分别适用。对年总收入未超过规定限额的公司,也可免征企业所得税。三是支持小额贷款公司发展,着力解决中小企业融资难问题。小额贷款公司虽是非金融企业,但受工商、银监、人行和公安等部门的监督管理,贷款管理比较规范,与一般的非金融企业有较大区别,建议企业从小额贷款公司取得的贷款可比照从金融企业取得的贷款按实扣除利息。同时,对中小企业提供特别投资优惠,对中小企业积极利用自身企业经营成果进行再投资的,建议可在一定期间内给予减免企业所得税或按一定比例抵免企业所得税。

(六)加大对欠发达地区的税收政策扶持力度。建议对西部欠发达地区继续实行15%的企业所得税优惠税率;对发达省份的欠发达地区新办的企业给予1—2年减免企业所得税的照顾。

(七)完善促进就业再就业税收优惠政策。一是抓住时机,尽快出台促进就业的有关税收政策。建议结合《实施条例》制定企业安置其他就业人员所支付工资的加计扣除具体办法的规定,出台促进的就业有关税收政策。二是统一整合鼓励就业和再就业税收政策。建议尽快对税种相关的就业与再就业政策进行统筹考虑,确保税种间协调;同时,对将目前政策分别规定的城镇退役士兵、军队转业干部、随军家属、下岗再就业人员、残疾人、归正人员等安置对象统一纳入一个政策框架下，允许企业将各类别安置对象加总计算以享受税收优惠政策，方便操作，也可防止政策漏洞。将大中专毕业生未就业人员、失地农民、非城镇国有企业下岗人员纳入政策体系。三是扩大政策适用的行业范围。吸纳失业人员的企业应一视同仁，不分所有制、行业和产业，都给予相应的税收减免优惠，提高这些行业提供就业岗位的积极性。四是充分考虑区域差异，规定具体政策幅度比例，避免全国一刀切。

课题组组长：项正国

课题组成员：周仕雅　边宏庆　吕　燕　黄子凯
包盈盈　李兆兰　吕天佑　姚新加
许建国　潘志伟　全国升　斯丽红
赵海滨　叶　鸣　谢　昶

关于浙江地税信息化建设“大集中”工程基本思路的调研报告

浙江省地方税务局征管处课题组

根据厅党组关于推进“大集中”工程建设总体要求和单美娟常务副局长提出的我省可以加快步伐推进“大集中”项目建设的总体要求，结合《浙江省地税系统2009—2011年发展规划》，经调研，形成如下浙江地税信息化建设“大集中”工程的基本思路。

一、“大集中”项目的三项内容

数据集中是数据处理的物理集中，它是技术层面的名词，指低层税务机关不存放数据，数据集中存储、处理在较高层级的税务机关进行。数据省级“大集中”是数据集中的较高层次，是指在统一、规范税收业务流程的基础上，应用计算机和网络技术，建成全省征管业务数据集中处理和存储的、监控严密、安全稳定的新一代税收征管信息系统及税收信息分析与决策支持系统。

“大集中”模式的要点可概括为：数据集中、分级管理、规范流程、统一维护、安全高效、信息共享。

“大集中”项目建设相对以往地市集中或县（市）集中的模式，首先表现为一种技术层面的变革，并衍生为由技术变革带来的业务改造和机构改造。因此，“大集中”项目主要由技术改造、业务改造和机构改造三项内容组成。

（一）技术改造

即实现数据信息省级集中处理，包括三个改造项目：

一是进行与“大集中”相配套的全省硬件网络建设。

二是对《税友2006》业务改造需求进行技术开发，包括进行相应的“大集中”移植。

三是建立“大集中”所要求的运行维护体系。

技术改造工作，应由信息中心牵头实施。

（二）业务改造

信息化的发展需要更科学的管理方式与之适应。技术改造将实现数据信息省级集中处理，其对业务领域的实质意义在于：实现全省数据共享。在全省数据共享的前提下，业务流程就有了提升的空间。换句话说，业务改造就有了可能性。

业务改造的基本原则应是：以《税友2006》为本，着眼于全省数据共享的前提下可以提升或拓展的业务项目，进行挖掘、整理、论证和实现。

业务改造应紧紧抓住涉税信息流这一核心要素。

"大集中",归根结底就是对涉税信息流的重新审视、高度组织和深度利用,而外在设备、技术和应用系统是涉税信息流的运动载体。因此,要根据涉税信息流的方向和脉络来寻求"大集中"后的业务拓展空间。主要包括:

涉税信息的获取、校验和存储。需要重点考虑数据集中后信息获取途径的全面化,尤其是全省范围内发票数据、非正常户数据、外来经营数据等的实时获取和查询。在此基础上,根据数据分布模式、业务数据量的增长规模,完善数据比对、校验、审计的方法和模型,合格的数据被保留下来,不合格的数据需要重新采集或根据比对和审计结果修整。

涉税信息的管理、分配和使用。主要指的是静态数据和动态数据的不同分布及其管理模式。在数据集中和系统整合的基础上,要着眼于数据深度利用,"唤醒沉睡的数据",利用各种方法和模型,针对大量涉税数据进行深入的研究,发现其内在的规律,从而对税收管理和税收政策分析提供决策支持。需要重点考虑管理层面的分析、预测、决策和政策制定,以及信息使用权限、政务公开和信息共享的制度安排,涉及系统内部的岗位责任体系建设等方面。

业务改造工作,应由征管办牵头实施,完成业务改造需求后,由信息中心实施技术开发。

(三)机构改造

"大集中"的实施,一方面从技术上保证了各级税务机关都可以真实、完整地获取全省统一的各类涉税信息,可以及时发现、处理纳税人在征纳过程中的不当行为,从而实现对纳税人的全面监控。另一方面,下级机关的执法行为清晰地呈现在上级面前,强化了税务干部依法治税的自觉性和规范性,实现了对税务内部的严密管理,从而为归并职责交叉、业务单一的部门,将有限的人力资源用于专业化管理和基层征管一线提供了可能。

机构改造的基本原则应该是:以"大集中"为依托,压缩管理层级,调整各级管理权限,加大垂直管理的力度,从组织体系上保障"扁平化"管理的实现。

在管理学中,"扁平化"管理是相对于传统的"金字塔"管理模式而言的。管理幅度与管理层次呈负相关关系,管得越窄,管理层次就越多;管得越宽,管理层次就越少。管理层次与信息传递的质量和效率亦呈负相关关系,管理层次越多,信息传递的质量和效率就越低;反之,则越高。传统的"金字塔"管理模式中,税务管理者处于信息弱势,难以克服信息不对称的问题,不仅管理能力弱,而且监管成本高。因此,在数据省级集中的前提下,进行相应的业务改造和机构改造,实现"扁平化"管理模式,应是"大集中"建设的最高层次。

在数据集中的基础上,对于程序化、规范化的业务,如管理业务、信息比对和稽核业务、核算业务等,尽可能由上一级机关集中处理。同时,必须辅以机构改造,按照专业化分工原则设置机构,各司其职,实现"扁平化"管理。

机构改造工作,应由人教部门牵头实施,可以在业务改造、技术改造基本完成后实施。

综上所述,"大集中"项目的内容有三项:一是数据集中;二是在数据集中的基础上,实施相应业务的提升和拓展并进行技术开发实现;三是在"大集中"的条件下,按照"扁平化"管理的方向,对组织机构体系实施相适应的改造。

二、业务改造需求编制工作中应把握的几个原则

综合考虑"大集中"项目的内容、开发工作的时间要求、《税友2006》开发中获取的经验、外省开发"大集中"项目已有的成果、近年来我省开发《税友2006》新增功能模块的效果等因素。本次业务改造需求编制工作需遵循以下原则:

(一)定位:对《税友2006》进行改造和拓展应用

《税友2006》经过若干年的运行和完善,功能逐步被全系统干部职工熟悉和掌握,软件功效进一步释放和展现,良好的可扩充性确保了软件不断改良,能基本满足当前和今后若干年的业务支持要求,软件正处于成熟运用阶段。

因此,"大集中"项目的开发,必须定位在对《税友2006》进行改造和拓展应用上,就是将《税友2006》从分散的数据库布局,移植到省局集中数据库,并根据新的数据环境条件,做功能的扩展性开发。《税友2006》的基本框架、基本功能和操作层的业务处理流程都必须维持"大稳定、小调整"的原则,"大集中"不是"推倒重来"。

（二）省局统筹和各市全员参与相结合

《税友2006》开发采用了省局集中开发的模式，体现了效率高、整合度好的优势，但是也存在省局全力投入、基层却参与不足的问题。

鉴于"大集中"项目定位在《税友2006》的改造和拓展应用上，而《税友2006》现有的框架、模块非常清晰，因此有条件将业务改造需求编制工作"切块"实施。在省局统筹的基础上，结合各市的业务特色优势，发挥各市的工作能动性，引导各市总结提炼基层行之有效的业务行为、发展创新的业务思考，并整理汇总和展示到省局层面，再由省局来鉴别、平衡和取舍业务需求，在业务改造中更好地体现民主集中的原则。

采用省局统筹和各市全员参与相结合的开发模式，关键有三：一是要有规范、详细的开发要求，二是要有激发各地全力投入开发的激励措施，三是要督察和确保各地的开发进度。

（三）以我为主和引进消化相结合

税务信息化发展日新月异，许多省市的"大集中"项目采用了自行开发、外包开发、移植广东软件等做法，形成的软件各具特色、极具借鉴价值。税务信息化从业务需求角度看，各地具有很大的类似性，因此总局提出了可以整体移植广东软件的建议。

分析我省税务信息化的现状，《税友2006》已经解决税收基本业务的需求。改造和拓展的方向在于利用"大集中"改造这一契机，实现分析、预警、风险控制和决策支持等高层次业务需求。应该充分发挥我省的"后发优势"，在登记、发票等基础业务上，坚持以我为主，采用《税友2006》移植和拓展的模式；在分析预警、决策支持等前沿业务上，积极引进外地成熟的软件模块，结合我省实际消化吸收。以我为主和引进消化相结合，既可以体现基础业务的本省特色，又可以解决前沿业务的迫切需求、提高软件开发的效率和品质。

（四）分工编制和集中会审相结合

《税友2006》业务需求编写采用了抽调基层骨干力量组成编写小组、省局处室确定专职联络员并全程参与、在编写各阶段层层把关审核的模式，确保了业务需求能严格遵循现有业务规范、正确体现省局对业务内容的理解和要求，但是也存在被抽调人员业务视野存在局限，对个性化和创新需求的评价、提炼和吸收不够等问题。

今年以来，全省部分市、县局按照《税友2006》新增功能试点开发机制，认真总结征管工作实践经验，受托试点开发了多项《税友2006》新增功能。项目开发方式效果显著，如建筑业不动产项目税收管理软件、快捷查询管理软件、个人出租房屋税收征管软件、稽查查账软件等，为省局进一步拓展《税友2006》的系统功能提供了宝贵的思路。建议"大集中"项目业务改造的需求采用分工到各市负责编写的模式，而省局处室对负责相关业务的市局，只就未来业务发展的方向性等大问题做原则性指导，不提出具体的限制性要求。鼓励各地放开思路、大胆探索，积极提出创新需求。在需求编制阶段，省局尽可能不就有争议的具体业务问题展开讨论，由负责编制需求的市局根据基层的意见，先行编制并上报需求。

省局汇编各地上报的"大集中"业务改造需求并统稿后，再提交各业务处室会审，一次性反馈意见，并协调业务条线共同确定对交叉、矛盾需求的最终统一意见。

（五）与金税三期业务需求和总局的有关要求相衔接

金税三期业务需求已经初步成形，总局对数据"大集中"也有非常具体的工作要求，近期又在开展业务创新的需求编制，这些信息都必须及时跟踪和获取，"大集中"项目的业务改造需求应当尽可能与总局的改造方向相衔接、融入总局已经确定的创新业务需求内容。

（六）技术、业务和机构改造分工推进

"大集中"项目是一个涉及技术、业务和组织机构三方面内容的大工程，三个方面互有关联又相对独立，在具体实施中建议适当分工、分别确定牵头处室协同推进。第一阶段技术改造可以先行确定数据"大集中"的技术方案、开展开发人员培训；业务改造可以马上启动需求编制的准备工作；机构改造可以先做调研。第二阶段在业务改造需求确定后，投入技术开发。第三阶段在技术开发完成、"大集中"软件开始上线运行时，适时进行机构改造。

三、业务改造需求的主要内容

业务改造需求分成三块内容,以下在每块内容中举例一些初步设想。

(一)在数据"大集中"的条件下,对《税友2006》的功能开展拓展应用

例1:建立综合与分类管理相结合的税源监控模式。

综合管理,就是税务机关在管辖范围内,对税源进行划片管理。从形式上看管理面得到保障,但由于信息的不对称,管理质量难以保证。分类管理,就是将所有税源按照规模、行业等权数进行分类,对相对集中、行业特点明显的税源,实行专业化管理。我们正在推广的重点税源管理办法就是分类管理的典型例子。数据集中后,要建立综合管理与分类管理相结合的税源监控模式,实现税源监控由广度向深度的拓展与延伸。一方面,全面建立重点税源重点管理机制。在综合管理的基础上,对税收总收入占到收入总量的一定比例的重点税源户,专门配置机构或岗位,及时了解和掌握企业的生产经营和税源变化情况,及时对重点税源企业的收入和税负水平进行监控、分析和预测。另一方面,建立重点行业重点管理机制。根据税源管理人员采集的征管数据,利用省级集中数据平台比较其他地区同行业水平,对重点行业的税源户进行定期、定性、定量的分析和评估,提出分析评估意见,交由综合业务科进行核查和落实。

例2:加强地税发票的监控管理。

在全省数据共享的前提下,全省范围内发票数据、非正常户信息、外来经营信息、处罚信息等均可实现实时查询、比对,税源监控的力度可大幅增强。应以此为契机,全面加强税源监控管理,尤其是一直困扰我们的地税发票真假查询和比对问题。开发网络发票系统,要点包括:发票开具直接在税局端服务器进行,而不是客户端,避免了因传输时间、传输媒介造成的数据缺失;发票信息实时查询和比对;提供发票号码、发票代码、发票状态、开票日期、付款方代码、付款方名称等多种开票信息网上查询渠道;提供条形码验证、代码号码验证等发票信息网上验证路径。

(二)对分析、预警、决策等需要较强开发能力的需求项目,通过筛选和引进外地先进的"大集中"业务软件,先尽可能快速地解决"有无"的问题,再通过今后若干年的使用逐步完善提高

例1:实施风险管理。

"人少事多"、"信息不对称"一直是困扰我们的管理难题。引入风险管理理论,实施税收风险管理可以有效地解决这一问题。

税收风险管理是指通过对纳税人在履行纳税义务过程中出现的引发税收流失风险的各种因素的识别,评定纳税人税收风险级别,并根据不同风险级别和风险形成的情形,采取相应的差别化的风险应对措施,实现税收风险的有效防范、控制和化解。

税收风险管理的基本流程为:风险识别、风险评定、风险应对和监督评价。在风险识别环节完成风险信息的筛选、归集和识别。在风险评定环节,通过建立税收风险管理模型,从概率、规模、时间三个维度评定纳税人的风险。在风险应对环节,风险级别由低到高,在应对策略、应对措施上体现差别,从一到五级分别为信任、关注、监控、约谈核查、检查,对纳税人的影响程度、介入深度、管理力度逐步增加。对低风险级别的纳税人以日常管理为主,寓管理于服务之中,对低级别风险纳税人的税收调查事项可以实行后置、归并、抽查,以提高税源管理的效能。对高风险级别的纳税人,投入更多的资源,加强控制,降低或消除引发纳税人税收风险的因素,有效化解税收风险。

在省级数据集中模式下,全面实施税收风险管理是可行的。由省局相关部门,依托系统中的数据、部门发布的信息以及税源管理人员在日常税源管理中掌握、并录入系统的"活信息",对全省范围内的纳税人进行风险分级,据此采取不同的管理措施。以税收风险为中心的专业化管理方式,使税源管理人员根据纳税人风险度的高低,选择对纳税人不同的管理措施,把有限的管理资源用在刀刃上,减少低价值管理成本。

例2:深化税收分析。

数据集中之前,由于占有的信息资源限制,税收分析存在很大的局限性,各地税务机关只能就本地税源情况进行分析,无法进行跨地区横向比较,难以全面掌握税收总体形式。但数据大集中打破了部门、层级的限制,形成一个跨越时间、地点、部门的全局共有、共享、共治的信息平台,为深化税收分析工作提供

了巨大的空间。

——构建科学有效的数据分析模型。所谓模型，就是现实的各种关系用数学等式或逻辑描述来表示。在管理科学中用于制定决策的一个重要方法就是模型的建立。在税收管理实践方面，模型主要起到的作用是将复杂的税收征纳活动通过数字化的形式总结归纳，进行定量化，并且建立起输入和输出之间的对应关系，然后通过软件求解，输出结果，并利用输出结果为税收决策提供依据。构建科学有效的数据分析模型，是税收数据深度利用过程中一个非常关键的环节。省局在梳理涉税信息的基础上，搭建全省数据处理与分析应用的支撑平台，提供"一户式"、"一局式"、预警监控等一系列跨系统综合查询和数据分析功能。平台数据与各类系统的信息同步，各市、县局在省局的统一权限控制下可以直接访问。各市、县局可以在此基础上开展专项数据分析，开发具有地方特色的、有价值的信息化增值应用辅助系统，既激励了基层创新探索的积极性，也丰富完善了数据应用工作的途径。

——对现有税收分析职能进行强化。应以这次省级数据集中为契机，强化税收分析职能。一是提升税收分析地位。建立省、市、县三级专职税收分析机构，专职进行税收分析并发布数据，其职能是：将本地区税源情况进行梳理分析并发布；对本地区征管数据和其他地区征管数据进行对比分析并将结果发布，收集本地区经济发展数据结合系统内征管数据进行分析并发布，将本地区重点税源征管数据和相似地区同等规模同行业税源征管数据比较后发布。二是完善税收分析内容，增强税收分析的实用性。依托数据仓库技术，以"快捷查询"为基础进行改造。利用综合数据应用平台对不同行业、不同类型的纳税人进行分类、量化统计，从地区分布、行为分布、所有制分布以及发展速度、增长趋势中，分析税收征管的内在规律性，制定对策，堵塞漏洞。尤其是增加对重点税源的数据比对、分析功能。三是以税收分析为基础，完善税收分析、纳税评估、税源监控和税务稽查之间的互动机制。通过税收经济分析发现疑点问题，形成以税收分析指导纳税评估，纳税评估用于税源管理和税款征收，并为税务稽查提供案源，税务检查与稽查又促进分析与评估，促进完善税收政策、改进税收征管的工作机制。

（三）随着业务的发展和实践的检验，《税友2006》逐步积累了一定数量的需要修订的内容，在实施"大集中"项目中应该予以集中解决。也有一些在编制《税友2006》业务需求时因条件不成熟暂缓考虑的项目，如果条件具备，也应当尽量考虑实施

例1：优化纳税服务。

从省级数据集中的角度，使纳税服务更贴近纳税人的需求，提升服务层次，拓展服务渠道，减轻纳税人办税负担，重点可以从两个方面入手：一方面，进一步提高纳税人办税的信息化程度；另一方面，依托"大集中"提高工作效率，为纳税人"减负"。

——实现"全省通办"。由于"大集中"实现了规范流程、统一维护、安全高效、信息共享，全省数据统一平台、统一公布，完全有可能在"同城通办"的基础上，研究探索"同省通办"，各实体办税服务厅就像银行营业网点一样实现同省异地业务通办，如同省申报、同省缴款、同省购票、同省税务登记、同省文书申请与文书回馈，等等。通过信息清分技术，将业务办理信息主动推送给其主管税务机关。制定《涉税事项"全省通办"管理办法》，对"全省通办"的事项内容、流程、要求及其他相关事项作统一规定。除各地个性化业务外，均应纳入"同省通办"范围。真正实现依托先进的信息化手段和流程设计，打破地域限制，为纳税人提供方便。这项业务的拓展将是具有历史意义的，也是可能实现的。

——推进"无纸化"办税和办公。一是推行CA认证，纳税人使用标识其身份的数字证书登录网上纳税申报服务系统，安全地进行网上申报，纳税人不再需要同步报送纸质申报表、涉税审批材料等。拓展《网税系统》CA证书用户办理涉税事项范围，如网上税务验证、网上办理发票领购、缴销及相关配送服务等涉税服务，进一步减少CA证书用户纳税人到办税服务厅办理涉税事项的业务量，切实减轻纳税人办税负担。二是征管档案"无纸化"。借助影像系统的支持，纸质资料沉淀在办税服务厅受理节点，实现无纸化流转审批。税务机关可根据工作事项及管理要求快速提取、使用及共享资料。具体包括：调查节点可根据需要提取所需字段，组合成综合调查表进行调查，并可查阅

纳税人提交影像资料;核批节点可查阅纳税人提交影像资料及调查信息,准确快速进行核批。

例2:完善方式,执法检查参数化。

省级数据集中为解决当前执法检查存在的问题提供了较好的途径和手段。在开展执法检查工作中,可以充分利用全省数据集中的有利条件,以纳税人及征管异常数据分析核查为手段,通过设定相应参数,分析税收执法及管理中存在的问题,运用案头分析与实地检查相结合的方式,发现并纠正执法过错,促进执法水平的提高。

在具体实施时,首先应确定检查参数。根据不同时期税收工作的重点,围绕执法风险点和薄弱环节,着眼于提高执法检查的深度,从纳税人及内部征管的异常信息入手分析查找税收执法方面可能存在的问题。参数的设定应满足几个条件:一是数据库能够提供支持,二是发现的异常信息必须便于核实,三是能够反映税收管理中执法人员的执法差错和内部管理机制中存在的问题。其次,进行参数取数。可以选择诸如企业申报不连续、有免税收入申报但无优惠资格认定、营业税应税收入大于所得税应税收入等参数,在省局数据库中进行取数。在分析与筛选的基础上,确定数据比对差异大或多次存在数据异常的纳税人信息。最后,实施现场检查。带着异常信息,到所属税务机关调阅相关纳税申报资料、财务会计报表等征管档案,必要时进一步延伸至纳税人生产经营现场,进行检查核对。

一些兄弟省市的执法检查实践表明,这种事前筛选异常征管数据、锁定检查重点、然后开展实地检查的做法,检查的针对性大大增强,大幅提高了执法检查的工作效率。并且,检查以被检查单位也不了解的系统后台数据为依据,检查结果更接近真实的征管现状。有利于促进各级税务机关深化数据应用,对日常征管中存在的问题及时进行有针对性的整改。

四、"大集中"工程目标展望

我省地税"大集中"工程的总目标应该是:围绕数据共享和深度利用这一核心,按照金税工程三期的总体要求,进行技术创新、业务改造和机构调整,建设一个系统,构建两大体系,提升三种能力,进一步提高全省地税系统征收管理的质量和效率,全面提升各项工作水平。

——建设一个系统,是指建设信息数据省局集中、业务流程规范高效的新一代核心业务系统。利用当前最新技术,构建统一的"大集中"平台,建设信息共享、业务规范、功能齐全、运行高效、监控严密、安全稳定、满足浙江地税最新征管业务要求的《浙江地税信息系统〈2012版〉》(简称《税友2012》)。

——构建两大体系,是指构建大集中运行保障体系和适应大集中模式要求的组织管理体系。一是按照省、市、县(市、区)三级协同管理的原则,构建"数据管理、运行监控、安全备份、开发运维队伍"四位一体的大集中运行保障体系。二是按照加强"垂直管理"和"扁平化管理"的原则,研究构建一个制度规范、运转协调、高效有序、激励互动、适应大集中模式要求的组织管理体系。

——提升三种能力,是指提升全省地税系统征管能力、为纳税人服务能力和贯彻落实党委政府工作要求的执行能力。依托大集中系统,利用信息技术手段,改造业务流程,完善征管体系,全面提升全省地税系统科学化、精细化的征管能力;拓展服务渠道,创新服务手段,丰富服务内容,提升为纳税人服务的能力,逐步为纳税人提供优质、便捷、全方位的服务;充分发挥地税职能作用,全面、及时、准确地反映地方经济运行状态的税收信息,依法组织地方税收、社会保险费等收入,服务于地方经济社会发展,提升全省地税系统贯彻落实党委政府工作要求的执行能力。

课题组组长:劳晓峰

课题组成员:丁　丹　金　瓯　金　波　黄益朝

楼利燕　胡东明

夯实基础 破解难题 勇求创新 不断深化“五费合征”工作机制

——我省深化社会保险费“五费合征”机制课题调研报告

浙江省地方税务局课题规费局课题组

作为一项取得显著效果，得到领导高度肯定的制度创新，我省的社会保险费“五费合征”并不是简单的五项社会保险费合并征缴模式，而是以全省统筹范围内五项社会保险费“参保登记统一、征缴机构统一、征缴流程统一、缴费基数统一、信息数据统一”为目标的工作机制，是可持续的社会保险费长效筹资机制的核心，也是建立长效筹资机制的抓手。“五费合征”工作的全面实施，为社会保险费收入的持续稳定增长提供了制度保障，同时也增强了社会保险费的征缴刚性，有效地促进了社会保险费的征缴扩面。

一、“五费合征”机制的运行

几年来，各地认真贯彻落实浙政发〔2006〕111号文件的有关规定，严格按照“扩大覆盖，夯实费基，统一费率，规范征管”的工作思路，遵循“依法征缴、因地制宜、负担均衡、分类指导、分工协作”的工作原则，采取分步实施、逐步到位的办法，全省已全面实施“五费合征”，不断推进社会保险费征缴法制化、规范化和税收化建设，形成了内涵丰富、意义深远的“五费合征”机制。

（一）初步建立可持续的社会保险费长效筹资机制，社会保障能力不断提高。

通过实施“五费合征”，依托地税较为完善的征管系统，依法把所有企业纳入了社保费的征收范围，落实了企业的社会责任，扩大了征收面，夯实了缴费基数，使得我省社会保险费收入逐年持续增长。2005—2009年，入库社会保险费分别达334.9亿元、433.6亿元、534.7亿元、661.6亿元和726.5亿元，累计2691.3亿元。特别是2009年，面对严峻复杂的经济形势，在临时性下浮社会保险费缴纳比例减征社保费36.3亿元的情况下，全省地税系统征收社保费726.5亿元，增长9.8%，其中养老保险费452.8亿元，增长4.73%；医疗保险费184.0亿元，增长19.24%；失业保险费40.7亿元，增长18.79%；工伤保险费16.1亿元，增长20.81%；生育保险费9.0亿元，增长27.57%。此成绩的取得，“五费合征”通过建立可持续社保费长效筹资机制发挥了极其关键、重要的作用。

社会保险费收入的持续稳定增长，极大地提高了基金保障能力，同时促进了社会保险体制的不断完善。2009年全省近150万企业退休人员人均养老金每月达1445元，养老金待遇水平居全国前列，我省地税部门为实现“保民生、促发展”目标做出了积极的贡献。

（二）形成了良性扩面征缴工作机制，社会保险扩面工作有力推进。

通过“五费合征”工作机制，依法把所有企业纳入社会保险费征收范围，基本实现了社会保险企业全覆盖，并促使企业主动鼓励职工参保，形成了社会保险扩面征缴的良性“倒逼”机制，从根本上改变了原来有关部门依靠行政手段扩面的被动格局，有力地推进了社会保险扩面工作。同时，以养老保险扩面征缴为龙头，医疗、失业、工伤和生育保险等其他四项社会保险费的扩面征缴工作同步推进，社会保险覆盖范围不断扩大。

一是统一缴费登记，形成企业扩面倒逼机制，不断推进各项社会保险企业全覆盖。按照“五费合征”制定的《浙江省社会保险缴费登记暂行办法》,统一规范了全省社会保险缴费登记的流程和内容,规定对企业单位缴费登记和税务登记同步进行,并对已办税务登记未办缴费登记的企业单位进行补登记。各地进行了认真的落实,制定实施办法,同时积极加强与人力社保部门协作,推进参保登记统一,减少企业社会保险费漏管户,进一步推进了社会保险费征缴扩面。截至2009年年底,全省(不含宁波)养老保险、医疗保险、失业保险、工伤保险、生育保险的缴费企业户数分别达到466544户、419427户、458201户、460657户、430320户,比2008年分别增加60644户、90445户、81824户、67658、81276户,分别增长14.94%、27.49%、21.74%、17.22%、23.29%,基本实现了社会保险企业征缴全覆盖。

二是统一缴费基数,形成人员扩面倒逼机制,不断推进社会保险人员全覆盖。社会保险是国家为保障职工长远利益、化解生活风险的社会保障制度,参加社会保险是员工的一项合法权利,促使企业为全体员工办理社会保险参保手续,这对扩大社会保险覆盖面、维护好员工的社会保险权益、促进企业的长远发展有着十分重要的意义。“五费合征”以企业工资总额为企业缴纳各项社会保险费的缴费基数,改变了原来社保部门以参保职工工资之和核定缴费基数的做法,并与职工个人缴纳的基数分离,明确了企业和参保职工各自的缴费义务,从制度层面防止企业职工参保人数越少企业社保费用就越少、企业千方百计不让职工参保的情况,形成了企业鼓励职工参保的良性机制,有力地推进了社会保险人员全覆盖,切实保障了职工合法权益。2009年,全省养老保险、医疗保险、失业保险、工伤保险、生育保险参保人数分别达到了1433万人、1174万人、784万人、1331万人、750万人,比2008年分别增加139万人、120万人、53万人、69万人、60万人,分别增长10.77%、11.40%、7.24%、5.48%、8.70%。

(三)提高了地税部门的执行能力,确保省委、省政府各项社保费政策贯彻落实到位。

作为政府调节宏观经济的重要职能部门,各级地税部门时刻牢记全局意识、责任意识和服务意识,积极有为,充分利用熟悉企业状况,掌握缴费人真实需求的有利条件,为政府当好参谋,确保省委、省政府各项政策,落实到位。“五费合征”为地税部门发挥征管职能优势,确保省委、省政府关于社会保险费的各项政策得以圆满贯彻落实建立了制度基础。

一是积极落实降低用人单位基本养老保险费缴费比例政策。根据省政府《关于调整用人单位基本养老保险费缴费比例有关工作的通知》(浙政发〔2008〕70号)和《浙江省企业职工基本养老保险省级统筹实施方案》(浙政发〔2009〕34号)精神,全省各级地税部门高度重视、思想统一,开展了大量的基础性调研工作,科学测算,积极参与缴费比例调整工作。同时对政策落实情况进行了认真的跟踪反馈,详细分析缴费比例调整对收入的影响。截至2009年底,全省已有69个统筹地区(全省共76个统筹地区)对用人单位基本养老保险缴费比例进行了调整,平均下调4个百分点左右,影响2009年养老保险费收入约45亿元。用人单位养老保险缴费比例的调整,切实减轻了企业社保费用负担,改善了缴费环境,为全省缴费比例的逐步统一、公平地区间和企业间的社保费负担创造了条件,也为养老保险基金的收支平衡建立了较为灵活可控的长效机制。

二是贯彻省委、省政府帮扶企业减负政策,开展企业减负“春雨”专项行动。全省各级地税部门认真贯彻落实省委、省政府“标本兼治、保稳促调”的总体思路,把临时性下浮企业缴纳比例、减轻企业负担工作作为推动我省经济平稳较快发展的高度来宣传和落实。各级地税部门及时行动,广泛宣传,完善措施,明确流程,规范执行,顺利地完成了集中减征的工作任务。2009年全省共减征社会保险费36.30亿元,其中企业单位32.04亿元、城镇个体劳动者4.26亿元,惠及企业36.88万户、城镇个体劳动者188.32万人。

(四)形成了工作创新倒逼机制,推进社保费征管改革不断前行。

当前国内社会保障体系尚未健全,社保基金的筹资和管理制度也处在逐步建立和完善之中,很多都要靠自己摸索,自己实践。“五费合征”机制是浙江在推进社保费征管改革中的一项创举,没有既定模式可以照搬,碰到的一些问题是其他地方还没有的。因此,在注重依法规范的前提下,必须勇于开拓、善于创新。这些年,我省地税部门出现了许多在全国具有先行性、开创性的社会保险征管实践，这种创新精神创造了“五费合征”工作机制，同时“五费合征”也倒逼着我们继续开拓创新，不断深化我省的社会保险费征管改革。

各地社保费征管工作有探索有创新，积极有为，百花齐放。在做好用人单位养老保险缴费比例调整政策，切实减轻企业社保费用负担方面，杭州市2009年对市本级养老保险缴费比例从19%调整到15%，全年为企业减负约8亿元。宁波市2009年养老保险缴费比例从20%调整到12%，调整力度最大。在做好临时性下浮社保费缴纳比例政策方面，台州市通过12366纳税服务系统发送30万条短信，通过台州电视台制作专题新闻，详细介绍了临时性下浮缴纳比例政策和工作流程，受到了企业和社会的好评。为方便缴费人缴费，义乌市地税局实行社保费缴费“一站式服务”，分别在地税办税服务厅和社保中心办事大厅设立社保窗口和地税窗口，任一窗口都可全程办理社保登记、申报、缴费、咨询等事项，社保费缴费“一站式服务”被列入了义乌市2009年十大民生实事便民服务的五项内容之一。在缴费登记推动征缴扩面工作中，温州市工作效果明显，截至2009年10月底，企业养老缴费登记达8.4万户，比“五费合征”前增加2.3万户，增长近40%。在加强城镇自谋职业者缴费征管方面，绍兴市、嘉兴市已经实行社会保险费征管与税收征管一体化管理，实现了“分户管理，逐户登记，实时联网，数据共享”为特点的社保费征缴新模式。针对企业户数多、审核工作量大的情况，衢州市采取税务部门自审和委托中介机构审核相结合的方式，对4000余户社会保险费年度结算企业全面进行了账面审核，结算入库社会保险费1200余万元。为完善缴费人自行申报制度，杭州市萧山地税制订了《缴费评估办法》，加强社会保险费征缴管理。金华市通过设置个人所得税全员管理申报工资和缴费工资差异比对，对辖区内指标异常户进行了缴费评估，收到了良好的成效。为控制缴费人欠费和清理陈欠，衢州市地税局通过分析欠费成因，采取核销“历史死欠”、全面加收滞纳金、专岗专人清欠、中断非正常户等措施，使清理欠费工作处于常态化，社保费欠费率控制在1%以内。湖州市通过社会保险基金专项治理工作，对欠费进行了梳理，对欠费形成原因进行了分析，提出了清欠计划。在部门联网方面，湖州、金华等地已与社保部门统一了单位编码和数据库信息，有效解决了部门间信息不对称问题，实现部门实时联网和数据共享。舟山市建立部门联席会议制度，设立了工作联络员。联席会议增进部门之间相互配合，形成了工作合力。丽水市通过统一全市社保费征管制度，统一了全市社保费征缴模式和业务规程，开展了规费征管质量考核工作。这些工作都是从当地实际出发，创新创造式展开的，大大提升了我省规费征管工作的质量。

（五）营造了公平和谐环境，促进社会保险体制不断完善。

一是有利于公平企业负担，营造良好的竞争环境。传统的社会保险扩面征缴办法主要依赖于两个方面，即企业主的社会道德及社会责任意识和统筹地区政府的行政理念及行政行为，因此很容易因企业参保的主动性差异而造成企业之间的负担高低不平衡。例如金华市本级在实施“五费合征”前的2004年，市区纳税企业近6000户，参加基本养老保险的企业只有3500多户，仅占应参保户的60%，参加医疗保险、失业保险、工伤保险和生育保险的企业更少，分别只占应参保户的18%、20%、22%和10%；企业的职工参保率也不一致，参加养老保险企业的职工参保率只有41%（其中国有集体企业的职工参保率为68%，非公有制企业的职工参保率为25%），医疗保险职工参保率32%，失业保险职工参保率26%，工伤保险职工参保率34%，女工生育保险职工参保率26%；而且同样是参保单位，不同性质企业的缴费费率也不一样，如国有城镇集体企业的基本养老保险单位缴费费率为19%，非公有制企业单位缴费费率为15%，城镇个体劳动者缴费费率为17%，费率上的不平等更加剧了企业负担的不公平。实行“五费合征”后，金华市本级企业参保覆盖面达到100%，全市参加养老保险的职工达到86.08万人，参加医疗保险人数为75.41万人，失业参保51.3万人，工伤参保101.37万人，生育参保35.44万人。

二是有利于保障职工权益，构建和维护和谐社会。社会保险费计费依据实行用人单位与职工个人申报相分离的征缴办法。通过强制单位履行应缴纳社会保险费义务的办法，解决了职工愿意参保，单位不愿意缴费的问题。同时通过明确用人单位及相关人员法律责任,赋予地税机关具有强制执行措施和相关的保全措施权力的方式,保障了职工年老、患病、失业时的基本生活,确保职工应有的合法权益不受损害,实现社会保险全覆盖,促进了社会保险体制的不断完善。

二、深化“五费合征”机制的难点和问题

(一)法制建设滞后,制约了社会保险费征管向纵深推进。

1. 社会保险法律级次低。迄今为止,我国《社会保险法》尚未出台,社会保险费征管的依据主要是行政法规、地方性法规、规章和规范性文件,立法级次较低。

2. 规章制度授权不足。省政府2005年颁发的《征缴办法》虽已明确了地税部门征管主体职责,规范了五项社会保险费的征缴程序,但赋予地税部门的征管手段刚性仍然不足。《征缴办法》有些规定比较原则,在具体贯彻落实过程中无法执行到位。

3. 部分制度规定脱离实际。譬如滞纳金加收比例偏高问题,现行的每日0.2%社会保险费滞纳金加收比例为税收滞纳金标准的4倍,企业意见很大、反映很多。地税部门在实际工作难以操作,一方面如严格执行现行滞纳金加收比例,企业负担过重;另一方面,如不执行现行规定,存在执法风险。

(二)部分人员认识不足,影响了“五费合征”工作的顺利开展。

1. 少数部门领导对社会保险制度认识不足,对“五费合征”相关政策存有一定的偏见,认为实施“五费合征”会加重企业负担,影响当地经济的发展环境,从而对推行“五费合征”工作不积极,贯彻相关政策出现“打折”现象。

2. 个别企业自利性过强,不重视职工社会保障福利。有部分企业只重视生产经营而怠于为职工办理社会保险,剥夺了企业职工参加社会保险的正当权利,存在着“企业有缴费,个人没参保”现象。受经济大环境的影响,部分企业业主因经营状况不稳定,认为难以保证有长期的缴费能力,因此心存顾虑,对缴费的积极性不高,存在个别“参保后拖欠社会保险费”现象。

3. 个别职工参加社会保险的意识还比较薄弱,特别是外来务工人员和自由职业者。外来务工人员多数属于社会弱势群体,个人的收入水平偏低,他们往往只顾眼前利益,为避免从工资收入中扣缴社会保险费而不愿意参保。而在原籍没有养老保险政策,或对养老保险转移政策的不信任,也是外来务工人员不愿意参保的原因。而部分较富裕自由职业者因为对退休后能领取的养老金“不入眼”也不愿意主动参保。

(三)政策设计有待细化,配套制度亟须完善。

1. 部分统筹地区之间政策差异较大。目前我省仍以县一级为基金统筹单位,由于不同统筹区域存在着不同缴费政策,譬如养老保险费缴费比例最高的为17%,最低为12%,会出现两家相似企业由于分属市本级统筹和区统筹而费率不一样。这一方面造成了缴费单位对社会保险费征缴政策心存疑惑,使社会保险费的统一性、规范性和权威性受到损害;另一方面,逐步拉大了统筹区域间的差距,引发整体经济流向出现不合理,造成地方经济的挤出效应,给社保费征缴工作带来较大的阻力。

2. 征收管理制度体系尚不健全。由于授权不足(明)等原因,导致具体征收管理制度办法不齐全,目前只出台了《缴费登记管理办法》、《社会保险费检查暂行办法》,关于自行申报、年度结算、欠费管理、费源管理、缴费评估等工作仍缺乏系统、明确的制度规定。

(四)部门间信息化建设进程不同步,部门联网有待于进一步加快。

经过多年的艰苦努力,我省地税部门的信息化建设已经取得了显著的成绩,部分地方也已经实现地税部门与人力社保等部门的实时联网,但全省大多数统筹地区地税部门与人力社保部门之间尚未建立统一的社会保险信息管理平台,两部门间传递数据主要还是通过电子邮件、优盘或软盘等形式进行,如洞头县社保部门的失业保险数据信息现阶段仍采用手工记录纸质方式传递给地税部门。数据安全性、及时性、完整性、一致性等方面存在问题,甚至还有错误和垃圾数据的产生,制约了地税部门征缴效率的提升,弱化了管理力度。

三、深化社会保险费“五费合征”机制的建议

深化社会保险费“五费合征”机制,以“巩固、完善、提高”为方向,以“重基础,破难题,求创新”为要求,一是着力巩固“五费合征”成效,不断完善制度办法;二是不断深化改革,持续健全工作机制;三是大力推动社保信息化建设,实行税费共管,着力提高征管质量,实现收入的持续稳定增长,为完善可持续的社会保险费长效筹资机制,健全社会保障体系,维护我省社会稳定、促进经济发展作出新的贡献。

(一)不断加强制度建设,推进征缴制度化。

要进一步将税收征管中成熟的、行之有效的办法和措施运用到社保费征管方面,结合社保费征缴特点,逐步将行之有效的经验和做法制度化。一要完善社保费缴费登记制度,加强和规范对缴费人的户籍档案管理。二要完善社保费检查制度,实行税费同查,增强社保费征管执法刚性。三要完善缴费人自行申报缴纳制度,强化缴费人自行申报意识,规范征缴程序。四要建立费源管理制度,加强费源管理工作,对缴费人实施动态管理,认真做好收入的预测分析工作,保证社保费收入的持续稳定增长。五要完善年度结算制度,全面借鉴各地近些年来年度结算工作的方式方法与经验成果,建立系统的、完善的年度结算管理办法。六要积极借鉴纳税评估方面的已有成果和经验,建立和完善缴费评估制度,加强日常征管,堵塞征管漏洞,提高征管质量,减少费款流失。

(二)进一步规范工作,促进政策统一化。

一要夯实缴费基数,在统一以企业全部职工工资总额为缴费基数的基础上,要加强企业缴纳社会保险费申报数与缴纳企业所得税、个人所得税数据的比对,促进企业如实申报。同时各地要不断夯实缴费基数,统一思想,逐步消灭"打折"现象,努力缩小名义缴费比例与实际费负的差距,消除名义费率虚高的现象。

二要统一养老保险缴费比例,积极贯彻《省人民政府关于印发浙江省企业职工基本养老保险省级统筹实施方案的通知》(浙政发〔2009〕34 号)有关规定,按照确保基金收支平衡、个人账户逐步做实、养老保险制度可持续运行的原则,养老保险缴费比例高于14%的地方逐步统一到 14%。

(三)及时跟踪政策执行情况,提高机制整体化。

要不断提高运行"五费合征"机制的整体性,形成一个前期有预算编制、中期有分析评估、后期有跟踪反馈的一个重预测、抓执行、精完善的整体运行机制。一要以认真贯彻《浙江省企业职工基本养老保险省级统筹实施方案》为契机,配合有关部门做好社会保险费预算编制工作。二要不断推广缴费评估工作,逐步推进"税费同评",在促进征管的同时不断检验政策效果。三要积极跟踪执行情况、分析政策效果,帮助政策持续改进,确保收入持续平稳增长。积极应对金融危机,继续做好缴费比例下调带来的减收影响的测算分析征。

(四)加快社会保险信息化建设,形成管理信息化。

一要切实做好省级"大集中"工作。2010 年开始实施的省级"大集中",不仅仅是技术工程,更可看做是征管工作的一次大革命、大飞跃。要以此为契机,整合税收与社保费的数据,加强比对分析,发挥信息化管理软件的作用,不断提升社保费征管工作的质量和效率。

二要切实加强部门联网进程。要加快建设统一高效、互联互通的社会保险管理服务信息平台,确保人力社保、财政、地税等部门及经办机构之间的数据即时交换与共享,实现参保单位社会保险登记、缴费登记、信息变更、缴费申报、查询等业务上网操作,努力提高社会保险管理服务水平。

(五)加强部门协调,保证沟通常态化。

加强沟通与协调,做好多层次、系统内外的团结与协作工作,增强"五费合征"工作合力。一是要进一步加强与人力社保、财政、人行等部门的沟通与协调,探索建立各部门协作机制,取得各相关部门的支持与配合,要换位思考,善于理解其他部门的想法。沟通要及时,要做到常态化。二是单位内部要合作好,同时系统内部要上通下达,形成合力,还要有责任协调好区域内的关系,促进我省社会保险事业的健康发展。三是有条件的地区一定要构建多层次的协作平台,推进信息共享机制,为进一步做好规费征管工作奠定基础。

(六)强化宣传意识,做到宣传日常化。

社保费征管工作需要一个良好的内外部环境,需要各个部门的支持,需要广大缴费人的理解和拥护。地税部门必须要树立宣传意识,只有宣传到位了,工作阻力才会减小,工作开展才会顺利。一是要重视宣传工作,并把宣传落实在行动中。宣传好征管政策,帮助政府让广大缴费人理解社保费不是增加企业的负担,而是地方的社会保障资金,是实实在在用在民生上的。要宣传社保费与税收是一个整体,地税是社保费的征收主体,不能将社保费征管工作游离于税收。二要敢于主动宣传,向各级政府领导、社会各界和向系统内部税务干部宣传,使政府、部门、企业了解地税征收社保费的效果和意义,营造良好的内外部征费环境。三要善于宣传,要创新宣传方式和方法,多种形式宣传,努力建立良好的宣传工作机制。要充分利用报纸杂志、电视网络、社区群众,将社保为民的宣传工作融入在日常征管工作中。

(七)加强干部队伍建设,做到教育经常化。

干部队伍既是工作的执行者,也是事业的推动者。长期以来,很多地税干部专注于税收业务,而很少接触社会保险业务,社会保险知识相对了解较少。而“五费合征”工作要求地税干部不仅要熟悉征管业务,还要全面了解各项社会保险政策,包括各项社会保险的覆盖范围、待遇享受的条件和具体标准,既要优化缴费服务,又要坚持依法征管,切实防范执法风险。这对地税干部特别是基层一线的税务干部素质提出了更高的要求。要加强干部培训,切实提高队伍综合素质,建设一支具有牢固“责任意识、大局意识、创新意识”的干部队伍。把推进和完善我省的社保制度与地税部门的社会保险费征缴工作结合起来,不断开创新局面,取得新成绩。

课题组组长:王　俭

课题组成员:刘石浩　王成林　周继忠　陈盛桂　沈伟忠　杨文清

省级“大集中”应用技术架构研究

浙江省地方税务局信息中心课题组

按照《浙江省地税系统 2009—2011 年发展规划》和局领导关于加快省级大集中工程建设的要求,我们开展了省级大集中应用技术架构的研究。在今年的信息化工作会议和《税友 2006》技术开发小组研讨会上,对大集中技术架构、开发方式、数据管理平台和系统运维平台建设等多次进行了专题讨论。同时,我们加强对兄弟省市、省内有关单位大集中情况的跟踪了解,并到江苏地税和广东地税进行了实地调研,为我省大集中工程建设做好技术准备。

一、我省现行地税征管信息系统技术架构情况及风险分析

(一)应用现状

1. 系统架构方面。目前,全省地税系统统一应用《浙江地税信息系统》2006 版(简称《税友 2006》),采用县(市)局集中的模式,即业务数据分布在全省各市、县(市、区)局的数据库中(共 69 个点),市局只处理市本级的数据。这种模式下,为满足部分省级应用要求,在省局建立了集中数据库,网上报税、部分税务登记数据、发票票证数据、涉税文书数据等部分功能直接在省级大集中库处理,一些统计数据在各地加工完成后定时抽取到省级大集中数据库。因此,既有二层架构又有三层架构。全省地税系统的数据库均为 SYBASE 12.5 以上。

另外,为数据安全考虑,在省局建立了数据应急处理中心数据库作为全省各市、县(市、区)局数据库的备份,各地的业务数据都通过 SYBASE 复制系统复制到省局数据应急处理中心数据库中,并在该数据库上开发了全省发票查询等应用。

2. 主机及存储设备方面。各地根据数据量的大小和性能要求,自行配置。因此,各地的数据库服务器有 PC 服务器和小型机两种类型,PC 服务器的操作系统为 Windows NT/2000/2003 ,小型机平台上使用的是各厂商的 UNIX 类操作系统。相应地,采用 PC 服务器作为数据库主机的,往往没配专业的存储设备,而直接存放在服务器的硬盘中,通过 RAID+ 定时异机备份的方式保障第一级的数据安全;大部分以小型机作

为数据库主机的单位同时配置了专业存储设备。

3. 网络方面。2007 年,全省地税系统进行了广域网络升级改造,省—市—县采用 A、B 双线路、负载均衡的方式,其中:市局至县(市、区)局的每条线路的带宽为 2M, 省局至市局每条线路的带宽为 2M×(所辖县数 +1)×70%以后再取整,因杭州、温州所辖县(市)局最多,因此省局到杭州、温州市局的单条线路也最宽,为 16M,同时,考虑到杭州市局与省局是同城的,因此省局到杭州的 A 线路是一条千兆的光纤线路(省局到各市局的带宽列表详见附表)。县(市、区)局至税务所(分局、办税服务厅、远程申报点)的线路由各地自行建设。

(二)风险分析

在当前这种模式下,由于是以分散的数据处理为主,因此,系统运行的风险相对在各市、县局,对省局而言,在主机、存储设备以及网络带宽方面的要求都不是很高。特别是,由于数据库在各市、县局,日常的运行维护工作也以各市、县局为主,省局虽承担软件的维护重任,但大量前期维护工作、尤其跟数据库有关的维护工作已经过滤掉了。一旦省级大集中,所有这些风险都将集中到省局。优良的技术架构和运维体系将是保障系统长期稳定运行的关键。

二、兄弟省市调研情况

从全国税务系统来看,各省国税局都已实现省级大集中,大部分省地税局也实现了省级大集中。我们重点调研分析了与浙江规模相似的江苏地税,同时考虑到作为“六省市”之一的广东地税大集中工作开展得较早,为避免走弯路,我们还就有关技术问题专程到广东地税考察学习。

(一)江苏地税大集中的情况

江苏地税原是市局集中的模式, 从 2007 年 5 月开始建设大集中系统,2008 年 10 月在南京江宁区试点,2009 年 1 月在南京市局应用,2009 年 5 月起全省分批上线推广,10 月底完成 16 个点的应用切换,全省推广应用到位。

硬件配置上, 已有 4 台 IBM P595 小型机作为征管数据库服务器 (1 台 64CPU、512G 内存,2 台 48CPU、384G 内存,1 台 24CPU、192G 内存), 因电子发票等应用需要, 目前正在考虑增加 2 台 IBMP595 主机。应用服务器采用 WebLogic 作为 Web Server,内网应用配备了 8 台 HP 服务器(PC Server),共 32 个实例,外网应用配备了 6 台 Sun2000 服务器,共 38 个实例,采用专门的硬件进行负载均衡。

软件上采用 B/S(浏览器 / 服务器)三层架构,通过 J2EE 技术实现, 前台利用 Jsp、Ajax 动态刷新技术和 ESB(企业服务总线)技术。数据库为 Oracle 10g,数据库分为前台生产库、生产镜像库、历史生产库、网上办税库和后台数据应用库(数据仓库)等。生产数据库保留当年数据, 以前年度数据都迁移到历史生产库中。数据每天晚上下发到各地级市(不下发到县)。大量的查询都属于“隔夜”查询,极不实时。生产库和生产镜像库通过第三方软件 QUEST (不是 Oracle 公司的)进行数据同步。数据库采用 RAC 技术以及分区技术。网上办税库和生产库的数据是利用 ESB(企业服务总线)通过 WebLogic 有关功能实现准实时交换,不过该方案会造成数据的不一致,同时增加编程难度。

(二)广东地税大集中的情况

广东地税大集中项目从立项到推广到位历时 3 年,于 2004 年 9 月全面上线。

在硬件配置上,2 台 IBM P595 主机作为征管数据库服务器 (64CPU),2 台 SUN 15K 作为应用服务器。应用服务器采用 WebLogic 8.1,配备了 2 台 SUN 15K 服务器。

软件技术上,采用 B/S(浏览器 / 服务器)三层架构技术,数据库为 Oracle 9I。系统采用 J2EE 技术,实现 B/S(浏览器 / 服务器)多层架构。利用 ESB(企业服务总线)技术实现各应用系统之间数据交互。数据库分为生产库、历史库和后台数据应用库 (数据仓库)等,生产库数据只保留当年和前一年(共两年)的数据,两年以前的数据都迁移到历史库中,查询时通过视图关联。采用数据库分区技术而没有采用 RAC 技术, 主要原因是广东地税应用早, 当时 Oracle 9I 的 RAC 技术还不是很成熟, 后来由于维护费用等原因 Oracle 公司不再对广东地税予以技术支持,使广东地税未能升级至 RAC 技术比较成熟的 Oracle 10G 版本。

从 2007 年至今,广东地税称为“后大集中时代”。在这期间,广东地税在信息化建设方面主要做了以下三项工作:一是协同运维平台建设。为解决原有维护体系中存在的缺少全局一体化省市协同的运维机制、运维流程不够完善、缺少流程管理工具支撑和响应不及时等问题,缓解省局运维压力,广东地税通过增加运维人员、省市两级协同运维、引入第三方服务公司等方式完成了协同运维平台建设。二是信息资源整合。广东地税的信息资源整合升级工程项目于2007年底正式立项,预计在2012年完成,总投资约1.8亿元,目前已经完成了项目规划论证工作。信息资源整合指在“大集中”现有征管系统及其配套系统应用的基础上,优化应用系统布局,建立起符合广东地税实际及发展需要的信息系统架构。同时构建一系列基础平台,并在这些平台的基础上对应用、数据、基础设施等信息资源进行配置和利用。三是强化信息管税。为加强税收征管,落实国家税务总局“信息管税”的要求,广东地税开发完成了税收分析、纳税评估、发票在线应用等系统,重新整合了纳税服务平台。

三、省级大集中的总体技术架构设想

我省地税省级大集中工程的技术目标是:在软件和数据库技术重新架构的同时,进行主机存储设备建设、全省广域网络改造、运维体系建设和异址备份中心建设等省级大集中基础设施建设,最终形成各项应用省级大集中、系统运行稳定高效、业务数据安全存储、运维机制科学有效的新一代《浙江地税信息系统》。

作为省级大集中的系统平台,技术架构需要考虑的主要因素有:

⑴主机和存储系统技术架构设计,包括生产数据库服务器、查询数据库服务器、备份数据库服务器以及相关的应用服务器和交易中间件服务器设计;存储和备份系统的架构、设备以及容量设计。

⑵广域网络设计,主要是适应大集中应用的广域网络改造。

⑶数据库设计,包括数据库的选型和技术架构设计。

⑷应用系统技术架构设计,包括应用系统总体框架设计和系统实施技术路线设计。

⑸运维体系设计,在构建大集中系统的同时,同步考虑运行维护工作,开发系统运行维护平台。

⑹异址备份设计,主要是省局异址备份中心(湖州)系统的技术架构设计。

省级大集中系统的平台结构示意图如图1所示。

四、省级大集中的各技术环节设计

(一)主机和存储系统技术架构设计

1. 设计原则

作为“大集中”项目的核心硬件平台,主机和存储系统技术架构设计遵循“统筹规划、确保稳定、提高效率”的原则。

(1)统筹规划,是指要充分考虑省级大集中各项业务功能的实际运行需要,统一进行主机和存储平台的规划设计。

(2)确保稳定,是指设计时要把系统稳定运行作为首要目标,要有适当的冗余设计,同时要考虑特殊情况下的应急方案。

(3)提高效率,是指在确保提供稳定运行的同时,注重加强系统性能的提升,通过主机和存储平台的优化配置来提高系统运行效率。

2.主机平台分析

根据“大集中”的应用要求,可将主机平台分为以下五类:

(1)数据层服务器。主要用于支撑数据库系统对业务数据进行集中处理、查询与管理,包括生产数据库服务器、查询数据库服务器、备份数据库服务器等。

(2)应用服务器。主要用于接受用户请求,进行应用逻辑处理与运行,支持J2EE等,包括内网WEB服务器、外网WEB服务器、交易中间件服务器等。

(3)外部信息交换服务器。主要用于实现与外部系统进行数据交换、数据处理,包括人行外联服务器、国税外联服务器、社保外联服务器等。

(4)运行维护管理系统服务器。主要用于为运行维护系统及相关软件提供运行平台,并支持运行维护知识库管理。

(5)开发测试平台主机。需能够支持所有功能组件和应用系统的开发、测试,要能同时支撑不少于80人的在线开发。

3. 主机系统技术架构

(1)数据层服务器。数据库的稳定、高效是确保“大集中”成功的关键,因此数据层服务器的技术架构是整个主机设计的核心。具体如下:

A. 生产数据库服务器。生产数据库服务器采用双机集群模式,从江苏、广东的实际应用经验看,至少配2台IBMP595档次的小型机,2台配置大致为32个CPU、320G内存,两台小型机做双机集群。为了保证生产数据库的高效运行,生产数据库保存1—2年的数据,其他数据保存在历史数据库中,历史数据库服务器配置为16个CPU、160G内存以上。

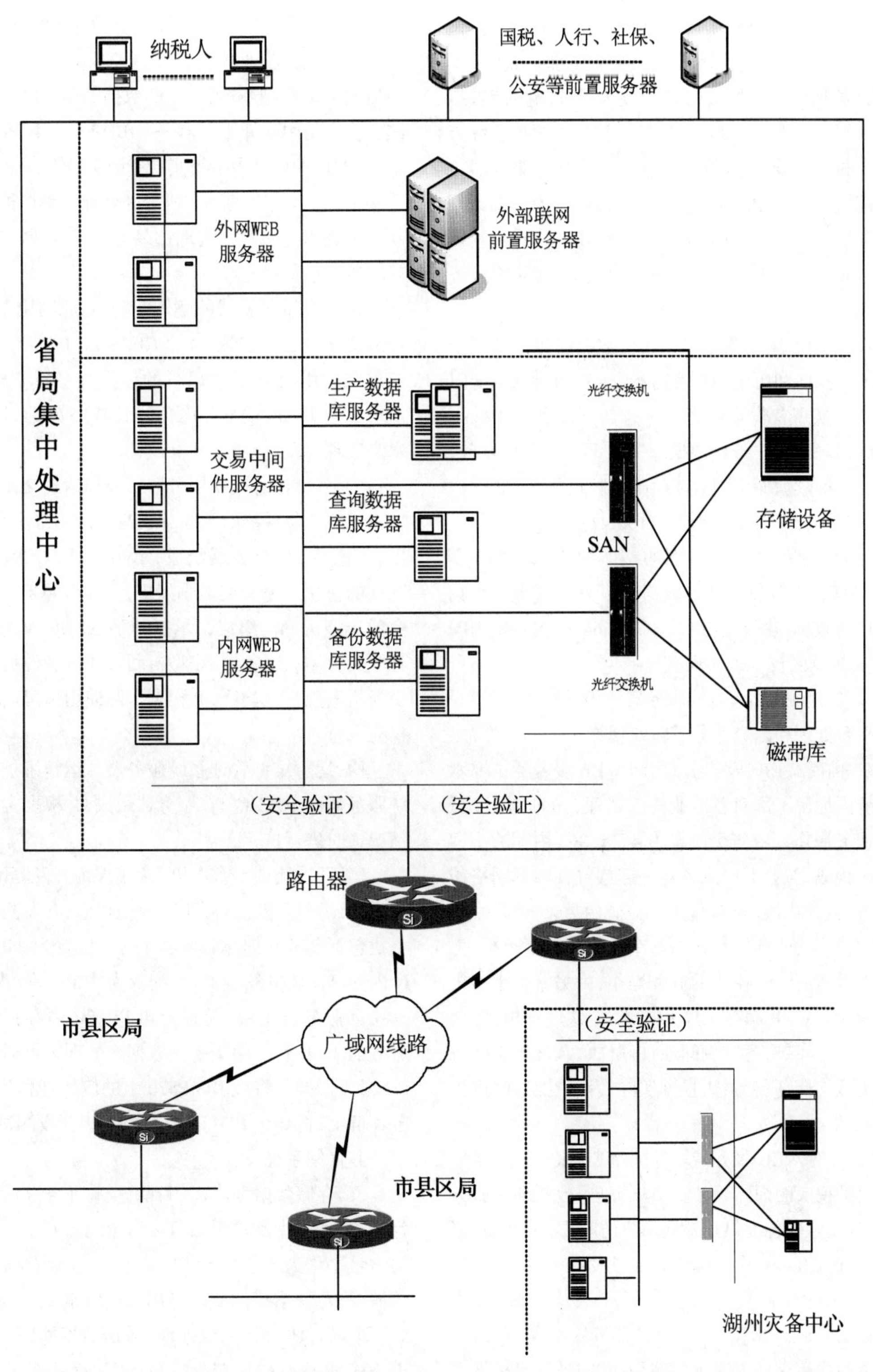

图 1　省级大集中系统的平台结构示意图

B. 查询数据库服务器。查询数据库服务器提供大部分的实时数据查询和所有的定制查询,查询数据库通过数据库的数据实时同步技术保证与生产数据库的数据一致性。查询数据库的配置,可根据实际查询效率进行扩充,初期配置与生产数据库服务器一致,配置 32 个 CPU、320G 内存小型机作为查询数据库服务器,如果服务器 CPU、内存使用超过 70%,再规划相同的 CPU 和内存作为第 2 台查询数据库服务器。

C. 备份数据库服务器。备份数据库服务器用于对生产数据库和历史数据库进行备份,通过数据实时同步技术实现备份数据库与生产数据库和历史数据库的数据一致性。备份数据库平时不提供数据服务,只有当生产数据库出现故障时临时替代使用。备份数据库服务器配置为 16 个 CPU、160G 内存。

综合上述数据层服务器的整体配置,需 128 个 CPU、1280G 内存,考虑到数据层服务器将直接影响系统运行效率,建议由 2 台 64CPU、640G 内存的 IBM P595 通过分区技术来实现。

(2)应用服务器。应用服务器承担动态网页发布、交易平台处理和部分业务逻辑处理等应用。主要为:

A. 内网 WEB 服务器。内网 WEB 服务器主要承担系统内地税干部对各项业务的处理、查询、统计、分析等业务操作,由 4 个配置为 4CPU、8G 内存的小型机分区构成,与数据层服务器一起放置在内部网络访问区域。同时内网 WEB 服务器分成两类,一类是直接面对纳税人的业务操作,由 2 个小型机分区承担,一类是不直接面对纳税人的业务操作,由另 2 个小型机分区承担。WEB 服务由 WEBLOGIC 软件承担,每个分区开 3 个实例,各实例间通过硬件负载均衡交换机实现负载均衡,服务器需根据实际使用情况适时进行扩充。

B. 外网 WEB 服务器。外网 WEB 服务器主要承担面向纳税人的因特网涉税事项办理,放在外网服务区,通过安全设备提供给外网用户访问。外网 WEB 服务器由原 6 台网税系统外网服务器——IBM P650(4CPU、4G 内存)小型机构成,WEB 服务由 WEBLOGIC 软件承担,每台服务器开 3 个实例,通过硬件负载均衡交换机实现负载均衡,服务器可根据实际使用情况适时进行扩充。

C. 交易中间件服务器。交易中间件服务器主要承担外网 WEB 服务器发送的数据处理和省局交易平台数据处理两项业务。交易中间件服务器分成两类,一类实现 WEB 服务器发送的数据处理,由原网税系统 3 台交易中间件服务器——IBM P650(4CPU、4G 内存)小型机构成。另一类实现省级交易平台业务,由 2 个 4CPU、8 G 内存的小型机分区处理。小型机间通过硬件负载均衡交换机实现负载均衡,并根据实际使用情况适时进行扩充。

综合应用服务器的整体配置,除原网税系统的 9 台 IBMP650 外,还需 24 个 CPU、48G 内存的小型机,考虑到应用服务器对 CPU 的运行效率要求较高,建议由 2 台 16CPU、144G 内存的 IBM P570 通过分区技术来实现。

(3)外部信息交换服务器。外部信息交换服务器根据互联单位系统的不同分成两类,一类是 PC 服务器,由两台 PC 服务器组成,承担通过 SOCKET 方式互联的应用。另一类是小型机,由两个 4CPU、16G 内存的小型机分区组成,承担通 TUXEDO、MQ 等方式互联的应用。服务器、小型机间可通过硬件负载均衡交换机实现负载均衡,并根据实际使用情况适时进行扩充。

(4)运行维护管理系统服务器。运行维护管理系统服务器由 1—2 台 PC 服务器组成,并根据实际使用情况适时进行扩充。

(5)开发测试平台主机。为了保证开发测试效果,开发测试环境应与实际生产环境相似,开发测试平台主机包括业务数据库服务器 1 台,配置为 24CPU、48 G 内存;WEB 服务器 1 台,配置为 4CPU、8G 内存;交易中间服务器 1 台,配置为 4CPU、8G 内存;其它 PC 服务器 1—2 台,用于中间数据库处理。可通过配置 PC 服务器群,将现 IBMP570 上的应用迁移到 PC 服务器群上,将 2 台 IBM P570 小型用于开发测试。

4. 存储系统设计

(1)存储数据量估算。目前,全省业务存量数据约为 1.6T(含数据和索引),每年增量约为 600G(每月数据增量平均为 50G),要满足未来 3—5 年数据量增长的需要,存储系统的实际可用容量应至少 5T(按满足 5 年计算),加上查询数据库、备份数据库,整体容量需 20T,考虑存储系统做镜像配置,存储系统应该至少配置两倍于实际可用容量的存储容量,约 40T 左右。考虑到存储的冗余,建议配置的存储容量为 70T。

(2)存储系统配置。存储设备中保存着最重要的资源“数据”,由于业务数据具有的唯一性、独特性,一旦出现数据损坏要么不可恢复，要么恢复工作量巨大。存储备份系统的安全性和可靠性是要最优先考虑的因素。大集中工程存储备份系统采用SAN技术,主要包括磁盘阵列、磁带库、光纤交换机NAS引擎和存储管理软件几部分。目前省级采用的EMC DMX4存储设备,关键部分冗余设计、并支持多种RAID方式等技术,可很大程度减少出现因为硬件故障造成数据丢失的情况。

在保证设备可靠性后,就要设计合理的结构以提高系统整体的可靠性。通常采取双链路连接设计,服务器上配置双HBA卡,配置双光纤交换机,磁盘阵列配备多个光纤端口。在正常情况下两条链路实现负载均衡以提供更好的传输性能和可靠性;当一条线路出现HBA卡、连接线路、交换机或连接端口故障时,另一条冗余线路可提供可靠正常的访问。

5. 备份与恢复方案

为了提高省级大集中数据的安全性,必须同步考虑数据备份恢复方案,具体有三个层次:一是在EMC DMX4中建立备份库自动备份;二是磁带库,根据设定的备份策略定时将备份业务数据;三是通过异址备份系统,将业务数据异步备份到湖州的备份存储系统中。具体详见本节(六)。

同时,在硬件平台设计时,要同步考虑系统应急恢复方案。这是为了在发生特殊情况时能保证系统尽快恢复运行。在主机平台设计时,已经考虑了冗余,也专门设计了备份数据库服务器。如果生产设备同时出现故障，可以使用开发测试平台和原有的EMC 8830存储设备,数据从备份的磁带库或异址备份设备中获取,以保证系统能应急应用。

(二)广域网络架构设计

1. 目前广域网络的架构和配置

目前，全省地税广域骨干网采用双链路方式,分别从浙江电信、浙江联通两家通信运营商(ISP)各租用一条SDH线路,组成A、B两个网络,两条线路不但互为备份,而且起到链路流量负载均衡的作用。采用两家不同运营商的线路,可以有效保障广域骨干网络的稳定性。

目前,在省局、市局、县(市)局各节点的广域网接口处均配置了2台路由器设备（区局配置1台路由器),其中:省局设备为Quidway NetEngine 80E(A网)和Cisco 7507(B网),分别配置了2个155M CPOS(A网)和1个155M CPOS(B网)广域网端口;市局设备为Quidway NetEngine 08E(A网)和Quidway AR46-40(B网)，各配置了1个155M CPOS广域网端口;县(市)局设备为Quidway AR46-40(A网)和Quidway AR28-31(B网),分别配置了4个2M E1(A网)和2个2M E1（B网）广域网端口；区局设备为Quidway AR46-40,配置了2个2M E1广域网端口。

全省地税广域骨干网具有较好的扩展性,可以随应用的拓展对网络进行便捷地升级扩容。可在不更换设备的情况下,以2M为单位进行带宽提速;在实施扩容时,可以在不中断网络应用的情况下,只需在县(市)局节点接上增加的通信运营商的线路,在省局端对县(市)局的路由器设备进行远程配置即可。

2. 广域网络的扩容方案

省级大集中以后广域网的数据流量有较大增长，主要包括：

(1)征管业务数据采集与传输的通信量。省局集中后征管数据由市、县(市、区)局落地改为省局落地,所有数据采集都将通过广域网传输。

(2)数据查询及数据下发的通信量。省级大集中后,各地所有的数据查询都需要通过广域网来传输数据，考虑到下一步还需要定时将有关数据下发各地,这都将增加广域网上的数据传输量。

(3)应用中间件的通信量。省级大集中后,将从原C/S架构改为B/S架构，各地操作的前台都是瘦客户端,广域网上将有大量的页面传输,会大大增加网络带宽的压力。

根据测算并参考已实现省级大集中的兄弟部门的网络应用情况（如江苏地税省局至市局带宽为30-100M、市局至县局带宽为10M以上),全省地税广域骨干网带宽需提速1倍,即:省局至市局带宽需扩至24-32M、市局至县(市)局带宽需为8M。根据测算的广域网带宽需求，现有全省地税广域骨干网设备可以便捷提速,只需向电信运营商租用更高的带宽即可。

(三)数据库系统架构设计

1. 数据库的选型

省级大集中建设完成后数据规模庞大,数据库管理系统必须提供相应的机制以保证对超大容量数据的管理和操作效率。目前主流的关系型数据库主要有

SYBASE、ORACLE 等,其中总局及各省国税局统一采用 Oracle,地税系统中除湖北地税、安徽地税采用 SYBASE 外,其他地税省级大集中工程也都采用 Oracle,例如江苏地税采用 Oracle 10G,广东地税采用 Oracle 9I。浙江地税目前采用 SYBASE12.5 作为业务数据库。

从省级大集中的应用规划、目前我省 SYBASE 应用情况、其他省市 Oracle 应用情况几个方面整体分析考虑,采用 SYBASE 和 Oracle 基本上都能满足应用要求,但各有优势。

选用 SYBASE 的优势主要表现在:

* 软件开发工作量相对较少。大集中开发时,业务处理主要通过数据库的存储过程实现,若继续选用 SYBASE,同时以原开发人员为主开发的话,一些存储过程代码可以修改后用。

* 有较强的技术储备。目前全省地税系统技术人员平时从事 SYBASE 数据库的维护,对 SYBASE 有较深入的理解和实际操作能力。相对于 Oracle,再进行技术培训的压力较小。

选用 Oracle 的优势主要表现在:

* 运行比较稳定。在用户量大和海量数据的环境下,Oracle 运行相对比较稳定,有一套较完整的容错机制来保证系统的可靠性,并支持联机备份与恢复,是目前完整性和可靠性较好的系统。

* 系统效率较高。Oracle 的行级锁、分区等技术在行业内领先,使得在海量数据、高并发处理时,系统运行效率较高。

* 应用风险相对较小。相比 SYBASE 数据库,Oracle 的应用范围要广得多,以税务系统为例,目前总局及各省级国税局的各项应用系统基本都采用 Oracle,地税系统中也基本采用 Oracle。因此选用 Oracle作为省级大集中数据库的技术风险相对较小。

* 开发时用到的 WebLogic、Tuxedo 等中间件也是 Oracle公司的产品,在综合技术支持、整体价格方面,有一定的优势。

综上,从长远考虑,若能通过跟标、商谈等方式,得到 Oracle的价格支持,用 Oracle是较好的选择。

2.数据库架构设计

数据库架构分为省局架构、灾备中心架构和市县局架构三部分。

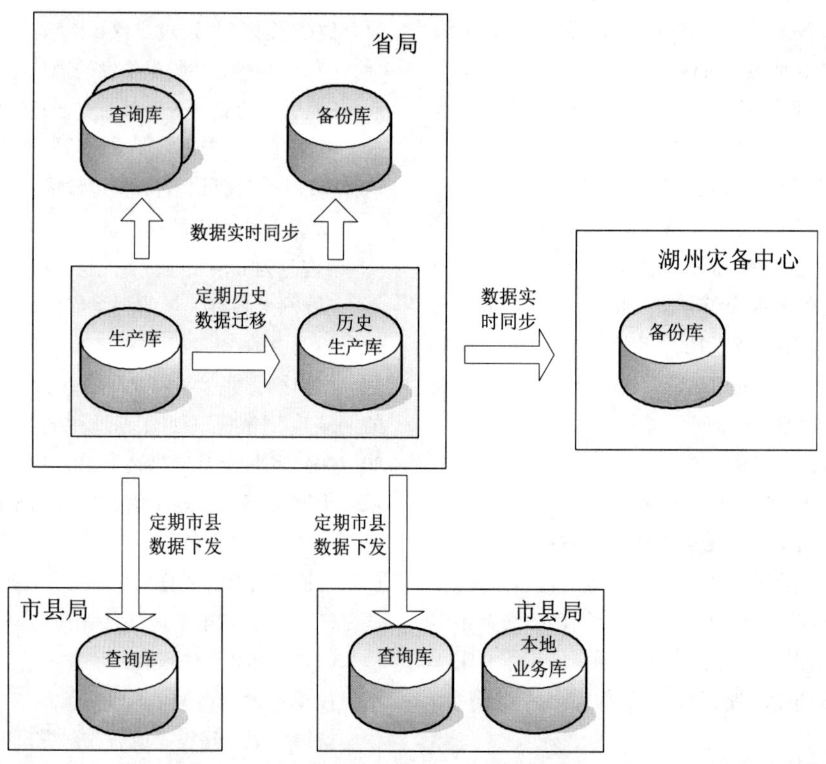

图 2 数据库架构设计示意图

省局数据库架构分生产库、历史库、查询库和备份库，生产库数据只保留 1—2 年数据，欠税数据保留在生产库中，每年年初将两年前的数据一次性迁移到历史库中。前台程序一般连接到生产库处理，同时单设历史库处理模块，专门处理历史库的业务。查询库、备份库与生产库之间通过数据库实时同步技术保证两者数据同步，前台查询业务连联接到查询库上处理，备份库平时不承担业务处理，只承担备份工作。

异址备份中心数据库架构分两个阶段，第一阶段异址备份中心只承担省局生产库（含历史库）的数据备份，即只有一个备份库，异址备份中心的备份库与生产库之间通过异步备份技术实现数据备份。第二阶段要考虑系统的实时切换，即异址备份中心也要逐步建立生产库、查询库等，以实现应用级备份。

市县局数据库架构分成查询库和本地业务库，查询库是针对有本地需要的市县局而言的，省局会定期从省局的查询库中将该市县局的数据下发。

数据库架构设计如图 2 所示。

（四）应用系统技术架构设计

1. 应用系统设计原则

（1）实用性。首先必须考虑实用性，即在满足业务需求的前提下，要重点考虑系统运行的可行性、系统架构的实用性、系统实现的难易程度等。

（2）可靠性。由于大集中后，节点数较多、交互数据量较大、数据操作时间较集中（在 1–15 日），以及将通过广域网运行和具有较高的实时性要求等，要求应该具有相当的可靠性和稳定性。同时，系统在设计的时候要考虑到各地的业务差异，有可能造成集中应用的障碍，对此，需要有一个清醒的认识。因此，系统设计中，应有适量冗余及其他保护措施，平台和应用软件应具有容错性、健壮性等。

（3）可维护性。省级大集中建成后，对各市、县（市、区）局来说，在数据采集和数据维护工作方面的维护量会减少；而省局端则会大量增加，省局一点面向全省，需要有较高的可维护性。

（4）投资保护。应用系统的建设要求有较好投资保护，其中投资包括技术投资（技术储备）和系统软件投资。

（5）先进性。在设计思想、系统架构、采用技术、选用平台上均要具有一定的先进性、前瞻性。特别要考虑一定时期内业务的增长和税收业务的变化趋势可能带来的运行压力增加。

2. 应用系统总体描述

省级大集中应用系统主要是在业务重组、优化的基础上，通过采取组件化的开发策略和三（N）层体系结构，构建一个建立在统一的公共构件平台、统一的权限管理平台、统一的工作流管理平台和统一的中间交易平台之上的税收业务管理系统。

统一的公共构件平台设计的基本原则是接口和实现要分离，保证各项公共构件在提供标准化的服务接口的前提下可以替换各种可选的实现，而不会影响系统其他部分的实现，以此将系统可重用部分可能的变更充分地局部化。从它所承担的功能来看，可以将它分成基础构件、通用构件等。基础构件是完成与应用无关的基础性的公共构件，包括异常处理、版本管理、安全管理等。而通用构件包括通用报表构件、通用查询构件、通用打印构件等。

统一的权限管理平台包含两部分的权限管理，一部分是省局统一的身份认证、登录控制、功能授权机制，包括外网系统纳税人的统一身份认证和登录控制，以及内网系统地税干部统一身份认证、登录控制和功能授权机制。另一部分是数据库层的统一数据权限管理，以整体规划数据库管理权限和数据操作权限设置。

统一的工作流管理平台是将目前工作流系统进行升级，并把该系统嵌入至业务系统的各项功能窗口，使所有业务流程通过工作流定义来规范统一。

统一的中间交易平台是通过建立统一的数据交换标准来实现不同应用、不同业务系统之间的数据集成，同时提供开放的数据接口实现系统各项功能之间，以及与外部系统间的数据交换。

应用系统总体框架如图 3 所示。

3. 应用系统实施的技术路线

省级大集中的应用系统是一个业务复杂、数据高度集中、功能繁多的大规模企业级应用系统，技术路线应当重点考虑当前成熟和先进的技术。

为加大数据集中监管的力度，参照《税友 2006》和网税系统的技术架构，省级大集中采用基于 J2EE 平台和中间件技术的三（N）层应用体系结构。

与两层应用相比，在三（N）层结构中，业务逻辑从表示逻辑和存储逻辑中剥离出来，解决了传统模式下客户端直接访问数据库端所造成的系统负载沉重问

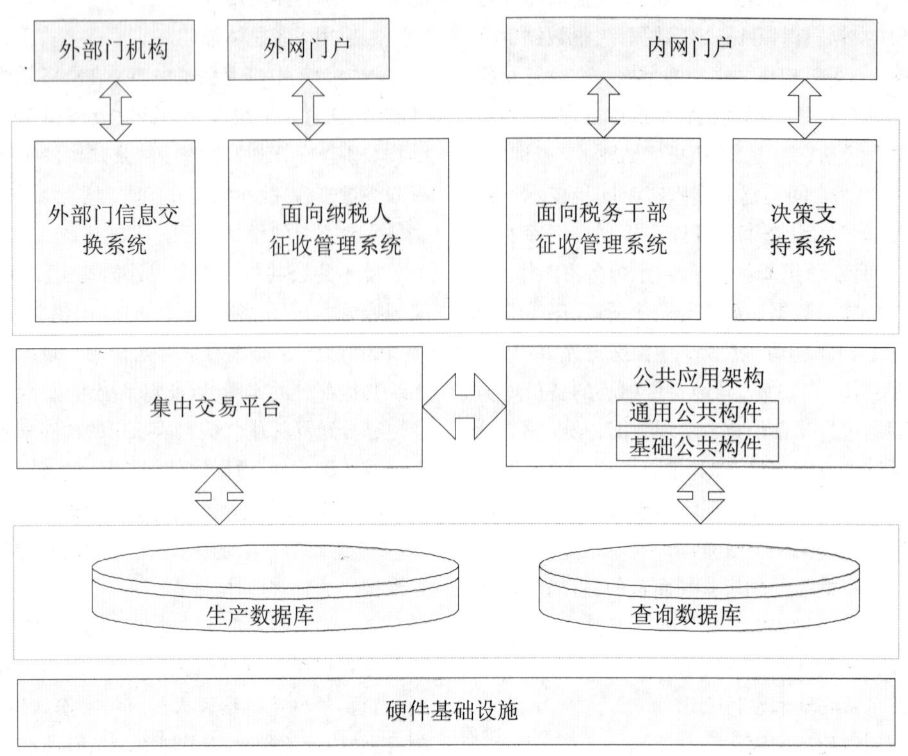

图 3 应用系统总体框架示意图

题,并可根据系统资源使用情况,实现分布式并发处理和负载均衡,满足数据高度集中处理的需要。在系统可扩展性方面,可针对系统负载瓶颈,合理进行构件配置及调整各层节点数量及档次,以很好地适应今后新业务扩展的要求。在系统建设及维护方面,由于通过构件化方式进行系统建设,可以通过对构件的增加、删除、修改实现系统维护,规范系统建设,减轻后期维护难度。此外,由于前台业务逻辑变更无须修改前端应用程序,也大大降低了系统维护成本。

在实际应用中,三(N)层应用体系结构分成两类,一类是供地税干部使用的内部管理和决策支持系统,采用标准的三层应用体系结构,如图 4 所示。

系统第一层是 WEB 层,动态生成客户端,提供用户与系统的友好访问以及访问业务组件层的业务组件,WEB 服务采用 Weblogic 以实现对 JSP 的快速解析,为了方便用户使用,客户端采用纯浏览器,除了初次运行需自动下载部分控件外,用户不需要安装其他任何软件;第二层是业务组件层,负责业务规则、数据访问、合法性校验等工作,由 Weblogic Server 的核心服务 EJB 管理业务逻辑,并通过 JDBC 实现系统数据库的访问;第三层是数据服务器,负责数据信息的存储、访问、优化及部分业务规则等工作。

另一类是供纳税人使用的外网服务和提供地税干部使用的直接面对纳税人的大厅业务系统,采用三层应用体系结构,其中第二层分成两个小层次,如图 5 所示。

系统第一层是 WEB 层,与标准三层架构相同,WEB 层动态生成客户端,为纳税人和地税务干部提供友好访问系统的界面,以及访问业务组件层的业务组件等功能,客户端采用纯浏览器,不需要安装其他任何软件,为了保证使用效率,页面设计会更简洁。第二层是业务组件层,负责业务规则、数据访问、合法性校验等工作,由于要提供外网服务,系统并发量较大,系统安全性要求也较高,设计时将系统业务组件层分成两个小层,由 Weblogic Server 的核心服务 EJB 管理业务逻辑,并通过 JDBC 实现系统数据库的访问。大量的业务数据库访问和分布式事务处理交由交易中间件 Tuxedo 实现,WebLogic 与 Tuxedo 的连接由 WTC 完成。第三层是数据服务器,同样是负责数据信息的存储、访问、优化及部分业务规则等工作。

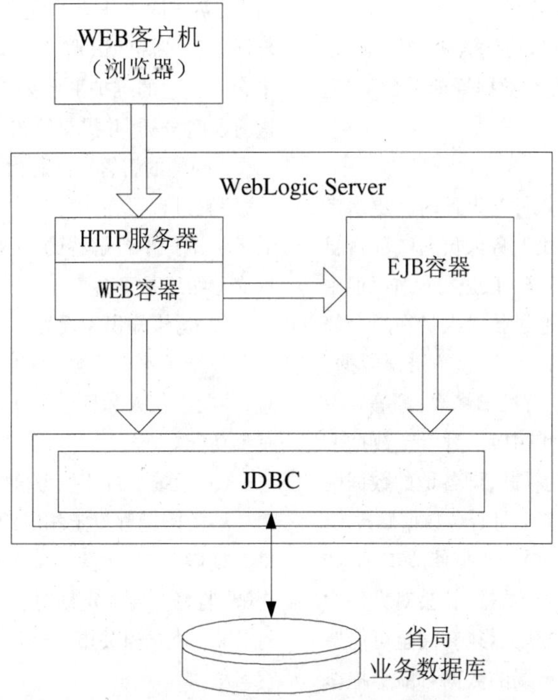

图 4 标准的三层应用体系结构图

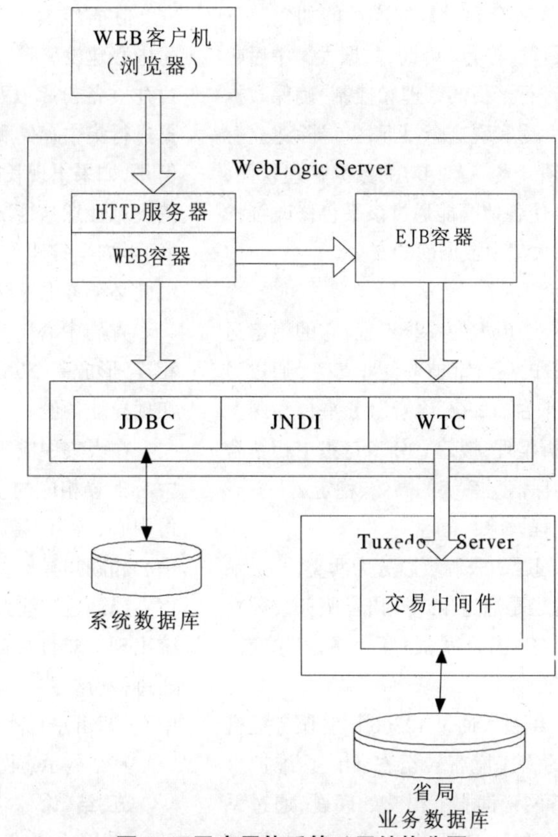

图 5 三层应用体系第二层结构分图

(五)数据管理和运维平台建设

按照省、市、县(市、区)三级协同管理的原则,在大集中建设时,需同步考虑开发“数据管理平台”、“运行维护平台”。

1. 数据管理平台

省级数据大集中后,征管软件在设计时将更多考虑后台数据修改的前台化,即由业务人员通过前台自己修改,如通过作废、红字更正等手段进行操作。但由于各种原因,部分数据必须要通过技术人员在后台修改,如错误的历史数据、软件BUG引起的错误数据、政策性原因需要对后台数据进行批量修改,等等。由于省局技术力量有限,数据大集中后,对后台数据的修改维护将按照《税友2006》的模式,即各地的数据由各地自己负责修改,省局原则上不对后台数据修改。

但若由各地使用《税友2006》的数据修改工具(如PB、SQL Advantage)直接修改后台数据,将会对大集中数据库的性能和数据质量造成很大影响,甚至可能造成数据库死机,例如修改杭州市局的数据可能会把全省所有地税局的数据都修改掉了、在征期数据库繁忙时进行批量数据的修改会导致数据库性能的急速下降甚至数据库停止运行,等等。因此,数据大集中后必须对后台数据修改进行严格的管理和控制,确保数据库性能及数据质量。为实现这个目标,省局除建立有关管理制度外,必须开发一套相应的数据管理软件,即“数据管理平台”,使各地既能通过该平台修改维护后台数据,也能确保大集中数据库的安全。

2. 运行维护平台

省级大集中是一个庞大的系统工程,它的稳定运行需要一个科学有效的运行维护平台来支持。通过对现有省局工作交流平台、12366语音服务平台和网上咨询服务等系统分析整理,拟建立分步与集中相结合的系统运维平台,确保信息系统的高效、稳定运行。

(1)运维平台流程设计

* 问题的来源。问题的来源可以分为两类,一是纳税人提交的问题,途径是通过12366语音服务或因特网咨询服务;二是税务工作人员通过内网的工作交流平台提交的问题。

* 问题的流转。纳税人通过12366语音服务提交的问题,通过各地的人工座席转至省、市、县维护平台;纳税人通过因特网咨询服务提交的问题,通过系统对纳税人所属税务局的识别,自动转至市、县维护平台;系统内工作人员提交的问题,由系统对税务干部所属税务局的识别,自动转至相应的省、市、县维护平台。各地的维护平台必须由专人负责,对各类问题进行及时分类,并提交给相关部门处理。

* 问题的解答。问题由相关处理部门指定人员解答,解答过程可在本部门内流转。如果问题无法解答需上级维护平台解答的,可将问题通过本级维护平台提交上级维护平台。

(2)运维知识库设计

对维护平台上解答的各类问题进行定期分类汇总,并向纳税人和税务工作人员提供方便快捷的问题查询功能。

(3)运维平台监控考核体系设计

各类问题都设定相应的流程,规定各环节处理的最大期限,并与大集中业务软件相融合,进行实时的提醒、监督。省局定期对各类问题流转和解答情况进行分析,并对相关市、县维护平台和具体工作人员进行考核。

(六)异址备份中心建设

在省级大集中初步建成后必须进行系统异址备份中心建设。省级大集中采用SAN存储体系结构,通过建立备份库以及磁带库和备份软件对全省业务数据进行集中存储和备份,以保证全省业务数据安全。但是,如果出现长时间停电、外接线路整体故障、火灾等灾难性意外情况,还是会导致整个系统长时间的中断,影响全省地税业务的开展,甚至会造成数据丢失。因此必须考虑异址备份中心的建设。

省局中心与异址备份中心之间通过高带宽链路相连,形成一个冗余高速网络,并利用异步备份技术,实现异址备份。

在大集中应用平稳以后,将来需考虑在异址备份中心配置相应的主机、网络等设备,建设应用级的备份中心,各市、县局分别通过两条广域网线路与省局中心和湖州异址备份中心连接。正常工作情况下,各市县局通过主线路连接到省局中心,当省局中心的系统出现灾难性故障,无法正常工作时,各市县局则可通过备份线路与异址备份中心(湖州)连接,异址备份中心(湖州)的备用系统将接替主系统进行工作。

其结构示意图如图6所示。

五、结 论

综上,从技术角度讲,大集中工程有四个方面内

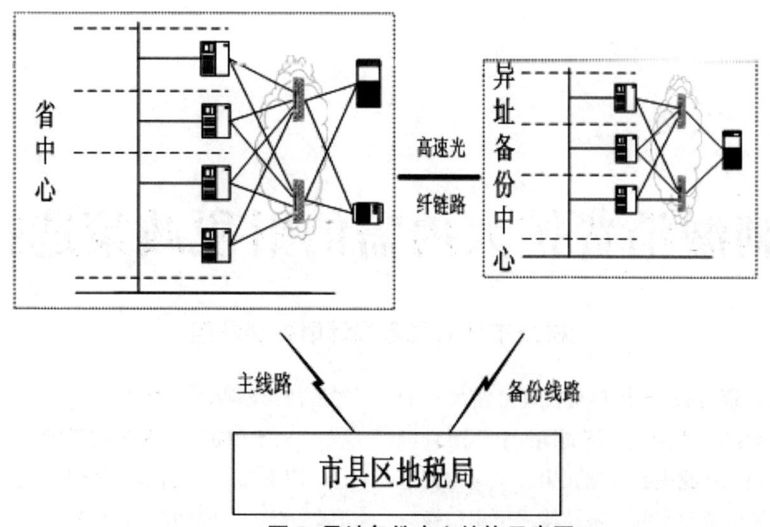

图 6 异址备份中心结构示意图

容:一是硬件网络平台建设,这是基础;二是征管软件开发,这是大集中工程的核心;三是数据管理平台和运维平台等运维体系建设;四是异址备份系统建设。

虽然大集中的建设任务比以往任何一次集中开发都要重很多,但经对技术架构总体设计以及各环节技术设计的研究,若能同步考虑上述四个方面的工作,在时间充裕的前提下,保质保量完成大集中工程建设任务应该充满信心!

附表: **目前省局到各市局的广域网线路带宽**

各市局单位	A 线路带宽	B 线路带宽
杭州市地税局	1000M	16M
湖州市地税局	6M	6M
嘉兴市地税局	8M	8M
绍兴市地税局	8M	8M
舟山市地税局	6M	6M
台州市地税局	12M	12M
丽水市地税局	12M	12M
温州市地税局	16M	16M
衢州市地税局	8M	8M
金华市地税局	12M	12M

说明:

1. 为保障应用,降低风险,全省地税系统采用了 A、B 双线路的方式,A 线路是租用电信公司的,B 线路是联通公司的,A、B 线路负载均衡。

2. 除省局到杭州市局的 A 线路采用 1000M 光纤电路外,其余均为 SDH 电路。

3. 市局到各县(市、区)局的 A、B 线路都为 2M 的 SDH 电路,不一一列出。

课题组组长:陈正奎

课题组成员:张雄伟 朱建军 方 俊 王 刚 吴建苗 褚英国

刺激消费扩大内需的财税政策选择

杭州市地方税务局计财处课题组

众所周知,投资、消费和出口是拉动经济增长的“三驾马车”。2008年,在国内经济周期性和世界性经济危机的双重影响下,我国经济增长出现了高位回落态势,目前较高外贸依存度的经济结构之下出口锐减也削弱了经济持续增长动力。经济增长将更多转向依靠投资和消费的双轮驱动,同时也就带来投资和消费协调发展的要求。没有消费需求支撑的高投资不可能长期持续下去。要实现经济持续快速健康的增长,投资形成的产品和服务必须被最终需要—消费和出口所吸收。在出口下降局面未有改善的背景下,扩大消费成为拉动投资、支撑经济增长的关键所在。一方面扩大投资需求,通过积极的财政和货币政策,激活国内投资市场;另一方面扩大消费需求,通过增收、扩大信贷等经济杠杆,激活国内消费市场,从而带动我国经济持续健康增长。

一、当前扩大内需的必要性

用支出法进行国民经济核算来看,GDP分为最终消费、资本形成和净出口,该三大因素在不同时期所起的作用各不相同。虽然我国固定资产投资率自1997—2007年之间一直处于缓慢上升状态,引领我国经济进入了一轮持续上升时期(见表一),但是在目前的经济结构之下,拉动内需的必要性日益凸显。

表一:1997-2007年我国支出法国内生产总值及增量构成情况

(一)资本形成对经济拉动逐渐下行。在我国经济系统中,固定资产投资在各个时期均是影响国民经济和地区经济增长的关键性变量,GDP增长率与固定资产投资增长率在变化趋势上表现出时间上的趋同性

表一　1997—2007年我国支出法国内生产总值及增量构成情况　　　　(单位:%)

年份	GDP总量构成			GDP增量构成		
	消费	投资	进出口	消费	投资	进出口
1997年	59.22	38.81	1.97	56.32	15.79	27.89
1998年	58.95	36.7	4.35	70.75	27.63	1.63
1999年	59.62	36.19	4.19	88.14	35.64	-23.79
2000年	61.06	36.16	2.78	77.11	24.81	-1.92
2001年	62.3	35.28	2.42	52.45	48.19	-0.64
2002年	61.37	36.49	2.13	42.3	50.94	6.76
2003年	59.57	37.86	2.57	35.88	64.79	-0.67
2004年	56.78	41.03	2.19	40.13	55.3	4.58
2005年	54.3	43.15	2.54	37.98	40.4	21.62
2006年	51.84	42.74	5.42	38.75	41.74	19.51
2007年	49.9	42.59	7.51	42.92	40.91	16.17

图一　1992—2007年我国GDP增长与固定资产投资率趋势图

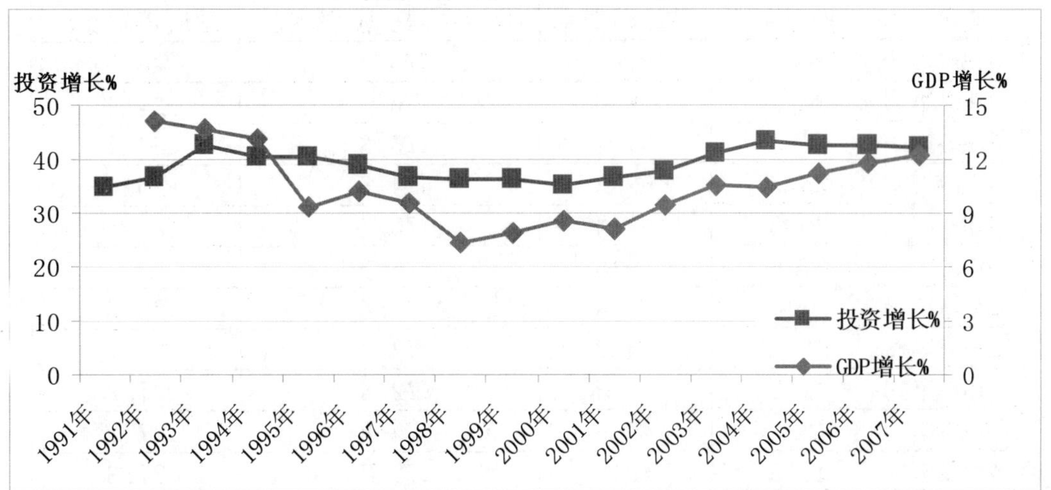

(见图一)。虽然固定资产投资率自1997—2007年之间一直处于缓慢上升状态,引领我国经济进入了一轮持续上升时期,但是从我国经济中的资本形成状况来看,自2003年以来,资本形成对经济增长的拉动能力持续下降,至2007年资本形成对经济增长的贡献率降至40%以下。

(二)出口导向型经济发展的不可持续。1994年以来,伴随着我国经济开始表现出明显的外向型特点,净出口在我国经济中的作用日益突出,最高的年份1997年对经济增长的贡献已经接近30%。其后,虽然几经波动,经济增长外向型的趋势日渐明显,特别是2003年以后到2007年,净出口对经济增长的贡献又达到了近20%。也就是说,在近几年经济的快速增长中,有近1/5的增长是为世界市场而生产的,国内的消费福利并未因经济增长而获得实质性提升。随着2008年世界经济危机的全面爆发,外部市场对我国经济增长的需求将会大大降低,2008年前三季度势必对于我国业已形成的出口导向性发展战略造成影响。

(三)我国消费特别是居民消费增速偏低。我国最终消费总额年均增速一直低于GDP增速,GDP消费率均处于世界平均水平以下15个百分点左右。自1978年改革开放之后,GDP消费率最高出现在1981年的67.5%,之后呈现持续下降态势。进入新世纪,持续回落趋势进一步加剧,2001年为61.4%,到2006年、2007年分别降至49.9%、48.8%。最终消费又由居民消费支出和政府消费支出两部分构成,我国政府消费比重与全球平均水平及相同收入国家的水平基本相当,但居民消费比重明显走低(见表二)。这表明,自1997年以来,在国内经济持续快速增长的同时,我国经济内部国民的实际消费能力和消费福利却在持续下降。

二、当前扩大内需的可行性

(一)消费支出结构仍有调整潜力。消费和投资是扩大内需的主要动力,也是改革开放30年我国经济实现年均9.8%增长速度的重要支撑,同时我国也形成了全世界无可比拟的消费市场,居民人民币储蓄存款余额持续上升,人均可支配收入也快速上涨,居民的消费能力逐年增强(见表三)。从居民的消费支出结构看,城镇家庭支出中用于满足基本生存需求的食品支出所占比重达1/3以上,家庭设备和服务、居住和发展性支出等比例都不高,到2007年底在我国家庭中该几项的支出比重仅占6–10个百分点左右,居民消费支出还应具备较大增长潜力。

(二)社会消费增长态势良好。从经济增速减缓的2008年来看,从三季度开始经济增长速度大幅放缓,出口增长回落、固定资产投资增长下滑的情况下,社会消费品零售总额全年实现同比增长21.6%,增速加快4.8个百分点,剔除价格因素实际增长14.8%。2009年一季度社会消费品零售总额同比增长15.0%,扣除

表二 1997—2007年我国支出法国内生产总值构成情况表 (单位:%)

年份	投资率	最终消费率	其中：居民消费支出	政府消费支出
1997年	36.7	59	76.7	23.3
1998年	36.2	59.6	76	24
1999年	36.2	61.1	75.3	24.7
2000年	35.3	62.3	74.5	25.5
2001年	36.5	61.4	73.6	26.4
2002年	37.9	59.6	73.3	26.7
2003年	41	56.8	73.4	26.6
2004年	43.2	54.3	73.3	26.7
2005年	42.7	51.8	72.8	27.2
2006年	42.6	49.9	72.8	27.2
2007年	42.3	48.8	72.7	27.3

注:1. 数据出自《2008年中国统计年鉴》

2. 居民消费支出与政府消费支出为各自占最终消费的比重。

表三 1997—2007年全国存款和人均收入增长情况表

年 份	GDP增长率%	存款余额增长率%	人均可支配收入增长率%
1997年	10.11	20.14	6.64
1998年	5.97	15.4	5.13
1999年	5.31	11.64	7.91
2000年	8.37	7.9	7.28
2001年	10.35	14.66	9.23
2002年	10.44	17.83	12.29
2003年	13.33	19.22	9.99
2004年	17.51	15.38	11.21
2005年	17.73	17.98	11.37
2006年	17.47	14.56	12.07
2007年	18.76	6.77	17.23
年均增长%	13.51	16.18	9.99

物价因素,实际增长15.9%,是1986年至今消费实际增长的新高,同比增长3.6个百分点,比上年全年加快1.1个百分点。而受外围经济危机后续影响,全国一季度进出口同比下降24.9%。其中出口下降19.7%,进口下降30.9%。在进出口均大幅下降的背景下,社会消费拉动经济作用进一步显现。

(三)东部沿海发达地区的消费潜力更加突出。2008年杭州按户籍人口计算的人均GDP超过1万美元,与上海、苏州、珠海等东部沿海发达城市一样跨上新台阶。当一个国家或地区人均GDP超过1万美元意味着经济发展将步入加速成长阶段,消费呈现升级变化,将会更加多样化,社会的服务性需求上升,收入

表四 全国与部分沿海地区消费率情况表 (单位:%)

地区	最终消费率	其中:政府消费比重	居民消费比重
全国	48.8	27.3	72.7
北京	54.3	40.2	59.8
上海	49.4	25.9	74.1
江苏	42	32.3	67.7
广东	48.8	21.7	78.3
山东	43.3	32.9	67.1
福建	45.7	26.7	73.3
浙江	46.1	27.1	72.9

分配、福利等问题更受关注,恩格尔系数的比重将大幅度下降。也就是说,人们的收入中用于食品类消费的比重将大幅减少,而居住、交通通讯、医疗保健、娱乐教育文化服务类支出比重上升。2007年我省人均可支配收入20574元,在全国31个省份仅次于上海和北京,但是按照支出法核算的最终消费率比重尚处于全国平均水平以下,最终消费中的居民消费比重也低于周边上海、福建、广东等省(见表四)。2008年杭州市区城镇居民和农村居民人均可支配收入分别为24104元和10692元,分别为全国的1.5倍和2.3倍,提高消费的潜力更加突出。

三、影响内需的财税制度原因分析

从世界经济一体化的角度来看,近年来我国经济快速增长的主动动力来自外需,外需对内需产生了跨国替代效应。从国内经济来看,经济快速发展的近十年,国内消费对经济的拉动不升反降。消费需求由于产品结构不合理、居民收入预期降低和支出压力长期过大等影响而严重抑制,投资需求对消费需求产生了替代效应。而我国收入分配差距持续扩大(我国基尼系数从1997年的0.37提高到2008年的0.47),2008年居民基尼系数超过国际警戒线17.5%,从根本上制约了国民消费需求。就我国现行财政税收制度而言,也在一定程度上加剧了扩大需求的难度,根本原因在于其存在的累退性。主要表现在以下几方面:

(一)政府税收主要由占人口绝大多数的中低收入者负担。以流转税收入为主的税收收入结构造成税收负担由富人阶层向中低收入阶层转嫁,增值税、营业税等流转税直接附着于商品价格,最终进入消费领域。随着收入的增长,居民消费边际倾向递减。

虽然近年来我国流转税在全部税收收入中的比重呈逐年下降趋势,但在目前比重仍接近一半的税收格局下,占人口绝大多数的中低收入成为税收的负担主体,加剧了收入分配差距。

(二)累退性的个人所得税制将直接扩大收入分配差距。所谓累退性,是指税收占收入的比例,即有效税率随着收入的增加而递减的现象。所得税不容易进行税负转嫁,纳税人一般就是实际税负人,但是如果所得税税制总体上存在累退性,就会成为加剧社会贫富加剧的另一推动力。目前我国所得税主要有企业所得税和个人所得税,新《企业所得税法》总体上属于对资本的减税政策,它在提高资本社会地位的同时使劳动处于更加不利的处境,我国职工报酬占GDP比重近15年来下降了12%,而目前我国个人所得税中工资薪金项目所得收入已占一半以上,现行个人所得税税制不符合实际纳税能力原则,加速扩大了收入分配差距。

(三)缺乏累进性的财产财富税制将直接导致收入分配差距扩大。财产财富税制主要包括房产、物业等不动产税和赠与税以及其他各种类型的财产税。它的政策目标在于强化社会公平和长期稳定,但是目前

表五　近年我国流转税占全部税收比重表　　(单位:亿元)

年 份	2003 年	2004 年	2005 年	2006 年	2007 年	2008 年
流转税收	14186	17723	16564	19909	24399	28335
税收收入	20466	25718	30865	37636	49449	57862
比 重	69.3%	68.9%	53.7%	52.9%	49.3%	49.0%

我国财产税制的不完善也加剧了收入分配差距的快速扩大。自 2005 年开始个人所得税改革问题在全国大范围内进行讨论并实践,不可否认,无论是免征额的提高还是高收入者的自行申报改革,都在制度和征管层面上提升了个人所得税调节收入分配的效果,但只有实现个人所得税由分类征收模式向综合征收模式的转变,才能真正撬动个人所得税调节收入分配的杠杆,真正改变个人所得税在调节收入分配上的尴尬处境,而且现行税制中缺乏对财富存量课税的税种,使得个人所得税在调节收入分配上"孤掌难鸣"。

(四)社会保障体系不完善导致消费信心缺失。我国始于上世纪 90 年代的社会保障制度改革,将原有的公费医疗体系、福利分房、全面就业等体系从补贴和福利推向市场,国民在失去国家与企业"统包"优势的同时面临着我国尚未完善的养老医疗保障体系,这既降低了居民对未来收入的预期,又直接要求人们调整收支结构与消费和储蓄的比例,使其降低了消费意愿,加大了预防性储蓄。在社会转型过程中,政府在削减一些公共职能和负担的同时,并未建立有效的机制来承接相应的职能和负担,导致我国居民的消费率要低于比国际平均水平低 13—14 个百分点,而居民储蓄率一直偏高,去年国内居民储蓄已经超过了 20 万亿元人民币,国内居民不缺消费的潜力,而尚待提升的是消费信心。

四、当前扩大内需的财税政策选择

市场的盲目性总是以经济危机的方式集中爆发,在经济低迷和衰退时,政府干预有利于防止经济的剧烈波动,以熨平经济周期。对此,为应对这场全世界范围的经济危机,各国纷纷推出了数额庞大、内容各异的经济刺激方案,采取的措施大致分为三类:临时紧急措施、降息与提供担保等货币政策以及扩大财政支出与减税的财政刺激政策。

(一)各国经济刺激方案的主要特点与内容。一是以经济增长为主要目标。早在 2008 年初,美国就公布了总额高达 1680 亿美元的减税方案,以刺激消费,提振美国经济。随着欧盟经济陷入衰退,欧盟提出了总额达 2000 亿欧元的应对经济下滑计划,采用扩张性财政政策和降息手段刺激经济增长。日本也在两个月内两次发布计划,旨在减轻国际金融危机对日本民众生机的影响,加快支撑经济的步伐。二是受益主要为房地产业、中小企业及居民。由于此次危机源自房地产市场,因此许多国家重点支持房产市场。此外,出于对经济危机而演化为失业危机的担心,各国对吸纳劳动力较多的中小企业也给予了较多支持。由于全球经济放缓,出口逐渐萎缩,各国也将刺激国内消费作为重点,通过发放补贴、降低增值税和个人所得税等拉动内需。三是货币、财政政策配合,扩大支出与减税并重。随着危机向实体经济的蔓延,各国在动用直接注资、降息等货币政策的同时,纷纷采取更为直接的财税政策,一方面大力推进基础设施建设,创造就业机会,另一方面减少税收,特别是与家庭相关的个人所得税等,刺激国内消费。

(二)国际经验和国际比较得到的启示。一是经济刺激政策要提高国民收入水平。从国际经验看,当世界经济衰退时,出口逐渐萎缩,各国均将扩大内需作为宏观调控的着力点。从国际比较看,各国消费占 GDP 的比重都比较高,如美国为 86%,日本为 75%,德国为 78%,而我国仅为 50%,具有一定的提升空间,而且居民消费对 GDP 增长的弹性系数为 0.42,高于政府消费 0.21 和投资 0.37%的弹性系数。消费不足的根本原因在于收入的不稳定性和预期的不确定性,在 1996 年—2005 年的十年间,在我国国民收入的最终分配格局中，政府所占比重上升了3.6个百分点，企业所占比重上升了5.9个百分点，而居民所占比重下降了9.5个百分点。在过去十多年里，我国国民收入分配的一个明显趋势是，政府收入增速过快，而居民收入所占比重却在下降。2008年，城镇居民可支配收入低于经济增长0.6个百分点，农村居民人均纯收入低于经济增长1个百分点，但近几年政府收入却保持了20%以上的增速。国民经济分配向政府和企业倾斜，降低了居民的可支配收入，而密集的教育、住房和医疗改革因社会保障体系的不完善使得居民对未来的预期产生极大的不确定性，存钱防老防病为教育的思想使得居民储蓄率居高不下，极大地抑制了消费。因此经济刺激计划的作用点在于维持居民可支配收入的稳定与增长，消除预期的不确定性，即通过补贴和减税增加居民可支配收入，通过完善社会保险体系解除居民消费的后顾之忧。

二是经济刺激政策应体现民生。民生财政的基本职能在于使消费和生产达到均衡。首先通过政府财政投资促进公共服务均等化，在基础设施、基础教育、基本医疗、社会基本保障等方面促进城乡消费的平等化；其次通过减税和补贴提高中低收入者的可支配收入，调节收入差距，缩小消费差距。

三是经济刺激方案应有利于经济结构的调整和培育新的经济增长点。各国在实施经济刺激计划时都十分注重经济结构的调整和培育新的经济增长点。如在20世纪90年代，德国在扩大内需时就高尔夫球信息高速公路作为政府科技政策的中心内容。日本则将高科技产业、环保产业以及与老人相关产业等作为三大新兴产业，因此我国也应有重点地将科技、医疗、教育和文化等作为我国未来经济新的增长点，促进国民经济持续发展。

(三)近期扩大内需的政策着力点。为应对金融危机，中央政府已采取的结构性减税、扩大政府投资、增加财税补贴、增发国债等刺激性政策。国家宏观调控政策方向比较明确，围绕“保增长、扩内需、调结构”的目标展开，积极的财政政策和宽松的货币政策也将继续实施，并确定了进一步扩大内需的十项措施，投资金额高达4万亿元。政府收入快速增长意味着一个国家的实力迅速强大，但因居民收入增长相对不足，中国经济的增长模式中投资率过高、消费不足等诸多问题也由此显现。所以，为了有效应对当前国际金融危机并以此为契机转变经济发展方式，我国财税政策应向拉动消费需求倾斜。通过减税让利、加大公共财政投入、放松市场管制等措施，调整国民收入分配结构，完善社会保障体系，进一步激发经济体的活力与创造能力，这应成为继4万亿元投资之后经济政策的重心所在。

1. 调整国民收入初次分配结构，提高劳动报酬所占比重。美国次贷危机的背后是高消费低储蓄引致的经济结构失衡，韩国经济下滑的根本原因在于物价动荡令内需低迷，日本经济低迷的根源在于企业高速扩张所积累的大量坏账，而我国内需不足的原因在于居民消费尤其是农村消费不足。而扩大内需刺激消费，基础就是民间消费必须有足够的收入支撑。一个国家的国民收入在政府与居民之间进行分配，具有此消彼长的特点，要激活民间消费需求，政府就应该减少税收，把一部分国家财政收入转为居民收入，一方面让更多的居民参与国民收入的初次分配，另一方面让参与初次分配的居民得到更多的国民收入。就业是居民参与国民收入初次分配的必经之路，就业率的提升，意味着更多的居民参与国民收入的初次分配，更多的国民收入会从政府那里转到居民手中。但是，近年来我国的城市新增劳动就业、下岗失业人员再就业以及农村剩余劳动力转移这三个因素对劳动力市场压力不断增大，随着金融危机对我国经济影响的日益加深，使我国本已严峻的就业形势雪上加霜。据国内学者估算，考虑各种隐性失业因素，中国城市失业率约在8%—10%之间。

面对严重的就业形势，国家制定了一系列财税政策促进失业。利用财税手段创造就业机会；制定有关政策鼓励自主创业，推进以创业带动就业；通过财税政策扶持大学习、进城务工农村劳动者等重点人群就业，加强就业指导和信息服务；发挥政策作用，帮扶就业困难人员就业。除执行国家出台的各项对就业税收优惠政策外，我省、市地方政府为积极应对当前经济形势，做好稳定和促进就业、进一步完善就业长效机制等方面出台了一系列财税扶持和优惠政策，并将就业计划扩展到高校毕业生，覆盖面进一步扩大。但是当前促进就业的财税政策还是存在不足：一是促进就业的财政资金投入不足，直接投入占GDP的比重较低,投入重点主要放在城镇企业人员的低保和失业保障方面,对促进就业的资金投入明显不足。二是促进就业的政策很少惠及农村居民,政策主要偏向于城市居民,实施政策对象范围较小,影响了这些政策的效果。三是社会保障政策与财税促进就业政策未形成良性互动机制。此外,当前还没建立起统一的失业登记制度、对总体及区域性失业情况尚缺乏一个统一的把握,特别是对隐形失业情况没有详细的调查分析。

因此,解决就业这一长期性的重大社会问题,从根本上增加居民收入,改善消费局面,必须建立长效政策机制,改善现有的财税政策。一是公共财政应继续加大对就业的投入规模和比重,调整投入重点,从消极的保障基本生活转向积极的促进就业,将资金主要用于劳动力市场建设、就业培训、职业介绍等方面。充分利用社保基金预防失业、促进就业的功能。进一步完善《就业促进法》,明确和细化财政投入的相关规定,提高财政就业投入的稳定性和可预见性。二是加强对农村劳动力就业的扶持力度。帮助农村人口就地就业,对吸收就业的乡镇企业给予税收优惠。三是大力发展第三产业,促进就业。这既能成为就业增长的重要支撑,又能改变我国第三产业发展不充分的现状。四是完善失业保险制度。总的原则是既要保证失业者在失业期间的基本生活需要,又要有利于激励失业者在法定期限内再就业。

2. 进一步推进结构性减税,扩大中低收入者的所得。我国现行的个人所得税制度在公平与效率方面都存在着不尽合理的地方,经济危机来临,更增加了改进个人所得税制度的紧迫性。从全球范围看,自上世纪80年代以来,各国政府为了提高人们工作和消费的积极性,纷纷进行个人所得税制改革,大幅度降低了个人所得税税率。比如,2008年新加坡的个人所得税税率是3.5%~20%,马来西亚是1%~29%,越南是5%~35%,加拿大是17%~29%,日本是10%~37%,美国是15%~38.6%。而目前我国对工资、薪金所得实行月免征额2000元和5%~45%的九级累进所得税率,一方面,免征额偏少,增加了工薪阶层的生活压力;另一方面,累进级次多、累进速度快,中产阶层的税收负担偏重。从我国目前已出台的政策看,结构性减税关注更多的是促投资和保出口,主要是针对企业而不是个人。当前对个人所得税实行以家庭为单位的综合申报扣除方法改革呼声日高,使个人所得税对于居民财富再分配的调节作用得到更大发挥。调查显示,目前个人所得税主要来自工薪、个体户所得、承包承租、利息股息红利所得,上述四项所得收入全部个人所得税税收的90%以上,其中工薪所得收入占50%以上,在调节方向和调节力度上存在明显问题。在税率结构上,现行分类税率依据不同所得采取两类不同税率,除对工薪和生产经营所得采取累进税率外,对其他所得适用比例,既不利于税收再分配功能的发挥,也因为对一般劳动收入适用的最高边际税率大大高于经营管理、财产性收入等所得的适用税率而有失公允,并且对收入和投资意向较高的社会高收入阶层的调节功能弱化,鼓励了投资,间接抑制了消费。

改革个人所得税,首先应实行综合所得课税和分类所得课税相结合的混合所得税模式,动态地有差别性调整税前扣除标准;其次减并工薪收入税率级次,调整税率结构,对一般劳动性收入缩减累进级次,降低税率。这样,对于低收入阶层,他们收入的边际消费倾向明显高于边际储蓄倾向,不进入纳税行列,可增加其可支配收入;对中等收入阶层边际消费倾向最高,是消费的主力军,通过降低边际税率和减少累进级次的办法,让其得到更多的可支配收入。至于高收入阶层可以通过开征奢侈品消费税、遗产税、赠与税等加以调节。使税收能起到“调高、扩中、提低”,真正发挥其调控收入的职能作用,同时对居民收入水平和收入结构实施全方位的监控管理,重点加大对高收入阶层的监控。

3. 为中小企业减负,改善中小企业发展环境。长期以来,我国中小企业一直是推动就业增长的主力军,据林毅夫估算,80%左右的就业机会来自中小企业。同时,这些中小企业还是国家财政收入的重要贡献者。2007年中小企业提供了近2.4万亿元的税收,占国家财政总收入5.1万亿元的46%;2008年,中小企业的税收贡献在3万亿元左右,占国家财政收入6.13万亿元的近50%。在遭遇全球金融危机后,它们受到的影响最为严重。据统计,截至2008年底全国中小企业歇业、停产或倒闭的大约为7.5%。2000多万的农民工失业大军正是这些中小民营企业释放出来的，城镇失业人员大部分也出自这些企业，中小企业的生存和发展成为提高就业率的关键。虽然在今年宽松货币政策之下，中小企业资金困难的局面依然未得到实质性缓解，相关数据显示，2005年中小企业在全国短期贷款中的比例大约为11%，2006年下降到9%，2007年和2008年还在继续下降。今年前3个月全国信贷规模总量增加了4.8万亿元，中小企业贷款增加额度只占不到5%。为支持中小企业发展，从政府部门看，要建立完善中小企业贷款的风险补偿机制，设立专项资金，对担保公司、银行机构的中小企业贷款业务给予一定的风险补偿。针对中小企业在创业和发展阶段对土地、厂房等生产要素的需求给予优惠政策支持。从国家层面看，一是可以考虑金融机构对中小企业提供的贷款免征营业税，进一步调低对中小企业的所得税优惠税率，由目前的20%下调至15%以减轻企业负担。

4. 建立完善的社会保障体系，有效改善居民不确定性预期。居民对未来预期的不确定主要集中在养老、医疗、失业等社会保障方面。长期来看，建立一个完善的社会保障体系，才是促进消费稳定增长的重要基础。据中国社科院有关专家的测算，城市家庭每增加一个有保障的人口，家庭消费支出将增加1041元；农村家庭每增加一个有保障的人口，家庭消费支出将增加483元。此外，完善的社会保障体系还可以推动产业转型和升级，促进服务业发展。没有后顾之忧的老百姓会增加一些非生活必需品的支出，增加对社会服务的需求，从而带动服务业的发展。与此同时，社会保障体系所包含的养老、医疗、残疾人救助等，也都蕴藏了很多服务业的发展机会。发达的服务业不仅可以提高经济增长的质量，更可以创造无数就业机会，这对于现在的中国，其意义超出了单纯的经济增长。由于我国的社会保障体系建立时间不长，尽管政府这几年已经做了很多努力，但目前的覆盖率还是很低：按照人力资源社会保障部公布的2008年全国社会保险情况，养老保险仅为30%，失业保险约为42%，基本医疗保险约为40%。从1998—2007年，我国财政社会保障支出占财政总支出的比重从5.5%增长到10.9%。虽然增长速度较快，但在国际上仍是一个相当低的水平，国家统计局局长马建堂在2009年7月的一个会议上说：2008年中国社会保障支出占中央政府支出比重为7.5%。低于德国的55.5%，加拿大的45.6%，美国的30.2%，一些发展中国家也达到20%。总之，国家财政在社保和教育方面的投资相比较那些发达的市场经济体制国家，还有很大差距，这是造成我国社会保障水平低的一个基本原因。由此看来，中国要提高政府的公共服务水平还要一个很长的过程，在此期间，居民的消费水平肯定会受到社会保障制度和教育制度不完善的抑制。

今后可增设中央对地方的社会保障专项转移支出，相应降低各省社会保险缴费率，可起到类似减税的作用；建立制度将每年税收超收的一定比例纳入社会保障基金，进一步扩大社会保障覆盖面、提高受益水平和延长受益期限；通过发放社保公债、提高国有企业分红提取比例、发行社保彩票、外汇储备注资等方式逐步解决和消化我国的养老金隐性债务和个人账户的“空账”问题。政府需要完善社会保障体系，解决居民的后顾之忧，才能提高居民的消费意愿，有效刺激居民的消费支出，而不是把钱用来储蓄。

5. 培育房地产市场健康发展。随着社会经济发展和人民生活水平的提高，发达国家逐渐减少政府在公共住房方面承担的责任，已经成为一种国际趋势。中国在1998年亚洲金融危机背景下，为实现将住宅建设发展成为国民经济新增长点的目标，对传统住房制度进行彻底改革，反映了这种国际趋势对中国住房政策的影响，也为中国房地产业的发展开辟了广阔的前景。然而，中国毕竟仍属于发展中国家，在中低收入家庭仍占有重要比例的特殊背景下，仍然需要建立一个系统的、强有力的城市居民住房保障体系，并有效区分市场、半市场和非市场的界线、责任和关联关系。住宅市场是一个连续的市场，通过系统完善的公共住房政策，为中低收入家庭住房提供稳定、持续的获取渠道和政策支持，对于以住宅市场为主体的房地产市场的健康发展，具有重要意义。

房地产作为扩大内需的重要产业。去年底召开的中央经济工作会议上，中央再次强调了房地产业的支柱产业地位，并且指出要保持房地产业的健康发展，“要把满足居民合理改善居住条件和房地产支柱产业作用结合起来”。这就意味着,从中长期看,房地产宏观调控的出发点和着力点,将落在促进房地产业发展模式的转型、增加保障性住房供给、稳定发展住房消费上,住房保障体制的不足已进入决策重心,房地产在民生方面发挥的作用将大大增强。从税收政策层面看,房地产税收改革已势在必行。与西方发达国家相比较,我国的房地产税收在取得和转让环节税负偏重,在保有环节税负偏轻。此种房地产税收状况已经难以适应市场经济高度发展的新形势,从而使其促进房地产业健康发展的作用难以达到令人满意的效果。因为房地产保有环节税负较低,成本小,所以就难以有效推动房地产流动起来进入市场,由此造成房地产在存量市场上大量积压;另一方面,房地产在取得和转让环节税负偏重,税负转嫁因素也在某种程度上推动了房地产价格居高不下,对真正的财产拥用者也起不到有效的调节作用。因此在未来的房地产税收改革中,首先应当考虑减少房地产在取得和转让环节的税收,同时加大房地产在保有环节的税收,以增加物业保有环节的持用成本,将闲置房产挤向市场,增加住房供给;另一方面,减少流通环节的税收成本,如二手房营业税等,令售房人减少售房税负,提高房产流转积极性。其次,应运用财政税收政策以及金融政策在内的各种政策手段,适度降低过高的房价,使其相对稳定在比较合理的价格区间,避免由于住房需求挤掉其他消费需求,遏制社会分化,有效扩大中低收入阶层的消费需求,扩大房产税纳税范围,实行统一的房产税或物业税制度,加速完善房产税税收优惠制度。再次,应尽早统一社会保障制度,开征社会保障税,从根本上解除低收入阶层的后顾之忧,更大程度释放居民积蓄的消费能量。

五、保增长促内需的实践与成效

世界金融危机爆发已一年,面对金融危机,我国已经采取了一系列包括动用巨额财政资源在内的政策措施,使我国国民经济在世界经济下滑的局面中保持了难得的复苏状态。我省受此轮危机冲击影响至深也是因其经济特点所决定的,首先浙江是一个外贸大省,世界市场必然对外贸产生比较大的影响,从而导致整个工业的增速明显下滑,以往工业年均增收都将近20%,从2008年三季度开始下降至个位数;其次,浙江经济以加工型为主,企业两头在外,能源、原材料主要依靠省外,甚至是国外,去年上半年能源、原材料价格飞涨、劳务成本提高、社会保障的要求提高等方面均加重了企业的负担,大体上影响了企业利润的15%,这对加工型经济体而言影响较大;再次,浙江以中小企业为主,优势在于中小企业机制灵活、应变能力强,但劣势也很明显,相当一部分中小企业无论是产品的水平、质量的水平、技术的创新能力等方面限制较大,应对危机及自我复苏的能力较低。

应对“内忧外患”,我省、市两级政府未雨绸缪,提出了“保稳定、抓转型、重民生、促稳定”的工作主线,采取了一系列“标本兼治、保稳促调”的政策措施,实践着积极的财税政策取向。各级财税部门及时、充分地发挥了相应职能作用,在为企业减负、促进重点行业健康发展、落实优惠政策引导社会投资、切实保障民生、加快发展现代农业、推进工业升级转型和现代服务业发展等全方位出台新政策。

一是进一步优化财政支出,更加注重保障民生。2009年本级财政预算中,民生支出88.08亿元,增长18%,占财政支出的75%,新增财力全部用于解决民生问题,加快以改善民生为重点的社会建设。其中教育支出增长26.1%,社会保障与就业支出增长15.8%,确保杭州市率先建立“城乡统筹、全民覆盖”的基本养老和基本医疗制度的贯彻落实,医疗卫生支出增长19%,支持“健康城市”的创建。

二是加大帮扶解困力度,实行结构性减税和税费改革。去年以来,为帮助外贸企业走出困境,通过走访调研上门落实政策,使外贸企业在危机之初享受各项政策。支持企业自主创新促进转型升级,帮助企业落实研究开发费企业所得税税费扣除12.1亿元,相当于为企业赢得发展资金3.02亿元。促进杭州市高新技术企业发展,落实高新企业所得税减免达3.9亿元。落实规费扶持政策,两次下调基本养老保险费费率,从20%下调到15%;两次减征两个月社保资金企业统筹部分。落实水利建设专项资金减免政策,减轻企业负担。从2008年9月起,在全市范围内暂停征收152项行政事业性收费。从2008年四季度以来,地税部门帮助企业解困减负、支持企业发展,依法减免税费共15.02亿元,减征社会保险费23.39亿元,为减少金融危机的负面影响,保持地方经济持续稳定发展发挥了积极的作用。

三是开展"消费促进年活动",启动消费券工作。着力于增加居民收入,改善消费预期,优化消费环境,培育消费热点。制定政策促进农民和农民工消费,加大杭产家电补贴力度,构建"2+8"消费新模式。大范围大力度启动消费券工作,共发放各类消费券 11.39 亿元,兑付 7.6 亿元。增强消费特别是居民最终消费对经济的拉动作用,体现了地方政府推动"藏富于民"的思路。

最近,浙江省人民政府出台关于建立城乡居民社会养老保险制度的实施意见,今年全面启动城乡居民社会养老保险工作,确定国家或省试点的县(市、区),2010 年起,凡符合条件、年满 60 周岁的本省户籍城乡居民按规定享受政府提供的基础养老金,并加快推进参保缴费工作,扩大覆盖面。2012 年,全省实现制度全覆盖。

大幅度增加政府支出，向企业和居民减税让利，在当前财政收入增速下滑的时候,短期看会加大财政收支的压力,但从长远看,随着这些政策措施效果的逐步显现,经济将更加健康良性发展,财政收入也会水涨船高,实现稳定增长。从将近一年的实施效果看,为缓解危机对地方经济的冲击、扩大投资拉动增长、保障民生增强需求的效应正在逐步显现。今年 1—3 季度,杭州经济运行由降回升,逐步向积极方向转化,呈现出"总体企稳、结构好转、内需上升、预期改善"的格局,回暖向好态势不断发展。一是实体经济趋升,经济企稳态势显现,工业生产经营持续回暖。全市实现规模以上工业销售产值 6581.55 亿元，同比下降 3.9%，降幅比 1—6 月和 1—3 月分别收窄 3.3 个和 8.0 个百分点。工业用电量降幅收窄。二是内需增势较好,经济企稳动力增强。固定资产投资持续增长。全市完成限额以上固定资产投资 1376.65 亿元，增长 17.3%。消费品市场持续上扬。全市实现社会消费品零售总额1304.25 亿元,同比增长 13.5%,剔除价格因素实际增长 15.9%。城乡居民收入稳步提高。市区城镇居民人均可支配收入 21015 元，同比增长 13.4%,扣除价格因素,实际增长 15.8 %。全市农民人均现金收入 10633 元,同比增长 10.1%。9 月末,城乡居民本外币储蓄存款余额达 4298.18 亿元，比年初增加 821.57 亿元,同比多增 286.35 亿元。三是就业形势稳定趋好。1—9 月新增加城镇就业人员 17.18 万人,比上年同期增长 3.5%帮助失业人员实现再就业 10.31 万人,其中困难人员再就业 4.69 万人。9 月末,全市城镇登记失业率 3.14%,低于上年年末水平。四是财政收入回升,信贷投放增长较快。全市实现财政总收入 798.68 亿元，同比增长 7.3%，其中地方财政收入 406.15 亿元,增长 8.2%,增幅比上半年分别提高 5.2 个和 6.9 个百分点。企业信心逐步提振。三季度全市企业景气指数比二季度和一季度分别上升 3.18 点和 20.58 点；企业家信心指数比二季度和一季度分别回升 5.66 点和 25.56 点。

我们应该客观地认识到,金融危机背景下,国家提出拉动内需,方向是正确的,财税政策在这方面能发挥重要作用。但是,也有专家指出,受客观因素的约束,拉动内需尚需时日,且财税政策的作用也应该理性看待。目前我国应对金融危机的财税政策主要还是从宏观调控的角度来设计的,主要以拉动投资需求为主,在拉动居民消费这方面,力度还远远不够。十几年来,我国居民消费率一直呈下降趋势,不管经济是冷还是热,消费率都在下降。这说明我国消费率下降,与经济周期无关。我国内需不足的问题并不是现在才有的,而是早就发生了,只不过由于产能转移到国外,国内生产与消费才达到某种程度上的平衡。因此,不能把增加内需、提高居民消费率作为宏观调控问题,只是在外需不足时,才来拉动内需,而应该把增加民生需求放在优先地位,作为一项长期战略来研究、观察和分析。在现阶段,财税政策运行的核心,应在适度宽松的货币政策和积极的财政政策搭配的总体框架下,着力对经济社会发展中的深层次矛盾予以克服和解决,在财政收入起伏波动的背景下,提高政策的协调性和严谨性,加速经济发展模式从外需型转为内需主导,择机进行个人所得税制改革,加快教育、医疗、养老等方面社会保障体系的建立，增加对中低收入者、困难群体的生活保障,改善居民消费预期,既要考虑财税政策所保障的即期目标,又要兼顾对经济社会的长远促进和协调发展。

课题组组长:王　希

课题组成员:郑月华　陈　理　伍潇平

执笔:陈　理

瑞安市、乐清市税收潜力比较分析

温州市、瑞安市、乐清市地方税务局联合课题组

前　言

对比是一面镜子,对比是前进的坐标。通过对比才能看到差距,对比才能有所震动,对比才能确定目标。对比是为了经济腾飞有一个目标。城市与城市尤其是同处一个经济区域中的城市之间的竞争,是一件有益且有意义的事。

瑞安市与乐清市,同是温州市最强劲、最具活力的两个县级市。在2008年"百强县经济基本竞争力"大比拼中又有小胜:乐清市在中国百强县中排名第17,瑞安市排名为第21。温州的两个兄弟呈现出你追我赶、针锋相对的发展态势。

瑞安市是温州方言的发源地,是温州文明的发源地;而乐清市是改革开放之后才在中国经济版图上忽然崛起的新贵。乐清市是"温州模式"的真正发源地,是温州人"敢为天下先"精神的集中代表。因此,本文将这两个最具温州特色、最具温州格局、最具温州魅力的县级城市的经济和税收能力进行比较。通过比较,希望能够借鉴对方的优势,形成竞合的格局,为温州真正做到合理的超常规、高速度、跨越式发展作出贡献。

一、瑞安市、乐清市经济发展概况

瑞安市土地面积为1174平方千米,2008年底人口为117.52万人。2008年实现生产总值368.16亿元,是2003年生产总值192.50亿元的1.91倍。其中,第一产业增加值12.06亿元,第二产业增加值195.22亿元,第三产业增加值160.88亿元。人均生产总值31525元,是2003年17158元的1.84倍。国民经济三次产业结构由2003年的4.7∶57.5∶37.8调整为3.3∶53.0∶43.7。2008年全社会固定投资总额为86.79亿元,是2003年51.82亿元的1.67倍。城市居民人均可支配收入25949元,农村居民人均纯收入10332元,分别是2003年的1.86倍和1.71倍。2008年实现外贸进出口总额20.22亿美元,是2003年5.01亿美元的4.04倍。2008年实现财政总收入46.32亿元,是2003年19.49亿元的2.38倍,其中地方财政一般预算收入23.97亿元,是2003年9.49亿元的2.53倍。

乐清市土地面积为1271平方千米,2008年底人口为120.91万人。2008年实现生产总值404.22亿元,是2003年生产总值217.10亿元的1.86倍。其中:第一产业增加值14.45亿元,第二产业增加值251.87亿元,第三产业增加值137.9亿元。人均生产总值33615元,是2003年18769元的1.79倍。国民经济三次产业结构由2003年的5.3∶59.5∶35.2调整为3.6∶62.3∶34.1。2008年全社会固定投资总额为92.59亿元,是2003年51.38亿元的1.80倍。城市居民人均可支配收入25273元,农村居民人均纯收入11489元,分别是2003年的1.85倍和1.69倍。2008年实现外贸进出口总额16.02亿美元,是2003年3.35亿美元的4.78倍。2008年实现财政总收入54.62亿元,是2003年22.23亿元的2.46倍,其中地方财政一般预算收入25.07亿元,是2003年9.72亿元的2.58倍。

二、瑞安市、乐清市后续税收潜力比较分析

下面主要从地方政府所拥有的税收资源角度对后续税收能力的潜力规模进行具体分析。为了分析的可比性和方便性,在分析两地的后续税收能力规模时,首先分析基于经济发展水平的自有税收能力潜力,其次是分析宏观税负水平的税收收入潜力。

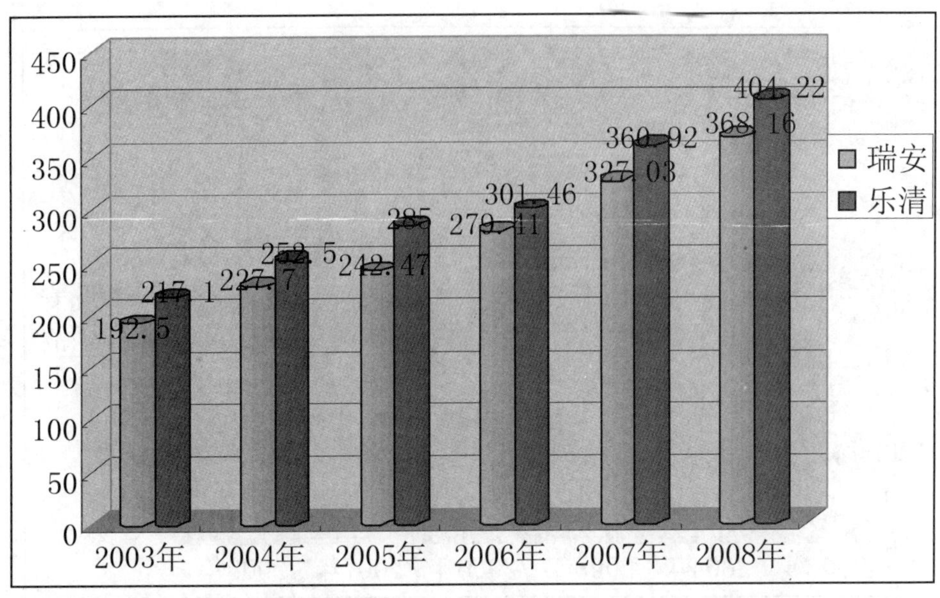

图 1.1　2003—2008 年瑞安市、乐清市 GDP 情况（亿元）

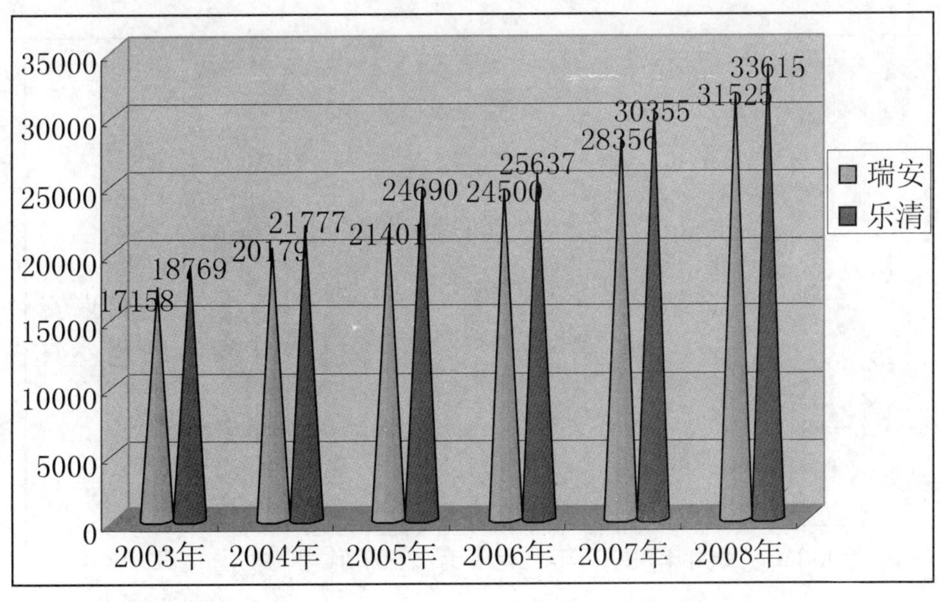

图 1.2　2003—2008 年瑞安市、乐清市人均 GDP 情况（元）

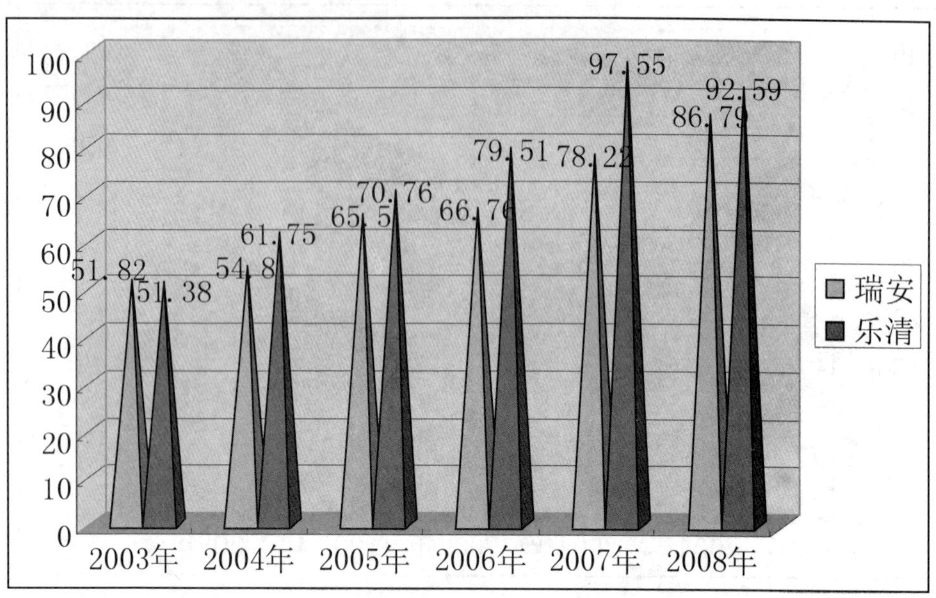

图 1.3　2003—2008 年瑞安市、乐清市全社会固定投资总额情况(亿元)

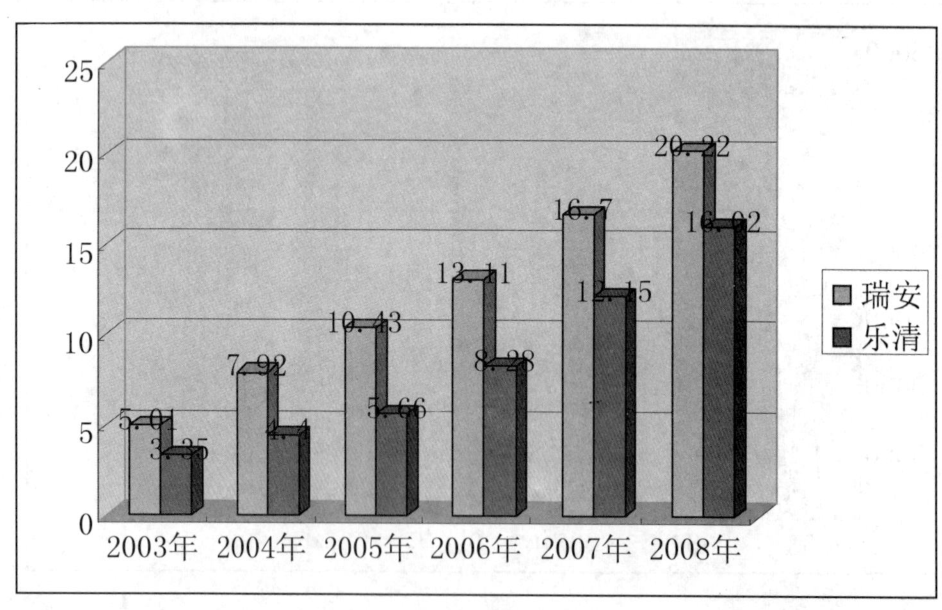

图 1.4　2003—2008 年瑞安市、乐清市进出口总额情况(亿美元)

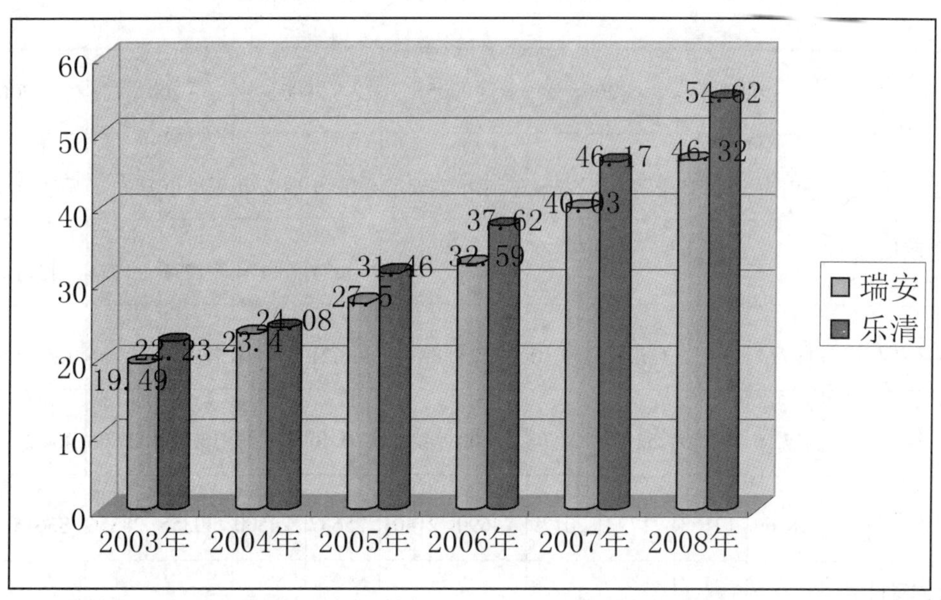

图 1.5　2003—2008 年瑞安市、乐清市财政总收入情况(亿元)

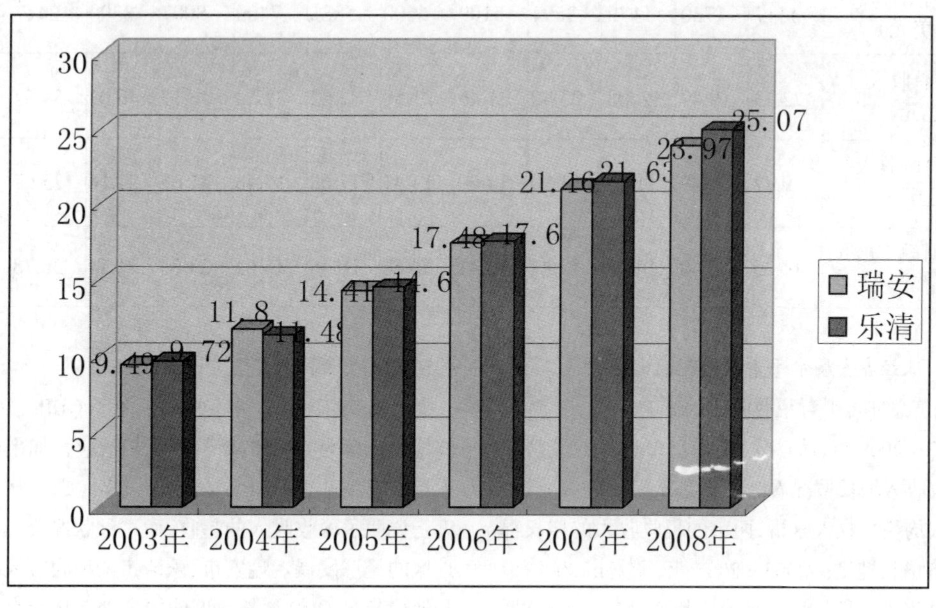

图 1.6　2003—2008 年瑞安市、乐清市地方财政收入情况(亿元)

表 1.1　2003—2008 年瑞安市、乐清市主要经济指标情况

指标 \ 县名 \ 年份	2003		2004		2005		2006		2007		2008	
	乐清市	瑞安市	乐清市	瑞安市	乐清市	瑞安市	乐清市	瑞安市	乐清市	瑞安市	乐清市	瑞安市
土地面积（平方千米）							1271	1174	1271	1174	1271	1174
总人口（万人）	115.67	112.51	116.23	113.10	116.97	113.48	118.21	114.61	119.59	116.05	120.91	117.52
GDP（亿元）	217.10	192.50	252.50	227.70	285.00	242.47	301.46	279.41	360.92	327.03	404.22	368.16
人均 GDP（元）	18769	17158	21777	20179	24690	21401	25637	24500	30355	28356	33615	31525
全社会固定投资总额（亿元）	51.38	51.82	61.75	54.80	70.76	65.50	79.51	66.76	97.55	78.22	92.59	86.79
进出口总额（亿美元）	3.35	5.01	4.40	7.92	5.66	10.43	8.28	13.11	12.15	16.70	16.02	20.22
实际利用外资（万美元）	1117	1730	1172	3694	5109	6600	5821	7400	8007	3390	2447	1735
财政总收入（亿元）	22.23	19.49	24.08	23.40	31.46	27.50	37.62	32.59	46.17	40.03	54.62	46.32
地方财政收入（亿元）	9.72	9.49	11.48	11.80	14.60	14.41	17.68	17.48	21.63	21.16	25.07	23.97
地方财政支出（亿元）	11.35	10.40	14.08	12.87	16.41	14.60	18.48	16.61	23.63	21.14	26.78	25.22

（一）从经济发展水平看后续税收潜力

1.经济总体水平对税收收入的影响

2003—2008 年，从瑞安市、乐清市自身的经济增长与税收收入增长情况看，无论是从税收收入分析，还是从人均税收收入分析，两市的税收收入的增长都快于经济增长速度。2003—2008 年，瑞安市、乐清市一般预算收入中税收收入平均增长速度超过 GDP 增长速度 6.11 个百分点、5.78 个百分点。

从全省经济增长与税收收入增长看，2003—2008 年全省平均 GDP 增速为 13.2%，税收收入增速为 22.95%。浙江省税收收入平均增长速度超过 GDP 增长速度9.75 个百分点。

经济决定税收，税收收入来源于 GDP，税收收入的增长应该与 GDP 的增长速度相适应，如果税收收入增长速度超过 GDP 增长速度过多，那么从一定程度上说明了税收收入的超收，而这种状况会影响一个地区的经济发展。瑞安市、乐清市的税收收入平均增长速度超过 GDP 增长速度的幅度处于比较合理的范围，说明后续税收潜力还有可提升的空间。

2. 经济产业结构对税收收入的影响

产业发展规律表明，随着经济的发展和人均收入的提高，劳动力和社会资本逐步从第一产业向第二产

表 3.1 瑞安市、乐清市 GDP 增速与税收收入增速情况(%)

年 份	GDP 增速		税收收入增速	
	瑞安市	乐清市	瑞安市	乐清市
2003 年	13.8	14.6	10.89	11.57
2004 年	14.1	14.8	9.04	16.24
2005 年	12.1	13.9	37.20	29.63
2006 年	13.5	14.1	16.69	18.35
2007 年	14.0	14.7	22.72	25.30
2008 年	7.8	8.0	15.72	14.00
平均	12.6	13.4	18.71	19.18

表 3.2 浙江省 GDP 增速与税收收入增速情况(%)

年 份	GDP 增速	税收收入增速
2003 年	14.0	23.56
2004 年	14.3	28.15
2005 年	12.4	19.07
2006 年	13.6	22.30
2007 年	14.5	27.90
2008 年	10.1	16.74
平均	13.2	22.95

业转移,并随着工业化进程由低级向高级不断优化再向第三产业转移,进而随着社会软、硬件、人员等整体素质的层次上升,使第三产业不断扩张,成为经济总量中的最大产业的发展变动过程。其间,第一产业比重不断下降,第二产业比重由快速上升逐步转变为下降,第三产业比重则逐渐上升。2003—2008 年,瑞安市的产业结构基本符合上述变动规律,而乐清市则不太符合上述变动规律。

瑞安市因为自身的产业基础,产业调整在 2004 年以后加快。瑞安市通过大力发展第三产业,优化产业布局,到 2008 年,第三产业比重已经从 2003 年的 37.8%上升到 43.7%;第二产业比重则从 2003 年的 57.5%下降到 53.0%。

而乐清市近年来工业保持高速增长,其增长速度要超过第三产业。2003—2008 年,乐清市的第二产业占 GDP 比重不降反升,从 2003 年的占比59.5%上升到 2008 年的 62.3%,而第三产业的比重从2003 年的 35.2%下降到 2008 年的 34.1%。

产业发展规律,实际上是经济发展规律。产业结构的调整和升级,不仅是经济增长的重要源泉,更是经济综合竞争力的重要体现。近年来,瑞安市、乐清市经济增长轨迹的背后,是产业结构演变和综合竞争力提高的过程。上述情况说明,乐清市产业结构发展明显落后于瑞安市。经济决定税收,在产业结构调整和经济增长的互动中,尤其是面对国际经济危机的影响,乐清市税收收入面临的挑战较大。

(二)从宏观税负水平看后续税收能力

本文将分析既定制度和现有征管水平下,瑞安市、乐清市自有税收的潜力是否有效发挥出来。下面将重点进行两市的宏观税负水平水较,并与省内相关县(市、区)进行比较。

1. 从宏观税负水平看税收潜力

宏观税负是指一个国家或地区的总体税负水平,一般用税收总量占同期GDP的比重来反映。其高低代表政府在经济总量分配中集中程度的大小,也表明政府社会经济职能及财政功能的强弱。

我国目前计算宏观税负有三种不同的口径:一是税收收入占GDP的比重,称为小口径的宏观税负。二是财政总收入占GDP的比重,称为中口径的宏观税负。三是政府收入占GDP的比重,称为大口径的宏观税负。为了数据的可获得性和可比性,本文将采取小口径的宏观税负。

根据表3.5的计算结果,2004—2008年全省小口径宏观税负均较大程度高于瑞安市和乐清市的水平。

表3.3　瑞安市、乐清市三次产业结构(%)

年　份	一产比重		二产比重		三产比重	
	瑞安市	乐清市	瑞安市	乐清市	瑞安市	乐清市
2003年	4.7	5.3	57.5	59.5	37.8	35.2
2004年	4.5	4.7	57.2	60.0	38.3	35.3
2005年	4.3	4.0	53.8	60.5	41.9	35.5
2006年	3.9	4.0	54.1	62.3	42.0	33.7
2007年	3.5	3.5	54.1	63.2	42.4	33.3
2008年	3.3	3.6	53.0	62.3	43.7	34.1

表3.4　瑞安市、乐清市一般预算收入中税收收入及GDP统计(亿元)

年 份	瑞安市税收收入	瑞安市 GDP	乐清市税收收入	乐清市 GDP
2003年	8.85	192.50	8.68	217.10
2004年	9.95	227.70	10.09	252.50
2005年	13.24	242.47	13.08	285.00
2006年	15.45	279.41	15.48	301.46
2007年	18.96	327.03	19.40	360.92
2008年	21.94	368.16	22.12	404.22

从与各发达县(市、区)比较看,瑞安市、乐清市的税负水平也较低。总体上说,瑞安市、乐清市的税负水平较低。

2. 税源行业分布看税收潜力

从税源的行业分布看,乐清市的地方税收收入主要来源于第二产业,2004—2008年五年间来自二产的税收收入增长了97.6%,二产税收收入占税收收入的比重从2004年的60.1%上升到2008年的65.7%;2004—2008年五年间来自三产的税收收入增长了55.5%,三产税收收入占税收收入的比重从2004年的39.9%下降到2008年的34.3%。

瑞安市来自第三产业的税收收入要高于第二产业,2004—2008年五年间来自二产的税收收入增长了78.1%,二产税收收入占税收收入的比重从2004年的47.2%上升到2008年的49.7%;2004—2008年五年间来自三产的税收收入增长了61.1%,三产税收收入占税收收入的比重从2004年的52.8%下降到2008年的50.3%。

两者相比,瑞安市来自第二产业的税收增长速度要低于乐清市,而第三产业的税收增长速度则要超过乐清市。乐清市第二产业比重过大,第三产业发展相对滞后,第三产业的税收贡献率明显偏低,2008年三产税收收入占比仅为34.3%,低于瑞安市16个百分点。

三、制度改进的后续税收潜力比较分析

制度改进的潜力,这里是指在地方政府权限范围

表3.5 全省及省内发达县(市、区)小口径宏观税负情况比较(%)

年份	全省平均	瑞安市	乐清市	萧山	鄞州	慈溪	绍兴	义乌	余姚	诸暨	余杭
2004年	6.97	4.37	3.99								
2005年	7.34	5.46	4.59	4.87	6.30	5.47	4.23	5.50	5.52	3.23	6.12
2006年	7.76	5.53	5.14	5.78	7.58	5.86	5.09	6.53	6.04	4.24	7.26
2007年	8.24	5.80	5.38	6.22	8.30	6.16	5.54	7.24	6.98	4.80	8.43
2008年	8.34	5.96	5.47	6.38	8.47	6.45	5.86	7.43	7.65	4.98	8.56

表3.6 瑞安市、乐清市三次产业税收收入及比重情况

年份	一产				二产				三产			
	瑞安市		乐清市		瑞安市		乐清市		瑞安市		乐清市	
	收入(万)	占比(%)	收入(万)	占比(%)	收入(万)	占比(%)	收入(万)	占比(%)	收入(万)	占比(%)	收入(万)	占比(%)
2004年	7	0.0	3	0.0	51715	47.2	64556	60.1	57869	52.8	42847	39.9
2005年	5	0.0	8	0.0	56683	46.3	76467	63.8	65824	53.7	43407	36.2
2006年	6	0.0	12	0.0	65444	47.5	87968	65.5	72324	52.5	46222	34.5
2007年	47	0.0	22	0.0	83072	49.7	105293	63.8	83967	50.3	59759	36.2
2008年	31	0.0	43	0.0	92117	49.7	127555	65.7	93207	50.3	66633	34.3

内,通过自身能力能使相关制度得到进一步改进的可能性空间,使已挖掘出的税收资源得到有效利用。由于乐清市、瑞安市在全省属于发达县市,选择全省指标没有比较意义。因此,本文选择税收收入全省靠前的萧山、余杭、鄞州、慈溪、绍兴、义乌、诸暨7个县(市、区)作为参照指标 。

我们计算可改进的潜在值,分为以下三个步骤:一是确定瑞安市、乐清市税收收入的现状值,以明确瑞安市、乐清市现在处于什么水平;二是确定潜在税收能力的理论值,即最优标准在哪里;三是要明确最优的标准不一定是瑞安市、乐清市通过自身努力可以达到的水平,所以,我们引入潜在税收收入规模这一指标。

(一)确定现状函数

我们通过选定税收收入为中介指标,GDP为结果指标,进行相关性分析,来判断税收收入是否存在改进的空间。因此,现状函数反映的是结果指标与中介指标的趋近程度。本文主要通过对中介指标与结果指标进行回归的方法来对潜在税收收入规模进行估算,回归方程为:

$$Y = AX + B$$

函数中Y代表结果指标的数值,即GDP,X代表中介指标的数值,即税收收入。A为回归后的估计值,它反映了结果指标Y相对于中介指标X的变化程度,K值越大,说明税收收入的潜力越好。由于我们选择了全省发达7县(市、区)平均水平作为参照值,所以相同的变量用全省发达7县(市、区)平均水平再做一次回归,回归方程为:

$$y = ax + b$$

(二)确定潜在税收能力的理论值

如图3.1所示,两条直线 y_1 和 y_2,瑞安市或乐清市:y1 = a1x + b,全省发达7县(市、区):$y_2 = a_2x + b$

a_1 和 a_2 为斜率。因为是与全省最发达的7县(市、区)进行比较,所以 $a_1<a_2$。

如图3.1所示,在交点A的左边,$Y_1>Y_2$,当 x=a 时,$Y_1=Y_2$,在交点A的右边 $Y_1<Y_2$。也就是说,在A点左侧相同税收收入下 Y_1 会有更高的产出。因此,对于 Y_1 来说,A点左侧是其显示优势的区间,如果 Y_1 的支出小于a,即在a的左侧,要使 Y_1 得到最优收入效果,应该增大收入,其最佳收入点为a点。与全省最发达的7县(市、区)进行比较,在A点,是瑞安市或乐清市最优税收收入规模。

(三)具体计算

在寻找a点的过程中,由于现实上,无论从中介指标的税收收入规模还是结果指标的GDP,全省7大发达县(市、区)的平均绝对量都要远高于瑞安市和乐清市。因此,两者很难放到一个平面上产生点a。所以,我们采用了一个换算方法,即分别将瑞安市、乐清市作为一个当量,分别将全省7大发达县(市、区)平均数除以瑞安市和乐清市后,得出相当于N个瑞安市、

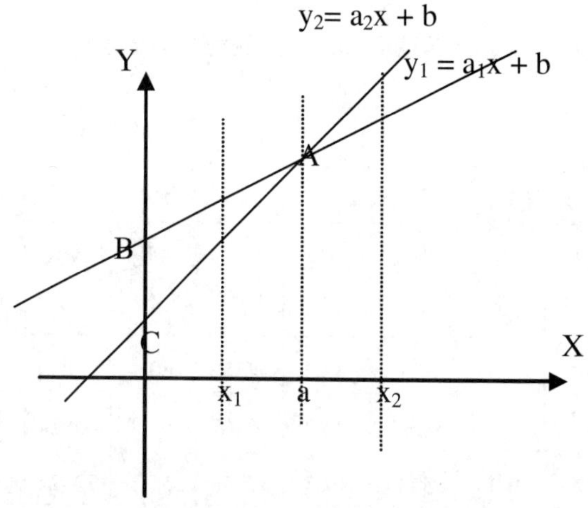

图3.1 瑞安市或乐清市与全省发达7县(市、区)比最佳税收收入示意图

M个乐清市，然后，分别进行比较，就能找出点a了。首先，我们将全省7大发达县(市、区)平均数除以瑞安市后，得出相当于N个瑞安市。具体计算过程如下：

全省7大发达县(市、区)平均数除以瑞安市后回归方程：

Y = 15.010X + 38.402

（7.780）（25.606）

R^2=0.998　a=0.005　F=655.656

瑞安市的回归方程：

Y = 14.294X + 55.586

（7.429）（33.836）

R^2=0.997　a=0.005　F=1144.912

因此，可以得出结论，当X=24.00时，即税收收入=24.00时，$Y_1=Y_2$，达到最优税收规模。

运用相同的方法，我们得出乐清市的最优税收规模。

全省7大发达县(市、区)平均数除以乐清市后回归方程：

Y = 14.582X + 74.678

（9.561）（17.025）

R^2=0.993　a=0.005　F=578.237

乐清市的回归方程：

Y = 13.539X + 100.704

（4.506）（10.820）

R^2=0.992　a=0.005　F=117.078

因此，当X=24.95时，达到最优收入规模。

事实上，对最优税收收入规模的计算是件很困难的事情，由于对于最优税收收入规模的计算在我国还处于起步阶段，还没有较为统一、完善的标准。因此，本文对上述最优税收收入规模的测算也是处于探索阶段。

四、结论及启示

（一）共性方面

1. 发挥税收杠杆导向作用 促进经济发展有作为

经济的又好又快发展是税收收入持续稳定增长的重要保障，要实现经济的稳定发展，必须积极发挥税收调控经济的杠杆作用，促进经济增长方式转变，为地方经济的新跨越谋求一条“破壁之路”。瑞安市、乐清市两市地税部门始终紧紧围绕建设现代经济强市和创新型城市的部署，从全局和战略的高度，积极

表3.1　瑞安市、乐清市一般预算收入中税收收入与GDP关系表

年　份	税收收入(亿元)		GDP(亿元)	
	瑞安市	乐清市	瑞安市	乐清市
2005	13.24	13.08	242.47	285.00
2006	15.45	15.48	279.41	301.46
2007	18.96	19.40	327.03	360.92
2008	21.94	22.12	368.16	404.22

表3.2　全省发达7县(市、区)平均税收收入与平均GDP关系表

年　份	平均税收收入(亿元)	平均GDP(亿元)
2005	22.31	371.9
2006	28.16	443.2
2007	35.06	531.1
2008	43.86	619.7

表 3.3 瑞安市测算结果

	收入值(亿元)
最优税收收入	24.00
现值税收收入	21.94
缺　口	2.06

表 3.4 乐清市测算结果

	支出值(亿元)
最优税收收入	24.95
现值税收收入	22.12
缺　口	2.83

研究新形势下税收扶持经济发展的新途径、新措施，大力整合税收政策资源。在支持经济持续、协调较快发展的同时，更加强调支持现代服务业和先进制造业的发展，切实落实相关税收优惠政策，努力促进经济平稳较快增长和转型升级。同时，两市地税部门还积极参与当地政府"保稳促调"、"转型升级"、"拓市场、保增长"及保障民生促进社会和谐等相关政策的制定，充分发挥税收职能作用，积极助推地方经济率先突围和社会稳定和谐。这些都是当地税收部门坚持实事求是、践行科学发展，发挥税收杠杆导向作用，促进经济发展的最好实例和印证。

2. 坚持科学治税，地方财力不断壮大

为确保税收收入随经济发展而相应增加，实现"十一五"期间增长目标，两市地税部门均按照"均衡入库，持续增长，优化结构，调控有力"的组织收入"四位一体"要求，着力提高组织收入的质量和效益，为推进地方经济发展提供强大的物质基础和财力保障。瑞安市、乐清市两市地方税收收入分别从 2003 年的 8.62 亿元、8.32 亿元，增加到 2008 年的 18.54 亿元、19.42 亿元，分别增长了 215.08%、233.41%。

在税收收入与经济的互动中，瑞安市、乐清市两市保持着良好的关系，2003 年以来，两市一般预算收入中税收收入占地方财政收入比例一直稳居 80%以上；2003 年到 2008 年之间税收收入增长与经济增长基本保持同步，税收收入平均增长速度超过 GDP 增长速度的幅度要低于全省平均水平，两市小口径宏观税负和全省发达 7 县(市、区)相比也较低，说明两市后续税源还比较充裕，发展空间较大。

3. 重法治求规范，依法治税得到加强

依法治税是税收工作永恒的主题。瑞安市、乐清市两市十分重视依法治税工作，紧紧围绕上级有关工作部署，坚持内外并举，以内促外，从多方面入手，推进依法治税，规范税收执法，切实优化和改善税收法治环境。如两市都稳步推进行政执法责任制建设，结合各自实际为加强执法监督工作提供有效的平台和手段。同时针对当前征管及稽查的薄弱环节，组织开展执法检查。

(二)个性方面

1. 乐清市突出一个"快"字

改革开放初始的 1978 年，乐清市的 GDP、工业总产值、财政总收入分别只有 18423 万元、9758 万元、1649 万元；而 1978 年瑞安市的 GDP、工业总产值、财政总收入分别为 20910 万元、16567 万元、2080 万元。改革开放近 30 年来，乐清市硬是凭借比瑞安市差得多的底子，一路过关斩将，到今天，经济成就走在了瑞安市的前面，可以说乐清市是"温州模式"的真正发源地。在2008年"百强县经济基本竞争力"排行中：乐清市在全国百强县中排名第17，瑞安市排名第21；2007年乐清市和瑞安市的排名分别是第18和第20位。

从经济总量GDP上看，2008年乐清市GDP达到404.22亿元，是瑞安市GDP 368.16亿元的1.1倍。从工业发展看，可以说乐清市的发展速度远快于瑞安市，2008年乐清市的工业总产值达到1085.2亿元，是瑞安市789.12亿元的1.4倍。30年间乐清市的工业总产值增长了1112.1倍，而瑞安市只翻了476.3倍。

反映到地方税收方面，2008年乐清市地方税收收入达到19.42亿元，是瑞安市18.54亿元的1.1倍。30年间地方税收的增长幅度远高于瑞安市。

2. 瑞安市突出一个"优"字

瑞安市是温州方言的发源地，是温州文明的发源地，其经济基础和底蕴比较扎实和深厚，近年来高速发展的同时，其经济和税收收入的结构也逐步优化。2008年瑞安市三次产业结构为3.3：53.0：43.7，三产在产业结构的比重已经从1990年的25.7%上升到43.7%，其三产的比重要高出乐清市9.6个百分点。

反映到税源的行业分布上，2008年瑞安市来自三次产业的税收比重分别为0.0：49.7：50.3，近年来其来源于第三产业的税收收入的总量和增长速度都要高于第二产业。而乐清市的税收收入来源于第二产业的总量和增长速度都要高于第三产业，2008年三产税收收入占税收收入的比重仅为34.3%，比瑞安市低了16个百分点。

（三）发展箴言

1. 瑞安市方面—城市建设和经济转型双轮驱动是瑞安市加快发展的关键

瑞安市作为百万人口大市，城市化水平达67.27%，已总体进入工业化中后期和城市化加速推进黄金期，尤其是近年来一大批重大交通项目陆续建成，人流、物流、信息流加速融通集聚，集聚辐射功能不断增强，区域枢纽地位初步确立，浙江省城镇体系规划已明确把瑞安市作为大城市来培育。因此，瑞安市必须紧紧抓住推进现代化大城市建设这个战略机遇，加快提升城市品位，加快经济转型升级，做大三产优势，激发二产活力，实行双轮驱动，只有这样才能在经济危机面前转危为机，率先突围。

一是加快新型城市建设步伐。健全城市规划编制体系，合理配置空间资源，积极拓展城市发展空间，逐步完善城市功能，加快重点区块、重点工程建设步伐，为提升城市综合实力奠定坚实基础。

二是加快推进现代服务业发展。着力抓好服务业集聚区建设，突出商业网点布局优化，改造提升瑞安市商城，推进专业市场和特色商贸街区建设，繁荣商贸经济；加大"退二进三"力度，着力培育总部经济、楼宇经济，抓好江南物流园区和塘下、汀田、开发区物流中心建设，鼓励发展连锁经营、电子商务、网上交易、会展咨询等新型业态，继续做好企业分离服务业工作，大力发展生产性服务业；整合旅游资源，加强旅游促销，进一步提高旅游对经济发展的贡献率。

三是全力推进沿海产业带建设。突出经济开发区、国际汽摩配基地、船舶工业基地、海涂围垦区等重点区块建设，尽快形成沿海产业带大开发、大建设的格局，努力形成瑞安市新型城市化功能拓展区。

四是大力推进优势产业整合提升。加大政策引导，落实激励措施，鼓励企业在逆境中加大自主创新和技术改造力度。加快推进汽摩配行业向整车、部件，机械电子向装备、重型，高分子材料向高科技、新材料方向提升，鼓励企业拓展光电一体化、生物技术、新能源与高效节能、环境保护等领域，大力培育电子信息、光伏、风电等新兴产业。引导企业通过兼并、联合、重组、老厂房改造等形式，有效整合内部资源、行业资源和产业链上下游资源，做优做强特色优势企业。

2.乐清市方面——优化四大战略，推动经济发展方式转变和经济转型升级

一是优化空间布局结构。落实省里深入推进三大产业带建设之一的温台沿海产业带建设的发展布局，结合乐清市实际，突出抓好乐清市沿海产业带开发建设。根据乐清市现有产业基础、资源和区位条件优势等，加强分类指导，优化产业布局，着力推进"山老区绿色产业带"、"沿104国道线金色产业带"、"沿海蓝色产业带"提升和发展，构筑"一轴一湾四片四区"的

空间框架和“一基地二集群二中心”产业构架,具体是深化北部山海旅游区、乐清市湾港区、乐清市城市中心区、乐清市经济开发区开发,以临港产业为基地,以电工电器、电子信息为两大产业集群,以发展山海旅游和生产服务这现代服务业的两大主产业为中心,全力打造乐清市新的经济增长点。同时要积极推动城乡经济社会一体化发展。

二是优化产业结构。强化对服务业发展的政策扶持,着力改变服务业特别是现代服务业发展滞后、经济增长过分依赖工业支撑的状况。依托城市化带动服务业发展,以打造全国一流的城市中心区为目标,鼓励发展连锁经营、电子商务等现代流能方式,大力发展楼宇经济、会展服务等产业,规范房地产市场,推进社区服务等生活性服务业的创新发展,促进中心城区加快形成以服务业为主的产业结构。依托港区开发发展港口物流、信息中介、金融服务等生产性服务;依托雁荡山“世界地质公园”和国家首批5A级景区为品牌推动旅游服务业发展。同时,加快推动工业结构优化升级,加快发展现代高效生态农业。

三是优化要素支撑结构。大力推进自主创新,完善以企业为主体、产业研相结合的技术创新体系。改善行业技术进步和科技创新环境,优化公共基础条件,深入实施知识产权、标准化和品牌建设三大战略。扎实推进人力资源强市建设,加快培养一批具有战略眼光、熟悉资本 运作、善于企业管理的复合型经营管理人才,为乐清市经济发展提供重要人才支撑。切实加强资源节约和环境保护,大力发展循环经济,积极推进清洁生产,依法淘汰落后产能,全面改善生态环境质量。

四是优化需求结构。促进消费持续快速增长,建立健全配置“全覆盖、保基本、多层次、可持续”的社会保障体系,着力促进城乡教育、医疗卫生、文化、体育等社会事业均衡发展体系。调整优化收入分配结构,提高城乡居民收入水平,不断提高居民特别是低收入群体消费能力。优化投资结构,发挥投资对经济转型升级的促进作用,充分利用规划、土地要素配置、技术和环境标准等手段,引导和推进社会资金投向现代产业、基础设施和社会民生项目。转变外贸增长方式,努力增强出口产品的综合竞争优势。

结 语

瑞安市、乐清市同处温州市,发展水平也很接近。两市税收领域的一些基本特征都具备,即“共性”。例如税收服务民生,支持地方经济发展等。但正如前面所言,两市的税收发展也有各自的特色,即“个性”。正因为共性和个性共存,为两市相互学习、彼此借鉴、扬长避短提供了可能,奠定了基础。例如乐清市的经济,尤其是工业发展较快,来源于工业的税收十分充足,这值得瑞安市借鉴。瑞安市的经济结构、税收收入结构等比较合理,值得乐清市学习。

瑞安市与乐清市的你追我赶、友好比拼,我们相信,比拼的结果是:两地的文化、经济和人民生活都有显著的提高;比拼的结果是,两地都能够扬长避短,促进彼此经济和财政税收收入的可持续发展;比拼的结果是,温州的城市综合竞争力得以提升,使得温州其他县市有了楷模,有了先锋,有了紧追不放的目标。

课题组成 员:
温州市地税局:李步鸣 刘发顺 林 坚 杨海曼
瑞安市地税局:苏德贤 叶剑凯
乐清市地税局:叶乐安 孔庆元 仇德龙 张春光
周育艳
执笔:杨海曼

服务欠发达地区科学发展的税收政策研究

丽水市地方税务局课题组

省第十二次党代会提出，“欠发达地区的发展是我省全面建设小康社会的重点和难点，也是我省发展的潜力所在”。税收政策作为国家宏观经济调控的重要政策，如何体现科学发展观“五个统筹”的根本要求，促进欠发达地区又好又快发展是当前税收工作的重要任务。丽水地处浙西南山区，素有“九山半水半分田”之称，是浙江省的欠发达地区，具有一定的代表性。深入研究服务丽水科学发展税收政策，对发挥税收政策作用，促进欠发达地区发展具有较好的示范作用。

一、丽水是典型的东部沿海发达省份中的欠发达地区

自2000年撤地设市以来，丽水市委、市政府深入实施“三市并举”（生态立市、工业强市、绿色兴市）发展战略，丽水经济社会得到较快发展，全市经济总量和人均GDP水平大幅提高。2008年，全市GDP总量达到506亿元，人均GDP达3175美元，分别为2000年的3.69倍和4倍；2000—2008年，全市GDP总量年均增长15.62%（自然增长率），地方财政收入也保持了年均增长21.5%的较高增幅。但由于区位、交通、信息、资金、人才等方面的限制，与我省杭州、温州等发达地区相比还有较大差距，主要表现在三个方面：

（一）经济总量偏小，财力有限。丽水市总面积1.73万平方千米，约占浙江省面积的1/6，但经济总量却只有全省的2%左右。以2008年为例，2008年丽水市GDP总量为506亿元，占全省比重仅为2.4%，只有杭州市的11%、温州市的21%；2008年丽水市地方财政收入36.15亿元，占全省的比重仅为1.87%，只有杭州市的8%、温州市的17%。经济总量偏小、和全省差距不断拉大，正成为丽水经济发展过程中面临的一个严峻问题。

（二）产业层次较低，结构不尽合理。2008年，丽水市一、二、三产结构为10.9：48.6：40.5。第一产业比重比全省平均水平高出5.8个百分点，比杭州市高7.2个百分点。第二产业比重比全省平均水平低5.3个百分点，比经济发达的绍兴市低11.2个百分点。第三产业发展不平衡，教育、文化、体育和娱乐业等发展缓慢，信息传输、计算机服务和软件业虽保持了一定的增幅，但总量有限。

（三）人均收入低，统筹发展压力大。2008年，全市城镇居民人均可支配收入17710元，农村居民人均纯收入5050元，比全省平均水平分别少5017元、4208元，且农村居民人均纯收入只有城镇居民可支配收入的28.51%，低于全省平均水平12个百分点。同时，城乡在教育、公共卫生、文化设施等公共服务方面还存在明显差距，在财力基础薄弱的情况下，统筹发展的压力不断加大。

二、现行税收政策在促进欠发达地区科学发展中的缺陷及存在的问题

我国1994年的税制改革比较突出的一个特点是根据国情逐步建立起了一整套较为完备的税收政策体系，这些政策在促进欠发达地区经济快速发展、增加财政收入、支持就业和再就业、调整地区产业结构、招商引资等方面发挥了一定的积极作用。但这一系列税收政策在促进欠发达地区科学发展中，也暴露出了一些问题。

（一）促进生态建设税收政策存在缺陷。丽水市既是经济欠发达地区，同时又是国家级生态示范区。近年来，为了实现社会经济可持续发展，我国先后采取了一系列生态税收政策，通过采取税收限制与税收优

惠相结合的办法,在减少或消除环境污染、加强环境与资源保护方面发挥了积极的作用。但是,面对日益严峻的生态危机,税收生态保护方面应有的作用尚未得到充分有效发挥,还存在着很多问题:一是资源税亟须调整。资源税调节级差收入的立法精神,没有充分体现国家对自然资源的所有权和管理权;税基太窄,限制了保护自然资源、保护环境作用的发挥。二是现有税种中有关环保生态的税种,在设计时环保因素考虑不够,生态功能难以有效发挥。三是生态税收优惠形式单一,且零星分散,缺乏系统性与前瞻性。四是以生态环境保护为目的的专门税种缺位,生态环保资金难保证。

(二)现行税收优惠政策不利于中小企业的发展。我国现行的税收优惠政策专门针对中小企业的太少,而且大多散见于其他税收优惠政策之中。同时,税收优惠的目标不明确、针对性不强。现行税收优惠政策有按所有制性质和经济性质制定的,也有按地区制定的,还有按产业导向制定的,但没有从中小企业本身的特殊性考虑,对中小企业在经济发展和社会稳定中的地位缺乏应有的重视。税收优惠形式单一,支持力度不够。我国税收优惠的主要形式是减免税和优惠税率,其他形式较少。实行的基本上是直接优惠,间接优惠较少。同时,我国中小企业税收优惠的力度也有限。此外,中小企业税负偏重,中小企业大都被划为小规模纳税人,其税负大大高于一般纳税人。

(三)支持社会主义新农村建设的税收优惠力度还需加大。新农村建设首先是基础设施和生态环境的建设,这是一项庞大的系统工程,需要政府的投入,也需要社会各种经济力量的参与,但现行税收政策中除了西部大开发等几个政策外,大多定向于已有的国有企事业单位,政策严重滞后,而且对农村基础设施建设缺乏配套的政策扶持,这与当前国家经济政策相悖,不利于各种经济成分进入农业、农村领域参加社会主义新农村建设。在扶持社会主义新农村发展的优惠政策中,可执行的政策较少。如对"农家乐"的扶持,基本上停留在原则性的规定上,可操作性不强,目前也只有营业税起征点5000元的具体优惠,且是泛优惠政策,即对个体工商户等均执行该优惠政策,没有实际意义。涉农税收优惠政策惠及农民少,政策的初衷是为了照顾农民利益,但实际上真正获利的是生产厂家或经销商。

(四)促进就业税收政策有失公平。首先,许多税收优惠政策存在城乡差异,农民和农村难以享受到。企业吸收下岗失业人员有许多政策优惠,而众多的农村富余劳动力在非农产业再就业或自谋职业,对用工单位和劳动者本人却没有相关的就业扶持政策,在税收政策上没有体现出农村与城市、农业与工业、农民与工人之间的平等;对失地农民和农村退役士兵以及"下山脱贫"的农民,没有鼓励吸纳就业的税收优惠政策,失地农民与城镇下岗失业人员,同样是失去了生产劳动对象,税收优惠却不同,明显缺乏公平性,制约了农民的增收渠道。其次,对下岗再就业和残疾人就业优惠政策行业限制过多。如出租车司机很多是下岗职工,由于出租车行业的特殊性,必须挂靠在出租车公司才能营运。但"交通运输业"却是下岗再就业政策限制行业,使该行业及就业的下岗职工难以享受相关优惠政策;残疾人就业优惠政策对"广告业"是限制的,而广告设计工作却是许多残疾人适合工种之一。

(五)扶持公共文化、教育、卫生建设扶持政策有待完善。欠发达地区的城乡差别还比较大,城乡居民在享受教育、医疗等公共服务方面还存在较大的差距,税收对教育、医疗事业发展方面的扶持政策还比较缺乏,有待进一步完善。一是对农村文化事业发展支持不够。农村文化事业发展困难,但健康积极向上的文化下乡没有税收优惠,仍需缴纳相关税费。二是对社会办学和受教育者的支持不够,如对安置劳动力就业起到积极作用的职业技能教育培训,还不能享受教育劳务营业税优惠政策;企业、社会团体对基础教育的各类捐赠支出,不能在应纳税所得额中全额扣除。三是对农村医疗扶持力度还有待加强。

(六)社会保障税尚未开征。建立和完善社会保障体系是国家"十一五"社会经济发展规划的重要内容,但由于种种原因,社会保障税尚未开征。目前,我国社会保障制度存在社会保障开支增长迅速,社会保障基金来源不足,社会保障面临收不抵支等问题,而这些问题在欠发达地区更加突出。要克服社会保障筹资和管理中存在的"范围小、层次低、差异大、管理乱、收缴难"问题,就应加快开征社会保障税,以保障经济的稳定增长和社会的和谐稳定。

(七)第三产业税收政策存在问题。第三产业税收政策是税收政策的重要组成部分。第三产业税收政策存在的问题，既有税收政策具有的全局性问题，也有其独有的局部性问题。我国第三产业税收政策缺乏系统性、稳定性、规范性，主要表现为种类繁杂，调整频繁，税负水平畸轻畸重，以及重复征税、税收政策的覆盖范围存在着一些真空领域而应征而没有征税的现象较为普遍。这在一定程度上造成征管机构及纳税人的频繁适应，税收流失，影响企业的公平竞争。同时，第三产业税收政策还存在结构性偏差，对于高端产业的倾斜度不够。近年来，大量的劳动和资本流入旅游等高端服务产业，代表了未来我国第三产业结构性调整的基本方向，但与之不相符合的是财税政策仍然偏重于鼓励投资，而忽略了消费，对于高端产业倾斜度不够，制约了第三产业的结构转换和产业升级。

（八）部分税收优惠政策对欠发达地区作用不明显。国家各项税收优惠政策享受门槛太高，欠发达地区很多政策享受不到，造成越是发达地区享受政策越充分、越是不发达地区享受越不足的现象。如技术开发费税前加计扣除政策，申请技术开发费加计扣除的企业为数不多，申请加计扣除的技术开发费份额很低。有资料表明，2008 年，丽水市科技活动经费投入 5.58 亿元，而地税管辖的企业技术开发费加计扣除额为 3034 万元，只占 5.4%。而金融业、物流业、会展业等现代服务业的税费优惠政策，欠发达地区的享受几乎是空白。如对集成电路的高新技术企业税收优惠中，我省鼓励的集成电路企业名单共 94 家企业，丽水市无一家企业入选。2008 年，省科技厅认定高新技术企业有 1330 家，丽水市仅有方正电机等 11 家企业通过认定，占全省的比例仅为 0.8%，当年 11 家高新技术企业税收优惠额为 500 万元，户均 45 万元。

三、税收在促进欠发达地区科学发展的政策取向

（一）完善欠发达地区税收政策应坚持的原则

进一步完善欠发达地区税收政策，加快推进欠发达地区经济社会又好又快发展，应当坚持“税收公平、统筹兼顾、多予少取，适当放权”的原则，形成具有强刺激性和吸引力的区域调控的税收政策。

1. 税收公平原则。就是各个纳税人承受的负担与其经济状况相适应，并使各个纳税人之间的负担水平保持均衡。但有分析表明，人均 GDP 与税收负担是负相关的。也就是说，人均 GDP 高的地方，居民的税收负担相对较低，越是经济发达地区，税负越轻，而欠发达地区的税负反而较重。因此，要更加关注税收公平问题，让欠发达地区在享有平等发展的权利和机会的前提下，使区域差距最小化，从而实现共同发展、科学发展。

2. 统筹兼顾原则。树立统筹发展、均衡发展及全面发展的理念，对欠发达地区要适度加大税收政策扶持的力度，在保持发达地区快速发展的同时，努力使欠发达地区成为经济发展的潜力，实现区域经济协调发展的目标。

3. 多予少取原则。区域经济发展与区域投资环境密切相关，区域投资环境越好，区域经济发展越容易发展。税收属于投资软环境范畴。因此，要按照多予少取的原则，完善欠发达地区税收政策，对欠发达地区进行政策倾斜，采取积极有效的“增税”政策和“减税”政策，调控发达地区与欠发达地区之间的经济发展。

4. 适当放权原则。在统一税政的前提下，赋予地方政府和立法监督机构必要的税收管理权，既是我国新一轮税制改革的重要目标之一，也体现了世界性税制改革的发展趋势。在完善服务欠发达地区科学发展税收政策过程中，可适当考虑赋予欠发达地区或省级政府适当的税收自主权，鼓励欠发达地区结合自身产业结构的特点，因地制宜地制定些相应的税收激励措施。

（二）税收政策功能定位

税收政策可以引导资源市场、要素市场、产品市场的重新调整，弥补市场机制自发形成的不合理的市场结构。因此，利用税收政策的实施体现其有关的社会经济政策，通过对各种经济组织和社会成员的经济利益的调节，使他们的微观经济行为尽可能符合国家预期的社会经济发展方向，以有助于社会经济的顺利发展，从而使税收成为政府对经济运行宏观调控的重要工具，也使得税收在促进欠发达地区经济社会发展过程中能够发挥重要作用。

1.为欠发达地区科学发展提供稳定的财力保障。发展离不开资金，无论是基础设施还是教育、医疗、住房、环保、社会保障、劳动就业等与人民群众工作生活密切相关的各个方面的建设都需要大量资金。而制约欠发达地区发展的一个重要因素就是财力基础薄弱。税收收入是财政收入的主要来源，面对税源潜力不足

和财政需求不断扩大的矛盾,税收必须在欠发达地区科学发展中肩负使命,发挥聚财功能,确立税收在地方财政收入中的主体地位,为促进欠发达地区科学发展提供稳定的财力保障。

2. 促进欠发达地区产业结构优化。税收政策是政府可利用的诸多经济政策中独具特色和不可替代的工具之一。税收的有无及多少,直接影响着各个产业发展的前景。撤地设市以来,丽水市实施大投入、大建设,促进了经济的较快发展。但在经济快速发展的过程中,能源、环境、土地的约束日益突出,粗放式的增长方式带来的深层次矛盾日渐显现。生态屏障建设任务繁重、节能减排面临更大压力、用地空间严重不足,制约着丽水经济的持续发展。同时,丽水作为后发地区和浙江省首个国家级生态示范区,在发展中不但存在发展空间和资金方面的制约,而且在产业的选择上面临更多的环境、资源等方面的限制。要破解欠发达地区在发展中的制约,在税收政策方面,就要发挥税收政策导向作用,推进欠发达地区产业结构优化升级,提高服务业、高新技术产业、现代制造业的总体水平,促进欠发达地区的加快发展。

3. 增强欠发达地区科学发展后劲。欠发达地区由于受地理、信息、人才、技术等方面因素制约,企业生产成本较高,经济效益相对较低,发展的局限性较大,往往也缺乏能够带动产业发展的大企业。受国际金融危机的影响,当前企业发展正面临着许多困难和挑战。丽水市1314户规模以上工业企业中,2009年上半年亏损的有317户,亏损面达24%,1314户企业利润为7.17亿元,同比下降31.7%,317户亏损企业亏损为3.44亿元,同比增加118.9%;6月底成品存货率达49亿元,同比增加20%。总体反映出生产经营总量缩小,亏损面扩大,资金周转较为困难。没有企业的发展壮大,就没有欠发达地区的经济发展,税收也就成了无源之水、无本之木。因此,税收在发挥聚财功能的同时,也要在涵养后续税源、提升经济发展后劲上发挥作用,实现"税收—经济—税收"的良性循环。尤其是在金融危机影响还在持续、企业生产经营困难的情况下,更要把帮扶企业渡难关作为当务之急,用好、用活、用足税收优惠政策,主动帮助企业爬坡、过坎、转型、过冬,促进经济持续稳定协调发展。

4. 促进欠发达地区民生改善、社会和谐。税收来源于经济,同时又服务于经济的发展,有利于促进民生改善、社会稳定。一方面,通过税收的杠杆调节作用大力发展经济,实现税收收入的快速增长,并通过税收收入的支配,加大以改善民生为重点的社会公共服务支出,大力支持农村发展,促进教育、文化、卫生、就业、社会保障等社会事业的发展,使越来越多的税收成果体现在人民生活水平和质量的提高上,最大限度地实现税收促进发展,发展为了民生的目的。另一方面,通过制定和严格落实促进下岗职工再就业、民政福利企业、文化、教育、卫生事业、环境保护、节能节水、安全生产等方面的税收优惠和税收减免政策,直接从税收政策的角度,促进民生改善、社会和谐,为加快欠发达地区发展提供良好的社会条件。

四、进一步完善服务欠发达地区科学发展税收政策的建议

(一)完善促进生态建设的税收政策。一是扩大资源税的覆盖面。一般而言,欠发达地区自然资源丰富、生态优势明显,为合理保护欠发达地区的生态资源,提高欠发达地区的自然资源开发利用水平,按资源税的税种属性,应将资源税的征收范围扩大到所有应予保护的自然资源,包括矿产资源、土地资源、水资源、森林资源、草场资源、地热资源等。考虑到我国全面开征资源税尚有一定难度,可采取循序渐进、分步推进的办法,尽快开征水资源税和林木资源税,这样既可增加欠发达地区的税收收入,又可以提高资源利用水平,建立起较为合理的利益补偿机制。二是合理调整促进节能减排和环境保护的税收优惠政策。促进科技发展和创新,提高自然资源利用率和生态环境综合治理效率,维持生态平衡和持续发展能力,引导生态文明观念的形成。三是适时开征生态新税种,专项用于环境保护。如开征污染源税,以减少污水(物)处理工厂和焚化炉排出的污染物;开征生态补偿税,对开采矿产资源、围河养鱼、城镇化建设等开征资源环保税,以减少对资源环境破坏。

(二)完善促进中小企业发展的税收政策。促进欠发达地区经济较快发展,中小企业的发展至关重要。因此,要加大对中小企业的税收扶持。首先,应对现有的优惠政策进行清理、规范和完善,并逐步建立起统一明确的、适用于不同地区的中小企业税收优惠政策。其次,税收优惠政策的制定应以产业政策为导向,引导中小企业调整和优化产品结构，增强其市场竞争力。第三，税收优惠应改变现行单一的直接减免税为直接减免、降低税率、加速折旧、放宽费用列支标准、设备投资抵免、再投资退税等多种税收优惠形式，并进一步扩大对中小企业的优惠范围。第四，取消增值税一般纳税人认定的应税销售额标准。无论企业大小，只要有固定的经营场所、财务制度健全、能够提供准确的会计核算资料，遵守增值税专用发票管理制度，没有偷税行为，都可按一般纳税人对待。

（三）完善支持新农村建设的税收政策。农村的发展是促进和谐社会建设的重要内容，也是欠发达地区科学发展的重点、难点。一是尽快出台支持农村基础设施建设的税收优惠政策。农村基础设施建设目前在税收上还没有明确的扶持政策，对村级公路、村道、学校、卫生院、农村电网改造、农村安全饮水等基础设施建设，给予减免营业税及其附加和所得税。二是积极鼓励和扶持支农企业的发展。对于涉农企业应直接从政策上给予扶持，鼓励他们做大做强；对于非涉农企业支援新农村建设，在资金、技术和物资上给予农村支持的，在政策上也应予以倾斜，只要与其他业务分别核算的，免征企业所得税。三是改变现有的涉农优惠措施多向农资生产企业和流通环节倾斜的政策，税收优惠向直接购买农资、从事初级农产品生产的农民倾斜，对"公司＋农户"经营模式的纳税人在税收政策上实行倾斜，使国家税收优惠政策真正惠及农民。

（四）完善促进就业、再就业的税收政策。对现行的下岗再就业税收优惠政策进行修订，实行城乡居民再就业待遇的统一，给予农民，尤其是"下山脱贫"农民、库区移民享有下岗职工再就业的税收优惠，支持农民就业创业。对失地农民和农村退役士兵从事个体生产经营的，可比照下岗失业人员再就业税收优惠政策；对吸纳失地农民和退役士兵就业的企业，可比照城镇下岗失业人员再就业税收优惠政策减免。对农村富余劳动力在非农产业再就业，或自谋职业，对企业或就业者本人给予城镇下岗职工相同的政策优惠。适当放宽行业下岗再就业政策、民政福利企业优惠政策限制，下岗再就业政策放宽对"交通运输业"的限制，让从事出租车行业的下岗职工同样享受再就业优惠政策；民政福利企业优惠政策放宽对"广告业"的限制，让残疾人在广告业中发挥所长，享受税费优惠的"阳光"温暖。

（五）完善文化教育卫生产业发展的税收政策。一是支持公共文化事业发展，对民营剧团自用房产和土地免征房产税和城镇土地使用税，大力扶持民营剧团发展。对文化企业组织的健康向上的文化下乡演出营业收入减免营业税，下乡演出演员取得的劳动报酬免征个人所得税。二是鼓励职业教育等非学历教育发展，可以适当放宽教育劳务优惠政策，对为农民提供就业培训服务取得的收入免征营业税和企业所得税。同时，鼓励社会和个人的教育捐赠，对于纳税人捐赠教育事业的支出，给予税前全额扣除。凡在农村从事教育事业的人员全部免征教育所得个人所得税。三是支持医疗事业发展，特别是对农村医疗事业的发展。对农村合作医疗机构从事医疗服务取得的收入免征营业税和企业所得税，对其自用的房产、土地、车船免征房产税、城镇土地使用税和车船使用税。鼓励社会力量投资创办农村医疗机构，在运营初期给予定期免减企业所得税及有关地方税的扶持。

（六）完善城乡社会保障的税收政策。目前，开征城乡社会保障税基本可行。首先，社会环境已经成熟，特别是浙江省实行"五费合征"后，社会保险费已全面由税务部门征收，"社会保险费"改为"社会保障税"，更能够保证所有纳税人从中受益，易为广大群众所接受。其次，税源基础基本具备，无论是企业还是个人，已经有能力负担社会保障税。第三，也符合税收效率原则。因此，应按照"先易后难"的原则，适时开征城乡社会保障税。可以先将在城镇范围内收取的养老保险基金、医疗保险基金、社会统筹等改为社会保障税，然后逐步扩大到广大农村。同时，实行企业以其缴纳社会保障税的多少与税收减免优惠政策长期挂钩，个人以其参加社会保障缴纳的税款多少与未来长期社会保障受益挂钩。

（七）完善促进旅游业为主的第三产业发展的税收政策。我国把作为第三产业主要税源的营业税划为地方政府的固定收入。从产业结构演进规律来看，经济越发达的地区第三产业比重越高，营业税对地方财政收入的贡献率越大。而欠发达地区第三产业发展普遍滞后，地方政府分享的固定收入远远低于经济发达地区。因此，要进一步加大对欠发达地区第三产业税收政策扶持。一是在企业所得税与个人所得税的衔接配合上,可采用“归集抵免法”,以免除第三产业存在的经济性重复征税问题。二是对现行第三产业税收政策进行清理,形成完整的税收政策体系。三是加大第三产业扶持,特别是旅游业的扶持。丽水具有独特的生态旅游资源优势,尽管目前旅游业规模还比较小,但就长远而言,却是未来欠发达地区经济发展的“朝阳产业”,对其他产业发展具有很强的带动作用。可从定期免征营业税、企业所得税以及实行低税率入手,并通过税收政策的倾斜与引导,大力鼓励现代服务业、生产性服务业的加快发展,提升高端产业在第三产业中的地位,优化第三产业的内部结构,促成其结构性转换。

(八)完善欠发达地区税收优惠政策的措施。一是适当降低税收优惠政策门槛。在制定税费优惠政策时要考虑不同地区、不同发展程度设定不同的享受门槛,特别在发展旅游业、金融业、物流业、会展业等优惠政策方面,要降低欠发达地区享受门槛,如在扶持高新技术企业优惠政策的享受上,可由市级认定高新技术企业,市级农业骨干龙头也可享受骨干农业龙头企业优惠政策,扩大政策覆盖面。同时,允许企业特别是新产品进入大规模投产阶段按照销售收入的一定比例提取科技发展准备金、风险基金或新产品试制基金,用于技术开发、技术培训和风险投资等方面。二是对欠发达地区给予适当倾斜的税收政策。实施特定优惠,可设计在欠发达地区,企业所得税暂按20%的税率课征,通过给予特定的企业所得税税收优惠,以便欠发达地区吸引投资,促进欠发达地区企业快速发展。三是加大税收留成。将增值税的分成比例实行差别的分成比例,适当加大欠发达地区留成比例,实行“六四比例”进行分成;将消费税设为共享税,实行中央与地方按70%和30%的比例分成,提高欠发达地区财力,为欠发达地区经济发展提供必要的物质基础。

课题组组长:何赤峰

课题组成员:吴树奎　叶芳儿　方伟英　桑雪文　叶英东

执笔:叶文飞

找准定位 完善政策 务求实效

——关于进一步推进企业分离发展服务业工作的几点思考

绍兴市地方税务局　潘旺明

在当前严峻的经济和财税形势下,加快推进企业分离发展服务业工作不仅是发展壮大第三产业、培育地方税源、壮大地方财力的有效途径,更是保增长、扩内需、调结构,帮助企业转危为机、加快推进经济转型升级的现实需求。根据省政府的统一部署,去年以来,各地正在全面开展该项工作,但由于经济形势的急剧变化和企业分离工作的深入推进,当前这项工作也面临着一些新情况和新问题,比如,有些对于企业分离发展服务业工作还存在一定的认识误区,有些对于企业分离发展服务业只注重形式而忽略了效果,有些在实施企业分离发展服务业方面措施还不够多、成效还不够明显,在分离过程中还有不少政策问题需要进一步明确,等等。前段时间,笔者调研了几个县(市)分离工作情况,形成了一些认识,现就新时期进一步推进企业分离发展服务业工作谈几点想法,供参考。

一、找准定位,努力在“企业成长、三产发展、政府得益、民生改善”上谋求最佳结合点

笔者认为,推进企业分离发展服务业工作必须在坚持“依法推进、创新推动,企业主导、政府引导,分类指导、分步实施,以点带面、点面结合”的原则下,努力在“企业成长、三产发展、政府得益、民生改善”上谋求最佳结合点。针对当前面临的新情况和新问题,着重把握好以下四个方面。

1.从讲求分离实效的角度出发，深入推进分离发展服务业工作。笔者认为，财税部门辅导企业，促进企业分离，至少符合以下两条：一是通过分离有利于促进服务业即第三产业发展的，二是通过分离有利于增加地方税费的。这两个目的如果都能实现，毫无疑问需要我们不遗余力地促成企业的分离；如果有一个目的能够实现，我们也可以去辅导、引导企业分离；如果两个目的都达不到，我们就不需要也不能够让企业刻意地去分离，即不能够为"分"而"分"。比如，超市分离设立管理服务公司，这个必要性就不是很大，因为超市进场费、上架费、展示费等已经按规定征收营业税了，而且超市本身就属于第三产业，分离出来的服务公司往往只能够为本超市配套服务，既不能更好地发展服务业，又不能明显增加地方税费，这样的"分离"笔者认为不需要刻意进行，不需要白白送给这些企业因"分离"而可享受的财税优惠待遇。又比如，规模比较小的工业企业分离出更小的商贸企业，分离出来后如果只能够为本企业购销材料、产品服务的，并没有"发展"的可能性的，笔者认为也不要勉强分离。总之，在整个分离工作的开展过程中一定要注重实效。

2.从坚持让企业有利可图的角度出发，深入推进分离发展服务业工作。笔者认为，财税部门辅导企业，要求企业分离，前提是要让企业有利可图。也就是说，至少符合以下两条：一是通过分离有利于企业长远发展的，二是通过分离可以减轻企业税费负担或虽然增加了少量税费负担，但是企业可以自行消化的。如果这两条可以同时体现的则最好，只能体现一条的，也可以引导和辅导企业分离，如果这两条利益都不能体现，特别是会明显增加企业负担，且企业又无法自行消化的，笔者认为财税部门就不能刻意让企业去分离。比如，生产生产设备的企业，把生产与安装分离，在增值税转型后，购进设备形成设备价款的部分可以抵扣，分离后，安装款则不构成设备的价款，购进企业无法抵扣，实际上增加了企业的税负，这样的情况下如果企业不愿分离，我们就不能硬让企业分离。而且安装分离后还有一个问题，安装企业的营业税在安装地缴纳，不分离的增值税还是在销售地缴纳的，所以对生产生产设备的企业安装的分离要慎重。当然，生产最终消费品的企业安装的分离，还是能够减轻企业税费负担的，还是可行的。如果增加税费不多，财政又能够适当补贴，企业最终能够消化的，这样的企业毫无疑问也是可以分离的。

3.从全面发展服务业的角度出发，深入推进分离发展服务业工作。笔者认为，现在我们研究讨论并正在实施的企业分离发展服务业，是众多发展服务业举措中的内容之一，而发展服务业可以"分离发展"，可以"新办发展"，也可以"改造发展"，还可以"引进发展"，内容很多，方法很多，这些都需要财税部门去支持。但是我们也要搞清楚，当前财税部门在牵头做的，或者说着力做的，是促进企业"分离发展"服务业的工作。省局今年下达工作任务，要考核我们的也是"分离发展"的问题。由于分离发展服务业工作涉及财会政策、税收政策，相对而言比较复杂。笔者认为，列入我们 2009 年分离发展服务业计划的企业，一定要注意是与"分离发展"有关的企业，可以是分离出来设立的，也可以是先分离再整合后设立的，如货物运输、仓储、配送等业务在多家工商企业分离的基础上设立一家物流企业去做。其他比如说工业企业创办房地产企业，实际上也是在发展服务业，但是与分离无关，是工业企业涉足另外行业；又比如说运输公司创办仓储企业，属于业务拓展。这些都是发展服务业，都需要支持，但不是我们所谓的"分离发展"内容，因此不宜列入到分离发展计划之中。

4.从拓展分离形式的角度出发，深入推进分离发展服务业工作。笔者认为，各地实施分离发展服务业工作在具备一定工作基础、呈现初步成效的情况下，必须进一步扩大分离范围、丰富分离的类型。工业企业特别是重点工业企业的分离，要从转型升级的角度，从拓展延长产业链、培育价值链的角度分离出一批生产性服务业来，包括上游的设计、研发，中游结合培育原料基地的材料采购、仓储、配送，下游结合电子商务、品牌培育的营销，等等。同时，不要限于工业企业的分离，也包括商业企业的分离，还包括服务业里面的分离；也不要限于单个企业的分离，还可以考虑块状经济的分离，尤其像绍兴块状经济较为明显的地区，可以通过块状经济的分离，来加大资源的整合力度，促进块状经济产业链的纵向延伸和横向拓展，从而完善块状经济生产性服务体系，促使块状经济转型升级为产业集群。总之，凡是有利于发展服务业、增加地方税费的分离工作,我们都要努力去开展。

二、完善政策,努力在政策扶持的"发展性、补偿性、奖励性、服务性"上谋求最佳推动力

能否有一套切实可行的扶持政策,是进一步推进企业分离发展服务业工作的关键所在。笔者认为,在新形势下,财税部门尤其要把完善企业分离扶持政策作为当前重要的工作内容,通过深入调研,不断完善财税扶持政策,努力在政策扶持的"发展性、补偿性、奖励性、服务性"上谋求最佳推动力。

笔者前段时间在有关县(市)局和分局调研的过程中发现了一些分离工作中存在的税收问题。一是工业企业分离出采购或者销售等商贸企业之后,如果分离出来的销售公司或采购公司独立核算,则会增加水利建设资金和印花税的负担。其中水利建设资金省局已有政策,集团公司内部平销的可以报批减免,那么印花税怎么办?笔者认为,这些面上的税收政策需要统一研究。二是工业企业分离出独立核算的研发机构,会影响母体企业"高新技术企业"的认定。这里涉及一个问题,即工业企业分离出的研发机构,作为非独立核算的分公司,是否视作完成了"分离任务"?三是工业企业分离出安装企业后,除了前面所述生产设备的生产安装企业不能享受增值税转型的抵扣,分离增加了企业的税负不宜分离以外,安装营业税转移到了安装地,这个问题怎么解决?四是已经认定为高新技术的企业,其所得税税率降到了15%,这些企业分离出来的商贸、科研等独立核算企业享受不到该项优惠,怎么办?等等。总之,笔者认为分离工作要推进,涉及税费的有关问题能够在税收环节处理的,一定要尽量处理好,实在不行再考虑放到财政环节去解决。

三、务求实效,努力在分离工作的"持续性、实效性、多样性、灵活性"上谋求最佳成效

笔者认为,企业分离发展服务业工作不是一项眼前的工作,而是事关长远发展的较长时期的工作,必须以深入学习实践科学发展观活动为契机,建立分离发展服务业工作的长效机制,不断发现新情况、解决新问题,确保这项工作的持续、有效推进,从而在最为困难的经济形势面前,帮企业树信心、替企业解难题、让企业得实惠,以进一步调动企业开展这项工作的积极性。笔者认为,当前,各地要突出分离工作的持续性、实效性、多样性、灵活性,重点做好三方面工作:

1.加快工作进度。推进企业分离发展服务业工作已列为省政府对省局重点考核目标,也是2009年省局十项重点工作之一。目前,各地都已全面开展企业分离发展服务业工作,省局对各地也明确了考核指标。但从目前情况看,绍兴市各地完成指标的情况还不容乐观,年初以来,真正成功实现新分离的企业还比较少。因此,在时间紧、任务重的情况下,各地要从全局和战略的高度来认识开展这项工作的重要意义,充分调动各方面推进企业分离发展服务业的积极性,尽量加快工作进度,真正做到思想与行动统一,确保这项工作落到实处。

2.丰富分离类型。在去年全省财税推进工业企业分离发展服务业经验交流会上,陈敏尔常务副省长提出了工业企业分离发展服务业的几种类型,但从目前绍兴市各地分离的实际情况看,分离的类型主要集中在安装企业、物流企业和研发中心这几块上面,还具有一定的局限性。因此,笔者认为,各地下一步还需要进一步拓宽工作思路,丰富分离类型,可以从以下几个方面去拓展:一是从大的工业企业中分离出采购、销售等商贸企业。工业企业仅仅分离出研发机构,产生的地方税费数字可能很少,所以各县(市)大的一两家工业企业里面除了分离出科研、物流、运输企业外,最好能够分离几家采购或销售企业。二是从块状经济的龙头企业中分离出科研、物流、营销企业等,为本企业服务的同时也逐步发展成为为整个块状经济服务,达到块状经济的转型升级。三是从商贸企业中分离出提供保安、保洁、广告等服务的物业管理企业。

3.注意工作方法。笔者认为,工作方法的好坏,将很大程度上影响到实际分离工作的成效。因此,下一步在分离工作方法上要注意两点:一是注意面上工作的推进。各地要抓紧参照省市下达的任务数,排出2009年分离工作的计划表,分离计划表中要明确今年计划分离的企业名称、分离类型、联系领导、责任人、责任科室、配合部门、分离时间,等等。二是突出重点企业的分离工作,各地至少要抓好两到三个重点企业。所谓的重点分离企业,一是规模比较大,在当地比较有影响力的企业;二是分离类型比较丰富的,能够同时分离出科研、物流、商贸等两到三个类型的企业。通过面上列明计划表,按计划推进,再有两三个重点企业的突破,这样,一个区域的企业分离发展服务业工作就会有较好的成效了。

当前舟山市本级养老保险费企业缴费比例存在的问题及完善对策

舟山市地方税务局 王志杰

为优化浙江省企业发展环境，均衡用人单位社会保险负担，浙江省人民政府于2008年11月下发了《关于调整用人单位基本养老保险费缴费比例有关工作的通知》，决定从2008年起将全省用人单位基本养老保险费缴费比例统一到12%—16%区间内。为此，如何科学合理地制定符合舟山市实际的养老保险缴费比例，兼顾企业负担和养老保险制度平稳运行，事关舟山市经济和社会发展的重大问题。本文主要从地税征收角度进行思考与分析。

一、舟山市本级基本养老保险费征收标准及收入现状

我国从20世纪80年代实行养老保险社会统筹试点探索，90年代全面展开并不断深化，建立了由国家、企业和个人共同负担的基金筹集模式，确定了社会统筹与个人账户相结合的基本模式，统一了企业职工基本养老保险制度。1997年，国务院决定在全国范围内统一和规范企业和个人的缴费比例，企业缴费比例一般不超过工资总额的20%，个人缴费比例要逐步达到本人工资的8%。具体比例由省、自治区、直辖市人民政府确定。

(一)历史沿革

根据中央及浙江省有关文件精神，市本级(包括定海区，下同)基本养老保险费征收标准主要历经三次变革。

1.1997年12月《舟山市人民政府关于建立统一的企业职工基本养老保险制度的通知》规定：从1998年1月1日起，企业按照全部职工缴费工资基数之和的17%比例缴纳基本养老保险费；职工个人按本人缴费工资基数的4%缴纳基本养老保险费，以后每两年提高1个百分点，最终达到本人缴费工资基数的8%；对城镇个体劳动者，统一按17%缴纳基本养老保险费。

2.2004年9月《舟山市人民政府关于进一步完善我市职工基本养老保险制度的通知》规定：从2004年10月1日起，参加市本级职工基本养老保险的用人单位，企业职工个人缴纳基本养老保险费的缴费比例由6%调整为7%，企业缴费比例仍为17%；对城镇个体劳动者从目前的17%调整至18%。

3.2006年11月《舟山市人民政府关于完善企业职工基本养老保险制度的通知》规定：从2007年1月1日起，职工个人缴费比例调整为8%，用人单位缴费比例一般不超过20%，参加市本级养老保险的用人单位缴费比例暂定为18%；对城镇个体工商户和灵活就业人员的缴费比例统一调整为20%。

(二)收入概况

自1999年推行社会保险费由地税部门征收以来，在劳动保障等部门密切配合下，各级地税机关以组织收入为中心，坚持“税费并重”原则，使社会保险费的收入和规模大幅提高，为市本级社会保障事业发展提供了有力的财力支撑，对扩大社会保险覆盖面，推进社会保险体系建设发挥了积极的促进作用(详见表1)。

统计显示，地税机关十年累计征收市本级养老保险费157259万元，年平均增长率达到27.7%。截至2008年12月，市本级基本养老保险基金累计结余70935万元，基金支付能力为23.04个月。

二、当前养老保险单位缴费比例存在的问题

单位缴费比例是企业负担养老保险费用的标准，

是影响养老保险费收入的决定性因素之一,应遵循与当地社会经济发展水平和各方面承受能力相适应的原则。现行单位缴费比例存在以下几个问题:

(一)单位缴费比例设置过高,筹资结构不合理

目前,世界各国企业缴纳的基本养老保险费率一般为10%,国际警戒线为20%。市本级规定基本养老保险费单位缴费比例为18%,再加上基本医疗保险的5.5%、失业保险费的2%,工伤保险的0.5%—1%、生育保险的0.5%,社会保险费企业缴费比例合计已高达27%左右。同时,从养老保险费单位和个人的筹资结构来看,单位缴费比例为18%,职工个人缴费比例为8%,企业缴费约占养老保险基金总额的70%,个人缴费只占30%,使企业承担了社会保险基金的大部分责任。长此以往,许多企业将无力承受这一缴费水平,制约了企业发展后劲,不利于扩大养老保险的覆盖面。

表1　　市本级养老保险费入库情况表

年 度	入库数(万元)	增长率(%)	增长额(万元)
1999	3173	—	—
2000	4742	49.4%	1569
2001	6248	31.8%	1506
2002	6558	5.0%	310
2003	7123	8.6%	565
2004	10384	45.8%	3261
2005	13680	31.7%	3296
2006	23613	72.6%	9933
2007	35035	48.4%	11422
2008	46703	33.3%	11668

注:2008年入库数不包括12月份集中减征的单位缴费部分2672万元。

(二)名义费率和实际费率差距较大,存在名义费率虚高现象

考虑到企业负担等因素,2007年4月市政府出台《关于推进社会保险费五费合征工作的实施意见》,对目前未参或参保人员比例较低且按全部职工工资总额缴费有困难的企业,设定了“最低申报比例”下限,允许对缴费基数实行不同程度的打折。其中:建筑业、海洋货物运输业“最低申报比例”为15%,水产品加工业、纺织和服装生产业为20%,其他行业为30%。并通过以后年度对“最低申报比例”分步提高,逐步夯实缴费基数,逐渐达到全部职工工资总额。

为了解名义费率和实际费率的差距,舟山市地税局对2008年度市本级4000余户企业的养老保险费申报数据进行分析,两者差别见下表2。

统计显示,2008年企业的单位缴费基数占全部职工工资总额的“最低申报比例”平均为59.45%,实际费率只有10.70%,与名义费率相差7.3个百分点,主要是因为“最低申报比例”这个变量导致两者相差较大。从征管实践来看,名义费率与实际费率的差距越小,征管就越为规范,存在的漏洞就越小。因此,有必要重新确定名义费率。

(三)企业之间实际费负水平不平衡

以2008年度养老保险费单位申报数据测算,不同经济性质的企业,单位缴费部分的实际负担水平存在着比较大的差距。见下表3。

统计显示,国有、集体企业由于职工的参保率较高,单位缴费基数占全部职工工资总额的比例为85.17%,基本接近工资总额,实际负担率为15.33%,与18%的名义费率差距最小。私营企业由于职工的参保率较低,单位缴费基数占全部职工工资总额的比例为46.36%,基本以“最低申报比例”下限确定单位缴费基数,实际负担率为8.35%,与名义费率差距最大。外商投资企业的负担率在于两者之间。

(四)全省各地的单位缴费比例已明显低于舟山市

目前,从省内各地上报给省劳动和社会保障厅的

表2　　养老保险费申报数据进行分析表

行　业	名义费率	实际费率	费率差
建筑业、海洋货物运输业	18%	7.94%	10.06%
水产品加工业、纺织和服装生产业	18%	11.05%	6.95%
其他行业	18%	11.03%	6.97%
合　计	18%	10.70%	7.3%

表3　　老保险费单位申报数据测算实际负担表

行 业	户数（户）	工资总额（万元）	平均最低申报比例	单位费额（万元）	负担率
国有、集体企业	317	65658	85.17%	10066	15.33%
外商投资企业	60	8978	68.38%	1105	12.31%
私营性质企业	3599	135290	46.36%	11291	8.35%

费率下调方案情况看，宁波市、台州市分别由原来的20%、17%调整为12%，丽水市、金华市、温州市分别由原来的19%、18%、18%调整为14%，杭州市、嘉兴市分别由原来的19%、18%调整为15%，衢州市由18%调整为16%。连基金支付困难的江山市、开化县、龙游县都由18%调整为16%。全省各地平均费率下调幅度近5个百分点。为促进舟山市区域经济发展，应尽快研究制定单位缴费比例的调整政策。

三、调整基本养老保险费单位缴费比例必要性

（一）调整缴费比例是贯彻落实科学发展观的需要

科学发展观本质是以人为本，实现全面协调可持续发展。养老保险制度的健全和完善，要充分把握科学发展观的统筹兼顾根本方法，始终坚持全面协调和可持续发展的基本要求，把社保制度的严肃性、保障民生的宽容性和企业负担的公平性相结合，建立正常的费率调整机制，以确保养老保险制度的长效性和适应性。目前，受国际金融危机影响，我国实体经济影响面扩大，经济、就业、工资、财政增长放缓，从“创业富民、创新强省”的战略高度出发，认真落实省政府的缴费比例调整政策，帮助企业渡难关，能进一步稳定就业形势和社会和谐，保持舟山市经济持续稳定健康发展。

（二）调整缴费比例是均衡企业负担的需要

调整缴费比例，是营造企业公平竞争、减轻企业负担、降低参保门槛、扩大养老保险覆盖面的有效措施。从全国人大常委会办公厅公布的《社会保险法草案》7万条征求意见的统计情况来看，列第一位和第二位的意见分别为“建议社会保险范围全覆盖”、“缴费负担偏重，建议适当减轻”。偏高的缴费比例，造成已参保的企业采取各种办法瞒报、少报缴费基数和参保人数；未参保的企业不愿意参保，即便参保，也是能少保尽量少保；想参保的企业感到门槛过高、难以跨入。

随着劳动合同法的全面实施，五项社会保险覆盖面同步扩大，加上近期其他生产要素成本的提高，企业普遍反映负担过重，要求降低缴费比例的呼声渐高。

（三）调整缴费比例是全面推进五费合征的需要。

1.自2007年9月实行社会保险费“五费合征”以来，市本级企业征缴面迅速扩大。目前，地税部门对企业社保费的实际征缴户数已达4000余户，比实行“五

费合征”前(1780户)增加了2200余户,增幅达124%。

2.实行“五费合征”后,企业的单位缴费基数由原来的“参保职工缴费工资基数之和”改为“全部职工工资总额”,极大地拓宽了缴费基数,使得社会保险费收入保持高幅增长。如2008年1—11月,社保部门对参保企业核定的“参保职工缴费工资基数之和”为11.68亿元,而企业实际申报的单位基数为12.47亿元,基数增收0.79亿元,单位费额增收1430万元。

3.由于缴费户数增加、征收基数扩大,缴费比例没有进行相应调整,因此,科学合理地确定单位缴费比例,有利于进一步推进“五费合征”工作,扩大社会保险覆盖面,切实做到省政府“广覆盖、多层次、保基本、可持续”的工作要求。

(四)调整缴费比例是促进区域经济协调发展的需要

统筹地区间企业缴费比例不一、费负不平衡,会造成不同地区企业的负担不同,阻碍企业之间的公平竞争和人才、劳动力的合理流动。费负低的地区更能吸引企业投资、资金聚集,加速自身发展,导致地区间的经济发展水平差距越来越大,影响区域经济发展的投资环境和投资吸引力。随着全省各地对单位缴费比例的调整下降,尤其是市近邻地区的大幅降率,科学合理地制定符合舟山市实际的企业缴费比例显得尤为迫切。

四、调整单位缴费比例的对策建议

(一)基本原则

按照社会保障体系建设必须从基本国情出发,与经济社会发展水平相适应的要求,调整养老保险单位缴费比例应遵循以下原则:

一是可持续性原则。调整缴费比例不仅要考虑到养老保险基金的收支和养老保险金的水平,更重要的是还要考虑到企业的可持续发展,应合理确定企业适度负担和劳动力成本的水平,以保持经济发展、稳定就业局势。

二是公平性原则。社会保险是一种收入再分配,缴纳社会保险费是任何企业必须履行的社会责任。在市场经济条件下,维护企业间缴费负担公平,对创造公平竞争的经济发展环境具有积极作用。

三是适度性原则。养老保险的统筹基金主要来源于企业缴费,其基本要求是“以支定收,略有结余”,通过调整缴费比例,保持适度的基金结余规模,将利于促进经济、社会的协调发展。

四是灵活性原则。缴费比例应随形势变化而适时调整,既要保持相对稳定,又可以适当调整修改,以保持养老保险制度持续稳定运行。

(二)调整缴费比例建议

调整缴费比例基本思路是“降低费率、夯实费基、公平费负、规范征管、保持收入水平可持续稳定发展”。

1. 养老保险单位缴费比例适度下调至14%或13%

(1)根据省财政厅《关于各统筹地区用人单位基本养老保险费缴费比例调整有关问题的通知》精神,以2008年市本级养老保险基金收支、参保人数等决算数据为测算基数,以2009—2013年为测算基期,并充分考虑经济社会发展、做实个人账户、基金收入水平、基金支出趋势、支付能力、周边地区缴费比例下调情况以及普陀区基金支付能力(2008年底支付能力为15个月)等因素,通过对12%—16%区间进行分档测算比较,缴费比例确定在14%—13%比较合适。

(2)从2008年4000余户企业征收情况分析,每下调1个百分点单位费额将减收1350万元,下调4-5个百分点,单位费额将减收5400万元—6800万元。静态估算,未来5年(至2013年)累计减收近2.7亿元—3.4亿元。

(3)动态估算,养老保险费收入总趋势应当是增长的。

一是随着社会的发展,参保职工缴费工资每年都在增长提高,保守估计市本级今后5年缴费工资年平均增长率为5%~6%(根据省劳动保障厅数据显示,2003—2007年浙江省养老保险缴费基数的平均增长率为9.47%),参保企业5年预计定比增收2.3亿元—1.8亿元。详见下表见4。

二是缴费企业“最低申报比例”可以逐年适度提高,预计定比增收1.35亿元—1.3亿元。这两项因素的增收基本可以抵消比例下调的减收。

2.逐步提高最低申报比例

缴费基数是影响养老保险费收入的重要因素,夯实缴费基数是降低缴费比例、公平缴费负担、保证基

表 4　浙江省养老保险缴费基数的平均增长率

2009 年—2013 年			按 5%增长率	按 6%增长率
比 2008 年基数增收		单位基数增收（亿元）	7.76	9.65
		个人基数增收（亿元）	9.65	11.74
费率	14%	单位费额增收（亿元）	1.09	1.35
	8%	个人费额增收（亿元）	0.77	0.94
增收合计（亿元）			1.86	2.29
费率	13%	单位费额增收（亿元）	1.01	1.25
	8%	个人费额增收（亿元）	0.77	0.94
增收合计（亿元）			1.78	2.19

金支付能力的关键。目前由于不同行业的企业可以按“最低申报比例”来确定缴费基数，造成企业间的负担不均衡。因此，在兼顾企业承受能力的前提下，通过每年提高 5—10 个百分点，稳步做实缴费基数，避免企业负担加重过快。见下表：

测算显示，通过 2009 年夯实最低申报基数，2010 年起“最低申报比例”每年分别提高 5%、10%、10%、10%，到 2013 年最终达到 50%、55%、65%，按 14%—13%缴费比例估算，5 年预计定比增收 1.35 亿元—1.3 亿元，其中：单位增收 9700—9100 万元，职工个人增收 3850 万元。增收户数比例也由 33%逐步扩大到近70%，可以相对均衡企业负担，促进企业公平竞争。

表 5

时间	提高最低申报比例	提高后最底申报比例			比2008年增收基数（万元）	比 2008 年增收费额(万元) 按 14%和 8% 单位增收	按 14%和 8% 个人增收	按 14%和 8% 小计	按 13%和 8% 单位增收	按 13%和 8% 个人增收	按 13%和 8% 小计	比2008年增收户数（户）	增收户数占总户数比例
2008 年	–	15%	20%	30%	–	–	–	–	–	–	–	–	3973 户
2009 年	–	夯实最低申报基数			1000	140	0	140	130	0	140	463	12%
2010 年	5%	20%	25%	35%	2700	380	150	530	350	150	500	1308	33%
2011 年	10%	30%	35%	45%	10700	1500	600	2100	1400	600	2000	1954	49%
2012 年	10%	40%	45%	55%	21300	3000	1200	4200	2800	1200	4000	2342	59%
2013 年	10%	50%	55%	65%	33700	4700	1900	6600	4400	1900	6300	2612	66%
合计	–	–	–	–	69400	9720	3850	13570	9080	3850	12940	–	–

注：个人增收费额按 70%参保率保守估算，即：个人增收费额 = 比 2008 年增收基数 × 8% × 70%。

综上所述，通过缴费比例降到 14%或 13%、适度提高“最低申报比例”，根据社保部门测算，未来 5 年基金平均支付能力仍可达到 21.1 个月、19.8 个月、17.9 个月、15.9 个月、13.6 个月。同时，可以明显降低国有、集体企业负担，逐步提高私营企业负担，负担率基本上在企业可承受的范围内。

3.不断规范征缴行为，扩大基金收入规模

一要加强日常申报征收管理。建立健全催报催缴制度，进一步提高申报率和入库率。

二要加大对零申报企业核查力度。对零申报企业及时进行分析、评估和核查,提高申报的准确性和真实性。

三要深化社保费年终结算工作。通过一年一度的年终结算,进一步规范企业申报行为,夯实费源,巩固征管成果。

四要充分发挥税务稽查的威慑力。在开展税务稽查中,坚持税费同查,加大检查力度。

4.统一市、区缴费比例

市本级、普陀区的养老保险单位缴费应实行同一比例,以均衡市、区企业间养老保险负担,避免出现两地企业负担苦乐不均和费源转移、流失的现象,促进区域经济协调发展。

(三)完善配套政策

1.进一步落实多渠道筹资机制

要从国有资产收益、国有土地有偿使用收入等渠道按规定比例提取用于充实社会保障资金,建立以养老保险为重点的社会保险风险准备金制度。适当增强省级调剂基金的功能,适度扩大省级调剂基金的使用范围,加大调剂力度,

2.研究建立科学的费率确定机制

“以支定收,略有结余”是养老保险的基本原则,建立科学的费率确定机制,是保证制度持续健康运行的重要工作。

一要建立精算制度。精算工作在社会保障领域是必不可少的基础工作,通过对社会保障计划费用及其可能的变化进行中长期预测,能促使养老基金建立在合理的财力基础上,沿着良性轨道运行。

二要建立基金风险财政预警机制。基本养老保险是一项长期性的保险制度,当基金入不敷出时,由财政资金弥补基金缺口,为防范未来财政风险,需要加强对养老保险财政风险的预警性或预防性监督,构建基金中长期的风险预警系统。

三要建立基金当期结存率和累计结存率的科学指导标准。对基金积累规模应实行宏观调控,提高资金的使用效率,适时适度调整筹资标准和待遇支付水平,增强基金管理的科学性和预见性。

慈溪市工业企业税负结构分析及对策建议

慈溪市地方税务局　胡国富

近段时期,尤其是去年以来,由于国际宏观经济环境发生深刻变化,世界经济增速回落,波及我国经济,同时影响慈溪经济特别是工业经济的发展。工业尤其是制造业,对慈溪而言,是支柱产业和立市之本,是当年和今后推动经济社会发展的基本动力。市委、市政府顺应形势变化,提出“标本兼治、保稳促调”,以大力推进经济结构调整和发展方式转变,努力保持经济平稳较快增长。

在此背景下,按照市委、市政府的统一安排开展了慈溪市工业企业税负结构的调查分析。其目的在于:1.掌握慈溪市工业企业税负程度,2.了解慈溪市工业企业税负结构,3.剖析工业产品微观税负情况,4.分析税负结构缺陷和税收征管程度,5.提出服务工业企业的对策建议。

税收负担是纳税人因履行纳税义务所承受的国家税收的量度或状况,反映一定时期内社会产品在国家与纳税人之间的税收分配数量关系。考虑到规费支出也是企业的负担,本报告研究的税收负担包含税费负担。考虑到供电供水采矿建筑等行业的特殊性,文中的工业企业专指从事国标行业C类制造业的慈溪市各类经济实体,包括个体工商户。税收和规费的口径是指年度期间的入库数,耗电是指年度工业耗电度数。表格中除特别列明外,金额的单位为万元,表格所属期间为2008年。

本次调研采取走访调查、座谈会和发放表格等形式,分析慈溪市工业企业税收负担存在的现状,提出优化慈溪市工业企业税负结构、调整工业企业负担度量和加强税收征收管理的建议意见,供市委、市政府

和相关经济管理部门研究工业政策时决策参考。

一、慈溪市工业企业概况

慈溪市工业经济发达，是"长三角"制造业的重要基地，杭州湾跨海大桥的建成给慈溪带来了千载难逢的历史性机遇，注册企业总体保持较快平稳增长，继续体现慈溪经济发展和税费来源的主体地位。

(一)制造业是全市税收规费收入的主要来源。2008 年全市 GDP 实现 601.44 亿元，工业增加值实现 354.90 亿元。从表一看，2008 年第二产业占全市税费总收入的 76.15%，第三产业占 23.84%。制造业是慈溪市工业中的重要组成部分，2008 年产生的税费收入 564616.86 万元，占第二产业税费收入近 90%，占全市 2008 年第一、第二和第三产业全部税费收入的 67.69%。

(二)制造业多为民营个私，私营企业是缴纳税费的中坚。从表二看，截至 2008 年 12 月，慈溪市地税部门登记的制造业纳税人 24209 户。私营企业占总户数的 40.88%，个体经济占 54.50%。截至 2008 年 10 月慈溪市工商部门登记的制造业内资企业 11795 户、外资企业 784 户和个体工商户 14626 户(税务部门与工商部门的注册登记信息存在差异的主要原因是由于税务登记办证滞后和块状经济委托代征等)。私营企业销售和税费比重超过 60%，是全市工业经济缴纳税费的中坚力量。

二、慈溪市工业企业税负结构及贡献度

从法定的税率角度看，纳税人的税负结构和程度由法律确定，法律定的税率高，纳税人的负担就高。但由于实际征管宽严不一，特别是纳税人自觉申报程度差异，导致税务部门对工业企业的征收负担不一。税负结构的分析从慈溪市与周边县市的宏观税负相互比较展开。总体分析则从四方面进行阐述：年度、经营规模、行业类型和企业类型，其中对经营规模的分析是重点。此外，工业企业税负结构的分析还从慈溪市小家电和轴承两只主要工业产品着手，以起到辅助分析的目的。

(一)慈溪市与周边县市宏观税负分析

慈溪市宏观税负近三年与周边县市水平相近，处于中下水平，并呈减少趋势。在与周边县市工业企业税负结构比较分析时，鉴于取得周边县市工业企业相关明细数据存在一定难度，本报告选用宏观税负分析替代工业企业税负分析。统计口径剔除增值税免抵调库额。慈溪市 2008 年 GDP 与周边县市区相比，次于萧山区、鄞州区和绍兴县，居第 4 位。工业增加值方面，次于萧山区和鄞州区，占第 3 位。由于萧山区、鄞州区和余杭区的城市经济特点，从工业的角度看可比性不强。本报告选择了表格三所列县市作比较。慈溪市宏观税收负担 2006 年至 2008 年逐年下降。义乌市和乐清市 2006 年至 2008 年宏观税负在逐年提高。与周边四个县市相比，慈溪市 2006 年宏观税负低于余姚市，居第 2 位；2007 年时低于余姚市和义乌市，处于五个县市的中间水平；2008 年的宏观税负低于义乌市、余姚市和乐清市，处于五个县市的第 4 位。

表三：慈溪市与周边县市宏观税负分析(2006-2008 年)(单位：亿元)

(二)慈溪市工业企业总体税负分析

1.慈溪市工业企业分年度税负结构分析

表一 慈溪市第一、二、三产业税费比重分析

(单位：万元)

产业	国税	地税	规费	比重
第一产业	70.00	0	0	0.01%
第二产业	411030.00	184662.08	39530.31	76.15%
其中：制造业	397297.00	132208.82	35111.04	67.69%
第三产业	61698.00	127262.06	9849.86	23.84%
合计	472798.00	311924.14	49380.17	100%

近三年税负比较平稳,2008年由于政策因素略有升高,主要原因是2008年加强土地税收政策。该政策是上级政府统一布置的调控措施,全体纳税人包括工业企业都属于该调控范围之内。但市政府出台了相关的土地使用税财政扶助政策,一定程度上降低了企业的负担。从表四看,工业企业2007年和2008年的销售均比2006年增长较快,但2008年下半年开始出现增幅趋缓。由于税务部门严格征管,加大组织收入,2006年至2008年的税费征收仍以每年超过10%的增长率稳步增长。从税收负担和税费负担看,2006年和2007年的税费负担基本一致,而2008年略上升了0.18%左右,工业企业负担有些许增加。剔除2008年因土地使用税单位税额政策调整而增加的土地使用税2.50亿元,2008年的税费负担为4.73%,比2006年和2007年略有下降。

2.慈溪市工业企业分经营规模税负结构分析

大企业名义税负较轻,纳税遵从度较好。小企业名义税费负担较重,结合土地和耗电贡献,若考虑市场交易和未申报销售,小企业税收负担较轻,未达起征点的工业小企业税费负担更趋轻微。

(1)随着规模的递增,工业企业的税收负担和税费负担呈减轻趋势。规模企业中5亿元以上企业的负担最低,税费负担仅为2.73%。全市经营规模在5000万元以下的企业由于尚处创业阶段,较少享受有关经济扶助补助政策,缴纳税费负担较重,超过平均水平。表五数据反映500万元以下工业企业缴纳的税费占有申报销售额很大的比重和份额,主要原因是税务部门对小规模工业纳税人实行6%的增值税税率以及对个体工业户实行核定征收方式。随着2009年小规模纳税人增值税税率减为3%后,小规模纳税人名义税费负担可减少3个百分点。

(2)从土地亩均贡献税费的角度,500万元至1亿元企业贡献值相近。500万元以下工业企业的名义税收负担和税费负担虽分别高达9.11%和9.58%,但亩均税费贡献仅为5.71万元,两者产生巨大的数据矛盾,主要原因是工业小企业纳税人市场交易现象较明显,大量的现金销售未申报纳税,同时未申报销售的原材料仍列入财务核算,减少了税款的征收入库,导致每亩贡献的税费偏小,说明慈溪市工业小企业纳税人的实际税负并未达到表五中所列的税费负担水平。对该类纳税人的税收控管需进一步加强。1亿元以上大企业的每亩贡献税费最高,主要原因是企业相对成熟,闲置土地较少,并实行规模化经营。

(3)5亩以下企业在集约使用土地资源和销售税费贡献方面做得较好。从工业企业按占地面积看,5亩以下企业的亩均税费最高,50亩至100亩的最低。

表二　慈溪市工业企业分企业类型户数分析

企业类型	户数	百分比	销售	百分比	税费	百分比
国有企业	3	0.01%	475.97	0.01%	28.74	0.01%
集体企业	231	0.95%	64329.51	0.56%	3924.70	0.70%
股份合作企业	101	0.42%	29841.58	0.26%	4285.02	0.76%
联营企业	2	0.01%	798.05	0.01%	183.31	0.03%
私营企业	9896	40.88%	6924478.20	60.66%	353393.50	62.58%
港澳台投资企业	407	1.68%	2123150.57	18.60%	86651.29	15.35%
外商投资企业	375	1.55%	1569758.63	13.75%	64914.50	11.50%
个体经营	13194	54.50%	702250.54	6.15%	51235.82	9.07%
合计	24209	100.00%	11415083.04	100%	564616.86	100%

表三　慈溪市与周边县市宏观税负分析(2006—2008)(单位:亿元)

项 目	慈溪市	绍兴县	余姚市	乐清市	义乌市
2006 年 GDP	450.19	451.99	359.74	301.46	352.06
2006 年税收	55.80	50.65	47.16	31.51	38.07
2006 年宏观税负率	12.39%	11.21%	13.11%	10.45%	10.81%
2007 年 GDP	531.51	541.55	420.84	360.95	422.11
2007 年税收	60.65	52.81	50.78	39.97	49.50
2007 年宏观税负率	11.41%	9.75%	12.07%	11.07%	11.73%
2008 年 GDP	601.44	608.27	484.71	404.22	493.3
2008 年税收	68.03	57.94	56.71	46.25	58.63
2008 年宏观税负率	11.31%	9.53%	11.70%	11.44%	11.89%

从亩均销售看，最高的还是 5 亩以下企业,50 亩至 100 亩工业企业最低。100 亩以上工业企业的亩均税费和销售均低于平均数。租用厂房土地从事工业生产的企业在统计亩均税费和亩均销售时未予考虑。

(4)从工业企业耗电度数看,500 万元以上企业随着规模的递增,每万度销售略有波动。主要由于各档经营规模中行业和产品结构不同而造成。每万度税费呈下降态势,与表五分析一致。5 亿元以上企业每万度税费明显偏低，是由于化纤行业税负较低的原因。500 万元以下工业企业的耗电数据存在取数困难,本报告不作比较分析。

3.慈溪市工业企业分行业类型税负结构分析

行业税负相差较大,主要行业税负略高。各行业差异明显的主要原因是不同的行业有不同的应税所得率。但在同一行业,国家的政策是一致的,同行业在竞争方面税费因素影响基本相同,企业间的差异主要还是体现在生产、技术和营销等方面。从表九看,慈溪市纺织鞋帽服装业负担最重,其中一个原因是全市服装工业纳税大户慈溪市颖光制衣有限公司的税收贡献达到 10%以上。化学纤维制造业和废物回收加工业负担最低,主要原因是这两个行业附加值较低,增值额较少,材料占较大比重,导致增值税入库额不多。电气机械制造业税费负担略高于全行业,主要得益于宁波方太厨具有限公司等家电企业注重科技创新效益明显贡献特出等因素。

4.慈溪市工业企业分企业类型税负结构分析

表四　慈溪市工业企业分年度税负结构分析(2006—2008)

年度	销 售	税 收	规 费	税费合计	税收负担	税费负担
2006	8793942.88	387168.97	32617.46	419786.43	4.40%	4.77%
2007	10468429.78	467196.68	31157.61	498354.29	4.46%	4.76%
2008	11415083.04	529505.82	35111.04	564616.86	4.64%	4.95%

表五　慈溪市工业企业分经营规模税负结构分析

经营规模	销 售	税 收	规 费	税费合计	税收负担	税费负担
500万元下	1169158.56	106557.27	5413.48	111970.75	9.11%	9.58%
500万-1000万元	795580.68	61325.74	3450.25	64775.99	7.71%	8.14%
1000万-5000万元	2655866.14	137749.42	10063.46	147812.88	5.19%	5.57%
5000万-1亿元	1419249.82	52859.99	4190.70	57050.69	3.72%	4.02%
1亿-5亿元	3127087.63	113936.67	7760.99	121697.66	3.64%	3.89%
5亿元以上	2248140.20	57076.73	4232.16	61308.89	2.54%	2.73%
合 计	11415083.04	529505.82	35111.04	564616.86	4.64%	4.95%

私营企业略越过平均水平，外资企业税负最轻。企业所得税统一后，对企业类型而致使的税收负担的影响越来越小。但老外资企业由于优惠还未到期，仍可享受一定优惠，税费负担仍最轻。慈溪市国有、联营和股份合作工业企业实现的销售占全部工业企业的份额较少，由于存在房地产转让等因素，导致2008年税费贡献偏高。从表十看，个体经济的税收负担和税费负担分别超过全市平均值2个多百分点，超过幅度分别达到49.35%和47.47%。

(三)慈溪市工业企业工业产品样本税负分析

一些家庭工业、小企业名义税负较高，但实际税负较轻。此外，大企业由于高新技术等原因，在享受各项财政补助后，实际的税费负担会下降，低于名义上的税费负担。

1. 表十一对全市161户小家电企业进行了重点调查。随着规模的增大，税费负担逐渐下降。每万度电的税费和销售方面，500万元以上企业的产出较为均衡，500万元以下企业明显偏低。如果按小家电行业每万度平均销售测算，500万元以下样本企业销售要达到51647.45万元，测算实际税费负担仅为1.76%，名义税费负担与测算实际税费负担相差8个百分点。小企业的每亩税费和销售产出及每个职工的销售和利润份额也低于各类纳税人，虽有对未达起征点的纳税人不征收税费等原因，也说明账外销售现象较为严

表六　慈溪市工业企业分经营规模土地亩均贡献

经营规模	土地面积(平米)	土地面积(亩)	税费合计	亩均贡献
500万元以下	13071081	19607	111970.75	5.71
500万-1000万元	5123142	7685	64775.99	8.43
1000万-5000万元	11802934	17704	147812.88	8.35
5000万-1亿元	4441533	6662	57050.69	8.56
1亿-5亿元	7613657	11420	121697.66	10.66
5亿元以上	4308189	6462	61308.89	9.49
合 计	46360536	69540	564616.86	8.12

表七　慈溪市工业企业分占地面积土地亩均贡献

占地面积	面积(亩)	税费合计	亩均税费	销售收入合计	亩均销售
租用	-	109079.90	-	2240420.00	-
5亩以下	7974	110524.94	13.86	1400016.48	175.58
5-10亩	6029	50284.32	8.34	854615.03	141.74
10-20亩	8156	54368.57	6.67	1060580.32	130.03
20-30亩	6917	44471.94	6.43	843996.04	122.02
30-50亩	8952	49204.57	5.50	1046672.62	116.92
50-100亩	11999	46942.78	3.91	1244248.04	103.70
100亩以上	19513	99739.85	5.11	2724534.51	139.63
合　计	69540	564616.86	8.12	11415083.04	164.15

重。

2. 表十二对全市90户轴承企业进行了重点调查。对轴承产品的分析结论相似于小家电产品分析结论。

三、对慈溪市工业企业税收负担的对策建议

分析研究各类纳税人的税收负担情况，把负担相比较轻的补上去，既能增加收入又能公平税负，也能取得良好的社会效益。同时要充分考虑企业生存发展，依法征收税收，处理好依法征收与涵养税源的关系，把促进经济平稳增长作为税收政策的首要选择，把公平税负作为挖掘财政增收潜力的重要抓手，切实帮助工业企业克时艰、渡难关。要鼓励做好对大企业的纳税服务工作，做好各项优惠政策的辅导落实，减少检查评估的安排；促使中等企业规范财务管理，按时足额缴纳税款，创造良好的税收环境；努力加强对小企业税收监管，强化漏征漏管户的管理，切实增加税收收入。

(一)政府方面

调整产业结构，培植新兴企业。优化经济结构是促进经济发展、培植税源增长的根本途径。应坚定不

表八　慈溪市工业企业分经营规模按耗电税负结构分析

经营规模	销　售	税费合计	耗电（万度）	万度销售	万度税费
500万元下	-	-	-	-	-
500-1000万元	795580.68	64775.99	22277	35.71	2.91
1000-5000万元	2655866.14	147812.88	95255	27.88	1.55
5000-1亿元	1419249.82	57050.69	42914	33.07	1.33
1亿-5亿元	3127087.63	121697.66	108083	28.93	1.13
5亿元以上	2248140.20	61308.89	101376	22.18	0.60
合　计	10245924.47	452646.11	369905	27.70	1.22

表九　慈溪市工业企业分行业类型税负结构分析

行业类型	销 售	税 收	规 费	税费合计	税收负担	税费负担
纺织鞋帽服装	501114.43	36790.08	1243.01	38033.09	7.34%	7.59%
化学原料制品	130931.22	7927.21	266.65	8193.86	6.05%	6.26%
化学纤维制造	1025989.16	17796.05	1709.03	19505.08	1.73%	1.90%
橡胶制品	112502.88	3679.53	420.79	4100.32	3.27%	3.64%
塑料制品	1735074.60	53489.99	7121.01	60611.00	3.08%	3.49%
金属冶炼加工	860784.02	17877.3	1402.94	19280.24	2.08%	2.24%
金属制品	1726359.16	54824.2	5728.21	60552.41	3.18%	3.51%
电气机械制造	2023472.50	124806.36	6141.47	130947.83	6.17%	6.47%
废物回收加工	15882.67	77.26	18.28	95.54	0.49%	0.60%
其 他	3282972.40	212237.84	11059.65	223297.49	6.46%	6.80%
合计	11415083.04	529505.82	35111.04	564616.86	4.64%	4.95%

表十　慈溪市工业企业分企业类型税负结构分析

企业类型	销 售	税 收	规 费	税费合计	税收负担	税费负担
国有企业	475.97	25.71	3.03	28.74	5.40%	6.04%
集体企业	64329.51	3614.13	310.57	3924.70	5.62%	6.10%
股份合作企业	29841.58	4134.83	150.19	4285.02	13.86%	14.36%
联营企业	798.05	179.56	3.75	183.31	22.50%	22.97%
私营企业	6924478.20	329612.68	23780.82	353393.50	4.76%	5.10%
港澳台投资企业	2123150.57	82389.13	4262.16	86651.29	3.88%	4.08%
外商投资企业	1569758.63	60864.94	4049.56	64914.50	3.88%	4.14%
个体经营	702250.54	48684.84	2550.98	51235.82	6.93%	7.30%
合 计	11415083.04	529505.82	35111.04	564616.86	4.64%	4.95%

移地走工业兴市道路,坚持以工业化为核心,狠抓招商引资,注重引入高附加值产业,进一步提高工业经济比重,以工哺农,推进经济全面发展。注重发展一批市场竞争力强、行业前景好的新兴企业,重点扶持相关行业内龙头企业、优势成长型企业和苗子潜力型企业。

引导企业加强技改投入,促使企业升级转型。对科技型和成长型企业,政府鼓励加大技改投入力度,既能购进生产设备增加增值税抵扣额从而降低税负,又可促进企业加快发展养育稳固型税源。对高能耗、

表十一　慈溪市小家电产品分企业规模税负分析

经营规模	税费负担	万度税费	亩均税费	万度销售	亩均销售	人均销售	人均利润
500万万元下	9.03%	0.67	4.37	7.41	48.38	12.36	0.19
500万元-1000万元	5.59%	1.36	6.15	24.41	110.06	16.98	1.06
500万元-1000万元	4.47%	1.48	7.20	33.07	161.27	14.86	1.62
5000万元-1亿元	3.87%	1.47	12.90	37.83	332.94	25.73	0.87
1亿元-5亿元	3.36%	1.30	8.46	38.74	251.40	26.10	0.57
5亿元以上	3.11%	1.38	11.10	44.44	357.36	26.80	0.76
合计	3.55%	1.35	9.09	37.91	256.19	23.71	0.87

高污染和低档次企业,促进其加快转型。大力培育现代服务业,继续发展外向型经济,积极鼓励企业出口。

健全协税护税体系,创造良好税收环境。针对个体工业户面大点广和现有征管力量不足的现状,积极开展乡镇街道国地税共同参加的联合征管模式。健全税收征管协作体系,进一步深化工商、国土、公安、电力和司法等部门配合。大力表彰纳税先进,创造全社会协税护税的良好环境。

(二)税务部门方面

积极落实各项减税轻费政策。引导企业技改投入,积极落实增值税转型等结构性减税政策,减轻企业增值税及相应的城建税、教育费附加的税负。继续实施对自行出口企业减免水利基金政策和土地使用税奖励的政策,落实好实施临时性企业下浮社会保险费缴纳比例的政策。对付诸实施的政策要积极贯彻落实,及时跟踪了解政策效果,不断完善政策措施。

促进纳税人税负公平。加强税收薄弱环节征管,特别做好市场销售较为频繁企业的税收监管,逐步促进企业名义与实际税负趋向一致。把纳税评估的重点放到同类纳税人要素消耗与税基平衡上,突出税基完整性的评估。增强税务稽查的针对性和有效性,通过行业分类、企业规模分类,分析研究企业纳税申报质量,对要素消耗与产出严重不匹配的工业企业进行重点检查。

表十二　慈溪市轴承产品分企业规模税负分析

经营规模	税费负担	万度税费	亩均税费	万度销售	亩均销售	人均销售	人均利润
500万元下	9.58%	1.21	4.67	12.67	48.70	5.23	0.15
500万元-1000万元	7.84%	1.37	16.88	17.49	215.26	14.06	0.88
500万元-1000万元	6.69%	1.17	8.32	17.47	124.45	12.46	0.63
5000万元-1亿元	5.89%	1.14	12.12	19.36	205.81	14.78	0.70
1亿元-5亿元	6.77%	1.33	19.67	19.60	290.29	16.70	0.75
5亿元以上	-	-	-	-	-	-	-
合计	6.75%	1.23	11.47	18.34	169.87	13.69	0.65

加强经济税源分析把握征管重点。针对当前工业企业经营面临更大困难,税务部门组织税收收入面临压力的实际,税务部门通过深入的调查分析,准确把握全市工业经济税源发展变化动向,及时了解掌握各类纳税人的税收负担情况,根据慈溪经济主体中小企业面广量大的特点和企业财务管理不甚规范、税收负担不尽合理的现状,通过扩大税基来公平同类纳税人间的税收负担。

落实工业分离服务业等措施。大力发展面向企业生产的服务业,促进现代制造业与生产性服务业有机融合、互动发展,提升制造业内涵。推进工业企业分离发展服务业以利工业企业专业化发展,减轻企业负担,优化地方财力。工业企业分离发展服务业后增加税收负担的,进行奖励和减征照顾。利用再生资源回收企业增值税优惠政策的调整,引导本地的再生资源回收企业从地下走上正常管理轨道。

积极创新税费征管方法。进一步夯实土地使用税、房产税等税费的征管基础资料。加强各税费间关联性及各税种个性特点研究,制定完善适合各税种的征管办法。按照不同的行业、产品、规模细分不同的纳税群体,实施科学的税源分类管理。完善企业税收预警指标和行业要素指标体系,加强各类别纳税人经营情况与纳税情况的分析对比,提高税收预警能力。利用纳税信息公开工具,增强纳税人之间的相互监督,提高纳税的自觉性。

加强纳税服务和行业协会互动协作。更新服务理念,充实服务内容,转变服务方式,拓展服务空间,为企业提供全面、高质和便捷的涉税服务。充分发挥行业协会熟悉本行业运行情况的优势,协助税务部门开展纳税人行业鉴定、行业税收分析模型建立、纳税申报信息研判等行业税收管理工作,提升行业协会公信权威,提高行业税源管理质量,增强整个行业税负的公平度和公认度。加强税企交流,征纳之间相互支持对方发展,邀请企业监督和评议税务人员执法服务绩效,组织税企活动,提升税企之间的和谐融洽感。

(三)纳税人方面

调整经营思路,提高经济效益。中小企业经营者应积极调整经营思路,不断优化产品结构,提高科技含量,大幅度提高企业效益,提高产品市场竞争力和占有率,扩大规模,增强抵御风险能力,尽快渡过目前困难的经济局面。

依法诚信纳税,促进公平竞争。广大纳税人应按照税收法律、法规和规章的相关规定,守法经营,诚信纳税,树立依法纳税光荣的理念,自觉抵制不法经营行为的发生,坚决杜绝偷、抗、骗税现象,将该缴的税及时足额上缴,争当纳税先进,促进税收环境的公平、有序。

ZHEJIANG DISHUI NIANJIAN

第八编

附　录

认真贯彻科学发展观
充分发挥学会、研究会职能作用

2009年是新中国成立60周年,是中华人民共和国历史上十分重要的一年,也是我国进入新世纪以来经济发展最为困难的一年。在这一年里,浙江省税务学会、浙江省国际税收研究会在中国税务学会、中国国际税收研究会的正确领导下,在浙江省国家税务局、浙江省地方税务局和浙江省民政厅、浙江省社会科学界联合会的重视支持下,以邓小平理论和“三个代表”重要思想和科学发展观为指导,恪守办会宗旨,发扬税务学会、研究会多年来形成的好传统好作风,密切联系群众,以服务税收工作为中心,以抓好税收学术研究为主线,以强化自身建设为保障,充分调动广大会员的积极性,在组织群众性的税收理论政策调研活动、狠抓课题研究质量和成果转化应用、开展税收学术研究成果的评选、配合行政进行税收法制宣传、搞好税务咨询代理为社会提供服务和加强税务学会、研究会的组织建设等方面,充分发挥了学会、研究会的桥梁纽带、组织协调、咨询服务、宣传普及的职能作用。

一、深入开展了群众性的税收理论政策调研活动

贯彻落实科学发展观,深入开展群众性的税收理论政策调研活动,力争多出精品,为税收中心工作服务、为行政领导决策服务,是税务学会、研究会的中心任务。2009年,根据国家税务总局、中国税务学会、中国国际税收研究会的部署,结合浙江省实际,重点调研的四个税收课题是“服务科学发展的税收政策研究”、“进一步完善增值税税收制度的研究”、“新企业所得税法实施中有关问题的研究”和“扩大内需税收政策的国际借鉴研究”。省确定11个市、30个县进行重点调研。省局和各重点调研市县的局领导和学会、研究会领导都极为重视。杭州、宁波、台州、衢州等市税务学会、研究会都于年初召开了各县(市、区)税务学会、研究会常务理事会或秘书长会议,根据省国家税务局、省地方税务局、省税务学会、省国际税收研究会的部署落实课题调研任务,与市国家税务局、市地方税务局联合下文。杭州等市税务学会结合当地税收工作的重点、难点增列了调研课题;宁波市还承担了市社科联部署的“基于世界金融危机视角的宁波税源培育”调研课题。极大多数市县都是由局领导和学会、研究会领导亲自任课题组长,带头搞调查研究。衢州市及各县局领导分别承担和参与了59个课题的调研。宁波、台州等市税务学会已把税收调研课题成果列入行政岗位目标责任制考核,规定中层以上领导干部每年至少写一篇调研论文,年终进行考评,并建立调研成果物质奖励机制,充分调动了广大会员开展税收调研的积极性。各市和极大多数县(市)税务学会,在深入调研的基础上,都先后召开了税收理论政策研讨会。杭州、宁波市税务学会召开研讨会时,还邀请高等院校和市委、市政府经济研究部门专家、教授作点评,提高了调研成果质量和参会人员的学术研究水平。台州市税务学会还举办了“新中国60年税收改革与发展研讨会”,学会常务理事、县(市)局长和离退休老同志共80余人聚会,畅谈税收60年沧桑巨变,决心再创税收美好明天。杭州市税务学会深刻体会到,2009年税收课题调研有四个特点:一是各级领导带头搞税收调研,二是选题切合实际提高了调研成果的决策参考作用,三是年轻的税务工作者踊跃参与调研,四是学会秘书长更好地发挥了组织协调作用。台州市税务学会体会到,税收学术研究机制已不断创新实现了四个转变:一是少数人研究向多数人共同参与转变,二是研究的客体重宏观向宏观、微观并重转变,三是个人自发研究向有组织、有领导研究转变,四是研究成果当地发表向外部和上级部门推荐发表转变。

2009年,浙北六市(杭州、宁波、嘉兴、湖州、绍兴、舟山)税务学会、国际税收研究会先后于绍兴和宁波市召开了第37次和38次秘书长会议;浙西南(温州、台州、丽水、金华、衢州)税务学会、国际税收研究会也于温州市文成召开了秘书长会议,交流税收学术研究成果和税务学会、研究会工作情况及经验。

6月初,根据省社会科学界联合会的统一部署,省税务学会、研究会在杭州临安西天目举办了"当代浙学论坛——税收学术分论坛"研讨活动,研讨税收应对当前国际金融危机急需采取的对策措施,就税收如何促进扩大内需、扩大投资、支持生产、鼓励出口、增加就业、增加居民消费、调节收入分配和改善民生的政策措施献计献策,参会代表40余人,采取大会交流、专题研讨相结合的方法,研究提出了七条税收政策建议,推荐了7篇税收优秀调研报告和税收学术论文参加省社科联组织的全省优秀论文评选。

于8月初,在丽水市缙云召开了全省税收理论政策研讨会,浙江省国家税务局局长、省税务学会会长钱宝荣和省地方税务局常务副局长单美娟亲临会议看望到会代表,听取了到会代表税收学术研究成果的汇报,并在会上作了重要讲话。研讨会分4个专题组进行了深入研讨,对若干具有创新意识的建议,基本取得共识,涌现了几项税收学术研究精品,有利于提供税务行政领导决策参考。会后已撰写综合调研报告,分别提交中国税务学会、中国国际税收研究会税收理论研讨会大会交流。据不完全统计,2009年全省广大税务干部和税务学会、研究会会员共研究撰写了6003篇税收论文和调研报告,省局和很多市县局领导都带头搞税收调研,带头写税收论文。我省税收学术研究活动已蔚然成风!

中国国际税收研究会于10月份还在温州市分别举办了"学术研究委员会工作会议"、"企业跨境投资合作税收课题研讨会"和"国际税收信息资料工作会议",省国际税收研究会协同省地方税务局、温州市国际税收研究会承办了上述会议。国家税务总局原副局长、中国国际税收研究会会长郝昭成和部分省市国际税收研究会负责人、高等院校专家教授70余人参会;温州市税务学会、市国际税收研究会联合撰写的"中国居民跨境投资与劳务税收战略研究"一文获得一等奖。会议开得很成功,得到参会代表赞誉。

二、认真搞好了税收优秀学术成果评选和转化应用

为了进一步推动群众性税收学术研究活动的蓬勃开展,使更多的高水平学术研究精品脱颖而出,促进税收调研成果更好地为科学发展服务,更好地为税收工作服务,省税务学会、省国际税收研究会协同税务主管部门组织了2009年度全省税收优秀学术研究成果的评奖活动,组织各市县开展税收优秀学术成果的逐级评选;在舟山市普陀召开了全省2009年度税收优秀论文评审会,聘请上级主管领导部门和省、市税务部门和高等院校税收理论政策水平较高、税收实践经验丰富的40位同志组成评审委员会,省局领导亲临会议讲话,全体评委对推荐送省的税收优秀论文进行了认真评审,优中选优,共评出获奖税收优秀学术研究成果107篇,其中:特别奖9篇,一等奖14篇,二等奖25篇,三等奖24篇,佳作奖35篇。浙江省国家税务局、浙江省地方税务局、浙江省税务学会、浙江省国际税收研究会已联合发文通报表彰予以奖励,并将这些获奖的优秀税收学术研究成果选送浙江人民出版社编辑出版《2009年度浙江税收获奖论文集》。

这次获奖的税收优秀学术成果,主题突出,观点鲜明,论据充分,说理深透,具有时代特征,有较高的理论水平和实用价值,充分展示了2009年全省国税系统、地税系统、税务学会、国际税收研究会在深入学习实践科学发展观,针对社会普遍关注的税收热点、难点问题,深入开展调研所取得的最新成果。宁波、台州等市在评选活动中,也认真评出一、二、三等奖,以鼓励多出精品。杭州、温州等市县,在评选税收优秀学术成果的基础上,也都刊印和出版市、县级《税收优秀论文集》,促进了税收学术研究活动的开展。

在开展税收优秀学术研究成果评选的同时,各地都十分重视税收学术研究成果的转化应用。丽水市庆元县在深入学习实践科学发展观活动中,局领导带队深入基层调研,撰写了5篇针对性强、资料翔实、分析透彻、建议可行的调研报告,提供县委、县政府领导决策参考。

中国国际税收研究会2009年举办的第六次

(2006—2008 年)全国国际税收优秀科研成果评选中,浙江省有 7 篇国际税收优秀研究成果获奖,其中:浙江省国际税收研究会 2 篇,杭州市国家税务局、市地方税务局各 1 篇,宁波市地方税务局、市国际税收研究会各 1 篇,温州市地方税务局 1 篇。黄旭明、姚稼强同志研究撰写的《改革我国房地产税制的国际借鉴研究》获特别奖;杭州市国家税务局课题组《控制利用避税港避税的国际借鉴研究》和杭州市地方税务局课题组《建立环境保护体系的构想》均获集体奖;宁波市国际税收研究会《借鉴国际经验完善我国的节能减排税收政策》获集体奖;宁波市国际税收研究会会长贺也贞研究撰写的《宏观经济调整期的积极财政政策思考》获个人二等奖;温州市地方税务局课题组《比较国际宏观税负完善我国税制结构》获集体奖。

三、努力扩大了社科普及和税法宣传

开展社科普及和税法宣传,不断提高全社会的法制意识、纳税意识,是税务学会又一重要任务。省和各市县税务学会、研究会都在当地党委宣传部、社科联的领导下,紧密配合税务主管部门,运用多种形式开展社科普及和税法宣传活动。2009 年 10 月,省委宣传部和省社会科学界联合会以"爱读书、读好书、善读书——创建学习型社会,共筑精神家园"为主题,紧紧围绕庆祝新中国成立 60 周年,大力开展群众性爱国主义教育活动,为推动经济转型升级、全面建设惠及全省人民的小康社会提供思想文化保证,在全省范围开展"社会科学普及周"活动,省税务学会和省国际税收研究会,以"税收促进发展,发展改善民生"为主题,紧密配合省国家税务局、省地方税务局安排税收业务专家参加在宁波市天一广场举办的全省大型社科宣传咨询活动,积极宣传税法,解答群众税务咨询,并编写印制了省社科联主编的《浙江省最新民生政策法规解读系列丛书》之七《改善民生的税收优惠政策规定解读》一书,汇集了群众普遍关心的 11 个方面、135 个有关税收促进改善民生的优惠政策,在社科宣传活动场所分发给广大群众;同时,还印发了"社会保险制度若干重要规定"、"下岗人员再就业税收优惠规定"、"年所得 12 万元以上纳税人个人所得税自行纳税申报宣传手册"等税收知识宣传资料 1000 余份,广大群众踊跃索取。这次社会科学普及周活动,满足了群众了解税收知识和咨询税收热点问题的要求,也达到了向广大群众开展社科普及、税法宣传的目的。

省税务学会、省国际税收研究会还专门发文要求全省各级税务学会、研究会都要积极组织力量参加当地党委宣传部、社科联组织的社科普及活动。杭州、宁波、台州、温州、衢州、湖州、丽水、嘉兴、舟山等市县税务学会在社科普及周活动中,都取得了出色成绩,受到主管部门的表扬。宁波市税务学会、研究会积极组织参加社科普及月和税法宣传月活动,通过广场科普宣传、税收知识讲座、税法知识竞赛、搞纳税人论坛、办税务培训班、印发税收资料、接待群众咨询等多种形式开展税法宣传,一年来共组织 1785 名会员参加了 166 次税收宣传活动,举办各类讲座·论坛·培训班 102 次,受益群众 2 万余人。台州市税务学会在第 18 个全国税收宣传月中,围绕"税收·发展·民生"主题,紧密配合税务主管部门开展"助民生促发展——台州成立 60 年巨变税收相伴"的系列税收宣传活动,召开税企座谈会,举办"我与税收"征文比赛,组织庆祝新中国成立 60 周年书画、摄影活动,积极开展税收宣传。杭州市税务学会、研究会在社科普及周活动中,一是组织广场税法宣传咨询活动,发放 8 种税收宣传资料近千份;二是举办税收知识讲座;分别举办了"大型企业税收风险控制与纳税服务"与"大学生自主创业税收政策辅导"讲座,三是开展税企沙龙活动,采用税企互动形式,宣传税收政策,沟通税企关系,受到企业特别是外资企业的欢迎。衢州市税务学会还积极推进税文化建设,举办了一次与税相连的文学艺术作品征集活动,通过纳税人、征税人、用税人 60 年来所见、所闻、所思、所悟衢州市经济社会、财税改革的发展变化,以生动、朴实的语言、图片来表达的文艺作品,收到文学作品 36 篇,摄影、书画印、剪纸等作品 53 件,为税文化建设增添了光彩。湖州市税务学会还参加了百家社团进社区结对活动,开展税收政策法规咨询等便民服务活动。温州、丽水、嘉兴等市也分别举办"税企沙龙"、"纳税人论坛"、"税收知识讲座"等,以多种形式开展税收宣传活动。

省税务学会编印的《学会通讯》,2009 年编印了 20 期;全省各省辖市都已编印税务刊物,宣传了税法,介绍了税收学术研究成果,也交流了税务学会活动经验。

杭州市创办的《杭州税务》,是开展税法普及教育的科普刊物,每年出版12期,已创办24年,为企业、为财务人员及时提供税收政策法规和纳税辅导发挥了很大作用。

四、适当展开了税务咨询活动

开展税务咨询和税务代理服务,是深化改革、扩大开放、建立和发展社会主义市场经济的客观要求。省和部分市县税务学会,根据自身条件,拓宽学会活动领域,开展税务咨询和税务代理活动。杭州市税务学会加强与市国家税务局、市地方税务局有关处室的联系,及时搜集新的税收政策法规文件,定期编辑发行《税收法规汇编》。宁波等市县还举办税收业务知识和财会知识培训班。这些都深受纳税人欢迎,既宣传了税法,为纳税人提供了服务,也增加了学会一些经济收入,弥补了税收学术研究活动经费的不足。

五、切实加强了税务学会、研究会思想建设和组织建设

加强税务学会、研究会的思想建设、组织建设,健全办事机构,是保证学会、研究会工作顺利开展的重要条件。丽水、温州、台州等市税务学会组织理事、会员认真学习实践科学发展观,通过学习加深了对贯彻实践科学发展观重要意义的认识,增强了搞好学会工作的信心决心。丽水市税务学会新年伊始就组织全体会员开展学习实践科学发展观的大讨论。温州市税务学会组织各县(市)秘书长学习交流贯彻实践科学发展观的体会,联系实际探讨进一步抓好学会工作的对策。台州等市税务学会接到省税务学会、省国际税收研究会下达向忠诚党的事业、深入研究科学理论的雷云同志学习的通知后,积极组织理事、会员认真学习,召开了“学习雷云同志先进事迹座谈会”。

杭州、湖州、金华等市税务学会和宁波市国际税收研究会在国税、地税两局领导充分协商的基础上,2009年先后召开了会员代表大会,进行换届选举,产生了新一届理事会,增强了学会、研究会的领导力量,学会、研究会工作更显生机活力。慈溪、奉化、平湖、海盐、泰顺、文成等县(市)也都先后召开了会员代表大会,建立新一届税务学会理事会。宁波市税务学会秘书处工作人员已充实到8人,其中专职5人;还成立学术研究委员会,现已形成市—县(市、区)—(分局)分会—(处室)学组四级学会组织体系。宁波市国际税收研究会狠抓基层组织建设,全市13个县(市、区)中已有12个县(市、区)组建了国际税收研究会;温州市的瑞安、苍南、平阳、泰顺、文成的国际税收研究会也都已建立,以适应我国改革开放的新形势,促进国际税收学术活动蓬勃开展。宁波、台州等市还认真组织先进学会、先进研究会及先进工作者的考评活动,调动了搞好税务学会、研究会工作积极性,形成了你追我赶争先进的良好氛围。杭州、宁波、湖州市税务学会在深入开展税收学术研究活动涌现的积极分子中,又发展了一批新会员,宁波市税务学会会员已达2310人。温州、湖州等市税务学会还进一步加强了制度建设,建立了“会员管理制度”、“财务管理制度”、“税收优秀学术成果评选和奖励制度”、“先进集体和优秀会员的考核评比办法”等。杭州、宁波、台州、绍兴、湖州等市税务学会都坚持每季召开一次秘书长会议,交流研讨学会工作。

中国国际税收研究会2009年11月在江西省南昌市召开的四届二次常务理事会上,分别授予浙江省国际税收研究会和杭州市国际税收研究会为“全国先进研究会”。浙江省社会科学界联合会也授予浙江省税务学会为2009年度全省“先进学会”。我省的杭州、宁波、台州、湖州等市及不少县(市)税务学会都已连续几年被当地党委宣传部、社科联、民政局评为先进学会。

(浙江省税务学会 浙江省国际税收研究会)

关于公布我省荣获全国税务系统先进集体和先进工作者名单的通知

2010年2月20日　浙人社发〔2010〕63号

各市和义乌市人事劳动社会保障局(人事局)、国家税务总局、地方税务局:

根据人力资源和社会保障部、国家税务总局《关于表彰全国税务系统先进集体和先进工作者的决定》(人社部发〔2009〕179号),人力资源和社会保障部、国家税务总局授予我省温州市国家税务局进出口税收管理处等5个国家系统单位、海宁市地方税务局硖石税务分局等5个地税系统单位"全国税务系统先进集体"荣誉称号,授予杭州市下城区国家税务局局长沈燕等2名国税系统干部、省地方税务局直属一分局局长许小青等2名地税系统干部"全国税务系统先进工作者"荣誉称号。被授予"全国税务系统先进工作者"荣誉称号的人员,享受省部级劳动模范和先进工作者待遇,从2010年1月起,每人奖励晋升一个级别工资档次。

希望受到表彰的先进集体和先进工作者珍惜荣誉,谦虚谨慎,务实工作,勇于创新,不断开拓进取,争取新的更大的成绩。全省税务系统广大干部职工要以受表彰的先进集体和个人为榜样,深入贯彻落实科学发展观,进一步增强责任感、使命感和时代感,把学习先进同税务工作实际结合起来,更加深入、扎实地开展精神文明创建活动,为开创税收事业发展新局面,服务我省经济转型升级和推进经济平稳较快健康发展作出更大的贡献!

附件:1.浙江省荣获全国税务系统先进集体名单

2.浙江省荣获全国税务系统先进工作者名单

附件1

浙江省荣获全国税务系统先进集体名单

海宁市地方税务局硖石税务分局

天台县地方税务局

余姚市地方税务局泗门分局

湖州市地方税务局吴兴税务分局

温州市地方税务局直属一分局

附件2

浙江省荣获全国税务系统先进工作者名单

许小青　浙江省地方税务局直属一分局局长

张水灵　绍兴市地方税务局税政管理处处长

中共浙江省委组织部 中共浙江省委宣传部 浙江省人力资源和社会保障厅 浙江省公务员局 关于表彰第二届全省"人民满意的公务员"和"人民满意的公务员集体"的决定

2009年11月18日 浙人社发〔2009〕157号

各市党委组织部、宣传部,政府人事劳动社会保障局(人事局),省直各单位:

近年来,我省广大公务员在各级党委、政府的领导下,以邓小平理论和"三个代表"重要思想为指导,深入学习实践科学发展观,认真贯彻实施《中华人民共和国公务员法》,努力实践全心全意为人民服务的宗旨,求真务实,锐意创新,依法行政,扎实工作,深入实施"创业富民、创新强省"总战略,为我省经济社会全面协调可持续发展做出了重要贡献,涌现出一大批先进个人和集体。

为表彰先进个人和集体,建设一支政治坚定、业务精通、清正廉洁、作风优良的公务员队伍,省委组织部、省委宣传部、省人力资源和社会保障厅、省公务员局决定:授予朱金祥等21名同志"人民满意的公务员"荣誉称号,授予杭州市民政局等18个集体"人民满意的公务员集体"荣誉称号。经省委、省政府同意,受表彰的"人民满意的公务员"享受省部级劳动模范和先进工作者待遇(具体待遇按有关规定执行)。希望受到表彰的个人和集体珍惜荣誉,戒骄戒躁,发扬成绩,努力工作,争取更大的成绩。

全省广大公务员要以受表彰的"人民满意的公务员"和"人民满意的公务员集体"为榜样,学习他们模范贯彻执行党的基本理论和路线方针政策,对党和国家无限忠诚、理想信念坚定、全心全意为人民服务的政治品质,学习他们与时俱进、勇于探索、开拓创新的进取精神,学习他们爱国敬业、艰苦奋斗、求真务实的优良作风,为我省加快全面建设小康社会、提前基本实现社会主义现代化而努力奋斗。

附件:1.第二届全省"人民满意的公务员"名单

2.第二届全省"人民满意的公务员集体"名单

附件1:

第二届全省"人民满意的公务员"名单(有删节)

赵健明 义乌市财政 地税局局长、党委书记

张瑾(女) 杭州市地方税务局下城税务分局局长

附件 2

第二届全省"人民满意的公务员集体"名单

东阳市地方税务局吴宁分局

关于认定浙江省巾帼文明岗、巾帼建功标兵和省巾帼建功活动先进集体、先进工作者的决定

2010 年 1 月 25 日　浙巾双协〔2010〕1 号

2009 年,我省各级"巾帼建功"活动协调小组认真学习贯彻党的十七届四中全会和省委十二届六次全会精神,深入学习实践科学发展观,在推进改革开放和现代化建设进程中涌现出一大批先进集体和个人。为表彰先进,树立榜样,进一步激励广大城镇职业妇女岗位成才,建功立业,推动创建工作向纵深发展,充分发挥广大妇女在行业文明建设和构建和谐社会中的重要作用,省巾帼建功和双学双比活动协调小组决定,认定省公安厅刑侦总队物证鉴定中心 DNA 室等 323 个岗位为浙江省"巾帼文明岗"、张国珠等 100 名同志为浙江省"巾帼建功"标兵、中国农业银行股份有限公司浙江省分行营业部等 30 个单位为省"巾帼建功活动先进集体"、张虹虹等 32 名同志为浙江省"巾帼建功活动先进工作者"。

希望新认定的集体和个人珍惜荣誉,锐意进取,在我省实施"创业富民、创新强省"总战略中勇创新业,再建新功。希望广大城镇职业妇女以先进为榜样,奋发有为,开拓创新,争创一流,为建设惠及全省人民的全面实现小康社会作出新的贡献。

附件:1.浙江省巾帼文明岗名单

2.浙江省巾帼建功标兵名单

3.浙江省巾帼建功活动先进集体名单

4. 浙江省巾帼建功活动先进工作者名单(略)

附件 1:

浙江省巾帼文明岗名单

省直:

庆元县地方税务局直属分局办税服务厅

湖州市地方税务局吴兴税务分局办税服务厅

绍兴市地方税务局第二税务分局办税服务厅

舟山市地方税务局临城税务分局办税服务厅

省地税局信息中心网络建设、维护岗

宁波市:

余姚市地方税务局陆埠分局办税服务厅

余姚市地方税务局临山分局办税服务厅

鄞州区地方税务局集士港分局办税服务厅

江北区地方税务局庄桥税务所

镇海地方税务局二分局征收大厅

附件 2:

浙江省"巾帼建功"标兵名单

省直

陈益萍　浙江省地方税务局直属税务一分局计会信息科科长

附件 3:

浙江省巾帼建功活动先进集体名单

衢州

衢州市地税局直属分局

浙江省地方税务局关于 2009 年度局机关工作目标责任制考核情况的通报

2010 年 2 月 5 日　浙地税函〔2010〕40 号

局内各单位:

根据《浙江省地方税务局办公室关于印发〈2009 年度局机关工作目标责任制考核办法〉等文件的通知》(浙地税办发〔2009〕9 号),在局内各单位自查自评的基础上,局机关工作目标考核领导小组对局内各单位目标完成情况进行了认真考核,并经局长办公会议研究确定:

办公室、计财处、税政二处、稽查局、信息中心、人教处(基层处)、规费局、征管处、法规处、税政一处等 10 个单位为 2009 年度局机关工作目标考核优胜单位;

税政三处、原直属一分局、票证中心、编辑部、监察室、原外税处等 6 个单位为 2009 年度局机关工作目标考核达标单位。纳税服务局、科研处、直属稽查分局等新设单位不参与 2009 年度局机关工作目标考核。

2009 年是新世纪以来我省经济发展和组织税收收入最为困难的一年。面对严峻复杂的经济税收形势,全省地税系统在省委、省政府和国家税务总局的正确领导下,深入学习实践科学发展观,认真贯彻执行上级应对金融危机冲击的一揽子计划和政策措施,按照"保增长、抓转型、重民生、促稳定、强党建、求实效"工作要求,帮扶企业"保增长"、强化管理"稳收入"、助推分离"抓转型"、五费合征"重民生"、优化服务"促稳定"、文化建设"强队伍"、依法治税"求实效",为我省经济社会平稳较快发展作出了积极贡献。

2010 年发展环境将好于 2009 年,但经济复苏基础并不稳固,形势更加复杂,局内各单位和全体干部职工要认清形势,深入实施"创业富民、创新强省"总战略,调结构促发展、惠民生促和谐,按照"依法治税、为民理财、务实创新、廉洁高效”的工作理念，念好“实、稳、优”三字诀，以服务转型升级为主线，以组织收入为中心，以管理创新为动力，以“大集中”工程为抓手，加强税收征管，优化纳税服务，推进依法治税，抓好队伍建设，推进我省经济转型升级和平稳较快健康发展。

浙江省地方税务局关于表彰和继续认定2009年度浙江省地税系统“群众满意基层站所（办事窗口）”创建工作先进单位的决定

2009年11月5日 浙地税发〔2009〕82号

各市、县（市）地方税务局、省局各单位：

按照省局统一部署，我省地税系统各基层单位紧紧围绕地税中心工作，立足基层，面向社会，严格依法治税，强化管理创新，优化纳税服务，抓好队伍建设，扎实开展“群众满意基层站所（办事窗口）”创建活动。通过创建活动的开展，纳税服务环境明显优化，税收执法行为进一步规范，地税部门的良好社会形象进一步得到巩固。

为表彰先进，树立典型，进一步提升基层建设水平，切实营造和谐的税收环境，根据《浙江省地税系统创建“群众满意基层站所（办事窗口）”先进单位和示范单位实施细则（暂行）》（浙地税函〔2008〕332号）的规定，经自下而上逐级推荐、考核、评比，省地税局研究决定：授予富阳市地方税务局直属分局等13个单位为2009年度浙江省地税系统“群众满意基层站所（办事窗口）”创建工作先进单位荣誉称号，继续认定杭州市地方税务局西湖税务分局等45个单位为2009年度浙江省地税系统“群众满意基层站所（办事窗口）”创建工作先进单位。

希望受表彰的先进单位要珍惜荣誉，谦虚谨慎，与时俱进，再创佳绩。全省地税系统各级机关要以先进为榜样，立足岗位，扎实工作，进一步增强大局意识、服务意识，深入推进管理创新，为实现纳税服务“六化”目标，为确保全年税收收入任务的圆满完成，促进我省经济社会平稳较快发展作出更大贡献。

附件：

1.2009年度浙江省地税系统“群众满意基层站所（办事窗口）”创建工作先进单位名单（13个）

2.继续认定2009年度浙江省地税系统“群众满意基层站所（办事窗口）”创建工作先进单位名单（45个）

附件1：

2009年度浙江省地税系统“群众满意基层站所（办事窗口）”创建工作先进单位（13个）

富阳市地方税务局直属分局

临安市地方税务局於潜税务分局

宁波市地方税务局东钱湖旅游度假区分局办税服务大厅

象山县地方税务局丹城税务分局

温州市地方税务局直属一分局

文成县地方税务局直属分局

嘉善县地方税务局西塘税务分局

绍兴市地方税务局第一税务分局

义乌市地方税务局中国小商品城税务分局

衢州市地方税务局衢江税务分局

嵊泗县地方税务局洋山税务分局

三门县地方税务局城区税务分局

缙云县地方税务局壶镇税务分局

附件 2:

继续认定2009年度浙江省地税系统“群众满意基层站所(办事窗口)”创建工作先进单位名单(45个)

杭州市地方税务局西湖税务分局

杭州市地方税务局江干税务分局

杭州市地方税务局下城税务分局

淳安县地方税务局直属税务分局

杭州市余杭地方税务局余杭税务分局

杭州市萧山地方税务局城厢第一税务分局

宁波市鄞州地方税务局直属分局

宁波市北仑地方税务局第一税务所

慈溪市地方税务局城区税务分局

宁波市江北地方税务局庄桥税务所

宁波市镇海地方税务局三分局

宁海县地方税务局第二税务分局

乐清市地方税务局城关税务分局

温州市地方税务局鹿城税务分局办税服务科

温州市地方税务局直属二分局

温州市地方税务局瓯海税务分局管理二科

瑞安市地方税务局直属分局

泰顺县地方税务局仕阳税务分局

嘉兴市地方税务局第一税务分局

海宁市地方税务局硖石税务分局

桐乡市地方税务局乌镇税务分局

平湖市地方税务局黄姑税务分局

长兴县地方税务局李家巷税务分局

绍兴市地方税务局第二税务分局

绍兴县地方税务局福全税务分局

诸暨市地方税务局枫桥税务分局

上虞市地方税务局直属分局

金华市地方税务局江北税务分局

磐安县地方税务局直属税务分局

兰溪市地方税务局马涧税务分局

东阳市地方税务局横店分局

衢州市地方税务局直属分局

常山县地方税务局第一税务分局

江山市地方税务局直属分局

舟山市地方税务局直属分局

舟山市普陀地方税务局沈家门税务分局

温岭市地方税务局松门税务分局

台州市地方税务局直属分局

天台县地方税务局平桥税务分局

临海市地方税务局杜桥税务分局

台州市路桥地方税务局金清税务分局

景宁畲族自治县地方税务局第一税务分局

庆元县地方税务局直属分局

松阳县地方税务局直属税务分局

浙江省地方税务局直属税务一分局

浙江省地方税务局关于“庆祝新中国成立60周年”诗歌、书画等作品征集活动的表彰决定

2009年12月1日　浙地税函〔2009〕381号

各市、县(市)地方税务局(不发宁波),省局局内各单位:

我省地税系统“庆祝新中国成立60周年”诗歌、书画、摄影等作品征集评选活动举办以来,得到了全省各级地税部门领导的大力支持和广大干部职工(含离退休干部)的踊跃参与,共征集到文字类(诗歌、散文)、书画类、摄影类、和篆刻类(篆刻、剪纸)等四大类作品1000余件。这些参赛作品形式多样,内容丰富,构思巧妙,形式新颖,格调高雅,集中体现了我省地税系统干部职工积极的创作态度和丰富的生活底蕴,突出反映了我省地税系统干部职工扎实的职业基本功和深厚的艺术素养,全面展示了我省地税系统干部职工昂扬向上的时代风采、绚丽多彩的精神文化生活和良好的社会形象。

为进一步激发广大干部职工参与财税文化建设的热情,经过评审委员会遴选,综合参赛作品内容、艺术水平、类别、数量等因素,评审出组织奖2名,文字、书画、摄影、篆刻四大类作品金奖6名,银奖23名,铜奖等名44名(名单附后),现予以表彰。希望全省各级地税部门以此次活动为契机,更加重视系统精神文明建设和财税文化建设,鼓励干部职工创作出更多思想高尚、内容高雅、情趣高洁的艺术精品,为打造“依法治税、为民理财、务实创新、廉洁高效”干部队伍,实现财税文化建设“五个一”目标作出贡献。获奖名单如下:

组织奖2名:嘉兴市地方税务局　金华市地方税务局

文字类:

银奖5名:沈玲燕　叶　庆　蔡天舒　严明卯　陈星光

铜奖12名:郑甘雨　熊林福　楼国军　梁　新　柯健君　李明高　胡亚萍　潘洪福　蔡柏平　程　军　石竹君　吴小花

书画类:

金奖2名:洪志华　吴承东

银奖6名:郦伟平　沈燕萍　张　标　陈拥君　何广飞　饶煜明

铜奖12名:张　芩　黄　彪　颜厥育　王平汐　杨晓炜　吴连波　马海清　陈守都　傅明译　倪逸城　王福通　周　萍

摄影类:

金奖2名:余贤成　楼美如

银奖8名:王小红　汪毅强　楼晨晏　崔勋英　叶如华　周　力　王　苹　楼向阳

铜奖15名:戴明正　张　宁　徐巧莉　沈海铭　郑延根　汪福海　廖跃平　高　金　周建云　郑甘雨　宋世和　唐志扬　孙　方　陈丽慧　卓　然

篆刻类:

金奖2名:张葵阳　南剑锋

银奖4名:李　莉　孙　准　张灵海　谢利疆

铜奖5名:朱海港　郭德富　孙勇军　杨亚维　王伟中

附件:获奖选手及作品分类清单(略)

浙江省地方税务局关于通报表彰浙江省地税系统岗位业务技能比武活动优胜单位和个人的决定

2009年12月23日　浙地税函〔2009〕420号

各市、县(市)地方税务局(不发宁波),省局各单位:

为展示全员岗位业务技能轮训的成果,提高全省地税系统办税服务厅工作人员的业务能力,提升服务水平,努力建设一支"依法治税、为民理财、务实创新、廉洁高效"的地税干部队伍,营造"爱岗、敬业、钻业务"的良好氛围。省局于2009年12月8日至9日组织了全省地税系统岗位业务技能比武活动。经过笔试、上机实务操作和业务知识竞赛三个项目的比赛,杭州市地方税务局代表队等11个单位分别获得了团体一、二、三等奖,潘礼军等8位同志名列个人成绩前八名。

为鼓励和表彰先进,激励全省地税系统广大干部职工立足本职,钻研业务,提高技能,再创佳绩,省局决定,对以上11个单位和8名个人进行通报表彰,并授予潘礼军等8名同志省"办税服务能手"称号。

希望受到表彰的单位和同志要珍惜荣誉,再接再厉。全省地税系统干部职工要以先进为榜样,精于学习,勤学苦练,努力提高业务能力和服务水平,为推进我省地税事业的科学发展作出新的更大的贡献!

附件:全省地税系统岗位业务技能比武活动获奖单位和个人名单

附件:

浙江省地税系统岗位业务技能比武活动获奖单位和个人名单

团体一等奖

杭州市地方税务局代表队

团体二等奖

嘉兴市地方税务局代表队

浙江省地方税务局直属税务一分局代表队

衢州市地方税务局代表队

团体三等奖

温州市地方税务局代表队

丽水市地方税务局代表队

台州市地方税务局代表队

湖州市地方税务局代表队

金华市地方税务局代表队

舟山市地方税务局代表队

绍兴市地方税务局代表队

省"办税服务能手"

潘礼军　杭州市地方税务局

陈　盼　义乌市地方税务局

邵琦俊　杭州市地方税务局

张　艳　海宁市地方税务局

颜新成　永康市地方税务局

陈铁军　衢州市地方税务局

徐烈根　常山县地方税务局

应放军　台州市地方税务局

浙江省地方税务局
关于给予项正国等 8 位同志记三等功的决定

2010 年 2 月 8 日 浙地税发〔2010〕11 号

局内各单位：

根据《中华人民共和国公务员法》、《公务员奖励规定(试行)》、《浙江省公务员考核实施细则(试行)》、《浙江省地方税务系统奖励办法(试行)》等有关规定，经研究决定：

对 2007——2009 年度连续三年工作考核被确定为优秀等次的项正国、谢继良、周继忠、陈正奎、陈岚、贝加、郭海泉、张小莉等 8 位同志给予记三等功。

希望受表彰的同志珍惜荣誉，戒骄戒躁，不断进取，再创新的业绩。全局干部职工要以他们为榜样，进一步增强工作责任感和使命感，以求实的精神、务实的作风、扎实的工作，不断推进我省地税事业再上新台阶。

浙江省地方税务局
关于给予王成林等 37 位同志嘉奖的决定

2010 年 2 月 8 日 浙地税发〔2010〕12 号

局内各单位：

根据《中华人民共和国公务员法》、《浙江省公务员考核实施细则(试行)》、《浙江省地方税务系统奖励办法(试行)》等有关规定，经研究决定：

对 2009 年度工作考核被确定为优秀等次的王成林、林仕华、郭贤君、丁丹、詹红成、饶煜明、刘石浩、武时品、边宏庆、蔡于革、卢军、赵沛、金一星、陈君、金波、宋根松、戴静、林森、徐世颖、徐利君、赵明、华玉清、卓然、吕燕、许忠民、胡东明、李晓丽、章仲云、曾平伟、陈益萍、孙斌、朱晨、吴小峰、褚英国、吴建苗、郭钦、洪筱箐等 37 位同志给予嘉奖。

希望受表彰的同志珍惜荣誉，戒骄戒躁，不断进取，再创新的业绩。全局干部职工要以他们为榜样，进一步增强工作责任感和使命感，以求实的精神、务实的作风、扎实的工作，不断推进我省地税事业再上新台阶。

浙江省地方税务局
关于表彰2009年度优秀工作者的通报

2010年2月8日　浙地税函〔2010〕42号

局内各单位：

根据《浙江省地方税务局关于省局机关及直属单位干部职工2009年度工作考核的通知》(浙地税函〔2010〕7号)要求，经各单位评比推荐，并经省局考核小组研究确定：

郭海泉、张小莉、洪筱箐、郭钦等4位同志为2009年度优秀工作者，现予以表彰。

希望上述同志再接再厉，争取更大成绩。

浙江省地方税务局
关于表彰2009年度优秀公务员的通报

2010年2月8日　浙地税函〔2010〕43号

局内各单位：

根据《浙江省地方税务局关于省局机关及直属单位干部职工2009年度工作考核的通知》(浙地税函〔2010〕7号)要求，经各单位评比推荐，并经省局考核小组研究确定：

王成林、林仕华、项正国、郭贤君、丁丹、詹红成、饶煜明、刘石浩、武时品、谢继良、边宏庆、周继忠、陈正奎、蔡于革、卢军、赵沛、金一星、陈君、金波、宋根松、戴静、林森、徐世颖、陈岚、徐利君、赵明、华玉清、卓然、吕燕、许忠民、胡东明、李晓丽、章仲云、曾平伟、贝加、陈益萍、孙斌、朱晨、吴小峰、褚英国、吴建苗等41位同志为2009年度优秀公务员，现予以表彰。

希望上述同志再接再厉，争取更大成绩。

浙江省地方税务局
关于表彰2009年度先进个人的通报

2010年2月8日　浙地税函〔2010〕44号

局内各单位：

根据《浙江省地方税务局关于省局机关及直属单位干部职工2009年度工作考核的通知》(浙地税函〔2010〕7号)要求，经各单位评比推荐，并经省局考核小组研究确定：

章征、徐辉、徐建、许保国、楼志坚、侯兴钏、金瓯、朱建军、张雄伟、沈一芳、柳世和、张文忠、聂红彬、毛圣波、高远、陈世亮、戴旭明、陈争红、张美萍、袁钱洪、黄梓洋、缪仁禹、杭强、王刚、叶思奇、金小成、花瑞堃、陈文励等28位同志为2009年度先进个人，现予以表彰。

希望上述同志再接再厉，争取更大成绩。

浙江省地方税务局关于表彰2009年度企业分离发展服务业工作立功受奖人员的决定

2010年3月29日　浙地税函〔2010〕119号

各市、县(市)地方税务局,局内各单位:

2008年以来,全省各级地税部门始终将推进企业分离发展服务业工作作为学习实践科学发展观的重要载体,作为贯彻落实"创业富民、创新强省"总战略和"保增长、抓转型、重民生、促稳定"工作主线的重要举措,作为深化拓展省委"服务企业、服务基层"专项行动的重点课题,作为加快推进我省经济转型升级和服务业发展的一个重要抓手,企业分离发展服务业工作取得了显著成效。2009年,全省新增1252户企业分离发展服务业,超额完成了新增1000户的目标任务。我省已分离出来的服务业企业2009年产生营业收入376.07亿元、地方税费收入15.80亿元;2008年、2009年累计营业收入534.09亿元、地方税费收入23.71亿元,工作成绩得到省领导的肯定。

在推进企业分离发展服务业工作过程中,全省各级地税部门严格按照省委、省政府的决策部署,结合地税工作实际,发挥职能优势,狠抓落实,真正做到分离发展服务业工作有布置、有分工、有责任、有检查、有成效,为增加企业效益、增强地方财力、优化产业结构作出了重要贡献,涌现出一批作风务实、敢于创新、成绩显著的先进个人。为肯定成绩,表彰先进,树立典型,进一步调动广大干部职工参与推进分离发展服务业工作积极性和创造性,根据《浙江省地方税务局关于印发〈省局对各市局企业分离发展服务业工作专项考核办法〉的通知》(浙地税函〔2009〕132号)、《浙江省地方税务局关于做好2009年度企业分离发展服务业工作专项考核的通知》(浙地税函〔2009〕403号)、《浙江省地方税务系统奖励办法(试行)》(浙地税发〔2007〕62号)的有关规定,经省局研究决定,对2009年度推进企业分离发展服务业工作中表现突出的王志欢等4位同志予以记个人三等功、徐利君等6位同志予以嘉奖。

希望受表彰的个人珍惜荣誉,再接再厉,戒骄戒躁,争取作出更大的成绩。全省地税系统广大干部职工要以立功受奖个人为榜样,务实创新,在更高层次、更大范围和更宽领域上扎实推进企业分离发展服务业工作,努力构建推进企业分离发展服务业工作长效机制,为推进经济发展方式转变、促进我省经济持续、平稳、健康发展作出新的更大贡献。

附件:企业分离发展服务业工作立功受奖人员名单

附件:

企业分离发展服务业工作立功受奖人员名单

一、记个人三等功人员名单

1.王志欢　瑞安市地税局税政科副科长

2.姚　睿　杭州市地税局税政一处主任科员

3.阮苗根　绍兴市地税局第一税务分局局长

4.王文益　余姚市地税局副局长

二、嘉奖人员名单

1.徐利君　省地税局办公室主任科员

2.李晓丽　省地税局税政管理一处主任科员

3.顾笑枫　嘉兴市地税局第一税务分局局长

4.诸建清　湖州市地税局税政处科员

5.施贺龙　永康市地税局副局长

6.陈文飞　台州市椒江地税局税政科副科长

浙江省地方税务局关于表彰2009年全省税收调查工作先进单位和先进个人的通报

2009年12月28日　浙地税函〔2009〕422号

各市、县(市、区)地方税务局(不发宁波),省地方税务局直属税务一分局、直属稽查分局:

2009年,我省税收调查工作按照财政部、国家税务总局的统一部署,在全省各级地税部门的共同努力下,圆满完成了数据采集、审核及分析测算等各项工作,并顺利通过了全国汇审。全省(不含宁波,下同)地税部门实际调查企业4231户,比上一调查年度增加467户,同比增长12.4%,调查企业占我省营业税纳税人(不含个体工商户)的比重为2.37%;其中:抽样调查企业1084户,重点调查企业3193户,既是抽样调查又是重点调查的企业46户。

从调查数据情况看,全省地税调查企业2008年实际入库营业税259.2亿元,占全省营业税入库总额的56.3%,其中:金融保险业调查企业实际入库营业税78.3亿元,占全省金融保险业营业税总额的79.4%;邮电通信业调查企业实际入库营业税12.7亿元,占全省邮电通信业营业税总额的85.3%;交通运输业调查企业实际入库营业税9.6亿元,占全省交通运输业营业税总额的47.3%;建筑安装业调查企业实际入库营业税51.3亿元,占全省建筑安装业营业税总额的57.8%。全省地税调查企业2008年实际入库企业所得税148.0亿元,其中缴纳地税部门的企业所得税48.1亿元,代扣代缴个人所得税入库42.2亿元,实缴地方八税47.2亿元。

税收调查工作的圆满完成,为加强征管、完善制度、推进改革奠定了坚实的基础,有力地促进了地税管理水平的提升。通过对各地税收调查工作组织领导、调查范围、数据质量、资料应用等方面的考核评比,现将2009年全省税收调查工作先进单位和先进个人通报表彰如下。

一、2009年全省税收调查工作先进单位

杭州市地方税务局、金华市地方税务局、绍兴市地方税务局、嘉兴市地方税务局、丽水市地方税务局、台州市地方税务局

二、2009年全省税收调查工作先进个人

陈益萍(省局直属税务一分局)
伍潇平(杭州市局)
王　颉(杭州市局拱墅分局)
俞亚平(杭州市局下城分局)
袁红平(富阳县局)
朱思思(温州市局)
蒋　怡(温州市局鹿城分局)
王瑜敏(乐清市局)
姜桂芳(嘉兴市局)
崔　训(海盐县局)
俞志毅(湖州市局)
丁洪庆(德清县局)
赵　莎(绍兴市局)
俞银梁(上虞市局)
严赛红(金华市局)
王莉婷(义乌市局)
张　琳(浦江县局)
叶水富(衢州市局)
杨　豪(龙游县局)
苗　峰(舟山市局)
蒋跃国(舟山市普陀局)
吴伟锋(台州市局)
任向东(临海市局)
柳乃华(丽水市局)
叶晓莉(缙云县局)

希望上述受表彰的单位和个人再接再厉,其他单位和税收调查经办人员要以上述单位和个人为榜样,认真学习、取长补短,争取2010年全省税收调查工作再上一个新台阶。

浙江省地方税务局关于表彰2009年度依法行政工作考核优秀单位的通报

2010年7月26日　浙地税函〔2010〕301号

各市、县(市、区)地方税务局(不发宁波):

根据《浙江省地税系统依法行政工作考核办法(试行)》、《浙江省地方税务局关于做好2009年度全省地税系统依法行政工作考核的通知》、《浙江省地方税务局关于开展2009年度税收管理工作综合考核、依法行政等考核工作的通知》要求,省局于2010年5月组成10个考核小组,分别对10个设区的市局、义乌市局、19个县(市、区)局2009年度依法行政工作情况进行了实地考核。在各地上报依法行政工作总结、市局复查考核推荐、省局组织人员实地抽查考核的基础上,经省局综合评定,确定湖州市地方税务局等33个单位为2009年度全省地税系统依法行政工作优秀单位,现将考核结果通报如下:

优秀单位(共33个)

(一)市局优秀单位(7个):湖州市地方税务局、台州市地方税务局、绍兴市地方税务局、衢州市地方税务局、丽水市地方税务局、金华市地方税务局、义乌市地方税务局。

(二)县(市、区)局优秀单位(26个):萧山地方税务局、余杭地方税务局、桐庐县地方税务局、淳安县地方税务局、乐清市地方税务局、瑞安市地方税务局、苍南县地方税务局、诸暨市地方税务局、绍兴县地方税务局、桐乡市地方税务局、平湖市地方税务局、海宁市地方税务局、德清县地方税务局、椒江地方税务局、临海市地方税务局、天台县地方税务局、温岭市地方税务局、东阳市地方税务局、永康市地方税务局、开化县地方税务局、常山县地方税务局、龙泉市地方税务局、云和县地方税务局、遂昌县地方税务局、定海地方税务局、普陀地方税务局。

希望上述受表彰的单位再接再厉,开拓创新,取得更好的成绩。其他单位要认真学习受表彰单位好的经验和做法,积极进取,创先争优,按照依法行政工作的要求,进一步提高我省地税系统依法行政、依法治税水平。

浙江省地方税务局关于表彰2009年度税收计财工作质量优胜单位的通报

2010年3月29日　浙地税函〔2010〕120号

各市、县(市)地方税务局(不发宁波),省地方税务局直属税务一分局:

2009年是新世纪以来浙江经济发展最为困难的一年,组织收入经历了先抑后扬的"V"形反转,面临的困难和取得的成绩都超乎预料。在过去一年里,全省各级地税计财部门践行"依法治税、为民理财、务实创新、廉洁高效"工作理念,念好"实、稳、优"三字诀,围绕中心,服务大局,充分发挥计财部门组织收入综合协调职能作用,深化税收分析,丰富税收预测方法,拓宽重点税源管理监控面,提升税收会统报表质量,加强税收票证管理,认真做好税收调查工作,为确保全省地税收入持续平稳健康增长作出了积极贡献。

为浓厚争先创优氛围,牢固树立计财工作精品意识,根据《浙江省地税系统税收计财工作质量考核办法》(浙地税函〔2006〕340号)规定,经考核评定,下列单位为2009年度税收计财工作质量优胜单位,并予以通报表彰。

一、税收计划管理优胜单位

绍兴市、嘉兴市、杭州市、金华市、温州市、湖州市地方税务局和省地方税务局直属税务一分局

二、重点税源监控优胜单位

杭州市、丽水市、绍兴市、嘉兴市、舟山市、台州市地方税务局和省地方税务局直属税务一分局

三、税收快报及会统报表编报优胜单位

杭州市、嘉兴市、舟山市、丽水市、金华市、绍兴市地方税务局

四、税收会统年报会审优胜单位

杭州市、湖州市、温州市、金华市、衢州市、嘉兴市地方税务局

五、税收票证管理优胜单位

嘉兴市、杭州市、绍兴市、衢州市、湖州市地方税务局和省地方税务局直属税务一分局

六、县(市、区)局税收计财工作综合优胜单位

建德市、淳安县、杭州市余杭、海宁市、桐乡市、德清县、诸暨市、上虞市、兰溪市、东阳市、义乌市、临海市、天台县、温岭市、岱山县、乐清市、永嘉县、洞头县、江山市、龙游县、松阳县、遂昌县和龙泉市地方税务局

税收调查工作先进单位和先进个人详见《浙江省地方税务局关于表彰2009年全省税收调查工作先进单位和先进个人的通报》(浙地税函〔2009〕422号)。

2010年是我省经济发展最为复杂的一年,全省地税系统计财部门要以优胜单位为榜样,紧密围绕省局"促进地税收入持续平稳健康增长"和"发挥地税支撑、引导、保障全省经济社会发展的职能作用"两大工作主题,积极践行"依法治税、为民理财、务实创新、廉洁高效"工作理念,念好"实、稳、优"三字诀,深入推进收入"规划、核算、分析、监控、调查"各工作环节的良性互动,努力实现地税计财工作再上新台阶。

浙江省地方税务局关于表彰
2009年度省级优秀发票管理员的通报

2010年1月27日　浙地税函〔2010〕29号

各市、县(市、区)地方税务局(不发宁波),省地方税务局直属税务一分局、税务票证管理中心:

根据省级优秀发票管理员的评选条件,结合各级地税机关逐级选拔推荐的结果,经审定,张晓意等24位同志为2009年度省级优秀发票管理员,现予以通报表彰:

张晓意　浙江省地方税务局直属税务一分局

李秀俊　浙江省地方税务局税务票证管理中心

应勇华　杭州市地方税务局

倪晓俊　杭州市地方税务局

伊金金　淳安县地方税务局

李天明　湖州市地方税务局

徐　斌　德清县地方税务局

刘　勇　嘉兴市地方税务局

林小红　嘉善县地方税务局

沈银峰　绍兴县地方税务局

谢苏萍　嵊州市地方税务局
冯尚辨　台州市地方税务局
刘菁菁　玉环县地方税务局
陈锡颖　温州市地方税务局
陈俐妞　永嘉县地方税务局
褚建卫　洞头县地方税务局
汤桔红　丽水市地方税务局
叶英丹　遂昌县地方税务局
段　娟　金华市地方税务局
黄樟潮　义乌市地方税务局
王朝霞　舟山市地方税务局
潘士法　舟山市普陀地方税务局
盛秀丽　衢州市地方税务局
方祖顺　开化县地方税务局

希望受表彰的同志再接再厉，各级地税机关发票管理人员要以受表彰的同志为榜样，认真履行好本职工作，为进一步做好全省的发票管理工作作出更大的贡献。

浙江省地方税务局关于表彰2009年度优秀质量管理员的通报

2010年2月1日　浙地税函〔2010〕35号

各市、县（市）地方税务局（不发宁波）、省地方税务局直属税务一分局：

2009年，我省地税系统广大质量管理员积极参与运用《税友2006》进行ISO9000质量目标下达、体系文件修订和发布、内部审核、管理评审等工作，确保了体系的有效运行和持续改进。根据各地选拔推荐，经省局审核，确定黄梓洋等32名同志为2009年度省级优秀质量管理员，现予以通报表彰：

黄梓洋　省地方税务局直属税务一分局
周　亮　杭州市地方税务局
丁王芳　杭州市地方税务局
李　刚　杭州市地方税务局
胡宏程　淳安县地方税务局
麻云洁　温州市地方税务局
姜海琼　温州市地方税务局
陈　亮　瑞安市地方税务局
郭智票　苍南县地方税务局
钱　颖　绍兴市地方税务局
陈晓伟　绍兴县地方税务局
杨永铭　诸暨市地方税务局
严　丽　嘉兴市地方税务局
陈　民　嘉兴市地方税务局
赵培新　海盐县地方税务局
张松山　湖州市地方税务局
施仲权　长兴县地方税务局
朱新炎　安吉县地方税务局
方建明　金华市地方税务局
朱天忠　义乌市地方税务局
王　刚　东阳市地方税务局
龚　寅　衢州市地方税务局
江卫东　常山县地方税务局
徐亿龙　江山市地方税务局
施　奇　台州市地方税务局
王益华　台州市地方税务局
潘　辉　仙居县地方税务局
王夏芬　舟山市地方税务局
马兆儿　岱山县地方税务局
王余合乐　丽水市地方税务局
叶明杰　云和县地方税务局
周淋伟　松阳县地方税务局

希望上述受表彰的同志再接再厉，为持续改进我省地税系统质量管理工作作出新的贡献。

浙江省地方税务局关于表彰2009年度全省地税征管工作目标责任制考核先进单位的通报

2010年4月26日　浙地税函〔2010〕154号

市、县(市、区)地方税务局(不发宁波):

2009年,面对复杂严峻的经济形势,全省地税征管部门深入贯彻落实科学发展观,自觉践行"依法治税、为民理财、务实创新、廉洁高效"工作理念,紧紧围绕"以全省地税工作要点为指导,依托纳税服务机制建设,促进帮扶减负;依托税源管理精细化,促进收入增长;依托数据信息增值利用,促进科学发展,不断优化和完善符合发展方向的税收征管体系"的征管工作思路,励精图治,较好地完成了各项征管工作任务,为确保全省地税收入持续平稳健康增长作出了积极贡献。

根据《关于印发〈2009年全省地税征管工作目标责任制考核办法〉的通知》(征便函〔2009〕7号),省局在各地自评和复评的基础上,对全省地税征管工作目标责任制完成情况进行了综合评审。经考核评定,下列35个单位为2009年度全省征管工作目标责任制考核先进单位,并予以通报表彰。

一等奖:杭州市、绍兴市、嘉兴市、温州市、衢州市、舟山市、海盐县、上虞市地方税务局。

二等奖:丽水市、金华市、湖州市、台州市、绍兴县、桐乡市、杭州市余杭、舟山市普陀、德清县、淳安县地方税务局。

三等奖:海宁市、嘉善县、嵊州市、岱山县、富阳市、新昌县、永嘉县、平阳县、永康市、诸暨市、温岭市、杭州市萧山、建德市、瑞安市、平湖市、松阳县、临安市地方税务局。

全省地税系统征管部门要以先进单位为榜样,紧密围绕省局"促进地税收入持续、平稳、健康增长"和"发挥地税支撑、引导、保障全省经济社会发展的作用"两大工作主题,扎实工作,开拓创新,努力实现地税征管工作再上新台阶。

浙江省地方税务局关于表彰2009年度省级纳税服务之星的通报

2010年3月5日　浙地税函〔2010〕81号

各市、县(市、区)地方税务局(不发宁波),省地方税务局直属税务一分局:

2009年,全省各级地税部门认真学习实践科学发展观,紧紧围绕省局中心工作,积极应对国际金融危机,服务经济转型升级。坚持以“始于纳税人需求,基于纳税人满意,终于纳税人遵从”为工作目标,不断完善服务机制,优化服务流程,创新服务举措,提升服务质量,努力构建和谐税收征纳关系和服务型机关,为我省地税事业的持续健康发展作出了积极贡献。

为进一步提高办税服务厅服务质量和服务效率,增强办税服务厅工作人员全心全意为纳税人服务的意识,根据《浙江省地方税务局关于印发〈纳税服务之星考评办法(试行)〉的通知》规定,各地组织开展了2009年度市、县(市、区)纳税服务之星的考评工作。经逐级考评推荐,并经省局审定,确定马小敏等80位同志为2009年度“省级纳税服务之星”(名单见附件),现予以通报表彰。

希望上述受表彰的同志再接再厉,开拓进取,发挥好模范表率作用,为广大纳税人提供更加优质的服务。全省地税系统广大干部职工要以他们为榜样,认真履职尽责,为我省地税事业的持续平稳健康发展作出更大的贡献。

附件:2009年度省级纳税服务之星名单

附件:

2009年度省级纳税服务之星名单

马小敏　浙江省地方税务局直属税务一分局
潘礼军　杭州市地方税务局下城税务分局
莫　挺　杭州市地方税务局江干税务分局
王　丹　杭州市地方税务局拱墅税务分局
傅文雅　杭州市萧山地方税务局
顾勇华　杭州市余杭地方税务局
斯来仙　富阳市地方税务局
王志芬　临安市地方税务局
章猛姣　桐庐县地方税务局
李茂孝　建德市地方税务局
唐华海　淳安县地方税务局
钱晓珍　乐清市地方税务局
曹佩锋　瑞安市地方税务局
黄清华　永嘉县地方税务局
姜如意　平阳县地方税务局
郭智票　苍南县地方税务局
李　慧　文成县地方税务局
董桂莲　泰顺县地方税务局
潘建萍　洞头县地方税务局
廖　匈　温州市地方税务局
吴敏玲　温州市地方税务局
史莉娜　绍兴市地方税务局
赵雁萍　绍兴市地方税务局
高　枫　绍兴市地方税务局
罗紫萍　绍兴县地方税务局
王燕萍　上虞市地方税务局
王海英　嵊州市地方税务局
赵跃明　诸暨市地方税务局
何文妃　新昌县地方税务局
沈霞芳　嘉兴市地方税务局
刘　峰　嘉兴市地方税务局
徐玲英　嘉善县地方税务局
姚卫娟　平湖市地方税务局
鲁　铭　海盐县地方税务局
朱潇洁　桐乡市地方税务局
张国萍　桐乡市地方税务局
张　艳　海宁市地方税务局
张丽明　湖州市地方税务局
沈晓红　湖州市地方税务局
钟丽英　湖州市地方税务局
孙雅芳　长兴县地方税务局
蔡莉娜　德清县地方税务局
金峰芬　安吉县地方税务局
施婷婷　湖州市地方税务局
徐建明　金华市地方税务局
吴小丹　义乌市地方税务局
金华丽　东阳市地方税务局
吴竞存　永康市地方税务局

吴秀生　兰溪市地方税务局
陈俊斌　浦江县地方税务局
祝建玲　武义县地方税务局
陈　兰　磐安县地方税务局
傅燕妮　衢州市地方税务局
段锡铭　衢州市地方税务局
胡巧珍　龙游县地方税务局
周　茜　江山市地方税务局
徐烈根　常山县地方税务局
华　萍　开化县地方税务局
赵凌云　台州市椒江地方税务局
林　维　台州市黄岩地方税务局
周锦星　临海市地方税务局
叶　玲　温岭市地方税务局
董素英　玉环县地方税务局
胡婷婷　仙居县地方税务局
姜肖君　天台县地方税务局
叶国栋　三门县地方税务局
周庆芸　舟山市地方税务局
林　娟　舟山市定海地方税务局
夏满娜　舟山市普陀地方税务局
陆　怡　舟山市普陀地方税务局
马兆儿　岱山县地方税务局
顾燕妮　嵊泗县地方税务局
陈　晔　丽水市地方税务局
叶　婵　丽水市地方税务局
徐　澎　庆元县地方税务局
吕海敏　缙云县地方税务局
王晓芳　云和县地方税务局
褚伟俊　青田县地方税务局
叶裕宏　遂昌县地方税务局
李　燕　龙泉市地方税务局

浙江省地方税务局关于表彰2009年度全省推进企业分离发展服务业工作先进单位和先进个人以及表扬人员的通报

2010年3月13日　浙地税函〔2010〕100号

各市、县(市、区)地方税务局:

推进企业分离发展服务业是加快我省经济转型升级和服务业发展的一个重要抓手。2009年,全省各级地税部门按照省委省、政府的决策部署,发挥职能,狠抓落实,真正做到推进企业分离发展服务业工作有布置、有分工、有责任、有检查、有成效。正如省局局长钱巨炎的批示:分离发展服务业很有实效,而更重要的是倡导了一种理念。2009年全省新增1252户企业分离发展服务业,其中分离成立独立核算的法人企业1209户(含16户销售收入在全省前100名的工业企业实施了分离发展服务业),非独立核算企业43户,超额完成了2009年度新增1000户企业分离发展服务业的目标任务。为激励先进,树立榜样,进一步推进我省企业分离发展服务业工作,根据《浙江省地方税务局关于做好2009年度企业分离发展服务业工作专项考核的通知》(浙地税函〔2009〕403号)和《浙江省地方税务局关于印发〈省局对各市局企业分离发展服务业工作专项考核办法〉的通知》(浙地税函〔2009〕132号)的要求,省局专门组织实施了2009年度企业分离发展服务业工作专项考核。根据考评情况,决定下列单位和个人为2009年度全省推进企业分离发展服务业工作先进单位和先进个人以及表扬人员,现予以通报表彰。

一、先进单位

(一)市局先进单位

1.一等奖

温州市地方税务局

杭州市地方税务局

绍兴市地方税务局

宁波市地方税务局

2.二等奖

金华市地方税务局

嘉兴市地方税务局

台州市地方税务局

湖州市地方税务局

3.三等奖

丽水市地方税务局

衢州市地方税务局

舟山市地方税务局

(二)县(市、区)局先进单位

富阳市地方税务局

萧山地方税务局

杭州市地方税务局西湖税务分局

杭州市地方税务局上城税务分局

宁波市鄞州地方税务局

余姚市地方税务局

宁波市北仑地方税务局

海宁市地方税务局

平湖市地方税务局

长兴县地方税务局

绍兴县地方税务局

嵊州市地方税务局

岱山县地方税务局

瑞安市地方税务局

温州市地方税务局瓯海税务分局

乐清市地方税务局

云和县地方税务局

永康市地方税务局

台州市椒江地方税务局

温岭市地方税务局

二、先进个人

省局:徐利君、李晓丽

杭州:姚睿、李吟、倪兵、陈灿生、何月兰、吴建明、徐元庆

宁波:王文益、汤珂、钱燕翔、谢健军、陈云平、沈良真、姚伟君

嘉兴:顾笑枫、沈金祁、孙雪峰、王小寅、吴坚、徐建德

湖州:诸建清、金玉瑟、沈鸿宾

绍兴:阮苗根、王爱先、傅海明、赵学义、倪兴荣、徐萍

温州:王志欢、林鑫、王宙、孙钧、赵爱爱

舟山:王俊强、马国波

丽水:叶少华、林舟群

金华:施贺龙、金良清、胡高峰、叶秀珍

衢州:李雨森、何汉忠

台州:陈文飞、吴登良、朱玉蓉、应大庆

三、表扬人员

杭州:李明通、王传民、何旭昕、梁 新、王文洁、裘顺根、孙俊、程烨、王滨

宁波:冯建国、毛威、谢华平、郭扬虎、孙明、王建君、刘俊、贺国成、应利平、董晓晖

嘉兴:徐云良、潘月英、沈越光

湖州:钱敏伟、陈锋、吕翔、陆维宝

绍兴:丁建中、姚敏智、徐惠英

舟山:王迪儿、应岳军、夏爱江、姚际光

温州:谢清法、王小冬、翁启新、伊民杰、陈金东、周伟、周其正、刘健、黄克伦、黄学斌、杨海曼、陈美云、黄明贤、朱建微、张炳东、陈旭东、李琳芬

丽水:庄春阳、谢旭东、徐益军、徐军、张益民、洪少海、郑宏敏、叶新华、曾胜兰

金华:张挺进、王亚民、王志明、汪燕敏、朱金真、周立民、方苏春

衢州:陈泰珏、黄少罕、陈雪英、方杰、饶前卫

台州:陈红英、韩 华、郑云强、陈乾斌、郑高法、吴威斌

2010年全省地税系统要继续深化企业分离发展服务业工作,进一步创新工作理念,明确工作目标,把握工作重点,注重工作实效,努力构建推进企业分离发展服务业工作长效机制。

浙江省地方税务局关于表彰2009年度全省地税系统税政管理工作先进单位的通报

2010年1月30日　浙地税函〔2010〕33号

各市、县(市、区)地方税务局(不发宁波),省地方税务局直属税务一分局:

2009年是我省进入新世纪以来经济发展最为困难的一年,面对严峻的经济形势,全省地税系统税政部门和广大税政干部在省委、省政府和省局的正确领导下,坚持以科学发展观为指导,按照"保增长、抓转型、重民生、促稳定、强党建、求实效"工作要求和"依法治税、为民理财、务实创新、廉洁高效"工作理念,念好"实、稳、优"三字诀,认真落实各项税费政策,帮扶企业共渡难关,强化堵漏增收措施,提高征收管理水平,抓好组织收入工作,优化地税收入结构,保证了地税收入的稳定增长,为我省经济社会平稳较快健康发展作出了积极贡献。为激励先进,进一步推进税政管理工作,根据《浙江省地税系统税政管理工作质量考核试行办法》(浙地税函〔2006〕186号)规定,省局对各市局2009年税政管理工作情况进行了考评,并对各市局推荐的县(市)局税政管理工作综合先进单位进行了审核,决定下列单位为2009年度税政管理工作先进单位,现予以通报表彰。

一、营业税(文化事业建设费)管理工作先进单位4个:

杭州市地方税务局
绍兴市地方税务局
嘉兴市地方税务局
衢州市地方税务局

二、所得税管理工作先进单位4个:

杭州市地方税务局
温州市地方税务局
丽水市地方税务局
金华市地方税务局

三、"八税两费"管理工作先进单位4个:

杭州市地方税务局
嘉兴市地方税务局
台州市地方税务局
舟山市地方税务局

四、涉外税收管理工作先进单位4个:

杭州市地方税务局
温州市地方税务局
浙江省地方税务局直属税务一分局
湖州市地方税务局

五、税政管理工作综合先进单位20个:

富阳市地方税务局
杭州市余杭地方税务局
温州市地方税务局龙湾税务分局
平阳县地方税务局
桐乡市地方税务局
海宁市地方税务局
长兴县地方税务局
安吉县地方税务局
诸暨市地方税务局
新昌县地方税务局
东阳市地方税务局
永康市地方税务局
龙游县地方税务局
开化县地方税务局
舟山市定海地方税务局
岱山县地方税务局
温岭市地方税务局

临海市地方税务局

庆元县地方税务局

云和县地方税务局

2010年将是我省经济发展极其复杂的一年，希望全省地税系统税政部门和广大税政干部以上述单位为榜样，深入实施“创业富民、创新强省”总战略，调结构促发展，按照“依法治税、为民理财、务实创新、廉洁高效”工作理念，真抓实干、克难攻艰，为服务我省经济转型升级、社会和谐发展作出新的更大的贡献。

浙江省地方税务局关于表彰2009年度规费管理工作先进单位的通报

2010年3月29日 浙地税函〔2010〕125号

各市、县(市、区)地方税务局(不发宁波)，省地方税务局直属税务一分局：

2009年，我省各级地税部门坚持以科学发展观统领全局，认真贯彻落实党的十七大、省第十二次党代会精神，按照省委关于“全面改善民生，促进社会和谐”的要求，紧紧围绕“保增长、抓转型、重民生、促稳定”这一工作主线，认真贯彻落实省委、省政府制定的政策措施，减征规费80亿元之多，有力帮助企业积极应对全球金融危机的挑战。扎实开展工作，不断深化规费征管改革，实现了社会保险企业基本全覆盖，促进了我省社会保障、教育、水利、残疾人就业等事业发展，为保障民生和改善民生作出了积极的贡献。为鼓励先进，进一步推动规费管理工作，根据《浙江省地方税务局关于印发〈浙江省地税系统规费管理工作质量考核办法(试行)〉的通知》(浙地税函〔2006〕463号)规定，省局对全省各级地税部门2009年度规费管理工作情况进行了综合考评，下列35个市、县(市、区)局被评为2009年度规费管理工作先进单位，现予以通报表彰。

杭州市地方税务局

衢州市地方税务局

丽水市地方税务局

台州市地方税务局

绍兴市地方税务局

舟山市地方税务局

温州市地方税务局

嘉兴市地方税务局

金华市地方税务局

湖州市地方税务局

省地方税务局直属税务一分局

义乌市地方税务局

杭州市余杭地方税务局

建德市地方税务局

淳安县地方税务局

平湖市地方税务局

桐乡市地方税务局

德清县地方税务局

上虞市地方税务局

诸暨市地方税务局

嵊泗县地方税务局

温州市地方税务局鹿城税务分局

苍南县地方税务局

永嘉县地方税务局

景宁县地方税务局

云和县地方税务局

青田县地方税务局

兰溪市地方税务局
永康市地方税务局
东阳市地方税务局
开化县地方税务局
江山市地方税务局
椒江区地方税务局
温岭市地方税务局
仙居县地方税务局

同时，对下列规费管理工作成效显著的县（市、区)局予以通报表扬。

杭州市萧山地方税务局
临安市地方税务局
富阳市地方税务局
海宁市地方税务局
瑞安市地方税务局
临海市地方税务局
常山县地方税务局

希望受表彰和表扬的单位再接再厉、再创佳绩，进一步做好规费管理工作,促进全省地税系统规费管理工作更上新台阶。

浙江省地方税务局关于转发《国家税务总局 公安部关于通报表彰全国打击制售假发票和非法代开发票专项整治行动有关单位和个人的决定》的通知

2009年6月11日　浙地税函[2009]233号

各市、县(市、区)地方税务局(不发宁波),省局直属一分局:

近日,国家税务总局和公安部联合通报表彰了在2008年度全国打击制售假发票和非法代开发票专项整治行动中作出突出贡献的单位和个人,我省地税系统共有两家单位、四名个人受到了通报表扬。

现将《国家税务总局公安部关于通报表彰全国打击制售假发票和非法代开发票专项整治行动有关单位和个人的决定》转发给你们。希望受到表彰的单位和个人珍惜荣誉、再接再厉、再建新功。全省各级地税部门和全体地税干部要以受表彰单位和个人为榜样,认真领会总局、省局关于开展打击发票违法犯罪活动的有关指示精神,从践行科学发展观和构筑和谐社会的高度充分认识打击发票违法犯罪的重要性和紧迫性,时刻对我省发票违法犯罪面临的形势保持清醒的头脑,恪尽职守、扎实工作,积极配合各级打击发票违法犯罪协调小组开展好各项工作，力争在2009年全省打击发票违法犯罪活动中取得更大的成绩,为维护我省地方税收秩序和构筑和谐社会作出更大的贡献。

附件:受表彰的单位和个人名单

附件：

受表彰的单位和个人名单

表彰单位

税务系统：

浙江省国家税务局稽查局

浙江省地方税务局稽查局

浙江省温州市地方税务局稽查局

表彰个人

税务系统：

谢继良　浙江省地方税务局稽查局

斯宏伟　浙江省地方税务局稽查局协查科

朱林光　浙江省温州市地方税务局稽查局

李锡斌　浙江省杭州市地方税务局稽查处

浙江省地方税务局关于表彰2009年度优秀调研报告的通报

2010年4月8日　浙地税函〔2010〕161号

各市、县(市、区)地方税务局,局内各单位:

2009年以来，全省各级地税机关高度重视调研工作,紧密围绕地税中心工作选好课题,精心组织业务骨干力量深入实际调研,涌现出一批有数据、有分析、有观点、有建议、重实效的调研成果。根据《浙江省地方税务局办公室关于报送2009年度税收调研报告的通知》(浙地税办函〔2009〕64号)要求,在各市局及省局局内各单位初审上报基础上,省局专门组成评审小组进行了评审,共评出优秀调研报告61篇,其中,省局组:特别奖6篇,一等奖5篇,二等奖6篇;市县局组:一等奖6篇,二等奖12篇,三等奖26篇,现予以通报表彰。希各地、各单位再接再厉,紧紧围绕全省经济社会发展大局和地税工作实际,深入开展调查研究,为各级党委、政府和地税机关领导科学决策做好参谋助手,以此推动地税工作创新发展。

附件:2009年度全省地税系统优秀调研报告

附件:

2009年度全省地税

一、省局组		
等 级	调研成果	上报单位
特别奖(6篇)	我省推进企业分离发展服务业工作的调研报告	省局
	整合职能优势 增进信息共享 ——关于开展管查互动机制试点工作的调研报告	省局
	优化和创新纳税服务若干问题研究	省局
	水利建设专项资金管理现状与对策研究	省局
	论节约型地税机关的建设	省局
	加快转型升级的有关税收政策效应分析及建议	省局
一等奖(5篇)	我省房地产税收现状及趋势分析报告	省局计财处
	完善企业所得税优惠政策研究	省局法规处
	关于浙江地税信息化建设“大集中”工程基本思路的调研报告	省局征管处
	夯实基础 破解难题 勇求创新不断深化“五费合征”工作机制	省局规费局
	省级大集中应用技术架构研究	省局信息中心
二等奖(6篇)	推行稽查专业化管理,提升案件检查质量,强化稽查队伍建设	省局稽查局
	新营业税暂行条例及其实施细则执行中存在的问题及建议	省局税政一处
	我省个人所得税信息化管理现状及思考	省局税政二处
	房产税的政策效应分析及提升征管质量的思考	省局税政三处
	发票开具信息数据的集中与有效使用	省局票证中心
	新条例实施后的金融业营业税的调研报告	省局直属一分局
二、市县局组		
等 级	调研成果	上报单位
一等奖(6篇)	刺激消费扩大内需的财税政策选择	杭州市局
	瑞安、乐清税收潜力比较分析	温州市局、瑞安市局、乐清市局
	关于进一步推进企业分离发展服务业工作的几点思考	绍兴市局
	当前舟山市本级养老保险费企业缴费比例存在的问题及完善对策	舟山市局
	服务欠发达地区科学发展的税收政策研究	丽水市局
	慈溪市工业企业税负结构分析及对策建议	慈溪市局
二等奖(12篇)	温州市地方税收收入动态演变及可持续发展研究	温州市局
	新刑法修正案对绍兴市税收执法的影响与对策探析	绍兴市局
	发挥税收职能 服务改善民生	嘉兴市局
	金华市区三产税收发展对策研究	金华市局
	税务稽查“执行难”问题的探讨	衢州市局

系统优秀调研报告

课题组组长	课题组成员
单美娟常务副局长	丁富根、詹红成、饶煜明、章征、刘石浩、丁丹、项正国、宋根松、徐利君
钱子辉巡视员	省局稽查局
劳晓峰副局长	徐建、唐光权、夏国强、鲍建明、陈国强、金华东、颜家欢、陈世亮、周亮、谢伟强
王俭副局长	刘石浩 陈盛桂 何建芳、邵丽丽、沈伟忠、张标
王平副局长	林仕华、陈义礼、楼志坚、陈君、徐沁、卓然、郭海泉
徐敏俊总会计师	项正国、王成林、詹红成、饶煜明、章 征、宋根松、邵丽丽、高远
郭贤君	侯兴钏、王建峰、许忠民、楼飞青
项正国	周仕雅、边宏庆、吕燕、黄子凯、包盈盈、李兆兰、吕天佑、姚新加、许建国、潘志伟、金国升、斯丽红、赵海滨、叶鸣、谢昶
劳晓峰	丁丹、金瓯、金波、黄益朝、楼利燕、胡东明
王俭	刘石浩、王成林、周继忠、陈盛桂、沈伟忠、杨文清
詹红成	钱钧、袁亚芳、李晓丽
卢军	毛君波、吴小花
许小青	郑立元、赵沛、沈伟忠、宋晓华、熊慧歆、张美萍、黄梓洋

课题组组长	课题组成员
王希	郑月华、陈理、伍潇平
李步鸣	刘发顺、林坚、杨海曼、苏德贤、叶剑凯、叶乐安、孔庆元、仇德龙、张春光、周育艳
潘旺明	
王志杰	
何赤峰	吴树奎、叶芳儿、方伟英、桑雪文、叶英东、叶文飞
	胡国富
李步鸣	刘发顺、林坚、杨海曼
房紧	缪春锋、王亚军、刘富荣、王海、商海燕
马莉萍	朱建荣、许东、杨刚
王苹	杨金辉
王德华	龚寅

	建立信息共享平台实现信息管税目标	丽水市局
	电子商务税收征管的可行性刍议	杭州市局
	关于宁波市地税新增税源可持续发展的思考	宁波市局
	台州市2010年房地产业税源展望	台州市局
	营造科学发展税收环境　构建现代纳税服务体系	永康市局
	促进临安地税收入可持续增长的探讨	临安市局
	完善高新技术企业税收优惠政策的建议	黄岩局
三等奖(26篇)	构建管查互动工作机制的研究	嘉兴市局
	新企业所得税法实施过程中有关问题的探讨	丽水市局
	完善社会保险费征收管理的思考与实践	杭州市局
	完善中小企业税收扶持政策的国际借鉴研究	杭州市局
	拱墅区物流业发展现状及思考	杭州市局
	关于落实“两个减负”构建和谐征纳关系的思考	宁波市局
	服务海运业科学发展的税收政策研究	宁波市局
	发展宁波市服务业的税收政策研究	宁波市局
	突出重点　打造亮点 扎实推进企业分离发展服务业工作	湖州市局
	加快推进企业分离发展服务业的实践与思考	金华市局
	个人股权转让个人所得税的征管实践与思考	金华市局
	浅析财税系统干部队伍年龄结构性老化问题	衢州市局
	房地产交易环节税收控管的实践与思考	衢州市局
	浅谈基层税务部门依法治税困惑及对策	义乌市局
	深化社保费“五费合征”工作机制研究	永嘉县局
	浅析金融危机对乐清市经济及税收的影响	乐清市局
	深入推进地税征管信息化工作的实践思考	嘉善县局
	加强国地税协作配合的实践与思考	桐乡市局
	“全面比对、重点实测、四方确认”综合治税强管理	长兴县局
	浅议税收征管风险及其防范	绍兴县局
	对不同经济性质水产品初加工企业“税负”差异的调查	温岭市局
	加强旅游业税收征管的思考	仙居县局
	浦江县2009年基本养老保险费率调整可行性研究	浦江县局
	遂昌县社会保险费五费合征的做法及探索	遂昌县局
	定海区地方税源建设的调查与思考	定海局
	岱山县航运业、集运业发展情况调查与思考	岱山县局

崔军	陈炜平、卢飞燕、吴建军、王余合乐、汤桔红
	高新(滨江)税务分局
	吴云海、周倩
	周少练
施建民	田爱军、徐建华、田旭航
叶朝阳	胡钧、周津萍
	陈灵平、解卫敏、张建玲
董渭	鲍建明、王建明、梅烽、严丽、周惠琴
叶如华	叶英东、赵葛周、庄春阳、毛云保、占雅静
沈华	杭源、傅培敏 陈蕾
	仵孟辉、钱列、骆卫红 、李 吟、俞加丹、姚睿
王武华	金旭红、朱冠雷
	孙如红、包松渊、何莹莹
范国伟	王鸣鹤、杨华福、忻益飞、俞姬娜、孟雪
方明	丁华明、陈泉、沈林武 蔡杰
钱汇丰	张新华、孙华阳
	章文有
	邹璇江
	沈路平
	王雪梅
毛新生	叶庆
李业	马永亮、郑瑛磅
林志勇	陈秀霞、王瑜敏
姚培红	韩诚、曹旭文、蒋沈翼、叶凡
吴建勇	江永明
	马传浩、赵建
戴晨光	刘文军、陈永兵
陈卫武	柯立广、崔美弟
	童根生、应丽英
	董斐
李海定	马志勤、缪永、陈建军
潘高平	柴忠堂、王迪儿、虞雪儿、刘锡波、姚世梯

浙江省地方税务局关于表彰2009年度信息化建设先进单位的通报

2010年2月8日　浙地税函〔2010〕45号

各市、县(市、区)地方税务局(不发宁波):

根据《浙江省地方税务局关于印发〈2009年浙江地税信息化建设工作考核办法〉的通知》(浙地税函〔2009〕119号)规定,省局经过认真考核,确定杭州市地方税务局等22家单位为2009年度信息化建设综合先进单位,温州市地方税务局等21家单位为2009年度网络与信息安全工作先进单位,嘉兴市地方税务局等21家单位为2009年度信息系统应用工作先进单位,现予以通报表彰。

一、信息化建设综合先进单位

杭州市、绍兴市、温州市、湖州市、海宁市、淳安县、文成县、东阳市、新昌县、海盐县、诸暨市、温岭市、临安市、桐乡市、常山县、永嘉县、台州市椒江、杭州市余杭、松阳县、龙泉市、舟山市普陀、台州市黄岩地方税务局

二、网络与信息安全工作先进单位

温州市、绍兴市、杭州市、衢州市、丽水市、湖州市、缙云县、淳安县、东阳市、常山县、建德市、天台县、台州市路桥、永康市、安吉县、舟山市定海、海宁市、龙泉市、庆元县、平湖市、泰顺县地方税务局

三、信息系统应用工作先进单位

嘉兴市、舟山市、衢州市、金华市、台州市、丽水市、杭州市余杭、桐乡市、富阳市、绍兴县、嵊州市、上虞市、海盐县、桐庐县、嘉善县、龙游县、江山市、瑞安市、浦江县、缙云县、玉环县地方税务局

希望受表彰的单位再接再厉、开拓创新,为推进我省地税管理现代化作出更大的贡献。

浙江省地方税务局关于表彰2009年度《浙江税务》先进基层税收宣传联系点和基层优秀通讯员的通报

2009年12月9日　浙地税函〔2009〕400号

各市、县(市、区)地方税务局,局内各单位:

2009年,在全省各级地税部门的大力支持下,各基层税收宣传联系点和广大通讯员紧紧围绕省局中心工作,结合基层的实际情况,撰写了许多反映基层一线工作的优质稿件,积极向《浙江税务》编辑部投稿,为更好地宣传基层干部职工的先进事迹,更多地交流基层工作经验,增强刊物与基层的互动和拓宽稿源渠道发挥了重要作用。

为进一步把《浙江税务》办成税收宣传精品刊物,推动我省地税宣传工作,现对全省地税系统在2009年度《浙江税务》宣传报道中成绩突出的10个基层税收宣传联系点和17名基层优秀通讯员进行通报表彰。

一、《浙江税务》先进基层税收宣传联系点

杭州市地税局上城税务分局　杭州市地税局西湖

税务分局　宁波市鄞州地税局直属税务分局　永嘉县地税局上塘税务分局　绍兴县地税局平水税务分局　嘉善县地税局稽查局　德清县地税局武康税务分局　东阳市地税局稽查局　衢州市地税局直属税务分局　遂昌县地税局直属税务分局

二、基层优秀通讯员

余　跃　梁　新　武惠芸　张立坚　吴国英　浦雅琴　胡雅云　童国庆　孙　倩　陈寿仁　沈淑琦　王燕萍　王雪娟　张剑影　朱　丹(丽水)　雷珠英　史　奋

希望各基层税收宣传联系点和通讯员以他们为榜样，切实履行职责，加强与编辑部的联系，踊跃投稿，及时完成编辑部布置的稿件组织任务，群策群力办好《浙江税务》，为进一步做好我省地税宣传工作作出应有的贡献。

浙江省地方税务局关于表彰2009年度《浙江税务》先进通联站(组)和优秀通讯员的通报

2009年12月30日　浙地税函〔2009〕434号

各市、县(市、区)地方税务局，局内各单位：

2009年，《浙江税务》编辑部各级通联站(组)和广大通讯员紧紧围绕省局中心工作，按照科学发展观的要求，积极服务“保增长、保民生、保稳定”的大局，深入挖掘全省各级地税部门在积极组织地税收入、推进企业分离发展服务业、纳税服务、加强优惠政策宣传等工作实践中的成功经验和先进事迹，努力做好宣传报道和刊物赠阅工作。一年来，全省各级地税机关通过省局内网和因特网共向《浙江税务》编辑部投稿5866篇，被《浙江税务》录用721篇，在支持经济发展、构建和谐征纳关系、加强税法宣传、增强公民纳税意识、树立地税形象、为系统内外提供交流互动平台和宣传典型等方面发挥了重要作用。

为进一步把《浙江税务》办成税收宣传的精品刊物，推动我省地税宣传工作，现对全省地税系统在2009年度《浙江税务》的宣传报道和刊物赠阅工作中成绩突出的55个先进通联站(组)和55名优秀通讯员进行通报表彰。

一、《浙江税务》先进通联站

一等奖：杭州市局　嘉兴市局　金华市局

二等奖：绍兴市局　湖州市局　衢州市局

三等奖：温州市局　舟山市局　台州市局　丽水市局

二、《浙江税务》先进通联组

一等奖：杭州市局上城分局、桐庐县局、永嘉县局、乐清市局、绍兴县局、嘉善县局、德清县局、义乌市局、临海市局、台州市椒江局

二等奖：杭州市余杭局、杭州市局西湖分局、杭州市萧山局、平阳县局、新昌县局、平湖市局、海宁市局、遂昌县局、安吉县局、东阳市局、浦江县局、江山市局温岭市局、舟山市普陀局、宁波市鄞州局

三等奖：杭州市局滨江分局、淳安县局、临安市局、温州市局瓯海分局、温州市局鹿城分局、嵊州市局、上虞市局、桐乡市局、长兴县局、永康市局、常山县局、龙游县局、仙居县局、台州市路桥局、台州市黄岩局、岱山县局、嵊泗县局、松阳县局、景宁县局、青田县局

三、优秀通讯员

张海燕　谢红燕　李雪丰　王贤铭　谢　凌　廖　强　周其正　李晓丽(文成)　马永亮　仇德龙　张晓慧　金　玥　李菲娅　王越晟　梁晓富　许华平　祝建良　周晓军　朱敏江　陆东利　沈荣民　范建松　孙华阳　饶立新　沈碧莺　章文有　倪作余　骆丽英　黄少罕　章　玲　王成诗　高　金　许柳筱　沈卫山　季丽萍　孙升增　柴忠堂　郏宣耀　王平汐　叶文平　包仁泉　高汉旗　程　军　练素红　陈　斐　廖跃平　陆静艳　徐利君　郭海泉　聂红彬　黄明东　朱建军　贝　加

黄子凯　雷燕群

希望各级通联站(组)和广大通讯员以他们为榜样,切实履行职责,加强与编辑部的联系,踊跃投稿,及时完成编辑部布置的稿件组织任务和刊物赠阅工作,群策群力办好《浙江税务》,为进一步做好我省地税宣传工作作出应有的贡献。

浙江省地方税务局关于表彰2009年度《浙江地税年鉴》资料征集先进单位和先进工作者的通报

2010年2月21日　浙地税函〔2010〕63号

各市、县(市、区)地方税务局,省局局内各单位:

2009年,《浙江地税年鉴》编纂工作得到了全省各级地税机关和省局机关各单位的关心重视和大力支持,绝大多数单位都能及时规范地报送有关年鉴资料,各单位的联络员为编纂好年鉴做了大量细致的工作,确保了年鉴按时、高质量地出版。为进一步做好《浙江地税年鉴》的编纂工作,省局年鉴办公室根据各单位征集报送年鉴资料的质量、时效以及协助年鉴办公室做好年鉴的编审工作等情况,对2009年度年鉴资料征集报送工作和年鉴联络员工作进行了评比,现对资料征集报送工作中成绩突出的63个先进单位和66名先进工作者予以通报表彰:

市局先进单位:

一等奖:嘉兴市局　杭州市局　衢州市局

二等奖:舟山市局　金华市局　宁波市局　温州市局

三等奖:绍兴市局　丽水市局　湖州市局　台州市局

县、市(区)局先进单位:

一等奖:杭州市局西湖分局　杭州市局开发区分局　绍兴县局　嘉善县局　海宁市局　桐乡市局　德清县局　龙游县局　舟山市定海局　舟山市普陀局

二等奖:杭州市局上城分局　宁波市鄞州局　上虞市局　新昌县局　平湖市局　海盐县局　义乌市局　东阳市局　江山市局　常山县局　开化县局　温岭市局　青田县局　庆元县局　遂昌县局

三等奖:杭州市余杭局　杭州市局拱墅分局　临安市局　建德市局　象山县局　宁波市东钱湖旅游度假区分局　乐清市局　平阳县局　泰顺县局　诸暨市局　安吉县局　长兴县局　兰溪市局　武义县局　磐安县局　台州市路桥局　临海市局　天台县局　嵊泗县局　景宁县局

省局机关先进单位:

人教(基层)处　办公室　计财处　税政一处　规费局　法规处　票证管理中心

2009年度《浙江地税年鉴》资料征集先进工作者:

孙飞翔　张海艳　许建华　黄少罕　徐颖娜　章文有
钱斌华　刘发顺　杨海曼　丁　玲　叶文飞　孙华阳
卢云芬　谢红燕　吴　客　祝建良　陆东利　朱敏江
沈荣民　褚洁滢　李　鑫　王平汐　叶文平　李雪丰
叶　琳　丁光兴　张芝清　范建松　骆丽英　陈洪升
董志成　王成诗　郑秀平　叶黎明　潘方军　蒋丽娜
张　毅　练素红　项国英　王贤铭　芦亚亚　王　敏
洪飞霞　黄　鹏　刘贻强　仇德龙　张晓慧　刘志潮
斯　巍　缪永永　陈家志　章承枫　郑华忠　胡志锋
唐兴诗　沈卫山　许　宾　刘白羽　刘小明　杭　强
金胤秋　王建峰　詹红成　朱建军　包盈盈　雷燕群

希望全省地税系统各年鉴资料征集单位和年鉴联络员以他们为榜样,切实履行职责,加强与省局年鉴办公室的联系,及时完成省局年鉴办公室布置的资料征集和编纂工作,群策群力办好《浙江地税年鉴》,为进一步做好我省地税年鉴编纂工作作出新的贡献。

图书在版编目(CIP)数据

浙江地税年鉴.2010/《浙江地税年鉴》编纂委员会编
—北京:中华书局,2010.12
ISBN 978-7-101-07741-4

Ⅰ.浙... Ⅱ.浙... Ⅲ.地方税收—浙江省—2010
—年鉴 Ⅳ.F812.755.042-54

中国版本图书馆 CIP 数据核字(2010)第 233499 号

浙江地税年鉴(2010年)

编　　著	《浙江地税年鉴》编纂委员会
责任编辑	朱　慧　洪筱箐　孟　莉
出版发行	中华书局(北京市丰台区太平桥西里38号　100073) http://www.zhbc.com.cn E-mail:zhbc@zhbc.com.cn
印　　刷	杭州市余杭人民印刷有限公司
开　　本	787×1092　1/16
印　　张	56
插　　页	10
字　　数	1600千字
印　　数	1-3500
版　　次	2010年12月第1版
印　　次	2010年12月第1次印刷
国际书号	ISBN 978-7-101-07741-4
定　　价	180.00元

浙江